KASTELLE

ARCHITEKTUR DER MACHT

KASTELLE
ARCHITEKTUR DER MACHT

Patrick Schicht

MICHAEL IMHOF VERLAG

STUDIEN ZUR INTERNATIONALEN ARCHITEKTUR- UND KUNSTGESCHICHTE 162

GEFÖRDERT DURCH DAS LAND NIEDERÖSTERREICH

KULTUR NIEDERÖSTERREICH

GEWIDMET ERICH LEHNER, DEM WEGWEISER ZUR ARCHITEKTONISCHEN EVOLUTION

ABBILDUNG UMSCHLAGVORDERSEITE
Bodiam Castle, England; Autor: Patrick Schicht

ABBILDUNG UMSCHLAGRÜCKSEITE
1. Ksar Lemsa, Tunesien; Autor: Wolfgang Junger
2. Castillo Sadaba, Spanien; Autor: Patrick Schicht
3. Qasr Karaneh, Jordanien; Autor: Patrick Schicht
4. Château Saumur, Frankreich; Autor: Patrick Schicht

IMPRESSUM

© 2018
Michael Imhof Verlag GmbH & Co. KG
Stettiner Straße 25 | 36100 Petersberg
Tel. 0661 29 19 166-0 | Fax 0661 29 19 166-9
www.imhof-verlag.com | info@imhof-verlag.de

GESTALTUNG UND REPRODUKTION
Anna Wess, Michael Imhof Verlag

DRUCK
Media-Print Informationstechnologie GmbH, Paderborn

Printed in EU

ISBN 978-3-7319-0724-4

INHALTSVERZEICHNIS

6	Vorwort	307	**Königreich Schottland**
		315	**Iberische Königreiche**
7	Einleitung	343	**Staufisches Reich Süditalien**
		367	**Königreich Deutschland**
13	**Die ersten Hochkulturen**	417	**Königreich Böhmen**
27	**Ägyptisches Reich**	425	**Königreich Ungarn**
41	**Griechische Reiche**	437	**Fürstentum Moldau**
47	**Königreich Juda**	443	**Königreich Neapel**
53	**Königreich der Daker**	449	**Königreich Italien**
57	**Römisches Kaiserreich**	495	**Königreich Dänemark**
115	**Neupersisches Königreich**	499	**Königreich Schweden**
123	**Islamische Reiche**	505	**Der Deutsche Ritterorden**
173	**Kaiserreich China**	527	**Königreich Polen**
179	**Kaiserreich Byzanz**		
189	**Der vordere Orient zur Zeit der Kreuzfahrer**	532	Chronologie
217	**Normannische Reiche**	595	Auswertung
231	**Königreich Frankreich**	607	Literaturverzeichnis
259	**Königreich der Plantagenêt**	621	Bildnachweis

VORWORT

Seit den 1990er Jahren hat mich die Inventarisation von mittelalterlichen Kastellanlagen in Österreich beschäftigt, die 2003 in einer einschlägigen Publikation vorläufig geendet hat. Dabei wurden auch benachbarte Kunstlandschaften gestreift, wobei sich zahlreiche bislang kaum bearbeitete Parallelen, ja Analogien der weit verstreuten Kastelle zeigten. Die Literatur konnte jedoch die brennenden Fragen nach eventuellen gemeinsamen Wurzeln, Traditionen und direkten Verwandtschaften nicht beantworten, weil es weder konsequente Inventarisationen noch überregionale Vergleichsforschungen gab.

Im Rahmen meiner folgenden Dissertation zu Buckelquadern in Österreich, wo als Nebenprodukt enge internationale Verbindungen von Kastelltypus und Mauerwerk belegt werden konnten, verstärkte sich mein Interesse, diesem Phänomen Kastell grundlegend nachzugehen. In der Diskussion mit meinem sehr geschätzten Diplomvater für Architektur, Professor Erich Lehner, wurde nachhaltig der Anstoß gegeben, sich interkulturell und epochenübergreifend mit der Thematik zu beschäftigen, so wie er sich mit der Polygenese von Pyramiden und Stufenbauten befasst hat. Dabei hatte er grundsätzliche Archetypen in der Baukunst belegen können, die als weltweit unabhängig voneinander entstandene Bauformen bemerkenswerte Parallelen der jeweiligen Gesellschaftsformen bzw. ihrer Repräsentationskultur spiegeln. Daraus ergab sich für mich sowohl eine persönliche Horizonterweiterung für analoge übergreifende Forschungen als auch die Möglichkeit nach einem weiteren Archetypus anhand der Kastellfrage.

Es wurde daher im Jahr 2007 ein ambitioniertes Reiseprogramm aufgestellt, um letztlich große Teile Europas sowie geringe Teile Asiens zumindest punktuell selbst zu besuchen und durch Freunde weitere Gebiete in Europa, Afrika und Asien mit Unterlagen, Berichten und Fotos einbinden zu können.

Umfangreiche Literatur-Recherchen, zahlreiche Tagungen und lange Email-Diskussionen ergänzten die Unterlagensammlung von etwa 900 Objekten, wobei vor allem die Lückenhaftigkeit und der Mangel an monografischen Bauuntersuchungen prägend in Erinnerung bleiben müssen. Letztlich kann diese Arbeit daher nur den Auftakt zur größeren Diskussion darstellen, sie wird hoffentlich bald wesentlich erweitert, korrigiert und vertieft werden können. Entsprechende Hinweise, weiterführende Gedanken und Berichtigungen sind daher äußerst erwünscht.

Die zahlreichen Reisen, Tagungen und Recherchen, aber auch die langjährige Auswertung am Schreibtisch wurden durch sehr geschätzte Begleiter und Diskussionspartner ermöglicht, denen dafür herzlich zu danken ist. Allen voran gilt dieser Dank dem engeren Kreis der Burgenforscher in Ostösterreich, Martin Aigner, Peter Asimus, Ralf Gröninger, Marina Kaltenegger, Thomas Kühtreiber, Jürgen Moravi und Gerhard Reichhalter, die bei zahlreichen Reisen und Projekten mitgeholfen haben, sowie Wolfgang Junger, dessen Erkenntnisse seiner Dissertation zu frühbyzantinischen Kastellen in Nordafrika einbezogen werden durften. Von den internationalen Gesprächspartnern und Literatursuchern sind Dieter Barz, Thomas Biller, István Feld, Birgit Nennstiel, Yves Hoffmann und Igor Sápac hervorzuheben, die teilweise auch selbst an ähnlichen Themen forschen. Nicht zuletzt ist meiner Familie zu danken, meiner Mutter, die geduldig und genau alle Texte korrigiert hat und meiner Frau Belinda, die bereitwillig und interessiert bei zahlreichen Reisen dabei war und diese zeitraubende Studie neben Arbeit und Familie verständnisvoll unterstützt hat.

Patrick Schicht

EINLEITUNG

WEHRANLAGEN ALS THEMA DER WISSENSCHAFT

Jedes materielle Erbe der Menschheit zeugt, ob als einstiges Gebrauchsobjekt oder als bewusstes Medium, von längst vergangenen Lebensweisen, Bedürfnissen und gesellschaftlichen Verhältnissen. Dadurch lassen sich darin wie in einem spannenden Roman Indizien für die früheren Ängste und Sorgen aber auch für Repräsentationsvorstellungen und Moden ablesen, die unseren heutigen gar nicht so fremd sind.
Vor allem für die gestaltete Kunst besteht in der Forschung bereits ein dicht gespanntes Netz von Studien über internationale Entwicklungen, regionale Traditionen, lokale Schulen etc. So gibt es zahlreiche gut abgesicherte Arbeiten zu Literatur, Malerei, Kunsthandwerk und Sakralarchitektur. Aber auch zu Alltagsgegenständen konnten Archäologie, Völkerkunde und Kunstgeschichte bemerkenswert dichte Evolutionsmodelle aufstellen, etwa zu Keramik, Numismatik, Glas, Schmuck etc. So sind selbst im weitaus überwiegenden Fall ohne überlieferte Namen der Handwerker bzw. Künstler recht sicher Schulen, Meisterklassen oder Traditionen zu belegen, es kann etwa eine Madonnenskulptur des 14. Jahrhunderts ohne weitere Information allein durch Stirnfalten, Haaransatz und die Handhaltung relativ exakt in eine bestimmte regionale Gruppe eingereiht werden.
Bei Burgen und Wehranlagen stellt sich der Wissensstand trotz ihrer einst bedeutenden gesellschaftlichen Stellung und ihrer oft landschaftsprägenden Monumentalität meist anders dar. Das hat wohl drei Hauptursachen. Zum einen hat die Burgenforschung mit ihrer frühen Prägung durch leidenschaftliche Amateure und Romantiker den bis heute oft gerechtfertigten Ruf mangelhafter Wissenschaftlichkeit und wird von der Kunst-Forschung gemieden. Zum anderen scheint die Einschätzung „alle Burgen sind ja ganz verschieden" jede vergleichende Auseinandersetzung zu untergraben. Nicht zuletzt wird Wehrbauten gern jene gestalterisch-kreative Schöpferleistung abgesprochen, die eine kunsthistorische Untersuchung lohnt.[1] Allem ist massiv zu widersprechen. Es gibt inzwischen sowohl einen hochwertig arbeitenden Forschungszweig als auch den vielfach erbrachten Beleg, dass Burgen und Wehranlagen analog zum restlichen Erbe der Menschheit hervorragend vergleichend aufzuarbeiten sind, nicht zuletzt sind sie in fast allen Epochen als bedeutsame Repräsentationsarchitektur für die Spitzen der zeitgenössischen Gesellschaft zu fassen. Im Gegenteil, hier finden sich ganz deutlich spezifische Traditionen, Schulen sowie Meisterklassen, zudem regionale und internationale Aspekte, die sogar gut mit anderen Sparten des Kunsthandwerks und der sakralen Architektur zu verknüpfen sind und einen wesentlichen Mosaikstein zum Verständnis vergangener Kulturen bilden. Wehranlagen sollten somit nicht nur als romantisch in der Landschaft gelegene Ausflugspunkte von Wanderern gern aufgesucht werden, sondern auch in der Kunstgeschichte den gebührenden Spitzenplatz gleichwertig an der Seite von Sakralbauten einnehmen.[2] Immerhin waren sie seit Beginn der Sesshaftigkeit mit der neolithischen Revolution bis zur Entwicklung der modernen Kriegsführung im 19. Jahrhundert im täglichen Leben fast jeder größeren Gesellschaftsform omnipräsent.[3]

MÖGLICHKEITEN UND GRENZEN DIESER ARBEIT

Bei baulichen Resten lange vergangener Epochen ist man prinzipiell auf die zufällig erhaltenen Teile angewiesen, die meist zu einem Rohbau reduziert, nachhaltig verändert und ohne Ausstattung und Inventar fragmentiert bewahrt blieben. Das ist umso mehr im Auge zu behalten, als historische Beschreibungen vor allem Wert auf die darin stattfindenden gesellschaftlichen Ereignisse und deren hochwertige Nutzgegenstände legten und die Architektur nur als einfassenden Rahmen verstanden.
Gerade über Jahrhunderte bestehende und oftmals um- und ausgebaute Wehranlagen sind zudem als regelrechte Palimpseste zu werten, deren Konzeption mehrfach grundsätzlich verändert wurde. Wenngleich auch darin höchst spannende Fragestellungen zur Motivation stecken (Fortschritte in Technik, Gesellschaft, Rang und Mode aber auch Katastrophen

wie Krieg und Klima), wurden damit mögliche zeitgenössische Idealvorstellungen durch den älteren Bestand, durch die oft beengte Topographie sowie nicht zuletzt durch finanzielle und bautechnische Einschränkungen stark verfälscht.

Im direkten Vergleich der Wehranlagen ergeben belegbare Analogien von Konzept, Mauerwerk und Baudetails gemeinsam mit gleicher Bauherrenschaft und paralleler Zeitstellung dennoch durchaus greifbare Indizien zu direkten Abfolgen oder Verknüpfungen. Es können auch handwerkliche Traditionen glaubhaft gemacht werden, die selten aber doch durch bekannte Künstlernamen oder sogar ganze Schulen zu erweitern sind. Sie führten architektonisch zu verwandten Bautengruppen, die gemeinsam mit funktionalen und ideologischen Aspekten mit der (bis heute teilweise umstrittenen) Fachrichtung der Typologie untersucht werden können. *„Denn die Typologien bieten einen theoretischen Rahmen an, in dem über Verteilung von Macht und ihre Legitimation nachgedacht werden kann; sie erlauben auf allgemeiner Ebene eine Annäherung an vergangene gesellschaftliche und politische Organisationsformen."*[4] Mit diesen Worten schließt eine neuere Zusammenfassung eine weite Rundschau unterschiedlicher Herangehensweisen zur Klassifizierung historischer Gesellschaften mit ihren Hinterlassenschaften und fordert dezidiert zur Typologie auf, auch wenn damit zahlreiche spezifische Schwächen und einengende Blickrichtungen verbunden sind. Dieser Einschätzung folgte auch der Autor.

Leider bremst der Mangel an dokumentierten Intentionen der Bauherren eine allzu euphorische Feststellung einstiger Absichten. Selbst die wenigen historischen Schriftquellen waren bekanntermaßen immer von ihrem Auftraggeber bzw. vom Autor geprägt und spiegeln daher nur deren Sicht und Motivation.[5] Fast isoliert sind tatsächliche Inschriften mit ostenativer Nennung des Bauzwecks.[6]

Wie bei einem rechtlichen Indizienprozess gilt daher der absolute Vorrang den konkreten Fakten erhaltener Objekte, der sich in dieser Arbeit in der möglichst objektiven katalogmäßigen Erfassung der einzelnen Baureste spiegelt. Diese Inventarisation sollte auch bei künftigen Korrekturen nur zu ergänzen bzw. zu erweitern sein. Problematischer ist schon die verknüpfte zeitliche und politische Verortung, die nur im Rahmen vorliegender Daten und Forschungen möglich war und sicher künftig zahlreiche Kalibrierungen erfahren wird. Davon ist der zweite, auswertende Teil zu trennen, der ausschließlich als aktuelle Interpretation und Weiterführung von bisherigen Forschungen sowie eigenen Meinungen zu verstehen ist. Dabei galt es, die vermutbaren einstigen Intentionen der Bauleute und ihrer Auftraggeber vorsichtig zu formulieren und dennoch über trivial allgemeine Aussagen hinaus zu kommen.

Wenn der überlieferte Quellenstand deutlich von den eigenen Interpretationen getrennt wird, sind aus meiner Sicht auch nicht belegte aber nachvollziehbare neue Theorien zulässig, die zur allgemeinen Diskussion gestellt werden.

Für die grobe Webstruktur der Arbeit sind auch andere Einschränkungen verantwortlich. Zunächst ist zu bemerken, dass in einer Zeit der intensiven Einzeluntersuchungen die überregionalen Gesamtdarstellungen nicht nachkommen. Das führt zu unterschiedlich aufgearbeiteten Gebieten und Epochen, deren heute bekannte Gewichtung keineswegs dem (einstigen) Bestand entspricht. Vor allem bei außereuropäischen Ländern und Sprachen mit anderen Schriftzeichen bedingt die Zugänglichkeit zu den aktuellsten Forschungen naturgemäß die größten Lücken. Hinzu kommt die deutlich reduzierte Überlieferung der älteren Epochen, sodass aus der Frühgeschichte fast nur punktuelle archäologische Befunde vorliegen. Das gilt durchaus auch für Europa und das frühe Mittelalter.[7]

Neben diesen Einschränkungen bei der statistischen Objektlokalisierung gibt es auch zahlreiche organisatorische Begrenzungen zu akzeptieren. Meist fehlen maßgenaue Vermessungspläne, verlässliche Baualterspläne bilden überhaupt die Ausnahme. Hier muss man sich mit (historischen) Planskizzen begnügen, die durch Luftbilder notdürftig korrigiert werden können. Dem entsprechend handelt es sich dann nur um Systemgrundrisse ohne exakte Maßhaltigkeit. Für dieses Buch wurde in eigenen konsequenten Planumzeichnungen die relevante Epoche (eventuell mit grau abgesetzten Vorstufen bzw. Ausbauten) isoliert, ohne die gesamte Komplexität der Baugeschichten darzustellen zu können. Naturgemäß konnten trotz zahlreicher Forschungsreisen bei weitem nicht alle angeführten Anlagen persönlich besucht werden, zumal selbst vor Ort nicht jede vorliegende Untersuchung zu überprüfen war. Qualität und Nachvollziehbarkeit der Literatur sind erfahrungsgemäß sehr unterschiedlich und oft kaum zu bewerten (teilweise finden sich Datierungsunterschiede über mehrere Jahrhunderte), zudem ist durch die langjährige Arbeit wohl nicht bei jedem Objekt der neueste Stand der Forschung angeführt.

Nicht zuletzt gibt es inhaltliche Grenzen zu akzeptieren. So wird zunächst durch die letztlich willkürliche Definition des Begriffs Kastell jede fließende Übergangsform zu anderen Bautypen ausgegrenzt, wenngleich versucht wurde, „Härtefälle" zu vermeiden. Auch die zeitlichen und regionalen Schwerpunkte sind frei gewählt, so fehlen etwa die grundsätzlich durchaus verwandten keltischen Viereckanlagen, karolingische Grenzgevierte mit Ecktürmen, zisterziensische Grangien,[8] indische und nordamerikanische Forts aber auch gründerzeitliche Kasernen und rezente Flaktürme. Auch sehr ähnliche religiös konnotierte kastellartige Tempelanlagen, Mausoleen und Klosterburgen wurden weg gelassen,[9] während die Kastelle des mittelalterlichen Europa ausführlich dargestellt sind. Selbst die Zuordnung der angeführten Objekte in einzelne Kapitel ist nicht immer eindeutig möglich. Bauten, die mehrmals die politische Zugehörigkeit wechselten, größere Gebietsverschiebungen und nicht zuletzt überregionale Verbände und Ereignisse wie Ritterorden und Kreuzfahrer führen zu ineinander greifenden Kapiteln, die durch Querverweise verbunden sind.

Besonders bedauernswert sind die durchwegs fehlenden zeitgenössischen Quellen zur einstigen Wahrnehmung von Kastellen.[10] Wer kannte damals die konzeptuellen, handwerklichen, räumlichen, zeitlichen und politischen Parallelen zu anderen Kastellen und wusste um eventuelle inhaltliche Verknüpfungen und ostentative Manifestationen?[11] Waren das wirklich alle Bauherren, Planer, Handwerker, die ganze Oberschicht oder gar die allgemeine Bevölkerung? Kannte wenigstens der Auftraggeber eventuelle Traditionen und imperiale Wurzeln? Hatte er bestimmte Vorbilder und Ansprüche im Kopf und gab er deshalb den Bautyp vor? Wer waren die möglichen Adressaten von gebauten Botschaften oder handelte es sich gar um pragmatische Gebrauchsarchitektur ohne ideologischen Anspruch? Nicht minder spannend ist die Frage nach einer zusammen hängenden Tradition im Gegensatz zum Begriff der Polygenese.[12] In dieser Arbeit werden dazu einige Hypothesen formuliert, die naturgemäß nicht immer durch Beweise zu unterlegen sind. Vielleicht kann die Zukunft entscheidende Vertiefungen und Korrekturen liefern, frei nach dem Spruch „Wissenschaft ist Irrtum auf dem letzten Stand".

BISHERIGE FORSCHUNGEN

Das Thema Kastellbau wurde bislang überregional mit großer Missachtung bzw. Unkenntnis übergangen oder gestreift.[13] Nur augenscheinliche Gruppen gleichförmiger Bauten einer lokalen Region erhielten teilweise die gebührende Aufmerksamkeit, meist ohne jedoch intensiv international verglichen oder gar als selbstständiger Typus erkannt zu werden. Einzelne überregionale Querbezüge blieben banal[14], mit vielen offenen Fragen[15] oder kontroversiell.[16] Es kann daher auf keine einzige umfassende Forschung zurückgegriffen werden. Für regionale Literatur sei auf die einzelnen Kapitel verwiesen, breite Auswertungen gibt es aber auch hier nur selten. Für die Ur- und Frühgeschichte liegt einerseits eine vorbildhafte Aufarbeitung ägyptischer Wehranlagen vor,[17] andererseits gibt es zum römischen Militärbau umfangreiche Abhandlungen,[18] während für die zahlreichen anderen Regionen und Reiche Überblicksdarstellungen fehlen. Für das oströmische und das byzantinische Reich bietet eine kürzliche Inventarisation aller Monumentalbauten am Balkan eine hervorragende Basis.[19] Arabische Rechteckpaläste Nordafrikas und Vorderasiens werden zwar unterschiedlich interpretiert und sind noch lange nicht komplett erfasst,[20] durch gute Quellen ist jedoch eine breite Übersicht möglich. Isoliert wird hier auch der Vergleich mit anderen Kulturkreisen diskutiert.[21]

Für das europäische Mittelalter wurden früh Zusammenhänge bei regelhaften Burgen des Deutschen Ordens erkannt, jedoch nur kurz gestreift,[22] diese sind inzwischen vorbildhaft inventarisiert.[23] Auch böhmische Königsburgen waren früh Forschungsthema,[24] ihre Bearbeitung folgte in der Nachkriegszeit,[25] ist jedoch bis heute nicht beendet.[26] In Frankreich widmete man sich in zahlreichen Abhandlungen dem regelmäßigen Burgenbau unter König Philipp II., vermutet jedoch bis heute eine genuin einheimische Bauform.[27] Für die direkt anschließenden englischen Gebiete fehlt diese Bestandsaufnahme gänzlich, hier konzentriert man sich traditionell auf die Königsburgen in Wales,[28] wo tatsächlich bemerkenswerte Forschungsergebnisse zu Planern, Handwerkern und zum Bauablauf vorliegen.[29] Durchaus naheliegende Vergleiche mit anderen englischen Kastellen in Irland, Wales und dem Festland sind hingegen nicht bekannt. Dafür gibt es zunehmend Studien zu den spätgotischen westeuropäischen Residenzen und ihren buchstäblich engen Verwandtschaften.[30] In Süditalien erfreuen sich die staufischen Kastelle seit langem großer Beliebtheit und regelmäßiger Forschungen, eine auswertende Zusammenfassung gibt es jedoch nicht.[31] Gerade hier wären Vergleiche mit den älteren Normannenkastellen, zeitgleichen Bauten im Heiligen Land sowie dem Reich der Seldschuken lohnend, aber bislang kaum versucht. In Deutschland wurde das Kastellthema überhaupt nur grob gestreift,[32] selbst bei den so offensichtlichen spätgotischen Rheinburgen.[33] Vereinzelt wurden dabei direkte Ableger aus Frankreich vermutet.[34] Weiters findet sich der Versuch, den regelmäßigen Burgentyp weiter zu fassen, um größere regionale Gruppen mit internationaler Herleitung zu erhalten.[35]

Für die Kastelle in Ostösterreich gibt es hingegen schon eine längere Forschungsgeschichte, sogar mit zwei Dissertationen[36], einer Magisterarbeit[37] sowie guten bauhistorischen Einzeluntersuchungen[38] und typologischen Verbindungen.[39] Hier wurde auch vom Autor selbst begonnen, gesellschaftspolitische Besonderheiten und vermutbare architektonische Manifestationen auszuloten.[40]

DEFINITION DES BEGRIFFS KASTELL

Um aus dem großen Sammelbecken unterschiedlicher profaner Bauformen den hier behandelten Bautyp „Kastell" eingrenzen zu können, bedarf es zunächst einer Definition, wie sie erstaunlicherweise bislang in der Wissenschaft nicht kanonisiert wurde. So finden sich etwa bei den mittelalterlichen Bauten unterschiedliche Herangehensweisen und Begriffsbestimmungen. 1954 wurde ohne große Nachfolge postuliert, dass es in Deutschland drei Kastelltypen gebe, die alle geradlinige, quadratische oder rechteckige Umfassungen aufweisen[41]: das Mauerkastell als Sonderform einer Ringmauerburg, das Randhauskastell als Sonderform der Randhausburg und das Vierturmkastell. 1965 wurde diese Ansicht nachhaltig überholt[42] und die Burgentypologie baulich durch zentrische oder axiale Anlagen definiert sowie funktional und topographisch durch die „geschichtliche Eigenschaft" und die „landschaftliche Lage" erweitert.[43] Aus einer Reihe von rechteckigen Burgen kam in dieser historischen Definition unserem Bautyp die „Mehreckburg mit mehreren Türmen" am Nächsten, wenngleich das Wort Kastell vermieden wurde. Bald darauf entwickelte sich in ganz Europa eine regelrechte Kastellforschung, die auf umfangreichen Grundlagenarbeiten basierend[44] Kastelle als regelmäßige mehrtürmige Burgen mit Randhausbebauung bezeichnete und französische und mitteleuropäische Varianten mit runden bzw. eckigen Türmen als zwei kaum zusammenhängende Gruppen unterschied.[45] Vereinzelt gab es weitere einschränkende Kriterien, wie den Ausschluss von Flankierungsmöglichkeiten, Randbebauungen sowie Arkadenumgänge.[46] Für den deutschen Sprachraum wurden als Merkmale eine rechteckige Grundrissform und regelmäßig angeordnete Mauertürme sowie ein Aufkommen ab dem 12./13. Jahrhundert und eine Unterscheidung zur klassischen Burg festgehalten.[47]

Auch der Autor selbst hat 2003 eine Definition des Begriffs Kastell vorgelegt, wobei er damals den Schwerpunkt auf mittelalterliche Anlagen legte und daher von Kastell-Burgen sprach.[48] Demnach gibt es drei Gruppen regelmäßiger Burganlagen, die klassische Adelsburg auf regelhaftem Grundriss, die regelmäßige Mantelmauerburg sowie die rechteckige Mehrturmburg, die allein für die damalige wie die gegenständliche Untersuchung von Relevanz ist. Diese Definition scheint auch nach der nun vorliegenden epochen- und regionenübergreifenden Inventarisation noch immer am besten geeignet, ein vielschichtiges Phänomen zumindest baulich zu umschreiben, das naturgemäß etwa auch topographisch, funktional, größenmäßig und besitzrechtlich einzuordnen wäre. Wie zu zeigen sein wird, finden sich auch hier enge Gruppenbildungen, sodass an den Kastelltypus tatsächlich auch weitere „weiche" Charakteristika gebunden werden können. Da dies, wie einst bereits vermutet, sowohl baulich als auch inhaltlich weit über das Mittelalter nachvollzogen werden kann, ist jedoch der Zusatz „Burg" wegzulassen und folgende Definition für diese Arbeit festzulegen:

Kastelle sind regelhafte, im Normalfall rechteckige profane Monumentalbauten, deren Außenmauern durch mehrere Türme oder turmartige Verstärkungen akzentuiert werden.

---

1. Zum Thema ausführlicher Wheatley 2001, 7.
2. Die Burgenforschung geht sogar davon aus, dass Sakralbauten in ihrer breiten Masse sehr formelhaft und traditionell waren, während Wehrbauten meist individuell kreativ und zeitspezifisch innovativ entwickelt wurden. Emery 2016, 372.
3. Frederiksen, Schnelle 2016, 21.
4. Saile 2010, 63.
5. Laufer 2016, 328.
6. Allem voran bei den Karawansereien des vorderen Orients, vg. Kleiss 2015 187 f.
7. So kann von den zahlreichen urkundlich fassbaren „Kastellen" Karls des Großen kein einziges nachgewiesen werden. Hoffnung macht hier der Veitsberg in Unterfranken, wo gemäß kleinformatiger archäologischer Sondagen ein Vierturmkastell mit Rundtürmen vermutet wird. Wolters 2013, 70. Darin zeigen sich prinzipielle Ähnlichkeiten zu einer isoliert dokumentierten frühen Zweiturmfront unter der Kaiserpfalz Eger sowie zu einer Fluchtburg in Bernshausen, deren eventuelle Zusammenhänge erst zu untersuchen sind.
8. So ist die um 1300 für das Kloster Fontfroide in Fontcalvy entstandene Scheune wie ein Kastell aufgebaut, kann jedoch in diesem Rahmen nicht bearbeitet werden.
9. Analogien zeigen etwa die ägyptischen und babylonischen Tempel, der Tempelberg von Jerusalem, die chinesischen Han-Kaisermausoleen, arabische Moscheen und indische Mausoleen, aber auch fernöstliche Tempelstädte wie Angkor Wat. Diese bemerkenswerten Parallelen mit der zeitgleichen und oft benachbarten Sakralarchitektur werden hier nur lokal angedeutet, müssen aber einer eigenen Studie vorbehalten bleiben.
10. Emery 2016, 372.
11. Vgl. dazu ausführlich Bandmann 1998.
12. Lehner 1998, 512.
13. Das zeigt sich besonders anschaulich bei den überblicksartigen Gesamtdarstellungen von den frühen wie Piper 1895 und Cohausen 1898 bis zu den jüngsten, wie dem Lexikon des Mittelalters, wo zum Thema Befestigung in 13 Spalten nach den Römern Kastelle mit keinem Wort erwähnt werden. Vereinzelt wurde die Typologie von Wehranlagen überhaupt in Frage gestellt, vgl. Zimmermann 2001, 66.
14. Tuulse 1947, 15.
15. Durdík 2011, 7.
16. Herrmann 2007, 193.
17. Monnier 2010.
18. Zuletzt zusammenfassend Bishop 2012.
19. Ćurčić 2010, 178.
20. Franz 1984.
21. Hillenbrand 2001, 114, Schuetz 2008, 61.
22. Cohausen 1898, 251,
23. Herrmann 2007.
24. Ebhardt 1939, 408.

25 Menclova 1964, 311.
26 Durdík 1994, 12.
27 Mesqui 1991, 41 bzw. Mesqui 2000, 290.
28 Taylor 1963.
29 Prestwich 2010, 1.
30 Emery 2016, 208.
31 Willemsen 1966 bzw. 2001.
32 Piper 1895, 543.
33 Hotz 1965, 188; Friedrich 2001, 245.
34 Meckseper 1975, 135.
35 Biller 1986, Biller 2002, 33.
36 Landgraf 1948 bzw. Landgraf 1973, Schicht 2011.
37 Hayder 1992.
38 Klaar 1973-76, Klaar 1980.
39 Seebach 1974, 178, Seebach 1976, Schicht 2003.
40 Schicht 2012, Schicht 2013.
41 Clasen 1954, 129.
42 Hotz 1965, 6.
43 Dass Hotz bis heute nicht immer verstanden wurde, zeigt etwa ein Beitrag von Zimmermann zur angeblich problematischen Burgentypologie, wo dieser fälschlich behauptet, die Spezifik des mit Ecktürmen besetzten Kastells läge in der Flankierung, vgl. Zimmermann 2001, 75.
44 Menclová 1964, 311; Meckseper 1975, 135.
45 Menclová 1971, 101, Durdík 1994, 7 mit weiterer Literatur.
46 Durdík 1994, 140.
47 Biller 2010, 401. Die versuchsweise Annäherung an die Bezeichnung „Schloss" wurde bislang in der Forschung nicht weiter diskutiert und scheint wegen der erst recht einschlägigen Belegung für unbefestigte Bauten der Neuzeit wenig sinnhaft zu sein.
48 Schicht 2003, 11.

Manduria, Italien

DIE ERSTEN HOCHKULTUREN

Rechtwinkelige Bauten mit mehreren Ecktürmen tauchten ab den frühen organisierten Staatskulturen auf. Bereits mit dem Beginn der Sesshaftigkeit wurde sowohl ein Schutz vor Eindringlingen als auch eine innere Konsolidierung der Gesellschaft benötigt. Für das eine brauchte man eine stabile Grenzkontrolle, für das andere repräsentative Verwaltungszentren. In den Hochkulturen Vorderasiens finden sich ab dem 4. Jahrtausend v. Chr. rechtwinkelige Vierflügelbauten um zentrale Höfe, die sowohl profan als auch religiös orientiert sein konnten. So zeigt die mehrfach aufgeschüttete Kultanlage auf der Zikurrat von Eridu[1] seit Schicht XI (4. Jt. v. Chr.) eine starke Betonung von weit vorspringenden Ecktürmen, ab Schicht VII sind sie monumentale Eckpunkte einer streng orthogonal ausgerichteten klassischen Kastellanlage auf inzwischen weithin erhöhter Plattform. (Abb. 1)

Direkt neben der sakralen Zikurrat von Ur kann im späten 3. Jt. v. Chr. auch der Königspalast als rechteckige Kastellanlage mit massiven Mauern und hohen Türmen rekonstruiert werden.

Nahe dem syrischen Raqqa befand sich im 3. Jahrtausend mit Tall Bi'a eine bedeutende Stadt, deren Herrscherpalast archäologisch erforscht ist (Abb. 2).[2] Demnach war dies ein sorgfältig errichteter 41,5 x 46,8 m großer Bau auf streng orthogonalem Grundriss. Die etwa 1,6 m starken Mauern waren durch massive Eck- und Mauertürme gegliedert, die zwei Hauptportale wurden durch weit vorstehende Doppeltürme flankiert. Randständige Trakte gruppierten sich um drei kleine Höfe, die offensichtlich recht autark nebeneinander bestanden. Die Struktur wird mit mesopotamischen Fürstenpalästen der gleichen Zeit verglichen, wohin auch ein reger kultureller

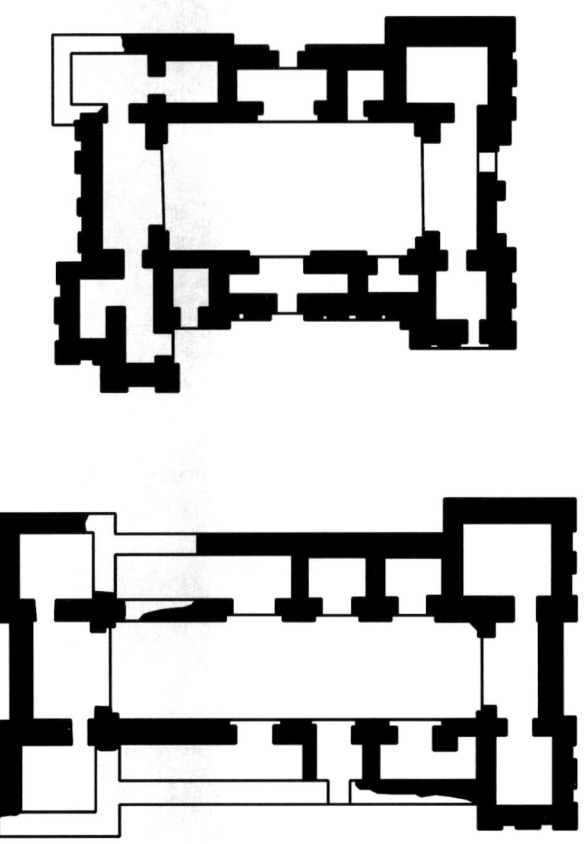

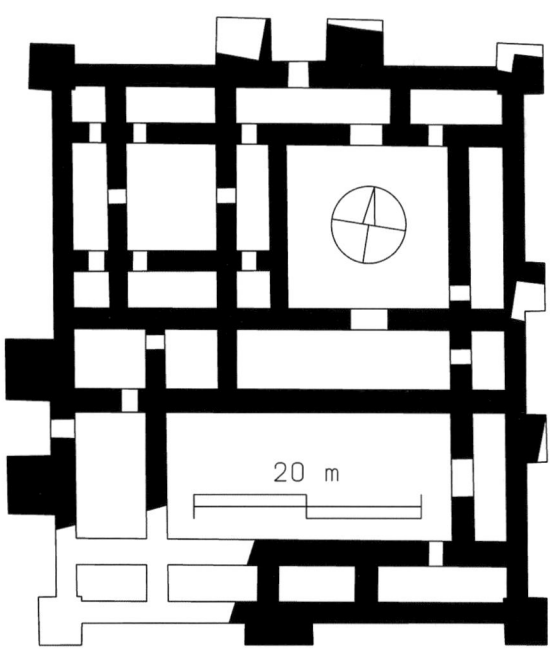

Abb. 1 | Eridu, Irak, Kultanlage auf der Zikurrat, Phasen VII und VI, spätes 4. Jt. v. Chr.

Abb. 2 | Tall Bi'a, Syrien, Palast A der mesopotamischen Stadt Tuttul, 3. Jt. v. Chr.

Austausch belegt ist. Dennoch scheint dieser Palast in seiner Konsequenz einzigartig gewesen zu sein. Zerstörungen und Massengräber indizieren, dass der Bau bereits während der Errichtung sowie danach mehrfach verwüstet und schließlich verlassen wurde.

Auch zahlreiche andere Siedlungen der Bronzezeit zeigen massive Zerstörungshorizonte. Um sich gegen ständige räuberische Nomadenzüge zu schützen, wurde unter anderem eine spektakulär lange Landmauer im heutigen Syrien errichtet. Sie konnte bislang auf über 200 km östlich von Hama und Homs nachgewiesen werden[3] und bildete eine N-S-Grenze zwischen den dicht besiedelten Ackerzonen und den nur für nomadisierende Weidewirtschaft nutzbaren Steppengebieten. Ihre Datierung kann grob in die Zeit um 2400-2000 v. Chr. gelegt werden. Obwohl zumindest ein befestigter Ort direkt dieser Mauer zugeordnet werden kann, geht die Forschung nicht von einer stringent verteidigbaren Befestigung aus, sondern von einer leichter zu kontrollierenden Schranke gegen das Umland. Leider fehlen nähere Grundlagen, um die Organisation und Unterbringung der jedenfalls anzunehmenden Grenzwachtruppen belegen zu können.

Dennoch kam es im späten 3. Jt. v. Chr. durch den Einfall kriegerischer nomadischer Stämme in Obermesopotamien zu einem massiven Zusammenbruch der lokalen Stadtkulturen. Als Reaktion entstand unter dem sumerischen König Sulgi[4] (2092-2045) zum Schutz des südlichen Mesopotamien mit seinem dicht besiedelten Zweistromland eine über 280 km lange steinerne Grenzmauer, die das Becken zwischen den westlichen Wüsten und den östlichen Gebirgen abriegelte. Als stark befestigte Eckpunkte dienten die rasterförmigen Städte Babylon und Zimudar, deren Befehlshaber bei der Instandhaltung helfen mussten. In der Folge wurde dieses Grenzland durch Verträge und Geschenke aber auch Razzien und Feldzüge von starken Truppen kontrolliert. Parallel dazu erfolgte im Landesinneren die rasterförmige Errichtung eines gemeinsamen königlichen Verwaltungszentrums nahe dem religiösen Zentrum in Nippur. Die lokalen Städte wurden also in großer Konsequenz zu einer gemeinsamen Vorgehensweise in Administration und Grenzkontrolle verpflichtet, über die zugehörigen Kasernen ist baulich wenig bekannt.

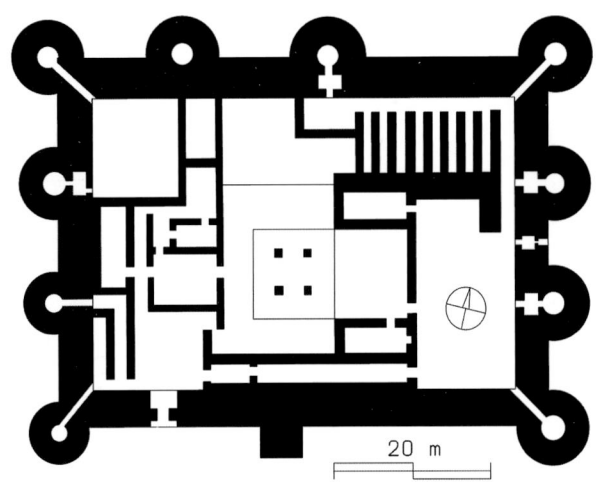

Abb. 3 | Djarkutan, Usbekistan, Zentralkastell, 2. Jt. v. Chr.

Das mittelassyrische Reich des 14. – 11. Jahrhunderts v. Chr. steht seit kurzem im Fokus diesbezüglicher Forschungen, wobei noch keine flächendeckenden Ergebnisse vorliegen.[5] Schriftquellen belegen die systematische Annexion eroberter Gebiete durch ex novo errichtete Planstädte als Verwaltungsmittelpunkte sowie durch Serien gleichförmiger Grenzbefestigungen entlang neuer Verteidigungslinien. Lokal sind etwa 17 kastellförmige Wehranlagen belegt, davon sechs als gegenüberliegende Brückenköpfe an einem Fluss. Für das neuassyrische Reich des 9. und 8. Jahrhunderts gehörten Festungen zum integralen Programm jeder Staatsführung, aus dieser Zeit geben zahlreiche Briefe Aufschluss über die Organisation und Erhaltung von Grenzforts.[6] Demnach wurden ihre Grundrisse direkt von der königlichen Kanzlei mit Planskizzen vorgegeben und über die Baufortschritte musste penibel berichtet werden. Umgekehrt findet sich die Forderung, der König möge umgehend seine Chefingenieure schicken, ganz offensichtlich war das Kastellbauwesen fest in zentraler königlicher Hand.

Fast unbekannt ist die sogenannte Oasenkultur bzw. Oxus-Zivilisation, die zwischen 2200 und 1700 v. Chr. etwa gleich-

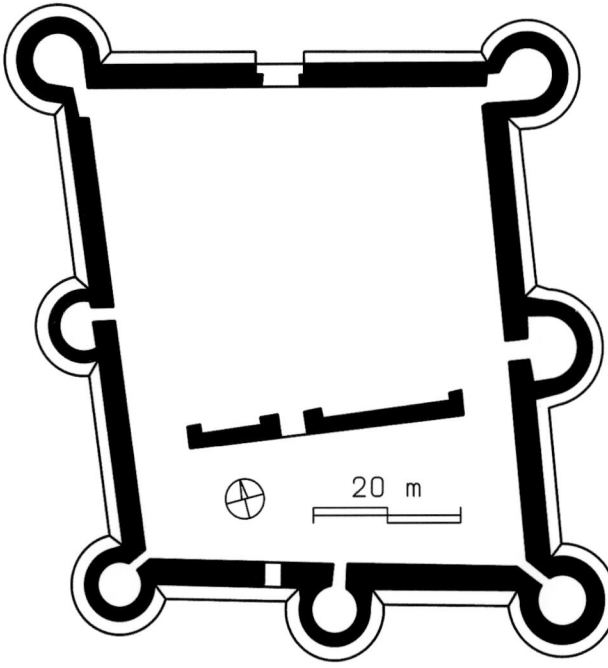

Abb. 4 | Tilla Tepe, Afghanistan, um 1500 v. Chr.

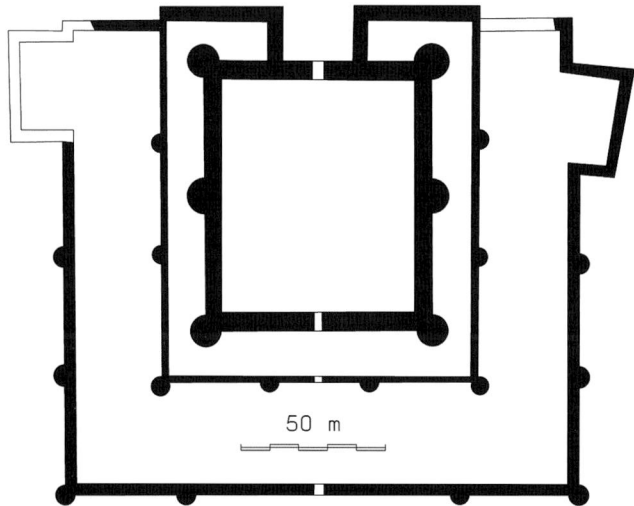

Abb. 5 | Togolok, Usbekistan, 2./1. Jt.

zeitig mit den Indus-Kulturen, dem Reich Elam und dem Mittleren Reich von Ägypten rund um die Wüste Karakum bestand. Die großteils rasterförmigen Städte weisen auf hohes mathematisches und astronomisches Wissen, zudem dominierten dicke Stadtmauern und wehrhafte Paläste.[7] Naturwissenschaftlich datiert ist etwa die einst fast 100 Hektar große Stadt Djarkutan, die ca. 1950-1450 besiedelt war (Abb. 3).[8] Sie war von zwei Monumentalbauten dominiert, einem quadratischen Kastell mit eckigen Flankentürmen am Rand sowie einem zentralen rechteckigen Kastell mit runden Türmen und Peristylhof. Die 45 x 62 m große Anlage besaß 4 m Mauerstärken und etwa 9 m breite Türme und war unter anderem mit den Zitadellen von Gonur und Kazakl'i direkt vergleichbar. An den Einfallstoren der Region verdichteten sich die Befestigungen, sodass man von einer akkordierten Verteidigung ausgehen kann.

Am besten erforscht ist die einstige Stadt Tilla Tepe an der Nordgrenze (Abb. 4). Die dominante Festung maß auf verzogenem Rechteck 60 x 70 m, bei 3 m Mauerstärken und 11 m breiten Türmen. Im Inneren gab es zahlreiche Umbauten, zuletzt um 1000 v. Chr. den Einbau einer großen zentralen Pfeilerhalle.

Sehr wenig ist hingegen über die Stadt Togolok bekannt, deren großformatige Zitadelle gestaffelte Rechtecke mit Rundbastionen aufwies (Abb. 5). Sie erinnert deutlich an viel spätere Sasanidenkastelle der Region, sodass noch weitere Verifizierungen abzuwarten sind.

Auch im nahen Reich der Hethiter in Anatolien gab es ein geregeltes Grenz- und Verteidigungssystem, das sich heute kaum mehr nachvollziehen lässt. Durch den rasch erodierenden Baustoff Lehmziegel, die starke Überbauung durch spätere Siedler und den schlechten Forschungsstand sind nur wenige Anlagen bekannt, weitere sind jedoch durch Inschriften, Abbildungen und Modelle überliefert.[9] Demnach wurden bereits im althethitischen Großreich im 2. Jahrtausend v. Chr. in den befestigten Siedlungen räumlich isolierte zitadellenförmige Palastfestungen errichtet.[10]

Diese Verwaltungssitze entstanden offenbar nach etablierten architektonischen Normen, die sich durch planmäßig orthogonale oder ovale Grundrisse und mächtige turmbewehrte Umfassungen mit Buckelquadern auszeichneten (Abb. 6–9). Die Tore waren durch Flankentürme und gestaffelte Zwinger geschützt, die Innenhöfe streng hierarchisch abgeschottet. Be-

Abb. 6 | Darstellung der Eroberung einer hethitischen Festung auf einem ägyptischen Relief, 13. Jh.

Abb. 7 | Darstellung der hethitischen Festung Carchemish auf einem assyrischen Relief, 9. Jh.[11]

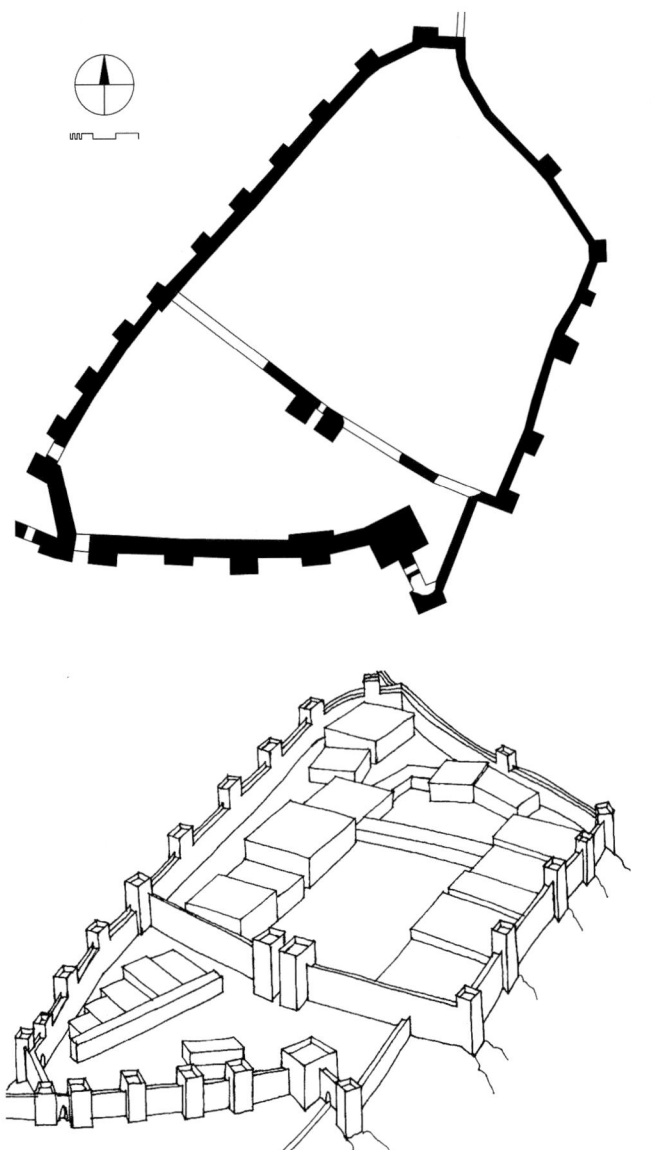
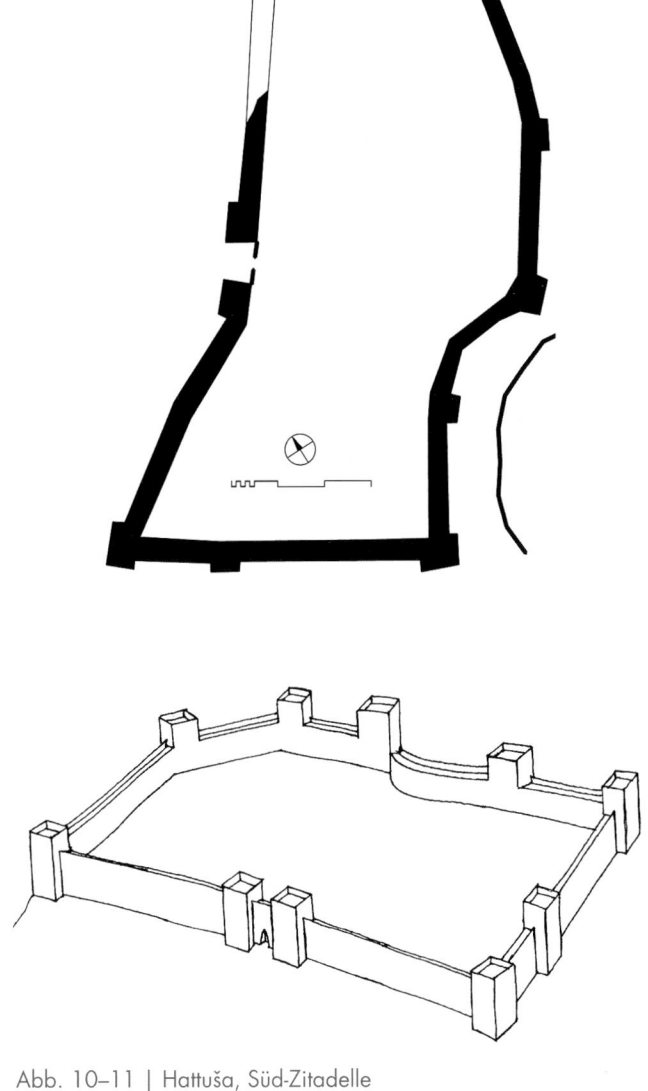

Abb. 8–9 | Hattuša, Türkei, hethitische Palastzitadelle der Hauptstadt, innerhalb der mehrfach gewachsenen halbkreisförmigen Festung war die Kernanlage als verzogen-quadratisches Kastell mit zentralem Doppelturmtor angelegt.

Abb. 10–11 | Hattuša, Süd-Zitadelle

zeichnender Weise gliederten sich bereits die frühen Zitadellen[12] in größen- und funktionsmäßig abgestufte Bauten. Die purste Ausbildung erhielten die hethitischen Festungen in den eroberten Gebieten in Nordsyrien und Nordmesopotamien, wo eine rein fortifikatorische Nutzung ohne integrierte Palast- oder Sakralbauten vorkam.[13]

Die mächtigste Anlage bildete die Königsburg in der Hauptstadt Hattuša namens Büyükkale (= große Burg), die in ständiger Erweiterung selbst zur kleinen Stadt wuchs. Die verzogen trapezförmige Festung von etwa 140 x 140 m Länge wurde gemäß schriftlicher Überlieferung um 1590-60 in der SO-Ecke der Unterstadt neu angelegt. Mächtige Kastenmauern mit engen Folgen starker Türme schützten das Areal, in dem

eine dichte freistehende Bebauung mit mehreren Höfen belegt ist. Im Vorfeld gab es eine ebenfalls stark befestigte Unterburg mit zahlreichen Wirtschaftsbauten. Nur 200 m südlich befand sich auf einem niederen Plateau der baulich als Vorstadt abgetrennten Oberstadt eine weitere Zitadelle. Diese etwa 90 x 180 m große Anlage besaß deutlich weniger starke Mauern, die in weiteren Abständen von schmalem Türmen verstärkt waren. Direkt benachbart lagen zwei große offene Wasserbecken, die als zentrale Wasserspeicher für die Hauptstadt dienten. Im nördlichen Teil dieser Zitadelle wurde ein repräsentativer Vierflügelbau nachgewiesen, das könnte das Offiziersquartier einer Garnison, vorzugsweise natürlich der königlichen Leibgarde gewesen sein. Mannschaftsbaracken sind nicht belegt, sie waren wohl aus weniger haltbarem Material. (Abb. 10–11)

Die Städte der Umgebung besaßen kleinere Verwaltungssitze. Im Späthethiterreich des 12. bis 8. Jahrhunderts v. Chr. reduzierte sich das Reich auf einen losen Fürstenverband, jedoch mit starken Grenzfestungen. Historische und archäologische Indizien lassen vermuten, dass es nach Norden eine strategisch angelegte Kette von gut befestigten Städten gab, die einen Schutz gegen die nomadisierenden Stämme der Berge am Schwarzen Meer bilden sollten.[14] Sie waren zwar nicht durch Mauern zusammengeschlossen, konnten jedoch durch Verbindungsstraßen und Signalzeichen rasch Alarm schlagen. Aus dieser Zeit gibt es auch Tontafeln mit Hinweisen zur militärischen Struktur.[15] Demnach gab es eine ausgefeilte Garnisonsordnung mit regulären Truppen, Hilfseinheiten, Spezialkommandos und Vasallenregimentern. In Friedenszeiten mussten die Soldaten ihre Festungen renovieren, im Krieg wurden stets starke Wachtruppen in den Festungen zurück gelassen. (Abb. 12)

Im Gebiet des heutigen Palästina entwickelte sich zwischen der Zeit der Einwanderung um 1200 und der Deportation nach Babylon 587 v. Chr. das kleine aber schlagkräftige Reich des jüdischen Volkes. Hier gab es nur zeitweise dominante Könige, die ihre Hauptstadt und neuralgische Landpositionen mit Festungen und stehenden Truppen absicherten.

Als ein für die Forschung bedeutendes Kastell gilt Sauls Fort (Givat Shaul, Tell el-Full), ein königlicher Stützpunkt wenige Kilometer nördlich von Jerusalem (Abb. 13–14). Die verzogen-quadratische Anlage von 50 m Seitenlänge wird an den Kanten durch mächtige L-förmige Türme dominiert, die Mittelfläche ist völlig freigehalten. Die (bau-) historische Verbindung mit König Saul macht eine Datierung im 10. Jahrhundert wahrscheinlich.[17]

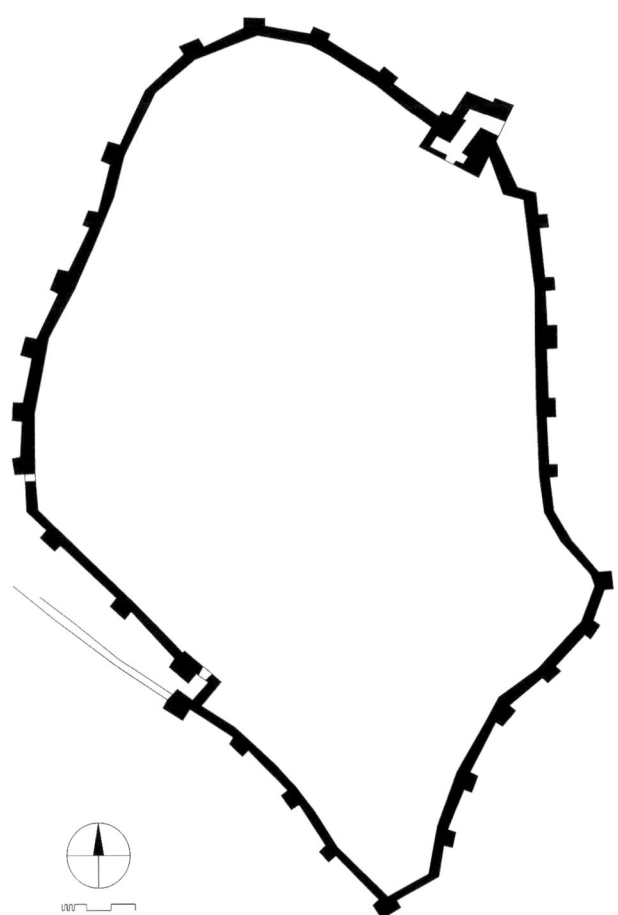

Abb. 12 | Karatepe,[16] Türkei, Grenzfestung eines den Assyrern tributpflichtigen späthethitischen Königreichs; auf dem unregelmäßigen Felsplateau konnte das über 300 m lange Areal als geräumige Truppensammelstelle dienen.

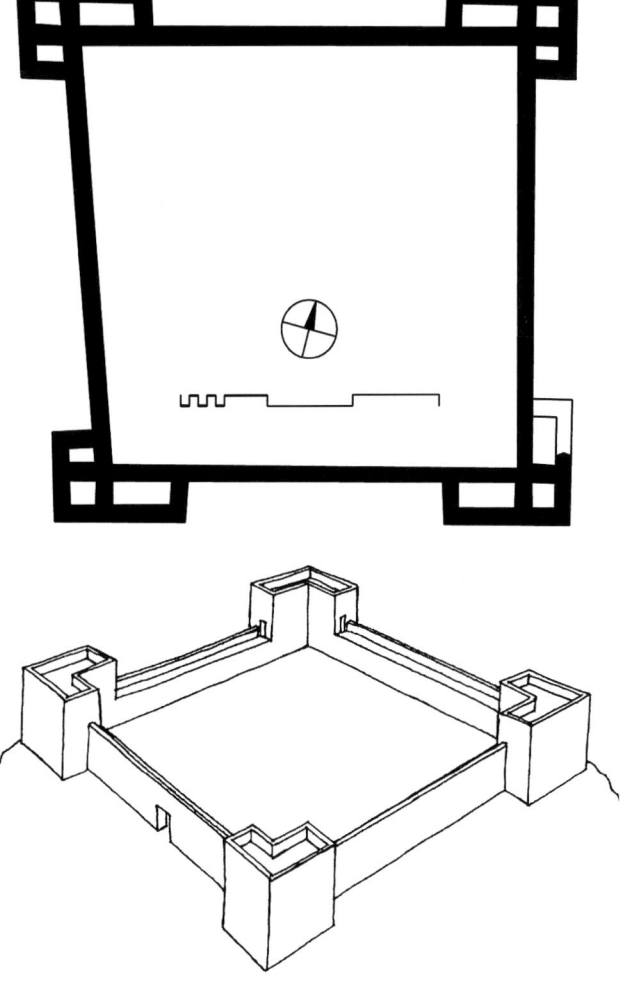

Abb. 13–14 | Tell el-Full, Israel, Sauls Fort, 10. Jh. v. Chr.

DIE ERSTEN HOCHKULTUREN

Eine ähnliche Anlage könnte auch in Jerusalem selbst bestanden haben, wo auf dem steilen Hügel Millo nördlich des Tempelberges zeitgleich nachweislich eine starke Zitadelle errichtet worden ist. Ihr Standort, der unter Herodes vom Kastell Antonia überbaut werden sollte, ist heute durch eine Vergrößerung der Tempelterrasse besetzt.

In der großen Stadt Meggido gab es aus der gleichen Zeit zwei an die Stadtmauer gelehnte rechteckige Palastanlagen, deren Ecken vortretende quadratische Räume mit starken Mauern aufwiesen, wodurch auch bei diesen Anlagen auf herausragende Ecktürme geschlossen werden kann. Die Städte Samaria und Hazor weisen ähnliche Palastanlagen auf.

Entlang der südlich gelegenen Wüste Negev, die durch nomadisierende Stämme ein ständiger Unruheherd war, entwickelte sich ein dichter Gürtel frei stehender Festungen, von dem etwa 50 Anlagen fassbar sind.[18] Leider ist hier der zugängliche Forschungsstand[19] sehr divergierend, so ist oft nicht klar, ob und welche Bauteile erst in persischer oder hellenistischer Zeit hinzugefügt wurden.[20] Die meist rechteckigen, aber sonst sehr unterschiedlich dimensionierten Anlagen können offenbar in reine Garnisonen, befestigte Karawansereien und kleine Gutshöfe unterschieden werden.

Unter König Uzziah (783-742) gab es eine umfangreiche Heeresreform, der eine große Kastellbau-Kampagne folgte. Demnach gab es ein stehendes Heer aus zwei getrennten Einheiten - Juden sowie fremden Söldnern - die im Bedarfsfall durch Milizen verstärkt wurden. Im Krieg gab es strenge Regeln für Truppenaushebung, Ausrüstung und Organisation, im Friedensfall dienten die Festungen als Quartiere für die hoheitlichen Behörden. Zentraler Schwerpunkt der Verteidigung war Jerusalem, das eine neue Stadtmauer, eine zusätzliche Zitadelle und zahlreiche Türme erhielt. Leider blieb von der Zitadelle, die südlich des Tempelberges situiert war, keinerlei Rest erhalten.

Als eine seiner ältesten Wehranlagen am Land gilt das königliche Fort Arad, am südlichen Rand des jüdischen Siedlungsgebietes (Abb. 15–16).[21] Der Neuaufbau eines Vorgängers erfolgte als Kastell mit etwa 50 m Seitenlänge, mächtigen Mauern und Doppelturmtor. Bemerkenswert ist die gestufte Mauerflucht, die wohl als isoliertes Experiment zu verstehen ist. Ecktürme und Flankenwehr fehlen gänzlich, vielleicht folgte der nunmehr steinerne Bau daher im Wesentlichen einem Vorgänger aus Lehm. Direkt mit König Uzziah zu verbinden ist Harvad (Horvat) Uza (Abb. 17–18).[22] Diese etwa 40 x 50 m große Anlage un-

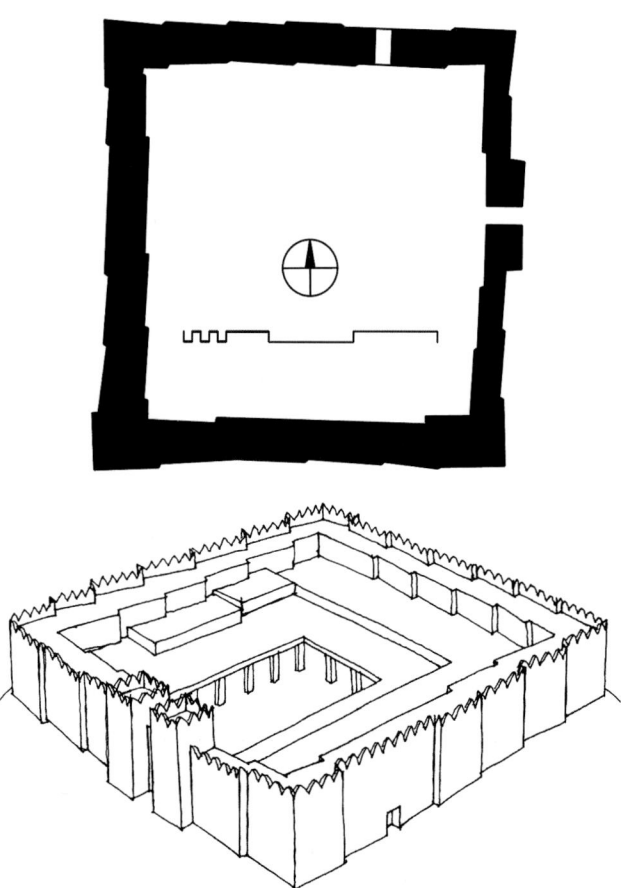

Abb. 15–16 | Tell Arad, Israel, Zustand im 8. Jh. v. Chr.

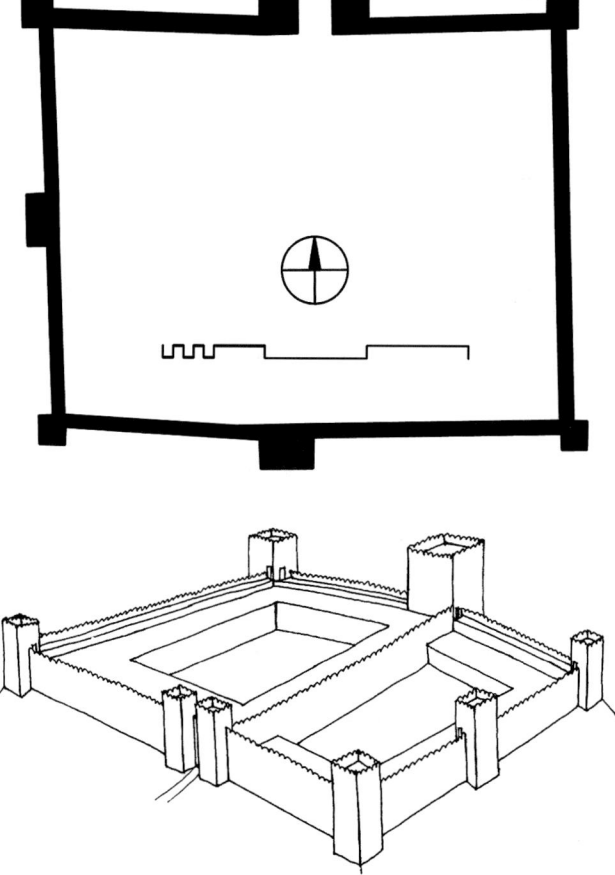

Abb. 17–18 | Harvad Uza, Israel, Kastell des 8. Jahrhunderts

mittelbar südöstlich von Arad besitzt auf einem rechteckigen Grundriss neben dem Doppelturmtor auch weitere schmale Eck- bzw. Mauertürme, die in gesamter Breite vor die Mauer treten und somit einen gewissen Flankenschutz ermöglichen. Innen gab es eine umlaufende randständige Bebauung mit quer über den Hof laufendem Mitteltrakt. Form und Details erinnern an hethitische Lösungen.

Mit Harvad Uza ist Kadesh Barnea nur bedingt vergleichbar, das weit nach Süden vorgeschoben in der Wüste Negev liegt und als zentraler Kontrollpunkt für die Handelsrouten nach Ägypten diente (Abb. 19–20). Gemäß jüdischer Überlieferung errichtete Uzziah diese Anlage auf älterer Grundlage. Der Grundriss zeigt ein Kernrechteck von etwa 40 x 60 m mit innen umlaufender randständiger Bebauung. Die großen Türme sind mit dem älteren Sauls Fort aber auch dem jüngeren Azekah vergleichbar, das wohl erst im 5. Jahrhundert unter den Persern mit den ausladenden Vorbauten verstärkt wurde.

Als deutlich späteres Kastell gilt Meshad Hashavyahu, das ins 7. Jahrhundert datiert wird (Abb. 21–22).[23] Die L-förmige Anlage zeigt zwar ein breites Doppelturmtor, sonst aber nur pfeilerartige Mauervorsprünge, die vor allem statische Gründe haben mögen. Im Inneren blieben spärliche Reste einer randständig umlaufenden Bebauung sowie einer in engen Gassen geführten Kasernenstruktur fassbar. Bemerkenswert ist die konsequent rechtwinkelige Anlage auf einem stark welligen, steilen Hügelsporn.

Auch im Südwesten der Arabischen Halbinsel dürften frühe kastellförmige Zitadellen und Paläste entstanden sein, die kaum erforscht sind (Abb. 23). So zeigt die stark befestigte sabäische Stadtanlage von Sirwah an der Südostecke eine klassische Zitadelle - deren Mauern durch Ziegelreste und Fundamentgräben noch sehr gut zu rekonstruieren sind - ein 25 m breites Geviert mit vier 8 m breiten Ecktürmen.[24] In späterer Zeit wurden stadtseitig zwei größere Türme angestellt und der Eckturm verstärkt.

Ebenfalls in Sirwah stand frei im Palastviertel ein weiterer in seinen Fundamenten gut fassbarer Bau, dessen 20 m breites Geviert durch Eck- und Mauertürme sowie einen repräsentativen Torbau geschützt war (Abb. 24). Flächige Hofsubstruktionen indizieren eine erhöhte Binnenfläche, die nicht unbedingt bebaut gewesen sein muss. Die Stadt Sirwah lag am Nordostrand des sabäischen Königreichs zur arabischen Wüste und diente als bedeutender Stützpunkt für Karawanen. Es bedarf weiterer Forschungen, ähnliche Bauten an anderen Städten Sabas zu suchen und zu vergleichen.

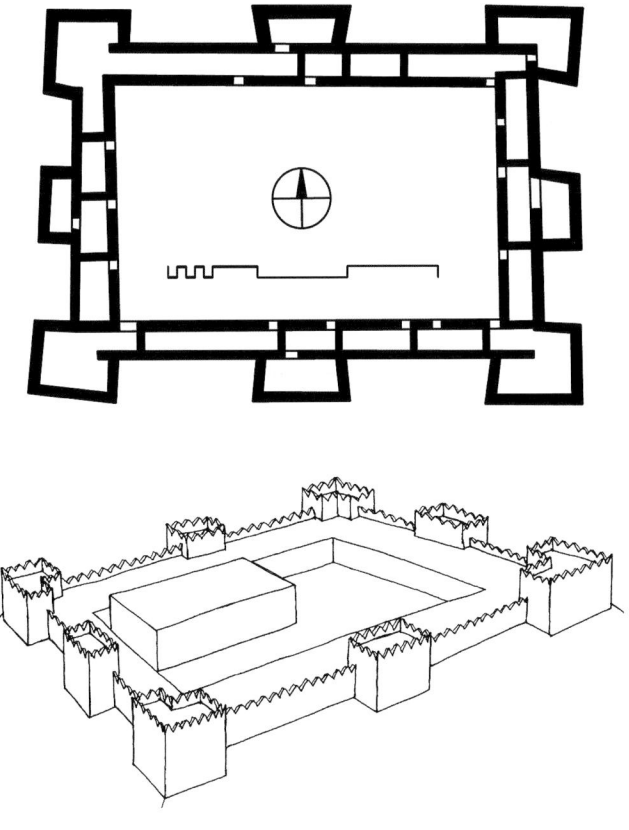

Abb. 19–20 | Kadesh Barnea, Ägypten, Kastell aus dem 8. Jahrhundert (mit Erweiterungen?)

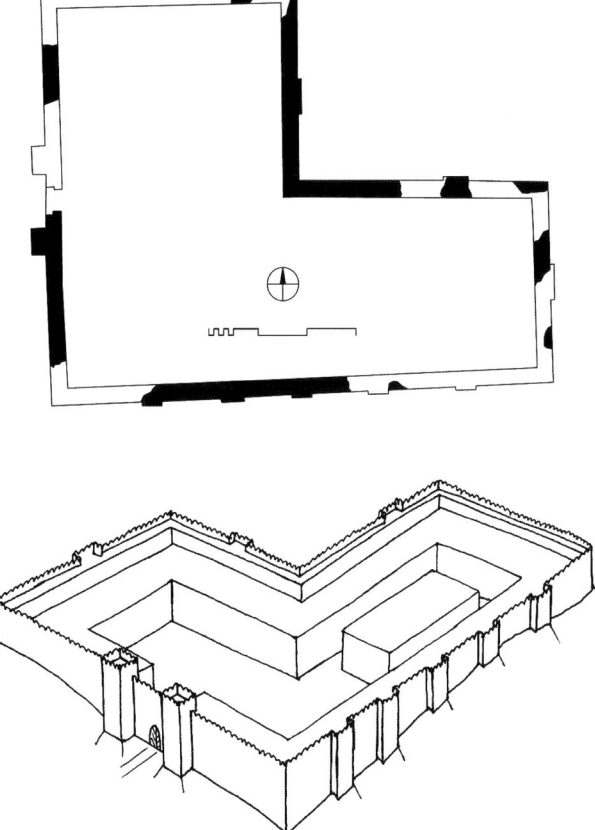

Abb. 21–22 | Meshad Hashavyahu, Iran, Kastell des 7. Jahrhunderts

DIE ERSTEN HOCHKULTUREN

In den hohen Gebirgsregionen Anatoliens, Aserbaidschans und des Westiran bestand zwischen dem mittleren 9. Jahrhundert und dem 5. Jahrhundert vor Christus das urartäische Königreich, das sich durch seine schwer zugängliche Position lange Zeit gegen die mächtigen Assyrer, Babylonier und Skythen behaupten konnte. Abgesehen von archäologischen Funden ist unser heutiges Wissen über die Urartäer vor allem durch die Aufzeichnungen der Assyrer geprägt, die entsprechend lückenhaft und tendenziell sind und nur bis zu deren Ende reichen. Gemäß dieser Quellen bauten vor allem die Könige des späten 9. bis frühen 8. Jahrhundert im Zuge stetiger Eroberungen mächtige Festungen, König Menua (810-785) nannte sich „König der Könige", womit sein Selbstbewusstsein gut charakterisiert wird.

Unter den Urartäern entstanden bemerkenswert viele Befestigungen, die von großformatigen stadtähnlichen Siedlungen über regelrechte Burgen bis hin zu kleineren Truppenkastellen, Forts und Straßenstationen reichten.[25] Bei der Bauform suchte man neben einer perfekten Anpassung an steile Spornlagen grundsätzlich möglichst geradlinige Mauerverläufe auf rechteckigem oder konzentrischem Grundriss. War dies topographiebedingt nicht möglich, konzentrierte man sich auf rechteckige Kernbauten, die von polygonalen Ringmauern umgeben wurden. Bei weitflächigen Siedlungen integrierte man in die umgürtende Befestigung an neuralgischen Stellen dominante Zitadellen.

Während von den meisten Anlagen nur mehr geringe Reste sowie archäologische Befunde erhalten blieben, zeigen zahlreiche Darstellungen auf Knochen, Stein und Bronze ausgeprägte kastellartige Festungen mit krönenden Wehrgängen und hohen, vorstehenden Turmreihen (Abb. 25).[26]

Dazu passen einige unterschiedlich gut dokumentierte Grundrisse, etwa von Gale Siah, das bereits im 7. Jahrhundert umgebaut wurde (Abb. 26).[27] Dieses etwa 40 m breite Fort liegt auf einer steilen Felsspitze und zeigt dennoch einen verzogenen trapezförmigen Grundriss mit mächtigen Ecktürmen und kleinen Zwischenbastionen.

Sehr ähnlich präsentiert sich Danalu, dessen spärliche Mauerreste durch Felsabstemmungen noch zu einem trapezförmigen regelhaften Kastell mit Doppelturmtor ergänzt werden können (Abb. 27).[28]

In der Ebene waren die Festungen regelmäßiger konzipiert, wie Tappe Dosog zeigt, dessen Lage an einer bedeutenden Überlandroute für eine Straßenstation spricht (Abb. 28).[29]

Größere Wehranlagen auf steilen Felsen zeigen oftmals konzentrische Ringmauern, wobei vielfach ein rechteckiger Kernbau dominierte (Abb. 29). So besaß etwa Ceragah-e Amir ein ca. 30 m langes dominantes Kastell mit Ecktürmen und kleinen randständigen Zellentrakten, während der umgebende Bering dem Terrain angepasst war.[30]

Fast gleich präsentierte sich in Allahwerdikand innerhalb einer großflächigen ovalen Wehranlage im Zentrum ein 25 x 38 m großer Rechteckbau mit Ecktürmen und innen umlaufenden schmalen Trakten (Abb. 30).[31] Mehrere inschriftlich datierte Anlagen belegen, dass dieser Grundtypus seit dem 8. Jahrhundert v. Chr. im urartäischen Reich Verwendung fand.

Wie komplex solche Wehranlagen sein konnten, zeigt eindrücklich die vielteilige Festung von Bastam, die vor allem im mittleren 7. Jh. v. Chr. als königliche Residenz ausgebaut wurde.[32] Hier war der regelhafte Grundriss vor allem in der Siedlung an mehreren Gevierten sehr ausgeprägt. Vielleicht haben bedeutende Hofbeamte oder verwaltungstechnische Einheiten derart rechtwinkelige Anlagen mit starken Mauern und rhythmischen Pfeilerfolgen errichtet.

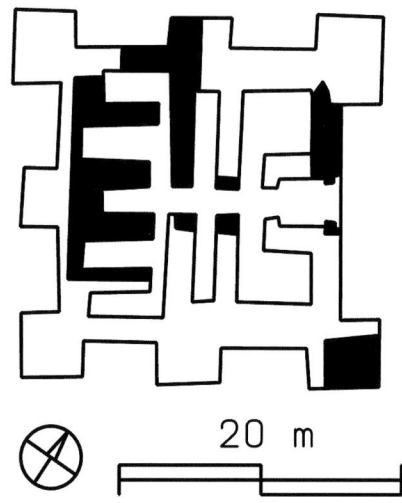

Abb. 23 | Sirwah, Jemen, Zitadelle 10./9. Jh. v. Chr.

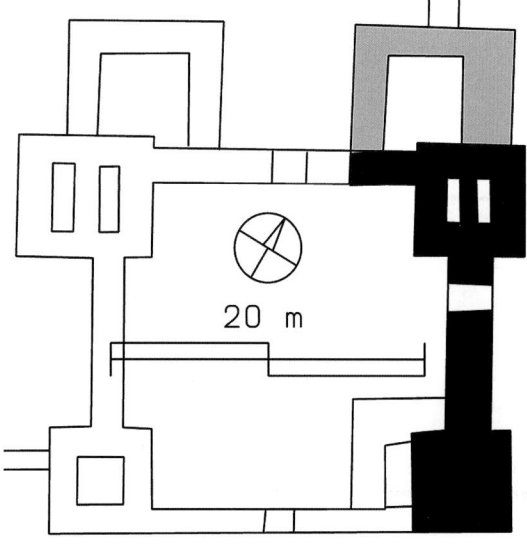

Abb. 24 | Sirwah, Jemen, Palastkastell 1. Jt. v. Chr.

Abb. 25 | urartäische Architekturdarstellungen

Herausragend war in der Burguntersiedlung ein isoliert neben einem Bach gelegenes 120 x 155 m großes Geviert (sog. Ostbau), dessen spärliche Bebauungsreste Pferdeställe belegen (Abb. 31).[33] Man kann hier einen großen Pferdehof für die benachbarte Residenz oder eher eine rein militärische Reiterkaserne vermuten.

Bereits im mittleren 7. Jahrhundert wurde Bastam von den Assyrern zerstört, das urartäische Reich existierte jedoch nach deren Ende noch kurz weiter. Es folgten regelmäßige Überfälle durch die Babylonier, ehe die Region als zunächst recht eigenständige Provinz dem Achämidenreich der Perser einverleibt wurde. Aus dieser unruhigen Zeit sind keine weiteren Kastellanlagen mehr überliefert.

Vom benachbarten Reich der Assyrer haben sich (aus deutlich späterer Zeit) nur Hinweise auf eine organisierte Grenzverteidigung erhalten. Der assyrische Staat, der in seiner letzten

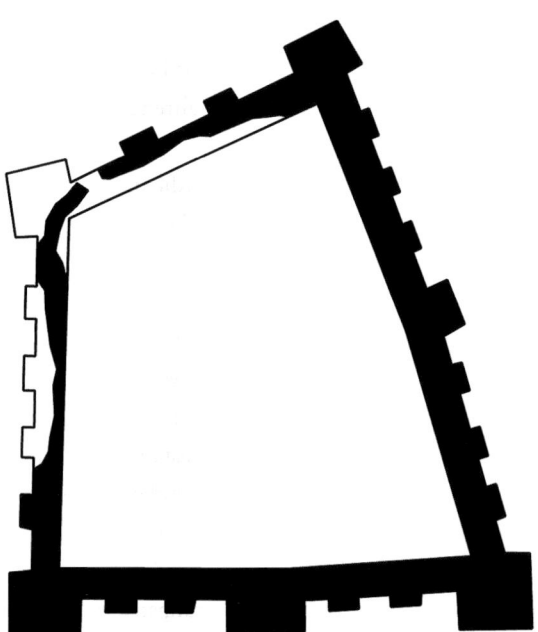

Abb. 26 | Gale Siah, Aserbaidschan, Kernkastell 8. Jh.

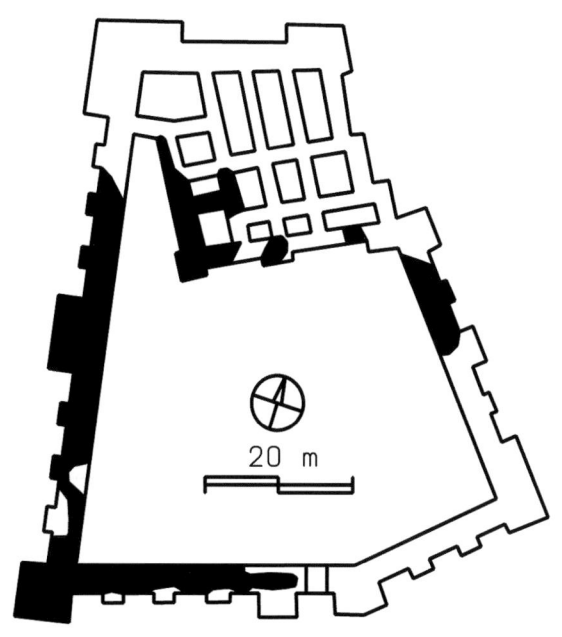

Abb. 27 | Danalu, Aserbaidschan, Kernkastell 8. Jh.

DIE ERSTEN HOCHKULTUREN

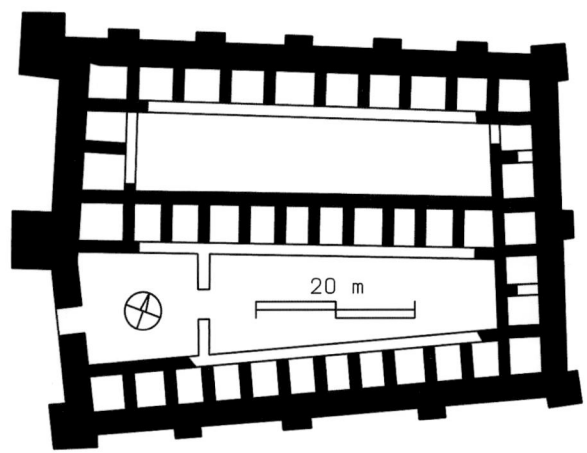

Abb. 28 | Tappe Dosog, Iran, Kernkastell 8./7. Jh.

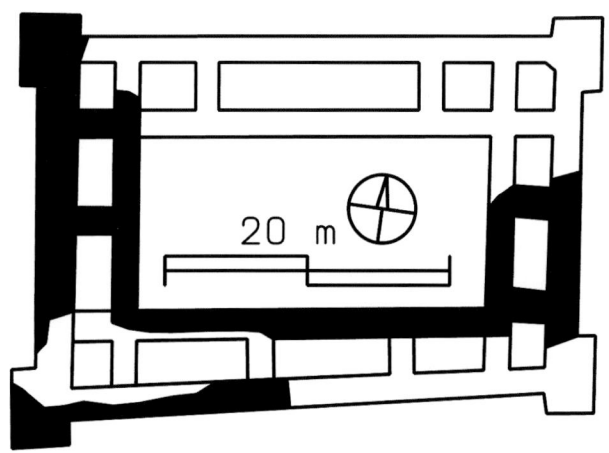

Abb. 30 | Allahwerdikand, Iran, Kernkastell 7. Jh.

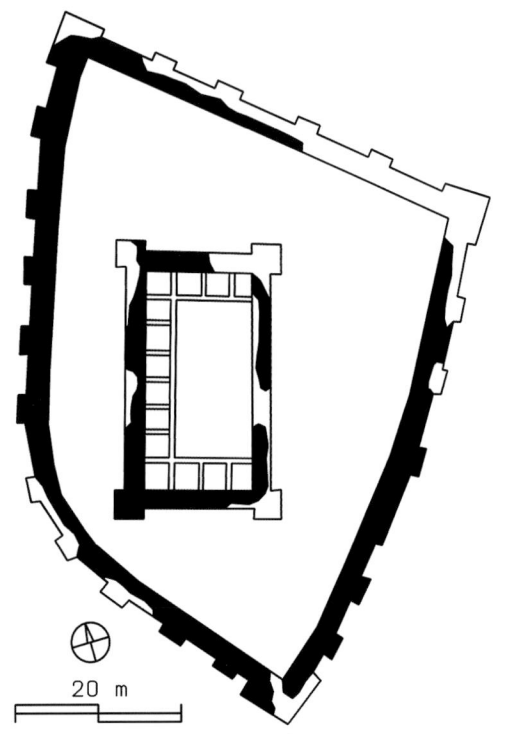

Abb. 29 | Ceragah-e Amir, Iran, Gesamtanlage 7. Jh.

Wachstumsphase ein riesiges Vielvölkerreich darstellte, war durch seine imperiale Haltung und sein gut ausgebildetes Heer geprägt. In den Provinzen gab es abhängige Statthalter, die in eigenen Zitadellen residierten und mit straff organisierter Bürokratie amtierten.[34] Gegnerische Befestigungen wurden ebenso systematisch erobert und zerstört. In der Hauptstadt Ninive finden sich Reste einer orthogonalen stark befestigten Palastanlage mit engen Turmstaffelungen aus Buckelquadern. Zeitgenössische Texte berichten von dekorierten Tortürmen und Wachkammern.[35] Bei anderen Zitadellen sind monumentale Kastellanlagen zu rekonstruieren. Sie sind auf assyrischen Reliefs als umkämpfte Festungen mit gestaffelten Wehrtürmen dargestellt. Zum Abschluss seiner Eroberungszüge ins anatolische Hochland ließ Sargon II. im Jahr 713 eine Reihe von Grenzfestungen anlegen, um das neu gewonnene Territorium mit seinen reichen Bodenschätzen abzusichern.[36] Gemäß Keilschrifttexten war diese Befestigung so effektiv, dass man aus den weiten nördlichen Steppen nicht mehr herein kam. Davon blieben nur spärliche Reste einer 1,2 m starken Mauer auf etwa 100 km lokal erhalten, die Anatolien an der Schmalstelle zwischen Mittelmeer und Schwarzem Meer abriegelte. Zugehörige Festungen sind bislang nicht entdeckt worden, jedoch aufgrund der zeitgenössischen Schriften in größerer Zahl zu vermuten.

An die Urartäer grenzten vom 2. Jahrtausend bis um 800 v. Chr. das Reich Baktrien sowie die gemäß Artefakten eng verbundenen Indus-Kulturen, die sehr urbanisiert waren, heute jedoch noch weitgehend unerforscht sind.[37] Mehrfach sind großformatige rasterförmige Stadtanlagen sowie kastellförmige Zitadellen belegt, deren Auswertung noch erfolgen muss.
Besonders viel versprechend scheint die stark befestigte Grenzstadt Dashly, in der in Phase III ein vierfach konzentrischer Kernbereich mit 150 m breitem, wassergeschütztem Außenrechteck entstand, der dicht bebaut war und im Zentrum eine rundliche Zitadelle von etwa 40 m Durchmesser mit neun vorstehenden Flankentürmen aufwies (Abb. 32). Funde weisen auf enge Beziehungen zum Zweistromland und zum dazwischen liegenden Reich Elam, nähere Hinweise auf Bauherrn und Tradition fehlen, die Aufarbeitung dieser neuralgisch zwischen nahem und fernem Osten gelegenen Baktrien-Kultur muss daher leider abgewartet werden. In mehreren anderen ähnlichen turmreich bewehrten Gevierten finden sich

22 | DIE ERSTEN HOCHKULTUREN

gleichfalls rundliche oder eckige Kernfestungen, sodass eine konzertierte Kastellpolitik vermutet werden kann.

Kurz nach der Zerschlagung dieser Reiche durch die Assyrer erfolgte der Wiederaufbau von Babylon[38] unter Nabopolassar (623-605) und vor allem Nebukadnezar II. (604-562). Die aus dem 3. Jt. v. Chr. stammende Stadt, die von Hethitern und Assyrern mehrfach zerstört worden war, erhielt unter den beiden Königen des neubabylonischen Reichs eine völlig neue Gestalt. Auf verzogen-rechteckigem Grundriss wurde eine mächtige doppelte Stadtmauer mit engen Turmfolgen errichtet. Davor gab es einen breiten Zwinger und einen 40 m breiten Graben. Zusätzlich schützten 8 zitadellenartige Bastionen mit bis zu 25 m starken Mauern. Als politisches Zentrum diente der Südpalast, eine 322 x 190 m große rechteckige Festung mit mächtigen Verteidigungstürmen und gestaffelten Torfolgen. Sowohl Stadtplanung als auch Regierungs- und Tempelanlagen lassen auf von einschlägigen Fachleuten penibel überlegte und konsequent umgesetzte Strukturen schließen. Babylon war jedoch nur Teil einer ungleich größeren Befestigung. Wie jüngste Grabungen sowie einschlägige Texte belegen,[39] war das fruchtbare Gebiet zwischen den damaligen Verläufen von Euphrat und Tigris im Abstand von etwa 60 km durch zwei etwa 50 km lange massive Sperrmauern mit integrierten Festungen abgeriegelt. Die ca. 1,7 m starken Mauern wurden von einer 3 m breiten Straße begleitet, die eine hohe Truppenmobilität ermöglichte. Aufgrund von Ziegelstempeln kann die Anlage ebenfalls Nebukadnezar zugeordnet werden, der damit sein Kernland massiv schützte und die Hauptstadt Babylon als Eckbastion nutzte.

In den Jahren 550 bis 330 v. Chr. dominierte das Altpersische Reich den vorderen Orient.[40] Auch dieses Großreich wurde als monarchistisches Imperium geführt und kontrollierte eine Vielzahl eroberter Völker. Nach einer Periode der Expansion führten mehrere Aufstände zur Etablierung einer straffen Beamtenverwaltung mit stark bewachten Provinzen. Über die frühen Garnisonsbauten gibt es aufgrund der schlechten zeitlichen Eingrenzung kaum verlässliche Daten. Nur nahe der Hauptresidenzen Persepolis und Pasargadae blieben Reste von großen Kasernen mit langen turmbewehrten Mauern aus der Zeit um 500 erhalten.

Persepolis, das als Zitadelle der Stadt Parseh gilt, wurde als etwa 450 x 390 m großer, stark befestigter Palastbezirk auf einem Felsplateau rasterförmig errichtet.[41] Gemäß Gründungsinschrift von Darius dem Großen wurde die Anlage 518 v. Chr. durch aufwändige Felsplanierungen völlig neu geschaffen. Leider sind nach der Zerstörung durch Alexander dem Großen heute nur mehr Fundamentreste erhalten, die keine sicheren dreidimensionalen Rekonstruktionen erlauben. So muss das einstige Aussehen des dominanten kastellartigen Audienzpalastes Apadana offen bleiben.[42] Zudem liegen dafür keine klassischen Bauanalysen vor, sodass anzunehmende Mehrphasigkeiten nicht unterschieden sind. Es handelte sich in der Erstphase wohl um einen mächtigen quadratischen Bau mit vier 20 m breiten Ecktrakten, die weit vor den fensterlosen Bering ragten und in denen man Wachräume und Arsenale vermuten. Dazwischen wurden außen Säulenhallen unbekannter Höhe errichtet. Auch der 60 m breite Innenraum zeigte sich als rasterförmige Säulenhalle, gleich der Darius-Apadana von Susa. Vom Nordostbau stammt eine Inschrift, die Xerxes als Vollender des von Darius begonnenen Baus

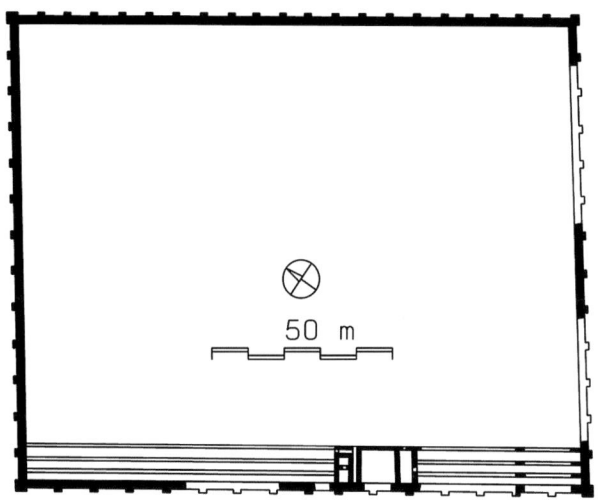

Abb. 31 | Bastam, Iran, Ostbau, 7. Jh. v. Chr.

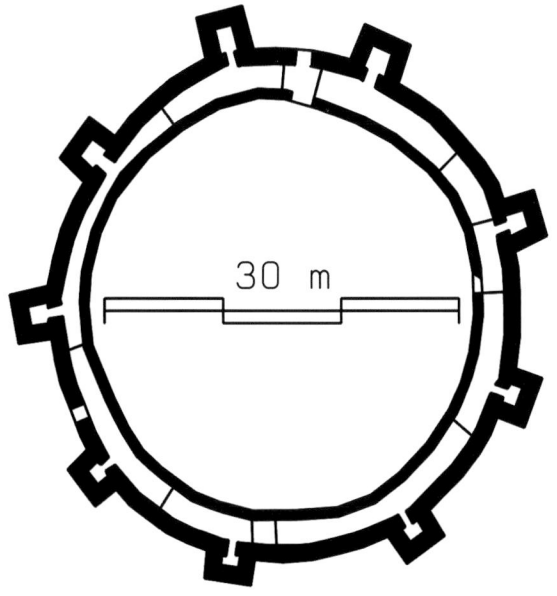

Abb. 32 | Dashly, Afghanistan, Kernkastell 1. Jt. v. Chr.

DIE ERSTEN HOCHKULTUREN

nennt. Im Grundriss glich der Audienzsaal also einem überdimensionalen Vierturmkastell, während die zweifellos vorhandene Wehrhaftigkeit durch die Säulenvorhallen (sekundär?) optisch verschleiert wurde. Im Umkreis von drei bis sechs km sind zumindest sechs unterschiedlich große Rechtecklager mit massiven Mauern und Ecktürmen belegt. Es handelte sich wohl um Festungen der königlichen Leibgarde, die ringförmig um die Residenz gruppiert waren, jedoch leider noch einer Auswertung harren.

Lediglich im westlichen Israel erlauben punktuelle Forschungen unsichere Rückschlüsse auf die Architektur persischer Festungen im 5. Jahrhundert v. Chr. Nach der Eroberung Babylons durch Persien kam es zur Rückkehr des jüdischen Volkes aus dem Exil. Die gleichzeitige militärische Präsenz Persiens in Palästina ist gut durch Tontafeln und Grabsteine belegt, durch die sogar einzelne Truppeneinheiten unterschieden werden können. Viel weniger klar ist die Datierung lokaler Kastellfunde.[43] Am Rand der Wüste Negev entdeckte man eine ganze Reihe von rechteckigen Festungen, die gemeinsam mit einem Netz von Straßen den Grenzraum nach Ägypten sowie den dortigen Karawanenhandel kontrollieren konnten. Auch entlang der anschließenden Mittelmeerküste sind Folgen von Festungen und Versorgungslagern zu finden. Ihre Datierung ist jedoch höchst umstritten. Die stark unterschiedlichen Formen und Größen deuten auf zumindest schrittweise Entstehungen. Einige werden als reine militärische Stützpunkte interpretiert, andere als befestigte Karawansereien sowie Vorratslager, insgesamt könnte man sich an den lokalen jüdischen Ruinen des 9. und 8. Jahrhunderts orientiert haben, die jedoch schon seit langem unbenutzt waren. Ihr verwahrloster Erhaltungszustand erforderte sicher größere Erneuerungen. So wird das kleine Fort nördlich der Oase von Ashdod einer persischen Besatzung zugeordnet (Abb. 33–34).[44] Der regelmäßige Grundriss, die Randbebauung und die turmartig verstärkten, leicht vortretenden Eckrisalite lassen einen ausgereiften Bautypus vermuten. Nähere Angaben zur Höhenausbildung sowie zur Funktion fehlen, somit kann auch der vermutete militärische Charakter nicht eindeutig belegt werden. Anders sieht das große Kastell von Azekah (Tell Zakariyeh) aus. Offenbar wurden hier einem älteren Bering weit vortretende Türme angesetzt, wodurch die Wehrhaftigkeit merklich erhöht war. Aufgrund des Fehlens zugehöriger Binnenstruk-

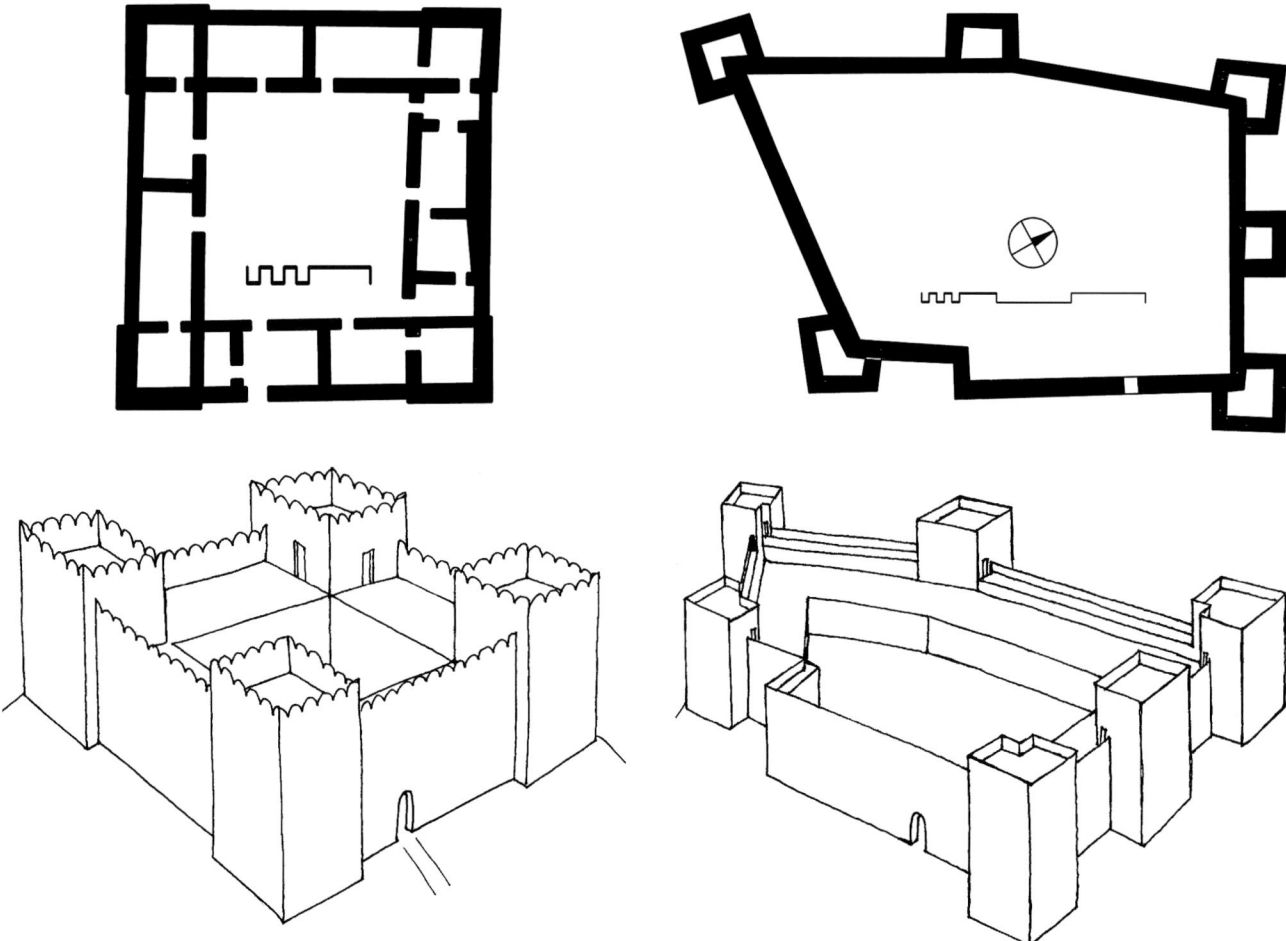

Abb. 33–34 | Fort nördlich von Ashdod, Israel, 5. Jh.?

Abb. 35–36 | Kastell von Azekah, Israel, 5. Jh.?

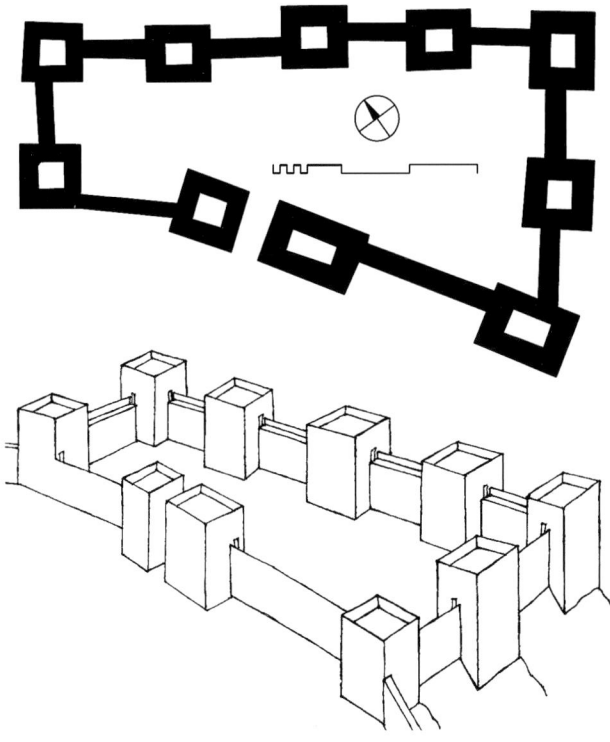

Abb. 37–38 | Zitadelle von Byblos, Israel, 5. Jh.?

turen mag hier ein temporärer Truppenstützpunkt bestanden haben (Abb. 35–36).

Eindeutiger ist die Zitadelle von Byblos zu interpretieren. An das Oval der älteren Stadtbefestigung wurde außen ein möglichst rechtwinkeliges Kastell angesetzt, das durch ein Zweiturmtor erschlossen war (Abb. 37–38). Zur Stadt ergab sich eine 80 m lange Front mit Ecktürmen während feldseitig eine bemerkenswert enge Turmstaffelung angelegt war. Innere Gebäude waren in die Struktur nicht integriert, die Anlage war wohl vorwiegend auf die Verteidigung ausgerichtet.

1 Lehner 1998, 147.
2 Feliu 2003, 118.
3 Geyer 2008, 39.
4 Sallaberger 2008, 27.
5 Morello 2016, 43.
6 Morello 2016, 48.
7 Luckow 2006, 15.
8 Dostert 2001, 25.
9 Nossov 2008, 7 bzw. 12.
10 Yakar 1997, 53.
11 Darstellung aus sowie weitere Abbildungen bei Nossov 2008, 12.
12 Mit Zitadellen sind hier befestigte Sitze der staatlichen Obrigkeit im städtischen Kontext zu verstehen, vgl. Seidl 2006, 586.
13 Novák 1999, 304.
14 Hawkins 1997, 67.
15 Nossov 2008, 52.
16 Datierung und Grundrissvorlage bei Sicker-Akman 2000, 540.
17 Rocca 2010, 29.
18 Rocca 2010, 32.
19 Die überwiegende Mehrheit ist wohl auf jüdisch publiziert.
20 Vgl. Wright 1985, Tafel 88.
21 Rocca 2010, 36.
22 Wright 1985, Tafel 112.
23 Wright 1985, Tafel 115.
24 Schnelle 2016, 115.
25 Kleiss 2015, 68. Kleiss hat im Rahmen seiner langjährigen Tätigkeit im Deutschen Archäologischen Institut in Teheran zahlreiche dieser urartäischen Befestigungen dokumentiert.
26 Kleiss 2015, 79.
27 Kleiss 2015, 63. Leider sind weder Maße noch Nordausrichtung publiziert.
28 Kleiss 2015, 65.
29 Kleiss 2015, 65. Die Deutung als frühe Karawanserei erscheint aufgrund der inneren Struktur und der starken Wehrhaftigkeit nicht sehr wahrscheinlich.
30 Kleiss 2015, 66.
31 Kleiss 2015, 66.
32 Kleiss 2015, 70.
33 Kleiss 2015, 74.
34 Lanfranchi 1997, 131.
35 Russell 1997, 120.
36 Müller-Karpe 2008, 47.
37 Leriche, Pontbriand 2016, 623.
38 Westenholz 1997, 145.
39 Gasche 2008, 64.
40 In der größten Ausdehnung beherrschte man ein Gebiet von Kleinasien bis Ägypten und von Palästina bis zum Zweistromland.
41 Razmkhah 2012, 11.
42 Razmkhah 2012, 48.
43 Wright 1985, 88.
44 Wright 1985, 281.

Saqqara, Ägypten

ÄGYPTISCHES REICH

Die Herrschaft der gottgleich verehrten Pharaonen erstreckte sich vom 3. Jt. v. Chr. bis zur Eroberung durch die Perser 343 v. Chr. entlang des Nils in den heutigen Ländern Ägypten und Nubien sowie in Teilen benachbarter Staaten entlang des Mittelmeers. Das zentrale Niltal bildete die viel benutzte und heiß umkämpfte Hauptachse des Handels zwischen Zentralafrika und dem Norden. Dieses schmale Kerngebiet des Reichs war durch natürliche Begebenheiten begrenzt, im Norden durch das Mittelmeer, im Osten durch das Rote Meer, im Süden durch den ersten Katarakt und im Westen durch die Gebirge der Wüste. Man musste sich also bei der Verteidigung nur auf die drei natürlichen Einfallstore, den südlichen Nil sowie die westliche und östliche Mittelmeerküste konzentrieren, hier lagen daher auch alle bedeutenden Befestigungen.

Von diesen sind heute einige wenige Reste monumentaler und ausgeklügelter Kastelle erhalten. Ihre wissenschaftliche Erforschung reicht ins frühe 20. Jahrhundert zurück, war jedoch aufgrund schwerwiegender Einschränkungen nur bedingt erfolgreich. Neben dem im wahrsten Sinne des Wortes biblischen Alter der Bauten, die durch das vorwiegende Baumaterial Lehm stark erodiert sind, führten periodische Überschwemmungen zu großem Substanzverlust. Da die Standorte zudem als Keimzellen von Siedlungen über viele Generationen bis heute in Verwendung waren, wurden die Festungen oftmals zerstört, erneuert und überbaut. Gerade im dicht bevölkerten Nildelta und am Sinai liegt daher fast ein Totalverlust vor. Die Anforderungen der modernen Zivilisation führten lokal aber auch zur exakten Erforschung, so wurde im Vorfeld des Assuanstaudamms, der zur Überflutung vieler Kastelle führte, eine systematische Erfassung der dortigen Bauten durchgeführt. Weiters helfen zahlreiche schriftliche Quellen, wie Keilschrifttafeln, Grabmalereien und Siegesreliefs bei der Lokalisierung und Datierung, da sich die Erbauer oft mit ihren Festungen brüsteten. In den letzten Jahren erhielt die Forschung an ägyptischen Befestigungen einen merklichen Aufwind, wie zahlreiche neue Publikationen[1] und Tagungen[2] belegen.[3] Es lässt sich somit trotz aller widrigen Umstände ein bemerkenswert exaktes Schlaglicht auf den Kastellbau der Pharaonen werfen.

DIE VORDYNASTISCHE ZEIT

Traditionell wird die altägyptische Geschichte in drei große Epochen geteilt, die alle über Kastellanlagen zur Sicherung der Herrschaft verfügten (Abb. 1). Doch bereits bei den ersten Pharaonen finden sich Hinweise auf entwickelte regelmäßige Festungen. Vor allem sind Relieftafeln des oberen Gebiets zu nennen, die schon knapp vor Beginn des Alten (unierten) Reiches stilisierte Grundrisse von rechtwinkeligen Kastellen des unteren Reichs und seiner Libyschen Grenzregion abbilden dürften.[4] So zeigt die Palette von Narmer die Zerstörung einer ringförmigen Festung mit turmartigen Pfeilerfolgen. Eindeutiger ist die Darstellung auf der Palette „Tribut Libyens", bei der die planmäßige Zerstörung von sieben Kastellen dargestellt ist. Alle Grundrisse präsentieren hier eine rechteckige Form mit turmbesetzten Umfassungsmauern sowie im Inneren kasernenartige Häuserblöcke. Eine Stierpalette zeigt schließlich die Eroberung anderer rechteckiger Kastelle mit dem Symbol eines heraldischen Löwen. Aus weiteren archäologischen Fundstätten sind ähnliche Darstellungen von rektangulären Kastellanlagen bekannt. Weiters sind Hieroglyphen der vordynastischen Zeit zu nennen,[5] die in durchaus realistischer Form

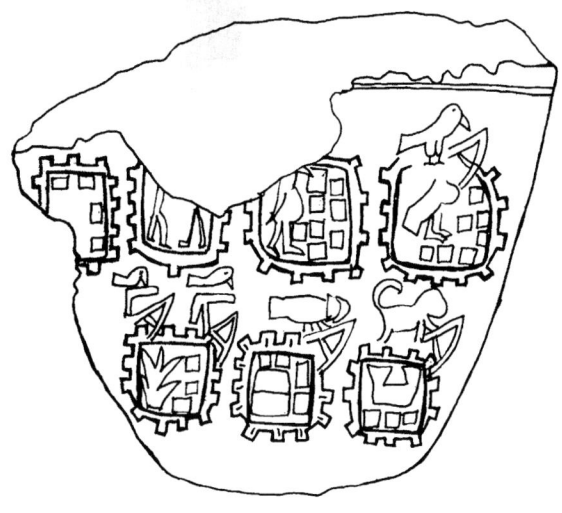

Abb. 1 | Palette „Tribut Libyens"

die Festungen als ovale bis vor allem rechteckige Anlagen mit außen liegenden engen Turmfolgen darstellen. Andere Reliefs bilden Befestigungen in Ansicht und Schnitt ab, es finden sich auch frühe Modelle von Festungen und frei stehenden Türmen. Demnach waren die Bauten mehrgeschossig mit Speicherböden und Wehrplattformen angelegt. Vorkragende Wehrgänge und Zinnengalerien sowie Szenen von Eroberungen mit Sturmleitern und Rammböcken vervollständigen ein überaus lebendiges Bild entwickelter Kampf- und Verteidigungskunst.

Wie die Wehrmauern in realiter vorzustellen sind, zeigen deutlich besser erhaltene Befestigungen zeitgleicher Tempelanlagen, deren rechteckige Beringe analog aufgebaut scheinen. So zeigen die 278 x 545 m messende streng rechteckige Umfassung des königlichen Sakkara und die vergleichbare Anlage von Abydos aus der 2. Dynastie enge Turmfolgen mit beachtenswerter Höhe. An anderen Tempeln sind massive turmlose Mauerfluchten mit Wehrgängen und vorkragenden Kampfhäuschen zu rekonstruieren. Diese Ähnlichkeit mit den Militärbauten macht durchaus Sinn, galten Grabanlagen und Tempel doch als göttliche Festungen, deren Hieroglyphen zudem ganz ähnlich abstrahiert waren. Auch die königlichen Palastanlagen hatten gleichförmige Fassaden mit engen Turmfolgen, so etwa in Hiérakonpolis, ebenfalls aus der 2. Dynastie. Offensichtlich waren also Staatsfestungen, Staatstempel und Staatsresidenzen in Grundrisskonzeption und Fassadierung derart aufeinander abgestimmt, dass sie leicht als königliche Bauwerke zu erkennen waren.

Da jedoch bislang keine der frühen Festungen archäologisch erforscht werden konnte, müssen ihre geographische Lage und politische Ausrichtung offen bleiben. Es handelte sich wohl um grenznahe Verteidigungsanlagen des unteren Ägypten, die von einer zentralistischen Führung bemerkenswert schematisiert angelegt und mit Soldaten bemannt waren.

DAS ALTE REICH (CA. 2680 BIS 2020 V. CHR.)

Nach der Vereinigung der Gebiete kam es auch zu einer gemeinsamen Grenzverteidigung. Als eines der ersten datierten Kastelle gilt eine kleine Festung auf der Nilinsel Éléphantine, inmitten des ersten Kataraktes, der südlichen Grenze nach Nubien.[6] (Abb. 2–3)

Die etwa 50 x 50 m messende Anlage in der Nordostecke der befestigten Siedlung besaß feldseitig eine gerundete Kante, nach innen und zum Fluss jedoch rechtwinklige. Die streng rektanguläre Form ist angesichts des zerklüfteten felsigen Inselterrains bemerkenswert. Die geraden Fronten wurden feldseitig durch

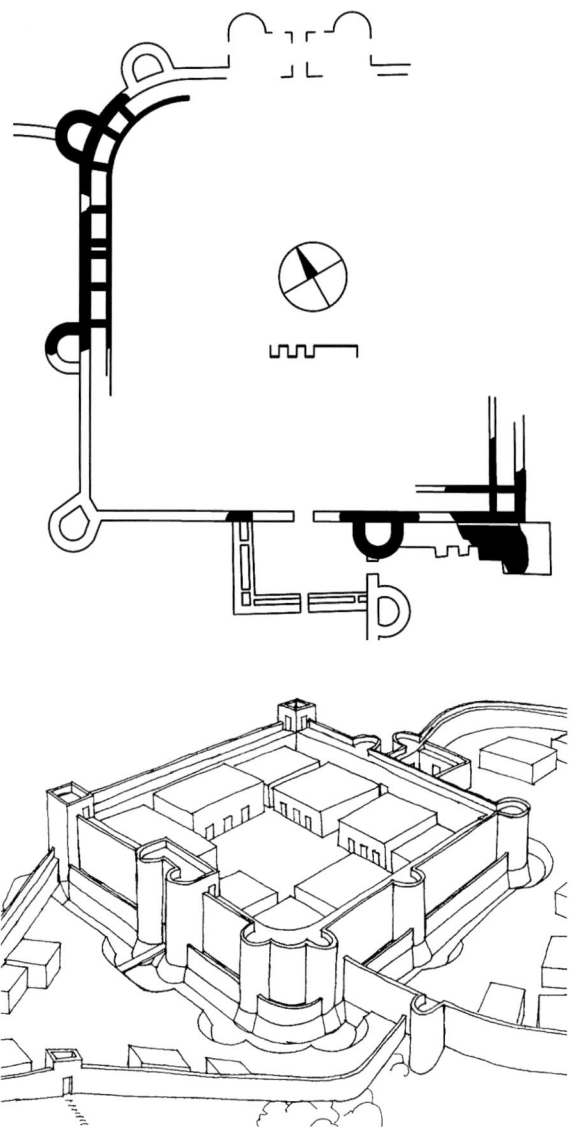

Abb. 2–3 | Éléphantine, Kastell der 1. Dynastie[7] Grundriss und hypothetische Idealrekonstruktion

kleine bastionsartige Türme flankiert, zum östlichen steilen Uferabbruch gab es wohl keine. Feldseitig führten ein niedriger Zwinger sowie ein den Konturen folgender Graben um die Anlage. Die Hauptmauer zeigte einen komplexen Wandaufbau: hinter der etwa 2,4 m starken Außenschale gab es mit Schutt verfüllte Kastenmauern, die als Plattform für die Verteidiger dienen und Belagerungsangriffe dämpfen konnten.[8] Solche Lösungen wurden erst deutlich später für Anatolien und Palästina üblich. Dennoch scheint die Datierung gesichert, da bereits die 2. Dynastie die Festung deutlich vergrößerte und die 3. Dynastie das alte Kastell dem Erdboden gleichmachte.

Einen wichtigen Vergleichsbau gab es in Ayn Asil, in der weit westlich gelegenen Oase Dakhla.[9] Der Sitz eines regionalen Grenzgouverneurs besaß am Nordrand einer rechtwinkeligen und ebenfalls mit halbrunden Türmen befestigten Siedlung eine große Zitadelle, von der bislang nur der Torbereich ergraben werden konnte. Hier findet sich eine vergleichbare massive Wehrmauer mit einem aus zwei Halbrundtürmen gebildeten monumentalen Torbau. Auch dieses Kastell gilt als gesichert für die 1. Dynastie, beide Garnisonsfestungen wurden wohl zeitnah errichtet.

Pharao Snéfrou, der erste König der 4. Dynastie, eroberte im 3. Jt. v. Chr. im Süden und Osten die reichen Gebiete von Nubien und Palästina und führte tausende Bewohner in die Sklaverei.[10] Seine Erben sicherten die Herrschaft durch große rechteckige Festungsstädte, die zum Kristallisationspunkt des lokalen Handels wuchsen. Die wichtigsten Verwaltungs- und Militärfunktionen wurden mit Verwandten besetzt,[11] im ganzen Land gab es königliche Besitzungen, die von unterstellten Beamten verwaltet wurden. Von den dortigen militärischen Stützpunkten des ersten Reichs gibt es wenige Überreste,[12] etwa in Buhen und Mirgissa. Sämtliche in der historischen Literatur angenommenen Bauten sind jedoch nicht sicher datiert. Da die oft minimalen Festungsfragmente kaum erforscht sind, müssen ihre ehemalige Erscheinung und Datierung offen bleiben. Jedoch sind auch aus dieser Zeit Reliefs und Bilder von rektangulären Kastellen überliefert. Aus der frühen 5. Dynastie datiert das Grab eines hohen Staatsbeamten,[13] der stolz unter seinen militärischen Titeln den Rang „Aufseher der befestigten Kastelle und Aufseher der königlichen Festungen des 13. Bezirkes in Unterägypten" anführte. Er dürfte das nordöstliche Nildelta bewacht haben, wo demnach einige zentralistisch organisierte Grenzlager bestanden haben müssen. Zu diesen könnte Qaret el-Dahr gehört haben, ein 47 x 60 m großes Kastell in einer Oase 100 km westlich des Nildeltas.[14] Es wurde im frühen mittleren Reich nachweislich wieder aufgebaut, wobei mangels exakter Untersuchungen keine Aussagen über den Erstbau zu treffen sind.

Am Sinai ist aus schriftlichen Quellen eine lineare Grenzverteidigung nach Osten belegt, der „Weg des Horus".[15] Zu Beginn des mittleren Reichs sollte hier die „Mauer der Herrscher" entstehen, deren Lage und Aussehen ebenfalls heute nicht mehr fassbar sind. Gemäß wenig späteren Fragmenten könnte es sich um Turmreihen in Sichtweite, auseinander liegende Kastellfolgen aber auch um geschlossene Mauerzüge gehandelt haben. Als Vergleich mag eine lange Wehrmauer südöstlich der Éléphantine dienen, die ebenfalls noch ins Alte Reich datiert. Hier hat man den Landweg neben dem gesamten 1. Katarakt vor Angriffen aus der benachbarten Steppe durch eine einst sehr hohe Mauer gedeckt. Anfangs- und Endpunkt waren durch Festungen geschützt. Von der Mauer bestehen heute noch 5 m starke und bis zu 6 m hohe Reste in Kammerbautechnik, analog zum Hauptkastell auf der Éléphantine.

DAS MITTLERE REICH (2119–1550 V. CHR.)

Nach einem Zerfall in kleinere unabhängige Regionen gelangen den thebanischen Fürsten im späten 3. Jt. v. Chr. die Wiedervereinigung des Reichs und die Annahme des Königstitels als 11. Dynastie.[16] Nach einer Phase der inneren Konsolidierung stellten die ersten Pharaonen der 12. Dynastie mit einem Kastellbauprogramm die Sicherheit der gefährdeten Reichsprovinzen am oberen Nil und am Sinai wieder her.[17] Nubien wurde in zwei Etappen zurück erobert und dort gemäß Stelen und Inschriften in kurzer Zeit die Kastelle Ikkour, Kuben, Aniba, Buhen, Kor und Mirgissa errichtet.[18] Diese Bauten sind alle direkt am Ufer des Flusses situiert und gemäß ihrem regelmäßigen Grundriss von geschulten Planern entworfen.

Die am besten erforschte Festung liegt in der alten Handelsmetropole Buhen in Unternubien knapp vor dem 2. Katarakt,[20] wo eine erste militärische Stabsstelle für Nubien eingerichtet wurde (Abb. 4–5). Die rechtwinkelige Zitadelle der großen Siedlung liegt an einer Ecke direkt über dem Steilabhang des Nilflusses und umfasst eine Fläche von 150 x 138 m. Die an der Basis 5 m starke Hauptmauer besaß im Abstand von etwa 5 m 2,2 m breite Pfeiler und an den beiden Landkanten 9 m breite Türme. Die Flusskanten waren durch zwei massive zungenartige Sperrwerke bestückt, die den dazwischen liegenden Zugang zum Nil decken sollten. Vor der Hauptmauer la-

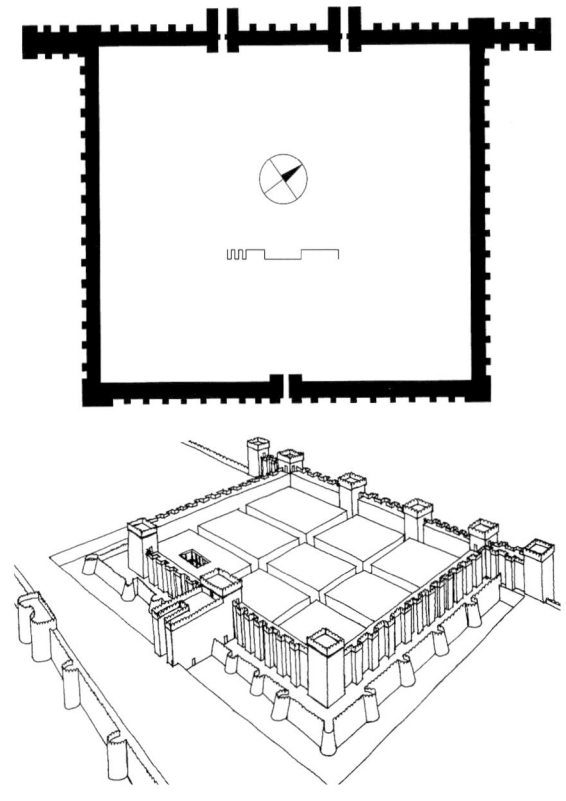

Abb. 4–5 | Buhen, Kastell der 12. Dynastie[19]

gen landseitig ein 4 m breiter Zwinger mit fächerartigen Schießscharten und halbrunden Bastionen sowie ein tiefer Graben. Das Innere war dicht bebaut und durch vier schmale Gassen in 9 Blöcke geteilt. Gleichartige Baustrukturen erlauben eine Identifizierung von engen Mannschaftskasernen, kleinen Magazinblöcken und kaum größeren Offiziersbereichen samt Kommandantenhaus. Außerhalb gab es eine etwa doppelt so große, zunächst mit Halbkreisbastionen neu befestigte Siedlung, die wohl weitere Wohn- und Versorgungsquartiere sowie Tempel und Handelsbereiche enthielt. Die Zitadelle konnte somit zur reinen Unterbringung von Soldaten dienen. Da in anderen Festungen ähnliche Strukturen nur punktuell zu erahnen sind, stellt Buhen ein wichtiges Forschungsobjekt zum Verständnis mittelägyptischer Kastelle dar. Sie waren demnach waffenstrotzende Militärlager mit hoher Schlagkraft. Durch die direkte Anbindung zum Nil waren Kommunikation und Versorgung bestmöglich gewährleistet.

Eine weitere Hauptfestung bildete Mirgissa, das kurz darauf am oberen Ende des 2. Katarakts als neue zentrale Stelle aller militärischen Aktivitäten im benachbarten noch unbesetzten Nubien errichtet wurde (Abb. 6–7).[22] Die weiträumig befestigte Stadt besaß am höchsten Felskopf direkt über dem Nil ebenfalls eine rechtwinkelige Zitadelle, unter der einst ein kleiner Hafen lag. Die Kernanlage umschließt ein Rechteck

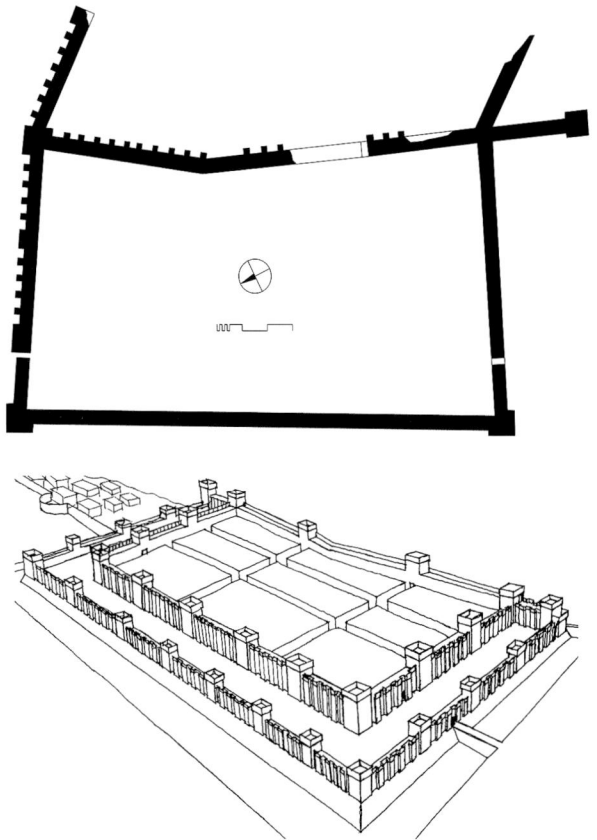

Abb. 6–7 | Mirgissa, Kastell der 12. Dynastie[21]

von etwa 100 x 175 m, dessen Flussseite leicht geknickt ist. Die Lehmziegelmauern sind an der geböschten Basis 5 m stark und mit Bruchstein verkleidet. Alle etwa 5 m verstärken quadratische Pfeiler (Türme?) konsequent sämtliche Mauern. An den beiden Nilkanten laufen zungenartige Sperrwerke weiter, die gleich den Landecken von massiven quadratischen Turmbauten flankiert werden. Nach einem breiten Graben wird dieses Kernwerk von einem wohl wenig späteren Zwinger in gleicher Bauart samt einem weiteren Graben umschlossen. Zum Fluss hinab führen zwei Zungenmauern, die Hafen und Wasserzugang schützen sollten. Von Mirgissa beginnt eine etwa 4 km lange Gleitbahn, die den 2. Katarakt umläuft.[23] Da dieser nur vier Monate im Jahr schiffbar war, dürfte hier eine Umladestation der Nilschiffe bestanden haben.

Als dritte nubische Festung ist Aniba zu betrachten. Etwa im Drittel zwischen der alten Grenze Éléphantine und den neuen Festungen des 2. Kataraktes wurde über einer älteren Siedlung direkt am Steilufer des Nils ein 85 x 138 m großes Kastell errichtet, somit gleich lang, wie Buhen breit war. Die 5 m starken Hauptmauern waren durch 1,7 m breite Pfeiler verstärkt, die Kanten durch 10 m breite Türme geschützt. Zum Fluss führten zwei Zungenmauern mit Turmköpfen, die wohl einen kleinen Hafen deckten. Landseitig gab es einen schmalen Zwinger mit Eckbastionen sowie einen tiefen Graben. Erst eine Generation später wurde westlich eine ebenfalls rechteckige Siedlung angesetzt, sodass das Kastell zur Zitadelle avancierte. Davor dürfte die alte Siedlung weiter bestanden haben, sodass diese Kombination schon für die ursprüngliche Planung angenommen werden darf.

Am fragmentiertesten dieser Gruppe erhalten ist Ikkour, das im unteren Drittelpunkt der alten und der neuen Grenze liegt (Abb. 8–9).[24] Auch hier gibt es Hinweise auf eine ältere befestigte Siedlung, die in der 12. Dynastie durch eine Zitadelle verstärkt wurde. Unter einem späteren Kastellneubau blieben von der Anlage nur drei Seiten von Zwingermauern mit ihren Halbrundbastionen bewahrt. Sie deuten auf eine Länge der parallelen Hauptmauer von etwa 85 m und sind somit in Größe und Gestaltung mit Aniba zu vergleichen. Die weitere Ausdehnung der Anlage ist offen, aufgrund des direkt benachbarten Nils dürfte Ikkour das kleinste Kastell gewesen sein.

Die vier Festungen zeigen in Position, Maßen, Mauerstärken und Pfeilerstellungen sowie Konstruktionsdetails derart übereinstimmende Formen, dass wohl von einer konzertierten Errichtung nach einer gemeinsamen Planung ausgegangen werden kann. Das deckt sich mit Inschriften und Errichtungsurkunden, die alle in die frühe 12. Dynastie führen. Im jeweils gleichen Abstand von etwa 90 km überbrückten Ikkour und Aniba Unternubien bis zur neuen Grenze am 2. Katarakt mit

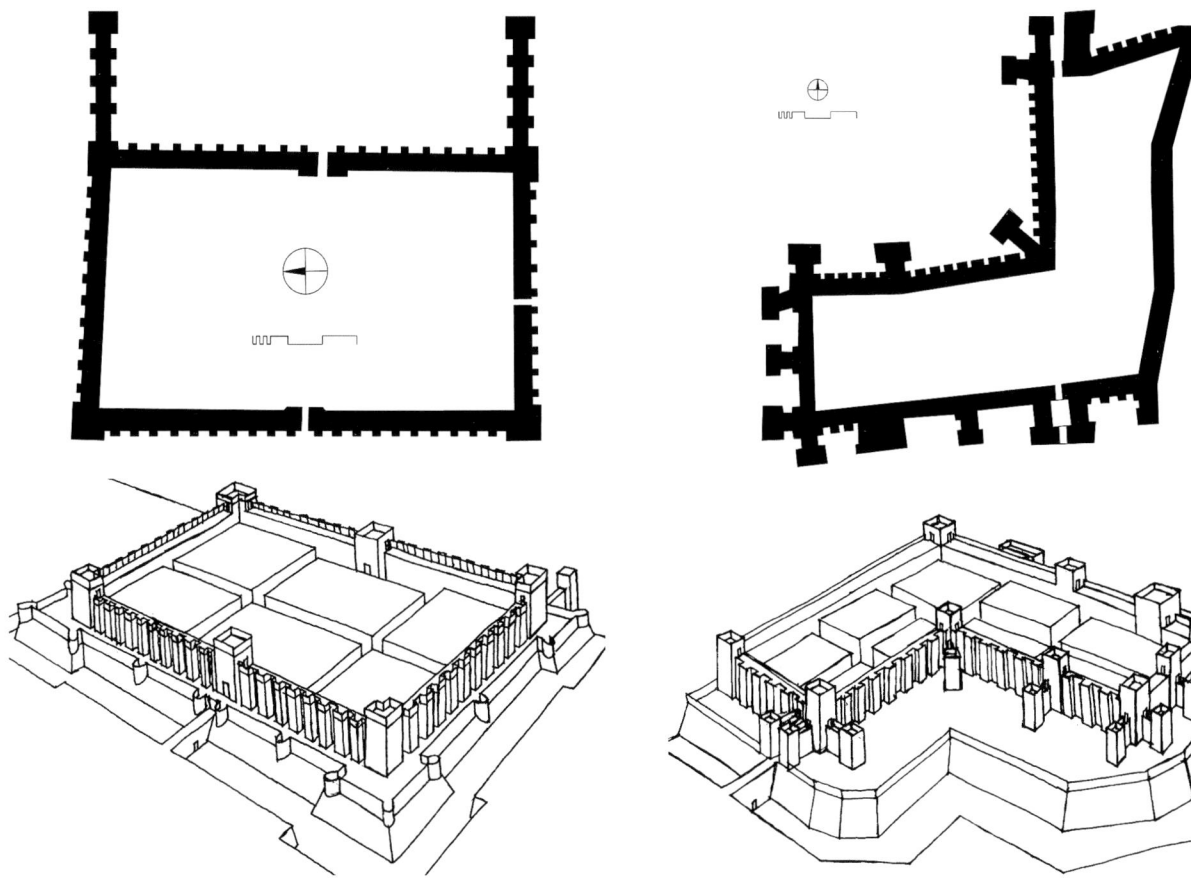

Abb. 8–9 | Aniba, Kastell der 12. Dynastie

Abb. 10–11 | Semna, Kastell der 12. Dynastie

den etwa 12 km voneinander entfernten Hauptfestungen Buhen und Mirgissa. Dort ermöglichte eine Schlittenverbindung über Land die ganzjährige Benutzung des Wasserwegs. Parallel dazu wurde beim 1. Katarakt ein schiffbarer Kanal geschlagen,[25] der im gesamten Reich eine durchgehende Nutzbarkeit des Nils gewährleisten sollte. Tatsächlich war die frühe ägyptische Gesellschaft als Flusskultur auf die Schifffahrt konzentriert, die auch für die Streitkräfte als Lebensader diente.

Erst von der nächsten Generation[26] wurde der südlich anschließende Abschnitt des Nils bis Semna mit einer Zahl kleinerer Festungen abgesichert, deren martialische Namen ihre Aufgaben programmatisch bezeugen (Abb. 10–11). Der neue Grenzpunkt an einem kurzen Nilkatarakt wurde durch ein hakenförmiges Sperrwerk direkt über dem Nil geschützt.[27] Dieses Kastell Semna – „Mächtig ist der gerechtfertigte Chakaure" (Pharao Sesostris III.) ist gemäß geknickter Felsrippe L-förmig angelegt, mit Hauptmaßen von 122 x 115 m und je 45 m breiten Armen. Die an der Basis 5 m starken Mauern sind zum Nilabbruch glatt gehalten. Zum Land zeigen sie neben den üblichen Pfeilerfolgen 15 weit vortretende T-förmige Turmbastionen mit zwei dazwischen geschützten Torgassen. Davor verliefen ein geräumiger Zwinger und ein 30 m breiter Graben. Zum Nil führte eine lange Stiege, die im untersten Bereich in den Felsen verdeckt eingearbeitet war.

Zwischen Semna und Mirgissa sind drei kleinere Forts bekannt, die offenbar der lokalen Talkontrolle und als Vorratslager dienten. Uronarti – „Der die Iuntiu vertreibt" liegt als größtes etwa 4 km unterhalb von Semna auf einer Nilinsel und besaß Sichtverbindung zu den benachbarten Festungen.[28] Der ummauerte Bereich umfasste ein schmales Dreieck von 57 x 114 m, dessen Bering von 5 m Stärke alle etwa 5 m 2,5 m vortretende Pfeilerfolgen und zwei gegenüber liegende Tore aufwies. An der Ostspitze setzte eine 250 m lange Zungenmauer gleicher Bauart an, die somit eine insgesamt 360 m lange Front zur Feldseite ergab. Dahinter war eine lange Wasserstiege zum Nil versteckt, die im unteren Bereich als schmaler Felsentunnel ausgeführt war. Zum Land gab es weit vortretende Turmwerke, die in experimentell unterschiedlicher Art T-förmig ausgebildet waren. In einer späteren Bauphase wurden im Süden eine hakenförmige Zungenmauer zum Schutz eines kleinen Hafens sowie eine kleine Vorburg mit Halbrundbastionen angesetzt. Im Inneren ist eine extrem enge Bebauung mit winzigen Gassen belegt. (Abb. 12–13) Sehr ähnlich präsentierte sich das 5,5 km nördlich gelegene Fort

ÄGYPTISCHES REICH | 31

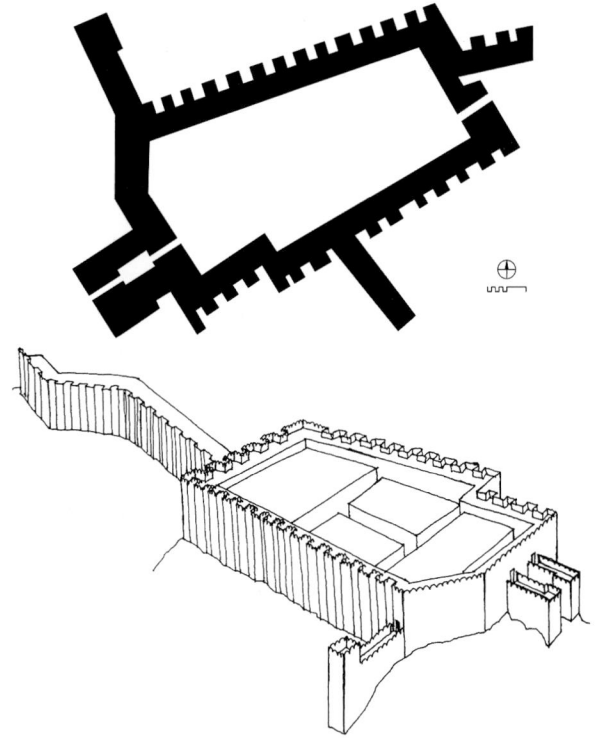

Abb. 12–13 | Shalfak, Kleinkastell der 12. Dynastie

Shalfak – „Der die Fremdlandbewohner niederbeugt". Auch dieses liegt auf einem steilen Felskopf direkt über dem Nil. Die verzogen rechteckige Anlage von etwa 40 x 70 m war durch 5 m starke Mauern mit Pfeilerverstärkung geschützt. Die zwei gegenüber liegenden Tore besaßen turmartige Flankierungen, ansonsten gab es über den steilen Felshängen keine vortretenden Türme. Nach Osten schließt eine auf 115 m erhaltene Zungenmauer mit gleicher Pfeilerverstärkung an. Dahinter waren die Wassertreppe zum Nil bzw. eine kleine Anlegestelle versteckt. Zwei isolierte Zungenmauern im Norden und Süden wurden in einer späteren Phase angestellt. Im Inneren konnte eine dichte Bebauung mit engen Gassen belegt werden. Als drittes Fort ist Askut[29] – „Der die Setiu vertreibt" zu betrachten, das etwa 9 km stromabwärts auf einer Felseninsel inmitten kleinerer Stromschnellen liegt. Die trapezförmige Anlage von etwa 77 x 87 besitzt etwa 5 m starke Mauern mit Pfeilerverstärkung und turmartigen Eckbastionen. Feldseitig ist eine große Toranlage vorgesetzt, über dem Nil schützt eine Zungenmauer eine steile Wasserstiege. Im Vorfeld fanden sich Reste einer Vorburg mit ähnlicher Mauerbefestigung. Das Innere zeigt enge Mannschaftsquartiere sowie zu einem Drittel Speicherbauten. Daher wird von einer ausreichenden Versorgung der Besatzung über eine lange zeitliche Distanz ausgegangen. Die Sicherung dieses Abschnittes von Nubien erfolgte somit systematisch durch ein großes Grenzfort und drei kleinere dahinter. Sie alle sind durch massive Verteidigungseinrichtungen geprägt, die bei einer überschaubaren Mannschaftsgröße einen maximalen Schutz bieten konnten. Offensichtlich rechnete man auch mit längeren Belagerungen, die durch lokale Brandschäden an den Toren auch erfolgt sein dürften.

Ein weiterer integrativer Schutz des nubischen Niltals ist nur in spärlichen Resten dokumentiert. Demnach bestanden westlich der zwei Katarakte jeweils lange Wehrmauern. Von ihnen sind etwa 4 km zwischen Semna und Uronarti sowie 7 km bei Assuan (nahe der Éléphantine) nachgewiesen.[30] Die gleiche Bauart mit exakt identischen Ziegelmaßen ermöglicht gemeinsam mit einer datierenden Inschrift die Zuordnung zur 12. Dynastie. Die Mauern waren durch kleinere Kastelle, Wachtürme und Beobachtungsposten verstärkt. Als Zweck ist der Schutz des bedeutenden Handelsweges vor Überfällen im Bereich der Katarakte zu vermuten, wo wahrscheinlich größere Transporte über den Landweg nötig waren. Ähnlich dem römischen Limes gewährleistete erst die Kombination von Militärforts, Zwischentürmen und einer Wehrmauer samt paralleler Straße die Kontrolle der exponierten Nilabschnitte. Als äußerster Endpunkt der südlichen Mauer diente etwa 1 km südlich von Semna ein kleines Kastell – „Der die Nubier vertreibt". Die in spärlichen Resten ergrabene Anlage an der Nilküste zeigte einen quadratischen Grundriss von innen 33 x 34 m mit 12 m starken Mauerfundamenten. Die Ecken waren durch je zwei turmartige Pfeiler verstärkt, in Nordosten führte eine unterirdische Treppe zum Nil. Dieses Kernfort war von einem Zwinger und einem Graben umgeben, davor gab es ein größeres leicht befestigtes Areal.

Zwischen den geschlossenen Mauern gab es von Semna bis Buhen entlang einer (Heeres-) Straße in sichtbarem Abstand gemauerte Hütten, die als Wachtposten mit Signalfeuern gedeutet werden (Abb. 14–15).[31] Dadurch war es wohl möglich, den gesamten lokalen Nilbereich am westlichen Ufer zu kontrollieren. In einer weiteren Ausbauphase der nubischen Forts wurden schließlich am Ostufer des Nils vereinzelte Vorwerke errichtet, die als Brückenköpfe und zur Kontrolle mündender Seitentäler dienen konnten. So liegt Kuban[32] schräg gegenüber von Ikkour an einer bedeutenden Wadimündung. Die rechteckige Festung von etwa 45 x 75 wurde von der 12. Dynastie in kurzer Zeit mehrfach stark erneuert, wohl nach Kriegszerstörungen. Nordöstlich von Buhen wurde mit Serre[33] am Beginn des Wadi Hagar Shams direkt über dem Nil eine rechteckige Festung von etwa 75 m Breite errichtet, die starke Kriegszerstörungen aufweist und ebenfalls mehrfach verstärkt wurde. Als Brückenkopf von Mirgissa findet sich die Festung Dabenarti jenseits des Hauptnils zwischen gefährlichen Stromschnellen auf einer schroffen Insel.[34] Das längliche Rechteck von etwa 60 x 230 m zeigt offenbar nie fertig gestellte Steinmauern um 3 m Stärke, die etwa alle 30 m von unterschiedlich großen vorstehenden Türmen flankiert waren. Aufgrund der unüblichen Bauart und fehlender datierender Funde muss die Errichtungszeit offen bleiben, die Fundamenterosion legt das mittlere Reich nahe. Auch gegenüber von Semna entstand in Kumma ein kleines Fort, das mangels starker Verteidigungsanlagen eher als Beobachtungsposten zu interpretieren ist. Nicht zuletzt war 20 km östlich der Éléphantine ein isoliertes Kastell von etwa 50 x 70 m situiert, dessen stark reduzierte Reste mit weit vortretenden Eckbastionen ebenfalls nur eine grobe Datierung ins mittlere Reich vermuten lassen. Das lokale Wadi war für seine Rohstoffe bedeutsam, vielleicht diente das Kastell als schützender Vorposten entlang einer wichtigen Handelsstraße.

Die Festungen der 12. Dynastie beeindrucken somit durch ihre ausgefeilte geopolitische Positionierung und ihre konsequente architektonische Konzeption. Die Staffelung von Gräben, Zwingern und Kernwerken mit ihren Bastionen, Flankentürmen und Torgassen erstaunt in ihrer Vollkommenheit ebenso wie modern anmutende Baudetails,[35] etwa gefächerte Schießscharten, hoch liegende Zugbrücken und versteckte Versorgungstunnel.

Zur Rekonstruktion der ursprünglichen Vertikaldimension können zeitgenössische Reliefs und Modelle aber auch analog gestaltete, besser erhaltene Tempelmauern in Zentralägypten herangezogen werden (Abb. 16–17). Demnach waren die gestaffelten Mauern auch in ihrer Höhe gestuft, um eine doppelte Artillerieverteidigung zu ermöglichen. Neben Steinschleudern und Speerwerfern galten vor allem die Bogenschützen als neuralgische Soldaten in der ägyptischen Armee, sie sind folgerichtig als Kastellbesatzungen auf zahlreichen Reliefs dargestellt. Zur Bestreichung der Mauersockel dienten neben den Flankentürmen mit ihren vortretenden Zinnenkränzen auch auf Holzrosten aufgesetzte Wehrkanzln. Die oft geknickten Torwege waren durch ganze Staffelungen von Scharten und Toren geschützt. Das Innere war durch mehrgeschossige Kasernenbauten extrem dicht bebaut und mit Vorräten gut gefüllt. Die zinnenreichen Mauern konnten daher durch ausreichende Mannschaftszahlen auch effektiv verteidigt werden. Das war auch nötig, zeigen Reliefs doch auch entwickelte Angriffsmethoden wie fahrbare Belagerungstürme, rollende Sturmleitern, Rammböcke und panzerartige mobile Kampfhütten. Die ständig erweiterten und verstärkten Kastelle waren also keine rein symbolhaften Theaterkulissen sondern hart umkämpfte Stützpunkte der ägyptischen Armee inmitten gefährdeter Grenzprovinzen. Auch der Schutz der Handelsstraßen durch begleitende Mauern ist urkundlich indirekt durch Strafexpeditionen nach Überfällen auf Karawanen erklärbar. Die Notwendigkeit für derart kost- und personenintensive Bauten wird in der unersetzbaren Handelsroute nach Zentralafrika sowie in den reichen regionalen Bodenschätzen zu suchen sein, wie sooft waren wohl Rohstoffe und Geld die Triebfedern der Eroberung.

Wer waren nun diese sosehr gefürchteten Feinde?[37] Während der frühen 12. Dynastie kam es in Unternubien zu massiven Einwanderungsversuchen von kriegerischen Nomadenstämmen aus den benachbarten Steppen, die durch Überweidung zunehmend zu Wüsten aridierten. Die zuvor als Hilfstruppen durchaus begehrten Klans suchten nun eine dauerhafte Besiedlung des Niltals, wo sie in immer größeren Konzentrationen eintrafen. Die 12. Dynastie bekämpfte diese Zuwanderung offenbar mit allen Mitteln, so wurden in brutalen Feldzügen alle angetroffenen Nubier getötet oder in die Sklaverei mitgenommen, zudem galten rigorose Einwanderungssperren an den Grenzkastellen. Dennoch musste bereits die 13. Dynastie die Ansiedlung von Halbnomaden im Niltal hinnehmen. In der Folge assimilierten sich die bald sesshaften Stämme vollständig und wurden schließlich als freie Söldnertruppen zu einer Stütze des ägyptischen Heeres. In diesem raschen Paradigmenwechsel ist auch der Grund für die frühe Einstellung der Kastellbauprogramme nach wenigen Generationen anzunehmen. Die letzten Truppen verließen Nubien in der

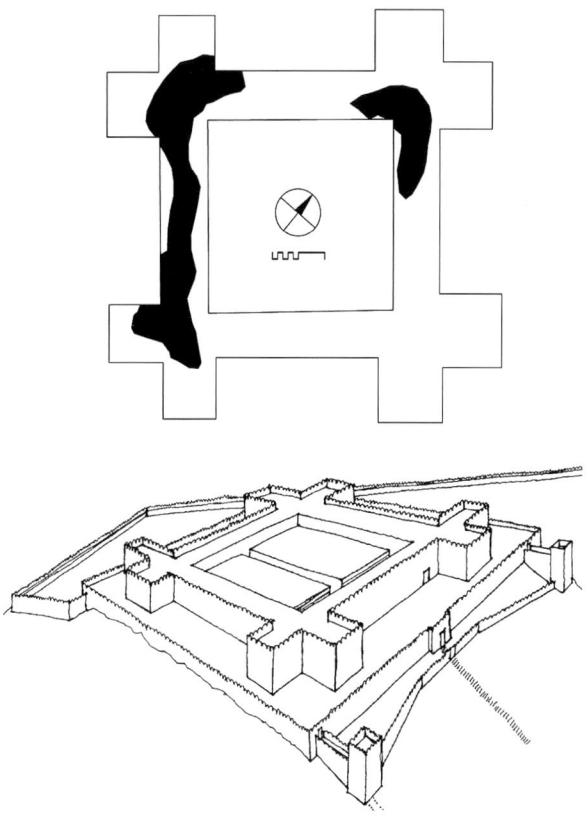

Abb. 14–15 | Semna Süd, Kastell der 12. Dynastie mit Anschluss der Landmauer

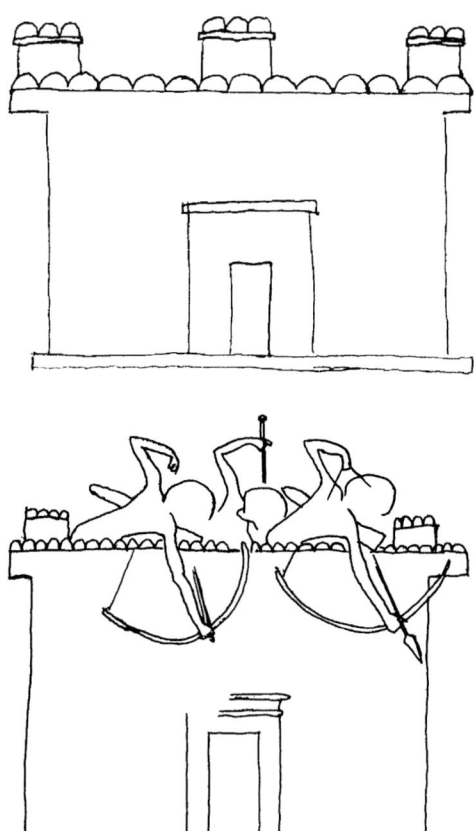

Abb. 16–17 | Darstellungen von Festungen auf altägyptischen Reliefs[36]

Mitte der 13. Dynastie, die Kastelle wurden ohne Kampf von regionalen Siedlern übernommen.

Erst die 18. Dynastie vollzog eine endgültige Eroberung Unternubiens, wobei sich wieder Aufstände und brutale Strafexpeditionen bis zum Zusammenbruch des Widerstands ablösten. Die alten Festungen wurden fast alle für militärische Zwecke instand gesetzt, ehe sie in den nächsten, friedlicheren Generationen von der Zivilbevölkerung vereinnahmt wurden. Über die Organisation der Besatzungen gibt es im mittleren Reich bereits aussagekräftige Quellen.[38] Neben den Elitetruppen des Pharaos gab es dezentral organisierte Provinzeinheiten aus Milizen und Söldnern, die von lokalen Gaufürsten befehligt wurden. Seit dem alten Reich gab es eine allgemeine Wehrpflicht für etwa jeden hundertsten Mann, die Aushebung erfolgte periodisch sowie bei besonderem Bedarf. Die Rekruten dienten fallweise im Krieg und ansonsten in den Grenzregionen für den Bau und die Bewachung der Forts. Bei konzertierten Kampfeinsätzen gab es eine klare Kommandostruktur. Unter dem Pharao dienten in hierarchischer Reihung erfahrene Offiziere, die durch einen intensiven Nachrichtendienst und eine Militärpolizei unterstützt wurden. Die Truppen waren ähnlich den heutigen Systemen auf kleinen Organisationseinheiten aufgebaut, die größere Verbände bildeten. Die großen Divisionen trugen Feldzeichen wie Stier, Falke, Hund oder Widder, deren dokumentierte Symbole analog zu den späteren römischen Legionen eine vielseitige Einsetzbarkeit im gesamten Reichsgebiet belegen. Dennoch bedeuteten in Zeiten schwacher Pharaonen die Dezentralisierung der Truppen sowie ihre Herkunft aus unterschiedlichen Regionen auch Gefahren für das Reich, wie sich etwa durch die Infiltrierung und Übernahme durch die Hyksos gegen Ende des mittleren Reiches zeigen sollte.

DAS NEUE REICH (1550–1070 V. CHR.)

Nach einer Zeit der Fremdherrschaft durch die Hyksos, einen semitischen Zusammenschluss von levantinischen Fürstentümern, gelang wiederum einem thebanischen Geschlecht die Befreiung und Wiedervereinigung des Reichs. Sofort mussten die gefährdeten Grenzen nach Süden und Osten durch Kastellketten gesichert werden.[39] Parallel dazu wurde eine Staatsreform mit neuer Verwaltung, eigenem Kalender und Universalreligion sowie zahlreichen zivilen massiv ummauerten Rechteckstädten mit engen Turmreihen umgesetzt.

Leider gingen die Befestigungen dieser Zeit bis auf geringe Spuren und schriftliche Überlieferungen weitgehend verloren. An der Mittelmeerküste des Sinai sind spärliche Reste von starken Forts belegt, die sich mit Reliefs am Tempel von Karnak verbinden lassen. Zunächst ist das breite Nildelta zu betrachten, dessen damalige Mittelmeerküste noch immer weit südlich der heutigen lag.[40] Entlang des Ufers verlief eine Militärroute, die zahlreiche Küstenkastelle verband. Nahe dem heutigen Suezkanal gab es bereits altägyptische Kanäle, die eine gerade Barriere zur Halbinsel Sinai mit ihren angriffslustigen Nomaden bildeten. Hier dürfte eine dichte Grenzlinie mit Mauern und Kastellen entstanden sein, die das Land bis zum roten Meer abriegelte. Am Tempel von Karnak sind einige dieser Festungen sogar pseudo-geographisch gereiht dargestellt. Fast immer in Nachbarschaft zu einem oasenartigen Gewässer sieht man stark abstrahierte und unterschiedlich große Rechteckanlagen, die mit engen Turmfolgen und auskragenden Wehrgängen schematisiert sind. Schriftrollen bestätigen diesen Festungsgürtel ebenfalls als gut ausgebaut. 2007 fand man die Festung Tharo (Hebua I), beim heutigen El Quantara, nahe dem Mittelmeer. Die 13 m starken Wehrmauern mit Kasematten umfassten ein rechtwinkeliges Areal von 250 x 500 m und waren tatsächlich von zahlreichen leicht vorstehenden Wachtürmen flankiert, davor lief ein tiefer Graben. Aufgrund der Größe wird von einer Hauptfestung am Nordende der Landmauer ausgegangen. Im Vorfeld gefundene Skelette von Menschen und Pferden deuten auf ein intensives Kampfgebiet. Von hier aus verlief zunächst die Grenze nach Süden bis Suez. Dort wurde als südlicher Endpunkt das Kastell Kom el-Qolzoum angelegt, von dem nur ein 20 m langer Abschnitt der Westmauer archäologisch nachgewiesen ist. Demnach handelte es sich ebenfalls um eine mächtige Kammermauer mit eng dahinter ansetzenden Kasernenbauten, wohl ein vergleichbares großformatiges Truppenkastell.

Bald eroberte man die gesamte Sinai-Halbinsel und verlängerte die Militärstraße entlang der Mittelmeer-Küste nach Osten. Hier zeichnet sich eine ganze Kette von Forts ab, von denen nur wenige bekannt sind, gemäß den Reliefs in Karnak waren es wohl an die 20. Wenige Kilometer östlich von Tharo entfernt liegt Hebua II, ein rechteckiges Kastell mit etwa 100 m Seitenlänge und regelmäßigen Turmreihen. Aufgrund der Innengebäude wird hier eine Kavallerieeinheit vermutet. 3 km daneben liegt Tell el-Borg, ein mehrfach wieder aufgebautes Kastell mit angeschlossener Siedlung. Die Erstanlage maß etwa 80 x 100 m und war durch einen breiten Graben geschützt. Wohl nach einer grundlegenden Zerstörung durch Angreifer vom Mittelmeer wurde daneben ein neues Kastell von 70 x 70 m errichtet.

Nach etwa 7 km erreichte man Tell Abyad (Tell el-Ebedah). Dieses Kleinkastell umfasste bei Mauerstärken um 4 m nur schmale Mauern mit flankierungsfähigen Ecktürmen (Abb. 18–19). Die nächsten beiden Kastelle von Rumani und Njila sind jeweils etwa 20 km östlich gelegen und bis auf die Lokalisierung nicht erforscht. Wieder etwa 20 km östlich befand sich etwas abseits der Straße das Kastell Bir el-'Abd, das eine Wasserstelle bewachte. Die 40 x 40 m große Rechteckanlage mit 3 m Mauerstärken zeigte nur vier vortretende Ecktürme. Erst nach fast 100 km ist das nächste Kastell lokalisiert. In Haruvit fanden sich die Reste eines 50 x 50 m großen Rechtecks mit 4 m starken Mauern und weit vorstehender Toranlage. Innen gab es eine enge randständige Verbauung. Im Umkreis deuten spärliche Hinweise auf ein größeres Handels- und Verwaltungszentrum. Den Abschluss dieser Kette bildete eine Festung in Rafah, von der außer schriftlichen Belegen einer großen Einfassung keine Reste erhalten blieben. Hier ist sicher eine stark befestigte Grenzanlage mit schlagkräftiger Garnison anzunehmen. Gemäß den Reliefs in Karnak könnte hier es sogar eine geschlossene Grenzmauer gegeben haben. Diese Kastellkette am Nordsinai konzentrierte sich also auf eine küstennahe Straße, wo sie vor allem Wasserstellen schützte. Es liegt nahe, hier die Sicherung dieser wichtigen Verkehrs- und Handelsroute in den Mittleren Osten als Hauptzweck zu vermuten. Die südlich gelegenen Steppen und Wüsten des Si-

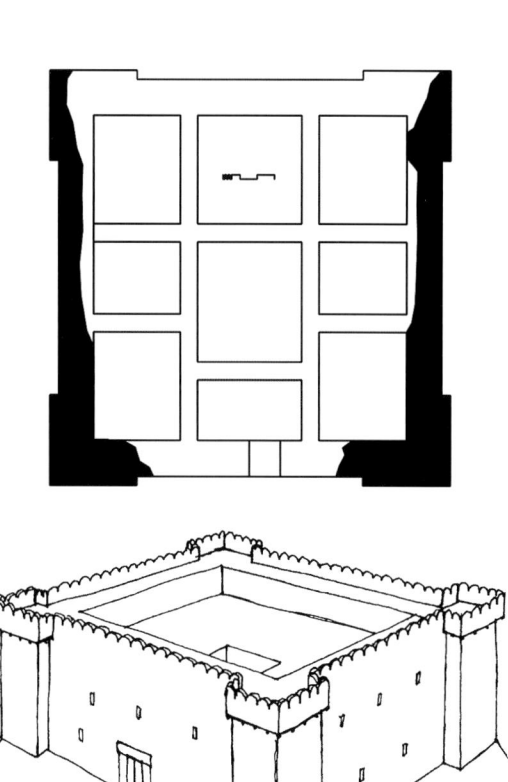

Abb. 18–19 | Tell Abyad, Kleinkastell der 19. Dynastie

nai konnten damit keinesfalls kontrolliert werden, ebenso wenig wie die Küste, die fast immer einige Kilometer entfernt lag. Analog zu den nubischen Festungen des mittleren Reichs war man wohl auch im Neuen Reich an der Kontrolle der Straße interessiert und nicht an der Umschließung eines Territoriums. Westlich des Nildeltas gibt es Hinweise auf eine Weiterführung der küstennahen Festungsstraße, die hier unmittelbar nach erfolgreichen Schlachten gegen lokale Stämme eingerichtet wurde. Gemäß archäologischen Funden zeichnet sich eine heute stark verlandete lineare Siedlungsachse entlang des damaligen Mittelmeers ab, deren spärliche Reste kaum erforscht sind. Den westlichen Endpunkt dürfte ein großes quadratisches Kastell in Zawiyet Umm el-Rakham direkt am Mittelmeer gebildet haben.

Auf etwa 130 x 130 m gab es eine ca. 5 m starke Außenmauer mit wenig vortretenden Ecktürmen und massivem Portalbollwerk (Abb. 20–21). Außen führte ein tiefer Graben herum, innen lehnten sich enge Kasernenbauten sowie ein kleiner Tempel direkt an die Mauer an. Erst nach 200 km finden sich im Osten die nächsten Hinweise auf militärische Bauten. Es muss offen bleiben, ob die ab da eng geknüpfte Kastellkette einst konsequent durchlief oder ob die westliche Festung tatsächlich so isoliert lag. Es folgen Standorte bedeutender Kasernen in Abstand von 20 bis 50 km, von denen außer schriftlichen Belegen und minimalen Funden kaum Reste erhalten blieben. Einige wurden nach der Entdeckung bald zerstört, sodass die frühwissenschaftlichen Berichte heute kaum mehr auszuwerten sind. Besser erhalten blieb Kom el-Abqa'in. Hier konnte ein trapezförmiges Kastell von 150 x 200 m mit 5 m starken Mauern ergraben werden, das durch wenig vortretende Ecktürme und zwei massive Torbauten geprägt war.

50 km östlich lag Kom Firin, ein sehr ähnliches Kastell, das auf 220 x 230 m bei Mauerstärken von 5 m ebenfalls nur vier vortretende Ecktürme und ein massives Portal aufwies (Abb. 22–23). 30 km südöstlich lag Kom el-Hisn, dessen Zitadelle bei 4 m Mauerstärke 65 x 115 Außenmaße aufwies. Hier lag das Zentrum des lokalen Bezirkes, wovon nach rezenter Überbauung jedoch keine aussagekräftigen Reste mehr bewahrt blieben. Auch im südwestlichen Hinterland wurde in der Oase Qaret el-Dahr, etwa 100 km vom Nildelta entfernt, ein älteres Kastell von etwa 47 x 60 m als Basis der lokalen Verwaltung wieder aufgebaut.

Bereits kurz nach der Eroberung und Sicherung der Mittelmeerküsten und des Sinai rückten die ägyptischen Truppen weiter östlich in die Levante vor, um abhängige Außenprovinzen als Pufferzone einzurichten (Abb. 24–25). Die Forschung an den dortigen Befestigungen ist noch äußerst lückenhaft, oftmals sind nur die Standorte bedeutender Militärzentren bekannt.[41] In Jaffa haben sich von der Besatzungszitadelle geringe Reste einer 5 m starken turmbewehrten Lagermauer mit stark befestigtem Tor erhalten. Nach einer gewaltsamen Zerstörung wurde die Anlage wieder aufgebaut. In Beth Shan am mittleren Jordan fand man innerhalb einer großräumig befestigten Siedlung der lokalen Bevölkerung einen kleinen rechteckigen Verwaltungssitz um einen zentralen Binnenhof, dessen strategische Bedeutung bei Aufständen wohl nur im kurzfristigen Rückzug liegen konnte.

Auch die Kleinkastelle Tel Mor und Deir el-Balah nahe dem Mittelmeer konnten mit ihren 23 x 23 m bzw. 20 x 20, ihren Mauerstärken um 2,5 m und den nur unwesentlich vortretenden Türmen nur als Wachstationen neben Wasserstellen am Handelsweg dienen (Abb. 26–27). Es steht somit die Vermutung im Raum, dass die eroberte Levante nicht militärisch kontrolliert werden sollte, sondern nur strategisch bedeutende Punkte wie Handelswege und Verwaltungszentren durch kleine Garnisonen besetzt waren.

Die Festungen des Neuen Reichs unterschieden sich insgesamt grundlegend von denen des Mittleren Reichs (Abb. 28–29).

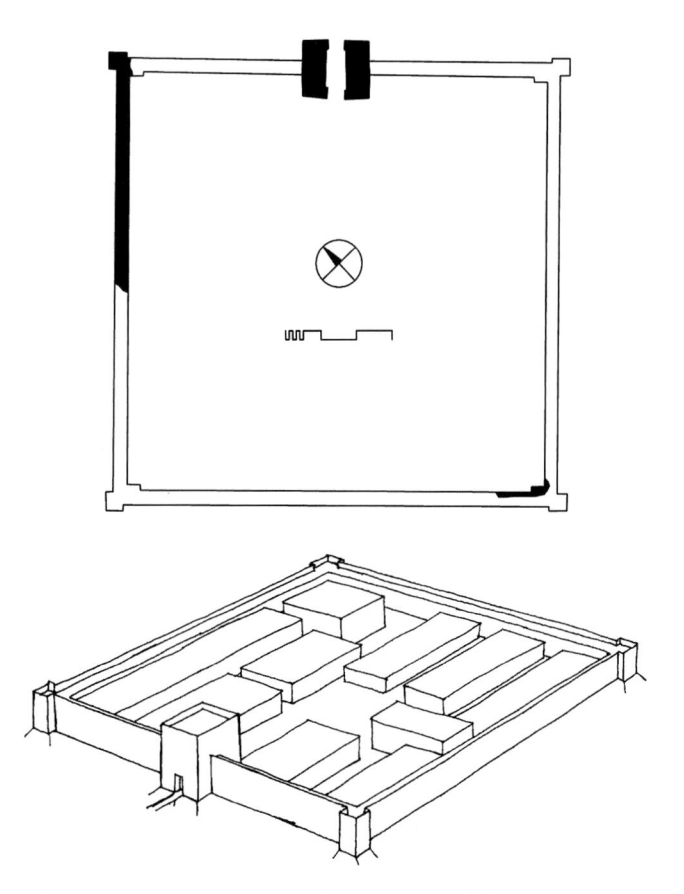

Abb. 20–21 | Zawiyet Umm el-Rakham, Kastell der 19. Dynastie

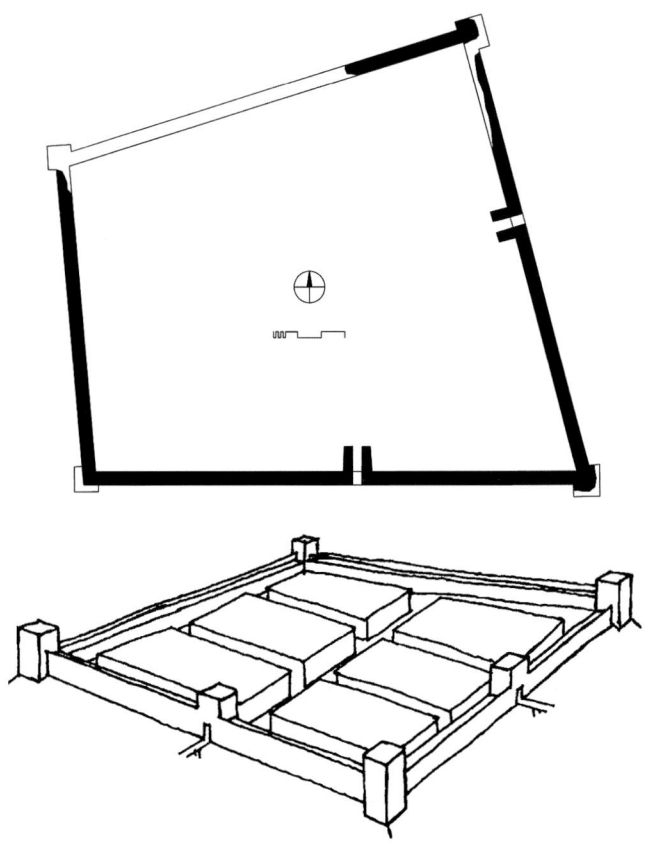

Abb. 22–23 | Kom el-Abqa'in, Kastell der 19. Dynastie

ÄGYPTISCHES REICH

Die Mauern waren deutlich weniger massiv und hoch ausgebildet, die Türme traten weniger weit vor und waren teilweise auf die Außenecken und die Portale beschränkt. Das deckt sich wiederum mit zeitgleichen befestigten Tempelanlagen, etwa in Médinet Habu und Amarna. Vor allem die Kleinkastelle waren dafür bemerkenswert schematisiert und kompromisslos angelegt und entstammten wohl einer übergeordneten Planung. Auf Zwingermauern wurde allgemein verzichtet, dafür wuchsen die Gräben zu tiefen umlaufenden Sperrzonen. Insgesamt dienten die Festungen wohl weniger der Verteidigung gegen große Scharen sondern eher als Kasernen für polizeiartige Besatzungen in Friedenszeiten.

Entgegen den nubischen Nilfestungen des mittleren Reichs wurden jetzt Landwege als Verbindungsachsen herangezogen, obwohl das Mittelmeer meist direkt benachbart lag. Zugeordnete Häfen sind nirgends nachgewiesen, dafür gibt es mehrfach Hinweise auf größere berittene Einheiten. Die Standorte waren fast immer an Wasserstellen gebunden, die einerseits die wichtige Versorgung gewährleisteten und andererseits die Bewachung der überregional sehr beschränkten Wasserzugänge ermöglichten. Somit war auch eine wirksame Kontrolle der lokalen Nomadenstämme gegeben.

Als Hintergrund dieses Wechsels vom Wasser zum Land ist wohl die Modernisierung des Heeres durch Einführung schlagkräftiger Streitwageneinheiten anzunehmen. Professionell ausgebildete Söldner konnten so schnell und präzise angreifen und durch ihre ebenfalls weiterentwickelten Fernwaffen große Erfolge erringen. Zudem brachte die massiv eingesetzte Reiterei mit ihrer regen Aufklärungs- und Meldetätigkeit starke Vorteile. Als neues Haupttransportmittel wurden Ochsenkarren eingeführt, die auf breiten Militärstraßen die Versorgung der Truppen gewährleisteten. Neben regelrechten Munitions- und Nahrungsdepots in regelmäßigen Abständen legte man Wert auf mobile Instandsetzungseinheiten. Im feindlichen Gebiet errichteten die Divisionen rechtwinkelige Marschlager mit Gräben und Palisaden sowie exakt organisiertem Wachdienst.

Bislang ungeklärt ist die ständige militärische Präsenz in den eroberten Provinzen der Levante. Hier schob man die Grenzlinien mehrfach weiter bis zur heutigen türkischen Grenze (dem damaligen Hethiterreich), offenbar ohne dort eine ständige Garnison zu etablieren. Die wenigen bekannten Kleinkastelle in der Levante dienten wohl nur der lokalen ägyptischen Verwaltung als sichere Zuflucht bei Revolten. Für größere Feldzüge mussten Truppen aus den Kasernen des Kernreiches zusammen gezogen werden. Aber auch dort waren die Lager nicht in den dicht bevölkerten Siedlungszonen entlang des Nils situiert, sie waren vielmehr bis auf die Kastelle der königlichen Leib- und Palastgarden ausschließlich an den Grenzen des alten Ägypten konzentriert. Nach dem Ende des Neuen Reichs um 1070 kam Ägypten immer mehr in die Defensive. Die Dominanz von ausländischen Söldnern führte zur Machtübernahme durch eine libysche Dynastie, die 200 Jahre regieren sollte.

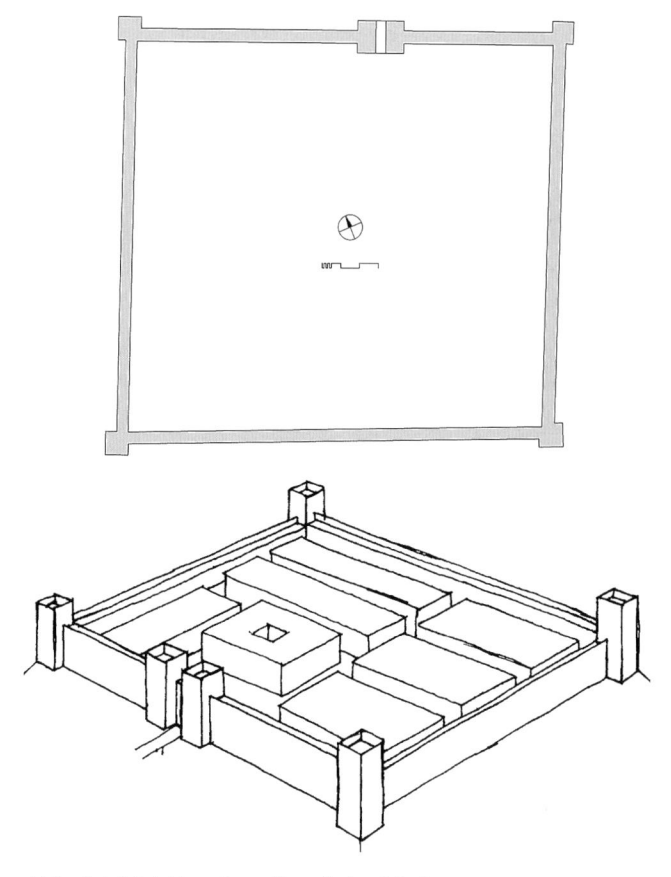

Abb. 24–25 | Kom Firin, Kastell der 19. Dynastie

Nach einer weitgehenden Entmachtung durch die Kuschiten und die Assyrer erfolgte mit der Dynastie der Sait eine kurzfristige Wiederherstellung der ägyptischen Staatsmacht. In einer Mischung aus Diplomatie und militärischer Härte wurden die Gebiete vereint, Einfälle gestoppt und Aufstände niedergeschlagen. Eine neue multikulturelle Armee diente zur Vereinigung der Völker, auch die zivile Gesellschaft wurde deutlich militarisiert. Verwaltung und Rechtsprechung waren auf dem Heer aufgebaut, jeder Provinzvorsteher war auch Führer der lokalen Streitkräfte, die er in eigenen Kasernen zur Verfügung hatte.[42] Leider sind aus dieser Epoche nicht viele Bauten erhalten, zumal die alten Festungen in der Regel ohne große Umbauten weitergenutzt wurden. Immerhin finden sich an den wenigen Neubauten in den Fundamenten Gründungsopfer bzw. Beigaben, die Datierung und Rekonstruktion einer letzten kleinen Kastellbauphase ermöglichen, in Daphnae zeugt eine Stele sogar von einer regelrechten Gründungszeremonie.[43]

An der inzwischen weit verlandeten Mittelmeerküste des Nildeltas siedelte man griechische Kolonisten an, die das Gebiet sichern und den Mittelmeerhandel fördern sollten.[44] Zur Kontrolle entstanden einige neuartige Festungen, deren starke Überformung eine exakte Rekonstruktion heute erschwert. Nahe der Mündung des östlichen großen Nilzweigs ins Mittelmeer liegt etwa Tell El-Balamun, ein 430 x 420 m großes stark befestigtes Rechtecklager, vom dem nur die mächtigen Unterbauten erhalten blieben. Innerhalb der großen Mauer sticht an der Südecke eine 54 x 61 m große Plattform heraus, die den Unterbau einer inneren Zitadelle unbekannten Aussehens bildet.

Die charakteristischen Zellenfundamente waren wohl mit Sand massiv gefüllt, erst darüber lagen die Räume, zu denen eine lange Rampe führte (Abb. 30).

Sehr ähnlich war die Festung Naukratis am gegenüber liegenden westlichen Hauptarm des Nils angelegt. Auch hier gab es einen massiven 265 x 230 m großen Rechteckbering, in dem der hohe Unterbau einer 55 x 54 m Zitadelle stand. Daneben lag eine große unbefestigte Stadt.

Sehr ähnlich war auch die Zitadelle der ansonsten fast verlorenen Festung Daphnae mit 45 m Seitenlänge aufgebaut, hier ist eine massive Sockelhöhe von 7 m nachgewiesen (Abb. 31).[45]

Bei der analogen Zitadelle von Apries in der Hauptstadt Memphis ist als einziges der Aufbau dieses Zitadellensockels belegt: an einer Ecke des stark umwehrten Rechtecklagers stand eine 14 m hohe Plattform, auf der ein engräumiger Kernpalast mit allen zum Überleben notwendigen Einrichtungen wie Waffenkammer, Werkstatt und Küche und kleinem Hof lag.

Leider entwickelte sich im Nildelta diese erhöhte massive Plattform mit Zellenfundament zu einer Standardbauform, die auch Tempel, Schatzhäuser oder Vorratsräume tragen konnte, sodass die Interpretation der Nutzung an vielen weiteren Bauten umstritten ist.[46] Bei den nachgewiesenen Kastellen gibt es immerhin eine einfache Erklärung für die Aufteilung in ein großes Lager sowie eine erhöhte Zitadelle: die unterschiedlichen Völker wurden im Reich als translozierte Truppen eingesetzt, und zwar immer weit weg von den eigenen Gebieten (etwa die Juden im Süden).[47] Lediglich die Kommandanten sowie die Kerntruppe bestanden zunächst aus Ägyptern, die offensichtlich ihre erhöhte Position auch architektonisch manifestierten. In späterer Zeit wurden aber die Zitadellen von Memphis und Apries auch von Söldnern gegen die eigene Bevölke-

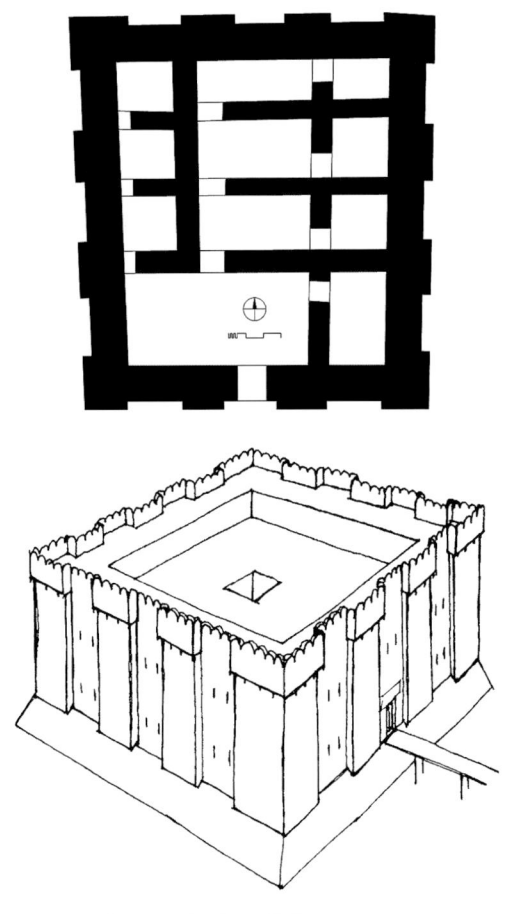

Abb. 26–27 | Tell Mor, Kleinkastell der 19. Dynastie

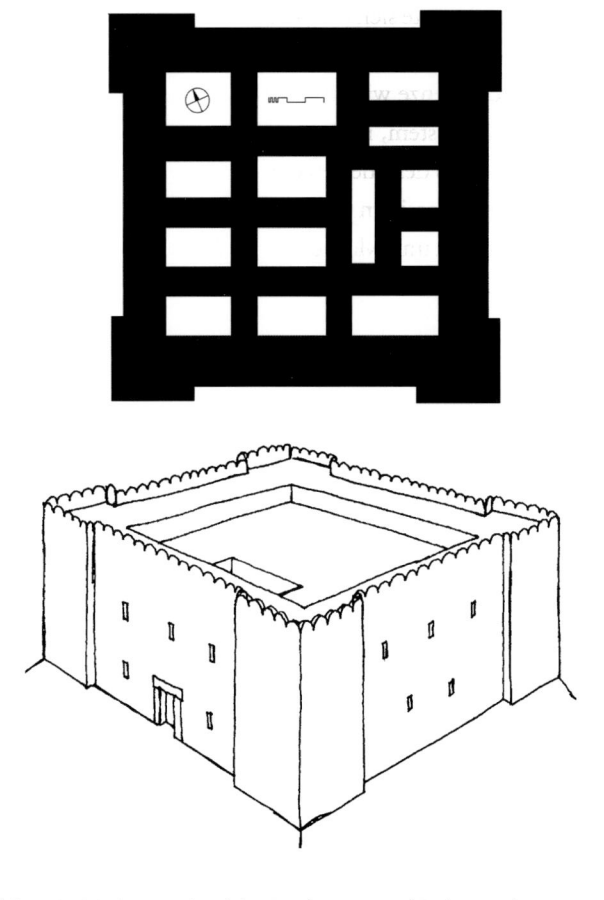

Abb. 28–29 | Deir el-Balah, Fundament und Rekonstruktion des Kleinkastells der 19. Dynastie

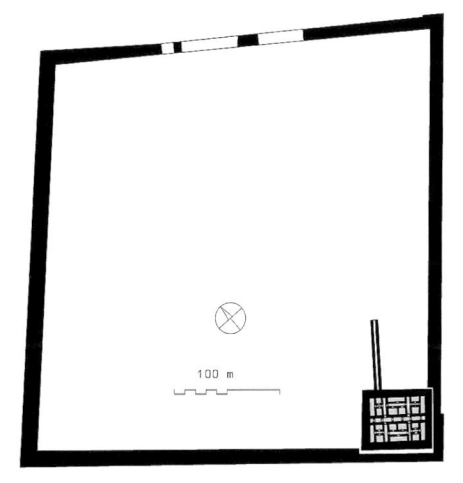

Abb. 30 | Tell El-Balamun, Kastell der 26. Dynastie

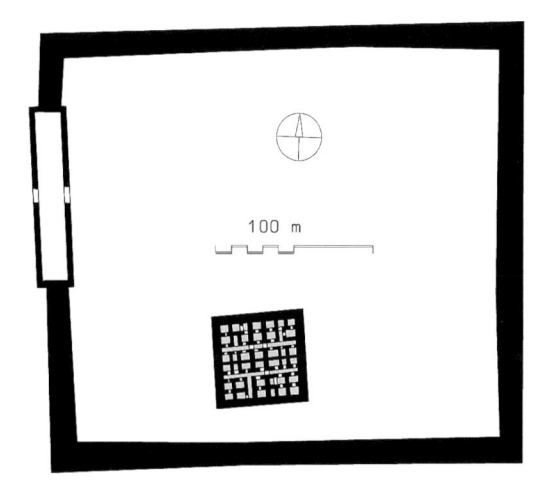

Abb. 31 | Naukratis, Kastell der 26. Dynastie

rung eingesetzt. Herodot berichtet schließlich von einem ansonsten kaum erhaltenen Grenzsystem, das stark an das spätere Römische Reich erinnert: er erzählt von drei großen Garnisonen, die jeweils gegen die Hauptfeinde stationiert waren und von denen aus kleinere Festungen an den Grenzen beschickt wurden. Mit Brückenkopffestungen war man gegen durch Verträge verbundene Nachbarvölker gesichert, deren Männer man teilweise als Leibwachen ins Land holte.[48] Dieses enge Kastellsystem konnte sich einige Zeit gegen übermächtige Angreifer halten. Sogar Nebukadnezar musste nach hohen Verlusten an der Grenze wieder abziehen. Erst gegen die Perser kollabierte das System, nachdem die verbündeten Völker abgefallen waren. So desertierten die Kastellbesatzungen und das Land war den Angreifern schutzlos ausgeliefert.

Nach den Persern und Makedoniern übernahmen schließlich die Römer den gesamten nahen Osten in ihren Einflussbereich.

---

1 Eine jüngere Literaturaufstellung bei Graves 2010, 79.
2 Etwa die hochkarätig besetzte Tagung „Walls of the ruler, fortifications, police beats and military checkpoints in ancient Egypt" 2006 in Swansea, Wales.
3 Zur Palette der Belege zählen neben den archäologischen Bauresten Inschriften, Papyri, Modelle, Steintafeln, Grabzeichnungen, Grenzstelen, Nennungen von Grenzgarnisonen und Texte über Kämpfe und Belagerungen, vgl. Vogel 2010, 5.
4 Monnier 2010, 33.
5 Monnier 2010, 38.
6 Monnier 2010, 127.
7 Vereinfachte Visualisierung mit hypothetischer Situierung der Binnenbebauung.
8 Ziermann 1998, 348.
9 Monnier 2010, 170.
10 Monnier 2010, 19.
11 Seidel, Schulz 2005, 10.
12 Steiner 2008, 46.
13 Vogel 2010, 6.
14 Monnier 2010, 108.
15 Vogel 2010, 7.
16 Seidel, Schulz 2005, 14.
17 Zibelius-Chen 1988, 232.
18 Steiner 2008, 65.
19 Vereinfachte Visualisierung mit hypothetischer Situierung der Binnenbebauung. Darstellung der ersten Zitadellenphase, der relativ bald ein groß angelegter Außenmauer-Neubau nachgefolgt ist.
20 Steiner 2008, 118.
21 Vereinfachte Visualisierung mit hypothetischer Situierung der Binnenbebauung. Die unterschiedliche Detaillierung der publizierten Grundrisse macht eine Rekonstruktion kompliziert. Die stark überbaute Anlage dürfte gemäß besser erforschten Nord- und Ostfassaden stark strukturiert gewesen sein.
22 Steiner 2008, 131.
23 Vercoutter 1965, 69.
24 Monnier 2010, 128. Ausgrabungsbefund und Plangrundlage bei Clarke 1916, 160.
25 Flammini 2008, 54. Fertig gestellt wurde der Kanal in der nächsten Generation.
26 Flammini 2008, 54.
27 Drei benachbarte kleine Außenforts südlich bzw. jenseits des Nils unterscheiden sich in Konzeption und Bautechnik deutlich und dürften erst in späteren Phasen auf teilweise älterer Grundlage errichtet worden sein.
28 Monnier 2010, 152.
29 Steiner 2008, 139.
30 Monnier 2010, 121.
31 Steiner 2008, 88.
32 Steiner 2008, 108.
33 Monnier 2010, 132.
34 Steiner 2008, 137.
35 Monnier 2010, 45.
36 Monnier 2010, 33, 105.
37 Steiner 2008, 34.
38 Vogel 2008.
39 Seidel, Schulz 2005, 17.
40 Monnier 2010, 72.
41 Monnier 2010, 94.
42 Smoláriková 2008, 25.
43 Smoláriková 2008, 77.
44 Smoláriková 2008, 28.
45 Smoláriková 2008, 79.
46 Smoláriková 2008, 101.
47 Smoláriková 2008, 46.
48 Herodot, 2. Buch Geschichten, 30.

Zitadelle Dura Europos, Syrien

GRIECHISCHE REICHE

Der weit gespannte Kulturkreis der Griechen, dessen Einfluss im 1. Jahrtausend v. Chr. fast das ganze Mittelmeer umspannte ehe sie von den Römern abgelöst wurden, hatte auch einen entwickelten Befestigungsbau zur Folge. Aufgrund der charakteristischen Gesellschaftsstruktur in möglichst autonomen Stadtstaaten konzentrierte man sich dabei auf Stadtbefestigungen, die vor allem von Tempelbezirken bekrönt waren. Da es in der Blütezeit weder absolut regierende Königshäuser noch stehende Truppen gab, waren auch weder klassische Zitadellen noch Garnisonskasernen notwendig.

Das änderte sich bei den kleinasiatischen Städten nach dem Fall von Milet 494 v. Chr., als die gesamte Region unter persische Kontrolle kam.[1] Hier bildeten sich umgehend Satrapen-Königreiche, die durchaus einige Unabhängigkeit von Persien erlangen konnten, jedoch auf monarchischer sowie zentralistischer Basis fungierten. Unter König Mausolos (377–353), dem Satrapen von Caria, gelangen sogar große Eroberungen, die sofort durch schwer befestigte Städte mit Zitadellen abgesichert wurden. Der Makedonier Alexander der Große erlangte schließlich den Sieg über die Perser sowie die offensive Verbreitung des Hellenismus. Unter seinen Nachfolgern konnten die Seleukiden eine nachhaltige Dynastie festigen, die kurzfristig bis Indien ausgreifen konnte. Bald zersplitterte man sich jedoch wieder in kleinere Herrschaften, die sich mit angrenzenden Reichen gegeneinander verbündeten. Im Jahr 130 führte eine schwere Niederlage gegen die Römer zu deren Oberhoheit in der Ägäis, die trotz mehrfacher Revolten nicht zuletzt durch deren Bau von Kastellen Bestand haben sollte.

Der Entwicklungsstand früher griechischer Stadtbefestigungen ist beeindruckend. Es gab in den dicken hohen Mauern je nach Erfordernis meist rechteckige aber auch halbrunde oder polygonale flankierfähige Türme, bequeme Schießkammern, Wehrgänge und ausgeklügelte gestaffelte Torsicherungen. Frühe Formen von isolierten Forts wurden bereits von den Persern in Kleinasien eingeführt, wo heute ganze 139 Standorte bekannt sind.[2] Meist handelte es sich um einfache Straßenstationen mit dominantem Wachturm und untergeordneten Hofmauern.

Unter dem Satrapenkönig Mausolos erhielten einige griechische Städte klassische Vierturmkastelle als Garnisonszitadellen (Abb. 1). Als bestes Beispiel ist Theangela (Karia Yolu) zu nennen, das ein rechtwinkeliges Geviert von ca. 30 m Breite mit vier 7 m breiten Ecktürmen bekam.[3] Aber auch andere Regionen dürften in dieser Zeit mit sehr ähnlichen Forts aufgerüstet worden sein, etwa in Prinias[4] (Kreta), Malathre[5] (Albanien) und Panskoye (Krim),[6] wobei hier exakte zeitliche Zuordnungen und somit politische Hintergründe noch fehlen. Sehr früh dürfte zudem eine Monumentalisierung der monarchistischen Bauten stattgefunden haben, die nun als Palastanlagen oder Kasernen die Städte dominierten.

Als Paradigma gilt Seuthopolis, das um 320 vom thrakischen König Seuthes III. als neue Hauptstadt des Odrysenreichs gegründet wurde (Abb. 2). Obwohl die gesamte Stadt bereits 260 v. Chr. wieder aufgegeben wurde und seit 1948 unter einem Stausee liegt, konnte man ihre Mauern vor der Flutung noch ausgraben.[7] Demnach wurde als dominanter Eckpunkt der stark befestigten Gründungsstadt ein viereckiges Kastell errichtet, das als Königsresidenz außen mit mächtigen Türmen versehen war, während innen repräsentative Palastanlagen standen.

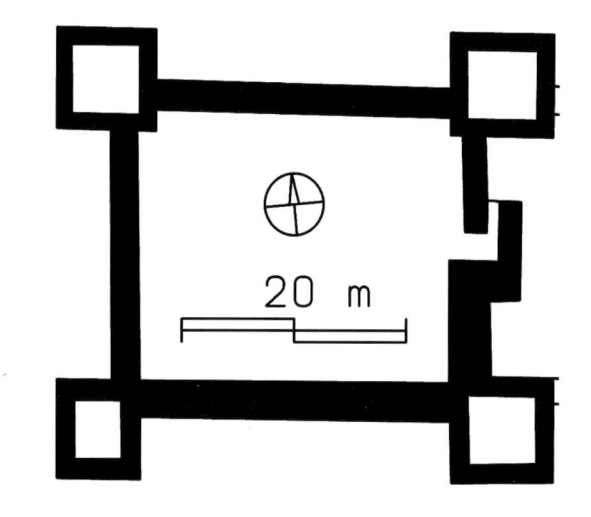

Abb. 1 | Theangela, Türkei, Kastell 1. H. 4. Jh. v. Chr.

Einige Analogien zeigt das hellenistische Kastell von Failaka, auf einer Insel des persischen Golfs (Abb. 3).[8] Die bislang nicht überzeugend datierte Anlage wirkt mit flankierfähigen Ecktürmen und Torturm höchst entwickelt.

In das Jahr 292 v. Chr. können hingegen in der zu diesem Zeitpunkt neu angelegten carischen Stadt Herakleia zwei Forts datiert werden, die als Teil der dortigen Stadtmauer den höchsten Geländepunkt sowie einen Hafensporn besetzten (Abb. 4–5). Es handelt sich wie in Theangela um geländebedingt leicht verzogene Rechteckanlagen mit Ecktürmen. Während dabei am Gipfel nur die zwei stadtseitigen Türme mit Innenräumen ausgestattet sind, zeigt das Hafenkastell drei massive Eckbastionen und nur einen ebenfalls stadtseitig orientierten größeren Turm. Beide Anlagen konnten im Angriffsfall effektiv verteidigt werden, Hinweise auf eine länger dort stationierte Garnison gibt es jedoch nicht. Ein ähnliches Fort entstand ungefähr gleichzeitig in Ikaros, wo aktuelle Forschungen erst auszuwerten sind.

In der ebenfalls 292 v. Chr. neu angelegten künftigen Hauptstadt des makedonischen Reichs namens Demetrias ließ Demetrios I. am höchsten Punkt ein gewaltiges Kastell anlegen, das mit einer rechteckigen über 100 x 200 m großen Fläche und starken turmbewehrten Mauern wohl als Hauptquartier seiner Leibgarde dienen sollte. Daneben entstand ein Palastbezirk, dessen ursprüngliche Gestaltung nicht mehr zu rekonstruieren ist (Abb. 6). Hier ließ Philipp V. ab 218 v. Chr. eine neue Residenz errichten, das sogenannte Anaktoron.[9] Diese bereits 168 zerstörte aber durch Ausgrabungen sehr gut erfasste Anlage bestand aus einem zentralen Rechteck von 60 x 61 m mit 1,4 m starken Außenmauern und vier 12,5 m breiten Ecktürmen aus Buckelquadern, die einst die ganze Stadt überblickten. Westlich davon wurde die einstige Zitadelle als erweiterter Palastbezirk mit rechteckigen Höfen und Versorgungsvierteln umgestaltet, sodass das große neue Kerngeviert architektonisch den dominanten Höhepunkt königlicher Herrschaft markierte. Dem entgegen gestaltete man sein Inneres durch einen konsequenten Peristylhof mit umlaufenden Trakten als geräumige schlossartige Residenz. Obwohl dieser Palast als einzigartige Individuallösung höchstens mit persischen Gegenstücken zu vergleichen ist, mag seine viertürmige Außenwirkung wie eine urbildhafte Kernform der offenbar zahlreichen kleineren Tetrapyrgia in den Provinzen gewirkt haben, die dort als Zitadellen ebenfalls die königliche Macht manifestierten.

Wie weit dieser Einfluss gehen konnte, zeigt die weitläufige Ruinenstätte von Sahr-e Gumis, die als seleukidische Gründung Hekatompylos später zu einer Hauptstadt des Partherreichs wuchs (Abb. 7).[10] Durch Ausgrabungen ist hier ein mit Funden ins mittlere 3. Jahrhundert v. Chr. datierbarer kleiner Kastellbau dokumentiert, dessen Kern einen quadratischen sowie drei schmale Rechtecktürme aufwies, während eine wenig spätere Vorburg zwei massive Ecktürme zeigte.

Mit der nun folgenden raschen Entwicklung der parthischen und römischen Kastelle zu ähnlichen Lösungen verschwimmen im östlichen Mittelmeerraum und in Vorderasien die Unterscheidungsmöglichkeiten. Wahrscheinlich kann der Einsatz flankierfähiger Mauertürme im römischen Kastellbau auf griechische Vorbilder zurückgeführt werden, wenngleich hierfür exakte Studien fehlen.

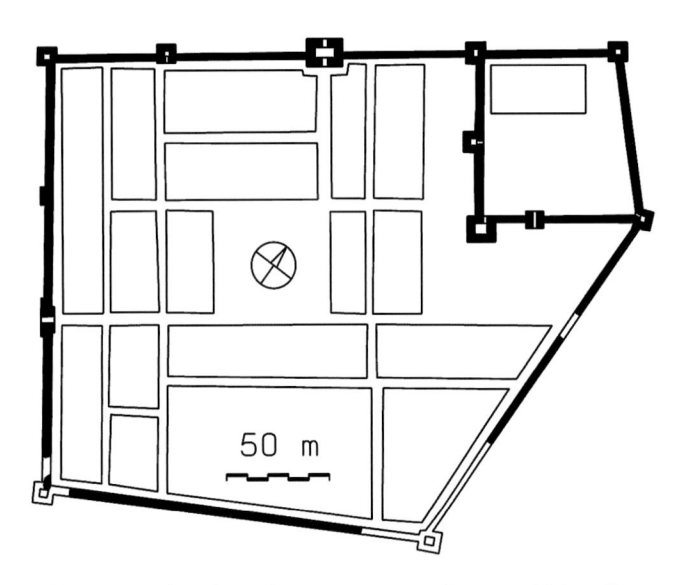

Abb. 2 | Seuthopolis, Bulgarien, Gesamtanlage um 320 v. Chr.

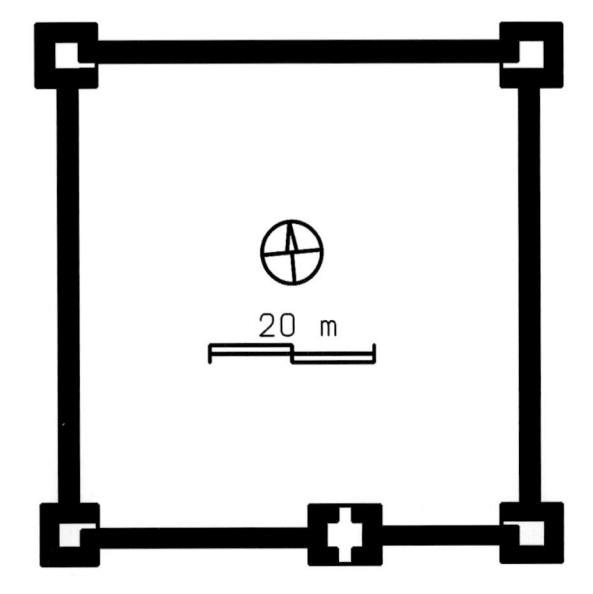

Abb. 3 | Failaka, Kuweit, Kastell 4./3. Jh. ?

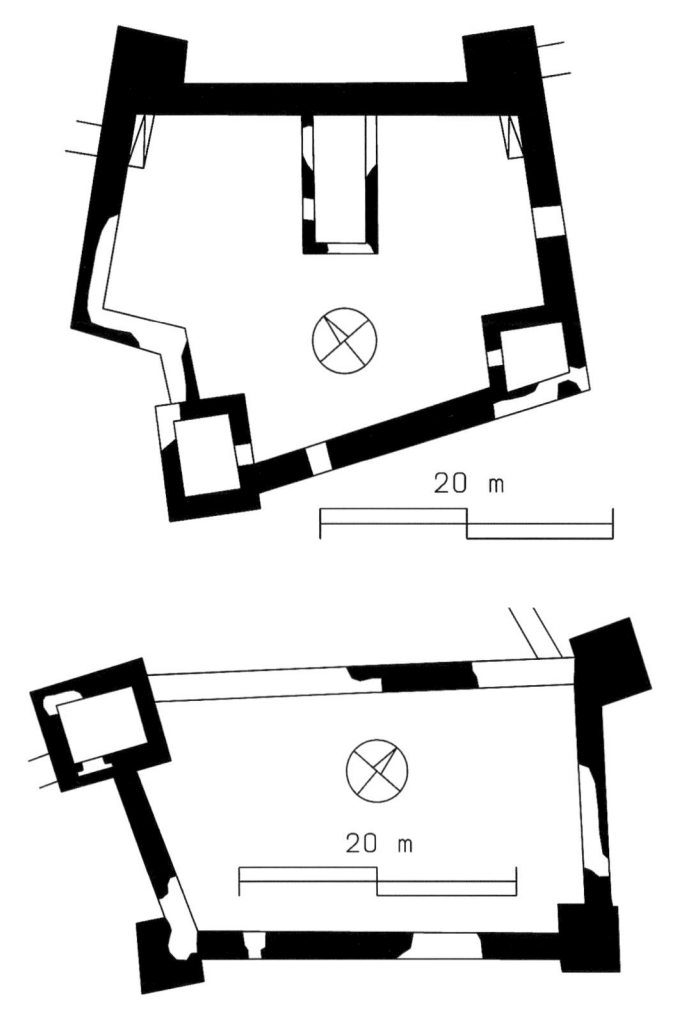

Abb. 4–5 | Herakleia (Latmos), Türkei, Nord- und Hafenkastell um 292 v. Chr.

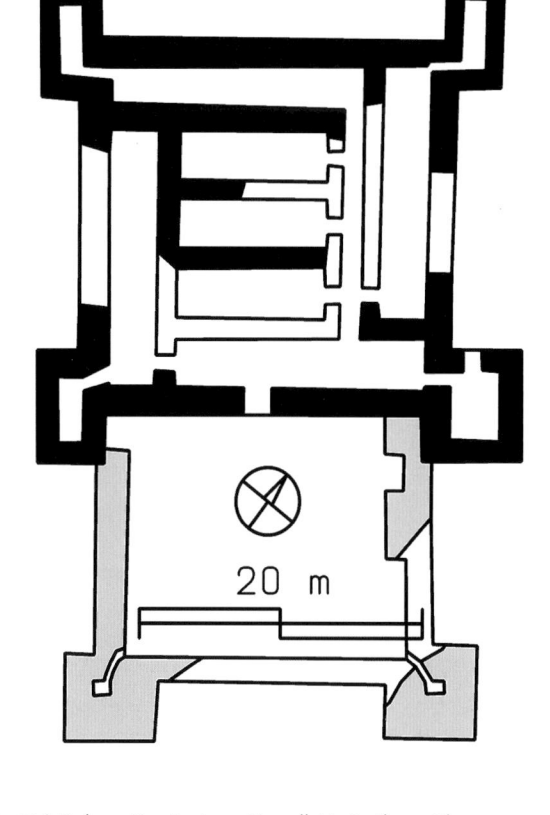

Abb. 7 | Sahr-e Gumis, Iran, Kastell M. 3. Jh. v. Chr.

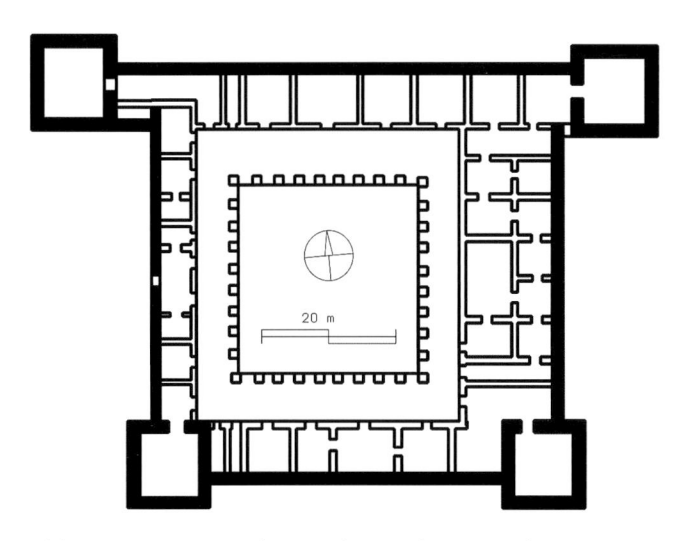

Abb. 6 | Demetrias, Türkei, Anaktoron ab 218 v. Chr.

Gleichzeitig entwickelte sich im hellenistisch-römischen Ostmittelmeer eine Reihe von festungsartigen Tempelanlagen, die letztlich wohl auf lokale Urtypen in Mesopotamien und Ägypten zurückzuführen sind. Jeweils handelt es sich um streng rechteckige hohe Mauergevierte, in denen zentral frei der eigentliche Haupttempel stand. Der Bering war innen oft von randständigen kleinteiligen Trakten sowie teilweise von Säulengängen begleitet. Außen war er sehr wehrhaft geschlossen und oft mit Türmen bekrönt. Große Beispiele bilden der Haupttempel von Damaskus (Syrien), der Tempel von Jerusalem (Israel), der Tempel von Palmyra (Syrien) und der Tempel von Baitokaike (Syrien). Ausgeprägte Kastellformen hatten die einander benachbarten Tempel von Seeia und Kanatha (Syrien), die von zwei bzw. vier vorstehenden rechteckigen Ecktürmen aus gut zu verteidigen waren.[11] Sie wirkten zudem wie Zitadellen in einem größeren halbzivilen Tempelbezirk, der ebenfalls durch Mauern und Türme befestigt war.

GRIECHISCHE REICHE | 43

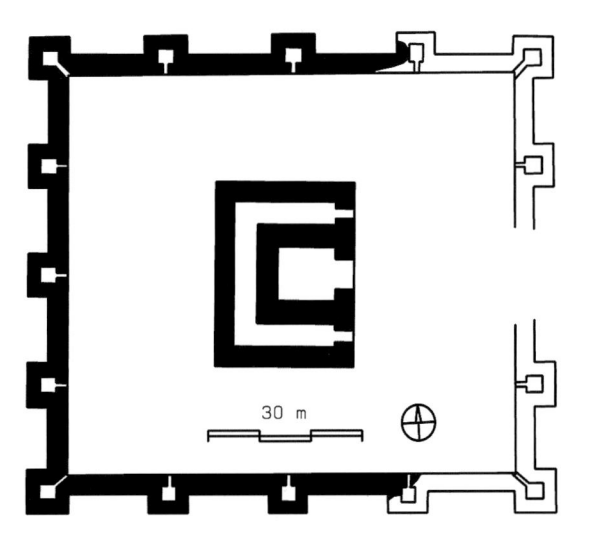

Abb. 8 | Surkh Kotal, Afghanistan, 2. Jh. v. Chr.

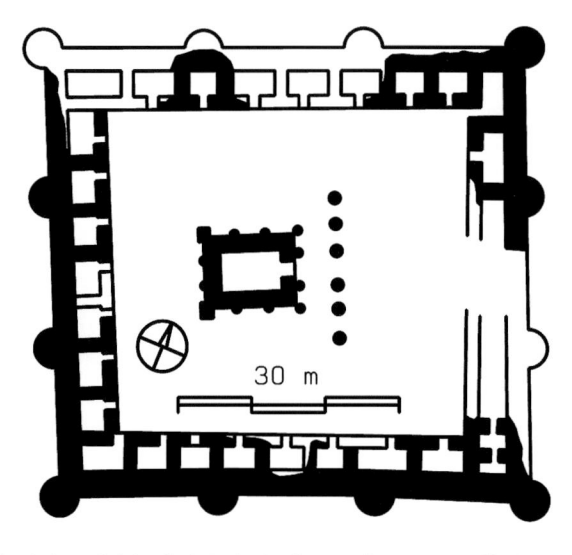

Abb. 9 | Uruk (Warka), Irak, Ausbauten bis 111 n. Chr.?

Auch im einst von den Persern kontrollierten und dann kurz hellenistisch geprägten Baktrien, einer zwischen den Gebirgen von Pamir und dem Hindu-Kusch versteckten Hochebene, gibt es mehrere Reste dieses Bautyps (Abb. 8). Nach dem Zusammenbruch der seleukidischen Macht 256 v. Chr. entwickelte sich hier für etwa achtzig Jahre ein unabhängiges griechisches Königreich, das stark militärisch organisiert war. Neben großen befestigten Rechteckstädten mit kastellartigen Zitadellen, die bislang kaum erforscht sind, gab es schwer befestigte Tempelbezirke, deren enge Turmfolgen offenbar ein Charakteristikum darstellten. Am besten ist die Anlage von Surkh Kotal erforscht, die etwa mit den Tempelmauern von Kampyr Tepe und Termez gut vergleichbar ist.[12] Auf 83 x 95 m Fläche entstand hier eine bestens befestigte Tempelfestung, die von gleichförmigen eng gesetzten Türmen flankiert war. Zahlreiche Schießscharten und ein krönender Zinnengang ermöglichten eine wirksame Verteidigung. Die Türme hatten mehrere Kampfebenen, jeweils mit sehr engen Schartenabständen, sodass sie als perfekte Abwehrbollwerke dienen konnten. In Termez sind zusätzlich Zwinger und Graben nachgewiesen, die wohl auch bei anderen Tempeln und Zitadellen zu rekonstruieren sind.

Eine prinzipiell durchaus ähnliche Tempelfestung befindet sich im Irak, um den parthischen Tempel des Gareus in Uruk (Abb. 9).[13] Auf Basis mehrerer übereinander liegender Bauphasen wurde der Tempel gemäß Inschrift im Jahr 111 n. Chr. (neu) geweiht, während die Datierung der umgebenden Festung offen bleiben muss.[14] Auf einer leicht verzogenen Fläche von 60 x 64 stand eine massive Außenmauer mit halbrunden Eck- und Mauertürmen, die in den Obergeschoßen wohl Wehrräume und Stiegenhäuser enthielten. Innen war eine konsequente Reihe schmaler Kammern angestellt, die zur Unterbringung von Tempelgütern geeignet waren und die gut mit anderen Tempeln der Region vergleichbar ist (Damaskus, Palmyra etc.). Ein fast identisches Gegenstück findet sich in Hirbat Ǧaddala (Irak), dessen zentraler Tempel im Jahr 141 n. Chr. errichtet war.[15]

Den Hintergrund für die schwere Befestigung der Tempelanlagen im Orient war wohl eine Kombination von wichtigen Ressourcen (nahe Wasserquellen, Oasen etc.), reichen Tempelschätzen und politischen Führungspersonen, die gegen räuberische Banden zu schützen waren.[16] Die semantische Bedeutung als Symbol der Stärke der jeweiligen Gottheit wird wohl ein bewusster Nebenaspekt gewesen sein. Trotz der bruchlosen regionalen Überlagerung mit römischen sowie persischen Provinzen ist die Rolle der griechischen Wehrtechnik in den neuen Reichen bislang nicht ausreichend aufgearbeitet, hier kann noch mit bahnbrechenden neuen Erkenntnissen gerechnet werden.

---

1 Nossov 2009, 8.
2 Nossov 2009, 13.
3 Bäjenaru 2010, 59.
4 Heute wohl durch ein byzantinisches Kastell stark überbaut, vg. Bäjenaru 2010 59.
5 Offenbar als Rückzugsort für einen Gutshof, vgl. Bäjenaru 2010 59.
6 Dort mit runden Ecktürmen, vgl. Bäjenaru 2010 59.
7 Bäjenaru 2010, 59.
8 Bäjenaru 2010, 59.
9 Hochleitner 2009, 103.
10 Kleiss 2015, 121.

11 Freyberger 2016, 256.
12 Leriche, Pontbriand 2016, 627.
13 Freyberger 2016, 248.
14 Konzeptionell passt sie besser ins persische Reich, das diese Region im 5.–7. Jh. n. Chr. besetzt hatte sowie zu muslimischen Ribatfestungen des 8.– 10. Jahrhunderts, die ebenfalls in der Region Verwendung fanden.
15 Finster 2016, 110.
16 Freyberger 2016, 252.

Zitadelle Amman, Jordanien

KÖNIGREICH JUDA

Die Region des heutigen Israel war lange Zeit abhängiger Teil der wechselnden überregionalen Großmächte, von den Ägyptern, Assyrern, Hethitern, Babyloniern und Persern. Auch Alexander der Große annektierte die Region und die folgenden Ptolemäer und Seleukiden begannen eine pragmatische Hellenisierung. Mit dem Verbot des jüdischen Glaubens kam es jedoch zum Volksaufstand, der schließlich nach einigen siegreichen Schlachten um 140 v. Chr. in der Etablierung eines kleinen unabhängigen Königreichs unter der Führung der Dynastie der Hasmonäer mündete.[1] Mit großem Selbstbewusstsein eroberten sie nun umgehend selbst die benachbarten Provinzen Idumäa, Samaria und Galiläa und begannen das Gebiet durch Festungen abzusichern. Leider sind von den frühen Bauten kaum rekonstruierbare Reste bewahrt. Jerusalem erhielt als Hauptstadt eine starke Stadtmauer sowie eine mächtige Zitadelle, die jedoch nicht erhalten ist. Am Rand der Judäischen Wüste wurde die Festung Hyrcania (benannt nach König Hyrcanus, 134–104 v. Chr.) errichtet, die den Grenzraum zu Ägypten bewachen sollte. Um 70 v. Chr. hatte man schließlich nicht nur eine Entscheidungsschlacht gegen die Ägypter gewonnen sondern auch das gesamte Küstengebiet zwischen dem Sinai und dem späteren Cäsarea erobert. Spätestens jetzt begann der Bau von zahlreichen weiteren Wehranlagen, von denen aber nur wenige heute fassbar sind. In der ausgedehnten Gartenstadt Jericho[2] wurde zu dieser Zeit der wenig ältere kaum befestigte Palast zur künstlichen Hügelburg aufgeschüttet und mit einer quadratischen Umfassungsmauer von 33 x 34 m und 1,5 m Stärke umgeben (Abb. 1–2). Im Inneren der streng konzentrischen Anlage gab es offenbar einen quadratischen Peristylhof mit vier umlaufenden Gebäudeflügeln. In der Südwestecke wurde der alte Palastturm integriert, jedoch mit Mauerumlauf und Aufstockung deutlich verstärkt. Auf zumindest drei Seiten erhielt das Wehrgeviert außen zentral jeweils breite Bastionen vorgesetzt. Ihre Interpretation als Verteidigungsplattformen scheint gesichert, nicht jedoch ihre mögliche turmartige Überhöhung.

Ähnlichkeiten zeigt die Festung oberhalb der befestigten Siedlung von Machaerus, die schon 63 v. Chr. von Pompeius fast völlig zerstört und danach von Herodes verändert wieder aufgebaut werden sollte (Abb. 3–4).[3] Man geht davon aus, dass

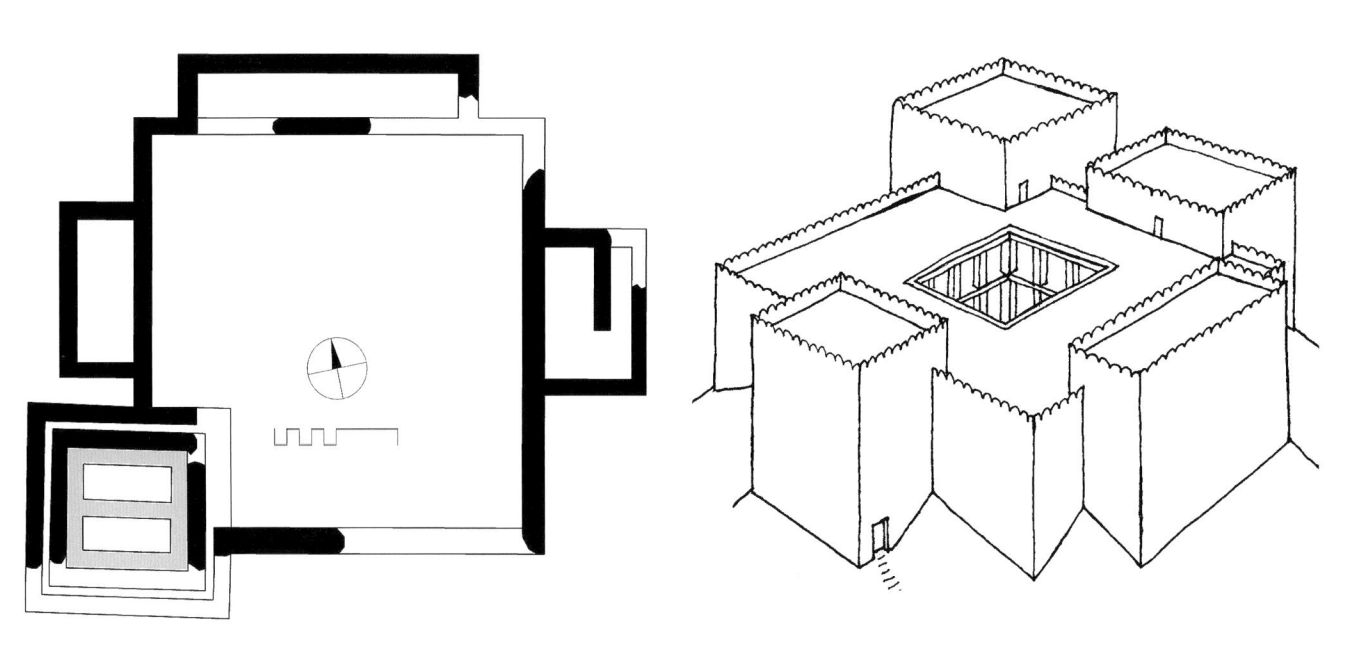

Abb. 1–2 | Zitadelle von Jericho, Palästina, 1. Jh. v. Chr.

hier bereits ursprünglich eine rechteckige Kastellburg von 55 m Breite mit vier Türmen stand. Die Mauern waren 1,8 m stark. Auch hier gab es einen zentralen Säulenhof, zudem größere kasernenartige Wohntrakte und ein Bad. Interessant sind die zwei südöstlichen Türme, deren eng gestaffelten Binnenräume wohl Wehrplattformen trugen. Beide Festungen haben ihre Flankenbauten in den Mauermitten und nicht an den Ecken.

Von weiteren Wehrbauten dieser Zeit sind nur spärliche Reste überliefert. So hat sich von der Zitadelle von Jotopata, über der angeschlossenen kleinen Siedlung auf einem steilen Felsgrat in Galiläa gelegen, nur ein massiver rechteckiger Mauerturm erhalten. Von der durchdachten Planung der auf einem steilen Felsgipfel gelegenen Festung Alexandreia kündet ausschließlich die ausgeklügelte Wasserversorgung mit einem langen Aquädukt und gestaffelten Zisternen. Auch das ausgedehnte Gipfelplateau von Masada (Metzuda=Festung) war gemäß archäologischem Fundgut bereits unter den Hasmonäern befestigt, obgleich sich durch die rigorose Neubefestigung unter Herodes keine älteren Bauten erhalten haben. Zudem sind drei weitere Wüstenfestungen bekannt:[4] Dagon-Quarantal, Nuseib und Kypros, alle offenbar ohne erhaltene Baureste.

Bei der Lokalisierung dieser Festungen lassen sich Gemeinsamkeiten feststellen. Praktisch alle liegen auf natürlich geschützten Felsgipfeln (außer dem künstlich erhöhten Jericho). Jericho, Hyrcania, Masada und Alexandreia kontrollierten vier strategisch bedeutsame Grenzregionen des Kernreichs von Judäa. Machaerus lag knapp östlich des Toten Meers in der Provinz Samaria, Jotapata am Rand der Provinz Galiläa. Offensichtlich wurden hier geopolitisch positionierte Anlagen errichtet, meist um die Grenzen abzusichern.

Bemerkenswerter Weise gibt es keinerlei Hinweise auf eine bauliche Aktivität in den strategisch so wichtigen Mittelmeerhäfen. Entweder sie sind heute nur verschollen, oder die Forts waren ausschließlich gegen nomadische Eindringlinge aus den benachbarten Steppenzonen gerichtet.

In der Provinz Idumäa ist der Einsatz von Militärgouverneuren nachweisbar,[5] es gab hier offenbar quasi eine Grenzmark mit besonderen Befugnissen, worin auch ständige kleinere Feldzüge inkludiert waren.

Inzwischen war das benachbarte Syrien zur römischen Provinz geworden und sollte dauerhaft befriedet werden. 63. v. Chr. marschierte daher der römische Feldherr Pompeius mit einem großen Heer auch in Jerusalem ein, reduzierte das jüdische Territorium und degradierte die Könige zu Hohenpriestern. Sofort wurde rund um die Königsfestungen der Widerstand organisiert. Erst nach ihrer Kapitulation und systematischen Schleifung kehrte unter der Patronanz Roms kurz Frieden ein.

Abb. 3–4 | Zitadelle von Machaerus, Jordanien, ältere Phase, 1. Jh. v. Chr.

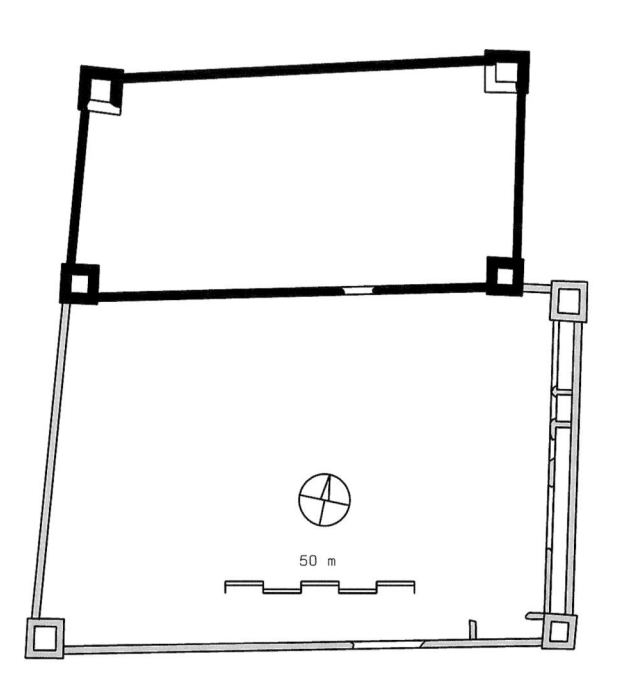

Abb. 5 | Amman, Jordanien, Nordzitadelle, 1. Jh. v. Chr.?

KÖNIGREICH JUDA

Julius Cäsar setzte als Gegenpol zu den priesterlichen Hasmonäern den Idumäer Gouverneur Antipater als neuen Vasallenfürst mit Aufseherfunktion ein. Dieser ernannte sofort seine beiden ältesten Söhne Phasael und Herodes zu militärischen Befehlshabern. Herodes ging hart gegen Rebellen vor und wurde umgehend von Cäsar zum römischen Strategen für den Großraum ernannt. Durch die Heirat mit einer Hasmonäerin erreichte Herodes zwar die dynastischen Voraussetzungen für einen legitimen Aufstieg, musste sich jedoch gegen den starken Volkswiderstand auf seine Festungen und die dortigen Söldnertruppen stützen. Rom brauchte jedoch im allerorts rebellierenden Vorderen Orient dringend einen Ruhepol und so wurde Herodes 40 v. Chr. in Rom vom Senat feierlich zum König von Judäa erhoben. Drei Jahre dauerte es freilich, in mühevollen Feldzügen das Gebiet zu befrieden, Jerusalem musste mit römischer Hilfe sogar erobert werden.

Sofort begann Herodes, in Jerusalem am höchsten Punkt ein neues Kastell zu errichten. Es lag an Stelle der hasmonäischen Zitadelle auf einem allseits abfallenden Felskopf und wurde nach dem römischen Herrscher Marc Anton Antonia benannt. Leider ist von der Anlage heute nichts mehr erhalten,[6] sie blieb jedoch durch eine Beschreibung des Geschichtsschreibers Josephus dokumentiert.[7] Demnach war sie eine rechteckige Festung mit 40 Ellen hohen Mauern. An den Ecken gab es drei 50 Ellen hohe Türme sowie Richtung Tempel einen 70 Ellen hohen Hauptturm. Im Inneren gab es mehrere Höfe für Soldaten. Somit sind immerhin sowohl die klassische Kastellarchitektur mit vier Ecktürmen als auch die rein militärische Funktion überliefert.

Einen Hinweis auf Struktur, Größe und Funktion der Antonia könnte die wohl gleichzeitig entstandene Nordzitadelle von Amman geben. 30 v. Chr. eroberte Herodes die Stadt von den aufständischen Nabatäern für Rom (Abb. 5).[8] Aus dieser Zeit datiert direkt an die Tempelterrasse anschließend, und ehemals durch einen schmalen Graben getrennt, die zweiteilige Nordterrasse, die erst durch massive Aufschüttungen auf dem abfallenden Hang geschaffen wurde. Dadurch ergab sich ein bestens topographisch geschütztes Areal, das zudem sowohl Tempel als auch Tal kontrollieren konnte. Durch die spätere Überbauung als umayyadischer Palastbezirk haben sich die Umfassungsmauern dieser Zitadelle (wenn auch lokal stark erneuert) sehr gut erhalten. Das Kernwerk umfasst eine Fläche von 60 x 120 m mit 10 bis 12 m breiten Ecktürmen. Davor, aber durch die analoge Mauertechnik wohl zeitnah, liegt ein 90 x 140 m großes Areal, das durch 9 bis 10 m breite Türme gerahmt wird. Im Osten blieben hier wohl bauzeitliche Reste einer randständigen Bebauung bewahrt. Obwohl es keine weiteren Hinweise auf die ursprüngliche Binnengliederung sowie Nutzung gibt, wird hier wohl eine militärisch genutzte kasernenartige Zitadelle zu vermuten sein. Das großformatige Quader- bzw. Buckelquadermauerwerk zeigt enge Analogien zu den anderen Bauten des Herodes, möglicherweise hat er selbst diese Anlage in ähnlicher Form wie in Jerusalem errichten lassen.

Historisch gesichert baute Herodes auch einige Wüstenfestungen wieder auf. So wurde die nach seiner Mutter benannte rechteckige Festung Kypros wieder hergestellt.[9] Von den anzunehmenden vier Ecktürmen der Kernanlage blieb nur ein starker (Haupt-?) Turm gut nachweisbar.

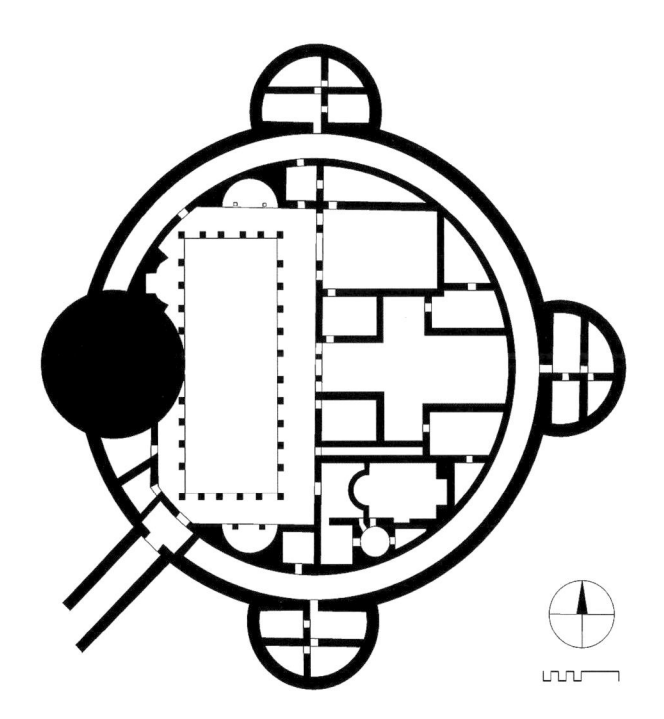

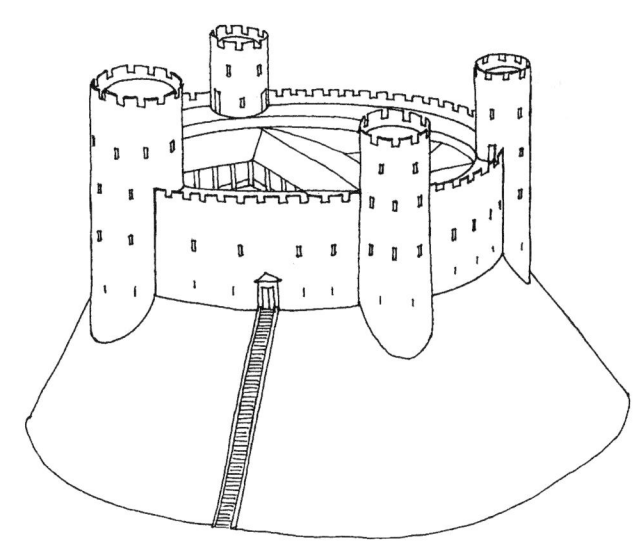

Abb. 6–7 | Herodeion, Palästina, 1. Jh. v. Chr.

KÖNIGREICH JUDA | 49

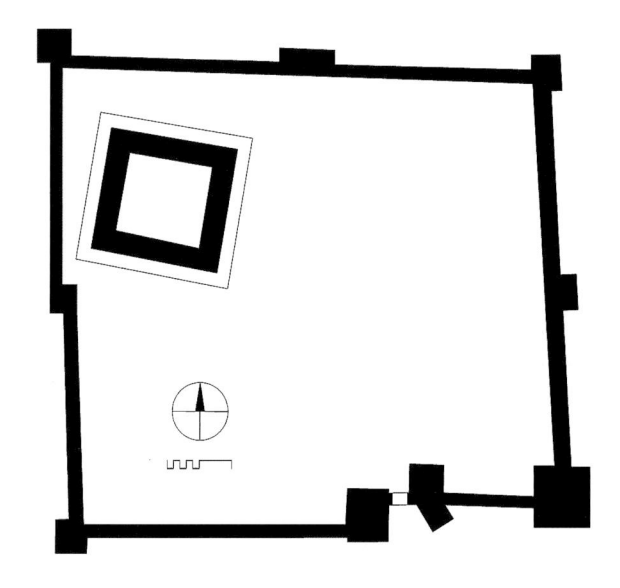

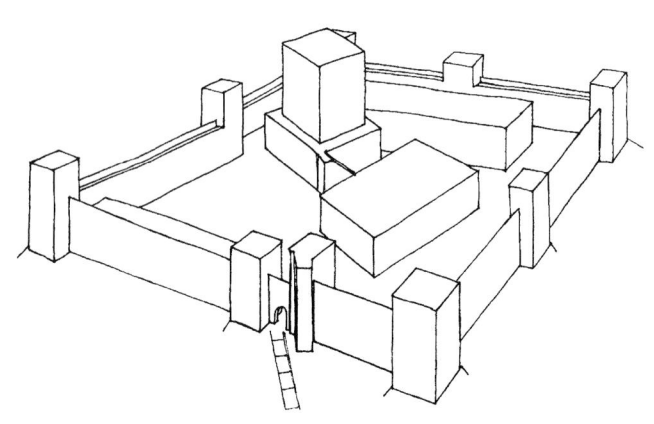

Abb. 8–9 | Horvat 'Eleq, Israel, Wasserkastell der Stadt Cäsarea Maritima, 1. Jh. v. Chr.

An der Grenze zum Nabatäer Reich wurde Machaerus wieder aufgebaut und das alte Kastell teilweise ummantelt und durch größere Türme ersetzt.
Als militärisch besonders bedeutende Reichsfestungen wurden zudem Masada und Jericho verstärkt wieder aufgebaut. Dabei orientierte man sich am steilen Gelände, das polygonal mit turmreichen Mauern umgürtet wurde.
Besonders interessant sind drei kleinere Festungen, Rujm el-Mamiri, Ofarim und Arad.[10] Sie alle zeigen einen dominanten Hauptturm mit Podestumlauf, dem rechteckige Mauergevierte mit einst eventuell turmartig erhöhten Eckräumen angestellt waren. Als Verkleinerung der großen Anlagen konzentrieren sie sich also auf den massiven Hauptturm sowie einen rechteckigen Hof. Sie lagen direkt an den Grenzen des Königreichs und waren von kleinen Garnisonen bewacht, die wohl von den großen Festungen aus beschickt wurden.
Nach dieser Sofortmaßnahme der militärischen Konsolidierung des Reichs konnte Herodes eines seiner Lieblingsprojekte angehen, das nach ihm selbst benannte Herodeion (Abb. 6–7). Angeblich exakt an der Stelle seines wichtigsten Sieges über die alliierten Feinde errichtete Herodes südlich von Jerusalem einen ausgedehnten Palastkomplex, dessen weithin sichtbares Zentrum eine erhöhte idealisierte Kastellanlage bildete.[11] Durch historische Beschreibungen und eine komplette Ausgrabung ist diese einzigartige Festung bestens dokumentiert. Demnach wurde auf einem natürlichen kegelförmigen Hügel eine exakt runde Ringmauer mit 63 m Durchmesser, 30 m Höhe und Zinnenabschluss errichtet. Zu den vier Himmelrichtungen standen Türme mit 16 m Durchmesser vor. Der Ostturm war als einziger völlig rund ausgeführt und bis in 16 m Höhe völlig massiv. Darüber war er wohl deutlich höher als die anderen gemauert, wodurch eine klassische Kastellkonzeption von drei Trabantentürmen und einem Hauptturm gegeben war. In Vergleich mit zeitgleichen Jerusalemer Türmen wird vermutet, dass in den Obergeschoßen dieses Turms Herodes selbst residiert haben könnte,[12] als Gesamthöhe wird 40 m angenommen.
Das Innere der Festung war durch eine zentrale Mauer zweigeteilt und als klassischer Palast mit reich geschmückten Wohn-, Bade- und Festsälen sowie einem Säulenhof ausgestattet. Die drei kleineren Türme werden als exklusive Wohntürme gedeutet.
Nach Fertigstellung wurde um die gesamte Anlage samt Hügelunterbau kreisförmig ein 15 m hoher Kegelstumpf angeschüttet und mit einer Freitreppe aus 200 Marmorstufen versehen. Das Herodeion wirkte nun als ein die Landschaft weithin wie eine Krone beherrschendes Denkmal königlicher Macht. Seine Architektur mag Anlehnungen an zeitgenössische Kastelle, Paläste und Mausoleen aufweisen, in dieser originellen und kompromisslosen Lösung ist Herodes jedoch sicher ein Optimum monumentaler Selbstdarstellung gelungen.

Praktisch gleichzeitig wurde Jerusalem mit einer neuen Stadtmauer, einer Verdoppelung des Tempelkomplexes sowie der Anlage einer neuen königlichen Palastfestung zur prunkvollen herodianischen Hauptstadt ausgebaut. Der neue Tempel wurde 70 n. Chr. wieder zerstört, lediglich die langen Substruktionen eines geräumigen Plateaus blieben bis heute erhalten. Sie zeigen eine mehrphasige Entstehung zum etwa 300 x 480 m großen Sakralareal, einem der größten der römischen Welt.[13] Das einstige Aussehen ist höchst umstritten, allgemein wird eine turmartige Überhöhung der vier Kanten sowie eine kastellartige, ebenfalls turmbewehrte Isolierung des inneren Tempelbezirks vermutet.[14] Jedenfalls reichte der Tempelbezirk bis knapp vor das Kastell Antonia, von dem ein tiefer Graben trennte.

KÖNIGREICH JUDA

Am gegenüber liegenden Nordosteck der Stadtmauer der Oberstadt hatte Herodes zunächst drei monumentale Wohntürme errichten lassen. Ab etwa 25 v. Chr. wurde das Areal südlich davon zum königlichen Hauptpalast adaptiert, dessen rechteckige turmbewehrte Ummauerung eine Fläche von 80 x 200 m erreichen sollte.[15] Auch hier sind kaum Reste erhalten, Ausgrabungen und historische Beschreibungen ermöglichen nur prinzipielle Aussagen. Demnach waren die Mauern 30 m hoch und in regelmäßigen Abständen von Türmen beschützt, im Inneren gab es mehrere Höfe mit hohen Festsälen und zahlreichen Wohnräumen. Es handelte sich also wohl um ein klassisches Kastellschema mit erhöhten Flankentürmen sowie einer geräumigen Residenz im Inneren.

In der letzten Phase der Regierungszeit von Herodes, die von einer starken Bindung an das Römische Reich geprägt war, gründete er 23 v. Chr. am Mittelmeer an Stelle einer hellenistischen Siedlung die Hafenstadt Cäsarea Maritima, die heute weitgehend verschwunden ist. Den glanzvollen Mittelpunkt bildete der weit ins Meer hinaus gebaute neue Hafen, der von einer mächtigen Ringmauer mit zahlreichen Türmen vor Wetter und Feinden geschützt war.[16] Während von dieser Stadt kaum Reste erhalten blieben, konnte das zugehörige Wasserkastell 7 km außerhalb archäologisch gut erforscht werden. An einer neuralgischen Stelle der Landesstraßen zum Hafen gelegen, sollte dieses Kastell sowohl die lokalen Wasserquellen als auch den Verkehr gut kontrollieren. Die leicht verzogenrechteckige Anlage auf einer Fläche von etwa 62 x 77 m besaß vier massive Ecktürme, wovon der tornahe etwas größer ausgebildet war (Abb. 8–9). Die Kurtinen waren zentral durch weitere pfeilerartige Türme verstärkt. Das Tor im Süden wird durch zwei versetzte Türme mit einem gassenartigen Pfeilervorsatz flankiert. Im Nordwesten des Areals steht frei ein winkelversetzter massiver Turm auf einem breiten Rechteckplateau. Dieser Bau mit fast 20 m Seitenlänge stellt zweifellos den dominanten Hauptbau des Kastells dar, ähnlich zu anderen oben genannten Anlagen der Zeit Herodes. Das Kastellareal war eng mit Mannschaftsunterkünften und einem kleinen Offiziersquartier besetzt, deren römische Ausprägung nicht klären lassen, ob es sich hier um eine herodianische oder eine spätere römische Besatzung handelte.

Mit dem Tod von Herodes 4 v. Chr. endete das umfangreiche jüdische Bauprogramm abrupt, nach dem niedergeschlagenen Volksaufstand 70 n. Chr. wurden die meisten Paläste und Festungen sogar systematisch dem Erdboden gleichgemacht.

Betrachtet man die Festungen des Herodes abschließend, lässt sich feststellen, dass er die lokale Kastellbaukunst auf eine völlig neue Stufe gestellt hat. Aufgrund der großen Feindseligkeit des eigenen Volkes musste er starke Stützpunkte errichten, die zuerst als Zufluchtsorte für die eigene Familie dienen sollten und erst danach als Schutzposten des Herrschaftsgebietes verstanden werden können. Tatsächlich musste die Familie mehrfach in ihre Festungen fliehen. Umgekehrt konnten diese Anlagen auch als sichtbare Monumente der königlichen Macht dienen, was mit der monumentalen Zitadelle Jerusalems ebenso deutlich wird, wie im programmatisch nach dem König benannten Herodeon. Dabei muss betont werden, dass ein weiterer Schwerpunkt auf ausgedehnten Palastanlagen lag, die im Idealfall mit den Festungen kombiniert wurden (z.B. Masada, Jericho), ansonsten in der Nähe lagen (Herodeon, Jerusalem).

---

1 Rocca 2008, 4.
2 Netzer 1999, 18. Aufgrund der starken Unter- und Überbauung sind die überlagernden Bauphasen nur schwer zu trennen, hier eine vereinfachte Idealform.
3 Rocca 2008, 33 bzw. Netzer 1999, 68.
4 Netzer 1999, 82.
5 Günther 2012, 39.
6 Netzer 1999, 115.
7 Jüdischer Krieg V 238–247, vgl. Netzer 1999, 116.
8 Scheck 2000, 106.
9 Netzer 1999, 63.
10 Rocca 2008, 29.
11 Netzer 1999, 90.
12 Netzer 1999, 95.
13 Reidinger 2005, 8.
14 Eintrag bei Wikipedia zum zweiten Tempel mit verschiedenen Rekonstruktionsversuchen, Stand: 10. 11. 2012.
15 Netzer 1999, 117.
16 Rocca 2008, 22.

Kastell Blidaru, Rumänien

KÖNIGREICH DER DAKER

Das Gebiet des heutigen Rumäniens war im 4. und 3. Jahrhundert v. Chr. zwischen keltischen und thrakischen Stämmen sowie griechischen Kolonien aufgeteilt. Im 2. Jahrhundert kam es durch einwandernde andere Volksgruppen zu Instabilitäten, die auch durch die vom Westen anrollende römische „Befriedung" des Balkans kaum zu kontrollieren war. Im Gegenteil, die Schwächung der Hegemonie keltischer Sippen wurde durch eine neue Gruppe ausgenützt, das Königreich der Daker konnte als Nachfolger der Thraker große Gebiete für sich erobern.

In der 1. Hälfte des 1. Jahrhunderts v. Chr. gelang es König Burebista, einen weiträumigen zentralistischen Staat mit großen Expansionsambitionen aufzubauen.[1] In kurzer Zeit eroberte er die griechischen Städte am Schwarzen Meer, die Gebiete der unteren Donau, das nördliche Karpatenbecken sowie die heutige Südslowakei und knüpfte Bündnisse mit den Stämmen nördlich der Karpaten. Kurzfristig stieß man auch nach Westen bis zur dalmatischen Küste ins Römische Reich vor, überließ den Balkan aber lokalen Verbündeten. Am Höhepunkt seiner Macht wurde Burebista 44 v. Chr. von Adeligen ermordet, die seinen zentralistischen Stil nicht dulden wollten.

Das Reich zerfiel in mehrere Teile, der Stamm der Daker blieb aber als Großmacht bestehen.[2] Dennoch sollte es bis in die 2. Hälfte des 1. Jahrhunderts n. Chr. dauern, ehe Decebalus als neuer König wieder alle Gruppen vereinen und eine aktive Außenpolitik führen konnte. Als sich die benachbarten Markomannen und Jazygen gegen Rom erhoben, schloss Kaiser Domitian 89 n. Chr. mit Decebalus einen Friedensvertrag, wonach dieser eine Aufbauhilfe in Form von Geldern sowie römischen Handwerkern und Architekten erhielt. Nach dem Tod Domitians wurde dieser Pakt von Kaiser Trajan als Schmach für Rom aufgefasst und im Jahr 101 ein Frieden ausverhandelt. Die Waffenstillstandsbedingungen bedeuteten praktisch die Liquidierung des dakischen Königreiches. Die Daker mussten ihre Waffen und Kriegsmaschinen ab- und ihre Militäringenieure ausliefern. Decebalus gab jedoch nicht auf, weshalb Trajan in den Jahren 105–06 viele Festungen gewaltsam erobern musste. Zahlreiche Verteidiger, unter anderem der König, begingen knapp vor der Erstürmung Selbstmord. Danach erfolgte die Eingliederung des Reichs in römische Provinzen, die Bevölkerung wurde ab- oder umgesiedelt und die Befestigungen wurden systematisch und nachhaltig dem Erdboden gleichgemacht, sodass sie heute nur im Fundamentbereich durch Grabungen zu erfassen sind.

Während diese Geschichte des dakischen Königreichs zumindest aus römischer Sicht sehr gut dokumentiert ist und die Dakerkriege sogar auf der Trajanssäule anschaulich dargestellt sind, harren die bemerkenswerten dakischen Befestigungen noch einer exakten historischen und kunsthistorischen Aufarbeitung.

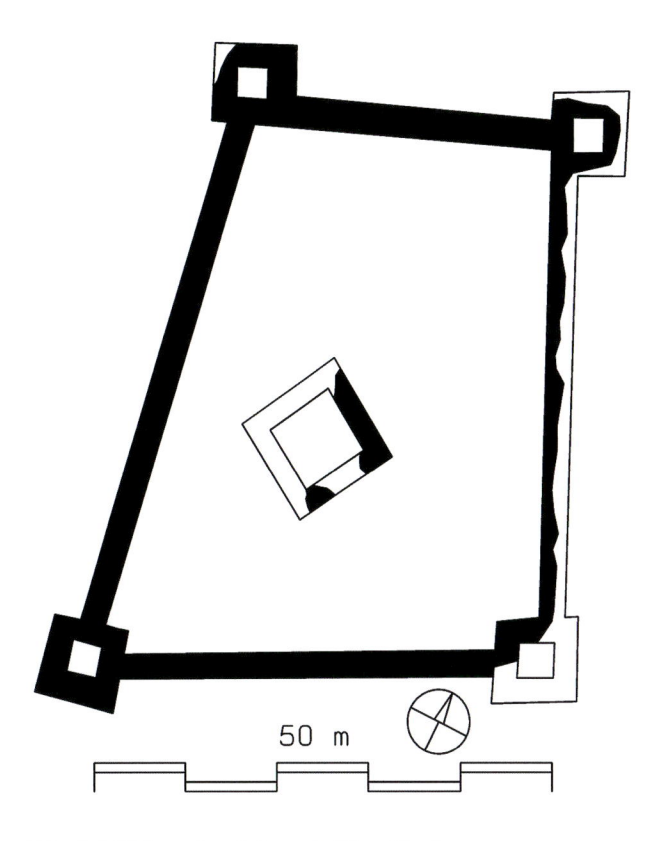

Abb. 1 | Blidaru, Rumänien, ab 89 n. Chr.?

Offensichtlich wurde in relativ kurzer Zeit ein konzertiertes Befestigungsprogramm mit über 90 Anlagen ausgeführt, das Siedlungen, Pässe und Grenzen beschützen sollte.³ Zunächst handelte es sich um massive Erdwälle, teilweise mit Steinverkleidungen. Diese fast durchwegs großflächigen rundlichen Anlagen wurden auf möglichst exponierten Gipfeln oder Spornen angelegt und entsprachen den zeitgleichen keltischen bzw. germanischen Befestigungen.

Augenscheinlich kam es nach dem Friedensvertrag 89 n. Chr. zu einem deutlichen Bauwechsel, der jedoch weder architektonisch noch historisch ausreichend verifiziert ist. Erst mit der Eintragung ins UNESCO-Weltkulturerbe starteten dazu intensivere Untersuchungen.⁴ Demnach gab es rund um die Hauptstadt Sarmizegetusa Regia im Orastie-Gebirge von Siebenbürgen einen regelrechten Festungsring, von dem bislang sechs Anlagen zumindest grob erfasst wurden. Zudem erhielt die Residenzstadt eine planmäßige Erweiterung mit Quaderbering und wohl regelmäßig angeordneten Türmen. Auch die Felsenburg Costesi bekam zur Angriffsseite des Gipfels eine neue, dem Terrain folgend polygonale Wehrmauer mit zumindest vier weit vorstehenden Rechtecktürmen von 8 bis 12 m Seitenlänge.⁵ Die beiden Gipfelplateauspitzen waren mit je einem großen Wohnturm besetzt, der ebenerdig zu betreten war. In gleicher Form war das Felsennest Capalne zur Angriffsseite mit einer polygonalen Mauer mit integrierten Türmen beschützt.

Auch der Felsgipfel von Blidaru erhielt eine neue Befestigung. Hier wurde allerdings ungeachtet des steilen rundlichen Terrains ein konsequentes Trapez von maximal 53 x 61 m errichtet, dessen Ecken jeweils von etwa 8 m breiten, leicht vortretenden Türmen geschützt wurden (Abb. 1). Am höchsten Punkt im Zentrum stand ein großer Wohnturm, wohl mit ebenerdigem Eingang. Kurze Zeit später entstand im Westen eine tiefer liegende Vorburg, die ebenfalls mit langen Mauern und zwei Ecktürmen befestigt war.

Noch konsequenter wurde die Anlage Piatra Rosie konzipiert. Auf dem hoch gelegenen rundlich-ovalen Gipfel entstand ein rechtwinkeliges Kastell von 40 x 95 m, dessen 3 m starke Mauern von fünf innen eingestellten 8 m breiten Türmen beschützt wurden (Abb. 2). Die kaum zu besteigende Nordflanke erhielt anstelle eines Turms einen kleinen Mauerversprung. Im Inneren gab es offenbar in der Westhälfte am Hügelgipfel einen frei stehenden, nicht defensiven Wohnbau. Nach Süden zog man in einer zweiten Etappe eine etwa 100 x 120 m große rechtwinkelige Vorburg, die durch zwei weit vorspringende Ecktürme geschützt war.

Die Besonderheit all dieser Anlagen ist die exakt gleiche Mauerstruktur aus großen Kalksteinblöcken, in die gleichförmig griechische Buchstaben als Steinmetzzeichen eingemeißelt wurden. Weiters gab es allgemein ausgereifte Toranlagen, sorgfältig gearbeitete Treppen und Abwasserkanäle und nicht zuletzt jede Menge an Luxusgütern, die neben wenigen römischen vor allem griechischen Ursprung aufwiesen. Daher liegt nahe, dass wohl unter Vermittlung Kaiser Domitians vom griechischen Kulturgebiet aus geübte Handwerker zu den Dakern kamen und nach hellenistischer Tradition Quadermauern, flankierfähige Türme und eine gehobene Binnenstruktur errichteten. Für das zeitgenössische Griechenland ungewohnt scheinen jedoch die konsequent kastellförmigen Anlagen und die Betonung eines zentralen Wohnturms. Während zweiteres persönlich vom König als Wohnsitz und Schatzturm gefordert worden sein mag, muss die Begründung für ersteres vorerst offen bleiben. Vielleicht kam es zu einer Kumulation von römischer Planung und griechischem Handwerk.

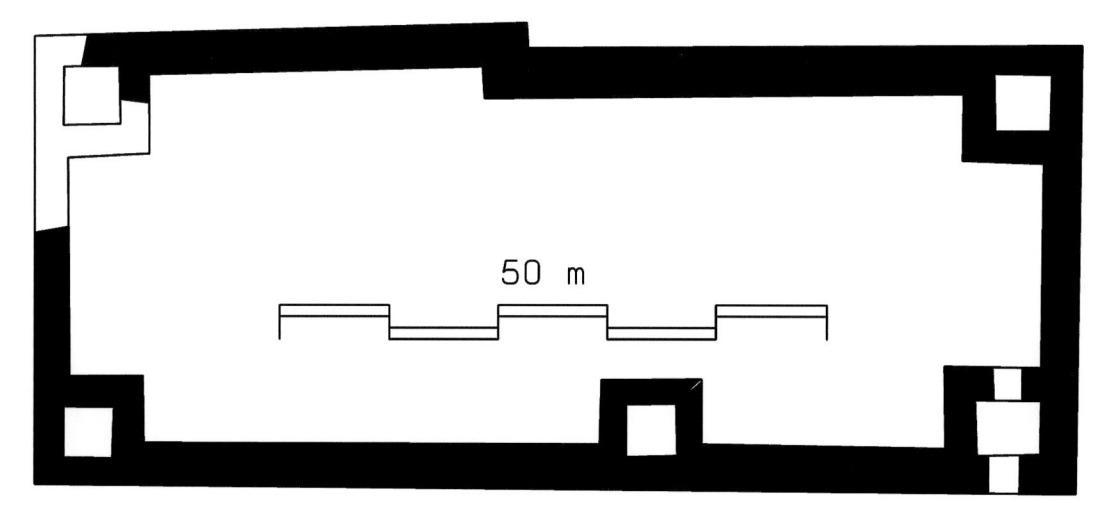

Abb. 2 | Piatra Rosie, Rumänien, ab 89 n. Chr.?

Es wird wohl in nächster Zeit durch die intensivere Forschung zu zahlreichen neuen Erkenntnissen und vielleicht auch zu einer Reihe von weiteren Anlagen ähnlicher Bauart kommen, sodass Zeitstellung und Herleitung dieser bemerkenswerten Kastellgruppe sicher noch wesentlich korrigiert bzw. aktualisiert werden.

1 Brodersen 2013, 129.
2 Callies 1984, 187.
3 Glodariu 1995, 15.
4 Gheorghiu 2005.
5 Ionescu 1963, 27.

Römerturm in Pevensey Castle, England

RÖMISCHES KAISERREICH[1]

In Mittelitalien entstand im 8. Jahrhundert v. Chr. die kleine Siedlung Rom,[2] die im 5. Jahrhundert mit dem Rückzug der regional dominanten Etrusker stark an Einfluss gewann. Ab dem 4. Jahrhundert begann die Stadt einen langfristig erfolgreichen Kampf um die überregionale Vorherrschaft, die mit mehrfachen Kriegen gegen Karthago sowie Makedonien schließlich zur triumphalen Macht über das gesamte Mittelmeer führen sollte. Die starke militärische Gewichtung Roms erforderte bereits zeitig eine Etablierung straff strukturierter Heereskörper, deren frühe Organisation und Architektur jedoch noch großteils unerforscht sind.

Zu Beginn waren es vor allem anlassbezogene Truppenaushebungen, die kaum stabile Quartiere erforderten. So konnte man sich mit schwach befestigten Marschlagern sowie saisonalen Winterplätzen begnügen. Solche sind heute überregional als einfache rechteckige Wallanlagen ohne feste Einbauten nachgewiesen.[3] Wie bereits die frühe Forschung deutlich gemacht hat, ist prinzipiell zwischen diesen einfachen Marschlagern und den später hinzugekommenen Standkastellen zu unterscheiden.[4] Demnach bedurften Marschlager einer riesigen Fläche, um die bis zu 8 Legionen umfassenden Heere beherbergen zu können. Sie dienten als klassische Basislager mit temporären Unterkünften, Magazinen und taktischer Rückendeckung. Ihre Dimensionen waren daher teilweise übergroß, die bauliche Einrichtung hingegen sehr dürftig. Auch ihre Defensive bestand nur aus rasch ausgehobenen Gräben sowie einfachen Barrikaden. Beim Weitermarsch wurden diese Lager abgebaut und völlig verlassen.

Im mittleren 2. Jahrhundert v. Chr. beschrieb Polybios die Einteilung eines solchen Lagers, wie sie bis in die Spätantike prägend blieb:[5] In der Mitte stand das Kommandozelt (Praetorium), flankiert vom Zelt des Assistenten (Quaestor) sowie von den Zelten der Militärtribunen, davor lag ein Exerzierplatz, alles umgeben von den Zelten der normalen Soldaten in strengen Reihen und mit schnurgeraden Gassen. Sicher hatte diese klare Struktur bereits deutlich früher eine hohe Verbindlichkeit erreicht. Plutarch führte die Gestaltung des rechteckigen Stadtgrundrisses mit Rasterstraßen auf geheime Regeln der etruskischen Herren zurück.[6] Eher dürften sie jedoch von griechischen Kolonien beeinflusst worden sein, deren Rastersiedlungen schon ähnliche Grundprinzipien aufwiesen. Letztendlich finden sich vergleichbare planmäßige Gründungsstädte mit zwei axial kreuzenden Hauptstraßen von den ersten Hochkulturen über die Assyrer und Perser bis zu den Ptolemäern im gesamten vorderen Orient.[7] Jeweils wurde von einem Absteckpunkt ausgehend im Modulkonzept ein rechtwinkeliges Blocksystem entworfen, dessen Raster sowohl im städtischen als auch im religiösen und im militärischen Bereich Anwendung fand. Daher sind die deutlichen Parallelen zu zeitgleichen Stadtanlagen und Tempelbezirken nicht verwunderlich.

Unterschiedlich ist bei den Römern lediglich die Nutzung der einzelnen Strukturteile. So lag an der Kreuzung der Hauptachsen „cardo" und „decumanus" bei Städten das Forum, bei Sakralanlagen der Tempel und bei Militärlagern das Praetorium. Rundherum waren die eng zugehörigen Gebäude gruppiert, also jene für die gesellschaftspolitisch bzw. hierarchisch relevante Führungsschicht. Am Rand lagen jeweils die Zonen für die normale Bevölkerung, für einfache Soldaten bzw. für Stallungen und Infrastruktur.

Spätestens ab dem 2. Jh. v. Chr. zeigten die meisten planmäßigen Siedlungen und Lager der Römer dieses System des „castrum romanum", das noch heute in zahlreichen in die Antike zurück reichenden Städten erkennbar ist.[8] Im Rahmen einer religiös konnotierten Gründungszeremonie wurde dabei der Grundriss nach kosmischen Prinzipien rasterförmig abgesteckt und geweiht. Dieses System folgte einer fixen Tradition, die nur kleinere Verfeinerungen durchlief. Offensichtlich liegt hier ein streng gehütetes und verbindliches planerisches Prinzip vor, das eventuell selbst von viel älteren Kulturen übernommen und perfektioniert worden ist. Im militärischen Bereich war das Ziel dieser Tradition neben der besseren Orientierung sicher auch die straff organisierte Arbeitseinteilung bei der Errichtung und Nutzung, so wusste jeder Truppenteil, welcher Ablauf wo und wann nötig war. Auch bei ständig wechselnden Mannschaften unterschiedlichster Herkunft war so ein reibungsloses und professionelles Zusammenspiel möglich. Daraus resultiert konsequenter Weise auch, dass man sich auf einfache Regeln konzentrierte und möglichst wenig Rücksicht auf das Gelände nahm. Die Grundbestandteile, die mittels farbiger Fähnchen ausgesteckt wurden, waren nach Polybios der Absteckpunkt in der Mitte (Locus gromae), die beiden Hauptachsen (Via Praetoria, Via Principalis) und die vier Tore (Porta Praetoria zum Feind, Porta Decumana zum eigenen Hinterland, Porta Principalis Sinistra und Dextra). Zum Feind war die am besten befestigte „Prätorialfront" orientiert. Im Zentrum lag in der Frühzeit das Kommandeurszelt (Praetorium), daneben das Staabszelt (Principia). An der Stelle des Hauptabsteckpunkts wurde oft ein Monument errichtet oder eine Inschrift eingelassen. Im Intervallum zwischen Wall und Zelten lief die Lagerringsstraße (Via sagularis), innerhalb wurden nach Erfordernis kleinere Straßenachsen zwischen den Zeltreihen freigelassen.

Bei Marschlagern waren die Befestigungen naturgemäß sehr kurzlebig. Obligatorisch waren ein umlaufender Spitzgraben sowie ein durch den Aushub aufgeworfener Wall, der durch mitgeführte Pfahlreihen mit Flechtwerkverbund notdürftig bekrönt war. An Stelle von Torbauten gab es nur versetzte Schutzgräben sowie kleinere Brustwehren. Bei Winterlagern wurden zudem Bettungen aus Reisig, Zweigen, Steinen und Rasensoden zur Stabilisierung des Walls verwendet.

Für länger genutzte Holz-Erdebauten liefert das archäologisch flächig ergrabene flavische Kastell Elginhaugh hervorragende Auskünfte, dessen Typus in der Region fast identisch Anwendung fand.[9] Das in der 2. Hälfte des 1. Jahrhunderts (wohl unter Vespasian) errichtete Lager von etwa 130 x 130 m (plus befestigtem Annex für eine Reiterhilfskompanie) wurde bei seiner Auflassung systematisch niedergebrannt, weshalb auch viele organische Bestandteile erhalten blieben. Die mauerlosen Erdwälle besaßen hölzerne Ankerbalken und waren bei Außenneigungen von 65–75° mit Torf bekleidet. In ihnen steckten die schon zuvor errichteten Mauertürme, die jeweils von vier bis sechs massiven Holzstämmen getragen wurden. Die Baracken selbst waren als Fachwerkwände konstruiert, lediglich die Scheunen lagen auf massiven Blockwerkrosten. Zeltteile, Bewaffnungsstücke und Nahrungsreste geben ein dichtes Bild einer fast autarken, gut ausgestatteten Kleintruppe.[10]

Bereits seit der Frühzeit der organisierten Heeresteile unterschied die Römische Armee neben den komplexen Legionskörpern hoch spezialisierte und somit isolierte Einheiten.[11] Die sehr agilen Reitertruppen der Alen bestanden aus 500 bis 1000 Mann und benötigten größere Lager für ihre Pferde. Kohorten mit rund 500 bis 800 Mann waren bewegliche Kombinationen aus Infanterie und Reiterei und brauchten weniger Raum, in den späteren Numeruskastellen von etwa 150 Mann reichte für den Aufklärungs- und Kontrolldienst ein sehr kleiner Umfang. Fast regellos zeigen sich unterschiedlichste Camps von Hilfstruppen mit ihren heterogenen Truppenteilen und Größen. Sie konnten in den Legionslagern selbst stationiert, daran angeschlossen oder separiert sein. Schließlich waren auch nicht alle Kerngruppen ständig im Lager anwesend sondern an den Außenposten sowie in Satellitenlagern untergebracht, sodass die großen Zentren nie alle zugeteilten Soldaten aufnehmen mussten.[12]

Die stetige Expansion des Römischen Reichs wurde im frühen 1. Jahrhundert v. Chr. kurzfristig gehemmt, als germanische Stämme in Südfrankreich zwei römische Armeen vernichteten. Als unmittelbare Folge wurde eine Heeresreform durchgeführt, wonach nunmehr ein zeitlich limitiertes Berufsheer unter Einzug besitzloser Bürger das Reich schützen sollte. Neben dem Kriegslohn erhielt jeder Veteran nach seinem Dienst eigenes Land zugewiesen. Tatsächlich konnte das so neu geordnete Heer in der Folge die Germanen vernichtend schlagen, der Grundstein für das neue Heereswesen war erfolgreich gelegt. Noch war Rom aber eine Republik, die von zeitlich beschränkten Tribunen und Senatoren vertreten wurde. Ihre Heere wurden in voller Stärke nur im Anlassfall mobilisiert und nach den Feldzügen weitgehend rasch wieder aufgelöst. Dieses System war jedoch bald korrumpiert. 60 v. Chr. wurde Caesar zum Konsul ernannt, er eroberte Gallien, wo er einen Großteil der römischen Soldaten an sich binden konnte. Im folgenden Bürgerkrieg gegen die Republikaner zog Caesar verbotener Weise samt seinem Heer in Rom ein und wurde dort zum Diktator auf zehn Jahre ernannt. Kurz nach seiner weiteren Ernennung zum Diktator auf Lebenszeit 44 v. Chr. ermordeten ihn Verschwörer im Senat. Nach seinem Tod entstand in Frankreich ein gefährliches Machtvakuum, das durch Agrippa ab 39 v. Chr. geschlossen wurde. Das unruhige Gebiet erhielt ein Fernstraßennetz und strategisch verteilte Heeresverbände. Fixe Kastellstandorte waren noch nicht eingeplant, auch der Rhein war als östliche Außengrenze noch nicht systematisch erschlossen und kontrolliert.

KAISER AUGUSTUS

Caesars Großneffe und Adoptivsohn Octavian, besser bekannt unter seinem Ehrentitel Augustus, setzte sich nach hartem Kampf gegen Republikaner und Mitbewerber gekonnt durch stetige Befugniserweiterungen an die absolute Macht, erst mit ihm begann die eigentliche Römische Kaiserzeit. Unter seiner langen Regentschaft von 27. v. Chr. bis 14 n. Chr. wurde der

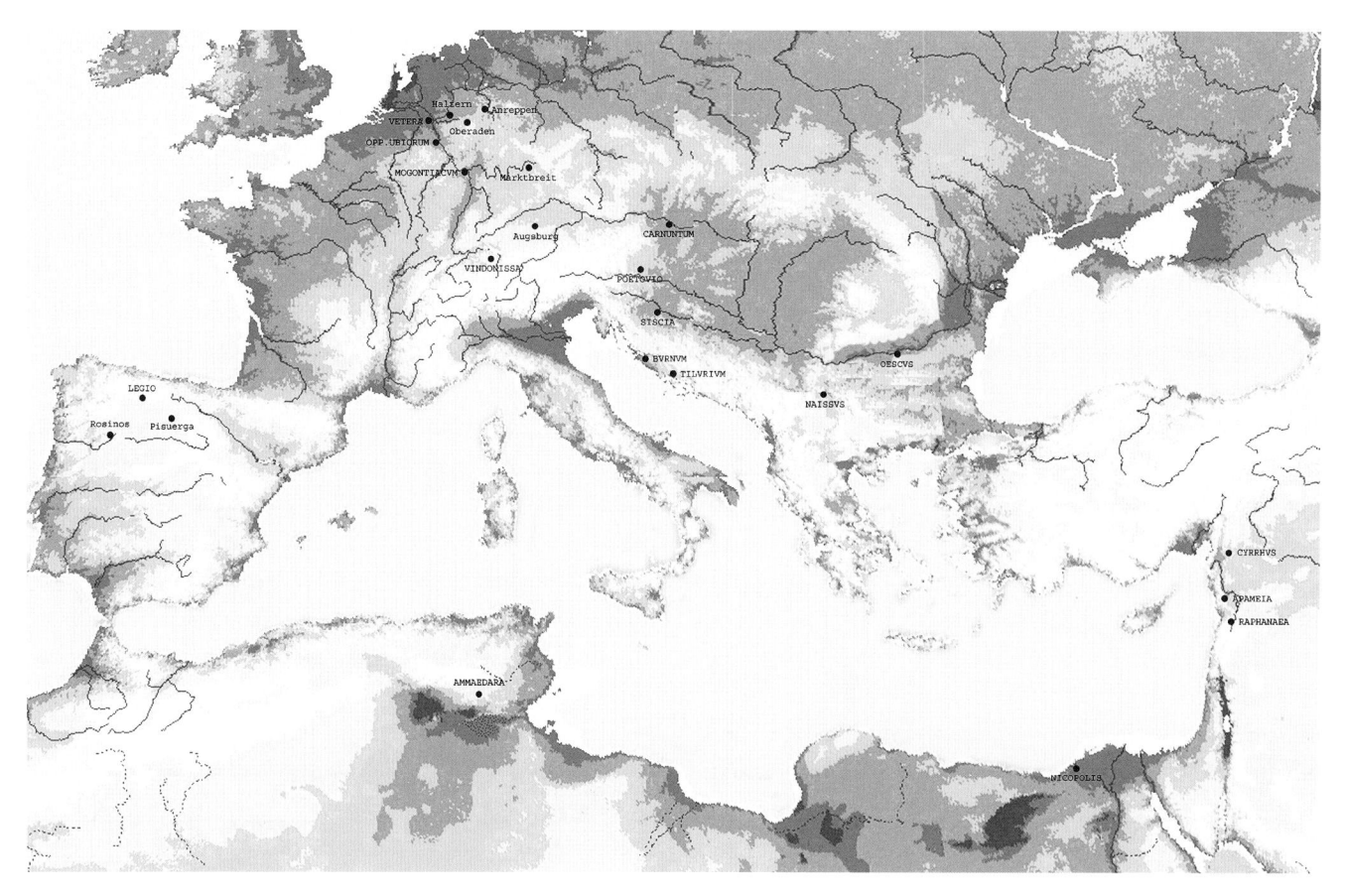

Abb. 1 | Legionslager Roms am Ende der Amtszeit von Kaiser Augustus 14 n. Chr.

Staat mit seiner Verwaltung auf völlig neue Beine gestellt. Die Grundlage bildete das Heer, weshalb die heutige Wissenschaft von einer klassischen Militärmonarchie spricht.[13] Um diese Kommandogewalt auch gesellschaftlich zu rechtfertigen, führte Augustus eine exzessive Außenpolitik, die bis knapp vor sein Lebensende anhalten sollte. Die Provinzen wurden neu geordnet, der Alpenraum unterworfen und ab 16 v. Chr. eine Offensive gegen Mittel- und Nordeuropa gestartet. (Abb. 1)

Während der Aufstieg Roms zum antiken Kaiserreich historisch sehr gut aufgearbeitet ist, bietet die zeitgleiche Militärarchitektur noch zahlreiche offene Forschungslücken, die erst durch die jüngere Grabungstätigkeit langsam verkleinert werden. Unter Caesars intensiven Feldkampagnen entwickelte sich das Heer rasant. Ständig hob er neue Legionen aus, die durch Truppen vom ganzen Mittelmeerraum gespeist wurden. Zuvor waren die Elitesoldaten lediglich aus römischen Bürgern gestellt, nun wurde jeder Legionär automatisch römischer Bürger und die zahlenmäßig überlegenen Hilfstruppen bestanden ausschließlich aus verbündeten Völkern. Die Armee wurde somit allmählich zur bunt gemischten Berufstruppe, bei der nur die Führungskräfte wirklich aus Rom stammten. Augustus ordnete in seiner Heeresreform diese Kräfte und förderte eine uniformierte Bewaffnung. Die Einheiten bestanden neben der überwiegenden schweren Infanterie aus leichten Hilfsverbänden sowie unterschiedlich gerüsteten Reiterformationen. Flottenverbände und schwere Artillerie erhöhten die Schlagkraft. In der Mitte jeder Armee stand die römisch dominierte Legion mit etwa 6.000 Mann, um sie herum kreisförmig aber jeweils getrennt die Hilfstruppen, oft mit einer Gesamtstärke um 10.000 Mann. Nur die Prätorianergarde umfasste 12.000 Mann. Je Legion gab es unter den sechs Militärtribunen zehn Kohorten, deren innere Chargenstruktur durchaus mit unserem heutigen Heer vergleichbar war. Das Belohnungssystem mit Rangerhöhungen sowie zahlreichen Orden und Ehrenzeichen funktionierte ebenfalls bemerkenswert ähnlich. Den inneren Nerv der Truppe bildeten die Centurionen, die meist aus den Reihen der Prätorianer stammten und die regelmäßig die Truppenkörper wechselten. Unter Augustus kam es auch zum nachhaltigen Wandel der Militärarchitektur. Caesar hatte Gallien bis zum linken Rheinufer erobert und sein Nachfolger wollte nun das benachbarte Germanien und somit Norddeutschland aufrollen. Man stieß jedoch auf erbitterten Widerstand, weshalb der Rhein zunächst als Grenze beibehalten und geschützt werden musste. Im Jahr 15 v. Chr. konnte ein weit vorgeschobenes Kastell gerade noch gegen anstürmende Germanen gehalten werden, bis Hilfe vom Rheintal kam.[14] Erst in den Jahren 12 bis 9 v. Chr. expandierte man kurzzeitig bis zur Elbe und sicherte das gewonnene Terrain an den Oberläufen von Lippe und Main sofort durch mächtige Kastelle. Diese waren meist aus Holz- oder Torfwänden gebaut, die Innengebäude teilweise schon aus Stein und für den längeren Aufenthalt im feindlichen Gebiet gedacht. Sie dienten als Basislager für weitere Truppenbewegungen sowie zur Kontrolle des Hinterlandes. Am Rhein selbst entwickelten sich die Legionslager zu ständigen Truppenbasen mit angeschlossenen Zivilsiedlungen.

Als zentrale Figur dieser augustäischen Militärbauten zeichnet sich der Feldherr Nero Claudius Drusus (38 – 9 v. Chr.) ab, der ab 12 v. Chr. als Stiefsohn des Augustus allein die Streitkräfte rechts des Rheins anvertraut erhielt, wohl um die Reichsgrenze bis zur Elbe vorzuverlegen. In mehreren zangenartigen Kampagnen von Rhein, Donau und Nordsee aus marschierte er in Germanien ein und ließ dort gemäß dem hadrianischen Geschichtsschreiber Florus umgehend planmäßig mehr als 50 Kastelle errichten,[15] die als Operationsbasen für die vollständige Eroberung Germaniens aber auch als Wachtposten entlang der Flüsse Maas, Elbe und Weser dienen sollten. Analog zu Gallien sollte sich das Römische Reich auch hier als klassische Imperialmacht etablieren, um den ansässigen Völkern mit Verhandlung, Wirtschaftsmacht sowie Militärgewalt den eigenen Lebensstil aufzuzwingen. Die nunmehr für einen längeren Zeitraum errichteten Militärkastelle hatten jedoch neue Funktionen und Größenordnungen. Gemäß ihrer meist polizeiartigen Zweckbestimmung sollten sie Wege, Siedlungen oder Grenzen absichern und waren von ständigen Garnisonen bewohnt. Diese waren mengenmäßig genau reglementiert und auf die Kastellbewachung sowie zugeordnete Aufgaben optimiert. Um eine effiziente Verteidigung zu ermöglichen, waren die Innenflächen möglichst eng bebaut und die umgebenden Wehranlagen möglichst massiv ausgeführt. Gleichzeitig konnten die Kastelle somit auch Römische Werte zielgerichtet und effizient vorführen. Die Pax Romana, die demonstrative Sicherheit rund um die Kastelle, gewährleistete beste Voraussetzungen für die Entwicklung städtischer Siedlungen als Basis für Verkehr, Handel und Wirtschaft. Schon die Soldaten selbst bildeten eine zahlungskräftige Abnehmerschaft für Versorger und Handwerker, pensionierte Legionäre siedelten in der Nähe an und die ausgezeichnete Infrastruktur (Straßen, Bäder, Handelsplätze, Werkstätten etc.) garantierten einen rasch steigenden Wohlstand in der Region, wodurch der zunächst militärisch geprägte Charakter umgehend städtisches Ambiente annahm.

Als Hauptkastelle dieser Zeit sind die Lager am Rhein von Basel (Basilia) über Mainz (Mogantiacum), Koblenz (Confluentes), Köln (Colonia Aggripina) bis Trier (Treverorum) und Xanten (Vetera) zu verstehen, von denen sich jedoch durch die spätere Überbauung kaum Reste der Frühzeit erhalten haben. Diese Lager entwickelten sich bald zu Städten, die als Handels- und Verwaltungszentren sowie als Operationsbasen große strategische Bedeutung besaßen. Doch das Ende der Osterweiterung kam bald und nachhaltig. Im Jahr 6 n. Chr. wurde weitab an der Donau in Carnuntum ein großes Heer aufgestellt, um das Gebiet des heutigen Tschechien zu erobern und die Grenze von der Elbe bis zur Donau endgültig zu schließen. Aufgrund der starken Repressionen und des Wunsches, die Lex Romana bedingungslos in den besetzten Gebieten einzuführen, musste man jedoch zunächst drei Jahre lang einen Aufstand im heutigen Ungarn niederschlagen. Im Jahr 9 n. Chr. führte schließlich der erfolgsverwöhnte Feldherr Varus drei Legionen nach Norddeutschland um den Widerstand auch dort endlich zu brechen, er wurde jedoch im Teutoburger Wald unerwartet vernichtend geschlagen. Trotz eines erfolgreichen Vergeltungszugs war Augustus wohl klar, dass er Germanien nie ganz befrieden können würde. Um seinen sieg- und friedensreichen Ruf im Reich nicht zu gefährden, wurden die großen Festungen und beginnenden Städte fernab östlich des Rheins bzw. nördlich der Donau schlagartig aufgegeben und verlassen. Sie sind somit heute einzigartige archäologische Zeugnisse früher Kaiserkastelle.

Aus der Zeit der Pazifikation Galliens unter Agrippa bzw. Augustus stammen einige linksrheinische Erdkastelle. Der Standort Novaesium[16] bei Neuss weist insgesamt 12 Bauphasen mit

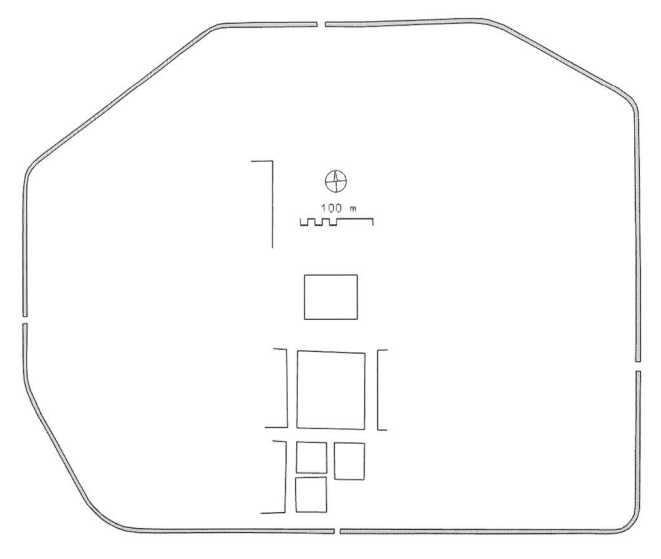

Abb. 2 | Oberaden, Deutschland, Standlager für mehrere Legionen und Hilfstruppen, um 11 v. Chr.

einer durchschnittlichen Nutzungsdauer von etwa fünf Jahren auf. Die Wälle bestanden aus Erde, die Binnenbebauung aus Zelten. Unter Augustus entstand das ebenfalls linksrheinische Kastell Vetera nahe Xanten, das gegenüber der Lippemündung eine optimale Operationsbasis bot. Hier fanden sich gleichfalls zahlreiche provisorische Erdlager mit Zeltbebauung, die offenbar jedes Jahr neu angelegt wurden.

Erst um 11 v. Chr. zog Drusus ans rechte Rheinufer und errichtete dort das für längere Standzeit eingerichtete Legionskastell von Oberaden, mit 56 ha bzw. 840 x 680 m eines der größeren (Abb. 2).[17] Es liegt auf einem ovalen Hügelplateau über der Lippe und zeigt daher nur zwei streng orthogonale Fronten, die anderen zwei Seiten haben breit gefaste Kanten zu einem insgesamt polygonalen Grundriss. Durch den südlichen Drittelpunkt läuft die breite via principalis, die jedoch an den Enden nicht durch die Lagermauern führt, die dortigen Tore sind unklarer Weise seitlich versetzt. Die 2,7 km langen Lagermauern bestanden aus einer Holz-Erde-Konstruktion und besaßen innen eine steile Rampe zum umlaufenden Wehrgang. Lokal sind Substruktionen für einzelne Mauertürme belegt, die offenbar alle 25 m standen. Auch die vier Tore waren durch Turmaufbauten gekrönt. Die innere Kastelleinteilung ist aufgrund der systematischen Zerstörung und des weitgehenden Einsatzes von Holzfachwerk kaum erhalten. Bewahrt blieben lediglich der zentrale Platz mit dem Praetorium, der Principia, Häusern der Centurionen und Tribunen sowie spärliche Reste der Soldatenbaracken. Üblicherweise lagen Praetorium und Principia benachbart, davor lief die Hauptstraße, hier in Oberaden läuft sie jedoch zwischendurch. Da dieses Kastell zu den ältesten bewahrten der Region zählt, mag hierin eine Frühform zu identifizieren sein. Der Fund von 40 Weinfässern zu je 1,200 Litern deutet auf eine ausgezeichnete Vorratshaltung.[18] Speisereste in den Latrinen belegen zudem eine umfassende Ernährung mit heimischen sowie importierten Früchten und Obstsorten. In Analogie zu anderen Kastellen sind daher größere Speicherbauten noch zu ergänzen. Unklar ist die Größe der stationierten Truppen. Wegen der weiträumigen Fläche wird eine Belegung mit bis zu drei Legionen vermutet, kleinasiatische Schleudergeschoße weisen zudem auf die Anwesenheit von Hilfstruppen. Die dendrochronologische Datierung des Lagers auf 11 v. Chr. passt zu einer Schilderung des römischen Historikers Cassio Dio aus dem 3. Jahrhundert, wonach Drusus in diesem Jahr in der Region zwei Lager errichten ließ. Bereits um 8 v. Chr. wurde das Lager aufgelassen und planmäßig zerstört.

Nordwestlich von Oberaden befindet sich das Legionskastell Haltern (Abb. 3).[19] Dieses mit 16,7 ha deutlich kleinere Kas-

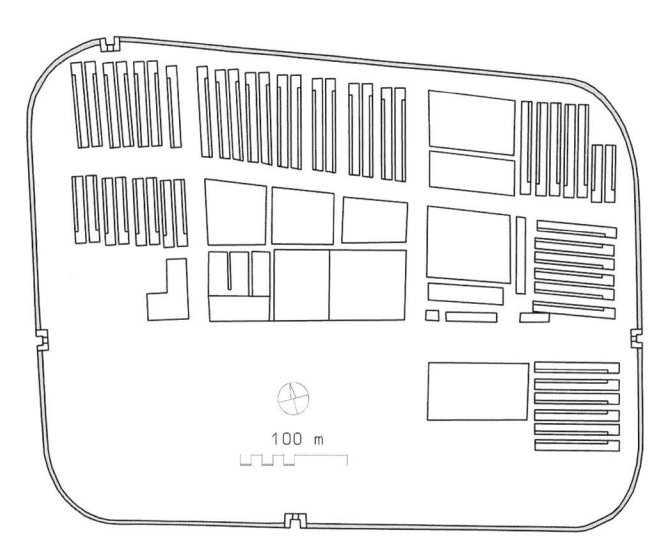

Abb. 3 | Haltern, Deutschland, Standlager für mehrere Legionen und Hilfstruppen, um 8 v. Chr.

tell ist wesentlich besser erhalten und zeigt somit seine ehemalige Binnenstruktur. Die Außenform bildet ein leicht verzogenes Rechteck mit großzügig gerundeten Ecken. Auch hier wurde die Befestigung durch eine Holzkonstruktion mit steilem Innenwall gebildet, allerdings eng begleitet von zwei parallelen Spitzgräben. Auch hier führt im südlichen Drittelpunkt die via Principalis durch, diesmal von axialen Toren erschlossen. Das nordwestliche Tor ist analog zu Oberaden von den Straßenachsen versetzt angeordnet. Das zentrale Quartier ist als eng bebaut ergraben, in der Hauptachse hintereinander Principia und Praetorium, daneben die Offiziershäuser. Östlich schlossen großzügige Bezirke von Werkstätten sowie ein Spital an. Entlang der Außenmauern waren schließlich die typischen langen Soldatenbaracken situiert. Sie wurden bereits zweiteilig angelegt, mit quadratischem Kopfbau für die Unteroffiziere sowie Arkadengang mit Kojenreihen für die Rekruten, also in der klassischen Form, wie sie für viele Jahrhunderte konstant bleiben sollte. In der Forschung gilt als gesichert, dass Haltern das reduziertes Nachfolgekastell von Oberaden darstellt und somit um 8 – 5 v. Chr. angelegt wurde. Die Lage am Ufer der Lippe ermöglichte wohl eine bessere Wasserversorgung bzw. einen direkten Zugang zur Wasserstraße, zudem war nach der Truppenreduktion das alte Lager viel zu groß. Das Auffinden eines benachbarten Feldlagers gleicher Zeit kann als temporäres Provisorium bis zur Fertigstellung des eigentlichen permanenten Kastells interpretiert werden. Das Vorhandensein mehrerer großer Gebäudekomplexe im Zentrum wird einer halbzivilen Nutzung, etwa der durch Regionalbehörden und die Steuerregistratur, zugeordnet, wodurch das Lager als Vorform eines städtischen Verwaltungszentrums mit starken polizeilichen Funktionen verstanden werden kann. Nach der Varusniederlage wurde der Standort aufgegeben und systematisch zerstört.

Sehr ähnlich strukturiert sind die nur partiell erhaltenen Legionskastelle von Marktbreit und Anreppen, wo jedoch Teile der Innenbebauung wie Praetorium und Getreidespeicher besser nachvollziehbar sind. Einige weitere Kastelle dieser Zeit sind nur in geringen Teilen erforscht. Sie waren teilweise deutlich kleiner angelegt und dienten spezifischen Truppenteilen. So waren im 12. v. Chr. von Drusus errichteten Kastell Asciburgium an der Ruhr mit seinen 2,3 ha maximal 500 Mann stationiert. Trotzdem gab es auch hier einen klassischen rechteckigen Grundriss mit zwei Hauptachsen, vier Toren und benachbartem zivilen Lagerdorf.

Insgesamt zeigen sich bei den rechtsrheinischen Standkastellen der Zeit des Augustus bzw. des Drusus deutliche Änderungen zu den älteren Marschkastellen: Die militärische und folgend auch die zivile Verwaltung erhielten einen zunehmend größeren Stellenwert und aus reinen Kasernen hierarchisch-soldatischer Prägung wurden multifunktionale Festungen, die neben der obligatorischen Besatzung sogar Badeanlagen und Spitäler beherbergen konnten. Im Zentrum der Anlagen stand nun nicht mehr der Wohnbau der Kommandeure sondern das Staabsgebäude, die Principia. Gerade der funktionale Wandel des Praetoriums führt den Aufgabenwechsel der Kastelle gut vor Augen:[20] handelte es sich in den früheren Marschlagern um die Unterkunft des Praetors, also des Feldherrn, der die Kriegszüge leitete, wandelte sich der zusehens umfangreichere Baukomplex zum klassischen Statthalterpalast, in dem die Magistrate organisatorische und politische Aufgaben für die Region zu erfüllen hatten. Das zugehörige Verwaltungspersonal wurde in benachbarten Wohnquartieren untergebracht, während die rein militärische Führung die Principia als Kommandogebäude nutzte, die folgerichtig selbst ins Zentrum des Kastells gerückt war. Die einfachen Soldaten waren in Friedenszeiten mit Polizeidiensten unterwegs und konnten in den angeschlossenen Lagerdörfern durchaus auch ein ziviles Leben abseits des Dienstes aufbauen. Leider muss aufgrund der schlechten Erforschung offen bleiben, ob die weiterhin parallel dazu entstandenen Marschlager der großen Heere der alten Einteilung mit zentralem Praetorium treu blieben, was zu vermuten ist.

Naturgemäß entwickelten sich auch die Verteidigungsbauteile unter Augustus von den ephemeren Marschlagern mit ihren einfachen Erdwällen in den Standkastellen zu aufwändigen und ausgefeilten Wehrstaffelungen mit Grabenringen, Mauer-Rampen-Kombinationen und engen Turmreihen. Die vier Toranlagen wurden zu repräsentativen Kleinfestungen, die den Eintritt in die zivilisierte Welt deutlich vor Augen führen konnten. Gleich blieben lediglich die geometrische Grundstruktur und die rasterförmige Binnenaufteilung, die trotz variabler Größenausführung eine möglichst leichte Orientierung der Soldateska aus aller Welt innerhalb der genormten Kastelle gewährleisten sollte. Die Form der Gebäude innerhalb der Quartiere war zwischen den einzelnen Kastellen bemerkenswert heterogen. Nur die lang gestreckten Baracken für die einfachen Soldaten lassen mit ihren arkadengesäumten Zellenfluchten und den breiteren Kopfbauten für die Offiziere eine relativ strenge Systematik vermuten.[21] Auch Stallungen und Scheunen zeigen überregional gewisse Analogien. Alle übrigen Bauten wie Praetorium, Principia, Werkstätten, Spitäler und Bäder hatten starke Unterschiede und wurden wohl nach lokalen Traditionen bzw. Erfordernissen jeweils anders entworfen und ausgeführt.

Es kann somit unter Kaiser Augustus postuliert werden, dass die reine Militärbaukunst mit ihrer geometrischen Planung und Absteckung der Lager sowie der technischen Umsetzung von Gräben, Wällen und Mauern einer verbindlichen truppeninternen Überlieferung unterworfen waren, die bereits mehrere Jahrhunderte zurück reichte und die alle funktionalen und technischen Wandlungen überdauert hat. Weniger bindend, aber aufgrund der einfachen Bauform ebenfalls relativ unveränderlich, präsentierten sich die Mannschaftsbaracken und die Versorgungsspeicher, deren Bauweise wohl gleichfalls als militärisches Spezialwissen weitertradiert wurden. Alle weiteren Bauten innerhalb der Kastelle gehörten in ihrer Größe und Gliederung nicht zum konstanten truppenübergreifenden Planungsprogramm und waren daher stärker von ihren direkten Nutzern beeinflussbar und individuell gestaltet. Vom jüdischen Geschichtsschreiber Josephus stammt dazu der bezeichnende Satz „Wenn die Römer Feindesland betreten, beginnen sie den Kampf nicht bevor sie ein festes Lager aufgeschlagen haben; sie errichten es aber keineswegs aufs Geratewohl und ohne Ordnung."[22]

Nach der vernichtenden Niederlage des römischen Heers unter Varus im Jahr 9 n. Chr. änderte Augustus in seinen letzten Jahren die offensive Strategie nachhaltig. Gemäß Tacitus empfahl er öffentlich, die Grenzen des Imperiums künftig nicht mehr zu verändern.[23] Tatsächlich zeigte sich ab nun im gesamten Reich der Aufbau einer systematischen Militärgrenze, deren Fertigstellung und folgende Verdichtung noch viele Jahrzehnte nach dem Tod des Kaisers andauern sollte. Dabei ging es weder um eine klare topographische Markierung noch um eine vollständige Abriegelung sondern um die Absicherung des eigenen Territoriums vor kriegerischen Einfällen.[24]

Tatsächlich sahen es die Germanen östlich des Rheins als alte Stammestradition und Beweis ihrer Tapferkeit, regelmäßig Überfälle und Beutezüge auf Nachbarn durchzuführen. Dabei konnten kleinere Stämme auch ihr Gebiet wechseln und ein halbnomadisches Leben mit laufenden Plünderungen führen. Aber auch an anderen Grenzen des Imperiums gab es ähnliche Probleme. Entlang der Donau lebten Markomannen, Sarmaten und Daker mit schlagkräftigen Volksverbänden, die ständige Überfälle durchführten. In Asien stand von Kappadokien bis Arabien die bedrohliche Großmacht der Parther gegenüber, die trotz mehrfacher Kämpfe bislang nie besiegt werden konnte. Südlich davon lag hingegen das reiche nabatäische Königreich, das Augustus kurzfristig kampflos besetzen konnte. In Afrika grenzte das Reich zwar an bevölkerungsarme Steppen und Wüsten, aber auch von dort kamen ständige Überfälle, da die Nomadenstämme ihren Lebensraum bedroht sahen. Auf der iberischen Halbinsel standen wiederum innerhalb des Gebiets recht nahe nebeneinander drei Legionslager, die den unruhigen Norden kontrollieren sollten.

Augustus setzte vor Konflikten möglichst auf Verhandlungen zur Schaffung von Verträgen für Pufferzonen. Kleine Stämme konnten so gebunden und für Hilfsdienste gewonnen werden, ihre wehrfähigen Männer traten in Massen in den römischen Dienst.[25] Ihr zunehmender Wohlstand durch Handel, produktivere Landwirtschaft und gehobene Lebenskultur sollte Sesshaftigkeit und Friedfertigkeit fördern. In Obermoesien an der Donau schuf man durch die Absiedlung von tausenden Menschen ein sicheres Glacis, auch am Niederrhein wurde ein breiter Abschnitt von Anwohnern freigehalten. In Kappadokien schloss Augustus Bündnisse mit kleinen Klientelfürstentümern und erhielt so einen Puffer zu den Parthern. Ebenso blieb zunächst Israel unter Herodes ein Klientelkönigtum, in Ägypten und der nordafrikanischen Küste waren zwar die hellenistisch geprägten Provinzen und die wichtigsten Oasen loyal, jedoch standen hier mächtige und kampferprobte Stämme entlang der Grenzen und konnten jederzeit einen Aufstand auslösen.

An all diesen Außengrenzen des Imperiums initiierte Augustus den Aufbau einer linienförmigen Militärzone, die generalstabsmäßig angelegt wurde, jedoch aufgrund der starken Überbauung nur punktuell fassbar blieb. Naturwissenschaftliche Forschungen sowie urkundliche Nennungen belegen, dass zunächst aufwändige Fernstraßen angelegt wurden, die mit massivem Unterbau, parallelen Uferbefestigungen, Brücken sowie angeschlossenen Hafenanlagen eine nachhaltige Mobilität der Truppen gewährleisten sollten.[26] Um eine bessere Kontrolle zu ermöglichen, suchte man vor allem breite Flussläufe als Grenzlinien aus, so an Rhein, Donau und Euphrat. An Flussmündungen und Sümpfen wurden auch künstliche Wasserkanäle angelegt.

Entlang der grenzparallelen Fernstraßen stationierte Augustus seine Legionen in großen Standlagern, die je nach Gefahr in unterschiedlichen Abständen positioniert waren. So lebten allein in Niedergermanien (am niederen und mittleren Rhein) 42.000 Soldaten in vier Legionen, acht Alen und 30 Kohorten.[27] Im friedlichen Obergermanien standen nur zwei Legionen, die vor allem den Ausbau der Infrastruktur durchführten. Entlang der langen aber relativ sicheren Donaugrenze gab es mit Carnuntum, Aquincum (Budapest), Singidunum (Belgrad) und Viminiacum (Kostolaz) zunächst nur vier Legionslager, dazwischen sind lokal kleine Nebenlager nachweisbar. Entlang der arabischen Wüsten entstand unter Augustus kein einziges Kastell, die dortigen vier Legionen lagen im Landesinneren und waren gemäß Tacitus in zivilen Städten untergebracht. Erst in den folgenden Jahrzehnten erfolgte hier der Ausbau einer linearen Grenzsicherung mit Straßen und Kastellen. Entlang der gesamten langen Mittelmeerküste Afrikas gab es zwei Legionslager in Nikopolis (Alexandria) und Ammaedara (Tunesien), die zunächst völlig ausreichten. Von hier aus wurden kleinere Kontrollposten beschickt. Das beschreibt Strabo sehr anschaulich: „Petronius befestigte Premnis besser, besetzte es mit 400 Männern sowie Essen für zwei Jahre und kehrte nach Alexandria zurück".[28]

Die ersten systematischen Grenzlager gab es unter Augustus somit in Mitteleuropa, entlang von Rhein und Donau. Sie waren zunächst aus Holz und Erde errichtet und wurden in den folgenden Jahrzehnten durch Stein ersetzt. Im übrigen Mittelmeerraum genügten strategisch gesetzte Zentrallager sowie isolierte Außenforts.

KAISER TIBERIUS (14–37)

Tiberius, der Bruder von Drusus, hatte bereits zur Zeit des Augustus als Feldherr Teile des Heeres unter Kontrolle, so konnte er einen relativ reibungslosen Führungswechsel vornehmen. In seiner ebenfalls sehr langen Amtszeit wurde das Limeskonzept entlang der Reichsgrenzen konsequent verdichtet.
Bereits im Jahr 17 brach in Nordafrika (im heutigen Tunesien) unter den beidseits der Grenzen agierenden Nomaden ein Volksaufstand aus, der erst im Jahr 24 niedergeschlagen werden konnte.[29] Für das Jahr 20 berichtet Tacitus, dass dort an der Numidianischen Grenze eine ganze Reihe von kleinen Kastellen bestanden hat, die nun von aufständischen ehema-

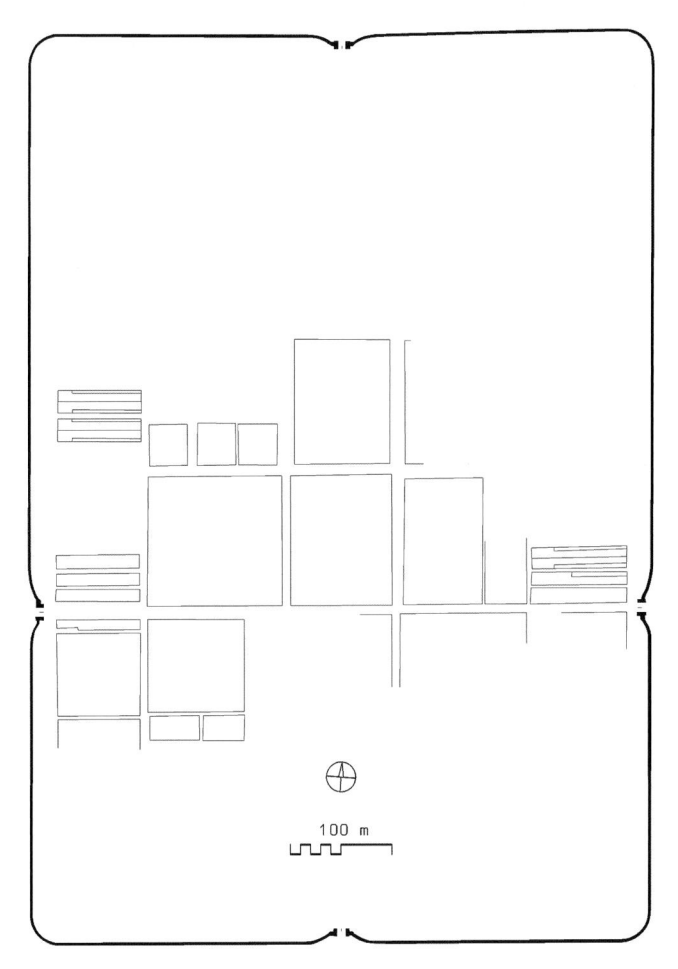

Abb. 4 | Vetera I, Deutschland, Doppellegionslager, u 46 bzw. 60 n. Chr.

ligen Hilfstruppen angegriffen wurden.[30] Als Detail erzählt er, dass nach der Flucht einer römischen Kohorte aus ihrem Lager, jeder 10. Soldat zur Strafe getötet wurde. Im Jahr darauf wurde ein feindlicher Trupp in einem Kastell überrascht, das er selbst gerade zuvor erobert hatte.[31] Wir erfahren daraus, dass es im Grenzraum bereits feste Kastelle gegeben haben muss, die jeweils nur von einer kleinen Einheit gehalten wurden. Vom zentralen tiberischen Legionslager Ammaedara blieben aufgrund der byzantinischen Erneuerung zwar nur spärliche Reste erhalten. Die rekonstruierbare Größe von 12 ha indiziert jedoch, dass hier maximal die Hälfte der Truppe Raum fand, der Rest wird entlang der Siedlungsgrenzen aufgeteilt gewesen sein. Kleine Außenposten tauchten zu dieser Zeit auch an anderen Stellen des Reichs auf, etwa in Gallien, Syrien, Nubien, Pannonien und am Bosporus, die ebenfalls jeweils von zentralen Legionslagern aus beschickt wurden. Im Fall eines Überfalls bzw. drohenden Krieges wurden zusätzliche weit entfernte Legionen geholt, um die Schlachten zu führen. An all diesen Grenzen zeigt sich, dass die enorme Länge bei der geringen Zahl an Soldaten sicher keine lückenlose Überwachung erlaubte. Es handelte sich wohl um reine Spähposten und Kontrollstellen zur Beobachtung wichtiger topographischer Punkte wie Täler und Pässe – also potentieller Einfallspforten. Nur die zugehörigen Fernstraßen ermöglichten mit der raschen Meldung von Feindbewegungen eine effiziente Gegenreaktion. Zu diesem System zählten folgerichtig auch seit augustäischer Zeit weit ins freie Barbarenland vorgeschobene Posten, die teilweise bis ins 4. Jahrhundert besetzt blieben.

KAISER CLAUDIUS (41–54)

Kaiser Gaius (37–41), besser bekannt als Caligula, legte 10 Legionen an den Rhein, um eine neue Offensive nach Germanien durchzuführen. Nach seiner Ermordung im Jahr 41 wurde Claudius von den Prätorianern zum Nachfolger ausgerufen. Der bereits 52 Jahre alte, aber politisch nicht erfahrene Mann wurde sofort von seinen Offizieren vereinnahmt und zu militärischen Wagnissen überredet.[32] Nach einer Reform der Offiziersausbildung und damit deren faktischen Aufwertung zu Staatspolitikern gab es ein umfangreiches militärisches Programm: neben der Annektierung der Klientelkönigreiche Mauretanien und Thrakien sollte vor allem Britannien erobert werden. Um die nötigen Truppen von den weiterhin gefährdeten Grenzen des freien Germanien abziehen zu können, sollte gleichzeitig eine ganze Kette von Kastellen von der Nordsee bis knapp vor Regensburg entstehen, die vor allem durch Hilfstruppen zu verteidigen waren. Zentrale Bedeutung kam jedoch auch hier wieder den Standlagern der zugehörigen Legionen zu, die stark befestigt wurden.

Allen voran ist Vetera (I) bei Xanten zu nennen, ein um 46 angelegtes Doppellegionslager, das im Jahr 60 erneuert und bereits im Jahr 70 zerstört und verlassen wurde (Abb. 4).[33] Dieses 612 x 867 m große Kastell mit 60 ha Gesamtfläche hatte zunächst eine Holzpfostenmauer, davor zwei Spitzgräben und Astverhaue. Unmittelbar nach der Fertigstellung dieser ersten Mauer begann der Innenausbau in haltbarem verputztem Stein, ehe auch die Außenmauer als 3 m starker Holz-Lehmfachbau stabiler erneuert wurde. Das Lager zeigte eine radikal rechtwinkelige Absteckung mit den zwei obligaten Straßenhauptachsen und den vier zugehörigen, leicht eingezogenen Lagertoren. Die Ecken waren abgerundet, Mauertürme sind zwar nicht nachgewiesen, werden aber als sicher angenommen. In der Umgebung konnten anhand von Luftbildern zahlreiche Übungslager entdeckt werden, wo die Soldaten für den Ernstfall die Absteckung und Errichtung eines Marschlagers erproben konnten.

Vetera zählt gleich wie Vindobona und Aquincum aufgrund seiner Konsequenz zu den klassischen orthogonalen Legionslagern. Die zeitgleichen (aber später stark erneuerten) Legionslager von Vindonissa und Carnuntum mussten jedoch aufgrund der lokalen steilen Topographie in ihren Umrissen polygonal bzw. schlangenlinienförmig befestigt werden.

Neben den meist älteren großen Legionslagern, die aufgrund der wenig haltbaren Holz-Erdekonstruktionen zwar mehrfach erneuert, aber kaum grundlegend neu konzipiert wurden, entstanden unter Claudius zahlreiche zusätzliche Kastelle, die als Kontrollstützpunkte entlang der Grenzen aufgereiht wurden. Den nördlichen Abschluss der Rhein-Grenze zur Nordsee bildete das Kastell Valkenburg, das um 39/40 angelegt wurde (Abb. 5–6).[34] Gemäß einer gefundenen Holztafel war hier eine Kohorte gallischer Truppen stationiert. Die kleine Grundfläche von 1,4 ha zeigte ein konsequentes Achsenkreuz, vier Tore und eine massive Holz-Erdemauer mit abgerundeten Ecken und hölzernen Türmen. Im Inneren dominierten Principia und Praetorium, daneben standen eng gedrängt die Soldatenbaracken. Das sehr ähnlich angelegte benachbarte Kastell in Roomburg datiert in die gleiche Zeit und indiziert, dass hier in kurzen topographischen Abschnitten serienmäßig gebaut wurde. Diese relativ konsequente Kastellkette, die je nach Geographie und Gefahr unterschiedlich eng gesetzt war, begleitete den gesamten Rhein nach Süden bis zum nahen Quellgebiet der Donau im Schwarzwald (Abb. 7–8). Bei Hüfingen setzte sich die Kette an der Donau mit 16 weiteren (bekannten) Forts bis Oberstimm fort. An der dortigen Ostgrenze der Provinz Raetien endete der Ausbau des Claudius unvermutet. Das gut erforschte Kastell Oberstimm, das vom nahen Legionslager in Augsburg aus bemannt wurde, folgte dem allgemeinen Schema: ein Straßenkreuz führt zu vier Lagertoren, die Mauern bestanden aus einer Holz-Erdekonstruktion mit abgerundeten Ecken. Im Zentrum lagen Principia und Praetorium, darum die Baracken.

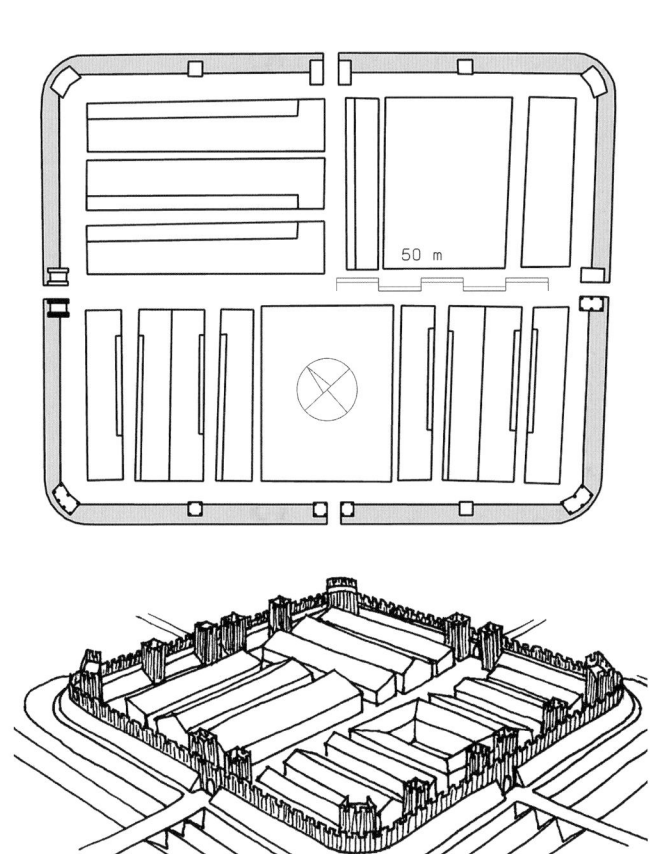

Abb. 5–6 | Valkenburg, Niederlande, Grenzkastell einer Kohorte, um 39/40 n. Chr.

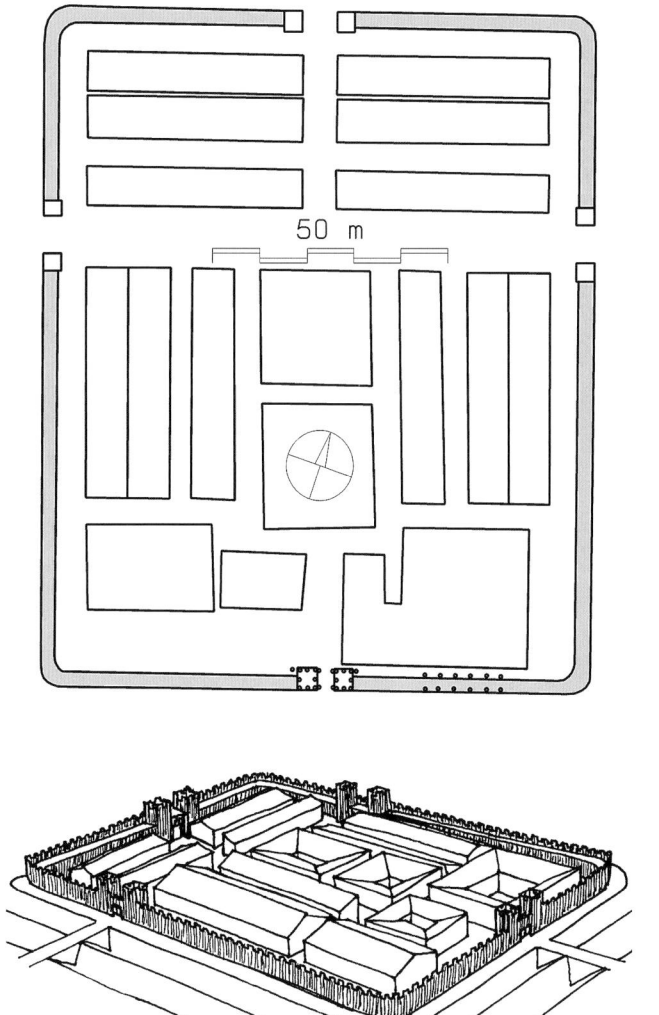

Abb. 7–8 | Oberstimm, Deutschland, Grenzkastell einer Kohorte, um 40 n. Chr.

In einer späteren Etappe startete Claudius ein Kastellbauprogramm in der Provinz Moesia superior, also an der unteren Donau. Hier hatte er 46 n. Chr. das bis dahin abhängige Klientelkönigreich Thrakien annektiert und so die Donaugrenze vervollständigt. Von den Legionslagern Singidunum und Viminacium ausgehend wurde nun eine teilweise sehr engreihige Kette begonnen, die jedoch dazwischen sehr lückenhaft (erfasst?) blieb.³⁵ Die fast ausschließlich von Hilfstruppen bewachten Grenzkastelle sind heute stark zerstört und oft nur durch wenige Reste von Holz-Erdewällen sowie zugehörige zeittypische Keramik belegt. Es handelte sich demnach um ähnliche kleinformatige Kohortenkastelle wie am Rhein und an der oberen Donau.

Unter Claudius entstanden auch in anderen Teilen des Römischen Reichs lineare Kastellreihen, die jedoch noch schlechter erforscht sind. Gemäß einer Inschrift wurden in Nordspanien die Grenzen einer Militärprovinz gesichert.³⁶ Tacitus erwähnt für Armenien ein Grenzkastell unter dem Kommando eines Praetors und eines Centurios.³⁷ Offenbar war unter Claudius der Aufbau einer linearen Grenzverteidigung mit engen Kastellfolgen voll im Gang. Man konzentrierte sich dabei auf einzelne Provinzen wie Nieder- und Obergermanien und Obermoesien, dazwischen sowie anderswo blieb die Verteidigung jedoch vorerst auf die punktuelle Stationierung von Legionslagern sowie den Ausbau von effizienten Heeresstraßen beschränkt.

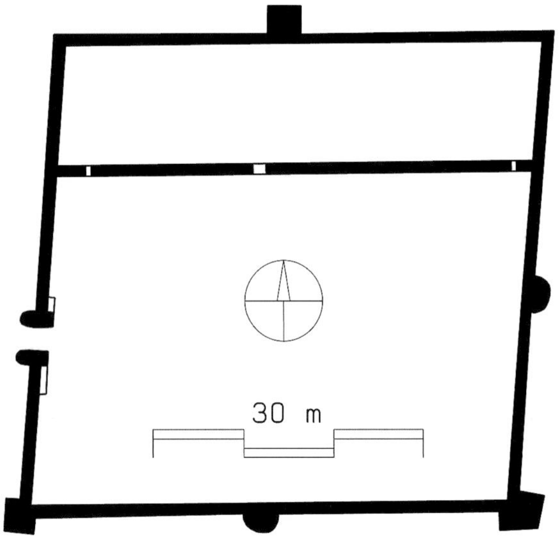

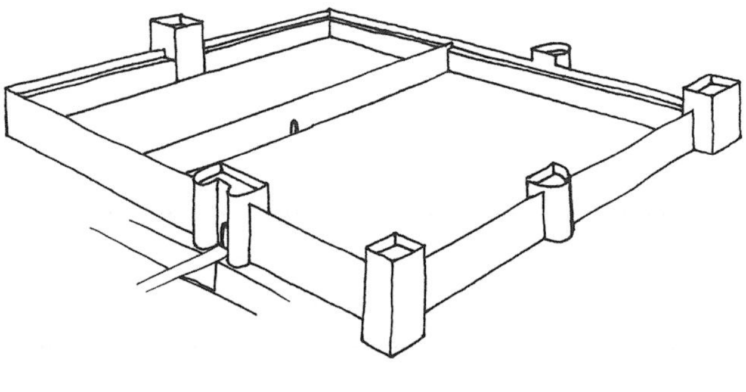

Eine eigenständige, aber bei weitem nicht ausreichend erforschte Kastellgruppe wurde offenbar unter Claudius in Ägypten initiiert. Im langen, wüstenartigen Gebirge zwischen dem Niltal und dem roten Meer entstanden damals mehrere Straßentrassen, die von Festungsketten beschützt waren.³⁸ Im Inneren dieser Anlagen gibt es Hinweise auf eine starke zivile Präsenz, sodass sie heute als multifunktionale Straßenforts zum Schutz des Karawanenhandels vor räuberischen Überfällen angesehen werden. Zudem wurde im Gebirge an zahlreichen Stellen monolithischer Stein abgebaut, der bis nach Rom exportiert wurde.³⁹ Diese Brüche waren oft mit einem zentralen Kastell gesichert, sowie im weiten Umkreis von Wachtürmen umgeben.

Das bekannteste derartige Fort liegt am Mons Claudianus und ist bemerkenswert gut erhalten (Abb. 9–10). Auf einer Fläche von 51 x 55 m umgürten 1,3 m starke Mauern ein leicht verzogenes Rechteck des 1. Jahrhunderts, das Mitte des 2. Jahrhunderts abwechselnd von eckigen und halbrunden vorspringenden Türmchen flankiert wurde.⁴⁰ Im Norden teilt eine Wand ein schmales Areal ab. Der südliche größere Hof wird im Westen durch ein primäres Tor erschlossen, das von zwei pfeilerartigen Halbrundtürmchen flankiert wird. In der Achse des Tors steht innen frei ein quadratischer Bau, der als Principia bzw. Groma gedeutet wird. Heute sind beide Höfe von einer Vielzahl heterogener römerzeitlicher Arbeiterhäuser übersäht, die keine geordnete Struktur erkennen lassen.

Etwa 80 km südlich finden sich auf einer Straße durch das Gebirge mehrere vergleichbare Anlagen (Abb. 11–14).⁴¹ Sie sind ebenfalls als 50 bis 60 m große konsequente Rechteckforts ausgebildet und werden an den Ecken durch vorstehende pfeilerartige Türmchen flankiert, zu denen innen Stufen führen. Zudem gibt es durch rundliche Pfeiler flankierte zentrale Toranlagen, in deren Achsen innen freistehende Rechteckbauten auf eine bevorzugte Nutzung deuten. Jedoch gibt es auch einige Unterschiede. Zum einen besitzen sie ausschließlich rundliche Türmchen und zum anderen zeigen sie eine konsequente Randbebauung. Beides erlaubt direkte Vergleiche zu bislang älter datierten Forts des neuägyptischen Reichs sowie des jüdischen Reichs. Vielleicht orientierten sich die Römer hier an diesen regionalen Vorbildern oder deren Datierung

Abb. 9–10 | Kastell der Steinbruchsiedlung am Mons Claudianus, Ägypten, bis M. 2. Jh. n. Chr.

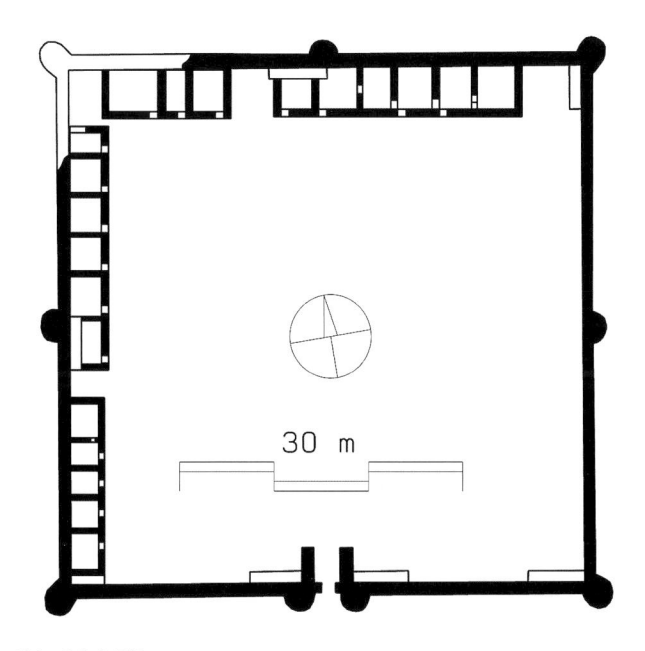

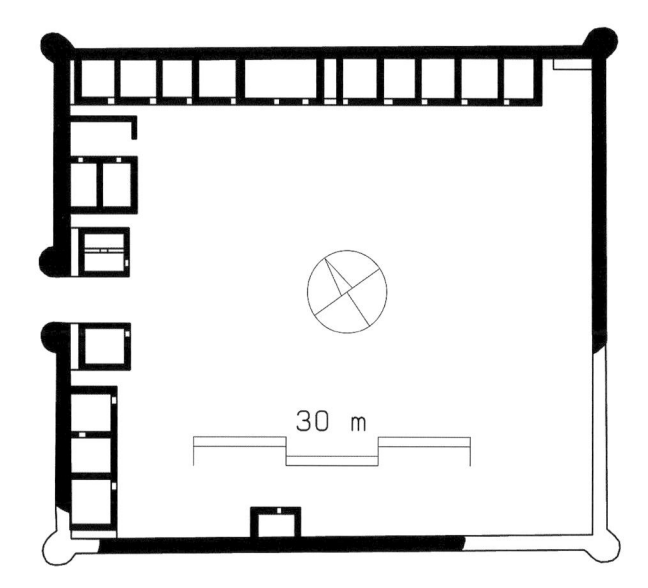

Abb. 11 | El-Duwi

Abb. 12 | El-Hamra

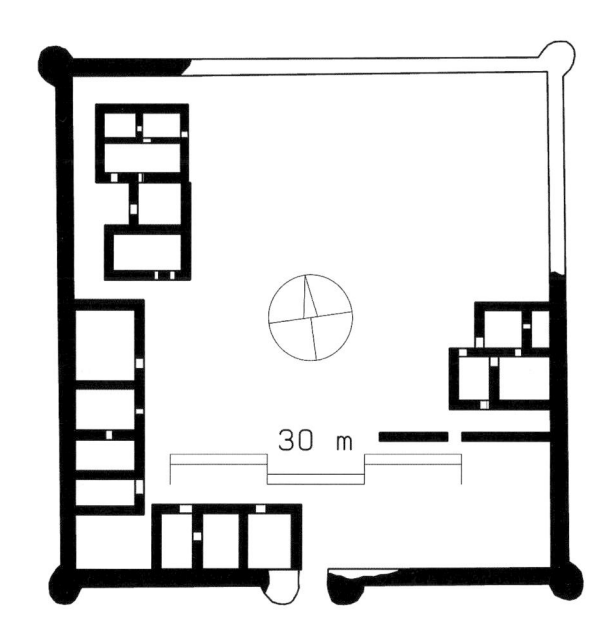

Abb. 13 | El-Mweih

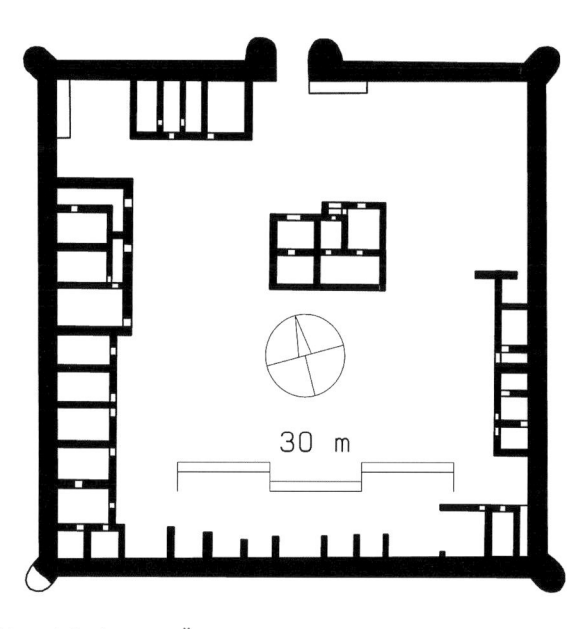

Abb. 14 | El-Zerqa, Ägypten

wäre zu hinterfragen. Spannenderweise zeigen auch die zweifellos deutlich später zu datierenden frühislamischen Kastelle im Großraum nahe Parallelen, zu einer Zeit, als die ägyptischen Anlagen längst verlassen und vergessen waren. Nicht zuletzt ist die Tatsache zu diskutieren, dass diese Kastelle nicht mit anderen römischen Anlagen des Imperiums vergleichbar sind, da die pfeilerartigen Türmchen weder zeitgleich noch zuvor oder danach irgendwo anzutreffen sind. Dennoch belegen Funde und Schriften, dass diese Orte nur bis zum frü-

hen 2. Jahrhundert vollständig besetzt waren und bereits dann langsam wieder aufgegeben wurden.[42] Es bleibt daher zu vermuten, dass hier im 1. Jahrhundert eine höchst eigenständige Architekturform entwickelt wurde, deren fortschrittlich anmutende Detaillösungen nicht in den ansonsten recht verbindlichen Kanon der römischen Festungsarchitektur mit ihren abgerundeten Ecken und innen sitzenden Türmen aufgenommen wurden. Aufgrund der fast übermächtigen zivilen Artefakte ist auch zu hinterfragen, ob es sich überhaupt um militärische Anlagen gehandelt hat, oder um befestigte Straßen- und Handwerkerstationen. Ihre systematische Verteilung und die gleichförmige Struktur indizieren immerhin eine gemeinsame Planung, vielleicht durch die kaiserliche Verwaltung, in deren Besitz die Steinbrüche waren.

KAISER VESPASIAN (69-79)

Nach Claudius regierte Nero, der sich nicht ums Heer kümmerte. 67/68 unterdrückte der im ganzen Reich erfolgreiche Feldherr Vespasian einen jüdischen Volksaufstand, wurde jedoch durch einen Bürgerkrieg in Gallien und den folgenden Selbstmord Neros unterbrochen. Das Niedergermanische Heer stellte daraufhin 69 n. Chr. mit Vitellius einen Gegenkaiser gegen den kurzzeitig regierenden Galba auf, während die Donaulegionen und die Ostprovinzen den sechzigjährigen Titus Flavius Vespasianus als neuen Kaiser ausriefen.[43] Er besiegte Vitellius samt dessen Hilfsvölkern in der Schlacht von Bedriacum und eroberte im nächsten Jahr mit neun Legionen den gesamten Rhein blutig zurück. An den Grenzen des Reichs sah es jedoch düster aus: In Israel flammte der Aufstand wieder hoch, am Rhein planten die Barbarenstämme ein vereinigtes gallo-germanisches Reich, die Völker nördlich der Donau verwüsteten die benachbarten römischen Provinzen und Britannien und Mauretanien erhoben sich gegen ihre Besatzer.

Sofort übergab der neue Kaiser seinem Sohn Titus die Ostlegionen, um den jüdischen Aufstand nachhaltig niederzuschlagen.[44] Am Rhein wurden die Auflehnungen in äußerst brutalen Kleinkämpfen und mit der Auflösung der meuternden Hilfstruppen beendet. Das Gebiet des oberen Rheinknies wurde erobert und somit der Grenzverlauf zur Donau etwas verkürzt. Gleichzeitig wurde eine große Heeresreform durchgeführt und die zahlreichen zerstörten Kastellanlagen entlang des Rheins sollten grundlegend neu und in Stein errichtet werden.

Allem voran ist Neuss (Novaesium) zu nennen, das nach seiner Zerstörung während des Kriegs ab 70 n. Chr. in Steinbauweise neu angelegt und kurz danach stark renoviert wurde (Abb. 15–16). Das Kastell gilt aufgrund seiner fast vollständigen Erforschung als Lehrbeispiel römischer Legionslager.[45] Die Grundstruktur folgt den klassischen Regeln mit orthogonalem Straßenkreuz, vier Lagertoren, zentralen Principia sowie Praetorium, Legatenpalästen, Kornspeichern, Werkstätten und vor allem zahlreichen Soldatenbaracken. Die einst etwa 4,5 m hohe Umfassungsmauer war an der Basis 1,5 m breit und mit großen Tuffquadern verkleidet. Vor der Mauer und einer schmalen Berme lag ein 12 m breiter und 3,5 m tiefer Graben, dessen Aushub innerhalb der Mauer als steiler Erdwall angehäuft wurde. Die Türme besaßen keine einheitliche Form, weshalb Ausbauten vermutet werden. Auch das einzig wirklich gut fassbare Nordtor mag mit seinem halbkreisförmig einschwingendem Hof und den schmalen achteckigen Flankentürmen erst einem späteren Umbau zuzuordnen sein. Zunächst dürfte es vier klassische Doppelturmtore gegeben haben. Bereits bald nach Fertigstellung wurde die Truppenstärke deutlich reduziert, ehe um 103/4 das Lager wieder verlassen und der Standort aufgegeben wurde.

Auch das Legionslager von Carnuntum wurde 70 n. Chr. neu angelegt und in Steinbauweise errichtet (Abb. 17). Der Grundriss zeigt entlang des nördlich anschließenden Steilufers der Donau eine verzogene Form von 380/400 x 490 m. Die umfassende Steinmauer war etwa 4 m hoch und 2 m stark

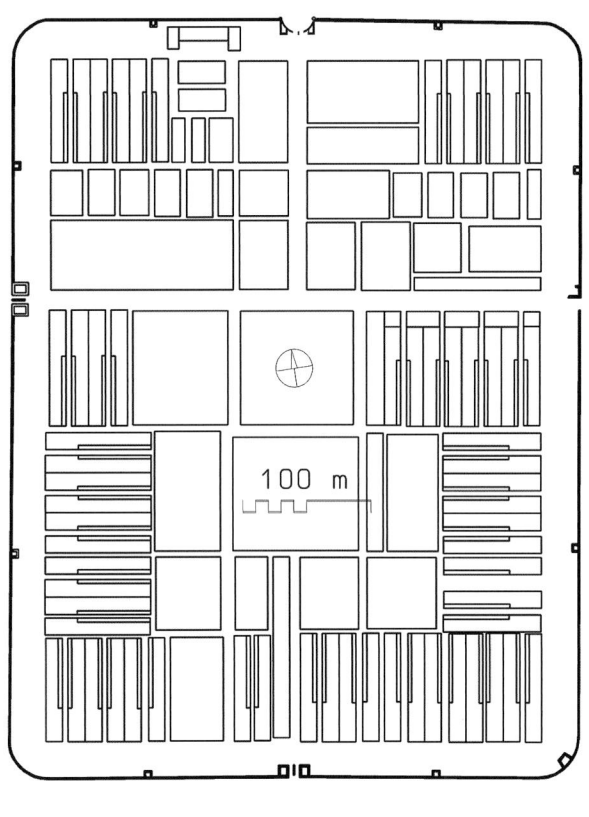

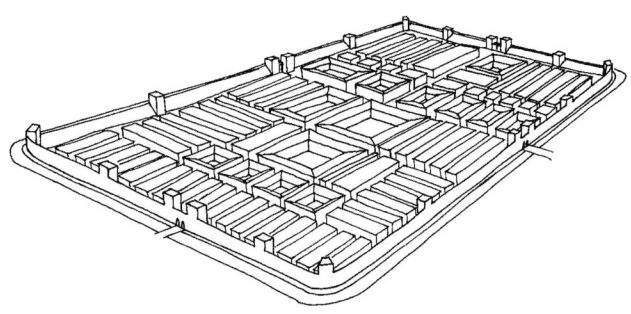

Abb. 15–16 | Neuss, Deutschland, Legionslager, ab 70 n. Chr.

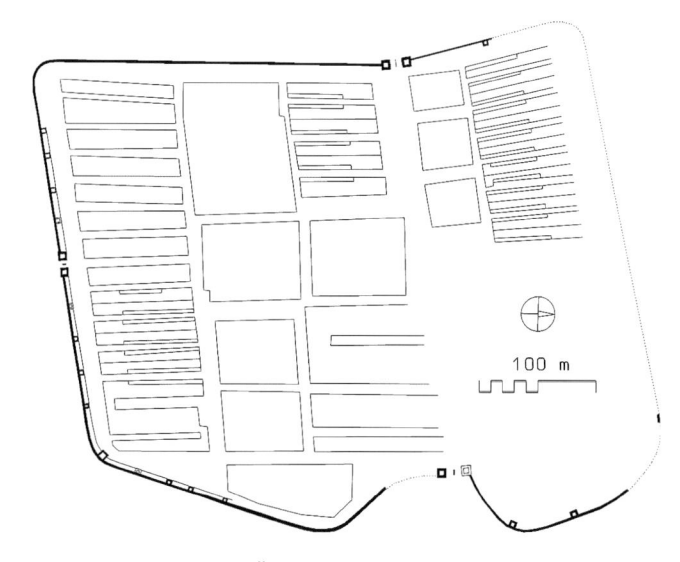

Abb. 17 | Carnuntum, Österreich, Legionslager, ab 70 n. Chr.

und außen mit Quadern verkleidet. Davor lag ein 20 m breiter und 4 m tiefer Doppelgraben. Auch hier zeigen die Türme unterschiedliche Formen und Intervalle, sodass von einer gestaffelten Entstehung auszugehen ist. Im Inneren wurden die zentrale Principia sowie das Praetorium, die Quartiere der Tribunen und Centurionen sowie ein Lazarett archäologisch freigelegt.[46] Werkstätten, Getreidespeicher, Waffenkammern und ein Lagergefängnis geben Einblick in den arbeitsreichen Lageralltag. Dazu gab es zahlreiche eng gereihte Doppelbaracken mit je 20 bis 28 Kammern, für durchschnittlich 8 Mann. Das entspricht einer Legion mit 10 Kohorten.

Auch in Britannien führte Vespasian die Militärreform durch. Bereits Caesar hatte die Inseln erstmals erkundet, jedoch erst Claudius hatte mit der Versendung von vier Legionen im Jahr 43 n. Chr. die Eroberung eingeleitet.[47] Systematisch wurde nun das Land in mehreren Wellen aufgerollt, wobei es regelmäßig zu Aufständen und Rückschlägen kam. Erst in den 70er Jahren sollte der größte Widerstand gebrochen sein, während man auf die Eroberung von Schottland und Irland gänzlich verzichtete. Unter Vespasian, der selbst in seinen jungen Jahren Legionskommandant in Britannien gewesen war, gab es mit Caerleon, Chester und York drei Legionslager, von denen aus eine große Zahl von regionalen Kastellen errichtet und von Hilfstruppen gehalten wurde.

Vor allem in Wales, wo der Forschungsstand vorbildhaft ist, kann für die Zeit nach 70 unter dem Provinzstatthalter Julius Frontinus ein groß angelegtes Bauprogramm nachgewiesen werden. Als Hauptquartier errichtete man anstatt des früheren Legionslagers in Usk (Burrium) um 70 n. Chr. ein neues in Caerleon (Isca), das dem klassischen Konzept eines rechtwinkeligen Kastells von 50 ha mit Holz-Erdemauer, regelmäßigen Mauertürmen, abgerundeten Ecken und umlaufendem Wall entsprach.[48]

Westlich davon wurde in Cardiff (Caerdydd) an älterer Stelle in den Jahren 75–78 ein 10 ha großes Rechteckkastell für Hilfstruppen errichtet, dessen Konzept identisch war. 15 km nördlich davon wurde in Caerphilly im Jahr 78 ein weiteres Hilfstruppen-Kastell angelegt, dessen stark zerstörte Reste immerhin eine analoge Umwehrung belegen. Nur 5 km nördlich davon lag in Gelligaer ein weiteres Kastell, dessen Zeitstellung offen ist. Wahrscheinlich entstand es ebenfalls unter Vespasian, wenngleich die gefundenen Münzen erst ins späte 1. Jahrhundert datieren.[49]

Die Anlage, der mehrere Übungsfeldlager benachbart sind, zeigt eine starke Befestigung mit Holz-Erdemauern und eng stehenden Mauertürmen (Abb. 18–19). Wenige Kilometer nördlich wurden in Pen-Y-Darren Reste eines weiteren Kastells ergraben, dessen Münzfunde eine Datierung zwischen 74

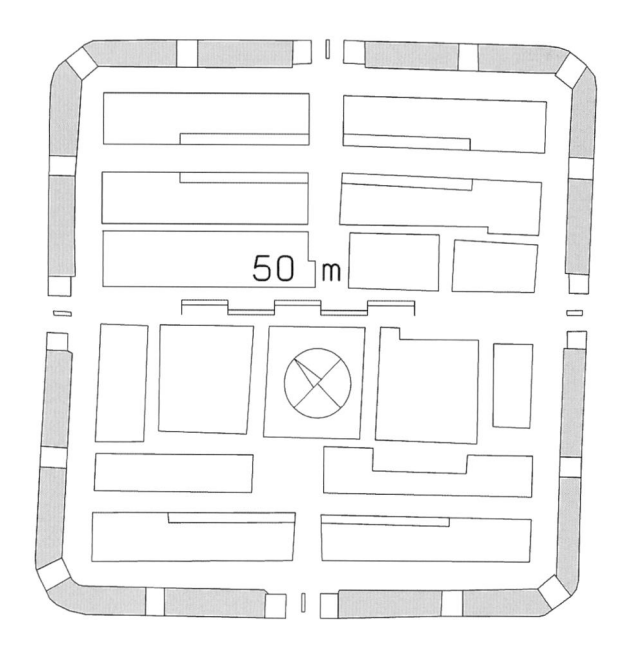

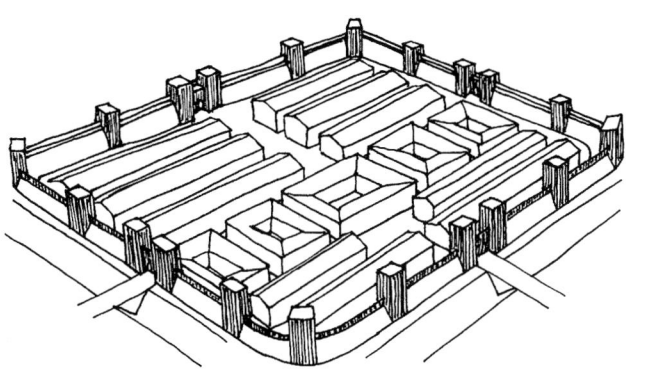

Abb. 18–19 | Gelligaer, Wales, Hilfstruppenkastell,

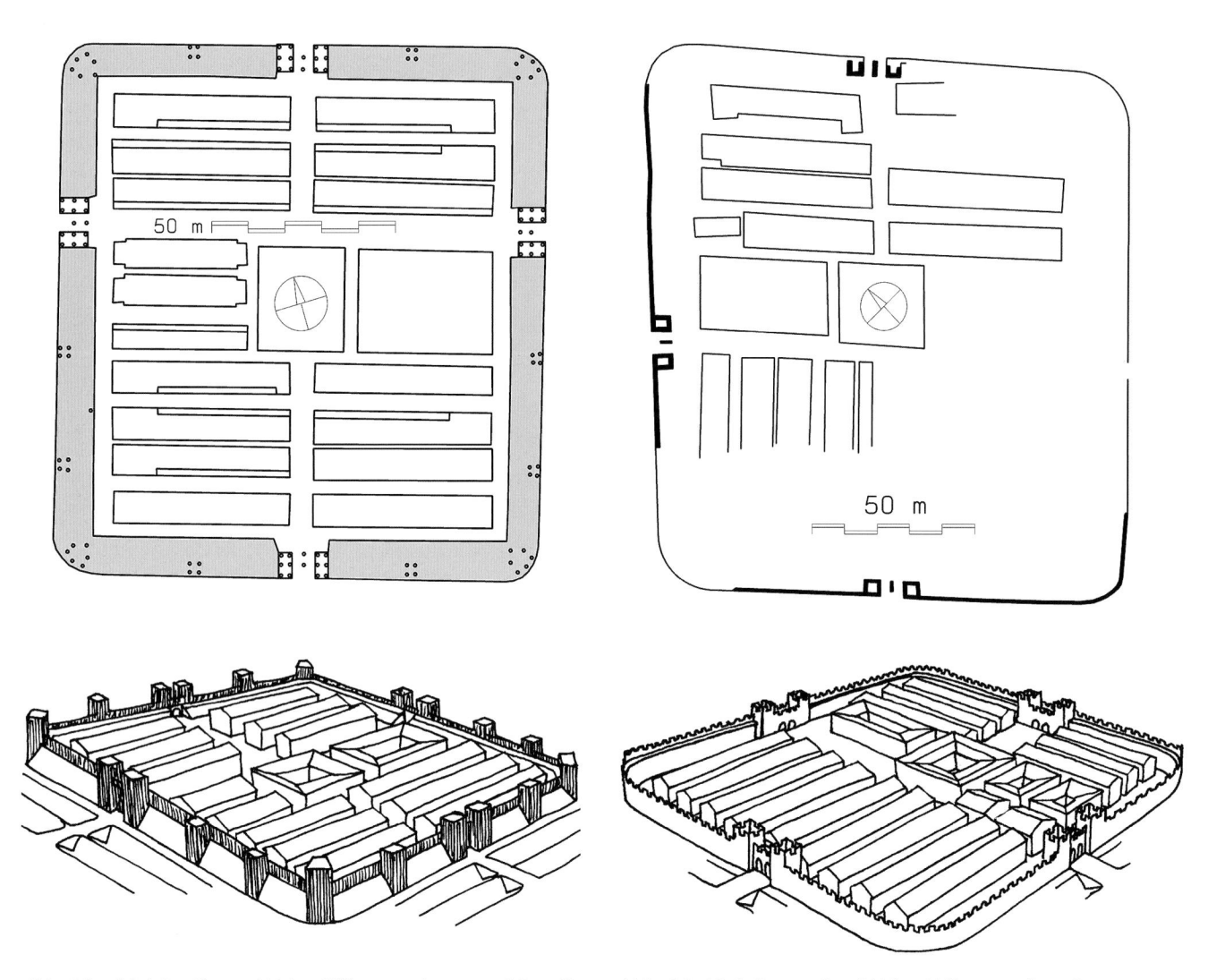

Abb. 19a–20 | Pen Llystyn, Wales, Hilfstruppenlager, um 80 n. Chr.

Abb. 21–22 | Caernarfon, Wales, Hilfstruppenkastell einer Kohorte, ab 77 n. Chr.

und 78 nahe legen. Nördlich davon erreicht man das kaum untersuchte Kastell in Pen-Y-Gaer, das gemäß Münzfunden vielleicht schon in den späten 60er Jahren angelegt wurde. Westlich davon liegt Brecon (Cicutium), das von einer Kohorte spanischer Reiter besetzt war. Durch die spätere Erneuerung in Stein ist die rechtwinkelige Grundform nicht für die Erstzeit gesichert, das Datum der Errichtung um das Jahr 75 jedoch schon. Nördlich davon liegt Caerau, ebenfalls ein rechtwinkeliges Hilfskastell für eine berittene Kohorte, das gemäß Keramik in die Zeit Vespasians nach 75 datiert. Nördlich davon liegt Castell Collen (Magos), dessen Ursprünge ebenfalls in diese Zeit reichen dürften. Südlich von Brecon fand man in Coelbren ein Hilfstruppenkastell der Zeit um 74–78. Aus exakt dieser Zeit stammt auch das Kastell von Neath (Nidium), das die südliche Küstenstraße kontrollieren konnte. Mit 6 ha war es eines der größten Hilfstruppenkastelle der Region, mit etwa 1000 Mann Besatzung. Westlich liegt auf dieser Küstenstraße das Kastell Loughor (Leucarum), das um 75 datiert wird. Im nordwestlich gelegenen Carmarthen (Moridunum) wurde um 75 ein 4,5 ha großes Hilfstruppenlager errichtet. Nordöstlich zweigte eine Straße zum Kastell von Llandeilo ab, ein mehrfach neu angelegtes großes Truppenkastell, dessen Gründung unklar ist, das aber im frühen 2. Jahrhundert längst bestanden hat. Der Straße folgend erreicht man Llandovery (Alabum), ein klassisches Holz-Erdekastell für eine Hilfstruppe, das mehrfach neu errichtet wurde. Jüngste Ausgrabungen erlauben eine Datierung um 70. 12 km nordwestlich lag in Pumpsaint ein weiteres Kastell, das mit gleicher Größe und Aufgabe gleichfalls unter Vespasian entstand. Nördlich davon lag Llanio (Bremia) an einer bedeutenden Straßenkreuzung, dessen Holz-Erdewälle mit abgerundeten Ecken zwar bezeugt sind, das aber mangels wissenschaftlicher Grabungen nicht datiert ist. Nördlich davon gab es in Trawscoed ein Hilfstruppenkastell für eine Kohorte, das um

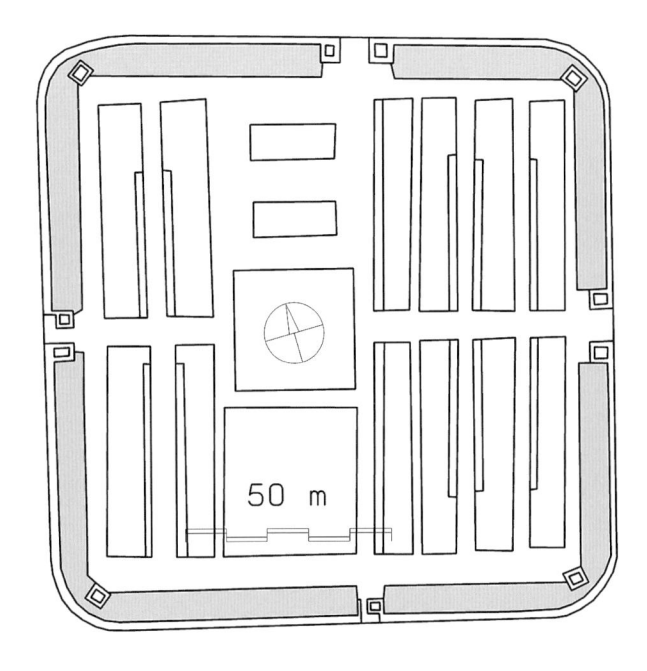

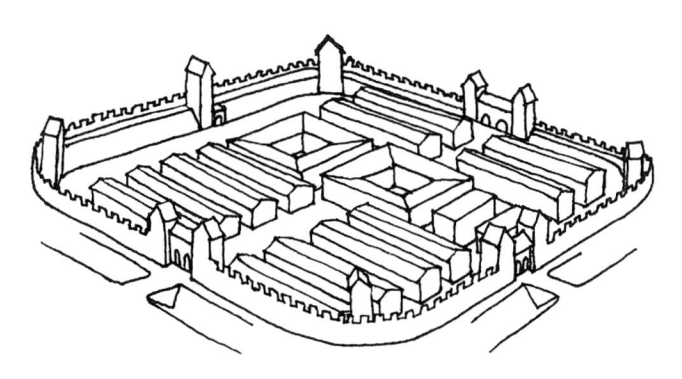

Abb. 23–24 | Caerhun, Wales. Hilfstruppenkastell einer Kohorte, um 70 n. Chr.

70 entstand. Nördlich befindet sich an der Küstenstraße das kaum erforschte Kastell Pennal, dessen Münzfunde in die Zeit Vespasians deuten. Östlich davon liegt im Landesinneren Caersws, ein fast 8 ha großes Hilfstruppenkastell für 1000 Mann, aus den 70er Jahren. 12 km nordwestlich fand man die Reste eines mittelgroßen undatierten Kastells. Östlich davon gab es in Forden Gaer ein Kastell, das wohl erst in den 80er Jahren angelegt und um 100 erneuert wurde. Entlang der Ostgrenze von Wales wurde in Jay Lane bereits 55–57 ein Kastell für eine berittene Kohorte errichtet, das im Jahr 78 aufgegeben wurde. 12 Jahre später wurde 1,5 km davon entfernt in Buckton ein kleines Kastell errichtet, ehe unweit davon Bravonium entstand. Nördlich hatten die Römer bereits früh in Wroxeter (Viroconium) ein Hilfstruppenkastell errichtet, das mit der Gründung eines neuen Legionslagers in Chester 77 aufgegeben wurde. Nördlich davon lag mit Whitchurch (Mediolanum) ein weiteres Hilfstruppenkastell, das um 75 entstanden ist. Weiter westlich liegt Caer Gai, das in die gleiche Zeit datiert. Auch das benachbarte Llanfor, ein sehr gut erforschtes rechtwinkeliges Holz–Erdelager, das von Hilfstruppen besetzt war, gehört in diesen Zeitraum. Im Nordwesten von Wales liegt das Kastell Caer Llugwy, das um 70 angelegt wurde und wohl die benachbarten Schiefer-Steinbrüche kontrollieren sollte. Das nahe Kastell in Tomen-Y-Mur war doppelt so groß, wurde jedoch mehrfach grundlegend erneuert, sodass der Gründungszeitpunkt unklar ist. In der Umgebung wurden mehrere Übungscamps gefunden.

Nahe der Nordwestküste liegt das Kastell Pen Llystyn, ein mittelgroßes Hilfstruppenkastell, das gemäß Funden um das Jahr 80 datiert (Abb. 19a–20). Östlich davon liegt das etwa gleich große Kastell Bryn Gefeiliau, dessen undatierter Gründungsbau einmal erweitert wurde. Den nördlichen Abschluss der walisischen Halbinsel schützt das Kastell Caernarfon (Segontium), wo im Jahr 77 ein Hilfstruppenkastell stationiert wurde, um die benachbarte Insel Anglesey zu erobern (Abb. 21–22). Der verzogen-rechtwinklige Grundriss des mehrfach erneuerten Kastells zeigt auf 5.5 ha die klassische Form mit Achsenkreuz, vier Toren, abgerundeten Ecken und zentralen Hauptbauten.

Östlich davon liegt in Caerhun (Canovium) ein weiteres Hilfstruppenkastell, dessen Struktur gut bekannt ist (Abb. 23–24). Es wurde um 70 gegründet, um eine wichtige Flussmündung ins Meer zu bewachen. Durch den angeschlossenen Anlegeplatz war eine direkte Versorgung vom Wasser aus möglich. Die erste Befestigung bestand aus Holz und Erde sowie einem vorgelegten Graben.

Östlich davon bildete das Kastell in Prestatyn den äußersten Punkt in Wales. Die nur punktuell ergrabene Anlage dürfte um 80 begonnen worden sein.

Schon auf heute englischem Gebiet liegt Chester (Deva), wo um 70 ein erstes Hilfstruppenlager eingerichtet wurde. 78 stationierte Vespasian hier jedoch gemäß Inschriften eine ganze Legion, weshalb ein neues geräumiges Legionslager errichtet wurde. Zunächst legte man die Befestigungen als Holz-Erde-Konstruktion an und widmete sich dem Innenausbau. Erst danach wurden die Mauern aus Stein ersetzt, um 100 schließlich entstanden die letzten Mauertürme (Abb. 25).

Ein Blick auf die Karte des römischen Wales verdeutlicht die Besonderheit des dortigen Kastellbauprogramms. Der Statthalter Julius Frontinus hatte hier mit kleinräumigen Klans umzugehen, die ständig Aufstände provozierten. Seine Vorgänger hatten vom Legionslager Burrium ausgehend das Usk-Tal aufwärts eine feste Militärstraße mit temporären Marschlagern zur linearen Erschließung vorgesehen. Frontinus änderte das Konzept zugunsten eines Straßenrasters, der mit einem dichten Netz von Hilfstruppenkastellen besetzt war. So konnte er die einzelnen Gruppen notfalls abriegeln und eine Ausbreitung von Unruhen auf benachbarte Zonen eindämmen. Die Kastelle, die zum Gutteil mit Reitertruppen besetzt waren, ermöglichten einen raschen Zugriff mobiler Einsatzkommandos und dienten als sichere Basen und Versorgungsstationen. Ihre sehr starken Befestigungen waren für plötzliche Überfälle bestens gerüstet, um durchzuhalten bis Entsatz von den benachbarten Forts bzw. vom Legionslager anrückte.[50] Im übrigen Britannien kam diese rasterförmige Kastellaufteilung hingegen nicht zum Einsatz, hier begnügte man sich mit der punktuellen Stationierung von Truppen bzw. schuf später eine lineare Grenzlinie zu den schottischen Stämmen.[51]

Gleichzeitig engagierte sich Vespasian in Kappadokien und an der Ostküste des Schwarzen Meers, also im Grenzgebiet zur Großmacht der Parther. Im Jahr 72 wurde der strategisch bedeutende Pufferstaat Commagene erobert und mit der Provinz Syrien vereinigt. Mit der Besetzung der kleinarmenischen Küste entstand ein langer Streifen vom Kaukasus über den Taurus bis ins heutige Syrien. Entlang der Schwarzmeerküste wurde ausgehend vom Legionslager Trapzon (Trabezus) eine regelmäßige Folge von sieben Hilfstruppenkastellen angelegt, die nur vom Wasser aus zu erreichen waren. Die etwa 60 km voneinander entfernten Kastelle waren durch keine Küstenstraße verbunden und blieben doch bis zum Ende der römischen Herrschaft bestehen, da sie die wichtigsten Wasserzuläufe und somit die Handelswege zum Meer kontrollieren konnten. Inschriften belegen ihre weitgehende Fertigstellung um 75 n. Chr. in Holz-Erde, während der Ausbau in Stein erst im 2. Jahrhundert erfolgte.

Der südliche anschließende Grenzverlauf durch das Hochgebirge von Kappadokien erreichte Passhöhen weit über 2000 Meter. Hier gab es mit Satala, Zimara, Melitene und Samosata kurzfristig gleich vier Legionslager, ein starkes Zeichen für die hohe strategische Bedeutung gegen die Parther. Die türkische Halbinsel mit ihren ertragreichen Provinzen sollte so wirksam gegen Einfälle gesichert werden. Bis heute ist kein einziges Kastell in der Region ergraben, wenngleich zahlreiche Hilfstruppenforts namentlich überliefert sind.[52] Zudem waren Vorposten im Königreich Armenien stationiert, die einen Angriff frühzeitig melden konnten.

Nahe dem Quellgebiet des Euphrat begann der mesopotamische Limes, der westlich des Euphrat entlang lief. Am Ausgang des Flusses aus dem Taurusgebiete stationierte Vespasian in Samosata ein Legionslager. Doch erst 150 km weiter südlich begann er eine klassische Kastellkette anzulegen, die im heutigen Syrien mit 10 bekannten Forts bis vor Palmyra reichte. Diese Kastelle wurden allesamt in der Folge stark erneuert, sodass sich kaum Hinweise zur ersten Konzeption erhalten haben. Offenbar bestanden sie aufgrund des lokalen Holzmangels bereits früh aus Lehmziegeln bzw. Steinmauern. Ihre Funktion lag sicher in der Bewachung eines Grenzraums durch die Besetzung der begrenzten Wasserstellen, die von Karawanen und Nomaden aufgesucht werden mussten.

KAISER DOMITIAN (81–96)

Der Sohn Vespasians war ebenfalls von einem Stab ehrgeiziger Offiziere umgeben, mit denen er die Regierung ausübte, während der Senat weitgehend ausgebremst war.[53] Eigentlich konzentrierte sich Domitian auf die Innenpolitik, die er mit dem bewährten Mittel „Brot und Spiele" gekonnt vorantrieb, um seine absolute Macht zu festigen. Um das gewaltige Heer nicht zu demoralisieren, wurden jedoch auch Expeditionen ausgesandt, so etwa im Norden Britanniens, am Rhein und entlang der Donau. In den Jahren 82, 83 und 84 feierte der britannische Gouverneur Agricola im heutigen Schottland große Siege gegen die Kaledonier. Danach wurde nahe der modernen Stadt Dundee bzw. bei Inchtuthil ein großes Legionslager als Basis für Etab-

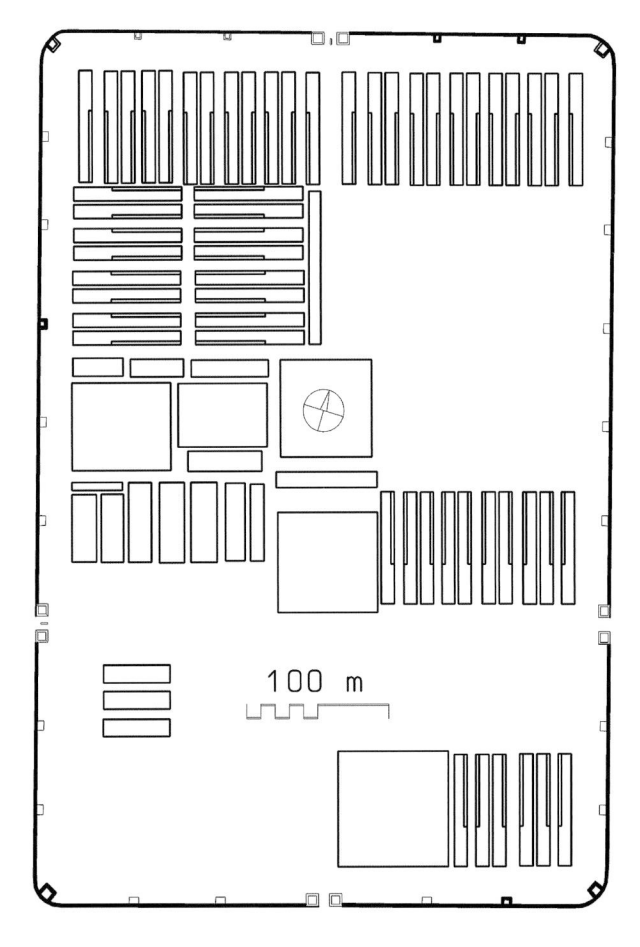

Abb. 25 | Chester (Deva), England, Legionslager, ab 78 n. Chr.

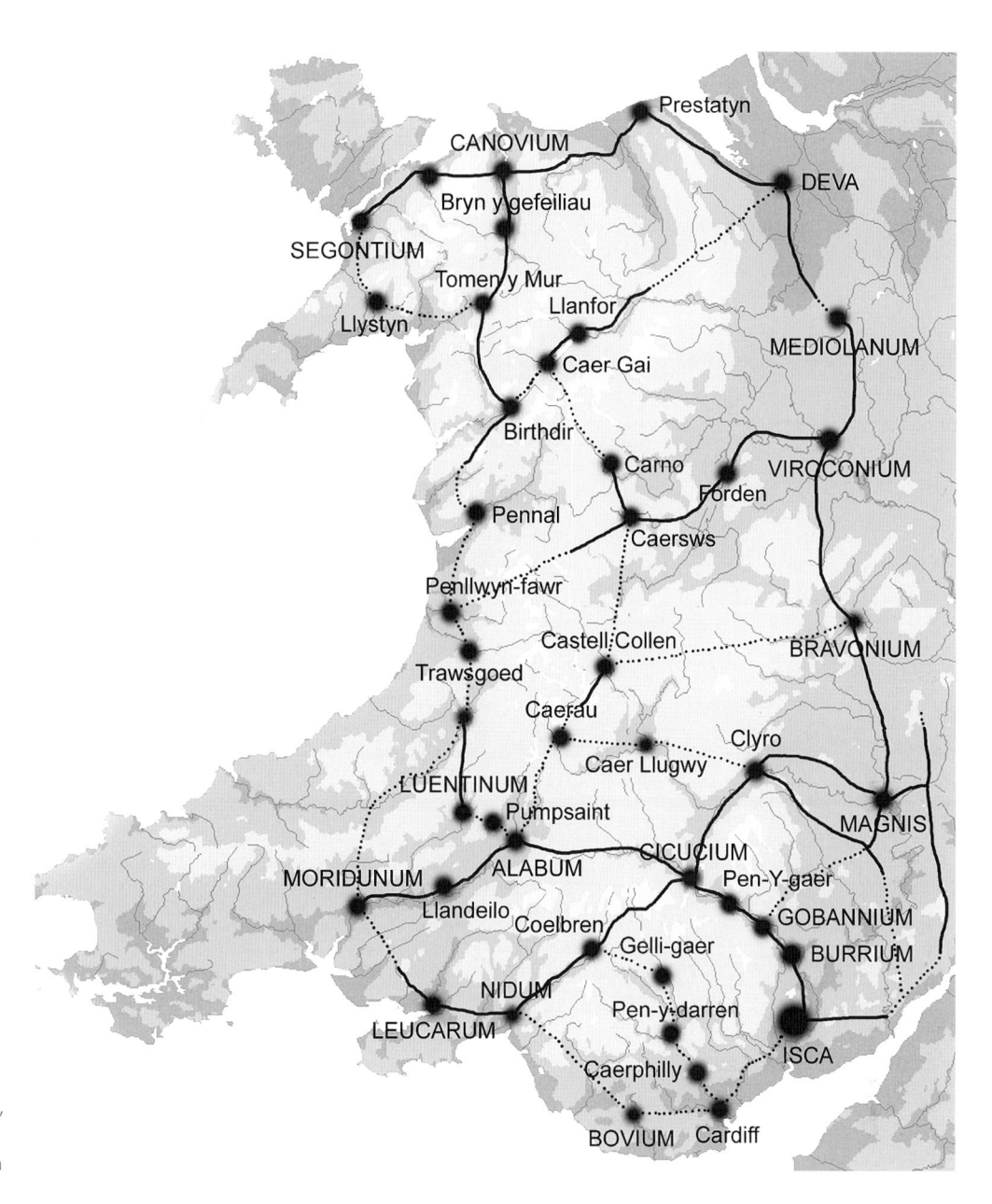

Abb. 26 | Wales in der 2. Hälfte des 1. Jahrhunderts, Kastellstandorte und belegte bzw. vermutete Römerstraßen

lierung einer weit vorgeschobenen Grenze angelegt.⁵⁴ Doch Domitian berief bereits 87 die Truppen aus Kaledonien ab, da er an dem unproduktiven Land nicht interessiert war und die Soldaten an der Donau brauchte. Das noch unfertige Legionskastell wurde planmäßig abgetragen, die Grundstruktur blieb jedoch erkennbar. Es handelte sich um ein quadratisches Fort, das wohl provisorisch durch Erdwallmauern mit einfachen Holztoren sowie einem Graben geschützt war. Im Inneren hatte man mit dem Bau der Soldatenbaracken und Stallungen begonnen, während Principia und Praetorium noch fehlen. Zwölf Tonnen unverbrauchter Nägel wurden vergraben, vielleicht plante man eine Rückkehr.

Gleichzeitig mit dem großen Legionslager wurden ab dem Jahr 83 an der Gask Ridge 18 Kleinkastelle und Holztürme angelegt (Abb. 27–28). Die Türme begleiteten in enger Abfolge die Heeresstraße vom Süden nach Inchtuthil, die offenbar ständigen Guerilla-Angriffen ausgesetzt war. Etwa 20 km nördlich davon lag parallel dazu die Kette der eigentlichen Kastelle, um die Hochlandpässe nach Zentralschottland abzuriegeln. Die meisten dieser Kastelle sind ohne Hinweis auf die zugehörigen Truppenteile überliefert, wie etwa Fendoch, das wohl eine Kohorte beherbergte. Es ist jedoch klar, hier sollte ein klassischer Grenzschutz aufgebaut werden, um das fruchtbare Kaledonien ins römische Reich einzuschließen. Im Jahr 87 wurden die Legion jedoch schlagartig für die Dakerkriege an die Donau abgezogen und die Grenze 200 km Luftlinie südlich an den Tyne (auf Höhe des modernen Newcastle) zurück versetzt, wo der Isthmus des Solwey Firth eine natürliche Engstelle der britischen Insel bildet. Die verbliebenen Hilfstruppen bauten hier nördlich entlang des Tyne sofort ei-

RÖMISCHES KAISERREICH | 73

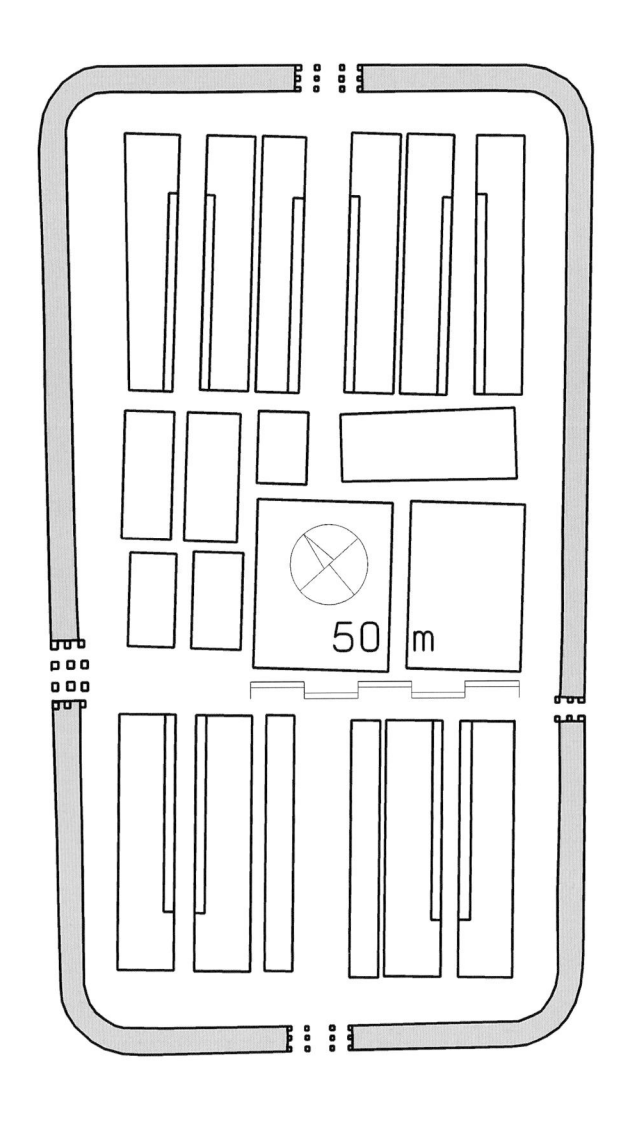

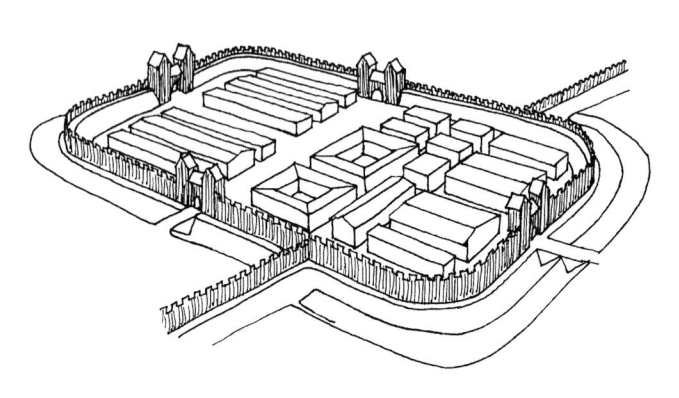

Abb. 27–28 | Fendoch, Schottland, Hilfstruppenkastell, nach 83 n. Chr.

ne feste Straße aus – den „Stanegate" – und schützten sie mit Kohortenkastellen, sodass der Abstand jeweils maximal einen halben Tagesmarsch betrug. Vorgeschobene Beobachtungstürme und die Lage nördlich des Flusses (also feindseitig) belegen, dass man keine lineare dichte Grenze errichtete, sondern eine breite Pufferzone mit starker Militärpräsenz.

Auch am Rhein investierte Domitian weiter in den Kastellausbau. Am Niederrhein wurde die Kette der Hilfstruppenkastelle lokal vervollständigt bzw. von verlandeten Altarmen an bessere Stellen verlegt. Am Oberrhein wurden die aufständischen Chatten 83–85 geschlagen und das Imperium östlich des Rheins um das waldreiche Taunusgebiet erweitert, dessen begehrtes Holz dringend gebraucht wurde. Die neue Grenze bog nun bereits bei Koblenz nach Osten über den Rhein ab und schlängelte sich über Main und Jagst bis knapp vor Augsburg, wo wieder an die Donau angeschlossen wurde. Nun hatte man in diesem Gebiet keinen breiten Fluss mehr als Demarkationslinie zur Verfügung, sondern musste eine regelrechte Landwehr errichten. Aus dieser Zeit datiert das klassische Befestigungssystem mit Palisaden, Wall, Graben und Turmreihen, das heute die Vorstellung vom „römischen Limes" prägt. Hier geht die Forschung davon aus,[55] dass es sich nicht um eine rein militärische Abzäunung gehandelt hat, die aufgrund ihrer Länge kaum wirksam zu verteidigen gewesen wäre, sondern eher um eine überwachte Zollgrenze, die nur an strategisch positionierten Stationen kontrolliert überquert werden konnte. Limesparallele Kastelle wurden zunächst jedoch kaum errichtet, wenngleich ihr planmäßiger Baubeginn am nördlichen Rhein-Anschluss durch eine kurze Kette angedeutet wird.

Im Jahr 85 setzten die Dakerkriege diesem Ausbau wohl ein vorzeitiges Ende. Bereits ab 81 hatte Domitian an der unteren Donau gegen mehrere angrenzende Stämme zu kämpfen, die wiederholt ins Land eingefallen waren. Mit dem Streit gegen das schlagkräftige Königreich der Daker konzentrierten sich die militärischen Aktivitäten bald am oberen moesischen Donaulimes, weshalb 86 diese Provinz geteilt werden musste. In dem kaum erforschten Gebiet von Obermoesien reihen sich zwischen Belgrad (Singidunum) und Svistov (Novae) in enger Folge größere und kleinere Kastelle sowie Wachtürme, gemäß Inschriften waren hier sowohl Hilfstruppen als auch Abteilungen der Legionen aktiv. Dennoch konnte die Situation nicht nachhaltig beruhigt werden, noch Trajan musste verlustreiche Schlachten hinnehmen. Im benachbarten Untermoesien wurden hingegen nur in großem Abstand Kontrollforts angelegt, die auch drei Orte am Schwarzen Meer umfassten. Offensichtlich drohte hier nach den vernichtenden Feldzügen Domitians keine größere Gefahr mehr.

KAISER TRAJAN (98–117)

Nach einer kurzen glücklosen Regentschaft des Nerva folgte der erfolgreiche Feldherr Trajan, der sich mit Siegen gegen die Parther und Germanen bereits einen glänzenden Namen gemacht hatte.[56] Als realistischer Soldat wusste er, dass gegen die kampfstarken Daker nur ein übergroßes Invasionsheer zum Sieg führen würde. Also hob er neue Truppen aus und marschierte mit 12 Legionen ein. Im Jahr 102 unterwarfen sich die Daker, rüsteten aber umgehend wieder auf. Sofort rückte Trajan nochmals an und zertrümmerte das Königreich nachhaltig, die Überlebenden wanderten großteils aus. Trajan konsolidierte nun die Donau als sichere Reichsgrenze, etablierte nördlich davon eine breite leere Zone und kolonisierte südlich davon das Gebiet durch Siedler und Veteranen aus dem gesamten Imperium. Nicht weniger als 10 Legionen hielten nun Wacht an der Donau. Fünf konsularische Provinzen ermöglichten eine rasche Abwehr potentieller Feinde. Überall mussten dafür adäquate Festungen errichtet werden, vorzugsweise aus haltbarem Steinmaterial. Zahlreiche Inschriften belegen für diese Zeit ein intensives Bauprogramm entlang der mittleren Donau.

Am westlichen Anschluss wurde der erst lokal begonnene Land-Limes in der Wetterau und im Taunus weitergeführt und bis zum Ende von Trajans Regierung zum Odenwald geschlossen. Dabei errichtete man auch die ersten vollständigen Steinkastelle. In der Schwäbischen Alb wurde der Grenzverlauf bis zum Hesselberg vorgeschoben, wodurch eine wesentlich geradlinigere und kürzere Schneise erreicht wurde. An der mittleren Donau wurde die bestehende Kastellkette aufwändig verdichtet und in Stein erneuert.

In Wien (Vindobona) wurde ein neues Legionslager angelegt, das zur Keimzelle der heutigen Stadt werden sollte (Abb. 28a–29). Bauinschriften von den Lagertoren werden in die Jahre 103/04 datiert,[57] somit kann die Errichtung des Berings in diese Zeit gestellt werden. Von den Lagermauern, den vorgelagerten Gräben und den Hindernissen haben sich an mehreren Stellen archäologische Nachweise erbringen lassen, die ein relativ gutes Bild über die antike Befestigung geben.[58] Das Lager umfasste demnach ein Rechteck von 455 x ca. 500 m,[59] wobei die Lagerecken abgerundet waren. In der Mitte der 6 m hohen und 2–3 m starken Lagermauern gab es jeweils ein Doppelturmtor, von denen das südwestliche – die Porta Decumana sowie das nordwestliche – die Porta Principalis Sinistra teilweise ergraben wurden. Das Mauerwerk bestand im Kern aus Gussmörtel mit Fischgrätplattenlagen. Nach außen war die komplette Lagermauer über dem Bruchsteinfundament und ein bis mehreren Reihen von Glattquadern mit großformatigen Buckelquadern verkleidet. Innerhalb des Lagers bestanden die meisten Kasernenbauten aus Leichtbauweise bzw. dünnwandigem Bruchstein. Lediglich im Bereich des Bades wurden am vermutlichen Tor massive Bauten mit Buckelquadern aufgefunden.

Gleichzeitig dürfte das benachbarte Legionslager Carnuntum[60] in Stein erneuert worden sein, wie eine Bauinschrift aus dem Jahr 107 nahe legt.[61] Das gut erforschte Lager belegte auf unregelmäßigem Grundriss eine Fläche von etwa 400 x 490 m mit abgerundeten Ecken. Die Lagermauern waren in ihrer letzten Ausbauphase etwa 2–3 m breit, mindestens 6 m hoch und hatten wohl an jeder Seite ein monumentales Doppelturmtor (drei sind nachweisbar). An mehreren Stellen der Mauern, an den Tortürmen sowie als Grabenversturz lässt sich der Maueraufbau über einem Gussfundament als Bruchstein mit äußerer Buckelquaderverkleidung rekonstruieren.

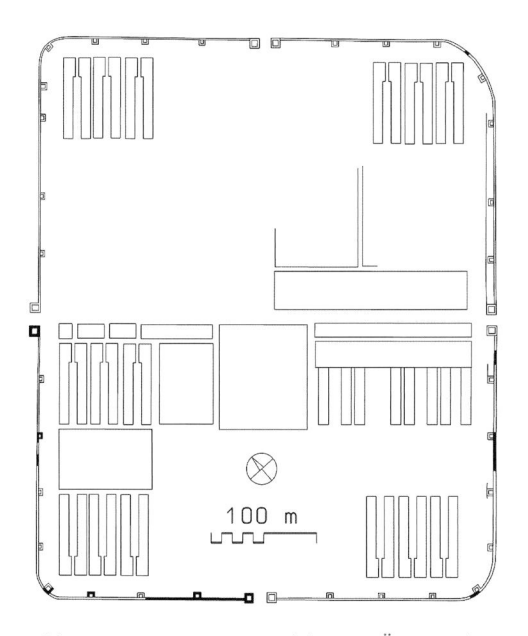

Abb. 28a–29 | Wien (Vindobona), Österreich, Legionslager, um 103/04 n. Chr., Visualisierung der Porta dextra, © 7reasons

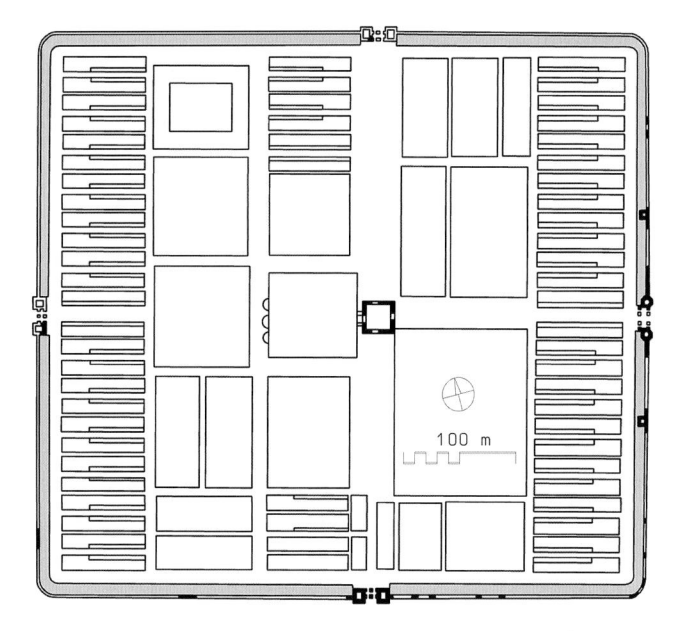

Abb. 30 | Budapest (Aquincum), Ungarn, Legionslager, frühes 2. Jahrhundert n. Chr. mit späteren Toranlagen und Einbauten

Parallel dazu wurde auch das östlich nächste Legionslager in Aquincum in Steinbauweise erneuert (Abb. 30). Auf einer Fläche von 475 x 570 m entstand ein großzügiges Kastell mit 1,4 m breiten Mauern, die außen mit hellen Kalksteinquadern verkleidet waren, innen gab es eine Erdrampe. Die vier Toranlagen wurden später mehrfach erneuert, dürften aber seit Beginn doppeltürmig bestanden haben. Auch die östlich folgenden Legionslager wurden in gleicher Art mit Steinmauern erneuert, die dazwischen liegenden Hilftstruppenkastelle jedoch noch teilweise aus Holz-Erde.

Der Schwerpunkt Trajans lag naturgemäß an der unteren Donau, im Bereich der von den Dakern eroberten Gebiete.[62] Die neu geschaffene Provinz Dakien reichte bis 300 km nördlich der Donau und machte diese lokal zu einer strategisch unbedeutenden Binnenzone. Dennoch blieben die dortigen Legionslager und Kastelle weiterhin besetzt. Zusätzlich wurde die neue Region von einem teilweise sehr dichten Festungsgürtel umstellt, der lokal gestaffelt und mit Wällen versehen war. Drei Legionslager wurden zentral im Inneren angelegt, um sämtliche potentielle Krisenherde rasch erreichen zu können. Die neuen Grenzkastelle hatten den üblichen Typus, wie etwa Drobeta belegt. Es folgt dem klassischen rechteckigen Muster mit abgerundeten Ecken und vier Doppelturmtoren, ist jedoch schon seit Beginn in Steinbauweise errichtet. Im Inneren dominiert die Kasernenstruktur mit zentraler Principia.

Diese bemerkenswert massierte Militärpräsenz im bedingungslos unterworfenen Land dürfte angesichts der fast vollständigen Ausradierung des dakischen Heeres kaum mit einer aktuellen Bedrohung zusammen hängen (Abb. 31–32). Zwar konnte das Land so nachhaltig befriedet bleiben, doch mag die zentrale Lage zwischen Germanien und dem vorderen Orient auch eine taktische Reserve gewesen sein, die leicht verlegt werden konnte. Tatsächlich finden sich zahlreiche der hier stationierten Verbände in der Folge an anderen Kampfschauplätzen. Als östlichen Abschluss des Limes zum Schwarzen Meer konstruierte Trajan den sogenannten „Trajanswall", eine 120 km lange Befestigung auf dem Gebiet der heutigen Staaten Moldawien und Ukraine, die das unkontrollierte Wechseln der dortigen Steppennomaden ins römische Imperium unterbinden sollte. Somit war die gesamte Nordgrenze des Reichs militärisch lückenlos geschlossen.

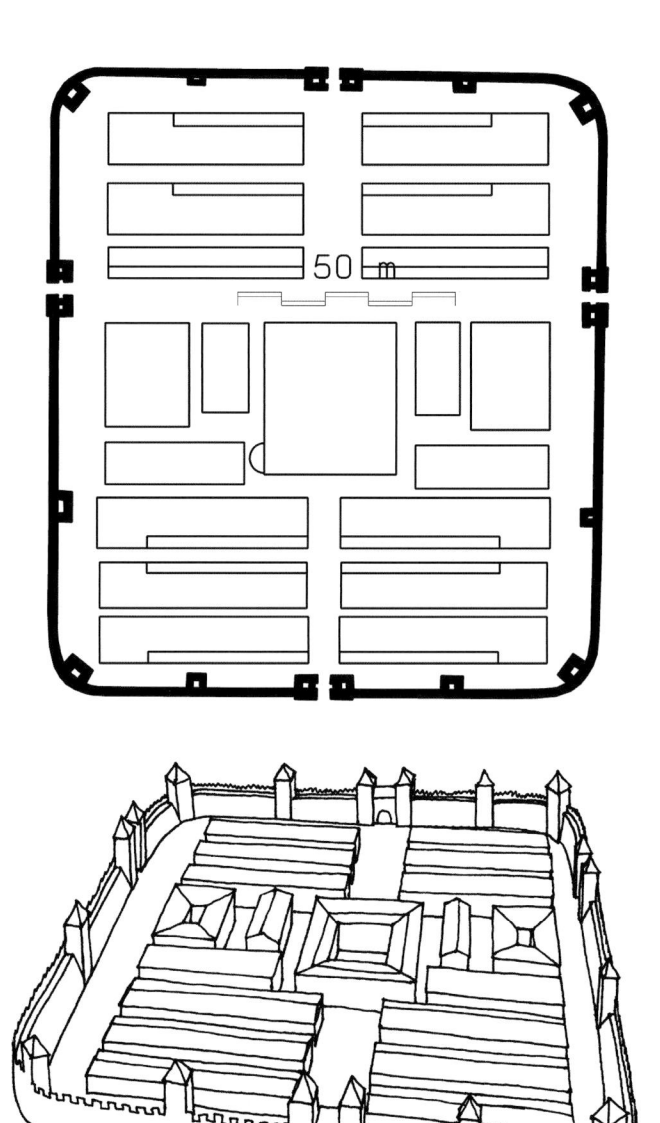

Abb. 31–32 | Drobeta, Ungarn, Kohortenkastell, frühes 2. Jahrhundert n. Chr.

Trajan dürfte auch in Nordbritannien den Bau eines durchgehenden Grenzwalls begonnen haben, der jedoch erst unter seinem Nachfolger und in Stein vollendet werden sollte.⁶³

KAISER HADRIAN (117–138)

Der ehemalige Militärtribun an der Donaufront und hoch dekorierte Feldherr Trajans setzte als Kaiser die Aufwertung der Armee-Offiziere in der Staatsverwaltung fort und sicherte sich so die breite Unterstützung im Heer, während das Volk durch Geldverteilungen und Lustbarkeiten bei Laune gehalten wur-

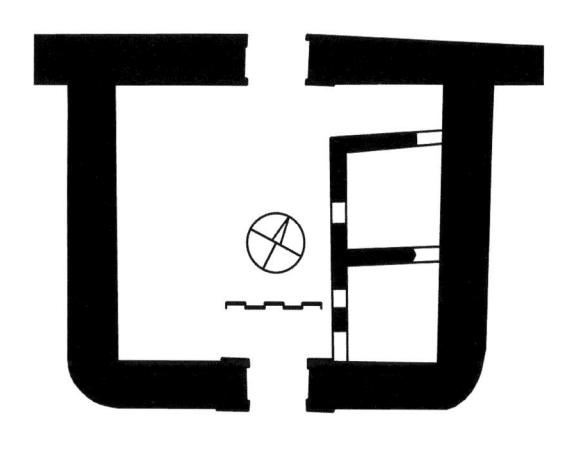

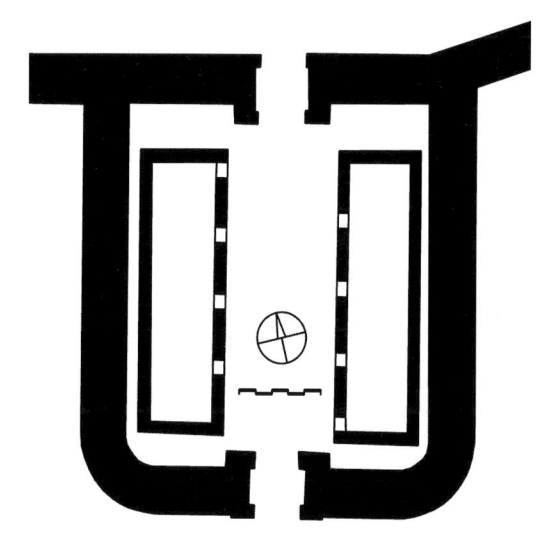

Abb. 35–36 | Grundrisse der Meilenkastelle 37 (Housesteads) und 48 (Poltross Burn)

de.⁶⁴ Auf seinen zahlreichen Reisen inspizierte Hadrian fast sämtliche Grenzen und ließ sie durch feste Straßen und steinerne Kastelle ausbauen. Obwohl sein Lebenswerk in Verwaltungs- und Agrarreformen zu suchen wäre, blieb sein Name vor allem durch den Hadrianswall in Britannien im Gedächtnis.

Bereits kurz nach seinem Amtsantritt besuchte Hadrian Britannien und entschied, dass die Nordgrenze besser zu schützen sei.⁶⁵ Zwischen 122 und 126 wurde daher unmittelbar nördlich des älteren Stanegate (und offenbar über einem trajanischen Erdwall) ein 80 römische Meilen bzw. 111 km langer Landlimes mit einer durchgehenden Steinmauer errichtet. Südlich anschließend verlief eine Straße, die auf langen Strecken durch südwärts gerichtete Wälle und Gräben geschützt war und somit eine relativ sichere Kommunikation zwischen West- und Ostküste gewährleisten konnte. Zum Schutz dieses Limes gab es in dichter Abfolge drei Truppenkastelle, 80 klei-

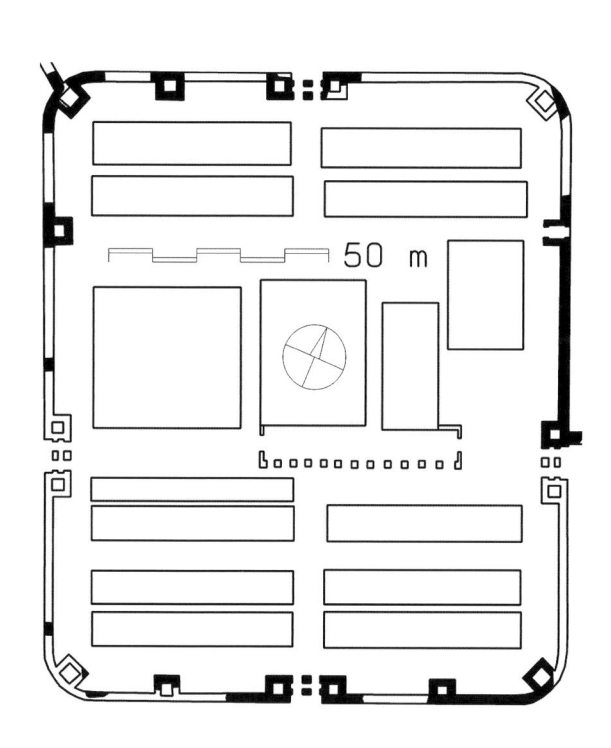

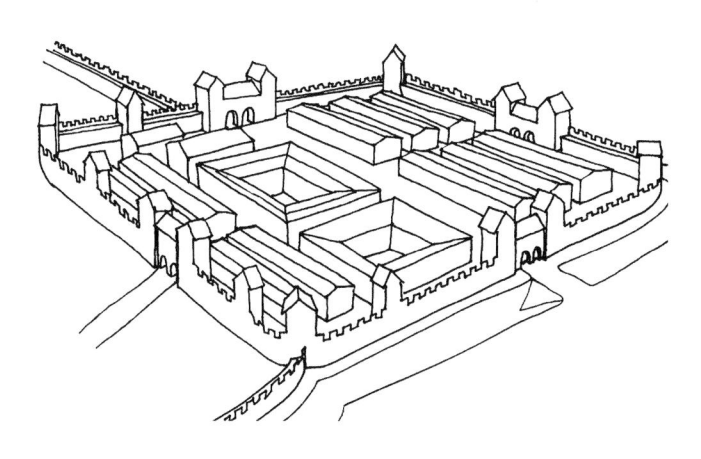

Abb. 33–34 | Wallsend, England, Auxiliarkastell, nach 122 n. Chr.

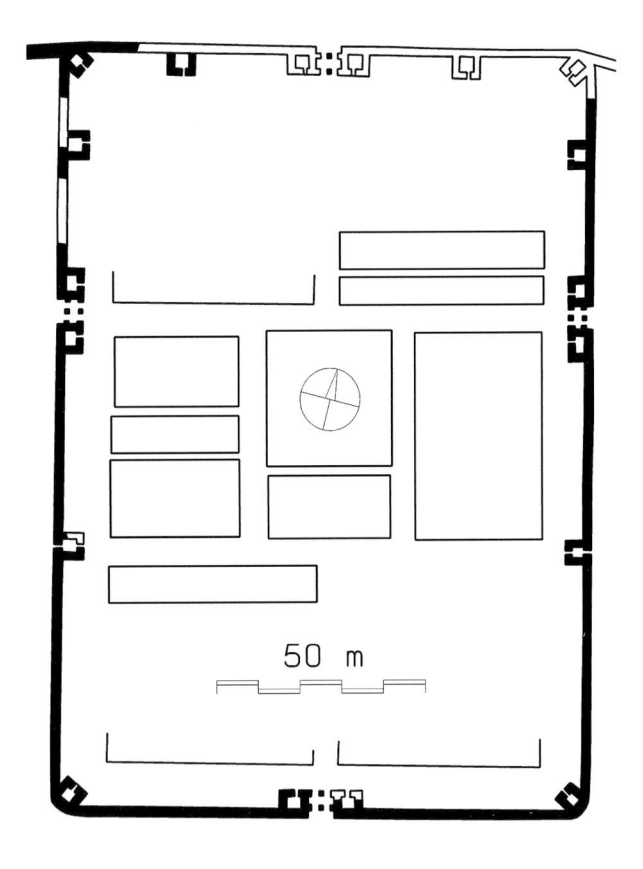

Abb. 37 | Birdoswald, England, Auxiliarkastell, um 128 n. Chr.

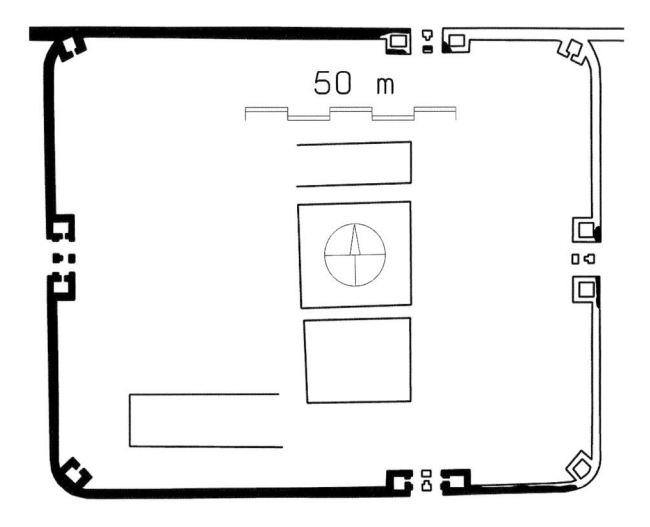

Abb. 38 | Great Chesters, England, Auxiliarkastell, um 128 n. Chr.

ne Meilenforts sowie 158 Wachtürme, die jeweils eine kurze Belagerung widerstehen konnten. Sie waren alle von Hilfstruppen besetzt. Im Hinterland bestanden weiter ältere Kastelle, die teilweise von Legionären aus York und Chester rekrutiert wurden.

Den östlichen Abschluss des Landlimes bildete Wallsend, von hier setzte sich der Limes allerdings noch entlang des Tyne bis zum Kastell South Shield fort (Abb. 33–34). Wallsend diente einer kleinen Hilfstruppeneinheit, die den Wall und die Flusseinfahrt zu kontrollieren hatte. An der westlichen Küste sind auf 42 km weitere Militäreinrichtungen nachweisbar, sodass auch ein Flankenangriff von See nicht unbemerkt bleiben konnte.

Die Meilenkastelle entlang des Landlimes bewachten oft schmale Durchlässe und boten Deckung für Kanzleiräume und beschränkte Unterkünfte (Abb. 35–36). Trotz der massiven Wehrbauten und der starken Militärpräsenz gilt auch der Hadrianswall nicht als reine Verteidigungsanlage,[66] sondern als klassische Außengrenze eines hochgerüsteten Reichs mit polizeilichen und wirtschaftlichen Lenkungsfunktionen. Die militärische Komponente ist aber sicher zu unterstreichen, hatten doch die monumentale Anlage und die bedrohlich starke Bemannung sicher einen entscheidenden psychologischen wie faktischen Einfluss zur Abschreckung bzw. Abwehr potentieller Aggressoren aus dem Norden.

Erst in einer zweiten Bauphase, wohl nach 128, wurden die großen Kastelle im Hinterland aufgegeben und 12 neue direkt in den Wall integriert. Dafür mussten teilweise ältere Forts und Türme wieder aufgegeben werden. Die neuen waren ausschließlich von Hilfstruppen besetzt, denen offenbar die Wallverteidigung komplett übertragen wurde.

Das Kastell Birdoswald, das einen Flussübergang schützte, zeigt gut die Entwicklung (Abb. 37). An Stelle einer alten Erdfestung war (unter Trajan?) ein kleines Kavalleriefort aus Torf errichtet worden, ehe im Frühstadion des steinernen Hadrianswalls der Wallturm 49a entstand. Um 128 errichtete man schließlich das endgültige Steinkastell für Fußtruppen, dessen Nordfront durch den Wall gebildet wird. Die Anlage folgte dem klassischen Kastellschema mit Achsenkreuz, zentraler Principia und vier Doppelturmtoren.

Exakt gleich ist das Fort nahe Great Chesters konzipiert, allerdings mit seiner Breitseite zum Wall hin orientiert (Abb. 38). Andere Kastelle sind innen analog angelegt, jedoch halb vor den Wall gerückt, womit drei feindseitige Ausfallstore ein rasches Vorrücken ermöglichten.

KAISER ANTONINUS PIUS (138–161)

Hadrians Schwieger- und Adoptivsohn war das politische Gegenteil zu seinen Vorgängern.[67] Als reiner Stadtbürokrat verließ er in 23 Jahren kein einziges Mal die italienische Halbinsel und vernachlässigte Grenzen und Truppen. Es oblag somit den Provinzstatthaltern, dem wachsenden Druck der Nachbarn standzuhalten. Dennoch ist der Antoninuswall in Britannien mit seinem Namen verbunden. Kurz nach Regierungsantritt ließ der Kaiser den Hadrianswall auf und versetzte den Landlimes wieder 150 km nördlich an die alte Stelle am Forth-Clyde-Isthmus. Die Gründe für diesen gewaltigen Aufwand sind völlig offen, hätte man doch mit den gleichen Mitteln ganz Schottland erobern können. Vielleicht ging es nur um die inzwischen stark romanisierten und befriedeten Anrainerklans, die aus wirtschaftlichen und politischen Gründen integriert werden sollten, vielleicht sollte ein demonstratives Zeichen seiner Willensstärke gesetzt werden. Der neue 59 km lange Wall bestand zwar nur aus einem breiten Graben und einer schmalen Rasensodenmauer mit hölzerner Brustwehr, er war jedoch wiederum mit zahlreichen Signalstationen, Meilenforts und Wallkastellen ausgestattet. Die Kastelle wurden in zwei planmäßigen Etappen errichtet.[68] Zunächst entstanden sechs Auxiliarkastelle mit etwa 13 km Abstand, also einem halben Tagesmarsch. Nur zwei davon waren aus Stein gemauert, der Rest besaß einfache Holz-Erdwälle. Dazwischen wurden um die 40 wesentlich kleinere Forts je nach topographischem und politischem Erfordernis positioniert, die von kleinen Einheiten für die lokale Wallbewachung benutzt wurden. Weiters gab es Signalstationen und weit vorgeschobene Beobachtungsposten. Bereits um 155 wurde jedoch der alte Hadrianswall wieder aktiviert und um 160 begann ein planmäßiger Rückzug vom Antoninuswall.

Mit den frei gewordenen Truppen wurde am obergermanischen Limes eine neue Grenzlinie zwischen Miltenberg und Lorch angelegt (Abb. 39).[69] Naturwissenschaftlich lässt sich hier zwischen 159 und 161 eine schnurgerade Trasse mit acht Kohortenkastellen, neun Kleinkastellen und hunderten Wachtürmen belegen, die ingenieursmäßig direkt an den Antoninuswall in Britannien anschloss. Das zugehörige Kastell Osterburken folgt in seiner Anlage fast identisch den dortigen Vorbildern, bis auf die unterschiedlichen (veränderten?) Toranlagen und die später aufgesetzten Eckbastionen. Außerdem fand sich hier ein trapezförmiger, gleich stark befestigter Annex, der wohl einer zugehörigen Hilfstruppe als Quartier diente.

Zugleich wurde auch die „Versteinerung" bestehender Kastelle am Rhein fortgesetzt (Abb. 40). Das Kastell Altenstadt[70] in Hessen bewachte etwa eine Furt über den Zubringerfluss Nidder bzw. eine uralte Wegtrasse nahe den eindrucksvollen Ringwällen am Glauberg. Die relativ gut erforschte Anlage zeigt übereinander mehrere Holz-Erdlager ab dem späten 1. Jahrhundert. In dieser relativ kurzen Zeit von etwa 60 Jahren gab es offenbar gleich 6 größere Bauphasen, ein Umstand, der sicher auf das wenig haltbare Baumaterial Rasensoden und

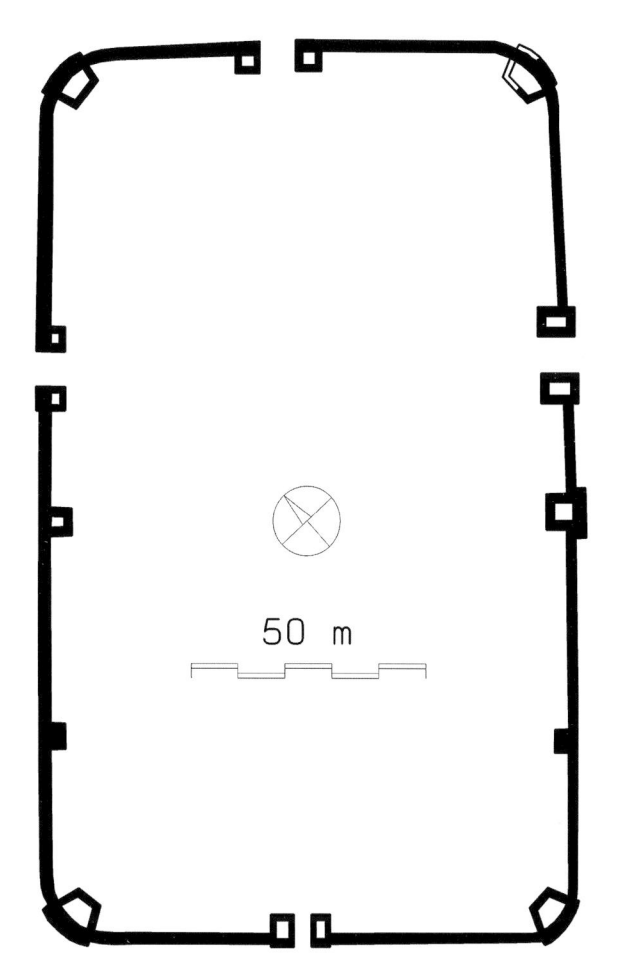

Abb. 39 | Osterburken, Deutschland, Kohortenkastell, um 160 n. Chr.

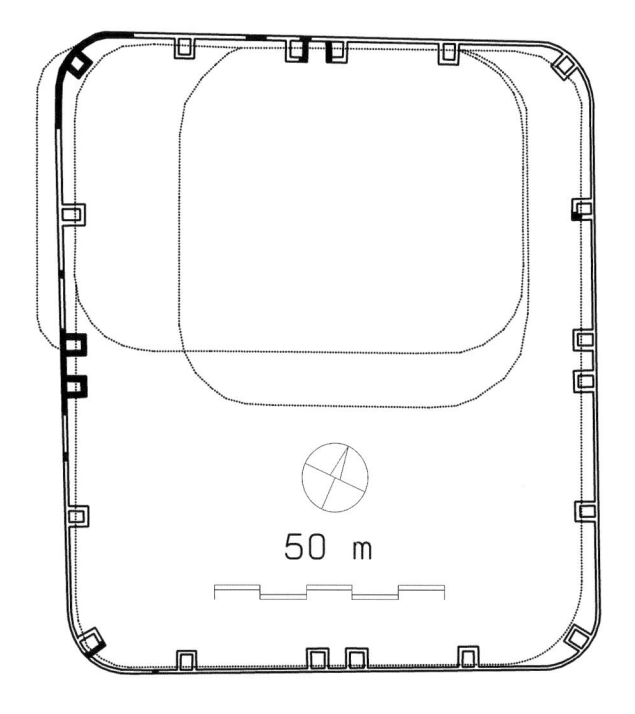

Abb. 40 | Altenstadt, Deutschland, Numeruskastell des mittleren 2. Jahrhunderts mit Vorgängeranlagen

RÖMISCHES KAISERREICH

Holzbrüstungen zurückzuführen ist. Gleichzeitig wird damit klar, dass kleinere Nebenlager auch im 2. Jahrhundert noch lange aus Holz-Erde errichtet wurden, während größere Kastelle seit Trajan vorzugsweise aus Steinmauern bestanden.

KAISER MARC AUREL (161–180)

Der kultivierte, kunstsinnige Kaiser interessierte sich zwar nicht für den Krieg, war aber trotzdem fast seine ganze Regierungszeit lang in schwere Abwehrkämpfe verwickelt. Kurz nach Amtsantritt musste er die in Syrien eingefallenen Parther zurückdrängen. Danach durchbrachen Germanen den Donaulimes und stießen raubend bis Oberitalien vor. Die lokalen Grenztruppen wurden dabei vernichtend geschlagen. Auch der Rhein wurde daraufhin an mehreren Stellen durchbrochen, doch konnten Roms Legionen die Linien bald wieder schließen. Aufgrund mangelnder Truppen und innerer Unruhen ließ sich kein dauerhafter Frieden an den Grenzen durchsetzen, weshalb die Nachbarn jede kleine Gelegenheit für neue Überfälle nutzten.

Vor diesem Hintergrund ließ Marc Aurel die Verteidigung massiv verstärken und neu organisieren (Abb. 41). Neben den Grenztruppen hob er zunächst mobile Legionen für das Hinterland aus, um gestaffelt und effizienter agieren zu können. Eine neue Legion wurde etwa nach 168 im heutigen Slowenien, in Ločica bei Celje stationiert. Sie begann mit einem 543 x 435 m großen Steinlager. Doch noch vor der Fertigstellung übersiedelte die Truppe an die Donau, wo man die lokalen Einheiten unterstützen musste. Um 173 begann diese Legion in Albing bei Enns mit einem eigenen 568–418 m großen Legionslager, das jedoch aufgrund mehrfacher Hochwässer umgehend aufgege-

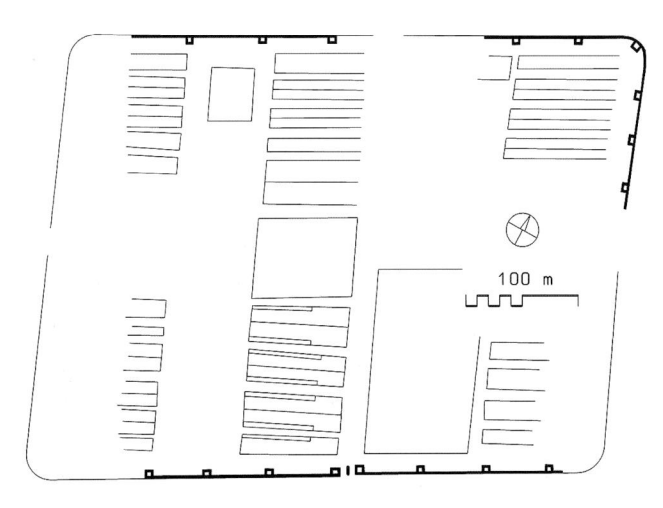

Abb. 41 | Enns (Lauriacum), Österreich, Legionslager, um 175 bis 200 n. Chr.

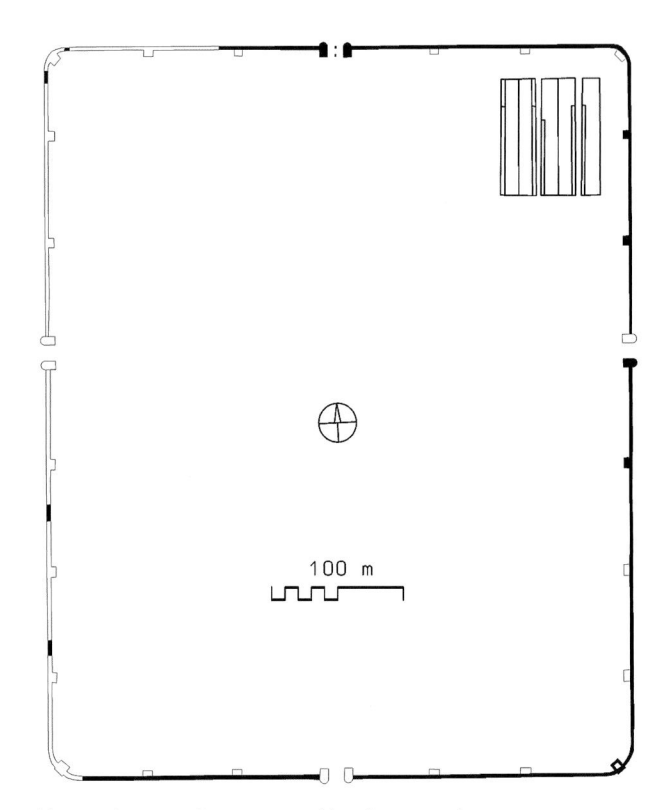

Abb. 42 | Regensburg, Deutschland, Legionslager, um 175–179 n. Chr.

ben und landeinwärts versetzt neu errichtet wurde.[71] Erst das dritte Lager Lauriacum bei Enns wurde planmäßig fertig gestellt. Auf einer verzogen rechteckigen Fläche von 539 x 398 m entstand ein klassisches Legionslager mit 7 m hohen Mauern aus Großquadern, vier Doppeltoren und insgesamt 36 Türmen, dessen starke Wehrbauten ein hohes Defensivbedürfnis verraten. Gleichzeitig wurde in Regensburg ein 179 eingeweihtes neues Legionslager errichtet, das 542 x 453 m maß.[72] Die bis 2,5 m starken und 8 m hohen Mauern waren gleichfalls mit großen Quadern verkleidet, die Toranlagen erreichten monumentale Ausmaße. Auch hier setzte man also auf starke Wehreinrichtungen und vertraute nicht nur der großen Truppenzahl (Abb. 42). Unter Marc Aurel wurden entlang der Donau vor allem zahlreiche bestehende Truppenkastelle mit starken Steinmauern und großen Torbauten nachgerüstet, dabei zeigt sich vor allem bei den Toren eine große Formenvielfalt. Nach 170 datieren etwa die Portale von Carnuntum, Lambaesis, Brigetio/Szöny, Potaissa und Mainz. Auch zeitgleiche Befestigungen ziviler Städte erhielten sehr ähnliche Bauformen.[73] Zum Datum des Todes des Kaisers im Jahr 180 waren 12 Legionen entlang der Donau stationiert, dazu kamen nahe gelegene Hilfstruppen, die alle in möglichst stark befestigten Kastellen wohnten. Auch in Afrika organisierte der Kaiser die Verteidigung um. Als neues Stand-

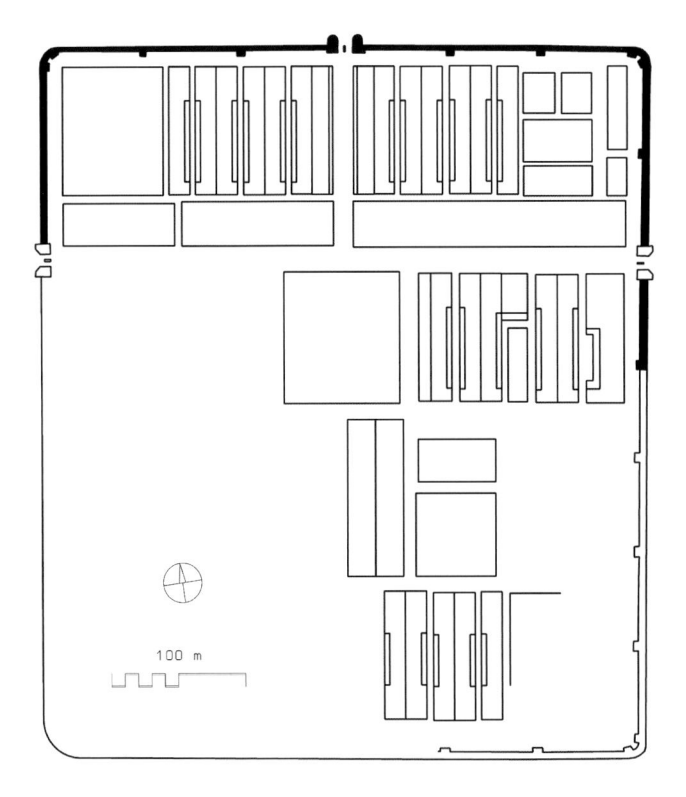

Abb. 43 | Lambaesis, Algerien, Legionslager, um 170 n. Chr.

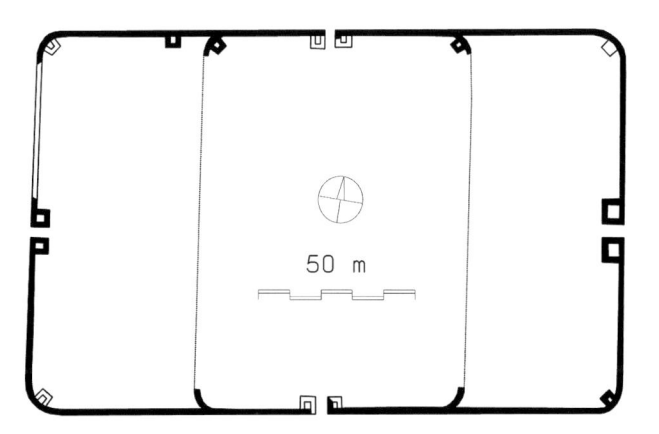

Abb. 44 | Dambach, Deutschland, Numeruskastell, um 185 n. Chr.

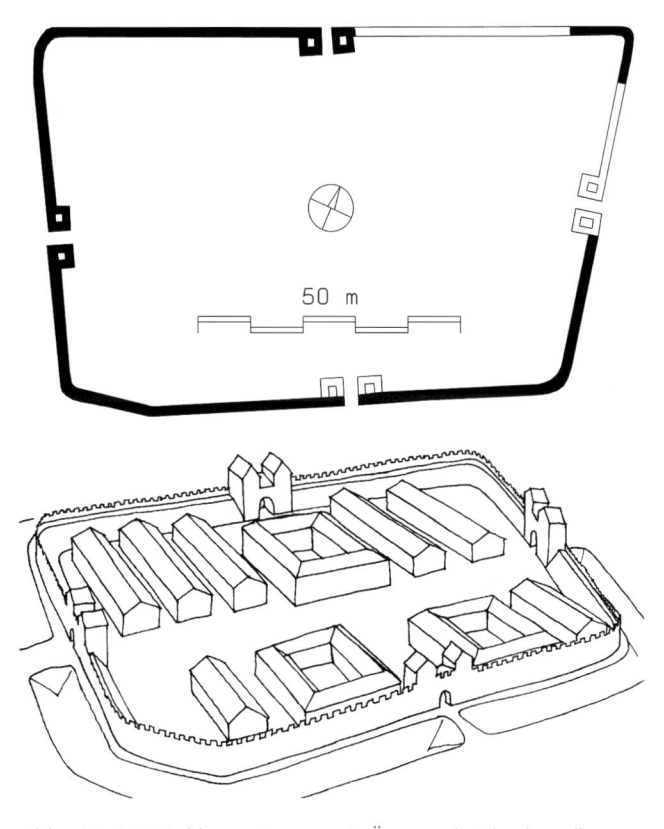

Abb. 45–46 | Schlögen (Ioviacum), Österreich, Kleinkastell, spätes 2. Jh. n. Chr.

quartier im Aurés-Gebirge entstand Lambaesis, das die unmittelbare Gefahrenzone Mauretaniens zu den numidischen Stämmen befrieden sollte (Abb. 43). Von hier aus wurden zahlreiche Operationen durchgeführt und die Außenlager beschickt. Diese zentrale Befehlsgewalt auf Basis einzelner Legionslager sollte sich bald als unzweckmäßig erweisen und von späteren Kaisern modifiziert werden.

KAISER COMMODUS (180–193)

Der Sohn von Marc Aurel stützte seine umstrittene Herrschaft auf das Militär, während ihm die Politik rasch entglitt. Rom litt an Hungersnöten, Finanzproblemen und Arbeitslosigkeit, während in den Grenzprovinzen zahlreiche steinerne Kastelle und Straßen angelegt wurden. Leider wurde sein Name nach seiner Ermordung verdammt und aus zahlreichen Inschriften gemeißelt, wodurch das Ausmaß der zeitgleichen Bautätigkeit nur lückenhaft zu erschließen ist. Dennoch lassen sich groß angelegte Bauprogramme an vielen Ecken des Imperiums rekonstruieren.

Das Numeruskastell Dambach am Donaulimes[74] wurde etwa unter Commodus erweitert und erhielt so seinen eigentümlich lang gezogenen Grundriss mit den exakt zentral orientierten Hauptachsen und der breiten Grenzfront (Abb. 44). Bald entwickelte sich darum eine ausgedehnte Zivilsiedlung, deren Reste aufgrund der feuchten Bodenbedingungen gut bewahrt sind. Organische Bestandteile wie Leder, Holz und Pflanzenreste sowie Badeanlagen und Gräberfelder vermitteln ein lebendiges Bild vom antiken Leben direkt am Limes.

In der Donauschlinge im heutigen Oberösterreich blieben lange Reste eines kleinen Kastells von etwa 70 x 100 m Ausdehnung erhalten, die von einem Kontrolltrupp der 2. Legion

RÖMISCHES KAISERREICH | 81

Abb. 47–48 | Bezereos, Tunesien, Hilfstruppenkastell, um 180/190 n. Chr.

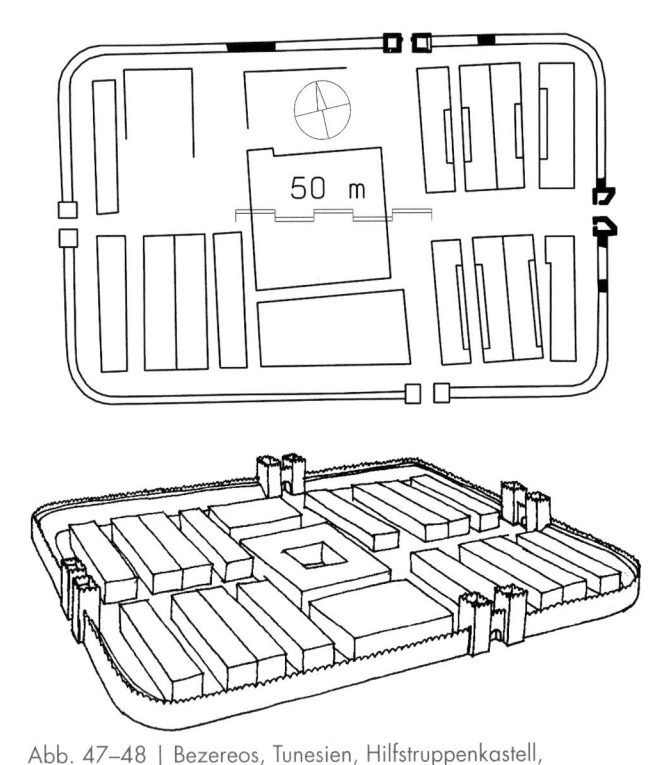

bewohnt wurden (Abb. 45–46).⁷⁵ Reste von Hafenanlagen deuten auf einen Stützpunkt der Donauflotte.
In Afrika wurde der Limes Tripolitanus stark verdichtet (Abb. 47–48).⁷⁶ Im heutigen Tunesien gibt es eine ganze Kette von Kleinkastellen, dazu zugehörige Turmanlagen als Spähposten. Das Kastell Bezereos besteht wie seine Nachbaranlagen aus Bruchsteinmauern. Es bildete die Außengrenze der sesshaften Welt zur von Nomaden bewohnten Wüstenzone. Im Hinterland fanden sich Spuren eines organisierten Bewässerungssystems, um die Versorgung mit Grundnahrungsmitteln zu gewährleisten. Auch am Limes Arabicum in Jordanien und Syrien gibt es mehrere Inschriften des Commodus, der demnach auch hier die Linien verdichtet hat.

KAISER SEPTIMUS SEVERUS (193–211)

Nach der Ermordung des Commodus und dem raschen Tod eines kurzzeitigen Nachfolgers kam mit Septimus ein politisch und juristisch geschulter Pragmatiker, der bereits als Legionskommandeur in Syrien Erfahrung an den unruhigen Grenzen gesammelt hatte. Er marschierte umgehend mit starken Truppen in den vorderen Orient, um mit Strafzügen und Verträgen die gefährdeten Grenzen gegen die Parther abzusichern. Nachdem das nicht reichte, marschierte er unter starken beidseitigen Verlusten ins Nachbarland und richtete dort die vorgeschobene Provinz Mesopotamien ein, die durch starke Militärpräsenz geprägt war.

Zur Absicherung der Treue seiner Soldaten führte Severus zahlreiche Privilegien ein, unter anderem teure Naturalabgaben und das Recht der Heirat. Weiters wurde die regionale Verwaltung gestärkt und ihre Kommandanten erhielten eigene Grenztruppen für rasche und schlagkräftige Manöver zugeteilt. Auch in Afrika kam es neben einem intensiven Straßenbau zu weiteren Kastellprojekten. So entstand eine ganz neue Grenzlinie, die einen weiten Wüstenstreifen einbezog,

Abb. 49 | Bu Ngem/Gholaia, Tunesien, Kleinkastell. Nach 201 n. Chr., Graffiti

während der alte Limes als zweite Linie die besiedelten Gebiete schützen sollte.⁷⁷

In Tripolitanien hat sich in Bu Ngem ein zeitgenössisches Grafitti erhalten, das wohl das dortige Kastell darstellt (Abb. 49). Demnach hatte es hohe schlanke Türme mit Rundbogenfenstern, ein zentrales Portal mit Doppelturmflankierung sowie Zinnenkranz. Das Mauerwerk bestand – wie in den spärlichen Resten bestätigt – aus sorgfältig gefügten Quaderstrukturen, die Sockel der Tortürme zeigten Buckelquader.

In ähnlicher Form erhielt auch die Provinz Syrien eine weit vorgeschobene neue Kastelllinie, von der jedoch durch die spätere Überbauung kaum eindeutige Reste erhalten blieben. Im Jahr 202 besuchte Septimus fast alle Garnisonen des Pannonischen Limes und initiierte zahlreiche Ausbauten. In der Folge wurde auch am unteren Donaulimes lokal gebaut. Am britischen Hadrianswall sind nach 209 ebenfalls Umbauten an den bestehenden Kastellen überliefert,⁷⁸ der Wall selbst wurde teilweise erneuert.

In dieser Zeit dürfte das Lager Mauer an der Url bei Amstetten an der Donau in Stein neu errichtet worden sein (Abb. 49a–50).⁷⁹ Es folgte noch dem alten Ideal mit abgerundeten Ecken und innenliegenden Doppelturmtoren, allerdings waren die Mauertürme bereits mitten in die Flucht gesetzt und somit bedingt flankierfähig. Ähnliche Lösungen waren im 3. Jahrhundert noch äußerst selten, vergleichbar etwa mit dem Wüstenkastell Hauara. Davor gab es sie nur punktuell, etwa in Humayma (Syrien)⁸⁰ und Niederbieber (Rheinland).⁸¹ Leider ist die Datierung von Mauer nicht eindeutig, wenige Meter daneben sowie im Inneren wurden Funde aus der 1. Hälfte des 3. Jahrhunderts geborgen, ansonsten überwiegen Artefakte aus dem 4. Jahrhundert. Analoge Mauertürme wurden im Alenkastell Schwechat an der Donau gefunden,⁸² deren exakte Datierung jedoch ebenfalls noch aussteht.

Der Sohn von Septimus, Caracalla, annektierte im Osten die Klientelkönigtümer Osrhoene (213/14) und Armenien (214) und schritt zur endgültigen Eroberung des Partherreichs.⁸³ Obwohl Caracalla schon 217 ermordet wurde und damit die Truppen zurück marschierten, erlag auch der parthische König 224 einer Rebellion, wodurch sein Großreich und die verbundene Bedrohung rasch zerfielen. Es folgte eine Reihe von römischen Kaisern, die den militärischen Bestand an den Grenzlinien unverändert ließen und sich vor allem gesellschaftspolitischen Themen widmeten. Severus Alexander schuf das neuartige System der Grenzmilizen, bei der in Bauernhöfen ansässige Soldatenfamilien bei Gefahr die regulären Truppen unterstützen sollten. 235 wurde von den Rheinlegionen mit Maximinus der erste Soldatenkaiser ausgerufen,

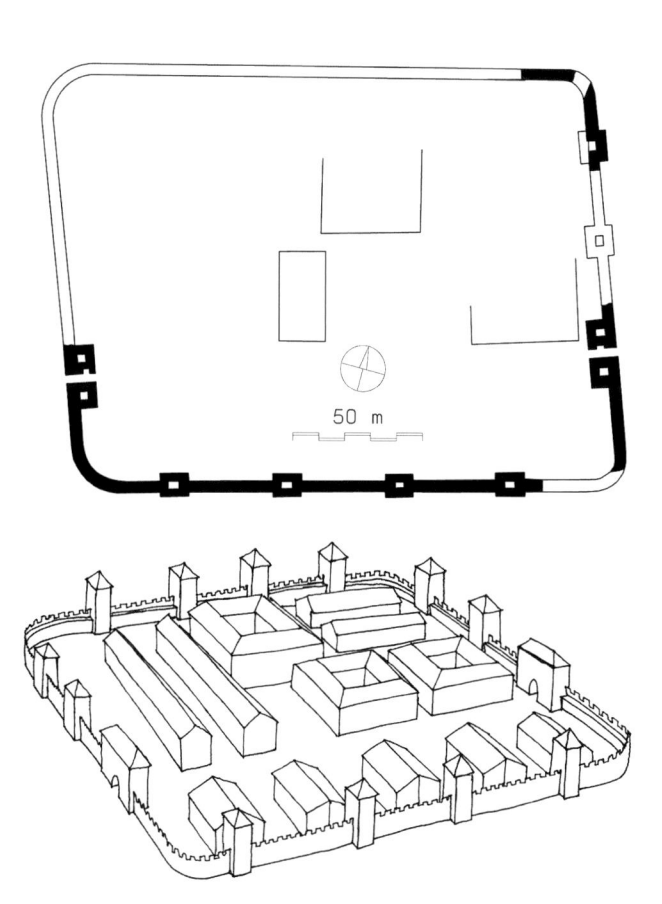

Abb. 49a–50 | Mauer an der Url (Locus Felicis?), Österreich, Limeskastell, 3. Jahrhundert n. Chr.

dessen Schwerpunkt naturgemäß die Verteidigung einnahm. Parallel dazu etablierte sich an der Ostgrenze die aufstrebende Herrschaft der Sas(s)aniden, die das Machtvakuum der Parther äußerst aggressiv füllte. 240 fielen bedeutende römische Stützpunkte in Mesopotamien, 244 verlor man Armenien, 256 musste man die syrische Grenze weit zurück rücken und dabei auch ansehnliche Städte und Oasen verlassen. Die Provinz wurde weiter in mehreren Wellen überfallen und 260 sogar der damalige Kaiser Valerian gefangen genommen. 259/60 führten auch in Mitteleuropa ständige Germaneneinfälle zur Aufgabe aller rechtsrheinischen Gebiete, wodurch der breite Rhein bis in die Spätantike wieder zur Reichsgrenze wurde. Die verbleibenden Kastelle wurden in ihrer Größe reduziert und in der Besatzung dezimiert.

Auch im bisher weitgehend sicheren Hinterland wurden nun mächtige Kastelle errichtet, deren bis zu vier Meter starke Mauern und zahlreiche Türme Schutz vor Einfällen und Aufständen bieten sollten.

Ein bemerkenswertes Beispiel dafür bietet Jublains in Nordfrankreich, das bis heute relativ gut erhalten blieb (Abb. 51–52). Aufgrund zahlreicher Münzfunde kann die Errichtung in die Zeit nach 258 eingeengt werden, die Nutzung erfolgte lediglich wenige Jahrzehnte lang.[84] Der Zweck war wohl die Beherbergung einer Truppeneinheit zur Beaufsichtigung eines gallischen Stamms. Die massiven Mauern waren von turmartigen rundlichen Bastionen flankiert, die vor allem zur nördlichen Bergseite eine gute Verteidigung erlaubten. Im Inneren gab es hingegen keine haltbaren Gebäude, aller Einsatz war wohl auf die Wehrhaftigkeit fokussiert.

Dennoch kam es immer wieder zu plötzlichen vernichtenden Attacken, wie berührende Funde niedergebrannter Forts an den Grenzen zeigen.[85] 275 musste von Kaiser Aurelian schließlich die Provinz Dakien aufgegeben werden, nun war die breite Donau wieder Außengrenze. In diesem Jahr zerstörte ein Frankeneinfall auch sämtliche Kastelle am nördlichen Rhein, in den heutigen Niederlanden, sie wurden jedoch sofort wieder aufgebaut.

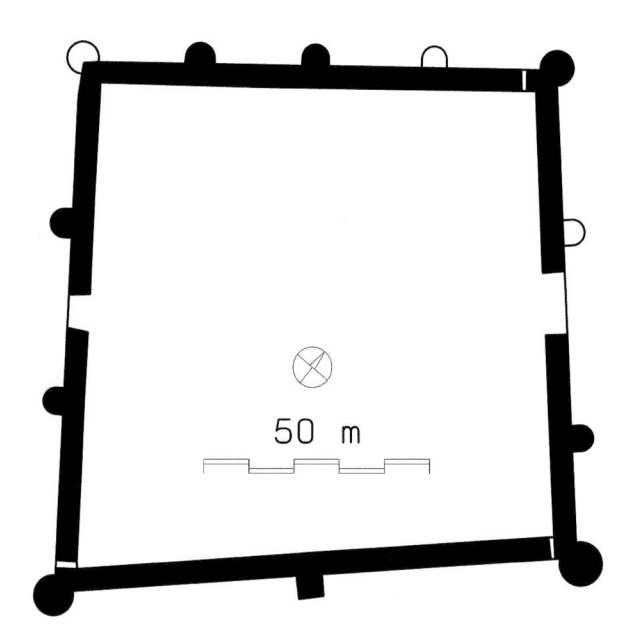

Unter Aurelian entstand schließlich zwischen 270–75 die epochenmachende neue Stadtbefestigung von Rom.[86] In dieser bemerkenswert kurzen Zeitspanne wurde eine 19 km lange Ziegelmauer errichtet, die durchschnittlich alle 30 m von vorstehenden quadratischen Türmen beschützt war. Zeitgleich wurden auch zahlreiche andere Städte des Imperiums hastig mit ähnlichen Befestigungen umgeben, um die drohenden Invasionen von Germanen abwehren zu können. Dabei kam es zur endgültigen Etablierung der flankierfähigen Turmreihen, deren Plattformen mit Geschützen bestückt waren, innen liegende Türme und abgerundete Ecken finden sich ab nun nicht mehr.

Im Rahmen dieser Verunsicherung entstand auch an der östlichen Enge zwischen Alpen und Adria oberhalb von Triest die Claustra Alpium Iuliarum, ein System von Passsperren, das in den letzten Jahren systematisch erforscht wurde.[87] Demnach gab es in der Region der heutigen Staaten Slowenien und Kroatien zwar keine lineare Struktur, aber punktuell zahlreiche längere Mauern, die bedeutende Taldurchgänge kontrollieren konnten. Dazu gehörten auch Truppenlager, deren Form und Größe offenbar individuell der Topographie bzw. der Erfordernis angepasst war.

Abb. 51–52 | Jublains, Frankreich, Truppenkastell, 3. Viertel 3. Jahrhundert n. Chr.

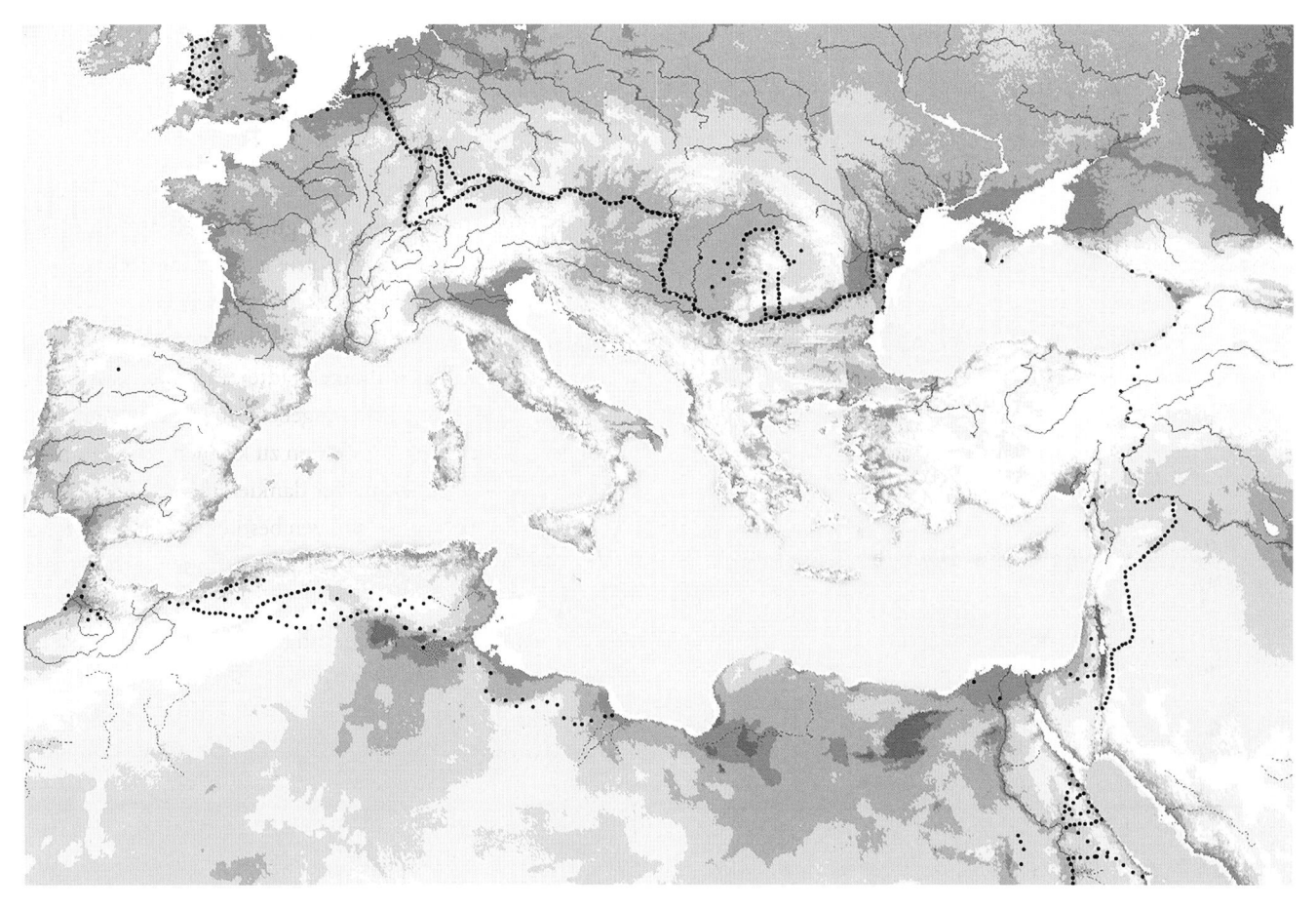

Abb. 53 | Kastelle an den Grenzen des Imperiums in der Spätantike

KAISER DIOCLETIAN (284–313)

Nach einer militärischen Verschwörung kam unvermutet der Feldherr Gaius Valerius Aurelius Diocletianus zur Macht in den Ostgebieten[88] und installierte umgehend eine Tetrarchie unter seiner Leitung. Er führte eine revolutionäre Staatsreform durch, die erstmals einen geordneten Haushalt ermöglichte. Systematische Katastererhebungen, konsequente Grundsteuern und eine einheitliche Währung sorgten für die finanzielle Basis einer großen Heeresumstrukturierung. Die Zahl der Legionen wurde erhöht, die allgemeine Wehrpflicht eingeführt, die Grenzabschnitte in effizientere kleine unterteilt und die Verwaltungsstrukturen in Milizen eingegliedert. Mit diesem Rückhalt an personellen und finanziellen Ressourcen konnte Diocletian ein gewaltiges Bauprogramm in Angriff nehmen, um die zerfallenden Grenzen des Imperiums nachhaltig wieder herzustellen. (Abb. 53)

Im Osten konzentrierte man sich zunächst auf den Limes Arabicus,[89] der durch die zwei Provinzen Arabia und Palaestina salutaris verwaltet wurde. In Bostra, Aqaba, Lejjun und Udruh entstanden neue Legionslager mit angeschlossenen Hilfstruppenkastellen.[90] Auch im angrenzenden Ägypten wurde das Militärsystem in dieser Art völlig neu aufgestellt. (Abb. 54)

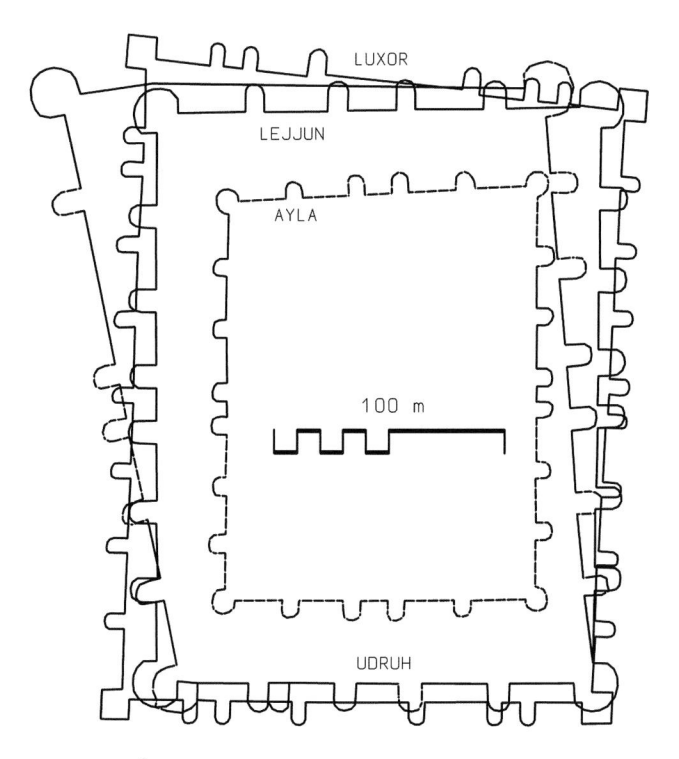

Abb. 54 | Überlagerung der Kastellgrundrisse von Luxor, Lejjun und Udruh (Ayla wurde im Frühislam neu angelegt)[91]

RÖMISCHES KAISERREICH

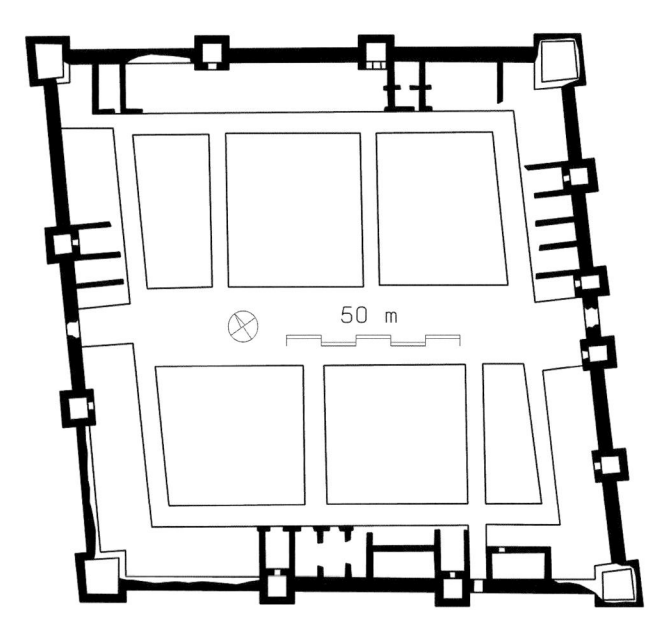

Abb. 55 | Da'ajániya, Jordanien, Hilfstruppenkastell, 1. Hälfte 4. Jahrhundert

Die Verteidigungsmauern der neuen Legionslager zeigten sehr ähnliche Grundstrukturen. Die Außenkanten schützten breite Geschützplattformen, die langen Mauerfluchten wurden durch zahlreiche weit vorstehende Hufeisentürme flankiert. Das gut erforschte Lager Lejjun/Betthorus[92] hatte etwa eine Fläche von 247 x 190 m und somit eine Proportion von 5:4. Es wurden zahlreiche Wurfgeschosse gefunden, deren Artilleriegeschütze wohl auf den Türmen aufgestellt waren. Da hingegen keinerlei Hiebwaffen zu finden waren, wird auf das Vorherrschen von Schusswaffen entlang der östlichen Grenze des Imperiums in dieser Zeit geschlossen.[93] Die Mauern als Kalkstein waren 2,5 m stark und 6 m hoch. Im Inneren gab es eine klassische Einteilung mit zentraler Principia sowie zahlreichen Barackenblöcken für etwa 2000 Mann. Insgesamt zeigt sich ein deutlicher Wandel von den früheren Legionslagern. Die neuen Kastelle umfassten nun wesentlich weniger Soldaten und waren möglichst eng bebaut. Die inneren Umlaufstraßen waren weggelassen, die Baracken lehnten sich direkt an die Mauern an und waren meist zweigeschoßig. Die Verteidigungsanlagen wurden dagegen überdimensional betont und die Defensivfunktion hatte Vorrang. Im Gegensatz dazu wurden die Repräsentationsbauten kleiner, Praetorium und Tribunenhäuser fehlten oft.

Zugeordnete Hilfstruppen erhielten ebenfalls eine neuartige Kastellform, die ausschließlich auf Rechtecktürmen basierte (Abb. 55). Da'ajániya liegt 31 km nordöstlich von Udruh bzw. 78 km südlich von el-Lejjun und bewachte ein großes Wasserreservoir an einem Wadi.[94] Die 14 Türme waren alle mehrgeschossig und sprangen 2,3 m vor die 2,3 m starken Mauern.

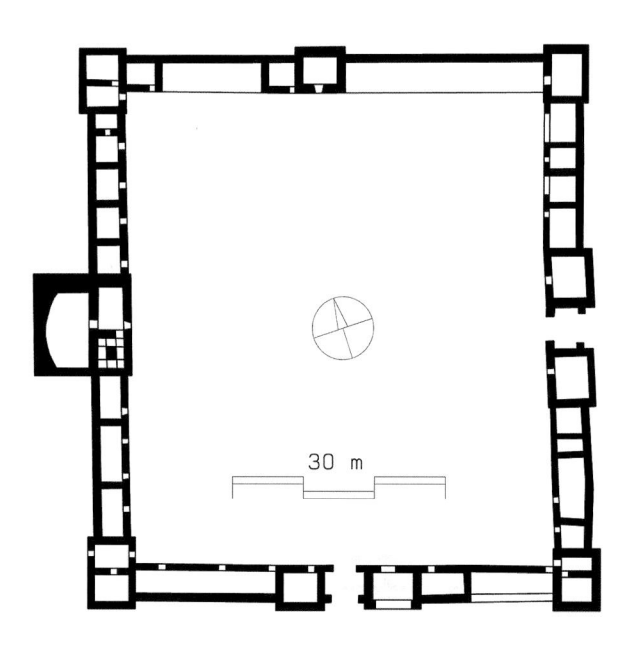

Abb. 56–57 | Qasr el-Azraq, Jordanien, Hilfstruppenkastell, ab ca. 300 n. Chr.

Entlang der Mauern gab es innen umlaufende Baracken, sodass gemeinsam mit den innen freistehenden auf eine Besatzung von etwa 500 Mann geschlossen werden kann.
Auch das Qasr el-Azraq in der jordanischen Wüste war vergleichbar aufgebaut (Abb. 56–57).[95] Wenig vorstehende Ecktürme und Doppelturmtore flankierten das 72 x 79 m große Hilfstruppenkastell, das ebenfalls neben einer Wasserquelle an einer wichtigen Karawanenroute lag und wohl von einer Reitereinheit bewohnt war.[96] Wiederum sind an die 2 m starken Mauern verzahnt randständige Baracken angebaut. Die innere

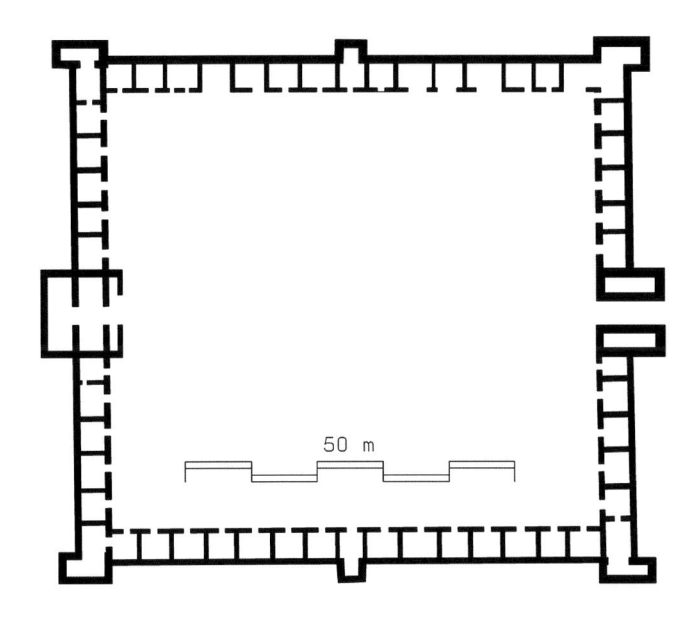

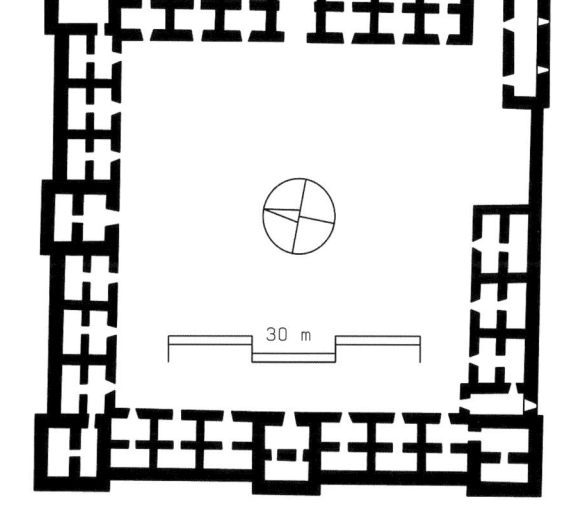

Abb. 58 | Bourada, Algerien, Hilfstruppenkastell, 1. Hälfte 4. Jahrhundert

Abb. 59 | Deir el-Kahf, Syrien, Kohortenkastell, um 306 n. Chr.

Struktur ist durch spätere Veränderungen nicht mehr fassbar. Nach Westen sprang ein großer mehrgeschossiger Bau weit vor, der als Praetorium gedeutet wird und direkt gegenüber dem Haupteingang wie ein quadratischer Hauptturm gewirkt haben dürfte. Mehrere Inschriftenfunde indizieren eine Datierung des Kastells ins frühe 4. Jahrhundert.

Eine sehr ähnliche Anlage findet sich in Numidia in Bourada (Abb. 58).[97] Das dortige Kastell wird grob um 330 datiert und zeigt bei gleicher Größe ein analog vorstehendes Praetorium im Westen, direkt gegenüber dem Haupteingang. Auch hier werden die langen Mauern außen von (länglichen) Türmen flankiert und innen von einheitlichen Barackenzeilen begleitet.

Nur wenig kleiner ist das Kastell Deir el-Kahf[98] ausgeführt, das gemäß Weihschrift 306 entstand (Abb. 59). Die 60 x 60 m große Anlage liegt 45 km nördlich von Qasr el-Azraq und besaß 1,5 m starke Mauern, die von sechs kaum vorstehenden Türmen flankiert waren. Wiederum sind innen Barackenzellen konsequent angestellt, diesmal mit Binnenteilung. Die Besatzungsgröße wird mit über 400 Mann vermutet.

Qasr Bshir ist das am besten erhaltene Kastell der Römerzeit im mittleren Osten (Abb. 60). Es liegt 15 km nordöstlich von el-Lejjun nahe einem Wasserreservoir, direkt an der damaligen Grenze. Die 57 x 54 m große Anlage wird als das klassische quadriburgium bezeichnet, von denen es zahlreiche vergleichbare in der Region gab.[99] Es hat einen regeltypischen Aufbau mit großen vorspringenden Ecktürmen, Doppelturmportal, in der Achse gelegener Principia und innen konsequent umlaufendem Barackenring. Dieser war zweigeschossig, vermutet werden unten Stallungen und darüber Wohnräume. Demnach wird hier eine Kavallerieeinheit für Patrouillen entlang der Grenze angenommen.

Zwischen diesen verschieden großen Kastellen sowie im Vorfeld gab es eine vielfache Zahl von Beobachtungsposten, die eine möglichst lückenlose Überwachung der Grenzzone garantieren mussten. Damit sollten gefährliche Bewegungen der

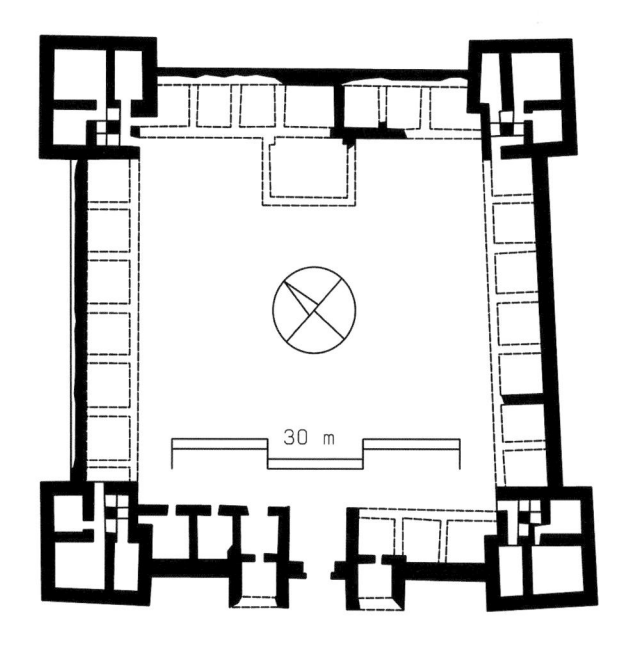

Abb. 60 | Qasr Bshir, Jordanien, Hilfstruppenkastell, 293/305 n. Chr.

RÖMISCHES KAISERREICH

Nomadenstämme beobachtet werden. Eine geschlossene Grenzverteidigung wird von der Forschung jedoch allgemein ausgeschlossen.

Völlig anders verlief die Entwicklung im Westen des Imperiums.[100] Der aus dem heutigen Belgien stammende Feldherr Carausius war bereits vor Diocletian beauftragt worden, Britannien, Nordgermanien und Nordgallien gegen Einfälle zu schützen. 285 erhielt er von Diocletian die Anordnung, die Kanalküste gegen Piraten zu sichern. Sofort wurde auf Grundlage älterer Strukturen ein umfangreiches Bauprogramm gestartet, das in England heute unter dem Namen „Saxon Shore" gut dokumentiert ist, während in Belgien und Frankreich nur spärliche Reste zu identifizieren sind. Auf Basis der starken Truppenkontingente und der weitreichenden Gebietsbefugnisse versuchte Carausius eigenmächtig die Gleichstellung als Kaiser und startete sogar die Prägung eigener Münzen. Tatsächlich konnten erste Rückholversuche ins Reich abgewehrt werden, doch musste er sich bald auf Britannien beschränken. Diese Wendung nutzte sein Finanzverwalter Allectus, der ihn töten ließ und selbst die Macht übernahm. Er konnte jedoch 296 die Rückeroberung der Insel durch das Imperium nicht verhindern.

Dank der relativ guten Erhaltung bedeutender Küstenkastelle in England kann ihre bauliche Entwicklung im späten 3. Jahrhundert hervorragend studiert werden.[101] Demnach dürften die Forts von Brancaster, Caister-on-Sea, Reculver, Walton und Burgh mit ihren abgerundeten Ecken sowie den inneren Erdrampen und Türmen noch dem 2. Jahrhundert entstammen und unter Carausius massiv instand gesetzt bzw. lokal mit außen angebauten Türmen verstärkt worden sein.[102] Die Turmgrundrisse und das Schichtenmauerwerk erinnern an das wenig ältere Jublains in Nordfrankreich, von wo vielleicht die Baumeister und die Truppen abgezogen worden sind.

Abb. 61–62 | Portchester (Adurni), England, Hafenkastell, ab 285 n. Chr., Ansicht der Südseite

RÖMISCHES KAISERREICH

Ähnliche Lösungen gibt es aber auch in Ägypten, etwa Abu Sayfi/Sile.[103]

Im Gegensatz dazu wurde Portchester ab 285 am westlichen Ende des Ärmelkanals völlig neu angelegt (Abb. 61–62) .[104] Das exakt rechteckige Kastell belegt eine Fläche von etwa 185 x 192 m und war durch eine 2,5 m starke Mauer sowie 20 Türme und zwei mächtige Torbauten bestens beschützt. Die Türme waren konsequent hufeisenförmig konzipiert und erinnern an die großen Lager Diocletians im Osten des Reichs. Nachdem in der Region solche Lösungen bislang nicht vorkamen, kann eine direkte Vermittlung der Planer durch Diocletian vermutet werden. Die Archäologie erbrachte durch Münzenfunde deutliche Indizien, dass das Kastell zunächst innen nicht fertig gestellt und genutzt sondern sogleich wieder verlassen wurde. Erst im mittleren 4. Jahrhundert wurden wieder nennenswerte Bautätigkeiten durchgeführt. Das passt zum historischen Hintergrund, demnach wurde das Kastell wohl unter Carausius nach 285 angelegt, jedoch spätestens mit der Rückeroberung Britanniens 296 kurzzeitig aufgegeben. Der geplante Zweck wird wohl sowohl der eines Brückenkopfs der Schifffahrt über den Kanal als auch der eines Stützpunktes gegen Seepiraten gewesen sein.

Ein wenig anders ist das wohl zeitgleiche Kastell in Richborough ausgeführt, das in etwa 200 km Entfernung das östliche Ende der Kanalküste bewachte (Abb. 63). Auf einer Fläche

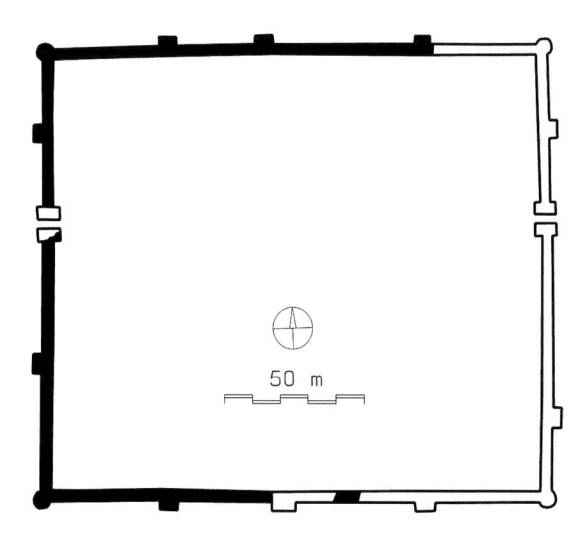

Abb. 63 | Richborough (Rutupiae), England, Hafenkastell um 285 n. Chr.

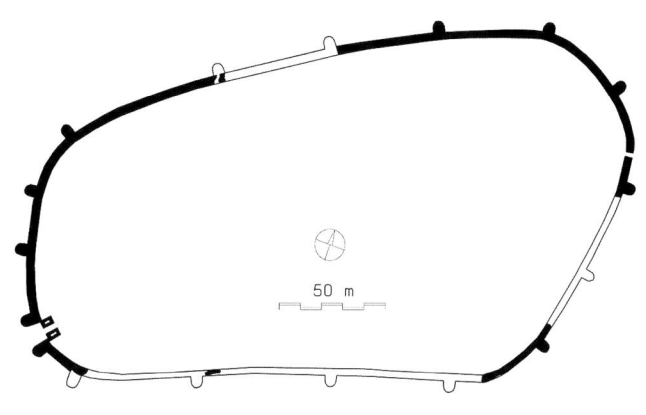

Abb. 64–65 | Pevensey (Anderitum), England, Hafenkastell um 293 n. Chr., Ansicht des ehm. Westtors

RÖMISCHES KAISERREICH | 89

von ca. 155 x 180 m umgürtet eine 3,3 m starke Mauer ein konsequentes Rechteck, das ebenfalls durch zwei sich gegenüberliegende Toranlagen sowie durch 14 Türme beschützt wird. Hier sind nur die Ecken durch runde Bastionen besetzt, während die massiven Mauertürme rechteckig sind und wenig vorstehen. Die Tore sind nicht eingerückt sondern liegen in klassischer Art in der Mauerflucht. Obwohl es deutliche Unterschiede zu Portchester gibt, indizieren archäologische Funde und das idente Schichtenmauerwerk eine parallele Entstehung. Hier waren vielleicht lokale Planer am Werk, die das System der außen liegenden Türme anders interpretierten.

Mit dem kurzzeitigen Herrscher Allectus wird eine weitere Gruppe von Küstenkastellen verbunden (Abb. 64–65).[105] Am besten hat sich davon Pevensey erhalten, dessen Mauern zum Großteil noch aufrecht stehen und dessen Zeitstellung sich durch dendrochronologische Datierung sowie durch eindeutige Münzfunde gut eingrenzen lässt. Das 290 m lange Lager liegt auf einem ovalen Hügelsporn und folgt dessen unregelmäßigem Umriss bemerkenswert kompromissbereit. Die Mauer von 3,5 m Stärke war einst durch 17 Türme bewehrt, die als 5 m breite, hufeisenförmige Pfeiler massiv vor die Flucht ragten. An der westlichen Schmalseite verkürzt sich ihr Abstand merklich, hier liegt auch zurück gesetzt das einzige größere Tor. Im Bauhorizont wurden Münzen des Allectus (293–96) gefunden. Innere Bauten fehlen weitgehend, offensichtlich wurde die Befestigung zunächst nicht widmungsgemäß genutzt, zu rasch erfolgte die Beendigung der Unabhängigkeit. Erst im mittleren 4. Jahrhundert entwickelte sich eine kleine Siedlung, in der auch eine Garnison stationiert war. Sehr ähnlich war das Kastell Lympne (Lemanis) konzipiert, von dem sich durch Küstenerosion nur ein Teil erhalten hat. Dieser zeigt auf immerhin etwa 200 x 250 m Fläche einen ebenfalls rundlichen starken Mauerring mit massiven hufeisenförmigen Turmfolgen. Analog war zudem Dover (Dubris) von einem rundlichen Ring mit hufeisenförmigen Türmen geschützt, davon blieben nur spärliche Reste bewahrt. Alle drei Kastelle bewachten in etwa 40 km Abstand die Engstelle des Ärmelkanals und hatten sicherlich den Schutz der Insel vor Invasoren aus dem Festland zu unterstützen. Das wird auch durch ihre Größe indiziert, die eine starke Truppe aufnehmen konnte.

Am Rhein datieren aus dieser Zeit wenige Neuanlagen, die zudem nicht eindeutig zugeordnet sind (Abb. 66).[106] Interessant scheint eine kleine Gruppe sehr ähnlicher Anlagen, die in Zusammenhang mit der Aufwertung Triers als Caesarensitz zu sehen ist. Die Kastelle von Bitburg, Neumagen und Jünkerath zeigen mit ihrer ovalen Form und den zahlreichen runden Mauertürmen deutliche Verwandtschaft. Jünkerath besaß 13 Rundtürme und wohl zwei eckige Tortürme, Neumagen hatte 14 Mauertürme und ebenfalls zwei eckige Torbauten. Die Mauern waren allgemein ca. 3,6 m stark und konnten somit massiven Angriffen standhalten. Damit waren diese Kastelle britischen und gallischen Anlagen durchaus ähnlich, wenngleich im Detail sehr eigenständig.

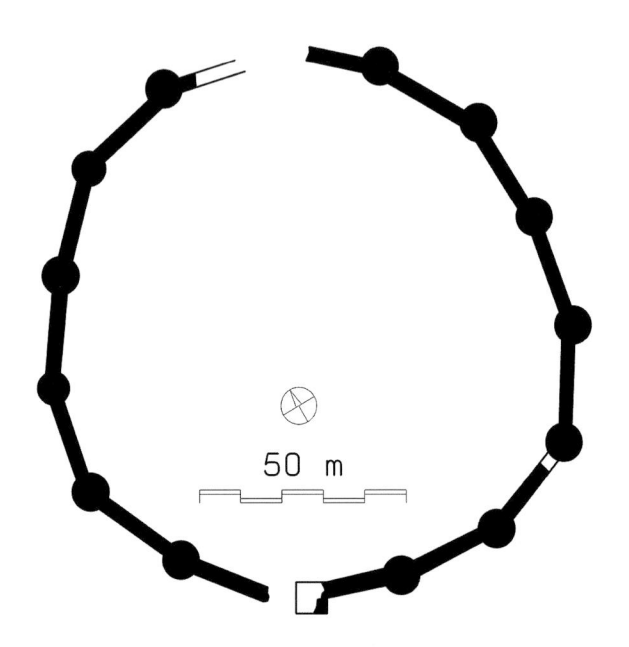

Abb. 66 | Jünkerath (Icorigium), Deutschland, Grenzkastell, frühes 4. Jahrhundert n. Chr.

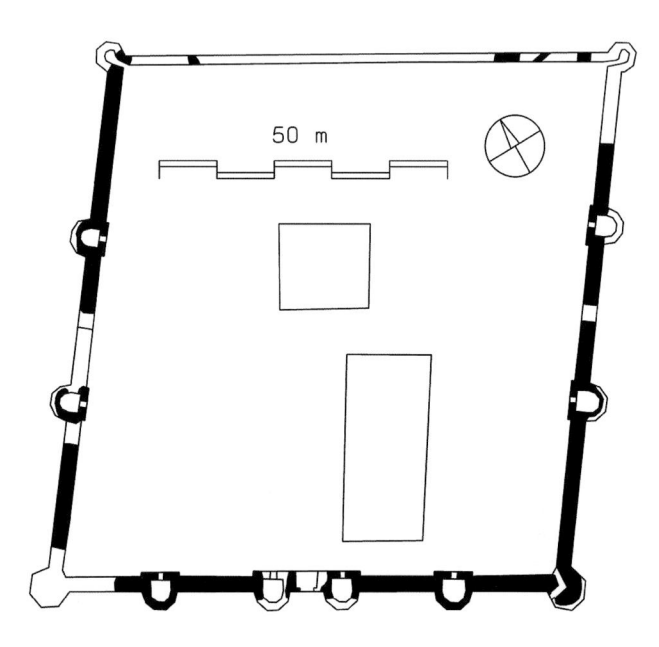

Abb. 68 | Stein am Rhein (Tasgetium), Schweiz, Kohortenkastell um 294

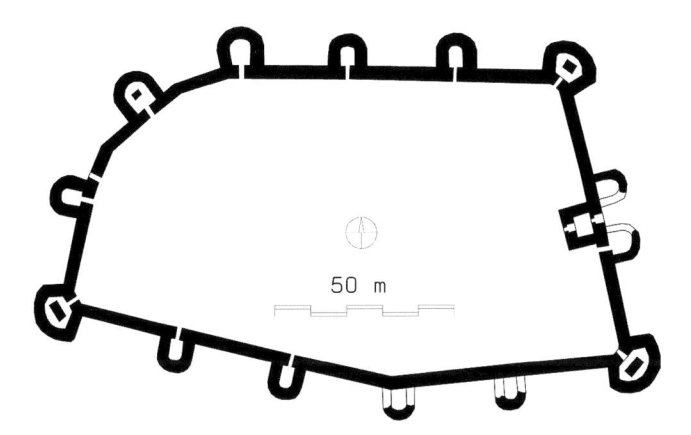

Abb. 69 | Dobruja (Dinogetia), Rumänien, Limeskastell, um 300 n. Chr.

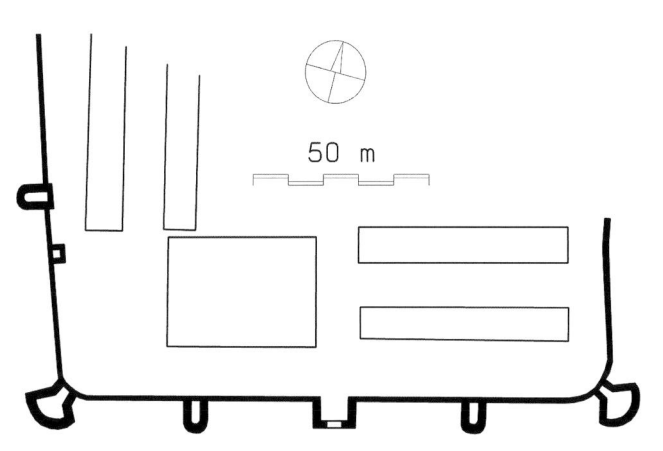

Abb. 71 | Zwentendorf (Asturis?), Österreich, Ausbaustufen des 4. Jahrhunderts n. Chr.

Am Oberrhein ist durch eine Bauinschrift das relativ gut erforschte Lager bei Stein am Rhein auf das Jahr 294 datiert (Abb. 68).[107] Das leichte Parallelogramm zeigte bei einer Seitenlänge von etwa 89 m 2,8 m starke Mauern, polygonale Ecktürme und eine ausgeprägte Hauptfront mit Doppelturmtor, womit eine Verbindung zu den gleichzeitigen Donaukastellen geschlossen werden kann.

Am Donaulimes war der Feldherr Constantius bereits vor Diocletian mit der Sicherung der Region beauftragt worden.[108] Das ist durchaus bemerkenswert, erhielt dieser äußerst loyale Soldat doch nun weitere Befugnisse im Westen. So sollte er nicht nur die Lager an Donau und Rhein intensiv aufrüsten, sondern auch Nordgallien wieder ins Imperium führen und schließlich Britannien erobern.

Eine der wenigen Neugründungen an der Donau ist das Kastell Dobruja (Dinogetia) (Abb. 69).[109] Auf einem Hochplateau gelegen, wurden die massiven polygonalen Mauern von 14 großen Hufeisentürmen bewacht, die an den Ecken fächerförmig vorgestellt wurden, um eine bestmögliche Flankierung zu garantieren. Auf ihren Plattformen sind zahlreiche Wurfgeschoße zu vermuten. Im Inneren befand sich eine dichte heterogene Bebauung, die auf ein Nebeneinander von Militär und (zugehöriger?) Zivilbevölkerung hinweist.

Etwas unterschiedlich erscheint das Konterkastell zum antiken Budapest (Aquincum),[110] das mit Baumaterial eines Vorgängerbaus verkleinert neu errichtet wurde (Abb. 70). Die verzogen rechteckige Fläche von 84 x 86 m wurde von 3,4 m starken Mauern mit 12 außen vorspringenden Türmen wirkungsvoll geschützt.

Auch ältere Kastelle des Donaulimes wurden in dieser Form ab dem frühen 4. Jahrhundert aufgerüstet (Abb. 71). Vor allem im heutigen Österreich kann das an den zahlreichen erforschten Anlagen gut nachvollzogen werden. So zeigt etwa das Limeskastell Zwentendorf[111] den nachträglichen Anbau von massiven Hufeisentürmen sowie an den Ecken von weit vortretenden Fächertürmen.

In Zeiselmauer erhielten die Lagermauern in unterschiedlichen Etappen neue Türme und Tore, sodass das Erscheinungsbild im frühen 4. Jahrhundert nicht mehr ganz einheitlich war. Ähnliche punktuelle Verstärkungen sind in den nahen Lagern von Tulln, Traismauer und Mautern dank ihrer massiven Strukturen bis heute gut erhalten (Abb. 72–73).[112]

Der Donaulimes sollte also offenbar konsequent auf den neuesten Stand der Verteidigungstechnik aufgerüstet werden, um

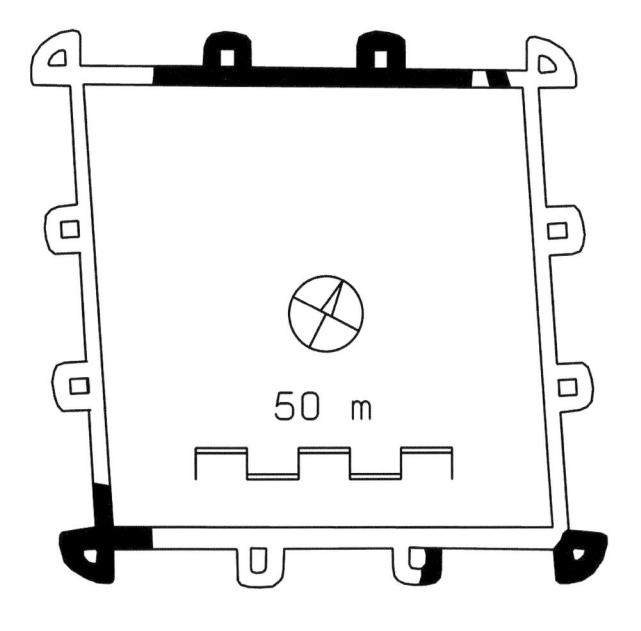

Abb. 70 | Budapest (Contra Aquincum), Ungarn, um 300 n. Chr.

RÖMISCHES KAISERREICH

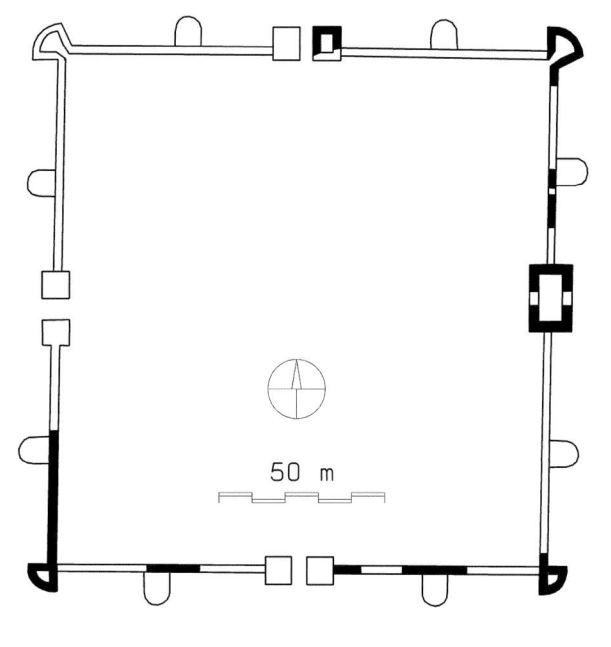

Abb. 72–73 | Zeiselmauer (Cannabiaca?), Österreich, Ausbaustufen des 4. Jahrhunderts n. Chr.
Östlicher Torbau, bis zum Dach römerzeitlich.

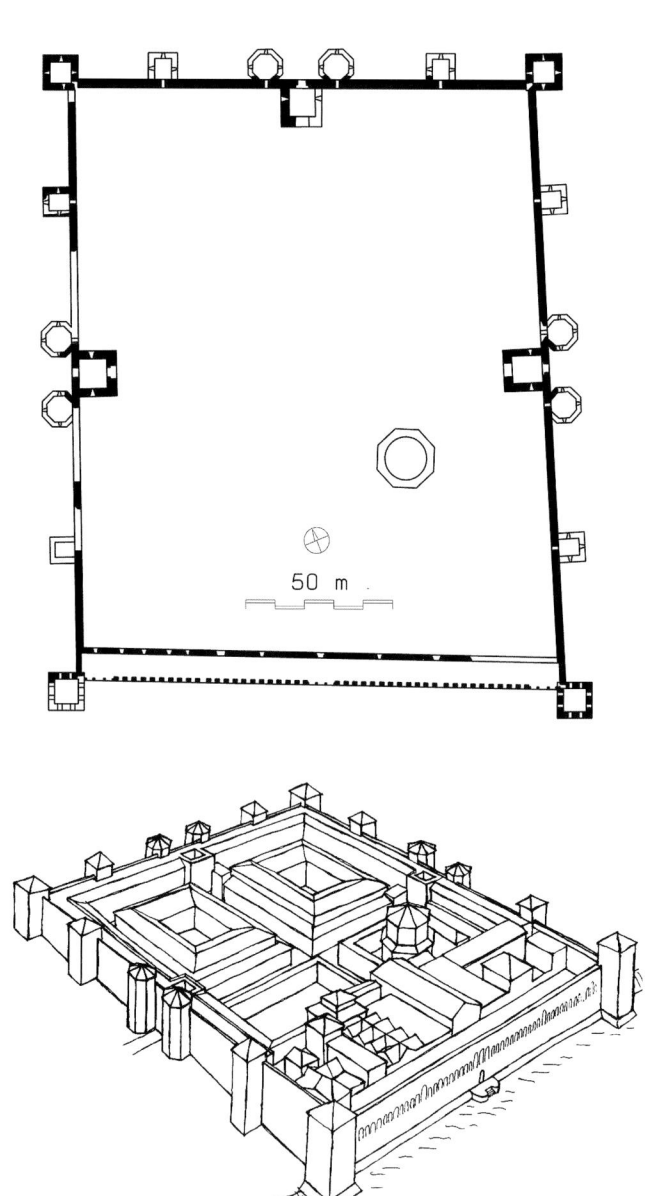

Abb. 75–76 | Split (Salona), „Diocletianspalast", Kroatien, um 300 n. Chr.

den massiven Bedrohungen standzuhalten. Dafür entwickelte man regionale Eigenheiten, während andere weit entfernte zeitgleiche Lösungen (Britannien – massive pfeilerartige Türme; Syrien – geräumige und daher gut bewohnbare Türme) nicht aufgegriffen wurden.

Nicht zuletzt ist die Palastarchitektur zur Zeit Diocletians zu betrachten. Mit der Einführung der Tetrarchie gab es auch vier neue Hauptstädte. Damit sollte das riesige Imperium effizienter verwaltet und verteidigt werden. Rom spielte selbst dabei keine große Rolle mehr, der Balkan rückte nun ins Blickfeld. Diocletian wählte seine Hauptstadt in Nicomedia, aber seinen Regierungssitz in Dalmatien, wo er in Split einen großen Palast in Form eines klassischen Kastells errichten ließ. Sein Mitkaiser Maximian residierte in Mailand, Galerius in Thessaloniki, Konstantin in Sirmium.

Der relativ gut erhaltene kastellförmige Palast von Split (Salona)[113] wird eng mit syrischen Planern und Handwerkern in Verbindung gebracht (Abb. 75–76).[114] Das stützt sich auf ähnliche Stadtgründungen sowie auf analoge Steinmetzzeichen. Der Palast, der besser als befestigter Regierungskomplex zu bezeichnen wäre, umfasst ein leicht verzogenes Rechteck von etwa 160 x 200 m und ist von einem konsequenten Straßenkreuz durchzogen. Die vier Bezirke teilten sich in ein Palastquadrat, einen Sakralbereich sowie zwei Verwaltungshöfe. Aufgrund der Lage an der Steilküste zum Mittelmeer konnte sich die Verteidigung auf die drei Landseiten konzentrieren. Dort gab es 16 weit vorstehende Türme, wobei die drei Tore mit ihren innen liegenden Türmen außen von je zwei Achteckürmen flankiert waren. Die Seeseite war hingegen von einer prunkvollen Kollonade bekrönt, die als einzige der Tradition offener römischer Kaiserpaläste folgte. Ansonsten orientierte sich die Anlage in Grundriss und Ansicht programmatisch an Militärlagern, wohl ein besonderer Wunsch des Soldatenkaisers.

Zum Diocletianspalast bemerkenswert ähnliche kastellförmige und durch Turmreihen flankierte Paläste lokaler Kommandanten finden sich im gleichen Zeitraum auch im vorderen Orient, etwa in Nag al-Hagar (Ägypten) und Dumayr (Syrien).[115]

Derselben Tradition folgte zunächst der Mitkaiser Galerius. Von seiner Hauptstadt Thessaloniki blieben nur lokale Reste des Palastkomplexes mit ähnlicher Struktur und vergleichbarem sakralen Zentralbau erhalten (Abb. 77). Wesentlich besser erforscht ist jedoch ein außerhalb gelegener Palastkomplex, der nach seiner Mutter Romula benannt war.[116] Seine Befestigung wurde in zwei Etappen errichtet. Zunächst entstand ein verzogenes Rechteck von etwa 160 x 200 m, dessen viereckige Mauertürme sowie dessen eingezogener Torturm mit flankierend vorgesetzten Polygonaltürmen stark an Split erinnern. Offensichtlich war dieser Bau direkt von dort abgeleitet, dafür spricht auch die fast identische Größe. Noch vor Fertigstellung änderte man jedoch den Plan zugunsten eines gigantomanischen Entwurfs. Die neue Fläche von 230 x 230 m wurde mit einer gewaltigen Mauer umschlossen, die von 20 bis zu 30 m breiten Türmen dominiert war. Diese geradezu bizarre Monumentalität ist bislang nicht erklärt, wahrscheinlich sollte sie als Sinnbild der unbesiegbaren Regierungsgewalt dienen. Dem entgegen gab es im Inneren keine vergleichbaren Großbauten, der Fokus lag also auf der Außenerscheinung.

Bereits 286 war Mediolanum (Mailand) zur Hauptstadt der weströmischen Reichshälfte erhoben worden (Abb. 78–79). Der dort amtierende Mitkaiser Maximian hatte sofort eine neue weitläufige Stadtmauer mit hohen Mauern und zahlreichen achteckigen Türmen errichten lassen. Etwas außerhalb entstand kurz darauf ein stark verzogenes Oktogon, das ein ebenfalls oktogonales Mausoleum weiträumig einschloss.[117] Von dieser Anlage haben sich in einem mittelalterlichen Kloster massive Reste erhalten, die außen eine wehrhafte Befestigung mit polygonalen Türmen und Doppelturmtor und innen eine reiche Wandgliederung belegen. Der ursprüngliche Zweck ist unklar. Während der Platz bald ausschließlich als Friedhof diente, mag hier ursprünglich (gleich wie in Split und Tessaloniki von einem Zentralbau dominiert) ein monumentaler Palast geplant gewesen sein, der nie fertig gestellt wurde.

Abb. 77 | Gamzigrad (Romuliana), Serbien, Palastanlage, um 300 n. Chr bzw. frühes 4. Jh.

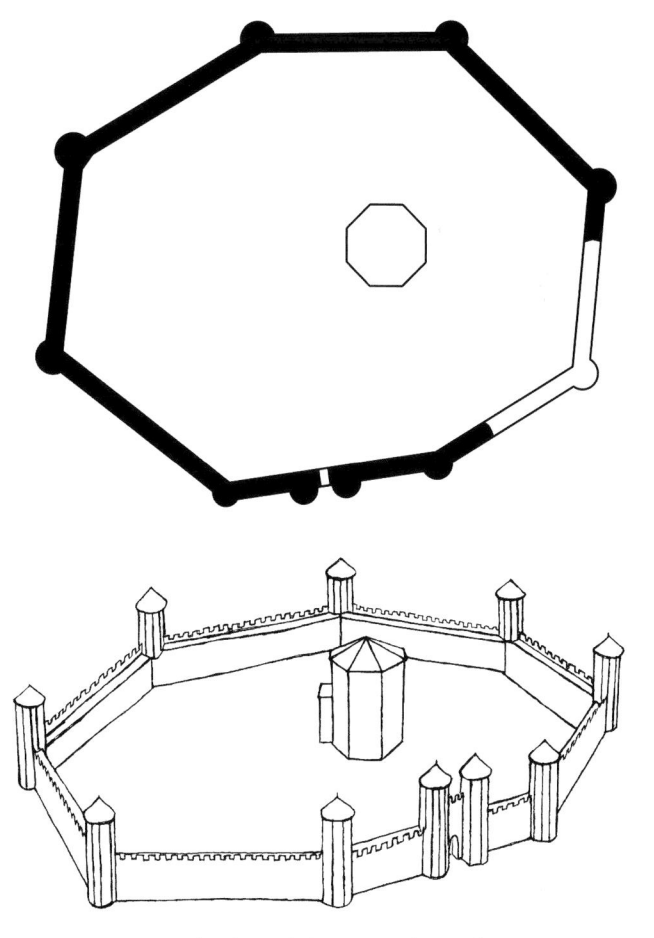

Abb. 78–79 | Mailand (Mediolanum), Italien, Oktogon, um 300 n. Chr.

RÖMISCHES KAISERREICH | 93

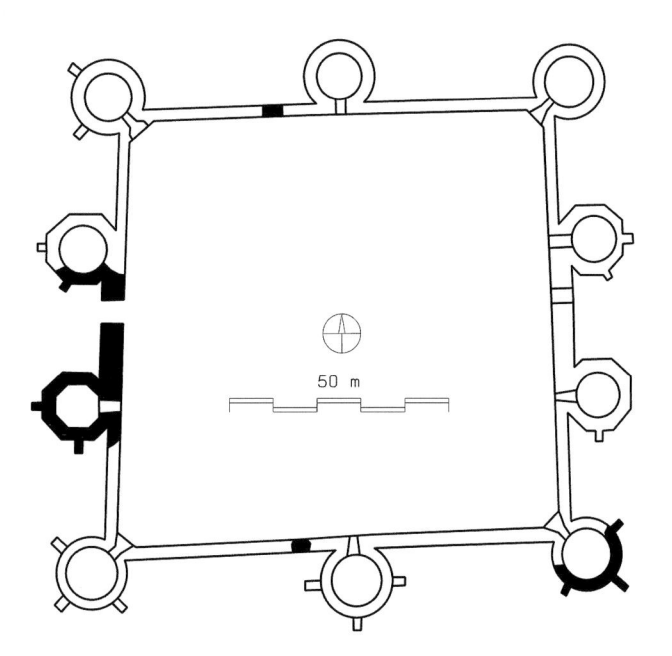

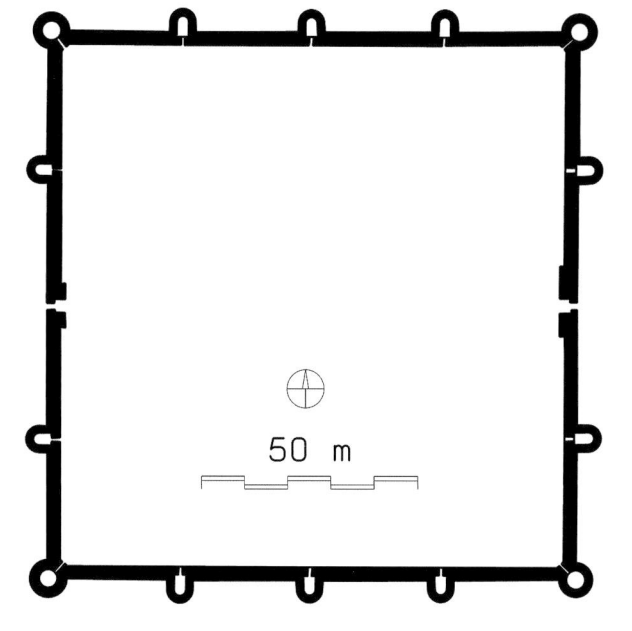

Abb. 80 | Šarkamen, Serbien, Palastanlage, nach 305 n. Chr.

Abb. 81 | Dolenci, Castra Nicea, Slowenien, um 320 n. Chr.

Mit der Bestellung des Tetrarchen Maximinus Daia (305–15) wurde im heutigen Ostserbien ein neuer kasernenartiger Kaiserpalast begonnen (Abb. 80). Das ist gut belegt, da seine Mutter, eine Tochter von Galerius, direkt nebenan bestattet wurde.[118] Dieser ebenfalls festungsartige Palast zeigt mit seinen achteckigen Torflankentürmen Ähnlichkeiten zu Split und Gamzigrad, weshalb eine direkte Abhängigkeit als gesichert gilt.[119] Dennoch folgen die ausgeprägten und weit vorstehenden Rundtürme der restlichen Kastellanlage einer entwickelten Stufe, ähnlich zur Erweiterung von Gamzigrad.

Die defensive Bautätigkeit Diocletians und seiner Mitkaiser war also nicht zuletzt aufgrund der Teilung des Reichs von heterogenen Entwicklungen geprägt. Ähnlich blieb die Monumentalisierung der Türme, die größer und geräumiger wurden und weiter vor die Mauern rückten. Ihre Form und innere Struktur kann jedoch deutlich in einzelne Großgruppen im Nordwesten, Nordosten und Nahem Osten unterschieden werden. Das deckt sich mit dem benachbarten regionalen Stadtmauerbau, dessen Planer offenbar in direktem Kontakt mit den jeweiligen Truppen standen.

KAISER KONSTANTIN (305–337)

Kaiser Konstantin begann 305 als Mitkaiser, setzte sich aber 312 als wichtigster Herrscher durch, weshalb die Tetrarchie bald nach ihrer Einführung wieder vorbei war. Mit der Verschiebung der Schwerpunkte auf den Osten, wo Konstantin ebenfalls eine neue Hauptstadt errichten ließ, und dem massiven Ausbau der Grenzen folgte er jedoch seinem Vorgänger. Erfolgreiche Germanenfeldzüge 306/07 sowie 313 führten zu einer Konsolidierung der Rheingrenze, im Osten wurde durch Diplomatie ein Waffenstillstand mit den Persern erreicht.[120] Der Kaiser konnte sich also auf den Donaulimes und sein Hinterland konzentrieren, wo er sich selbst hauptsächlich aufhielt.

An wichtigen Militär- und Handelsrouten im Binnenland entstanden hier bei den heutigen Orten Dolenci, Scampis, Vig und Drobeta vier große und stark befestigte Hauptlager – sogenannte Binnenkastelle (Abb. 81).[121] Dolenci maß 122 x 125 m, Scampis war mit 308 x 348 deutlich größer, die anderen etwas kleiner. Alle Lager zeigten bastionsartige runde bzw. gerundete Ecktürme und zahlreiche weit vorstehende Mauertürme. Die Mauern waren extrem massiv ausgebildet und konnten so als sichere Heereslager aber auch als große Versorgungsposten dienen.

Ein ähnliches Kastell aus der gleichen Zeit wurde auch in Deutz, jenseits von Köln am Rhein ergraben (Abb. 82–83).[122] Es datiert bald nach 315 und misst 135 x 140 m. Hier dominieren enge Rundturmreihen, die auch innen ein wenig ins Lager ragen. Die zwei Tore sind mit halbrunden Doppelturmpaaren ausgestattet. Im Inneren wurden enge Reihen von Kasernenblöcken nachgewiesen, Plätze oder Repräsentationsgebäude fehlen gänzlich, es handelte sich offenbar um ein rein militärisch orientiertes stark befestigtes Truppenlager. Am

Rhein entstanden in gleicher Konzeption zeitnah mehrere neue Kastelle, von denen das von Boppard am besten erhalten blieb. In längsrechteckiger Form zeigt es idente Baudetails zu Köln (Abb. 84).

Entlang der Donau wurden hingegen kleinere Forts errichtet, die auch deutlich weniger stark befestigt waren (Abb. 85–86). So zeigte das heute komplett zerstörte Kastell von Sapaja[123] bei einer Größe von 105 x 105 m offenbar nur vier Ecktürme, vier innen liegende Türme (Toranlagen?) und einen einzigen Mauerflankenturm. Die Hauptaufgabe lag offenbar in der Beherbergung von patrouillierenden Grenztruppen, weniger in der langfristigen Verteidigung gegen massive Angreiferwellen (Abb. 87). Als dritte Form errichtete man dazwischen Kleinkastelle, sogenannte Burgi, die als Wachtstationen und Vorposten die Grenze effizient kontrollieren sollten, ebenfalls ohne stärkeren Attacken widerstehen zu können. Als gutes Beispiel gilt das Hafenkastell von Hajdučka Vocenica.[124] Diese mehrfach ausgebaute Anlage könnte zu Beginn zentral einen hohen Wohnturm besessen haben. Sehr ähnlich war Donje Butorke aufgebaut, wo sich der zentrale Turm besser erhalten hat.

Eine wohnlicher ausgestattete Variante zeigt Kula, das eine kleine Siedlung neben einem Fluss beschützte (Abb. 88). Das 34 m breite Kastell besaß vier 12,5 m dicke Rundtürme, 2,2 m starke Mauern und im Inneren einen Hof mit umlaufenden Gebäudetrakten.[125]

Entlang des Donautals sind von diesem viereckigen Typus mit Rundtürmen in Österreich, Ungarn, Rumänien und Bulga-

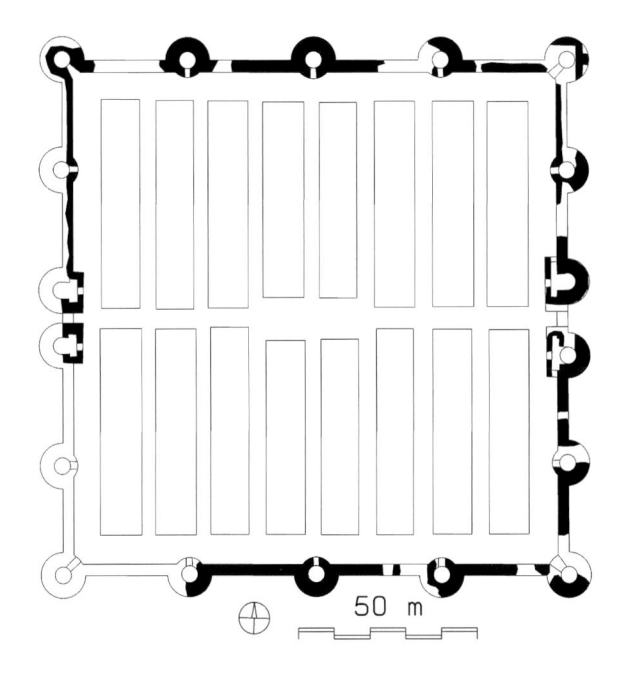

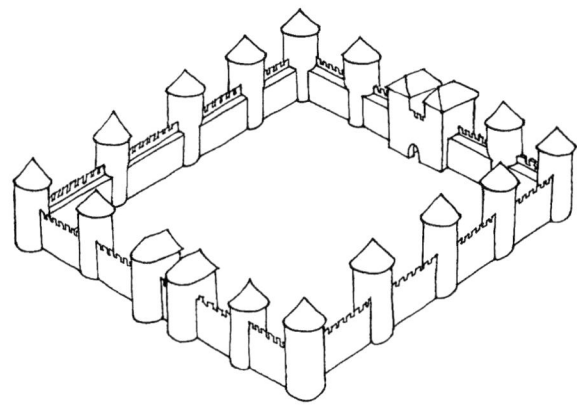

Abb. 82–83 | Köln, Deutschland, Brückenkastell, nach 315 n. Chr.

Abb. 84 | Boppard, Rheinkastell, Deutschland, 1. H. 4. Jh.

RÖMISCHES KAISERREICH | 95

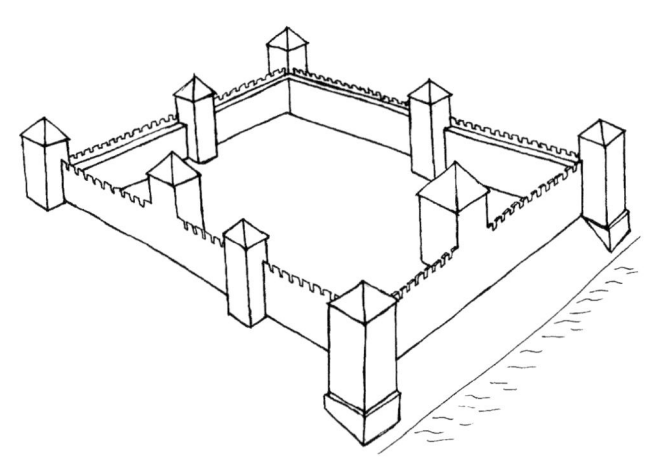

Abb. 85–86 | Sapaja (Nova Lederata), Serbien, Grenzkastell, um 320 n. Chr.

rien zahlreiche Beispiele belegt, in Ungarn sogar 22.[126] Alle diese Forts zeigen einen rechteckigen Grundriss mit runden Ecktürmen und massiven Wänden und entstammen wohl einer groß angelegten Konzeption.

Dazwischen gab es engere Ketten von Wachtürmen, die im Alarmfall Licht-, Horn- oder Rauchsignale weitergeben konnten.

Auf Befehl Konstantins bzw. seines Sohnes Konstantin II. (337–40) wurde schließlich in großen Teilen der Ungarischen Tiefebene ein Mehrfachsperrsystem aus kilometerlangen Erdwällen angelegt, das sich vom Donauknie bei Budapest (Aquincum) bis zum Eisernen Tor erstreckte und bis 378 seine Funktion weitgehend erfüllte. Dennoch konnten nur ständige Feldzüge gegen feindliche Stämme das Reich wirklich schützen, die Kastellketten vermochten nur zwischen den Kämpfen als Kontroll- und Beobachtungsbasen zu dienen.

KAISER VALENTINIAN I. (364–75)

Nach Thronkämpfen um Konstantins Erbe flammte der Kampf gegen die Perser wieder auf, der erst mit der Aufgabe der Limeszone jenseits des Tigris beendet werden konnte. 364 wurde der pannonische Soldat Valentinian zum Kaiser erhoben, der sofort seinen Bruder Valens zum Mitregenten ernannte.[127] Beide sollten von nun an getrennt agieren, Valentinian in Mailand, Valens in Konstantinopel, zum ersten Mal war das Reich faktisch in Ost und West geteilt.

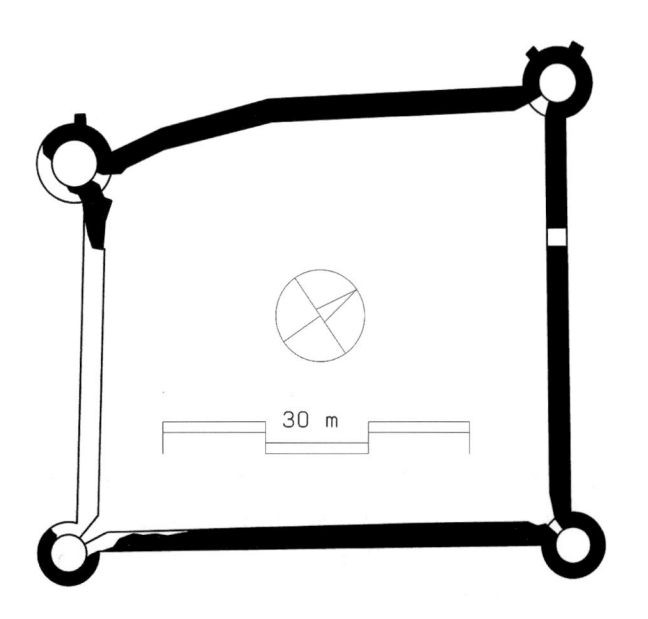

Abb. 87 | Hajdučka Vocenica, Rumänien, 1. Hälfte 4. Jahrhundert

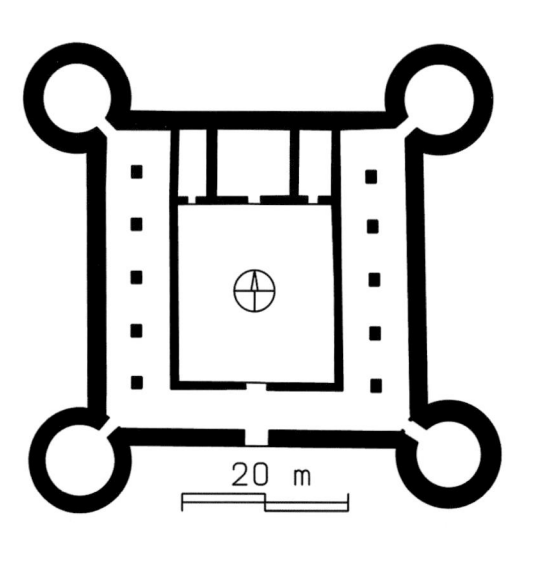

Abb. 88 | Kula, Bulgarien, 1. Hälfte 4. Jahrhundert

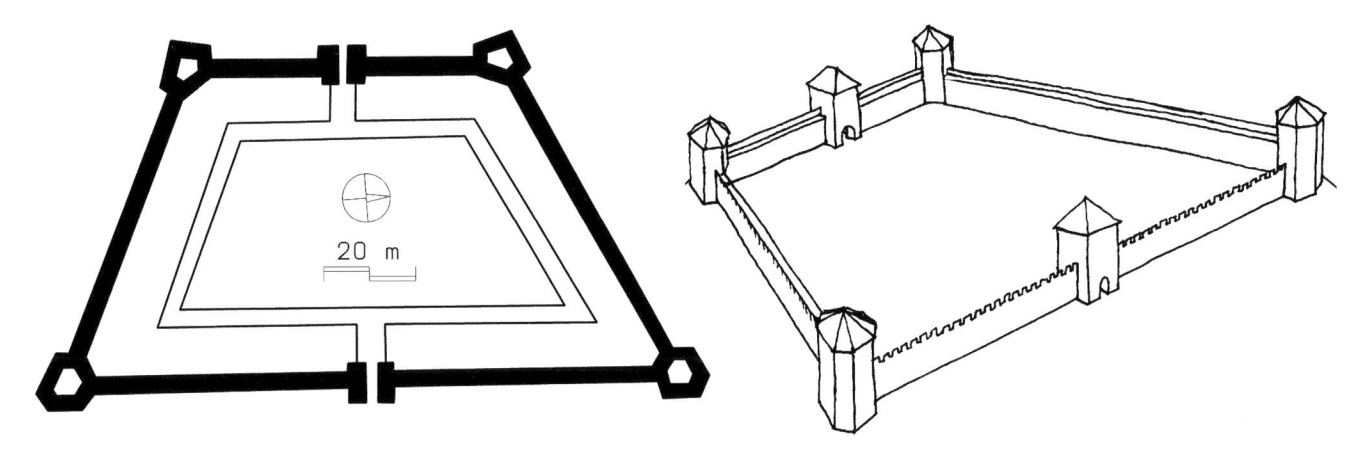

Abb. 89–90 | Altrip (Alta Ripa), Deutschland, Kohortenkastell, um 369 n. Chr.

Im Westen mussten ständige Überfälle auf Britannien, Gallien, Afrika und die Donauprovinzen zurückgedrängt werden. Valentinian folgte dem Muster von Konstantin und ließ die Grenzverteidigung mit neu ausgehobenen Truppen ergänzen. Wieder wurden im Hinterland große Heereslager errichtet, etwa in Châlon-sur-Saône, um dort Reservetruppen auszubilden. An Rhein und oberer Donau entstanden zahlreiche neue Kastelle, die sich nun stark an der Topographie orientierten. Man suchte leicht zu verteidigende Hügelsporne und passte die Mauern dem geschwungenen Gelände an. Zahlreiche Forts dieser Zeit zeigen daher unregelmäßige Grundrisse und individuelle Detaillösungen. Die Türme waren nun eckig, polygonal, rund oder fächerförmig, je nach Erfordernis.

Das gut erforschte Kastell Altrip gegenüber von Mannheim wurde um 369 vom Kaiser gegründet und der Bau von ihm selbst überwacht (Abb. 89–90).[128] Es liegt in einer Rheinschleife und diente als sichere Schiffsanlegestelle und Basis für einige Außenposten. Zum Fluss gab es eine 141 m lange Front. Zum Land sind die Seiten kurz gehalten, nur an den Ecken ermöglichen wenig vortretende Polygonaltürme die Flankierung. Ihre Winkel orientieren sich an den Kurtinen, eine sehr modern wirkende Lösung, die an frühe Bastionen der Renaissance erinnern. Im Inneren wurden eng gestaffelte Räume für Mannschaftsunterkünfte, Verwaltung und Speicher nachgewiesen. Das Ende der Festung kam bereits in der Neujahrsnacht 406/07, als Barbarenrotten über den zugefrorenen Rhein gelangten und den regionalen Grenzschutz konzertiert überrannten.

Eine gut vergleichbare Anlage findet sich in Passau (Boiotro), direkt am Zusammenfluss von Donau und Inn (Abb. 91).[129] Sie diente als Rückzugsort und Schutz für den benachbarten Vicus, als Basis für die Limesflotte und als Brückenkopf über die beiden Flüsse. Das wohl mehrphasige Fort hat einen stark verzogenen Grundriss und bis zu 4 m starke Mauern. Zum

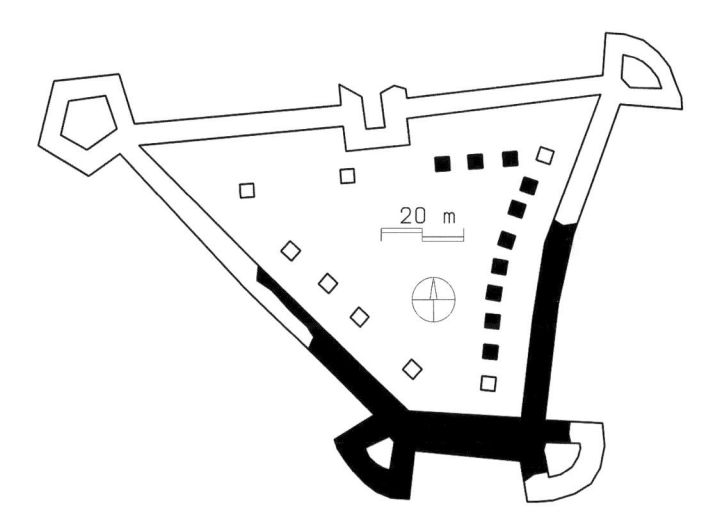

Abb. 91 | Passau (Boiotro), Deutschland, Kohortenkastell, um 370 n. Chr.

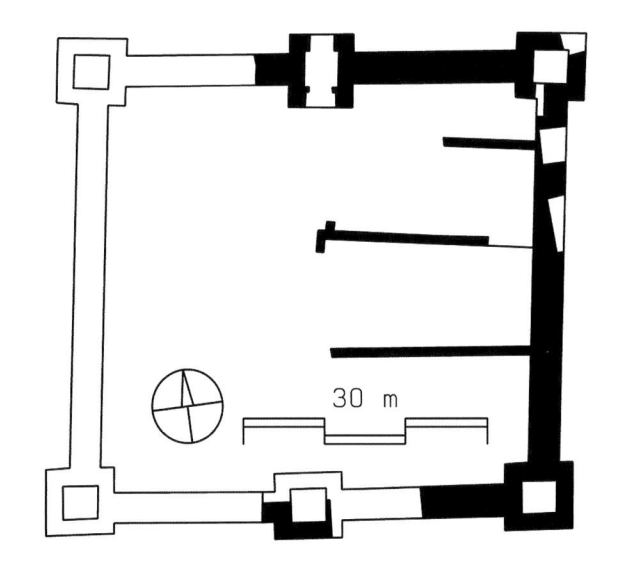

Abb. 92 | Schaan, Liechtenstein, Hafenkastell um 370

RÖMISCHES KAISERREICH

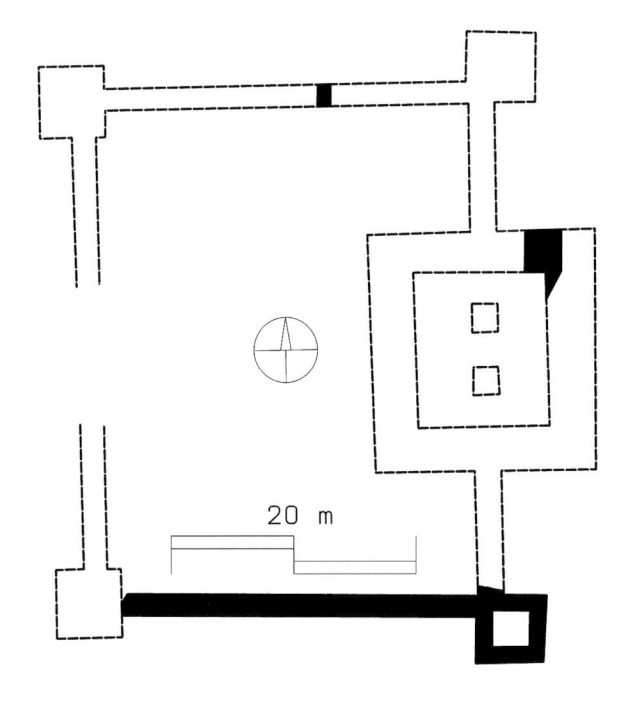

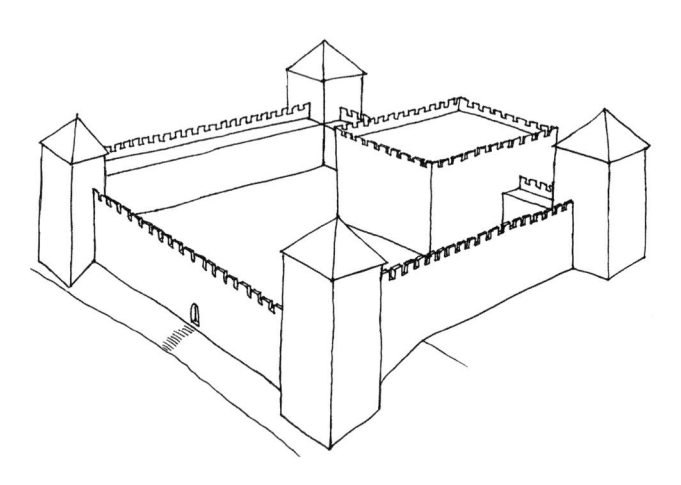

Abb. 93–94 | Dunakeszi (Burgus Ulcisia 9), Ungarn, Burgus, um 375 n. Chr.

Land verengte es sich deutlich, um zum Fluss einen breiten Schild für Schiffe zu bilden. Im Inneren gab es mehrgeschossige Randgebäude mit ebenerdigem Arkadengang.
Ähnliche trapezförmige Kastelle des späten 4. Jahrhunderts finden sich entlang der Donau mehrfach, gehäuft in Ungarn, Bulgarien und Rumänien. Offensichtlich wurde die Nordgrenze des Reichs von Valentinian systematisch weiter verdichtet.
Am Bodensee finden sich mit den beiden exakt gleich angelegten Kastellen in Schaan und Bregenz, wovon letzteres naturwissenschaftlich auf das Jahr 372 datiert werden kann, wohl letzte Reste einer ganzen Reihe von Hafenforts, die direkt benachbarte Anlegestellen sowie die Uferstraße schützen sollten (Abb. 92).[130] Die etwa 55 x 60 m großen Anlagen mit 3,5 m Mauerstärken waren jeweils durch vier Ecktürme sowie einen zentralen Torturm und einen gegenüberliegenden Mauerturm charakterisiert und innen dicht bebaut. Sie werden als Kasernen der am Bodensee stationierten Flotte interpretiert. Eine eigenständige Kategorie stellten entlang der Donau viereckige Hafenbauten dar, stark befestigte „Ländeburgi" (Abb. 93–94).[131] Bislang sind allein in Ungarn 14 solche Anlagen bekannt geworden. Offenbar lagen sie sich immer paarweise gegenüber und schützten als Brückenköpfe wichtige Furten bzw. Ladezonen. Zudem konnten hier Militärboote der Donauflotte ankern und der örtliche Limes kontrolliert werden. Dominierend war immer ein massiver Wohn- und Wachturm, dem flussseitig ein Mauergeviert mit Ecktürmen angesetzt war. Die Forschung ist jedoch uneins, ob die Mauern zum Wasser geschlossen waren. Ein typisches Beispiel stellt Dunakeszi dar, zu dem es einige fast baugleiche Anlagen gibt. Gemäß Münzfunden im Fundament muss es um 374/75 errichtet worden sein. Zwischen diesen Grenzkastellen und kleineren Burgi gab es auch unter Valentinian eine Vielzahl von isolierten Türmen, die miteinander optisch in Verbindung standen.
Eine abgewandelte Form der Kleingevierte bestand in Britannien unter Valentinian ebenfalls in zahlreichen untereinander sehr ähnlichen Anlagen,[132] wo der monumentale Hauptturm im Zentrum eines eckigen, polygonalen oder rundlichen Berings mit meist vier runden bis hufeisenförmigen Mauertürmen lag.

DAS ENDE WESTROMS

Doch das Ende der weströmischen Reichshälfte war nicht mehr aufzuhalten. Die Goten organisierten sich zum Generalangriff und vertrieben zusammen mit den benachbarten Hunnen die germanischen Grenzvölker, sodass sich der gesamte Norden und Osten außerhalb des Limes in Bewegung setzte. Immer mehr Stämme drängten über die Grenzen und die zu Hilfe eilenden römischen Heere wurden von den Angreifern regelmäßig aufgerieben. Als kurzfristig erfolgreiche Reaktion wechselte man die Strategie, akzeptierte die Ankömmlinge und wies ihnen das längst annektierte Land zu. Um 400 versuchte Stilicho, der Oberbefehlshaber der Westtruppen, noch einmal, die Grenzverteidigung zu stärken.[133] In Britannien wurde der Hadrianswall wieder hergestellt, an den nördlichen Küsten und am Rhein wurden neue Forts errichtet und Bündnispartner angesiedelt. Man feierte bereits den Sieg über die Feinde.

Doch gleichzeitig hatte das Ostreich den raubenden Goten Gebiete im Westen angeboten, die diese nun in Besitz nehmen wollten. Nur mit Hilfe der verbündeten Vandalen konnten die Goten im Jahr 403 zunächst zurückgeschlagen werden. Die Hauptstadt wurde nun von Mailand nach Ravenna verlegt und man wähnte sich wieder gerettet. Doch schon rollte die nächste Welle heran und überflutete die Nordprovinzen, die Hilfe aus dem Osten blieb diesmal aus. Gallien erklärte sich darauf hin zum eigenen Kaiserreich und zog die römischen Truppen aus der Umgebung zusammen. Die Goten setzten sich daher in Italien fest und plünderten 410 sogar Rom. Kurzfristig schien eine Erholung möglich, nachdem Nordafrika als überlebensnotwendige Getreide-Provinz überlebt hatte. Doch auch diese fiel bald den Raubzügen der Vandalen zum Opfer. Nun bestand das Westreich nur mehr aus der Kleinstadt Ravenna und verfügte zudem über kein eigenes Heer. 476 wurde schließlich Romulus Augustulus als letzter Kaiser abgesetzt, die ältere Reichshälfte hatte nun auch nominell aufgehört, zu existieren.

Fragt man nun, welche Bedeutung die (west-) römische Kastellbaukunst in der Kulturgeschichte hat, so kann man sie nicht hoch genug einschätzen. Organisatorisch spiegelten die homogen strukturierten Anlagen den konsequenten Militärapparat wider, dem sie als programmatische Quartiere gedient haben. Diese zielgerichtete Führung war den anderen zeitgenössischen Völkern überlegen, weshalb man auch im gesamten Mittelmeerraum so durchschlagend erfolgreich sein konnte. In ihrer baulichen Entwicklung belegten die Kastelle den langsamen aber stetigen Wandel vom angriffsorientierten Imperium, das vor allem Marschlager und Vorratsdepots brauchte, zum defensiven rundum begehrten „Reich", das sich hinter massiven Mauern mit starker Bewaffnung verstecken musste. Diese historische Evolution begünstigte auch eine stetige Steigerung der Verteidigungskraft durch Weiterentwicklung der Wehrbaukunst. Isolierte Vorwerke, komplexe Zugangssperren, flankierfähige Türme und effizient genutzte Binnenflächen markieren Höhepunkte effizienter Militärbaukunst, deren elaborierte Lösungen teilweise bis in die Neuzeit nichts an Gültigkeit verloren haben. Dennoch blieben die Grundprinzipien mit der regelmäßigen Planung, der axialen Erschließung und der überregional ausgerichteten Konzeption über alle neun Jahrhunderte des imperialen Reichs bestehen. Das ist sehr bemerkenswert. Offensichtlich hatten sich Bauaufgabe und architektonische Umsetzung bestens bewährt. Letztendlich ist das Römische Reich auch nicht an seiner mangelhaften Verteidigung gescheitert, sondern durch den Zusammenfall äußerer Bedrohungen und innerer Zwistigkeiten, ein anschauliches Lehrbeispiel der Geschichte.

DAS 5. JAHRHUNDERT IN OSTROM

Auch im Osten hatten die anstürmenden Völker nach der Reichsteilung 395 zu Verwüstungen und Panik geführt. Man hatte hier jedoch das Glück, dass die Horden in den Westen weiter zogen. Kaiser Theodosius II. reagierte 413 mit der Errichtung einer gewaltigen Sperrmauer, die die Halbinsel Konstantinopels weiträumig abriegelte und die erst 439 abgeschlossen werden konnte. Diese mit Hauptmauer, zwei Zwingern und Gräben sowie zahlreichen monumentalen Türmen sorgfältig durchdachte Sperre sollte bis in die Neuzeit die Stadt vor Eroberungen bewahren.

Theodosius ließ knapp vor 420 auch am Isthmus von Korinth eine Hexamilion genannte 7,5 km lange Landsperre errichten, die aus einer Mauer sowie zahlreichen Türmen und mehreren Kastellen bestand[134] und die das System des erst vor kurzem wieder instandgesetzten Hadrianswalls in Britannien kopierte.

Als Hauptfestung wird im nahen Hinterland das gleichzeitig stark befestigte Korinth bzw. seine Zitadelle Akrokorinth gedient haben, eine ausgedehnte Anlage, die das Tor zum Peloponnes wirksam beherrschen konnte (Abb. 95). Für die Bewachung der Mauer dienten jedoch nach dem spätantiken Geschichtsschreiber Procopius gleich mehrere angebaute Kastelle als Unterkunft.[135] Das einzige heute belegte Fort im östlichen Drittelpunkt bildet geländebedingt ein stark verzogenes Rechteck von 200 x 210 m, worin durchaus eine größere Gar-

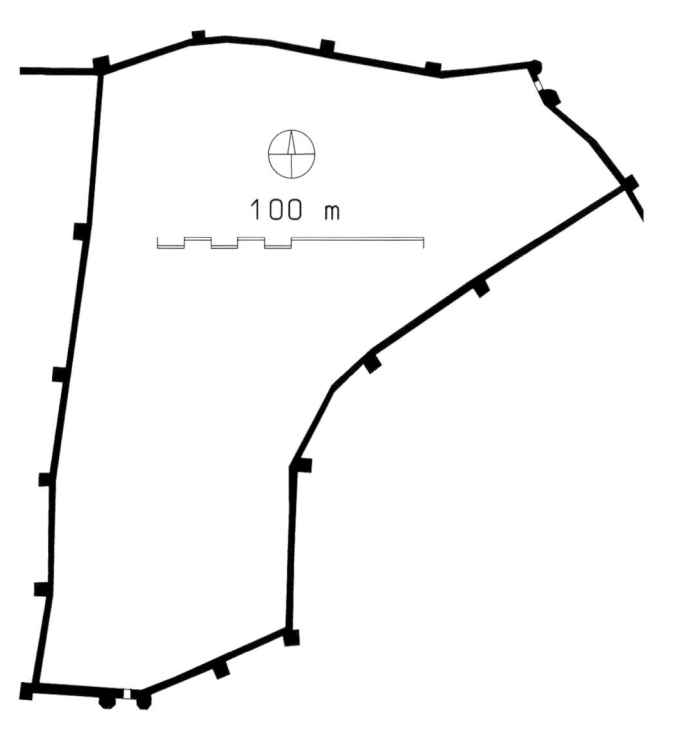

Abb. 95 | Kastell am Hexamilion, Griechenland, vor 420 n. Chr.

nison Schutz suchen konnte. Bemerkenswerter Weise fanden sich im Inneren jedoch keinerlei Reste von Einbauten, deshalb wird vermutet, dass die gesamte Befestigung in Friedenszeiten gar nicht oder kaum bewacht war und nur bei Gefahr besetzt wurde. Die Anschlüsse des Forts zur Landmauer sind sekundär und auch die Lage der dortigen Türme deutet auf keine mitgeplante Festung. Die Archäologie indiziert hingegen eine frühe Errichtung, vielleicht ergab erst der fortschreitende Ausbau eine ständige Truppenstationierung.

Der starke Rückgang an regulären und stationären Truppen führte an den levantinischen Grenzen zu einer anderen Lösung. Die noch besetzten Kastelle wurden drastisch verkleinert bzw. zu winzigen Forts reduziert. An zwei durch archäologische Forschungen sehr gut aufgearbeiteten Befestigungen lässt sich aber auch eine neue Variante belegen.

So findet sich in der Provinz Palaestina Tertia rund um das Tote Meer gleich eine ganze Reihe gleichartiger Kastelle, von denen Upper Zohar den am besten erforschten Prototyp darstellt (Abb. 96).[136] Ein Kernrechteck von 19 x 20 m war an den Kanten von winkelförmigen Turmbastionen mit 6,5 m Seitenlänge flankiert. Innen deuten Reste auf einen Umlauf von nur drei Meter tiefen Kammern. Da keine spezifisch militärischen Funde dokumentiert wurden, wird eine halbzivile Polizeistationen vermutet, die im Grenzbereich entlang der Überlandstraßen Verkehr und Handel schützen sollte. Da die Anlage aber offenbar nie planmäßig gestellt wurde, könnte es auch sehr bald eine Übernahme durch „limitanei", also lokale Grenzbewohner als sichere Rückzugsorte sowie durch Karawanen als sicheren Nachtplatz gegeben haben. Münzfunde bis ins mittlere 6. Jahrhundert belegen jedenfalls eine intensive Nutzung ab der Errichtung.

Am Balkan zeigt sich ab dem mittleren 5. Jahrhundert ebenfalls eine starke Fortifizierung ziviler Bauten. Vorzugsweise wurden die Kirchen mit Ecktürmen versehen, teilweise hatten sie das Aussehen eines klassischen Viertürmekastells, etwa Dzenevar Tepe im heutigen Bulgarien.

Eine oft zu findende Alternative war die eigenständige Ummauerung der Kirche mit einem rechteckigen Bering mit vier Ecktürmen, wie etwa Pirdop gut zeigt (Abb. 97).[137] Die Türme waren nur vom Wehrgang aus zu betreten und von außen ergab sich das Bild einer reinen Kastellanlage. Auch die Größe von 35 x 52 m entspricht eher einem soldatisch genutzten Kleinfort als einem Kirchhof.

Selbst ganze Klöster, wie Daphni bei Athen mit seinem 93 x 100 m messendem Rechteckbering, sowie geistliche Residenzen, wie der Bischofspalast von Louloudis mit seinem Bering von 80 x 90 m, zeigten eine konsequente Befestigung in militärischem Stil (Abb. 98).[138] Ecktürme und Tortürme aber auch ganze Turmreihen dienten der aktiven Verteidigung gegen Überfälle.

In diese Gruppe könnte auch eine Befestigung bei Djadovo gehören, die in Struktur und Mauerwerk sehr ähnlich zu den oben genannten errichtet ist, für die es aber keine eindeutige funktionale Zuordnung gibt (Abb. 99). Die 52 x 69 m große Anlage an einer wichtigen Straßenkreuzung der Augusta Trajana mit der Constantia zeichnet sich durch einen Torturm sowie vier seitlich orientierte Fünfecktürme aus und beinhaltet ausschließlich archäologische Funde aus dem frühen bis späten 6. Jahrhundert.[139] Nicht zuletzt schützten auch die kleinen Landgutbesitzer ihre Villen mit viereckigen, turmflankierten Wehranlagen, die oftmals improvisiert und nachträglich angestellt wirken. Teilwei-

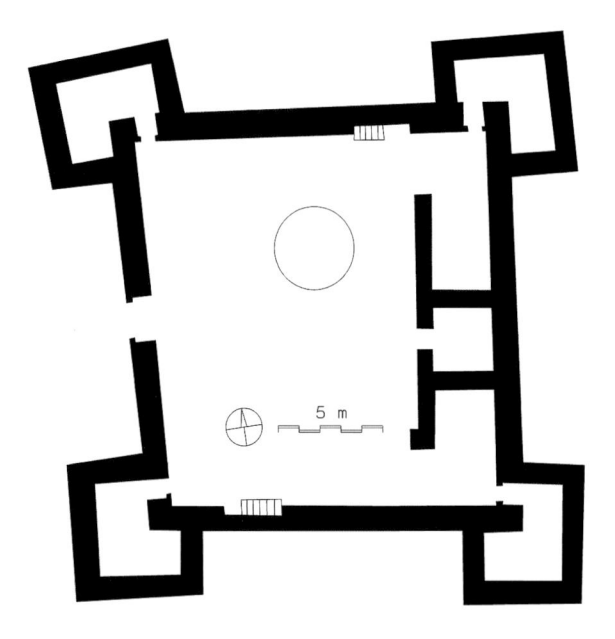

Abb. 96 | Upper Zohar, Israel, Kleinfort 2. Hälfte 5. Jahrhundert

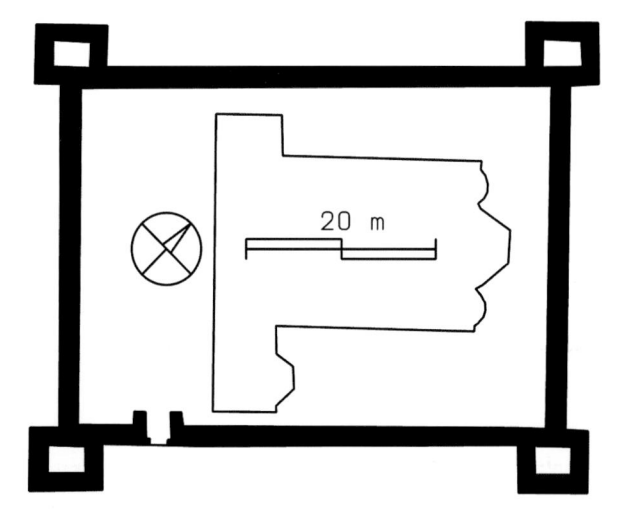

Abb. 97 | Pirdop, Elenskata Bazilika, Bulgarien, 2. Hälfte 5. Jh.

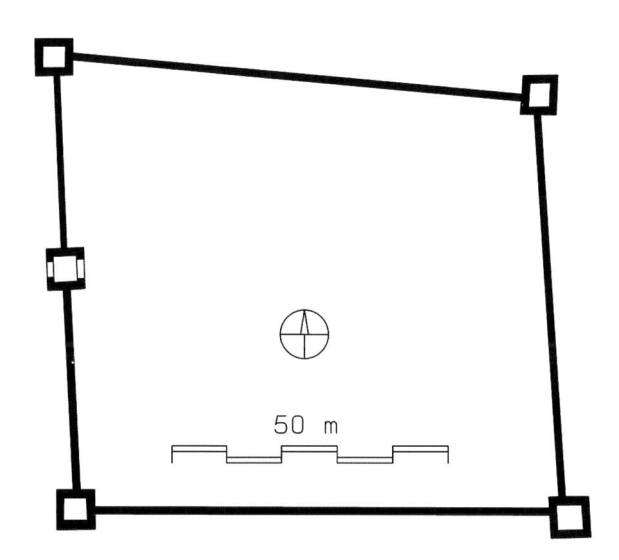

Abb. 98 | Louloudis, Nordmazedonien, Bering des Bischofspalasts um 480 n. Chr.

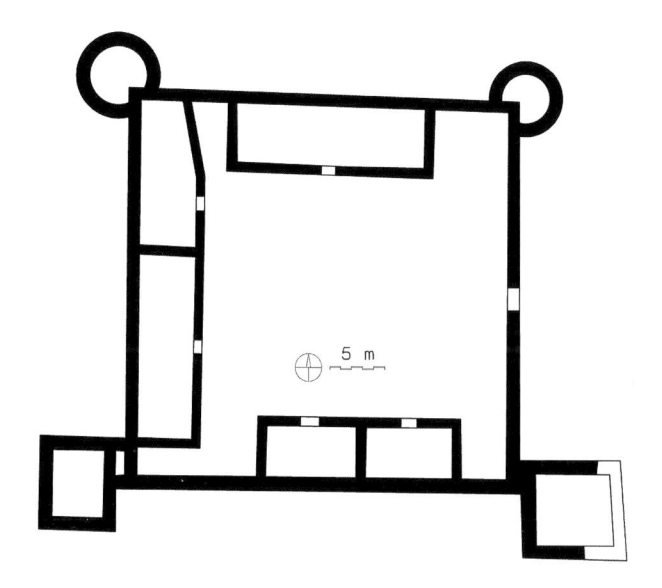

Abb. 100 | Orlandovci, Bulgarien, 2. Hälfte 5. Jahrhundert.

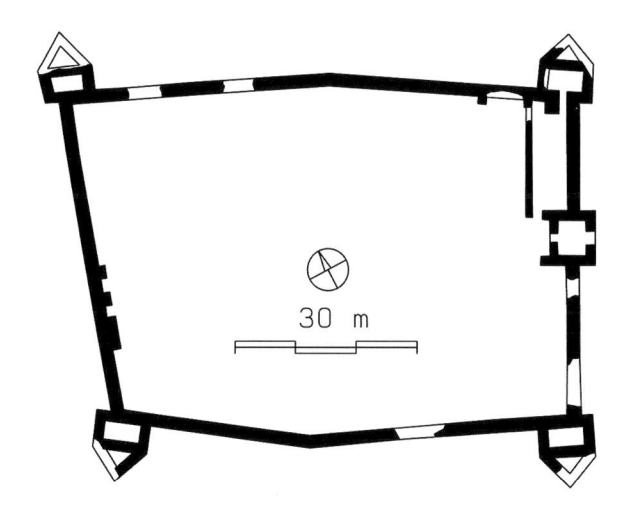

Abb. 99 | Djadovo, Bulgarien, Kastell um 500?

se übersiedelte man in die aufgegebenen Großlager und errichtete dort kleine turmflankierte Gehöfte. Das führte insgesamt dazu, dass heute an zahlreichen Orten nicht mehr klar erkennbar ist, ob es sich um reine Truppenforts, halbmilitärische Gemeinschaften, kleine Klöster oder reine Gutsbetriebe gehandelt hat (Abb. 100). Nahe Sofia zeigt etwa Orlandovci auf 31 x 34 m eine kompakte und leicht zu verteidigende Anlage, deren Verteidigungsmöglichkeit nichts über die Nutzung verrät.[140]

Überregionale Wehrformationen wurden nun lediglich im engeren Umkreis von Konstantinopel neu errichtet. Dazu sollte gegen Norden eine quer durch Thrakien gehende 5 m hohe Mauer dienen, die 469 begonnen wurde und erst 512 fertig gestellt war. Diese nach Kaiser Anastasius (491–518) benannte Mauer war 56 km lang und durch ein System von Türmen, Gräben sowie Kastellen durchaus wirksam geschützt. Ob sie ständig besetzt war, ist jedoch zu bezweifeln. Gegen Osten ließ der Kaiser die mächtige Festung Anastasiopolis (Dara) errichten. Auch vor ihr verlief eine lineare Befestigung, die aber offenbar nur aus einem steilen Erdwall sowie einem tiefen Graben bestand. Trotzdem konnte an diesem Riegel, der wohl zunächst gegen die schnellen Hunnenreiter gerichtet war, im Jahr 530 ein gewaltiges persisches Heer aufgehalten werden.[141]

KAISER JUSTINIAN (527–565)

Seit dem mittleren 5. Jahrhundert war das (oströmische) Imperium wieder politisch konsolidiert und die Kaiser saßen sicher an der Macht.[142] Das gab ihnen die gesellschaftliche und wirtschaftliche Möglichkeit, an die historische Größe Roms anschließen zu wollen und Weltmachts-Strategien zu entwerfen. Kaiser Leo unternahm etwa 468 den erfolglosen Versuch, mit einer großen Flotte die Provinz Africa wieder zurück zu erobern, andere etablierten erfolgreicher kleine Grenzverschiebungen, konnten dafür aber große Staatsschätze anhäufen. Auf dieser prosperierenden Grundlage war es schließlich Kaiser Justinian, der mit großem Elan daran ging, das Römische Reich in seiner ursprünglichen Größe wieder herzustellen. Dabei verfolgte er unterschiedliche Strategien. Nach Osten brachten verlustreiche Stellungskriege gegen die Perser keine nachhaltigen Erfolge, weshalb 532 ein Friedensvertrag mit Tributzahlung an den Gegner ausgehandelt wurde. Dem entgegen konnten 533 mit nur zwei Schlachten das Vandalen-

RÖMISCHES KAISERREICH

reich vernichtet und Nordafrika zurück erobert werden. 534 landete man in Italien, wo die Ostgoten jedoch trotz rascher Erfolge immer wieder zur Rebellion ansetzen sollten, sodass die Halbinsel erst 554 halbwegs befriedet war. Parallel dazu nutzte man innere Auseinandersetzungen der Westgoten in Spanien, um große Teile des Südens samt den Balearen zu erobern. In der Levante vertraute Justinian zunächst lokalen Alliierten, denen er die Sicherung der Grenzregionen überließ.[143] Und entlang der Donau konnte das alte römische Kastellkettensystem ohne Unterbrechung weitergeführt werden. Lediglich die ehemaligen Provinzen in Gallien, Germanien und Britannien blieben unbesetzt. Außerhalb der Grenzen versuchte Justinian ein komplexes diplomatisches Konzept aufzurollen, um zahlreiche benachbarte Völker, etwa am Schwarzen Meer, am Kaukasus, in Syrien und Arabien, zu christlichen Klientelkönigen und somit zu Pufferstaaten zu machen.[144]

Um die vor allem personalintensiven Feldzüge sowie die folgende militärische Besatzung der neuen Provinzen gewährleisten zu können, bedurfte es neben immensen finanziellen Aufwendungen einer grundsätzlichen Reform des Heeres.[145] Anstelle auswärtiger Söldner wurde die Armee nun nationalisiert. Jede Provinz hatte in Form einer Art Wehrpflicht ihre eigenen Truppen zu rekrutieren und aufzubauen, ein System das zur Grundlage der späteren Themen-Verfassung werden sollte. Parallel dazu gab es eine Steuer- und Verwaltungsreform, eine Neudefinition des Rechts und nicht zuletzt ein rigoroses Bauprogramm, das neben kommunalen und geistlichen Projekten auch ein durchdachtes Festungskonzept brachte.

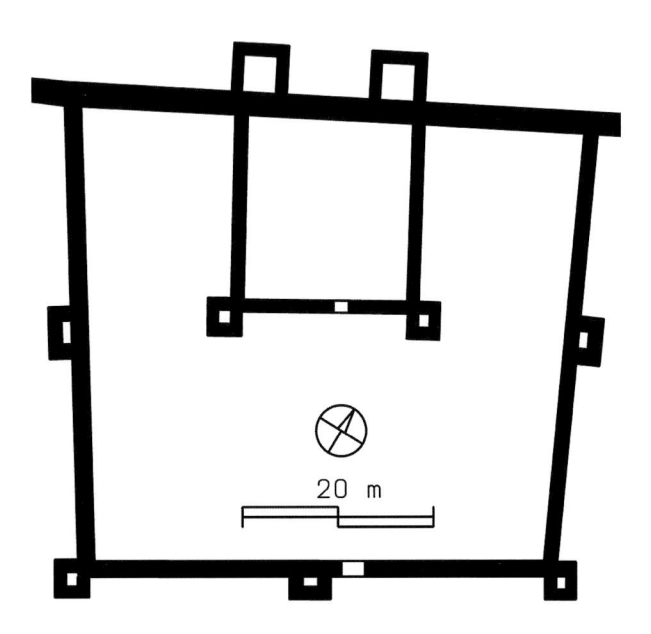

Abb. 101 | Ksar Bagai, Algerien, Systemgrundriss des Kastells, Mitte 6. Jh.

Anhand zeitgenössischer Quellen aber auch zahlreicher Bauinschriften lässt sich dafür eine zentrale Planung nachvollziehen.[146] Vor allem Justinians Biograph Prokopius[147] hat in einem eigenen Buch das umfangreiche Bauprogramm dokumentiert. Seine Worte *„Wenn wir eine Liste von Festungen, die durch Justinian errichtet wurden, aufstellen und dies vor Menschen die in einem entfernten Land leben und daher nicht in der Lage sind, sich die Beweise für unsere Aussagen vor Augen zu führen, erscheint sicherlich die Fülle dieser Konstruktionen unserer Erzählungen unglaubwürdig und wie eine Geschichte"*[148] sprechen deutlich für sich. Dennoch ist die Rekonstruktion überregionaler Baukonzepte heute nicht mehr uneingeschränkt möglich und wird daher in der Forschung unterschiedlich interpretiert.

An den italienischen Nordgrenzen wurden etwa die Alpen als natürliche Grenze genutzt. Grenzfestungen nahe den Straßen sind zwar dokumentiert, sie dienten aber eher als hoch gelegene umwehrte Gipfeldörfer der Bevölkerung.[149] Lage, Form und Bautechnik belegen die Kenntnis oströmischer Handwerksdetails und auch die archäologischen Funde beweisen die flächige Anwesenheit östlicher Zuwanderer, dennoch gab es mangels stationierter Truppen keine klassischen Kastellbauten und auch kein linear durchgeplantes Verteidigungssystem. Völlig anders sah die Situation in Afrika aus. Dort konnte man zwar zunächst mit den regionalen Stämmen kooperieren, es kam jedoch nach Abzug der Truppen zu laufenden Berberüberfällen vom Süden sowie zu Aufständen im Inneren. Zur Befriedung wurde ein vierteiliges Bauprogramm entwickelt, das sukzessive verdichtet wurde:[150] neben der möglichst linearen, aber aufgrund der Länge nicht zu schließenden Grenzkontrolle durch Kleinforts wurden im Hinterland große Festungsanlagen zum raschen Eingreifen errichtet. Weitere gab es im Landesinneren flächig verteilt sowie nicht zuletzt entlang der Küste als Landungsbasen. Die Hauptfestungen lagen an Einfallspforten, Durchzugsstraßen, Kreuzungen oder neben wichtigen Städten. Dazwischen konnten ganze Ketten die Wege sichern. Die eigentliche Last der Grenzverteidigung dürfte jedoch auf Soldatenbauern gelegen haben,[151] die in der überwiegenden Mehrheit als verbündete Landeinwohner sowie lokal als römische Militärveteranen die Grenzregionen (und die Forts?) bevölkerten.[152] Die verstreuten Festungen dürften hingegen innenpolitischen Charakter gehabt haben, um die durchmischte Bevölkerung dem Reich gewogen zu halten.

Als frühestes Kastell der Region wird Borj Jounga vermutet, das kurz nach der Eroberung als Landebasis begonnen, jedoch später von den Arabern wohl grundlegend erneuert wurde. Die Datierung zeitlich folgender afrikanischer Festungen ist

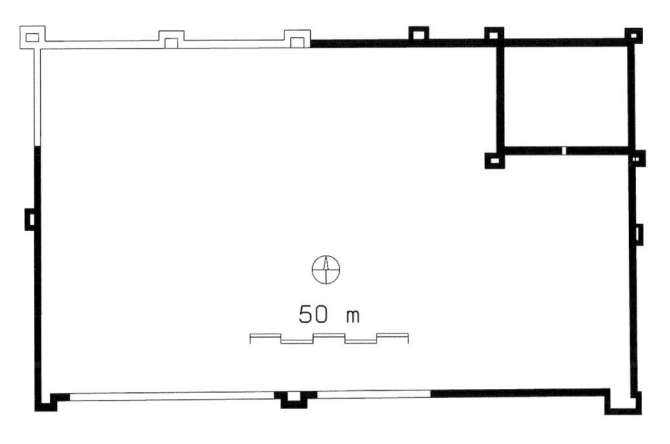

Abb. 102 | Sufes, Tunesien, Kastell, vor 548 n. Chr.

vor allem für Tunesien gut untersucht, während die übrigen Provinzen kaum erforscht sind. Ein Vergleich von urkundlichen Nennungen, Bauinschriften und Bautechnik lässt erkennen, dass vor allem ein Präfekt von Afrika, Solomon (534–536 sowie 539–544), als Bauherr tätig war. Eine kontinuierliche Verdichtung fand bis ins frühe 7. Jahrhundert statt.[153]
Gemäß der Funktion sind die afrikanischen Befestigungen in unterschiedliche Typen und Größen einzuteilen. Neben aufgereihten Wachtürmen und kleineren Forts verfolgten die großen Anlagen ein neuartiges, gestaffeltes Konzept. Ein großer äußerer Bering schützte eine städtische Siedlung, die oft neu planmäßig angelegt wurde. Am Rand der Stadtmauern gab es fast prinzipiell eine rechteckige Zitadelle, in der wiederum ein rechteckiges Kernwerk einen letzten Rückzugsort bot.[154]

Ein gutes Beispiel dafür bietet Bagai, dessen etwa 300 m großer rechteckiger Stadtbering im Norden ein angestelltes Kastell von 48 x 56 m aufweist (Abb. 101). Darin steht ein Kernbau mit Maßen von 20 x 22 m. Die schmalen Mauer- und Ecktürme sind konsequent aufgereiht, wobei die Innenflächen immer unbebaut blieben.
Frei am Land stehende Festungen folgten weitgehend diesem Typ, wenngleich hier der große Hof alle Versorgungseinrichtungen integrieren musste und daher deutlich größer ausgeführt war.
Die 110 x 190 m große Anlage von Sufes stellt den Idealtyp dieser Form dar, die vor allem in Tunesien sehr oft zu finden ist (Abb. 102). Die 548 erstmals genannte Anlage zeigt ebenfalls ein primäres Kernkastell von 36 x 44 m mit vier schmalen Ecktürmen.[155] In der großen Fläche könnten neben der notwendigen Versorgung auch stärkere Truppen zeitweise untergebracht gewesen sein.
Ähnliche Anlagen dürfte es auch in Südspanien und auf den Balearen in größerer Zahl gegeben haben. Dort sind die meisten Kastelle jedoch nach der Eroberung durch die Araber adaptiert worden, sodass die Ausscheidung der römischen Bauteile nur mehr schwer gelingt.
Als gutes Beispiel gilt die Zitadelle von Palma, deren Kernanlage gesichert Justinian zuzuordnen ist (Abb. 103). Die unter den Arabern stark veränderte äußere Rechteckanlage dürfte ebenfalls auf diese Zeit zurückgehen. Hier findet sich das gleiche System wie in Afrika mit großer Stadtmauer, Hauptburg und Kernwerk. Dieses ist mit 15 x 23 m zwar eher klein, aber

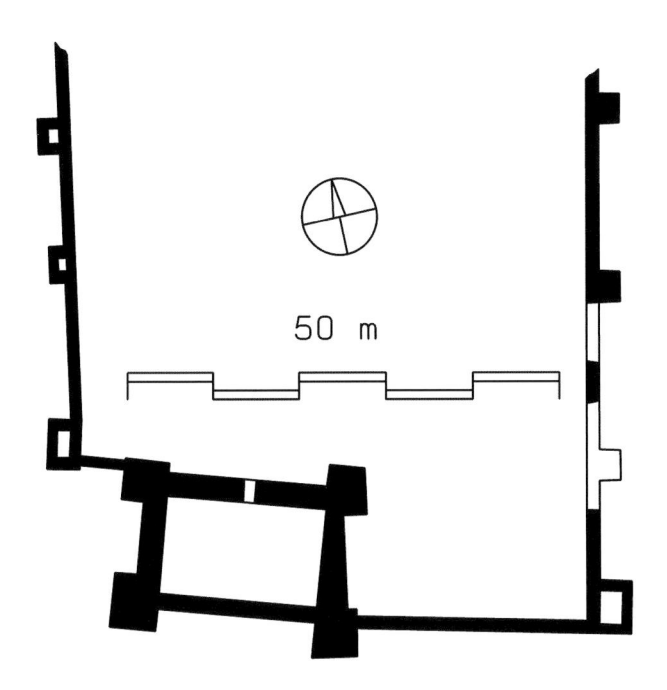

Abb. 103 | Palma, Mallorca, Kastell, Mitte 6. Jh.

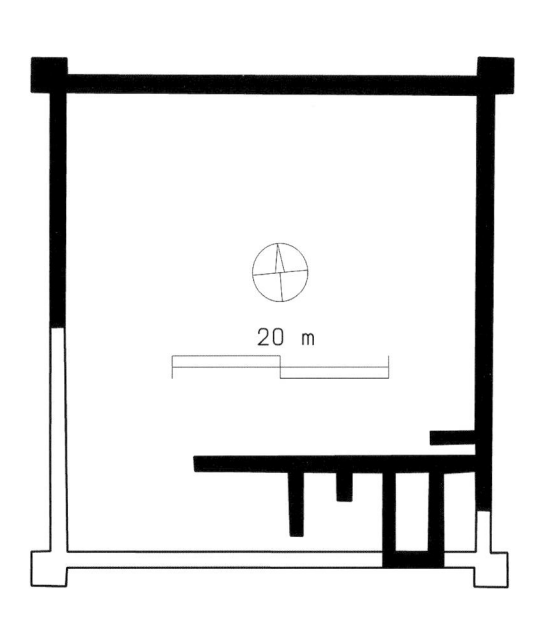

Abb. 104 | Selinunt, Italien, Kastell auf der Akropolis, 6. Jh.?

das Verhältnis zum großen Bering mit etwa 61 x 74 (?) passt durchaus.

An dieser Stelle ist die Frage erlaubt, ob diese kleinen Kernanlagen Höfe umfassten oder ob sie nicht große völlig überdachte Wohntürme darstellten. Das erscheint sehr wahrscheinlich, kann aber kaum eindeutig belegt werden. In der neueren Literatur wird das Kernwerk prinzipiell als „pyrgokástellon" bzw. Hauptturm bezeichnet,[156] was angesichts fehlender Binnenmauern, die einen Minihof eingrenzen könnten, durchaus stichhaltig ist. Demnach darf man die oströmische Kastellbaukunst von Afrika und Südspanien als geradezu geometrische Deduktion der Heereshierarchie von der befestigten Stadt über das Großkastell bis zur kleinsten Einheit, dem Turm wahrnehmen, eine konsequente Abwandlung, die auch dem politischen zentralistischen Weltbild vom Imperium über die Provinz bis zum Kaiser entsprach.

Die gleichzeitige Verkümmerung der Ecktürme zu massiven Pfeilern, wie sie in Palma zu finden ist, charakterisiert eine ganze Reihe weiterer Kleinkastelle, die über das Mittelmeer verstreut sind (Abb. 104).

Das zeigt etwa ein in minimalen Resten erhaltenes Kastell inmitten der Ruinen von Selinunt/Sizilien, einst einer wichtigen spätrömischen Kolonie. Aufgrund der charakteristischen spolienintensiven Bautechnik und der zu Nordafrika analogen Baudetails wird vermutet, dass hier im 6. Jahrhundert am südlichen Ende der deutlich älteren Akropolis ein 40 x 54 m großes Kástron als Zitadelle einer kleinen byzantinischen Siedlung errichtet wurde, die bei der gewaltsamen islamischen Eroberung 831 verlassen wurde.[157] Dem entgegen geht die jüngere Forschung von einem muslimischen Küstenfort des 10./11. Jahrhunderts aus.[158] Durch fehlende archäologische Funde und die äußerst geringen Fundamentreste wird diese Frage wohl kaum mehr geklärt werden können.

Sehr ähnlich zeigt sich das kretische Kastell Prinias, für das aufgrund der langen örtlichen Siedlungskontinuität ebenfalls keine zeitliche Zuordnung vorliegt (Abb. 105).[159]

Ähnlich ist auch das Kernkastell von Gibelin (Guvrin, bait Gibrin) strukturiert, das innerhalb eines größeren rechteckigen Forts steht (Abb. 106). Durch die spätere Nutzung unter den Arabern und den Kreuzfahrern kann die spätrömische Provenienz nur mehr indiziert werden.[160] Die in spärlichen Fundamentresten erhaltene Anlage zeichnet sich durch einen massiven Rechteckbering mit weit vortretenden Eckpfeilern aus. Das Mauerwerk besteht aus großen quaderhaften Blöcken mit Integration von Spolien.

Fast gleich ist ein kleines Kastell am Gipfel der einst bedeutenden Insel Arvad vor Latakia aufgebaut (Abb. 107). Vier massive Pfeiler flankieren eine starke Mauer aus großen quaderhaften Blöcken. Leider gibt es dazu keine historischen Daten. Die Insel wurde seit der Antike intensiv genutzt und erst um 1300 wurde das Kastell durch den benachbarten Neubau eines großen Kastells zur Eckbastion degradiert.

Als weiteren Typ mit 10 bzw. 11 Türmen aber ohne Binnenstaffelung bzw. Kernkastell findet sich in Tunesien gleich eine ganze Reihe fast gleichartiger Anlagen,[161] von denen hier stellvertretend Stitifis vorgestellt wird. Die unter Justinian errichtete Festung dürfte einer Reitereinheit von etwa 500 Mann zugeordnet gewesen sein und als ständig bewohnte Kaserne fungiert haben (Abb. 108).

Als nächst kleinere Stufe finden sich zahlreiche konsequente Vierturmkastelle an der Grenze von Numibien zu Mauretania Sitifensis, für die meist aufgrund des älteren Standorts eine si-

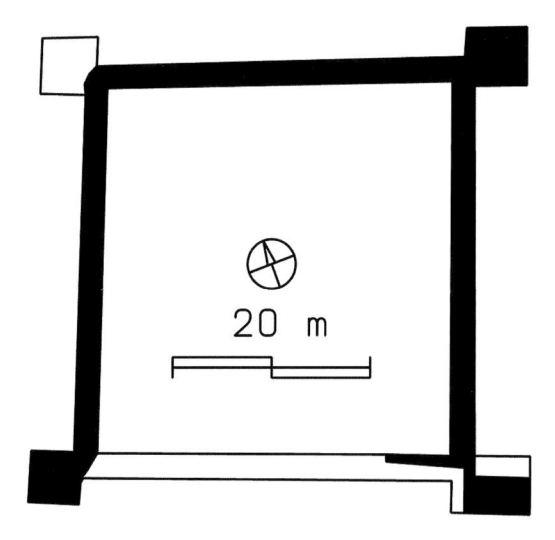

Abb. 105 | Prinias, Griechenland, 6. Jh.?

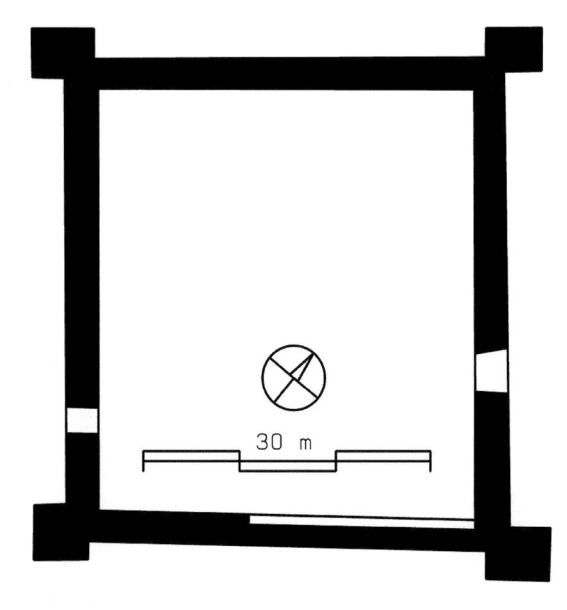

Abb. 106 | Gibelin, Israel, Kernkastell, 6. Jh.?

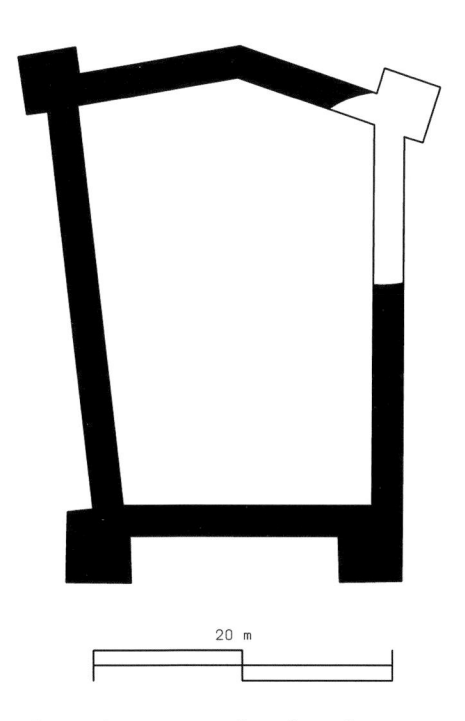

Abb. 107 | Arvad, Syrien, Kernkastell, 6. Jh.?

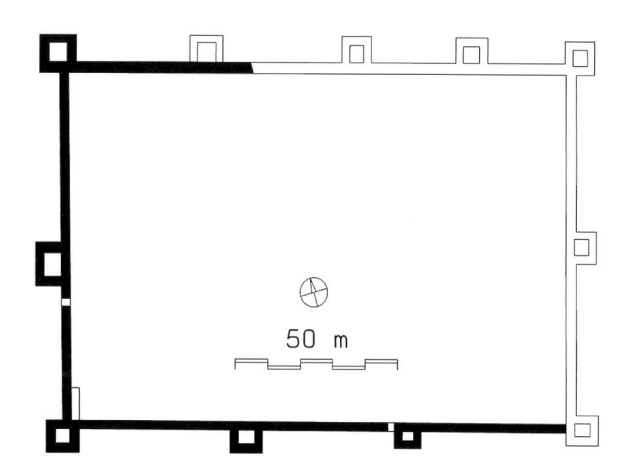

Abb. 108 | Stitifis (Setif), Tunesien, Kastell, Mitte 6. Jahrhundert

chere Datierung aussteht, die aber untereinander sehr ähnlich scheinen und allgemein der Zeit Justinians zugesprochen werden (Abb. 109).[162] Als Archetypus ist Zarai zu nennen, das bei 42 m Seitenlänge vier gleichförmige 9 m breite Ecktürme aufweist. Auch die anderen Kastelle zeigen Seitenbreiten von 40 bis 55 m und analoge konsequent orthogonale bzw. symmetrische Grundrisse.

Etwa ein Drittel davon hat zusätzlich an einer Seite einen zentral außen vorstehenden starken Mauerturm, der vom innen offenen Schalenturm bis zum dominanten Hauptturm rei-

chen kann (Abb. 110). Ein gutes Beispiel bietet das justinianische Kastell Ksar Sbahi, das an einer bedeutenden Straßenkreuzung lag und bei einer Fläche von etwa 39 x 42 m und 2,6 m Mauerstärken neben den rechteckigen Ecktürmen einen großen Mauerturm aufwies. Über einen möglichen hervorgehobenen Zweck dieses Turms ist nicht bekannt.

Eine Sonderform dieser Gruppe könnte das Kastell von Mselletin bilden, für das es unterschiedliche Datierungsansätze gibt (Abb. 111). Das nur 22 m breite Geviert zeigt vier kleine weit vorstehende Ecktürme sowie drei Mauertürme und innen einen Gebäudeumlauf.[163]

Vereinzelt finden sich in Tunesien auch Kastelle mit runden Ecktürmen, für die es jedoch mangels datierender Bauelemente keine zeitliche Eingrenzung gibt (Abb. 112). So kann etwa das 43 x 50 m große nahe einer römischen Brücke gelegene Gastal nur hypothetisch Justinian zugeordnet werden.[164]

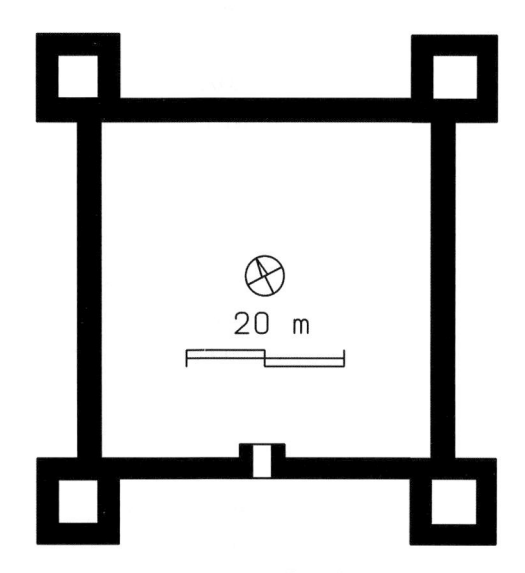

Abb. 109 | Zarai, Tunesien, Kastell 6. Jh.?

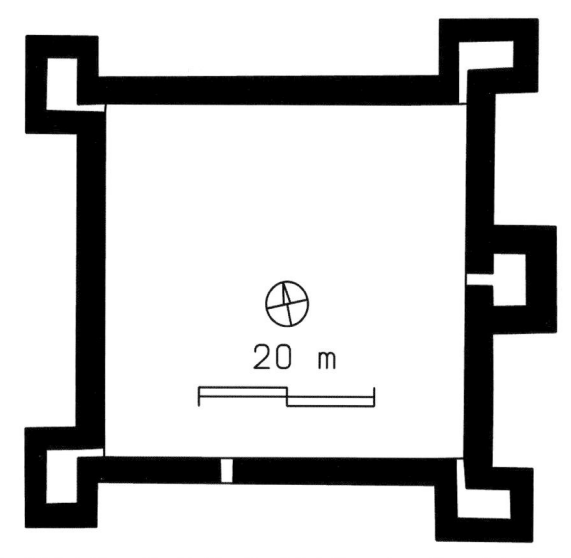

Abb. 110 | Ksar Sbahi (Gadiaufala), Tunesien, Kastell 6. Jh.

RÖMISCHES KAISERREICH

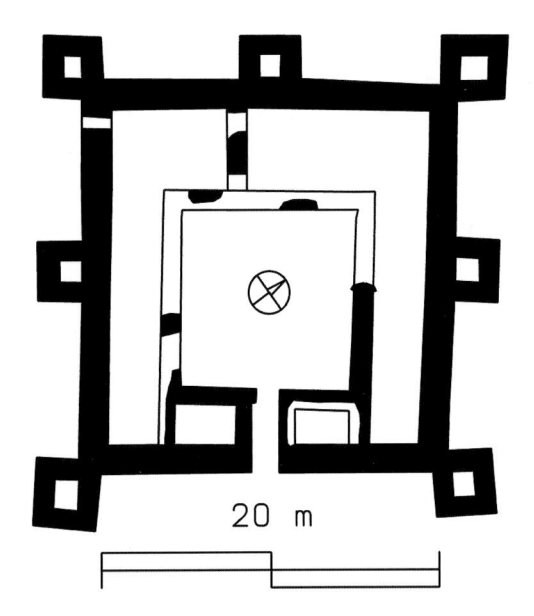

Abb. 111 | Mselletin, Tunesien, Kastell 6. Jh.?

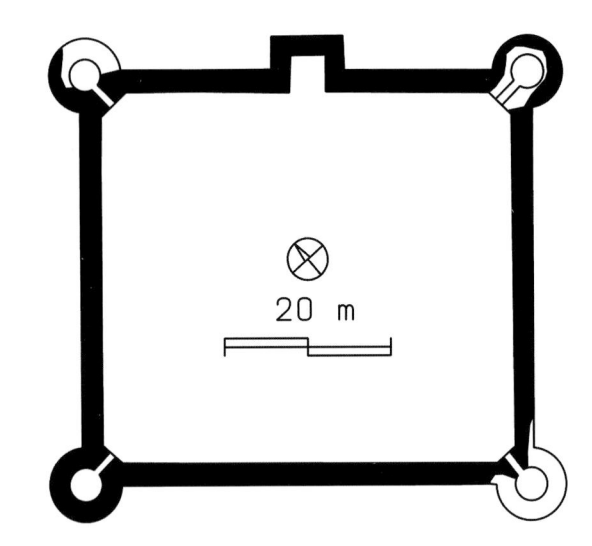

Abb. 112 | Gastal, Tunesien, Kastell 6. Jh.?

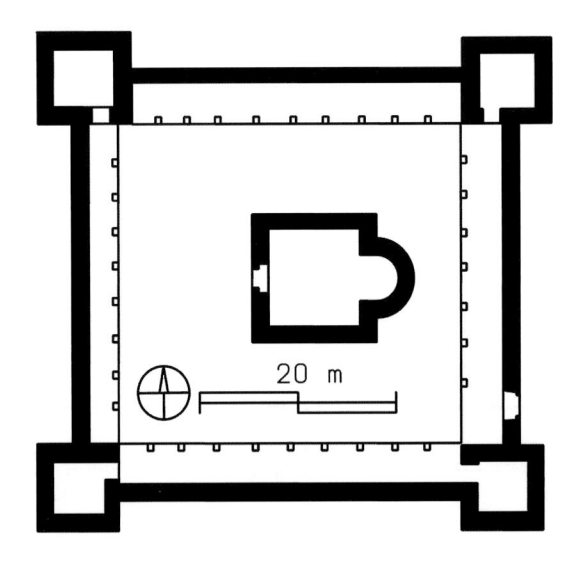

Abb. 113 | Il-Habbat, Syrien, Kastell, um 556/7

Etwas diffiziler war die Situation in der Levante und an der Grenze nach Persien (Abb. 113).[165] Hier hatte man zunächst mit den Vertragspartnern Frieden geschlossen, um bald zu merken, dass die lokalen Nomadenstämme nicht zu befrieden waren. So entstanden im gleichen System große Kastelle mit Binnenstaffelung wie die Festung Quasr Hallabat, kleine Grenzforts wie das Kastell von Il-Habbat (El Halabiyat) und eine große Anzahl von Wach- und Signaltürmen. Aber auch die zivilen Städte erhielten große rechteckige Befestigungen mit starken Mauern und zahlreichen Türmen, etwa Resafa. Qasr Hallabat bildete etwa ein neu gefasstes Konglomerat unterschiedlicher Zeitstellungen und Konzepte (Abb. 114).[166] Aus dem 2. und 3. Jahrhundert stammte der mehrfach erweiterte Kern, der nach einem Erdbeben 551 von Ghassanidischen Verbündeten mit einer konsequenten randständigen Bebauung zum palastförmigen (Königs-) Kastell mit flankierfähigen Ecktürmen ausgebaut wurde.

Wie dicht bebaut Kastelle nun sein konnten, zeigt in Ägypten eine ganze Reihe von sehr ähnlichen Anlagen an Karawanenwegen durch die westliche Wüste (Abb. 115). Die dortige sicherlich mehrfach umgebaute, 80 x 90 m messende Festung Dionysias war im 6. Jahrhundert zu einer mehrhöfigen und mehrgeschoßigen Kaserne mit zusätzlich eingestellten Baracken und integrierter Kapelle gewachsen.[167]

Die Kastellform wurde aber auch von zivilen Bauherren übernommen (Abb. 116). So stiftete inmitten der durchaus gut befestigten Stadt Androna (heute al-Andarin) nahe der syrischen Steppe ein reicher ziviler Gönner dem lokalen Stadtviertel ein sehr großes Kastell als letzten Rückzugsort.[168] Gemäß Inschriften wurde die bemerkenswerte Anlage in den Jahren 558–559 errichtet, die 13 m hohen Mauern mit zahlreichen Bogenscharten wurden durch rechteckige sowie sechseckige Türme geschützt, zwei Doppelturmtore führten in den zentralen Arkadenhof, der auf drei Seiten zweigeschossige Trakte mit tiefen eng gestaffelten Räumen sowie zentral eine kleine Kirche aufwies.

In der Region finden sich aus der 2. Hälfte des 6. Jahrhunderts mehrere klassische Kastelle mit Eck- und Flankentürmen sowie Doppelturmtoren, in denen dominante Kirchen sowie andere zivile Gebäude entsprechende nichtmilitärische Bauherren belegen.[169]

Ein wenig anders sahen die zeitgleichen Kastelle am unteren Donaulimes aus. Zwar gab es auch hier eine stufenlose Steigerung vom einfachen Turm über das Kleinkastell bis hin zur großen Festung, allerdings unterschieden sich die Baudetails merklich von Vorderasien und Afrika. Unter Justinian wurde eine Neubefestigung des Donaulimes befohlen, aber offen-

Abb. 114 | Quasr Hallabat, Syrien, Mitte 6. Jh.

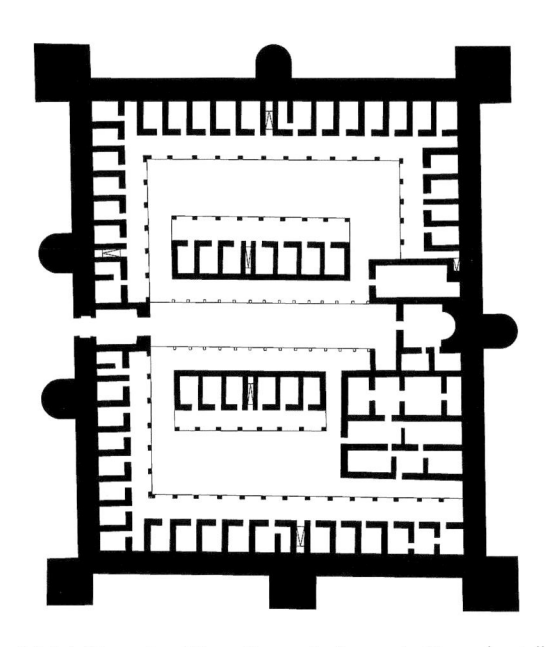

Abb. 115 | Dionysias (Qasr Qarun in Fayyun), Oasenkastell, Ägypten, 4.–6. Jh.

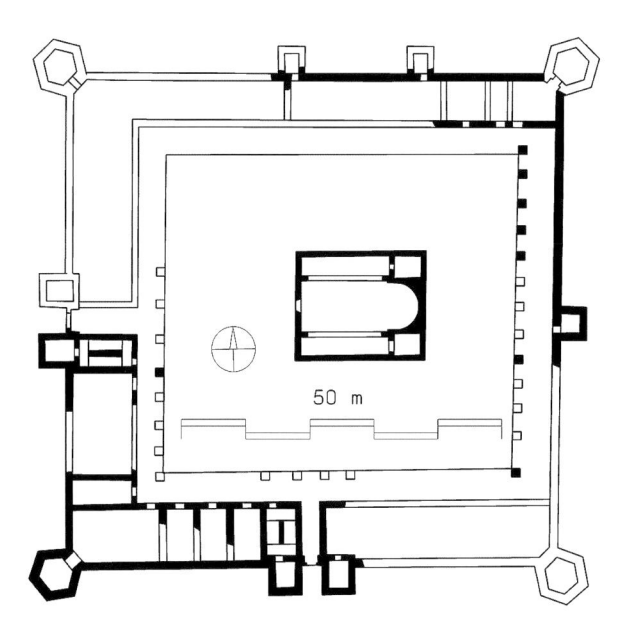

Abb. 116 | Androna (al-Andarin), Syrien, Kastell, 558–559 n. Chr.

RÖMISCHES KAISERREICH | 107

sichtlich von den lokalen Provinzen ausgeführt. Obwohl in Ungarn, Bulgarien und Rumänien zahlreiche Bauten erhalten sind, bieten die serbischen aufgrund ihrer guten Erforschung die besten Beispiele.

So zeigt das große Kastell von Balajnac nahe der Stadtneugründung Justinia Prima den klassischen rechteckigen Grundriss von etwa 78 x 122 m, jedoch sind hier die Türme nach lokaler Tradition rund bzw. halbrund gestaltet (Abb. 117).[170] Integrierte Kernkastelle sind bei Großkastellen in der ganzen Region Ostroms nicht zu finden. Jedoch dürfte es hier freistehend einen gewaltigen, 17 m breiten rechteckigen Wohnturm gegeben haben.

Nur 30 km südwestlich liegt das deutlich kleinere Kastell Bregovia, dessen abgewinkelter Grundriss sich einem Hügelplateau anpasst, wenngleich auch hier eine konsequente Symmetrie angestrebt wurde (Abb. 118).[171] Auf einer Fläche von 60 x 67 m war auch eine kleine Basilika primär eingeschlossen. Der Bering wurde von innen offenen halbrunden Türmen flankiert.)

Noch eine Stufe kleiner präsentiert sich Bosman, dessen dreieckiger Grundriss bei optimaler Anpassung an den winzigen Hügelgipfel eine möglichst geometrische Form aufweist (Abb. 119–120. Ähnliche kleine und unterschiedlich konstruierte Anlagen sind am gesamten serbischen Limes zu beobachten. Als kleinste Bauwerke sind schließlich die bei Prokopius „Tetrapyrgia" genannten Viereckmauern zu betrachten, die ebenfalls in Serbien am besten zu studieren sind.[172]

Sie zeigten alle einen freien Hof, der von runden massiven Eckpfeilern beschützt war (Abb. 121–122). Prokopius selbst nennt eine offenbar völlig freie Innenfläche, die wohl nicht ständig bewohnt war sondern als leerer Rückzugsbau diente. Eine Überdachung als Turm kann somit eigentlich ausgeschlossen werden. Eines der interessantesten, aber leider nicht datierten Kastelle liegt an der Südwestecke der Insel Zypern bei Paphos (Abb. 124). Die heute stark reduzierte Anlage namens Saranda Kolones, die inmitten einer bedeutenden antiken Siedlung stand, kann aufgrund der unterschiedlichen Mauerstrukturen als zweiphasig interpretiert werden. Das innere Kastell mit 36 x

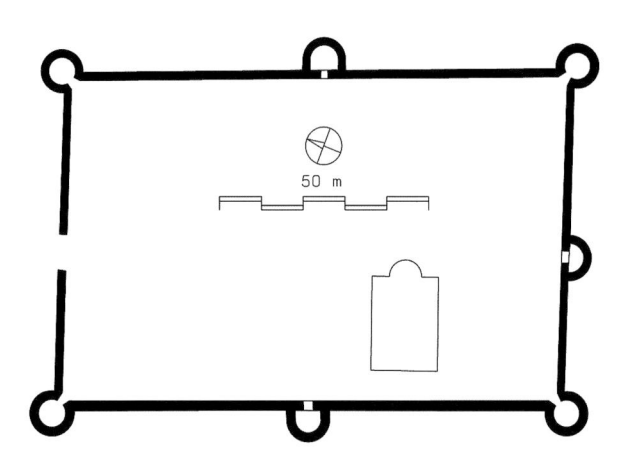

Abb. 117 | Balajnac, Serbien, Mitte 6. Jahrhundert

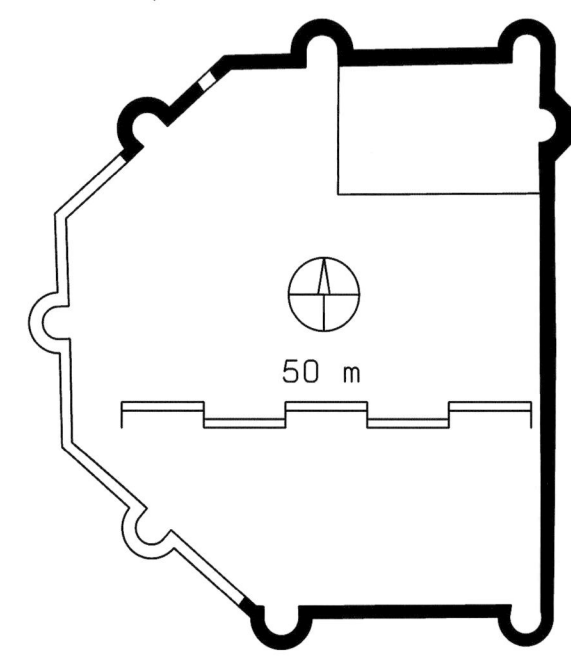

Abb. 118 | Bregovia, Serbien, Kastell, Mitte 6. Jahrhundert

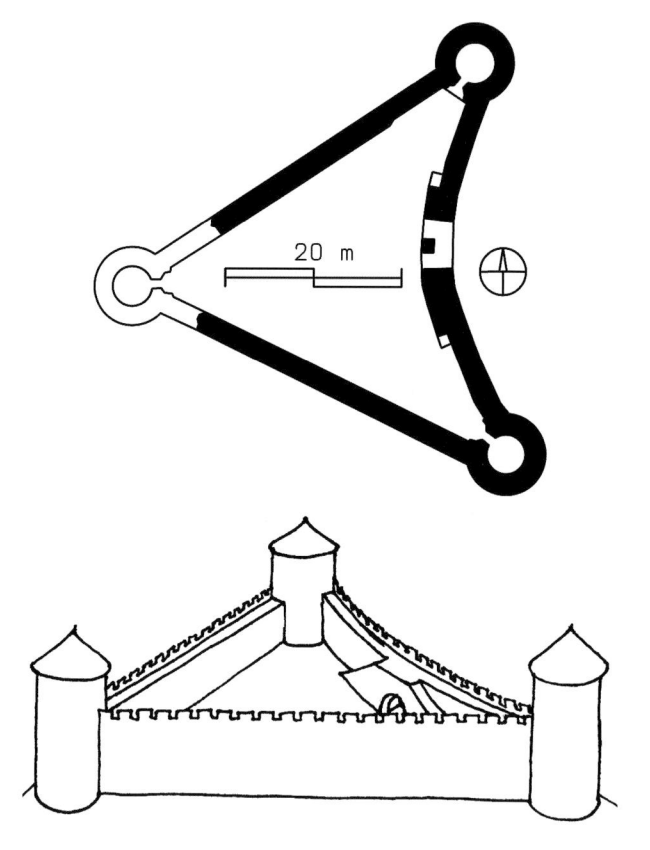

Abb. 119–120 | Bosman, Serbien, Kleinkastell, Mitte 6. Jahrhundert

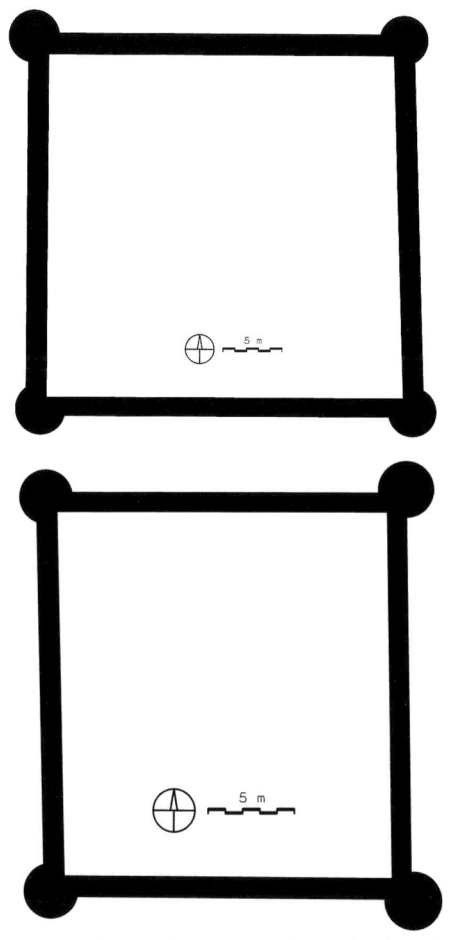

Abb. 121–122 | Kulište und Orešac, Serbien, Kleinkastelle, Mitte 6. Jahrhundert

37 m verzogen-rechteckigem Grundriss besitzt vier gänzlich vorstehende symmetrisch angeordnete Ecktürme von etwa 11 x 14 m. Nach Osten ragte ein Halbkreisturm mit Tor vor, dessen Orientierung für eine Kapelle im Obergeschoß spricht. Im Hof haben sich Reste einer umlaufenden tonnengewölbten Arkadenhalle erhalten, die im Obergeschoß Räume getragen hat. Die Außenmauern bestehen aus dunklen Buckelquadern, die durch großformatige helle Eckbuckelquader sowie eine Vielzahl von regelmäßig eingesetzten Säulenschäften akzentuiert sind. Diese stammen von nahen antiken Ruinen, die man offensichtlich systematisch geplündert hat, um die Anlage rasch aber optisch durchaus ansprechend hochziehen zu können. Der gesamte Bau ist mit seiner Konsequenz, den Schießnischen und dem gewölbten Arkadengang gut mit spätrömischen Kleinkastellen vergleichbar.[173]

In der zweiten Phase entstand ein ebenfalls konsequent geführter äußerer Mauerring mit einer Ausdehnung von 65 x 75 m und Kombinationen von runden Ecktürmen sowie dreieckigen, fünfeckigen und viereckigen Mauertürmen. Da sein Ostbering dem älteren Torturm ausweicht, muss diese Phase chronologisch jünger sein. Das Mauerwerk besteht nun aus kleinteiligen homogenen Quaderstrukturen ohne Buckelquader und ohne Spolien. Mangels datierbarer Details erlauben nur die verschiedenen Türme einen Vergleich mit sehr ähnlichen Befestigungen von justinianischen Stadt- und Kastellbauten am Balkan, weshalb auch hier eine entsprechende Datierung anzunehmen ist.

Diese Festung wurde nach der Plünderung Zyperns durch die Araber aufgegeben und die Insel war einige Zeit entmilitarisiert. Mit dem Wiederaufbau der byzantinischen Mittelmeerfestungen um 1100 dürfte auch eine neuerliche Etablierung des Forts erfolgt sein[174] und der äußere Bering könnte auch aus dieser Epoche stammen.[175] Im Jahr 1191 übergaben die Byzantiner ein „castellum quod dicitur Baffes" dem englischen Kreuzfahrerkönig Richard Löwenherz, der einige Adaptierungen vornehmen ließ, ehe die Anlage nach einem schweren Erdbeben 1222 endgültig verlassen wurde.[176]

DER NIEDERGANG DES OSTRÖMISCHEN REICHS

Nach dem Tod Justinians ging es mit dem ausgedehnten Imperium rapide bergab. Anhaltende Angriffe von Arabern, Slawen, Bulgaren, Langobarden, Awaren und Ungarn führten zu stetigen Gebietsverlusten. Verwüstungen und die Pest hatten die Bevölkerung schrumpfen lassen und nur wenige Grenzen konnten bedingungslos gehalten werden. Man reagierte zunächst mit geradezu panischen Befestigungen, etwa in Resafa, Antiocheia und Edessa.

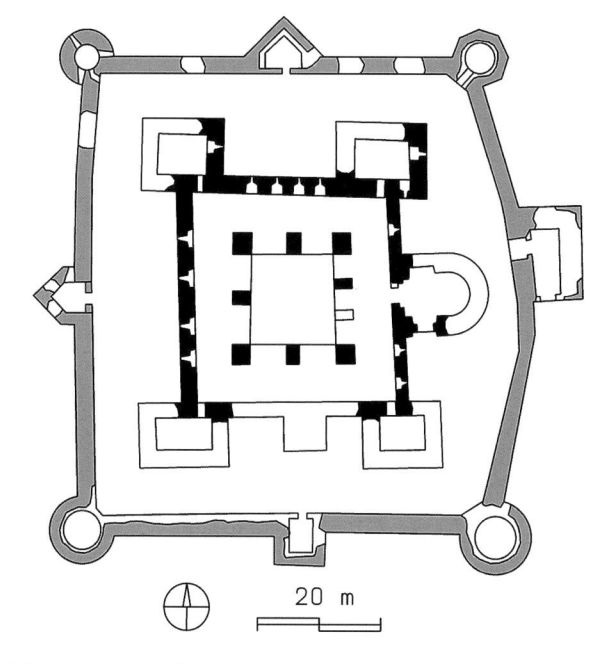

Abb. 124 | Saranda Kolones, Zypern, spätantik und justinianisch?

RÖMISCHES KAISERREICH

Abb. 125–126 | Ksar Lemsa (Limisa), Tunesien, entstanden unter Kaiser Maurikios (582–602)

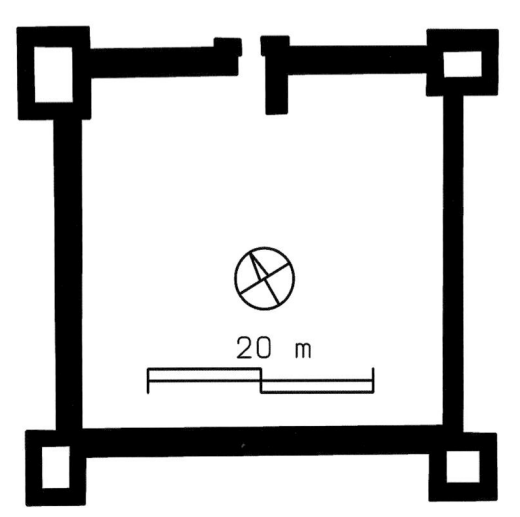

Das besonders gut erhaltene Kastell in Ksar Lemsa, das zu einer ganzen Reihe ähnlicher in Afrika gehört, zeigt, dass es auch im ausgehenden 6. Jahrhundert noch völlige Neubauten gab und dass zumindest lokal keineswegs ans Aufgeben gedacht wurde (Abb. 125–126). Die kleine Anlage von 34 x 36 m folgt konsequent dem klassischen Schema mit vier starken Mauern und weit vorstehenden schmalen Ecktürmen. Das Mauerwerk verwendet ausschließlich ältere Quader einer benachbarten Ruine und wirkt sehr überhastet gefügt. Ähnliche Kastelle mit unterschiedlich gestalteten, teilweise rechteckigen Türmen, finden sich aus dieser Zeit mehrfach, etwa in Timgad (Tunesien) und Can Pins (Insel Formentera, Balearen).[177]

Als zweite Reaktion auf den Rückgang der Truppen und die ständigen Angriffe im späten 6. Jahrhundert kann die Ausfeilung der Verteidigungseinrichtungen bezeichnet werden.[178] Abgeböschte Sockel, Ausfallspforten, vielfältige Schießscharten, Gusslöcher und Wehrerker gehörten ebenso dazu wie weiterentwickelte Wurfgeräte und massive Panzerungen der Soldaten. Tatsächlich konnte man damit auch noch Erfolge feiern. So schlug Kaiser Herakleios eine persische Armee und zog 630 triumphal wieder in Jerusalem ein.

Dennoch brachte die explosionsartige Ausdehnung des Islam (dessen militante Vertreter in kürzester Zeit entlang des südlichen Mittelmeers vom vorderen Orient über Afrika bis Spanien alle Provinzen überrannten) schließlich eine neue Bedrohung, die letztlich zur Aufgabe des imperialen Weltanspruchs führte und Ostrom als „Byzantinisches Reich" ins östliche Mittelmeer reduzierte. Sein regionaler Bestand sollte bis ins hohe Mittelalter dauern, die alten Provinzen entwickelten sich von nun an jedoch selbstständig.

Nun stellt sich die Frage, wann man das Ende des Römischen Imperiums ansetzen sollte. In der Geschichtsforschung werden verschiedene Zeitpunkte definiert. Manche sehen es bereits 284 mit dem Amtsantritt von Diocletian, andere mit Konstantins Bestimmung von Konstantinopel zur neuen Hauptstadt 330.[179] Weitere wiederum begründen es mit der Reichsteilung 395 sowie mit dem Ende Westroms 476. Doch im Osten sah man sich weiterhin als ungebrochene Weiterführung eines geeinten „Imperium Romanum". Tatsächlich verfolgte man seine Ziele auch in vielen der ehemaligen westlichen Provinzen weiter und startete mehrfach Versuche zur Wiederherstellung der alten Reichsgrenzen. Deshalb kann auch Ostrom bis zum nachhaltigen Rückzug aus dem westlichen Mittelmeer im frühen 7. Jahrhundert durchaus als „römisch" bezeichnet werden, während man danach besser vom Byzantinischen Reich spricht. Dieses wird hier daher später getrennt zu betrachten sein, ohne dass es damit einen konkreten Endpunkt des Römischen Reichs zu beachten gäbe.

---

1 Die Erforschung römischer Kastellanlagen erfolgte bislang nur sehr überblicksmäßig. Ein Standardwerk lieferte zuletzt Johnson 1987. Jedoch wurden in den letzten Jahren nicht zuletzt durch das Limes-Projekt zur Erlangung des Welterbe-Status der UNESCO zahlreiche Forschungen unternommen, deren Ergebnisse in der nächsten Zeit zu erhoffen sind. Dadurch wird es vor allem im Osten und Süden zu zahlreichen Ergänzungen und Berichtigungen des derzeitigen Kenntnisstandes kommen. Hier können jedoch nur die bislang leicht zugänglichen Publikationen ausgewertet werden. Eine Zusammenfassung von reinen Legionslagern bot zuletzt Bishop 2012.
2 Propyläen Bd. IV, 1986, 661.
3 Ein frühes länger genutztes Kastell dürfte in Ostia seit dem 4. Jh. v. Chr. bestanden haben, wo der Hafen eine ständige Militärpräsenz erforderlich machte. Bekannt ist hier nur der rasterförmige Grundriss, während die genaue Binnenstruktur durch die frühe Umwandlung in eine römische Zivilstadt verwischt wurde.
4 Delbrück 1900, Nachdruck der Neuauflage 2000, 183.
5 Polybios 6.27–31, vgl. Campbell 2006, 7.
6 Delfante 1999, 49.
7 Beispiele bei Humpert, Schenk 2001, 258f bzw. 328f.
8 Delfante 1999, 51.
9 Hanson 2007.
10 Hanson 2007, 613.
11 Zu den Römischen Heereskörpern siehe allgemein Junkelmann 1997.
12 Bishop 2012, 15.
13 Dreher 2012, 103.
14 Delbrück 1900, 154.
15 Florus 2.30, vgl. Campbell 2009, 7.
16 Müller 1884, 55.
17 Campbell 2006, 12.
18 Schwemin 1998, 35.
19 Kühlborn 1990, 174.
20 Schäfer 2005, 23.
21 Campbell 2006, 51.
22 Josephus, Bell. Jud. III, 76 zit. nach Johnson 1987, 11.
23 Klee 2006, 7.
24 Das heute allgemeine Wort Limes, das seit dem 19. Jahrhundert diese Grenzsicherung beschreiben sollte, stammt ursprünglich aus dem landwirtschaftlichen Bereich und bezeichnete bald auch Waldschneisen, die eine bessere militärische Kontrolle ermöglichten. Später wurden die grenzparallelen Heeresstraßen so genannt, ab dem 4. Jahrhundert schließlich alle von Militär verwalteten (Grenz-) Bezirke. Vgl. Fischer 2015, 26.
25 Delbrück 2000, 172.
26 Klee 2006, 58.
27 Klee 2006, 36.
28 Strabo Geographie 17.1.54, vgl. Campbell 2009, 9.
29 Klee 2006, 132.
30 Tacitus, Annalen 3.20–21, vg. Campbell 2009, 8.
31 Tacitus, Annalen 4.25, vgl. Campbell 2009, 8.
32 Pflaum 1986, 337.
33 Schönberger 1985, 321f.
34 Campbell 2009, 8.
35 Klee 2006, 71.
36 Campbell 2009, 11.
37 Tacitus Annalen 12.45–46, vgl. Campbell 2009, 11.
38 Klee 2006, 124.
39 Klein 1988.
40 Genequand 2016, 16.
41 Klee 2006, 127 bzw. Genequand 2016, 17.
42 Klee 2006, 128.
43 Pflaum 1986, 345.
44 Seine teilweise aus der Luft noch gut erkennbaren rechteckigen Marsch- bzw. Belagerungslager belegen, dass das Grundmuster des schwach befestigten Feldlagers weiterhin unverändert gültig war.
45 Müller 1984, 72.
46 Pleyel 1987, 70.
47 Symons 2009, 7.
48 Symons 2009, 19.
49 Symons 2009, 47.
50 Dieses System sollte 1200 Jahre später unbewusst in ähnlicher, wenn auch deutlich reduzierter Form unter König Eduard bei der Eroberung und Befriedung von Wales angewendet werden (siehe unten). Dabei wurden teilweise sogar die gleichen Ortschaften als Kastellstandorte ausgewählt.
51 Eine ähnliche flächige Befriedung sollte erst im 2. Jahrhundert in Nordafrika (im heutigen Tunesien) zur lokalen Sicherung der römischen Siedlungszonen beitragen, auch das Hinterland des Limes Arabicum zeigt teilweise netzartige Straßensysteme mit Kastellen an den Schnittstellen.
52 Klee 2006, 92.
53 Pflaum 1986, 352.
54 Klee 2006, 9.
55 Klee 2006, 41.
56 Pflaum 1986, 360.
57 Harl 1979, 78. Letztstand des Grundrissplans vgl. Mosser 2016, 33.
58 Mosser 2004, 212ff.
  Martin Mosser ist auch herzlich für die großzügige Unterstützung bei der Literaturrecherche zu danken.
59 Pleyel 1987, 127.
60 Herrn Christian Gugl ist herzlich für die Literaturrecherche, die Textkorrektur sowie für Unterlagen zu danken.

61 Pleyel 1987, 73.
62 Klee 2006, 70.
63 Klee 2006, 23.
64 Pflaum 1986, 370.
65 Graham 2003, 17.
66 Klee 2006, 13.
67 Pflaum 1986, 375.
68 Klee 2006, 25.
69 Klee 2006, 44.
70 Rabold, Schallmayer, Thiel 2008, 56.
71 Pleyel 1994, 187. In Albing wurde in der Folge offenbar eine zusätzliche Reitereinheit stationiert, vgl. Ployer 2013, 36.
72 Aumüller 2002, 47.
73 Aumüller 2002, 242.
74 Rabold, Schallmayer, Thiel 2008, 79.
75 Pleyel 1994, 185.
76 Klee 2006, 135.
77 Klee 2006, 136.
78 Pflaum 1986, 400.
79 Kandler, Vetters 1986, 118.
80 Genequand 2016, 13.
81 Johnson 1987 314.
82 Kandler, Vetters 1986, 189.
83 Sommer 2005, 72.
84 Erst viel später wurde im Inneren ein isoliertes Kleinkastell eingebaut. Mesqui 1991, 13.
85 Klee 2006, 57.
86 Ivaldi 2005, 27.
87 Višnjić 2016, 495.
88 Seston 1986, 492.
89 Knör 2007, 4.
90 In diese Reihe passt in Größe, Struktur und starker Turmbewehrung auch das jordanische Lager Hauara (Auara, Humeima), dessen Datierung jedoch höchst umstritten ist. Früher wurde es Diocletian zugerechnet, gemäß neueren Forschungen sei es schon kurz nach der Eroberung des Nabatäerreichs 106 entstanden. In diesem Fall wäre es das früheste Kastell mit flankierfähigen Turmreihen und stände isoliert 200 Jahre vor seinen nächsten Verwandten. Vgl. Parker 1986. Aktuelle archäologische Sondagen werden hier näheren Aufschluss geben.
91 Whitcomb 2006, 61.
92 Knör 2007, 7.
93 Parker 2000, 135.
94 Godwin 2006, 275.
95 Kennedy 2007, 56.
96 Klee 2006, 114.
97 Knör 2007, 23 bzw. 42.
98 Knör 2007, 24.
99 Aufzählung und Literatur bei Knör 2007, 16. Die Bezeichnung quadriburgium bzw. quadriburgus ist ein künstliches Wort der Forschung des frühen 20. Jahrhunderts, vgl. Băjenaru 2010, 58.
100 Seston 1986, 492.
101 Pearson 2002 und Pearson 2003.
102 Fields 2006, 24.
103 Genequand 2016, 17.
104 Goodall 2008, 25.
105 Fulford, Rippon 2011, 123.
106 Losse 2012, 84.
107 Grabher 2005, 89.
108 Seston 1986, 493.
109 Ćurčić 2010, 30.
110 Németh 1986, 95.
111 Kandler, Vetters 1986, 150.
112 Ployer 2013, 86.
113 Marasović 1995.
114 Ćurčić 2010, 26.
115 Genequand 2016, 19 bzw. 24 (Dumayr nicht datiert).
116 Ćurčić 2010, 23.
117 Die durchaus ansehnlichen Reste wurden im Kreuzgang von San Vittore al Corpo archäologisch erforscht, die Ergebnisse werden im Archäologischen Museum Mailands präsentiert.
118 Ćurčić 2010, 25.
119 Srejović, Tomović, Vasić 1996, 234.
120 Brandt 1998, 28.
121 Ćurčić 2010, 47.
122 Bishop 2012, 122.
123 Ćurčić 2010, 46.
124 Zahariade 1996, 250.
125 Băjenaros 2010, 141.
126 Ćurčić 2010, 48.
127 Seston 1986, 520.
128 Maurer, Kirsch 1970.
129 Christlein 1976, 28.
130 Mayr 2005, 64.
131 Póczy 1986, 65.
132 Băjenaru 2010, 253.
133 Seston 1986, 555.
134 Gregory 1993. Dieses Kastell wurde weitgehend archäologisch erforscht, dabei konnten ab der Errichtung bis ins 14. Jahrhundert mehrere Um- und Wiederaufbauphasen dokumentiert werden.
135 Nach Gregory 1993, 129.
136 Harper 1995 bzw. Băjenaru 2010, 82.
137 Ćurčić 2010, 141.
138 Ćurčić 2010, 139.
139 Băjenaros 2010, 160.
140 Ćurčić 2010, 140.
141 Rubin 1986, 623.
142 Krause 2010, 422.
143 Cameron 2008, 10.
144 Esders 2008, 15.
145 Rubin 1986, 651.
146 Kühn 2010, 408.
147 Prokopius von Kasaireia, De aedeficiis IV, 1–7, hg. Von Veh 1977, 171.
148 Prokopius 209, vgl. Diehl 1986, 138.
149 Greppi 2008, 21.
150 Diehl 1896, 228.
151 Pringle 1981, 95.
152 Es gilt als generell nachgewiesen, dass in der Spätantike die meisten Kastelle keineswegs nur von Soldaten bewohnt waren sondern sich ihr ganzes familiäres Umfeld hier aufhalten konnte. Ob man deshalb jedoch besser von befestigten Wehrdörfern sprechen sollte, wird in der Literatur heftig diskutiert. Vgl. Gardner 2007, 660.
153 Durliat 1981.
154 Pringle 1981, 39.
155 Pringle 1981, 230.
156 Kühn 2010, 408.
157 Maurici 2000, 23.
158 Mertens 1989, 391.
159 Băjenaros 2010, 59 bzw. 244.
160 Kloner, Cohen 2008, 285.
161 Stitifis, Madauros, Anastasia, Tubunae, Thamugadi, Calama, Ksar Belezmar, Thamallula, vgl. Pringle 1981, 144 bzw. Djelloul 1999.
162 Băjenaros 2010, 87 bzw. 265.
163 Băjenaros 2010, 87.
164 Băjenaros 2010, 89.
165 Cameron 2006, 10.
166 Kennedy 2006, 26.
167 Vivian 2000, 50, Grundriss nach Schuetz 2008, 63.
168 Strube 2005, 105.
169 Genequand 2016, 22.
170 Ćurčić 2010, 181.
171 Ćurčić 2010, 181.
172 Ćurčić 2010, 1480.

173 Ein strukturell sehr ähnliches Gegenstück befindet sich mit Khirbet Jaddalah im vorderen Orient, leider ist dort nur der äußere, ältere Mauerring ins 2. Jh. datiert, während das zentrale Kastell zeitlich offen scheint. Vgl. Bäjenaros 2010, 60.
174 Pfeifer 1993.
175 Zu dieser Zeit gab es im byzantinischen Reich offenbar wieder ähnliche Kombinationen von runden und spitzen Türmen, etwa beim westgriechischen Kastell Arta, das aber ebenfalls nicht eindeutig datiert ist.
176 Spekulationen, ob nicht das ganze Kastell erst von Löwenherz errichtet sei, können widerlegt werden, da sowohl die rundbogigen Arkaden und die Schießnischen nicht zeitgemäß wären als auch sekundäre Arkadenvermauerungen und Zwingereinbauten eine längere Nutzungszeit indizieren. Immerhin belegen Münzfunde des späten 12. Jahrhunderts die Anwesenheit englischer Kreuzfahrer, sodass eine direkte Nachahmung in England gut möglich wäre. Zur Spätdatierung vgl. Boas 2006, 124.
177 Spanu 1998, 195.
178 Kühn 2010, 412.
179 Krause 2010, 409.

Ghale'e Dokhtar, Iran

NEUPERSISCHES KÖNIGREICH

Im Großraum des fruchtbaren Halbmonds konnte nach dem Sturz der Arsakiden, dem letzten Königsgeschlecht der Parther, ab 227 das iranische Herrschergeschlecht der Sasaniden (Stammvater Sasan) ein Großreich aufbauen, das bis 642 existieren sollte.[1] Obwohl sich die Sasaniden als Bewahrer der Traditionen der Achaimeniden fühlten, übernahmen sie die Verwaltungsorganisation des arsakidischen Großkönigtums, die Artaxerxes, der erste sasanidische Herrscher Ardaschir, jedoch straffer zentralisierte. Seine Reformen hatten sogar Einfluss auf die benachbarte römische Reichsneuordnung des Diocletian, der zudem auch die schwere persische Reiterei als Vorbild nachahmte.

Trotz der jahrhundertelangen überregionalen Bedeutung des spätantiken bzw. neupersischen Reiches steht die Erforschung seiner militärischen Bauten noch am Beginn.[2] Dabei wären im Großraum auch zahlreiche bisher den Römern zugeordnete Kastelle neu auszuwerten. So zeigen etwa Anlagen in Syrien, Iran und Irak derart enge Parallelen zu den wenigen eindeutig identifizierten persischen Festungen, dass sie neuerdings eher diesen zugeordnet werden.[3] Dennoch gibt es auch dann nur minimale Möglichkeiten der Verallgemeinerung, sodass dieses Kapitel wohl erst in einigen Jahren aussagekräftig zu schreiben sein wird. Das ist umso bedauerlicher, als dem späten Perserreich als lange Zeit ebenbürtiger Gegner der Rö-

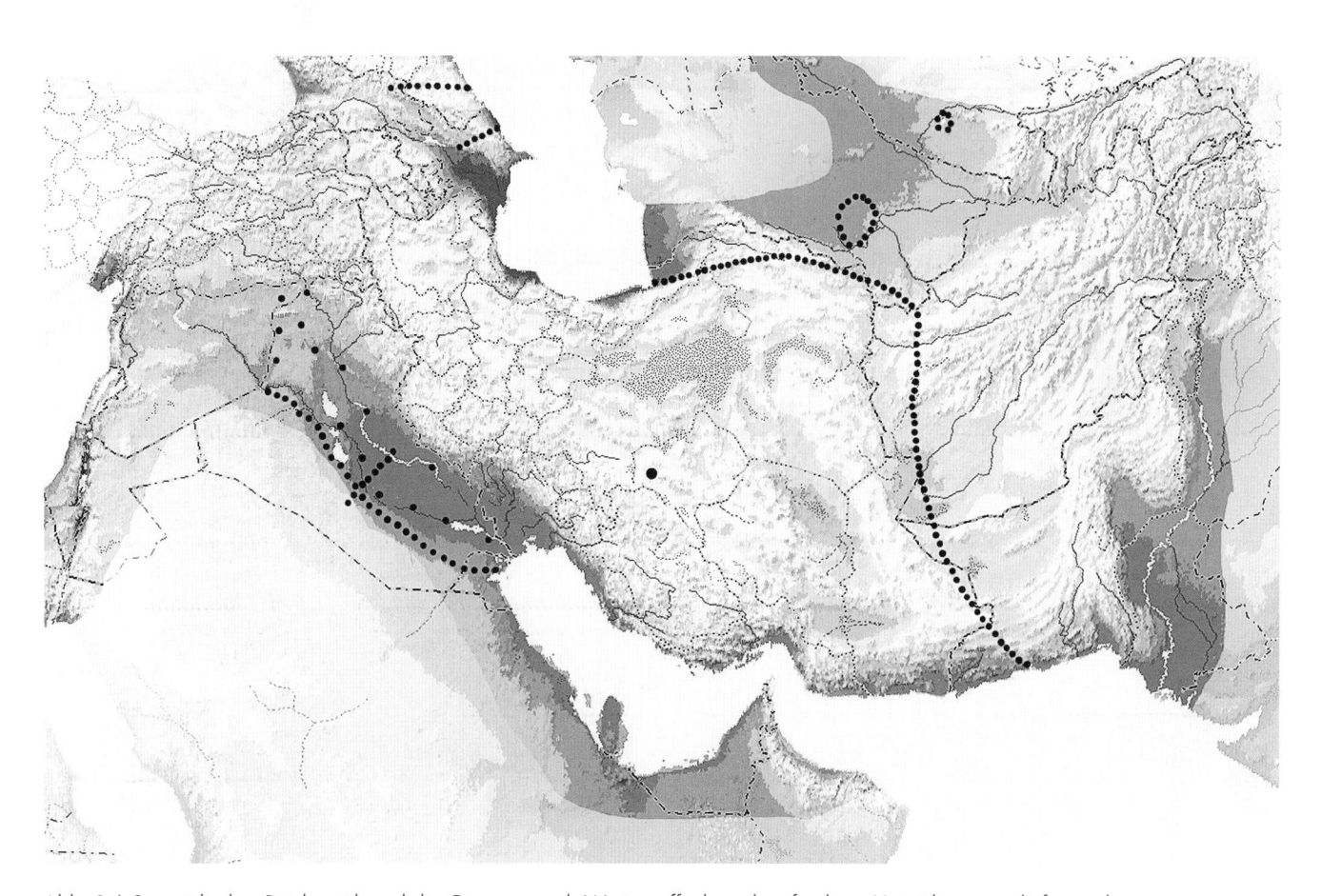

Abb. 1 | Sasanidisches Reich, während die Grenzen nach Westen offenbar ohne fassbare Verteidigung verliefen, gab es am Kaspischen Meer, entlang der südlichen Wüste sowie parallel des Hindukusch aufwändige Barrieren. Durch das Hochland verlief nach Süden eine nicht als geschlossen zu interpretierende kaum untersuchte Kontrollzone.

mer und als Vorgänger und kulturelle Basis für die Arabische Expansion eine besondere Rolle zukommen sollte. (Abb. 1)

Das Neupersische oder Sas(s)anidische Imperium konnte sich in seiner Größe durchaus mit dem gleichzeitigen oströmischen Reich vergleichen, mit dem man sich regelmäßig militärisch maß. Dazu gehörte ein ebenso effizienter Militärapparat, der gleichfalls zentralistisch und hierarchisch organisiert war. Er errichtete ebenso wie die Römer standardisierte Kastelle, und zwar sowohl leicht befestigte Marschlager als auch massive Standlager. Beide wurden für Kampagnen des 3. und 4. Jahrhunderts schriftlich und durch Feldforschung nachgewiesen. Auf der benachbarten nicht politisch zugehörigen Arabischen Halbinsel gab es im 4. Jahrhundert eine ganze Reihe von Kastellen mit 30 bis 60 m Seitenbreite und eckigen oder runden Ecktürmen, die als lokale Fürstensitze in architektonischer Anlehnung an oströmische oder sasanidische Vorbilder gelten,[4] zeitgleiche persische Kastelle sind hingegen nicht belegt.

Das einzige ansatzweise archäologisch erforschte Kastell der Perser in Mesopotamien ist Ain Sinu I (Abb. 2). Die Anlage wurde wohl im späten 2. Jahrhundert von den Römern gegründet und bis ins frühe 3. Jahrhundert genutzt, wie Münzen bis 235 n. Chr. indizieren. Dennoch geht die Forschung aufgrund der Barackenstrukturen und der sasanidischen Artefakte davon aus, dass die Festung im 5. Jahrhundert unter den Sasaniden weitgehend neu errichtet wurde.[5] Diese neue 323 x 338 m große Anlage war streng rechtwinklig und symmetrisch aufgebaut. Die Außenmauer besaß mit zwei Schalenfronten eine verfüllte Gesamtstärke von fast sechs Metern, bei der keine Hinweise auf Türme nachgewiesen sind. Lediglich die vier axial angeordneten Tore wurden offenbar von zehn Meter breiten Türmen überfangen. Im Inneren gab es ausschließlich gleichförmige Kasernenblöcke.

Von weiteren rechteckigen Anlagen mit engen Reihen von ähnlich großen Baracken gibt es in Mesopotamien nur Luftbilder, die immerhin darauf deuten, dass diese Art der Festungen weiter verbreitet war.

Die mächtige Außenmauer mit integriertem Gang erinnert an Taxt-e Solaiman nahe Teheran, eine große zweiteilige Tempelanlage, die den Elementen Wasser (ehm. integrierter Teich in der Südhälfte) und Feuer gewidmet war (Abb. 3).[6] Die einst wohl ca. 135 x 260 m große Anlage war festungsartig konzipiert und besaß außen eine kastellförmige Struktur mit 12 m starker Mauer, axialen Toranlagen und engen Reihen parabelförmiger Flankentürme. Durch die starke spätere Überbauung muss offen bleiben, ob hier nicht überhaupt zunächst eine militärische Anlage bestanden hat.

Die mächtige Mauer mit ihren parabelförmigen Türmen wird mit einer Reihe lokaler Festungen verglichen, die jedenfalls in spätsasanidisch-frühislamischer Zeit genutzt wurden, ohne dass exakte Datierungen vorliegen (Abb. 4).[7] Darunter ist Gal'e Sejg Dokkan hervorzuheben, ein 141 x 145 m großes Kastell, das mit seiner regelmäßigen Struktur, den engen Turmfolgen und den weit vortretenden Eckbastionen den Idealtypus dieser Gruppe darstellt. Das Innere war von einer umlaufenden Zellenreihe mit Arkadengang geprägt, im Zentrum stand frei ein eigenes Geviert, ebenfalls mit kleinforma-

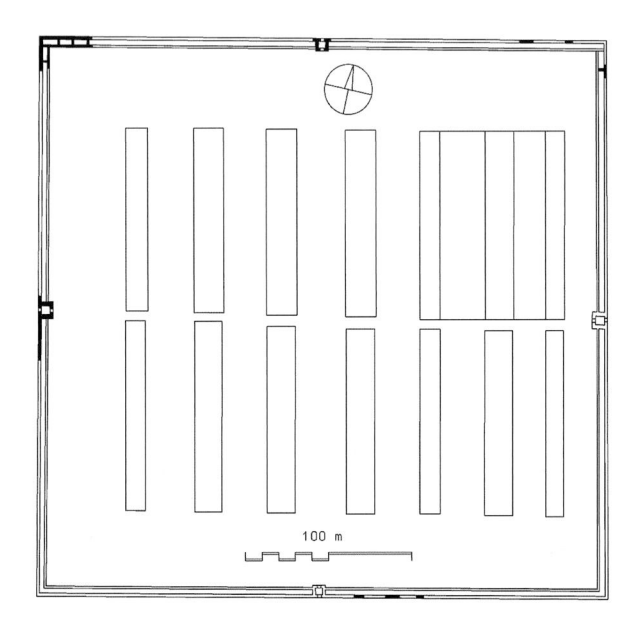

Abb. 2 | Ain Sinu I, Irak, 5. Jh.

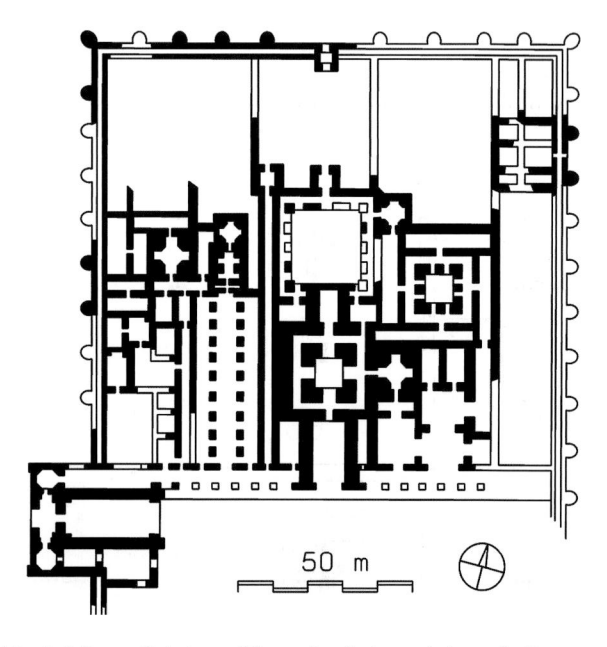

Abb. 3 | Taxt-e Solaiman (Thron des Salomon), Iran, 5. Jh.

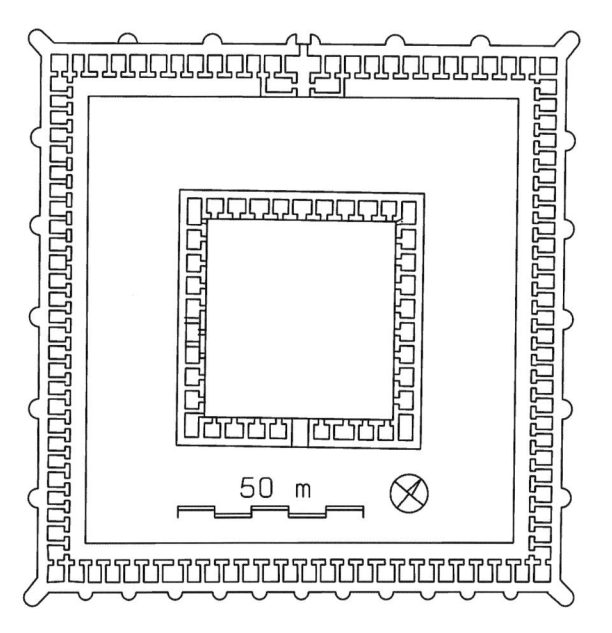

Abb. 4 | Gal'e Sejg Dokkan, Iran, Gesamtanlage 5. Jh.

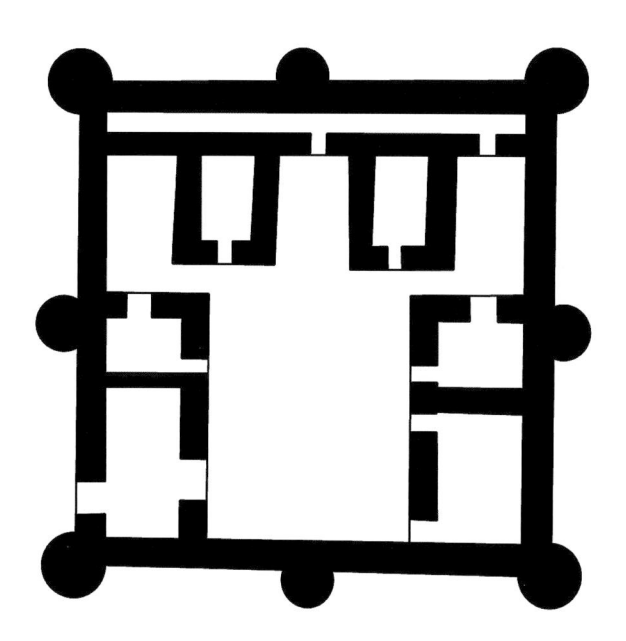

Abb. 5 | Abu Sa'af, Irak, 5. Jahrhundert?

tigen Zellen. Wahrscheinlich handelte es sich um rein militärische Anlagen, die den Großraum von Teheran schützen sollten.

Deutlich schlechter fassbar sind kleinere persische Kastelle, wie das 55 x 60 m große Fort bei Siraf, am nördlichen Ufer des Persischen Golfs,[8] das offenbar zahlreiche halbrunde Türmen aufwies. Solche Anlagen, die bautechnisch mit Forts des späten 5. Jahrhunderts vergleichbar sind, zeigten fast prinzipiell halbrunde Flankentürme.

Dazu zählte auch ein kleines Fort bei Abu Sa'af, für das es nur Grundrissskizzen gibt, das aber durch den Fund zahlreicher sasanidischer Siegelabdrücke als persisch belegt ist (Abb. 5).[9]

Zu dieser Gruppe dürfte ein nur historisch datiertes Kastell bei Farashband gehören, das ins 5. Jahrhundert gestellt wird (Abb. 6).[10] Die kleine Anlage zeigt zwei breite Trakte mit engen Zellen sowie zwei schmale ohne Unterteilung. Daher wird ein Reiterfort mit Räumen für die Soldaten sowie Stallungen

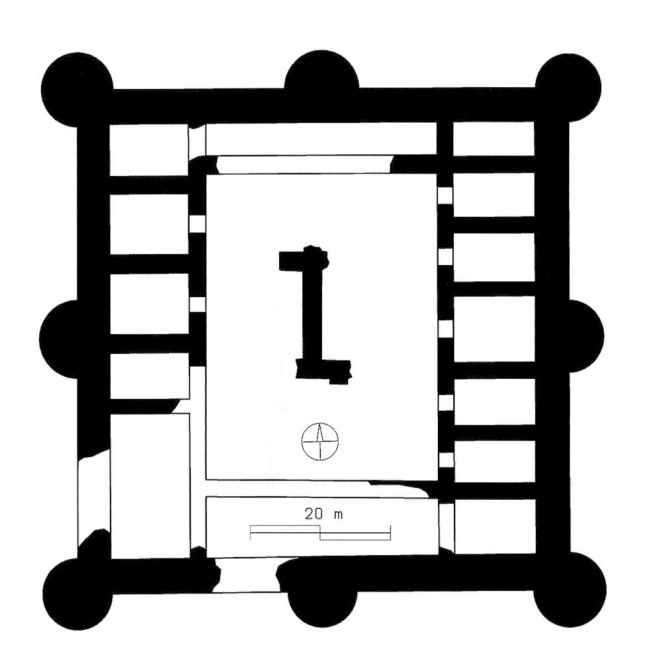

Abb. 6 | Farashband, Iran, 5. Jh.?

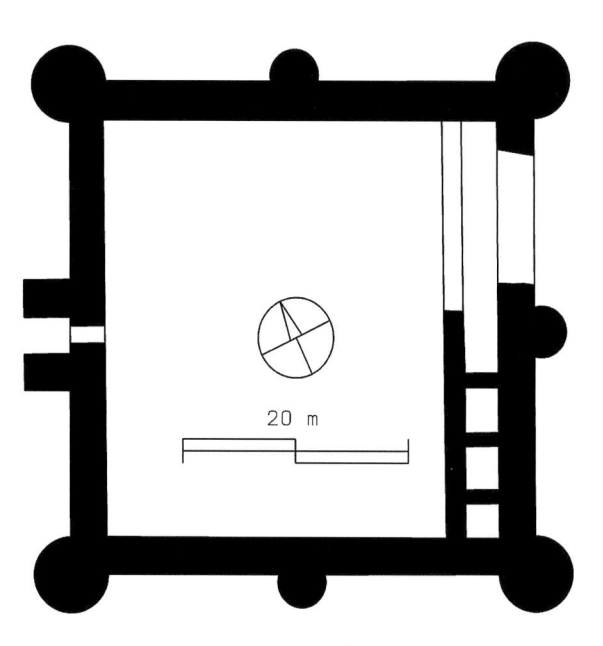

Abb. 7 | Qusayr Süd, Irak, Kernkastell 6. Jh.

NEUPERSISCHES KÖNIGREICH

Abb. 8 | Qasr Hubbaz, Irak, Kernkastell 6. Jh.

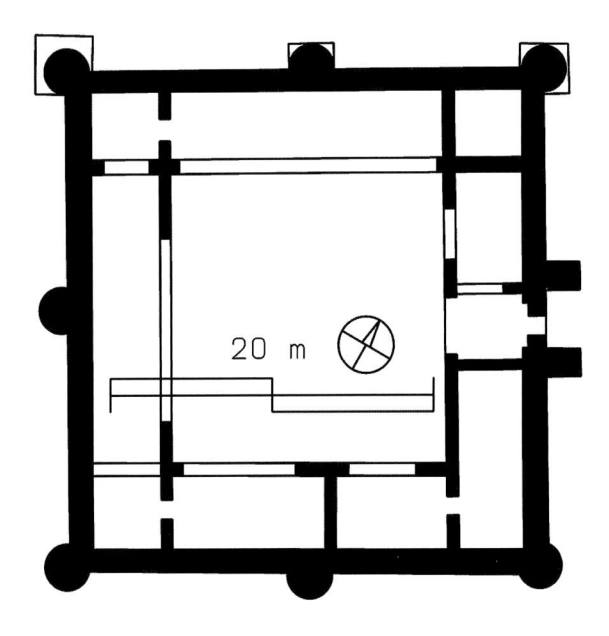

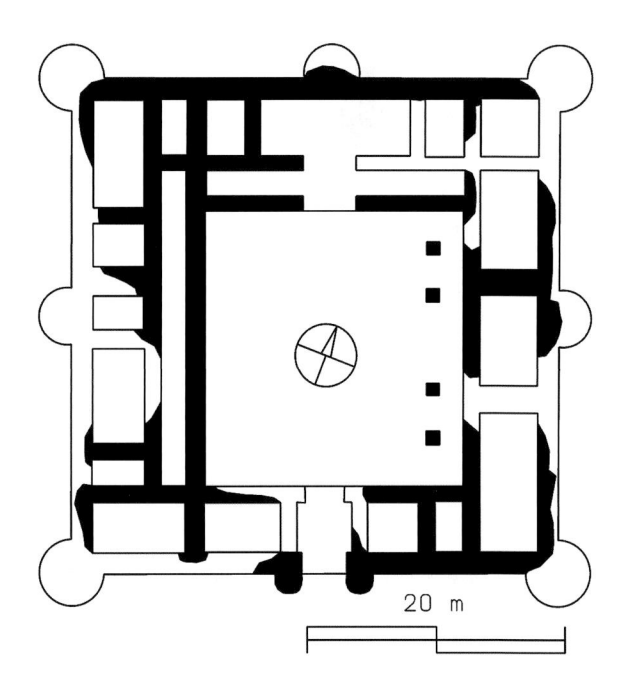

Abb. 9 | Qasr Ruda, Irak, Kernkastell 6. Jh.

vermutet. Unweit davon lag mit Firuzabad die langjährige Residenz des späten Sasanidenreichs, in deren Umfeld vielleicht strategische Stützpunkte lagen.

Im Gebiet des heutigen Zentralirak gab es ebenfalls zahlreiche rechteckige Kastelle und Paläste, von denen die berühmtesten al Hawarnaq und as-Sadir aus dem frühen 5. Jahrhundert datieren. Vor allem ersteres kann von typologischer Bedeutung sein, da es dazu die Überlieferung gibt, Architekt sei der Byzantiner Sinimmar gewesen.[11]

Westlich des Euphrats wurde bereits im 4. Jahrhundert ein regelrechter Wüstenlimes begonnen.[12] Zunächst ließ Šapur II. (309–379) einen Graben anlegen, der viel später erweitert werden sollte und der spätestens im 6. Jahrhundert mit einer Kastell- und Turmkette ausgestattet war. Von diesem „sasanidischen Westlimes" gibt es heute noch zahlreiche Lagerreste standardisierter Konzeption, von denen einige später durch Zubauten verdoppelt wurden und für die alle eine sichere Datierung aussteht.

Zu diesen Doppelkastellen zählt Qusayr Süd, dessen erste Phase ein ca. 41 m breites Quadrat mit 3 m starkem Bering und massiven Eck- und Mauertürmen bildete (Abb. 7).[13] Innen gab es wohl einst umlaufend kleine Zellentrakte. Die benachbarte, wesentlich schlechter gearbeitete Kastellaufdoppelung dürfte bereits in frühislamische Zeit gehören.

Sehr ähnlich ist Qasr Hubbaz konzipiert, das jedoch bei 30 m Breite nur 1,3 m starke Mauern aufweist und dessen Randbebauung geräumiger ist (Abb. 8).

Auch das Qasr Ruda zeigt bei einer Breite von 38 m und Mauerstärken um 1,5 m eine ähnliche innere Struktur, wenngleich ein wohl einst umlaufender Arkadengang auf eine größere Repräsentation deutet (Abb. 9).[14]

Noch palastartiger wirkt das zentral an diesem Limes gelegene Qasr Atsan, das bei 30 m Breite und 2 m Mauerstärken mit einem langen „Thronsaal", Säulengalerien und Iwan sicher einer bedeutenden sasanidischen Persönlichkeit zugeordnet war (Abb. 10).[15] Zahlreiche weitere ähnliche Kastelle sind nur aus Luftbildern oder historischen Skizzen und Beschreibungen bekannt, sie zeigen jedoch alle einen quadratischen Grundriss mit runden Eck- und wenig kleineren Mauertürmen sowie innen kleinteilig randständigen Zellentrakten.

Umso bemerkenswerter ist eine weitere punktuell perfekt präsente lineare Abriegelung des Persischen Kernlandes nach Norden und Osten gegen Hunnische Nomaden durch ein unterschiedlich dichtes System von Mauern, Kastellketten und Kleinforts. Das System begann massiv am Kaspischen Meer mit gemauerten Sperrwällen, die den fruchtbaren Uferbereich schützten. Über die hohen Berge setzte sich eine (kaum erforschte) Linie von unterschiedlich dicht gestaffelten befestigten Forts fort, die bis zu weiträumig geschützten Siedlungen entlang der Steppe reichte, um dann abrupt nach Süden durch das iranische Hochland mit nur lokal erfassten Ketten bis zum indischen Ozean zu führen.[16] Da der Kaukasus, das Elburs-Gebirge und der Hindukusch fast unbezwingbare Barrieren bildeten und nur durch leicht zu sperrende Pässe zu

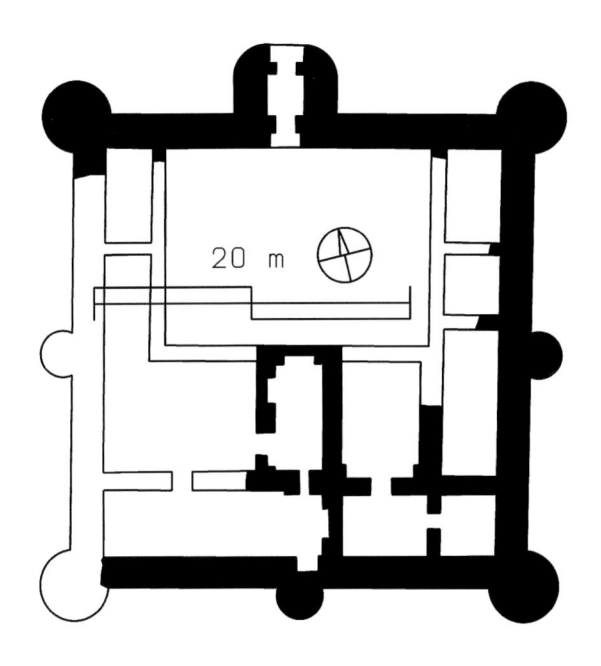

Abb. 10 | Qasr Atsan, Irak, Kernkastell 6. Jh.

überwinden waren, war hier der Verlauf der Befestigungen sicher nicht geschlossen, wenngleich gemäß Quellen einige Garnisonen stationiert waren.

An der Küstenebene zum Kaspischen Meer lag jedoch eine große Schwachstelle (Abb. 11). Hier gab es eine direkte Nachbarschaft mit dem kriegerischen Volk der Hephthaliten bzw. Weißen Hunnen, die ständig für Unruhe sorgten. Der persische König Peroz (457–484) vereinbarte einen kurzfristigen Waffenstillstand und ließ offenbar im Hinterland der eigentlichen Grenze gleich mehrere Sperrwerke errichten, die Gorgon-Mauer (heute nahe der Grenze zu Turkmenistan), die 35 km südlich gelegene Tammishe-Mauer an der Südostecke des Kaspischen Meers sowie die Derbent-Mauer und drei kleinere Wälle am Fuß des Kaukasus im Westen (heute Aserbeidschan). Die fast identischen Baudetails machen es wahrscheinlich, dass alle diese Werke in kurzer Zeit bzw. parallel errichtet wurden.[17] Dennoch verhinderten die Mauern nicht zwei verlustreiche Kriege, bei denen Peroz schließlich auch sein Leben verlor.

Die mit Abstand aufwändigste Anlage war die Gorgon-Mauer, die auf einer Länge von 195 km fassbar ist, jedoch wohl noch deutlich länger war. Sie bestand aus einer mächtigen Mauer aus gebrannten Lehmziegeln, zahlreichen Kastellen sowie zugehörigen Wasserkanälen.

Die Kastelle waren unterschiedlich groß, die meisten maßen etwa 60 x 60 m. Weit über 30 wurden oberflächlich untersucht, aber keines davon systematisch und vollständig ausgegraben. Fassbar ist immerhin die dichte Bebauung mit sehr gleichförmigen Mannschaftsbaracken, während hervorgehobene oder abgesetzte Offiziers- und Wirtschaftsgebäude offenbar fehlten. Es gab wohl streng normierte Truppeneinheiten mit eng integrierten Kommandos.

Die Kastellgrößen variierten stark, wobei die größten zwischen gefährdeten bzw. von der Natur nur schwach geschützten Bereichen lagen. Auch die sehr unterschiedlichen Abstände orientierten sich an den lokalen Notwendigkeiten, wenngleich nicht alle Anlagen bekannt sein müssen.

Das mit Abstand größte Kastell Fort 4 dürfte etwa 2000 Mann beherbergt haben, entlang der gesamten Sperranlage

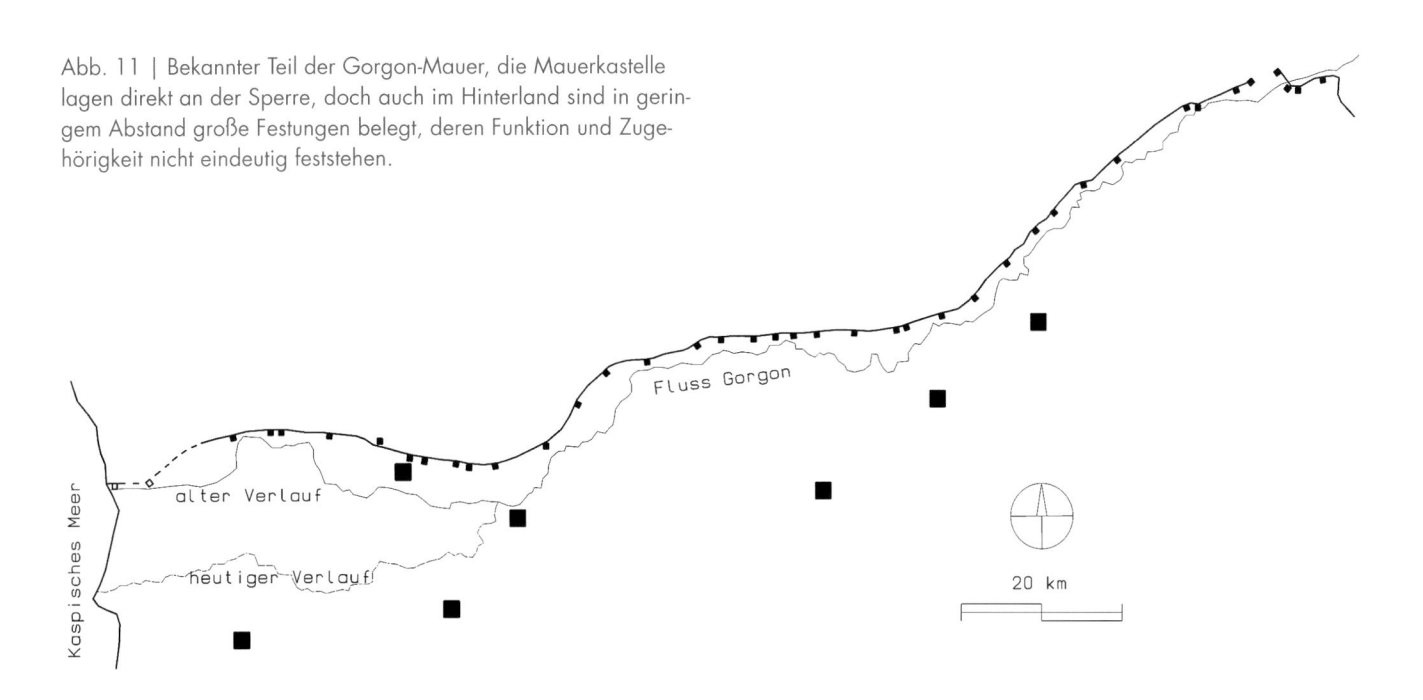

Abb. 11 | Bekannter Teil der Gorgon-Mauer, die Mauerkastelle lagen direkt an der Sperre, doch auch im Hinterland sind in geringem Abstand große Festungen belegt, deren Funktion und Zugehörigkeit nicht eindeutig feststehen.

NEUPERSISCHES KÖNIGREICH

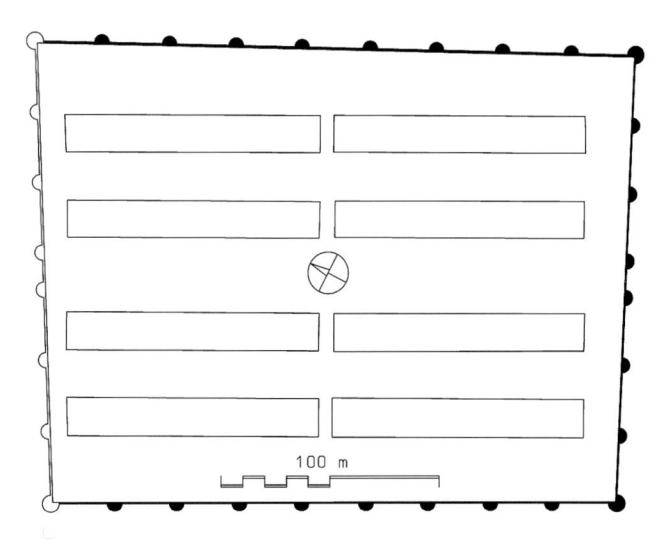

Abb. 12 | Fort 4, Iran, Kastell an der oberen Gorgon-Mauer

waren es ca. 25.000 bis 30.000 (Abb. 12). Das Fort 4 zeigt wie alle anderen regelmäßige Baracken sowie halbkreisförmige Mauertürme, deren massive Sockel auf Geschützplattformen deuten. Zwei Doppelturmpaare flankierten wohl die Haupteingänge. Artefakte belegen, dass diese Festung bis zum frühen 7. Jahrhundert, also bis in die Endzeit des Reichs besetzt war.[18]

Mit etwas Abstand fanden sich südlich der Mauer mehrere quadratische Festungen, die das durchschnittliche Areal der Mauerkastelle um das ungefähr Zehnfache übertrafen. So zeigt etwa Qualeh Kharabeh eine Größe von 650 x 650 m, ein zentrales Achsenkreuz und eine kleine Eckzitadelle. Es muss offen bleiben, ob es sich um Schutzkastelle während der Bauzeit, zeitgleich besetzte Militärlager, (halb-) zivile Stadtgründungen, oder zufällig benachbarte Grenzposten anderer Zeitstellung handelte.

Auch an der südlich fast parallel laufenden Tammisheh-Mauer gab es Kastelle, allerdings deutlich weniger. Diese auf etwa 10 km bekannte Sperre riegelte die schmale Küste des Kaspischen Meers gegen Angreifer von Westen ab. Punktuelle archäologische Sondagen mit naturwissenschaftlichen Datierungen ergaben eine Entstehung mit großer Wahrscheinlichkeit im späten 5. Jahrhundert, wobei Mauer und Kastelle geringfügig andere Ziegelstrukturen aufweisen. Außerdem verfügt eine große, etwas nach hinten versetzte Rechteckfestung namens Bansaran über große Palaststrukturen, die sonst nirgends fassbar sind.[19] Vielleicht gab es an der Tammishen- sowie an der Gorgon-Mauer eine reine Militärlinie, hinter der (halbzivile?) Rechteckanlagen mit Palastzitadellen lagen? Hoffnung für weitere Forschungen birgt dabei vor allem eine große dreiachsige Halle, die sowohl mit einigen anderen spätpersischen Hallen als auch mit frühislamischen Moscheen vergleichbar ist.[20] Da Bansaran nach der Eroberung durch die Muslims noch lange als Palast verwendet und die gesamte fruchtbare Ebene von ihnen besiedelt wurde, liegt nahe, dass man sich sowohl bei den Gorgon- als auch den Tammisheh-Kastellen direkte Anleihen nahm bzw. sie weiter entwickelte.

Bereits im frühen 6. Jahrhundert hatte sich die rechteckige befestigte Palastarchitektur weiter entfaltet. Ein Höhepunkt wurde nach 560 in der Stadt Ktesiphon am Euphrat mit dem Palast Tag-e Kisra (Irak) erreicht, wo der charakteristische iranische Iwan, ein monumentales Tonnengewölbe und feinteilige Wandstuckgliederungen mit Scheinarchitektur dominierten. Dieser Bau wurde wohl anlässlich der endgültigen Vernichtung der Hephthaliten als symbolhaftes Wahrzeichen des Imperiums errichtet. Auch ein 300 m großer rechteckiger Palast am Rand von al-Hira, der von einer Reihe von abwechselnd halbrunden und eckigen Mauertürmen flankiert und mit prächtigem farbigem Stuck sowie Keramik geschmückt war, ist ein Gipfelpunkt sasanidischer Residenzkultur.[21]

Im frühen 7. Jahrhundert folgten als neue Bedrohung jedoch die islamischen Araber, die in den 30er Jahren den erbitterten Widerstand der Sasaniden in beiderseits verlustreichen Schlachten allmählich brachen und 642 mit dem Sieg von Nehawend schließlich deren Reich aufrieben.
Zahlreiche persische Festungen wurden nun von den Arabern weiter genutzt und viele Paläste zu Moscheen umgewidmet. Der Bautyp des Iwans sowie traditionelle iranische Kunstdetails wurden ebenso wie die Kastellform bruchlos in die arabische Kunst übernommen.

Bislang nicht repräsentativ aufgearbeitet ist zudem das nördlich anschließende Gebiet Choresmien (südlich des Aralsees, heute Turkmenistan und Usbekistan).[22] Dort entwickelte sich parallel zum Persischen Reich eine weitgehend unabhängige Monarchie, für die zwischen 305 und 712 offenbar hunderte regelhafte Kastelle belegt sind, die von großen Truppenforts bis zu residenzartigen Gevierten reichten. Punktuelle Forschungen indizieren eine zu Persien ähnliche Entwicklung mit verschiedenen Turmformen.

1 Reuter 2004, 5032.
2 Das kann daher so eindeutig gesagt werden, weil eine erst kürzlich publizierte groß angelegte Studie alles Bekannte ausgewertet hat und dennoch nicht auf nennenswerte Ergebnisse kam, vgl. Wilkinson et alii 2013, 235.
3 Wilkinson et alii 2013, 234.
4 Genequand 2006, 7.
5 Wilkinson et alii 2013, 236.
6 Kleiss 2015, 140.
7 Kleiss 2015, 141.
8 Wilkinson et alii 2013, 303.
9 Finster 2016, 110.
10 Bereits 1925 dokumentiert und 1943 publiziert, vgl. Herzfeld 1943, 26.
11 Finster 2016, 105.
12 Finster 2016, 111.
13 Finster 2016, 112.
14 Finster 2016, 115.
15 Finster 2016, 114. Die Zuschreibung an frühislamische Bauleute aufgrund des angeblich unüblichen Konzepts ist angesichts der rein sasanidischen Technik und Schmuckdetails wenig überzeugend, auch hier fehlen jedoch datierende Funde.
16 Wilkinson et alii 2013, Verlauf in der Karte im Bucheinband dargestellt.
17 Sauer 2009, 131.
18 Sauer et alii 2009, 141.
19 Wilkinson et alii 2013, 284.
20 Leider sind sich die Ausgräber nicht sicher, ob die Halle zur persischen Periode oder zur islamischen zählt.
21 Finster 2016, 106.
22 Tolstov 2005.

Kerak, Jordanien

ISLAMISCHE REICHE

DIE ANFÄNGE DES ISLAMISCHEN KALIFATS

Fast unberührt von den großen spätantiken Imperien hat sich in den Wüsten der arabischen Halbinsel[1] ein relativ unabhängiges Beduinenwesen entwickelt, dessen kleinteilige Klanstruktur weder größere Zusammenschlüsse noch dauerhafte fremde Besatzungen zuließ. Lediglich an den Randzonen der Wüste im Norden, Westen und Süden konnten sich sesshafte Stämme zu stabilen Gesellschaften entwickeln. Die nördlich und östlich zur Halbinsel angrenzenden Großstaaten beeinflussten immerhin die ausgeübte Religion, was zu einem heterogenen Konglomerat von lokalem Heidentum (etwa mit Anbetung von Steinheiligtümern wie den Ka'bas von Mekka, al-'Abalat oder Ghaiman) und den zunächst durchaus weit verbreiteten Religionen Judentum, Christentum und persischem Zoroastrismus führte.

Vor diesem Hintergrund vereinte im frühen 7. Jahrhundert in der Oasenstadt Mekka ein Visionär namens Mohammed unterschiedliche Glaubensinhalte zu einer neuen Lehre, die zunehmend Anhänger fand und rasch auch zu einem politischen Faktor wurde. Im Jahr 622 gründete er in der Nachbaroase Medina eine eigene Regierung, die trotz anfänglich wechselndem militärischen Erfolgs bald die gesamte Region überrollte. In der Manier einer klassischen Eroberungsherrschaft, deren Verteilungs- und Belohnungssystem durch ständige Unterwerfungen funktionierte, expandierte man stetig in alle Richtungen, wobei man dabei meist auf innenpolitisch geschwächte Gegner traf. Am Höhepunkt seiner Macht verstarb Mohammed unerwartet im Jahre 632. Nach dem Tod des „Propheten" wählten die Araber einen „Vertreter des Gesandten Gottes", vereinfacht einen „chalifa", einen Kalifen. Sogleich führte dieser die Eroberungen weiter, man wandte sich nach Norden bis zum Mittelmeer und nach Osten ins durch den Kampf gegen Ostrom geschwächte Sasanidenreich, das man in wenigen Jahren erobern konnte. Ab der Mitte des 7. Jahrhunderts folgten weitere Vorstöße nach Norden. Zypern fiel gleich, Sizilien, Kreta und Rhodos mussten mehrfach überwältigt werden, Byzanz versuchte man bis ins 8. Jahrhundert dreimal vergeblich zu stürmen. Letztendlich entwickelte sich am Taurusgebirge eine halbwegs stabile Grenze zum byzantinischen Reich, die von beiden Seiten regelmäßig geprüft wurde.

Zu Beginn hatte die islamische Gesellschaft nach arabischer Tradition ein Volksheer improvisiert, worin jeder männliche Nomade zugleich auch Krieger war. Das war ein krasser Gegensatz zu den benachbarten Altreichen, wo stehende (sowie anlassbezogen zusätzlich ausgehobene) Berufsheere üblich waren. Nur diese hatten eine zugehörige Militärarchitektur, die durch Kasernenfestungen charakterisiert war, die es bei den Arabern bislang nicht gegeben hatte. Zudem war die neue Gemeinschaft noch kein zentralistisch geführter Staat, der eine einheitliche Heerespolitik hätte organisieren können.

Mit der Machtübernahme der Umayyaden (661–750) sollte sich das grundlegend ändern. Hatte Mohammed noch keine universale Herrschaft angestrebt, wurde nun mit dem Kalifat als dezidierte Vertretung Gottes auf Erden ein entsprechender Anspruch verbunden. Geschickt suchte man aus oströmischen und persischen Traditionen passende Vorlagen zur Etablierung eines ausgefeilten islamischen Staatswesens. Als Hauptstadt wählte man das zuvor oströmisch/byzantinische Damaskus, in dessen sesshafter nach Norden orientierter Region noch die römische Verwaltungsstruktur bewahrt war, wodurch das arabisch-nomadische Element an Bedeutung verlor. Zunächst behielt man sogar das römische Münzwesen und griff auf die alten Beamten mit ihrer griechischen Sprache zurück.[2] Als Regierungsgebäude adaptierte man vorhandene (ost-) römische sowie sasanidische Festungen, die mit Festsälen und behelfsmäßigen Gebetsräumen umgerüstet wurden. Ein gutes Beispiel bietet die Zitadelle von Amman, bei der innerhalb eines römischen Festungsvierecks mit turmartigen Eckrisaliten im Lauf mehrerer Jahrzehnte ein ausgedehnter Palastkomplex mit additiv gereihten Höfen, Monumentalgebäuden und Festsälen entstand, deren aufwändige Baudetails rein persisch geprägt scheinen.[3]

Dennoch war die Regentschaft zu Beginn noch keineswegs konsolidiert. Dem ersten Umayyaden Mu'diwija (661–680) gelang es nur durch ausgedehnte Kriegszüge, seine Autorität zu sichern. Die oströmischen Provinzen Syrien und Ägypten fielen bald und er konnte sich der afrikanischen Küste entlang westwärts orientieren, wo man 647 die Cyrenaica besetzte. Im heutigen Tunesien, dem islamischen Ifriqiya, stieß er jedoch auf den erbitterten Widerstand der Berber, der erst nach 50 Jahren gebrochen werden sollte. Die nachfolgenden Kalifen der Familie lebten nur kurz und wurden zwischen verschärften Stammesfehden aufgerieben. Immerhin konnte 683 das nördliche Algerien erobert werden.

KALIF 'ABD AL-MALIK (685–705)

Aufgrund der zunehmend großräumigen Herrschaft leitete 'Abd al-Malik durchgreifende innere Reformen ein, er stabilisierte die Verwaltung, begründete regionale Provinzen und etablierte Arabisch als Amtssprache und im Münzwesen. Erst damit war die Voraussetzung für einen stabilen islamischen Staat zentralistischer Prägung gegeben. Während seiner Regentschaft ist auch ein zunehmend eigenständiges umayyadisches Bauprogramm zu fassen. Im Jahr 691 gründete man in Jerusalem, der Hauptstadt der lokalen Provinz, den Felsendom, der als Fusion sasanidischer und oströmischer Zentralbauelemente wohl einen demonstrativen Gegenpol zur Hagia Sophia von Konstantinopel[4] sowie die sichtbare Gleichstellung zu Juden- und Christentum bilden sollte.[5] Im Dom erfolgte der zeremonielle Herrschaftsantritt und hier ließ er sich als „König der Welt" nach dem Vorbild römischer Kaiser feiern.[6]

Hatte sich der Felsendom noch als fast unverändertes architektonisches Implantat fremder Kulturen präsentiert, konnte die 705 in der Hauptstadt Damaskus errichtete Umayyaden-Moschee trotz oströmischer Architektur- und Ausstattungsdetails ein völlig neuartiges Hallensystem einführen, das selbst zum Auftakt und Vorbild einer eigenständig islamischen Sakraltradition werden sollte. Außen nutzte sie dabei eine alte römische Tempelmauer, deren festungsartiges monumentales Geviert zur Grundkonstante sowohl von Moscheen als auch von Palästen und Forts werden sollte. So dürfte auch der benachbart gelegene, heute praktisch verschwundene umayyadische Palast parallel zur Moschee als programmatisch gleich großes Geviert weltlicher Macht gestaltet gewesen sein.

Besser fassbar ist der zweiteilige Palast von Kufa, der Hauptstadt der mesopotamischen Provinz, der ebenfalls um 700 errichtet wurde (Abb. 1).[7] Er zeigte ein massives Außengeviert mit Halbkreistürmen und einer randständigen Bebauung. Zentral lag isoliert die eigentliche Palastanlage, die von einer eigenen massiven turmbewehrten Mauer umgürtet war. Auf einer fast quadratischen Fläche von 115 m Seitenlänge gab es um einen zentralen Hof mit anschließendem Hauptraum kleinere Höfe mit Wohn- und Verwaltungsbereichen. Diese ausgeklügelte und bis ins Detail geplante Multifunktionsanlage stand benachbart zur praktisch gleich großen ebenfalls rechteckigen und mit einer Mauer mit Halbrundtürmen flankierten Moschee analoger Zeitstellung. Ähnliche Nachbarschaften und Bauparallelen werden für Jerusalem (ältere al-Aqsa-Moschee), Wasit (Irak) und Fusat (Hauptstadt der Provinz Ägypten) bereits kurz davor vermutet.[8]

Als prinzipielles Vorbild dieses befestigten Gevierts mag zumindest für die Moscheen das unter Kalif Abd al-Malik neu

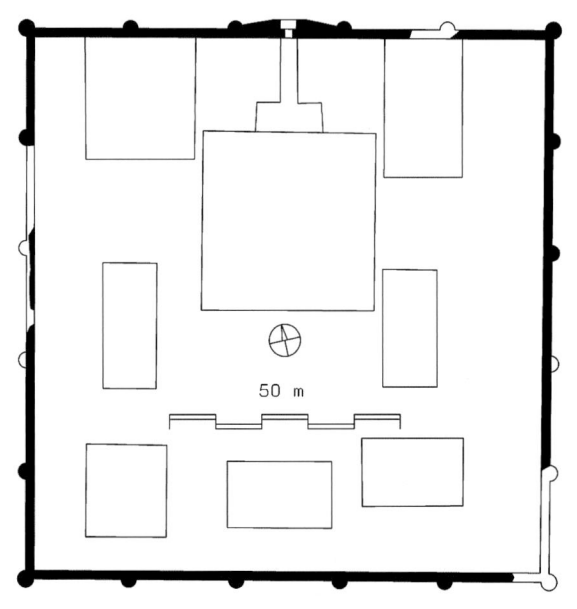

Abb. 1 | Kufa, Irak, Palast Dar al-imara, Kernanlage um 700

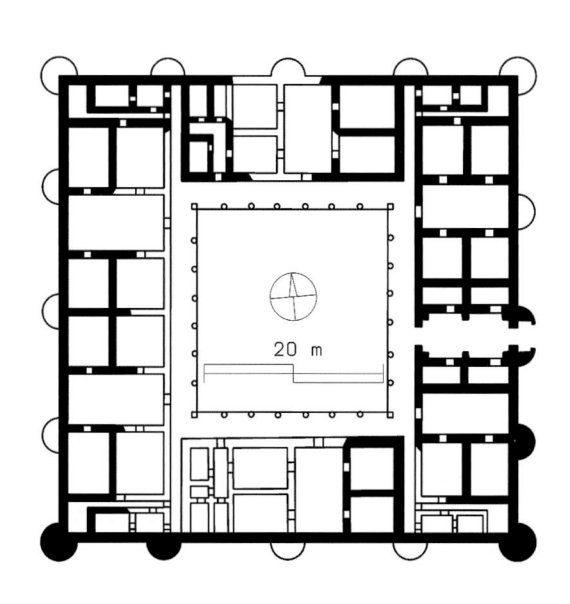

Abb. 2 | Qasr al Qastal, Jordanien, um 700.

gestaltete rechteckig ummauerte „Haus Mohammeds" in Medina gedient haben. Die räumliche Nähe und die größenmäßige und architektonische Anlehnung der Regierungspaläste an die Moscheen war sicherlich programmatisch gedacht, aufbauend auf dem konstituierenden Urtyp Medinas konnte so die Herrschaftslegitimation auch baulich manifestiert werden.

Neben den riesigen Regierungspalästen in den Provinzhauptstädten, die an große Moscheen gekoppelt waren und die aufgrund ihrer zentralen Lage in florierenden Städten aber auch aufgrund der folgenden Verdammnis der Umayyaden fast nirgends erhalten blieben, gab es eine größere Zahl von deutlich kleineren Palästen außerhalb der Zentren, von denen zumindest 20 aus der Umayyadenzeit nachgewiesen sind, meist ohne exakt datiert zu sein. Sie lagen vom Volk isoliert in der Wüste und waren künstlich bewässert, sodass sie den Mittelpunkt von ausgedehnten ummauerten Parks mit großen Schwimmbecken, prunkvollen Festsälen, Pferderennanlagen und Jagdgebieten bilden konnten. Hier wurden in sasanidischer Herrschertradition regelmäßig große Festgelage gefeiert[9] und in freistehenden großen Audienzhallen Gäste bewirtet. Diese ausgesprochen aristokratisch orientierten Bauten waren jedoch nicht alle für den Kalifen selbst errichtet sondern auch für den zugehörigen bzw. verwandten Hofadel und nicht zuletzt für selbstbewusste Thronprinzen.

Offensichtlich folgte man mit dem charakteristischen Typus auch spätrömischen Wüstenpalästen wie Quasr el-Hallabat und al-Bakhra, die ebenfalls über ausgedehnte bewässerte Parks verfügt hatten und die man mit geringen Adaptierungen (vor allem dem Einbau einer Moschee) übernehmen konnte. Obwohl alle Paläste mit starken Mauern, sicheren Toranlagen und flankierfähigen Mauern beschützt waren, gelten ihre Befestigungen heute vor allem als symbolisch und als ostentative Zitate auf ältere (römische, byzantinische, sasanidische) Festungen bzw. Paläste,[10] teilweise wird eine direkte Übernahme ohne eigene Traditionen postuliert.[11] Während diese Nachfolge vor allem in Vergleich mit kurz zuvor in der Region üblichen spätrömischen und sasanidischen Kastellen durchaus nachvollziehbar ist, (bilden doch etwa die fast analogen Gevierte von Abu Sha'ar am Roten Meer sowie Ed Deir am Nil des 5.–7. Jahrhunderts mit ihren Grundflächen von etwa 70 bis 80 m Seitenlänge, den regelmäßigen halbrunden Turmfolgen und den zentralen Doppelturmtoren zumindest außen exakte Gegenstücke[12]) muss die mehrfach postulierte Scheinwehrhaftigkeit relativiert werden.[13] Immerhin zeigt sich bei den hohen, dicken Mauern und den starken Toranlagen eine sehr effektive Defensivkraft, zumal die exponierte Lage und die reiche Ausstattung entsprechende Sicherungen notwendig machten.

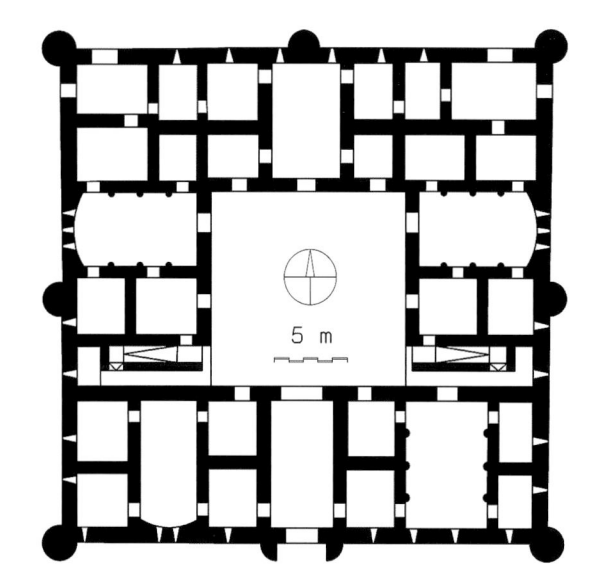

Abb. 3–4 | Qasr el-Karaneh, Jordanien, um 700, Obergeschoß und Gesamtansicht

Den besten Hinweis dazu gibt Qasr Burqu in der jordanischen Wüste, das durch eine frühislamische Inschrift ins Jahr 700 datiert ist. Es stellt den großzügigen Umbau eines aus einem römischen Wachturm zum byzantinischen Kloster gewachsenen Kleinkastells für den Thronprinzen al-Walid dar und bildet somit in seiner Kontinuität ein missing link in Sachen Bautypus und Wehrfunktion.

Als kompletter Neubau zur Zeit des Kalifen al-Malik gilt Qasr al Qastal, 30 km nördlich von Amman,[14] das 723 erstmals urkundlich nachweisbar ist. Diese archäologisch relativ gut erforschte weitläufige Anlage zeigt neben einer rechteckigen Moschee (mit einem der ältesten Minarette der Welt) und einem ausgedehnten Park mit Badekomplex, Staudamm sowie Wasserleitung einen zeitgleichen und in der Bautechnik identischen 51 x 51 m großen rechteckigen Palastkomplex mit vortretenden Eck- und Zwischentürmen sowie dominanter Toranlage (Abb. 2). Trotz der relativ geringen Größe hatte dieser Bau 16 regelmäßig gesetzte Türme, sodass er wesentlich größer gewirkt hat.

ISLAMISCHE REICHE | 125

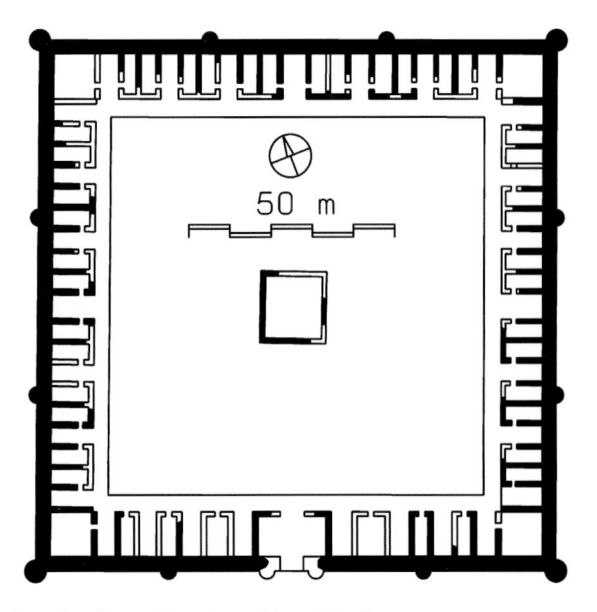

Abb. 5 | Robat-e Mari, Iran, Kastell 7. Jh.

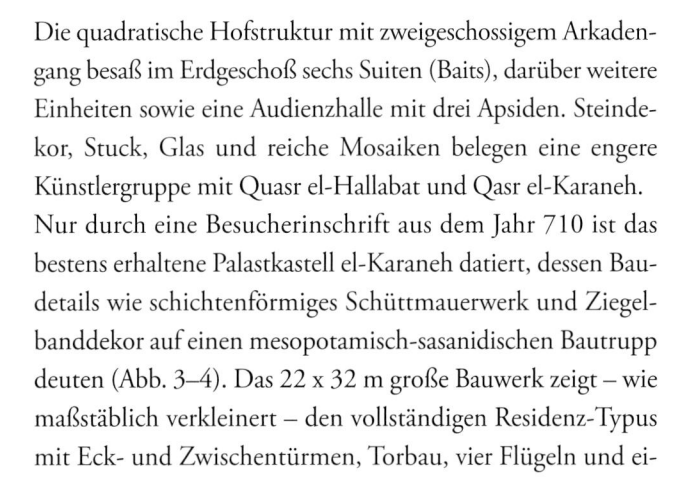

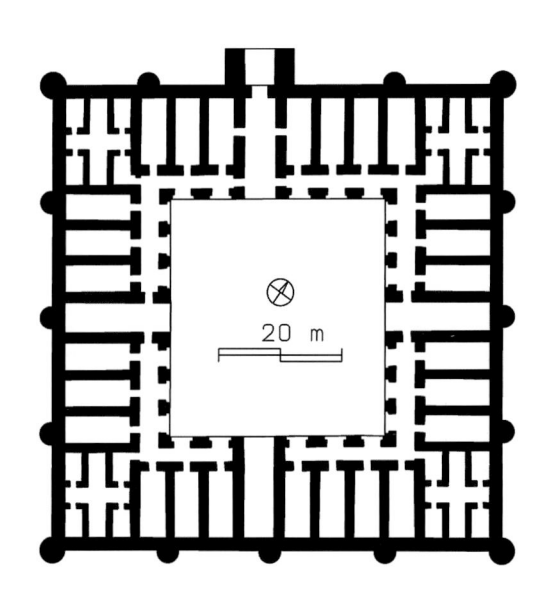

Abb. 6 | Robat-e Anusirwani, Iran, 7. Jh.?

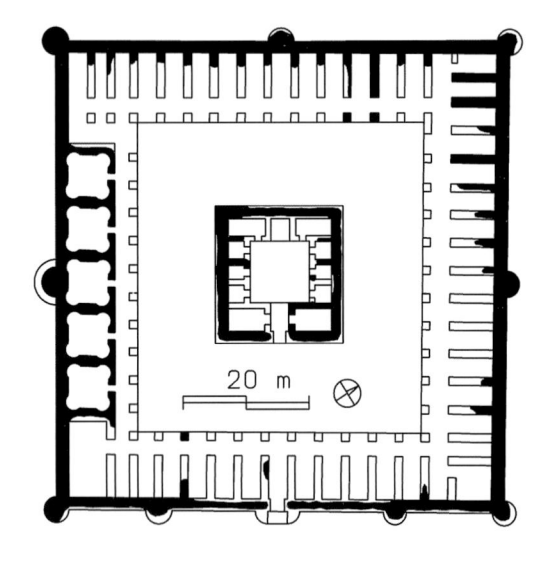

Abb. 7 | Robat-e Hagiabad, Iran, Kastell 7. Jh.?

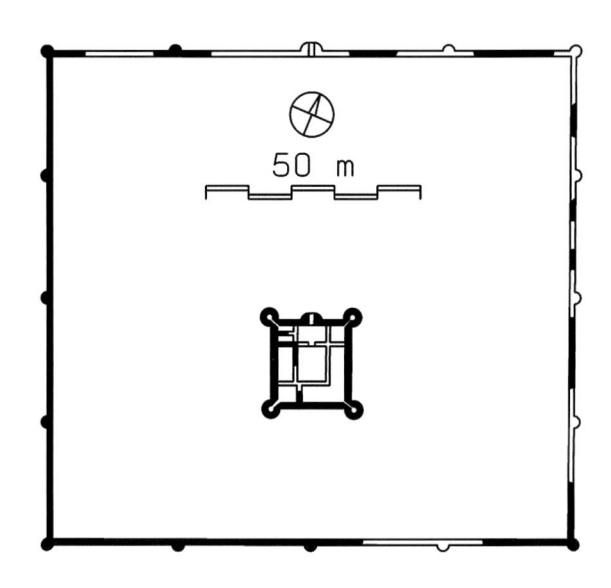

Abb. 8 | Nejzar, Iran, Gesamtanlage 7. Jh.

Die quadratische Hofstruktur mit zweigeschossigem Arkadengang besaß im Erdgeschoß sechs Suiten (Baits), darüber weitere Einheiten sowie eine Audienzhalle mit drei Apsiden. Steindekor, Stuck, Glas und reiche Mosaiken belegen eine engere Künstlergruppe mit Quasr el-Hallabat und Qasr el-Karaneh. Nur durch eine Besucherinschrift aus dem Jahr 710 ist das bestens erhaltene Palastkastell el-Karaneh datiert, dessen Baudetails wie schichtenförmiges Schüttmauerwerk und Ziegelbanddekor auf einen mesopotamisch-sasanidischen Bautrupp deuten (Abb. 3–4). Das 22 x 32 m große Bauwerk zeigt – wie maßstäblich verkleinert – den vollständigen Residenz-Typus mit Eck- und Zwischentürmen, Torbau, vier Flügeln und einem zentralen Rechteckhof, der ehemals mit Arkaden umgürtet war. Über den ebenerdigen Stallungen sind die gruppenmäßig orientierten Räume aufwändig mit Gewölben, Säulchen, Blendnischen und Schmuckmedaillons verziert, womit auch hier eine Miniaturausgabe der großen Residenzen mit ihren intimen Innenhöfen rund um den zentralen Hof gegeben scheint. Da der Bau unvollendet blieb, müssen ein mögliches weiteres geplantes Geschoß, wie es durch breite Treppen vorbereitet scheint, sowie ein Zinnenkranz mit Turmakzentuierung hypothetisch bleiben.

Interpretiert wird die Anlage als repräsentatives Konferenzzentrum für Zusammenkünfte mit Nomaden und Stammesführern.[15] Damit käme ihr als propagandistisches Staatsbauwerk große politische Bedeutung zu.

Sie unterscheidet sich jedenfalls konzeptionell deutlich von den älteren römischen bzw. byzantinischen Grenzkastellen der Region, die höchstens durch die Geometrie und die Turmbewehrung vergleichbar wären. Auch dafür gibt es jedoch bessere sasanidische Vorbilder, die zudem durch die analogen Baudetails glaubwürdiger sind. Es handelt sich also nicht um eine nachahmende Fortführung lokaler zufällig gefundener Baureste durch eine neue unbedarfte Regierung und auch nicht um eine gezielte und von irgendjemandem beabsichtigte Konkurrenz mit anderen Staaten, sondern um eine direkte personelle Übernahme sasanidischer Baukünstler sowie um deren bemerkenswerte Evolution der persischen Traditionen.

Als rein militärische Festungen sind im Iran andere frühislamische Kastelle identifiziert, die in einheitlicher Konzeption und Lehmbauweise ebenfalls direkt an lokale persische Vorbilder anschließen konnten (Abb.5).[16] So bestand in Robat-e Mari ein streng quadratisches Kastell mit 125 m Seitenlänge, konsequent umlaufenden Zellentrakten mit iwanartigen Zugangsräumen und Arkadengang sowie davor isoliert stehender ebenfalls befestigter Moschee. Das zentral freistehende Geviert hat sicher eine bevorzugte Funktion gehabt.

In dieses Schema passt die nicht datierte großformatige Anlage von Robat-e Anusirwani (Abb. 6).[17] Wiederum findet sich ein massiv ummauertes Geviert mit regelmäßiger Turmflankierung, der zentrale Hof wird von vier Iwanen sowie einem Arkadengang umgürtet, die Trakte zeigen tiefe modulartige Zellen sowie an den Ecken kreuzförmige Raumgruppen. Mangels hervorgehobener Bereiche mag auch hier eine militärische Nutzung überwogen haben.

Ebenfalls undatiert ist Robat-e Hagiabad, eine stark zerstörte Anlage nahe Teheran (Abb. 7).[18] Das massiv befestigte Quadrat mit halbrunden Mauertürmen besaß um einen Arkadenhof konsequente schmale Zellenstrukturen, nur im Südwesten gab es eine repräsentative Reihung von fünf großformatigen Kuppelräumen. Im Zentrum stand ein isoliertes Geviert mit zwei Iwans und kleinen Zellen. Wahrscheinlich handelte es sich an der bedeutenden Überlandstraße um ein militärisch motiviertes Fort, das in Friedenszeiten auch als Raststation dienen konnte.

Wie eine Weiterentwicklung wirkt das Kastell von Nejzar, das programmatisch am Rand einer neu angelegten frühislamischen Siedlung lag und damit Zitadellencharakter erhielt (Abb. 8).[19] Das 112 x 124 m große Hauptgeviert, das einst wohl ebenfalls einen Zellenumlauf hatte, war im Zentrum von einem ca. 20 m breiten Kernkastell mit vier runden Ecktürmen sowie vier Innentrakten dominiert. Hier kann man sich die Kommandantur einer Truppeneinheit vorstellen.

Wie noch einen Schritt weiter wirkt das stark zerstörte Kastell von Gal'e Xarabe-je Gaz, das einen 125 x 145 m großen Außenhof mit halbrunden Türmen zeigt, innen jedoch durch einen breiten Graben isoliert ein ausgeprägtes und deutlich stärkeres Kernkastell von 45 m Seitenlänge und mit sieben Rundtürmen sowie eckigem Torturm aufwies (Abb. 9). Die umlaufenden, wohl mehrgeschossigen Binnentrakte konnten einer größeren Gesellschaft Platz bieten. Falls die Anlage wirklich aus einem Guss errichtet wurde, stellt sie wohl die wehrhafte Kombination eines Truppenlagers mit einer hochwertigen Kommandantur dar. Ob sich darin etwa unterschiedliche Volksgruppen bzw. Kern- und Hilfstruppen spiegeln, muss weiteren Untersuchungen vorbehalten bleiben. Klassische Residenzfunktionen scheinen jedenfalls in Anbetracht der gleichförmigen kleinformatigen Zellen ausgeschlossen.

KALIF AL-WALID I. (705–715)

(Abb. 10) Als Beleg der persischen Herleitung kann trotz gegenteiliger Forschungsmeinung auch die Stadt Angar nahe Baalbek im heutigen Libanon dienen. Sie wurde bislang meist als klassische Nachfolge römisch-byzantinischer Stadtplanung angeführt,[20] da sie rechteckig und mit zentralem Achsenkreuz angelegt war. Tatsächlich stellt diese um 714 von den

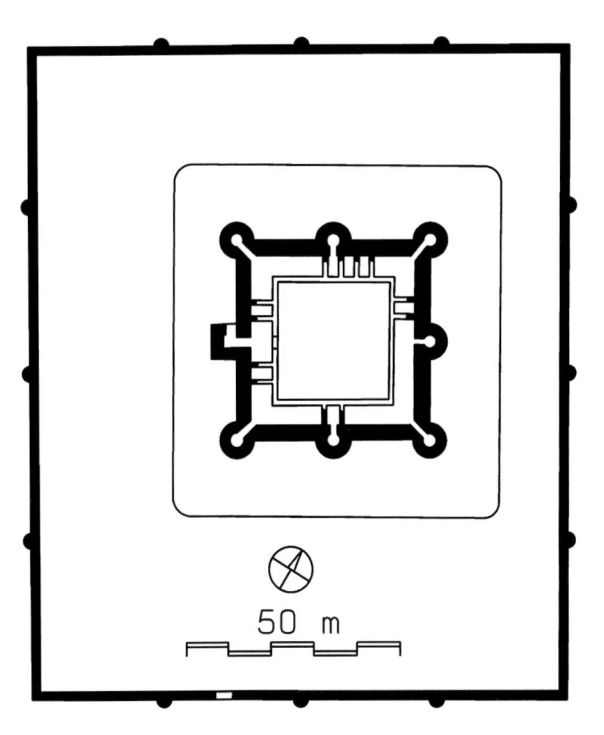

Abb. 9 | Gal'e Xarabe-je Gaz, Iran, Gesamtanlage 7. Jh.

Umayyaden gegründete Stadt eine bedeutende Forschungsquelle dar, da sie den maßstabslosen Typus des Kastells vom kleinen Wüstenschloss über die große Residenzanlage bis hin zur Gründungsstadt vervollständigt. Offensichtlich verfügten die Planer analog zu den Römern über die Tradition der Rasterplanung, über Größen und Funktionen hinweg. Im Detail zeigen die mächtigen Mauern mit ihren halbrunden Türmen aber deutliche Analogien zu sasanidischen Festungen, etwa dem fast gleich konzipierten Fort 4 an der Gorgon-Mauer. Auch die Gebäude, wie Moschee und Bad, sind mit den anderen sasanidisch geprägten Bauten der Zeit verwandt, somit gibt es keinen Grund, hier eine (rein) römische Vorbildschaft anzunehmen.

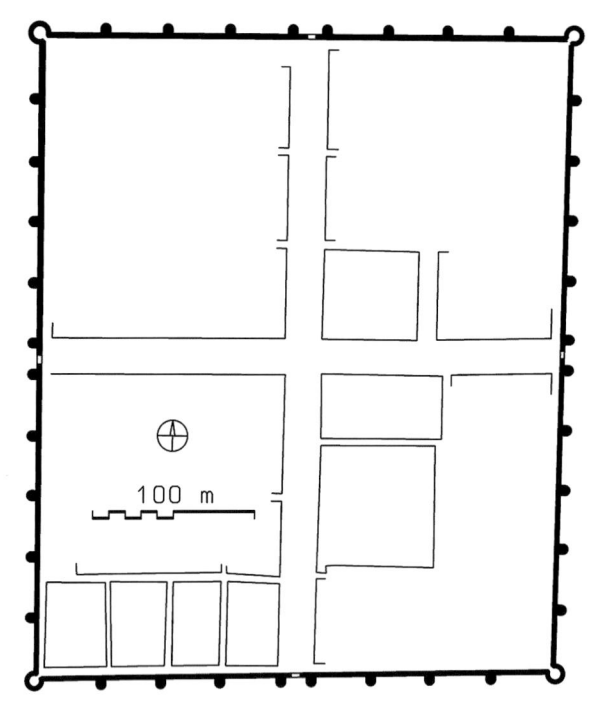

Abb. 10 | Angar, Libanon, Oasenstadt 714–715

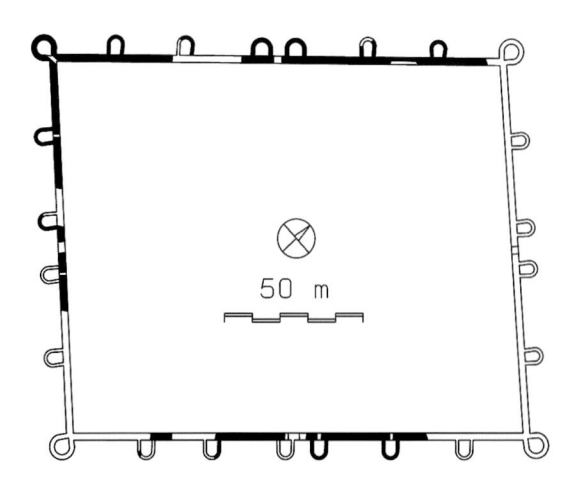

Abb. 11 | Aqaba, Jordanien, Hafenstadt A. 8. Jh.

In den gleichen Zeitraum datiert wohl die bereits 749 zerstörte Stadt Aqaba, an einem Seitenarm des Roten Meers gelegen (Abb. 11).[21] Auch sie war auf einer deutlich kleineren Fläche von etwa 132 x 165 m innen als orthogonale Rasterstadt angelegt und zeigte mit ihren starken Befestigungen Analogien zu älteren Lagermauern der Römer sowie Perser. Entweder man hatte diese mit ihren Hufeisen- und Fächertürmen genau studiert oder konnte auf entsprechende Planerschulen zurück greifen.[22] Sehr ähnlich aber mit Rechtecktürmen war die im gleichen Zeitraum von den Umayyaden gegründete Rasterstadt Madinat al-Far (Syrien) strukturiert, sodass es sich beim frühislamischen Städtebau wohl um keine isolierten Einzelobjekte handeln wird.

Unter Walid I. wurde auch der Bau von Wüstenpalästen fortgesetzt. Uasis (Gabal Sais) liegt 110 km östlich von Damaskus neben einem einst großen natürlichen Wasserbecken und umfasste neben dem Kernschloss noch eine Moschee, ein Bad sowie Wirtschaftsbauten (Abb. 12).[23] Der 67 m breite Palast war wie üblich zweigeschossig mit krönendem begehbarem Dach angelegt. Der Hof wurde von Doppelarkaden mit Rundbögen gerahmt, die Räume waren bemerkenswert eng zu den klassischen Gruppen (Baits) zusammengefasst, die jedoch gemäß Stuck- und Malereiresten durchaus aufwändig gestaltet waren. Außen präsentierte sich das Schloss als massiver Basaltquaderbau mit krönenden Ziegelrundzinnen und rhythmisch vortretenden Rundtürmen.

KALIF HISCHAM (724–743)

Es folgten weitere Eroberungen in Zentralasien und ein Einfall ins westgotische Spanien. Den jeweiligen sehr kurz regierenden Kalifen werden jedoch keine Palastanlagen zugeschrieben. Lediglich unter Kalif Jazid II. (720–724) dürfte das Qasr Mushash datieren, wie eine Inschrift indiziert.[24] Das sehr große aber fast völlig zerstörte Schloss war wohl nie fertig gestellt worden.

Unter Kalif Hischam entstanden offenbar mehrere Paläste, die jedoch alle nicht inschriftlich datiert sind. Als neue Hauptresidenz gründete er zunächst in Syrien neben der bedeutenden spätrömischen Oasenstadt Resafa einen großen Palastbezirk, der in den letzten Jahren intensiv untersucht wurde, ohne dadurch vollständig erfasst zu sein.[25] Offenbar dominierten hier außerhalb der älteren befestigten Stadt in einem offenen Ensemble von großen Rechteckanlagen zwei Paläste, die als Kalifensitze vermutet werden, während die anderen Gevierte als Sitze von Hofbeamten sowie als Khane (Karawansereien) ge-

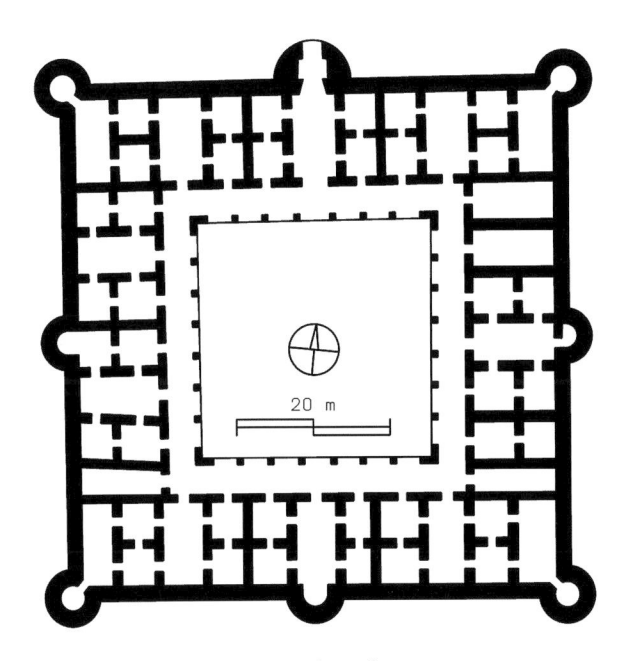

Abb. 12 | Usais, Syrien, Wüstenkastell um 705–715

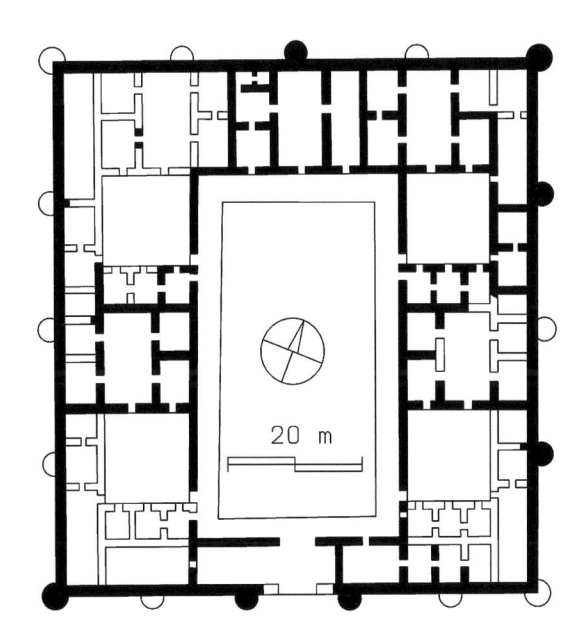

Abb. 13 | Resafa, Syrien, Nordpalast, 1. H. 8. Jh.

deutet werden.²⁶ Alle diese jeweils viereckigen und teils in mehreren Bauphasen erweiterten Bauten folgten optisch konsequent dem Kastellschema mit hohen geschlossenen Mauern, oft mit runden Mauertürmen und Toranlagen, während sie innen durch ihre unterschiedliche Raumaufteilung bzw. geräumige, vielhöfige oder zellenartige Randbebauungen gemäß Nutzung sehr heterogen ausgebildet waren.

Der sogenannte Nordpalast liegt 200 m südöstlich der Stadtmauer auf einer Fläche von 71 x 76 m und war durch runde Türme flankiert (Abb. 13). Durch ein repräsentatives Tor erreichte man einen Arkadenhof und axial gegenüber einen Empfangssaal. Seitlich gab es vier Nebenhöfe mit kleinteiligen Raumgruppen, die jeweils als private Wohneinheiten zu identifizieren sind.

Der Südpalast bedeckte eine leicht verzogene Fläche von 75 x 79 m und war gleichfalls von Rundtürmen flankiert (Abb. 14). Durch eine einzigartige lange Torgasse gelangte man in einen quadratischen Arkadenhof, der allseitig von sechs kleinen Hofgruppen umschlossen war, während axial zum Tor wiederum ein Empfangssaal lag. Von beiden Palästen sind aufwändige Ausstattungen von Fußböden bis zu Stuckpaneelen bekannt, die sich an den repräsentativen Bauteilen kumulierten.²⁷

Im Umkreis von Resafa gab es weitere umayyadische Rechteckanlagen, die ebenfalls noch kaum erforscht sind. Ca. 40 km südlich von Resafa liegt etwa die weiträumige Palastanlage Qasr al-Heir as-Sarqi, die innerhalb einer großen Parkmauer gleichfalls zwei Residenzkastelle aufwies.²⁸ Die wohl um 728/9 begonnenen Bauten stehen sich mit 40 m Abstand ge-

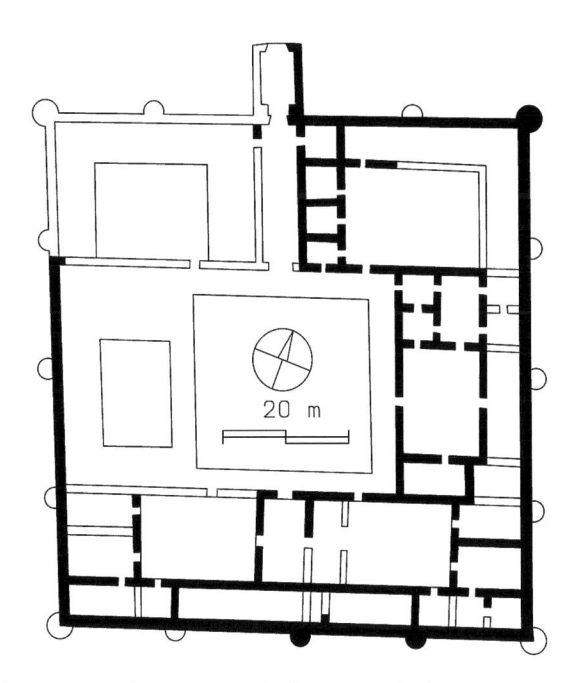

Abb. 14 | Resafa, Syrien, Südpalast, 1. H. 8. Jh.

genüber und dazwischen lag eine Moschee. Das kleinere Kastell ist sehr gut erhalten und steht auf einer rechteckigen Fläche mit etwa 70 m Breite. Runde Türme sowie ein Doppelturmtor bewachen die starken fast fensterlosen Mauern, im Inneren führt ein in Resten erhaltener zweigeschossiger Arkadenhof zu vier gewölbten Trakten. Wahrscheinlich wurde dieser Palast als repräsentativer Kalifensitz genutzt.

Das andere sechsmal größere Kastell namens Qasr al-Hair al-Sarqi West wird von 28 Rundtürmen und fünf Toranlagen beschützt und glich einst einer kleinen Stadt (Abb. 15–16).

ISLAMISCHE REICHE

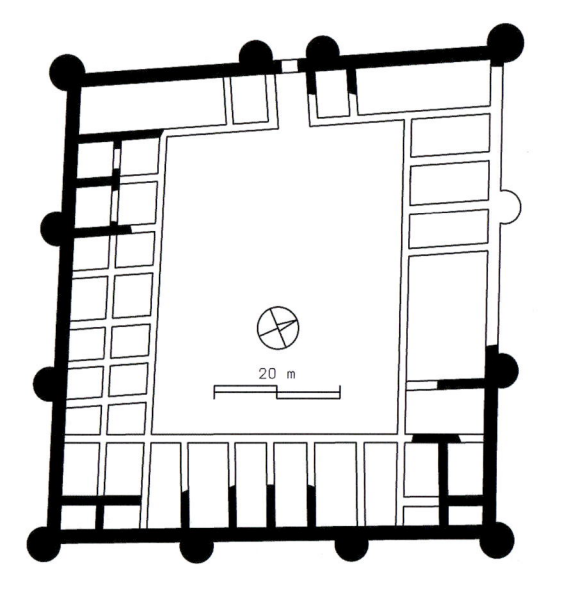

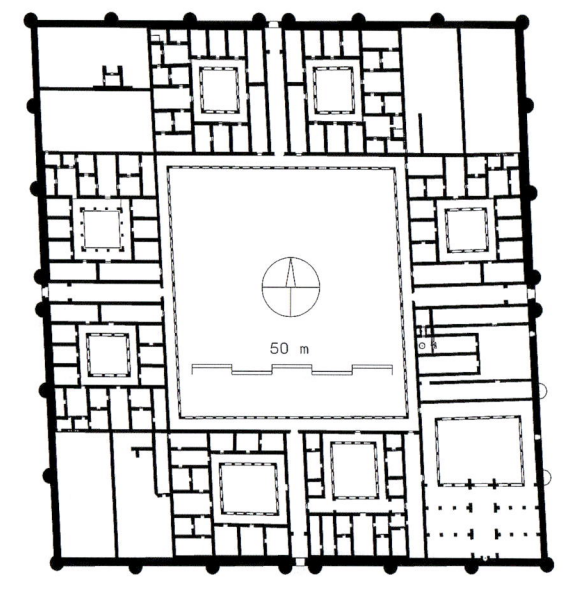

Abb. 15–16 | Qasr al-Heir as-Sarqi Ost, Syrien, nach 728, Grundriss und Toranlage

Abb. 17–18 | Qasr al-Hair al-Sarqi West, Syrien, vor 743, Grundriss und Gesamtansicht der großen Anlage

Auf einer verzogen-rechteckigen Fläche von 123 x 133 m war sie auf allen vier Seiten durch ein monumentales Doppelturmtor zu betreten (Abb. 17–18). Zentral dominierte ein quadratischer Arkadenhof, der allseits von Hofanlagen flankiert war. Da diese Residenz nie fertig wurde, geht man von einer Entstehung knapp vor dem Ende Hischams 743 aus.[29] Wahrscheinlich hatte der Kalif versucht, hier sowohl eine Residenz als auch eine neue Hauptstadt zu begründen, was durch seinen frühen Tod gescheitert ist.

Während seiner Regentschaft wurden auch kleinere Wüstenschlösser errichtet (Abb. 18a–19). Das relativ gut erhaltene Geviert in Khirbat al-Minya misst 69 x 74 m und wird durch seine halbrunden Mauertürme und den originellen kuppelgewölbten Torbau charakterisiert. Vom zentralen Arkadenhof gelangte man ebenerdig zu Pfeilerhallen (Stallungen?) und im Obergeschoß zu gestaffelten Raumeinheiten.

Dazu passt das Qasr al-Hair al-Gharbi, das zwischen 724 und 743 datiert (Abb. 20–22).[30] Als Eckturm diente dort ein spätrömischer Wachturm, ansonsten war der 72 x 74 m große Bau eine reine Neuanlage. Fast baugleich zu al-Minya gab es auch hier halbrunde Flankentürme, einen zentralen Arkadenhof sowie ebenerdige Stallungen und Wohnräume im Obergeschoß. Byzantinische Schmuckdetails und der Torso einer byzantinisch anmutenden Herrschersulptur belegen entsprechend abstammende Künstler.

Auch das vergleichbare Kastell von Khirbat al-Mafjar gehört in diese Gruppe (Abb. 23–24). Auf verzogen-rechteckigem Grundriss von etwa 65 x 65 m hat es wiederum Flankentürme, einen zentralen Arkadenhof und einen prunkvollen Torbau. Hier wird die Südfront jedoch von einem rechteckigen Mittelturm dominiert. Durch einen befestigten äußeren Hof verbunden stand dieser Residenz ein beeindruckender Audienzbau ge-

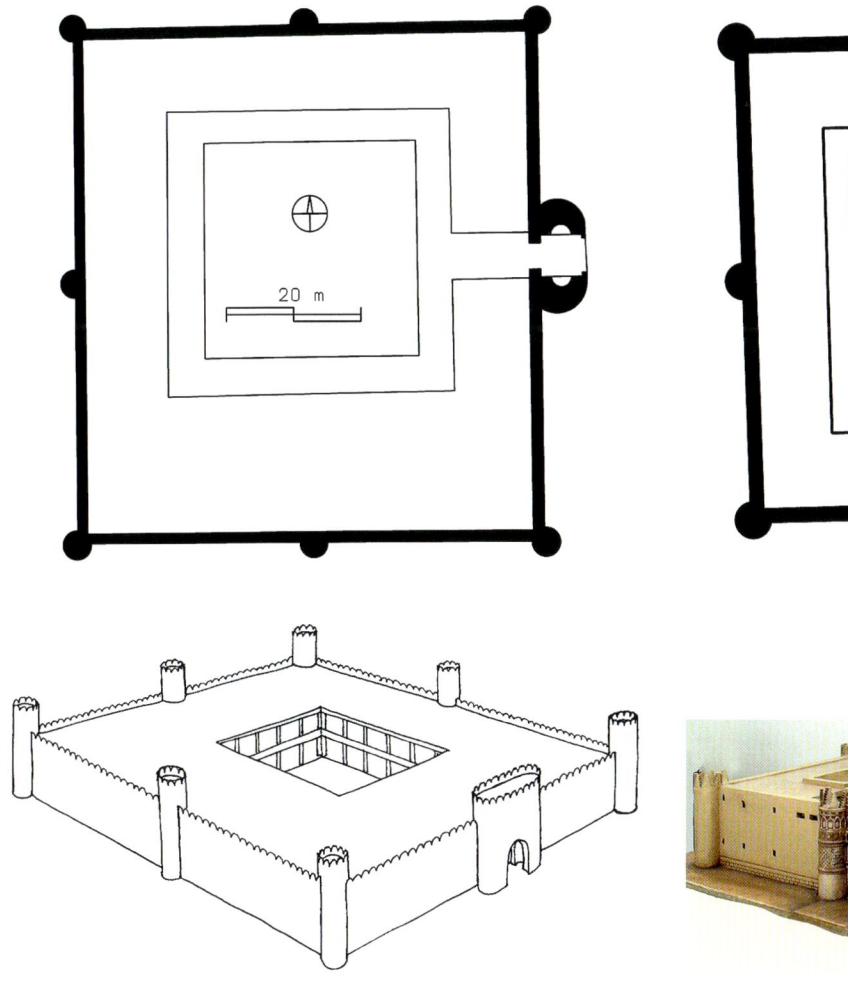

Abb. 18a–19 | Khirbat al-Minya, Israel, 2. Viertel 8. Jahrhundert.

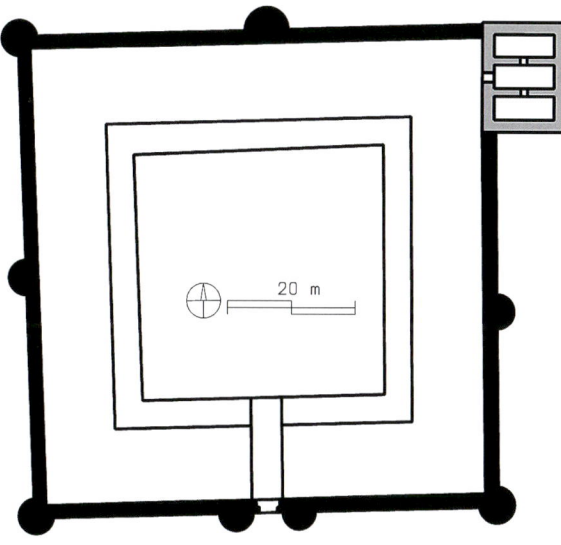

Abb. 20–21 | Qasr al-Hair al-Gharbi, Syrien, um 724-743., Systemgrundriss und Modell im Nationalmuseum Damaskus

Abb. 22 | Qasr al-Hair al-Gharbi, Portal im Nationalmuseum Damaskus

genüber, dessen byzantinisch geprägter gestaffelter Kuppelbau gleich einer christlichen Kirche durch einen zentralen Tambour gekrönt war. Reicher Wanddekor und prunkvolle Mosaikböden vervollständigten das Bild eines programmatischen Repräsentationsbaus, der die Besucher beeindrucken sollte.[31] Als Gegenstück ist die Wüstenresidenz Qusayr 'Amra (um 735) zu betrachten. Auch dort gab es einen rechteckigen Landsitz, dessen Kernbau sicher ebenso monumental gestaltet war, jedoch nicht erhalten blieb. Bewahrt ist hingegen der zugehörige freistehende Audienzsaal, der zwar deutlich kleiner als der von al-Mafjar ist, dafür jedoch noch große Teile der malerischen Ausstattung im byzantinischen Stil aufweist. Auch hier orientierte man sich architektonisch an christlichen Kuppelkirchen mit Apsidenabschluss, die Gewölbe wurden nach einem spätantiken Vorbild als Nachthimmelsdarstellung mit Sternzeichen ausgemalt. An den Wänden präsentierte sich der Kalif mit den Insignien seiner Herrschaft im Stil spätrömischer Kaiserdarstellungen bzw. davon inspirierter Christus-

ISLAMISCHE REICHE

bilder. Die Art der Illustration suggeriert, dass ihm alle anderen Herrscher der Welt huldigen.[32] Damit war den Besuchern unmissverständlich klargestellt, dass sich die Umayyaden in der Nachfolge Mohammeds als Weltherrscher in religiöser, kultureller und politischer Hinsicht sahen und dafür alle bekannten Künste vereinnahmten.

KALIF AL-WALID II. (743–744)

Diesem lebenslustigen Prinzen, aber nur zwei Jahre regierenden Kalifen wird eine ganze Reihe von Palastkastellen zugesprochen, obwohl er bei keinem einzigen als Bauherr sicher nachgewiesen ist. Damit sind bei den durchaus heterogenen Anlagen durch künftige Forschungen noch zeitliche Korrekturen und andere Zuschreibungen zu erwarten.

Als Lebemann, Frauen- und Prunkliebhaber kümmerte sich Prinz al-Walid ausschließlich um sein luxuriöses Leben. Zu Beginn adaptierte er alte römische Wüstenkastelle in al-Bakhra, Qastal und al-Azraq.[33] Möglicherweise war er auch der eigentliche Bauherr der unter Hischam entstandenen Schlösser Mafjar und Qusayr 'Amra.[34] Das indiziert sein stark zerstörtes Schloss es-Sarakh, von dem nur der kleine Audienzsaal erhalten blieb, der wohl analog zu Qusayr 'Amra ausgestattet war.[35]

Nach seiner Amtsübernahme begann al-Walid unverzüglich mit dem Bau von zwei riesigen Residenzanlagen in Qasr al-Tuba und in Mšhatta, die jedoch beide durch seinen frühen Tod bereits im Folgejahr unvollendet blieben.

Im Todesjahr des Kalifen 744 wurde Mšhatta gegründet und weit vor der Vollendung abgebrochen (wenn auch in den fertigen Teilen genutzt)[36] und von den Nachfolgern bald aufgegeben (Abb. 25).[37] Es sollte ein Meisterwerk und Panoptikum der eroberten Kunstlandschaft werden, nur Bruchteile sind davon jedoch erhalten. Äußerlich handelt es sich um ein rechteckiges turmbewehrtes Kastell mit 144 m Seitenlänge in der Tradition der älteren Festungen.[38] Die frühe Forschung

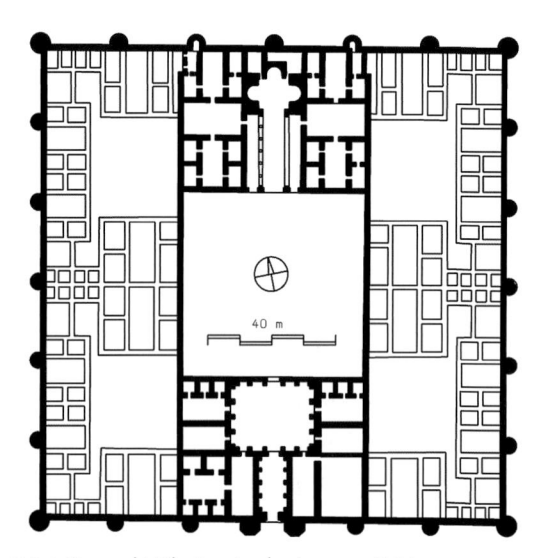

Abb. 25 | Qasr al-Mšhatta, Jordanien, vor 744

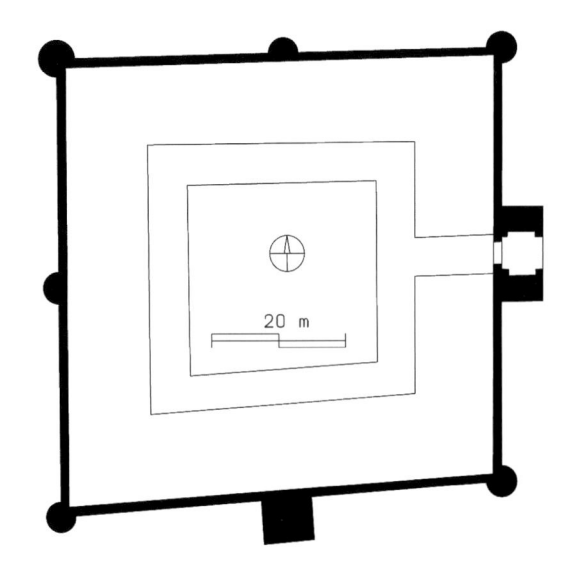

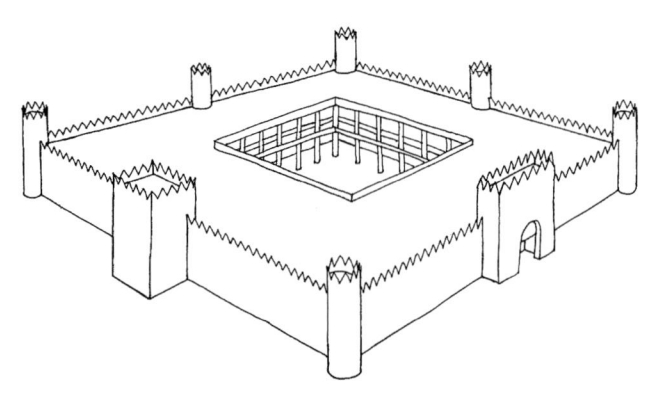

Abb. 23–24 | Khirbat al-Mafjar, Israel, 2. Viertel 8. Jahrhundert.

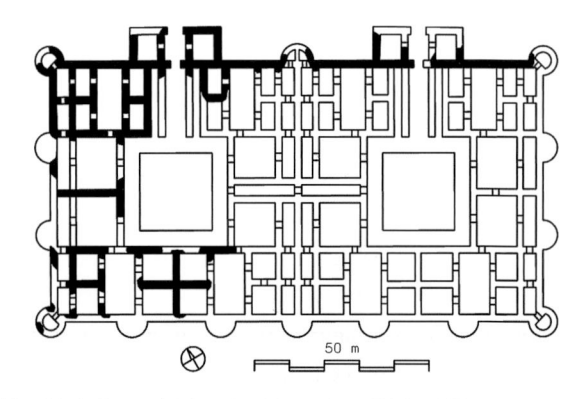

Abb. 26 | Qasr al-Tuba, Jordanien, um 744 n. Chr.

ISLAMISCHE REICHE

vermutete eine Anlehnung an oströmische Limeskastelle, einzelne Forscher stuften den Bau sogar als byzantinisch ein. Tatsächlich handelte es sich bereits um eine selbstständige umayyadische Tradition auf Basis sasanidischen Residenzen.[39] Die Fassaden besaßen in Bodennähe ein umlaufendes großformatiges Dekorationsmuster, das ohne Parallelen war und blieb. Im Inneren orientierte sich eine wohl perfekte Symmetrie um einen zentralen Thronsaal, gemeinsam mit eindeutig iranischen Baudetails eng nach sasanidischen Vorbildern.[40] Offensichtlich wurde das Schloss zwar nicht plangemäß fertig gestellt, der zentrale Bereich scheint aber doch bis zu einer endgültigen Zerstörung im Rahmen eines Erdbebens durchaus repräsentativ genutzt worden sein, wie zahlreiche qualitätvolle Ausstattungsreste indizieren.[41] Demnach diente die gesamte Konzeption einer rituellen Begegnung des beeindruckten Besuchers, der über lange Torgassen, einen weiten Hof und eine Arkadenstraße schreiten musste um zum Kalifen zu gelangen, der in einem hohen Zentralraum mit sakraler Konnotation saß.[42] Auch andere Paläste zeigen in sehr ähnlicher Abfolge diese Wegführung, etwa in Kufa, Amman und Ocheidir.

Das gleichzeitig errichtete, aber weniger gut erforschte Wüstenschloss Qasr al-Tuba folgte offenbar einem anderen Ideal (Abb. 26).[43] Dieses Kastell belegte eine längsrechteckige Fläche von 73 x 140 m, die ebenfalls von halbrunden Flankentürmen beschützt war. Wenn die sehr hypothetischen Rekonstruktionen stimmen, war die Anlage gleich einem konsequenten Doppelkastell aufgebaut. Daher gab es an einer Längsseite in den Drittelpunkten zwei dominante Toranlagen mit jeweils rechteckigen Flankentürmen. Schmale Gassen führten von dort durch die zwei umlaufenden Hoftrakte zu je einem zentralen Hof. Es gibt keinen Hinweis auf ein hervorgehobenes Wohnquartier und keinen repräsentativen Empfangsbereich, sodass der Eindruck einer gleichförmigen Kasernenstruktur entsteht. Tatsächlich führte der Kalif immer eine größere Leibgarde mit sich, die in oder um seine Residenzen wohnte. Dennoch konnte ihn das letztlich nicht schützen, als er in seiner scheinbar sicheren Residenz al-Bakhra ermordet wurde, da die beachtliche Zahl von 1200 Soldaten von seinem Nachfolger bestochen worden war.[44]

KALIF AL-MANSUR (754–775)

Nun folgte eine Zeit wechselnder Kalifen, die schließlich nach 750 in einer gewaltsamen Übernahme durch die Dynastie der Abbasiden und einer Verfolgung und weitgehenden Ausrottung der Umayyaden gipfelte. Lediglich ein Prinz konnte flüchten und nach einer abenteuerlichen Reise in Spanien Fuß fassen.[45]

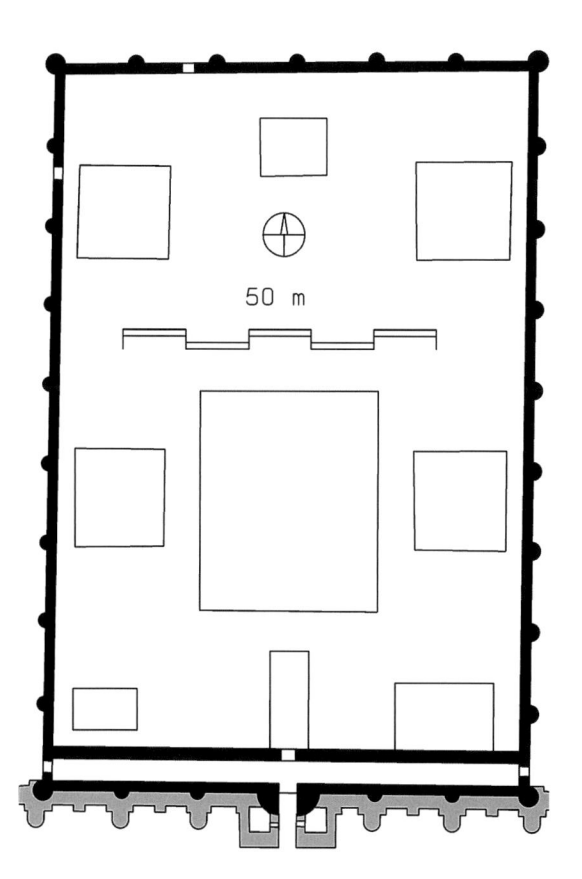

Abb. 27 | Ocheidir, Irak, nach 762.

Sofort wurden von der neuen Regierung die Region des heutigen Irak als neues Zentrum des Regimes erklärt und die repräsentativen Wüstenschlösser in der Levante verlassen. Dabei schwanden auch die letzten syrisch-byzantinisch geschulten Künstler aus der islamischen Hofbaukunst, während die iranisch-sasanidischen Handwerker in den Vordergrund traten. Auch das neue Regime sah einen bedingungslosen Machtanspruch des Kalifen, der nun architektonisch neu zu manifestieren war.[46] 762 gründete man mit Bagdad nach dem Vorbild der ehemaligen sasanidischen Residenzstadt Firuzabad[47] eine kreisrunde Hauptstadt, in deren (leider heute völlig zerstörtem) Zentrum ein quadratisches Kastell für den Herrscher angelegt war. Darin stand ein großer Thronsaal in sasanidisch-iranischer Iwan-Tradition. Damit folgte man bemerkenswert eng dem eroberten Vorbild und übernahm auch dessen imperialistische Idee der zentralistischen Weltherrschaft. Auch die Tradition der abseits gelegenen kleineren Parkpaläste wurde weitergeführt, wie eine schriftlich überlieferte Anlage nahe Bagdad belegt.

In der Folge entstanden nach diesem Vorbild zahlreiche rechteckige Städte mit orthogonalen Hauptstraßen und Ketten halbrunder Stadtmauertürme, etwa Kharab Sayyar, al-Karkh, Raqqa und Aqaba.

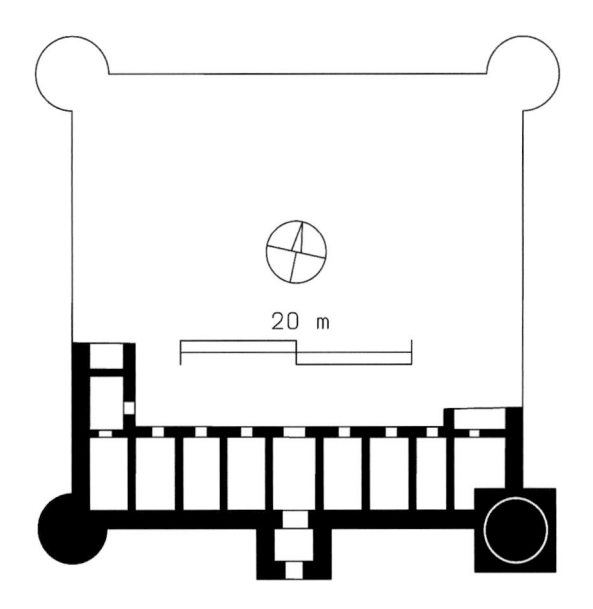

Abb. 28 | Monastir, Tunesien, um 795 n. Chr.

Als einzige zumindest teilweise erforschte Residenz der frühen Abbasidenzeit gilt Ocheidir, etwa 120 km südwestlich von Bagdad,[48] das früh aufgegeben und durch seine Wüstenlage zumindest im Grundriss gut fassbar ist (Abb. 27). Die Kernanlage, die bald durch ein deutlich größeres und stark befestigtes Kastell umgürtet wurde, belegt eine Fläche von 77 x 110 m und folgt mit ihrer zentralen Torachse, dem großen Innenhof mit dominantem Hauptbau sowie den beidseits analog flankierenden Hofbauten umayyadischen Vorgängern. Offensichtlich hatte sich die neue Regierung nur äußerlich reformiert, hielt jedoch am aufwändigen Lebensstil der Kalifen fest.

KALIF HARUN AR-RASHID (786–809)

Im Jahr 801 erfocht Kalif Harun ar-Rashid 8 km flussabwärts von Raqqa gegen den byzantinischen Kaiser einen glanzvollen Sieg und ließ an dieser Stelle die Festung Heraqla als Siegesmonument errichten.[49] Innerhalb einer kreisrunden Mauer stand hier frei ein quadratisches Fort mit großen Ecktürmen, Toren in die vier Himmelsrichtungen und zentraler Iwananlage. Sämtliche Bauteile waren sorgfältig aus weithin schimmernden Gipsquadern gefügt. Diese Anlage war sowohl als eigenständiges Staatssymbol in Kastellform höchst bedeutend als auch als wahrscheinliches Abbild der älteren wohl vergleichbaren Zentralpaläste in Bagdad und Firuzabad.

Weiterhin bedrohten byzantinische Flotten die langen Küsten des südlichen Mittelmeers, weshalb unter dem Kalifen anstelle der bislang lokal organisierten Verteidigung eine kettenförmige, streng geregelte Anordnung von befestigten Stützpunkten mit Signalkontakt begründet wurde.[50] Offensichtlich war es der abbasidische Statthalter Harthama Ibn A'yun in Ifriqiya (heute Tunesien), der im Jahr 795 die Idee hatte, systematisch klosterähnliche Kastelle für einen neu zu schaffenden Kriegermönchsorden zu errichten. Gelehrte wie Asketen waren begeistert und es fiel nicht schwer, zahlreiche Freiwillige zu finden. Diese Forts – sogenannte „Ribats"[51] – glichen in ihrer rechteckigen Form und mit ihren starken, turmbewehrten Mauern und innen umlaufenden Gebäuden den wenig älteren umayyadischen Wüstenkastellen sowie dem programmatischen Staatsbauwerk Heraqla, jedoch besaßen sie zusätzlich je einen großen Mönchssaal, einen Gebetsraum und ein Minarett, das als Signalturm genutzt werden konnte. Innerhalb weniger Jahre entstand eine ganze Reihe von Ribats, die bis ins späte 9. Jahrhundert fast baugleich verdichtet wurde. Der charakteristische Bautyp wurde zudem in der ganzen islamischen Welt verbreitet, von Spanien über Marokko bis auf die arabische Halbinsel und nach Asien. Heute liegen die am besten erhaltenen bzw. erforschten Bauten in Tunesien. In den ausschließlich von Mönchsrittern bewohnten Anlagen hielten sich auch berühmte Gelehrte, Juristen und Asketen auf, weshalb sie gleichzeitig militärische und geistliche Zentren waren und funktional enge Parallelen zu späteren Ritterordensburgen im Heiligen Land aufwiesen.

Als Gründungsbau und Prototyp gilt der Ribat von Monastir, der um 795 datiert (Abb. 28). Die mehrfach erweiterte Anlage steckt noch in Resten in der heutigen Festung und zeigt einen wohl ehemals rechteckigen Grundriss mit Ecktürmen und zylindrischem Minarett im Südosten. Im Inneren führte ebenerdig ein Säulengang zu kleinen Mönchszellen. Im Obergeschoß gab es einen größeren Betraum mit Mihrab.

Aus der Zeit um 821 datiert das berühmte Ribat von Sousse, das trotz mehrfacher Umbauten noch aus der Ursprungszeit vollständig erhalten blieb (Abb. 29–30). An Stelle eines älteren Ribats aus dem Ende des 8. Jahrhunderts wurde ein konsequentes Wehrkloster für etwa fünfzig Mönche errichtet, die sich dem Djihad verschrieben hatten.[52] Der quadratische Quaderbau mit 36 m Seitenlänge zeigt massive runde bzw. halbrunde Türme und an der Südostecke über einem rechteckigen Sockel ein hohes rundes Minarett. Das komplex gewölbte Hauptportal im Süden orientiert sich an gleichzeitigen Abbasidenkastellen, von denen man offenbar Handwerker abgeordnet bekommen hatte. Das Erdgeschoß beherbergte 33 winzige Mönchszellen, über eine Treppe gelangte man zu weiteren Zellen und einem Gebetssaal. Der heutige Arkadenhof wurde später deutlich umgebaut. Aus diesem Ribat erwuchs die „Schule von Sousse", mit deren betont asketischem Kunsthandwerk in der Region zahlreiche andere Ribats sowie mehrere Moscheen errichtet wurden. So wurden etwa im mittleren 9. Jahrhundert der Ribat von Monastir großzügig erweitert und analoge neue Ribats in Lemta und Sfax errichtet.

Zahlreiche weitere Ribats folgten an der arabischen Küste in analoger Konzeption aber unterschiedlicher Größe (Abb. 31). Stellvertretend kann das Küstenkastell Borj Younga (Bord Jounga) genannt werden, das wohl ebenfalls im 9. Jahrhundert auf spätrömischen Grundmauern neu errichtet wurde.[53] Es zeigt eine massive Quadermauer mit drei achteckigen und einem runden Eckturm sowie vier eckige Mitteltürme. Innen gab es eine dichte Reihe von winzigen Mönchszellen. Der Ostturm wurde als Betraum genutzt.

An der israelischen Küste haben sich drei Ribats als Teil einer ganzen Reihe von Kontrollforts besonders gut erhalten, da sie im 11. Jahrhundert offenbar kampflos an die Kreuzfahrer übergingen, die sie fast ohne Umbau bis ins 13. Jahrhundert weiternutzten (Abb. 31a). Erst danach wurden sie aufgrund ihrer strategischen Lage im oberen Teil abgetragen und zugeschüttet.

Zunächst ist Al Mina zu nennen, das am Hafen der auf antike Wurzeln zurück gehenden Stadt Ashdod lag. Das ebenerdig fast vollständig bewahrte Kastell stand auf einer streng rechtwinkeligen Fläche von etwa 45 x 60 m und wurde durch eine 2 m starke Mauer mit vier runden Ecktürmen sowie zwei Doppelturmtoren geschützt.[54] Im Inneren gab es einen Arkadenhof mit konsequent umlaufenden Zellentrakten. Vier Mauerstiegen führten ins nicht erhaltene Obergeschoß. Die Außenmauern sind durch qualitätvolle Quaderstrukturen und pfeilerartige Lisenen charakterisiert. Die Kreuzfahrer nutzten die Festung unter dem Namen Castellum Beroardi, ehe es 1290 von den Mamluken zerstört wurde.

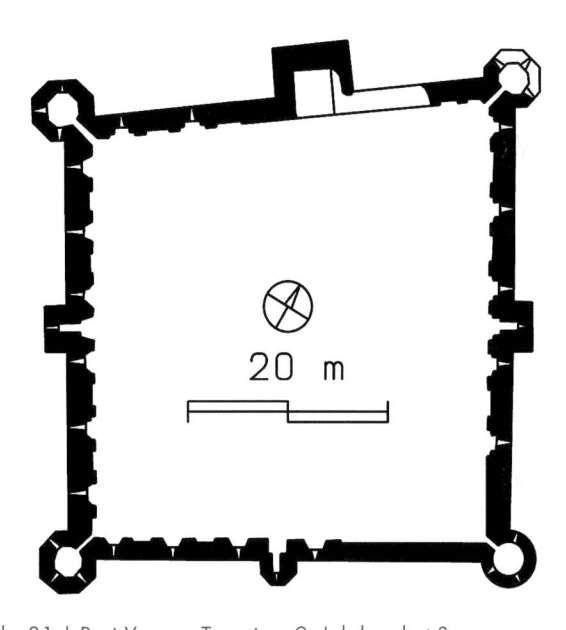

Abb. 31 | Borj Younga, Tunesien, 9. Jahrhundert?

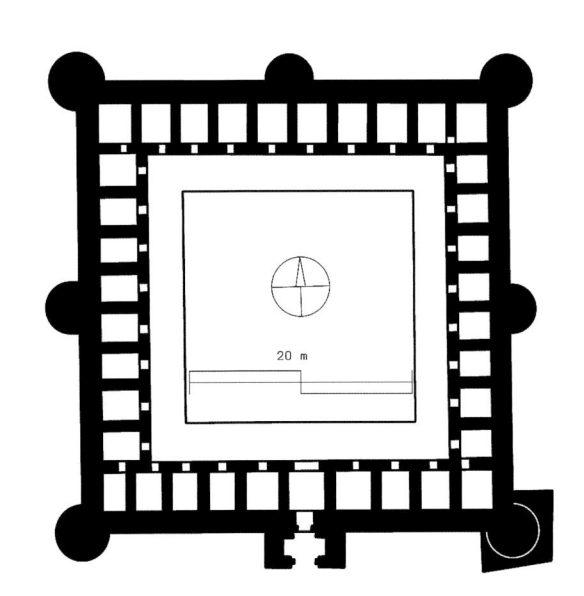

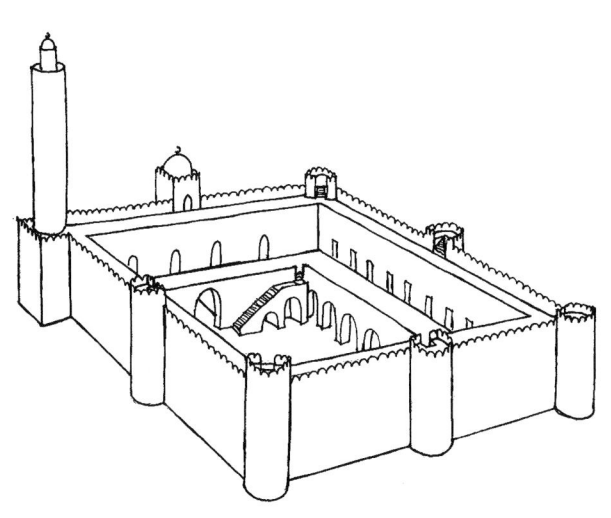

Abb. 29–30 | Sousse, Tunesien, um 821

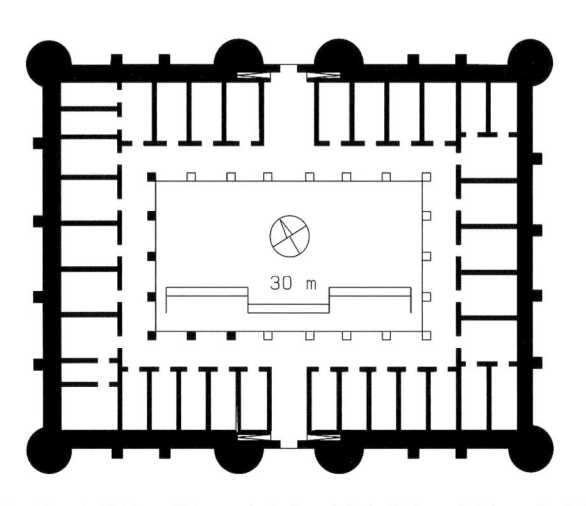

Abb. 31a | Al Mina (Minet el Qal'a, Ashdod), Israel, Ribat, 9. Jh.?

ISLAMISCHE REICHE

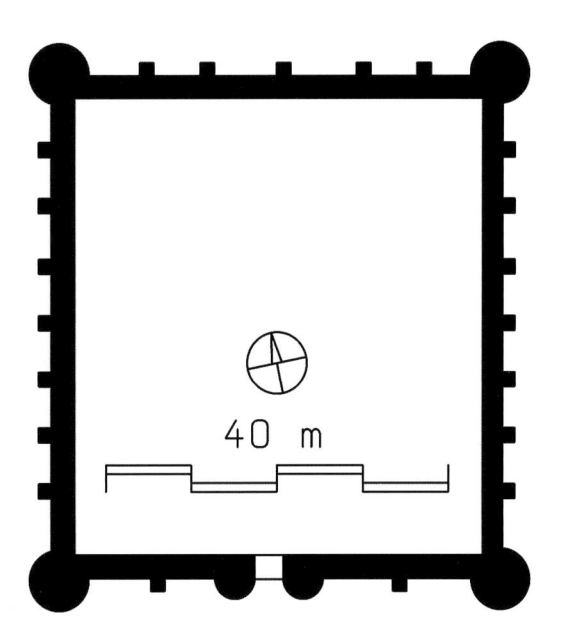

Abb. 32 | Ha Bonim (Kafarlab), Israel, Ribat, 9. Jh.?

Wesentlich schlechter ist das ebenfalls an der israelischen Küste nahe einem antiken Dorf gelegene Fort Ha Bonim erforscht. Es zeigt eine enge Verwandtschaft zu Al Mina, so verfügt die 50 x 58 m große streng rechtwinkelige Anlage ebenfalls über eine etwa 2 m starke Mauer, die durch runde Ecktürme sowie einen Doppelturm und zahlreiche pfeilerartige Lisenen gestärkt ist (Abb. 32). Das Mauerwerk ist analog aus großen Quadern gefügt. Über die großteils verschütteten Innenbereiche gibt es keine Aussagen, es wird wohl ebenfalls einen Hof mit umlaufenden Zellentrakten gegeben haben. Unter den Kreuzfahrern erhielt das Fort den Namen Cafarlet und diente der Herrschaft von Caesarea als Außenposten, ehe es 1213 den Johannitern und 1232 den Templern übertragen wurde. Nach der Eroberung durch die Mamluken wurde die Anlage bis auf die Grundmauern zerstört.

Auch das kaum erforschte Khirbat Kafr Sum (Israel) gehört mit seinen großen runden Ecktürmen, den kleineren Torflankentürmen und den regelmäßigen Außenpfeilern dieser Gruppe an.[55]

SAMARRA

Wie schon zur späten Umayyadenzeit führte auch unter den ebenso verschwenderisch lebenden Abbasiden das steigende Misstrauen der Bevölkerung zu einer Krise ihrer Herrschaft und als Reaktion zum Aufbau einer 70.000 Mann starken Leibgarde. Aus Angst vor einem Aufstand wurde im Jahr 836 etwa 100 km nördlich von Bagdad mit Samarra eine neue Hauptstadt gegründet, die bereits 883 wieder verlassen werden sollte. Durch diesen Umstand und durch das trockene Klima haben sich ausgedehnte Ruinenfelder erhalten, die eine Reihe von großformatigen Palästen aufweisen.

Bereits nach 2 Jahren intensiver Bauzeit mit Handwerkern aus dem gesamten Reich konnte die neue Stadt bezogen werden. Kalif Al-Mut'asim (833–842) legte als Hauptpalast das Schloss Djausaq-al-Khaqani an, dessen Kernkastell geräumige 300 x 450 m maß. Es bestand aus einer zentralen Torachse, einem großen Hof, einem dominanten Iwan sowie zahlreichen flankierenden Hofgevierten. Die Mauern waren durch zahlreiche Halbrundtürme geschützt. Davor lag ein angeschlossenes und ebenfalls gut befestigtes Geviert von etwa 350 x 430 m, das wohl der Leibgarde als Quartier sowie der Versorgung diente. Insgesamt glich dieser Palast allein einer größeren Stadt. Umgeben war er von ausgedehnten Parkanlagen mit Pavillons und Wasserbecken. 854–859 wurde südlich davon mit dem Palast Balkuwara eine Prinzenresidenz errichtet, deren rechteckige turmbewehrte Umfassungsmauer 1200 m lang war. Gleichzeitig entstand in Samarra die Moschee Abu Dhilif, deren 140 x 190 m große Rechteckfläche von einer

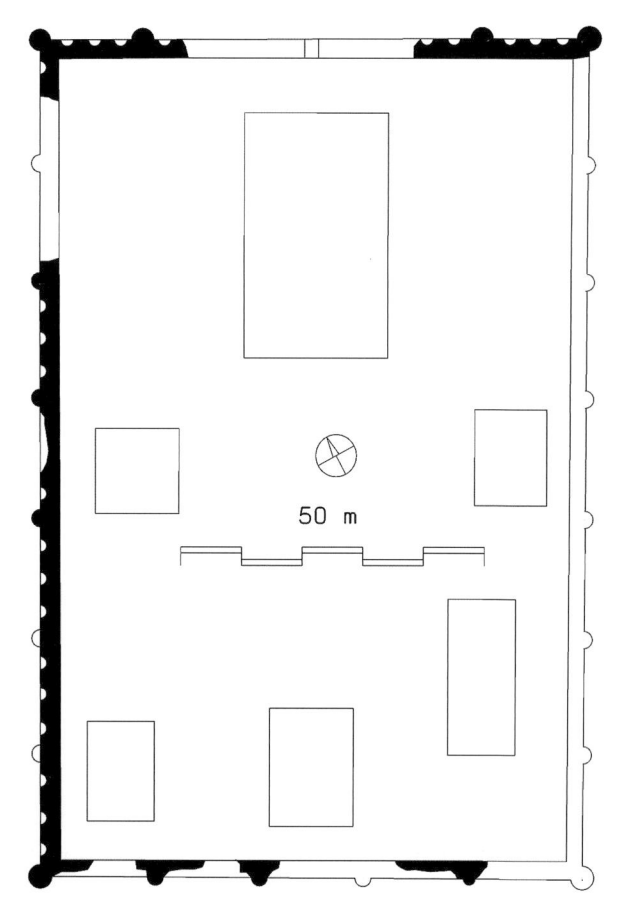

Abb. 33 | Qasr al-Ashiq, Kernpalast, Irak, 878–882.

ISLAMISCHE REICHE

analogen hohen Wehrmauer mit regelmäßigen halbrunden Turmfolgen bewehrt wurde.

Kalif Al-Mu'tamid (870–892) ließ in dieser Stadt 878–882 am Westufer des Tigris das Geviert Qasr al-Ashiq (Schloss des Verliebten) errichten, dessen mächtige flächig dekorierte Mauern mit runden Flankentürmen und starken Eckbauten eine Fläche von 91 x 134 m beschützten (Abb. 33).[56] Innen dominierte wiederum die zentrale Achse mit Haupthof und Iwan sowie flankierenden kleinen Höfen, die eng der islamischen Palaststruktur folgen.

Die Motivation zum Bau einer eigenen Residenz wird in diesem Zeitraum durch den Kalifen al-Mutawakkil auf den Punkt gebracht, indem er sagte „Nun weiß ich, dass ich Herrscher bin, da ich mir eine Paläststadt gebaut habe, um darin zu wohnen".[57]

Am Höhepunkt dieser prunkvollen Hofhaltung beendeten ausfernde religiöse und politische Unruhen die staatliche Bautätigkeit abrupt. Viele islamische Provinzen spalteten sich de facto ab und schließlich wurde der Kalif auch innenpolitisch völlig entmachtet. Seit dem späten 9. Jahrhundert gab es im abbasidischen Kalifat daher weder neue Palastbauten noch überregionale Verteidigungssysteme. Dennoch lebte der Islam naturgemäß in den einzelnen nun unabhängigen Regionen weiter, wo in den nächsten Jahrhunderten jeweils eine eigenständige Palastkultur entwickelt wurde, die nur vereinzelt mit den anderen Gebieten abgestimmt war.

DAS ISLAMISCHE SPANIEN

Bereits im Jahr 711 waren islamische Invasoren auf der spanischen Halbinsel gelandet, ohne auf nennenswerten Widerstand zu stoßen.[58] Das dortige Westgotenreich war mit der Abwehr der Franken im Norden beschäftigt und so konnte man in einer einzigen Entscheidungsschlacht den König töten und seine Streitmacht besiegen. Das Reich zerfiel sofort, jedoch mussten die einzelnen Provinzen in mehreren Wellen erobert werden. 732 überschritt man die Pyrenäen und plante, entlang der nördlichen Mittelmeerküsten nach Arabien zurück durchzubrechen. Nach einer Niederlage bei Potiers versuchte man es 735 neuerlich erfolglos, um schließlich in Südfrankreich dauerhaft aufgehalten zu werden.

Nach dem Sturz der Umayyaden in Damaskus und ihrer fast vollständigen Ausrottung im Jahr 750 durch die Abbasiden gelang es lediglich einem Mitglied des Geschlechts, über eine abenteuerliche Flucht entlang der afrikanischen Küste bis Spanien durchzubrechen. Prinz Abd al-Rahman konnte nach kurzem Kampf in Al-Andalus ein unabhängiges umayyadisches Emirat begründen, das stolze dreihundert Jahre bestehen sollte. Sofort wurden in Cordoba als neue Hauptstadt ein stark befestigtes Kastell und eine Moschee (ab 786) errichtet. Die Festung ist heute leider völlig erneuert, sodass ihre ursprüngliche Gestalt offen bleiben muss. Die Moschee orientierte sich an levantinischen Vorbildern, auf deren Baukünstler man offenbar zurückgreifen konnte. Drei Kilometer außerhalb ließ der Emir einen befestigten Park-Palast mit dem bezeichnenden Namen Munyat al-Rusafa (nach dem Syrischen Palast seines Großvaters) errichten, der in nostalgischer Weise mit levantinischen Pflanzen bestückt war. Die islamische Halbinsel wurde in drei Provinzen geteilt und in den Hauptstädten Zaragoza, Toledo und Mérida je ein quadratisches Kastell errichtet, das sich jeweils trotz merklicher Überbauung noch heute gut ablesen lässt. Die anderen übernommenen Städte wurden mit Zitadellen, sogenannten *alcazabas*, befestigt, in gefährdeten Gebieten entstanden zusätzlich frei stehende *alcázars* als Bollwerke und Truppenstützpunkte.[59] Die meisten dieser Anlagen konnten sich auf ältere römische, byzantinische oder westgotische Vorgänger stützen und wurden später bei der christlichen Reconquista neuerlich stark umgestaltet. Daher ist es heute kaum möglich, reine islamische Bauten zu fassen. Besonders schwer ist eine exakte Datierung, da Mauerdetails und Bautypus jahrhundertelang sehr ähnlich blieben.

Als älteste islamische Wehranlage Spaniens gilt das Kastell von Mérida, das über römischen und byzantinischen Befestigun-

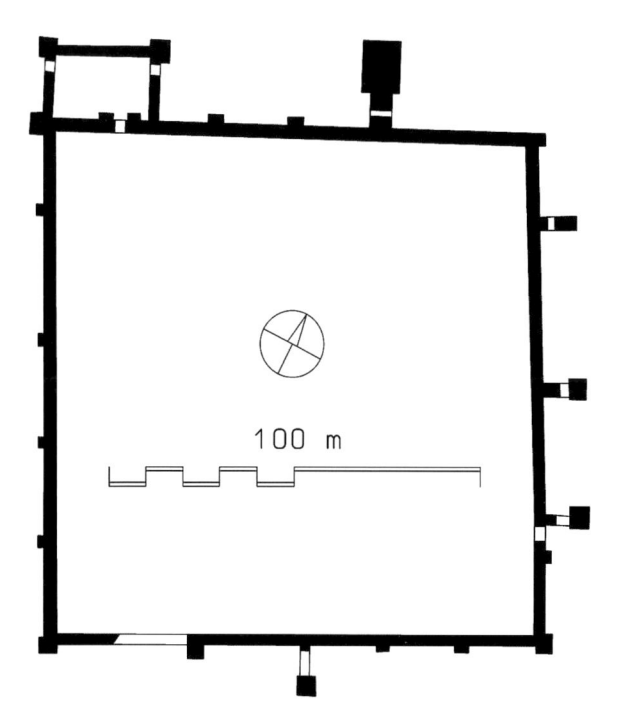

Abb. 34 | Mérida, Spanien, Kastell ab 835

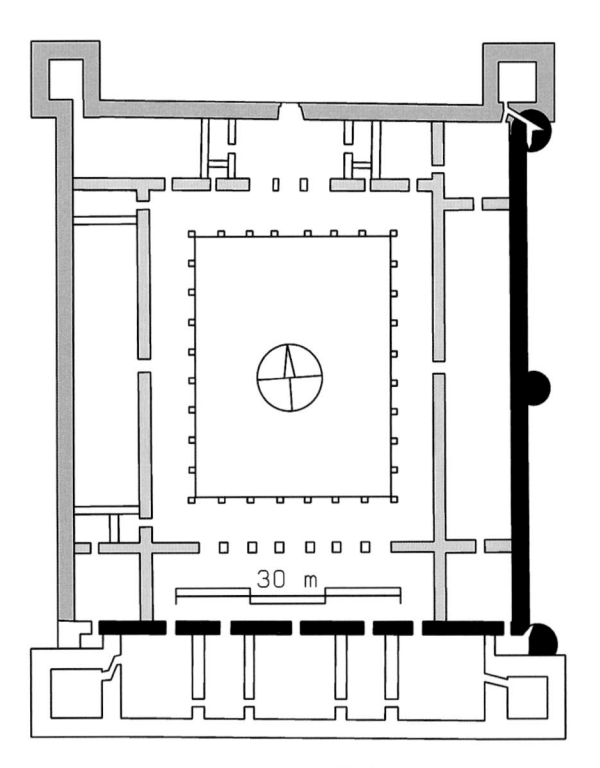

Abb. 35 | Toledo, Spanien, Kernkastell ab 836 (grau 13.–15. Jh., weiß-16. Jh.?)

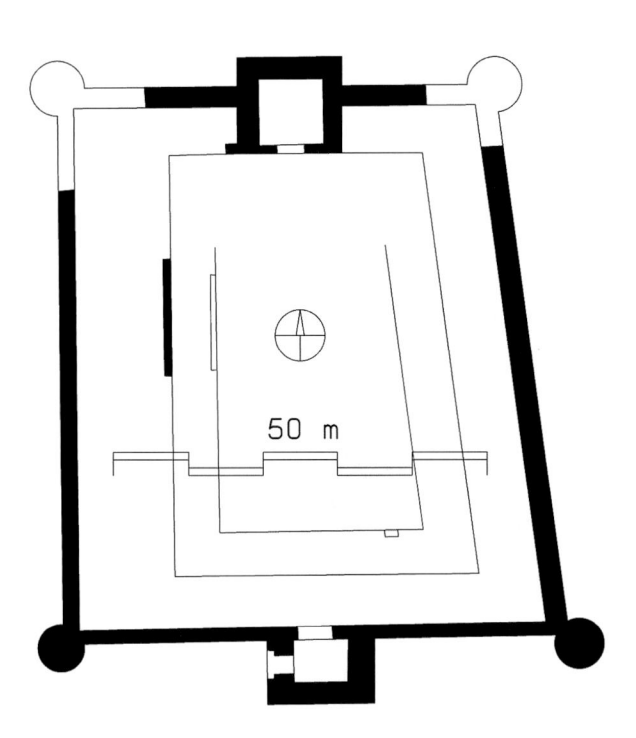

Abb. 36 | Alcázar Real de Guadalajara, Spanien, vor 862 n. Chr.

gen an einer Brücke unter dem cordobesischen Emir Abd-al-Rahman II. ab 835 neu errichtet wurde (Abb. 34).[60] Die Anlage bildet ein leicht verzogenes Rechteck von etwa 132 x 137 m und wird durch zahlreiche Mauertürme sowie eine aufwändige Toranlage geprägt, während die Innenfläche offenbar zunächst fast unbebaut war und bestens als temporäre Truppenbasis dienen konnte.

Praktisch gleichzeitig ließ Abd-al-Rahman II. ab 836 in Toledo an Stelle eines römischen Prätoriums bzw. westgotischen Königssitzes eine ca. 60 m breite Zitadelle errichten, die eine gleichzeitige Stadtbefestigung beherrschen sollte (Abb. 35).[61] In der mehrfach ausgebauten Anlage haben sich bis heute sichtbare Reste des Gevierts mit wohl spiegelgleichen runden Eck- und Mauertürmen erhalten.

Auch im heutigen Königsschloss von Madrid blieben Reste der muslimischen Festung bewahrt, die gleichfalls eine rechteckige Zitadelle für die Stadtmauer bildete und unter Emir Mohammed I. von Córdoba um 860–80 entstanden ist. Hier gab es jedoch auf deutlich größerer Fläche begehbare runde Eck- und pro Front zwei halbrunde Mauertürme.

Über der strategisch bedeutenden Stadt Guadalajara errichteten die Kalifen im mittleren 9. Jahrhundert eine für längere Aufenthalte konzipierte Zitadelle, die sich bis auf die beiden nördlichen Ecken vollständig erhalten hat (Abb. 36). Offensichtlich hat man hier den Typus des levantinischen Wüstenschlosses mit runden Ecktürmen, monumentalen Torbauten, umlaufenden Trakten und zentralem Arkadenhof verwendet. Jedoch tauchte nun gegenüber dem Tor ein dominanter Wohnturm auf, hier hatte wohl der Kalif sein Quartier. Ähnliche Türme gab es bald an zahlreichen muslimischen Wehrbauten. Während des 9. und 10. Jahrhunderts diente die Festung oftmals als militärische Basis, ehe sie nach der christlichen Eroberung 1085 als Königspalast umgebaut wurde.

Dem späten 9. Jahrhundert wird der Kernbau des Kastells von Alter do Chao zugeschrieben, der durch einen homogenen Quadersockel mit kleinteiligem Bruchsteinaufsatz gut von spätmittelalterlichen Ausbauten zu unterscheiden ist (Abb. 37–38).[62] Demnach entstand hier ein 37 m breites Geviert, das einst wohl homogen durch vier rundliche Ecktürme, drei eckige Mauertürme sowie einen repräsentativen Torbau flankiert war. Im Jahr 913 wurde in Sevilla anstatt des alten zentralen Palastes neben der Moschee an der südöstlichen Stadtmauer eine neue Zitadelle errichtet (Abb. 39). Diese starke turmbewehrte Anlage hat sich bis heute sehr gut erhalten, wurde jedoch im Inneren stark überbaut. Die verzogene Fläche 118 x 173 wird von rechteckigen vortretenden Flankentürmen geschützt. An den Ecken stehen deutlich größere Bauten sowie stadtseitig ein innen eingestellter Torzwinger, Hauptturm ist keiner überliefert. Über die ursprüngliche Innenbebauung gibt es nur punktuelle Erkenntnisse, die eine dichte Besiedlung vermuten lassen.

Im Jahr 929 proklamierte sich der Emir selbst zum Kalifen von Al Andalus. 936 wurde 5 km außerhalb von Córdoba mit

Abb. 37–38 | Alter do Chao, Portugal, 9. Jh.

dem Bau eines adäquat scheinenden Palasts begonnen, der seinesgleichen suchen sollte. Aus antiken Ruinen wurden tausende Steine und Säulen herangeschafft und mit einem Gutteil der Staatseinnahmen die gigantische Anlage Madinat al-Zahra errichtet.[63] Die rechteckige Fläche von 745 x 1518 m war von einer 4 m starken Mauer mit rechteckig vortretenden Türmen alle 14 m konsequent geschützt. Im Inneren gab es ausgedehnte Paläste, Harems und Wirtschaftsbereiche.

In ähnlicher Form wurden in der Folge viele muslimische Städte großräumig befestigt (Abb. 40–41). Sie alle dürften jeweils an einer topographisch bevorzugten Ecke zumindest eine kleine Zitadelle besessen haben, die meist durch spätere Ausbauten bis in die Neuzeit völlig verändert wurde. In einzigartiger Weise blieb die Zitadelle von Trujillo in der westspanischen Provinz Extremadura bis zur Mauerkrone erhalten. Auf einer leicht verzogenen Fläche von 46 x 49 m sind die 3 m starken Mauern von 8 weit vorstehenden Türmen flankiert, wovon einer mit einem ausgeprägten Hufeisentor einen abgewinkelten Zugang gewährt. In sehr ähnlicher Weise wurde die geländebedingt trapezförmige Zitadelle von Calatrava la Vieja mit einer engen Reihe von vorstehenden Mauertürmen befestigt, jedoch mit einem zentralen Doppelturmtor versehen. Diese Burg ist bedeutend, weil sie nach der christlichen Eroberung Mitte des 12. Jahrhunderts zum namengebenden Sitz eines Ritterordens wurde und dieser das kastellförmige Grundkonzept für sich adaptieren sollte.

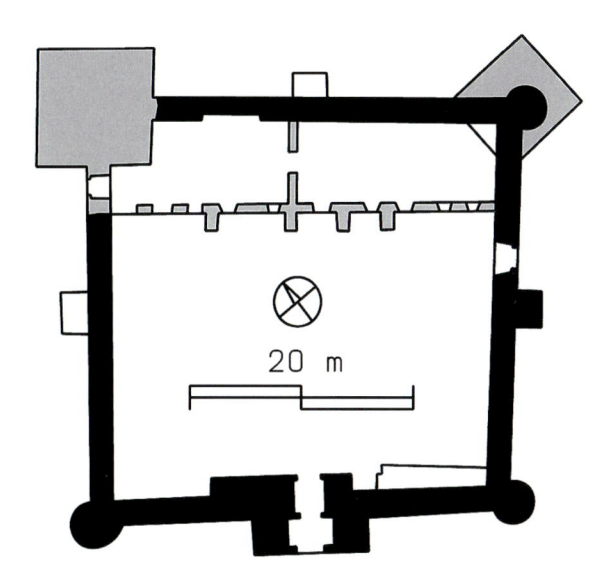

Auch die muslimische Zitadelle der Stadt Alarcos wurde nach ihrer Eroberung Mitte des 12. Jahrhunderts dem Ritterorden Calatrava übertragen, der sie zunächst fast ohne bauliche Änderung verwaltete (Abb. 42).[64] Die auf einem steilen Felsgrat liegende Anlage von 37 x 57 ist heute weitgehend verschwunden und nur die Fundamente liegen nach der Ausgrabung in

ISLAMISCHE REICHE | 139

Abb. 39 | Sevilla, Spanien, Zitadelle, nach 913.

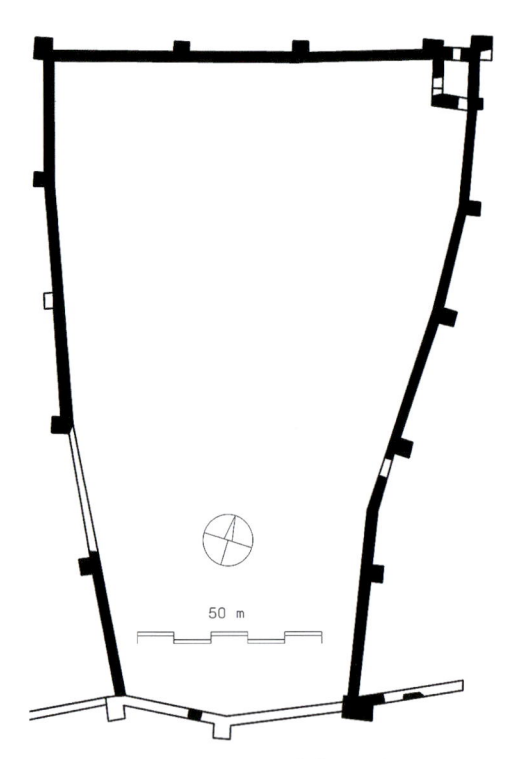

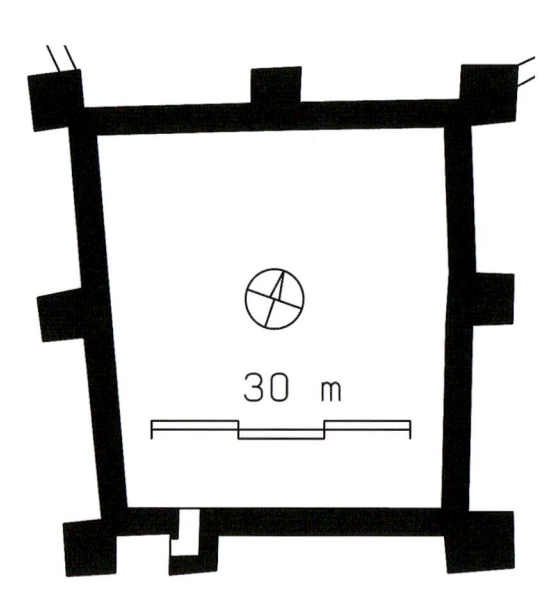

Abb. 40–41 | Trujillo, Spanien, Zitadelle, 10. Jh.

140 | ISLAMISCHE REICHE

einem weitläufigen archäologischen Park frei. Demnach setzte man bei der Errichtung trotz des steilen Geländes auf Regelmäßigkeit und geradlinige Fronten, wenngleich dadurch ein starker Winkelverzug entstand.

Nicht zuletzt gestaltete der Calatrava-Orden nach der Übergabe der Herrschaft von Alcaniz durch König Alfons II. von Aragon ein älteres Kastell unbekannter Zeitstellung durch einen klosterähnlichen Einbau mit Kreuzgang, Kirche und Glockenturm um, aus dem in der Folge der Sitz des Großmeisters erwuchs (Abb. 43).[65] Der heute stark veränderte und erweiterte Bau zeigt dennoch klare Reste eines rechtwinkeligen Kernkastells, das wohl symmetrisch durch Eck- und Mauertürme flankiert war.

Das auf einem einsamen Felskopf gelegene Burguillo, das als muslimischer Wachposten trotz steilem Gelände verzogen-rechteckig mit wohl regelmäßiger Turmfolge angelegt worden war, erhielt nach der Übernahme durch den Templerorden 1238 einen Großumbau (Abb. 44–45). Damals wurden die Ecktürme pragmatisch durch einen dominanten Hauptturm sowie kleinere Trabanten unterschiedlicher Form ersetzt und somit das einfache Kastell gemäß den neuesten Erfahrungen aus den Kreuzzügen aufgerüstet.

Mit der stetig näher kommenden Gefahr der Reconqista wurden vermehrt auf hohen Felsen isolierte polygonale Stützpunkte angelegt und diese durch dichte Reihen von flankierfähigen Türmen geschützt, die auch Innenräume besaßen (Abb. 46). Als bestes Beispiel dieser neuen Gipfelzitadellen hat sich Banos de la Encina vollständig erhalten. Die auf das Jahr 986 datierte 100 m lange Anlage liegt auf einem schmalen Felsgrat und verfügt über eine Folge von Viereckstürmen mit Abständen von maximal 15 m. Das Hufeisentor mit Wurferker wird durch eine Turmgasse geschützt. Im Inneren gab es keinerlei steinerne Gebäude, offensichtlich handelte es sich um eine nicht ständig vollbesetzte Truppenbasis. Eine sehr ähnliche turmbewehrte Großanlage entstand vor 965 in Gormaz, wo zusätzlich eine Quermauer ein Kerngeviert abtrennte.

Völlig undatiert ist die auf einem einsamen Hügel der Provinz Malaga gelegene zweiteilige Burganlage von Àlora, die nach der Eroberung 1484 in ein christliches Dorf umgewandelt

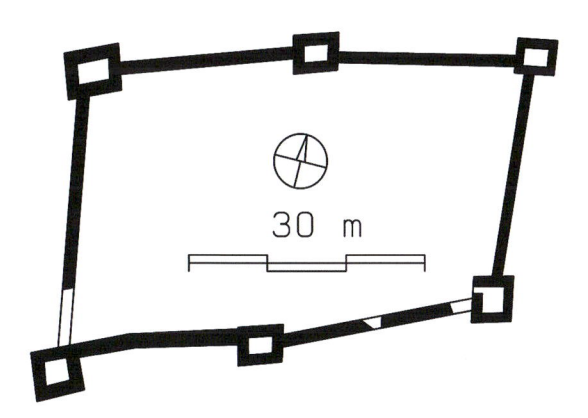

Abb. 42 | Alarcos, Spanien, Zitadelle 10. Jh.

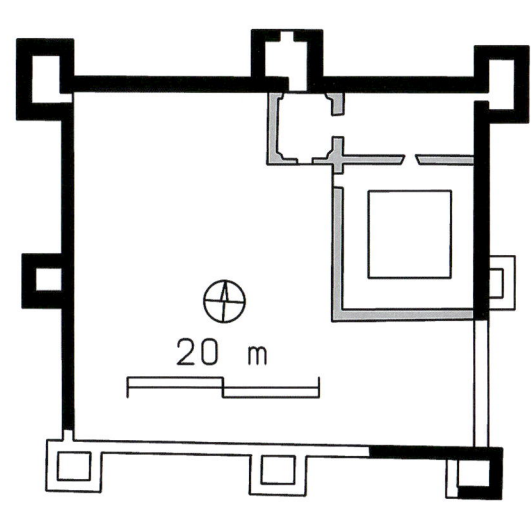

Abb. 43 | Alcaniz, Spanien, Kernkastell bis 13. Jh.

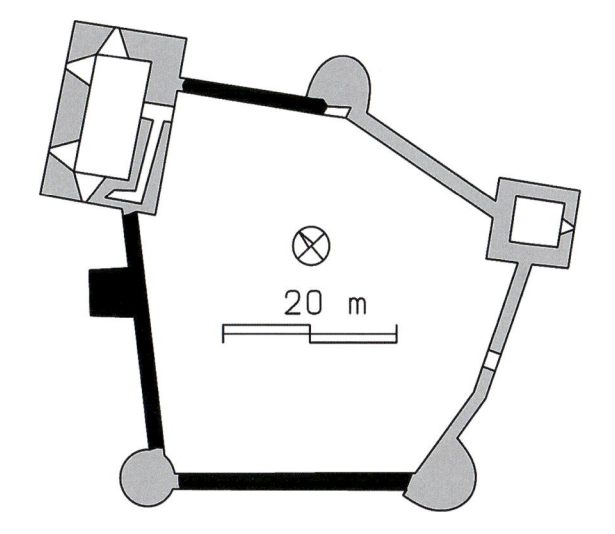

Abb. 44–45 | Burguillo del Cerro, Spanien, Kernkastell 10. und 13. Jh.

ISLAMISCHE REICHE

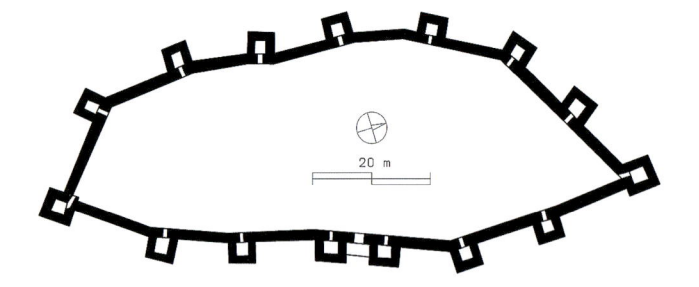

Abb. 46 | Banos de la Encina, Spanien, 986 n. Chr.

wurde (Abb. 47–48).⁶⁶ Während der Hauptbering sich polygonal dem Gelände anpasst, stand auf dem Gipfel eine kleine Zitadelle, deren charakteristischer Verband von Quadersockeln und Tapia-Mauern sich großteils fast unverändert erhalten hat. Das sorgfältig aus verzogen-keilförmigen Quadern gefügte Hufeisenportal hat direkte Analogien zu Banos, sodass eine ähnliche Zeitstellung vermutet werden kann.

Sehr ähnliches Mauerwerk zeigt das Kastell von Luchente nahe der Ostküste, das nach der christlichen Eroberung im 13. Jahrhundert zum Sitz einer regionalen Baronie ausgebaut wurde (Abb. 49–50). Der Kern besteht aus einem verzogenen Geviert mit schmalen massiven Eckpfeilern und ist über dem Steinsockel aus Tapia gefügt.

Gleiche Mauertechnik zeigt das großformatige Kastell von Sohail direkt an der östlichen Meeresküste, das 956 vom 1. Kalifen von Córdoba, Abd ar-Rahman III. angelegt worden ist (Abb. 51). Trotz des steilen ovalen Geländes wurde ein gebauchtes Rechteck mit vier massiven Ecktürmen und vier

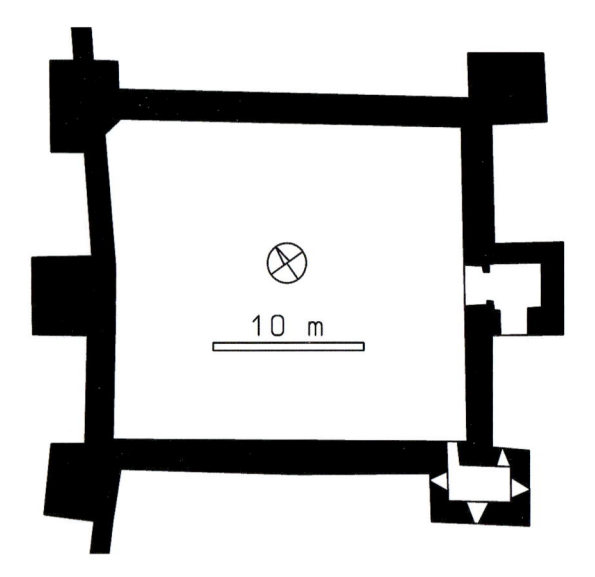

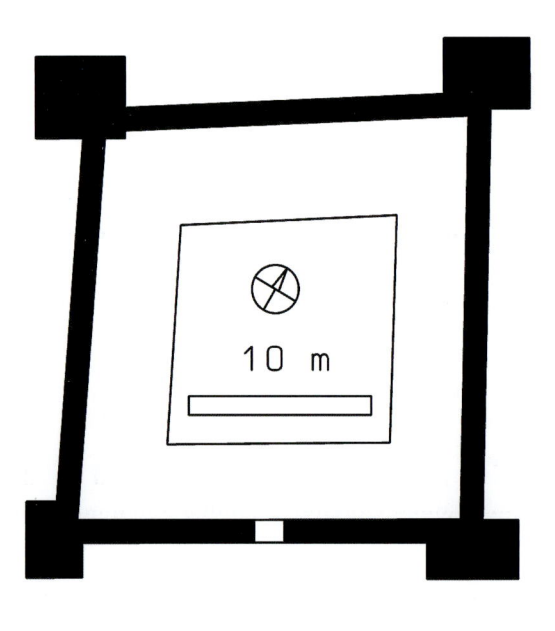

Abb. 47–48 | Àlora, Spanien, Kernkastell, 10. Jh.

Abb. 49–50 | Luchente (Llutxent), Spanien, Kernkastell 10. Jh.?

142 | ISLAMISCHE REICHE

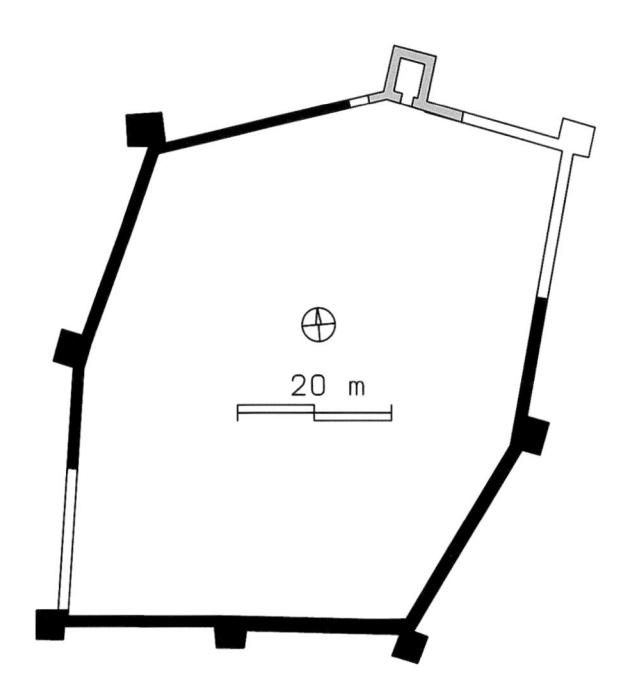

Abb. 51 | Sohail (Fuengirola), Spanien, ab 956.

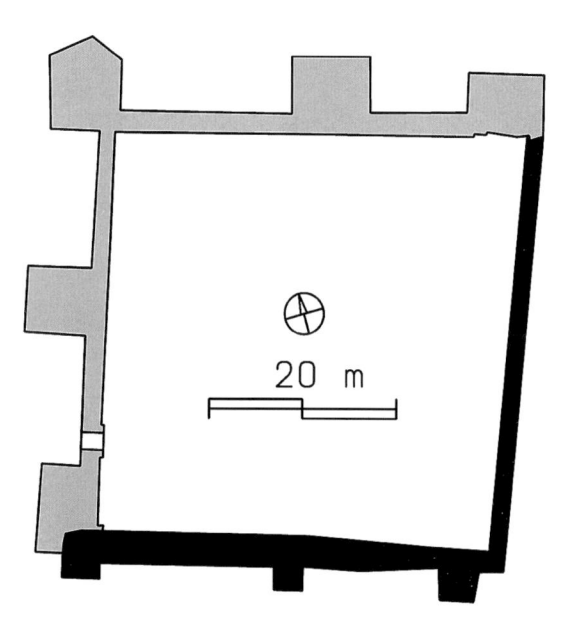

Abb. 52 | Buitrago de Lozoya, Spanien, Kernkastell 10. und 15. Jh.

Mauertürmen errichtet, die über Steinsockeln aus reinem Tapia bestanden und heute noch streckenweise sehr gut erhalten sind. Nur an der Eingangsfront zeigen der zentrale Turm und der nordwestliche Eckbau andere Strukturen mit konsequenten Ziegelbänderungen. Es handelt sich wohl um spätmittelalterliche Erneuerungen nach wiederholten Eroberungsversuchen.

Ein ähnliches Schicksal dürfte die Stadt Buitrago erlitten haben (Abb. 52). Im 10. Jahrhundert wurden die weitläufigen Stadtmauern aus Tapia am Rand eines Felshangs durch eine Zitadelle geschützt, die im 15. Jahrhundert nach der christlichen Eroberung gemeinsam mit der gesamten Befestigung auf älteren Fundamenten mit Mauern aus Bruchstein und konsequenten Ziegelbänderungen erneuert wurde. Die muslimische Stadt hatte hingegen wie eine ganze Reihe anderer netzförmig über die Provinzen gelegter Befestigungen das Gebiet nach außen und innen befrieden sollen.[67]

Nach Jahren der Missherrschaft beendeten eine Revolution und ein folgender Bürgerkrieg 1036 das spanische Kalifat. Die islamische Halbinsel zerfiel in bis zu 17 Kleinkönigreiche (Taifas), die sich blutig rivalisierten.[68] Die Siedlungen wurden weiterhin mit mächtigen Wehrmauern geschützt, die ebenfalls enge Reihen von Rechtecktürmen aufwiesen. Lokal wurden kleinere Zitadellen integriert, die Zeit der großen Kastelle war jedoch vorbei, wenngleich jeder König bestrebt war, einen repräsentativen und sehr prächtigen Palast zu bewohnen.

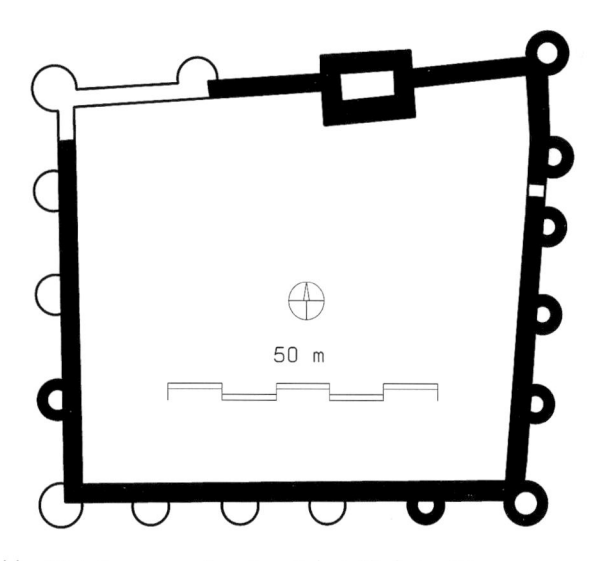

Abb. 53 | Zaragoza, Spanien, Palast Aljaferia, Mitte 11. Jahrhundert

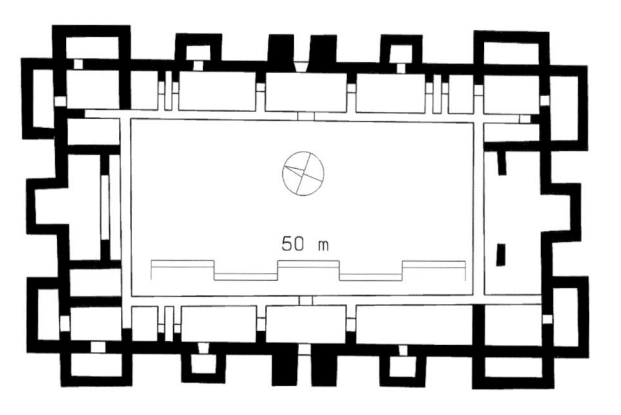

Abb. 54 | Castillejo in Monteagudo, Spanien, Mitte 12. Jahrhundert

ISLAMISCHE REICHE

Als erster Höhepunkt dieser Palastbaukunst entstand im Taifa Zaragoza unter dem Kleinkönig Abu Yafar Ahmad I. (1046–1082) die Aljafería (Abb. 53). Ihr offenbar aus einem Guss errichteter 3 m starker Bering umfasst eine rechteckige Fläche von 80 x 90 m und ist durch eine enge Reihe von Rund- bzw. Halbrundtürmen geschützt. Im Norden dominiert ein rechteckiger Hauptturm, ansonsten folgt der charakteristische Palast wohl programmatisch den levantinischen Umayyadenpalästen der islamischen Expansionszeit. Auch dieser Bau war von weitläufigen, künstlich bewässerten Gärten umgeben und besaß innen einen großen Hof sowie flankierende kleinere Gevierte. Ganz offensichtlich wollte man hier gut informiert an die alte ruhmreiche Zeit architektonisch anschließen. Dennoch konnte sich der Islam lokal nicht halten, bereits 1118 eroberten die Christen Zaragoza und nutzten den Palast als Zentrum der Reconqista.

Auch der König des Taifas Murcia namens Muhammad ibn Sa'ad ibn Mardanisch (1124–1172) ließ sich in Monteagudo einen befestigten Landsitz inmitten eines großen Gartens anlegen (Abb. 54). Das 45 x 79 m große Kernrechteck wird von einer engen Reihe rechteckiger Türme flankiert, die zwei Hauptfronten mit zentralen Doppelturmtoren mächtig akzentuierten. Spärliche Reste von Stuck und Malerei bezeugen, dass hier einst ein prächtiger Palast bestanden hat. Der offensichtlich nach einem konsequenten architektonischen Konzept durchgeplante Bau hat überregional keine zeitgleichen Parallelen, erinnert aber an römische Landvillen.

Den Schlusspunkt der kleinköniglichen Kastellbaukunst stellte der Alcazaba der Alhambra von Granada dar (Abb. 55–55a).[69] Hier hatte sich seit dem 11. Jahrhundert eine fast 600 m lange stark befestigte Palastfestung auf einem schmalen Felsgrat entwickelt, die in der direkten Nachfolge von Madinat al-Zahra als ausgedehnter Regierungsbezirk diente. Darin begründete Muhammad ibn Yusuf ibn Nasr im frühen 13. Jahrhundert das Emirat der Nasriden, das zweieinhalb Jahrhunderte bestehen sollte. An der engen Westspitze des Palastplateaus etablierte er über älteren Mauern eine kleine Kernzitadelle, die durch einen massiven turmbewehrten Querriegel sowie durch einen geräumigen Wohnturm ausgezeichnet war. Die bis heute sehr gut erhaltene Anlage besticht durch ihre weithin sichtbaren roten Stampfmauern und die enge Turm-

Abb. 55–55a | Granada, Spanien, Alcazaba der Alhambra, nach 1239.

ISLAMISCHE REICHE

staffelung. Leider liegen keine exakten Bauforschungen zur Unterscheidung der älteren Mauern vor. Immerhin ergaben archäologische Freilegungen, dass der Hof dicht mit modulartigen Gebäuden besetzt war.

DAS ISLAMISCHE SIZILIEN

Bereits im Jahr 652 wurden erste erfolglose Versuche unternommen, die strategisch bedeutsame Inselgruppe von Sizilien zu erobern.[70] Im 8. Jahrhundert folgten regelmäßige Überfälle, jedoch wurden die Muslime im Jahr 827 von Christengruppen im Rahmen innenpolitischer Konflikte gerufen, um die Insel anstelle von Byzanz als Provinz zu kontrollieren. In mühsamen und verlustreichen Guerillakämpfen wurde nun jahrelang Festung für Festung erobert. Im Jahr 878 konnte Syrakus als letzte große Bastion gestürmt werden, erst 965 hatte man die Insel allerdings wirklich befriedet. 948 erhob der maghrebinische Kalif a-Mansur Sizilien zum Emirat, das die Dynastie der Kalbiten-Emire regieren sollte. Trotz der bis ins 11. Jahrhundert dauernden muslimischen Herrschaft haben sich heute kaum (sicher zuordenbare) architektonische Reste von Festungen erhalten.

Zu den frühesten Anlagen könnte Sambuca di Sicilia gehört haben, eine kleine halb in einem See versunkene Ruine, die einem lokalen Emir um 830 zugeschrieben wird (Abb. 56).[71] Das klassische 52 x 54 m große Kastell mit rechteckigem Grundriss und vier runden Ecktürmen ist jedoch in der Forschung umstritten,[72] diskutiert wird auch eine hoch- bis spätmittelalterliche Datierung, sodass hier noch exaktere Studien abzuwarten sind. Es dürfte sich aber doch um eine muslimische Anlage handeln, da bereits im mittleren 12. Jahrhundert eine alte Festung beschrieben wird und die Baudetails mit den überkuppelten Ecktürmen gut mit nordafrikanischen Ribats vergleichbar sind.

Auch für die komplexe Kernanlage von Naro wird ein Baubestand des 9. Jahrhunderts postuliert (Abb. 57).[73] Durch die starke Überbauung im frühen 13. Jahrhundert und fehlende gründliche Forschungen muss der tatsächliche muslimische Restbestand, eventuell mit nur einem runden Eckturm, jedoch offen bleiben.

Nicht zuletzt sind dringend Klarstellungen zu den zahlreichen muslimischen Palastanlagen rund um Palermo zu erwarten, die nach der christlichen Rückeroberung im 12. Jahrhundert derart subtil adaptiert bzw. überbaut wurden, dass man den Baubestand heute nicht mehr ohne intensive Untersuchungen trennen kann.[74] Sicher ist lediglich, dass es hier eine für die

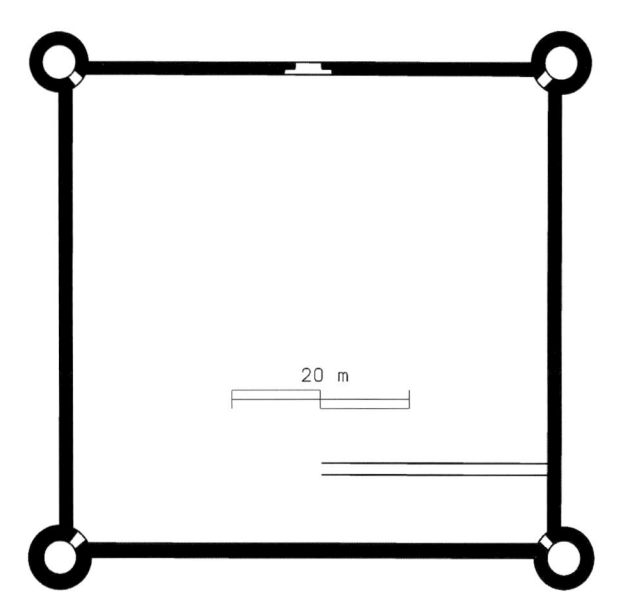

Abb. 56 | Sambuca di Sicilia, Fortezza di Mazzaccar bzw. Qasr Ibn Mankud, um 830?

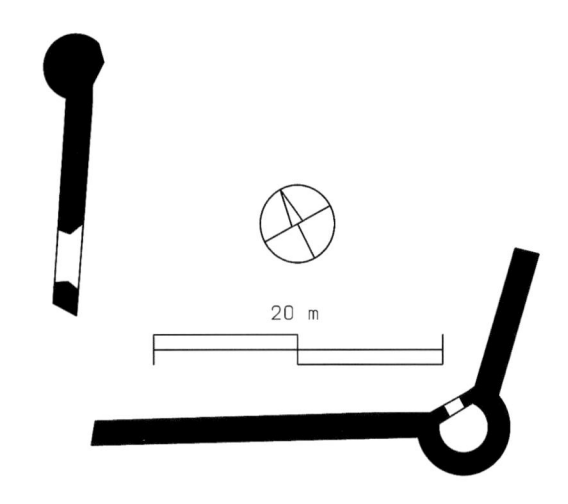

Abb. 57 | Naro, Sizilien, älteste Bauphasen, 9. Jh.?

Zeitgenossen unvergleichliche Parklandschaft mit ummauerten Gärten, künstlichen Bewässerungen und einer Reihe von großen Palästen gegeben hat. Wahrscheinlich haben sich zumindest in der Favara, in Altofonte und Scibene größere muslimische Reste erhalten, die auf geschlossene Gevierte mit mehrstöckigen umlaufenden Trakten sowie Arkadengängen hinweisen. Damit ergäben sich Analogien zu anderen islamischen Residenzen, jedoch sind hier (bislang) keinerlei außen vorspringende Türme dokumentiert worden. Das erstaunt umso mehr, als Sizilien in ständiger Bedrohung durch das byzantinische Reich lag und man vor allem in den Palästen mit Angriffen rechnen musste. Offenbar hatten sie aber keinerlei ernstzunehmende militärische Einrichtungen, vielleicht weil sie als Privatpaläste bewusst von den stark befestigten Küstenorten abgeschieden waren.

DAS ZIRIDENREICH NORDAFRIKAS

Trotz der frühen Eroberung der küstennahen Region des heutigen Tunesien durch die Araber war das Gebiet ständiger Unruheherd und man nützte jede Gelegenheit zur Revolution.[75] Bereits um 800 löste sich die Region „Ifriqiya" unter den Aghlabiden als praktisch unabhängiges Emirat, das um 909 von den Fatimiden übernommen wurde, die ihrerseits die Herrschaft über ganz Nordafrika ausweiteten und aus der Region abwanderten. In das Machtvakuum setzten sich die Ziriden, die trotz mehrfacher Berberaufstände einen luxuriösen Lebenswandel etablieren konnten.

So wurde um 947 an den Südhängen des Tell-Atlas der Palast von Achir erbaut (Abb. 58).[76] Die streng rechtwinkelige relativ kleine Anlage bedeckt eine Fläche von 40 x 72 m und ist durch einen zentralen Hof mit jeweils zwei kleinen flankierenden Höfen ausgezeichnet. Außen dominieren ein Doppelturmtor sowie lisenenartige Wandvorsprünge, die nicht als klassische Türme bezeichnet werden können. Lediglich regelmäßig vorstehende Wandpfeiler ermöglichen eine zumindest provisorische Mauerbestreichung vom krönenden Wehrgang aus.

Es soll sich dabei um einen verkleinerten Nachbau der fatimidischen Residenz in Mahdiyya (um 912) gehandelt haben, von der nur mehr spärliche Reste erhalten sind.[77] Auch dort gab es massive pfeilerartige Wandvorsprünge, die wie reduzierte Erinnerungen an die Turmfronten der umayyadischen und abbasidischen Kastelle wirken. Im Jahr 1007 wurde Achir als Residenz aufgegeben und mit Qal'a im Tell-Gebirge eine neue gegründet. Dort haben nur geringe Baureste überdauert, die innerhalb von 100 Jahren mehrfach deutlich umgebaut worden sind. Offensichtlich kann als Kernbau eine ca. 40 x 50 m große rechteckige Hofanlage rekonstruiert werden, der ein zeitgleicher großer Vorhof angeschlossen war. Beide Flächen waren von Trakten (und wohl auch Arkaden) umgeben und die Mauern außen mit pfeilerartigen Mauervorsprüngen regelmäßig gegliedert. Davon dürften zumindest die am Hauptgeviert aufgrund ihrer Massivität turmartig ausgeprägt gewesen sein.

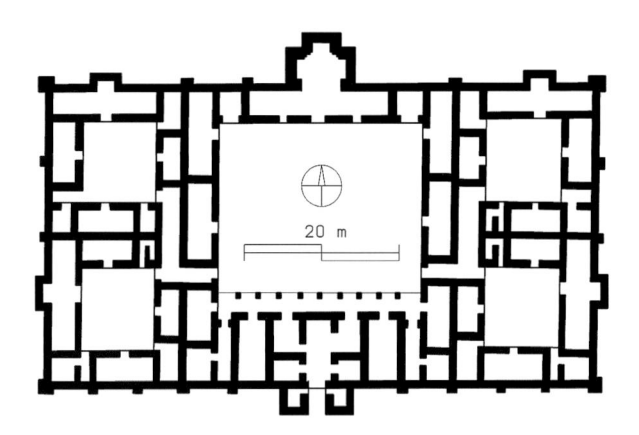

Abb. 58 | Achir, Tunesien, um 947 n. Chr.

DIE PALASTANLAGEN DER GHAZNEVIDEN IN AFGHANISTAN

Im frühen 11. Jahrhundert erlebte die frühislamische Palastform auch ganz im Osten eine Renaissance.[78] In der ghaznevidischen Hauptstadt Lashkari Bazar entstanden gleich mehrere Paläste als stark befestigte Rechtecke mit runden bzw. halbrunden Flankentürmen. So glich etwa die zentrale Residenz in Größe, Aufteilung und Aussehen den umayyadischen Wüstenschlössern, allerdings war nun der einst große Hof einem deutlich kleineren mit Iwan-Annexen in allen vier Richtungen gewichen.

Der etwa 75 x 163 m große Kern des Südpalasts folgt wiederum dem Muster der großen frühislamischen Palastanlagen, mit zentralem großem Hof, flankierenden kleinen Hofeinhei-

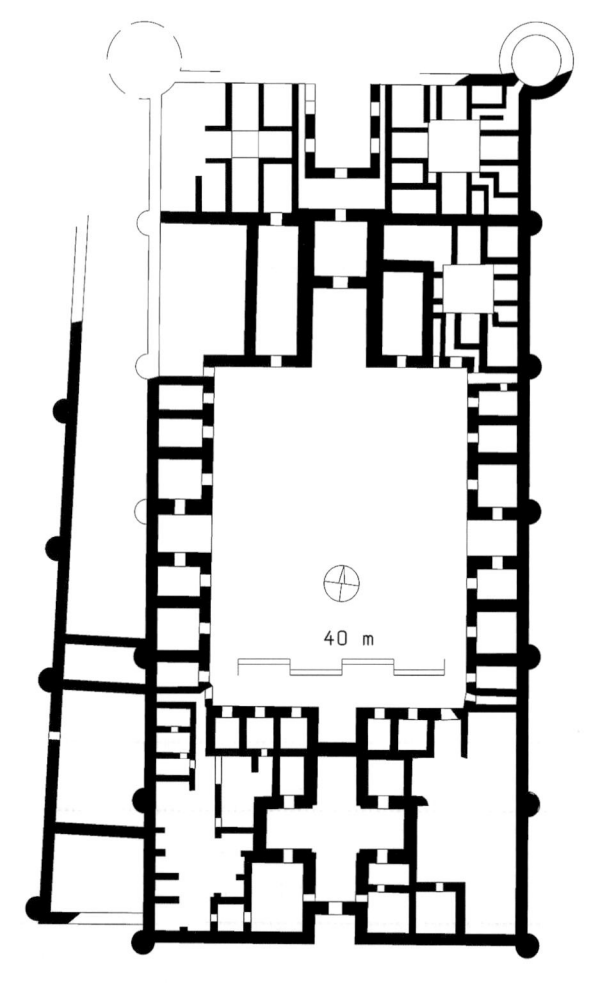

Abb. 59 | Lashkari Bazar, Afghanistan, Südpalast, frühes 11. Jh.

146 ISLAMISCHE REICHE

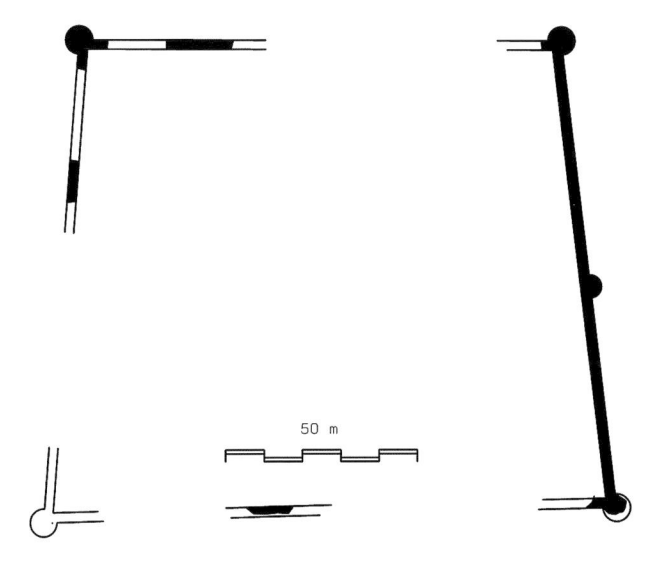

Abb. 60 | Gazna, Afghanistan, Palast, frühes 12. Jh.

ten und umgürtendem Kastell mit starken, turmbewehrten Mauern. Auch hier sind nun ebenfalls Iwane in die Struktur integriert (Abb. 59). Gänzlich neu scheint hingegen ein Nordannex mit weit vortretenden überdimensionalen Eck-Rundtürmen.

In spätgaznevidischer Zeit ließ Mas'du III. (1099–1115) in Gazna nochmals eine neue Prunkstadt mit Palästen, Moscheen und Gärten errichten (Abb. 60). Den Kern bildete offenbar ein um 1100 angelegter über 100 m breiter trapezförmiger Palast, der in den 1950er Jahren archäologisch erforscht wurde.[79] Er war von einer massiven geradlinigen Mauer eingefasst, die durch Eck- und Mitteltürme gerahmt wurde. In der Mittelachse mag es ein nicht mehr erhaltenes Doppelturmtor gegeben haben. Im Inneren deuten die stark reduzierten Reste auf eine konsequente Symmetrie, in der ein großer Arkadenhof sowie ein abschließender Hauptiwan lag, während seitlich kleine Höfe mit Iwanen bzw. Baits gruppiert waren. Sowohl Grundkonzeption als auch Binnengliederung passen bruchlos in die Tradition der großen frühislamischen Palastanlagen, sodass wohl von einer bewussten Weiterführung bzw. von einem direkten Wissenstransfer ausgegangen werden kann.

In die gleiche Zeit ist Rabat Malik in Usbekistan zu stellen, eine nur in den Fundamenten erhaltene rechteckige Residenz der Karakhaniden, die sehr ähnlich wie Lashkari mit langen Kastellmauern und massiven Turmflankierungen sowie mehrhöfigen, reich verzierten Binnenstrukturen konzipiert war. Diese nomadischen Wüstensöhne dürften hier eine bemerkenswert aufwändige temporäre Sommerresidenz unterhalten haben, für die eingehende Forschungen ausstehen.

DIE PALÄSTE UND HANS DER SELDSCHUKEN

Im 11. Jahrhundert etablierte sich der äußerst kriegerische türkische Stamm der Seldschuken, der bald das Kalifat von Bagdad besiegen und einen Großteil Westasiens bis Afghanistan regieren sollte. Im 12. Jahrhundert teilte man sich in das östliche Großseldschukenreich mit der Hauptstadt Isfahan und in die arabischen Seldschuken mit der Hauptstadt Konya. Politisch und religiös schloss man demonstrativ an die persische Kultur an, deren Kunstzweige von Literatur bis Architektur programmatisch weitergeführt wurden. Für eine effiziente Verwaltung der weitläufigen Gebiete wurden die Straßennetze

Abb. 61–62 | Ribat-i Šaraf, Iran, um 1115

renoviert, Brücken erneuert und netzförmig Regionalzentren geschaffen.

Auch die wenig erforschten Paläste der Seldschuken orientierten sich an der islamischen Tradition der rechteckigen Residenzanlagen.

So liegen im nordöstlichen Iran an einer überregional bedeutenden Karawanenstraße gleich mehrere, miteinander verwandte Anlagen (Abb. 61–62). Am besten erforscht ist Ribat-i Šaraf, das aufgrund fragmentierter Inschriften sowie vergleichbarer Schmucknischen in die Zeit um bzw. nach 1115 datiert wird.[80] Das 64 m lange zweigeschossige Kernquadrat wird durch ein 32 m langes Vorgeviert zur zweiteiligen Residenz, wobei der innere Teil durch vier Ivane und einen flankierenden Arkadengang dominiert wird. Den axialen Raumabschluss bildete wohl der Thronsaal, womit direkte Analogien zu den Palästen der Ziriden und Ghazneviden bestünden. Als Dach diente eine homogen durchlaufende flache Terrasse.

Die Besonderheit dieses Palasts bieten die zahlreichen qualitätvollen Ornamente aus Stuck, mit Resten von bunter Bemalung und großformatiger Inschriften (Abb. 63). Sie werden künstlerisch mit regionalen Moscheen verbunden, womit die Hochwertigkeit der Anlage gut belegt ist. Architektonische und handwerkliche Parallelen finden sich zudem im Ribat-i Mahi (etwa zwei Tagesreisen westlich in Turkmenistan), in Aqca Kala (Iran) sowie im Ribat at-Turk (Iran). Hinweise auf Gartenarchitekturen im weiten Umkreis indizieren, dass diese Paläste jeweils Zentrum eines großen fürstlichen Parks gewesen sind.

Der Palast von Dajr nahe Isfahan wird um 1120 datiert, jedoch erhielt er in der frühen Neuzeit eine derart umfassende Erneuerung, dass heute dem 12. Jahrhundert aufgrund der charakteristischen Ziegelmaße fast nur die Außenmauern mit den Türmen zuzuordnen sind (Abb. 64).[81] Der etwa 107 m große quadratische Bau war demnach durch vier 10,7 m breite Ecktürme flankiert, neben dem Tor dominierten zwei zusätzliche monumentale Halbtürme. Bereits bei frühen Poeten wird dieser Palast als bedeutend genannt, er könnte daher auf einen sasanidischen Standort zurückgehen und blieb bis ins 18. Jahrhundert in Verwendung.

Unter den Rum-Seldschuken blühte im 13. Jahrhundert ein besonders langlebiges Phänomen muslimischer Herrschaften auf, die systematisch gesetzten Straßenstationen, damals als Ribat bezeichnet, heute je nach Region Karawansereien (Kervansaray), Khan, Han, Robat (Rabat) oder Katra genannt.[82] Sie sind bereits seit den frühesten arabischen Eroberungen belegt und finden sich im gesamten historischen Glaubensgebiet des Islam von Spanien über Nordafrika und Anatolien bis weit nach Zentralasien. Während ihre regionale Verteilung und Binnenstruktur recht gut erforscht sind,[83] scheint keine internationale Zusammenschau und Genese vorzuliegen. Zudem ist die ehemalige Nutzung als Kaserne, Herberge, Polizeistation oder herrschaftlicher Palast oft nicht einzugrenzen, wodurch die Zuordnungen desselben Objekts unterschiedlich sein können.[84] Auch in der politischen Hochzeit der Rum-Seldschuken entstanden im vorderen Orient entlang der bedeutenden Handelsrouten alle 30 bis 40 km angeblich etwa 250 unterschiedlich große Gevierte, die von der Forschung großteils inventarisiert wurden, ohne jedoch die jeweilige Funktion sicher bestimmen zu können.[85] Der architektonische Typus ist eng mit anderen städtischen Bauformen der Zeit verknüpft, vor allem mit Moscheen, Medresen und Handelshäusern, von denen sie direkt abgeleitet werden, während

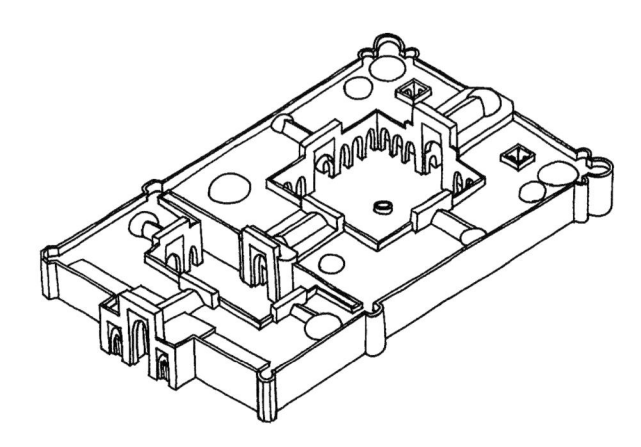

Abb. 63 | Ribat-i Šaraf, Iran, Rekonstruktion

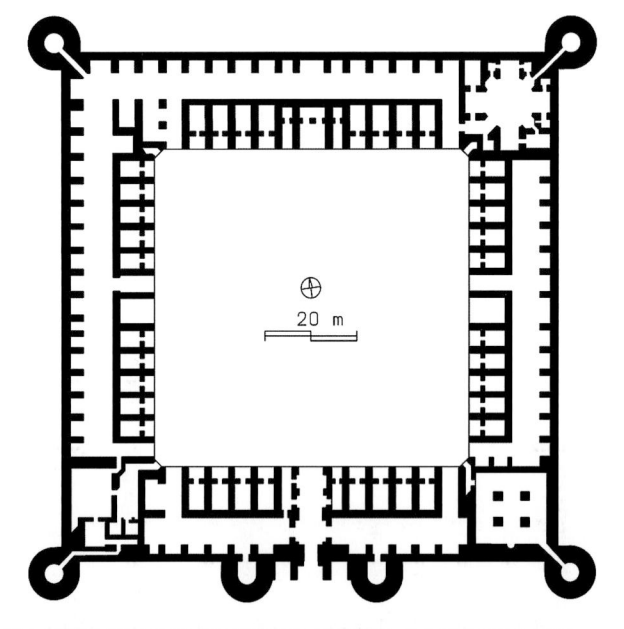

Abb. 64 | Dajr-e Gacin, Iran, um 1120 sowie 16. Jh.

Abb. 65–66 | Kirkgóz-Han, Türkei, 1. H. 13. Jh.

die Bauleute großteils christliche Syrer und Armenier waren.[86] Funktional werden die Hans als herrschaftliche Zwischenstationen interpretiert, die hauptsächlich der lokalen Straßenverwaltung dienten, aber bei der Durchreise hoher Würdenträger und Staatsbeamter auch als Rasthaus, Truppenbasis und Gefängnis fungierten.

Konnten die Seldschuken dabei in den Regionen des alten Perserreichs auf bestehende Stationen zurückgreifen, musste nach der Eroberung des bislang byzantinischen Anatolien bzw. nach einem langfristigen Friedensvertrag mit Byzanz im Jahr 1221 im Gebiet der heutigen Türkei ein neues kettenförmiges Netz errichtet werden, das die zentralen Gebiete mit dem Mittelmeer und dem Schwarzen Meer verband und zum Rückgrat der Verwaltung werden sollte.

Die älteste seldschukische Han-Form datiert ins frühe 13. Jahrhundert, etwa in Evdir, das 1207 begonnen wurde (Abb. 65–66). Die aus Bruchstein gefügten und später mehrfach umgebauten Anlagen waren zunächst einfache rechteckige Kastelle mit dominantem zentralen Torbau und einer gleich-

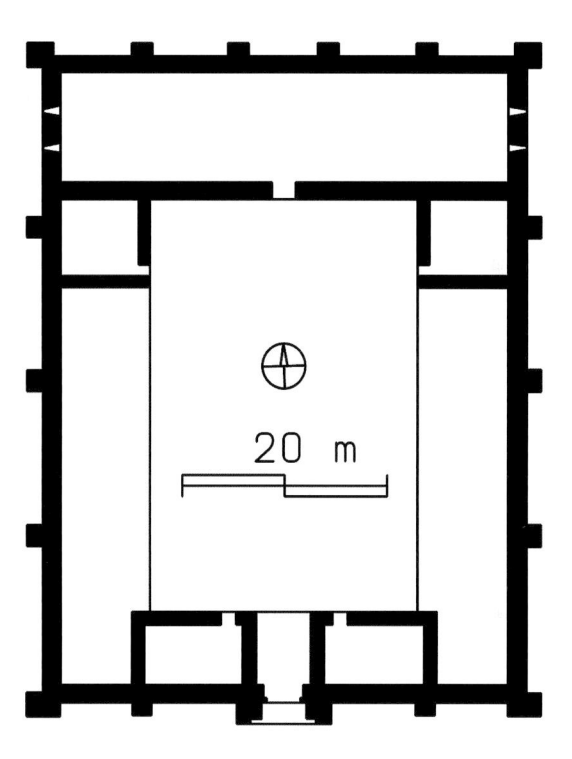

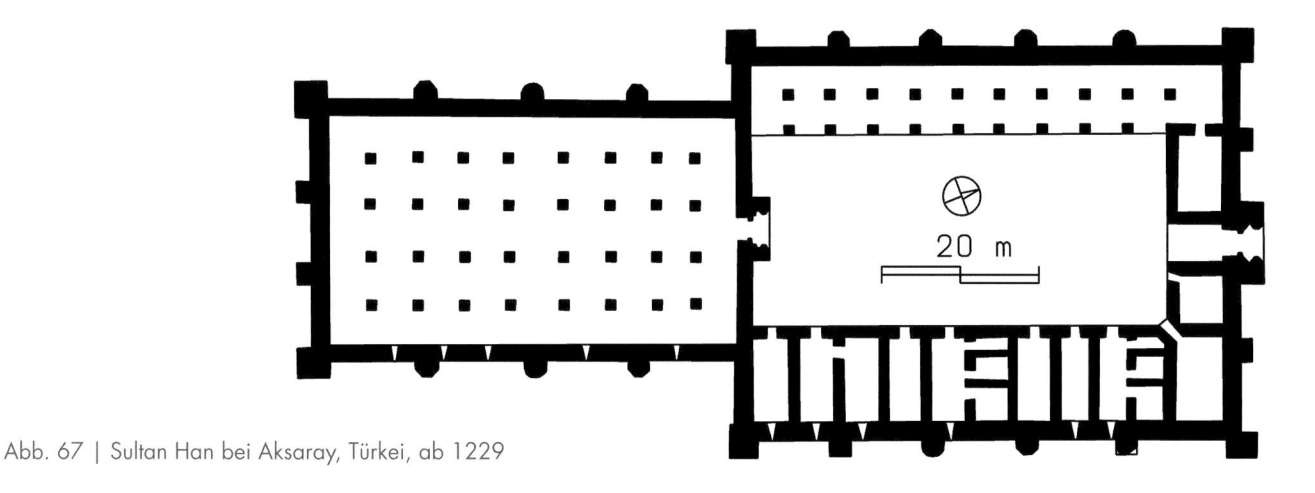

Abb. 67 | Sultan Han bei Aksaray, Türkei, ab 1229

ISLAMISCHE REICHE | 149

mäßigen Reihe massiver Mauerpfeiler, von deren Brüstungen eine eventuelle Verteidigung möglich war. Im Inneren gab es einen geräumigen Hof, der seitlich von Unterständen flankiert war, während gegenüber dem Tor ein breiter Schlafsaal für Menschen dominierte („Wintersaal"). Diesen Typus zeigt auch Kirgóz Han, die erste Station nördlich von Antalya.[87] Die wohl erst später eingefügte Inschrift um 1239 bezeichnet den Han als Ribat und widmet ihn den Völkern und Reisenden. Offenbar handelte es sich um eine auch allgemein zugängliche Raststation auf der Überlandstraße.

Als größte Anlage in der Türkei gilt der Sultan Han bei Aksaray, der fast unverändert erhalten blieb (Abb. 67).[88] Dieser zweiteilige Bau besteht aus einem 48 x 62 m großen Hofgeviert, das links Wirtschaftsbereiche und rechts Stallungen aufweist. Danach kommt man über ein Tor in den 55 m tiefen gewölbten Kernbau, der als Unterkunft diente. Außen war der Han als massives, geschlossenes Kastell mit krönenden Wehrbrüstungen konzipiert, das lediglich am monumentalen Tor repräsentativ gestaltet war. Innen überwiegen hingegen hohe Arkaden mit weitläufigen, reich ornamentierten und marmorverkleideten Trakten. Damit folgte man den früharabischen Wüstenschlössern, deren großzügige Pracht ebenfalls nur innen wahrzunehmen war. Es gibt einige weitere Sultan Hans, bei denen diese Namensgebung auf die Erbauer weist. Bei den anderen dürften die Auftraggeber hohe Staatsbeamte mit entsprechender Weisung des Sultans gewesen sein.

So war auch der Incir-Han, die dritte Station auf der Straße nördlich von Antalya, gemäß Torinschrift vom Sultan beauftragt (Abb. 68).[89] Dabei wird der Herrscher als 2. Alexander (der Große) bezeichnet, ein origineller Beleg für das Selbstbewusstsein der Seldschuken. Dazu passen auch die reichen Steinmetzarbeiten im Hof, die den Han als exklusive herrschaftliche Straßenstation vermuten lassen.

Als dritter Stultan-Han ist der vor Kayseri beachtenswert (Abb. 69).[90] Der 1232 begonnene Bau ist heute stark restauriert und zeigt sich als Idealbild eines herrschaftlichen Hans. Durch ein regelrechtes Prunktor in der monumentalen Schaufassade gelangt man in den breiten Hof, in dem eine pagodenförmige kleine Moschee steht. Durch ein weiteres hohes Portal kommt man in den großen Pfeilersaal, dessen Mittelschiff basilikal erhöht und durch einen zentralen Kuppeltambour gleich einer sakralen Vierung akzentuiert wird.

Als klassischer Durchschnitt gilt hingegen der westlichste Han (zeitgenössisch als Ribat bezeichnet) in Han-Abad (Hanbat), der gemäß Inschrift im Jahr 1230 vom lokalen Gouverneur der Grenzregion gegründet wurde (Abb. 70).[91] Er besteht aus zwei Teilen, die jeweils etwa 31 m tief sind. Zunächst gelangte man durch einen großen Torbau in einen Hof, der rechts Wirtschafts- und Sanitärbereiche sowie links Stallungen aufwies. Über eine weitere Toranlage kam man ins eigentliche Kerngeviert, das durch ein Pfeilergewölbe zur Gänze überdeckt war und als ornamental ausgezeichnete Unterkunft diente. Den oberen Abschluss bildete eine flache Terrasse, die als einzige bei Bedarf mit flankenmäßig vorstehenden Pfeilerplattformen zur Verteidigung genutzt werden konnte. In dieser Konzeption und mit ähnlichen Baudetails waren praktisch

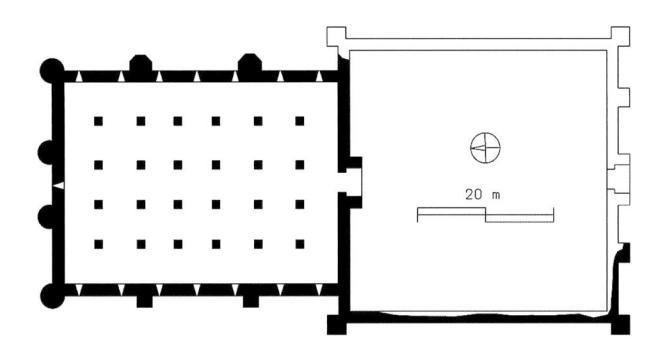

Abb. 68 | Incir-Han, Türkei, um 1239

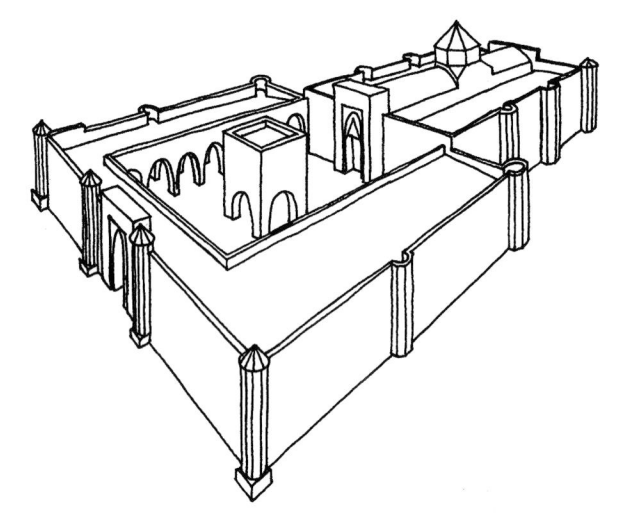

Abb. 69 | Sultan Han bei Kayseri, Türkei, ab 1232

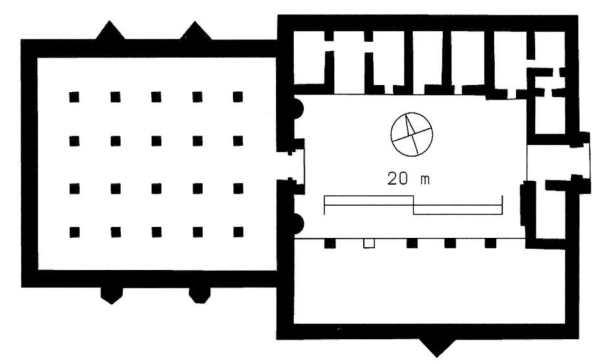

Abb. 70 | Han-Abad, Türkei, ab 1230

Abb. 71–72 | Sari Han, Türkei, um 1249

alle anderen Straßenstationen Richtung Osten ausgeführt, sodass man von einer systematischen zeitnahen Entstehung im mittleren 13. Jahrhundert ausgehen kann. Typologisch scheint das Konzept bemerkenswerter Weise am zeitgleichen Moscheebau orientiert, woran auch die Ornamentik eindeutig anschließt. Man kann daher wohl eine gleiche Planungs- und Handwerkergruppe vermuten.

So zeigt auch der inschriftlich in die Zeit um 1249 datierte, an der Seidenstraße gelegene Sari Han innen das zweiteilige Standardprogramm, während die Ecken systematisch durch bastionsartige Pfeiler flankiert werden (Abb. 71–72).[92] Das sorgfältige Steinquadermauerwerk wird hier durch verschiedenfarbige Materialien in Analogie zu nahen Moscheen bunt strukturiert. Offensichtlich gab es trotz starren Konzepts Freiraum für unterschiedliche Größen und Außenstruktur, die auf die einzelnen Projektverantwortlichen und lokale Bauleute zurückzuführen sind.

Nach dem Ende des kurzfristigen aber verheerenden Mongolensturms um 1243, der die Seldschuken bis 1326 als formal untergeordnete aber selbstständige Vasallen hinterließ, wurde eine neue Welle von Straßenstationen gestartet, deren westlichste in Akhan stand (Abb. 73–74).[93] Die etwas kleinere Anlage besaß ein 26 m tiefes Hofgeviert sowie einen 19 m tiefen Kernbau. Wiederum gab es rechts des Hofs Wirtschaftsbereiche und links die Stallungen, der Hauptbau besaß ein Pfeilergewölbe und diente als Unterkunft, darüber bot eine Dachterrasse mit Vorsprüngen auf den Mauerpfeilern eine gewisse Verteidigungsfähigkeit.[94] Diesmal finden sich am gesamten Gebäude zahlreiche aufwändige Schmuckdetails.

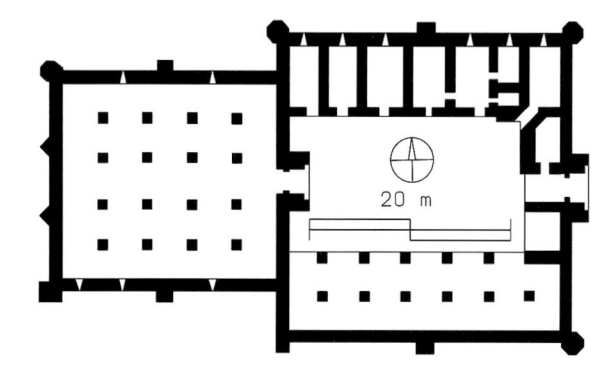

Je nach Erfordernis konnten auch im Inneren unterschiedliche Gewichtungen ausgeführt werden, so zeigt Duragan (Durak) einen rechteckigen Hof, einen verschwenkten Eingang und zwei Trakte für Stallungen (Abb. 75). Die Kanten sind sorgfältig durch rundliche Pfeiler flankiert, die Mauern durch eckige Vorsprünge, die jeweils über die krönende Terrasse zu

ISLAMISCHE REICHE | 151

verteidigen waren. Die Gründungsinschrift nennt explizit den aktuellen Herrscher sowie den Architekten.[95]

Auch für diesen Typus gibt es zahlreiche zeitgleiche Vergleichsbeispiele entlang der anatolischen Straßen. Diese seldschukischen Bauten werden heute als administrative Posten der Straßenwachen interpretiert, vielleicht vergleichbar mit einer heutigen Autobahnpolizei. Insofern handelte es sich um keine öffentlich zugänglichen Handelskarawansereien, sondern um paramilitärisch genutzte Forts der Herrschaft.

Neben diesen Hans errichteten religiöse und kommunale Stiftungen zivile Karawansereien entlang der Haupt-Pilgerstraßen, während Händler-Zusammenschlüsse Stationen an Handelswegen gründeten.[96] Diese Anlagen waren zwar ebenfalls großformatig und axial konzipiert, hatten Gewölbehallen und Bereiche für Tier und Mensch, besaßen aber im Regelfall keine echte Verteidigungsfähigkeit und waren mit Vorliebe in Hänge geschoben, um sich vor der Witterung zu schützen. Dennoch kamen vor allem in späterer Zeit repräsentative Elemente wie pfeilerflankierte Torfronten und hohe Portalbauten auf, sie waren jedoch nur auf diese Front beschränkt und eindeutig gestalterisch motiviert, wenngleich eine gewisse Schutzfunktion vor Räuberbanden durchaus gegeben war. Bereits früh hat sich unter den Seldschuken der kastellförmige Bautyp auch als multifunktionale Hofanlage etabliert, die unter anderem als Schule, Hospital, Hospiz, Armenhaus und Mausoleum dienen konnte (Abb. 76). Die Madrasas (Medresen) genannten Gevierte gruppierten im Inneren Iwane mit Nebenräumen um einen zentralen Hof, während außen massive geschlossene Mauerfluchten mit Eck- und Mauertürmchen einen festungsartigen Eindruck vermittelten. Ein gutes Beispiel bietet die Blaue Medrese in Sivas, die inschriftlich um 1271 datiert und bis auf den Westtrakt hervorragend erhalten ist.[97] Sie ist eine persönliche Gründung eines seldschukischen Wesirs und nutzte ihm zur politischen Propaganda. Ab dem Spätmittelalter sollten solche Anlagen in den Parzellenverband der Siedlungen integriert werden und ihre isolierte Außenerscheinung verlieren.

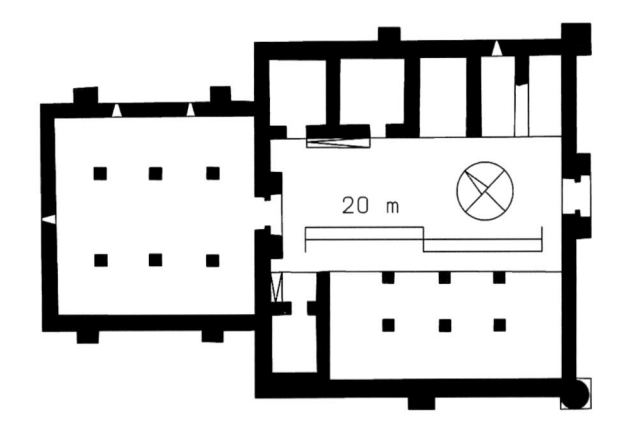

DIE PALÄSTE UND HANS DER MONGOLEN

Die oftmals programmatisch nur aus Jurtensiedlungen bestehenden Residenzen der spätmittelalterlichen Mongolen, die deren Steppenherkunft und nomadische Tradition demonstrativ manifestieren sollten, sind heute naturgemäß kaum

Abb. 73–74 | Akhan, Türkei, ab 1253

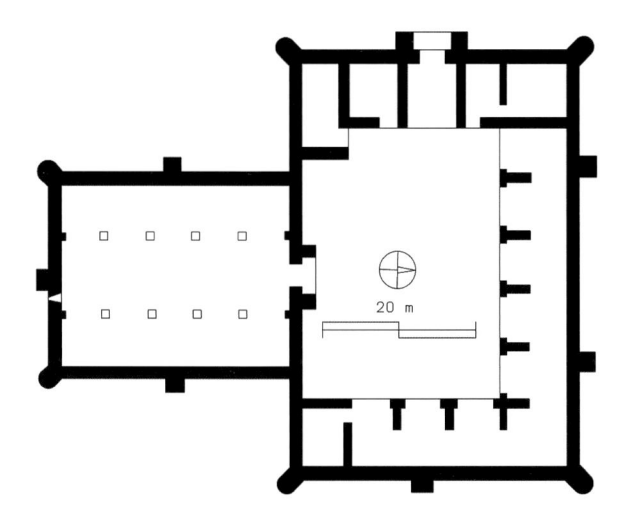

Abb. 75 | Duragan, Türkei, ab 1266

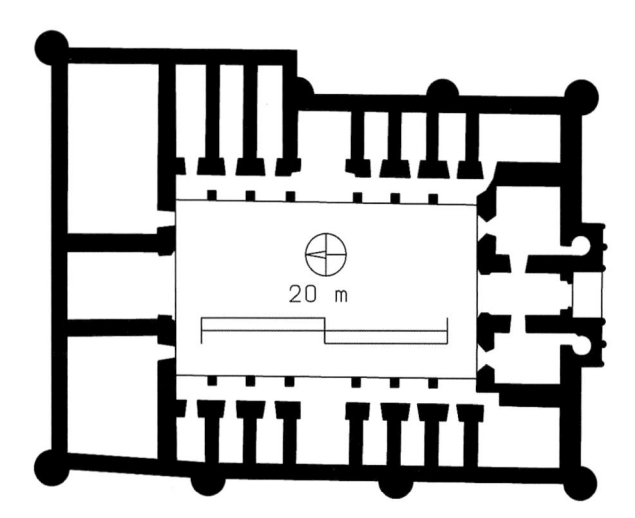

Abb. 76 | Sivas, Türkei, Gük-Madrasa um 1271

mehr zu erfassen.[98] Umso mehr interessiert die Residenz von Soltanijeh im Iran, die im frühen 14. Jahrhundert vom Mongolenherrscher Mohammad Xodabandeh (1295–1316) als 260 x 280 m großes Geviert mit massiven Mauern und regelmäßigen halbrunden Pfeilerverstärkungen angelegt wurde.[99] Leider gibt es keine Informationen zur ursprünglichen Innengliederung, sodass eine wahrscheinliche Nachfolge klassischer islamischer Palastarchitektur nicht zu verifizieren ist.

KASTELLE DER TÜRKISCHEN OSMANEN UND MAMLUKEN

Durch die lockere mongolische Oberherrschaft entwickelten sich in Asien eine Reihe recht unabhängiger Fürstentümer, darunter die Osmanen, benannt nach ihrem Gründer Osman.[100] Bald annektierte man die benachbarten Herrschaften und erreichte bis zum mittleren 14. Jahrhundert den europäischen Kontinent, wo man bis Serbien und Bulgarien vordrang. 1453 hatte man schließlich Konstantinopel eingenommen und zu Istanbul umbenannt. Nach der Eroberung des Balkans annektierte man Armenien, Persien sowie Arabien und nahm den Titel Kalif an. Süleyman II. (1520–66) sollte neben den Küsten Nordafrikas große Teile des östlichen Mittelmeers erobern und erst 1529 vor Wien scheitern. Trotz weiterer Eroberungen im Süden bis ins 17. Jahrhundert, musste man sich nach dem missglückten Angriff auf Wien in der Folge langsam aus Europa zurückziehen. Dem entgegen hatten sich in Ägypten bereits ab 1250 türkischstämmige Militärsklaven als selbstbewusste Mamlukensultane etabliert, die bis Bagdad vorrückten, die Mongolen und die Kreuzfahrer schlugen und bald den vorderen Orient beherrschten, ehe sie selbst langsam von den Osmanen verdrängt und 1516 in deren Reich eingegliedert wurden.[101]

Im goldenen osmanischen Zeitalter des 15. und 16. Jahrhunderts konzentrierte man sich auf prächtige Paläste, Moscheen und Medresen, die keinen Wehrcharakter aufwiesen sondern nach dem Vorbild der nun islamischen Hagia Sophia zahlreiche Kuppeln, Arkaden und Minarette besaßen.

Die Eroberungen der Osmanen und der Mamluken führten zur Erweiterung des seldschukischen Straßensystems mit regelmäßig angelegten Karawansereien bzw. Straßenstationen (Abb. 77). Vor allem in der Levante finden sich zahlreiche Reste solcher Anlagen, von denen hier nur exemplarisch das mamlukische Al-Tujjar genannt werden soll, das aus zwei einander benachbarten Forts besteht.[102] Die Gründung der nahe dem Berg Tabor an einer bedeutenden Straßenkreuzung gelegenen Bautengruppe wird einem 1438 verstorbenen Großhändler zugeschrieben, der hier einen sicheren Karawanenstützpunkt wünschte. Tatsächlich könnte das größere

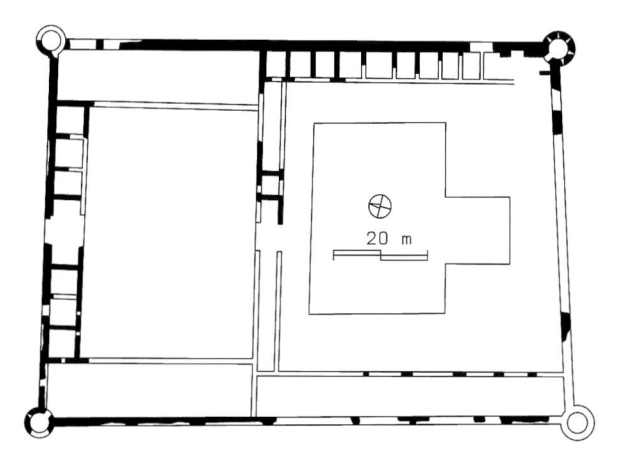

Abb. 77 | Al-Tujjar, Israel, Karawanserei, 1. H. 15. Jh.

ISLAMISCHE REICHE

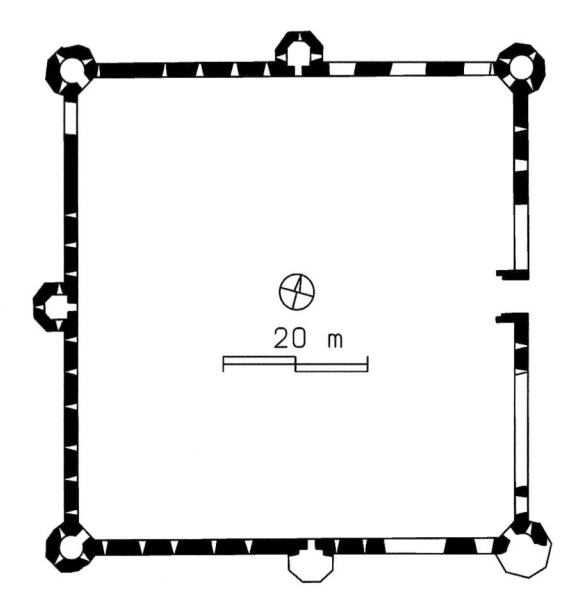

Abb. 78 | Al-Tujjar, Israel, Kastell, ab 1581

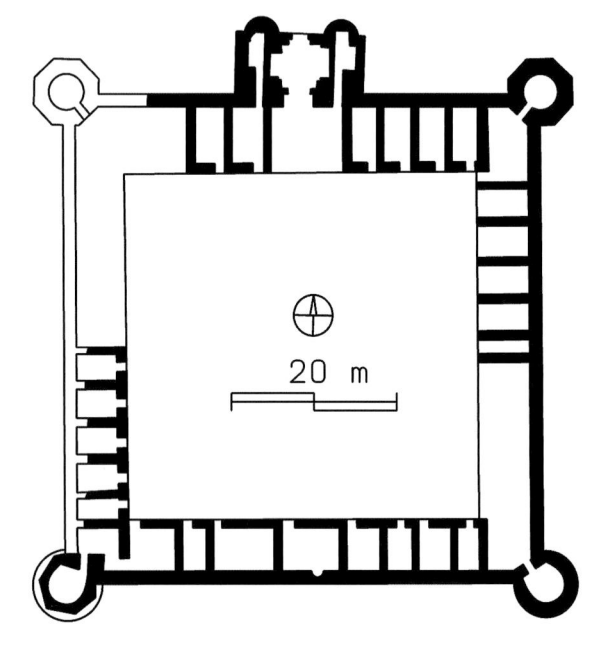

Abb. 79 | Aqaba, Arabien, Khan ab 1515

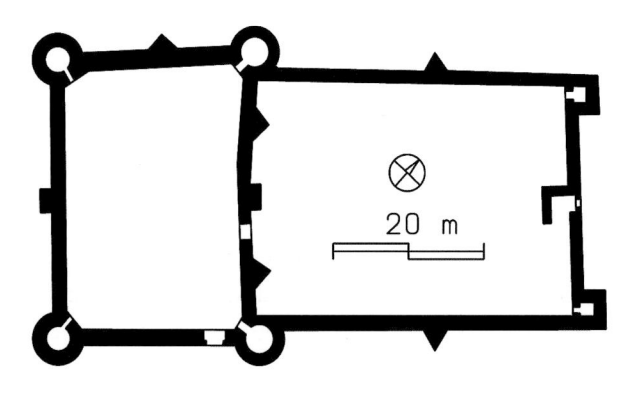

Abb. 80 | Fetislam, Serbien, Uferkastell ab 1524

Fort, das heute bis auf Fundamente zerstört ist, trotz seiner Wehreinrichtungen (mit den geschlossenen massiven Wänden und den vier runden Flankentürmen mit Schießscharten) zumindest halbzivilen Charakter gehabt haben. Ob es ganz ohne militärische Funktion war scheint fraglich, waren reine Handelskarawansereien doch sonst meist ohne Flankentürme konzipiert. Die 79 x 110 m große Binnenfläche war zweigeteilt, wobei geringe Reste eines Hauptbaus mit iwanartigem Vorbau auf eine größere Kernzone (für Menschen?) und einen breiten Außenhof (mit Stallungen?) deuten, womit man prinzipiell den seldschukischen paramilitärischen Stationen Anatoliens für die dortige Straßenpolizei folgte.

Dem entgegen dürfte das 1581 von Sinan Pasha errichtete benachbarte Fort ausschließlich militärischen Charakter zur Sicherung der Straßen gehabt haben (Abb. 78).[103] Das 64 x 65 m große Geviert, zu dem es im ganzen osmanischen Reich zahlreiche Vergleichsbeispiele gibt, besaß starke Mauern mit Buckelquaderverkleidung und war durch polygonale Flankentürme mit krönenden Geschützplattformen bestens geschützt. Damit zeigte sich gerade im Zeitalter der längst durchschlagenden Feuerwaffen eine bemerkenswerte Weiterführung orientalischer Traditionen. Ähnliche osmanische Kastelle sind vor allem am Balkan schon im 15. Jahrhundert fassbar, so in Bashtove (Albanien) ab 1467 und in Ram (Serbien) ab 1483,[104] aber auch noch im 17. Jahrhundert und entlang der afrikanischen Küste, etwa in Ghar Al-Melh, Sfax und Bizerte (Tunesien).[105]

Die Kontinuität von ähnlichen Konzeptionen wird hervorragend durch das Geviert von Aqaba am gleichnamigen Golf belegt (Abb. 79).[106] Dort konnte archäologisch nachgewiesen werden, dass ein entsprechender Bau seit frühislamischer Zeit standortgleich war und trotz mehrfacher Zerstörungen bis ins Spätmittelalter Bestand hatte. Jedoch führte erst ein radikaler Umbau ab 1515 durch die Mamluken zur heute teilweise sehr gut erhaltenen Anlage mit 57 m Seitenlänge, die wiederum bis ins 20. Jahrhundert in Verwendung blieb. Dieses Fort zeichnet sich durch sorgfältiges Quadermauerwerk, zunächst vier polygonale Ecktürme und einen doppelturmartigen Torbau aus. Im Inneren gab es gleichförmige Zellentrakte mit Moschee im Süden, die erst später unterschiedlich verändert wurden. Als Funktion wird der Schutz der bedeutenden Pilgerstrecke nach Mekka vermutet, wobei nicht nachgewiesen werden konnte, ob das Fort für alle Reisende offen war oder als Militärstation neben der Straße diente. Spätestens ab dem späten 16. Jahrhundert verstärkte sich jedenfalls dieser Aspekt, der zur heute gängigen Benennung als Burg führte. In die Zeit des frühen 16. Jahrhunderts wird in der Großregion eine ganze Reihe von unterschiedlichen Kastellen datiert, die meist

Abb. 81–82 | Robat-e Zeyn-od-Din, Iran, 16. Jh.

viereckig, jedenfalls konzentrisch angelegt waren und von weit vorstehenden Rundtürmen flankiert waren.[107]
Jedenfalls als Festung namens Fetislam („Tor des Islam") ließ der osmanische Sultan Süleiman II. ab 1524 im soeben eroberten Serbien neben einem Übergang über die Donau ein zweiteiliges Fort errichten, dessen Kernwerk von 27 x 39 m Größe einen 43 m langen Vorhof sowie einen umlaufenden turmbewehrten Zwinger ohne Binnenbauten besaß (Abb. 80).[108] Flankentürme und massive Geschützplattformen ermöglichten eine zeitgemäße Verteidigung, während Konzept, Baudetails und der Name demonstrativ an das Fort Yedikule in Istanbul anschlossen, das bereits ab 1454 für Mehmed II. Fetislam errichtet worden war.

DIE PALÄSTE UND HANS DER SAFAVIDEN

Neben den Herrschaften der Osmanen und der Mamluken konnte sich in Vorderasien in der frühen Neuzeit in den bemerkenswert großräumigen Regionen der heutigen Staaten Iran, Aserbaidschan, Bahrain, Armenien, Georgien, Nordkaukasus, Irak, Kuwait, Afghanistan, Türkei, Syrien, Pakistan, Turkmenistan, Usbekistan und Kirgistan die Dynastie der Safaviden (1501–1722) etablieren und lange Zeit ein zentralistisch geführtes Reich machtvoll halten.[109] Wichtigster Herrscher war Shah Abbas Safavid (1571–1629), der eine neue Militärstruktur mit stehendem Heer und Elitetruppen nach englischem Vorbild schuf und damit große Regionen von den Osmanen erobern konnte.

Wohl programmatisch schloss man mit der herrschaftlichen Architektur an persische und frühislamische Vorbilder an, die als legitime Vorgänger galten. So gab es ein dreiteiliges Profanbaukonzept, das großflächige Residenzanlagen, kleinere geschütztaugliche Forts sowie winzige Straßenstationen und Türme jeweils in rechteckiger bzw. polygonaler Kastellform vorsah. In diese Reihe gehörten auch für die zivile Bevölkerung errichtete rechteckige Gründungsstädte sowie zugehörige Gebäude wie Moscheen, Medresen und Handelshäuser, die jedoch nicht ausschließlich vom Herrscherhaus gestiftet wurden.
Vor allem an der Seidenstraße sowie am neu ausgebauten Königsweg von Isfahan zum Kaspischen Meer entstanden gerade-

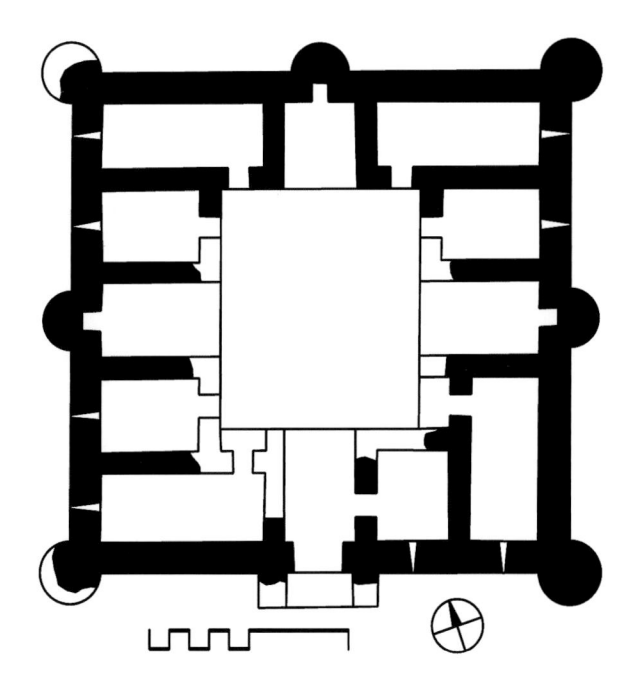

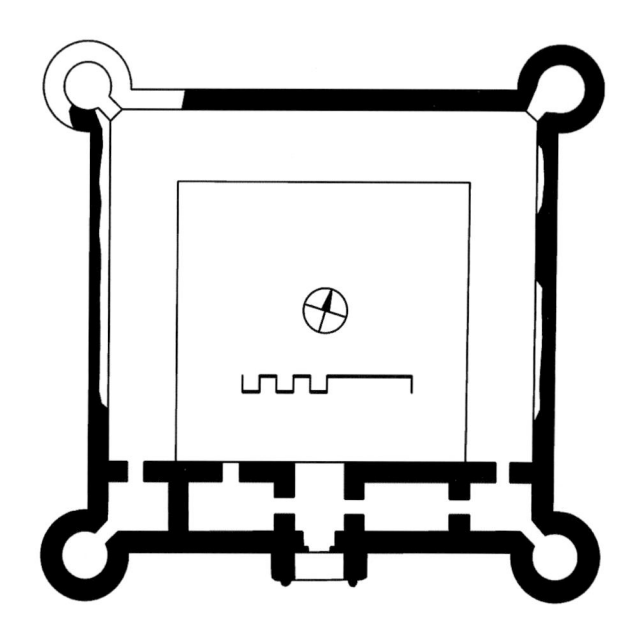

Abb. 83 | Lakab, Iran, 16. Jh.

Abb. 84 | Robat-e Sams, Iran, 16. Jh.

zu verspielt unterschiedlich geformte Forts, die als polizeiartige Straßenstationen gedeutet werden und die innen meist äußerst repräsentativ und architektonisch komplex gestaltet waren. Ein Hauptbeispiel bietet Robat-e Zeyn-od-Din, das heute als Hotel stark adaptiert erhalten ist (Abb. 81–82).[110] Der kreisrunde Bau wird durch Turmbastionen flankiert, die als Geschützplattformen dienen konnten. Das Innere entwickelt sich um einen zentralen polygonalen Hof, der durch zahlreiche Nischen ausgezeichnet ist. Ein achteckiges Gegenstück bildet das etwa zeitgleiche mamlukische Fort Tina in Ägypten.[111]

Dazu zählten aber auch klassische quadratische Kastelle wie Lakab, dessen vier-Iwananlage mit massivem turmbewehrtem Bering nahtlos an frühislamische Vorbilder anschloss (Abb. 83).[112] Als dritte Variante findet sich eine Gruppe nach dem Typus von Robat-e Sams (Abb. 84).[113] Diese Anlage wird mangels Überlieferung hypothetisch als Polizei- oder Poststation gedeutet. Diesmal sind die Türme begehbar, jedoch ohne Scharten. Zur Verteidigung diente eine krönende breite Terrasse, die durch einen Zinnenkranz geschützt war.

Einen Mischtyp zeigt das Fort von Pol-e Dellak, das sehr gut erhalten blieb und eine Straße außerhalb von Teheran schützte (Abb. 85).[114] Hier ist wie in Sams der Torbau turmartig überhöht und bevorzugt ornamental gestaltet. Vielleicht bestand eine Sichtbeziehung zu einer ganzen Kette von isolierten Türmen entlang der Straße.

DIE KASERNEN DER KADSCHAREN

Von 1779 bis 1925 regierten in Persien die Kadscharen (Qadjaren), ein turkmänisch-stämmiges Volk, das bereits unter den Safawiden in wichtigen Verwaltungsämtern führend war. Sie etablierten ihren Staat in den Grenzen des heutigen Iran, führten die traditionelle Palastarchitektur weiter und errichteten zusätzlich zahlreiche kastellförmige Kasernen.

Ihre noch kaum untersuchten Anlagen gruppierten sich um große Städte und entlang von Überlandstraßen, wo sie ohne Zweifel als militärische Stützpunkte im despotisch geführten Land dienen sollten (Abb. 86). Ein Beispiel bietet Gal'e Amir Abad, heute im Stadtgebiet von Teheran gelegen.[115] Die 64 x 85 m große Anlage ist streng symmetrisch aufgebaut und besteht aus einem massiven Mauergeviert mit flankierenden Rundtürmen und dominantem Torbau, das durch zellenartige randständige Trakte einen geräumigen Hof einfasst, in dem in einer späteren Phase Stallungen eingestellt wurden. Andere Varianten zeigen eine additive Verknüpfung von Wohnkaserne und Tiergeviert, wieder andere inkludieren zahlreiche kleine Hofanlagen oder Kombinationen mit Moscheen, Medresen und palastartigen Repräsentationsbauten. Diesem Beispiel folgte man in den kaum bewohnten Zonen des Irans offenbar auch im zivilen Bereich, wobei der zeitliche Nukleus in den wenigsten heute als „Dorfburgen" bezeichneten Objekten geklärt ist (Abb. 87).[116] Das zeigt anschaulich Magsudbejk, ein quadratisches Fort mit Außentürmen und Randhausbebauung sowie dominantem Tor, dem ähnliche

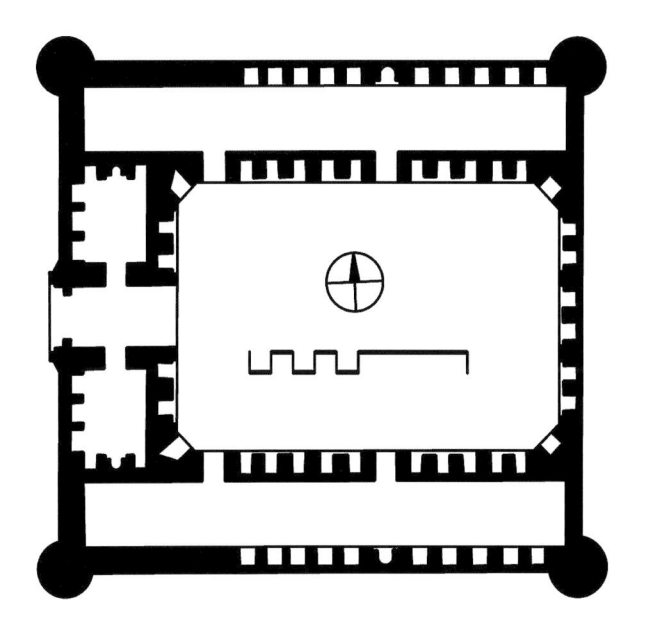

Abb. 85 | Pol-e Dellak, Iran, 16. Jh.

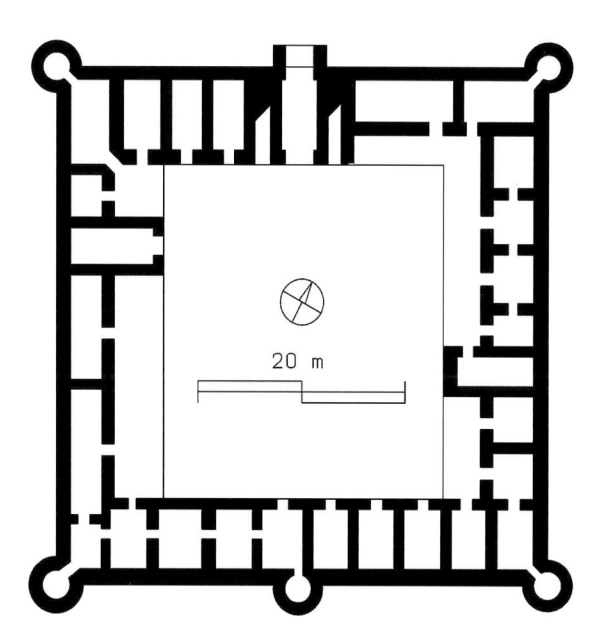

Abb. 87 | Magsudbejk, Iran, 18./19. Jh.?

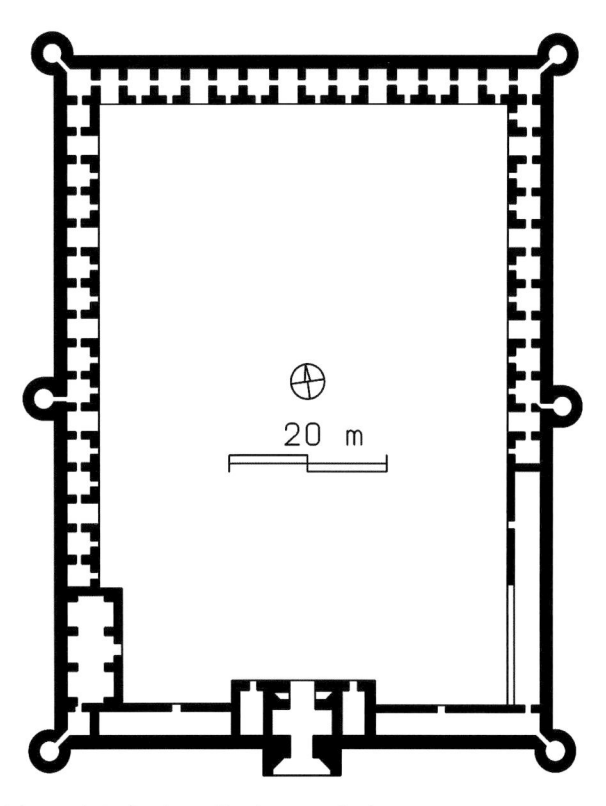

Abb. 86 | Gal'e Amir Abad, Iran, 18. Jh.

zur Seite zu stellen sind. Hier sind noch vertiefende Forschungen abzuwarten, scheint es doch unwahrscheinlich, darin das primäre Werk einer einfachen Dorfgemeinschaft lesen zu wollen.

DIE BERBERBAUTEN DES MAGHREB

Die semiariden Regionen Nordafrikas, vor allem der Maghreb nördlich der Sahara (von Marokko und Algerien über Tunesien und Libyen bis Mauretanien), zeichnen sich durch großteils ausgetrocknete Tallandschaften aus, die nur in der kühlen Jahreszeit Nahrung für kleine Viehherden sowie bescheidene Ernten bieten. Südlich des hohen Atlasgebirges, das die Wüstenränder von den fruchtbaren Mittelmeerzonen abschneidet, entwickelten die Berber vor allem im Gebiet des heutigen Marokko ein gut angepasstes halbnomadisches System mit kastellförmigen Behausungen, in denen man von November bis April lebte und sonst mit den Herden auf Wanderschaft war.[117] Lediglich Alte, Kranke und eine kleine Wachmannschaft blieben zurück, um den Besitz vor Überfällen zu schützen. Mangels schriftlicher Zeugnisse und ohne naturwissenschaftliche Datierungen kann der Ursprung ihrer Bauten heute nicht bestimmt werden, aufgrund der Nennung der Berber in der Antike (vom lat. *barbarus* abgeleitet), der typologischen Nähe zum römischen *castrum* (etwa zum Ksar Sbahi, Tunesien, 6. Jh.) sowie ihrer bedeutenden Rolle bei der Islamisierung Nordafrikas und Spaniens wird ein entsprechend früher Ursprung vermutet, wenngleich fehlende zeitgleiche Quellen und Baubefunde dagegen sprechen. Die frühesten der in der Folge vorgestellten Berberanlagen stammen aus dem 17. Jahrhundert, das Konzept blieb jedoch fast unverändert bis ins beginnende 20. Jahrhundert in Verwendung. Somit muss der höchst bedeutsame Ursprung dieser überregional in dieser Zeit bereits isolierten Bautypen derzeit völlig offen bleiben.

Prinzipiell sind reine Speicheranlagen von bewohnten Objekten zu unterscheiden (Abb. 88). Zu ersteren soll hier nur exemplarisch Agadin vorgestellt werden, dessen 17 x 20 m großes kastellförmiges Geviert mit vier schmalen Ecktürmen im Inneren durch modulare Speicherkammern in mehreren Ebenen um einen zentralen Hof mit kleinen Gassen besetzt ist.[118] Der sehr ähnliche Ksar Zenata in Tunesien zeigt muslimische Inschriften des 11. Jahrhunderts und wird mit der (versuchten) Arabisierung des Landes in Verbindung gebracht.[119] Tatsächlich finden sich im kastellförmigen Konzept und in der Mauertechnik Analogien zur Levante, die offenbar primären Speicherkammern haben jedoch dort keine Entsprechungen. Derartige Speicherburgen, die vor allem in Tunesien und Libyen mit großer Grundrissvielfalt und in möglichst enger Anpassung an die Topographie entstanden, dürften somit eigenen Traditionen gefolgt sein, die hier nicht zu ergründen sind.

Für Marokko dürfte die Regierungszeit von Mulai (Moulay) Ismail (1672 –1727) von einschneidender Bedeutung gewesen zu sein. Der nach seinem Halbbruder Mulai ar-Raschid erst zweite Sultan Marokkos aus der bis heute regierenden Dynastie der Alawiden nahm an den Meeresküsten den Kampf mit den europäischen Kolonialherren auf, überfiel zahlreiche christlich besetzte Siedlungen und Handelsschiffe und versklavte die erbeuteten Europäer. Innenpolitisch konsolidierte er die Berberstämme Marokkos zu einem zentralistisch geführten Staat, schuf ein großes stehendes Heer aus afrikanischen Söldnern, eroberte nachhaltig portugiesische, englische und spanische Kolonien zurück und förderte die Wirtschaft durch große Bautätigkeiten und die Aktivierung der alten Handelsrouten.

Der große Wohlstand im Land führte zu zahlreichen neuen Siedlungen, die vor allem entlang der Karawanenwege entstanden und durch starke Befestigungen ausgezeichnet waren. Programmatisch könnte der kastellförmige Sultanspalast in der neuen Hauptstadt Meknés gestaltet gewesen sein, der jedoch nie fertig gestellt wurde und heute auf wenige Toranlagen und Mauerzüge reduziert ist.

Als bestes Beispiel dieser Zeit gilt das Fort von Boulaouane im Hinterland des Atlantiks, dessen Inschrift über dem Tor die Jahreszahl 1710 sowie Sultan Mulai Ismail als Bauherrn nennt (Abb. 89–90). Die etwa 110 x 151 m große trapezförmige Kastellanlage liegt über einem steilen Flussufer und ist trotz der unregelmäßigen Topographie möglichst geradlinig angelegt, wodurch sogar eine ganze Hügelsenke überspannt wird. Nach Süden ist die konsequente Schaufassade mit zentralem Prunktor ausgerichtet, während die anderen Fassaden deutlich bescheidener gestaltet sind. Im heute stark reduzierten Inneren gab es zwei große Baukomplexe, jeweils mit dominantem Turm, die als Palast und Moschee gedeutet werden. Weiters finden sich spärliche Reste von Mannschaftsbaracken, Stallungen, Zisternen und einem Badehaus, sodass insgesamt von einer komfortablen Kaserne für das große stehende Heer des Sultans ausgegangen werden kann. Diese Anlage scheint durch die Kastellform durchaus mit den großen zivilen Ksars verwandt, jedoch finden sich im lagerhaften Steinmauerwerk mit Quadertürmen, in der prunkvollen Toranlage und bei den hakenförmigen Ecktürmen auch deutliche Unterschiede zu den Lehmbauten im südlichen Atlas, deren kontinuierlich verjüngenden Türme keine Hakenformen kennen. Ob hier nur regionale Unterschiede den Ausschlag gaben oder doch verschiedene Traditionen und Bauzeiten vorliegen, muss weiteren Forschungen vorbehalten bleiben.

Bei den wohl zeitgleichen zahlreichen kastellförmigen Wohnbauten der Bevölkerung, die relativ gut erforscht sind, kann man strukturell zwei unterschiedliche Konzepte unterscheiden, den Ksar (Qasr, Ksur, Ksour) als befestigte Siedlung sowie den Kasba (Tighremt) als turmartiger Wohnsitz. Beide zeigen in ihren Variationen stark unterschiedliche Größen und Ausprägungen, wodurch die Grenzen etwas zerfließen.

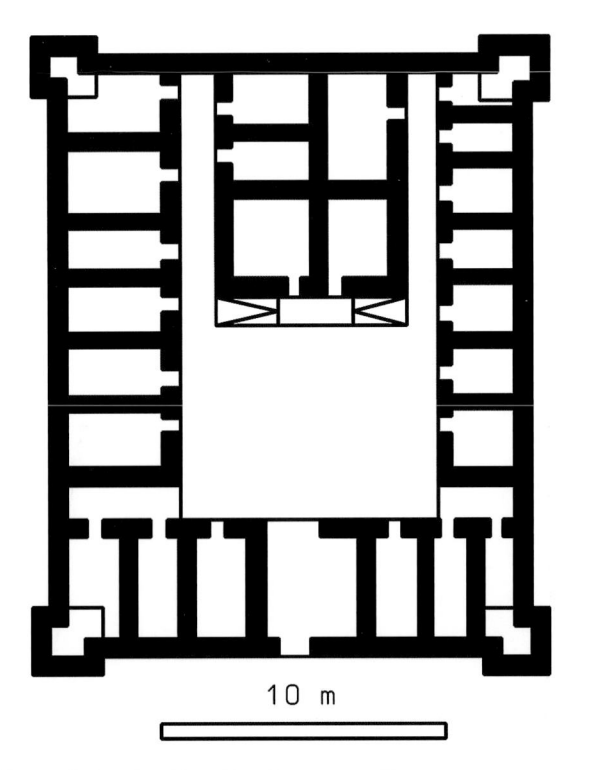

Abb. 88 | Agadin, Marokko, Datierung offen

Abb. 89–90 | Boulaouane, Marokko, um 1710

Die Ksars waren als kleine Dörfer strukturiert und besaßen einen Platz, enge Gassen, ein Tor und eine kleine Moschee sowie außerhalb einen Friedhof (Abb. 91).[120] Als eines der ältesten derartigen Dörfer gilt Ouled Limane Beni Mhammed, direkt am Fuß des südlichen Atlasgebirges.[121] Das etwa 100 x 125 m große regelmäßige Geviert wird als klassisches Kastell von Eck- und Mauertürmen flankiert und durch ein einziges Doppelturmtor betreten. Direkt dahinter liegt der kleine Dorfplatz mit seitlicher Moschee, es folgt ein rechtwinkeliges Gassensystem mit zentraler Hauptachse und vier symmetrisch abgehenden Sackgassen. Die engen Parzellen sind auf 107 Bauplätze geteilt und bieten Platz für je ein mehrgeschossiges Geviert mit

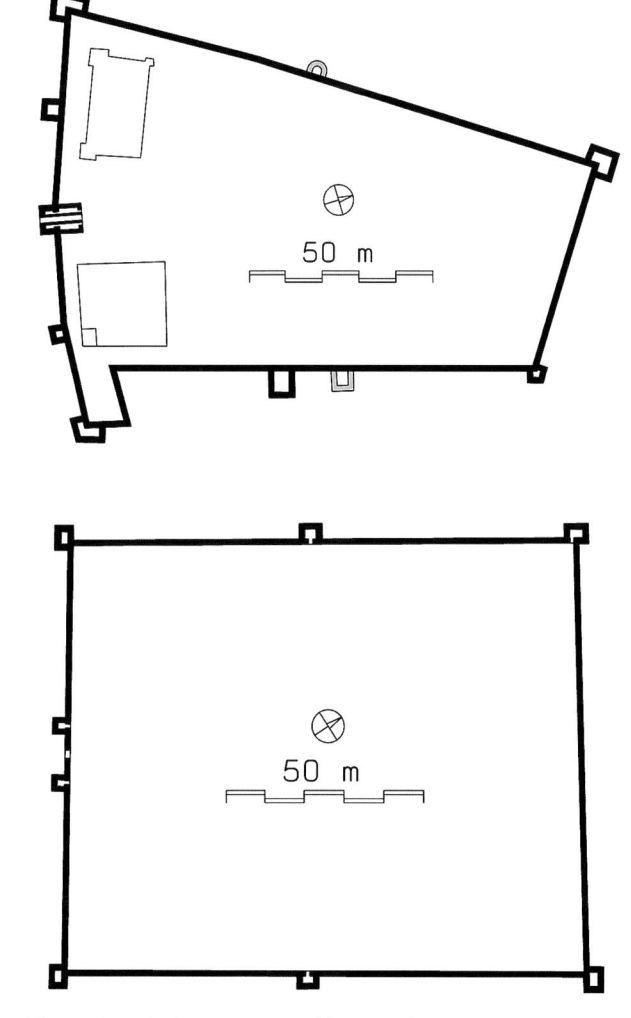

Abb. 91 | Ouled Limane, Marokko, 17. Jh.?

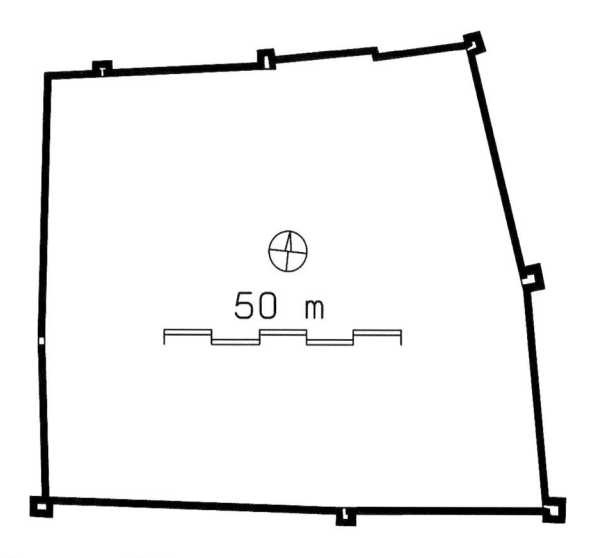

Abb. 92 | Boukhlal, Marokko, 17. Jh.?

ISLAMISCHE REICHE

zentralem Hof für eine Großfamilie. Ähnliche Dörfer finden sich vor allem im Tal des Dra häufig, mit besonders gut erhaltenen Verteidigungsanlagen etwa in Ait-ben-Mohammed, mit 95–120 m Breite und 111 Parzellen sowie in Ait-Hammou mit dem seltenen Seitenverhältnis von 1:2.[122]

Das Dorf Boukhlal weist bei einer Fläche von 93 x 106 m und 97 Wohneinheiten mehrfache Erneuerungen der Mauern auf, woraus ein langer Benutzungszeitraum im Sinne eines bestens geschützten Dorfs geschlossen wird (Abb. 92).[123] Lediglich die Toranlage und die westlichen Türme wurden in jüngerer Zeit reduziert, während die Geschlossenheit des Berings bis heute besteht.

Neben diesen durchaus zahlreichen großen Kastelldörfern fast identer Form und Anzahl von Hauseinheiten gibt es in der gleichen Region und oft in unmittelbarer Nachbarschaft einen deutlich kleineren Typus von Ksars, mit nur durchschnittlich zehn bis zwanzig Hofanlagen (Abb. 93). Ein gut erforschtes Beispiel bietet Ait-Illousan (Attiloud), das gleichsam als Archetyp eine quadratische Fläche von 40 m Seitenlänge, 1,3 m starke Mauern, 6 m breite Ecktürme und einen Torturm mit geknicktem Eingang aufweist.[124] Im Inneren führen eine zentrale Gasse sowie zwei beidseits symmetrisch abgehende Arme zu den Häusern. Diese wuchsen wohl erst sekundär über das Geviert und öffneten dieses durch individuelle Belichtungen, während ursprünglich das geschlossene Wehrkonzept dominierte.

Auch der etwa 50 m breite Ksar von Amdoran, dem zahlreiche gleiche mit fast identen Ausmaßen zur Seite zu stellen sind, zeigt diese äußere Gestalt und innere Gassenstruktur (Abb. 94).[125] Offensichtlich waren ähnlich wie die großen Dörfer auch diese kleineren Gemeinschaftsanlagen in Format und Aufteilung genormt, wohl ein Hinweis auf eine konzertierte und somit zeitnahe Entstehung.

Strukturell ident und mit 50 m Seitenlänge gleich groß zeigt sich Tajilalit am Fuß des südlichen Atlas, das durch sehr ärmliche und kleinformatige Wohnhäuser gekennzeichnet ist (Abb. 95).[126] Vielleicht kann daraus geschlossen werden, dass diese kleineren Ksars schon zu Beginn von weniger bedeutenden Klans angelegt worden sind.

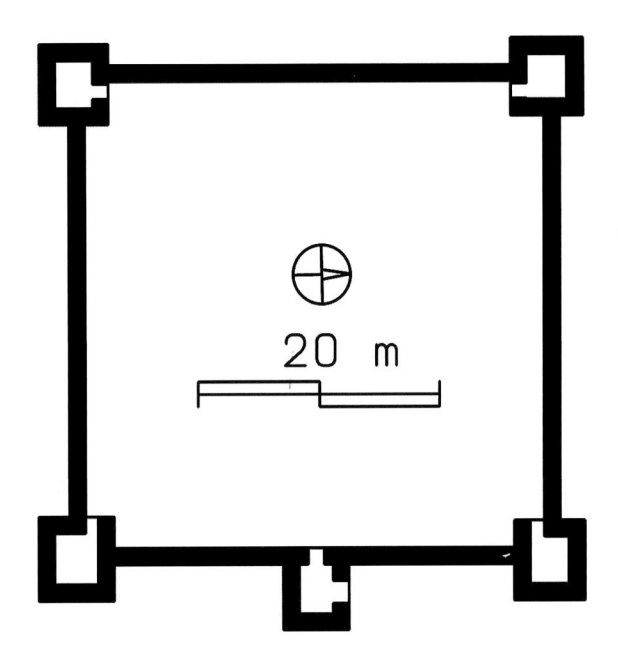

Abb. 93 | Ait-Illousan, Marokko, 17. Jh.?

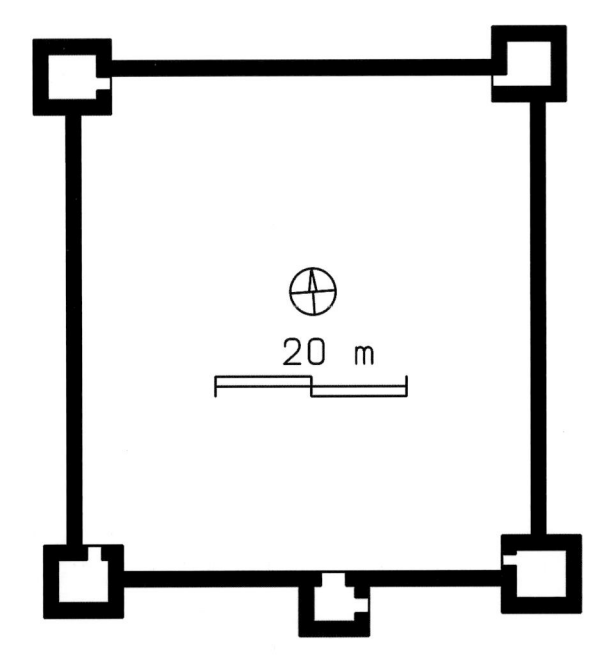

Abb. 94 | Amdoran, Marokko, 17. Jh.?

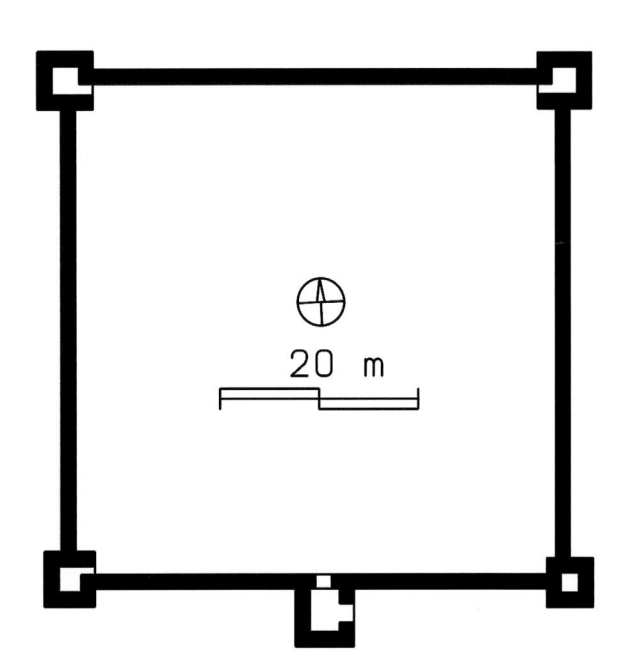

Abb. 95 | Tajilalit, Marokko, 17. Jh.?

Abb. 96 | Ait-Atto, Marokko, 17. Jh.?

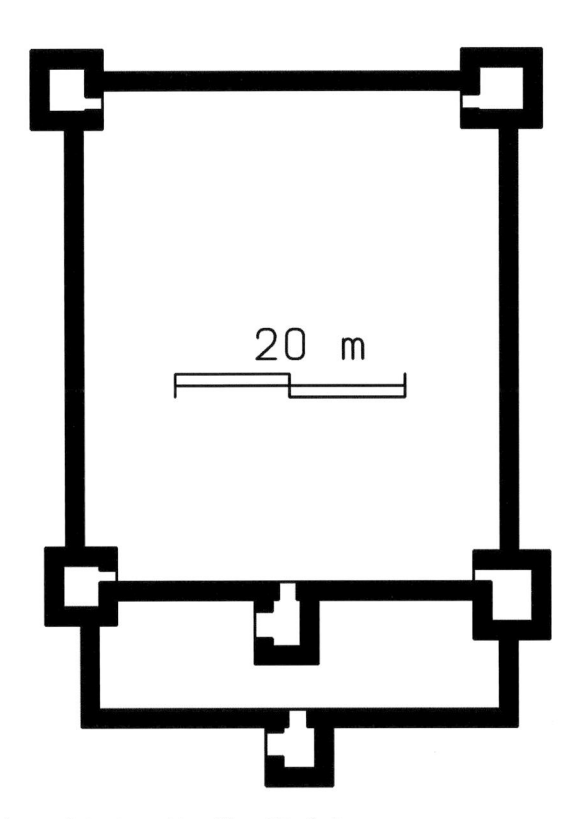

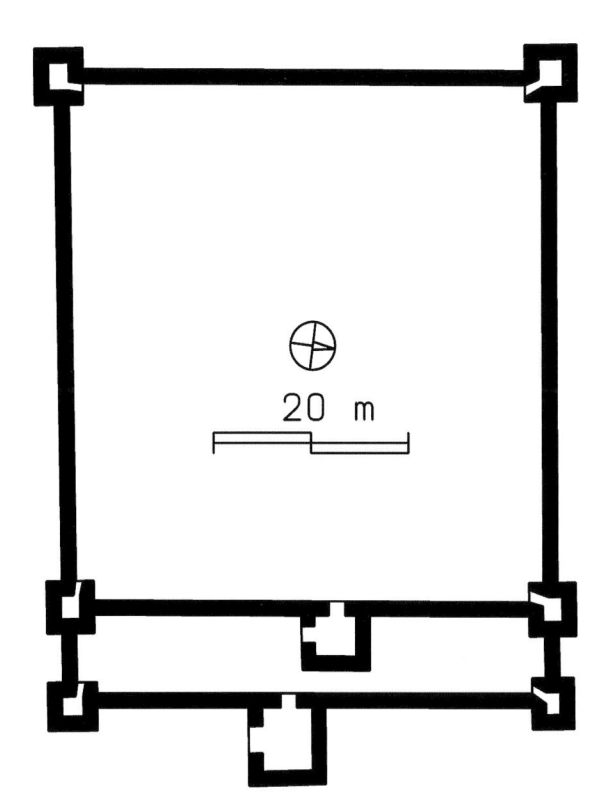

Abb. 97 | Ait-Issoummour, Marokko, 17. Jh.?

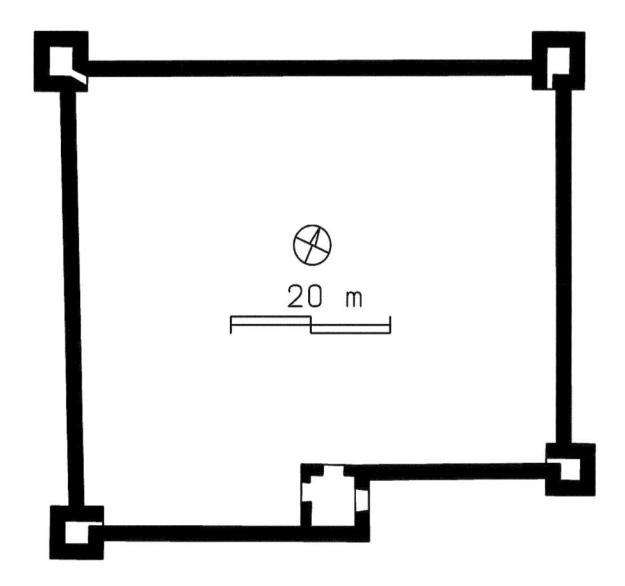

Abb. 98 | Tawouhait, Marokko, 17. Jh.?

Das scheint der Ksar von Ait-Atto zu bestätigen, dessen 80 cm starke und 5 m hohe Mauern trotz der 12 m hohen Türme nur ein Minimum an Wehrhaftigkeit gewährleisten (Abb. 96).[127] Im Inneren findet sich wieder die zentrale Gasse mit zwei beidseitigen Armen, die zu 20 Parzellen und einem kleinen Gebetsraum führen. Vor dem Tor wurde in späterer Zeit ein kleiner Hof mit weiterem Tor angelegt, es folgten an den anderen Seiten zwingerartige Mauern, offenbar musste sich diese Gemeinschaft besonders gegen Angriffe schützen. Dennoch legte man über dem Tor Wert auf eine schmucke sechsteilige Fenstergalerie, die der Wache als repräsentativer Auslug dienen konnte.

Wie eine Zwillingsanlage wirkt Ait-Issoummour auf einem steilen Hügelsporn über dem Ziz-Tal (Abb. 97).[128] Bei ebenfalls 50 m Breite wird hier der schmale Vorhof von einem großen Torbau und zwei Ecktürmen flankiert, im Inneren führt die zentrale Gasse mit zwei hakenförmigen Armen zu den kleinformatigen Wohneinheiten.

Eine andere Variante zeigt Tawouhait, mit einer Fläche von etwa 57 x 63 m (Abb. 98).[129] Hier finden sich ab dem einzigen Tor zwei getrennte Gassensysteme, von denen das westliche aufgrund der winzigen Parzellen als Viertel für die Ärmeren gedeutet wird, während der einzige Gebetsraum eine gewisse Homogenität suggeriert. Vermutet werden neben sozialen Unterschieden (etwa Arbeiter und Grundeigentümer) auch religiöse und ethnische Gruppierungen, wobei dann doch die Notwendigkeit einer derart engen Verbindung fraglich scheint.[130]

Noch deutlicher zeichnet sich eine soziale Differenzierung in El-Hart ab, wenngleich hier auch eine gestaffelte Entstehung angenommen wird (Abb. 99).[131] Demnach entstand zuerst ein winziger Kern mit U-förmiger Gasse und umlaufendem Graben, erst später wurde der klassische Ksar mit Ecktürmen und Doppelturmtor sowie zu Ait-Atto ähnlicher Fenstergalerie errichtet.

ISLAMISCHE REICHE

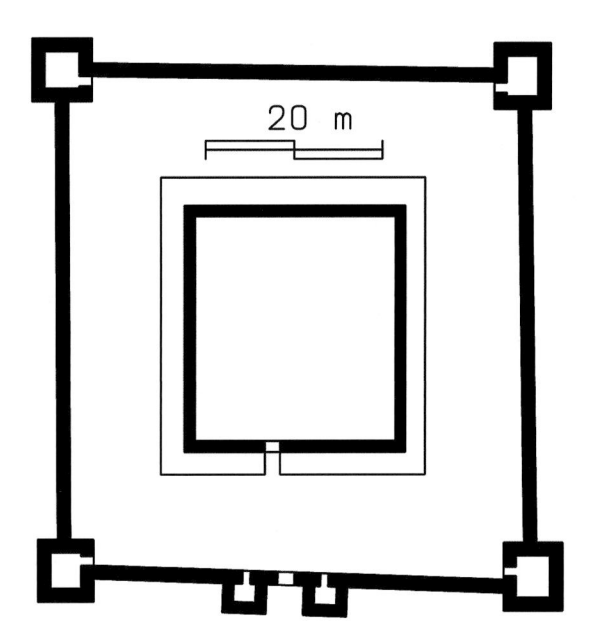

Abb. 99 | El-Hart, Marokko, 17. Jh.?

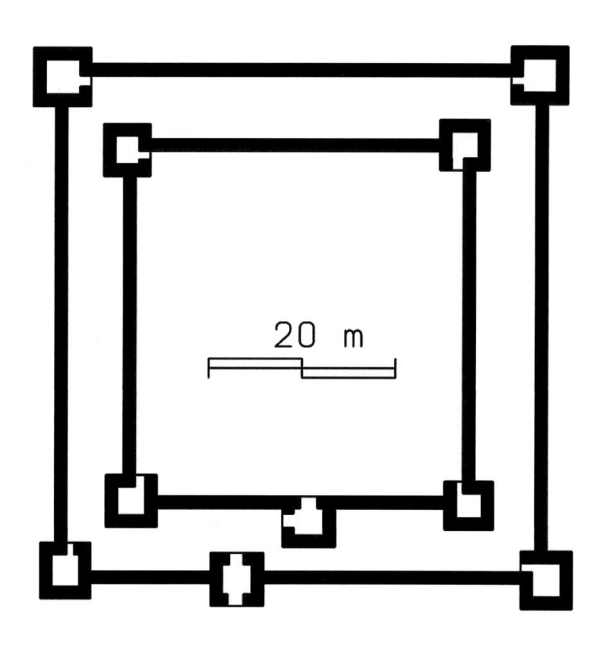

Abb. 101 | Admar, Marokko, 17. Jh.?

Eine vergleichbare Entwicklung könnte Targa am Ufer des Ziz erfahren haben (Abb. 100).[132] Auch hier erhielt der kleine primäre Ksar mit axialem Gassensystem eine kastellförmige Erweiterung, die eng durch randständige kleine Hauseinheiten sowie im Norden durch ein weiteres axiales Gassensystem bebaut wurde. Neben dem äußeren Eingang befinden sich ein Lagerhaus sowie der Gebetsraum, sodass durchaus eine zeitnahe, eventuell etappenweise Entstehung vermutet werden kann, in diesem Fall ist wieder an eine soziale Differenzierung zu denken.

Der Ksar von Admar zeigt, dass gestaffelte konzentrische Anlagen auch ohne äußere Hausbebauung vorkommen konnten (Abb. 101).[133] Das klassische Kastell mit 38 m Seitenlänge ist in 6 m Abstand von einem zweiten Bering mit gleichförmigen Ecktürmen und Torbau umschlossen, worin höchstens schmale Wirtschaftsräume und Viehunterstände denkbar sind.

Als deutlich reduzierte Variante dieser gemeinschaftlich befestigten Familienverbände finden sich in der gleichen Region südlich des Atlasgebirges ungezählte kastellförmige Wohntürme, etwa in Anemiter. Sie konnten völlig isoliert inmitten zugehöriger landwirtschaftlicher Flächen entstehen, in losen Gruppen oder in größeren geschlossenen Siedlungen (Abb. 102).

Diese Kasba oder Tighremt (Mehrzahl Tigermatin) genannten monumentalen Bauten sind wiederum in mehrere Kategorien zu teilen. Zwar sind sie gleichfalls nicht ausreichend erforscht, jedoch gibt es für sie immerhin nähere Datierungsansätze.[134] So wird eine 76 Beispiele umfassende Kerngruppe von geräumigen Kasbas der Periode von Moulay Ismael (1672 bis 1727) zugerechnet.

Als einer der ältesten Kasbas gilt Agoummate (Skoura), am linken Ufer des Amridil südlich des Atlas (Abb. 103).[135] Der mit einer turmbewehrten Umfassungsmauer begrenzte rechteckige Gutshof beinhaltet eine Moschee, Platz für Zelte und Viehherden, kleine Wohnhäuser für Arbeiter sowie den mo-

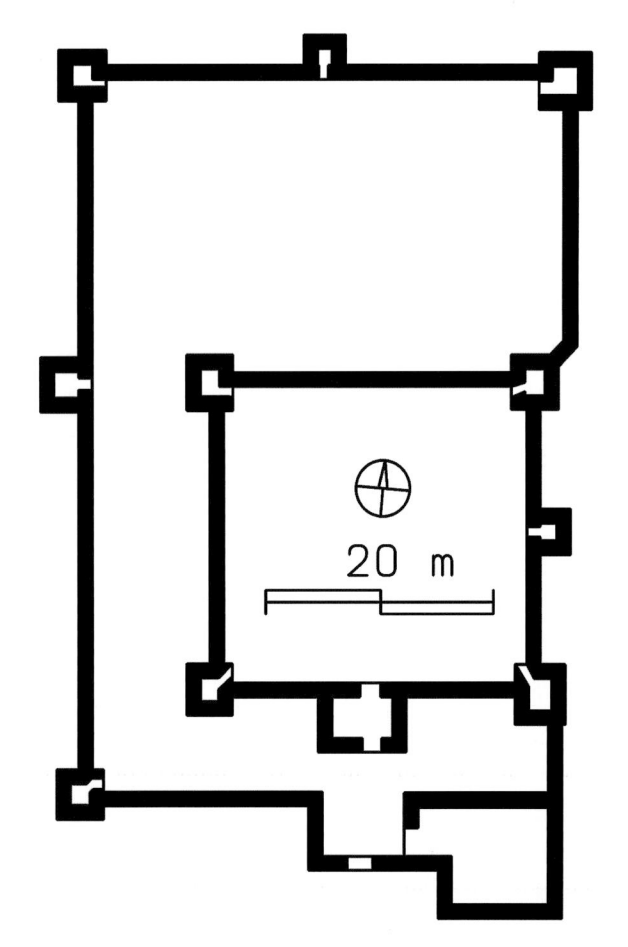

Abb. 100 | Targa, Marokko, 17. Jh.?

Abb. 102 | Anemiter, Marokko, Kasbas

numentalen Kasba, der wie eine Zitadelle die Anlage dominiert. Er folgt bei Mauerstärken um 1 m auf einer Fläche von 20 x 23 m außen der Kastellform mit geschlossenen Fronten und Ecktürmen. Im Inneren zeigt sich auf mehreren Ebenen eine modulartige Aufteilung, ausgehend von einem zentralen Gang mit seitlich je vier maisonettartigen Einheiten um winzige Höfe. Damit folgte man dem Konzept der großen sowie kleinen Kastelldörfer wie eine weitere maßstäbliche Verkleinerung, ohne das System der einzelnen Einheiten zu verlassen. Dem Typus mit zentralem Mittelgang und flankierenden mehrgeschossigen Einheiten folgen zahlreiche Kasbas, etwa Oufella, Aqudim, Tounfite, Ait Bouhaha, El-Kharraz, Khouya Ali und Tarhezzoute, jeweils mit zwei bis zwölf Wohnungen (Abb. 104).[136] Davor lagen meist befestigte Höfe mit Wirtschaftsbauten, Brunnen und Gebetsräumen. Einen besonders gut dokumentierten Kasba gibt es in Ait-Hamid, dessen zweiteilige Struktur mit gegenüber liegenden Stiegenhäusern mit zahlreichen Gegenstücken ident ist.[137] Jeder der unterschiedlichen Familien gehörenden Teile besteht im Untergeschoß aus Ställen und Lagern, darüber folgen zwei Wohnebenen sowie eine krönende teilweise überdeckte Terrassenebene mit Verschlägen für Haustiere. Diese durch hohe Mauern uneinsehbare Terrasse bot den Frauen ein ungezwungenes Arbeiten im Freien, etwa für die Verarbeitung von Ernten sowie für Handarbeiten. Die Turmräume dürften zur trockenen Lagerung von Feldfrüchten gedient haben. Somit ist bisher festzuhalten, dass unabhängig von der Größe der Dorfkastelle oder Turmhäuser immer ein gemeinschaftlicher Charakter mit geringen graduellen Unterschieden der einzelnen Einheiten vorherrschte, der jedoch keine führenden Familien bevorzugte. Das absolute Gegenmodell wird im benachbarten Amridil

Abb. 103 | Agoummate, Marokko, 17. Jh.?

ISLAMISCHE REICHE

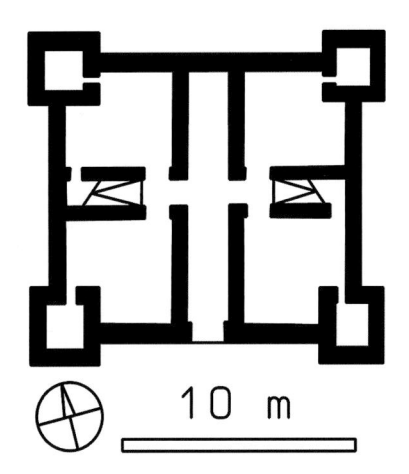

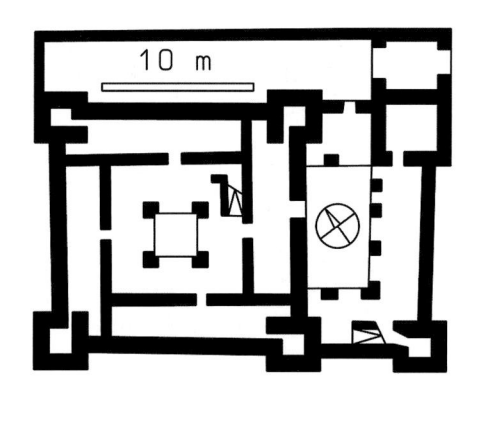

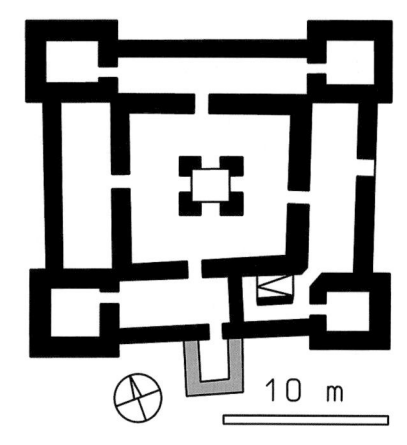

Abb. 104 | Ait-Hamid, Marokko, 17. Jh.?

Abb. 105 | Amridil, Marokko, 18. Jh.?

Abb. 106 | Ait Hammou (El Harte), Marokko, 18. Jh.?

verkörpert (Abb. 105).¹³⁸ Dort steht ebenfalls inmitten eines großen, rechteckig ummauerten und turmflankierten Gutshofs ein 17 x 20 m großes Wohnkastell mit vier 5 m breiten Ecktürmen, das als Vierflügelanlage um einen zentralen Arkadenhof konzipiert ist und gemäß verschränkten Räumen nur eine einzelne Großfamilie beherbergte. In den umlaufenden Höfen finden sich Gärten, Gästequartiere, Wirtschaftsbereiche und ein kleines Arbeiterviertel, während der dominante Kasba sichtlich als Privatpalast des lokalen Klanführers diente. Im Inneren finden sich vier Ebenen mit schmalen Räumen für den Haushalt.

Zu dieser zweiten Hauptform gibt es wiederum zahlreiche Varianten, etwa in Ait Hammou ou Manesour, wo innerhalb eines befestigten Dorfs ein großer Kasba durch eine eigene gestaffelte Befestigung hervorgehoben ist (Abb. 106).¹³⁹

Ähnliche Staffelungen mit vorgelagertem zweiten Arkadenhof und dominantem Hauptturm finden sich öfter, etwa in Ait Bou Said (Abb. 107).¹⁴⁰ Sie werden als sekundäre Erweiterungen für nachgereihte Familienmitglieder, für Empfangsbereiche (Turmraum) und zusätzliche Arbeits- und Lagerräume gedeutet und erst dem 18. und 19. Jahrhundert zugerechnet. Tatsächlich wirken sie aufgrund ihrer Situierung vor dem einzigen Zugang wie eine modulartige Raumerweiterung, ermöglichen aber zusätzlich auch eine weitere Intimisierung des innersten Familienbereichs.

Dem entsprechend sind die zahlreichen ähnlichen Vorbauten als Hinweis auf den Erfolg des Baukonzepts aber auch den zunehmenden Wohlstand der Bewohner zu werten (Abb. 108). So zeigt etwa Ait Bel El Hosseine fast eine Verdoppelung des Raumangebots bei möglichst gleicher Binnenstruktur.¹⁴¹

Die logische Konsequenz bietet El Qebbaba, wo die außen homogen durchlaufenden randständigen Räume innen zwei getrennte Arkadenhöfe unbekannter Differenzierung umgürten (Abb. 109).¹⁴² Ähnliche Vervielfachungen führten bis zu vier eigenständigen Arkadenhöfen, ohne dass daraus getrennte Wohneinheiten abzulesen wären.¹⁴³

Eine andere Variante zeigt sich in Hamed Ait Sous, wo zwei getrennte Kasbas in eine umlaufende kastellförmige Befestigung gestellt sind (Abb. 110).¹⁴⁴ Auch diese Form der Gemeinsamkeit großer Bauten taucht in unterschiedlichen Formen und Größen auf.

Neben den großteils monumentalen Wohntürmen bemühten sich auch kleine bzw. weniger bedeutende Familien, dem klassischen Baukanon zu folgen (Abb. 111). So hat der Wohnturm von Ait Mouro nur 17 m Breite und 4 m schmale Ecktürme, dennoch zeigt er vier um den Arkadenhof laufende

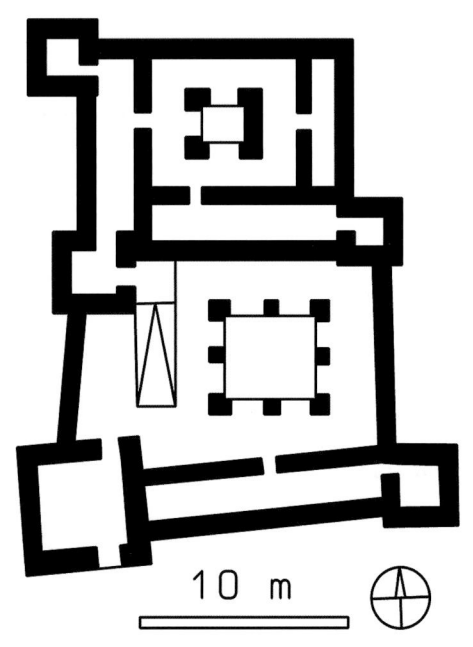

Abb. 107 | Ait Bou Said, Marokko, 18./19. Jh.?

ISLAMISCHE REICHE

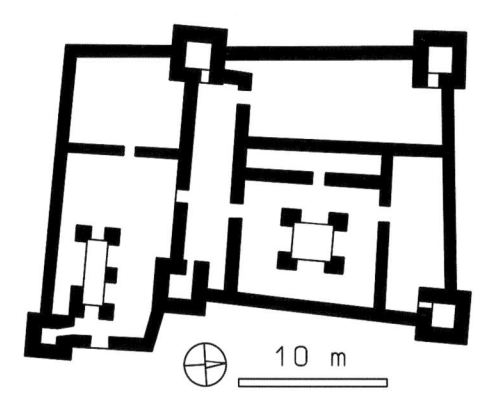

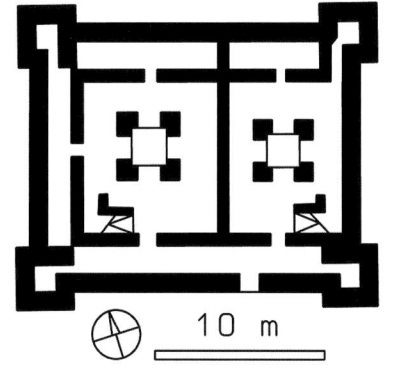

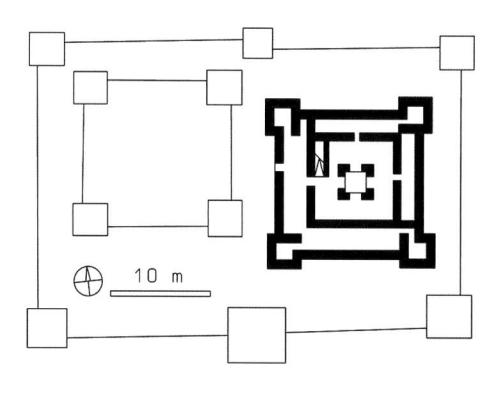

Abb. 108 | Ait Bel El Hosseine, Marocko, 18./19. Jh.?

Abb. 109 | El Qebbaba, Marokko, 18./19. Jh.?

Abb. 110 | Hamed Ait Sous, Marokko, 18./19. Jh.?

Flügel, zwei Hauptgeschoße, eine Terrasse sowie aufsitzende Turmräume mit krönenden Plattformen.[145] Wie die anderen ist auch dieser Bau oben durch zahlreiche Zierfensterchen und Fassadendekor geschmückt.

Als einer der kleinsten Türme gilt Ait Ougrour, der bei etwa 8 x 10 m nur mehr den Arkadenhof und die vier Ecktürme zeigt, während weitere Räume fehlen (Abb. 112).[146]

Wohl erst in fortgeschrittener Zeit entstanden ganze Siedlungen fast gleichförmiger Kasbas, wie der Ortskern von Ait Ben Haddu eindrücklich zeigt (Abb. 113). Diese an der Karawanenstraße von Marrakesh entlang der nördlichen Sahara am Südhang des Hohen Atlas gelegene Anlage geht im Kern auf das 17. Jahrhundert zurück und ist weitgehend erhalten. Innerhalb der weiträumigen polygonalen Befestigung gab es gemeinschaftliche Bereiche wie Moschee, Platz und Brunnen, während fast jeder einzelne Wohnbau zusätzlich eigenständig verteidigt werden konnte.

Heute sind diese monumentalen Hochhäuser Marokkos mangels kontinuierlicher Nutzung und Pflege vom Untergang bedroht und nur wenige Zonen werden als Weltkulturerbe betreut (Abb. 114). Die Lehmarchitektur wird daher in weiten Regionen rasch reduziert sein, wodurch die einzigartige Kulturlandschaft verloren ginge. Das ist umso trauriger, als bislang bei weitem nicht alle Fragen zu Entstehung und Nutzung geklärt werden konnten. So ist weiterhin offen, woher im 17. Jahrhundert dieser ausgereifte Typus tradiert wurde. Wenn dies tatsächlich schlagartig und konzertiert geschah, muss dahinter ein zentralistischer Plan gelegen haben, etwa in Form einer gezielten Umsiedlung und Befriedung der nomadischen Berberstämme durch ihre Sesshaftmachung.

Weiters bleibt die Frage, warum jeweils eines der drei Hauptsysteme (Großkastell, Kleinkastell oder Wohnturm) ausgewählt wurde (Abb. 115)? Unklar scheint auch, warum der Sultan den kriegerischen und selbstbewussten Berbern derart gut zu verteidigende Bauten zugebilligt haben soll, die ja per se auch eine Gefahr für sein zentralistisches Regime darstellen konnten? Nicht zuletzt ist offen, woher diese neuen Siedler kamen, aus den nördlichen Küstengebieten oder gar aus Spanien, von wo im 17. Jahrhundert in mehreren Wellen Muslims ausgewiesen wurden?

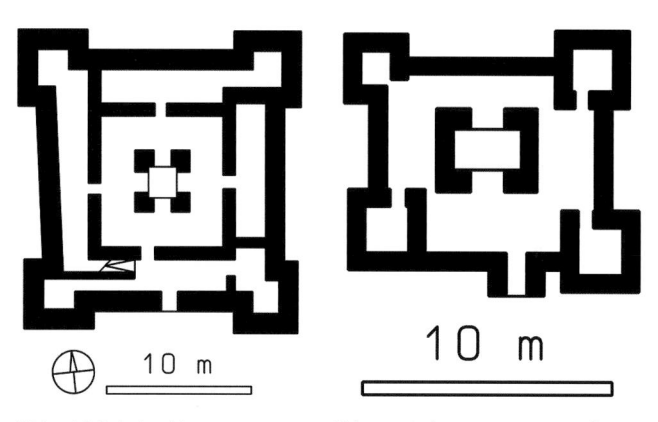

Abb. 111 | Ait Mouro, Marokko, 18./19. Jh.?

Abb. 112 | Ait Ougrour (Tiflit), Marokko, 18./19. Jh.?

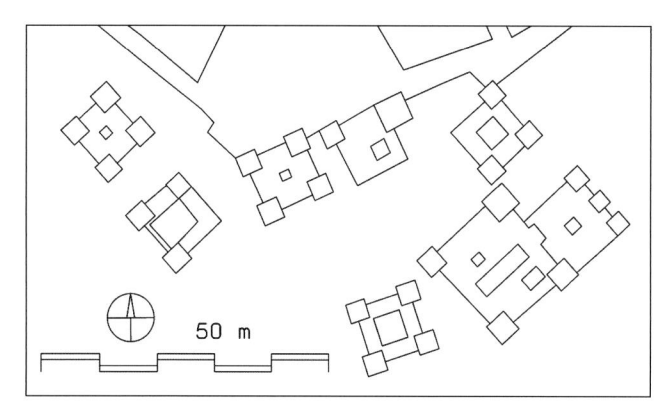

Abb. 113 | Ait Ben Haddu, Marokko, 18./19. Jh.?

Vielleicht handelte es sich um die einzige Chance, für solche Zuwanderer in diesem lebensfeindlichen und von Räubern heimgesuchten Gebiet des südlichen Atlas Anreiz und Überlebensbasis zur Sesshaftigkeit zu geben, um für den Sultan neben den Karawanenstraßen neue Gebiete zu erschließen.

Abb. 114 | Ait Ben Haddu, gut erhaltener Kasba

Abb. 115 | Telouet, Marokko, Kasba, 18. Jh.?

SPÄTE FORTS AUF DER ARABISCHEN HALBINSEL

Ab dem 17. Jahrhundert erfolgten auch auf der Arabischen Halbinsel massive Versuche, die kriegerischen Nomadenstämme zu befrieden. Die sesshaften Herrscher der Oasenstädte und ihre Statthalter hatten bisher nur punktuellen Kontakt zu den in großen Klans umherziehenden freiheitsliebenden Beduinen, für die verheerende Raubzüge zum Geschäft gehörten. Vor allem das seit dem 15. Jahrhundert im Zentralraum regierende Geschlecht der Al Saud konnte unter Abdul-Aziz bin Muhammad (1765–1803) große Militärerfolge feiern, man eroberte von den Osmanen vor allem den Osten und die gesamten Wüstenzonen. Nach seiner Ermordung führte sein Sohn (1803–14) die Eroberungen nach Westen weiter, annektierte Mekka und Medina und begründete die heutige Staatsgröße (damals noch inklusive der nun unabhängigen Golf-Emirate). Zwar kam es umgehend zu Rückeroberungen durch die Osmanen, jedoch konnten sich die Sauds letztlich in weiten Bereichen durchsetzen, man verlor nur die nördliche Al-Hasa-Region.[147] Sofort wurden die bedeutendsten Oasenstützpunkte mit starken Mauern umgürtet und Paläste als kastellförmige Zitadellen mit Ecktürmen errichtet. Aufgrund der für die (europäische) Forschung schlecht zugänglichen Daten finden sich jedoch nur für Dariya und Er Riyadh entsprechende frühe Belege.[148]

Besonders willkommen ist daher ein Forschungsprogramm der letzten Jahrzehnte zur Inventarisation der Wüstenrandforts (Abb. 116).[149] Demnach konnte an der einst bedeutenden Wüstenrandstraße nach Makkah eine ganze Reihe von Kastellen untersucht werden, die gleichförmig rechteckig gestaltet waren und im Kern aus einem großen ummauerten Hof mit turmartigen Eckbauten bestanden. So zeigte etwa der spätere Palast in Mowiah eine entsprechende Entwicklungsgeschichte vom einfachen Fort über eine Verstärkung der Torfront mit runden Flankentürmen bis zu einer raumgreifenden Erweiterung mit einem neuen Geviert, das wiederum durch Ecktürme flankiert wurde.[150] Erst im 19. Jahrhundert erfolgte eine Adaptierung als Palast, davor handelte es sich um eine rein militärische Anlage als Straßenstation sowie zur Kontrolle der angrenzenden Wüstenzonen.

Auch das heute verlassene Fort in Abu Jafa außerhalb von Riyadh wird Abdul-Aziz bin Muhammad zugeschrieben (Abb. 117–118).[151] Demnach musste diese Anlage nach der Befreiung der Region von den Osmanen errichtet werden, als die Beduinen gegen die neuen Herrscher revoltierten. Der König selbst bestimmte die neue Festung an einer bedeutenden Überlandroute als Sitz für seine Beamten sowie als sichere Ba-

166 | ISLAMISCHE REICHE

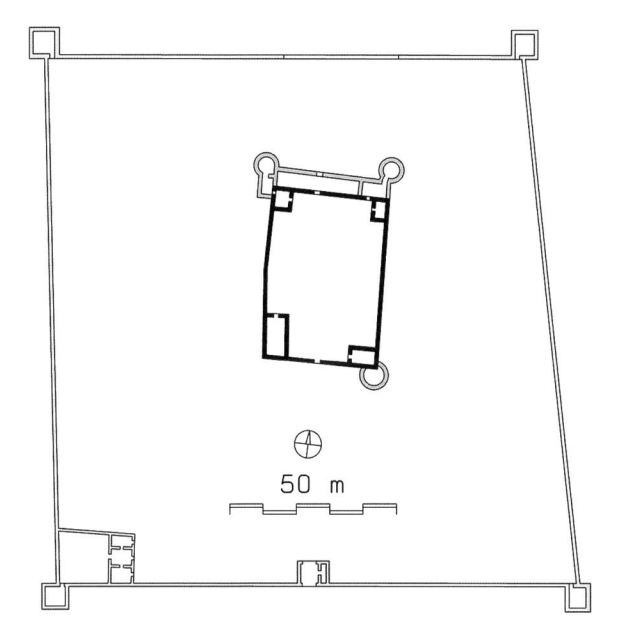

Abb. 116 | Mowiah, Saudiarabien, 18. Jh.

sis für allfällige Truppenbewegungen. Die heute zwar verfallene, aber in großen Teilen noch bis zum First erhaltene Anlage belegt eine Fläche von 43 x 51 m und wird durch vier ca. 6 m breite Ecktürme flankiert. Durch das 5 m hohe Hufeisentor erreichte man den geräumigen Hof, der links kleine modulartige Räume aufwies und rechts einen breiten dreiteiligen Bau, dessen säulengestützte Räume wohl als Mannschaftsquartiere konzipiert waren. Die Verteidigung war auf die Mauerkronen konzentriert, wo zahlreiche Löcher für Handgeschütze erhalten sind.

Gut geschützt musste auch die „Piratenküste" am Persischen Golf werden, wo im heutigen Emirat Katar mehrere rechteckige Paläste mit eckigen Ecktürmen auf entsprechende kastellförmige Forts zurückgeführt werden, etwa in Abu Dhabi und Doha (Abb. 119).

Die verlassene und ruinöse Anlage von Arkayat dürfte trotz einiger Verstärkungen aus dem 19. Jahrhundert noch am besten die Urform dieser Zeit zeigen.[152] Auf einer leicht verzogenen Fläche von 28 x 42 m lag ein recht symmetrisches Fort mit drei schmalen randständigen Trakten um den geräumigen Hof, während die Mauern außen von vier weit vorstehenden turmartigen Eckbastionen flankiert sowie von den einst flachen Dachterrassen verteidigt werden konnten.[153] Wie eine Zwillingsanlage wirkt Qasr al-Dawadni, dessen Kastellstruktur mit vorstehenden länglichen Ecktürmen um 1780 datiert wird.[154]

Völlig undatiert ist hingegen der Za'abel Qasr, der als Zitadelle die Oasenstadt Sakkaka im Norden Saudi Arabiens, etwa 200 km südlich der jordanischen Grenze, dominiert (Abb. 120–121). Die auf einem hohen Felsriff gelegene Anlage beeindruckt durch ihren deutlichen Versuch, dem teilweise fast senkrechten Terrain eine halbwegs regelmäßige Kastellanlage mit vier rundlichen Ecktürmen sowie zentralem Hauptturm abzutrotzen. Die stark verzogenen, nach oben verjüngenden Türme, die wenig funktionalen aufgesetzten Wurferker, die sehr dünnen Mauern und das Fehlen jeglicher Schießscharten lassen an lokale Handwerker jüngerer Zeit denken, zumal es keine historische Daten von Besitzern oder Reiseschriftstellern gibt und die Baudetails des Hofeinbaus an lokale Häuser erinnern.

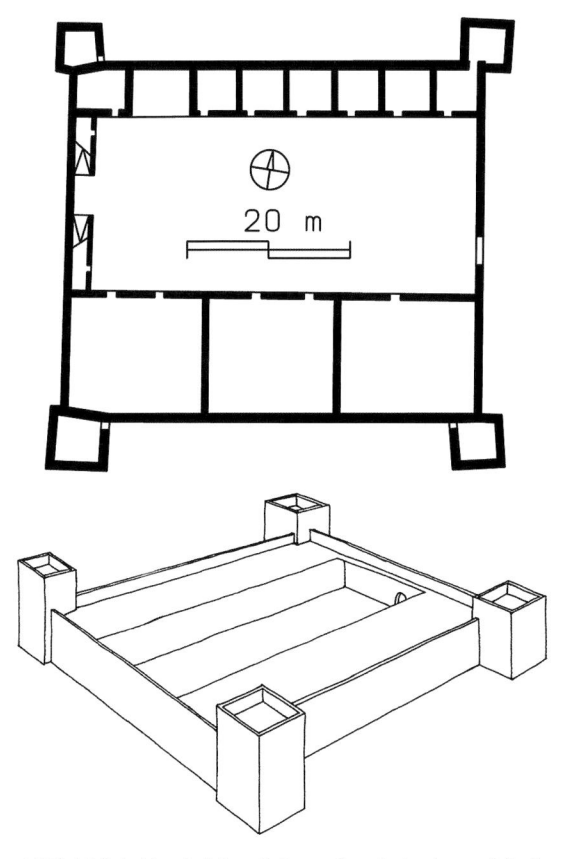

Abb. 117–118 | Abu Jafa'an Palace, Saudi Arabien, 18. Jh.

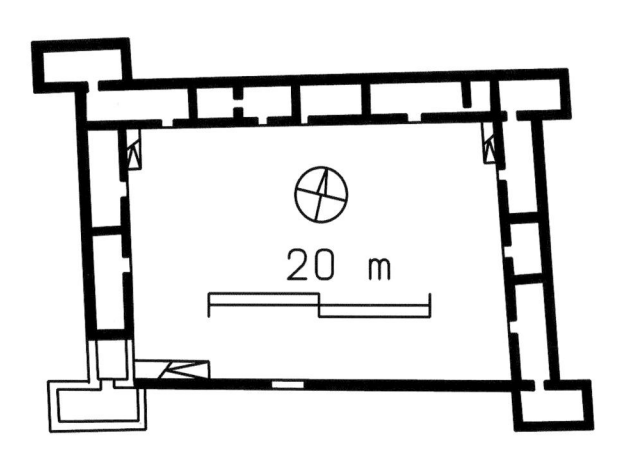

Abb. 119 | Arkayat, Emirat Katar, 18. Jh.

ISLAMISCHE REICHE

Abb. 120–121 | Qasr Za'abel, Saudi Arabien, 18. Jh.?

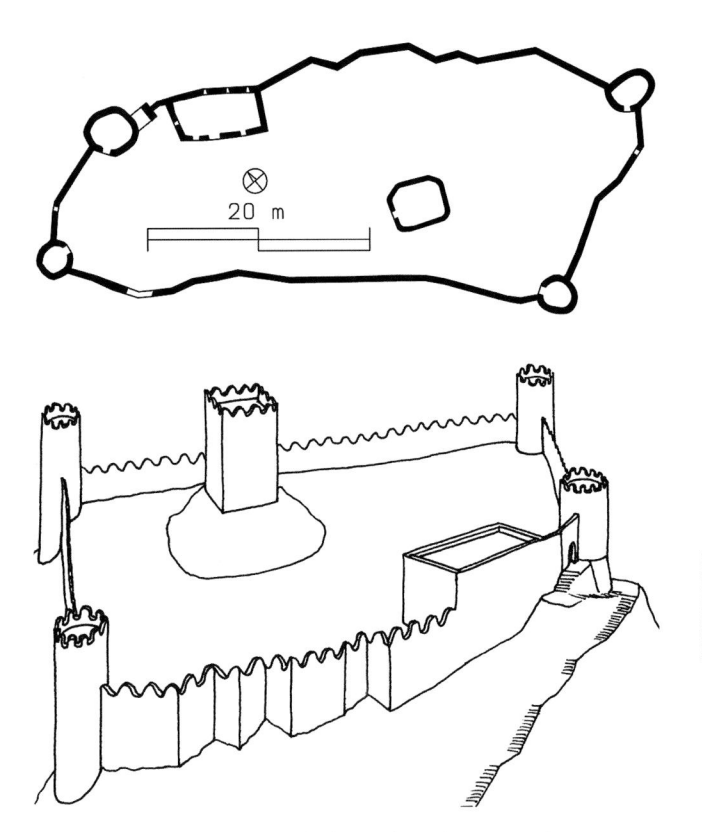

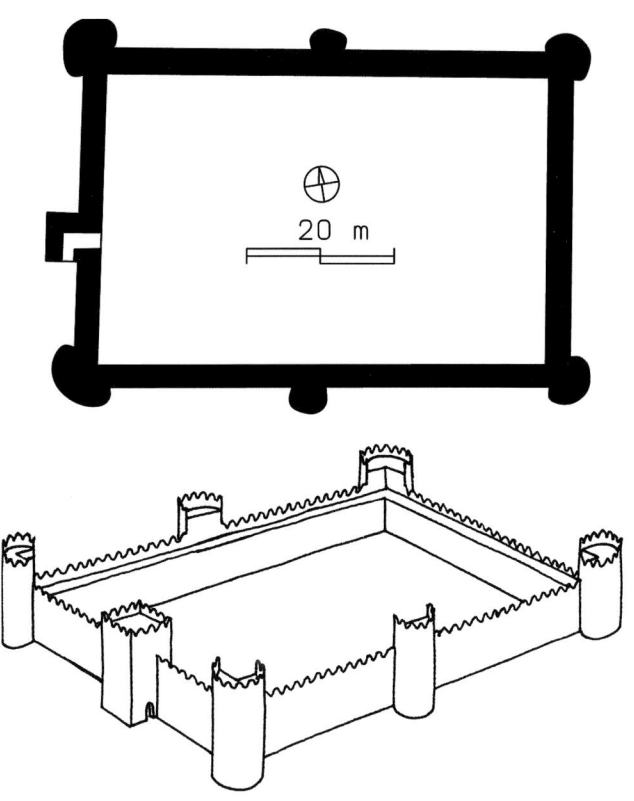

Abb. 122–123 | Qasr Sahud, Saudi Arabien, 18.Jh.?

Auch für das Qasr Sahud im Stadtzentrum von Mubarraz fehlen jegliche Hinweise zur Datierung, jedoch zeigen sich gleiche Baudetails wie beim Qasr Za'abel und um 1815 mussten die Osmanen das bereits bestehende Fort lange belagern (Abb. 122–123).[155] Rein hypothetisch wurde eine Entstehung im 17. Jahrhundert vermutet, als die Saudis das Gebiet eroberten, jedoch findet sich aus dieser Zeit keine urkundliche Nennung. Die Oasenstadt war immerhin seit langem von nomadischen Überfällen bedroht und ein zitadellenartiges Kastell hätte seit der Frühzeit von Nutzen gewesen sein können.

In ähnlicher Form entstanden zahlreiche Kastelle, die alle durch die rechteckige Grundform, rundliche Eck- und fallweise Mauertürme sowie bemerkenswert starke Mauern charakterisiert waren (Abb. 124). Gemeinsam sind ihnen auch

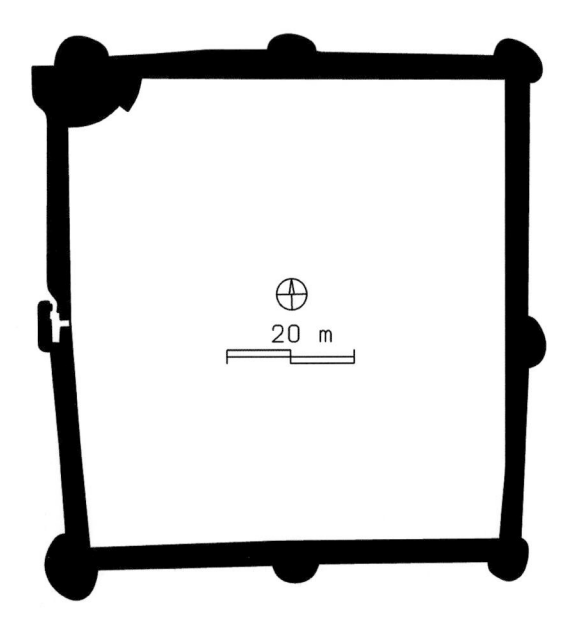

Abb. 124 | Qasr Ibrahim, Saudi Arabien, 18. Jh.?

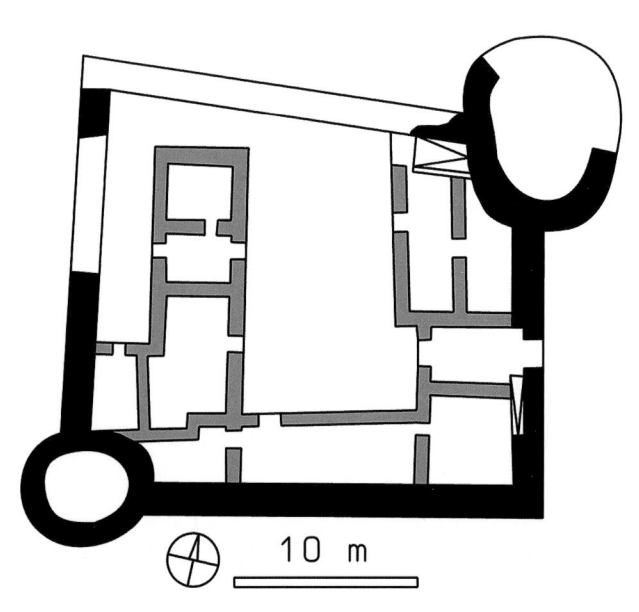

Abb. 125 | Kilwa, Tansania, 16. Jh.?

ISLAMISCHE REICHE

die nach oben verjüngenden Turmmauern und die kleinen Wurferker. Diese Forts konnten isoliert in den Oasenstädten stehen oder mit verzahnten Stadtmauern als Zitadellen kombiniert sein. Ein gutes und zu Sahud nahe gelegenes Beispiel bietet Qasr Ibrahim, das in der ummauerten Stadt Hofuf das einstige Garnisonszentrum der Provinz Hasa bildete und ebenfalls von den Osmanen belagert werden musste.[156] Da sie hier in der Folge bis um 1920 regierten, muss diese Anlage entsprechend älter sein. Daher könnten zahlreiche ähnliche Forts mit verzogen-rundlichen Türmen ebenfalls dem späten 18. Jahrhundert entstammen. Das wird durch einander verwandte Steinmetzzeichen noch erhärtet.[157] Gleiche Baukonzepte mit verjüngenden Türmen und analogen Wurferkern sind auch im benachbarten Safavidenreich des 18. Jahrhunderts bekannt, wo sie ebenfalls als Kasernen genutzt wurden. Noch homogener scheint die Situation im Süden der Arabischen Halbinsel, in Jemen und dem Oman. Auch hier finden sich an den Wüstenrändern sowie den Küsten zahlreiche rechteckige Forts mit dominanten runden Ecktürmen.[158] Obwohl ihr Standort weit zurück reichen mag, deuten die integrierten Gewehrscharten sowie die großformatigen Kanonenfenster auf entsprechend späte Errichtungszeiten. Hier könnte die lange portugiesische Besatzung eine Rolle gespielt haben, diente dieser doch die Küste mit zahlreichen Häfen als Stützpunkt am Seeweg nach Indien. Tatsächlich wirken diese Forts wie entwickelte westeuropäische Geschützfestungen, denen zahlreiche analoge von Portugal bis Frankreich und Italien zur Seite zu stellen wären.

Einen Schlüssel zu Datierung und Funktion der arabischen Kastelle könnte Kilwa auf einer kleinen Insel vor der Südküste Tansanias bieten (Abb. 125).[159] Diese kürzlich erforschte Anlage zeigt Analogien zu den arabischen Bauten, vor allem durch die rundlichen verjüngenden Türme, die Scharten und Zinnen und den einfachen Bauschmuck. Da dieser Standort zunächst portugiesisch besetzt war und dann dem Sultanat Oman zu fiel, wird vermutet, der Festungskern sei europäischportugiesisch und stamme aus dem frühen 16. Jahrhundert und sei erst um 1800 von den Arabern erneuert worden. Es bleibt jedoch weiteren Studien vorbehalten, ob aus solchen späten Übernahmen die zahlreichen ähnlichen Forts im ganzen vorderen Orient abgeleitet werden können.

Um 1865 ließen die Al Saud in der Hauptstadt Riyadh den stark befestigten Palast Qasr Masmak errichten, der auf einer leicht verzogenen Fläche von etwa 45 x 50 m außen als klassisches Kastell mit 2 m dicken geschlossenen Mauern und vier Türmen (einer etwas größer) konzipiert war, während innen eine dreigeschossige Residenz und eine Moschee entstanden (Abb. 126).[160] Trotz dieser Defensivkraft übernahm umge-

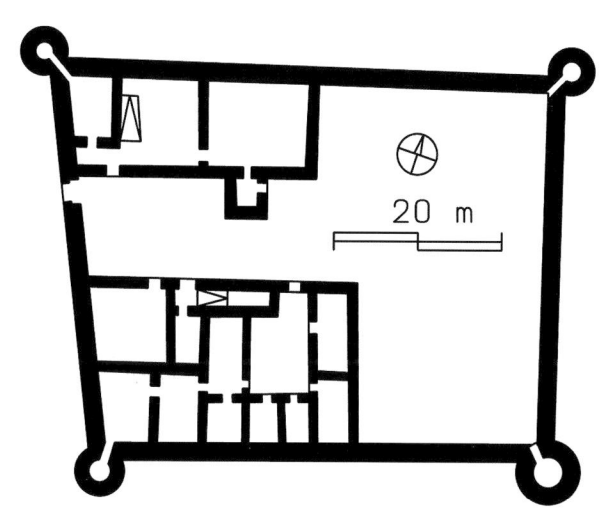

Abb. 126 | Qasr Masmak, Saudi Arabien, 1865

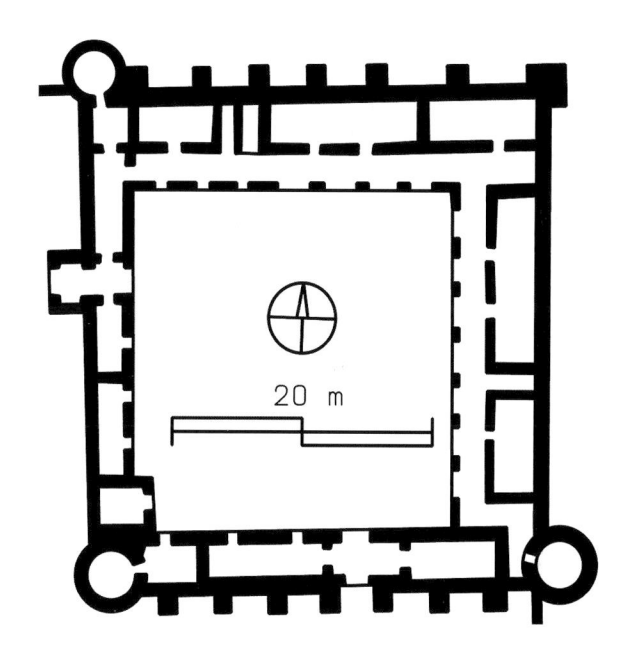

Abb. 127 | Al Jahili, Vereinigte Arabische Emirate, ab 1891

hend das feindliche Geschlecht Al-Raschid im Handstreich, von denen man das Fort erst 1902 im Sturm nehmen konnte, um in der Folge das heutige Königreich zu konsolidieren.

Erst aus der Zeit ab 1891 datiert schließlich die große rechteckige Festung Al Jahili, die an der Grenze zum Oman als Truppenstützpunkt und Sommerresidenz entstand (Abb. 127). In ihrer Nordostecke wurde ein Kerngeviert eingestellt, das mit kulissenhaften Rundtürmen und einem Prunktor den eigentlichen Herrscherwohnsitz sichtbar abtrennte und dabei ein Mindestmaß an Sicherheit gewährte.

Wie Riad und Al Jahili belegen, hatten sich Kastelle offensichtlich auf der Arabischen Halbinsel im Unterschied zu Europa bis ins frühe 20. Jahrhundert zu bewähren, womit ih-

ISLAMISCHE REICHE

re hervorragende Wehrfähigkeit durch die Jahrhunderte (zumindest gegen kleinere Räuberbanden) bestens belegt werden kann.

---

1 Der Name „Araber" lässt sich grob mit Nomaden übersetzen, vgl. Nitschke 1986, 25.
2 Drews 2012, 231.
3 Zur reichen und kontroversiellen Diskussion der römischen, griechischen, byzantinischen oder persisch-sasanidischen Vorbildschaft vgl. Genequand 2006, 5 bzw. 17.
4 Hillenbrand 2001, 360 bzw. 366.
5 Jüngst wurde hinterfragt, ob damit schon eine eigenständige frühislamische Kunst entstanden war oder ausschließlich fremde Künstler als Gastarbeiter engagiert wurden. Vgl. Stark 2013, 86 bzw. 123.
6 Drews 2012, 232.
7 Franz 1984, 75.
8 Franz 1984, 77.
9 Hillenbrand 2001, 95.
10 Creswell 1969, 650.
11 Hinz 2003, 1786. Die jüngere Literatur zum islamischen Kastellbau mit seinen Deutungen und Herleitungen ausführlich bei Konrad 2016, 149.
12 Băjenaru 2010, 86.
13 Perlich, Cramer 2016, 163.
14 Scheck 2000, 228.
15 Hillenbrand 2001, 488.
16 Kleiss 2015, 288.
17 Kleiss 2015, 189.
18 Kleiss 2015, 193.
19 Kleiss 2015, 289.
20 Stierlin 1979, 51.
21 Damgaard 2013, 42.
22 Whitcomb 2006, 68.
23 Brisch 1984, 154.
24 Scheck 2000, 229.
25 Konrad 2016, 139 ff.
26 Siegel 2015, 219.
27 Konrad 2016, 144.
28 Burns 1999, 198.
29 Hillenbrand 2001, 128.
30 Hillenbrand 2001, 157.
31 Kürzlich fanden neue archäologische Forschungen statt, die wohl neue Erkenntnisse zur Binnenstruktur bringen werden.
32 Drews 2010, 236.
33 Gaube 1977, 85.
34 Franz 1984 72 bzw. Hillenbrand 2001, 126.
35 Scheck 2000, 213.
36 Perlich, Cramer 2016, 154.
37 Hillenbrand 2001, 119.
38 Hillenbrand 2001, 124.
39 Hillenbrand 2001, 139.
40 Hillenbrand 2001, 140.
41 Perlich, Cramer 2012, 221.
42 Perlich, Cramer 2016, 160.
43 Scheck 2000, 229.
44 Hillenbrand 2001, 88.
45 Grunebaum 1986, 79.
46 Franz 1984, 109.
47 Dort war im 5. Jahrhundert eine sehr ähnliche kreisrunde Stadt mit vier Haupttoren in den Himmelsrichtungen und zentralem dominantem Feuertempel errichtet worden, die von den Arabern im 7. Jahrhundert zerstört wurde.
48 Franz 1984, 115.
49 Franz 1984, 122.
50 Rammah 2002, 185 f.
51 Befestigte als „Ribat" bezeichnete Lager gab es zwar schon unter den Umayyaden, die durchaus schon als klassische Forts bzw. Siedlungszitadellen dienten, eine einheitliche Kastellform ist dabei jedoch bislang nicht belegt. Spätestens im Hochmittelalter wurden als Ribats auch Pilger- und Armenkomplexe genannt, weshalb die heutige Bezeichnung noch keinen Hinweis auf Alter und Funktion geben kann.
52 Rammah 2002, 194.
53 Băjenaru 2010, 89.
54 Das Kastell wurde erst 1997–1999 archäologisch freigelegt.
55 Pringle 1997, 59.
56 Franz 1984, 133.
57 Müller-Wiener 2016, 52.
58 Clot 2004, 21.
59 Leonardy, Kersten 2002, 31.
60 Schomann 1998, 196.
61 Mayoral 1987, 16.
62 Gil 1986, 217.
63 Leonardy, Kersten 2002, 40.
64 Erst nach schweren Belagerungen im späten 12. und frühen 13. Jahrhundert konnte man die Herrschaft nachhaltig sichern, worauf sofort ein massiver Ausbau mit dominanten Fünfecktürmen und Zwingern erfolgte.
65 Thomson, Benavente 2011, 15.
66 Enamorado 1994, 466.
67 Enamorado 1994, 475.
68 Clot 2004, 160.
69 Leonardy, Kersten 2002, 90.
70 Mauro, Sessa 2004, 36.
71 Maurici 1992, 85.
72 Iannaggi 2004, 192.
73 Iannaggi 2004, 185.
74 Meier 1994, 18.
75 Chapoutot-Remadi 2002, 39.
76 Golvin 1957, 28.
77 Meier 1994, 29.
78 Franz 1984, 60.
79 Sourdel, Spuler 1984, 277.
80 Sourdel, Spuler 1984, 291. Bei Kleiss 2015, 184, Robat genannt.
81 Kleiss 2015, 190.
82 Farroqui 2000, 950.
83 Kleiss 2015, 187.
84 Kutlu 2009, 1.
85 Kutlu 2009, 6.
86 Stierlin 1979, 199, 203 und 209.
87 Erdmann 1976, 179.
88 Sourdel, Spuler 1984 293.
89 Erdmann 1976, 107.
90 Stierlin 1979, 208.
91 Kutlu 2009, 23.
92 Erdmann 1976, 130.
93 Kutlu 2009, 40.
94 Mangels Archäologie ist nicht zu erklären, warum dieser Han wie so viele andere in den Hang gesetzt scheint, wodurch die Verteidigungsfähigkeit wohl deutlich reduziert war. Eventuell gab es hier einen später verschütteten Graben, der jedoch nirgends belegt ist.
95 Erdmann 1976, 72.
96 Kleiss 2015, 187.
97 Binous, Hawari, Marín, Öney 2002, 28.
98 Die seit Jahren langsam erforschte Grabungsstätte der Hauptstadt Karakorum zeigt offenbar keine Kastellformen.
99 Kleiss 2015, 180.
100 Stierlin 1979, 213.

101 Mamlukische Reiche entstanden auch in Nordindien, wo man kastellförmige islamische Baumuster wie Moscheen, Medresen und Forts mit indischen Traditionen verband. Vgl. Hillenbrand 2001, 270.
102 Hillenbrand 2001, 397.
103 Hillenbrand 2001, 400.
104 Ćurčić 2010, 770.
105 Saadaoui 2002, 121.
106 De Melusmeester, Pringle 2008, 148.
107 Pradines 2016, 55.
108 Ćurčić 2010, 774.
109 Stierlin 1979, 113.
110 Kleiss 2015, 196.
111 Pradines 2016, 62.
112 Kleiss 2015, 197.
113 Kleiss 2016, 201.
114 Kleiss 2015, 201.
115 Kleiss 2015, 284.
116 Kleiss 2015, 178.
117 Popp, Kassahi 2010, 12.
118 Adam 1981, 29.
119 Baklouti 2002, 274.
120 Nijst, Priemus, Swets, IJzeren 1973, 130.
121 Nijst, Priemus, Swets, IJzeren 1973, 142.
122 Nijst, Priemus, Swets, IJzeren 1973, 161.
123 Ragette 2003, 104.
124 Nijst, Priemus, Swets, IJzeren 1973, 139.
125 Adam 1981, 31.
126 Nijst, Priemus, Swets, IJzeren 1973, 139.
127 Nijst, Priemus, Swets, IJzeren 1973, 140.
128 Nijst, Priemus, Swets, IJzeren 1973, 142.
129 Nijst, Priemus, Swets, IJzeren 1973, 142.
130 Adam 1981, 41.
131 Nijst, Priemus, Swets, IJzeren 1973, 153.
132 Nijst, Priemus, Swets, IJzeren 1973, 149.
133 Adam 1981, 22.
134 Nijst, Priemus, Swets, IJzeren 1973, 211.
135 Nijst, Priemus, Swets, IJzeren 1973, 155.
136 Ragette 2003, 111.
137 Adam 1981, 56.
138 Nijst, Priemus, Swets, IJzeren 1973, 156.
139 Nijst, Priemus, Swets, IJzeren 1973, 197.
140 Adam 1981, 49.
141 Adam 1981, 51.
142 Adam 1981, 51.
143 Ragette 2003, 111.
144 Adam 1981, 54.
145 Adam 1981, 51.
146 Adam 1981, 51.
147 Lorimer 1970, 1244.
148 Brandes 2006, 105.
149 Deputy 2002.
150 Deputy 2002, 16.
151 Deputy 2003, 16.
152 Brandes 2006, 115.
153 Deputy 2004, 12.
154 Al-Hariri-Rifai 1990, 178.
155 Department 1975, 30.
156 Brandes 2006, 108.
157 Deputy 1975, 42.
158 Brandes 2006, 129.
159 Großmann 2016, 393.
160 Al-Hariri-Rifai 1990, 170.

Große Mauer, China

KAISERREICH CHINA

Das Reich der Mitte kann aufgrund seiner weit zurück reichenden Geschichte, der großen räumlichen Ausdehnung und der damit verbundenen unzähligen inneren und äußeren Konflikte auf eine komplexe Entwicklung der Wehrarchitektur zurück blicken. Dennoch blieb ihre wissenschaftliche Erforschung zumindest in westlich zugänglichen Publikationen bescheiden, so gibt es zwar einige historische Abhandlungen, jedoch keine greifbaren Bauuntersuchungen und auch keinen chronologischen Überblick.[1] Zudem gilt der Schwerpunkt seit langem der Großen Mauer sowie wenigen Garnisonsstädten mit ihren monumentalen Befestigungen, meist jüngerer Zeit.[2] Immerhin zeichnen sich dort ansehnliche Parallelen zu europäischen Kastellen ab, sodass sich ein kurzer Einblick lohnt, auch wenn in Zukunft noch zahlreiche neue Erkenntnisse zu erwarten sind.

Lange Mauern, die meist die Sesshaften im Süden vor den Nomaden im Norden schützten, sind im Gebiet des heutigen China seit bemerkenswert früher Zeit zu finden.[3] Sie verbanden fast prinzipiell die westlichen Grenzzonen am Gelben Fluss sowie den nordwestlichen Rand der Wüste Gobi mit der östlichen Küstengrenze zu Korea, wobei punktuelle Sperren durchgehenden Linien bevorzugt waren. 1500 v. Chr. finden sich die ersten spärlichen Wallreste, im 7. Jahrhundert v. Chr. sicherten einzelne unabhängige Nordreiche ihre Grenzen bereits mit ausgeklügelten System von Forts, Türmen und Straßen. Zur Zeit der streitenden Reiche (475–221 v. Chr.) wurden zahlreiche Fortifikationen unterschiedlicher Bauart errichtet, die später unerreichte Gebiete bis weit ins heutige Nordkorea einfassten.[4] Mit der gewaltsamen ersten Einigung Chinas unter Kaiser Qin (221–209 v. Chr.) wurde schließlich eine gewaltige Armee aufgestellt, die unter anderem entlang

Abb. 1–2 | Jiayuguan, China, Passkastell 2. Jh. v. Chr.

der neuerlich restaurierten und ausgebauten großen Wälle im Norden stationiert war. Unter der Han-Dynastie (206 v. Chr. – 220 n. Chr.) wurde dieser Nordwall mit zahlreichen Garnisonen und Forts ausgebaut.⁵

Aus der Zeit der Han datieren heute vor allem westliche Grenzbereiche, die unter den folgenden Dynastien nicht mehr verteidigt wurden (Abb. 1–2). Allem voran ist jedoch Jiayuguan zu nennen, ein Fort für ca. 1000 Soldaten, das eine Schlüsselposition an der Seidenstraße innehatte.⁶ Die Anlage wurde bis ins 15. Jahrhundert auf drei Mauerringe verstärkt und ist heute weitgehend rekonstruiert. Dennoch ist zu vermuten, dass der innere Bering mit seinen Stampflehmwänden und der Armierung durch Zweigmatten noch dem 2. Jahrhundert v. Chr. zuzuordnen ist. Im Gegensatz zu den späteren polygonalen Erweiterungen zeigt dieser Kern ein konsequentes Rechteck von 67 x 68 m, das durch vier massive vorstehende Ecktürme, zwei breite Mauertürme sowie zwei monumentale Torbauten mit Rechteckzwingern geschützt war. Im Inneren mag es einfachere Soldatenunterkünfte gegeben haben, von denen keine Reste erhalten blieben. Über Organisation und Lagerleben im 2. und 1. Jahrhundert v. Chr. berichten unzählige Ton- und Bambustäfelchen, die als Feldpost von Truppenbewegungen, Bauvorhaben, Zollkontrollen und Patrouillen sowie von Überfällen und Versorgungsengpässen dieser Zeit handeln.⁷

Nach der Han-Dynastie folgte der Zerfall des Großreichs und unter den Wei (386–534), den Qi (550–577) und den Sui (581–618) wurden höchstens interne Abwehranlagen errichtet, die durch die Wiedervereinigung 589 weitgehend obsolet wurden. Mit den nomadischen Nachbarn im Norden einigte man sich meist durch Bündnisse und reiche Geschenke.

Im 10. Jahrhundert setzten sich im Norden Chinas dennoch verschiedene Steppenvölker fest, die bis ins 12. Jahrhundert programmatisch bestrebt waren, die chinesische Lebensweise zu übernehmen und dabei auch selbst gegen die zunehmend gefährlichen Mongolen im Norden Mauern sowie Stadtbefestigungen bauten.⁸

Zu diesen ehemals nomadischen Völkern gehörten die Tanguten, die im Jahr 1038 im Nordwesten ein praktisch unabhängiges Reich gründeten, das bis zur Eroberung durch Dschingis Khan 1227 bestehen sollte (Abb. 3). Bei mehreren Expeditionen durch Europäer im frühen 20. Jahrhundert wurden aus dieser Zeit mehrere Befestigungen dokumentiert, allen voran ein langer Abschnitt einer turmbewehrten Grenzmauer sowie die Zitadelle der Hauptstadt Kharakhoto.⁹ Ihre heute stark reduzierten Mauern bestanden damals noch als geschlossener Bering und schützten eine rechteckige Fläche von 335 x 370 m, die durch rundliche Ecktürme sowie regelmäßige 11 m breite Mauertürme flankiert war. Neben den zwei rechteckigen Torzwingern, die gut zu den älteren Forts der Han-Dynastie passen, ist die offenbar gleichzeitige Errichtung eines eng umlaufenden Zwingers bedeutsam, der in der Folge zum Standard im chinesischen Festungsbau werden sollte. Insgesamt ist zu vermuten, dass auch diese neuen Völker direkt auf chinesisches Wissen zurückgreifen konnten und so die lokale Tradition weiter führten.

Trotz der massiven Sicherungen entlang der Nordgrenzen konnten die Mongolen schließlich die Wälle umgehen und in verheerenden Streifzügen das Gebiet Chinas ihrem Reich eingliedern, wo es bis 1368 untergeordnet blieb und eine Verteidigung nach Norden naturgemäß ungewünscht war.

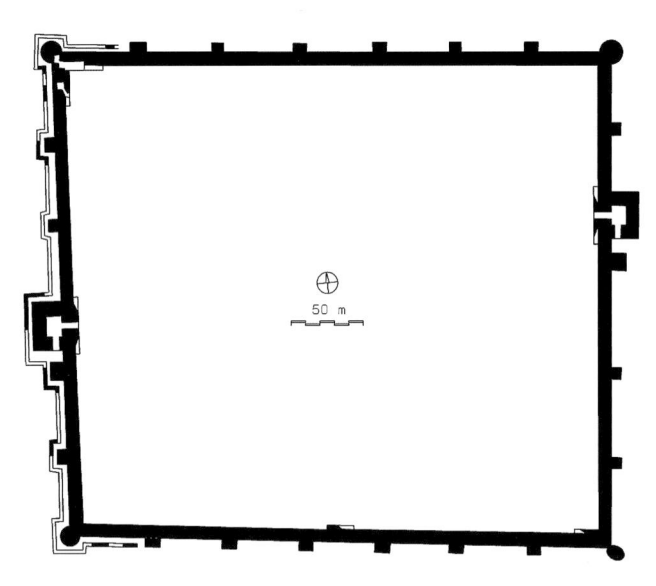

Abb. 3 | Kharakhoto, China, Zitadelle 12. Jh.

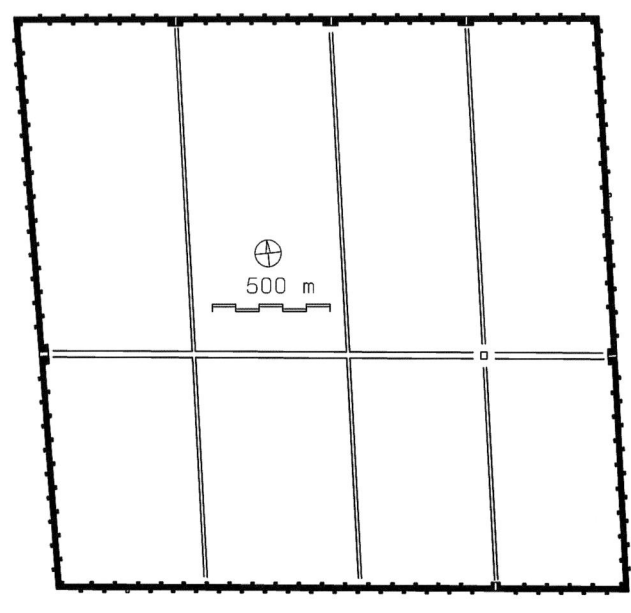

Abb. 4 | Xuanhua, China, Garnisonsstadt 2. H. 14. Jh.

Erst unter dem ersten Ming-Kaiser Hongwu (1368–1399), der die inzwischen schwachen mongolischen Besatzungen vertrieb, wurde die Landesverteidigung neu organisiert, wobei man den Schwerpunkt auf die Nordgrenze nahe Peking legte, die nur hier als durchgehende Mauer mit zahlreichen Garnisonenstädten, Truppenlagern, Türmen und Vorwerken geschützt wurde. Die anderen weitläufigen Grenzen wurden hingegen nicht mehr zusammen hängend befestigt sondern lediglich entlang der Seidenstraße lokale Sperren angelegt. Für die Besatzung dieser Frontlinien errichtete man neun große Garnisonsstädte, die durch ihre strategische Lage sowohl die regionalen Befestigungen bemannen als auch rasch Verstärkungen zu anderen Krisenherden schicken konnten.[10] Sie bildeten jeweils eine eigenständige Militärkommandantur, deren Generäle direkt dem Kaiser unterstellt waren und denen zeitweilig bis zu einer Million Soldaten unterstanden. (Abb. 4)
Als Hauptfestung dieser Städte gilt Xuanhua (frei übersetzt: Erzieher der Nomaden), 180 km nordwestlich von Peking, die aufgrund ihrer Bedeutung als Truppenreserve für die Hauptstadt auch „Tor zu Peking" genannt wurde.[11] Dieses Fort nutzte den Standort einer alten befestigten tangutischen Stadt, von der eventuell Teile integriert wurden. Die heute weitgehend intakten und stark restaurierten Mauern umfassen ein verzogen-rechteckiges Geviert von 2,35 x 2,47 km und sind innen wie außen konsequent von zahlreichen Türmen sowie sieben großen Toranlagen geschützt. Die innere Turmreihe ist ohne Vergleich und kann nur hypothetisch auf eine halbzivile Einwohnerschaft oder aber auf unzuverlässig eingestufte hier stationierte Hilfskräfte verschiedener Völker zurück geführt werden. Eventuell handelt es sich um spätere Verstärkungen, so wie auch der hohe Glockenturm an einer Hauptstraßenkreuzung erst aus 1482 datiert. Ansonsten schlossen Konzeption und Bauweise an die älteren Festungen der Region an.

Ähnlich stark befestigte Städte finden sich auch in Zentralchina, etwa in Xiangyang, dessen 1,3 x 1,6 m messendes Geviert aus der Han-Zeit bis heute von einer starken kastellförmigen Befestigung aus der Ming-Zeit eingefasst wird. Reine Militärkasernen sind hier hingegen nicht bekannt.

Den Höhepunkt des Ming-Festungsbaus bildet die pompös angelegte Hauptstadt Peking, die im Jahr 1421 festlich eingeweiht wurde (Abb. 5).[12] Mehr als 200.000 Arbeiter hatten 16 Jahre lang gebaut, um eines der ersten chinesischen Bauwerke aus gebrannten Ziegelsteinen mit drei konzentrischen Stadtmauern auf gesamt 23 km Länge zu errichten. Die nach den Himmelsrichtungen ausgerichteten Quartiere waren durch großzügige Beamtenviertel und Tempelanlagen sowie ein Wirrwarr von Wohn- und Handwerkerzonen dicht gefüllt.

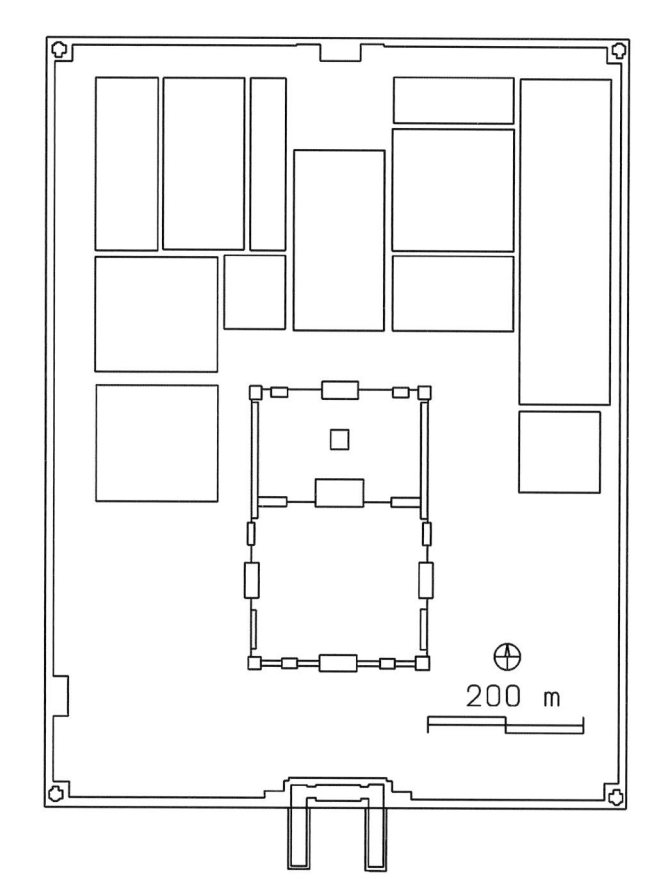

Abb. 5 | Peking, verbotene Stadt, A. 15. Jh.

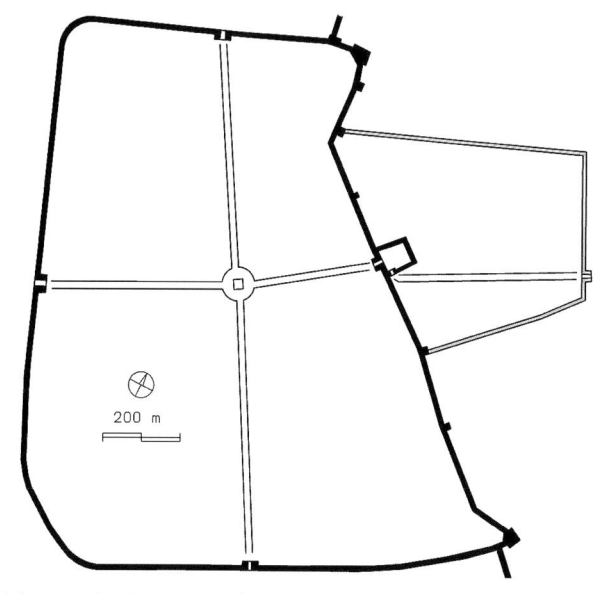

Abb. 6 | Shanhaiguan, China, Grenzkastell 1381–16. Jh.

Das neue Zentrum bildete die Verbotene Stadt, ein beeindruckend großer Palast mit 750 x 960 m Fläche, der wiederum von einer massiven rechteckigen Mauer mit großen Ecktürmen sowie monumentalen Torbauten beschützt war und im eigentlichen Kernbereich den Kaiser innerhalb eines kastellförmigen und sakralisierten Wohntempels als lebenden Mit-

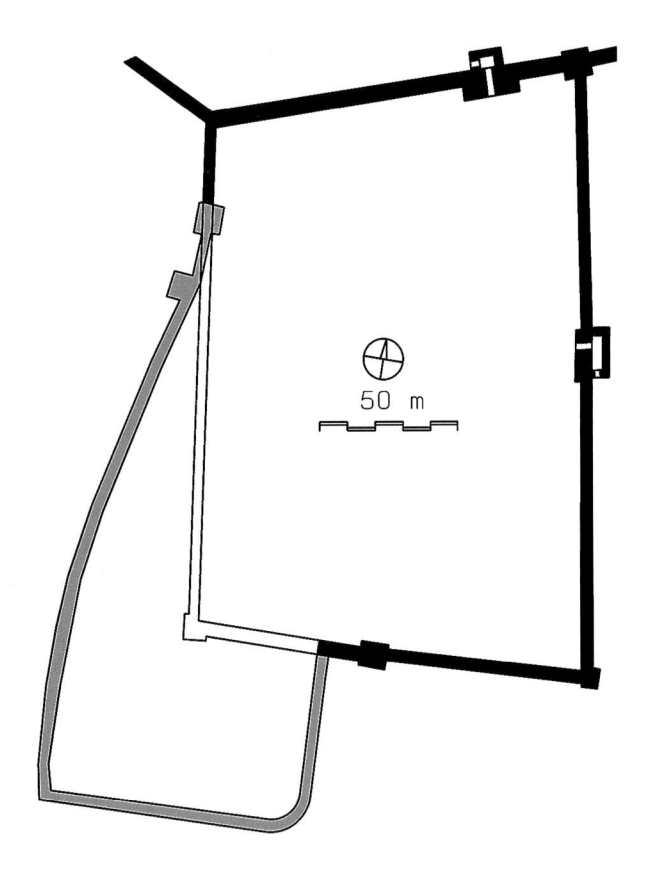

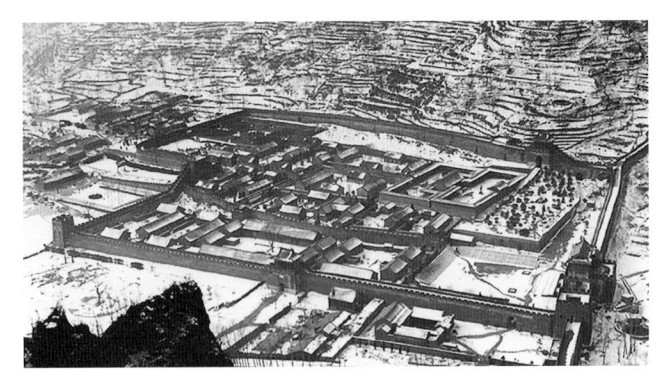

Abb. 7–8 | Huangyaguan, China, Grenzkastell 6. Jh., 15., Jh.

telpunkt der Erde und des Kosmos inszenierte. Hier diente die Kastellstruktur jedoch nicht der Verteidigung sondern war durch zahlreiche Prunkhallen aufgebrochen, offensichtlich war sie programmatischer Teil der Verherrlichung des Kaisers als oberster Machthaber. Die Regelmäßigkeit und die Symmetrie sind als Zeichen der kaiserlichen Ordnung und Perfektion zu werten.

Dem entgegen entwickelte sich die Befestigung der Nordgrenzen zunehmend langsamer und sollte fast ohne Unterbrechung bis zum Untergang des Reichs 1644 andauern (Abb. 6). Vor allem nach verheerenden mongolischen Einfällen im mittleren 16. Jahrhundert mussten zahlreiche Mauern verstärkt und Lücken geschlossen werden.[13] Aus dieser Zeit stammt der Großteil der heute berühmten Mauern nordöstlich von Peking, mit ihren geschwungen den Hügelgraten folgenden Linien, den Stein- und Ziegelverkleidungen sowie den über 1200 Türmen. Ein gutes Beispiel bietet der Shanhaiguan-Pass, der am östlichen Ende der Mauern nahe ihrer Mündung ins Gelbe Meer angelegt wurde. Durch die topographische Lage am Fuß der steilen Berge war hier, etwa 300 km östlich von Peking, ein neuralgisches Einfallstor in die chinesischen Ebenen gegeben, das als „erstes Tor unter dem Himmel" bereits früh befestigt worden war. 1381 ließ der Ming-General Xu Da eine große Garnisonsstadt anlegen, die sich an die älteren Mauern anlehnte und trotz Anpassung an die Topographie im Inneren möglichst rasterförmig gestaltet war. Die heute weitgehend erhaltenen Mauern waren von einem tiefen Graben umgeben und durch vier Torbauten erschlossen, von denen das feindseitige durch einen großen Zwinger zusätzlich geschützt war. In der Folge kam es zu lokalen Ausbesserungen in Ziegeltechnik, zu einem trapezförmigen Vorwerk und schließlich im 16. Jahrhundert zur heute prägenden Überformung der Sperrmauern sowie zur Neuanlage von drei kleinen rechteckigen Nebenfestungen unmittelbar entlang der Mauer sowie eines Gevierts im Vorfeld. Eine Inschrift verkündet selbstbewusst die Intention als „Tor zur ruhmreichen Zivilisation", die massiven Verteidigungsanlagen lassen jedoch eher an konkrete Gefahren angreifender Heere und sowie deren verzweifelte Abwehr denken.

Als Beispiel für die Vielzahl mittlerer und kleiner Grenzkastelle ist Huangyaguan zu nennen, das etwa 130 km östlich von Peking einen schmalen Gebirgspass kontrollieren sollte (Abb. 7–8).[14] Hier wurde ein trapezförmiges Fort von durchschnittlich 140 x 200 m Größe unbekannter Zeitstellung unter den Ming im späten 15. Jahrhundert verstärkt und gegen den Hang mit einer neuen Schleife versehen. Im Vorfeld entstanden kleinere Sperren und ein isolierter Leuchtturm zur frühzeitigen Meldung von feindlichen Aktivitäten. Analog zu zahlreichen anderen Festungen dieser Zeit entlang der nordöstlichen Grenze war man im 15. Jahrhundert weitgehend vom Kastelltypus abgekommen und konzentrierte sich auf dem Gelände angepasste geschütztaugliche Mauern und Basteien. Auch in der Folge sollten kaum mehr Kastelle entstehen.

---

1   Auch befreundete Sinologen konnten bei ihrer einschlägigen Literaturrecherche keine wissenschaftlichen Treffer landen.
2   Turnbull 2007, 4.

3 Lovell 2007, 29 f.
4 Koch 2009, 151.
5 Koch 2009, 148.
6 Lovell 2007, 76.
7 Lovell 2007, 74.
8 Lovell 2007, 145.
9 Stein 1928.
10 Jing 2015, 57.
11 Man 2010, 178.
12 Lovell 2007, 159.
13 Lovell 2007, 191.
14 Lovell 2007, 196.

Saone, Syrien

KAISERREICH BYZANZ

Wie am Ende des Kapitels über das Römische Reich angeführt, ist der Übergang zum Byzantinischen Reich ein fließender gewesen und die Zeitsetzung durch moderne Historiker ein willkürlicher Akt, immerhin ist erst 1557 durch einen Historiker das Wort „byzantinisch" urkundlich fassbar,[1] während man sich selbst immer als Römer bzw. später als Griechen verstand. Unterschiedliche moderne Einteilungen gehen vom Gründungsjahr Konstantinopels 330 aus, andere von der Zeit um 600, als der Balkan durch die Völkerwanderung verloren ging.[2] Weitere bevorzugen die Jahreszahl 642, als man sich mit dem Fall von Alexandria endgültig auf den östlichen Mittelmeerraum reduzierte. Doch auch das wäre zu hinterfragen, da ja von 863 bis 1025 mehrmals erfolgreiche Rückeroberungen in Italien und Nordafrika gelangen, die jedoch keinen nachhaltigen Bestand hatten.[3]

Für den Militärbau kann die Zeit zwischen 642 und 863 tatsächlich als „dunkle Epoche" bezeichnet werden, in der es fast ausschließlich zu Gebietsverlusten und geradezu hilflosen Absiedelungen kam. Die Belagerungen von Konstantinopel durch das islamische Kalifat 669, 674 und 717 stellten dazu einen Tiefpunkt dar,[4] einen anderen die Kaiserkrönung Karls des Großen im Jahr 800, womit der Anspruch auf die Einzigartigkeit des byzantinischen Kaisertums gebrochen war.

Die Verteidigung der immer noch sehr ausgedehnten Grenzen wurde äußerst verschieden organisiert. Nachdem man etwa 816 nach beidseitig verlustreichen Kämpfen mit Bulgarien einen Frieden geschlossen und die Küste des Schwarzen Meers aufgeteilt hatte, zog man hier einen 137 km langen Graben mit Verschanzungen.[5] Die reduzierte Militärstruktur erlaubte jedoch noch keine stehende Grenzverteidigung, zumal die Truppen in ständigen Kämpfen gebraucht wurden. Dafür wurde die zivile Bevölkerung aller Provinzen mit ihren Siedlungen ins Verteidigungssystem eingebunden. Im Jahr 825 erneuerte man in Konstantinopel die Seemauern.[6] Es folgen in den Provinzen zahlreiche Städte, die als „Castra"[7] mit dicken Mauern aufgerüstet wurden. Dieses paramilitärische System, das eigentlich schon im 7. Jahrhundert eingeführt worden war, erhielt nun in großer Konsequenz ein dichtes Netz wehrhafter Orte, die auf möglichst schon von der Natur gut beschützten Felsgipfeln oder Spornen lagen.

Im Jahr 863 leitete endlich ein fulminanter Sieg über den islamischen Emir von Melitene eine Periode von Gebietszuwächsen ein, die sofort mit Truppen abzusichern waren. Zugehörige Festungen sind zwar quellenmäßig zu erschließen, jedoch vor Ort kaum durch moderne Bauforschungen verifiziert.

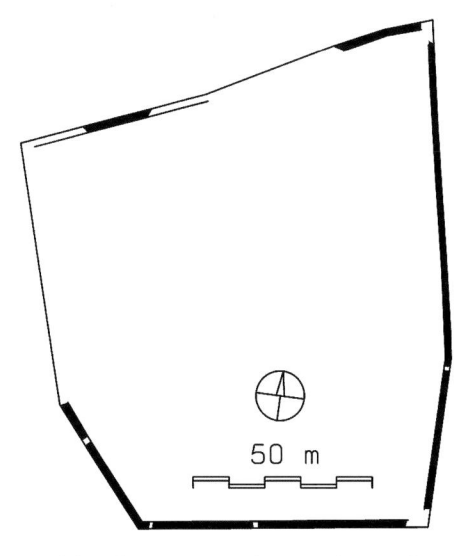

Abb. 1 | Cardak Kalesi (Gavur Kalesi), Türkei, 9. Jh.?

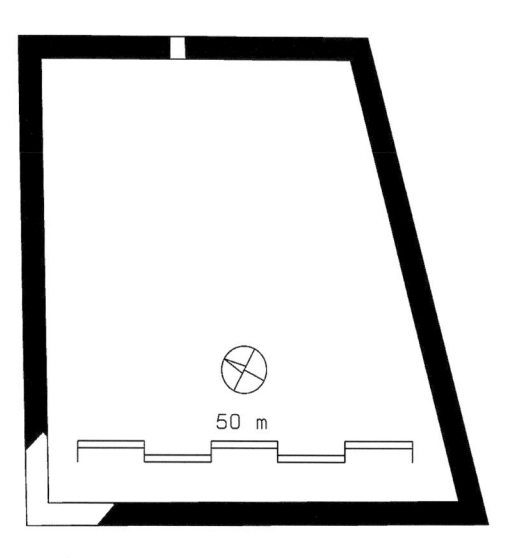

Abb. 2 | Baba Vida (Vidin), Bulgarien, Kernkastell, 9. Jh.?

So wird etwa aufgrund keramischer Klaubfunde vermutet, dass die ca. 110 x 130 m große verzogen rechteckige Ringmauer von Cardak Kalesi im Süden der Türkei auf ein großes Truppenkastell des 9. Jahrhunderts zurückgeht (Abb. 1).[8] Die Mauerstruktur ist tatsächlich mit zeitgleichen Kirchen gut vergleichbar, jedoch haben spätere Aus- und Umbauten des 12. und 13. Jahrhunderts die Baugeschichte stark verunklärt. Es scheint, als hätte es zunächst keinerlei Türme gegeben und die 1,5 m starke Mauer hätte einen großen unbebauten Truppensammelplatz eingefasst.

Auch an der Donau-Grenze gibt es aus dieser Zeit kaum zuverlässig datierte Bauten (Abb. 2). Immerhin scheint Baba Vida in Bulgarien auf spätantikem Standort ins 9. Jahrhundert zu datieren.[9] Obwohl es bislang keine übereinstimmenden Baugenesen gibt, dürfte gemäß archäologischer Befunde ein 3 m starker byzantinischer Bering eine 60 x 70 m große trapezförmige Fläche ohne primäre Türme umgürten.[10] Als die Festung im Jahr 1002 von Aufständischen zurück erobert werden musste, gelang dies trotz massiven Einsatzes von Belagerungsgeräten nur durch Aushungerung.[11] Möglicher Weise war die Befestigung daher bedeutend größer und der heutige Bering stellte nur das Kernwerk dar.

871 konnte mithilfe des deutschen Kaisers Ludwig II. das islamische Emirat von Bari in Süditalien vernichtet werden, woraufhin die Küstenstädte sofort vom byzantinischen Kaiser Basileios I., dem Begründer der Makedonischen Dynastie, besetzt wurden. Basileios wollte in Anlehnung an Justinian die alte universale Herrschaft bis in den westlichen Mittelmeerraum wieder aufleben lassen und bekämpfte nun gleichzeitig die Araber und die Langobarden.[12] Nach dem spätantiken Vorbild wurden in groß angelegten Kampagnen Recht und Kultur wieder baulich manifestiert und sichtbare Zeichen der byzantinischen Reichssouveränität in Italien gesetzt.

Bis 886 hatte man tatsächlich ganz Süditalien unterworfen und die langobardischen Herzöge dem Reich unterstellt. Leider blieben aus dieser Zeit keine eindeutig datierten Reste von militärischen Wehrbauten erhalten.

Den Vorrang über Apulien errang bald Bari, das 876 Byzanz unterstellt wurde und zur Hauptstadt der italienischen Provinzen aufstieg (Abb. 3).[13] Tatsächlich konnte dort im heutigen Hafenkastell ein byzantinischer Kernbau entdeckt werden, dessen Datierung und Ausmaße noch nicht durchgehend verifiziert sind. So stammt lediglich die Nordseite gesichert der byzantinischen Epoche. Da jedoch an drei anderen Wänden gleiche Mauerstrukturen und analoge Mauerstärken um 2 m zu finden sind, ist eine Zugehörigkeit sehr wahrscheinlich. Demnach handelte es sich wohl um ein 58 m breites trapezförmiges Kastell mit mächtigen Mauern, das zumindest in der Erstphase noch keine Türme integrierte. Zur Datierung trägt eine im Nutzungshorizont gefundene Münze des mittleren 10. Jahrhunderts bei. Das befestigte Areal umfasste sicher eine deutlich größere Hauptfläche, die bis zur heutigen Kirche San Nicola reichte, somit kann das kleine Kastell als klassisches Kernwerk innerhalb der eigentlichen halbzivilen Festung (nach justinianischem Vorbild) bezeichnet werden. Ähnlich zeigte sich der Kernbau von Sannicandro di Bari, dessen Bau 916 vom Kaiser Konstantin VII beauftragt wurde (Abb. 4).[14] Auch hier schützte eine trapezförmige 1,5 m starke Mauer ein 53 m breites Areal, wenngleich die Kanten alle hier abgerundet waren. Zeitgleiche Binnenbauten sind nicht bekannt. In der Konzeption einfacher Mauerringe mit abgerundeten Ecken finden sich in Süditalien in den Burgen von Melfi und Casertavecchia direkte Analogien. Auch in anderen Städten muss es vergleichbare Forts gegeben haben, die jedoch durch die spätere Überbauung heute nicht mehr erhalten bzw. erkennbar sind.

Abb. 3 | Bari, Italien, Kernkastell, 9./10. Jh.

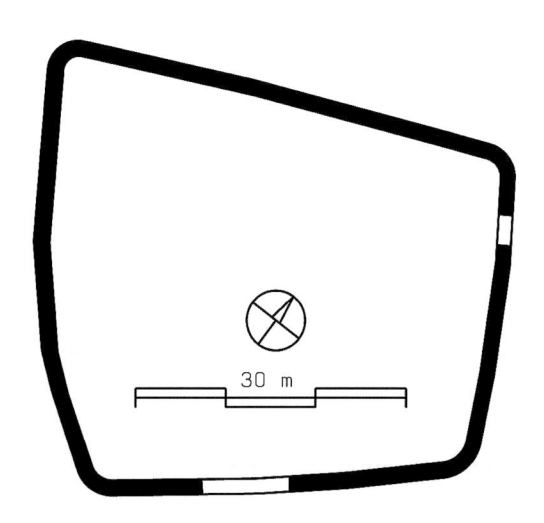

Abb. 4 | Sannicandro di Bari, Italien, Kernkastell, nach 916.

KAISERREICH BYZANZ

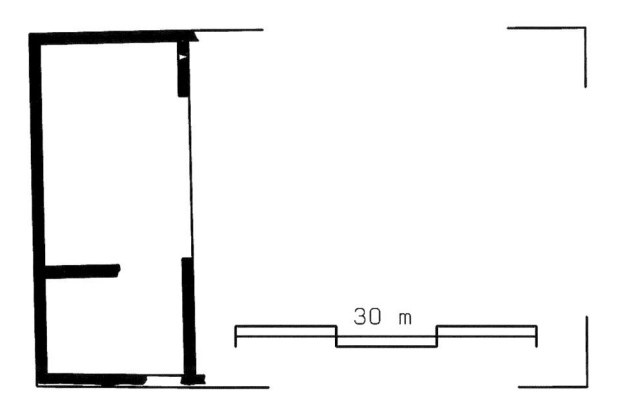

Abb. 5 | Gioia del Colle, Italien, Kernkastell, 10. Jh.?

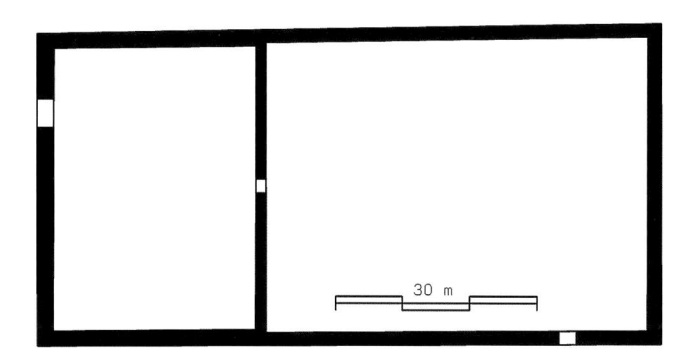

Abb. 6 | Lagopesole, Italien, Kernkastell, byzantinisch?

Das heute stark reduzierte Kastell von Gioia del Colle folgte offenbar einem anderen Konzept. Ein wohl 34 x 55 m großes Rechteckareal war im Drittelpunkt geteilt. Im einzig bewahrten kleineren Teil gab es wohl einen Hof sowie randständige Gebäude (Abb. 5).

Deutlich besser ist das Kernkastell von Lagopesole erhalten, dessen Datierung jedoch noch aussteht (Abb. 6). Tatsache ist, dass hier auf einem markanten 826 m hohen Hügel an der Via Hercula nach Melfi unter byzantinischer Zeit eine wichtige Grenzfestung zu den Langobarden bestanden hat, deren Reste eines Vorgängerbaus gemäß Grabungen ins 10. Jahrhundert zurück reichen. Über diese wurde wohl im späten 10. Jahrhundert das heutige Kernrechteck mit seiner Fläche von 46 x 93 m angelegt. Auch hier gab es im Drittelpunkt eine Quermauer, die ein kleineres Areal abgrenzte. Die konzeptionelle Analogie zu Gioia del Colle lässt an eine parallele Entstehung denken, die jedoch nicht belegt ist. Jedenfalls ist für Süditalien festzuhalten, dass die wenigen bekannten byzantinischen Anlagen des 9. und 10. Jahrhunderts rechteckige bzw. trapezförmige Beringe hatten und keine Türme integrierten. Dem entgegen rüstete man im mittleren 10. Jahrhundert in der nördlichen Levante das Pilgerkloster Qalat Siman durchaus mit Flankentürmen zum klassischen Kastell auf. Im mittleren 10. Jahrhundert (um 943?) war Byzanz truppenmäßig wieder so stark aufgestellt, dass man gegen die Bulgaren am Donauknie südlich der Mündung ins Schwarze Meer eine 59 km lange, ca. 2 m starke Steinmauer samt Wall-Grabensystem errichten konnte, die durch 26 Forts geschützt war.[15] Leider gibt es zu diesen Forts mit ihren höchst unterschiedlichen Größen keine genauen Forschungen, es handelte sich jedenfalls um direkt an die Mauer angeschlossene rechteckige Areale, sehr ähnlich wie beim antiken Hadrianswall in Schottland. Diese monumentale Sperranlage diente sicherlich als Machtdemonstration, die zahlreichen Funde belegen aber auch eine längere kontinuierliche Nutzung. Im Vorfeld dürfte es ein breites kaum besiedeltes Puffergebiet mit einzelnen Kontrollforts gegeben haben,[16] auch damit gäbe es deutliche Analogien zum antiken Vorgänger.

KAISER JOHN I. TZIMISCES (969–76)

Bald überschlugen sich die Ereignisse. 961 gelang die Rückeroberung Kretas, 965 die Zyperns, 968 die der Nordlevante bis knapp vor Jerusalem. 971 konnten die Bulgaren aus der antiken Provinz Moesien vertrieben werden (1018 gelang die endgültige Zerschlagung ihres Reichs). Die neuen Gebiete wurden nun feierlich wieder ins Reich integriert. Zur Erhaltung der weiterhin stark gefährdeten Grenzen wurde ein neues Defensivsystem begonnen, das sich jeweils an den örtlichen Verhältnissen orientierte.

So konnte man am wieder hergestellten unteren Donaulimes große Teile der spätantiken Kastelle wieder aufbauen und ins „Castron-System" integrieren.[17] Dabei wurden ausschließlich die mittleren Größen mit 100 bis 150 m Breite aktiviert und möglichst wirtschaftlich renoviert. Meist genügten Ergänzungen an Turmspitzen und Mauerkronen, notfalls beschränkte man sich auf die konzeptionell unveränderte Schließung von Lücken auf den alten Fundamenten. So belegen etwa die Kastelle Dinogetia, Constanta und Capidava, dass die teilweise über 500 Jahre alten Mauern bei der Neunutzung fast sklavisch genau restauriert wurden. Im Inneren änderte sich jedoch die Besiedlung zu dichten Wohnquartieren, die sicher auch einen großen zivilen Anteil integrierten. Offensichtlich handelte es sich nicht mehr um klassische Kasernen sondern um stark befestigte Grenzforts.

An strategischen Stellen wurden wenige neue Festungen errichtet, die vor allem die Schifffahrt an der Donau als lebensnotwendige Verkehrsachse bedienten.

Am besten erforscht sind davon die Doppelkastelle von Dobrudja bzw. Păcuiul lui Soare (Abb. 7–8). Dort wurde auf einem 40 m hohen Sporn über der Donau über antiken Resten ein neues 120 m breites Fort mit 1,9 m starken Mauern errichtet. Direkt davor legte man auf einer flachen Donauinsel ein Hafenfort an, dessen östliche Reste mit bis zu 6 m starken Fundamenten noch relativ gut erhalten sind. Demnach handelte es sich um ein verzogenes Rechteck von über 100 x 200 m, das durch massive fächerartige (oder D-förmige?) Ecktürme sowie flankierfähige, weit vorstehende Rechtecktürme beschützt war. Bereits 986 wurde die militärische Funktion dieser Doppelanlage aufgegeben.

KAISER BASILEIOS II. (976–1025)

Basileios II. schob die levantinischen Grenzen nach Osten bis ins strategisch bedeutsame Orontes-Gebirge vor, wo er eine ganze Reihe von großteils neuen Befestigungen errichten ließ.[18] In bewährter Tradition gab es offenbar jeweils ein großes ummauertes Areal sowie im Zentrum ein kleines Kernkastell. Während die weiträumigen Mauern sich polygonal den meist steilen Felshängen anpassten und Türme in unterschiedlichster Form und Stärke an den gefährdeten Positionen lagen, suchte man bei den Kernbauten trotz widriger topographischer Umstände eine möglichst konsequente Rechtwinkeligkeit.

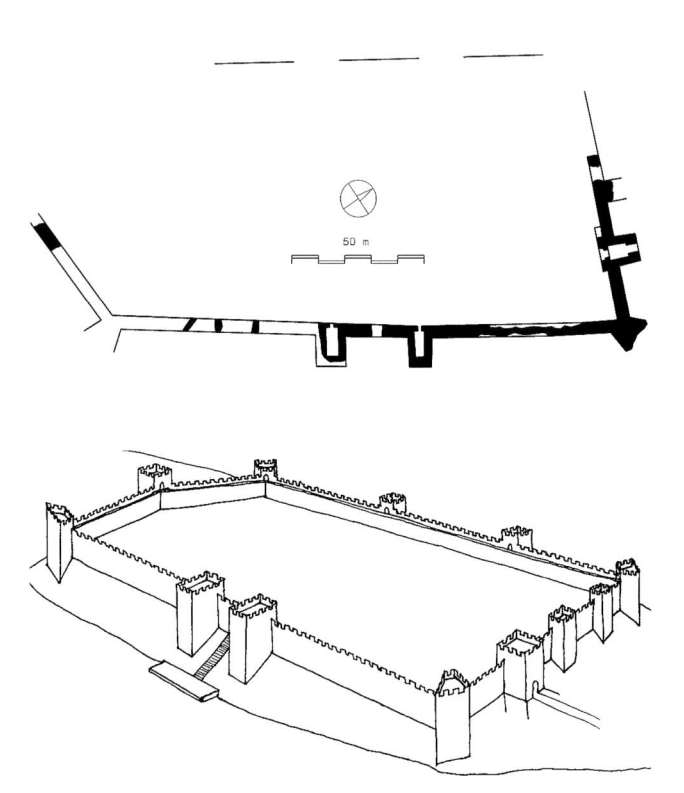

Abb. 7–8 | Păcuiul lui Soare, Rumänien, Inselkastell, nach 971

Die um 1000 angelegte Festung Masyaf erhielt innerhalb ihres etwa 130 m großen ovalen Hauptberings am zentralen Gipfel (über älteren Resten aus 975?) ein Kernfort von nur 20 m Seitenlänge, dessen trapezförmiger Bering vier rechteckige Türme mit etwa 7 m Seitenlänge integrierte (Abb. 9–10). Ebenerdige Türen und zwei Hofeinbauten zeigen, dass dieses Kernwerk als fortifikatorische Einheit funktionierte und die Räume um einen engen Hof dicht genutzt waren. Vielleicht hatte man bei der Konzeption spätrömische bzw. justinianische Vierturmkastelle als Vorbilder vor Augen, passte sich aber in der Umsetzung flexibel bzw. improvisiert der Topographie an. Eventuell kannte man das Grundkonzept aber auch nur mehr aus überlieferten Texten und Traditionen und musste die Ausführung neu entwickeln. Bemerkenswert ist, dass es auch in der Hauptburg größere Gebäude gab, die als repräsentative Wohnsitze der Offiziere sowie mit ihren großen Sälen als Verwaltungszentren genutzt wurden und das Kernwerk offenbar diese Funktionen nicht hatte.

Einen näheren Einblick in die kurze aber intensive byzantinische Befestigungsgeschichte der Levante gibt die Felsenfestung Saone (Qal'at Salah ad-Din) (Abb. 11–12).[19] Am zentralen Gipfel dieser bereits zu Beginn über 600 m langen Anlage auf einem schmalen Felssporn zwischen tiefen Schluchten steht ein im Vergleich dazu winziges Kernwerk, das offenbar kurz nach der Eroberung des Gebietes 975 als einfaches verzogenes Mauergeviert von 20 x 25 m errichtet wurde.[20] Nach intensiven Kämpfen mit lokalen Araberfürsten, bei denen es auch zu Zerstörungen gekommen sein mag, wurde der Berg um 1000 deutlich stärker befestigt. In dieser Phase erhielt das Kernwerk eine Aufdoppelung sowie auf der geschützten Seite zwei weit vorstehende Türme, die den Eingang decken sollten.[21] Schon bald schien auch das nicht sicher genug. Das Kernwerk erhielt nun massive turmartige Eckpfeiler und feindseitig eine durchgehende Schildmauer, sodass dort Mauerstärken von 3,5 m entstanden. Innen hatte sich eine winzige Vierflügelanlage um einen 6 x 10 m großen Hof entwickelt. Auch die Vorburg erhielt eine massive Schildmauer mit turmartigen Mauerpfeilern gleicher Form. Dahinter entstanden zwei getrennte Areale. Die eigentliche, durch eine großräumige rechteckige Mauer geschützte Hauptburg war durch eine kleine Kirche sowie repräsentative Wohn- und Verwaltungsgebäude ausgezeichnet. Am schmalen, vorwiegend durch die Topographie gedeckten Spornauslauf gab es zudem eine größere halbzivile (Handwerker-) Siedlung, die ebenfalls über eine kleine Kirche verfügte.

Eine andere Variante gleichzeitiger Kernkastelle zeigt Burzaih (Bourzey), das 25 km östlich von Saone ebenfalls auf einem steilen Felsplateau des Orontes-Gebirges liegt (Abb. 13–14).[22] Auch diese großflächige Bergfestung hatte am Gipfel ein trapezförmiges Kernwerk von im Mittel 40 x 60 m Breite ohne

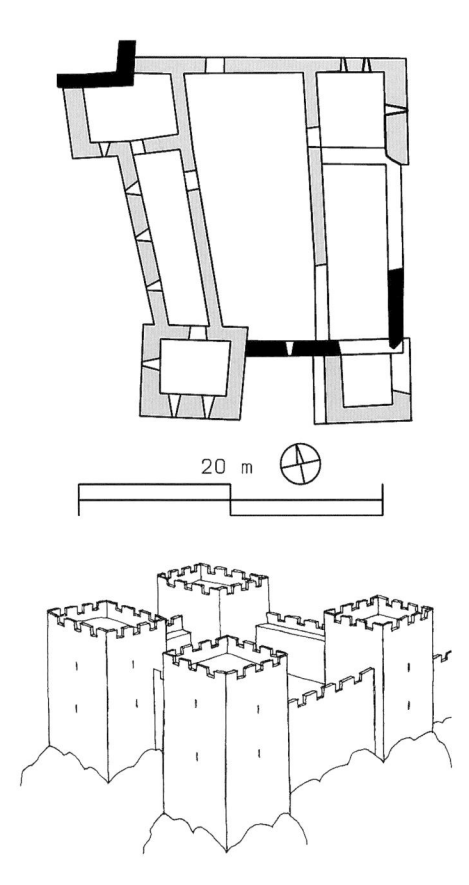

Abb. 9–10 | Masyaf, Syrien, Kernkastell, um 1000.

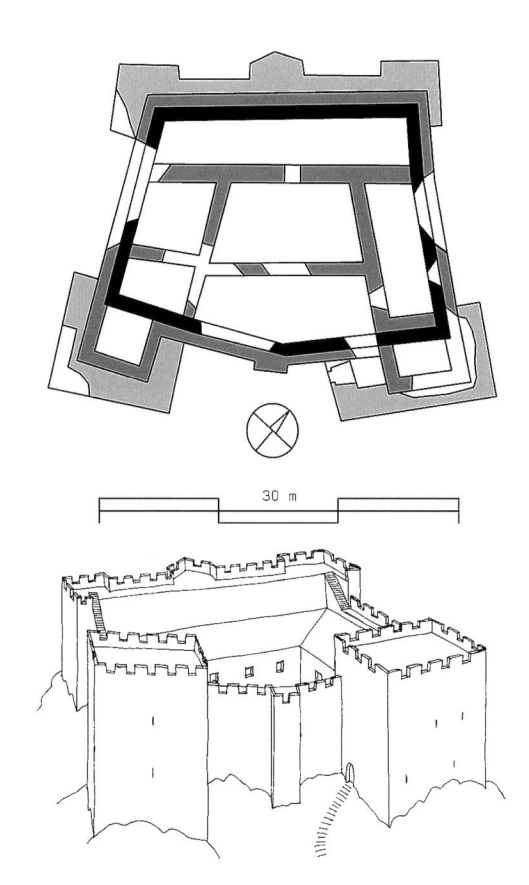

Abb. 11–12 | Saone, Syrien, nach 975 bzw. um 1000 und danach.

Türme. Die wohl ab 976 rasch errichtete Anlage wurde sofort wieder rigoros zerstört, sodass sie um 1000 weitgehend wieder aufgebaut werden musste. Dabei wurden an den Ecken winzige Türme von 5 bis 6 m Seitenlänge an- bzw. aufgesetzt, von denen zwei recht gut erhalten sind. Ein weiterer ist durch entsprechende Fundamente anzunehmen, die vierte Ecke im Nordosten fehlt heute völlig. Durch die baldige neuerliche Zerstörung und einen intensiven Wiederaufbau sind alle ursprünglichen Binnenstrukturen bis auf zwei kleine Zisternen verloren gegangen.

Weitere ähnliche Festungen hat es wohl in Aleppo, Harim, Balatunus und Šaizar (alle heute Syrien) gegeben, wo es jedoch nur mehr spärliche Reste von nicht zu identifizierenden Wehrbauten aus byzantinischer Zeit gibt. Insgesamt lässt sich feststellen, dass das schmale aber schwer zu durchdringende N-S orientierte Orontes-Gebirge eine willkommene natürliche Abgrenzung des byzantinischen Küstenstreifens zwischen Antiochia und Tripolis bot. Es wurden gleich nach der Amtsübernahme durch Basileios II. 976 systematisch Grenzfestungen angelegt, die nach einem kurzen Gegenschlag etwas improvisiert mit zahlreichen Türmen, mächtigen Wehrmauern sowie kastellförmigen Kernwerken aufgerüstet wurden. Zu Masyaf und Saone strukturell ähnlich findet sich auch in Europa mit

Mineralni Bani ein kleines Kastell, das durch den alten römischen Standort bislang nicht eindeutig datiert werden konnte, das aber nachweislich in byzantinischer Zeit benutzt wurde (Abb. 15).[23] Wahrscheinlich hat Byzanz auch hier ähnlich wie in der Levante kleine Grenzkastelle errichtet bzw. adaptiert. Daher sollten die lokalen bislang den Römern zugeordneten Kleinkastelle einer entsprechenden Neuanalyse unterzogen werden.

Im späten 10. bzw. frühen 11. Jahrhundert wurden überregional auch die vom Kaiser direkt geförderten Reichsklöster aufwändig befestigt. Dabei hielt man sich offenbar an ein striktes Schema mit rechteckigem Grundriss und in regelmäßigem Abstand vorstehenden Türmen. Durch die baldige Vergrößerung bzw. Überbauung haben sich diese frühen Anlagen nur selten erhalten. So kann etwa für Groß-Lavra in Griechenland nur hypothetisch eine trapezförmige Kastellanlage von etwa 80 x 130 m rekonstruiert werden.[24] Auch die rechteckige Anlage des Simeonsklosters in Ägypten aus dem späten 10. Jahrhundert ist durch mehrfache Verstärkungen mit ihren möglichen Ecktürmen nicht mehr sicher zu erfassen.

Dem entgegen konnten Forschungen am Vatopedi-Kloster nahe dem Berg Athos einen konsequenten rechteckigen Bering von etwa 53 x 130 m und 2 m Mauerstärke nachweisen (Abb.

KAISERREICH BYZANZ | 183

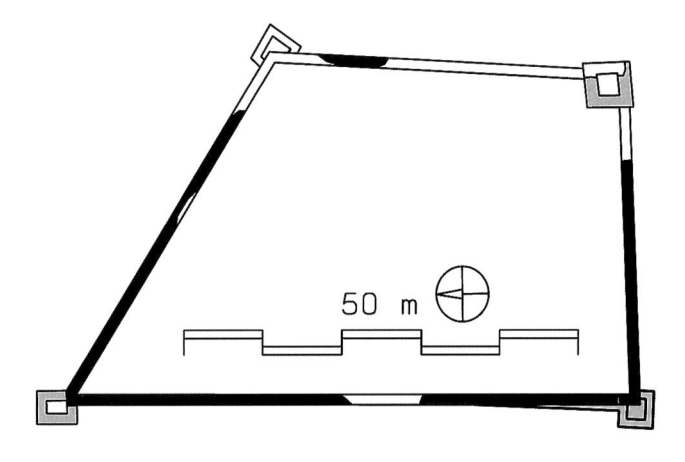

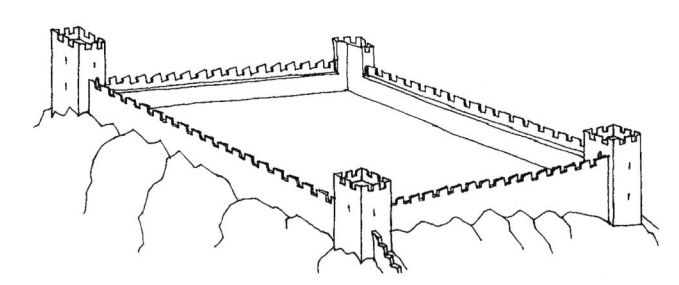

Abb. 13–14 | Burzaih, Syrien, Kernkastell, nach 975 und danach.

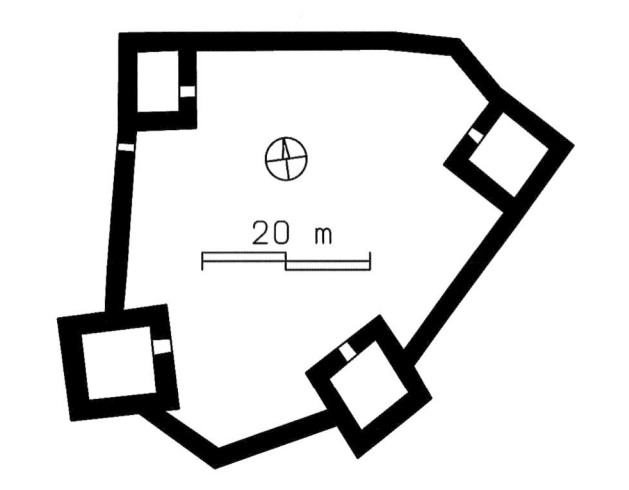

Abb. 15 | Mineralni Bani, Bulgarien, Kernkastell 10. Jh.?

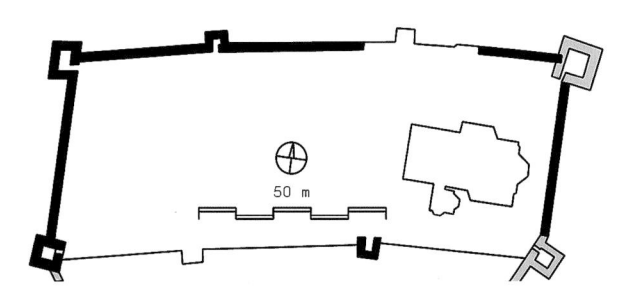

Abb. 16 | Vatopedi-Kloster, Griechenland, spätes 10. Jahrhundert

16) .[25] Die Türme wurden mehrfach verändert, es scheint jedoch klar, dass es an den Ecken 9–10 m breite weit vorstehende Türme gab, während die langen Mauern von knapp 6 m breiten Türmen flankiert waren. Sehr früh wurde das Areal nach Süden dreieckig erweitert und durch weitere Mauertürme sowie einen großen Hauptturm an der Spitze verstärkt.

Auffallend ähnlich war das Areal des Zigos-Klosters am Berg Athos umringt (Abb. 17).[26] Aufgrund des felsigen Geländes musste der polygonale Bering gebrochen werden, jedoch handelte es sich mit 45 x 95 m und 1 m Mauerstärken um eine vergleichbare rechteckige Anlage mit weit vorstehenden Eck- und Mauertürmen. Auch hier wurde bald die Nordseite dreieckig erweitert und mit einem dominanten Turm an der Spitze geschützt.

Weiter entwickelt scheint der Bering des K'rdzhali-Klosters in Bulgarien (Abb. 18).[27] Diese Anlage war seit dem 9. Jahrhundert genutzt, erhielt jedoch im frühen 11. Jahrhundert eine neue konsequente Befestigung, die ein wohl verzogen-quadratisches Areal von etwa 60 m breite mit 1,5 m Mauerstärken einfasste. An den Ecken dominierten 8 m breite weit vorstehende Türme, in den Mauermitten gab es etwas kleinere Zwischentürme.

Diese Klosterbefestigungen, die wohl direkt von Militärbaumeistern geplant bzw. ausgeführt wurden, belegen, dass um 1000 das Wissen um turmbewehrte klassische Kastellanlagen im byzantinischen Reich durchaus noch vorhanden war. Umso bezeichnender ist, dass aus dieser Zeit am Balkan keine großartigen Truppenkastelle bekannt sind, sondern fast nur klösterliche Befestigungen, wo vielleicht die alten Traditionen bewahrt werden konnten.

Die Situation verschärfte sich nach dem Tod von Basileios II. 1025, als man die Ausgaben für das Militär drastisch kürzte. Waren die durchaus zahlreichen Truppen bis dahin fast ausschließlich auf Kriegsschauplätzen aktiv, wurden sie nun samt der zentral organisierten Grenzkontrolle aufgelöst.[28] Stattdessen ermächtigte man die Grenzprovinzen, als privilegierte Herzogtümer eigene Einheiten aufzustellen, um lokale Konflikte selbstständig zu lösen. Archäologische Befunde belegen, dass am Donaulimes im 11. Jahrhundert noch zahlreiche Kastelle von Soldaten bewohnt waren, es handelte sich jedoch ausschließlich um alte spätantike bzw. frühbyzantinische Anlagen, die im Anlassfall renoviert bzw. sogar reduziert wurden. Parallel dazu suchte man politische Lösungen, um die benachbarten Volksgruppen als Partner und Puffer zu gewinnen. Das führte bald dazu, dass man breite Grenzräume an diese Völker abtrat, etwa die untere Donaufront.[29] Im Hinterland brachte man in den bedeutenden Städten zumindest kleine Truppen unter, die ein dichtes Netz militärischer Kontrolle ermöglichen sollten. Nach verheerenden Niederlagen mussten jedoch im späten

11. Jahrhundert große Gebiete des Balkans für immer an die stärker werdenden Nachbarn im Norden abgetreten werden. Auch in Süditalien hatte man in der 1. Hälfte des 11. Jahrhunderts versucht, die in großen Scharen ankommenden Normannen als Söldner in den Dienst zu nehmen, musste ihnen aber bereits 1039 eine eigenständige Grafschaft zubilligen.[30] Mitte des 11. Jahrhunderts hatten die Normannen fast ganz Apulien und Kalabrien erobert, 1071 konnte Byzanz mit der Einnahme von Bari schließlich ganz aus Italien verdrängt werden.

Dem entgegen dürfte es in der Levante an den Orontes-Festungen zu fortgesetzten intensiven Befestigungen gekommen sein, die unter Anpassung an das felsige Terrain zu zwiebelförmigen Mauerstaffelungen mit zahlreichen unterschiedlich ausgeprägten Türmen führten. So muss etwa Masyaf im 11. Jahrhundert fast pausenlos Baustelle gewesen sein. Auch Saone erhielt in byzantinischer Zeit feindseitig zumindest fünf Wehrmauern, die zudem jeweils noch möglichst innovativ um- und ausgebaut wurden. Die nur punktuell untersuchte Anlage von Saizar belegt ebenfalls eine turmreiche ausgeklügelte Festung. Die oftmals zerstörte und immer wieder aufgebaute Orontes-Festung Burzaih wurde jüngst intensiv erforscht (Abb. 19).[31] Dabei wurde festgestellt, dass die Byzantiner in der 1. Hälfte des 11. Jahrhunderts eine 180 x 280 m große Bergfestung angelegt haben, deren zahlreiche Türme je nach topographischer Erfordernis von einfachen pfeilerartigen Vorsprüngen bis hin zu mächtigen Einzelbollwerken reichen konnten.

Einen letzten Akt der Befestigung in der Levante dürfte die wohl byzantinische Neubefestigung des strategisch sehr bedeutenden Gebirgssporns von Harim im Orontesgebirge vor Aleppo gespielt haben (Abb. 20).[32] Das nach Norden fast senkrecht abfallende Felspult erforderte hangseitig eine halbkreisförmige Umwehrung, die mit einem Durchmesser von über 210 m und Mauerstärken bis 4 m sehr monumental verwirklicht wurde. In engem Abstand gab es vorstehende, teils massive Mauertürme, das Tor selbst war durch eine Doppelturmanlage geschützt. Die Mauern zeichnen sich durch sehr grobe Strukturen und die Verwendung von Spolien aus. Dennoch musste 1071 nach einer folgenreichen Niederlage bei Manzikert (heute Malazgirt) gegen die türkischen Seldschuken die Levante völlig aufgegeben werden, vielleicht war Harim zu diesem Zeitpunkt noch gar nicht fertig.

Die Schlacht führte zur Gefangennahme des byzantinischen Kaisers Romanos, weshalb der römische Papst Gregor VII. einen heiligen Krieg gegen die Muslime wünschte, diesen aber nicht durchsetzen konnte.[33] Im Jahr 1095 erreichte Papst Urban II. eine offizielle Bitte des byzantinischen Kaisers Alexios Komnenos um Unterstützung. Sein Aufruf mobilisierte zwar tatsächlich die europäischen Massen, jedoch waren das vor al-

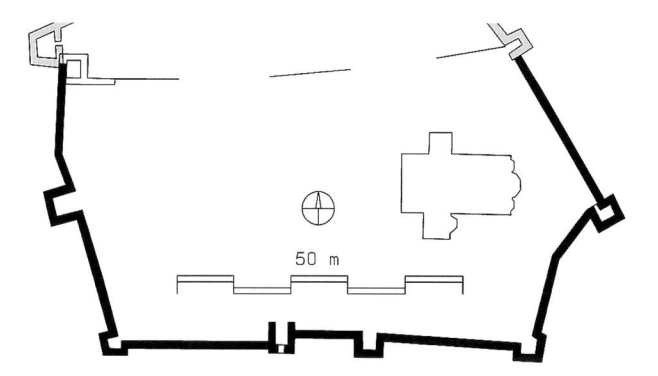

Abb. 17 | Zigos-Kloster, Griechenland, spätes 10. Jahrhundert

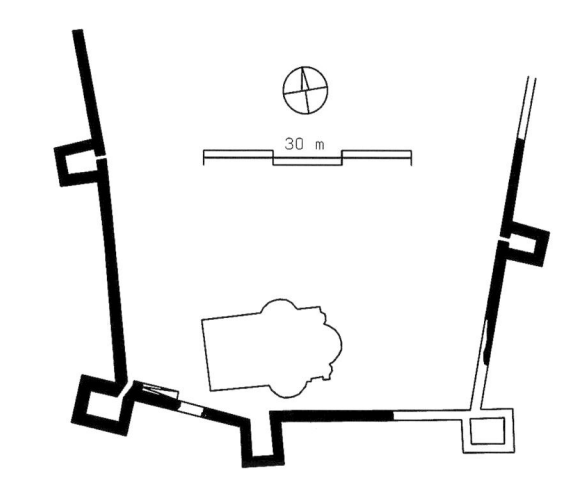

Abb. 18 | K'rdzhali-Kloster, Bulgarien, frühes 11. Jahrhundert

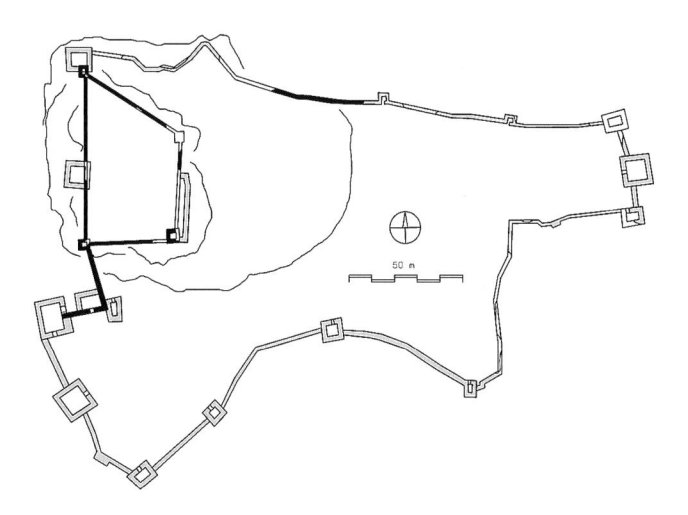

Abb. 19 | Burzaih, Syrien, Bauphasen bis Mitte 11. Jh.

lem abenteuerlustige religiöse Fanatiker und Pilger, aber nur wenige kampferprobte Adelige. So gelang es nur, die Muslime zurückzudrängen, jedoch nicht, das kleinasiatische Binnenland zu erobern. Hingegen zogen die europäischen Kreuzfahrer die Küste entlang und konnten aufgrund der innenpolitischen Zerrissenheit der Feinde sowie mit Hilfe der lokalen christlichen Armenier, Syrer und Kopten rasch den gesamten

KAISERREICH BYZANZ | 185

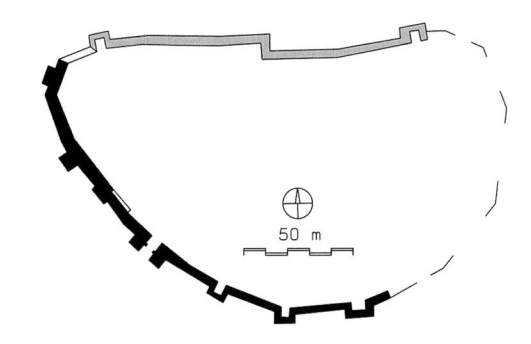

Abb. 20 | Qalaat Harim, Syrien, Kernanlage, 11. Jh.

Streifen bis Jerusalem und Jaffa erobern.³⁴ Im vorwiegend christlichen Galiläa konnte sich ein lothringischer Adeliger zum König von Jerusalem ausrufen lassen, während sich entlang der Küste relativ eigenständige Grafschaften etablierten. Sie alle erklärten sich von Byzanz unabhängig, dessen Einfluss auf die Levante daher für immer beendet blieb.

Dem entgegen bemühte sich Byzanz umso mehr, die anatolischen Provinzen zu halten (Abb. 21–22) . Diese wurden nicht nur durch die vorrückenden Seldschuken sondern auch durch die von ihnen bedrängten Armenier berannt. Als sichere Truppenbasen wurden daher um 1100 vom Admiral Eusthathios an der Küste mehrere Kastelle errichtet, allem voran bei Korykos eine Doppelfestung.³⁵ Die dortige Landburg sollte als Brückenkopf dienen, während auf einer nahen Insel ein kleineres Kastell entstand.³⁶

Beide Forts haben sich bis heute als Ruinen erhalten, wenngleich spätere Ausbauten des 12. bis 14. Jahrhunderts (Torturm, Zusatzzwinger und Turmverstärkungen) den Erstbau stark überprägen (Abb. 23). Es lässt sich jedoch nachvollziehen, dass beim Landkastell die verzogen-quadratische Festung zu den drei Inselfronten mit rechteckigen Eck- und Mitteltürmen gut befestigt war, während zum Meer ein einzelner massiver Mauerpfeiler ausreichend schien. Das erste Tor wird zwischen zwei weit vorstehenden Türmen im Osten gelegen haben. Unmittelbar nach dem Kernkastell entstand der äußere Bering, der nur beim Hafentor sowie zur Eingangsfront flankierfähige Türme aufwies. Die geräumige Innenfläche war offensichtlich weitgehend unbebaut und konnte so als Sammelplatz für Truppen dienen. Auch das Inselfort hatte auf drei Seiten einen kastellförmigen Grundriss mit rechteckigen Mauertürmen.³⁷ Tatsächlich gelang es durch die starken Festungen, breite Küstenzonen Anatoliens in byzantinischer Hand zu halten.

Im Landesinneren schloss Kaiser Johann II. (1118–43) an diese Festungspolitik an, indem er an neuralgischen Kreuzungspunkten ebenfalls befestigte Truppensammelplätze errichten ließ.³⁸ Diese waren nun offenbar konzertiert mit massiven Rundbastionen bzw. D-Türmen ausgestattet, die in engen Reihen die Mauern flankierten. So besaß etwa das im 2. Viertel des 12. Jahrhunderts neu gegründete Fort Lopadion 36 Halbrundtürme, das zeitgleiche Fort Pegai 24 Halbrundtürme, das im Jahr 1139 angelegte Achyraous auf 100 m Länge 5 D-Türme. Ähnliche Türme gab es in Laodikeia, Anaia und Aizanoi. Die Baupolitik schien so erfolgreich, dass man sogar an eine Rückgewinnung von Kilikien und Syrien dachte, die jedoch am Widerstand der dortigen Armenier und Kreuzfahrer scheiterte. Die kilikischen Armenier kannten ebenfalls die Konzeption der D-Türme, etwa bei den analogen Mauerturmreihen von Anavarza, das von 1138 bis 1184 ihre Hauptstadt war. Bald emanzipierten sich die D-Türme auf armenischen Burgen jedoch und wurden entweder als isolierte Haupttürme oder als deckende Bollwerke heterogen eingesetzt.

Inzwischen ging es an den Balkan-Grenzen wieder rapide bergab. Ungarn, Kumanen und Türken drängten ständig über die Donau und suchten sogar Allianzen mit den Normannen, um die dalmatische Küste zu besetzen.³⁹ Immer wieder gelangen der byzantinischen Armee erfolgreiche Konterattacken, doch forderten auch innere Aufstände in den Provinzen sämtliche Ressourcen. Erst Kaiser Manuel I. Comnenos (1143–1180) konnte mit langen Kämpfen die Nordgrenzen wieder weitgehend auf die Linien von Basileios II. zurück schieben und sie durch eine geordnete Grenzkontrolle stabilisieren. Aus dieser Zeit stammen zahlreiche Funde in Kastellen entlang der

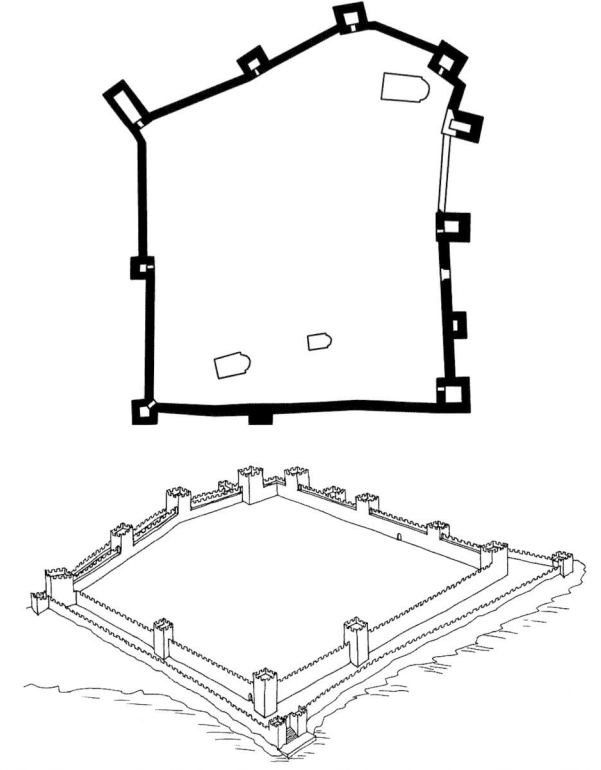

Abb. 21–22 | Kiz Kalesi (Korykos), Türkei, Landkastell, um 1100

KAISERREICH BYZANZ

Abb. 23 | Kiz Kalesi, Inselkastell (rechts alter Teil)

Donau, die einen Wiederaufbau belegen. Es handelte sich jedoch um rasche Instandsetzungsmaßnahmen, wo teilweise sogar Erdwälle anstatt fehlender Mauerteile genügen mussten. Lediglich in wenigen großen Grenzstädten entstanden neue Zitadellen.[40] So erhielt Braničevo neben der alten Festung im Jahr 1156 eine neue ca. 150 x 180 m große Wehranlage mit starken Eckbastionen. Auch in Belgrad wurde an einer Ecke des alten Lagers ein 60 x 136 m großes Fort mit rechteckigen Ecktürmen angelegt. Dennoch konnte damit die Grenze nicht befriedet werden, so kam es weiter zu ständigen Einfällen sowie zu Gegenschlägen durch die mobile Armee. In den Jahren 1180 bis 1185 wurden die Überfälle von Ungarn, Kumanen und Normannen schließlich so intensiv, dass der westliche und nördliche Balkan nachhaltig verloren ging. Es folgten serbische und bulgarische Rebellionen, ehe im Jahr 1204 der 4. europäische Kreuzzug mit der folgenreichen Eroberung und Beraubung Konstantinopels das byzantinische Imperium beendete und durch ein kurzzeitiges lateinisches Königreich unter venezianischem Einfluss ersetzte. Damit war das viele Jahrhunderte alte Imperium sehr rasch und unrühmlich gebrochen, seine Wehranlagen wurden jedoch ohne Pause von den neuen Machthabern weiter genutzt.

1 Rosser 2012, 2.
2 Ćurčić 2010, 249.
3 Zu den unterschiedlichen Datierungsansätzen vgl. Cameron 2008, 5.
4 Cameron 2008, 184.
5 Madgearu 2013, 13.
6 Ćurčić 2010, 268.
7 Das Wort wurde jedoch für sämtliche Arten von Verteidigungsbauten, vom kleinen Turm über militärische Festungen bis hin zu ummauerten Siedlungen verwendet und kann daher keinen Hinweis auf Typus und Nutzung geben.
8 Edwards 1987, 34.
9 Ćurčić 1997, 174 bzw. Ćurčić 2010, 613.
10 Die zahlreichen viereckigen Türme unterscheiden sich vom Bering und dürften erst im 13. und 14. Jahrhundert von den Bulgaren oder Ungarn an- bzw. aufgestellt worden sein.
11 Madgearu 2013, 53.
12 Cilento 2006, 76.
13 Cilento 2005, 76.
14 De Vita 2001, 126.
15 Madgearu 2013, 24.
16 Madgearu 2013, 35.
17 Madgearu 2013, 101 bzw. Stephenson 2004, 54.
18 Hasan 2008, 9.
19 Mesqui 2002.
20 Grandin 2008, 7.
21 Mesqui 2008, 359.
22 Michaudel 2008, 178.
23 Băjenaru 2010, 158.
24 Ćurčić 2010, 302.
25 Ćurčić 2010, 305.
26 Ćurčić 2010, 392.
27 Ćurčić 2010, 394.
28 Madgearu 2013, 122.
29 Madgearu 2013, 79. Damit finden sich bemerkenswerte Parallelen zu spätrömischen Versuchen, die gefährdeten Grenzen durch Pufferstaaten zu stabilisieren. Vgl. dazu Esders 2008, 5.
30 Cilento 2005, 152.
31 Michaudel 2008, 178.
32 Gelichi 2009, 227.
33 Borchardt 2008, 32.
34 Bis auf die stark befestigten Hafenstädte, die erst in den nächsten Jahren der Reihe nach gestürmt werden konnten.
35 Müller-Wiener 1966.
36 Hellenkemper 1097, 242.
37 Die vierte Seite wurde später polygonal und mit Rundtürmen erneuert.
38 Deluigi 2015, 63.
39 Madgearu 2013, 149.
40 Madgearu 2013, 155.

Kerak, Jordanien

DER VORDERE ORIENT ZUR ZEIT DER KREUZFAHRER

Das abbasidische Kalifat von Bagdad hatte im Frühmittelalter mit seiner ausgefeilten Militärstruktur zahlreiche ertragreiche Provinzen im vorderen Orient, in Asien und Nordafrika aufgebaut. Durch politische und religiöse Rebellionen sowie durch wachsende Autonomiebestrebungen schrumpfte das Imperium im 9. Jahrhundert deutlich, so gingen etwa die steuerlich wichtigen Regionen Afrikas und am Kaukasus verloren.[1] Dazu kamen steigende Überfälle aus dem muslimischen Arabien sowie aus Nordafrika, wo das Geschlecht der Fatimiden ganz Ägypten eroberte und kurz darauf nach Palästina und bis Damaskus vorstieß. Mit ihrer Ausrufung eines schiitischen Kalifats traten sie auch religiös in Konkurrenz zu den sunnitischen Kalifen in Bagdad. Nun ging auch das christliche Byzanz gegen das geschwächte islamische Reich vor, plünderte levantinische Regionen und besetzte Antiochia und Edessa. Als Antwort rekrutierten die Abbasiden zunehmend kriegerische Nomadenstämme, denen sie Grenzprovinzen zur Kontrolle aber auch Ausbeutung überließen. Diese Stämme behielten ihre unstete Lebensweise bei, vertrieben die Sesshaften und führten so zur Aufgabe einer ganzen Reihe einst bedeutender und blühender Städte sowie ihrer umgebenden Dörfer.

DAS ARMENISCHE KILIKIEN

Kurzfristig hatten die Abbasiden mit ihrer neuen Politik Erfolg. Dem angeheuerten nomadischen Geschlecht der Seldschuken gelang bei Manzikert 1071 ein entscheidender Sieg gegen die Byzantiner, in dessen Folge diese sich weit in den Westen sowie an die Küsten Anatoliens zurückzogen. Während die Muslime ins entstandene nördliche Machtvakuum nachströmten, konnten die aus dem Kaukasus weitgehend vertriebenen Armenier im Süden ein 1080 bis 1375 bestehendes meist eigenständiges Reich begründen, das kurzfristig neben der Hauptregion Kilikien auch die levantinischen Fürstentümer Antiochia und Edessa umfasste.[2]

Um das neue Gebiet nachhaltig zu sichern, begannen sie rasch ein intensives Festungsprogramm, das fast überall auf byzantinischen Grundlagen basieren konnte. Man konzentrierte sich auf natürlich bevorzugte Gipfellagen und baute sie geschickt zu kaum einnehmbaren Felsnestern aus. Reine Kastellanlagen entstanden daher im armenischen Kilikien nicht, jedoch sollte ihre charakteristische Rundturm-Bauweise vorbildhaft werden.[3] In der Levante dürfte etwa in der Burg Saone eine doppelte Mauersperre aus dem späten 11. Jahrhundert stammen, die durch eine konsequente Reihe von Halbrundtürmen sowie zwei versetzte Doppelturmtore charakterisiert war. Auch die Befestigungen von Antiochia und Edessa besitzen halbrunde Turmfolgen. Den Höhepunkt der neuen Festungen bildete sicher die Befestigung der kilikischen Hauptstadt Anavarza (Anavarza Kalesi, Türkei) mit ihrer Reihe von dominanten D-Türmen, die wohl ins mittlere 12. Jahrhundert zu datieren sind.[4]

Bereits im alten Stammgebiet Armenien hatte man im 9. und 10. Jahrhundert doppelte Mauerringe mit Reihen von halbrunden bzw. D-förmigen Türmen errichtet, etwa bei der Burg Maghasbert und der Hauptstadt Ani sowie an mehreren Klosterburgen, allem voran Achtala.[5] Kastellförmige Strukturen mit regelhafter Viereckform und Reihen flankierender Rundtürme finden sich dort an den Burgen Tignis, Malazgirt, Ahlat und Kotur (10./11. Jh.) sowie den Klöstern St. Thaddäus, St. Stephanus, St. Gerald, Howhannawank, Halpat und Zapbas, deren Datierung jedoch durch die zahlreichen Zerstörungen und Wiederaufbauten unklar ist.[6] Diese konsequente Bauform wird in der Forschung auf persischen Einfluss zurückgeführt, war Armenien doch lange Zeit von den Sasaniden abhängig.[7] Tatsächlich scheinen die armenische Mauertechnik, die Hängekuppelform, der Palastbau und der Schmuckdekor direkt von Persien ableitbar, zudem findet sich mit Tasch-Rabat auch ein klassischer sasanidischer Palast mit runden Ecktürmen auf armenischem Boden.[8] Erst als Armenien 1004–64 den Byzantinern unterstellt war, tauchten Rundtürme vermehrt im byzantinischen Festungsbau auf,[9] weshalb damals ein Wissenstransfer von Armenien nach Byzanz erfolgt sein könnte.[10] Unter dem byzantinischen Kaiser Johann II. (1118–43) sollten schließlich die massiven D-Türme in größere Verbreitung finden.[11] Da man aber ab dieser Zeit in starker Konkurrenz zu den neuen Kreuzfahrern stand, die Antiochia und Edessa für sich erobert hatten, gab es keinen direkten Wissenstransfer von Armenien in die Levante und runde Türme fanden dort für über 100 Jahre keine Anwendung.

DIE MUSLIMISCHEN SELDSCHUKEN

Mit der siegreichen Schlacht von Manzikert gegen Byzanz im Jahr 1071 betraten die Seldschuken als neue politische Kraft die Bühne der lokalen Geschichte.[12]

Sie waren erst im späten 10. Jahrhundert als Fürstenfamilie der ursprünglich kasachischen Turk-Nomaden zum Islam übergetreten und nach Persien eingewandert, wo sie bis ins mittlere 11. Jahrhundert die lokalen Fürsten verdrängt hatten und zur neuen Schutzmacht über das Abbasiden-Kalifat in Bagdad aufgestiegen waren. Ihr gemeinsames Ziel war die Wiederherstellung der sunnitischen Gesamtherrschaft über die muslimische Welt. Rasche Eroberungen in Vorderasien führten zur Gründung des mächtigen Reichs der Großseldschuken mit der neuen Hauptstadt Rey (nahe Teheran) und dem Titel Sultanat. Nach Manzikert setzte nun auch die Landnahme Anatoliens ein, bei der bis ins 13. Jahrhundert über eine Million Türken einwandern sollte.[13]

Das seldschukische Reich war ein Militärstaat mit einer professionellen turkstämmigen Reiterarmee und einer Verwaltungsstruktur in ostiranischer Tradition.[14] So wurde das Persische zur Hof- und Verwaltungssprache und auch das Hofzeremoniell und die Staatsbaukunst konnten direkt auf iranischen Grundlagen fußen.[15] Wesentlicher Teil der neuen Politik war (trotz der nomadischen Vorgeschichte) die Stärkung der Städte als politische und wirtschaftliche Träger der Herrschaft. In ihnen wurden daher konzertiert Befestigungen, Repräsentationsbauten und religiöse Zentren errichtet. Davon haben sich etwa in Antiochia, Mossul, Edessa und Aleppo bauliche Reste von Moscheen und Minaretten erhalten.

Ein gutes Beispiel für ihre Befestigungen bietet die Zitadelle von Damaskus, die heute von den gewaltigen Türmen des frühen 13. Jahrhunderts dominiert wird (Abb. 1). Parallel dazu konnte im Inneren jedoch ein zweiter Mauerring nachgewiesen werden, der auf der römischen Stadtmauerecke im Nordwesten sowie auf frühislamischen und byzantinischen Vorgängern fußen dürfte.[16] Unter den Seldschuken wurde diese Zitadelle erneuert und so ein 110 x 205 m großes reines Truppenlager von der Stadt abgetrennt. Zu allen vier Seiten mündeten höchst unterschiedliche Doppelturmtore, die sicher aus verschiedenen Zeiten stammten. Hingegen gelten die großen Vierecktürme an den Mauerkanten sowie in den Mauerfluchten als seldschukisch.

Inmitten der syrischen Wüsten liegt unweit des Euphrats das kleine Fort Qalaat Rahba, das noch kaum erforscht ist (Abb. 2).[17] Während der letzte Ausbau eindeutig ins 13. Jahrhundert datiert und die chronologisch unmittelbar älteren Phasen auf einen Wiederaufbau nach einem Erdbeben 1157 deuten, ist die Zeitstellung der Erstanlage noch völlig unklar. Die reinen Ziegelmauern zeigen persisch anmutende Muster, die zu frühislamischen und seldschukischen Beispielen passen, die Kastellstruktur mit den Rechtecktürmen deutet eher auf letztere. Die Konzeption ist an sich schon interessant: auf einem schmalen Plateausporn wurde ein fünfeckiger Bauplatz durch einen tiefen Graben abgetrennt und durch ein Polygon mit

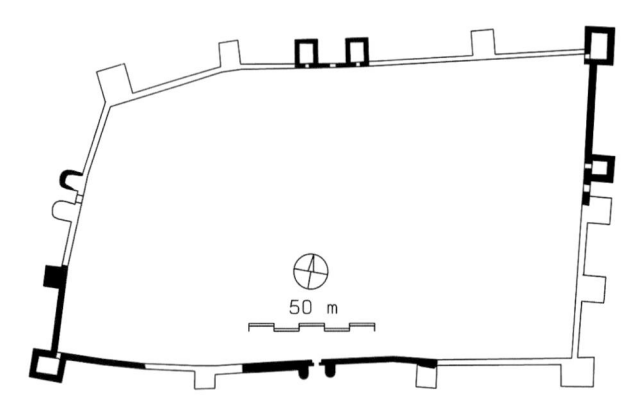

Abb. 1 | Damaskus, Syrien, Innere Zitadelle, Zustand um 1076–95

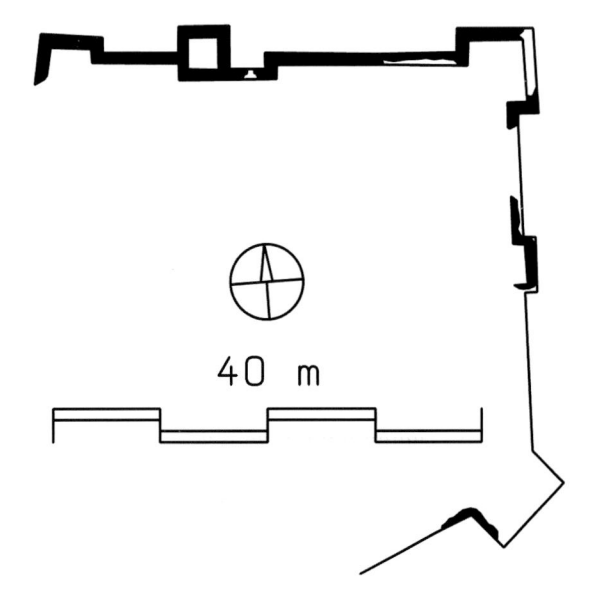

Abb. 2 | Qalaat Rahba, Syrien, Kernkastell, 11. Jh.?

Abb. 3 | Qalaat Rahba, Syrien, Nordbering

45 m Seitenlänge und 1 m Mauerstärken eingefasst. An den Ecken und in der Mitte gab es wohl geschlossene viereckige Türme, an der später erneuerten Angriffsseite wird sich dieses System fortgesetzt haben. An der nördlichen Talseite war das ursprüngliche kleine Tor in einer Mauernische gut geschützt. An zahlreichen weiteren Orten sind Reste von seldschukischen Befestigungen belegt, etwa in Kerak, Aleppo und Bosra, jedoch durch spätere Überbauungen kaum mehr im Ganzen zu fassen (Abb. 3).

Bereits im späten 11. Jahrhundert führten Niederlagen gegen die ägyptischen Fatimiden sowie innere Thronkämpfe zur Spaltung des Großreichs und zu raschen Verlusten der einzelnen autonomen Teilgebiete. Erst um 1130 gelang eine gewisse Konsolidierung durch die Wiedervereinigung der Westprovinzen. Im späten 12. Jahrhundert wurde der iranische Teil ausgelöscht, es folgten stufenweise Übernahmen in der Levante und bis ins späte 13. Jahrhundert hatten die Osmanen auch in Anatolien das Erbe vollständig angetreten.

DIE ERSTEN KREUZFAHRER

Bereits im 11. Jahrhundert hatten Pilgerfahrten aus Europa nach Jerusalem einen starken Aufschwung genommen, waren jedoch friedlich geblieben. Mit dem Aufruf von Papst Urban II. am 27. November 1095 zur Befreiung Jerusalems und der östlichen Christenheit änderte sich das schlagartig.[18] In mehreren Wellen brachen bis 1101 über 100.000 Menschen nach Jerusalem auf, darunter weniger als zehn Prozent Adelige. Die ersten Kreuzfahrer hatten nicht die Absicht, in Übersee zu bleiben, man wollte lediglich den Byzantinern helfen, Palästina zu befreien.[19] Als man aber merkte, dass der byzantinische Kaiser nur eine Entlastung für Anatolien gebraucht hatte, konzentrierten sich immer mehr europäische Hochadelige ge-

zielt darauf, mit ihrem Gefolge eine neue Heimat im Nahen Osten aufzubauen. So schwenkte etwa Graf Balduin von Boulogne 1097 nach Edessa ab, um eine eigenständige (nur 45 Jahre bestehende) Grafschaft aufzubauen. Antiochia wurde dem Normannen Bohemund von Tarent anvertraut, der jedoch im Jahr 1100 von den Seldschuken gefangen genommen wurde, sodass erst sein Neffe Tankred das Fürstentum Antiochia errichten konnte. Südlich davon entstand unter Raimund IV. von St. Gilles die Grafschaft Tripoli. Erst in Palästina, dessen Hauptstadt und Pilgerziel man 1099 einer kleinen ägyptischen Garnison entriss, begründete man das eigentliche Königreich Jerusalem mit seinen heiligen Pilgerstädten. Überall wurde sofort das europäische Feudalsystem mit adeliger Lehnspyramide und markenähnlichen Fürstentümern eingeführt, wobei feste Familienklans aus Westeuropa mit ihrem Gefolge das Grundgerüst bildeten.[20] Sie errichteten in den nächsten Jahrzehnten zahlreiche Burgen unterschiedlicher Größe und Form, vom kleinen Landgut über hochadelige Residenzen bis hin zu königlichen Großburgen, wobei man vor allem in den bestehenden Städten alte Wehranlagen weiternutzen konnte. Neben den neuen Burgen entstanden auch europäisch geprägte neue Ortschaften und Städte, die ebenfalls von kleinen befestigten Burgsiedlungen bis hin zu regel-

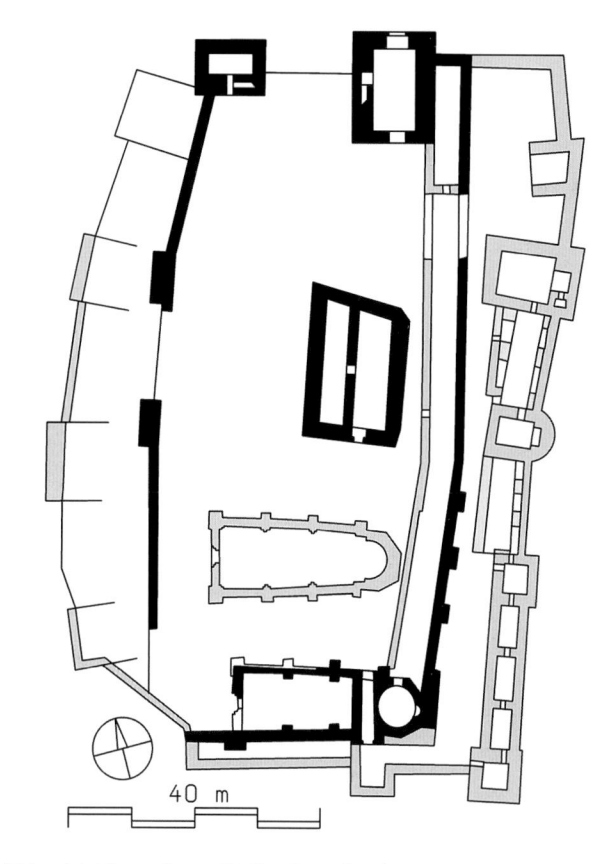

Abb. 4 | Montpélerin (Qal'at Sangil), Libanon, Erstphasen nach 1102 bis Mitte 12. Jh.

haften Gründungsanlagen reichten.²¹ Die lokale Fiskalverwaltung beruhte hingegen weiterhin auf den älteren Strukturen und inkludierte oft sogar die vorherigen byzantinischen bzw. muslimischen Amtsinhaber. Aufgrund der hohen Aufwendungen blieb man jedoch weitgehend von Europa abhängig. Das beste Beispiel für diese frühen Abhängigkeiten von lokalen und fremden Helfern ist die ab 1102 errichtete Burg Montpélerin, etwa 2 km oberhalb der damals noch muslimischen Hafenstadt Tripoli (Abb. 4).²² Der südfranzösische Graf Raimund von Toulouse war extra zum byzantinischen Kaiser gereist und in seine Dienste getreten, um Unterstützung für die Eroberung des Gebiets um Tripoli zu erhalten. Tatsächlich wies der Kaiser den Befehlshaber von Zypern an, beim Bau einer neuen Burg mitzuhelfen. Bei einem Ausfall aus Tripoli 1104 war die Burg noch in Bau und wurde ohne Hindernis samt zugehöriger neuer Siedlung niedergebrannt. Erst 1109 konnte sein Sohn Bertrand nach der Unterstellung unter das Königreich Jerusalem und mit dessen Hilfe Tripoli erobern und eine eigene Grafschaft einrichten.

Die Burg liegt auf einem sanften Hügel, der offenbar zuvor als muslimischer Friedhof gedient hat. So wurde als Unterbau der Kapellenapsis ein rundlicher Memorialbau des 11. Jahrhunderts benutzt. Trotz starker Überbauung im 13. und 14. Jahrhundert lassen sich auf dem ausgedehnten Areal noch wesentliche Teile der Erstphasen lokalisieren. Demnach wurde eine verzogen rechteckige Fläche von etwa 45 x 103 m durch möglichst konsequent lineare Mauern umgürtet. An der nördlichen Schmalseite errichtete man einen monumentalen (1170 in alten Maßen erneuerten?) Torturm von 13 x 17 m Ausmaß und 2,5 m Mauerstärken. An der benachbarten Nordwestecke entstand ein 8 x 11 m großer Eckturm mit 2 m Stärken. Die homogenen Längsseiten und die schmale Südseite wurden offenbar ausschließlich durch turmartige, kaum vortretende Mauerpfeiler strukturiert. Das grob blockige Mauerwerk passt ebenso zu anderen byzantinischen Bauten dieser Zeit wie die rechteckige Anlage mit den wenig vorspringenden Mauerpfeilern und den ausgeprägten Ecktürmen.

Zentral dürfte jedoch in den heutigen muslimischen Hausresten noch ein ebenfalls früher zweiteiliger Wohnturm stecken, der monumentale Ausmaße von 16 x 23 m aufwies. Solche Türme gab es in der Folge an Kreuzfahrerburgen oft, sie sind auf französische bzw. englische Vorbilder zurückzuführen, während es in der Levante keine älteren Vergleichsbeispiele gibt.

Im Süden lag innen parallel zum Bering die sekundär angestellte große Burgkapelle aus Quadermauerwerk und mit Baudetails des mittleren 12. Jahrhunderts. Um diese Kernburg führte ein zweiter Mauerring, der bereits von einer engen Reihe großer Rechtecktürme geprägt war. Große Schießkammern und sorgfältiges Quadermauerwerk mit Steinmetzzeichen indizieren, dass diese Phase deutlich später datiert, vielleicht in Zusammenhang mit verheerenden Erdbeben 1157 und 1170, wozu auch der offensichtliche Absturz der älteren Südwestecke passen würde.

Mit grenzenlosem Optimismus und Verkennung der eigenen Ressourcen erweiterte man die christliche Herrschaft zügig Richtung Süden, um kurzfristig bis zum Roten Meer durchzustoßen und einen Keil zwischen die muslimischen Nachbarn zu treiben.

Auch dort wurde sofort mit dem Burgenbau begonnen. Im heutigen Jordanien legte man ab 1115 unter König Balduin I. neben einer wichtigen Karawanenroute auf älteren antiken Resten die königliche Burg Montréal (Shobaq) an, die ähnlich wie Montpélerin, jedoch durch das rundliche Terrain in unregelmäßig-polygonaler Form konzipiert war.²³ Auch hier war der erste Bering durch kaum vorstehende turmartige Mauerpfeiler akzentuiert, lediglich die weit in den zentralen Hof stehende Kapelle bildete mit ihrem Chor einen rechteckigen Mauerturm. Auch hier wurde relativ bald mit einem zweiten

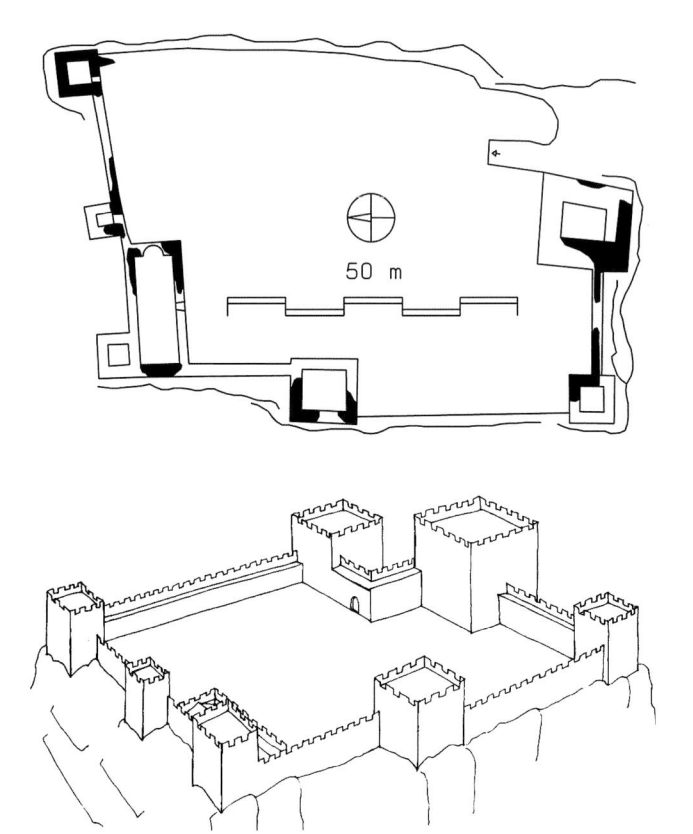

Abb. 5–6 | Li Vaux Moise (Wu'eira), Jordanien, nach 1127/31

Mauerring begonnen, der durch rechteckige und halbrunde Türme charakterisiert war.

Nach 1127 ließ König Balduin II. auf einem würfelförmig zerklüfteten Felsmassiv 2 km nordöstlich der antiken Stadt Petra eine weitere großformatige Befestigung namens Li Vaux Moise angelegen,[24] die heute aufgrund der enormen Felsverwitterung und der aufliegenden Schuttberge nur mehr in wenigen baulichen Resten zu fassen ist (Abb. 5–6).

Senkrechte Schluchten boten ideale Voraussetzungen für eine neue stadtähnliche Kreuzfahrersiedlung mit krönender Zitadelle. Durch künstliche Gräben konnte auf einer pultartigen Felsrippe ein etwa 60 x 90 m großes annähernd rechteckiges Areal isoliert werden, auf dem man ein geräumiges Kastell positionierte. Der bemerkenswert kompromisslos auf das zerklüftete Gelände gesetzte Bau zeigt an der südlichen Schmalseite Reste eines monumentalen zentralen Turms, dessen über 4 m starke Mauern einen verzogen-rechteckigen Bau von 15 m Seitenlänge vermuten lassen. Wahrscheinlich handelte es sich hier um den repräsentativen Hauptturm der Anlage. An drei Ecken sind weitere rechteckige Türme zu fassen, die bei Mauerstärken um 1,8 m etwa 7,5 m breit waren. Im Süden und Westen gab es in Beringmitte je einen weiteren Mauerturm, in der Nordwestecke lag die primäre Burgkapelle. Die Position des Tors ist mangels Erhaltung (bzw. Ergrabung) nur grob an der Südostecke zu erschließen, wo auch ein weiterer Eckturm als Flankenschutz zu vermuten ist. Das blockige Mauerwerk mit besser gearbeiteten Eckquadern passt ebenso in die frühe Entstehungszeit wie die einfachen Scharten und Gewölbe.

Wenige Jahre danach wurde ab 1142 in Kerak eine ebenfalls auf einer steilen Felsrippe gelegene alte Festung sorgfältig wieder aufgebaut (Abb. 7–8).[25] Hier gab es bereits in der Antike eine Stadt, die wohl unter den Seldschuken im 11. bzw. frühen 12. Jahrhundert neu befestigt worden war. Aus dieser Zeit sind heute nur mehr südlich der Kapelle längere Mauerzüge zu fassen. Auch die ersten Kreuzfahrerbauten sind nach ständigen Erneuerungen nur mehr in Resten bzw. Fundamenten zu lokalisieren. Demnach entstand unter dem königlichen Mundschenk Pagan eine 230 m lange aber ab der zentralen Kapelle nur 35 m breite verzogen-rechteckige Anlage. Zugangsseitig wurde der Felssporn durch einen tiefen Halsgraben geschützt. Dahinter gab es eine 90 m lange Sperrmauer, die durch zwei rechteckige, kaum vortretende Ecktürme mit 2 m Mauerstärke und 9 m Breite flankiert war. Weitere Abwehrbauten können hier am Felsrücken nicht ausgeschlossen werden. An der gegenüberliegenden Spornspitze dominierte offenbar ein monumentaler Wohnturm von 16 x 36 m französischen Typs. Von ihm haben sich nur massive Sockelfun-

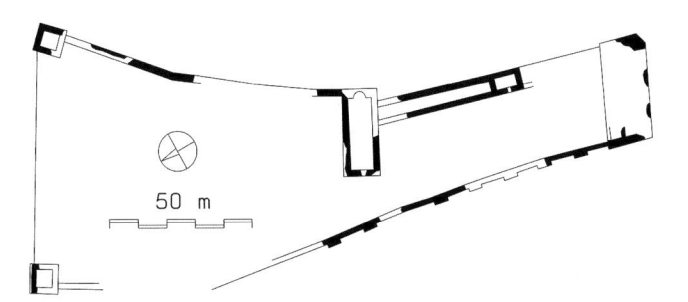

Abb. 7 | Kerak (Al-Karak), Jordanien, Kernanlage nach 1142.

Abb. 8 | Kerak (Al-Karak), Detail vom Westbering

damente erhalten. Die anschließende Westfront der Burg wurde durch eine konsequente Mauer mit regelmäßigen turmartigen Mauerpfeilern gebildet, in der wohl auch das Burgtor integriert war. In die nicht gegliederte Ostwand über dem steilsten Felshang war zentral die Apsis der weit in den Hof stehenden Burgkapelle integriert.

Neben diesen meist direkt der königlichen bzw. fürstlichen Verwaltung unterstellten Großburgen sind analog zum europäischen Feudalwesen hunderte Kleinadelssitze nachgewiesen, die je nach Bedeutung und Ressourcen stufenlos vom einfachen Gutshof bis zur repräsentativen Riesenanlage reichen konnten. So sind allein im Königreich Jerusalem 75 Turmburgen bekannt, die meist dem Kleinadel gehörten.[26] Dem entgegen besaß die geräumige Burg Toron, die König Balduin dem flämischen Ritter Hugo von Falkenberg übertrug,[27] im frühen 12. Jahrhundert bereits einen geräumigen Bering mit 12 ausgeprägten Mauertürmen, von denen einer als monumentaler Wohnturm westeuropäischer Tradition ausgebildet war.

EIN KÖNIGLICHES KASTELLBAUPROGRAMM

Trotz der raschen Eroberung der Küsten und der Pilgerzentren im frühen 12. Jahrhundert blieben in unmittelbarer Nachbarschaft starke muslimische Städte bestehen, von denen oftmals Überfälle gestartet wurden. Diese Stützpunkte mussten mit großen Kraftanstrengungen isoliert und einzeln erobert werden, was nur entlang der Küste mit Hilfe europäischer Flottenverbände gelang. So eroberte man 1110 mit den Genuesern gemeinsam Beirut und Sidon, 1124 folgte mit den Venezianern Tyrus.[28] Vorstöße ins östliche Landesinnere nach Aleppo, Homs, Damaskus und Mossul scheiterten jedoch ebenso wie entlang der Südküste nach Ascalon. Im Gegenteil, langsam formierte sich Widerstand unter den Muslimen, die ihrerseits eine Befreiung der heiligen Stadt Jerusalem verlangten. Indem sich das nördlich benachbarte Geschlecht der Zengiden als Amtsführer seldschukischer Prinzen diesem Heiligen Krieg verschrieb, konnten man zunächst 1127 Mossul und Aleppo vereinigen und 1137 Montferrand und 1144 Edessa erobern, um schließlich 1148 ein Christenheer vor Damaskus vernichtend zu schlagen. Keine Frage, die ausgedehnten Grenzen der christlichen Gebiete konnten nun nicht mehr allein durch wenige königliche Großburgen sowie durch ein einzelnes, zur Abwehr herumeilendes Heer geschützt werden. Es brauchte zu den aggressiv feindlichen Nachbarn zahlreiche lokale Stützpunkte, die zumindest kurzfristig Sicherheit boten.

Tatsächlich lässt sich an allen drei Landgrenzen des Königreichs der Versuch des Aufbaus eines solchen Systems mithilfe gleichartiger Kastelle nachvollziehen. Sie können in zwei unterschiedliche Gruppen geteilt werden, die durch massive turmartige Mauerpfeiler bzw. durch ausgeprägte Ecktürme charakterisiert sind und die offenbar parallel zueinander entstanden. Durch die auffällige konzeptuelle und bautechnische Verwandtschaft zu antiken Gegenbeispielen kann in dieser historisch so lange besiedelten Region nicht ausgeschlossen werden, dass manche dieser Anlagen römische oder byzantinische Grundmauern benutzten.

In der 2. Hälfte des 12. Jahrhunderts beschreibt Wilhelm von Tyre im Süden des Königreichs Jerusalem eine Gruppe von kleinen Kastellen, die unter König Amalrich I. um das bereits allseits isolierte muslimische Ascalon entstanden sei, um vor den ständigen räuberischen Überfällen zu schützen (Abb. 9).[29] Da diese Stadt 1153 eingenommen wurde, müssten die Anlagen davor datieren. Tatsächlich gibt es in dieser Grenzregion einige artgleiche Forts, die abgesehen von dieser Stadt wohl den gesamten schmalen Streifen zu den ägyptischen Fatimiden vom Mittelmeer bis zum Orontesgebirge sicher bewachen sollten. Wohl als Zentrum dieser Verteidigung hatte König Fulko an einer wichtigen Überlandstraße ca. 40 km südwestlich von Jerusalem im Jahr 1134 in den noch weitgehend aufrechten Ruinen eines spätantiken Kastells bzw. an einer Ecke der noch älteren Stadtbefestigung des ehemaligen Eleutheropolis die Grenzburg Bethgibelin gegründet (Abb. 10–11).[30] Neben der geopolitischen Lage war vor allem das Vorhandensein von mehreren Quellen strategisch bedeutend. Die erste Bauphase umfasste ein rechteckiges Areal von 125 x 170 m, dessen in West und Nord auf antiken Vorgängern sitzende Mauern an den Ecken durch die alten Polygontürme sowie dazwischen durch massive vortretende Mauerpfeiler flankiert waren. Das gänzlich neu errichtete Doppelturmtor war hakenförmig in den Bering integriert. Im Hof diente ein spätantikes massives Quadratkastell mit vorstehenden Ecktürmchen als sicheres Kernwerk,[31] während große Flächen für die Sammlung von

Abb. 9 | Kerngebiet des Königreichs Jerusalem mit Eintragung der im Text genannten kastellförmigen Burganlagen (Linien: heutige Grenzen)

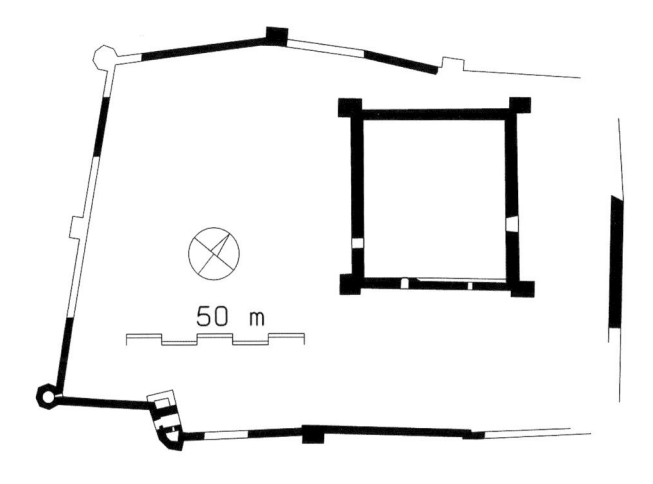

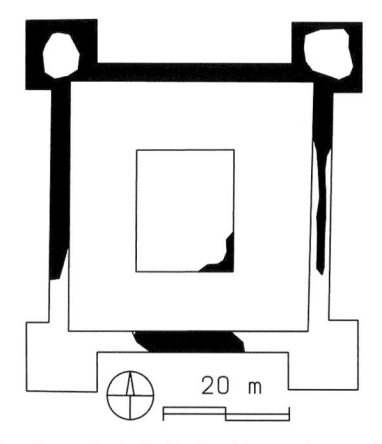

Abb. 12 | Blanchegarde (Tal al-Safiyah), Israel, Kastell, 1. H. 12. Jh.

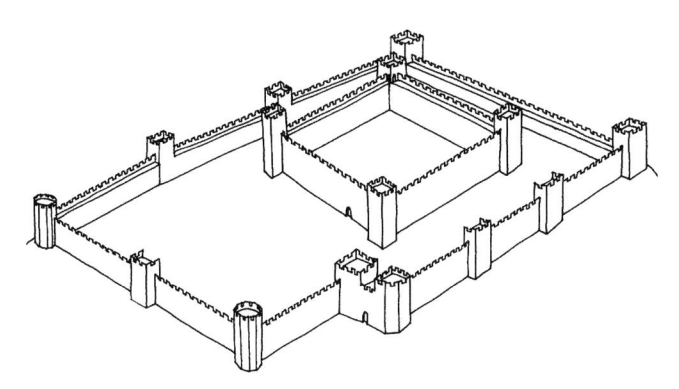

Abb. 10–11 | Bethgibelin (Beth Guvrin bzw. Gibelin), Israel, Hauptkastell, spätantik bzw. 1134-36

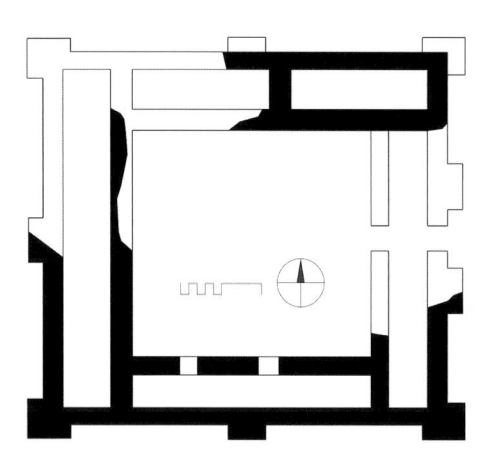

Abb. 13 | Baldwins castle (Burj Bardawil), Israel, Kernkastell, 1. H. 12. Jh.

Truppen unbebaut blieben. Bereits 1136 wurde die Burg dem Johanniterorden übertragen, der wesentliche Ausbauten vornehmen sollte.

Es folgten gemäß Wilhelm von Tyre in der Nähe heute nicht mehr erhaltene Kastelle in Daron (um 1140), Ibelin (1141), Blanchegarde (1142) und Gaza (1149). Wilhelm beschreibt Daron (al-Darum), 19 km südlich von Gaza an der Südgrenze des Königreichs, als klein, quadratisch und mit vier Türmen, wovon einer größer war als die anderen.[32]

Vom 1142 erstmals genannten Kastell Blanchegarde gibt es eine vage Beschreibung samt Skizze aus dem 19. Jahrhundert (Abb. 12).[33] Demnach dürfte es sich um eine rechteckige Anlage von etwa 44 m Breite gehandelt haben, die zumindest an zwei Seiten von vorstehenden Ecktürmen flankiert war. In der Mitte gab es vielleicht noch einen Turm unbekannter Zeitstellung. Weitere Angaben zu Mauerwerk, Turmräumen oder Tor sowie zur geschichtlichen Entwicklung fehlen, wahrscheinlich wurde das kleine Fort bald (nach der Eroberung Ascalons 1153?) wieder aufgegeben.

Das Kastell von Gaza wurde ähnlich wie Bethgibelin zunächst vom König gegründet und dann den Templern übergeben, die es 1187 räumen mussten, ehe es 1191 unter Sultan Saladin planmäßig abgetragen wurde. Ibelin lag 16 km nördlich von Ascalon an der Küste und wurde nach dessen Eroberung zum Zentrum einer kleinen adeligen Herrschaft.

Auch an der östlichen Grenze entstanden königliche Kastelle (Abb. 13). So lag etwa 32 km nördlich von Jerusalem das Fort Burj Bardawil, das auf König Balduin II. zurückgeführt und als kleines rechteckiges Grenzkastell rekonstruiert wird.[34] Die ebenfalls nur auf einer historischen Skizze überlieferte Anlage, die mehrfach ausgebaut worden sein dürfte, könnte zu Beginn aus einem 44 x 50 großen Kernwerk bestanden haben, das an den Ecken und den Mauermitten durch pfeilerartige Türme akzentuiert war. Nach Osten wird ein Doppelturmtor vermutet. Im Inneren deutet die Skizze auf umlaufende Trakte. Sollte diese Anlage tatsächlich noch vor der Mitte des 12. Jahrhunderts entstanden sein, wäre sie eine der frühesten Kastelle mit konsequent umlaufenden Binnentrakten.

Bemerkenswert ähnlich war die Erstanlage von Arima aufgebaut (Abb. 14–15). Die heute stark verfallene Burg liegt auf einem schmalen, weithin sichtbaren Felssporn 170 m über der Küstenebene von Syrien und besteht aus einem lang gestreck-

DER VORDERE ORIENT ZUR ZEIT DER KREUZFAHRER | 195

ten befestigten Areal, dessen Spornabschluss durch ein kleines Kernkastell gebildet wird.[35] Dieser Bereich, der teilweise nur mehr im Sockel erkennbar ist, besteht offensichtlich aus zwei Bauphasen. Die ältere, die durch dunkles Großquadermauerwerk ausgezeichnet ist, zeigt ein rechteckiges Geviert, dessen zur Eingangsfront 3,5 m starke Mauern an den Ecken und einst wohl auch konsequent in den Mauermitten durch turmartige massive Pfeilervorsprünge unbekannter Höhe gegliedert waren. Das Tor war durch einen weit vorstehenden Turm flankiert. Im Süden war im Hof ein primärer Bau angestellt, der ebenerdig ein durchgehendes schweres Spitztonnengewölbe aufwies und wie der Turm sägeartig verzahnte Keilsteine zeigt. Aufgrund der konsequenten Kastellstruktur kann diese Burg wohl als einst symmetrisches Rechteck mit etwa 43 x 70 m Größe und allseits turmartigen Eckpfeilern sowie mittigen Mauertürmen rekonstruiert werden. Die Schmalheit ist durch das enge Gratgelände bedingt, dem trotzdem ein fast orthogonales Burgareal aufgesetzt wurde.

Während die zweite Phase wohl nach einer Zerstörung 1171 datiert, ist die Entstehung der Erstburg offen.[36] Sie war jedenfalls 1148 in Besitz der Grafen von Tripoli, als die Seldschuken sie in Absprache mit einem verfeindeten Kreuzfahrer eroberten und die Besatzung großteils ermordeten. (Abb. 16)

Exakt an der Ostgrenze des Königreichs liegt südlich des Sees Genezareth die Stadtzitadelle von Bet Shean, die heute durch

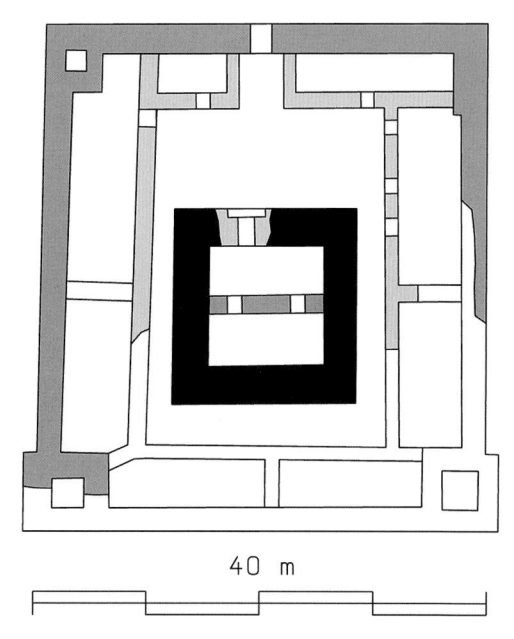

Abb. 16 | Bet Shean (Baysan, Bet Sche'an), Israel, Kernkastell, M. 12. Jh.?

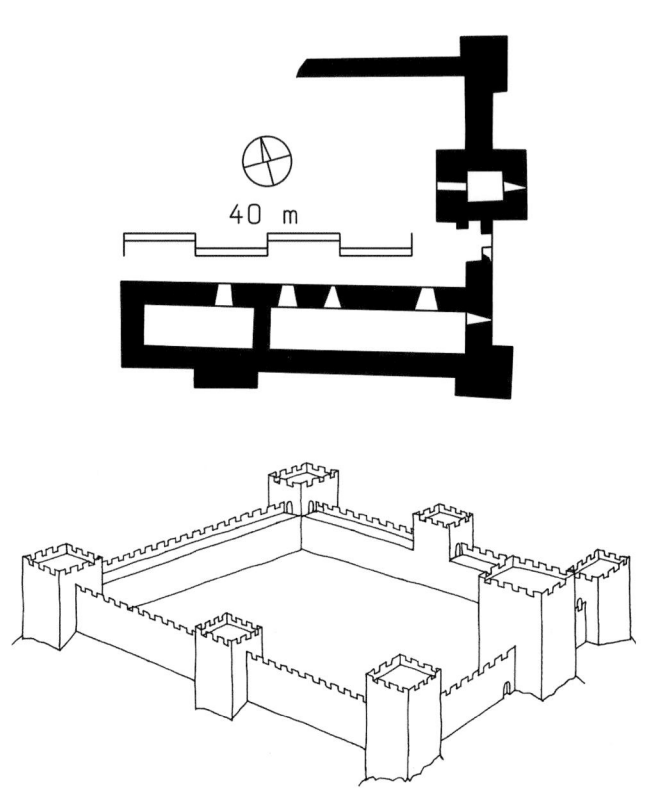

Abb. 14–15 | Arima, Syrien, Kernkastell, vor 1148

die spätere Überbauung kaum noch zu erfassen ist. Sie steht auf einem uralten Siedlungshügel, der Funde von der Frühantike bis in byzantinische Zeit aufweist. In der Mitte dominiert ein zweiteiliger Wohnturm, dessen Sockel aus großformatigem Buckelquadermauerwerk in weißem Kalkmarmor vielleicht noch in byzantinische Zeit zurück reicht. Sekundär sitzt ein dünnerer Aufbau aus dunklen groben Basaltblöcken auf, die mittelalterliche Rundbögen integrieren. Als dritte Phase wurde ebenerdig ein Spitzbogenportal eingebrochen.

Dieser Turm wird von einem Kastell umgeben, das wie der Turmaufsatz aus groben dunklen Basaltblöcken gefügt ist und zahlreiche Spolien integriert. Demnach handelte es sich um eine homogene 40 x 44 m große Anlage mit zumindest drei kaum vortretenden Ecktürmen und Mauerstärken von 2,5 bzw. 2 m an den Türmen. Im Nordosten könnte ein Mauerpfeiler auf einen vierten ehemals dort innen angelegten Turm deuten. Die Innenbebauung mit randständigen Trakten ist nicht näher erforscht, mag aber erst später entstanden sein, da sie offenbar diesen Turm ersetzt und im Süden schräg an einen Eckturm anschließt. Mangels Datierung durch Quellen wird vermutet, dass dieses Fort im frühen 12. Jahrhundert angelegt worden sei.[37]

Etwa in der Mitte der Ostgrenze des Königreichs lag der See Genezareth (Abb. 17–18). Dort wurde 1099 am Westufer die alte römisch-byzantinische Hafenstadt Tiberias von Gottfried von Bouillon kampflos übernommen und Tankred als Hauptstadt des neuen Fürstentums Galiläa übertragen.[38] Ohne Quellen wird vermutet, dass bereits Tankred oder seine unmittelbaren Nachfolger an der Nordecke der antiken Stadtmauer zum See

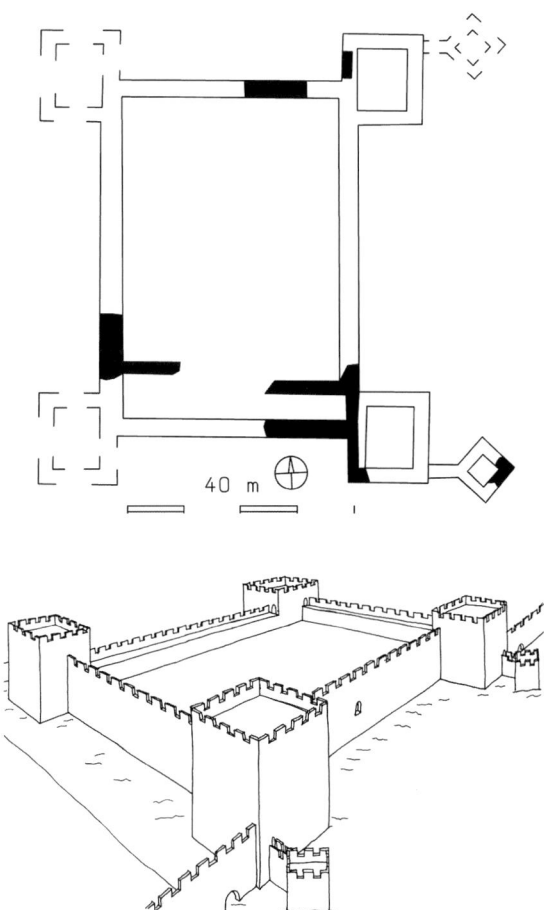

Abb. 17–18 | Tiberias, Israel, Kastell, 1. H. 12. Jh.

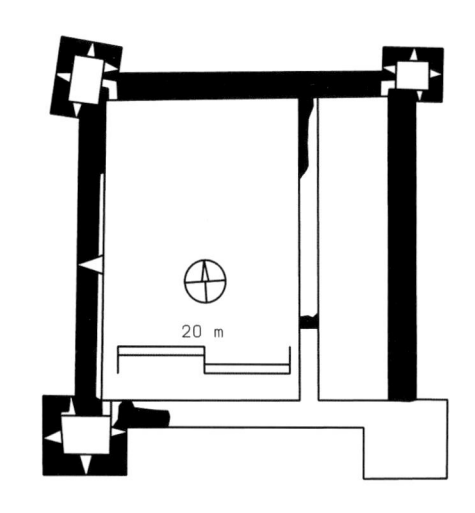

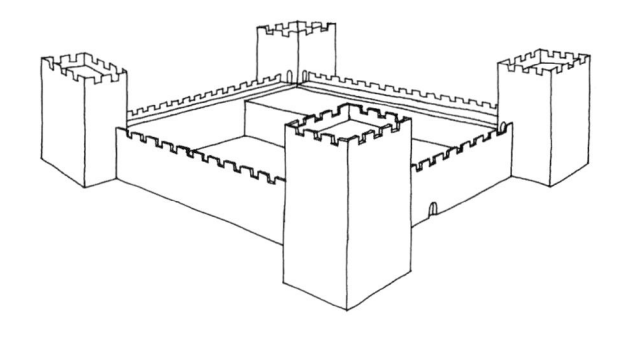

Abb. 19–20 | Castellum Regis (Mi'ilya), Israel, Kastell, 1. H. 12. Jh.

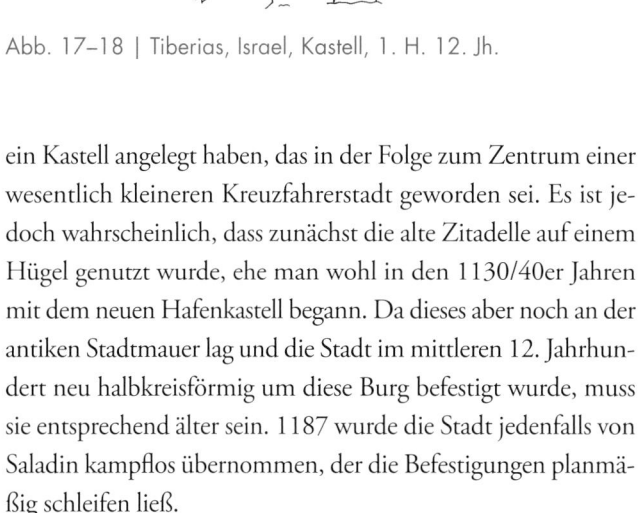

ein Kastell angelegt haben, das in der Folge zum Zentrum einer wesentlich kleineren Kreuzfahrerstadt geworden sei. Es ist jedoch wahrscheinlich, dass zunächst die alte Zitadelle auf einem Hügel genutzt wurde, ehe man wohl in den 1130/40er Jahren mit dem neuen Hafenkastell begann. Da dieses aber noch an der antiken Stadtmauer lag und die Stadt im mittleren 12. Jahrhundert neu halbkreisförmig um diese Burg befestigt wurde, muss sie entsprechend älter sein. 1187 wurde die Stadt jedenfalls von Saladin kampflos übernommen, der die Befestigungen planmäßig schleifen ließ.

Punktuelle archäologische Ausgrabungen weisen eine 45 x 61 m große rechteckige Wehranlage unmittelbar an der nördlichen Stadtbefestigung nach, die etwa 3 m starken Mittelmauern, bis 2,5 m starke Turmmauern und tiefe Wassergräben erlauben die Rekonstruktion eines konsequenten Kastells mit vier weit vorstehenden Ecktürmen und zwei kleinen Hafentürmen. Im Inneren deuten sich im Süden und Westen parallele Fundamente von Hofeinbauten an, im Norden wurde ein breites Tor mit Fallgatterrille entdeckt. Das Mauerwerk besteht allgemein aus Quadern bzw. flachen Buckelquadern, die eine Vielzahl von antiken Spolien integrieren.

Etwas anders war das in der Mitte der Nordgrenze des Königreichs gelegene Castellum Regis gestaltet, für das es ab 1160 Nennungen gibt, das aber aufgrund des Namens ebenfalls König Balduin II. zugeordnet wird (Abb. 19–20).[39] Mit einer Fläche von 39 x 40 m, Mauerstärken bis 3 m, Quadermauern mit Eckbuckelquadern und an den vier Ecken weit vorstehenden Recktürmen wirkt diese Anlage wie ein Zwilling des spätrömischen Limeskastells Ksar Lemsa in Tunesien (um 600).

Nördlich außerhalb des Königreichs lag in der Grafschaft Tripoli die Hafenstadt Giblet (Abb. 21–22).[40] Sie war bereits 1102 von Raymond von St. Gilles erobert und der Genueser Adelsfamilie Embriacos als königliches Lehen übergeben worden. An der südlichen Landecke der älteren Stadtbefestigung, die durch einen Rechteckturm geschützt war, wurde zu unbekannter Zeit außen eine allseits vorstehende Zitadelle angestellt.[41] Dort entstand auf einer verzogen rechteckigen Fläche von etwa 43 x 46 m ein klassisches Kastell mit starken geschlossenen Mauern und kleinen, weit vortretenden Ecktürmen. An der stadtseitigen Mauer wurde durch die Einbeziehung des älteren Turms sowie durch den beidseitig über die Stadtmauer ragenden gestreckten Nordwestturm eine Dop-

DER VORDERE ORIENT ZUR ZEIT DER KREUZFAHRER

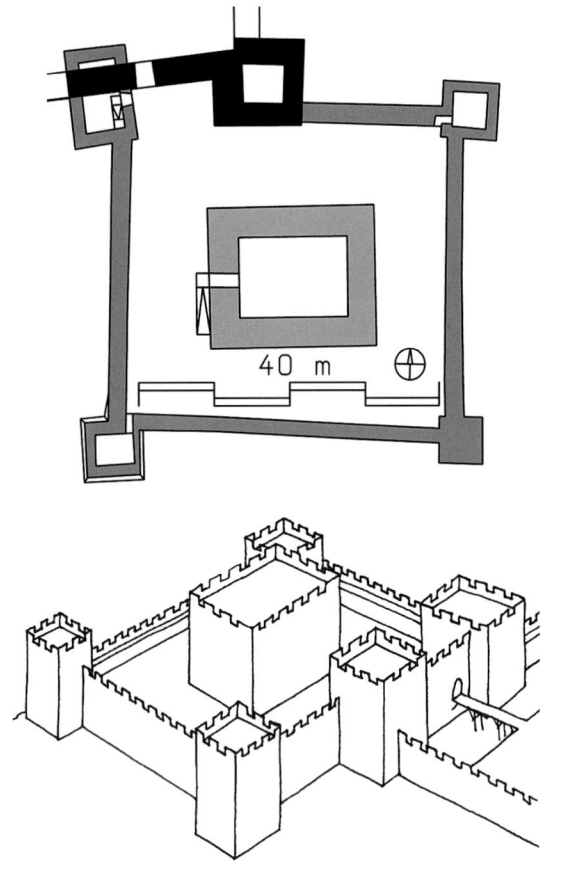

Abb. 21–22 | Giblet (Jubayl, Byblos), Libanon, Kastell, vor 1109 und Mitte 12. Jh.?

pelturmtoranlage geschaffen, die aber nicht flankierend ausgeprägt war. Ein tiefer Felsgraben umgürtete das Kastell allseitig. Das Großquadermauerwerk zeigt intensiven Einsatz von antiken Spolien, deren charakteristische Säulenschäfte als dichte Armierung eingebunden wurden. Gänzlich ohne Spolien kommt der zentrale Wohnturm aus, dessen monumentale Maße von 18 x 22 m und 4 m Mauerstärken an westeuropäische Vorbilder anschließen. Wegen seiner fortschrittlich anmutenden Spitzbogendetails und Gewölbe sowie mit seinem flachen Buckelquadermauerwerk dürfte er um die Mitte des 12. Jahrhunderts datieren. Größere Reparaturen und Umbauten werden als Wiederaufbau nach einem lokalen Erdbeben 1157 interpretiert.[42]

DER TEMPLERORDEN

Kurz nach einem Massaker vor Antiochia 1119, bei dem eine große Pilgergruppe auf dem „Ager Sanguinis" von Muslimen ermordet worden war,[43] schlossen sich im Land sesshaft gewordene adelige Kreuzfahrer nach dem Vorbild europäischer Mönchsorden zu einem neuartigen Ritterorden zusammen, um die scharenweise durchs Land ziehenden Pilger zu beschützen.[44] Das geschah unter direkter Förderung des Königs, der ihnen auch einen Teil des namengebenden Tempelbergs als Unterkunft sowie einige Dörfer zum Unterhalt übergab.[45] Es folgten rasch weitere Schenkungen sowie Werbefahrten nach Europa, um neue Mitglieder und vor allem die Anerkennung als Orden zu erwirken. Unter Fürsprache und nach einer eigens entworfenen Regel des Bernhard von Clairvaux erfolgte schließlich 1129 die Bestätigung durch den Papst, als man längst großen Rückhalt in der Bevölkerung erlangt hatte. Demnach waren die Ordensritter dem Papst und dem König gegenüber zu Gehorsam und Schutz verpflichtet und hatten in Armut und Keuschheit in einer fest geregelten Klostergemeinschaft zu leben. So verwundert es nicht, dass der Hauptsitz am Tempelberg mit seinem zentralen Kreuzgang, der großen Kirche und den Konventgebäuden eher einem klassischen Kloster glich, als einer Burg.

Die beiden ältesten reinen Templerburgen Gaston (Bagras) und Trapedak (Darbsak) wurden später stark erneuert, sodass ihre ursprüngliche Konzeption nicht bekannt ist. Auch die übrigen frühen Templerbauten sind so stark verändert, dass es keine zusammenhängenden Mauerzüge mehr gibt.

An dieser Stelle muss daher ein Querbezug zur iberischen Halbinsel gezogen werden, wo es noch einige frühe Templerburgen gibt. Dort lag im Hochmittelalter die zweite umkämpfte Grenze zur muslimischen Welt, die allerdings durch stetige Landgewinne der christlichen „Reconquista" nicht statisch war. Um 1130 etablierte sich hier in einigen der noch kleinen Grenzherrschaften neben anderen lokalen Ritterorden auch der Templerorden. Er erhielt etwa im Königreich Portugal, das gerade aus zwei Grafschaften von Kastilien-León entstanden war, umfangreichen königlichen Besitz und konnte auf Ruinen antiker sowie muslimischer Bauten einige Festungen anlegen.

So wurde den Templern über der Stadt Pombal 1128 eine alte Befestigung übertragen, die man um 1150 grundlegend erneuerte (Abb. 23).[46] Aus dieser Zeit stammt der geländebedingt verzogen-trapezförmige Bering mit Ausmaßen von etwa

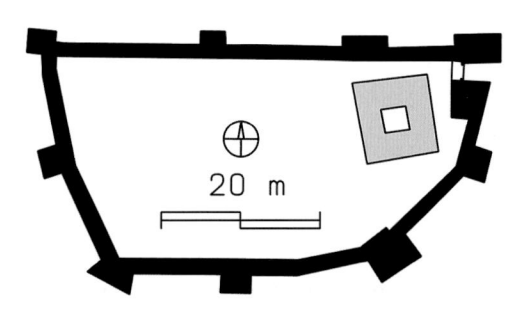

Abb. 23 | Pombal, Kernkastell, Portugal, Mitte 12. (schwarz) und um 1170 (grau)

28 x 55 m und mit im unteren Bereich massiven pfeilerartigen Flankierungstürmen. Das eingerückte Tor wird durch zwei zangenartige Turmpfeiler geschützt, die eine schmale Gasse bilden. Im Inneren deuten Balkenauflager und Belichtungsöffnungen auf einst rundum angesetzte Gebäude. Das sorgfältig gefügte quaderhafte Mauerwerk unterscheidet sich deutlich vom um 1170 datierten Bergfried, der demnach erst sekundär hinter das Tor gesetzt wurde.

Auch im benachbarten aragónesischen Königreich entstanden im mittleren 12. Jahrhundert einige Templerburgen, die meist ältere Befestigungen nutzten (Abb. 24). Als ein Höhepunkt gilt die katalanische Festung Miravet, die auf einem steilen Felsen über dem Ebro thront.[47] 1153 erhielten die Templer die dort befindliche Araberfestung, die gemäß archäologischem Befund bereits ein rechteckiges Kastell mit regelmäßig vorstehenden Flankentürmen und randständigen Gebäuden umfasste. Diese etwas kleinere Anlage wurde bald durch eine neue ersetzt, deren verzogen-rechteckiger Grundriss im Westen die alten Fundamente nutzte. Es entstand eine dreiteilige Festung mit dominantem 30 x 40 m großem Kernwerk am höchsten Felspunkt. Seine westliche Angriffsseite wurde als 2,8 m starke Schildmauer mit drei massiven pfeilerartigen Mauertürmen ausgebildet. Deutlich niedriger und schwächer schließt beidseitig der Bering an, dessen östliche Ecken durch größere Türme mit Innenräumen besetzt waren. Im Hof entstand in der Folge in mehreren Etappen wohl eine umlaufende Randbebauung, von der sich noch Küche, Refektorium und Keller sowie im Obergeschoß, Komturei, Tresorraum und Kapelle erhalten haben.

Beide iberische Burgen erinnern mit ihren massiven Mauern, den kastellartigen Grundrissen und den pfeilerartigen Türmen an den zeitgleichen Festungsbau in der Levante. Damit unterscheiden sie sich durchaus vom zeitgenössischen Wehrbau der Reconquista, weshalb von direkten Nachbauten levantinischer Kreuzfahrerburgen ausgegangen werden kann.

Deutlich später datiert in Palästina die noch heute weitgehend aufrechte Hauptburg der Templer in Tartus, die wie die weniger gut erhaltene Schwesterburg Safita erst im späten 12. Jahrhundert ihre heutige Gestalt erhielt (Abb. 25). An einem neuralgischen Schnittpunkt der Grafschaften Tripoli und Antiochia gelegen, war die alte Hafenstadt Tortosa, die bereits im 10. und 11. Jahrhundert als wohlbefestigt beschrieben war,[48] von den frühen Kreuzfahrern als strategischer Verwaltungs- und Bischofssitz adaptiert worden. Nach einer Zerstörung bei einem muslimischen Überfall 1152 veranlasste der Bischof die Übergabe des nördlichen Stadtviertels an die Templer mit der Auflage, eine neue Burg zum Schutz für die Stadt zu errichten. Mit einem Waffenstillstand 1155 wird dieser Bau begonnen worden sein, der bereits 1188 einem Ansturm Saladins wider-

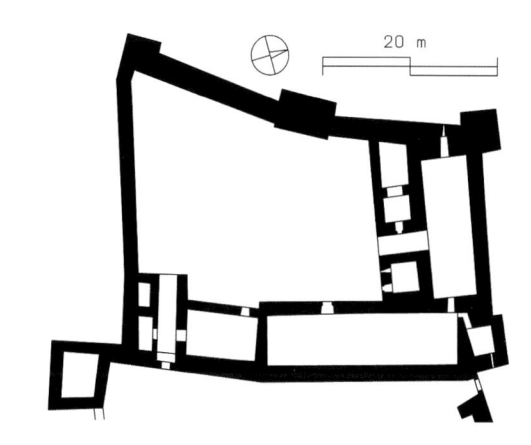

Abb. 24 | Miravet, Spanien, Kernkastell, nach 1153

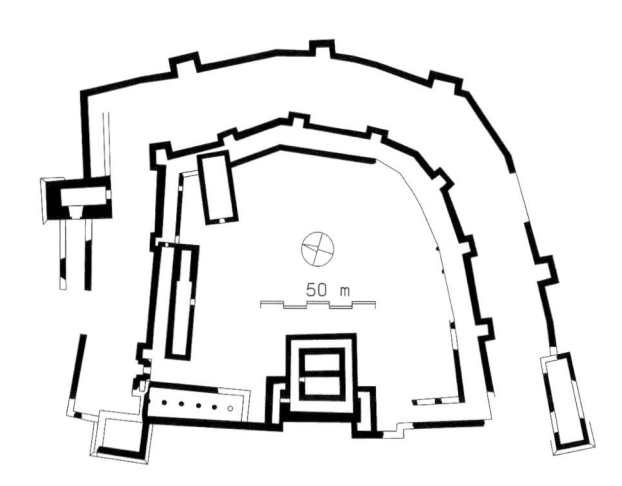

Abb. 25 | Tartus, Syrien, Kastell, ab Mitte 12. bis Mitte 13. Jh.

stehen konnte. Trotz deutlicher Adaptierungen im 13. Jahrhundert und der heutigen „Überwucherung" durch ein syrisches Stadtviertel haben sich die Templermauern ausnehmend gut erhalten und lassen sich durch ihr großformatiges Buckelquadermauerwerk gut ablesen.

Demnach wird der Kern durch einen 20 x 22 m großen Wohnturm französischen Typs gebildet, der wohl schon vor den Templern entstanden war und in einer Beschreibung von 1212 als einst „vom französischen König zum Schutz des Landes" errichtet genannt wird.[49] Er bildete das Zentrum einer frühen halbkreisförmigen Wehranlage, von der noch einige weitere Mauern stammen dürften. Von den Templern wurde diese Burg jedenfalls grundsätzlich neu befestigt. Der alte Turm erhielt eine talusförmige zwingerartige Aufdoppelung mit aufgesetzter Galerie und war durch einen umlaufenden Wassergraben als letzter Zufluchtsort bestens befestigt. Diese Anlage war es wohl, die Saladin 1188 nicht erobern konnte. Erst mit deutlichen Baufugen auf dem Talus sitzend entstanden im ausgehenden 12. Jahrhundert in großem Abstand (wohl einem alten Grabenverlauf folgend) zwei parallele Mauerringe, die trapez- bzw. verzogen halbkreisförmig einen geräumigen Hof umschlossen. Die innere Anlage erreicht Ausmaße von etwa 130 x 150 m und ist durch einen 3 m starken Bering mit vortretenden Mauertürmen flankiert und nach einer bald erfolgten Erhöhung durch zahlreiche Armbrust-Schießkammern in 5 Ebenen bewehrt. Innen angelehnt folgt konsequent eine spitzbogig gewölbte Gebäudeflucht. Im Nordosten befinden sich der (spätere) Hauptsaal und die weit in den Hof stehende (ebenfalls spätere) Kapelle. Vor einem tiefen Graben, der mit Meerwasser geflutet werden konnte, lag der gleichfalls starke aber deutlich weniger hohe und mit weniger Türmen geschützte Zwinger, der ebenfalls mit einem konsequenten gewölbten Gebäudeumlauf innen aufgedoppelt war. Davor lag der eigentliche Hauptgraben, der beidseitig mit Meereskanälen verbunden war. Somit bildete die Festung eine doppelte Meeresinsel, die bei Gefahr völlig vom Land abgeriegelt werden konnte. Das charakteristische Mauerwerk besteht nach außen durchgehend aus sorgfältig behauenen Buckelquadern, während innen reine Quaderstrukturen dominieren. Frühgotische Baudetails belegen, dass vor allem der Hauptsaal, die Kapelle, mächtige Turmwerke am Zwinger und flankierende Bastionen am Hauptturm erst dem frühen 13. Jahrhundert entstammen, während die zwei Turmberinge einheitlich dem späten 12. Jahrhundert zuzuordnen sind, wenngleich sie anhand der etwas unterschiedlichen Mauerqualität in zwei Etappen entstanden sein mögen.

Die 1148 erstmals erwähnte Burg Arima über der Küstenebene von Palästina (siehe oben) wurde nach einem Erdbeben 1170 im Folgejahr durch die Seldschuken zerstört (Abb. 26–27).[50] 1177 übernahmen die Templer die Ruine und bauten sie wieder auf. Dabei verstärkte sie den Erstbau merklich mit schrägen Talus-Anläufen und erneuerten die Westhälfte des Kastells zur Gänze mit zwei weit vortretenden Ecktürmen sowie zwei ebenfalls vortretenden Mauertürmen. Im Hof entstand im Norden ein langer Trakt, sodass man vielleicht von einem bis aufs Tor innen geschlossen umbauten Geviert ausgehen kann. Das Mauerwerk bestand nun aus dunklen Basaltquadermauern, die von hellen Kalksteintürmen gerahmt waren und damit ein Gegenstück zur Johanniterburg Belvoir darstellten. In einer weiteren Phase wurden außen ein Zwingerumlauf mit fast verschwundenem Doppelturmtor angelegt und zwei Vorburgen mit ähnlichen Ecktürmen befestigt.

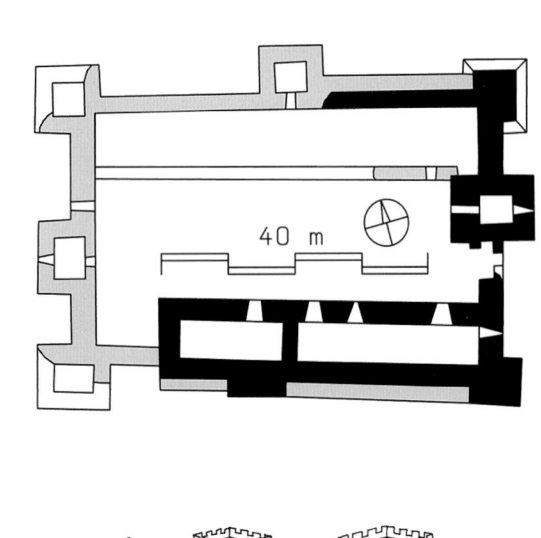

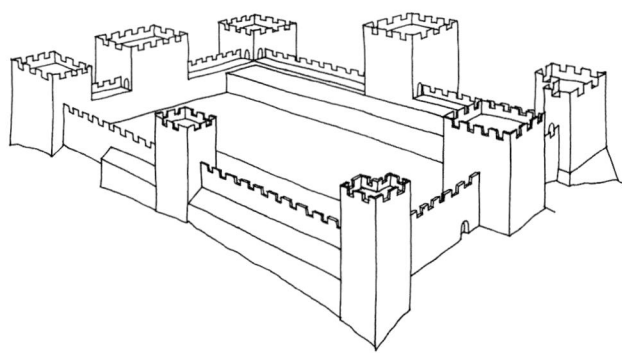

Abb. 26–27 | Arima, Kernkastell, vor 1148 und 2. H. 12. Jh.

Abb. 28 | Arima, Syrien, Sockeldetail vom Nordostturm

DER JOHANNITERORDEN

Bereits im 11. Jahrhundert hatte sich unter der Patronanz des Erzbischofs von Amalfi bzw. auf Betreiben süditalienischer Kaufleute in Jerusalem ein Spital etabliert, dessen Institution nach der christlichen Eroberung rechtlich gefestigt wurde (Abb. 28).[51] Auf Basis eines breiten Spendenflusses konnten nun parallel mehrere Standorte aufgebaut und in Europa Pilgerfahrten organisiert werden. Aufgrund ständiger bewaffneter Überfälle lag es auf der Hand, dass aus den friedlichen Pilgerführern allmählich gut ausgerüstete Schutztruppen wurden, die neben freiwilligen Kämpfern auch befestigte Unterkünfte unterhielten. Bereits um 1130 war aus dem Spitalorden ein militärisch aktiver Orden gewachsen, der zunehmend mit den Templern konkurrierte. Stützte man sich zunächst wohl auf die Anstellung von Söldnern, so kam nach einer inneren Krise unter Großmeister Gilbert d'Assailly (1163–71) die offizielle Umstellung auf kämpfende Rittermönche.[52] Die verlässlich fließenden Geldmittel legten es den weltlichen Machthabern der Region nahe, den Johannitern Befestigungen zu übertragen, um sie vor allem an den Grenzen massiv ausbauen zu lassen.

So übergaben Graf Pons von Tripoli 1127 die Burg Coliath, König Fulko von Jerusalem 1136 Bethgibelin und Graf Raimund II. von Tripoli (1137–52) den Crac samt zahlreichen Privilegien. 1168 kaufte man Belvoir dazu, im gleichen Jahr schenkte Fürst Bohemund von Antiochia (1163–1201) an der Grenze zu Aleppo mit Cava, Rogia und Rochefort gleich drei große Burgen sowie mehrere kleinere Befestigungen.

Die auf spätantiken Ruinen fußende königliche Burg Bethgibelin wurde kurz nach ihrer Errichtung 1134–36 den Johannitern übertragen (siehe oben) (Abb. 29–30).[53] Unter dem Ritterorden kam es zu massiven Verstärkungen, die in ständiger Erweiterung bis ins 13. Jahrhundert andauern sollten. Im Gegensatz zur ersten Bauphase aus groben, fast durchwegs spolierten Quaderstrukturen besteht ein zweiter, einst wohl konsequent in knappem Abstand umlaufender zwingerartiger Mauerring aus sorgfältig zugerichteten Quadern bzw. Buckelquadern sowie begehbaren Rechtecktürmen. Die Kombination von massiven Mauern und dünneren Türmen erinnert an die Kastelle von Giblet, Castellum Regis und Tiberias. Das alte Kerngeviert wurde in den 1160er Jahren durch den Einbau eines Arkadenhofs und zweier Gebäude sowie durch den südlichen Anbau einer großen Kapelle klosterartig adaptiert, wodurch es seine reine Verteidigungsfunktion verlor. Später folgten eine Teilung des äußeren Hofs in zwei Bereiche sowie der Bau von innen umlaufenden Gewölbehallen zur Aufnahme von Tieren, Vorräten und Mannschaften.

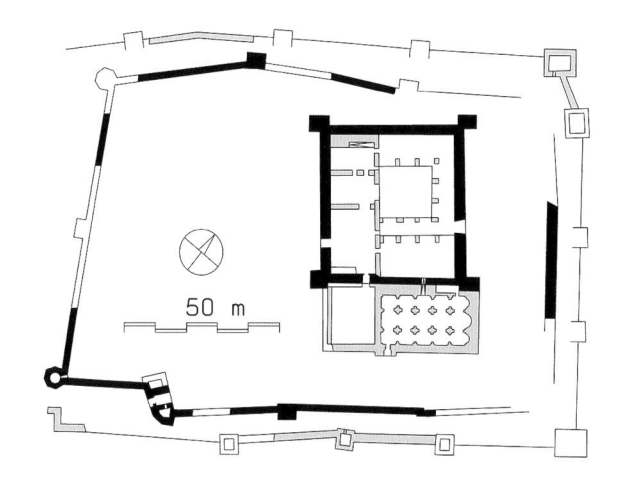

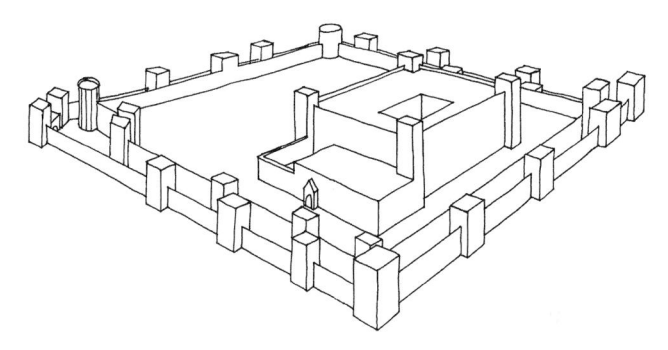

Abb. 29–30 | Bethgibelin (Beth Guvrin bzw. Gibelin), Israel, Hauptkastell, spätantik bzw. 1134-36 (schwarz) sowie ordenszeitlich (grau)

Als Idealbeispiel einer Johanniterburg gilt Belvoir in Galiläa (Abb. 31–32). Das etwa 20 km südlich des Sees Genezareth auf einem hohen Bergplateau gelegene Kastell ersetzte eine ältere Kreuzfahrerburg, die 1168 vom Fürsten von Tiberias den Johannitern übertragen wurde.[54] Bereits 1187 nach 18 Monaten Belagerung von den Muslims erobert, wurden die Mauern 1217 planmäßig geschleift und zugeschüttet, sodass bei den archäologischen Freilegungen vor 1973 nur mehr die 10 m in den Felsen eingetieften Gräben sowie Sockelansätze und ebenerdige Wehrgänge gefunden wurden, während die sicherlich aufwändigeren Obergeschoße und die Turmabschlüsse spekulativ bleiben müssen. Es gilt jedoch als sicher, dass der Johanniterorden hier um 1170 sein Hauptquartier errichtete und gemäß analogem Mauerwerk und ähnlichen Baudetails wie in Bethgibelin und Crac des Chevaliers ein überregional koordiniertes Baukonzept verfolgte.[55]

Im Zentrum lag wie in Bethgibelin ein quadratisches Kernkastell von 46 m Breite mit vier weit vortretenden Ecktürmen. Nach Westen stand zentral ein 13 m breiter dominanter Torturm vor. Innen wurde der kleine Hof von vier gleichförmigen Trakten gerahmt, die im Sockelgeschoß durchgehend gewölbt waren. Im Obergeschoß sind wohl die Quartiere der Ritter zu

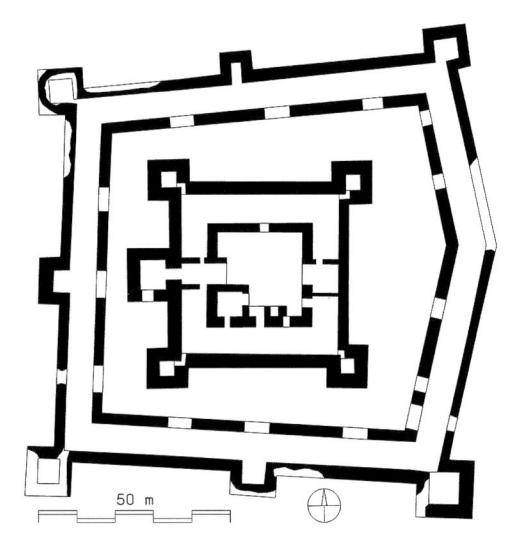

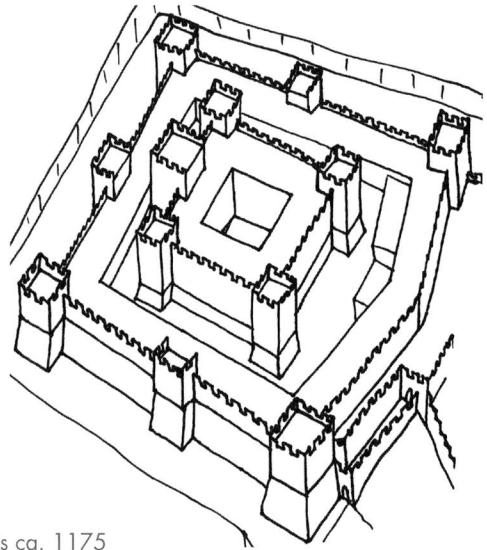

Abb. 31–32 | Belvoir (Kochav ha-Jarden), Israel, Gesamtanlage, vor 1168 bis ca. 1175

vermuten, im Torturm könnte die Kapelle gelegen haben. Mit wenig Abstand war dieses klosterartige Kernegeviert von einem großen Kastell umgeben, dessen nach Osten stumpf gewinkeltes Trapez eine Fläche von etwa 102 x 108 m einschloss. Auch hier waren die Ecken durch weit vortretende Türme geschützt und in den Mauermitten gab es je einen weiteren Rechteckturm, lediglich der Zugang im Osten war durch ein nicht mehr zu definierendes großformatiges Vorwerk hervorgehoben. Innen lief eine konsequente Randbebauung mit durchgehender Gewölbehalle um. Das charakteristische Mauerwerk war durch ein Nebeneinander von Großquadern bzw. Buckelquadern in fast schwarzem Basalt sowie weißlichem Kalkstein geprägt und zeigte somit eindeutige Analogien zum wohl gleichzeitigen Ausbau der Templerburg Arima. Während damit vor allem konstruktive Bauteile abgesetzt sowie ästhetische Konzepte verfolgt wurden, kann das Farbmuster am Tor mit islamischen bzw. ortsüblichen Ornamentierungen verglichen werden,[56] ein Hinweis auf eine bereits einheimische Handwerkstradition der Johanniter.

Einen entscheidenden Anteil an der Entwicklung der Johanniterarchitektur könnte das wenig beachtete Kastell Coliath haben (Abb. 33–34).[57] Es liegt inmitten einer fruchtbaren Ebene 25 km nördlich von Tripoli und ist bereits 1127 dem Orden übertragen worden. 1207 wurde die Burg von den Muslims kurzfristig erobert, jedoch sofort wieder hergestellt, ehe sie 1266 von den Mamluken endgültig eingenommen und zerstört wurde. Trotz dieser frühen Verwüstung und der langen Ruinenzeit sind heute noch wesentliche Teile bis zu 10 m hoch erhalten. Sie zeigen anhand unterschiedlicher Quaderstrukturen deutlich zwei Bauphasen, wobei die jüngere als konzeptgleicher Wiederaufbau des frühen 13. Jahrhunderts,

allerdings diesmal mit ausgeprägten Schießkammern, gedeutet werden kann.

Der Originalplan umfasste ein relativ konsequentes Rechteck von 60 x 65 m mit kaum vortretenden Ecktürmen, zwei weiteren Mauermittelürmen sowie einem pfeilerartigen Torturm und gegenüber einem rechteckigen Schalenturm. Im Norden lagen eine Kapelle, ein Nebentor und ein langer spitzbogig gewölbter Gebäudetrakt mit drei Spitzbogentüren. Im Süden gibt es geringe Hinweise, dass es einst wohl umlaufend Gebäude gegeben haben wird. Das ältere Mauerwerk besteht aus Großquadern und Zonen von flachen Buckelquadern. Rundum gab es einen tiefen in den Felsen geschlagenen Graben. Falls diese Anlage der Zeit bald nach der Übernahme 1127 entstammt, wäre sie eine der frühesten konsequenten Kreuzfahrerkastelle. Dafür sprechen das zeittypische Mauerwerk, die wenig vortretenden Türme und die einfachen Scharten und Tore, die mit anderen Burgen vor der Mitte des 12. Jahrhunderts korrespondieren. Dem entgegen sieht die jüngere Forschung eine konzeptuelle Abhängigkeit von Belvoir (ab etwa 1168) und begründet darin eine entsprechende späte Datierung.[58] Tatsächlich passen das klare Kastellkonzept, die Turmaufteilung und die Spitztonnengewölbe bemerkenswert gut zusammen, allerdings lässt sich daraus keine zeitliche oder planliche Abfolge ableiten, da ja hier auch eine Vorstufe entstanden sein kann. Somit kann man wohl nur grob vom mittleren Drittel des 12. Jahrhunderts ausgehen.

Die Burg Crac des Chevaliers gilt als der Inbegriff einer stark befestigten Ordensburg im Heiligen Land (Abb. 35–36). Sie liegt auf einem isolierten Felssporn über einer wichtigen Fernstraße von der Mittelmeerküste in die Ebene von Homs und überbaut eine ältere arabische Anlage des 11. Jahrhunderts sowie eine Burg der Grafen von Tripoli des frühen 12. Jahrhunderts, von denen nur wenige Mauerzüge als Zwingersockel überdauert haben. Bereits 1142 übertrug Graf Raimund II. von Tripoli die Burg dem Johanniterorden.[59] Nach einem verheerenden Erdbeben 1170, bei dem das lokale Basaltsteinmauerwerk großteils eingestürzt sein mag, kam es jedoch zu einem radikalen Neubau aus hellem geflächtem Buckelquadermauerwerk, der innerhalb kurzer Zeit konsequent errichtet wurde. Ab dem frühen 13. Jahrhundert folgten einhüllende Verstärkungen, deren mächtige Schrägen und Rundbastionen heute das Bild der Burg prägen.

Die Ursprungsanlage der Zeit nach 1170 blieb trotz zahlreicher Veränderungen und Zerstörungen fast unverändert erhalten und gibt einen guten Einblick in die Ordensbaukunst des späten 12. Jahrhunderts (Abb. 37).[60] Offensichtlich war der lang gezogene Bergsporn schon zuvor von einer ovalen doppelläufigen Ringmauer umgeben, deren äußere weiter genutzt wurde. Am schmalen Spornabschluss errichtete man eine neue Hauptburg, wodurch die bergseitigen alten Mauern als abgetrennte Vorburg in Verwendung blieben. Die neue Anlage folgte trapezförmig dem Terrain und bildete ein verzogenes Polygon von etwa 63 x 115 m mit stumpfem Keil zu den Angreifern. Diese etwa 70 m breite Front zur Vorburg wurde besonders befestigt: in der Mitte stand der 15 x 20 m große dominante Hauptturm, die Ecken waren durch flankierende Rechtecktürme von etwa 12 m Breite geschützt. Die zwei schildartigen Zwischenmauern erreichten Stärken bis 4 m. An dieser Anlage musste man südlich im Zwinger entlang gehen, um zum aufwändigen Torbau mit flankierenden Schießkammern und mehreren Verschlussebenen zu gelangen. An den übrigen langen Fronten gab es nur drei kaum vorstehende Schalentürme, wovon einer bald durch einen Latrinenbau ersetzt wurde und einer den Chor der weit in den Hof stehenden Kapelle integrierte. Bereits zu Beginn war der Hof allseits durch eine konsequente Gewölbehalle bzw. aufsitzende Quartiere umgürtet, deren klosterähnliche Funktionen großteils gut erschließbar sind.[61] Demnach gab es neben

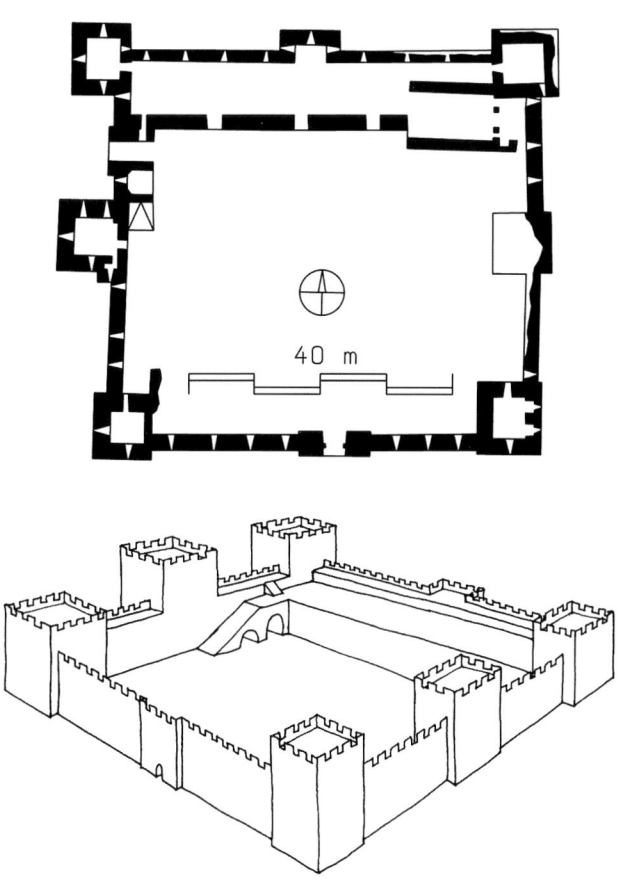

Abb. 33–34 | Coliath (Qlai'aat), Libanon, Kernkastell, 12. Jh.

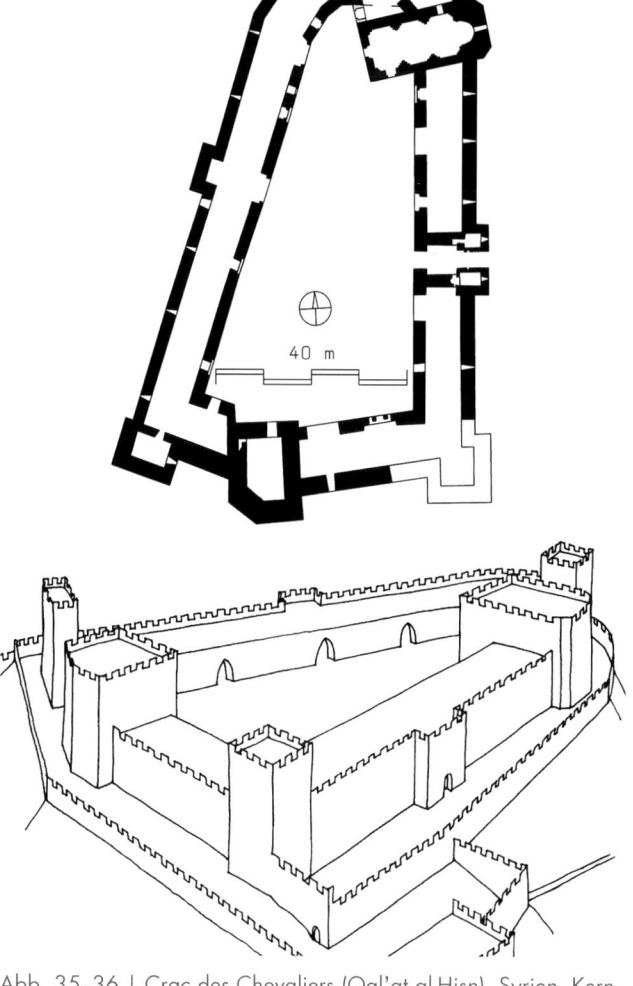

Abb. 35–36 | Crac des Chevaliers (Qal'at al-Hisn), Syrien, Kernkastell nach 1170.

DER VORDERE ORIENT ZUR ZEIT DER KREUZFAHRER

Abb. 37 | Crac des Chevaliers (Qal'at al-Hisn), Syrien, Kapellenturm

der Kapelle unter anderem einen Kapitelsaal, einen Kommandantenbereich und ein Dormitorium.

Neben den großen Ordensburgen entstand eine Vielzahl kleinerer Stützpunkte und Pilgerhorte, die durch ihre weitgehende Zerstörung bzw. Überbauung nur zum geringsten Teil erfasst sind (Abb. 38–39). Meist handelte es sich um einfache rechteckige Forts von etwa 30 m Seitenlänge mit umlaufenden Hallen. Türme gab es nicht regelhaft, manchmal in der Mitte, selten an einzelnen Mauerecken, oft pfeilerartig angesetzt.

Ein gutes Beispiel für diese reduzierte Kastellform bietet Qal'at Yamuhr südlich von Tartus, das wohl mit dem historischen Castrum Rubrum zu identifizieren ist.[62] 1177 schenkte der Graf von Tripoli die Herrschaft den Johannitern, bereits 1188 wurde ihre Burg von Saladin eingenommen. Die weitgehend erhaltene Anlage entstand in diesen wenigen Jahren, wenngleich in einzelnen Bauetappen. Zuerst wurde der verzogenquadratische Bering von 35 x 37 m und 2 m Mauerstärke aus großen Quadern errichtet. Dann entstand im Zentrum der 14 x 16 m große Wohnturm aus etwas kleineren Quadern samt noch während des Baus sekundär zugefügtem halbseitigem Sockelumlauf. Es folgen auf drei Seiten spitzbogig gewölbte Hallen und zuletzt an zwei Kanten außen vorstehende Turmpfeiler. An einer weiteren kann durch einen Innenpfeiler ein dritter rekonstruiert werden, an der vierten mag ein ähnlicher auf den massiven Mauern aufgesessen haben. Der dreifärbige gezahnte Türsturz über dem oberen Turmeingang ist analog zum Burgtor von Belvoir ausgeführt, weshalb von einer Entstehung kurz nach der Übernahme 1177 auszugehen ist.

Ein gutes Gegenbeispiel der Templer bietet Latrun (Toron des Chevaliers, Israel).[63] Auch hier entstand innerhalb einer älteren großflächigen Anlage um 1170 ein neues rechteckiges Fort von etwa 40 x 60 m ohne Mauertürme. Im Inneren dominierte ein isolierter Wohnturm, der ebenfalls auf allen Seiten von Gewölbehallen umgeben war.

In den letzten Jahrzehnten wurden um immer mehr scheinbar isolierte Wohntürme der Levante ähnliche Rechteckberinge nachgewiesen, teilweise auch mit innen angelehnten Hallenbauten und außen angestellten turmartigen Eckpfeilern.[64] Diese Anlagen zeigen mit ihren gestaffelten Gewölben, den Großquadern, den Spitzbogendetails und den nicht ausgeprägten Scharten und Toren Elemente des fortgeschrittenen 12. Jahrhunderts und können als Antwort auf die vermehrte Gefahr von Kleinangriffen der Muslimen auf das Land bzw. die Pilger gedeutet werden. Gegen große Invasionen waren sie sicher nicht gewappnet, Streifscharen und Räuberbanden konnten aber durchaus abgewehrt werden. Nur vereinzelt wurden auch von nicht den Ritterorden zugehörigen Adeligen kastellförmige Burgen errichtet. So dürfte um 1175 Joscelin III. von Courtney seine Burg St. Elias (ar-Taiyiba), die heute stark zerstört bzw. überbaut ist, als 28 m breites Quadrat mit Hauptturm an der Ecke sowie weiteren pfeilerartigen Mauer- und Ecktürmen und tonnengewölbter Randbebauung nach dem Vorbild der kleineren Ordensburgen errichtet haben. Dennoch musste er die Befestigung bereits 1182 dem König überlassen.[65]

Nicht zuletzt gab es in der Spätzeit in der Levante und in Kilikien ein dichtes Netz von tatsächlich allein stehenden Wachtürmen, die an den Grenzen sowie Pilgerrouten verdichtet waren.⁶⁶ Sie dienten nachweislich als Frühwarnsystem und bewährten sich gegen kleine Reiterhorden.

DIE ANTWORT DER MUSLIME

Die Zeit der ersten Kreuzzüge war in eine Epoche der Zersplitterung der muslimischen Welt gefallen. Das einstige Großreich der Seldschuken war in rivalisierende Fürstentümer zerbrochen, die Fatimiden von Kairo hatten ihren Einfluss in der Levante stark verloren und es gelang den Christen daher fast widerstandslos, die Küste bis zu den heiligen Städten zu erobern und mit ihrem neuen Fürstentum Edessa sogar weit in den Kontinent vorzudringen.⁶⁷ Zunächst folgte auch kein geschlossen akkordierter Widerstand, Ägypter, Syrer und Türken waren sogar bereit, sich mit den Kreuzfahrern zu arrangieren und sie als Bündnispartner und Puffermacht in die Lokalpolitik einzubeziehen. So gelang es 1115 einer interkonfessionellen levantinischen Koalition, die Seldschuken zu schlagen.⁶⁸ Auch 1140 ermöglichte eine Waffenhilfe zwischen Jerusalem und Damaskus die Abwehr der Seldschuken. Im Jahr 1144 gelang es jedoch den Türken, bei einer dieser personalintensiven Unterstützungen muslimischer Nachbarn durch die Christen, die kaum bewachte Stadt Edessa zu stürmen und das dortige Fürstentum zu überrennen. Die Achse Jerusalem-Damaskus blieb immerhin bis knapp vor 1154 aufrecht, als es den Türken gelang, Damaskus einzunehmen und somit das Kräftegleichgewicht in der Levante zu kippen. Ein türkischer Generalangriff auf die Kreuzfahrerstaaten blieb immerhin vorerst aus, da zunächst das aggressive Sultanat der Rum-Seldschuken durch koordinierte Angriffe von Seldschuken und Byzantinern zurück gewiesen werden musste.

Die wenigen bekannten muslimischen Befestigungen der 1. Hälfte des 12. Jahrhunderts in der Levante waren Ausbauten bzw. Wiederaufbauten nach Erdbebenschäden an bestehenden Festungen, etwa in Bosra, Harim, Damaskus, Apamea und Aleppo. Neuanlagen sind hingegen nicht dokumentiert. Mit der Machtübernahme der Seldschuken bzw. der amtsführenden Zangiden im mittleren 12. Jahrhundert begann man mit zahlreichen neuen Befestigungen, die vereinigten Gebiete nachhaltig zu sichern. Zunächst erhielten die Städte ausgedehnte, starke Stadtmauern, die durch Folgen von Halbrundtürmen geschützt waren. Das Vorbild mag Raqqa (Syrien) gebildet haben, dessen abbasidische Stadtmauer mit vergleichbaren Halbrundtürmen man nun mit reich geschmückten Torbauten verstärkte.

Auch die Städte Damaskus und Aleppo erhielten ausgedehnte Befestigungen mit Halbrundtürmen. Den Höhepunkt der seldschukischen Befestigungskunst muss die Zitadelle von Aleppo als neues Machtzentrum gebildet haben. Durch die spätere Überbauung berichten heute nur mehr schriftliche Quellen von repräsentativen Ziegelmauern und einem zentralen goldenen Palast.⁶⁹

Auch die Wüstenburg Rahba zeigt in ihrer Erweiterung vergleichbare Ziegelmuster. Wahrscheinlich wurde hier nach einem Erdbeben 1157 eine seldschukische Vorgängeranlage wieder aufgebaut (siehe oben) (Abb. 40).⁷⁰ Dabei befestigte man auf dem schmalen Plateausporn über dem Euphrat einen fünfeckigen Hof mit 45 m Seitenlänge. An den Ecken und in den Mauermitten gab es wohl geschlossene viereckige Türme, an der nun erneuerten Angriffsseite positionierte man sekundär aus Stein einen großen zentralen Hauptturm.

Um 1170 wurde das auf byzantinische Zeit zurück gehende Kastell Qalaat Jaber (Syrien) mit einem doppelten Mauerring aus ebenfalls reich geschmückten Ziegelmustern zu einer 180 m breiten Festung mit zentralem Palast und Moschee ausgebaut. Die fast spielerisch unterschiedlichen Türme zeigen eckige, polygonale oder runde, meist aber halbrunde Grundrisse,

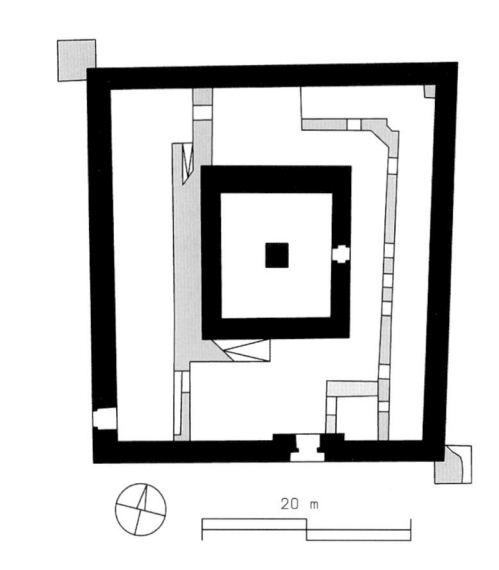

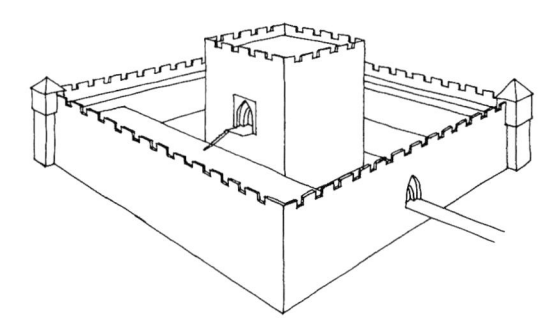

Abb. 38–39 | Castrum Rubrum (Qal'at Yamuhr), Syrien, Kastell, nach 1177

ähnlich den großen Stadtbefestigungen. In einer verwandten Form erhielt die alte byzantinische Festung Šaizar (Syrien) gemäß Inschrift 1153–63 einen Wiederaufbau mit eckigen und halbrunden Türmen sowie einen Residenzkomplex.

SULTAN SALADIN (SALAH AD-DIN AL AYYUBI)

Parallel zur Konsolidierung der nördlichen Levante kümmerten sich die Seldschuken um die Oberhoheit in Ägypten, wo man im Kampf um die innenpolitische Macht um Unterstützung gebeten hatte. Trotz massiver Intervention des Königreichs Jerusalem, das zu Recht einen zangenförmigen Einschluss fürchtete, wurde 1169 vom fatimidischen Kalifen der Kurde Saladin zum neuen Wesir von Ägypten ernannt. Der energische und ambitionierte Ayyubide Saladin, der heute als größter Widersacher der Kreuzfahrer gilt, begann mit einem systematischen und gut koordinierten Herrschaftsaufbau. 1176 wurde in Kairo eine der größten Zitadellen der islamischen Welt errichtet, deren halbrunde Türme den seldschukischen Stadtbefestigungen folgten. Auch die Wehranlagen von Alexandria und Tinnis erhielten diesen Grundtyp. 1171 konnte Saladin auf seldschukischem Befehl das fatimidische Schein-Kalifat von Ägypten beenden. Es gelangen weitere Machterweiterungen in die muslimische Levante, die er etappenweise bis Aleppo eroberte, das schließlich 1183 trotz Allianz mit Jerusalem übergeben wurde. Auch gegen die Christen folgten steigende Überfälle mit wechselndem Kriegsglück. 1187 gelang beim See Genezareth sowie bei Hattin ein entscheidender Doppelschlag, als Saladin das durch internen Streit geschwächte christliche Heer vernichtend schlagen konnte. Nun fehlten den meisten Kreuzfahrerburgen die Besatzungen und man konnte sie innerhalb weniger Monate nacheinander einnehmen und schließlich in Jerusalem einziehen.

Analog zur stufenweisen politischen Vorwärtsbewegung bis Jerusalem erfolgte auch Saladins Burgenbau. Nachdem Ägypten durch die Erweiterung von Stadtbefestigungen sowie Nilforts geschützt schien, wandte sich Saladin dem Golf von 'Aqaba zu, wo sich mit Aila ein kleiner Kreuzfahrerstützpunkt etabliert hatte.[71] Im Jahr 1170 konnte die dortige auf byzantinische Grundlagen zurückgehende Seeburg auf einer kleinen Insel gestürmt werden. Offensichtlich erhielt die winzige Kernanlage nun eine etwa 80 m lange Unterburg, deren lange Mauern mit einigen vorstehenden Rechtecktürmen bewehrt wurden. Gemäß Inschriften ist diese Anlage Saladin zuzuschreiben und ihr Ausbau und die Erneuerung der Kernburg dauerten bis 1188 an. Zur Sicherung des Brückenkopfs von Ägypten nach Palästina aber auch des Handels zwischen den beiden Golfen von 'Aqaba und Suez befahl Saladin den Wiederaufbau von zwei alten Kastellen am Sinai. Während das eine 1183 restaurierte im Wadi ar-Rahla inzwischen restlos verschwunden ist, haben sich vom andern 1185–87 errichteten namens al-Gundi ansehnliche Reste 20 km neben dem Suezkanal über einer Karawanenstraße erhalten. Es liegt auf einem 645 m hoch gelegenen Felssporn und zeigt einen verzogen-rechteckigen Grundriss mit einer Fläche von 100 x 150 m. Die 2 m starken Mauern werden abwechselnd durch rechteckige und halbrunde Türme flankiert. Durch einen großen rechteckigen Torturm, der inschriftlich Saladin und das Jahr 1187 nennt, gelangt man in den Hof, der entlang der Mauer zahlreiche Gebäude sowie zwei freistehende Moscheen aufwies.

An der Hauptverbindung von Kairo nach Damaskus gründete Saladin im Jahr 1184 mit Qualaat Rabad auf einem 970 m hohen Felsrücken über den Ruinen eines byzantinischen Klosters ein kleines Beobachtungsfort, das den Flusslauf des Jordan zwischen See Genezareth und dem toten Meer kontrollieren sollte (Abb. 41–42).[72] Die verzogen quadratische Kernanlage von 33 m Seitenlänge ist bis heute relativ gut erhalten und zeigt zur Angriffsseite zwei weit vorstehende Ecktürme, die ein Spitzbogentor flankieren. An den Talseiten gibt es hingegen zwei fast mauerbündige Ecktürme. Der kleine Hof war wohl bereits primär durch allseitige Hallenumläufe mit Spitzbogengewölben bebaut. Die einfachen spitzbogigen Scharten der Mauern weisen keine Schießkammern auf. Das Mauerwerk besteht aus konsequent gereihten Buckelquadern, in denen im Sockelbereich antike Säulentrommeln eingearbeitet sind. Die Baudetails, das Mauerwerk und vor allem die zahlreichen geometrischen Steinmetzzeichen sowie Buchstaben und nicht zuletzt der Grundriss zeigen enge Verwandtschaft zu den benachbarten Kreuzfahrerburgen. Es kann da-

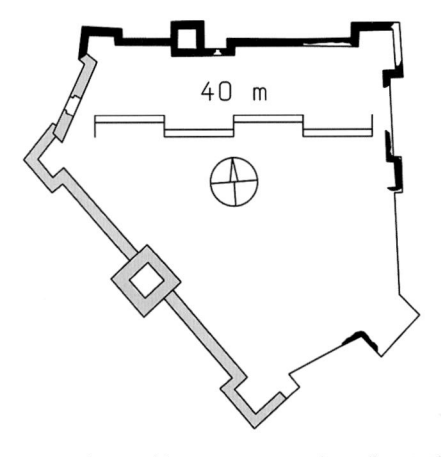

Abb. 40 | Qalaat Rahba, Syrien, Kernkastell, 11. Jh.? und Ausbauten 12. Jh.

her vermutet werden, dass hier lokale, an christlichen Bauten geschulte Planer und Handwerker eingesetzt worden sind. Die umlaufenden Gewölbegänge zeigen sogar direkte Analogien zu kurz zuvor bzw. zeitgleich errichteten Burgen der Ritterorden, an denen man sich wohl gezielt orientiert hatte.

Es folgte eine intensive Ausbauphase mit sechs größeren Etappen bis ins mittlere 13. Jahrhundert, als die Burg zum regionalen Sitz muslimischer Adeliger geworden war (Abb. 43). Die Erweiterungen betrafen zunächst um 1200 den Zubau eines Torzwingers, die Anlage einer Vorburg mit zwei weiteren Ecktürmen sowie den Anbau eines großen Saalbaus. Inschriftlich auf 1214 datiert sind ein weiter Torzwinger und eine hakenförmige Eckbastion mit breiten Schießkammern. Alle diese Phasen wurden mit Buckelquadern, ähnlichen Steinmetzzeichen und frühgotischen Spitzbogendetails errichtet.

Die für Saladin siegreiche Schlacht von Hattin 1187 erschütterte Europa und man rief in Jerusalem den dritten Kreuzzug aus, der umgehend eine massive Unterstützung für die verbliebenen christlichen Kerngebiete brachte und zu einem nachhaltigen Waffenstillstand mit dem Königreich führen sollte. Der Sultan konzentrierte sich daher in der Folge auf Militärexpeditionen im Norden gegen das Fürstentum Antiochia,[73] wo rasch zahlreiche Burgen erobert werden konnten. Diese Anlagen wurden als Militärlehen an regionale Emire aufgeteilt und von diesen eigenständig ausgebessert bzw. individuell erweitert.

DIE NACHFOLGER SALADINS

Nach dem Tod Saladins 1193 zerfiel die muslimische Allianz und es sollte erst im Jahr 1260 den türkischen Mamluken (nach dem überregionalen Einfall der Mongolen im mittleren 13. Jahrhundert bzw. ihrer mühsamen Vertreibung) gelingen, die Herrschaft wieder bis Ägypten zu vereinen. Lediglich in den Städten Aleppo und Damaskus hatten sich durch einen Neffen bzw. einen Sohn Saladins große Fürstentümer gehalten, die jeweils eine eigenständige Befestigungspolitik entwickelten.

Das Fürstentum Aleppo konzentrierte sich auf großflächige Festungen, in denen ein kompaktes eigenständig geschütztes Palastgeviert stand und dessen Toranlagen zu komplex gewinkelten mehrtürmigen Torburgen wuchsen. Beispiele dafür bieten Harim, Aleppo und Qalaat Jaber. Das Fürstentum von Damaskus fusionierte hingegen Palast- und Verteidigungsbauten, indem die gestaffelten Mauertürme zu großformatigen, geräumigen Wohnkomplexen erweitert wurden.

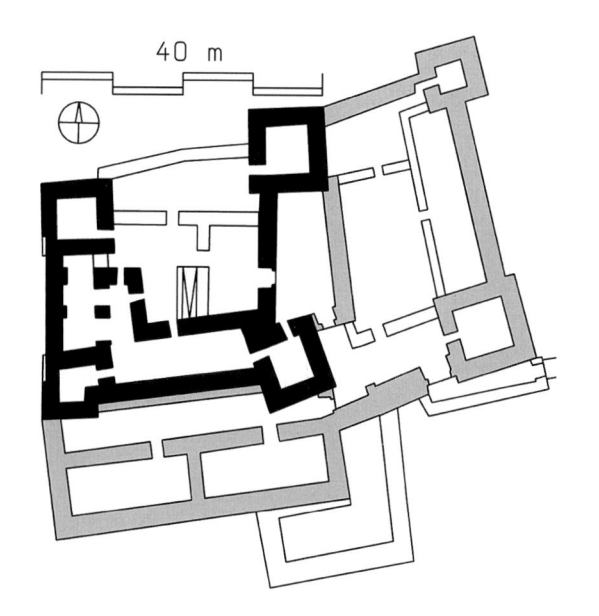

Abb. 41–42 | Qalaat Rabad ('Ağlūn), Jordanien, Kernburg, 1184 (schwarz) und um 1200

Abb. 43 | Qalaat Rabad ('Ağlūn), Jordanien, Nordtürme von Kernbau (rechts) und Vorburg

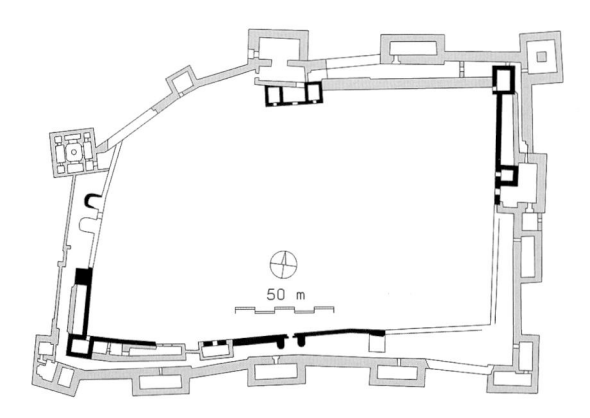

Abb. 44 | Damaskus, Syrien, Zitadellenausbau, 1. V. 13. Jh.

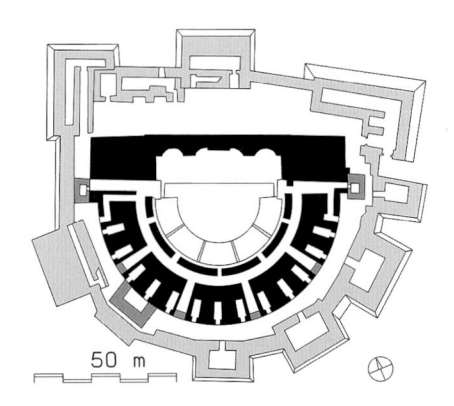

Abb. 46 | Bosra, Syrien, Ausbau 1. V. 13. Jh.

Den Idealtypus verkörpert die Zitadelle von Damaskus, die bis etwa 1215 zu einem prächtigen Palastkomplex ausgebaut wurde (Abb. 44–45).[74] Vor die seldschukische Befestigung des 11. und 12. Jahrhunderts (siehe oben) setzte man einen neuen massiven Mauerring mit eng gereihten etwa 30 m breiten Mauertürmen, die durch zahlreiche Kreuzgratgewölbe, geräumige Schießkammern und krönende Geschützplattformen sehr aufwändig gestaltet waren. Direkt dahinter entstand ein randständiger Gebäudekomplex, der als fürstliche Palastanlage diente und der die oberen Turmräume mitnutzte. An den nördlichen, flussseitigen Außenecken errichtete man rechteckige wohnturmartige Haupttürme. Sämtliche Außenmauern wurden konsequent mit Buckelquadern verkleidet.

Zahlreiche Anlagen des Fürstentums Damaskus erhielten ähnliche monumentale Mauertürme, von Rabad über Rahba bis Jerusalem (Abb. 46–47). Ein markantes Beispiel bietet Bosra, dessen seldschukischer Wehrbau um ein antikes Theater bereits kurz nach dem Tod Saladins durch seinen Sohn zu einem wichtigen Bollwerk seiner Herrschaft ausgebaut wurde. Auch hier dominieren in enger Folge bis zu 35 m breite Türme, die durch konsequentes Buckelquadermauerwerk (mit integrierten antiken Säulenschäften), breite Schießkammern und krönende Geschützplattformen ausgezeichnet sind. Auch hier sind die Obergeschoße der Türme als repräsentative Palasträume hochwertig gestaltet. (Abb. 48–49) Von besonders strategischer Bedeutung war die Zitadelle von Jerusalem, die

Abb. 45 | Damaskus, Syrien, Zitadelle, Detail eines Südturms

208 DER VORDERE ORIENT ZUR ZEIT DER KREUZFAHRER

gemäß Inschriften in den Jahren 1203 sowie 1213/14 ausgebaut wurde.[75] Wie tiefgehende Ausgrabungen von 1976–80 zeigen, besteht dieser Bereich der Stadtbefestigung aus einem Konglomerat unterschiedlicher, einander überlagernder Konzeptionen, die bis in die Antike zurück reichen.[76] Im frühen 13. Jahrhundert wurden mit umfangreichen Planierungen ein Großteil der Vorgängerbauten überdeckt und eine geräumige trapezförmige Kastellanlage von etwa 55 x 120 m errichtet. Von den alten Mauern blieb lediglich im Nordosten der Sockel des antiken Davidsturms sichtbar, der mit einem großformatigen Wohnaufbau zum dominanten Hauptturm wuchs. Die feldseitige Zitadellenmauer erhielt einen 32 m breiten Wehrturm sowie an den Anschlüssen zur Stadtmauer zwei weit vorstehende Rechtecktürme, die stadtseitige Südostecke war ebenfalls durch einen kleinen vorstehenden Turm geschützt. Über einen tiefen Graben führte eine Brücke in eine Z-förmige Torgasse, die in einem sechseckigen Kuppelbau mündete. Im Inneren fehlen heute durch die Entkernungen und Grabungen die Verbauten, jedoch deuten historische Pläne darauf, dass zumindest an der Nordfront ein langer gewölbter Anbau bestanden hat. Außen sind sämtliche Mauern mit Buckelquadern verkleidet und besitzen Wehrgalerien mit breiten Schießkammern, die Türme regelmäßige Wurferkerfolgen. Da breite Sockelschrägen auf diese Mauerfluchten Bezug nehmen, ist sehr wahrscheinlich, dass auch die äußeren Zwingeranlagen mit den hohen Talus-Mauern dieser Phase zuzuordnen sind. (Abb. 50–51) Einen letzten Höhepunkt des Damaszener Festungsbaus setzte ab 1228 die konsequente Neuanlage der Festung oberhalb von Banyas, die auf einem spektakulären Felsgipfel 815 m über dem Meer an der Straße nach Damaskus liegt.[77] Die seit der Antike bedeutende Stadt in der Ebene war im 12. Jahrhundert oftmals gegenseitig erobert und besetzt worden, nun wollte man am Berg eine unbezwingbare Großburg nach modernstem Standard errichten. Gemäß Inschriften entstand 1228/30 zunächst ein 17 x 38 m großer Wohnturm, dessen komplexer Grundriss eine modifizierte Iwanstruktur aufweist. Um ihn wurde eine enge kastellförmige Kernburg von 43 x 58 m Fläche mit sechs Mauertürmen errichtet, die gemäß dem steilen Gelände kaum vor die Mauern ragten. Zur Unterburg erhielt dieser zitadellenartige Kern einen durchgehenden hohen Talus-Mantel. Gemäß Inschriften entstand unmittelbar danach um 1230/40 der konsequente Neubau der großflächigen rechteckigen Unterburg, die ebenfalls in Damaszener Tradition zahlreiche breitformatige geräumige Mauertürme mit Gewölben, breiten Schießkammern und konsequentem Buckelquadermauerwerk erhielt. Diesem Beispiel folgten kleinere muslimische Burgen mit engen Folgen von Rechtecktürmen, etwa in Palmyra, Qasr el-Azraq, Rahba und Shumaymis, alle um 1230. Die gleichzeitigen vierflügeligen Kastellresidenzen mit flankierenden Rundtürmen in Harran und Raqqa zeigen jedoch, dass auch diese Tradition noch aufrecht war.[78]

Abb. 47 | Bosra, Syrien, Südturm

Mit Fortschreiten des 13. Jahrhunderts wurden in der gesamten Region die Wehranlagen gemäß entwickelter Belagerungstechnik und in Analogie zu den christlichen Burgen mit massiven Graben, engen Turmreihen und hohen geböschten Sockelanläufen nachgerüstet. Šaizar und Rahba erhielten zudem dominante Wohntürme, die mit ihren spitzbogigen Pfeilerhallen, dem repräsentativen Buckelquadermauerwerk mit lateinischen Steinmetzzeichen und den frühgotischen Baudetails nicht mehr von Kreuzfahrerburgen zu unterscheiden waren.

DIE REAKTION DER CHRISTEN

Nach der Schlacht von Hattin sowie den massiven Gebietsverlusten dauerte es mehrere Jahre, ehe die verbliebenen Gebiete personell wieder konsolidiert waren. Trotz verschiedener Versuche der Rückeroberung durch europäische Heerführer blieben die heiligen Stätten in muslimischer Hand und man konzentrierte sich bald auf die massive Verstärkung der Küstenzone.

Befestigungstechnisch hatte das Erstarken der Muslime zu zahlreichen Konsequenzen geführt. Zunächst war klar geworden, dass kleinere Stützpunkte nicht zu halten waren, sie wurden fast ausnahmslos aufgegeben. Weiters war die Bedeutung von Nachschubsmöglichkeiten bei langen Belagerungen schmerzlich bewusst geworden, weshalb vor allem direkt am Meer befindliche Festungen aufgerüstet bzw. neu angelegt wurden. Nicht zuletzt hatte die Belagerungstechnik in den letzten Jahrzehnten einen großen Fortschritt erzielt und alle Bauten mussten gegen Geschütze, Unterminierung und Sturmangriffe gewappnet werden. Das konnte nur durch massive Talus-Vorbauten, flutbare Gräben und komplexe Zugangswege erreicht werden.

Militärpolitisch war in der Region das Zeitalter des Feudalwesens mit seiner streng hierarchischen Besitzregelung vorbei.

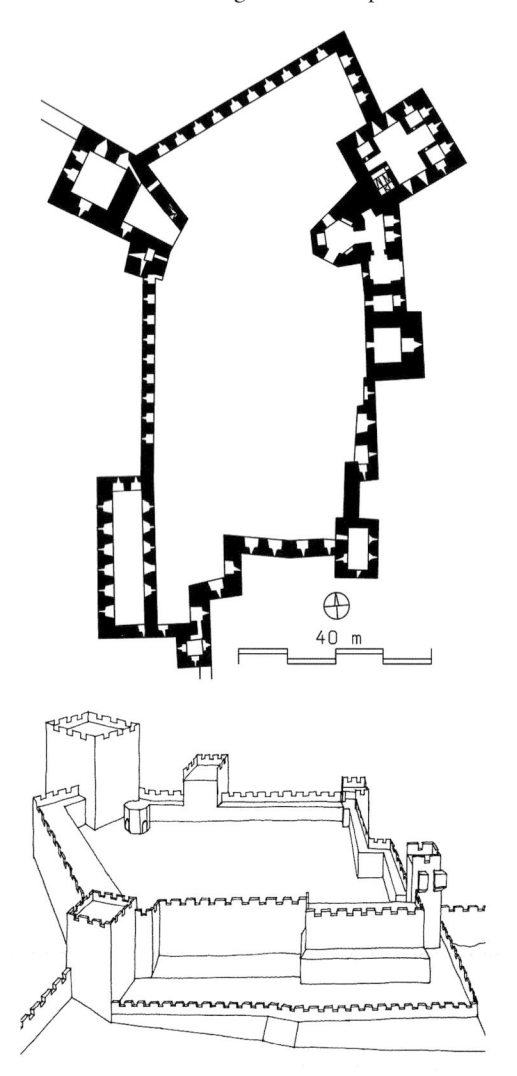

Abb. 48–49 | Jerusalem, Israel, Kernkastell der Zitadelle, 1. V. 13. Jh.

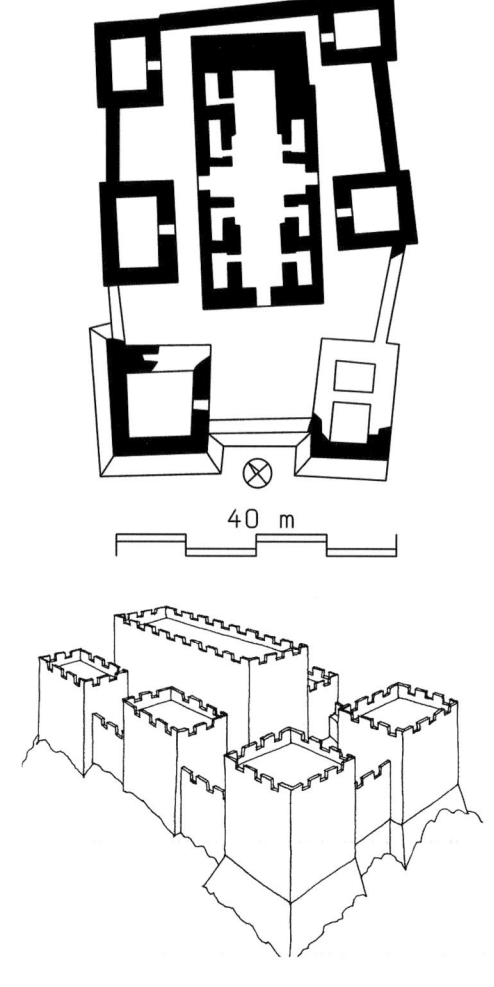

Abb. 50–51 | Banyas (Qalaat Subeibe, Nimrod), Israel, Kernkastell, 1228-30

Die letzten Adelsfamilien und Bischöfe mit Landbesitz übergaben ihre Burgen nun weitgehend den großen Ritterorden, den Landesherren oder wehrhaften Stadtkommunen, die wiederum aus Europa aber auch aus der Umgebung Söldner und Kreuzfahrer rekrutierten. Ihre Bauten wuchsen daher zu großformatigen kasernenartigen Festungen, die ständig verstärkt und erweitert wurden.

Ein gutes Beispiel dafür bietet die Inselfestung Pelerin (Abb. 52–53). Sie wurde während des 5. Kreuzzuges 1217/18 in einer Gemeinschaftsaktion von Kreuzfahrern, Pilgern sowie dem Deutschen und dem Templer Orden unter Leitung eines flämischen Adeligen auf einer felsigen Klippe des Mittelmeers begonnen.[79] Trotz folgender kontinuierlicher Aus- und Überbauten durch die Templer, etwa durch eine frühgotische Rundkirche und großflächige Hallen sowie trotz einer weitgehenden Zerstörung durch die Muslime, lässt sich der Kernbau im Grundriss noch sehr gut ablesen. Demnach wurde ein längliches, annähernd orthogonales Rechteck von 64 x 104 m errichtet, dessen landseitige 10 m starke schildartige Angriffsfront durch zwei 23 m breite Türme mit bis zu 6 m Mauerstärke flankiert wurde. Durch einen Gang in der Schildmauer konnten die Türme und Ausfallspforten in den seitlichen Zwinger erreicht werden. Vor dieser massiven Sperre gab es eine weitere starke Befestigungslinie, deren 155 m lange Front durch drei 16 m breite Türme mit 5 m Mauerstärken derart flankiert wurde, dass jeweils zwischen den zwei Haupttürmen ein Zwingerturm positioniert war. Davor verlief wiederum ein tiefer Graben, der mit dem Meer verbunden war und wohl geflutet werden konnte. Diese durchdacht gestaffelte Befestigung wird mit der analog angelegten Landmauer Konstantinopels verglichen, die möglicherweise als Vorbild gedient hat.[80] Da aber auch die wenig früher ausgebaute Templerburg Tartus eine ähnliche Zwingerlösung aufwies, ist eher eine lokale Weiterentwicklung zu vermuten. Am nicht erhaltenen Südende der Zwingermauer gab es sicher eine starke Torbefestigung, die hakenförmig in den landseitigen Zwinger führte, durch den man zum nördlichen Tor in den inneren Zwinger und von dort in die Kernburg ziehen musste. Die beiden Flankenmauern des inneren Zwingers waren nicht parallel zur Kernanlage sondern konkav dazu angelegt, sodass sie bestmöglich hinter der schildartigen Sperre geschützt waren. Das gesamte Mauerwerk bestand außen aus sorgfältig gefügten großformatigen Spiegelquadern, die den monumentalen Charakter noch hervorhoben.

Aus gleichem strategischem Grund wurde auf einer winzigen Felsinsel vor der bedeutenden Kreuzfahrerstadt Sidon um 1226/7 in einer Gemeinschaftsaktion von deutschen, englischen und französischen Pilgern ein neues Fort begonnen

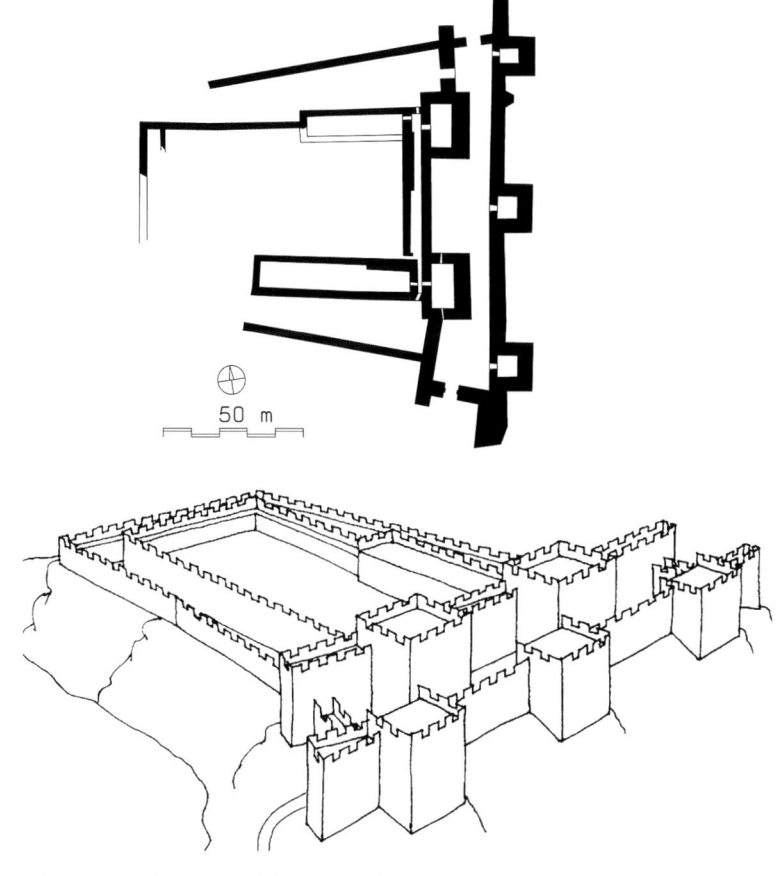

Abb. 52–53 | Pelerin ('Atlit), Israel, Kernkastell, ab 1217

(Abb. 54).[81] Zunächst entstand nur ein Doppelturmtor mit zwei 11 m breiten Türmen und 3 m Mauerstärke, weshalb sich bei einem verheerenden Angriff kaum Leute hierher retten konnten. 1253/54 arbeitete man im Auftrag der französischen Krone weiter. Damals vollendete man wohl ein klassisches Kastell mit rechteckigem Grundriss und Ecktürmen, wovon heute nur mehr ein Eckturm mit bis 3,5 m starken Außenmauern sowie die Anschlusskurtinen bewahrt sind.

Nach einem mongolischen Überfall auf die Stadt 1260, bei dem nur dieses Seekastell widerstanden hat, gelangte die Herrschaft an die Templer, die das Baukonzept unverzüglich änderten und unter großem Aufwand ein viel kleineres Fort mit konsequenten Gewölbehallen und zwei feindseitig orientierten rundlichen Eckbastionen errichteten. Trotzdem ist wahrscheinlich, dass die kastellförmige Vorgängeranlage weitgehend fertig war, weil sie sonst kaum dem mongolischen Angriff standgehalten haben mag. Die Entscheidung einer Verkleinerung muss somit trotz einer dafür notwendigen weitgehenden Zerstörung aus dem Mangel an einer ausreichenden Besatzungszahl resultiert haben. Zudem mag man inzwischen runden Bastionen mehr vertraut haben als den beschussanfälligen eckigen Türmen.

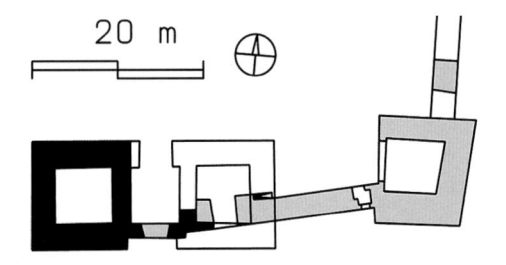

Abb. 54 | Sidon (Saida), Libanon, Kernphasen der Reste des Seekastells, 1226/7 (schwarz) und 1253/54 (grau)

MUSLIMISCHE, ARMENISCHE ODER FRANZÖSISCHE RUNDBASTIONEN?

Ab dem frühen 13. Jahrhundert tauchen an vielen Kreuzfahrerburgen unvermittelt runde, halbrunde oder D-förmige Türme und Bastionen auf, allem voran an den beiden Hauptburgen der Johanniter Margat und Crac des Chevaliers sowie der Deutschordensburg Montfort. Auch auf Zypern entstand mit Kyrenia um 1208 ein neues Hafenkastell mit vier D-förmigen Ecktürmen.[82] Das ist durchaus bemerkenswert, hatte man doch in der Region bereits zuvor zahlreiche spätrömische, byzantinische und früharabische Wehranlagen mit Rundtürmen studieren können und einige davon auch besetzt (etwa Al Mina und Ha Bonim)[83], die Rundform aber nie ins eigene Repertoire aufgenommen. Direkt vergleichbar wären zudem die muslimischen Stadtmauern und Zitadellen von Ägypten bis Damaskus des mittleren bis späten 12. Jahrhunderts, die zunehmend erfolglos von den Kreuzfahrern berannt wurden. Obwohl sie konzeptionell analog aufgebaut waren und nur wenig älter sind, fehlen in der Forschung bislang jegliche Verknüpfungen.

Dem entgegen gibt es zahlreiche Studien zum benachbarten kilikischen Armenien, wo sich im späten 12. Jahrhundert ein spezieller Wehrbau auf topographisch bevorzugten Felsgipfeln etablierte und mit engen Staffelungen von D-Türmen bzw. kleineren pfeilerartigen Halbrundtürmchen dem muslimischen Ansturm trotzte (Abb. 55). Wenn es isoliert notwendig war, in der Ebene Befestigungen zu errichten, geschah dies deutlich kleinformatiger und regelmäßiger. So zeigt die wohl als Zollstation anzusprechende Anlage von Karafrenk in der kilikischen Ebene einen quadratischen Grundriss mit vier kleinen Ecktürmen, wovon einer geringfügig größer ist.[84]
Sehr ähnliche Bauten finden sich in der benachbarten Ebene durchaus häufiger, etwa in Sinap und Anacik, die mit ihren schweren Tonnengewölben sowie den ausgeprägten Schießkammern eindeutige Einflüsse aus den Kreuzfahrerstaaten zeigen (Abb. 56–57).[85]

Wie eine ideale Symbiose von Ost und West wirkt Kum Kale, das heute durch einen Staudamm geflutet ist (Abb. 58).[86] Die in der Ebene gelegene Anlage bestand aus einem europäisch konzipierten Wohnturm mit schweren Tonnengewölben sowie einen rechteckigen Hof mit armenisch anmutenden Ecktürmen. Tatsächlich hatten sich mit der Vereinigung der kilikischen Fürstentümer zu einem armenischen Königreich im Jahr 1198 und der Konstituierung eines größeren Kronguts bis etwa 1214 die Beziehung der Armenier zu den Kreuzfahrern entscheidend geändert. In dieser Zeit suchte man nach intensivem Kontakt zu anderen Christen in Ost und West, wovon man sich personelle und finanzielle Unterstützung im Kampf gegen eine drohende Seldschuken-Invasion erhoffte. Zahlreiche Befestigungen wurden in der Folge auch hier dem Johanniter-, dem Templer- und dem Deutschen Orden übertragen, die dafür jährlich Soldaten und Geld lieferten.[87] Wie in der Levante konzentrierten sich diese Orden in Kilikien auf ganz wenige Hauptburgen in strategischer Lage, die man zu kaum einnehmbaren, geräumigen Festungen ausbaute. So wurde die 1210 an den Johanniter Orden übergebene (und 1236 zurück genommene) Burg Silifke (Türkei), die an der westlichen Küstenstraße zu den Kreuzfahrergebieten liegt, sofort derart verstärkt, dass sie tatsächlich bereits im Jahr 1216 einen seldschukischen Einmarschversuch aufhalten konnte. In der Forschung wird davon ausgegangen, dass zu dieser Zeit die mächtige Hauptmauer mit den monumentalen D-Türmen und dem hohen für Kreuzfahrer typischen Glacis datiert.[88] Die nahe gelegene Grenzburg Gaston (Bağras, Türkei), die 1216 an die Templer übergeben wurde, erhielt bis ins mittlere 13. Jahrhundert einen vergleichbaren Schutzwall mit steilen Böschungswänden, integrierten Schützengalerien, rundlichen Eckbastionen und dominantem D-Turm.[89] Die ebenfalls nahe gelegene, im Mittelalter in Besitz des Patriarchen von Antiochia befindliche Burg Kürsat (Közkalesi, Tür-

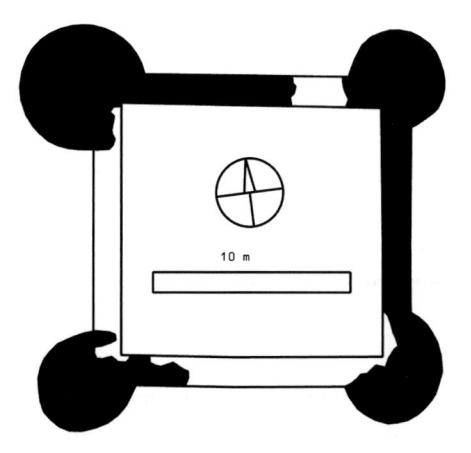

Abb. 55 | Karafrenk, Türkei, Zollstation um 1200 ?

212 DER VORDERE ORIENT ZUR ZEIT DER KREUZFAHRER

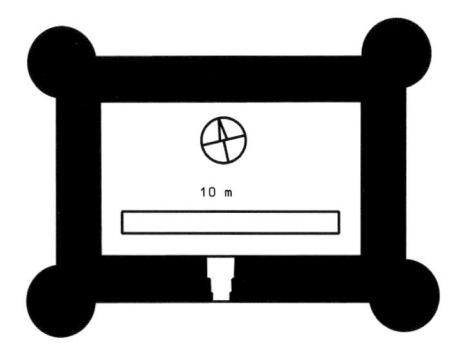

Abb. 56 | Sinap, Türkei, Wohnturm um 1200 ?

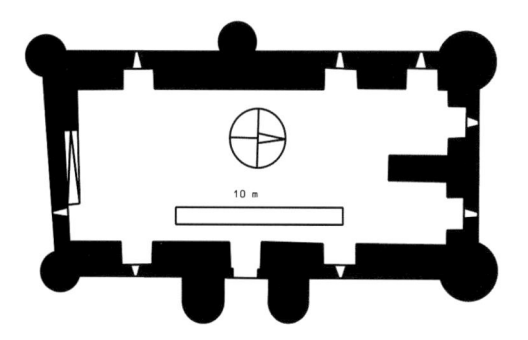

Abb. 57 | Anacik, Türkei, Wohnbau um 1200 ?

kei) zeigt analoge Böschungsmauern sowie zwei innen repräsentativ gestaltete monumentale D-Türme, die außen konsequent mit Buckelquadern verkleidet sind. Zur Datierung werden hier päpstliche Aufrufe zur Finanzierung im Jahr 1256 herangezogen.[90]

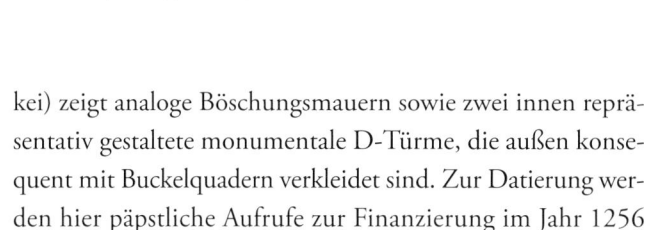

An einer neuralgischen Stelle Kilikiens liegt die großformatige Festung Toprakkale, die im 12. Jahrhundert zwischen Armeniern, Kreuzfahrern, Byzantinern und Seldschuken hart umkämpft und mehrfach ausgebaut worden war (Abb. 59).[91] Im frühen 13. Jahrhundert dürfte die Kernburg in einer Gemeinschaftsaktion von armenischem König und Johanniterorden in zwei Etappen zu einem modernen großräumigen Kastell aufgerüstet worden sein.[92] Zunächst entstanden die Ost- und Südseite mit ihren D-Türmen, während die anderen Seiten wohl noch aus byzantinischer Zeit erhalten blieben. Erst gegen Mitte des 13. Jahrhunderts wurden die Nord- und die Westseite mit deutlich massiveren Wänden sowie großen Halbrund- und zwei dominanten Ecktürmen, alle mit 6- bzw. 8-Eck-Sälen in den Obergeschoßen erneuert. Nur hier gab es krönende Schützengalerien, Wehrerker sowie einen hohen umlaufenden Talus-Sockel. Innen waren diese Mauern von schmalen Gewölbehallen sowie einem hohen Saalbau begleitet. Somit entstand unter fast vollständiger Überbauung der älteren Baureste eine konsequente 80 x 150 m große Befestigung, die bald mit einer ähnlich gestalteten Vorburg erweitert wurde. Eine weitere große Unterburg datiert noch in byzantinische Zeit. Die gewaltige Festung war nun so wehrhaft, dass sie nie erobert werden konnte. Es zeigt sich, dass im Austausch zur wahrscheinlich armenischen D-Turmbauweise durch die modernen breiten Schießkammern und die steilen Böschungsmauern auch ein Wissenstransfer von der Levante hin zu den Armeniern erfolgt ist. Hauptsächlich gilt aber als fraglos, dass bei dieser engen Zusammenarbeit zahlreiche armenische Bauhandwerker mit ihrer charakteristischen Techniken, Maßen und Steinmetzzeichen in die Kreuzfahrerregionen eingewandert sind und von dort auch nach Europa kamen.[93]

Als zweite Herkunftsmöglichkeit der Rundelemente werden die westeuropäischen Staaten Frankreich und England vermutet, wo derartige Türme seit dem späten 12. Jahrhundert im gehobenen Burgenbau Standard waren.[94] Während sich unter der königlichen Krone jeweils Kastelle mit regelmäßigen Rund- bzw. Halbrundturmfolgen etablierten, entstanden bei normalen Adelsburgen vor allem in Wales und Schottland großformatige D-Türme, die ab der Mitte des 13. Jahrhunderts auch in den Niederlanden Verbreitung fanden. Als Haupt-Protagonist der französischen Rundtürme gilt König Philipp II., der im Jahr 1191 gemeinsam mit dem englischen König Richard Löwenherz in Palästina landete, jedoch aufgrund eines Streits um die Führung sofort umkehrte. Erst 1248 kam mit Ludwig IX. wieder ein französischer König ins Heilige Land, wo er in Sidon, Tyrus und Caesarea Befestigungen kleinerer Art beauftragte. Dennoch gehörten die französischen und englischen Kreuzfahrer seit jeher zum Rückgrat der Levante, die auch weiterhin stark präsent waren. Ihr Einfluss auf die Baukunst ist vor allem im 12. Jahrhundert durch eindeutige Stilvergleiche gut belegt.[95] Auch im 13. Jahrhundert finden sich in den künstlerischen Ausstattungen der

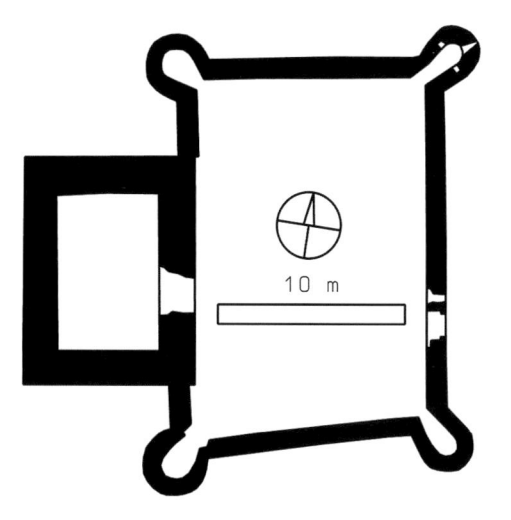

Abb. 58 | Kum Kale, Türkei, Kernkastell um 1200

DER VORDERE ORIENT ZUR ZEIT DER KREUZFAHRER

Burgkapellen und Gewölbekonsolen enge Verbindungen, sodass etwa der umlaufende Blumenfries im südlichen Rundturm des Crac des Chevaliers (Syrien) direkt mit dem ab 1225 erbauten Coucy (Ile-de-France) verknüpft werden kann. Selbst die für späte Kreuzfahrerburgen charakteristische konsequent umlaufende Sockelschräge findet sich bereits im Pariser Louvre um 1200 in ausgeprägter Form. Dem entgegen zeigten die frühen englischen und französischen Bauten keinerlei Buckelquader, sie hielten erst umgekehrt mit der Rückkunft Ludwig IX. Einzug in Frankreich, während sie zu keiner Zeit in England Verwendung fanden.

Somit kann vorerst nur konstatiert werden, dass im frühen 13. Jahrhundert zahlreiche Burgen mit runden und D-förmigen Türmen verstärkt und dafür bautechnische Elemente aus Westeuropa und dem armenischen Nachbarland fusioniert wurden, während eine eventuelle Anknüpfung an muslimische Festungen offen bleiben muss.

Da man sich im mittleren 13. Jahrhundert auf die Reduktion auf wenige Festungen sowie auf deren aufwändigen Ausbau zu uneinnehmbaren Bollwerken konzentrierte, gab es kaum noch neue Burganlagen (Abb. 60–61). Eine große Ausnahme bildete die Burg Arsur. Die etwa 15 km südlich von Tel Aviv gelegene Burg stand auf einem Felsriff direkt über dem Mittelmeer und war durch eine kleine Hafenanlage vom Land aus unabhängig zu versorgen. Sie bildete den Eckpunkt einer älteren kleinen Kreuzfahrerstadt, die im Kern auf eine byzantinische sowie arabische Siedlung zurückging.[96] Nach der Schleifung der Stadt durch Saladin sowie der berühmten Schlacht von Arsur, bei der Richard Löwenherz die Araber besiegen und somit die Kreuzfahrerstaaten vor dem Untergang hatte retten können, ließ Johann II. von Ibelin als Konstabler und Bailli des Königreichs Jerusalem ab 1241 einen neuen Herrschaftssitz errichten, der bereits 1261 an die Johanniter abgetreten, jedoch schon 1265 erobert und dem Erdboden gleichgemacht wurde. Ab 1977 fanden Ausgrabungen statt, die fast nur stark zerstörte Sockelmauern freilegten, jedoch eine recht vollständige Rekonstruktion des Grundrisses erlauben.

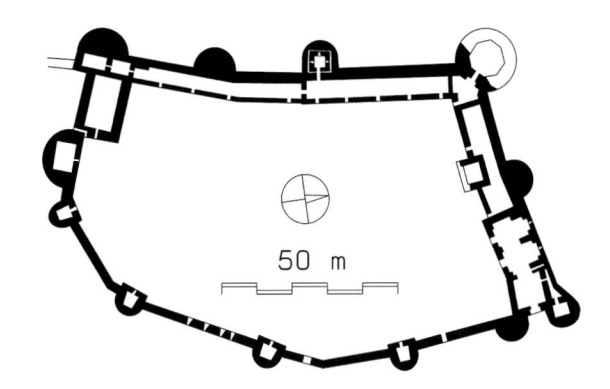

Abb. 59 | Toprakkale, Türkei, Kernkastell 1. H. 13. Jh.

Demnach indizieren Baufugen und Konzeptänderungen, dass wohl 1241 hart an der Felsklippe ein rechteckiges Gebäude begonnen wurde, das zentral einen achteckigen Torturm besessen haben dürfte. Wahrscheinlich waren es erst die Johanniter, die daraus – ähnlich wie in Sidon – eine bemerkenswerte Polygonalfestung machten, indem sie landseitig einen fünfseitigen Bering mit halbrunden Eckbastionen und Doppelturmtor ansetzten. Der rechteckige Kernbau erhielt zwei eckige Flankentürme. Landseitig errichtete man einen Zwinger, der wohl von drei großen kleeblattförmig angeordneten Halbrundbastionen und steilen Sockelschrägen dominiert war. Davor gab es einen tiefen Graben mit gemauerter Kontereskarpe. Obwohl damit ein Höhepunkt hochmittelalterlicher Fortifikation erreicht war, musste man schon bei der ersten Belagerung mangels Aussicht auf Entsatz aufgeben und die Burg räumen.

Der Grund für das endgültig nahende Ende der Kreuzfahrerburgen war die Vereinigung der muslimischen Nachbarn unter einem ägyptischen Mamlukengeschlecht. Ihr erster Sultan Bai-

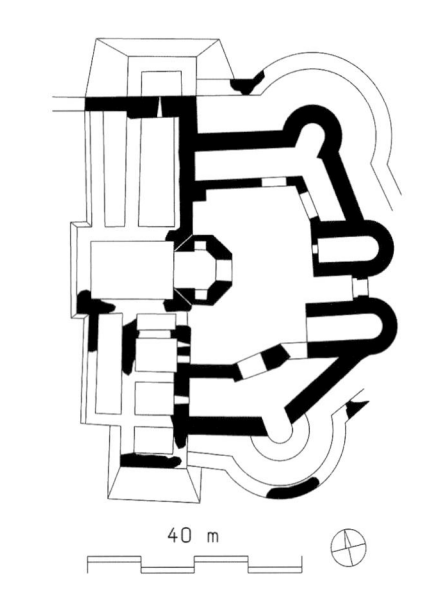

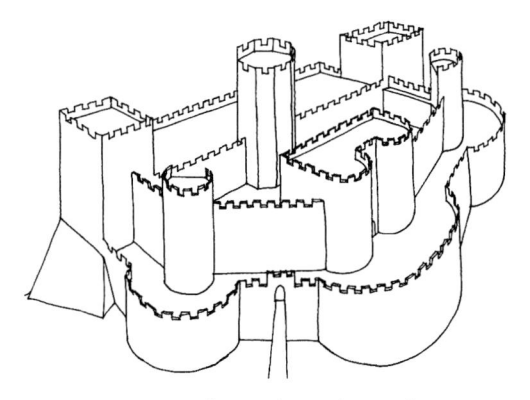

Abb. 60–61 | Arsur (Arsuf), Israel, Kernburg, ab 1241.

bars (1260–77) konnte auch die Mongolen für sich gewinnen und nun konzentriert Festung für Festung erobern.⁹⁷ 1265 folgte Caesarea, 1266 Safita und Toron, 1268 Antiochia, 1271 Montfort und Crac des Chevaliers, unter seinen Nachfolgern wurde mit der Eroberung von Tripoli 1289 und Akkon 1291 die gesamte Küste wieder muslimisch. Die meisten christlichen Festungen wurden bis auf den Erdboden abgetragen, lediglich im Landesinneren nutzte man sie als eigene Stützpunkte weiter. Bei notwendigen Wiederaufbauten sowie Erweiterungen setzten die Mamluken auf große Rundbastionen, die analog zu Arsur kleeblattförmig die Angriffsseiten schützten. Bei den wenigen reinen Neubauten errichtete man klassische rechteckige Kastelle mit Rundtürmen, etwa das Hafenkastell und die Zitadelle auf der Insel Arvad, beide um 1300.

---

1 Heidemann 2007, 35.
2 Ghazarian 2000, 15.
3 Berkian 1976, 235.
4 Hellenkemper 1976, 193.
5 Strzygowsky 1918, 263.
6 Berkian 1976, 121, 131, 143, 166 bzw. 185, 190, 200, 203, 206, 210.
7 Strzygowsky 1918, 580 bzw. Berkian 1976, 230.
8 Strzygowsky 1918, 648.
9 Veikou 2012.
10 Hellenkemper 1976 bzw. Edwards 1987.
11 Deluigi 2015, 63.
12 Strohmeier 1984.
13 Matuz 1985, 14.
14 Heidemann 2007, 37.
15 Leider ist die Architektur der Seldschuken in der Region noch weitgehend unerforscht, zumal der rasche Wechsel der Herrschaften eindeutige Zuordnungen erschwert. So ist es sehr wahrscheinlich, dass so manche heute Byzanz oder den Kreuzfahrern zugeordnete Anlage tatsächlich unter den Seldschuken entstanden ist. Neue Forschungen nach modernem Standard werden hier sicher noch einige Kalibrierungen erforderlich machen.
16 Braune 2008, 207.
17 Burns 1999, 189.
18 Borchardt 2008, 33.
19 Riley-Smith 2007, 83.
20 Stark 2013, 236.
21 Pringle 1995, 171.
22 Piana 2008, 422.
23 Biller 1999, 34.
24 Biller 1999 40.
25 Biller 1999, 48 bzw. De Meulemeester und Pringle 2008, 336.
26 Pringle 1995, 172.
27 Piana 2008 II, 396.
28 Borchert 2008, 34.
29 Boas, Piana 2008, 263.
30 Kloner, Cohen 2008, 286.
31 Siehe Seite 105.
32 Ellenblum 2003, 23.
33 Grey 1871, 124.
34 Pringle 1997, 43 bzw. Boas 1999, 70.
35 Kennedy 1994, 69.

36 Boas 2006, 118.
37 Kennedy 1994, 38.
38 Stepansky 2008, 385.
39 Boas 2006, 118.
40 Kennedy 1994, 64.
41 Nordiguian, Voisin 2009 391.
42 Deschamps II 1973, 205.
43 Jaspert 2007, 95.
44 Biller 2014, 25.
45 Stark 2013, 244.
46 Biller 2014, 126.
47 Biller 2014, 110.
48 Piana 2008, 408.
49 Piana 2008, 410.
50 Boas 2006, 119.
51 Borchardt 2008 II, 60.
52 Hiestand 1980, 72.
53 Kloner, Cohen 2008, 287.
54 Biller 1989, 106.
55 Biller 2006, 73.
56 Biller 1989, 127.
57 Kennedy 1994, 78.
58 Biller 1989, 135.
59 Piana 2008, 304.
60 Biller 2006, 47.
61 Biller 2006, 70.
62 Biller 2004, 234.
63 Boas 2006, 115.
64 Pringle 1986 bzw. Biller 2014, 78.
65 Pringle 1997, 99.
66 Molin 1995, 160 bzw. 248.
67 Möhring 2008, 47.
68 Möhring 2007, 158.
69 Gonella 2007, 103.
70 Burns 1999, 189.
71 De Meulemeester, Pringle 2008, 149.
72 Yovitchich 2008, 118.
73 Michauedel 2008, 104.
74 Piana bei Braune 2008, 207.
75 Leistikow 2008, 330.
76 Geva 2000, 156.
77 Deschamps II 1973, 150.
78 Heidemann 2006, 139.
79 Boas 2006, 134.
80 Biller 2014, 87.
81 Piana 2008, 374.
82 Dean 2009, 95.
83 Siehe Seite 135.
84 Radt 2015, 183.
85 Radt 2015, 189.
86 Radt 2015, 186.
87 Molin 2001, 170.
88 Zuletzt etwa Häffner 2006, 172.
89 Biller 2014, 63.
90 Biller 2009, 379.
91 Hellenkemper 1976, 141.
92 Häffner 2006, 175.
93 Hanisch 2008.
94 Zur französisch-nationalistisch angehauchten Diskussion zuletzt Häffner 2006, 180, mit weiterer Literatur.
95 Kühnel 1994, 40.
96 Roll 2008, 252.
97 Borchardt 2008, 42.

Enna, Italien

NORMANNISCHE REICHE

Aus den frühmittelalterlichen, oft sehr gut organisierten Raubfahrten skandinavischer Seeleute (den „Nordmannen") entwickelten sich über punktuelle Stützpunkte bald Kolonien und schließlich eigenständige Gebiete, die sich entlang der Ost- und Nordsee sowie den britischen Inseln ausbreiteten und unterschiedliche – teils verfeindete – Herrschaften bildeten.

Nach verheerenden Einfällen tief in den Kontinent erlaubte der französische König im Jahr 911 notgedrungen offiziell ihre Ansiedlung in der „Normandie" und leitete so den kulturellen Anschluss an die christlich-feudale Kultur des europäischen Hochmittelalters ein.[1] Man mutierte nun zu einer kampfstarken und bestens trainierten Oberschicht, die die regionale Bevölkerung regierte und sich ihr kulturell zunehmend anpasste sowie familiär langsam in ihr aufging.[2] Doch war den unternehmungslustigen Normannen offenbar ihr neues, friedliches Fürstentum nicht genug. Schon im späten 10. Jahrhundert sind sie als bewaffneter Pilgerschutz an zahlreichen christlichen Stätten des Mittelmeers fassbar.[3] Als gefragte Söldner reisten sie nach Spanien, Italien, Balkan, Anatolien und Jerusalem, um Christen vor muslimischen Überfällen zu schützen.

Süditalien war bislang in kleine Fürstentümer aufgeteilt, Apulien und Kalabrien unterstanden Byzanz, die nördlichen Teile gehörten zur Lombardei bzw. zum Heiligen Römischen Reich. Sizilien lag seit 787 komplett in arabischer Hand, hingegen waren Gaeta, Neapel und Amalfi kleine unabhängige Gemeinschaften. Als im frühen 11. Jahrhundert in der Normandie der niedere Adel politisch beschnitten wurde, setzte eine rege Wanderbewegung der unteren Nobilität in den Süden ein. Dort erhoffte man sich rasche Herrschaftsgewinne und einen sozialen Aufstieg.

Bereits um das Jahr 1000 traten erste normannische Söldner in den Dienst lokaler Rebellengruppen gegen Byzanz und starteten eine beeindruckende Schaukelpolitik: 1030 übernahm man erste eigenständige Herrschaften, 1038 schloss man sich einem byzantinischen Feldzug nach Sizilien an, der jedoch trotz großer Erfolge in einem Streit um die Beute mündete. Dennoch etablierte sich am Hof in Konstantinopel eine einflussreiche Normannengruppe, die höchste Ämter bekleidete. Gleichzeitig verdrängte man aber die Byzantiner langsam aus Apulien. 1042 wurde der Normanne Wilhelm von Hauteville zum Grafen erwählt, sein Bruder heiratete eine langobardische Prinzessin. 1047 erhielt man auf einer Versammlung des Kaisers Heinrich III. feierlich die eroberten Besitzungen bestätigt und neue Besetzungen zugebilligt. Dennoch stellten die Deutschen kurz darauf gemeinsam mit dem Papst und den Byzantinern ein großes Heer auf, das jedoch

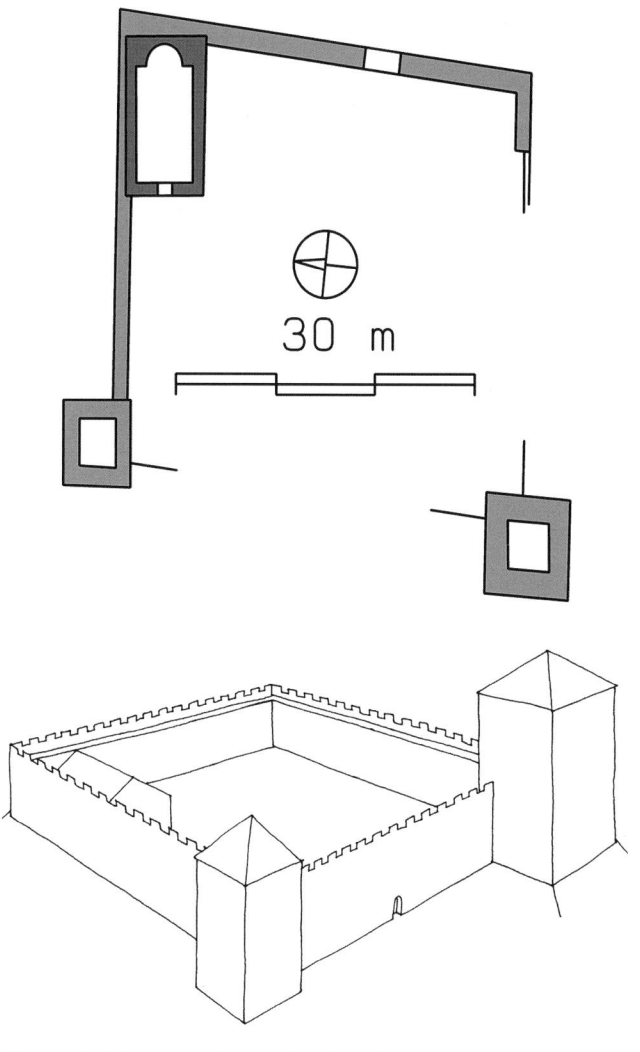

Abb. 1–2 | Bisceglie, Italien, Kernkastell, normannische Bauteile

Abb. 3 | Bisceglie, im Vordergrund der NW-Turm, rechts der SW-Turm, die beiden anderen Türme datieren später.

1053 in der Schlacht von Civitate geschlagen wurde. Schon 1059 verbündete sich der Papst mit den Normannen im Kampf gegen den Kaiser und bestätigte Nikolaus Robert als Herzog von Apulien und Kalabrien und künftigen Fürst von Sizilien. 1060 begann die etappenweise Eroberung des muslimisch beherrschten Sizilien, die 1091 abgeschlossen wurde. Bereits bis 1071 sollte das byzantinische Süditalien erobert werden. Es folgten Vorstöße nach Kampanien, Marittima und bis Rom und schließlich 1130 die Etablierung eines eigenen Königreichs.

Dass inzwischen das Herzogtum Normandie keineswegs militärisch ausgedünnt war, zeigt die 1066 von dort aus gestartete und im Handstreich erfolgreiche Eroberung Englands, die in kürzester Zeit bis weit nach Schottland und Wales ausgeweitet wurde.

In den 1080er Jahren wandte man sich dem östlichen Mittelmeer zu, 1081 eroberte man Korfu, 1082 kurzfristig Damaskus, 1090 Malta und Gozo. Ab 1097 wurden die europäischen Kreuzzüge entlang der kleinasiatischen Route ins Heilige Land tatreich unterstützt. Im Jahr 1100 stieg der Nor-

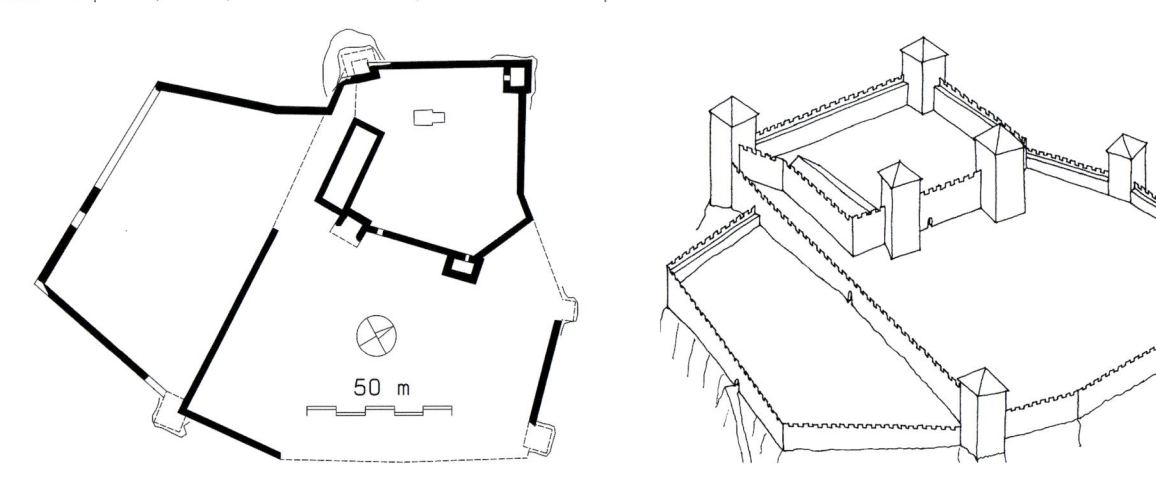

Abb. 4–5 | Enna, Italien, Castello Lombardo, normannische Bauphasen

manne Bohemund zum Grafen von Antiochia in Kleinasien auf, blieb jedoch in starker Abhängigkeit von Byzanz bzw. später Jerusalem. Von 1148 bis 1160 existierten auch in Nordafrika entlang der Küste normannische Provinzen, sie konnten sich jedoch nie etablieren, da in dieser Zeit der Niedergang begann. 1154 starb das normannische Königsgeschlecht von England aus, dem ein französisches folgte. 1192 begann die französische Eroberung der Normandie, die 1204 abgeschlossen wurde, 1194 fiel das süditalienische Königreich an die deutschen Staufer. Lediglich in Antiochia gab es nominell noch ein normannisches Fürstentum, das jedoch in ständiger Defensive gegen muslimische Einfälle von christlichen Nachbarstaaten, Kreuzfahrern und Ritterorden dominiert war und schließlich 1268 an die Muslime fiel.

DAS NORMANNISCHE KÖNIGREICH IN SÜDITALIEN

König Roger I. (ab 1112 Herzog, 1130–1154 König)
Zu den frühen Glücksrittern aus dem niederen Adel hatte Tankred von Hauteville aus einem winzigen Dorf bei Coutenances in der Normandie gehört.[4] Im mittleren 11. Jahrhundert hatte sich sein verzweigter Clan bei der Herrschaftsbildung in Süditalien weitgehend durchsetzen können, wobei Charisma und Tatkraft über den Stand siegten. Als wesentliche Familienzweige im frühen 12. Jahrhundert ausstarben, gelang es Graf Roger bis 1127, die drei Herzogtümer Apulien, Kalabrien und Sizilien in seinen Händen zu vereinen. Um die Herrschaften zu einem einzigen Reich zu verschweißen und mit den benachbarten Fürsten gleichrangig zu werden, verhandelte Roger im Zuge der anstehenden Papstwahl mit dem schwächeren Kandidaten und konnte ihm tatsächlich 1130 zur Wahl als Papst Anaklet II. verhelfen. Im Gegenzug wurde Roger am Weihnachtstag 1130 zum ersten König gekrönt.
Mit einer umfangreichen Reform wurde nun die Verwaltung nach byzantinischen und arabischen Vorbildern umgestaltet und damit eine europaweit einzigartige und modern anmutende Regierung geschaffen.[5] Dazu gehörte offenbar auch der Burgenbau.
Die frühen Normannen hatten auf bestehende byzantinische, langobardische und arabische Befestigungen zurückgreifen können, deren Mauern und Türme teilweise bis heute überdauert haben. In dieser baulichen Tradition, deren Handwerker vielleicht direkt übernommen wurden, erfolgten bereits im mittleren 11. Jahrhundert erste eigene Burgenbauten entlang der Küste und in den Bergen, etwa in Sant'Angelo und Casertavecchia. Erste erhielt einen zur Angriffsseite orientier-

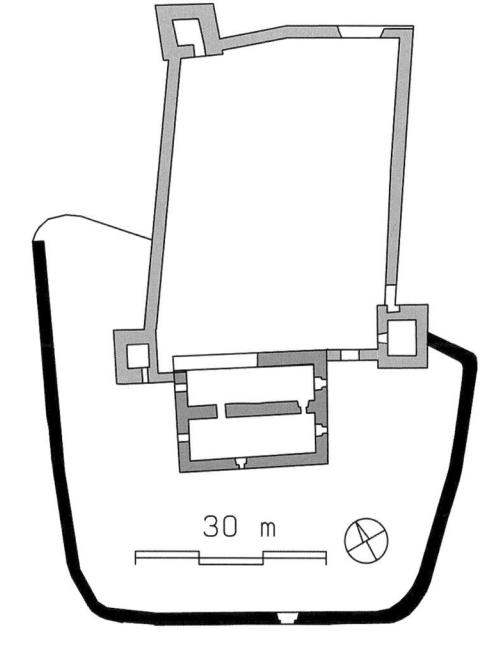

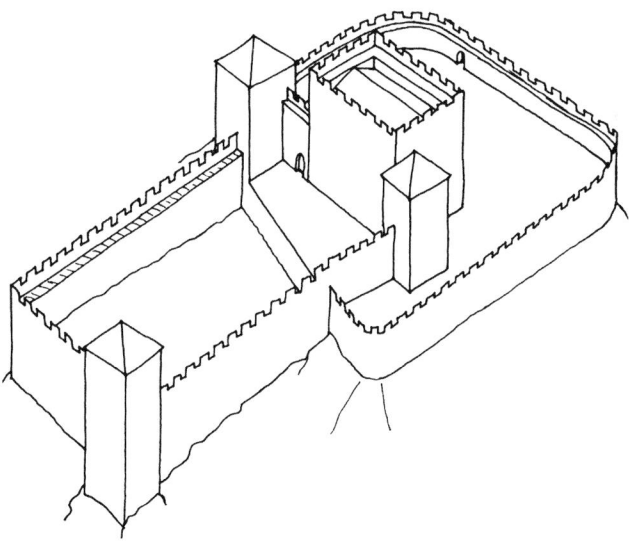

Abb. 6–7 | Melfi, Italien, Kastell, byzantinische und normannische Bauphasen

ten Fünfeckturm, in letzter wurde wohl in dieser Zeit eine polygonale (byzantinische?) Ringmauer durch mehrere Türme verstärkt. Dem entgegen entstanden auch deutlich andere Herrschaftssitze, die nach westeuropäischem Vorbild massive Erdaufschüttungen, Holz-Erde-Mauern sowie dominante steinerne Wohntürme aufwiesen. Zahlreiche dieser großformatigen Türme sind bis heute gut erhalten. Sie belegen eine höchst heterogene Burgenbaukunst, deren mögliche soziale Schichtung noch nicht erforscht ist.[6]
Unter König Roger kam es offenbar zu einem groß angelegten staatstragenden Bauprogramm, das neben den zentralen Regierungspalästen und repräsentativen Kathedralen auch einige strategisch gelegene Kastelle umfasste (Abb. 1–3).

Abb. 8 | Melfi, Gesamtansicht vom Tal auf das Kastell

So wurde in Bisceglie am Rand der Ortsbefestigung eine rechteckige Anlage errichtet, die eine ältere (byzantinische?) Kapelle integriert und die ganz offensichtlich in mehreren Etappen entstanden ist.[7] Als Kern lässt sich ein stark verzogenes Geviert von etwa 42 x 43 m rekonstruieren, dessen stadtseitige Ecken durch zwei ebenfalls verzogene Türme dominiert waren. Der südliche kann mit fast 10 m Breite und 2,3 m starken Mauern als Hauptturm bezeichnet werden. Es dürfte weitere ähnliche Zitadellen gegeben haben, die jedoch heute alle stark überformt sind.[8]

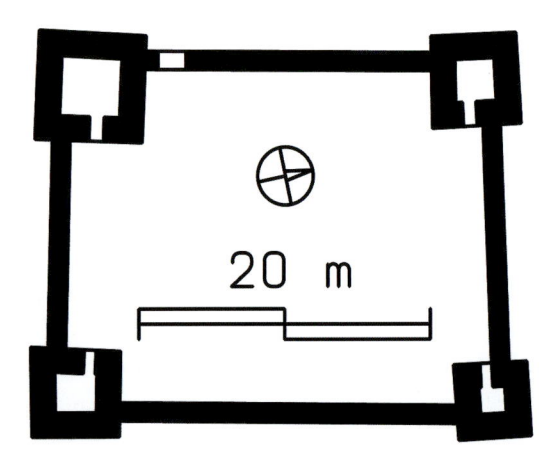

Abb. 9 | Crecchio, Italien, Kernanlage 12. Jh.

Nach dem Fall des strategisch bedeutenden arabischen Stützpunktes Enna im Zentrum von Sizilien im späten 11. Jahrhundert wurde mit dem Bau einer großen Truppenfestung begonnen, die mit zahlreichen Bauphasen und Konzeptänderungen bis ins 13. Jahrhundert mehrfach grundlegend umgewandelt wurde (Abb. 4–5). Um 1130 ist die Anlage erstmals als Lager für königliche Söldner aus der Lombardei fassbar, 1145 wird sie dezidiert urkundlich genannt.[9] Mangels näherer Datierungen kann nur vermutet werden, dass zunächst eine (ältere?), dem felsigen Bauplatz polygonal angepasste Ringmauer mit weit vorstehenden Ecktürmen verstärkt wurde. Diese Türme sind heute weitgehend verschwunden, jedoch als charakteristische Felsplateaus über dem künstlichen Grabenrand noch gut zu lokalisieren. In einer zweiten, möglicherweise schon viel späteren Phase wurde ein kleines Innenkastell mit etwa 60 x 70 m Fläche abgetrennt und zur viertürmigen Kernanlage mit (etwas späterem?) großem Saalbau isoliert. Alle diese Phasen unterscheiden sich durch kleinteilige Bruchsteinstrukturen mit reinen Rundbogenöffnungen deutlich von staufischen Ausbauten aus Großquadern, wenngleich rezente Renovierungen durch ihre konsequenten Quadereinschübe die Bauphasen stark verunklärt haben.

Die Heterogenität der frühen normannischen Bauten zeigt am Anschaulichsten die politisch hochbedeutende königliche

Abb. 10 | Crecchio, Gesamtansicht von Süden

Burg Melfi, etwa in der Mitte zwischen Campanien und Apulien gelegen (Abb. 6–8). Innerhalb der weitgehenden Überbauung durch Staufer und Anjou haben sich die Erstphasen bemerkenswert gut erhalten. Demnach dürfte zunächst ein trapezförmiger Bering mit abgerundeten Ecken entstanden sein, der im Vergleich zu Sannicandro und Casertavecchia wohl noch byzantinisch ist. Zentral entstand darin ein 17 x 23 m großer Wohnturm westeuropäischen Typs, der gut mit normannischen Gegenstücken in Adrano und Paterno aus dem späten 11. Jahrhundert vergleichbar ist. Erst als dritte Phase datiert ein klassisches, leicht verzogenes Kastell, das bemerkenswerter Weise in den steilen Hang gestellt wurde. Das mögen die Betonung des Hauptturms und die Anbindung an die unten anschließenden Ortsbefestigungen erfordert haben, jedenfalls wurde dieser Zubau recht kompromisslos ins Gelände gesetzt. Stark erneuerte hochromanische Biforenfenster legen eine Entstehung im mittleren Drittel des 12. Jahrhunderts nahe, wenngleich eindeutig datierbare Baudetails fehlen. Auch an der nordöstlichen Grenze des normannischen Reichs dürfte in Crecchio, in den Abbruzzen, 15 km von der Adria entfernt, ein frühes Kastell erhalten sein (Abb. 9–10). Die später fast unveränderte, jedoch romantisierend ausgebaute Anlage entzieht sich mangels historischer Daten und eindeutig datierbarer Baudetails einer exakten zeitlichen Zuordnung, jedoch zeigt das blockhafte Bruchsteinmauerwerk mit Quaderecken aus Sandstein Parallelen zu den vorgenannten Bauten. Die kleinen Öffnungen bestehen aus gerade geschnittenen hochromanischen Rundbögen, ähnlich zu Enna. Nicht zuletzt passt das kastellförmige Konzept mit leicht verzogenem 25 x 31 m großem Rechteck sowie vier 6 bis 7 m breiten Türmen recht gut zu Enna und Melfi.[10]

Im mittleren 12. Jahrhundert entstanden auch in Palermo zwei programmatische Bauten. Der Palazzo Reale, dessen Kern noch aus vornormannischer Zeit datiert, wurde nun zu einer prachtvollen Zitadelle an der Stadtmauer ausgebaut.[11] Stadtseitig entstanden zwei dominante Ecktürme als geräumige Wohntürme, feldseitig wurde der Bering durch turmartige Bastionen verstärkt.[12] Dazwischen entstand ein rechteckiger Hof, in dessen Mitte man die große Palastkapelle derart einstellte, dass ihre drei Apsiden in einem Mauerpfeiler der stadtseitigen Kurtine mündeten. Diese gesamte Konzeption und die Einbindung der Kapelle erinnert an zeitgleiche Festungen der Kreuzfahrer in der Levante, wenngleich sich die prunkvolle Ausstattung mit Mosaiken an Byzanz orientierte.

Das wohl gleichzeitig entstandene Gegenstück am Hafen stellte das Castello a mare (Castellammare) dar, von dem heute nur der (mehrfach umgebaute) Torso des Hauptturms erhalten blieb.[13] Offensichtlich gab es auch hier ein großes

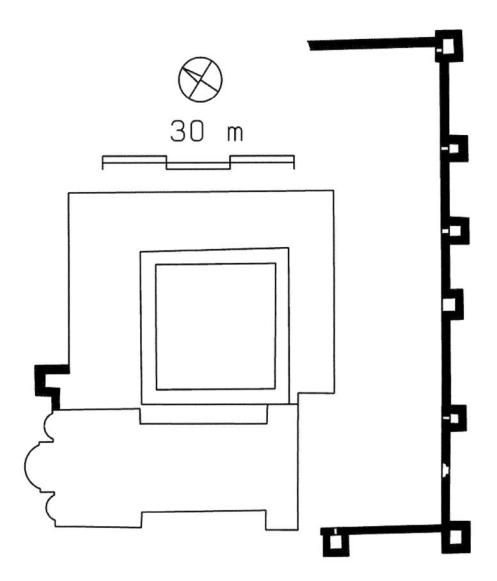

Abb. 11 | Monreale, Italien, Kastell, vor 1174

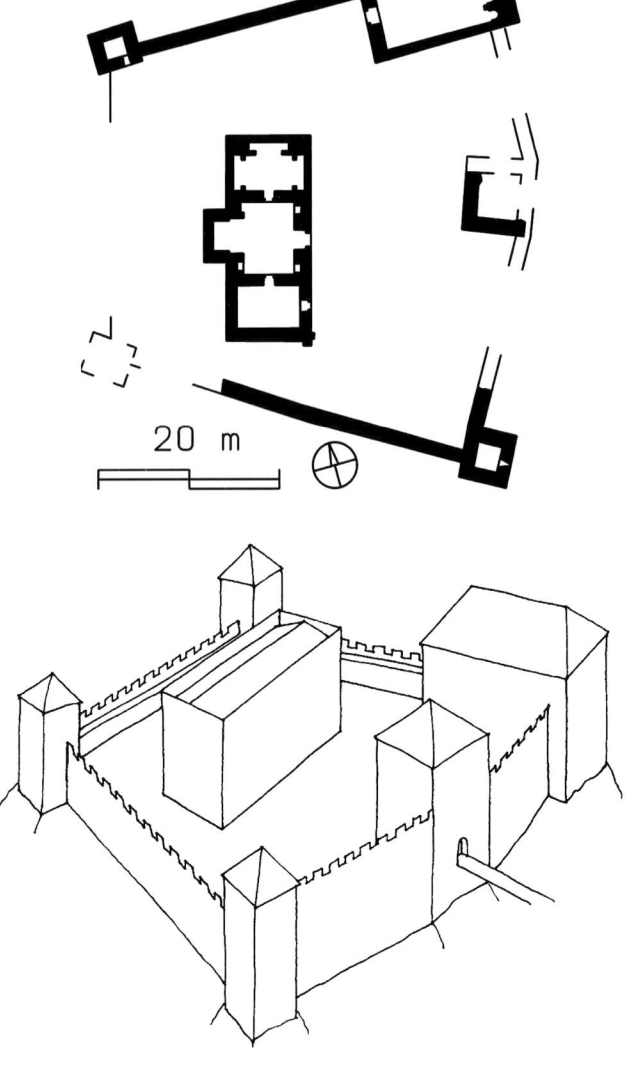

Abb. 12–13 | Caronia, Italien, Mitte 12. Jh.

rechteckiges Kastell mit zumindest einem repräsentativen Wohnturm, dessen Grundriss eng verwandt mit dem erhaltenen Turm des Palazzo Reale ist.

Bislang kaum beachtet steht in Monreale, südwestlich außerhalb der sizilianischen Hauptstadt Palermo, der ansehnliche Rest eines großen undatierten Kastells (Abb. 11).[14] Nach 1174 wurde hier ein geräumiges Benediktinerkloster eingebaut, während außerhalb ein neuer königlicher Palast entstand. Die nur teilweise erhaltene Befestigung besetzte eine Fläche von etwa 620 x 745 m und war mit zahlreichen vorstehenden Mauertürmen geschützt. Falls diese Anlage nicht ein älteres (römisches bzw. byzantinisches?) Lager darstellt, handelt es sich wohl um ein bemerkenswert konsequentes Beispiel normannischer Kastellbaukunst des (mittleren?) 12. Jahrhunderts. Das wäre durchaus wahrscheinlich, bildete Monreale doch das südwestliche Ende des königlichen Jagdreviers Parco Reale von Palermo, das durch zahlreiche Lustschlösser charakterisiert war.[15] Zu diesen passt das weitgehend großformatige Quadermauerwerk mit nach oben ansteigendem Kleinsteinanteil. Von diesen unterscheidet es sich jedoch durch den Mangel an repräsentativen Baudetails und durch die eindeutig wehrhafte Konzeption, weshalb es vielleicht als Gegenstück zum jenseits der Stadt liegenden Castellammare diente und eine rein militärische Funktion zur kasernenartigen Unterbringung einer Schutztruppe für den unbefestigten Park hatte. Das wäre durchaus sinnvoll gewesen, gab es doch in den benachbarten Bergen noch von Muslimen bewohnte Widerstandsnester.

Wie man sich außerhalb Palermos ein kleines königliches Lustschloss vorstellen kann, zeigt anschaulich die relativ gut erhaltene Anlage von Caronia (Abb. 12–13).[16] Auf einer sanften Hügelkuppe über der Küste gelegen, besetzt der Bau eine trapezförmige Fläche von etwa 45 x 54 m. Im Zentrum dominiert ein rechteckiger Palast mit symmetrischer Saalaufteilung, dessen Konzeption und Baudekor eng mit Rogers königlichen Lustschlössern von Uscibene und Zisa verwandt ist. Der kastellförmige Bering hatte wohl ursprünglich an der Eingangsfront einen Torturm, erhalten blieben zwei rechteckige Ecktürme sowie eine kleine turmartig vortretende Kapelle, deren Apsiden in der Mauer versteckt sind. Diese Anlage indiziert, dass wohl auch andere heute reduzierte Palastbauten außerhalb Palermos ursprünglich eine (kastellartige) Befestigung aufgewiesen haben können. (Abb. 14–15)

Einige Analogien zeigt die Burg Castellaccio oberhalb von Monreale, die traditionell mit der Errichtung des dortigen Klosters ab 1174 in Verbindung gebracht wird.[17] Diese bemerkenswerte Anlage belegt auf einem schmalen, abfallenden Felsgrat eine konsequent verzogen-rechteckige Fläche von et-

Abb. 14–15 | Castellaccio, Italien, 2. Hälfte 12. Jh.

wa 25 x 87 m, wobei Maueransätze indizieren, dass an der Eingangsfront eine Erweiterung vorgesehen war. Während außen einheitliche abweisende Mauertürme dominieren, gibt es innen eine Zweiteilung. Am Felssporn liegt auf gesamter Breite die Kirche, der ein kleiner Hof vorgelagert ist. Zum Eingang gibt es einen weiteren rechteckigen Hof, der von Gebäudetrakten umringt wird. Während bislang von einer „Fluchtburg" für die Mönche des Klosters ausgegangen wurde, könnten hier auch entweder eine kleine Garnison oder ein Lustschloss untergebracht gewesen sein, während eine reine klösterliche Nutzung zumindest im Baukonzept kaum zu erfassen ist und diese angesichts des bestens bewehrten Hauptklosters wenig wahrscheinlich scheint. Dafür zeigen sich Analogien zum königlichen Lustschloss Favara, das im mittleren 12. Jahrhundert durch den Wiederaufbau eines muslimischen Palastes in eine ähnliche zweihöfige Anlage mit zellenartigen Raumreihen sowie integrierter dreiapsidialer Kapelle, allerdings ohne Mauertürme, umgewandelt wurde.[18]

Die bemerkenswerte Entwicklung der Normannenherrschaft vom eroberungslustigen, räuberischen und spontanen Söldnertrupp zum politisch wie baulich gut organisierten Königreich ist durch Rogers gute internationale Vernetzung und die byzantinisch beeinflusste Erziehung zu erklären.[19] So lassen sich die von ihm beauftragten Mosaiken in mehreren Kirchen und im Palazzo Reale direkt auf byzantinische Künstler zurückführen,[20] ja in der Kirche Martorana in Palermo ist Roger sogar in byzantinischem Kaiserornat dargestellt, als er gerade von Christus persönlich gekrönt wird. Historisch sind seine handfesten Bestrebungen fassbar, selbst die Herrschaft zu übernehmen und zum Kaiser des byzantinischen Reichs aufzusteigen, 1149 scheiterte jedoch ein Überraschungsangriff auf Konstantinopel.[21] Gleichzeitig gab es durch die Wiederverheiratung seiner Mutter mit Balduin I., dem König von Jerusalem, enge Kontakte zur Levante, wenngleich ihre Rückkunft 1117 zu schweren politischen Verstimmungen geführt hatte. Zahlreiche sizilianische Kämpfer waren weiterhin in den Kreuzfahrerstaaten aktiv und brachten von dort wohl auch Ideen zum Festungsbau zurück. So verwundert es nicht, dass die Kastelle des normannischen Königreichs enge Analogien zu den gleichzeitigen im Heiligen Land aufwiesen.

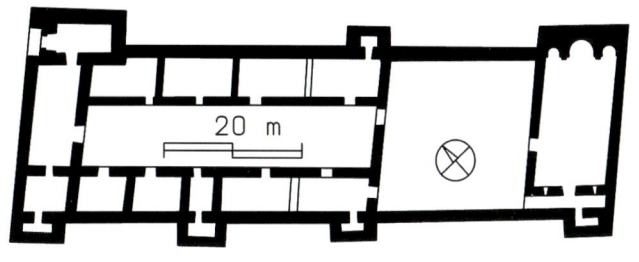

NORMANNISCHE REICHE | 223

König Wilhelm II. (1166–1189)

Nach Rogers Tod 1154 folgte sein Sohn Wilhelm I. (1154–1166), der sich sofort Einfällen von Byzanz, dem Römischen Reich und dem Papst sowie Aufständen im Kernland und den nordafrikanischen Kolonien gegenüber sah. Während diese verloren gingen, konnte Süditalien weitgehend befriedet werden. Die Geschichte sieht in diesem König einen grausamen Herrscher, der sich vor allem für die Lustbarkeiten seiner Gartenpaläste interessierte.[22]

Auch sein Sohn Wilhelm II. widmete sich dem Komfort und Luxus der Lustschlösser und übernahm zusätzlich zahlreiche arabische Gepflogenheiten. Obwohl er selbst an keiner einzigen Schlacht teilgenommen hatte, beteiligte er sich durch Truppen am 3. Kreuzzug nach Jerusalem und rüstete sein Land mit mächtigen Burgen zu einem christlichen Bollwerk im Mittelmeer auf. Aus dieser Zeit dürften mehrere Kastelle stammen, die wohl aufgrund seines frühen und unvermuteten Endes unfertig blieben. (Abb. 16)

Bislang völlig ohne sichere Datierung stehen die frühen Bauphasen des historisch so bedeutenden Kastells von Bari.[23] Die langjährige Hauptstadt der byzantinischen Provinz Apulien (und ihr letzter Stützpunkt bis 1071) war bereits vor der Ankunft der Normannen durch mächtige Befestigungen und ein mehrteiliges Militär- und Verwaltungszentrum geschützt. Dieses dürfte von der Küste bis zur heutigen Kirche San Nikola gereicht haben. Jüngere Ausgrabungen konnten in der heutigen Festung ein trapezförmiges Kernkastell aus byzantinischer Zeit nachweisen, das den Nukleus der mittelalterlichen Feudalburg bildet. Weiters sind die staufischen Ausbauphasen des frühen bis mittleren 13. Jahrhunderts gut an ihren frühgotischen Bauelementen und dem charakteristischen geflächten Buckelquadermauerwerk zu fassen. Die chronologisch dazwischen liegenden Bauphasen sind demnach wohl als normannisch einzustufen, also grob zwischen dem späten 11. und dem späten 12. Jahrhundert. Dabei zeichnen sich zwei unterschiedliche Planungen ab. Zunächst wurde eine zumindest dreiflügelige, durch sorgfältiges Quadermauerwerk und Wandlisenen ausgezeichnete Hofbebauung errichtet, deren einzig gut erhaltene Untergeschoße zentrale Erschließungen und schmale Lichtschlitze aufwiesen, an der Südfront wurde eine breite Torgasse mit Gurtbögen ausgelassen. Für dieses palastartige Baukonzept wurde der ältere byzantinische Bering an der Nordfront und der Südwestecke abgebrochen und versetzt.

Dieser Hofbebauung nicht zuzuordnen, sind zur Küste hin zwei rechteckige Türme an den Ecken derart angesetzt, dass sie die jeweils südlich anschließenden Mauern repräsentativ flankieren. Die dazwischen liegende Küstenfront ist nicht erhalten, die Hofbebauung legt aber eine dort zu den Türmen bündig bzw. etwas vorspringende Beringseite nahe. Das auffallende Element dieser beiden etwa 11 m breiten Türme stellen flächige grob gearbeitete Buckelquader dar, wie sie an den bislang genannten Bauten nicht vorkamen. Es kann vermutet werden, dass es sich um direkte Anleihen aus den Kreuzfahrerstaaten handelt, wo ähnliche Kastelltürme mit vergleichba-

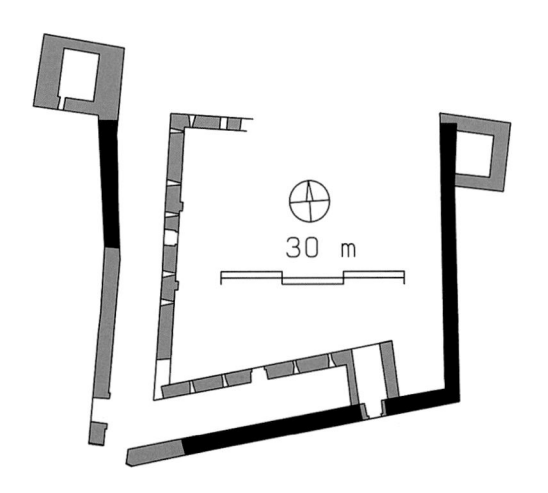

Abb. 16 | Bari, Italien, Kernkastell, byzantinische und normannische Bauphasen

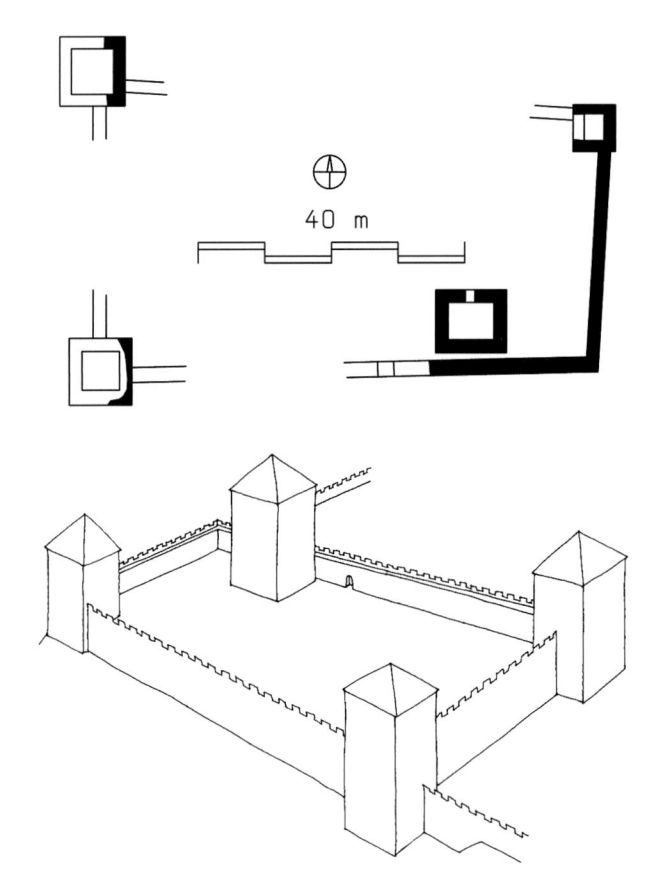

Abb. 17–18 | Barletta, Italien, Kernkastell, normannische Bauphasen

ren Buckelquadern ab dem mittleren 12. Jahrhundert allgemein bekannt waren. Völlig unklar ist hingegen die stadtseitige Eckbewehrung. Dort stehen jetzt staufische Ecktürme ohne Hinweis auf ältere Vorgänger. Diese wird es aber wohl zumindest in der Planung gegeben haben, vielleicht wurden sie nur nicht fertig gestellt. Demnach könnte die unter den Staufern vollendete viertürmige Konzeption der Spätzeit der Normannenherrschaft zuzuordnen sein, die Datierung der beiden küstenseitigen Türme würde sich somit knapp vor dem Tod Wilhelms II. 1189 einengen.

Dazu findet sich in Barletta ein Gegenbeispiel. Die dortige großformatige Barockfestung inkludiert zahlreiche hochmittelalterliche Baureste (Abb. 17–18).[24] Auch hier liegt die Burg am Rand der ursprünglich byzantinischen Stadt direkt an der Küste und bildete im Mittelalter den Eckpunkt der Stadtmauern. Auch hier gibt es keine exakten Datierungen, man hängt sich aufgrund der vergleichbaren Buckelquadermauern an Bari an,[25] wenngleich mehrere frühe Bauphasen fassbar sind. Als ältester Bau zeichnet sich ein weitgehend erhaltener Wohnturm von etwa 9 x 10 m ab („torre normanna"), dessen einfache Rundbogenformen gut mit den Kastelltürmen von Melfi vergleichbar sind. Sekundär wurde ein großformatiges, trapezförmiges Kastell von etwa 45 x 76 m angelegt, das den älteren Turm mit wenig Abstand umschließt und dessen Außenfluchten mit der Stadtmauer korrelieren. An der landseitigen Außenecke blieben die Reste eines 7 m schmalen, kaum vortretenden Eckturms erhalten. Die beiden Stadtseiten waren hingegen von zwei 10 m breiten, weit vortretenden Ecktürmen dominiert, die offensichtlich in der barocken Bastionsüberbauung vollständig integriert erhalten blieben, jedoch nur teilweise sichtbar sind. Dafür sind sie in voller Breite und großer Höhe zu erfassen. Alle drei Türme sowie die einsehbaren Beringteile bestehen aus großformatigem, grob zubehauenem Buckelquadermauerwerk, analog zu Bari.

Das dritte Beispiel normannischer Kastelle aus Buckelquadern stellt Sannicandro dar (Abb. 19–20).[26] Diese komplexe Anlage lässt sich wiederum zwischen eine byzantinische Erstanlage mit abgerundeten Ecken sowie einem mehrteiligen Großbau in staufischer Zeit relativ grob ins 12. Jahrhundert setzen. Damals entstanden an den Ecken vier gleichformatige, 8,5 m breite Türme, sowie an den Schmalseiten ein 11 m breiter Torturm und ein 12 m breiter dominanter Hauptturm. Im Hof datieren zwei getrennte Gebäude noch ins 12. Jahrhundert, von denen eines aufgrund der kleinen Räume ein Wohnbau und das dem Eingang gegenüber liegende ein durchgehender Versammlungssaal gewesen sein könnten. Alle Türme zeigen zu Bari und Barletta vergleichbares grobes Buckelquadermauerwerk, während die Gebäude kleinteiliges Quadermauerwerk aufweisen.

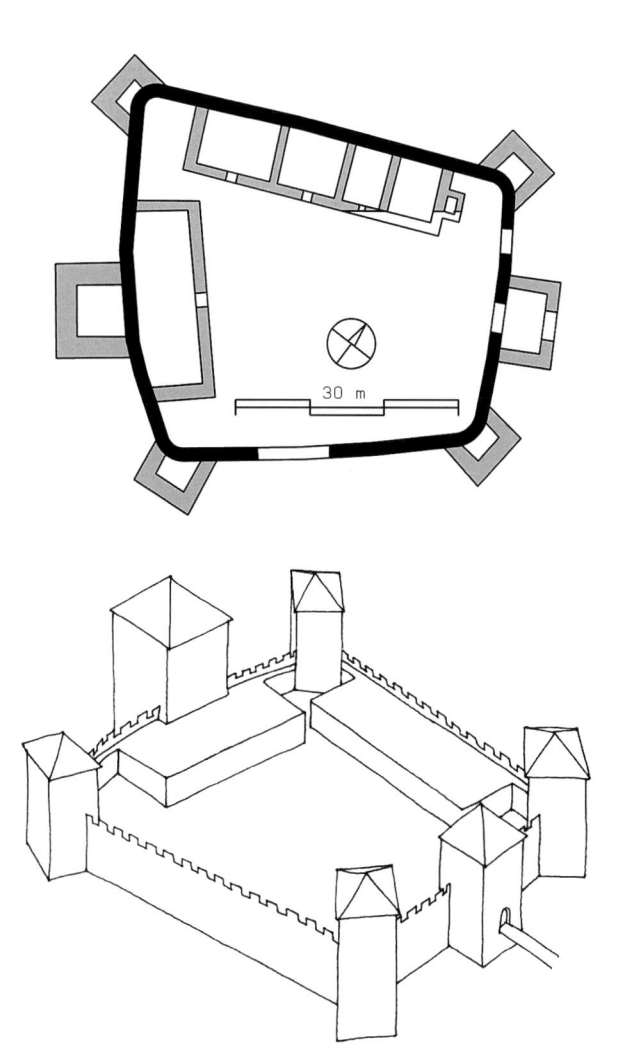

Abb. 19–20 | Sannicandro di Bari, Italien, Kernkastell, byzantinische und normannische Bauphasen

Einfache, qualitätvoll gearbeitete Rundbogenformen weisen in die Hochromanik. Demnach könnte zunächst die Innenbebauung entstanden sein, während im späten 12. Jahrhundert die Aufrüstung zur sechstürmigen Kastellburg erfolgte.

Alle drei Bauten zeigen in Konzeption und Mauerwerk enge Anlehnungen an Kreuzfahrerburgen im Heiligen Land, vor allem zu denen der Ritterorden. Das ist zunächst durch das hohe Engagement Wilhelms beim 3. Kreuzzug zu erklären. Es gibt aber auch kunsthistorisch nachweisbare enge Beziehungen seines Reichs zur Levante, so spricht man in den 1170er und 1180er Jahren dort geradezu von einem (süd-) italienischen Stil.[27]

Nach Wilhelms frühen Tod ohne Nachkommen folgte mit Tankret kurz ein umstrittener Enkel, nach dessen Tod 1194 jedoch der staufische Kaiser des Heiligen Römischen Reichs, Heinrich VI., in Palermo als Ehemann von Konstanze, der Tochter Roger II., zum rechtmäßigen König von Sizilien gekrönt wurde. Mit diesem unvermuteten Schachzug endeten das Normannische Königreich und die Unabhängigkeit Süditaliens, das nun zu einem nachgeordneten Reich im riesigen Stauferimperium wurde.

DAS KÖNIGREICH DER NORMANNEN IN ENGLAND

Ähnlich wie die Skandinavier hatten auch die Angeln und die Sachsen im Frühmittelalter entlang der Nord- und Ostseeküsten gut organisierte Raubzüge unternommen und schließlich auf den britischen Inseln Fuß gefasst. Sie verdrängten die einheimischen Kelten und gründeten eigene Fürstentümer. Im 11. Jahrhundert gelang den dänischen Königen die Vereinigung der Kolonien unter ihrer Krone, wenngleich die Beziehungen zu den nahen Kontinentalküsten dominant blieben.[28]

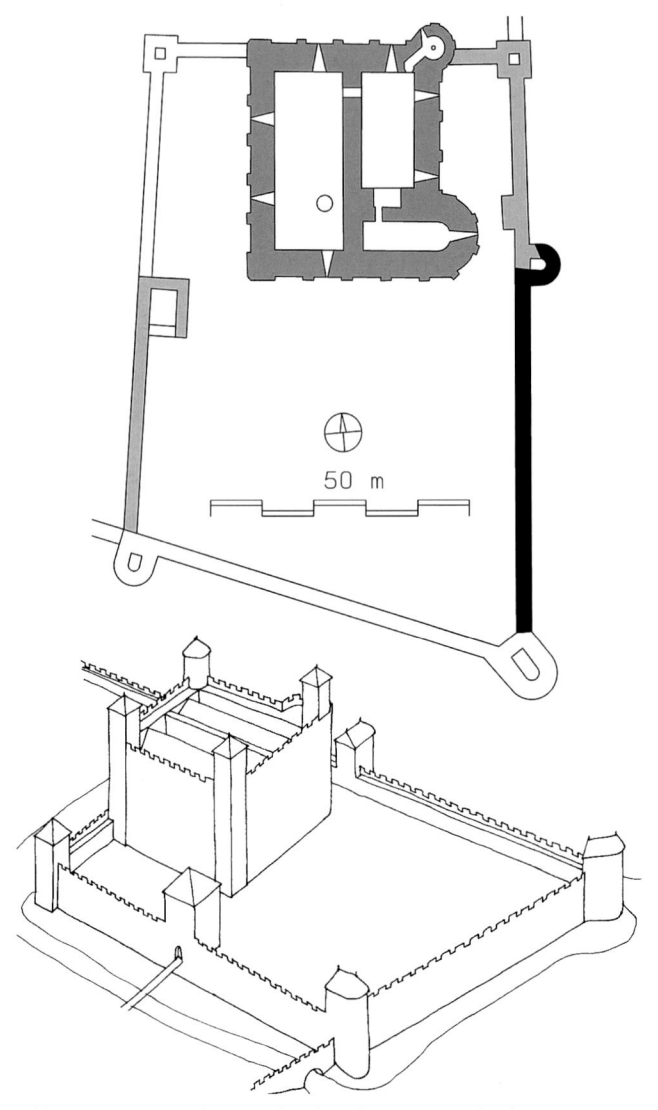

Abb. 21–22 | London, England, White Tower, idealisiertes Kernkastell, 4. V. 11. Jh.

Vor allem zur Normandie gab es gute Handelskontakte und Heiratsverbindungen, sodass immer mehr Adelige kamen und enge Allianzen schlossen.

Im Jahr 1066 ignorierte der normannische Herzog Wilhelm der Eroberer (Kg. 1066–1087) nach dem Tod seines entfernten Verwandten, des englischen Königs Eduard, dass man mit Harald schon einen lokalen Grafen zum Nachfolger gewählt hatte und bereitete eine Invasion vor. Gleichzeitig sah der norwegische König Harald Harada seine Chance, die Inseln zu erobern und stieß von Schottland aus in den Süden vor. Das englische Heer hetzte in den Norden und konnte einen fulminanten, aber verlustreichen Sieg erkämpfen. Noch während der Feiern kam die Eilmeldung, Wilhelm sei im Süden gelandet und sammle bei Hastings sein Heer. Sofort wurden alle Truppen in schonungslosen Eilmärschen in den Süden getrieben, wo man sich abgehetzt und unvollständig dem Feind entgegen stellte. Die Normannen triumphierten und töteten Harald und einen Gutteil seines Adels. Nach kurzen Plünderungszügen in der Umgebung ergab sich das Land und bereits zu Weihnachten wurde Wilhelm in London zum neuen König gekrönt.

Nach seiner Rückfahrt in die Normandie flackerten in den eroberten Gebieten überall Aufstände auf, die durch eine dänische Streitmacht verstärkt wurden. Nur mit intensiven Strafaktionen und folgenden Verträgen und Geiselnahmen konnte der Widerstand langsam gebrochen werden. Gegen Irland, Schottland und Wales folgten ähnliche Aktionen, jedoch zunächst keine weitere Eroberung mehr. Bis zu seinem Tod 1087 kümmerte sich Wilhelm um den Aufbau einer normannischen Verwaltung, die sich auf mächtige Burgen stützen sollte.

Der frühe normannische Burgenbau Englands konnte auf einem bereits gut ausgebauten Feudalsystem mit angelsächsischen Zentralorten und zahlreichen mächtigen Holz-Erde-Wallanlagen ansetzen. Wie der Teppich von Bayeux zeigt, folgte man dieser auch in der Normandie üblichen Technik durch den Bau zusätzlicher, rasch aufgeschütteter Erdburgen mit krönenden Holzpalisaden.

Die Angelsachsen hatten römische Steinkastelle renoviert und befestigt, etwa in Pevensey, Dover, Cardiff und Portchester, die umgehend von den Normannen konfisziert wurden. Auch die Siedlungen mit römischen Mauerringen wie York, Exeter, Colchester, Canterbury, Rochester, Chester, Winchester, Chichester und natürlich die Hauptstadt London sollten unter den Normannen ihre große Bedeutung behalten. Sie waren offenbar direkt in königlicher Hand und wuchsen zu zentralen Orten der Herrschaft. Allenfalls konnten die lokalen

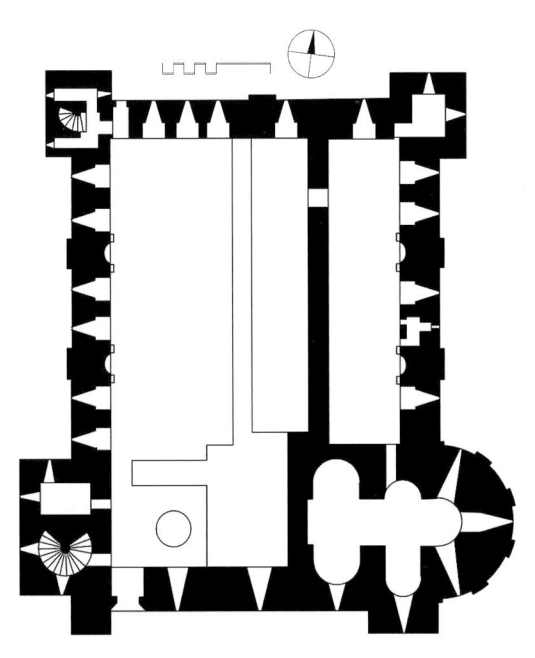

Abb. 23 | Colchester, England, Wohnturm, 4. V. 11. Jh.

Der Turm selbst ist durch seine Struktur und seine charakteristischen Baudetails eindeutig mit zeitgleichen Gegenstücken aus der Normandie zu vergleichen, etwa mit Ivry-la-Bataille,[31] wo es zudem einen ähnlich geradlinigen, jedoch turmlosen Beringumlauf gab. Sie alle zeichneten sich durch regelmäßige Lisenengliederungen aus, hatten aber durch konsequente Zinnenkränze oder Satteldächer keine besonderen Eckbetonungen.

Nur wenig später datieren mit Colchester, Castle Rising, Norwich, Rochester und Carlisle weitere königliche Wohntürme, deren Eckpfeiler zunehmend zu rahmenden Ecktürmen avancieren (Abb. 23).[32] Vor allem Castle Rising, Colchester und Rochester haben sich weit von den französischen Vorbildern entfernt und glichen nun einer Bauplanänderung am White Tower, wo ebenfalls schlanke Türme die Kanten betonten und den Bau deutlich überragten. Offensichtlich hatten diese Bauten nun die architektonische Konzeption eines viertürmigen Kastells innerhalb einer weiträumigen, zumindest teilweise ebenfalls durch Türme flankierten Steinmauer.

Bischöfe als enge Vertraute den Besitz verwalten. Erst als dritte und bei weitem kleinste Gruppe entwickelte sich ein eigenständiger normannischer Steinburgenbau. Eng an die architektonischen Vorbilder der Normandie angelehnt, entstanden ab den 1070er Jahren einige wenige großräumige Burgen, die durch einen dominanten Wohnturm beherrscht wurden. So zeigt etwa der ab 1072 errichtete Saalgeschoßbau von Chepstow enge Analogien zur großen Halle von Caen[29], zum zeitgleichen Wohnturm von West Malling und zu Domfront.

Die bedeutendsten normannischen Steinburgen gehörten zweifellos dem König selbst (Abb. 21–22). Hier ist allem voran der White Tower von London zu nennen, der kurz nach der Eroberung in einer Ecke der damals noch weitgehend intakten römischen Stadtmauer begonnen wurde.[30]

Heute hat nur der dominante Wohnturm überlebt, der namengebend für die ganze ausgedehnte Stadtburg wurde. Ausgrabungen und historische Ansichten vor der Purifizierung des 19. Jahrhunderts belegen, dass dieser Turm nicht allein stand, sondern von einer trapezförmigen kastellartigen Hofmauer mit Eck- und Mauertürmen eingefasst war. Wenngleich hier noch wesentliche Teile unerforscht sind und somit eine Rekonstruktion äußerst hypothetisch bleiben muss, zeichnet sich doch ab, dass dieses etwa 80 x 100 m breite Geviert zur ursprünglichen Konzeption gehört haben dürfte. Mangels Vorbildern in der Normandie mag das auf eine lokale Verschmelzung von Normannenturm und römischem Bering zurück zu führen sein, vielleicht aber auch auf byzantinische bzw. normannische Vorbilder am Mittelmeer.

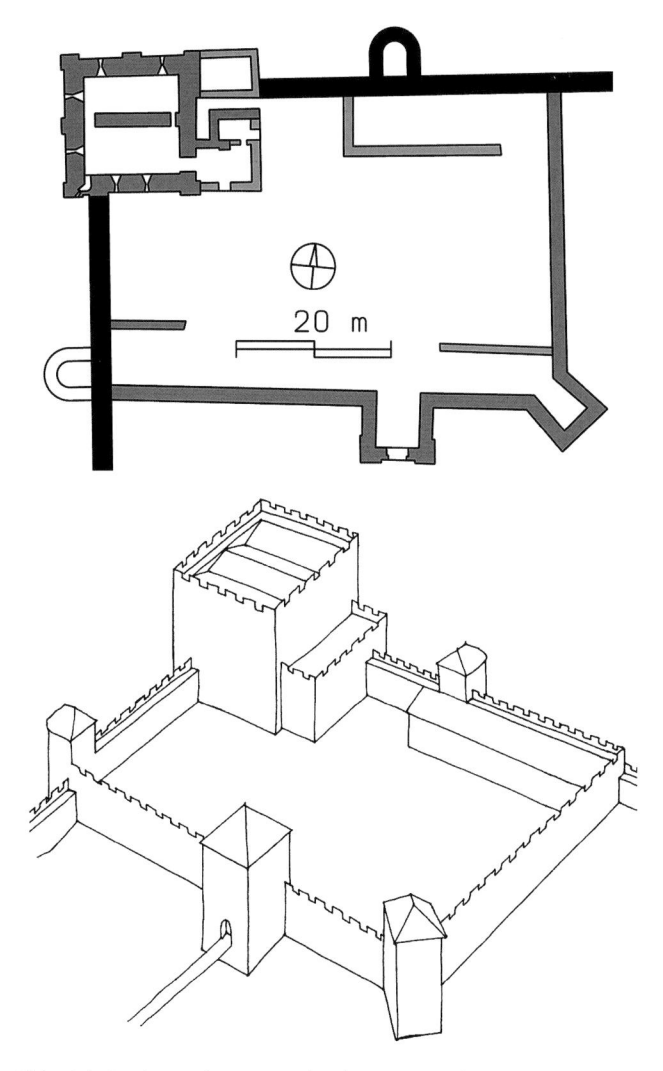

Abb. 24–25 | Portchester, England, 1. V. 12. Jh.

Abb. 26 | Portchester, Gesamtansicht von Südosten

Die großformatige Turmanlage von Colchester wird heute dennoch analog zum Turm von London in die Zeit unmittelbar nach der Landnahme durch die Normannen datiert.[33] Historische Bilder belegen trotz stark fragmentiertem Zustand, dass der Turm einst sehr ähnlich wie sein Londoner Gegenstück deutlich von den Ecktürmchen überragt und dominiert wurde, zweifellos war das auch bereits zu Beginn intendierter Teil des architektonischen Konzepts. Demnach könnten auch in London bereits ursprünglich vier hohe Ecktürme geplant gewesen sein.

Heinrich I. (1100–1135)

Bereits mit der Übernahme der Regierung durch Heinrich I. im Jahr 1100 endete diese Phase. Seine schmäleren Monumentaltürme, etwa Corfe, Wareham und Caen, orientierten sich mit ihren zierlich vorgelegten Lisenen wieder an der Normandie und erst 50 Jahre später sollte mit Middleham und Dover wieder an die überragenden Ecktürme angeschlossen werden.

Aus der Zeit Heinrichs dürfte die Burg Portchester datieren, die 1153 erstmals in königlichem Besitz genannt ist,[34] deren Sockel- und Lisenendetails aber mit Bauten des frühen 12. Jahrhunderts verwandt sind (Abb. 24–26). Innerhalb des seit angelsächsischer Zeit bevölkerten Römerlagers wurde an der Nordwestecke ein 40 x 60 m großes Geviert errichtet, das durch einen geräumigen Wohnturm, zwei römische Hufeisentürme sowie einen Eck- und einen Torturm gut flankiert war und in seiner Funktion als selbstständige Zitadelle innerhalb der befestigten Siedlung mit anderen Königsburgen von Exeter bis London vergleichbar ist. Hier war allerdings das kastellartige Bauschema mit rechteckiger Fläche, Wohnturm in Ecklage sowie vortretendem Torturm und (nach innen geöffnetem) Eckturm erstmals konsequent umgesetzt.

Nachdem Heinrichs umstrittener Sohn Stephan ohne Erben blieb, wurde 1153 der Sohn seiner Schwester Mathilda mit Gottfried von Anjou als Heinrich II. zum Nachfolger bestimmt und von Stephan adoptiert. Damit gilt das normannische Königshaus in England nominell als erloschen, wenngleich sein Blut durch die Mutter in Heinrich erhalten blieb. Die Inselbesitzungen gingen nun im riesigen angevinischen Reich auf, das weitgehend vom Kontinent aus regiert wurde.

1 Gravett 2006, 10.
2 Rowley 2003, 33.
3 Rowley 2003, 121.
4 Rowley 2003, 126.
5 Rowley 2003, 154.
6 Meier 1994, 17.
7 Leistikow 2002, 62.
8 Gravett 2006, 133.
9 Militello, Santoro 2006, 160.
10 Nachdem jedoch noch keine historischen oder archäologischen Forschungen vorliegen, ist die endgültige Zuordnung dieser Burg zu den Normannen, Staufern oder Anjou noch abzuwarten.
11 Meier 1994, 37.
12 Eine Ansicht des 18. Jhs. zeigt noch die heute weitgehend verlorene kastellförmige Burgstruktur, publ. Bei Rowley 2003, 161.
13 Meier 1994, 33. Die Gleichzeitigkeit wird durch eine analoge Fassadengliederung um das heute abgebrochene Tor indiziert, fotografisch dokumentiert und publiziert bei Meier 1994, Abb. 3.
14 Rowley 2003, 176.
15 Mauro, Sessa 2004, 70.
16 Militello, Santoro 2006, 194 bzw. Arabisch-normannische Kunst Siziliens 2004, 258.
17 Militello, Santoro 2006, 265.
18 Meier 1994, 58. Es ist jedoch vorsichtig darauf hinzuweisen, dass das kleinteilige Kompartimentmauerwerk mit Rüstholzraster besser der Zeit des 14. Jahrhunderts zuzuordnen wäre, während es unter den Normannen isoliert wäre. Es könnte somit sein, dass der heutige Bau ein weitgehender Wiederaufbau ist, der nur die romanische Kirche integriert.
19 Rowley 2003, 153.
20 Kühnel 1994, 56.
21 Rowley 2003, 154.
22 Rowley 2003, 161.
23 Willemsen 2001, 88.
24 Russo 2005.
25 Russo 2005, 21.
26 De Vita 2001, 126.
27 Kühnel 1994, 45.
28 Rowley 2003, 49.
29 Gravett, Nicolle 2006, 119.
30 Harris 2008, 39 bzw. Harris 2016, 185. Kürzlich konnte der komplette Turm naturwissenschaftlich datiert werden, demnach stammt sein unterer Teil aus der Zeit nach der Landnahme bzw. den Jahren nach 1066 und sein oberer Teil wurde nach einer Unterbrechung um 1100 errichtet.
31 Impey 2008, 238.
32 Impey 2008, 250.
33 Berridge 2016, 55.
34 Goodall 2008, 31.

Coucy-le-Château, Frankreich

KÖNIGREICH FRANKREICH

KÖNIG PHILIPP II. AUGUST (1180–1223)

Nach dem frühmittelalterlichen Aufstieg Frankreichs unter den Merowingern und Karolingern zu einem der mächtigsten Reiche Europas hatten sich daraus im Hochmittelalter zahlreiche unabhängige Herrschaften abgespalten, die maximal nominell dem Königreich unterstanden. Den Tiefpunkt dieser Entwicklung bildete um die Mitte des 12. Jahrhunderts die Vereinigung von mehr als der Hälfte des Westens unter Heinrich II. Plantagenet, der gemeinsam mit seinem Königreich England am Kontinent das mächtige „angevinische Reich" von den Pyrenäen bis zu den Alpen und zur Normandie etablierte.[1] Zu dieser Zeit unterstanden dem König von Frankreich nur mehr schmale Flächen von Paris bis Bourges mit wenigen Burgen. Das Königreich schien sogar ohne Erben, ehe 1165 endlich der ersehnte Thronfolger Philipp als „Gottesgabe" den Bestand der Monarchie sicherte.[2] Sein Vater König Ludwig VII. (1137–80) war ein einfacher frommer Mann, der von der steigenden Macht des nach Unabhängigkeit strebenden Regionaladels sichtlich überfordert war. Ihm werden keinerlei Burgbauten zugeordnet, wenngleich die zunehmenden Bedrohungen das durchaus erfordert hätten.

So konnte sogar der Bruder von Ludwig VII. als Graf von Dreux zu einem mächtigen Territorialherren der Ile-de-France aufsteigen (Abb. 1–2). 1152 hatte er nördlich von Paris an einer Überlandstraße die Herrschaft Brie-Comte-Robert erhalten und errichtete dort wohl deutlich später eine neue Stadtanlage und an der Nordecke ein konsequentes Kastell. Dieses ist heute als Ruine relativ gut erhalten und zeigt mit 55 m Seitenlänge vier runde Ecktürme, zwei runde Mauertürme sowie zwei viereckige Tortürme. Die massiven Wände waren durch keinerlei Fenster durchbrochen und liefen bis zur Mauerkrone als mantelartige Kurtinen durch. Obwohl es im Grundriss keinen hervorgehobenen Hauptturm gibt, dürfte der Nordturm mit seiner ehemaligen Höhe über 30 m die Anlage dominiert haben. Sämtliche Innenbauten mögen erst im 13 und 14. Jahrhundert eingestellt worden sein. Außen war die Burg von einem breiten Wassergraben umgeben. Leider ist der exakte Zeitpunkt dieses bemerkenswerten Baus nicht bekannt, sodass offen bleiben muss, in welcher Tradition er so konsequent konzipiert werden konnte.[3]

Traditionell wird die Anlage von Druyes als Initialbau dieser Bauart gehandelt (Abb. 3–4).[4] Grund dafür ist eine aufwändige Lisenenwand des hofseitig verschwundenen Saalbaus, deren rundbogige Wandvorlagen in die Zeit um 1180 gesetzt werden. Mit der Erstnennung 1188 dürfte der Bau spätestens fertig gestellt gewesen sein. Die im Burgund gelegene Burg gehörte ab dem späten 12. Jahrhundert dem Grafen Peter II. von Nevers und Auxerre, der durch seine Heirat 1184 zum Cousin von König Philipp II. avanciert war und somit auch zum Grafen von Dreux verwandtschaftliche Beziehungen bekam. Die konzeptionelle Nähe beider Bauten indiziert gleiche Bauideen und eventuell eine parallele Errichtung.

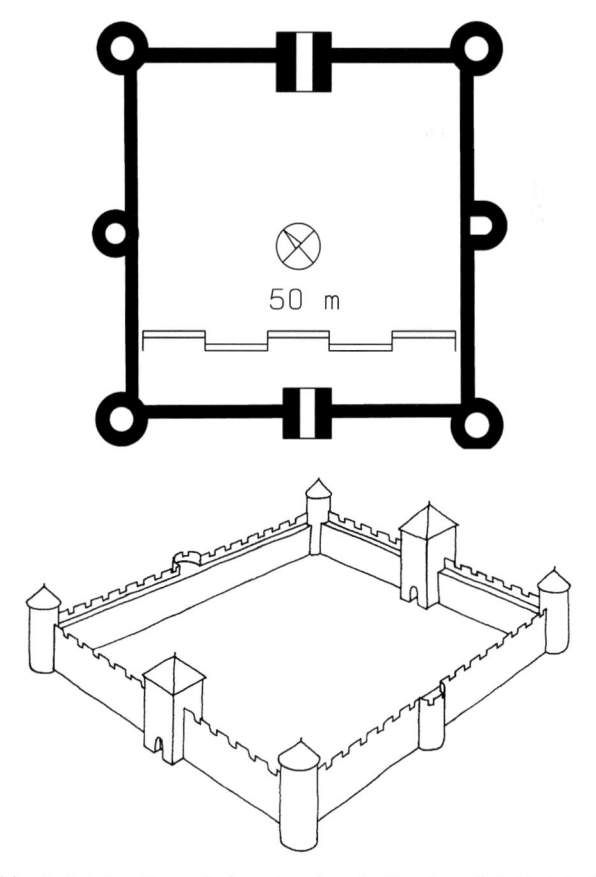

Abb. 1–2 | Brie-Comte-Robert, Frankreich, Kernkastell 2. H. 12. Jh.

In Dryes entstand wie in Brie ein ebenso konsequentes Kastell mit 65 m Seitenlänge, vier runden Ecktürmen und zwei eckigen Mauertürmen, der Torbau wurde später erneuert und mag ebenso eckig gewesen sein. Zudem gab es hier jedoch einen Kapellenbau mit als Mauerturm genutzter Rechteckapsis sowie den repräsentativen Wohnbau, der die gesamte Südfront begleitete. In Brie finden sich hingegen weder Verzahnungen noch Fenster, die analoge Hofbauten belegen.

Ebenfalls nicht exakt datiert ist Mez, das von der bedeutenden Adelsfamilie de Clément errichtet wurde (Abb. 5–6).[5] Robert III. († 1181) war zunächst Gouverneur des unmündigen künftigen Königs Philipp, seine Söhne wurden zu Marschällen von Frankreich (daher der Name Maréchal) ernannt und fuhren mit Philipp in die Levante. Dem 1214 verstorbenen Heinrich wird die Anlage des großen Kastellgevierts zugesprochen. Es entstand ein leicht verzogenes Geviert von 63 x 64 m und 2,2 m starken geradlinigen Mauern. An den Ecken errichtete man vier runde Türme, im Norden ein zentrales Doppelturmtor. Ausmittig wurde ein älterer Wohnturm des 12. Jahrhunderts integriert und durch eine hohe Aufstockung zum dominanten Blickpunkt ausgebaut. Um das Kastell entstand ein breiter Wassergraben.

Weiters ist Diant zu diskutieren, das in der Ile de France vom königstreuen Kriegsmann und Schenken Guillaumes de Barres wohl bald nach der Herrschaftsverleihung 1185 errichtet wurde (Abb. 7–8).[6] Obwohl die Mauern und Türme großteils hervorragend erhalten sind, haben die Besitzer des heutigen Barockschlosses bislang eine Bauuntersuchung verweigert. So bleibt nur festzuhalten, dass auf einem leicht verzogenen Quadrat von 60 m Seitenlänge ein klassisches Kastell mit vier runden Ecktürmen und drei halbrunden Mauertürmen sowie massiven, bis oben unverändert laufenden Beringfluchten entstand, das sich konzeptionell eng an Brie, Dryes und Mez anlehnt und keinerlei späte Baudetails aufweist.

Nach dem frühen Tod des Königs 1180 hatte sein fünfzehnjähriger Sohn Philipp die Regentschaft übernehmen müssen, war jedoch zunächst unter anderem von Robert de Clément als Vormund vertreten worden. Mit der stufenweisen Mündigkeit begannen zahlreiche Reformen, die den Weg zu einer langjährigen fintenreichen Wiederherstellung der königlichen

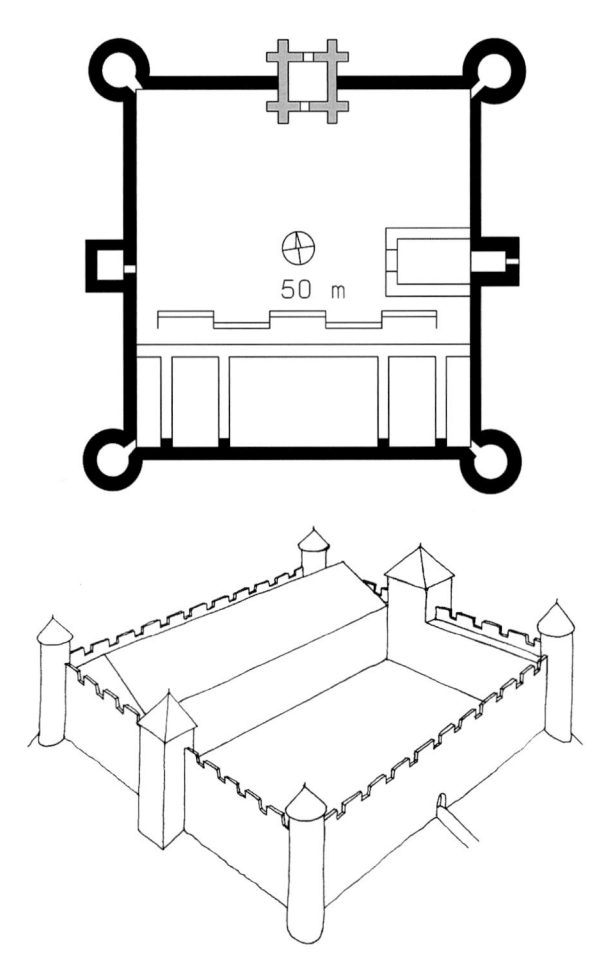

Abb. 3–4 | Druyes-les-belles-Fontaines, Frankreich, Kernkastell 4.V. 12. Jh.

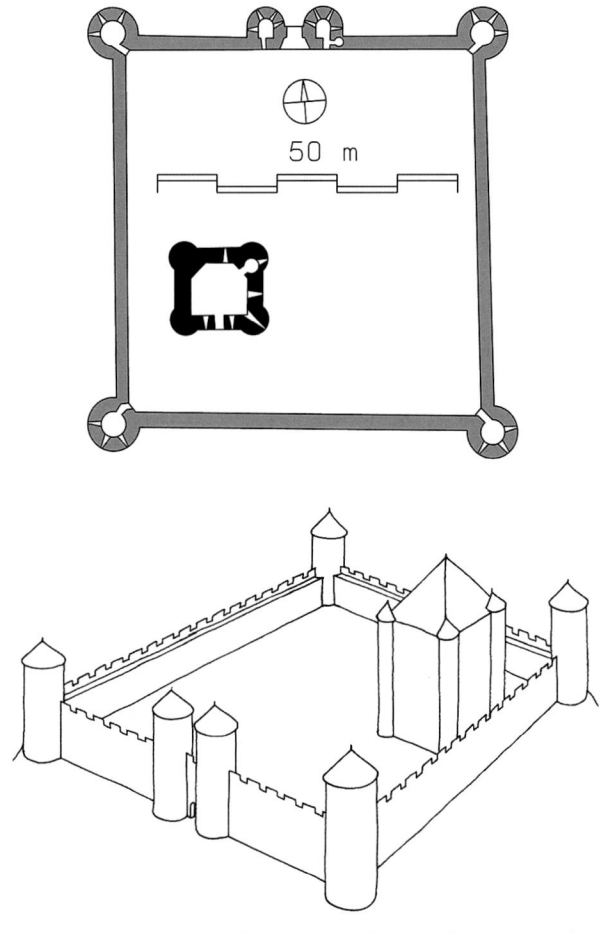

Abb. 5–6 | Mez-le-Maréchal, Frankreich, Kastell, 4. V. 12. Jh.

KÖNIGREICH FRANKREICH

Macht bereiten sollten. Heerwesen und Verwaltung wurden neu geordnet, bedeutende Lehen und Burgen wurden nicht mehr an Adelige ausgegeben sondern als Krongut behalten, anstelle von Burggrafen etablierte Philipp abhängige Beamte und nicht zuletzt wurde jeder kleine Gebietsgewinn durch sorgfältige Aufzeichnungen und sogar Grenzsteine festgehalten.
Durch Sparsamkeit, das Einziehen von Gütern und das Wachstum der königlichen Städte konnten stetig steigend Feldzüge finanziert werden, die in drei Hauptstoßrichtungen ins reiche Flandern (1185 Amiens, 1191 Artois), in die Normandie (1193 Gisors, 1200 Evreux, 1204 das gesamte Herzogtum) sowie im Süden an die untere Loire (1187 Auvergne, 1198 Berry, 1204 Touraine und Poitou) führten. 1213 plante man sogar eine Invasion von England, die jedoch durch den Untergang der Flotte scheiterte. 1214 ermöglichte ein glänzender Sieg gegen eine feindliche Allianz von England, Flandern und Norddeutschland die Absicherung der atemberaubend rasch gewachsenen königlichen Gebiete. 1217 landete man tatsächlich in England, um auch dieses Reich zu übernehmen, musste sich aber nach der Krönung des dortigen

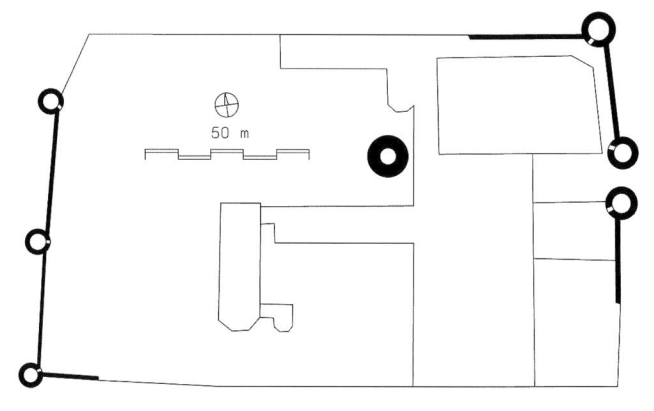

Abb. 9 | Palais de la Cité, Frankreich, Kastell des 13. Jhs.

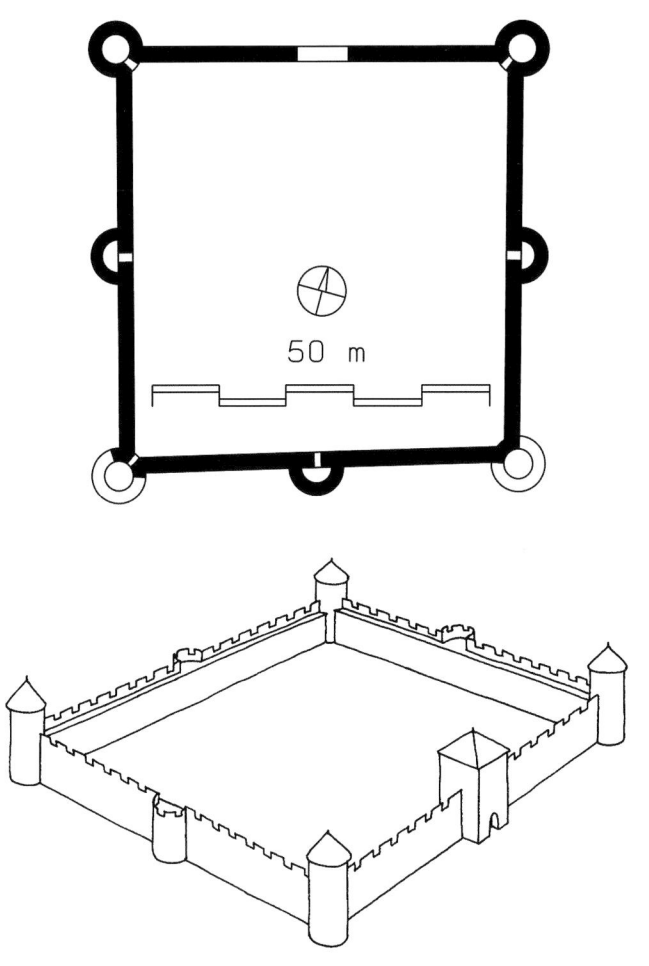

Abb. 7–8 | Diant, Frankreich, Kernkastell nach 1185

Thronfolgers zurückziehen. Knapp vor Philipps Tod wurde die Eroberung der mächtigen Herrschaften am Fuß der Pyrenäen gestartet, jedoch erst danach erfolgreich beendet. Als einer der bedeutendsten Könige Frankreichs wurde Philipp schon von Zeitgenossen als „Augustus" gefeiert, er selbst wollte selbstbewusst an die antiken Cäsaren sowie an Karl den Großen anknüpfen. Durch einschneidende Lehnsreformen konnte er nachhaltig ein zentralistisches Königtum etablieren, das militärisch und wirtschaftlich eng auf den Herrscher zugeschnitten war und mit seiner Beamtenstruktur und dem zunehmenden Söldnerwesen neue Maßstäbe setzte.
So erstaunt es kaum, dass Philipps früheste Ambitionen im Wehrbau auf der Förderung städtischer Befestigungen lagen.[7] Er verteilte Zuschüsse oder steuerliche Erleichterungen für zahlreiche Stadtmauern, bei denen offenbar auch früh königliche Türme als eigenständige kleine Zitadellen inkludiert wurden. Auch bei neu eroberten Burgen wurde oft ein großer Rundturm als „Markenzeichen" des Königs errichtet, etwa in Gisors, Vernon und Falaise. Durch erhaltene Dokumente ist der Bau vieler Rundtürme sogar schriftlich überliefert, demnach entstanden bis um 1200 zahlreiche große Wohntürme, während kein einziges königliches Kastell zu erfassen ist. Das änderte sich erst um 1200 schlagartig. Zahlreiche technische Details, vielstrahlige Rippengewölbe und das charakteristische Steinquadermauerwerk indizieren, dass nun im Rahmen einer gut vernetzten königlichen Bauhütte neben Kirchen und Stadtmauern auch konzertiert klassische Kastelle errichtet wurden.

Den Beginn setzte Philipp in und um Paris. Sehr ähnlich zum englischen Königtum in London, wo neben der kaum befestigten Stadtresidenz Westminster an der Stadtmauer die wehrhafte Zitadelle des Tower sowie etwas außerhalb die ebenfalls gut befestigte Burg Windsor als königliches Dreigestirn genutzt wurden, ließ Philipp in Paris gleichzeitig die alte Stadt-

KÖNIGREICH FRANKREICH | 233

residenz in der Cité, eine neue Zitadelle an der Stadtmauer sowie außerhalb die Residenz von Vincennes prächtig ausbauen. Den frühen Kernpunkt seiner Baupolitik bildete der alte Königspalast in der Cité, dessen Gelände bereits seit dem Frühmittelalter das Zentrum der Monarchie gebildet hatte (Abb. 9). Leider wurde der großformatige Baukomplex in den folgenden Jahrhunderten umfangreich verändert und zuletzt im 19. Jahrhundert stark erneuert, sodass die mittelalterlichen Bauteile heute weitgehend verschwunden bzw. verfremdet oder überrenoviert sind. Dennoch lassen sich durch historische Pläne und Ansichten wertvolle Rückschlüsse auf Philipps Palast schließen.[8] Demnach dürfte er in der Zeit um 1200 ein rechteckiges Kastell von etwa 100 x 175 m konzipiert haben, das mehrere ältere Palastbauten wie den großen Saal, Wohnbauten und eine Kapelle großzügig einschloss. Von diesem Karree haben sich nur im Osten drei Türme mit steilen Sockeln bewahrt, von denen einer als „Cäsarturm" seine Benennung vielleicht programmatisch von Philipp erhalten hat. Obwohl diese Türme im 14. Jahrhundert wesentlich erneuert wurden, belegen Anbauten des mittleren 13. Jahrhunderts ihre entsprechend frühere Entstehung. Auch im Westen gab es eine geradlinige Mauerfront mit zumindest drei Türmen, die jedoch im 19. Jahrhundert abgetragen wurden. Nicht ganz zentral stand in der Mitte des Kastells ein massiver freistehender Turm mit ca. 12 m Durchmesser, der als Dominante die große Fläche beherrschte und der aufgrund seiner einfachen Bauart ins frühe 12. Jahrhundert datiert wird. Der Palast in der Cité hatte somit um 1200 sein Aussehen von einer repräsentativen, kaum befestigten Residenz zu einer monumentalen, turmreichen Festung gewandelt.

Um 1200 wurde auch mit dem Bau einer weiträumigen Stadtmauer begonnen, die in gleicher Form durch eine enge Staffelung von Mauertürmen ausgezeichnet war (Abb. 10–11). In ihrem Verband ließ Philipp an einer Ecke über der Seine den Louvre als neue starke Zitadelle für den problemlosen Zutritt in die Stadt anlegen.[9] Diese Keimzelle des heute großformatigen Louvrekomplexes ist nur in wenigen Sockelstrukturen erhalten, kann jedoch anhand von historischen Grabungen und Abbildungen rekonstruiert werden. Demnach entstand auf einem kompromisslos geradlinigen Grundriss ein 71 x 73 m großes Geviert mit 2 m starken Mauern, vier runden Ecktürmen, zwei halbrunden Mauertürmen sowie zwei Doppelturmtoren. Im Hof wurde inmitten eines eigenen kleinen Grabens ein isolierter Rundturm von ca. 16 m errichtet, der zweifellos als Wohnturm des Königs dienen sollte und sichtlich an den Palast in der Cité anschloss. Entlang der Mauern sind spärliche Reste von untergeordneten Gebäuden nachgewiesen, während die später umlaufende Hofbebauung nicht zum ersten Konzept gehört haben dürfte. Diese Anlage entspricht bereits einem bemerkenswerten Idealtypus, der sicher programmatisch angelegt war, um als neues königliches Machtzeichen zu dienen. Die Anknüpfung an in Frankreich noch ausnehmend gut erhaltene römischen Kastellmauern mit ihren Rundtürmen und Doppelturmtoren mag angesichts des königlichen Herrschaftsanspruchs und des Titels „Augustus" kein Zufall gewesen sein, wenngleich die Baudetails wie schräger Mauersockel und Schießkammern dem zeitgenössischen Wissensstandes von England bis zu den Kreuzfahrerstaaten entsprachen. Zudem ist die Nachfolge von angevinischen Bauten bislang nicht geklärt, hatte man doch bei den kurz zuvor eroberten Gebieten der Plantagenets mehrere Burgbaustellen mit ähnlichen Rundturmbauten (Gisors, Domfront, Château Gaillard) übernommen und dabei vielleicht auch die Handwerker rekrutieren können. Nicht zuletzt ist zu beachten, dass der Louvre durch seine Lage als Eckpunkt der Stadtbefestigung über dem Ufer der Seine exakt dem Tower in London entsprach, der ebenfalls zu einem

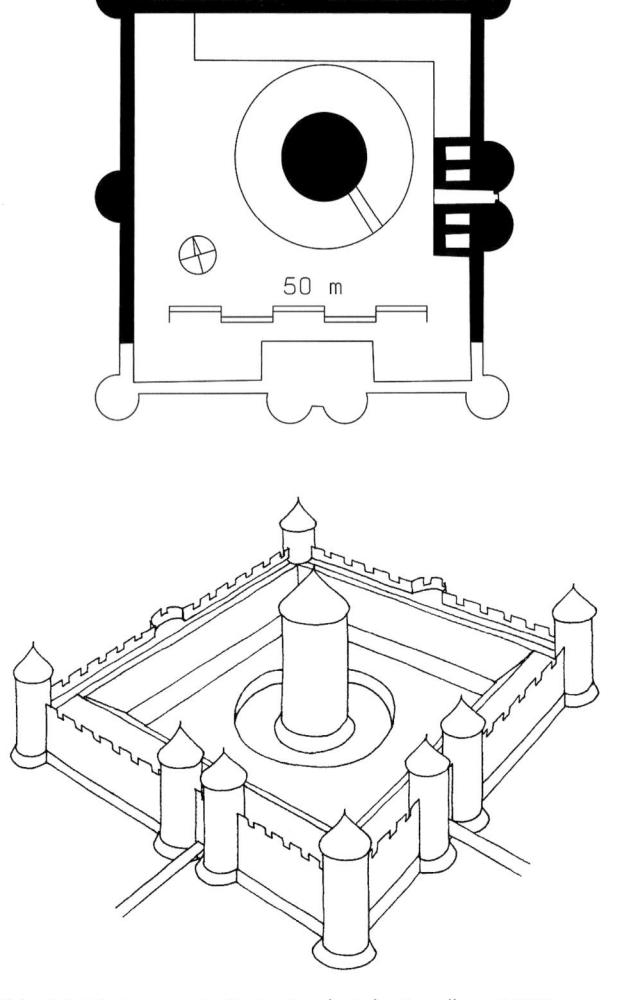

Abb. 10–11 | Louvre in Paris, Frankreich, Kastell um 1200

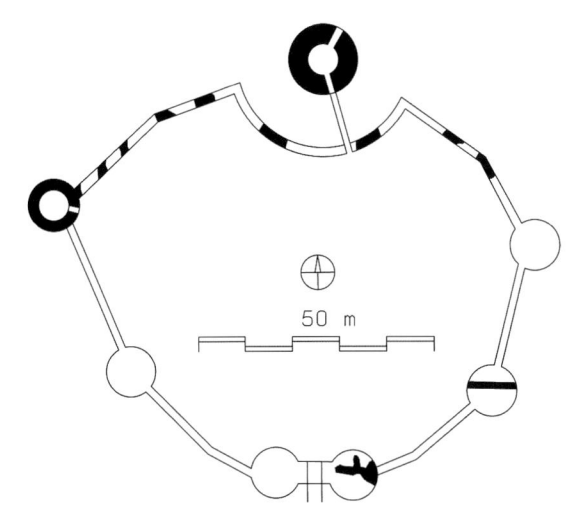

Abb. 12 | Rouen, Frankreich, Kernkastell um 1204

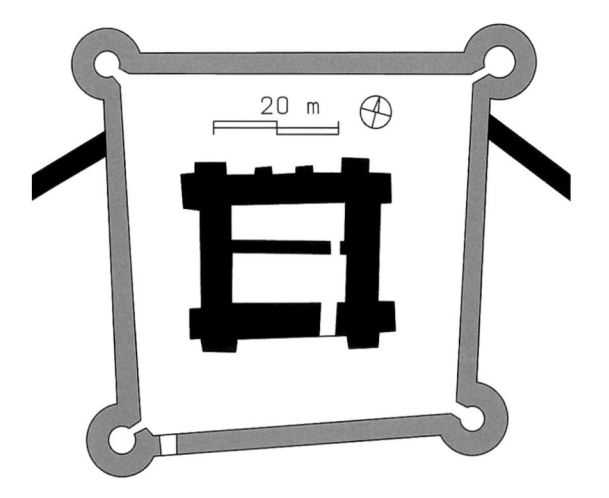

Abb. 13 | Caen, Frankreich, Kernkastell, nach 1205

machtvollen Kastell gewachsen war und jedenfalls funktional (als Sitz des Königs von England) als direkte Konkurrenz zu verstehen war. Wie dort der große viereckige Wohnturm, so fungierte im Louvre der zentrale Rundturm als dominanter Wohnbau des Königs.

Als dritter königlicher Bau im Großraum von Paris entstand parallel dazu in Vincennes ein viereckiges Kastell.[10] Hier hatte bereits Philipps Vater eine geräumige und viel benutzte Residenz besessen, deren Erforschung in den letzten Jahren durch Grabungen begonnen wurde. Philipp ließ nun ein neues ca. 60 m breites Kastell errichten, das durch Mauertürme gut geschützt war. Nach intensiven Ausbauphasen im 13. und 14. Jahrhundert wurde der gesamte Komplex später komplett abgebrochen, sodass derzeit keine weiteren Aussagen zu Bauform und Ausstattung möglich sind.

Außerhalb von Paris legte Philipp naturgemäß besonderes Augenmerk auf die Sicherung der neuen Eroberungen in der Normandie (Abb. 12). So entstand in der alten Hauptstadt Rouen ebenfalls eine neue Stadtbefestigung, an deren Ecke über einem römischen Theater eine 1204 erstmals urkundlich fassbare Zitadelle stand. Die heute stark reduzierte Anlage folgte auf einer Fläche von etwa 90 x 100 m offensichtlich den rundlichen Fundamenten des Theaters, bildete jedoch eine möglichst symmetrische bogenartige Form mit wohl vier Rundtürmen, zentralem Doppelturmtor sowie durch einen kreisförmigen Graben isoliertem Hauptturm.

Im nahen Caen wurde zeitnahe der angevinische Wohnturm durch ein 60 x 62 m großes Kernkastell zitadellenartig von der weiträumigen Residenzfestung isoliert (Abb. 13).[11] Auch hier entstand somit ein äußerst wehrhaftes Geviert mit vier runden Ecktürmen, jedoch ohne Doppelturmtor. Die neue Anlage durchschnitt konsequent die ältere Bebauung samt Bering und bekam sogar einen kompromisslos durchlaufenden Umlaufgraben.

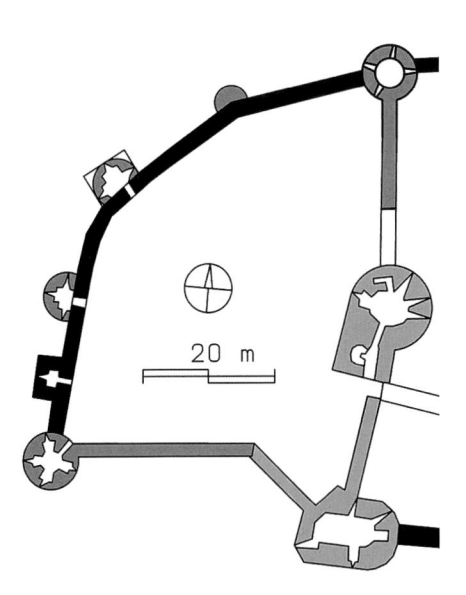

Abb. 14 | Chinon, Frankreich, Kernkastell nach 1205

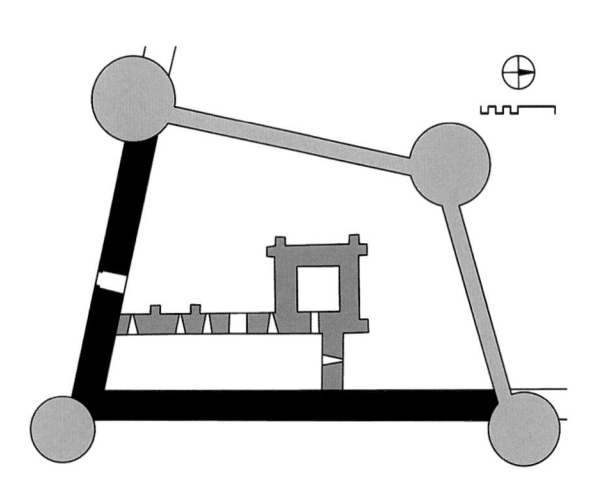

Abb. 14a | Tours, Frankreich, Bauten bis Anfang 13. Jh.

KÖNIGREICH FRANKREICH | 235

Sehr ähnlich erhielt die Burg von Tours an einer Ecke der gallo-römischen Befestigung bzw. um den hochmittelalterlichen Saal-Turm-Komplex ein zitadellenartiges Trapez von 45 x 62 m mit vier runden Ecktürmen (Abb. 14).[12] Die landseitigen Türme sind 9 m breit, die beiden stadtseitigen 11 m. Durch die starke Überformung, sind davon heute vor allem Fundamente erhalten.

Einen neuen Impuls könnte die Eroberung von Chinon 1205 gebracht haben (Abb. 14a).[13] Auf der lang gestreckten Burgterrasse war noch unter dem englischen König Johann begonnen worden, den westlichen Sporn durch einen breiten Graben abzutrennen und mit zwei orthogonalen Mauern mit runden Ecktürmen zu einem sicheren Kastell von etwa 52 x 57 m auszubauen. Unter Phillip wurde dieses Konzept modifiziert weitergeführt, in dem man zwei massive Türme hinzufügte, wovon der zentrale als Wohnturm des Königs gilt. Das Mauerwerk, die Rippengewölbe und die schmalen Lichtscharten belegen, dass hier nun eine neue Bautruppe am Werk war, während das Kastellsystem im Wesentlichen beibehalten wurde.

Auch die Burg von Lillebonne zeigt diese Weiterführung der englischen Baukonzeption (Abb. 15–16).[14] Die in der Normandie gelegene Anlage war unter dem englischen König Heinrich II. auf Resten einer gallo-römischen Befestigung zu einem bedeutenden Residenzort ausgebaut worden, wovon noch wenige geradlinige Wehrmauern zeugen. Nach 1212 ließ Phillip daraus ein großformatiges Kastell mit runden Ecktürmen sowie an einer Ecke isoliert freistehendem Wohnturm von 16,7 m Durchmesser konzipieren. In ähnlicher Bauform und mit gleichen Baudetails entstanden in der Folge zahlreiche königliche Kastelle, etwa in Poitiers und Péronne, die jedoch heute weitgehend zerstört sind. Dazu kommen viele ausschließlich urkundlich überlieferte Bauvorhaben, sodass im frühen 13. Jahrhundert von einem intensiven königlichen Burgenbauprogramm ausgegangen werden kann.

Durch die ausnehmend gute Erhaltung gilt das Kastell von Dourdan als bestes Beispiel für Philipps Wehrbauten (Abb. 17–18).[15] Die 1222 als „nouveau château de Dourdan" erstmals genannte Anlage liegt in der Ile-de-France am Westrand der Krondomäne und belegt eine verzogen-quadratische Fläche von etwa 68 m Seitenlänge. Das sorgfältig durchgeplante und konsequente Baukonzept beinhaltet an drei Ecken sowie an drei Mauerzentralen runde Mauertürme, die vierte Front wird durch ein Doppelturmtor beherrscht, während an der vierten Ecke ein isoliert vorgestellter Wohnturm mit 14,5 m

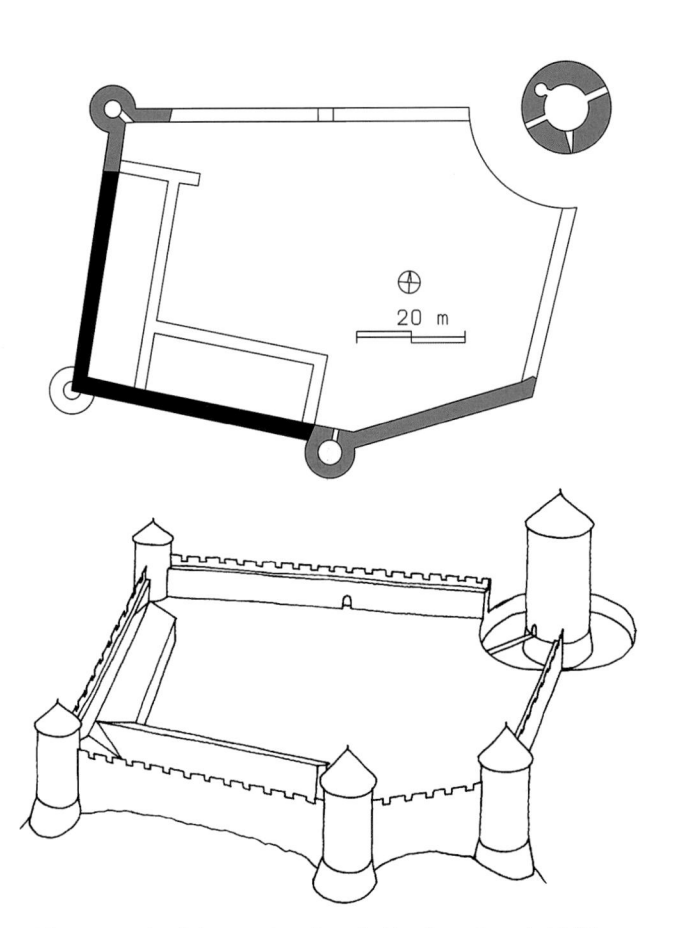

Abb. 15–16 | Lillebonne, Frankreich, Kernkastell nach 1212

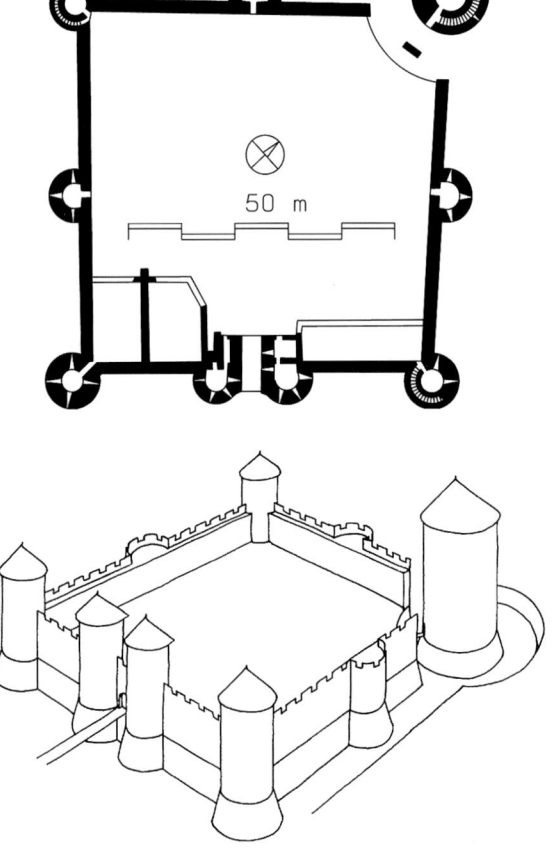

Abb. 17–18 | Dourdan, Frankreich, Kernkastell vor 1222

Abb. 19 | Durdan, Eingangsfront

Durchmesser dominiert. Er bot wie Rouen und Lillebonne aber konzeptionell auch wie der zentrale Turm des Louvre einen weithin sichtbaren und architektonisch abgehobenen, im Inneren komfortabel ausgestatteten Wohnraum für den König. Um das Kastell führt bis heute ein tiefer gemauerter Graben, dessen aufwändige Anlage zum Ursprungskonzept gehört.

Neben den königlichen Kastellen folgten sehr früh auch einige Hochadelige diesem Muster (Abb. 19–21). So dürfte im direkten Einfluss des Königs auf dem Land der noch unmündigen Grafen der Champagne in der Ile-de-France um 1220 durch Thomas von Coucy, einem Vasallen der Gräfin Blanche de Navarra, die Errichtung der außergewöhnlichen Kastellanlage von Montaiguillon erfolgt sein.[16] Dieses höchst bedeutende Kastell vereint in zukunftsträchtiger Form alle bisherigen Entwicklungen von Regelmäßigkeit, Turmausprägung, Torfestung und randständiger Hofbebauung. Auf einer streng rechtwinkeligen Fläche von 46 x 58 m zeigt es einen Idealtypus, der in seiner Konsequenz auch in der Zukunft nur selten erreicht wurde. Das charakteristische Quadermauerwerk, die Sockelausbildung und die Schartendetails belegen eine direkte Verwandtschaft zu Dourdan, das wohl von der gleichen Handwerkergruppe parallel errichtet wurde.

KÖNIGREICH FRANKREICH

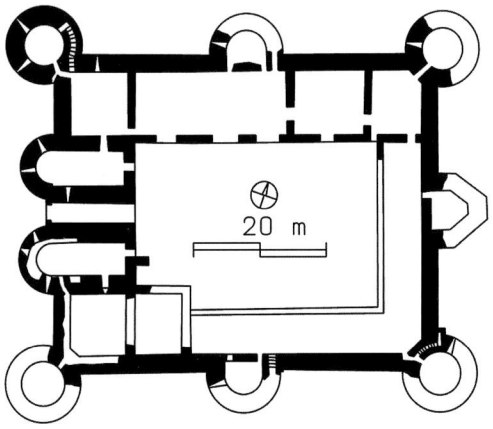

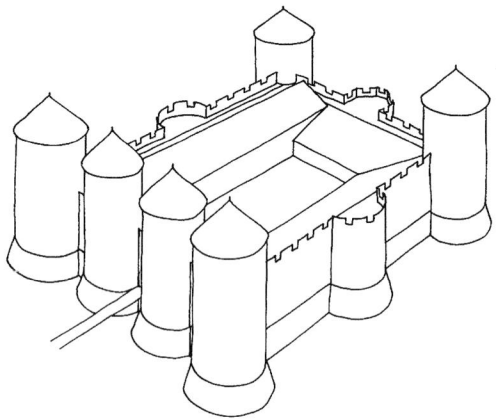

Abb. 20–21 | Montaiguillon, Frankreich, um 1220

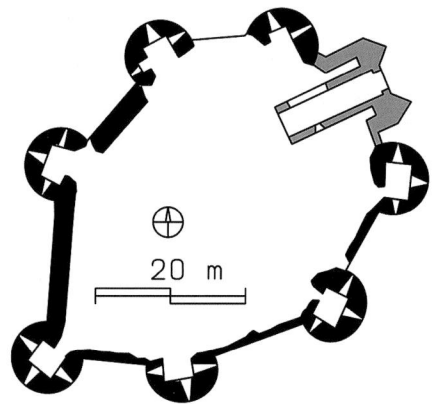

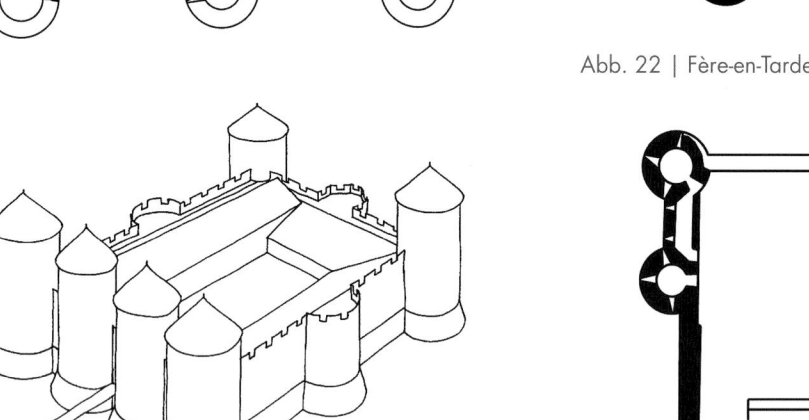

Abb. 22 | Fère-en-Tardenois, Frankreich, Kernburg nach 1206

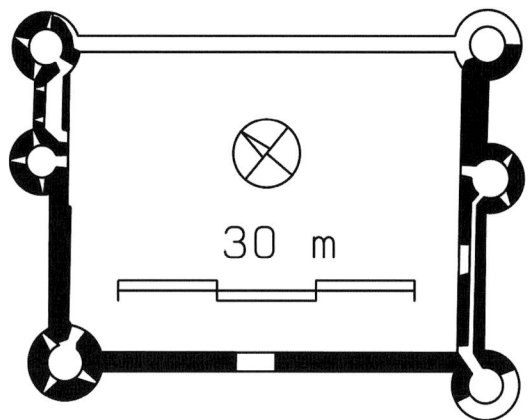

Abb. 23 | La Folie, Frankreich, nach 1206

In Fère in der Champagne war bereits nach 1206 für den Grafen Robert II. de Dreux, dem Sohn des Bruders von König Ludwig VII., eine regelmäßig-polygonale Anlage entstanden (Abb. 22).[17] Die auf einem älteren Burghügel gelegene Festung war annähernd symmetrisch angelegt und besaß sieben große Mauertürme mit rechteckigem Innenraum, von denen der südwestliche wohl als gräflicher Wohnturm gedient hat. Die später stark veränderte Burg gibt heute keine Hinweise mehr auf Torgestaltung und Innenausbau.

Gleichzeitig war vom selben Grafen Robert II. etwa 18 km östlich von Soissons an der Straße nach Reims in Folie mit spezieller königlicher Erlaubnis eine neue Burg begonnen worden (Abb. 23).[18] Die heute weitgehend ruinöse Anlage zeigt Quadermauerwerk und zu den anderen Kastellen analoge Baudetails wie Sockel und Schartenformen, jedoch zusätzlich in den mächtigen Mauern schmale Laufgänge, die lokal eine versteckte Verbindung der Türme ermöglichen. Das Grundrisskonzept belegt auf etwa 35 x 45 m Fläche eine konsequente Planung, wobei der Grund für die Verschiebung der zwei Mitteltürme aus der Achse noch ungeklärt ist. (Abb. 24–25) In Blickweite zu Fère wurde mit Seringes von Graf Robert III. de Dreux nach königlicher Erlaubnis zwischen 1219 und 1226 ein neues Kastell errichtet, dessen hauptsächliche Funktion die Grenzsicherung zur Champagne war.[19] Die konzeptionell exakt nach dem königlichen Dourdan ausgerichtete Burg belegt eine rechteckige Fläche von 58 x 59 m, mit 2,6 m starken Mauern, acht 10 m breiten Mauertürmen sowie 18 m starkem, an der Nordostecke isoliert freistehenden Wohnturm mit 5 m Mauerstärke und einst 30 m Höhe. Wie in Dourdan gab es auch hier einen 40 m breiten Wassergraben. Hofeinbauten sind hingegen nicht dokumentiert, offenbar konzentrierte man sich auf die Defensivfunktion, während ständige Unterkünfte auf die Türme beschränkt blieben. Sichtlich war Robert III. bestrebt, seine königliche Herkunft und das Naheverhältnis zu Philipp auch architektonisch zu manifestieren.

Das Geschlecht der Courtenay stieg im frühen 13. Jahrhundert durch die Einheiratung in die königliche Familie zu einem wichtigen Machtfaktor im Berry auf und manifestierte dies offensichtlich durch den Neubau der Burg Mehun (Abb. 26).[20] Die später stark überformte und heute sehr ruinöse Anlage besaß einen trapezförmigen Kernbau mit drei gleichförmigen runden Ecktürmen sowie dominantem, gut ausgestat-

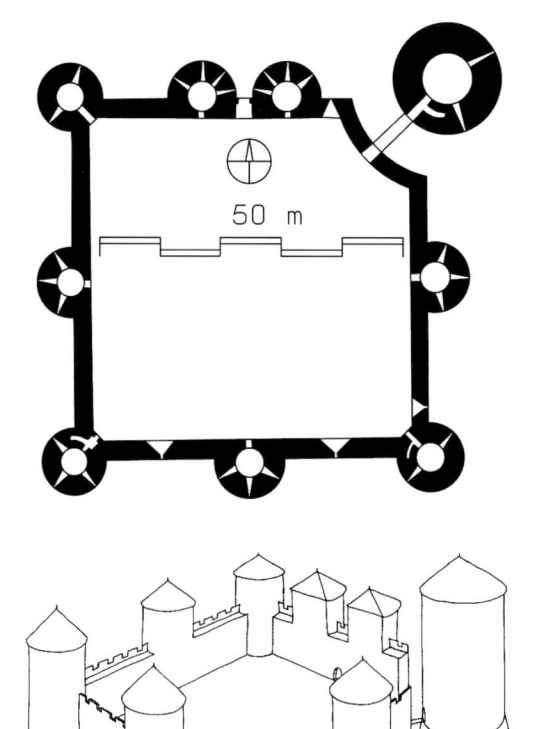

Abb. 24–25 | Seringes-et-Nesles (Nesles en-Dole), Frankreich, Kastell ab 1219/1226

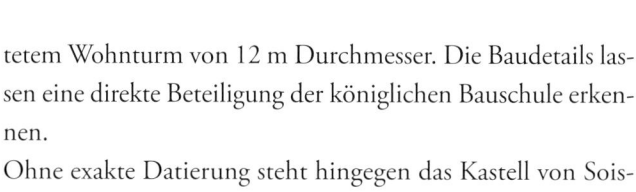

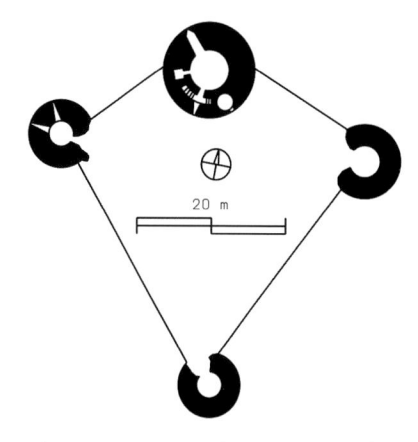

Abb. 26 | Mehun-sur-Yèvre, Kernburg 1. V. 13. Jh.

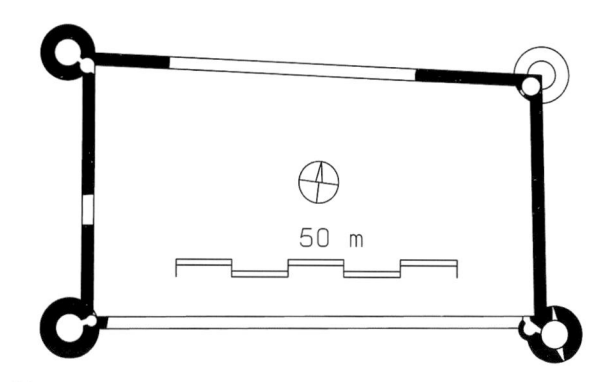

Abb. 27 | Soissons, Frankreich, Kastell 1. V. 13. Jh.

tetem Wohnturm von 12 m Durchmesser. Die Baudetails lassen eine direkte Beteiligung der königlichen Bauschule erkennen.

Ohne exakte Datierung steht hingegen das Kastell von Soissons. Der mutmaßliche Erbauer Graf Raul I. von Soissons (1180–1236) hatte mit König Philipp am 3. Kreuzzug teilgenommen und ihn mehrfach im Kampf gegen die Plantagenets unterstützt (Abb. 27). Es liegt nahe, dass auch hier das königliche Baukonzept bewusst übernommen wurde. Heute haben sich von der 47 x 83 m großen Anlage nur mehr zwei Türme erhalten, weitere zwei können jedoch aus historischen Plänen und Abbildungen erschlossen werden. Offen muss hingegen bleiben, ob es noch andere Mauertürme, eine aufwändige Toranlage oder Innenbauten gegeben hat.

Für die bemerkenswerte Grafenresidenz von Luzarches gibt es weder exakte Baudaten noch Erbauer (Abb. 28–29).[21] Nach dem Aussterben der Grafen von Beaumont hatte König Philipp 1192 zunächst auf seine Erbansprüche verzichtet, 1223 kaufte eine Seitenlinie das offenbar kurz zuvor neben der alten Rundmotte errichtete Kastell, während die Grafschaft im gleichen Jahr an den König veräußert wurde. Es kann daher nicht festgestellt werden, wer in der Zeit zwischen 1192 und 1221 diese konsequente Neuanlage errichtet hat. Es handelt sich jedenfalls um ein gemäß älterer Vorburg leicht verzogenes Rechteck von etwa 71 x 72 m Seitenlänge, das durch vier Rundtürme an den Ecken, einen Halbkreisturm sowie ein Doppelturmtor flankiert war. Die heute als Ruinen erhaltenen Mauern zeigen einfache Baulösungen ohne charakteristische künstlerische Details, wenngleich Sockelanläufe und Mauerstrukturen durchaus dem königlichen Programm entsprechen.

Nach dem Tod von Philipp II. 1223 folgte in Frankreich eine Zeit der Unsicherheit, da sein Nachfolger Ludwig VIII. nur kurz lebte und die weitere Thronfolge bis 1226 umstritten war. Kurz vor seinem Tod hatte König Philipp II. noch seinen jüngeren Sohn Philipp Hurepel (1180–1234) als Grafen von Boulogne etabliert, der sofort den Bau einer gut befestigten Stadtanlage sowie einer polygonalen Eckzitadelle beauftragte (Abb. 30).[22] Die heute stark veränderte Burg zeigt auf rundlichem Grundriss zwei Doppelturmtore, sieben weitere halbrunde Mauertürme sowie einen großen Saalbau, während der restliche Hof offensichtlich zunächst unbebaut blieb. Sockel-

KÖNIGREICH FRANKREICH | 239

lanläufe und Schartenformen indizieren eine enge bautechnische Anknüpfung an königliche Vorbilder.

Der mächtige Graf von Coucy, Enguerrand III. („der Große") erstrebte 1226 mit politischen Mitteln seine Thronergreifung, musste aber schließlich gegen Ludwig IX. zurückstecken (Abb. 31–32). In den 1220er Jahren ließ Enguerrand demonstrativ eine neue Residenzstadt anlegen, deren monumentale Stadtmauer mit 35 Türmen noch von einer gewaltigen Burg überragt wurde, die zu den größten des europäischen Mittelalters zählen sollte, ehe ihre Kernanlage 1917 (nach exakter Bauaufnahme) durch die Deutschen gesprengt wurde.[23] Die heute immer noch ansehnlichen Ruinen liegen auf einem schmalen Terrassensporn im Westen der Stadt und bestehen aus einer – dem Gelände geschuldet verzogenen – rechteckigen Vorburg und einer durch einen tiefen Graben isolierten viereckigen Kernburg und zeigen einen beachtlichen Gesamtdurchmesser von über 350 m.

Allein die kastellförmige Vorburg mit ihren 13 halbrunden Mauertürmen hat auf 210 m Länge bemerkenswerte Ausmaße, in ihr dürften sich Wirtschaftshof und Gesinde der Residenz befunden haben. Die trapezförmige Kernburg von maximal 115 x 115 m war hingegen rein der adeligen Repräsentation und Residenz vorbehalten. Ihre Ecken waren von vier 20 m breiten Rundtürmen besetzt, im Zentrum der Eingangs-

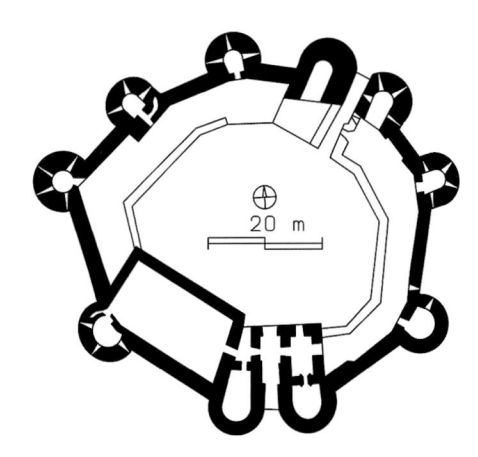

Abb. 30 | Boulogne-sur-mer, Frankreich, Kernburg nach 1223

front dominierte innerhalb eines eigenen kleinen Berings der 31 m breite runde Hauptturm, der einst 54 m hoch war. Sein Kreismittelpunkt bildete den Absteckpunkt für einen auch zum Innenhof konsequent umlaufenden Bering und den inneren Burggraben. Im Hof gab es zunächst nur einen 58 m langen Saalbau, während die Türme für Wohnen und Beten fungierten. Schon bald wurden weitere Wohntrakte und eine eigene Kapelle eingestellt, während der große Turm wohl noch lange als alles überragender Wohnsitz der Grafen diente. Mauerwerk, Konzeption und Baudetails belegen eine direkte Übernahme königlicher Handwerkskonzepte, was durch die Bruderschaft des Bauherrn mit Thomas von Coucy zu erklären ist, der kurz zuvor als Bauherr von Montaiguillon Zugriff auf die königlichen Spezialisten gehabt hatte und diese nach dem Tod des Königs leicht vermitteln konnte.

Durch identes Mauerwerk und analoge Baudetails wie Coucy kann auch das historisch nicht näher eingrenzbare Kastell von Rozemont der Zeit um 1225/30 zugeordnet werden (Abb. 33).[24] Diese ausnehmend gut erhaltene Burg belegt eine fünfeckige Fläche mit einer 52 m langen Breitseite und wird durch 8 runde bzw. halbrunde Mauertürme und einen eckigen Torturm geschützt. Zum Hof hin sind die Türme abgeflacht und zeigen konzeptuelle Analogien zu Seringes, Luzarches, Montaiguillon sowie zur Vorburg von Coucy. Offensichtlich hatte sich in den 1220er Jahren eine ganze Gruppe von eng verwandten Kastellen herausgebildet.

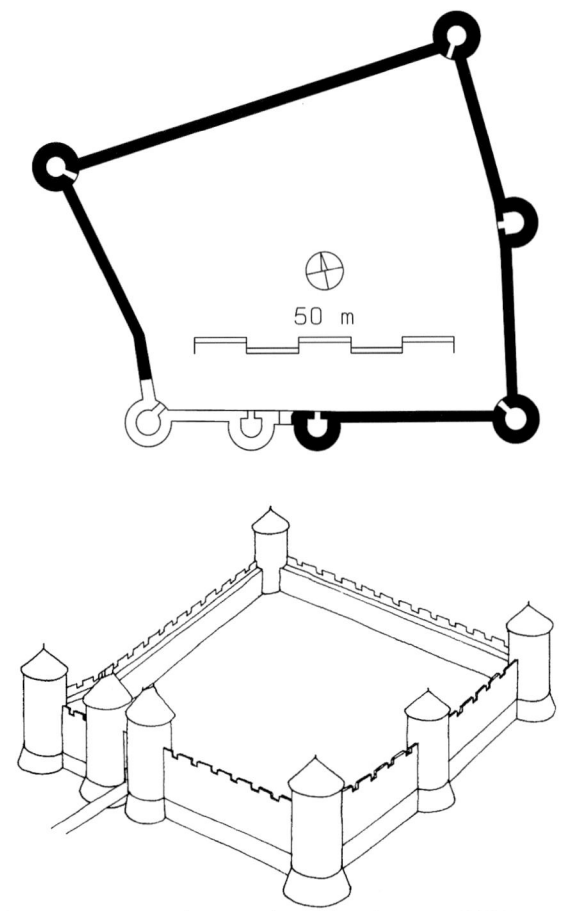

Abb. 28–29 | Luzarches, Frankreich, Vorburg vor 1221

KÖNIG LUDWIG IX. DER HEILIGE (1226–70)

Nach einem komplizierten Nachfolgestreit für König Philipp II. sowie Ludwig VIII.[25] folgte 1226 der erst 12-jährige Ludwig IX., für den vor allem seine tatkräftige Mutter Königin Blanche bis zur Mündigkeit mit 21 Jahren die Entscheidun-

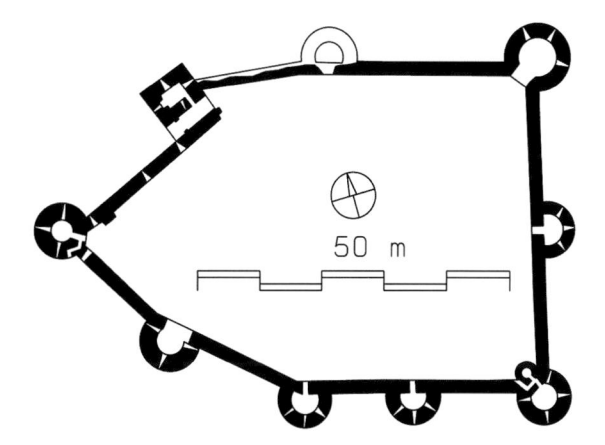

Abb. 33 | Rozemont, Frankreich, Kernkastell um 1225

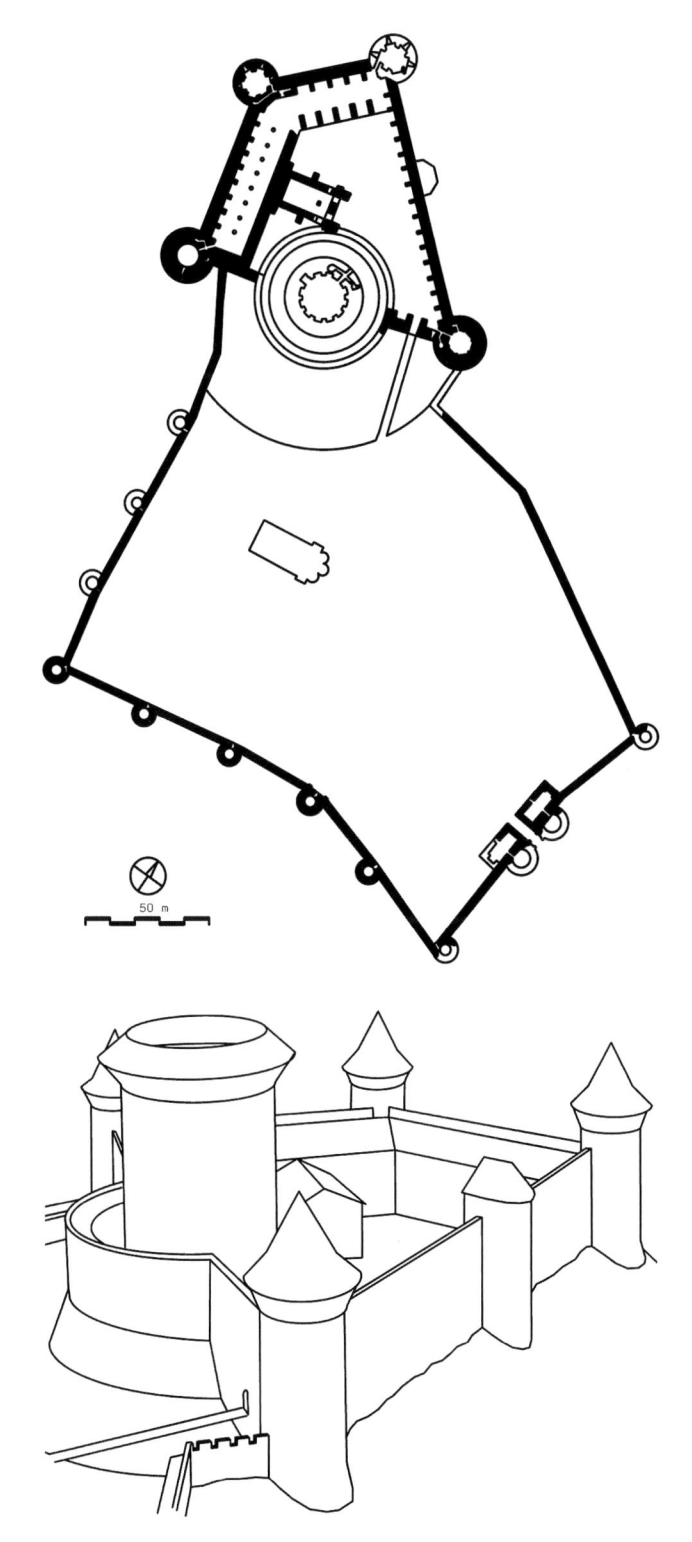

Abb. 31–32 | Coucy-le-Château, Frankreich, Gesamtanlage um 1225, Rekonstruktion der Kernburg

gen traf. In dieser Zeit wurden seine Brüder mit zahlreichen Herrschaften versorgt, um nicht durch Familienfehden die Krone zu gefährden. Dennoch kam es zu großen Adelsrevolten gegen die jüngsten Machteinschränkungen, letztlich konnten sie aber mit Bündnissen, Zugeständnissen und lokalen Kämpfen beendet werden. Es folgte in der langen Regentschaft Ludwigs ein „goldenes Zeitalter", das durch Frieden und sein frommes Wesen gekennzeichnet war, weshalb er schon 1297 vom Papst heilig gesprochen werden sollte. Innenpolitisch wurden die zentralistischen Ideen Philipps konsolidiert und weitergeführt, dazu zählte die Etablierung eines Hofgerichts, eines Rechnungshofs und eines Staatsrats, die den Adel zugunsten königlicher Beamten weiter beschnitten. Zu den frühesten Bauten des Königs zählen die prunkvollen Erweiterungen der drei Residenzen in und um Paris, das Palais de la Cité, der Louvre und Vincennes. Sie alle erhielten großformatige Saalanlagen, geräumige Verwaltungstrakte und der Hauptpalast eine zukunftsweisende, an den europäischen Fürstenhöfen vielfach nachgeahmte frühgotische Königskapelle. Der Ausbau sollte sukzessive erfolgen und je Etappe neue Maßstäbe setzen.

Außerhalb der Ile-de-France galt es bald, den weit verstreuten königlichen Besitz durch den Bau starker Befestigungen zu konsolidieren (Abb. 34). So war 1227–29 in einer groß angelegten Revolte der prestigeträchtige alte Herrschaftspalast von Angers demonstrativ vom lokalen Adel verwüstet worden. Die zentrale Siedlung von Maine und Anjou erhielt darauf hin auf Initiative der Königsmutter Blanche eine mächtige neue Stadtmauer mit zahlreichen Mauertürmen sowie eine neue monumentale königliche Zitadelle.[26] Auf der verzogen-rechteckigen Fläche von etwa 150 x 200 m entstand ein klares architektonisches Manifest königlicher Herrschaft, das durch zwei ausgeprägte Doppelturmtore sowie 13 weitere Mauertürme mit beachtlichen Höhenausmaßen unüberwindbar sein sollte. Konzeption und Baudetails belegen eine Weiterführung königlicher Handwerkstraditionen.

Unter direktem Einfluss dieser Baustelle sowie mit Finanzunterstützung durch den König dürfte um 1241 in Gencain eine geländebedingt verzogene Kastellanlage errichtet worden sein,

KÖNIGREICH FRANKREICH | 241

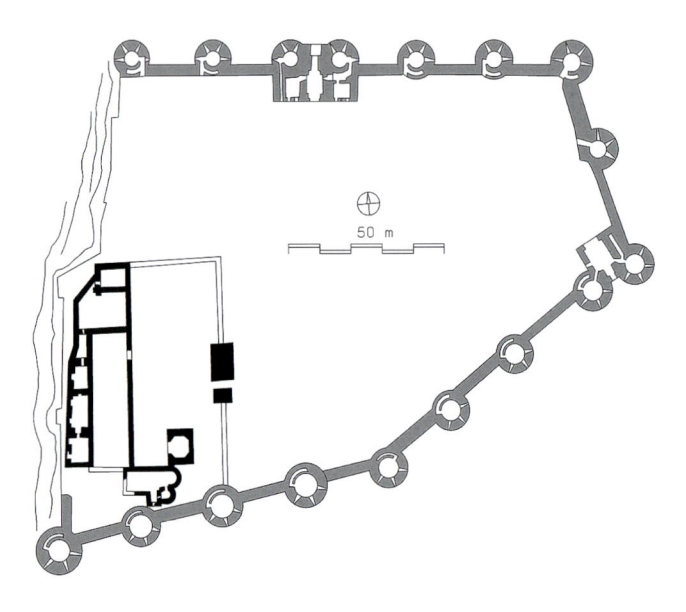

Abb. 34 | Angers, Frankreich, Gesamtanlage um 1230

deren heute stark reduzierte Mauern mit ihren Ecktürmen und dem Doppelturmtoren eng verwandt scheinen (Abb. 35).[27]

In einer anderen spektakulären Variante wurde die strategisch bedeutende Burg Mauzun in der Auvergne neu befestigt (Abb. 36–37).[28] Nach langem Streit zwischen den Grafen der Auvergne und den Bischöfen von Clermont hatte König Philipp vermittelt und 1227 entstand hier eine neue bischöfliche Herrschaft unter königlichem Einfluss. In den folgenden Jahren wurde auf dem hoch über der Ebene gelegenen Hügel eine gewaltige Burg errichtet, die aus einem weitläufigen, keilförmigen Bering mit zahlreichen halbrunden Mauertürmen sowie Doppelturmtor bestand und von einer viereckigen Kernburg mit mächtigen Mauern und vier runden Ecktürmen bekrönt wurde. Trotz der heute stark verfallenen Ruine zeigen die starken Kernmauern mit ihren charakteristischen zweifär-

Abb. 35 | Angers, Haupttor

KÖNIGREICH FRANKREICH

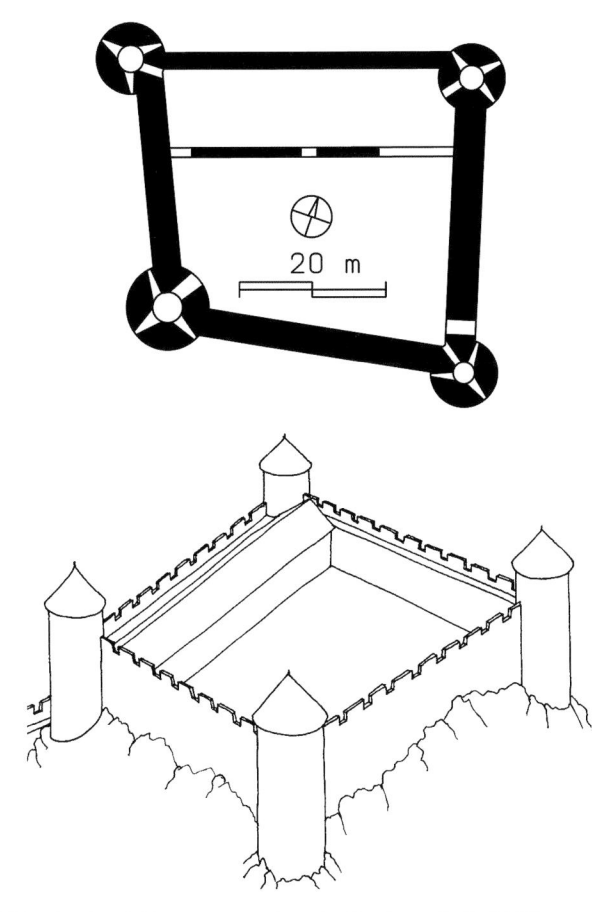

Abb. 36–37 | Mauzun, Frankreich, Kernkastell ab 1227

bigen Quaderstrukturen und den hohen Scharten klare Analogien zu den Baudetails von Angers, sodass von einer direkten Verwandtschaft auszugehen ist. Auch die Stadtburg der Bischöfe in Clermont l'Hérault erhielt in der Folge einen polygonalen Bering, der durch zahlreiche ähnliche Rund- bzw. Halbrundtürme flankiert war.

Bereits 1226 war die südfranzösische Stadt Carcassonne an die Krone übergegangen, die umgehend die weitläufigen Stadtmauern ausbauen und die alte Fürstenresidenz zu einer starken Königsburg erweitern ließ (Abb. 38–39).[29] Das ältere Burggelände am Rand der antiken Stadtmauer wurde durch ein 40 x 80 m großes Geviert mit zwei runden Ecktürmen, zwei halbrunden Mauertürmen sowie Doppelturmtor stadtseitig völlig neu umgürtet. Die breiten Armbrust-Schießkammern sind ähnlich wie in Angers und Mauzun konzipiert, ein tiefer Graben und eine vorgesetzte Barbakane vervollständigten die starke Wehranlage, die schon 1240 einer intensiven Belagerung widerstehen konnte.

Auch zahlreiche kleinere königliche Besitzungen in den ausgedehnten Krondomänen erhielten in der Folge starke Befestigungen (Abb. 40–41). Die bereits von Philipp August 1203 eroberte alte Burg Saumur war bis 1246 in königlichem Besitz.[30] Charakteristische Baudetails belegen, dass um 1230 der alte zentrale Wohnturm mit einem verzogenen Kastell von etwa 40 x 45 m und vier gleichförmigen Rundtürmen umgeben wurde. Für den königlichen Burgenbau recht neuartig, jedoch direkt an Coucy anschließend, zeigen die Innenräume von drei Türmen nun polygonale Grundrisse sowie ausgeprägte Schießkammern. Vor allem letztere sind wohl auf lokale Traditionen englisch geschulter Handwerker zurückzuführen und finden sich erstmals bei Carcassonne. Hofseitig sind drei Türme polygonal begradigt, ein zukunftsweisendes Detail, das ebenfalls in Carcassonne erstmals unter Ludwig begegnet.

Auch das kleine Kernkastell der einst sehr geräumigen Burganlage von Yevre weist ähnliche polygonale Innenräume der runden Ecktürme auf (Abb. 42–43). Die bis heute sehr gut erhaltene Kernburg ist urkundlich nicht datiert, der Standort war seit dem 12. Jahrhundert Krondomäne.[31] Es handelt sich um ein verzogenes Viereck von etwa 32 x 35 m, das offensichtlich ausschließlich der herrschaftlichen Repräsentation vorbehalten war, während Verwaltung, Wirtschaft und Kapelle im großen angrenzenden Hof mit seinen heute bis auf das Doppelturmtor verschwundenen Befestigungen angesiedelt waren. Die Türme zeigen ausgeprägte sechsseitige Räume und zum Hof hin abgeflachte Wände, in diesem steht über die gesamte Breite ein Palasbau mit spätromanischen Biforenfenstern. (Abb. 44–45)

Die südlich von Paris gelegene weiträumige Burganlage von Mont-Saint-Jean wirkt wie eine Zwillingsanlage von Yevre. Im 2. Drittel des 13. Jahrhunderts wurde der alte Adelsstandort mit einer gewaltigen, mehrteiligen Burg mit zahlreichen Rund- und Mauertürmen sowie zwei Binnengräben erneuert. Bauherr dürfte mit Guillaume II. ein bedeutender königstreuer Edelmann gewesen sein, der 1248 im 7. Kreuzzug gestorben ist.[32] An der Nordmauer steht zentral eine durch einen eigenen Graben isolierte 30 m breite verzogen-quadratische Kernburg, die durch vier runde Ecktürme kastellartig konzipiert ist. Durch einen rechteckigen Torturm gelangt man in einen kleinen Hof, der von drei Trakten ringförmig umschlossen ist, im Norden sind ins Land vier großformatige Biforenfenster mit Kleeblattmotiven des mittleren 13. Jahrhunderts gerichtet.

Nach der königlichen Eroberung der Grafschaft Toulouse bekam der Bruder des Königs, Alphons von Poitiers, große Teile des bislang feindlich gesinnten Südfrankreichs übertragen. Anlässlich einer lokalen Revolte wurde um 1252 der Befehl zur Erneuerung der alten Burg von Najac in den Pyrenäen erteilt, deren Kernanlage in der Folge als Kastell ausgebaut wurde (Abb. 46–47).[33] Unter Integration eines alten Wohnturms entstand ein 23 x 37 m großes Geviert mit vier runden Mauertürmen und dominantem runden Hauptturm. Zum Hof abgeflachte Turmwände, geräumige hohe Schießnischen und polygonale Rippengewölbe belegen die gute Kenntnis königlicher Bautraditionen. Mit gleichartigen Mauertürmen und Baudetails, jedoch bis auf die Burgen Puivert und Termes nicht mit regelmäßigen Grundrissen, wurden parallel dazu zahlreiche weitere Burgen in den Pyrenäen unter politischem Einfluss von Alphons befestigt.[34]

In diese Gruppe gehörte offensichtlich auch die Zitadelle der Kleinstadt Villerouge, 50 km südlich von Carcassonne, die vom König den Erzbischöfen von Narbonne zurückgegeben wurde. In der Folge entstand eine neue rechteckige Befestigung und in einer Ecke ein stark verzogenes ca. 27 x 35 m großes Kastell (Abb. 48–49). Die bis heute fast unveränderte Anlage dürfte einen älteren Palasbau mit spätromanischem Biforenfenster umschließen. Der Neubau zeigt einen Hauptturm mit 9,5 m Durchmesser, drei kleine runde Ecktürme sowie einen pfeilerartigen Torbau mit außen liegender Fallgatternische. Konzeptionell schloss man damit an Yevre-le-Chatel an, orientierte sich jedoch im Detail an lokalen südfranzösischen Traditionen.

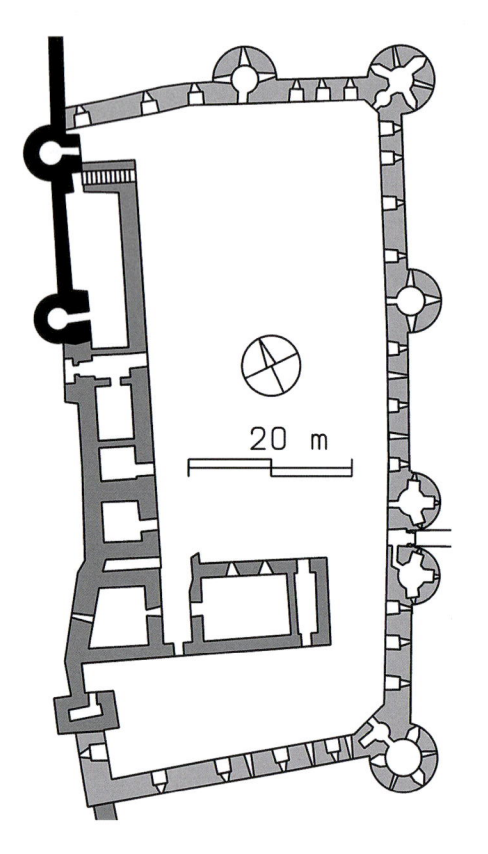

Abb. 38–39 | Carcassonne, Frankreich, Kernburg 1226-39

KÖNIGREICH FRANKREICH

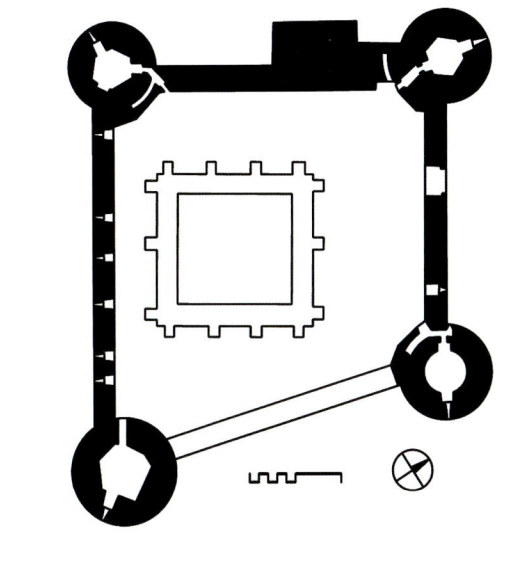

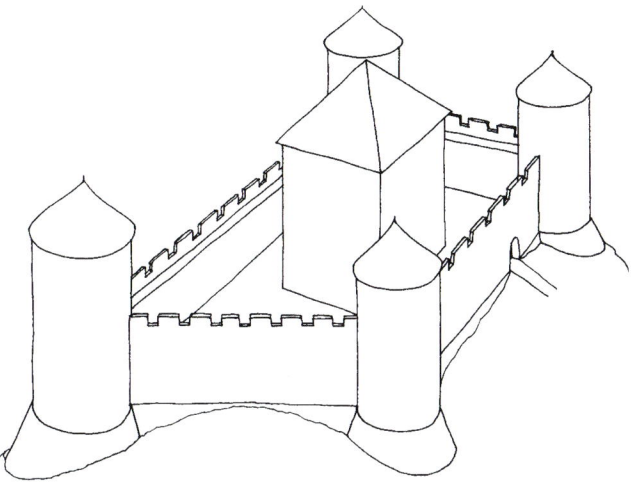

Abb. 40–41 | Saumur, Frankreich, Kernkastell um 1230

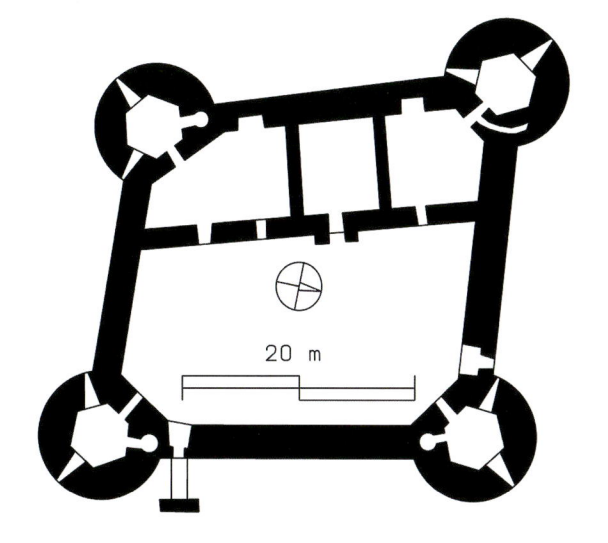

Abb. 42–43 | Yevre-le-Chatel, Frankreich, Kernkastell 2. D. 13. Jh.

KÖNIG PHILIPP III. DER KÜHNE (1270–85)

Unter dem Nachfolger Ludwigs sind keine Kastellanlagen bekannt, er mischte in Europas Politik mit und bewarb sich sogar als Römischer Kaiser, was jedoch durch die Wahl Rudolf von Habsburgs obsolet wurde. Seine Regierung stützte sich vor allem auf den Hof in Paris, wo er im Kreise von Beamten den Staat regierte.

Jedoch dürfte die stark ruinöse Festung Montlhéry, zu der es keine Baudaten gibt, sehr wahrscheinlich im späten 13. Jahrhundert als mächtiges Bollwerk der Krone neu errichtet worden sein (Abb. 50). Die einst gewaltige Anlage platzierte man neben der kleinen Siedlung mit ihrem winzigen Erdhügelwerk kompromisslos als dreiteilige Kastellburg. Heute sind vor allem die Ruinen der Kernanlage mit ihrem fünfeckigen Grundriss auf einer Fläche von etwa 45 x 67 m gut erkennbar. Sie zeigen in symmetrischer Form einen dominanten Hauptturm mit 15 m Durchmesser und sechseckigem Sternrippenraum, weiters zwei runde Ecktürme, zwei hufeisenförmige Zwischentürme und einen rechteckigen, pfeilerartigen Torbau. Im Hof gibt es Fundamente eines einst im Norden innen angestellten Gebäudes mit Innenpfeilern. Außerhalb des Tors lag hinter einem tiefen Halsgraben eine zweiteilige, ebenfalls streng symmetrische Vorburg, die gleichfalls mit runden Ecktürmen geschützt war und die eine rechteckige Pfeilerkapelle umschloss. Bereits im frühen 14. Jahrhundert dürfte die Anlage verändert worden sein, aus dieser Zeit mögen die heutige obere Turmform des Hauptturms mit dem seitlich aufgesetzten Stiegenpfeiler und dem krönenden Wehrerker, der nördliche Hofeinbau sowie die Kapelle in der Vorburg stammen. Somit könnte die Burg zunächst nur aus Mauern und Türmen bestanden haben, während die Hofflächen völlig frei für Truppenkontingente waren. Verglichen mit Montlhéry wirkt die nahe, deutlich kleinere und nicht so regelmäßige Burg Sauveterre-la-Lèmance wie ei-

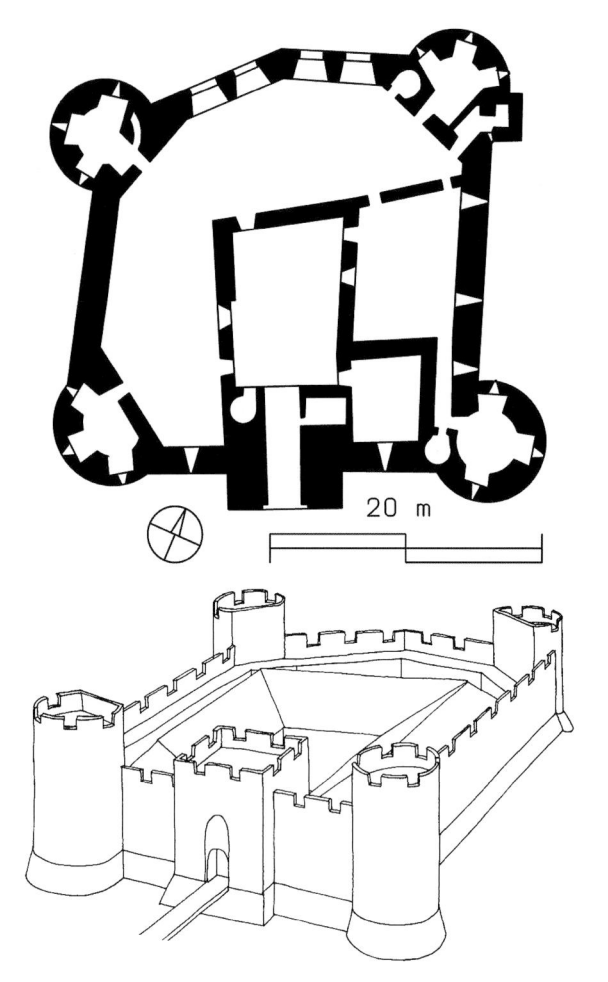

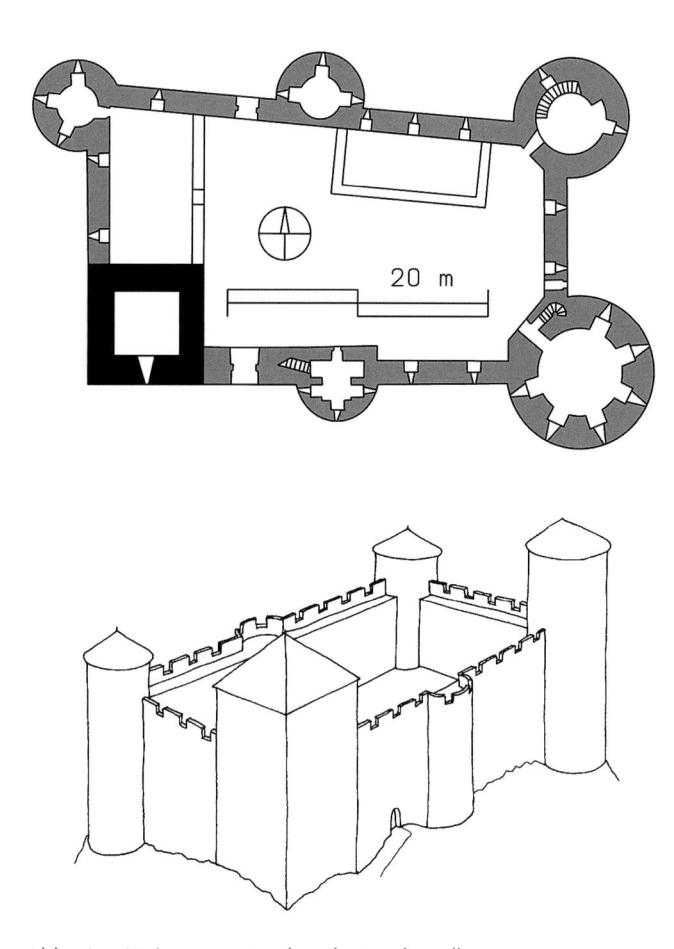

Abb. 44–45 | Mont-Saint-Jean, Frankreich, Kernburg 2. D. 13. Jh.

Abb. 46–47 | Najac, Frankreich, Kernkastell um 1252

ne etwas spätere Gegenburg der Engländer.[35] Die in der Gascogne gelegene Höhenburg wurde offenbar aus rein militärischen Gründen um 1290 mit Baukonzepten sowie Baudetails der englischen Kastelle unter König Eduard I. errichtet. So haben analog zu Montlhéry in der schiffförmig situierten Kernanlage die drei Türme runde bzw. halbrunde Grundrisse und polygonale Innenräume sowie entsprechende Mauerstiegen und Scharten.

Wie unter Philipp finden sich auch unter Ludwig nur wenige nichtkönigliche Kastellanlagen (Abb. 51). Als sein liebster Hofgünstling stieg der Kleinadelige Pierre de la Brosse (Broce) zum Kämmerer auf und fiel in der Folge durch Selbstbereicherung und Hofintrigen auf. Obwohl er lange Zeit der unumstrittene Favorit des Königs war, stolperte Pierre 1278 über einen Skandal und wurde sofort gehängt. Im Berry steht seine gewaltige fünfeckige Burg von Brosse, für die trotz der langen historischen Überlieferung ab dem 10. Jahrhundert exakte Baudaten fehlen.[36] Nach der Eroberung des Berry im frühen 13. Jahrhundert könnten die Grafen von Limoges dieses neue Kastell angelegt haben. Es mag aber auch Pierre de la Brosse einen angemessenen Sitz begonnen haben, der vielleicht durch seinen frühzeitigen Tod gar nie fertig gestellt wurde. Die heute stark fragmentierte, im Durchmesser etwa 120 m lange Burg wird durch einen mächtigen Hauptturm dominiert, der auf einem eigenen kleinen Rundhügel steht. An ihn schließen die fünfeckig konzipierten Mauern an, deren Ecken sowie Mauerfluchten von Rundtürmen flankiert werden. Bergseitig ist ein breiter Graben vorgesetzt. Weder die Lage und Form des Tors noch eventuelle Innenbauten sind überliefert, somit kann diese Burg nur grob als eigenwillige Variante des hochgotischen Kastelltyps eingeordnet werden.

Auch der Kanzler des Königs, Géraud VI. de Maumont, Archidiakon und königlicher Leiter von Limoges, ließ in Châlucet die alte Burg als Bollwerk gegen das englische Aquitanien sowie als standesgemäßes Prunkschloss völlig neu errichten (Abb. 51a). Es entstand bis zu seinem Tod 1299 auf einer geländebedingt trapezförmig verzogenen Fläche von etwa 45 x 70 m eine bemerkenswert kompromisslose Residenzanlage, die außen durch eine mächtige Schildmauer sowie runde Ecktürme und halbrunde bzw. rechteckige Zwischentürme domi-

KÖNIGREICH FRANKREICH

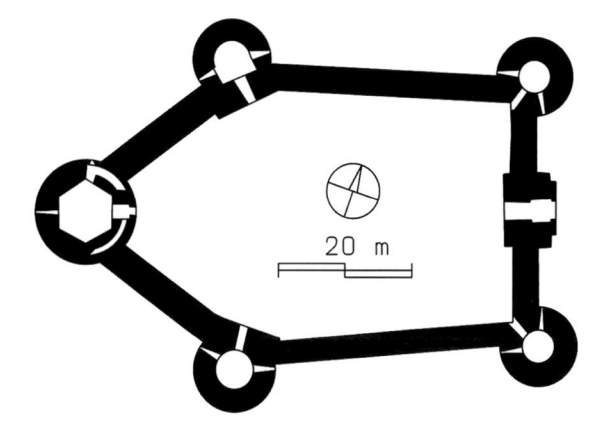

Abb. 50 | Montlhéry, Frankreich, Kernkastell 3. D. 13. Jh.

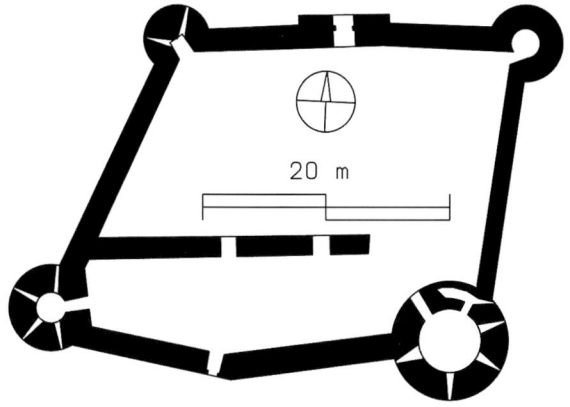

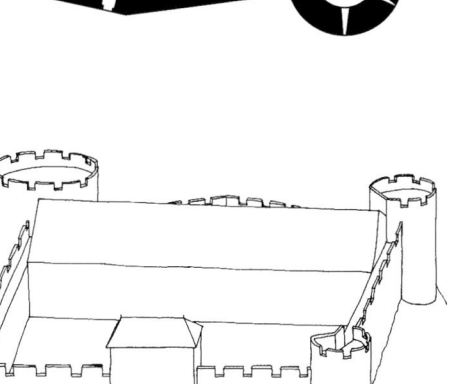

Abb. 48–49 | Villerouge-Termenes, Frankreich, Kernkastell 2. D. 13. Jh.

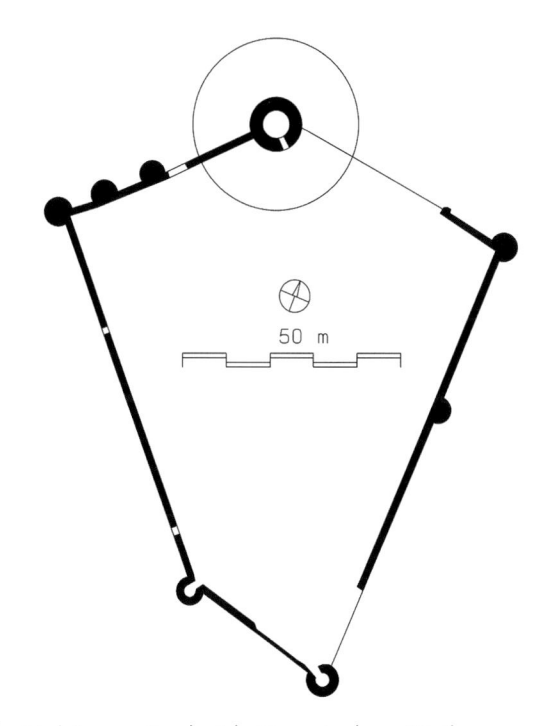

Abb. 51 | Brosse, Frankreich, Gesamtanlage 13. Jh.

niert wurde, während innen mit einem 70 m langen Repräsentationsbau mit gewölbten Hallen sowie einem im Hof zunächst freistehenden fünfeckigen Wohnturm der Residenzcharakter im Vordergrund stand. Vorwerke und eine geräumige Unterburg vervollständigen das Bild einer mächtigen, schlossartigen Hochadelsburg, die im Kampf gegen englische Feldzüge die neuesten Erkenntnisse der Verteidigungstechnik nutzt. Während einige Baudetails wie Gewölberippen und sechseckige Turmräume dem königlichen Kastellbau entlehnt scheinen, deuten Schildmauer, Saalbauten und eckige Mauertürmchen auf sehr eigenständige Lösungen.

Ein weiteres Adelskastell entstand in Thiers, nachdem Renaud de Nanteuil 1276 die lokale Herrschaft erworben hatte (Abb. 52–53).[37] Bis zu seinem Tod ließ er in zwei Etappen zunächst ein wehrhaftes Geviert von 60 m Breite mit geschlossenen Mauern und gleichförmigen Flankentürmen anlegen. Erst dann wurde mittels Arkaden eine Hofbebauung eingesetzt und im Obergeschoß eine repräsentative, nach außen reich befensterte Beletage mit Sälen, Wohnräumen und Kapelle errichtet, sodass schließlich der Eindruck eines leicht befestigten Landschlosses überwog.[38] (Abb. 54–55) Diesem Beispiel folgte man auch in Ravel, das für den lokal bedeutenden Adeligen namens Philipp III. le Hardi in mehreren Etappen errichtet wurde.[39] Die durch spätere Adaptierungen stark veränderte Anlage dürfte bis ins späte 13. Jahrhundert zu einem verzogen-rechteckigen Kastell von etwa 52 x 60 m ausgebaut worden sein. Demnach stand zu Beginn ein kleines Geviert mit zwei runden Ecktürmen, das kurz nach 1283 gemäß königlichem Vorbild großformatig und konsequent zu einem wehrhaften Kastell erweitert wurde, um schließlich um 1300 durch den Einbau eines großen Saaltraktes mit Baudetails analog zum königlichen Palais in Paris gänzlich den Schwerpunkt auf die repräsentative Hofhaltung zu legen. (Abb. 56) Nach der Eroberung der flämischen Stadt Lille begann Phillip der Schöne

KÖNIGREICH FRANKREICH

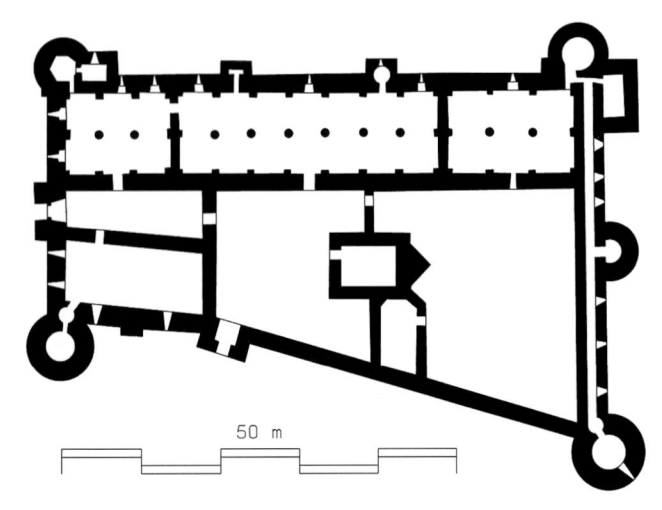

Abb. 51a | Châlucet, Frankreich, Kernkastell 1270–99

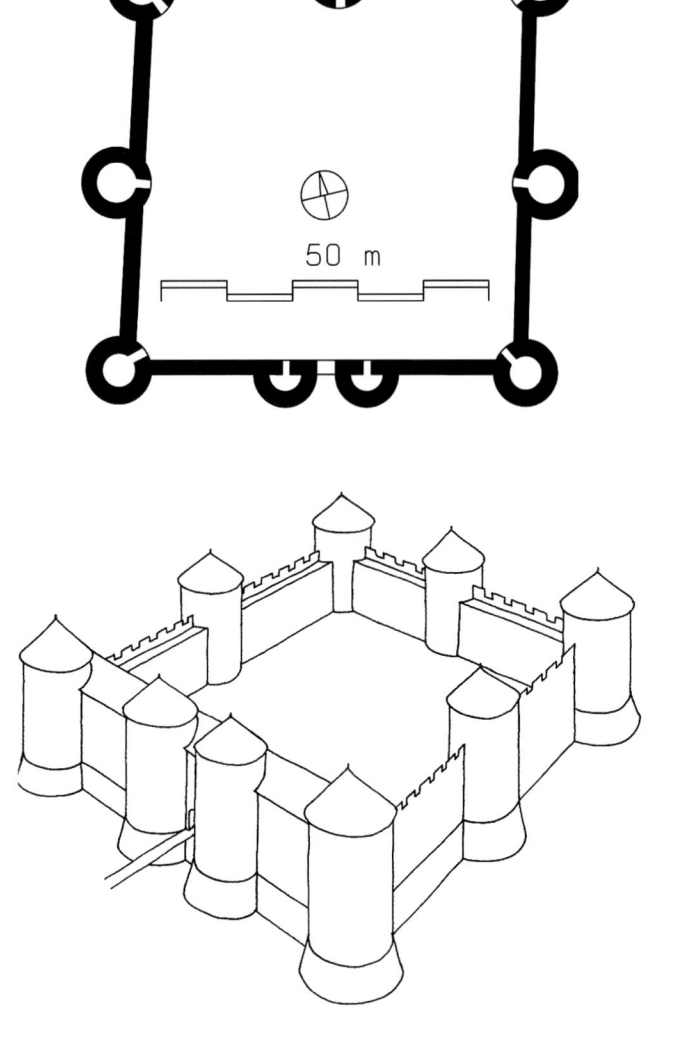

Abb. 52–53 | Thiers-sur-Thève, Frankreich, Kernkastell nach 1276

1298, um ein älteres wohl auf Phillip II. zurück gehendes Kastell eine neue gewaltige Festung anzulegen, die erst 1339 vollständig fertig gestellt war.[40] Die durch die barocke Festungsstadt später völlig ersetzte Burg ist durch historische Ansichten, einen barocken Vermessungsplan und punktuelle Grabungserkenntnisse dennoch ausreichend gut rekonstruierbar. Demnach stand im Zentrum ein etwa 88 x 105 m großes Kastell. Im Abstand von etwa 30 m wurde ein 144 x 175 m großes neues Kastell errichtet, das durch vier große runde Ecktürme, zwei Doppelturmtore sowie neun halbrunde Mauertürme bestens geschützt war. Davor lief ein breiter Graben, der heute noch gut als umlaufendes künstliches Gerinne dokumentiert ist. Das Kastell diente als Sitz der französischen Stadtverwaltung und war mit einer ständigen Grenzgarnison besetzt.

In fast gleicher Form dürfte Phillip der Schöne 1297 auch im nahen Ingelmunster (Belgien) nach der Eroberung der dortigen Stadt auf einer vorgelagerten Insel eine großformatige Festung errichtet haben, die gemäß historischen Ansichten von vier großen runden Ecktürmen und je Seite von drei halbrunden Mauertürmen geprägt war. Durch die Überbauung mit dem heutigen Barockschloss haben sich jedoch keine materiellen Reste erhalten, sodass weder Größe noch exakte Bauzeit fassbar sind. (Abb. 57–58)

Nach dem Tod Ludwigs brach die große Zeit der Kastellbauten in Frankreich abrupt ab. Nur mehr vereinzelt wurden vom niederen Adel kleinformatige regelmäßige Bauten beauftragt. Dazu gehört das im Besitz einer Ritterfamilie befindliche Kastell Roquetaillade, das durch die Verwandtschaft der Besitzer mit Papst Clemens V. an Bedeutung gewann.[41] In den 1310er Jahren wurde ein kompaktes, durchaus wehrhaftes Neuschloss neben der alten Burg errichtet, das durch einen hohen zentralen Turm, ein direkt umschließendes Traktgeviert sowie einen quadratischen Bering mit Doppelturmtor, vier runden Ecktürmen und breitem Wassergraben wie ein Miniaturkastell ausgestattet war. (Abb. 59–60)

Auch das Kastell von Villandraut wird mit Papst Clemens V. in Verbindung gebracht. Die lokale Ritterfamilie gehörte zu seinem engeren Gefolge und dürfte für ihn einen sicheren Rückzugsort mit Residenzcharakter errichtet haben.[42] So entstand im frühen 14. Jahrhundert innerhalb eines breiten Grabens ein 43 x 51 m großes Geviert mit 2,5 m starken Mauern, vier runden 13 m dicken Ecktürmen sowie einem dominanten Doppelturmtor mit Zugbrücke. Sämtliche Turmräume sind polygonal gestaltet und mit großen Schartennischen sehr wehrhaft. Dem entgegen gab es im Hof eine filigrane dreiseitige Randbebauung, die Torwand könnte mit einem Arkadengang geschlossen gewesen sein. Somit überwog im Inneren der repräsentative Residenzcharakter, der noch heute an den Freitreppen und

Abb. 54 | Thiers-sur-Thève, Blick von Südosten

prächtigen Tür- und Fenstergewänden gut ablesbar ist. Mit diesem Kastell schloss man wohl für den Papst eindeutig am zeitgenössischen Louvre an und stellte ihm demonstrativ eine kirchliche Residenz gegenüber. Gleichzeitig wurden alle verteidigungstechnischen Errungenschaften des Hochmittelalters eingearbeitet, sodass hier tatsächlich ein sicheres Bollwerk in der für den Papst so bedrohlichen Zeit geschaffen wurde.

Im heutigen Belgien entstand in den Jahren 1347–75 unter Herzog Wenceslas von Brabant in Vilvoorde eine neue Kastellanlage, um als Stützpunkt gegen Brüssel und Löwen zu dienen.[43]

Gemäß historischen Ansichten handelte es sich um eine klassische, durch einen breiten Wassergraben isolierte Stadtzitadelle in der strategisch bedeutenden Stadt des Herzogtums Brabant, die jedoch im 18. Jahrhundert vollständig abgetragen wurde.

Auch das nahe gelegene Kastell von Escaudoevres (heute in der Stadt Cambrai, Frankreich) wurde 1340–60 als viereckige Anlage mit runden Ecktürmen errichtet und ist nur in historischen Ansichten dokumentiert, da es im 16. Jahrhundert zerstört wurde.

Nur mit englischen Beispielen vergleichbar ist das heute ruinöse Kastell von Lagarde, etwa 30 km südwestlich von Carcassonne gelegen (Abb. 61–62). Diese ca. 42 x 49 m große

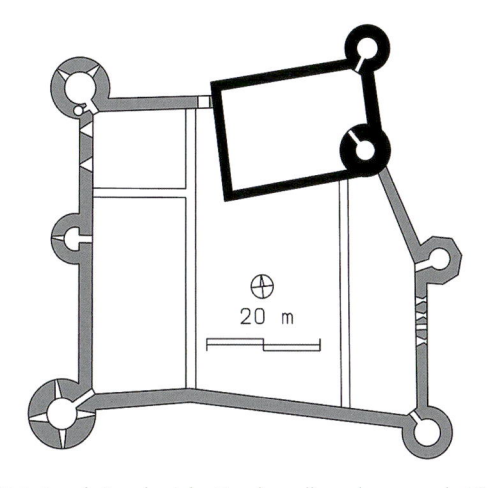

Abb. 55 | Ravel, Frankreich, Kernkastell vor bzw. nach 1283

KÖNIGREICH FRANKREICH | 249

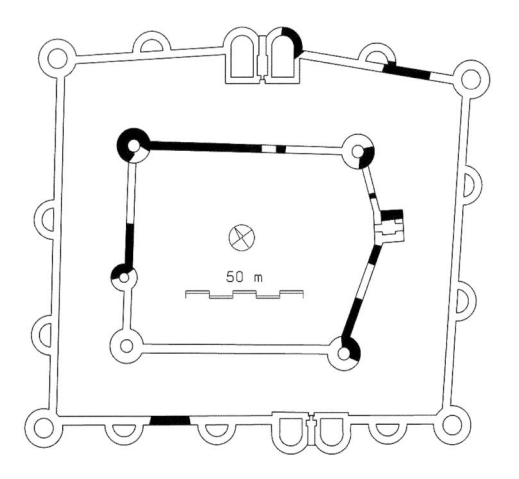

Abb. 56 | Lille, Frankreich, Château de Courtrai, ab 1298

Anlage gehörte seit der Eroberung des Gebiets von den Katharern bis weit in die Neuzeit der königstreuen Familie Lévis, die um 1320/30 einen rigorosen Neubau beauftragt haben dürfte.[44] Der einheitliche Quaderbau zeichnet sich durch ein konsequentes Konzept aus, das um einen Hof wohl schon zu Beginn vier Trakte und an den Kanten vier wenig vorstehende Ecktürme sowie einen Torbau vorsah. Das Portal wird durch gestufte Spitzbögen mit Fallgatter gebildet, die gut zu zeitgenössischen Gegenstücken in England passen, ebenso wie die Turmsockel mit ihren integrierten Bogenscharten und die krönenden Kragsteine, die ehemals umlaufende Wehrgänge belegen. Im frühen 16. Jahrhundert kam es zu einem prägenden Ausbau mit weiterem Turm im Hof, großen Fensterausbrüchen und zahlreichen repräsentativen Bauelementen. Dennoch blieb der ursprüngliche Charakter weitgehend erhalten, sodass noch heute das regional völlig isolierte Beispiel eines englisch anmutenden spätgotischen Kastells erhalten blieb.

KÖNIG KARL V. (1364–1380)

Nach mehreren Generationen ohne Kastellneubauten kam es unter Karl V. zu einer regelrechten Renaissance dieses Bautyps. Im Rahmen des hundertjährigen Kriegs mit England war sein Vater, der regierende König Johann II. der Gute, 1356 gefangen und entführt worden. Karl war daher als Kind gezwungen, als Stellvertreter bis 1360 die Krone zu halten, ehe er 1364 selbst zum König gekrönt wurde. (Abb. 63–64) Gleich zu Beginn seiner Amtszeit 1356 ließ Karl Paris gegen

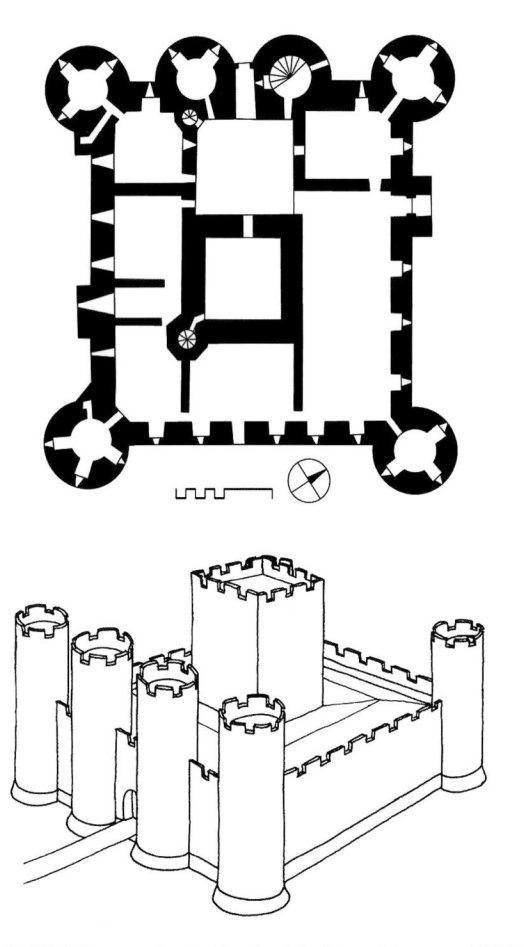

Abb. 57–58 | Roquetaillade, Frankreich, Neuschloss ca. 1310–20

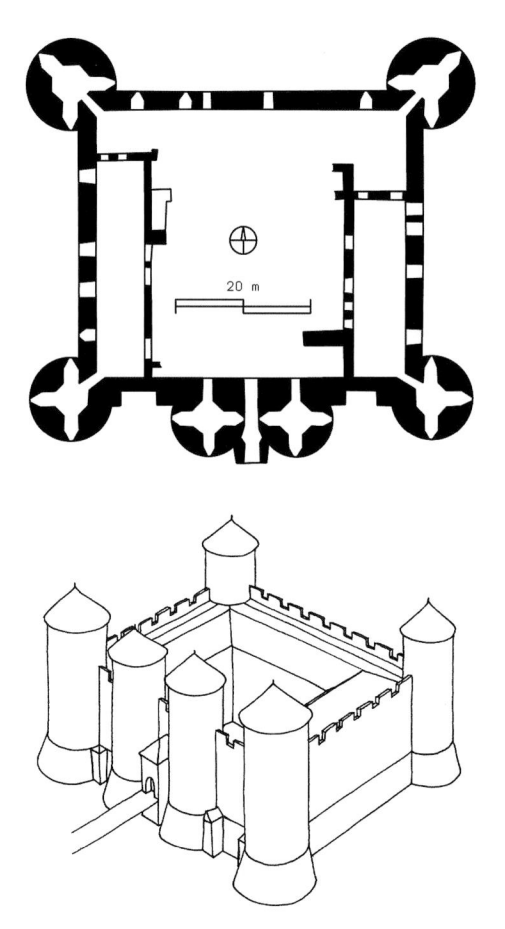

Abb. 59–60 | Villandraut, Frankreich, Kernkastell 1. D. 14. Jh.

KÖNIGREICH FRANKREICH

Abb. 61–62 | Lagarde, Frankreich, Kastell 1. D. 14. Jh.

englische Angriffe wappnen, aber auch sichere Stützpunkte gegen Revolutionäre anlegen.⁴⁵ Dazu gehörte vor allem die Torfestung Saint-Antoine, die bis 1383 als allseits gerichtete zusätzliche Zitadelle entstand und an der Stadtmauer Ein- und Ausgang kontrollieren sollte. Die mit Vorwerken, Zugbrücken und tiefen Gräben ausgestattete Kernanlage besteht aus einem klassischen Kastell mit acht runden Mauertürmen, deren polygonale Innenräume jeweils durch aufwändigen Stiegenanlagen und Toiletten ausgerüstet waren. Offensichtlich bildeten alle Bauteile eine ebene krönende Gefechtsplattform, von der aus die Verteidigung bestens organisiert werden konnte.⁴⁶

Mit Karls Krönung 1364 begann ein konzertiertes königliches Bauprogramm, das bis zu seinem Tod 1380 betrieben wurde und das mit hochkomplexen Kombinationen von Wehr- und Repräsentationsarchitektur neue Maßstäbe setzte (Abb. 65).⁴⁷ Als Führungsbauten dienten wie so oft die drei königlichen Paläste in und um Paris. Der alte Louvre wurde durch eine konsequente Umgestaltung der vier Hoftrakte sowie durch die demonstrative Aufstockung der Mauertürme zu einem vieltürmigen Palast erweitert. Das Palais de la Cité erhielt neue Palastflügel und die alten Türme an der Seine wurden in die dahinter liegenden Trakte integriert. Dazu etablierte Karl in der Stadt mit dem Hotel Saint-Pol eine weitere kleine Residenz, die von seinen Nachfolgern als intimer Privatsitz ausgebaut werden sollte.

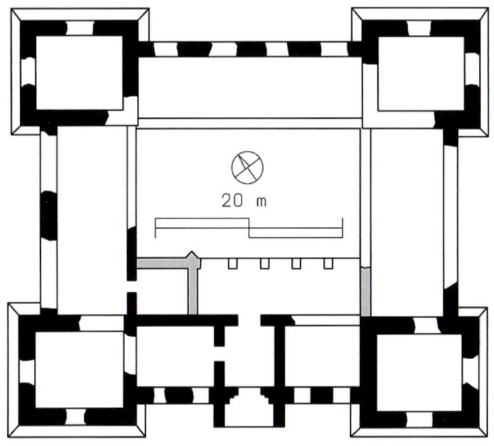

Den Höhepunkt königlicher Baukunst bildete mit Abstand die Landresidenz Vincennes (Abb. 66). Bereits 1361 hatte Karls Vater Johann der Gute nach seiner Rückkehr mit dem Bau eines neuen Wohnturms begonnen, der nun unter Karl V. zum dominanten Angelpunkt einer gewaltigen, 175 x 330 m großen Kastellanlage werden sollte.⁴⁸ Ohne Rücksicht auf die älteren Winkel der weiterhin bestehenden Residenzbauten, die wohl in der Folge abgebrochen hätten werden sollen, entstand ein massives großformatiges Rechteck, das durch monumentale Ecktürme, kleinere Mauertürme, noch kleinere Zwischenbastionen sowie drei Doppelturmtore flankiert wur-

KÖNIGREICH FRANKREICH | 251

de. Der Wohnturm des Vaters erhielt einen eigenen kleinen Bering und einen rechteckigen Graben, sodass hier mitten am Hauptgeviert eine isolierte königliche Zitadelle ausgeschieden wurde. Die Obergeschoße des Turms wurden als alles überragende luxuriöse Wohnung des Königs neu aufgesetzt. Somit bildete Vincennes den Idealtypus eines mächtigen Kastells und spiegelte wohl programmatisch den französischen Staatsapparat. Während die Gesamtanlage wie eine maßstabsmäßige Vergrößerung bisheriger Kastelle wirkt und auch der isolierte königliche Wohnturm auf älteren Vorbildern fußt, weisen die rechteckigen, geräumigen Mauertürme mit ihren regelmäßigen Pfeilern auf eine Rückbesinnung auf hochromanische Wohntürme, wie sie bereits im Papstpalast von Avignon in mehreren Etappen ab 1340 bis 1370 zur vorbildhaften Anschauung gebracht worden waren. Bemerkenswerter Weise wurde fast ausschließlich der dominante Wohnturm mit seinen runden Ecktürmchen zum Vorbild für zahlreiche weitere geräumige Wohntürme des hohen wie niederen Adels, der daraus unterschiedliche Varianten, meist mit eng gestaffelten Rundtürmen, ableitete.[49]

Zur gleichen Zeit entstand in Sully-sur-Loire ein großzügig konzipiertes Kastell, das erst in langen Etappen fertig gestellt werden sollte.[50] Bauherr war mit Guy de la Trémoille ein enger Vertrauter von König Karl, der seine Hofhandwerker zur Verfügung stellte, um ein 40 x 60 m großes Trapez mit traditionellen Kastellelementen, jedoch hervorgehobenem Haupttrakt mit eigener Doppelturmfront zum Hof zu schaffen. Die Baudetails wie Mauern, Wehrgänge und Kreuzstockfenster belegen die Zugehörigkeit dieser Anlage zur königlichen Bauhütte.

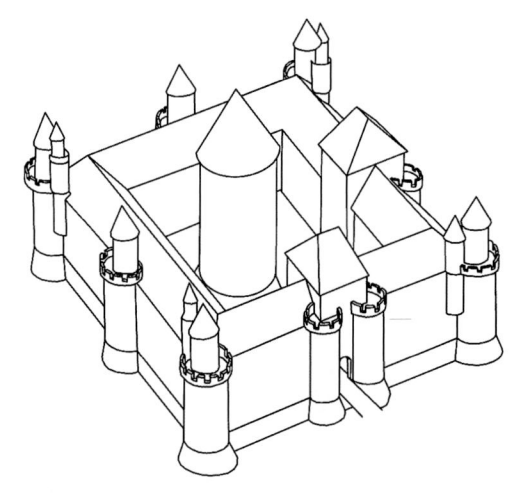

Abb. 65 | Louvre, Kernbau im 14. Jh.

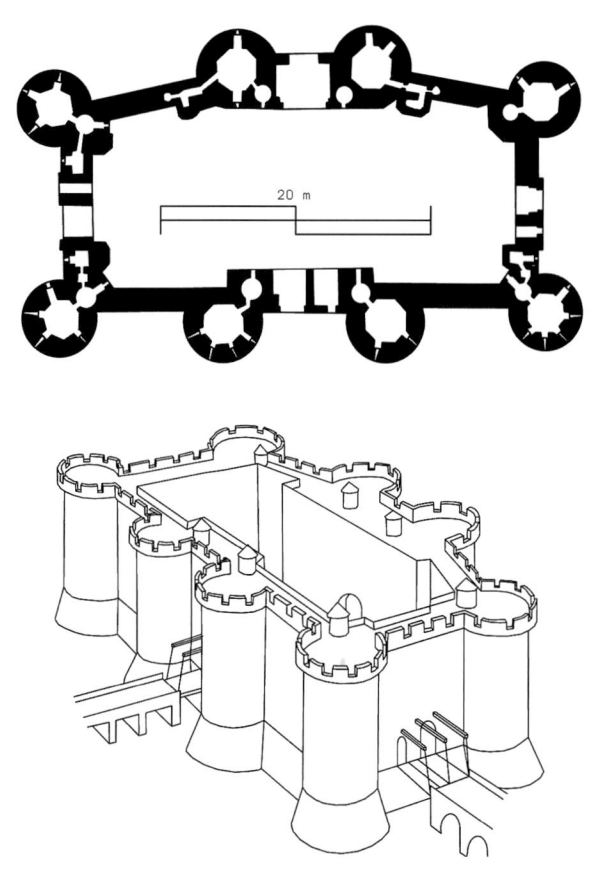

Abb. 63–64 | La Bastille Saint-Antoine, Frankreich, Kernanlage ab 1356

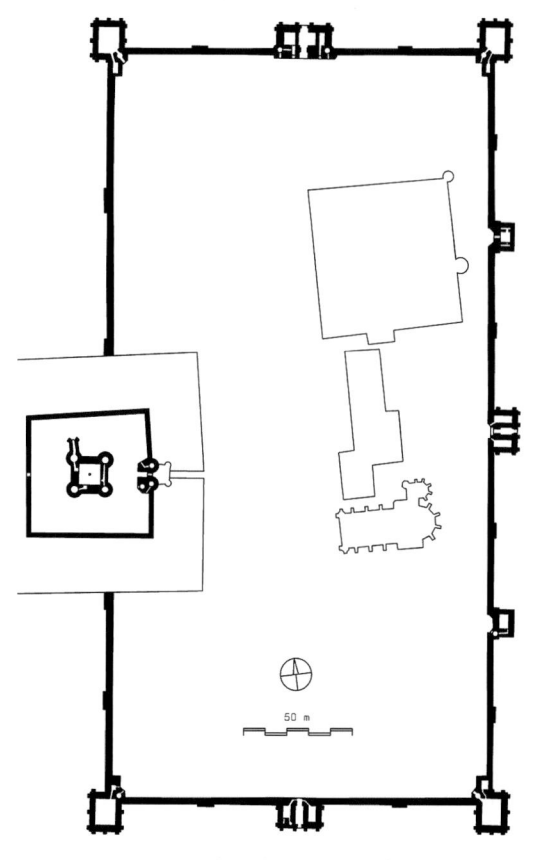

Abb. 66 | Vincennes, Frankreich, Gesamtanlage 1361–80

Abb. 67 | Saumur, Gesamtansicht mit den neuen Aufbauten über den alten Kastellmauern

Praktisch gleichzeitig ließ der Bruder Karls, Ludwig I. Anjou, mit der alten Kastellburg in Saumur seine Apanage ab 1367 durch Abbruch des zentralen Wohnturms und Anlage eines vierflügeligen Palasts mit hohen Ecktürmen nach dem Vorbild des Louvre zu einem geräumigen, feingliedrigen Märchenschloss erweitern.[51]

Auch der zweite Bruder Jean de Berry erhielt als Apanage große Besitzungen und ließ um 1380 die alte Kastellburg Mehun-sur-Yèvre in analoger Form vierflügelig ausbauen (Abb. 67).[52] Parallel dazu ließ er in Poitiers ab 1382 die alte Kastellanlage mit vergleichbaren Hoftrakten umschließen.

Das nördlich von Paris gelegene heutige Märchenschloss Pierrefonds entstammt einem romantischen Wiederaufbau des späten 19. Jahrhunderts (Abb. 68–69).[53] In der Bausubstanz sind jedoch noch wesentliche Teile eines hochgotischen Kastells enthalten, das um 1400 für den Herzog von Orléans errichtet wurde und das einst prächtig ausgestaltet war.[54] Man orientierte sich am gleichzeitig für den Herzog entstandenen, aber heute noch weniger erhaltenen Neuschloss von Soissons, wo das gleiche Baukonzept in streng symmetrischer Form verwirklicht wurde. Beide Anlagen bestanden aus einem rechteckigen großformatigen Kastell mit runden Ecktürmen und halbrunden bzw. halbrunden Zwischentürmen. An einer Seite dominierte ein geräumiger Wohnturm, der hofseitig in Pierrefonds durch zumindest einen, in Soissons durch zwei symmetrische Ecktürme wie ein kleines Kernkastell flankiert war. Derselbe Herzog von Orléans ließ ab 1398 auch in Ferté ein neues Kastell anlegen, das jedoch bei seinem Tod 1407 nicht weit gediehen war, weshalb die geplante Gesamtkonzeption offen bleiben muss (Abb. 70).[55] Der rechteckige Bauplatz indiziert, dass hinter der 90 m breiten Schaufront ein entsprechend regelmäßiges Kastell vorgesehen war. Die ausgeführte Front besteht aus einem dominanten Doppelturmtor sowie einem eckigen und einem runden Eckturm, dahinter deuten Mauerverzahnungen auf einen geplanten randständigen Trakt. Philipp von Burgund hat schließlich in seinen durch Heirat

KÖNIGREICH FRANKREICH

oder Kampf erweiterten brabantischen Gebieten einige großformatige Kastelle errichten lassen, die heute weitgehend wieder verschwunden sind.

Nach der 1382 erfolgten Eroberung von Kortrijk (Belgien) wurde 1386 begonnen, an einer Stadtecke ein großes Kastell zu errichten, das gemäß Urkunden bis 1398 weitgehend fertig gestellt war, während die Arbeiten am Graben 1402 beendet wurden. Die 1684 gesprengte Anlage bestand gemäß historischen Ansichten aus einem großen Geviert mit runden Ecktürmen, wovon einer dominierte, weiters einem Doppelturmtor und kleineren halbrunden Mauertürmen.

Auch in Sluis (Belgien) ließ Philipp mit dem Hafenkastell ein großes Geviert errichten, das zwar im 18. Jahrhundert teilweise zerstört und im 19. völlig abgetragen wurde, jedoch durch historische Ansichten und einen exakten Bestandsplan aus 1754 sehr gut überliefert ist (Abb. 71).[56] Demnach entstand als Pendant zur Pariser Bastille ein geradezu idealisiertes Kastell mit zwei Doppelturmtoren, vier großen runden Ecktürmen, vier wenig kleineren Mauertürmen sowie zwei ebenfalls turmbewehrten Torzwingern. Die dem französischen Hofarchitekten Dreue Vapor Martin zugeschriebene Anlage besticht durch Konsequenz und Perfektion, erinnert aber in der Grundform auch an fast hundert Jahre ältere englische bzw. walisische Gegenstücke.

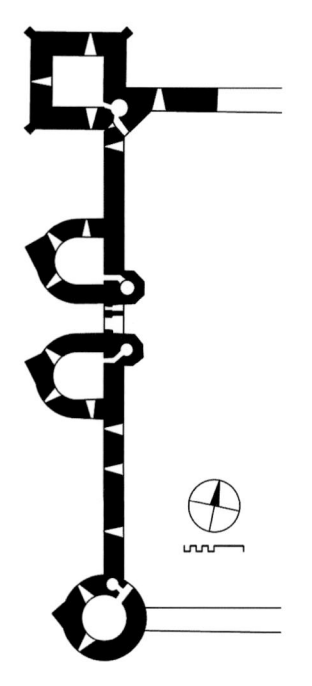

Abb. 70 | Ferté-Milon, Frankreich, Kastellfront 1398–1407 Erhaltener Grundriss

Im relativ unabhängigen Fürstentum Bretagne wurden gleichzeitig die romanischen Kastelle von Nantes und Suscinio zwischen 1380 und 1400 in programmatisch gleicher Form mit mächtigen Flankentürmen aufgerüstet, während in den Höfen geräumige Residenztrakte entstanden. Damit orientierte man sich selbstbewusst an der französischen Krone.

Diese setzte in Tarascon ab 1402 ein letztes Zeichen königlicher Kastellbaukunst.[57] Die demonstrativ an der Grenze zur Provence errichtete Anlage stellt eine weitgehende Überbauung einer romanischen Burg dar, wobei wiederum außen gewaltige Flankentürme dominierten, während innen geräumige Residenztrakte mit hochwertiger Ausstattung entstanden. In der unmittelbaren Folge wurden keine klassischen Kastellburgen mehr errichtet, wenngleich Regelmäßigkeit und Vieltürmigkeit im Schlossbau sogar vermehrt angestrebt wurden.[58] So folgten vor allem vornehme Landschlösser mit plakativ vorstehenden runden Ecktürmen diesem Typus und versuchten so eine letzte Verschmelzung von moderner Wehrhaftigkeit und adeliger Wohnkultur. Le Moulin, Olhain, Bagneux, Le Bories, La Vervolière und Langeais sind prominente Beispiele eines bis ins 16. Jahrhundert als Topos erhaltenen Schlosskonzepts, bei dem die Wehrhaftigkeit schließlich als Standes- und Traditionszeichen in der Repräsentationsarchitektur integriert blieb.[59]

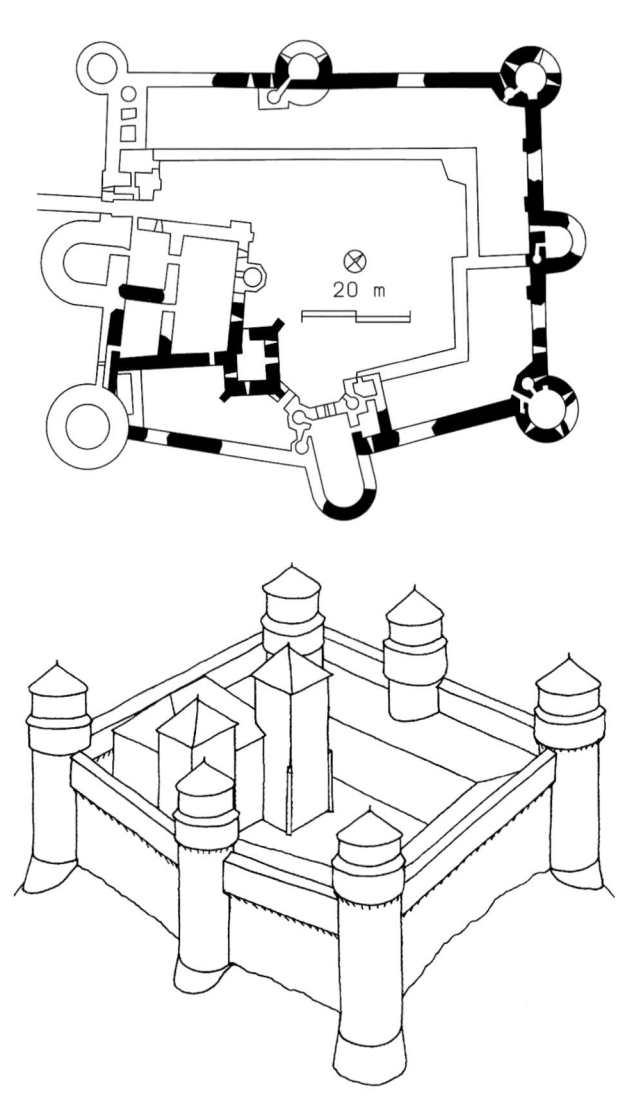

Abb. 68–69 | Pierrefonds, Frankreich, Kastell 1393–1407 (schwarz) und Wiederaufbau 1861–85 (weiß)

254 | KÖNIGREICH FRANKREICH

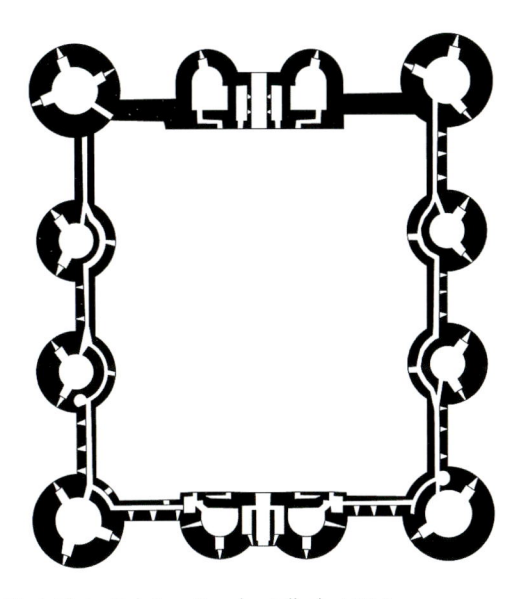

Abb. 71 | Sluis, Belgien, Kernkastell ab 1386

Ein gutes Beispiel bietet Cherveux, dass um 1470 für Robert Coningham, einen Hauptmann der königlichen Leibgarde, wie eine hochmittelalterliche Burg errichtet worden ist (Abb. 72–73).[60] Die heute stark reduzierte Anlage, die im 19. Jahrhundert noch vollständig dokumentiert wurde, war außen durch einen runden Hauptturm sowie zwei halbrunde Mauertürme, einen eckigen Flankenturm sowie einen großen Torbau geschützt, während innen geräumige Hoftrakte Platz für die adelige Repräsentation boten. Trotz martialischer Flankenscharten konnte diese Burg keiner Belagerung mehr standhalten sondern war eine manieristische Nachfolge der französischen Herrschaftsarchitektur.

Damit setzte die letzte Phase französischer Kastellbaukunst ein, die eine kulissenhafte Reminiszenz an die mittelalterliche Wehrhaftigkeit mit modernsten Ansprüchen an strukturierte Repräsentationsräume verknüpfte. Einen Maßstab setzte Jean Bourré, der Schatzmeister des Königs Ludwig XI., in seinen Schlössern Langeais und Le Plessis-Bourré, die in Anlehnung an die großen alten Kastelle außen mit tiefen Gräben und monumentalen Ecktürmen martialisch gestaltet wurden, innen jedoch auf mehreren Geschoßebenen geräumigen Platz für eine adäquate Hofhaltung boten (Abb. 74).[61] Kurz darauf setzte in Zentralfrankreich ein regelrechter Boom viereckiger Landschlösser mit runden Ecktürmen ein, die im Idealfall inmitten breiter Wassergräben lagen und mit Zugbrücken und umlaufend vorkragenden Wehrgängen ausgestattet waren. Größeren Bauten wurden auch ebenso kastellartige Vorhöfe angestellt, andere wurden durch eine Vervielfachung der Türme sowie durch monumentale Doppelturmtore ausgezeichnet.

Ab dem 16. Jahrhundert konzentrierte sich das Wohnschloss zunehmend auf einen kaum befestigten Kernbau, während

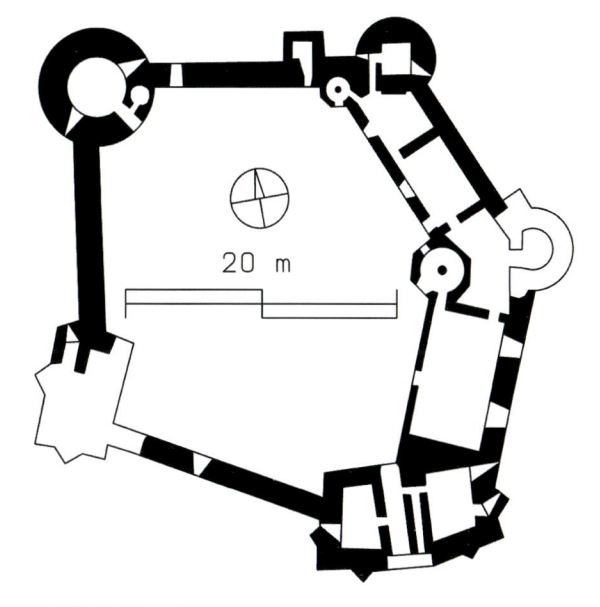

Abb. 72–73 | Cherveux, Frankreich, Kernkastell um 1470

die kastellförmige Hauptverteidigung auf einen zwingerartigen Terrassenumlauf beschränkt wurde (Abb. 74a). Ein gutes Beispiel bietet Nantouillet, dessen Kern heute stark verändert ist.[62] Dieser Bautyp ist jedoch nur als eine Variante zu werten, weiterhin gab es das kastellförmig konzipierte Hauptschloss sowie auch Verdoppelungen zu turmbewehrten konzentrischen Anlagen.

Als Spezialtypus kristallisierte sich das königliche Jagdschloss heraus, bei dem ein dominanter Wohnturm in möglichst unterschiedlichen Varianten von einem rechteckigen Hof umgeben war (Abb. 75).[63] Den Höhepunkt hierfür bildete sicher das Jagdschloss Chambord nahe der Residenz Blois, das gleichsam als Idealbild der Monarchie alte Königsresidenzen sowie zeitgenössische kastellförmige Baukonzepte verschmolz und im Zentrum programmatisch eine spektakuläre Treppenspindel mit sakralisiertem Turmaufsatz und zahlreichen kö-

KÖNIGREICH FRANKREICH | 255

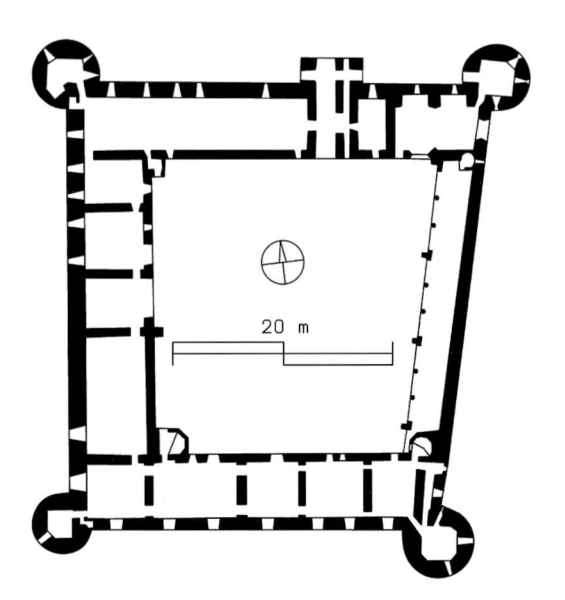

Abb. 74 | Le Plessis-Bourré, Frankreich, ab 1468

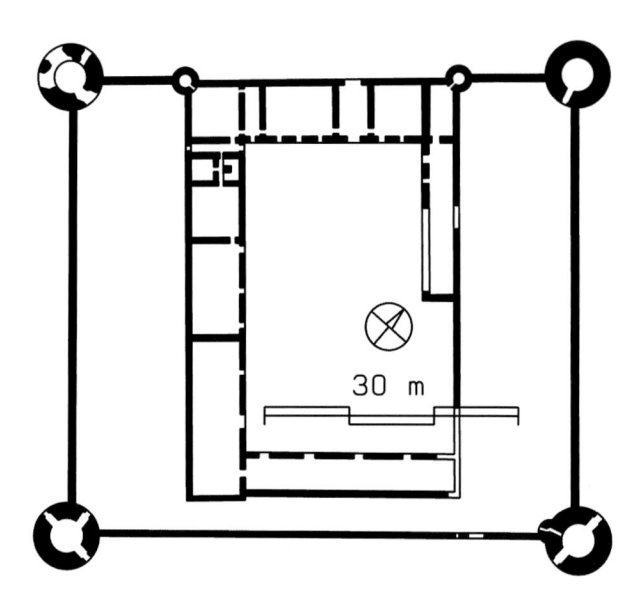

Abb. 74a | Nantouillet, Frankreich, A. 16. Jh.

niglichen Wappenemblemen einschloss. Auch wenn dieses Märchenschloss, das König Franz I. (1515–47) im Jahr seiner Bewerbung um die Kaiserkrone 1519 beauftragte, nie vollständig fertig gestellt werden sollte, verkörpert es dennoch hervorragend den anspruchsvollen wie prunkvollen Absolutismus Frankreichs.

Neben diesen befestigten Adelsresidenzen wurden in Frankreich ab dem späten 15. Jahrhundert auch zahlreiche stark gesicherte Artilleriefestungen in Kastellform errichtet, die ausschließlich militärischen Zwecken dienten. Ihre starken runden Ecktürme mögen als Vorbilder der Wohngevierte gedient haben, die vor allem in den Grabenzonen durchaus ähnlich wehrhaft ausgebildet waren. So zeigte etwa Chambord ebenerdig einen Zwinger mit sehr massiven Rundbastionen, deren Brüstungen durchaus mit Kanonen bestückt werden konnten.

Die echten Militäranlagen wie Dijon (um 1460–80), Cambroi (1480) und Lassay (1480)[64] entsprachen jedoch den Anforderungen der möglichst lückenlosen Bastionärverteidigung und waren durch massive, abweisende Kurtinenmauern geprägt.

Letztlich sollten auch im Barock die Prinzipien von Regelmäßigkeit, Axialität, Hofgeviert und turmgerahmten Schaufassaden noch zu kastellähnlichen Lösungen führen, eine echte Wehrfähigkeit wurde jedoch im entfestigten Adelsbau nicht mehr gebraucht.

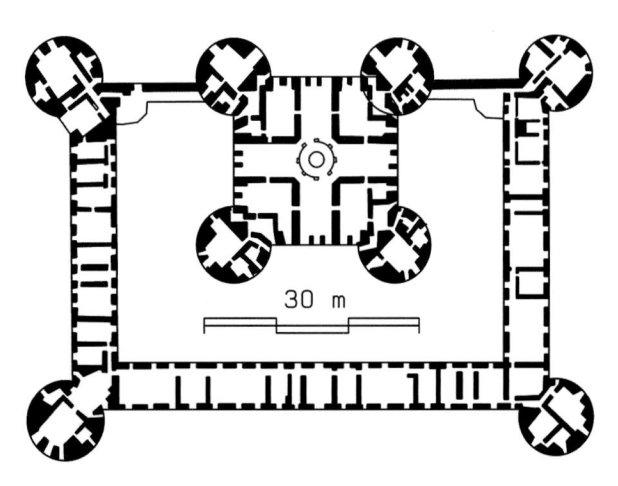

Abb. 75 | Chambord, Frankreich, ab 1519

1 Siehe Seite 259.
2 Feldmann 2005, 3.
3 Die französische Burgenforschung gibt der Entwicklung der Kastellbaukunst im 13. Jh. durchaus breiten Raum, kann aber für die Frühzeit weder Herkunft noch Führungsbauten fixieren. Allgemein wird mit dem Louvre der Durchbruch vermutet, jedoch seine verhältnismäßig späte Datierung nicht diskutiert. Vgl. etwa Châtelain 1983 30 bzw. Mesqui 1991, 28.
4 Mesqui 2000, 154.
5 Mesqui 2000, 238.
6 Mesqui 1991, 61, Feldmann 2005, 15.
7 Feldmann 2005, 9.
8 Mesqui 2000, 282.
9 Mesqui 1991, 42. Die Datierung um 1200 basiert auf einer Schriftquelle, die für den Turm der königlichen Burg Dun-Sur-Auron in der Zeit um 1202/03 „nach den Maßen des Louvreturmes" angibt, vgl. Feldmann 2005, 10.
10 Mesqui 2000, 408.
11 Mesqui 1991, 33.
12 Mesqui 1991, 19.
13 Dufay 2011, 88.
14 Mesqui 2008, 6.
15 Feldmann 2005, 12.

Abb. 76 | Chambord, Frankreich

16 Mesqui 2000, 242. Vgl. auch Metternich 1990, 66.
17 Mesqui 2000, 168.
18 Châtelain 1983, 348.
19 Mesqui 2000, 265.
20 Mesqui 2000, 233.
21 Mesqui 1991, 45, Feldmann 2005, 18.
22 Mesqui 2000, 68.
23 Mesqui 2000, 135.
24 Mesqui 2000, 327.
25 Diesem schreibt die lokale Tradition in der Stadt La Réale in der Gascogne den Bau des einstigen Viertürmekastells „Château des Qvat'Sos" (4 Schwestern) zu, exakte Bauuntersuchungen liegen aber nicht vor.
26 Mesqui 2000, 18.
27 Hierfür sind noch exakte Bauuntersuchungen ausständig.
28 Mesqui 2000, 233.
29 Mesqui 2000, 91.
30 Mesqui 2000, 348.
31 Mesqui 2000, 417.
32 Mesqui 2000, 240.
33 Mesqui 2000, 261.
34 Über die offensichtlich gleichförmigen Baukonzepte wäre eine lokale Untersuchung sehr sinnvoll.
35 Mesqui 2000, 350.
36 Mesqui 2000, 82.
37 Mesqui 2000, 376.
38 Mesqui 1991, 103.
39 Mesqui 2000, 317.
40 Blieck 1997, 191.
41 Mesqui 2000, 325.
42 Mesqui 2000, 403.
43 Wevers 2004, 66.
44 Mesqui 1991, 291.
45 Mesqui 2000, 107.
46 Die Bastille konnte auch als Rückzugsort für die benachbarte kaum befestigte Residenz Hôtel Saint-Pol dienen, die von Karl zu dieser Zeit als bevorzugter Sitz genutzt wurde, heute jedoch nicht erhalten ist. Vgl. Emery 2016, 206.
47 Mesqui 2008, Emery 2016, 84.
48 Mesqui 2000, 409.
49 Albrecht 1995, 88.
50 Emery 2016, 92.
51 Mesqui 2008.
52 Emery 2016, 234.
53 Mesqui 2000, 292.
54 Mesqui 2007.
55 Mesqui 2000, 168.
56 Schooneman 2013, 42.
57 Emery 2016, 222.
58 So sind einige weitere turmreiche Polygonalburgen der Zeit um 1400 noch nicht gänzlich aufgearbeitet, etwa Vitré, Tonquédec und Trevoux.
59 Albrecht 1995, 165.
60 Chasseboef 2006, 173.
61 Prinz, Kecks 1994, 46.
62 Prinz, Kern 1994, 117.
63 Prinz, Kern 1994, 399.
64 Mesqui 1991, 87.

Pevensey Castle, England

KÖNIGREICH DER PLANTAGENÊT[1]

HEINRICH II. (1154–1189)

Durch familieninterne Zwiste und Adelsrevolten hatte das normannische Königshaus in England um 1150 massiv an Halt in der Gesellschaft verloren. Dagegen wurde der Einfluss des französischen Adels immer größer, sodass 1153 der letzte normannische König Stephan den Herzog der Normandie und Grafen von Anjou aus dem Hause Plantagenêt als Nachfolger Heinrich II. adoptieren und anerkennen musste.

Heinrich wurde durch seine Heirat mit Eleonore von Aquitanien auch Herzog von Aquitanien und erhielt die Herrschaften Tours und Gascogne. Zudem gelang es ihm durch Verhandlung und Kampf, weitere große Gebiete von den Cheviotbergen bis zu den Pyrenäen zu übernehmen. Während er in Frankreich nominell der Krone untertan blieb, konnte Heinrich auf den britischen Inseln als englischer König in kurzer Zeit große Teile von Schottland, Wales und Irland zur Unterwerfung zwingen.

Um sein riesiges „angevinisches" Reich zu lenken, reorganisierte Heinrich die Verwaltung und führte beachtliche Neuerungen ein.[2] Allem voran begründete er ein königliches Beamtensystem auf Basis regionaler Zentralburgen. Als Reiseregent war Heinrich gezwungen, alle Gebiete möglichst regelmäßig zu besuchen, wozu er geräumige Großburgen brauchte, die als repräsentative Residenzen geeignet waren und bei Bedarf große Truppen aufnehmen konnten.

Ein frühes Beispiel bildet Chinon, an der Grenze von Anjou zu Poitou (Abb. 1). Auf einer schmalen, steilen Felsklippe über der Vienne ließ Heinrich eine 70 x 380 m lange, zum Teil ältere Burg mit zahlreichen Mauertürmen ausbauen.[3] Durch die komplexe Baugeschichte mit früheren Phasen, mehreren Etappen und späteren Überformungen, unter anderem mit zwei quer einschneidenden Quergräben, lässt sich das Konzept Heinrichs heute nicht mehr komplett rekonstruieren. Offensichtlich gab es zentral einen älteren rechteckigen Wohnturmkomplex, der zunächst das königliche Hauptquartier bildete. An der Westspitze hatte sich ein kleines Kloster etabliert. Dazwischen ließ Heinrich entlang der Südmauer einen Residenztrakt samt Schatzturm für Verwaltung und Empfänge anlegen. Das östliche Drittel der Burg wurde von einem etwa 45 x 90 m großen Rechteck gebildet, das gemäß archäologischer Grabung durch eine Mauer isoliert und durch große kasernenartige Querbauten eng besetzt war. Als Hypothese wird hier ein geschlossenes Soldatenquartier vermutet, ein für diese Zeit vorbildloser Schluss. Nachdem aber auch hier ein ausgedehnter Palast mit wertvoll ausgemalter Kapelle dominiert hat, dürfte Heinrich eher in einer zweiten Phase aus dem alten zentralen Wohnturm in die neue, deutlich geräumigere Ostburg umgezogen sein. Letztlich sind hier weitere Grabungen bzw. Auswertungen abzuwarten.

Auch in der Normandie ließ Heinrich mit Caen eine ältere Residenzanlage machtvoll erweitern (Abb. 2).[4] Bereits Wilhelm der Eroberer hatte hier mit Befestigungen begonnen und Heinrich I. wird der imposante Wohnturm zugeordnet.

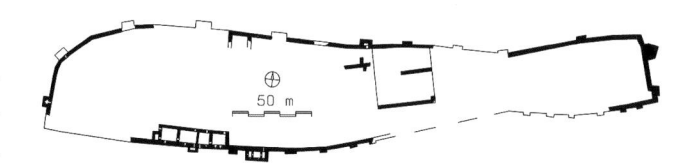

Abb. 1 | Chinon, Frankreich, Residenzburg, 3. V. 12. Jh.

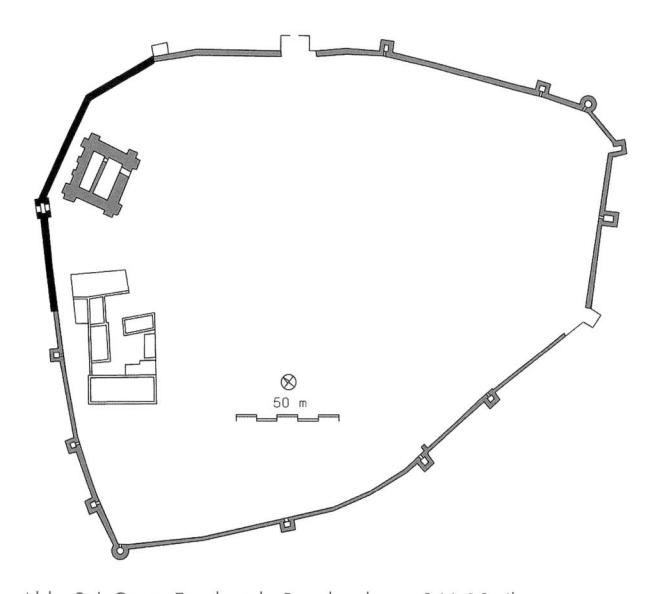

Abb. 2 | Caen, Frankreich, Residenzburg, 3.V. 12. Jh.

Heinrich II. ließ eine etwa 220 x 270 m große polygonale Wehrmauer errichten, die durch zahlreiche vorstehende Mauertürme bestens flankiert war. Erstmals finden sich an zwei Ecken runde Türme, die in Verzahnung und Mauertechnik zeitgleich scheinen. Südlich des königlichen Wohnturms etablierte er einen mehrteiligen Residenzkomplex mit repräsentativer Haupthalle, während der Großteil der Fläche offenbar von der permanenten Bebauung freigehalten blieb.

An der gefährdeten Südgrenze der Normandie zu den Gebieten des Königs von Frankreich war mit Gisors ebenfalls bereits im späten 11. Jahrhundert eine Erdhügelburg errichtet worden (Abb. 3–4).[5] Heinrich I. hatte diese Anlage zu einer mächtigen Grenzburg mit zwei steinernen Wohntürmen und zentraler Rundmotte erweitern lassen. Heinrich II. erneuerte ab etwa 1170 alle Befestigungen durch Steinmauern, sodass eine gerundet-rechteckige Wehranlage von etwa 150 x 190 m mit zahlreichen Flankierungstürmen entstand. Neben den integrierten älteren Wohntürmen gab es nach Nord und Ost

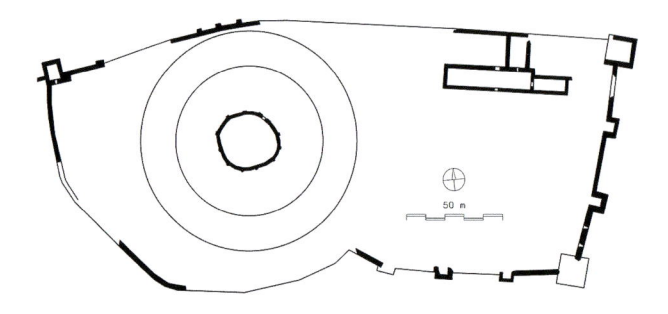

Abb. 5 | Windsor Castle, England, Residenzburg, ab 1171

rechteckige Schalentürme, nach West zwei fünfeckige und an der Nordwestecke einen hufeisenförmigen Turm. Zur besten Angriffsseite im Westen wurde bald ein Zwinger mit engen Schießkammergalerien vorgestellt, zudem erhielten die drei nördlichen Feldseiten einen tiefen und breiten Graben, während die Südseite zur Siedlung auf einem natürlichen Steilhang lag. Der zentrale Hügel wurde mit einer polygonalen Mauer, einem hohen Achteckturm und einer Kapelle als isolierte Zitadelle befestigt.

In England ließ Heinrich eine ganze Reihe von Burgen mit steinernen Mauern verstärken. Als Hauptwerk wird wohl die Burg um den White Tower von London zu nennen sein, wo entlang der Themse lange Mauerzüge und ein polygonaler Eckturm auf eine massive Erweiterung zu einem 220 m langen Rechteckkastell deuten, wenngleich heute die meisten Mauern durch spätere ersetzt sind (Abb. 31).[6]

Als Gegenstück etwas außerhalb von London wurde Windsor Castle etabliert, das in den frühen 1170er Jahren auf älteren Erdwerken neu errichtet wurde, wie zeitgenössische Abrechnungen dokumentieren (Abb. 5).[7] Sehr ähnlich zu Gisors erhielt der große Erdhügel einen verzogen-rundlichen Bering von etwa 30 m Durchmesser, zudem gab es einen breiten umlaufenden Graben. Nach Osten ließ Heinrich einen verzogen-quadratischen oberen Burghof von etwa 125 m Breite anlegen, dessen Bering trotz späterer Überformung noch großteils erhalten blieb. Demnach gab es an den Ecken zwei 15 m breite geschlossene Rechtecktürme, während dazwischen kleinere rechteckige Schalentürme platziert waren. Im Norden wurde ein Palastbezirk angestellt, der heute weitgehend überbaut ist. Um den alten Erdhügel wurde im Westen ein wohl auf alten Resten fußender rundlicher Bering gezogen, dem eine weitere Unterburg angeschlossen werden sollte, die jedoch nicht sogleich in Stein fertig gestellt werden konnte.

Viel zu wenig wird beachtet, dass Heinrich 1176–88 auch Arundel Castle besaß und dort in dieser Zeit eine zu Windsor fast idente dreiteilige Anlage mit zentralem Shell-Keep, rechteckiger Ost- und rundlicher Westburg entstand.[8] Trotz sonst

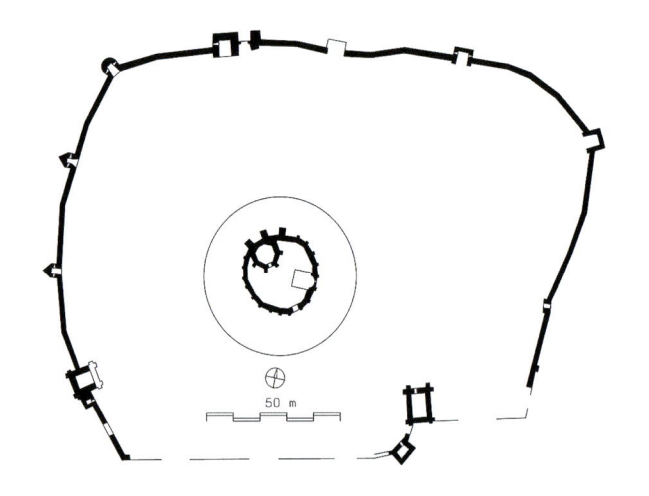

Abb. 3–4 | Gisors, Frankreich, Grenzburg um 1170
Bild: NW-Eckturm

KÖNIGREICH DER PLANTAGENÊT

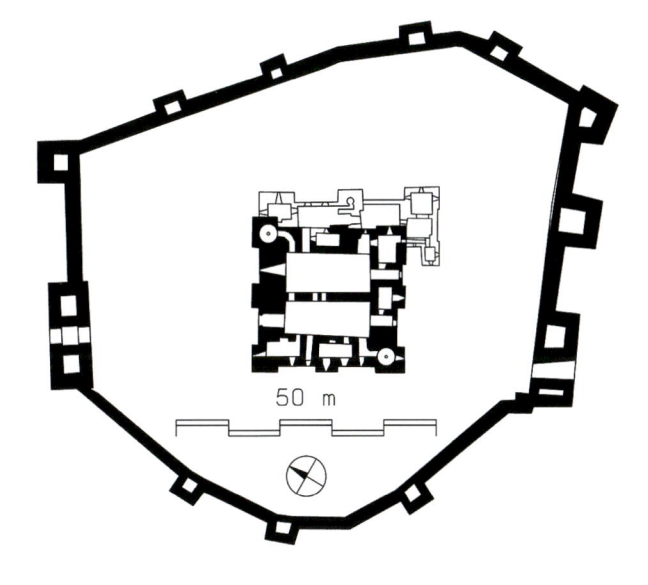

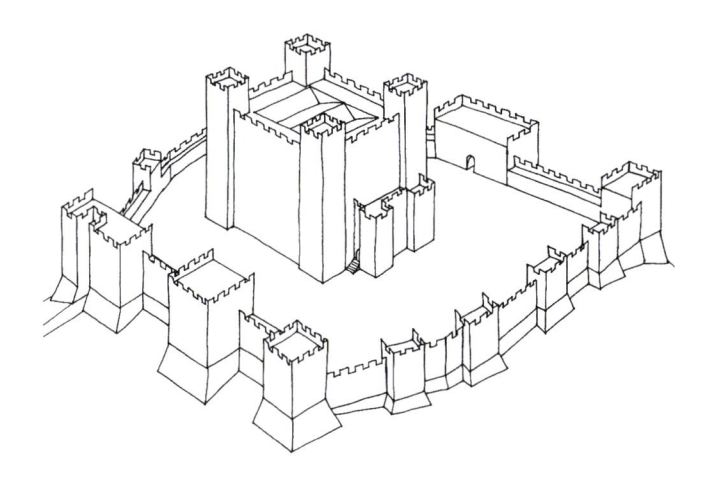

eingreifender Veränderungen sind bis heute die konsequenten regelmäßigen Folgen von rechteckigen Flankentürmen erhalten, die eine Ableitung von den anderen Großburgen Heinrichs darstellen.

Bald wurde das fortifikatorische Hauptaugenmerk auf die Küstenburg Dover gerichtet, die den bedeutenden Wallfahrtsweg vom Kontinent nach Canterbury sichtbar kontrollieren sollte (Abb. 6–8). An der Stelle einer römischen Besiedlung mit bis heute erhaltenem Leuchtturm hatte bereits Wilhelm der Eroberer eine Erdburg errichten lassen. Heinrich startete den Bau einer weiträumigen, teilweise erst später fertig gestellten Steinmauer mit 450 m Durchmesser, um einen ganzen Hügel als Bollwerk gegen Einfälle aus Frankreich zu befestigen.[9] Zahlreiche unterschiedliche Türme, vor allem rechteckige, aber auch polygonale und runde, flankierten diesen Bering. Um 1180 wurde zusätzlich ein inneres 90 x 100 m großes, stark rundlich verzogenes Mauergeviert begonnen, das durch regelmäßig vorstehende Mauertürme flankiert wurde, die offenbar teilweise nach innen geöffnet waren. Zwei Doppelturmtore beherrschten die Zugänge, wobei das südöstliche mit dem von Gisors direkt verwandt ist, aus Caen hatte man die hellen Ecksteine geholt. Im Zentrum ließ Heinrich einen 27 m breiten und 25 m hohen Wohnturm errichten, dessen dominante Ecktürme an den White Tower von London anschlossen und der weit übers Meer sichtbar als Zeichen der

Abb. 6–8 | Dover, England, Kernkastell, um 1180

KÖNIGREICH DER PLANTAGENÊT

königlichen Stärke verstanden werden konnte. Dover war somit das militärische Hauptbollwerk gegen den Kontinent und mit den neuesten Baukonzepten der Wehrarchitektur wie Flankentürmen, Doppelturmtoren sowie Mauerstaffelungen bestens ausgestattet.

Als kleinere Partnerburg wurde östlich von London die Burg von Rochester ebenfalls mit einem hohen Wohnturm mit turmartigen Eckpfeilern sowie einem geräumigen Bering mit vorstehenden Mauertürmen angelegt, um die dortige Küste vor Angriffen abzusichern. Auch an der Grenze zu Schottland wurde die Burg Richmond mit einem dominanten Wohnturm sowie einem Doppelturmtor und zahlreichen Flankentürmen aufgerüstet.

Bislang nur als architektonische Parallele zu Dover ist die irische Burg Carlingford zeitlich fassbar, während frühe historische Nennungen fehlen (Abb. 9).[10] Zwar war sie im späten 12. Jahrhundert in Besitz eines mächtigen Adelsgeschlechts, jedoch ist sie im gesamten 13. Jahrhundert in königlicher Hand dokumentiert und mag daher nur kurzfristig während der Unruhen dieser entrissen worden sein. Die kleine Kernburg liegt auf einem Felssporn über der Mündung des strategisch bedeutenden Flusses Bann in die Provinz Ulster und ist durch Einbauten des späten 13. Jahrhunderts stark überformt. Dennoch lässt sich als älteste Bauphase ein rundlich-polygonaler Bering rekonstruieren, der durch ein rechteckiges Doppelturmtor sowie einst drei eckige Flankentürme geschützt war. Die somit kastellförmige Anlage zeigt in Mauerwerk, Schießkammern, Schrägsockel sowie nicht zuletzt dem Doppelturmtor direkte Parallelen zum inneren Bering von Dover und kann daher als parallele königliche Baustelle vermutet werden. Unter Heinrich ist somit ein ganzes Programm turmreicher Burgen zu rekonstruieren, die untereinander eng verwandt und die durch ihre strategische Lage, die Funktion als geräumige Wehr- und Residenzanlagen und nicht zuletzt aufgrund der enormen Aufwendungen weit von den übrigen Adelsburgen abgehoben waren. Zahlreiche Elemente wie angeböschte Sockel, Doppelturmtore, konsequente Turmfolgen und nicht zuletzt die komfortablen Armbrust-Schießkammern sind direkt auf Einflüsse aus den Kreuzfahrerstaaten zurückzuführen. Heinrich hatte zwar nie selbst an einem Kreuzzug teilgenommen, obwohl er das als Buße beim Papst für die Ermordung des Erzbischofs von Canterbury Thomas Becket gelobt hatte. Er durfte aber stattdessen starke Kontingente schicken, zudem gab es seit seiner Mutter enge Beziehungen zum Templerorden, der seitdem besonders gerne an königlichen Zentralorten siedelte.[11] Heinrich schenkte dem Orden entlang englischer Pilgerrouten zahlreiche Besitzungen, etwa bei Rochester, Portchester und Dover, und gab ihm Steuerfreiheit. Kurzfristig wurden ihm sogar königliche Burgen anvertraut, so Lincoln Castle und Windsor Castle, beides kastellartige Bauten mit Variationen von modernen Flankentürmen mit hohen Armbrust-Schießkammern. Daher verwundert es nicht, dass der Grundriss des Innenkastells von Dover enge Analogien zur Templerburg Tartus im Heiligen Land aufweist.[12]

Am Höhepunkt seiner Macht musste sich Heinrich einer Allianz seines Sohnes Richard mit seinem Intimfeind, dem französischen König Phillip II. August, gegenüber sehen. In Folge einer Schlachtverletzung starb der König im Jahr 1189 unvermutet in Tours.

RICHARD LÖWENHERZ (1189–1199)

In dieser Zeit hatte man sich im kontinentalen Teil des angevinischen Reichs vor allem um die Abwehr der massiven Expansionsbestrebungen des französischen Königs gekümmert. Seit seiner Krönung 1179 plante der junge Kapetinger Philipp II. eine Stärkung der königlichen Zentralmacht durch die Beschneidung der allzu mächtigen Regionalfürsten, allem voran des Hauses Plantagenêt. Dies gelang zunächst durch Bündnisse mit dem englischen Thronanwärter Richard, mit dem vereinigt man tatsächlich König Heinrich 1189 in der Schlacht besiegen konnte. Nach dessen Tod endete das Bündnis, man fuhr jedoch noch gemeinsam zum dritten Kreuzzug ins heilige Land. Als Richard jedoch 1192 bei der Rückkehr in Österreich gefangen genommen wurde, nutzte dies Philipp für einen Angriff auf die Normandie. Richard konterte nach seiner Rückkehr durch Bündnisse mit Flandern, Kastilien und

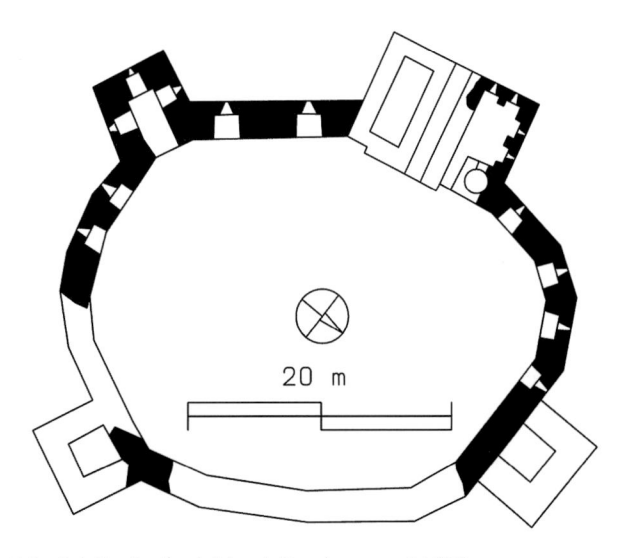

Abb. 9 | Carlingford, Irland, Kernburg um 1180?

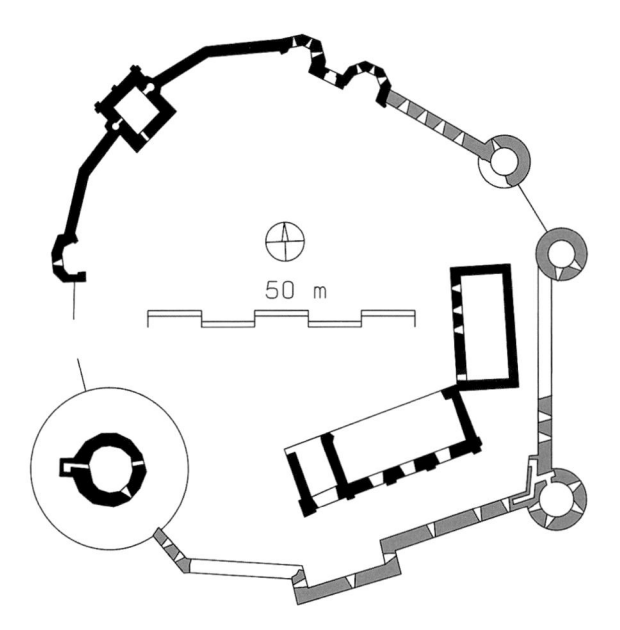

Abb. 10 | Bricquebec, Frankreich, Residenzburg, 2. H. 12. Jh. (schwarz) sowie nach 1204 (grau)

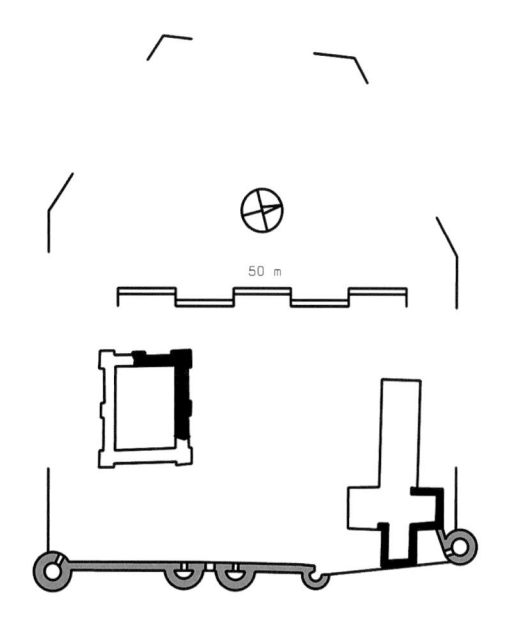

Abb. 11 | Domfront, Frankreich, Kernburg, Ende 12. Jh.

deutschen Fürsten sowie mit höchst erfolgreichen Gegenschlägen, sodass Philipp selbst in die Defensive geriet. Im Jahr 1199 wendet sich das Blatt jedoch nachhaltig, als Richard im Kampf gegen einen Vizegrafen sein Leben verlor.

In der Regierungszeit Richards kam es offenbar zu einem intensiven und sehr innovativen Festungsbauprogramm, das aufgrund der kurzen Amtszeit ohne exakte Datenüberlieferungen nur schwer zu fassen ist. So führte Richard sichtlich ältere Bauprojekte seines Vaters weiter und seine neuen wurden nach dem Tod von seinem Bruder Johann übernommen. Die nun vorgestellten Bauten lassen sich daher nur grob ins ausgehende 12. Jahrhundert datieren.

Zunächst ist das strategisch höchst bedeutsame Bricquebec auf der normannischen Halbinsel Contentin zu betrachten, das die lokalen zu England gewandten Küsten kontrollieren sollte (Abb. 10).[13] Bereits Wilhelm der Eroberer hatte hier eine Hochmotte mit großer Unterburg anlegen lassen, die unter Heinrich II. oder Richard I. mit einem polygonalen Steinbering, mit einem rechteckigen Wohnturm sowie mit polygonalen Mauertürmen befestigt wurde. Auf der schmalen Motte entstand ein dominanter polygonaler Wohnturm mit angeböschtem Sockel und im Hof wurden repräsentative Residenzgebäude errichtet. Besonderes Augenmerk ist auf das Doppelturmtor mit den polygonalen Flankentürmen zu legen, das eine Weiterentwicklung von Gisors und Dover darstellt. Die Anlage dürfte wohl nie planmäßig fertig gestellt worden sein, da sie nach der Eroberung durch die französische Krone 1204 unter den Marschällen von Frankreich zur Hälfte mit Rundtürmen weitergeführt wurde.

Ein Gegenstück findet sich in Domfront, das ebenfalls nicht planmäßig fertig gestellt worden sein dürfte (Abb. 11).[14] Bereits König Heinrich I. hatte im frühen 12. Jahrhundert den dominanten Wohnturm und die kreuzförmige Kirche auf einem breiten Terrassensporn errichten lassen. Im späten 12. Jahrhundert erfolgte nun eine steinerne Abriegelung der Burg von der benachbarten Hochfläche durch eine 70 m breite konsequente Sperrfront mit zwei flankierenden Rundtürmen, einem halbrunden Mauerturm sowie einer Doppelturmanlage mit polygonalen Türmen auf steil geböschtem Sockel. Tiefe Armbrustscharten und lange Wehrgänge erinnern an die Mauern von Dover und Gisors, wenngleich die geradlinige Konsequenz und das Fehlen von Rechtecktürmen nun einzigartig sind.

In diese frühe Phase dürfte auch das Kastell von Luynes zählen, für das keine historischen Baudaten vorliegen (Abb. 12–13).[15] Der Sitz der englischen Baronie Maillé auf französischem Boden zeigt zu Domfront, Dover und Gisors vergleichbares blockhaftes Mauerwerk mit überlangen Bogenscharten, wurde aber im 15. Jahrhundert stark überformt. Somit ist nicht klar, ob tatsächlich alle Türme aus der vermutbaren Erstphase vor 1200 datieren. Das 45 m breite Geviert dürfte in diesem Fall als direkte Antwort auf den zeitgenössischen Kastellbau des Königs von Frankreich zu verstehen sein. Neben den polygonalen Türmen, die in London (White Tower), Dover, Bricquebec und Domfront immer benachbart zu rechteckigen bzw. runden Türmen Verwendung fanden, entwickelten sich die runden Mauertürme im späten 12. Jahrhundert zur dominanten Bauform der großen angevinischen Burgen (Abb. 14). Bereits Heinrich II. hatte in Loches, Cou-

KÖNIGREICH DER PLANTAGENÊT | 263

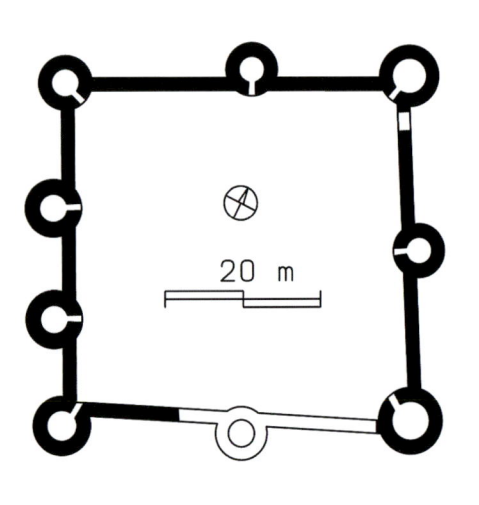

Abb. 12–13 | Luynes, Frankreich, Kernkastell E. 12. Jh.

dry Salbert und Pevensy sowie an den Ausbaustufen von Gisors, Chinon und Dover verschiedene Varianten von gestaffelten Rundpfeilern probiert. Dazu zählten tropfenförmig gespitzte Formen an der Außenmauer von Dover sowie enge pfeilerartige Staffelungen in Loches, dessen Tore wiederum eng an Gisors anschlossen.

Diese Entwicklung führte die große Festung Talmont am Atlantik weiter, die eine strategisch bedeutende Küstenregion von Aquitanien kontrollieren sollte.[16] Unter Richard wurde der aus dem mittleren 12. Jahrhundert stammende innere Bering mit einem zweiten umgürtet, der durch zahlreiche Rundtürme flankiert wurde. Im Inneren wurde zudem eine kleine Kernburg abgeteilt und ebenfalls mittels Rundtürmen und Graben geschützt. An der keilförmigen Angriffsseite entstand ein schildartiger massiver Keilturm, der auch als Geschützplattform dienen konnte und auf dem von Chinon aufbaute. Neben der Massivität dieser Bauwerke und den damit verbundenen ungeheuren Kosten beeindrucken vor allem die rasche Evolution der Wehrarchitektur und die Innovation bei individuellen Detaillösungen.

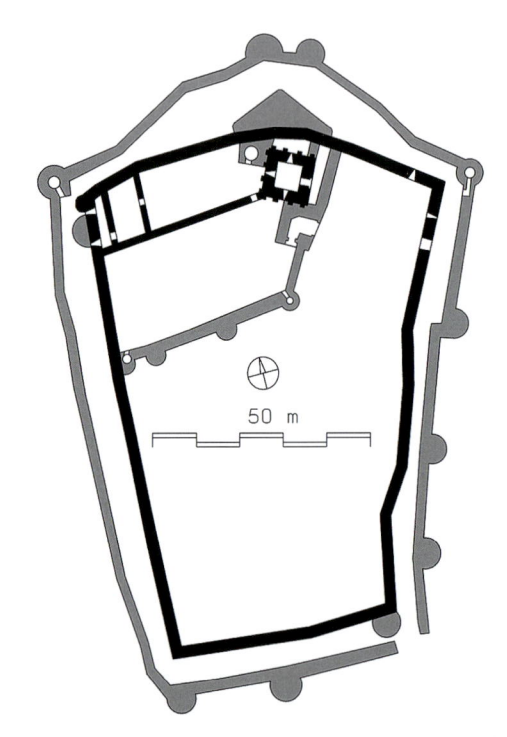

Abb. 14 | Talmont, Frankreich, Residenzburg, Mitte und Ende 12. Jahrhundert

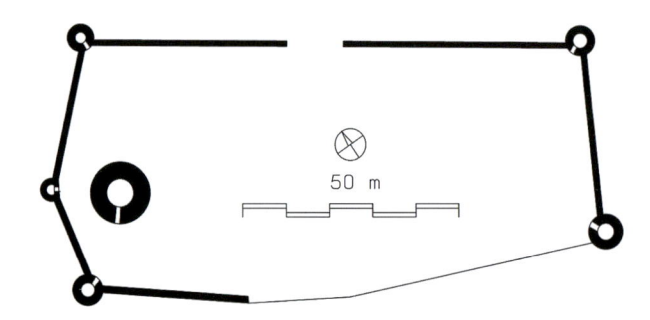

Abb. 15 | Montreuil-Bonnin, Frankreich, Gesamtanlage Ende 12. Jh.

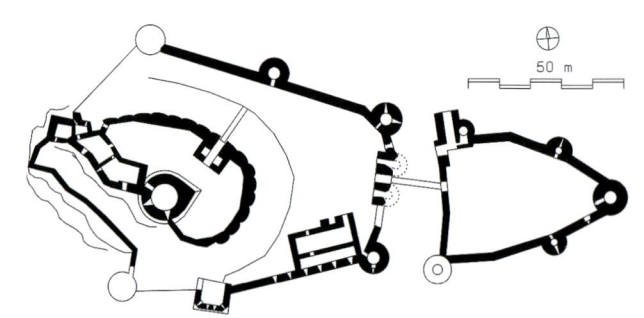

Abb. 16 | Château Gaillard, Frankreich, Grenzburg, 1196–98

264 | KÖNIGREICH DER PLANTAGENÊT

In diese Zeit dürfte im Poitou auch der Kern der großformatigen Burg von Montreuil gehören, die heute stark verändert bzw. reduziert ist (Abb. 15).[17] Auf einer leicht verzogenen rechteckigen Fläche von etwa 57 x 120 m entstand unter englischer Bauherrschaft ein konsequenter Neubau der alten Residenzburg, der erst nach der Eroberung durch Frankreich 1204 mit einem frühgotischen Palasbau erweitert wurde. Offensichtlich bestand die Erstanlage aus einem großen, leeren Hof mit geradlinigen Mauern, runden Ecktürmen und freistehendem Hauptturm. Ob im heutigen pfeilerartigen Doppelturmtor noch primäre Reste stecken, ist nicht bekannt. Fast als logische Konsequenz dieser Entwicklung zum runden Flankenturm ließ Richard nach den französischen Angriffen auf die Normandie 1193 im Jahr 1196 an der gefährdeten Einfallsroute entlang der Seine auf einer schmalen, von Natur aus bestens geeigneten Felsrippe eine der innovativsten Burgen des europäischen Mittelalters anlegen und innerhalb von nur zwei Jahren fertig stellen (Abb. 16).[18] Der erhaltene Schriftverkehr gibt einzigartige Einblicke in den Baualltag dieser vom König sehr geförderten und wohl auch architektonisch beeinflussten Wehranlage.[19] Leider wurde bei der Eroberung 1204 durch den französischen König ein Teil zerstört, weitere Bereiche gingen durch Materialraub verloren, sodass vor allem die zentrale Torlösung und die westlichen Anschlüsse an die Felshänge nicht mehr rekonstruiert werden können, während der Kern sehr gut erhalten blieb. Sicher ist, dass mit der völligen Neuanlage ohne Rücksicht auf ältere Teile ein ideales Wehrkonzept umgesetzt werden konnte, wenngleich das felsige Terrain gewisse Vorgaben machte. Man entwickelte eine gestaffelte Verteidigung mit keilförmiger Vorburg, durch einen tiefen Graben abgetrennter trapezförmiger Mittelburg, ebenfalls grabengeschützter bogenförmiger Kernburg sowie keilförmigem Hauptturm, die bei einem Angriff nur nacheinander zu bezwingen waren. Zahlreiche Wehrelemente wie Wurferker, Torkammern und der bemerkenswerte Abortturm im Süden belegen eine intensive Beschäftigung mit Kreuzfahrerbauten, wenngleich hier daraus völlig eigenständige Lösungen entstanden.

JOHANN OHNELAND (1199–1217)

Nach dem überraschenden Tod Richards trat sein jüngerer Bruder Johann die Herrschaft an und wurde sofort von Philipp angegriffen. Seine über 70-jährige Mutter Eleonore von Aquitanien konnte zunächst ihren Rückhalt beim westfranzösischen Adel resolut einfordern und ihre Gebiete erfolgreich Johann übertragen.[20] Nach einem spektakulären Schauprozess

Abb. 17–17a | Coudry Salbart, Frankreich, Gesamtanlage um 1200

startete Philipp 1202 jedoch einen massiven Angriff auf die Normandie und konnte sie bis 1204 tatsächlich dauerhaft erobern. Nach dem Tod Eleonores 1204 marschierte Philipp auch kampflos im Poitou ein und erhielt im folgenden Waffenstillstandsvertrag neben der Normandie und der Bretagne auch Maine, Anjou und Touraine zugesprochen, während Johann nur Aquitanien und die Gascogne behielt. Damit waren das angevinische Reich in Frankreich zerschlagen und die Krondomäne sprunghaft gewachsen. Als Johann zehn Jahre später im Streit mit dem Papst lag, plante Philipp 1213 sogar eine Invasion der britischen Inseln, um auch England seiner Regentschaft unterzuordnen. Eine Gegenoffensive 1214 gemeinsam mit dem deutschen Kaiser endete bei Bouvines mit einer schweren Niederlage und 1215 musste Johann in der berühmten Magna Carta seinem eigenen Adel zahlreiche schmerzliche Zugeständnisse machen. Den Tiefpunkt seiner Herrschaft erlebte Johann 1216, als Englands Barone den französischen Königssohn Ludwig einluden, ihr König zu werden und dieser in einer kurzen Invasion fast den gesamten Süden erobern konnte. Mit dem unmittelbar folgenden Tod Johanns und der allgemein anerkannten Krönung seines Sohns Heinrich III. mussten sich die Franzosen aber bis 1217 wieder zurückziehen und das Reich verblieb zumindest in der Familie.

Entgegen diesen weitreichenden Territorialverlusten am Kontinent konnte Johann auf den Inseln durchaus auch erfolgreiche Akzente setzen. Nachdem bereits ab 1169 Irland von Engländern kontinuierlich erobert worden war, engagierte er sich 1185 und 1210 persönlich für den Aufbau einer eng an die Krone geschlossenen Oberherrschaft, die durch ständig ausgewechselte königliche Beamten verwaltet wurde.[21] Unter diesen war der Justiziar für den Bau von strategisch platzierten Königsburgen verantwortlich.

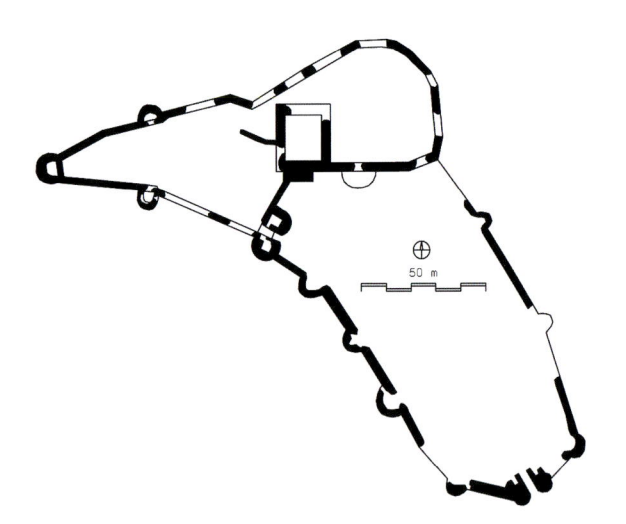

Johann selbst konzentrierte sich zunächst auf den Weiterbau laufender Baustellen, etwa in London, Windsor und Dover (Abb. 17–17a). Dabei wurden die Innovationen fortgeführt, indem vermehrt große Turmfestungen, konsequente Schießgänge und keilförmig zum Feind gestellte Sondergrundrisse entwickelt wurden. Im strategisch gegen die französische Krone gerichteten Coudray Salbart wurde etwa das von Heinrich II. begonnene kleine Innenkastell mit seinen schmalen Rundtürmchen um 1200 durch ein monumentales Kastell ersetzt,[22] dessen sechs Mauertürme als Weiterentwicklung von Dover und Loches teilweise keilförmig angelegt waren. Als Alternative zu den Keiltürmen wurden die bereits bei Heinrich zu

Abb. 19–20 | Corfe, England, Gesamtplan, 12. und frühes 13. Jh. – Ansicht des in der Neuzeit gesprengten Mitteltores

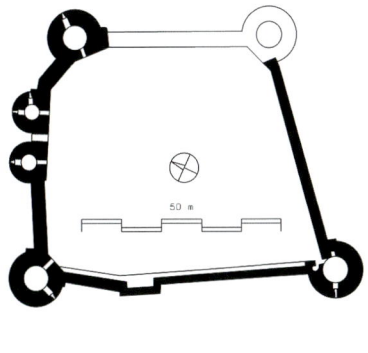

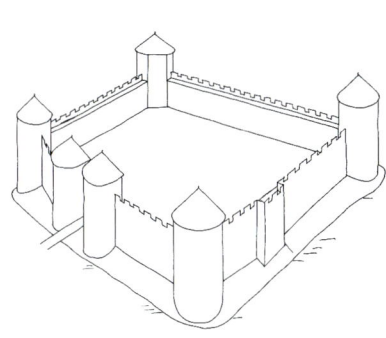

Abb. 21–23 | Limerick, Irland, King John's Castle um 1200

findenden Halbkreistürme zu langen Hufeisentürmen erweitert, etwa in Chinon und Windsor. Zudem wurde parallel zu Coudray Salbart in Parthenay das großräumige Truppenkastell mit runden Eck- und Mauertürmen begonnen und ein frühes Doppelturmtor angelegt. In Folge der baldigen Eroberung wurde diese Anlage nie planmäßig fertig gestellt.[23] Ab 1202 erhielt Conisbrough einen Bering mit einer engen Kette halbrunder Flankentürme.

Zum Schutz Englands gegen Angriffe vom Kontinent ließ Johann an der Südküste die alte königliche Burg von Corfe mächtig ausbauen (Abb. 19–20). Zunächst entstand um 1200 nach direktem Vorbild von Château Gaillard eine dreieckige Vorburg mit starkem Rundturm an der Spitze, zwei halbrunden Flankentürmen und ausgeprägtem Doppelturmtor. Um 1210 wurde eine weitere geräumige Vorburg in den steilen Abhang gesetzt, die ebenso durch ein Doppelturmtor sowie Flankentürme geschützt war. Damit war diese Burg nun neben Dover ein zweites Hauptbollwerk modernster Architektur gegen den Kontinent.

In Irland wurden unter Johann zwei königliche Burgen im Kastelltypus errichtet (Abb. 21–23). Nach der Übernahme der strategisch bedeutenden Stadt Limerick am Shannon 1197 dürfte bald mit dem Bau einer festen Steinburg begonnen worden sein, für die noch 1211 größere Ausgaben nötig waren.[24] Direkt am Fluss entstand das mächtige Kastell von 63 x 73 m mit 3 m starken Mauern und über 12 m breiten Rundtürmen. Innen fehlte es an weiteren massiven Bauten, die erst im späten 13. Jahrhundert hinzugefügt wurden. Hingegen diente das Doppelturmtor, das an Dover, Corfe und Château Gaillard orientiert war, zukunftsträchtig als Wohnung für gehobene Besuche. Aborte belegen auch für die Ecktürme Wohnfunktionen, während der Hof offenbar programmatisch allfälligen Truppensammlungen freigehalten war.

Für die heute weitgehend überbaute, aber durch historische Darstellungen, Pläne und Grabungen gut nachvollziehbare Kastellanlage in der irischen Hauptstadt Dublin gibt es aus dem Jahr 1204 ein ausführliches Gründungsmandat des Königs an seinen Justiziar (Abb. 24–26).[25] Demnach sollte sofort ein starker Turm errichtet werden, um danach einen großen Verwaltungssitz mit Mauern und Gräben anzulegen. Während Turm und Erstanlage wohl unmittelbar darauf entstanden, dürften wesentliche Teile erst nach 1213 fertig gestellt worden sein, wodurch einige Unregelmäßigkeiten im Grundriss zu erklären wären. Insgesamt entwickelte sich ein 65 x 110 m großes Kastell mit vier runden Ecktürmen, von denen der südöstliche mit 17 m Durchmesser und 5 m starken Mauern zweifellos den Hauptturm gebildet hat. Zur Stadt gab es ein Doppelturmtor unklarer Detailausbildung und Zeitstellung. Auch in Dublin folgte die Binnenbebauung erst nach Johann, während urkundlich belegt zunächst nur die Turmstuben als Wohnräume genutzt wurden.

Im Zuge der englischen Besetzung Irlands konnte die mächtige Familie de Clare das Königreich von Leinster erobern und das Gebiet geschlossen übernehmen. Nach dem Aussterben

KÖNIGREICH DER PLANTAGENÊT | 267

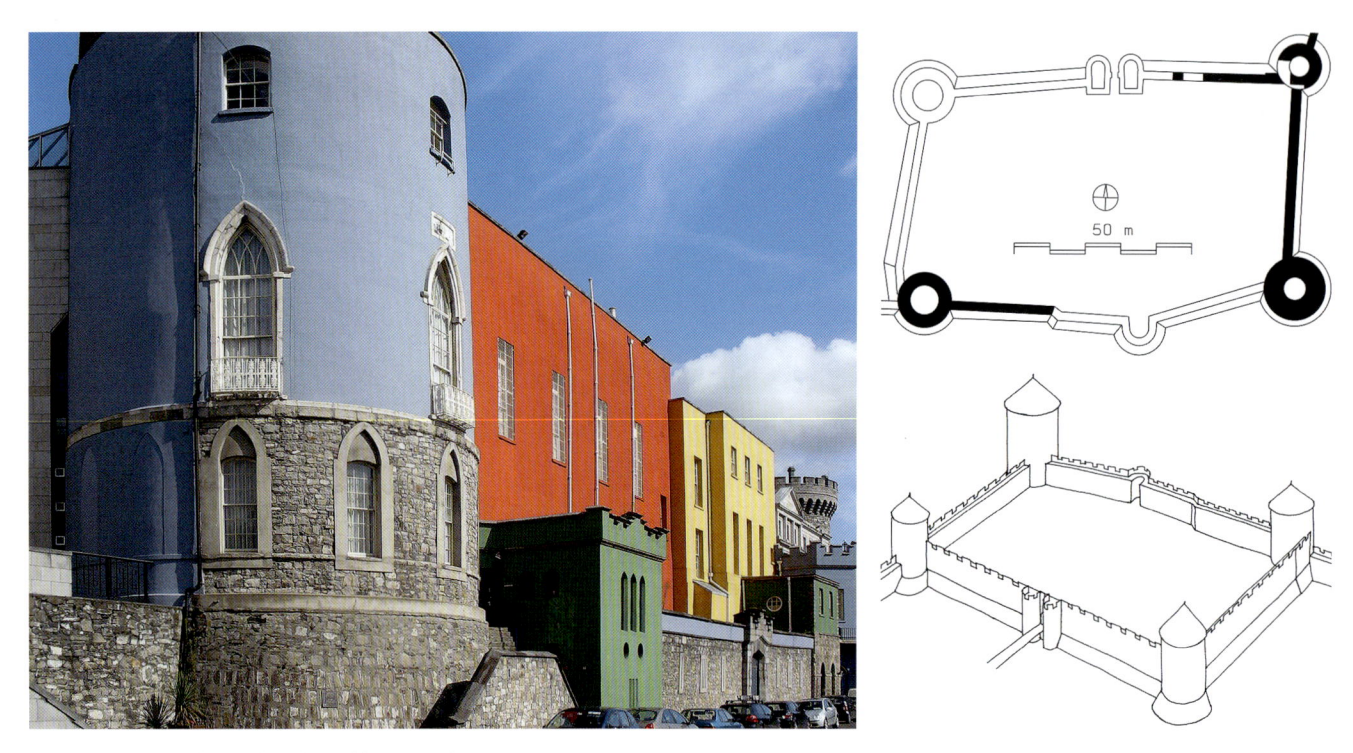

Abb. 24–26 | Dublin, Irland, Stadtburg nach 1204

des Mannesstamms übernahm der königliche Heerführer William Marshal der Ältere durch Heirat den privilegierten Besitz. Er führte zunächst den letztlich erfolglosen Abwehrkampf um die Normandie und organisierte dann die Niederschlagung walisischer Rebellen. Nach Johanns Tod konnte er die Regierung für den jungen Heinrich III. übernehmen. Die große politische Macht Williams wurde ab 1200 durch den Ausbau von fünf geräumigen Burgen manifestiert. Zunächst erhielt Chepstow im englisch regierten Südwales eine ausgedehnte rechteckige Vorburg mit runden Ecktürmen und Doppelturmtor. Ab 1204 wurde das nahe Pembroke mit einem riesigen Rundturm sowie mächtiger rundturmbewehrter Burgmauer in Stein erneuert.

Ab etwa 1207 entstand auf seinem irischen Hauptsitz Kilkenny eine weitere große Burg königlichen Ausmaßes und in architektonischer Anlehnung an Dublin (Abb. 26a–27).[26] Die trapezförmige, etwa 45 x 55 m große Kernburg lag ebenfalls über einem steilen Flussufer und hatte gleichfalls vier runde Ecktürme, von denen einer mit 14 m Durchmesser als dominanter Haupt- und Wohnturm ausgebildet war. Weder Torbau noch Hofeinbauten sind im heutigen Schloss erhalten, sodass mögliche weitere Parallelen nicht zu erfassen sind.

Wenig später entstand in Südwales mit Usk eine große Erneuerung einer alten Grenzburg, deren neue steinerne Kernwerke bis zu Williams Tod 1219 fertig gestellt gewesen sein dürften (Abb. 28).[27] Von der älteren Burg behielt man ledig-

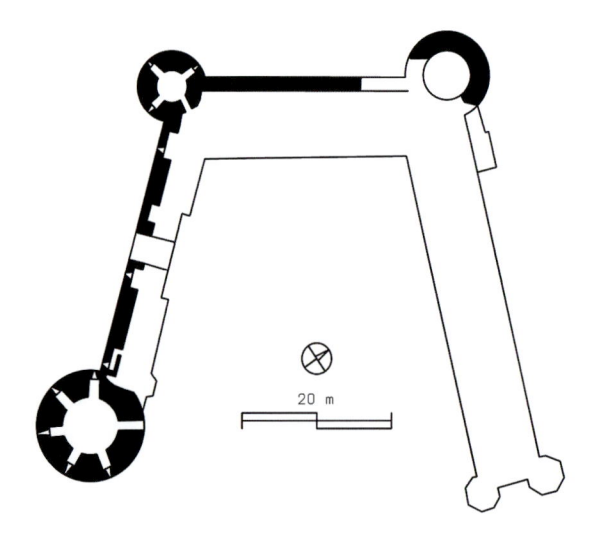

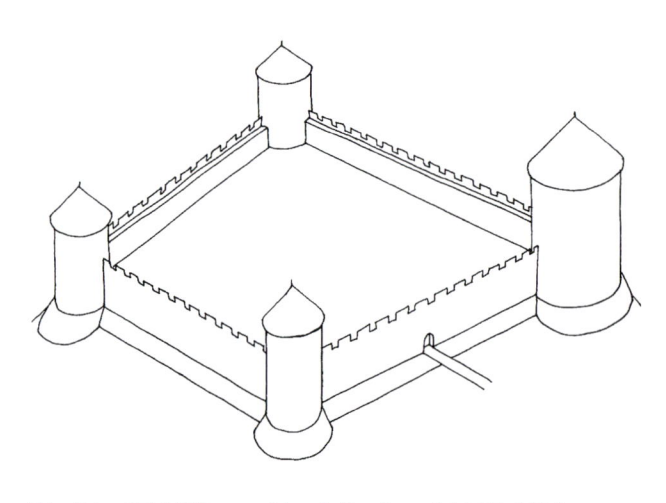

Abb. 26a–27 | Kilkenny, Irland, Kernkastell 1207–1212

268 | KÖNIGREICH DER PLANTAGENÊT

lich einen trapezförmigen Wohnturm und verwirklichte ansonsten einen relativ rigorosen Kastellbau auf einer rundlich-polygonalen Fläche von etwa 50 x 80 m, mit wohl fünf runden bzw. hufeisenförmigen Mauertürmen.

Durchaus ähnlich zu Usk präsentiert sich Manorbier, das nahe Pembroke liegt und von Vasallen von Marshal bewohnt wurde (Abb. 29).[28] Da es weder exakte Untersuchungen noch Baudaten gibt, kann nur vorsichtig vermutet werden, dass die sicherlich für ein lokales Adelsgeschlecht zu große Burg in Auftrag des älteren oder jüngeren Marshal im frühen bis mittleren 13. Jahrhundert als Grenzfestung und fallweise Truppenbasis erweitert wurde. Dabei errichtete man ein etwa 45 x 90 m großes Kastell mit zumindest zwei rundlichen Ecktürmen und großer Freifläche.

Auch an einigen weiteren Burgen an der Grenze zu den Walisern sind im Gebiet der Marshals Befestigungen mit Staffelungen von Rundtürmen erhalten, so in Carmarthen, Laugharne und Cilgerran, die zumindest teilweise aufgrund der politischen Entwicklungen nie planmäßig fertig gestellt wurden. Jedenfalls zeichnet sich ab, dass unter den Marshals im frühen 13. Jahrhundert eine ganze Reihe von Grenzburgen entstand, deren architektonische Baudetails zueinander sehr ähnlich ausgebildet waren.

Im frühen 13. Jahrhundert wurden die neuen Ideen von mehrtürmigen kastellförmigen Beringen, runden Ecktürmen und Doppelturmtoren auch von anderen königstreuen Adeligen aufgegriffen (Abb. 30). Ein gutes Beispiel dafür bietet Nenagh in Irland, das von Theobald Walter, einem engen Gefolgsmann König Johanns, als Hauptsitz seines neuen Territoriums in Tipperary errichtet wurde.[29] Bis 1206 dürfte zunächst der dominante Hauptturm erbaut worden sein, der mit 16 m Durchmesser und 5 m Mauerstärke an Dublin anschließen konnte. Seitliche Verzahnungen belegen, dass das in der Folge errichtete polygonale Kastell mit vier weiteren runden Ecktürmen bzw. einer Doppelturmtor-Kombination bereits zu Beginn vorgesehen war. Der Halleneinbau ist sekundär, zunächst dienten somit wohl ausschließlich die Türme als Wohnräume. Ebenfalls sehr früh dürfte Humphrey de Bohun im walisischen Grenzland mit Caldicot eine riesige Kastellburg mit runden Ecktürmen begonnen haben, die jedoch nicht planmäßig fertig gestellt wurde.[30]

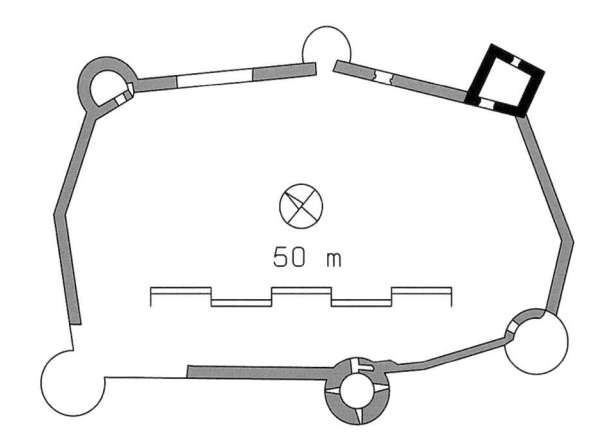

Abb. 28 | Usk, Wales, Kernkastell, 1. V. 13. Jh.

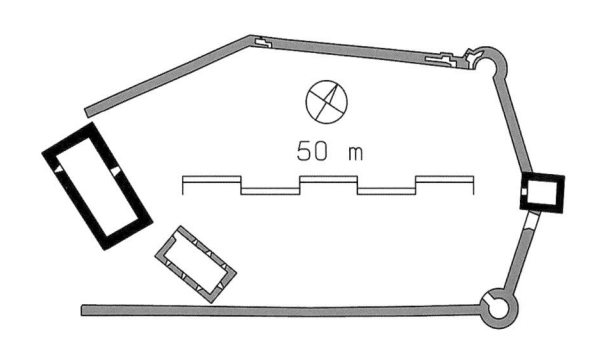

Abb. 29 | Manorbier, Wales, Kernkastell 1. H. 13. Jh.

Abb. 30 | Nenagh, Irland, Kernkastell 1. V. 13. Jh.

HEINRICH III. (1216–72)

Nach dem unrühmlichen Ende Johanns kam sein ältester, 1207 geborener Sohn Heinrich noch unmündig auf den Thron und wurde in verschiedenen Etappen bis 1234 von Vormündern vertreten.[31] Nach langer Herrschaft mit stetig schwelenden Konflikten mit den selbstbewussten Baronen kam es schließlich 1258 zum offenen Adelsaufstand, der in der Einsetzung von Simon von Montfort als Gegenkönig, der kurzfristigen Gefangennahme Heinrichs und letztlich einem langen Bürgerkrieg mündete. Erst gegen Ende seines Lebens konnte Heinrichs Sohn Eduard als Heerführer entscheidende

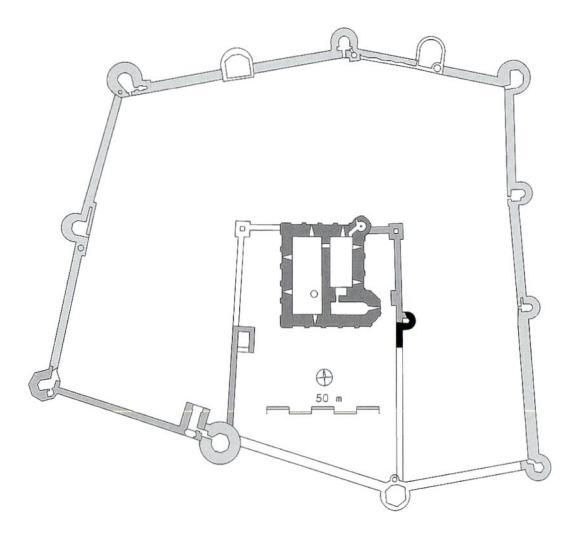

Abb. 31 | White Tower, England, Ausbaustufen bis Heinrich III.

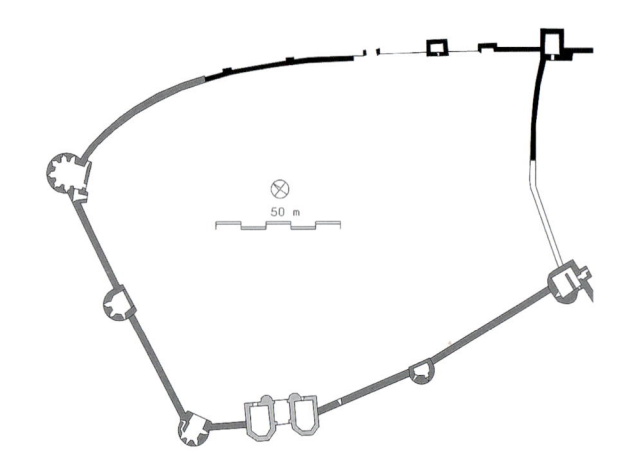

Abb. 32–33 | Windsor Castle, England, Unterburg (grau: Heinrich III.)

Erfolge erzielen und die Königsmacht wieder zurück gewinnen. (Abb. 31)

Nachdem sich die Hauptstadt London 1215 gegen Johann gestellt hatte, galten Heinrichs erste Baumaßnahmen der Fortführung sowie Ausweitung eines geräumigen neuen Berings rund um den nunmehr zentral gelegenen White Tower, sodass dieser von zwei kastellartigen Mauern umgeben und ähnlich wie Dover und Corfe kaum zu bezwingen war.[32] Die neue 170 x 220 m messende Anlage war durch zahlreiche etwa 12 m breite Mauertürme und über 3 m starke Kurtinen sowie einen vorgelegten Graben bestens bewehrt. Zur Themse dominierte bereits um 1220 ein 17 m starker Rundturm (Wakefield tower), der das benachbarte ältere Tor repräsentativ bewachte und dessen mit Rippengewölbe, Kamin, Oratorium und Wandbemalung prachtvoll ausgestattetes Obergeschoß vom König selbst bewohnt wurde. Das innere Kastell wurde als geräumiger Palastbezirk umgestaltet, während der äußere Hof, dessen Errichtung bis etwa 1240 dauerte, großteils unbebaut blieb.

Parallel zu London starteten um 1220 auch in der benachbarten Landresidenz Windsor Castle massive Ausbauarbeiten, die gemäß Urkunden bis etwa 1230 dauerten (Abb. 32–33).[33] Auch hier musste die alte, bislang nicht fertig gestellte 140 x

180 m messende Unterburg mit langen starken Mauern und halbrunden Eck- und Zwischentürmen gesichert werden (das Tor unbekannter Form wurde viel später durch ein neues ersetzt). In dieser Unterburg errichtete man für den jungen König zentral eine neue repräsentative Residenz, in der er 1236 seine Hochzeit mit Eleonore aus der Provence feiern sollte. Um 1240 wurde dieser Palastbezirk grundlegend erneuert und mit einer großen Kapelle ausgestaltet.

Neben diesen beiden Hauptbollwerken des jungen Königs und dem Ausbau weiterer bestehender Königsburgen wie Dover wurden zu Beginn seiner Herrschaft auch zahlreiche neue Anlagen errichtet (Abb. 34). Ganz programmatisch entstand zunächst in Irland gegenüber der vom lokalen Adel kurzfristig übernommenen königlichen Burg Carlingford die neue Burg Green Castle, die aus einem zentralen rechteckigen Wohnturm und einem trapezförmigen Kastell von 40 x 50 m bestand.[34] Die Ecken wurden durch D-förmige Türme besetzt, die mit ihrem inneren Polygonal Gegenstücke zu London und Windsor bildeten und wohl einem einheitlichen Entwurf entstammten. Als Baukoordinator wird Hubert de Lacy vermutet, der 1242 starb.[35]

Die Baugeschichte von Pevensey Castle an der Südküste Englands ist trotz intensiver archäologischer Untersuchungen bis-

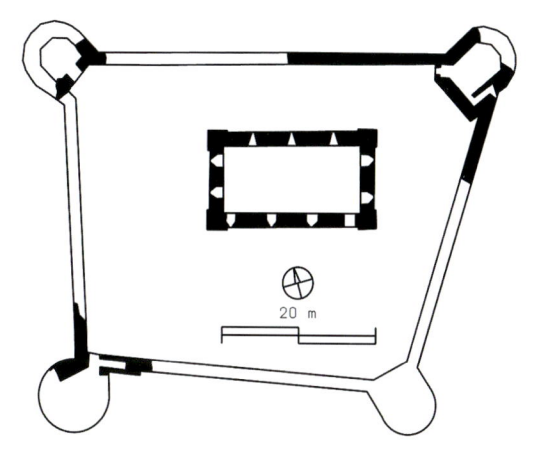

Abb. 34 | Green Castle, Irland, 2. V. 13. Jh.

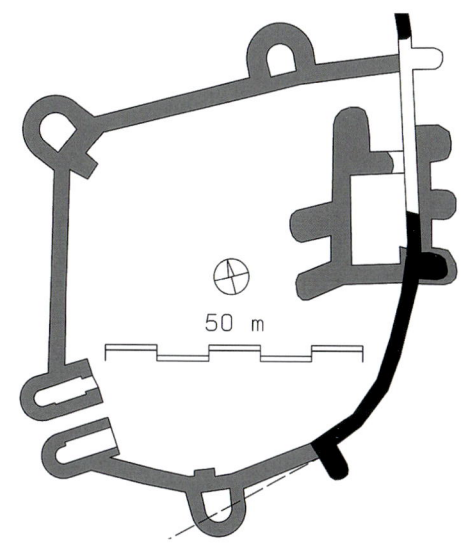

Abb. 35 | Pevensey Castle, England, Kernkastell, 2. V. 13. Jh.
Abb. 36 | Pevensey, Gesamtansicht der Torseite

KÖNIGREICH DER PLANTAGENÊT

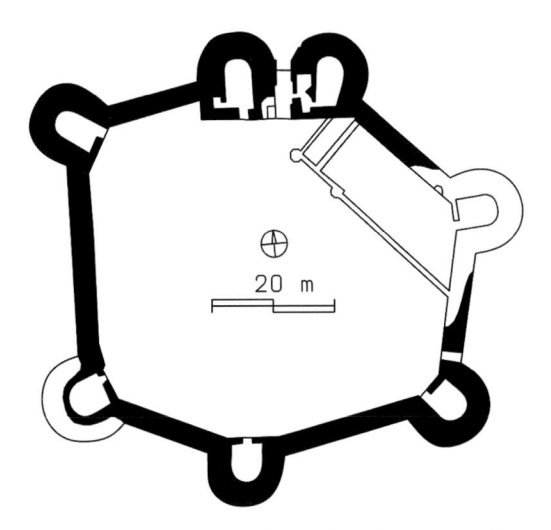

Abb. 37 | Bolingbroke, England, Kernkastell 2. V. 13. Jh.

lang nicht restlos geklärt (Abb. 35–36).³⁶ Es zeichnet sich ab, dass im frühen 13. Jahrhundert in mehreren Etappen innerhalb des noch großteils stehenden Römerlagers eine königliche Burg errichtet wurde. Zunächst entstand ein großer Wohnturm, dessen massive Pfeiler sich originellerweise am antiken Baubestand orientierten. In einer zweiten Phase, wohl ab den 1220er Jahren, errichtete man ein verzogen-rechteckiges Kastell von 72 m Breite, das durch große D-Türme, ein ausgeprägtes Doppelturmtor sowie einen tiefen umlaufenden Graben geschützt war. Die charakteristischen Baudetails zeigen eine direkte Verwandtschaft mit den königlichen Baustellen von Dover, Windsor und White Tower und legen eine entsprechende Datierung nahe.

Auch nordöstlich von London dürfte nahe der Ostküste in dieser Zeit in Bolingbroke ein äußerst massives Kastell entstanden sein (Abb. 37).³⁷ Die heute weitgehend abgetragene und nur an den freigelegten Fundamenten ablesbare Anlage wurde wohl von Ranulf de Blundeville, Graf von Chester und Lincoln in den 1220er Jahren nach seiner Rückkunft von einem Kreuzzug errichtet. Als annähernd regelmäßige Anlage mit 70 m Durchmesser, über 3 m starken Wänden, Doppelturmtor sowie 5 hufeisenförmigen Mauertürmen wirkt sie wie ein Prototyp für die viele Jahrzehnte später folgenden Burgen des Königs Eduard I., dessen Bauleute sie wohl gekannt haben werden.

Um 1220 gelang es dem walisischen Adeligen Llywelyn dem Großen, Wales zu vereinen und verheerende Einfälle nach England durchzuführen (Abb. 38–39). Im Rahmen der langjährigen Kämpfe war es die Aufgabe des königlichen Justiziars Hubert de Burgh, der bereits unter Johann zu dessen engsten Vertrauten gezählt hatte, an der Grenze mehrere Kastelle als Schutz und Truppenbasis zu errichten. Königliche Schriftquellen belegen, dass bereits ab 1220 die alte Burg von Skenfrith weitgehend erneuert wurde.³⁸ Auch hier gab es ähnlich zu Green Castle und Pevensy ein trapezförmiges Kastell von etwa 50 x 70 m mit Ecktürmen. Diesmal waren sie unten konsequent rund und erst ab dem Obergeschoß D-förmig gestaltet. Im Zentrum stand ein runder Wohnturm, der „Königsturm", der mit Abtritt und Kamin zweifellos dessen komfortable Wohnung umfasste. Erst im Baufortschritt wurde sekundär an der Südwestmauer ein langer Gebäudeblock angestellt, während der große Hof sonst unbebaut blieb.

Von Skenfrith aus wurden Handwerker zu den benachbarten Burgen Grosmont und White Castle geschickt, die Hubert offenbar gleichzeitig bzw. kurz danach erbauen ließ (Abb. 40).³⁹ Grosmont liegt inmitten eines Flussmäanders im Monnow und war daher nur von Westen her angreifbar. Daher wurde eine halbkreisförmige Anlage gewählt, bei der sich der zu

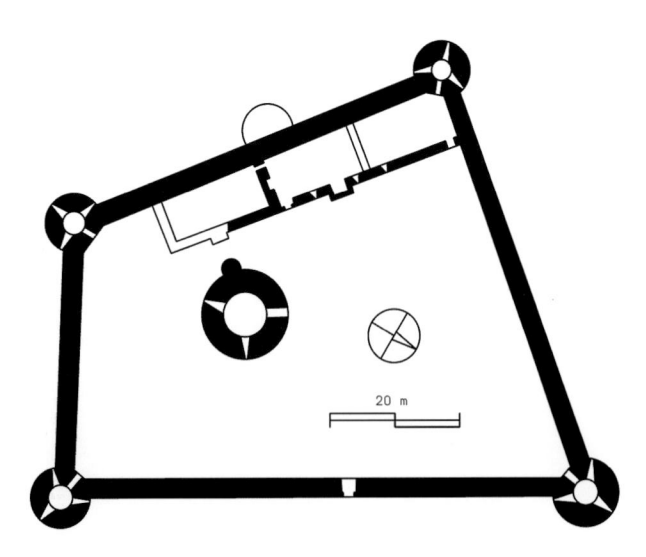

Abb. 38–39 | Skenfrith Castle, England, Kastell, ab 1220

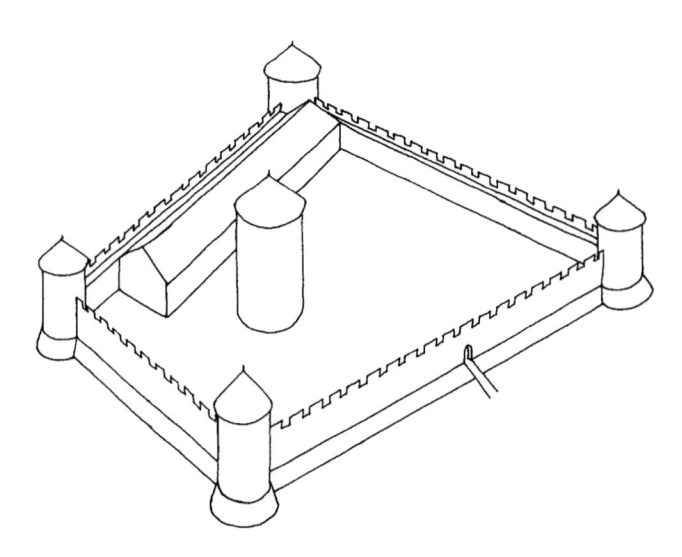

Abb. 40 | Grosmont, England, Kastell, um 1224–26

KÖNIGREICH DER PLANTAGENÊT

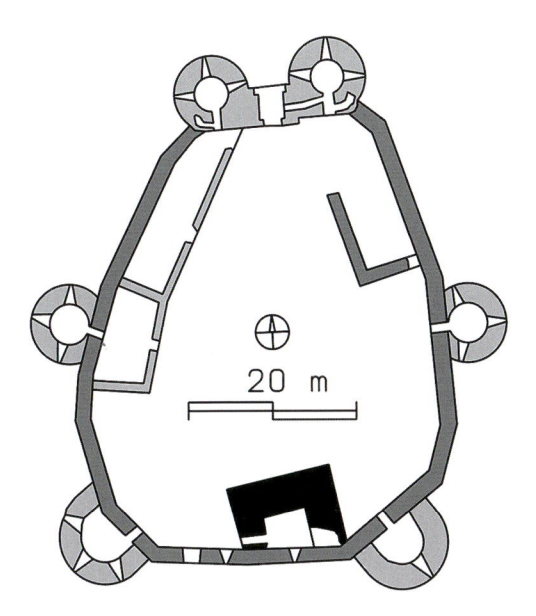

Abb. 41 | White Castle, England, Kernburg, Türme um 1229–32

Burg wurde von einem tiefen Graben umgeben, der wohl mit Flusswasser geflutet war. Erst später datieren Aufrüstungen wie eine Barbakane, ein tiefer Torbau sowie weitere Apartments, sodass der Hof ursprünglich völlig leer war.

Für die Jahre 1229–32 sind große Aufwendungen für das benachbarte White Castle (Llantilio) dokumentiert (Abb. 41–42).[40] Diese Burg liegt auf einem steilen Hügel über dem Fluss Trothy und bewachte einen Weg nach Wales. Im Gegensatz zu den anderen beiden Neugründungen Huberts gab es hier bereits eine bestehende Anlage, von der ein 45 x 55 m großer polygonaler Bering weitergenutzt wurde. Er erhielt jedoch außen zwei große Halbrundtürme, zwei Rundtürme sowie ein ausgeprägtes Doppelturmtor angesetzt, sodass er nun bestens verteidigt werden konnte. Auch hier war der geräumige Südwestturm bevorzugt ausgestattet. Über einen tiefen Graben gelangt man zur etwa 60 m großen verzogen-rechteckigen Vorburg, von der ansehnliche Reste erhalten blieben. Demnach entstand hier um die Mitte des 13. Jahrhunderts eine starke Erweiterung mit großem Torturm, mehreren D-förmigen Mauertürmen sowie weiterem Graben.

Green Castle sehr ähnliche rechteckige Hauptbau zum Fluss wandte. Richtung Land konzipierte man in einer zweiten Phase (oder nach einer Planänderung?) einen polygonalen Bering mit vier Rundtürmen, die im Obergeschoß halbrund ausgebildet waren. Der südöstliche Turm war mit besonderen Baudetails, einem geräumigen Obergeschoß und Latrine bevorzugt ausgestattet und mag als königliche Wohnung konzipiert gewesen sein. Im Unterschied zu Skenfrith war nun der südliche Turm als massiver Torturm ausgebildet. Die gesamte

Weiter nördlich war bereits um 1223 vom König gemeinsam mit Hubert beschlossen worden, mit der neuen Burg Montgomery ein machtvolles Zeichen gegen die rebellischen Waliser zu setzen.[41] Bis ca. 1228 sind große Geldsummen fassbar, um auf einem steilen Felsen eine massive Anlage auf unregelmäßiger Fläche mit dominantem Rundturm sowie Doppelturmtor analog zu White Castle zu errichten. In der Folge

Abb. 42 | White Castle, Kernburg von Nordwesten

KÖNIGREICH DER PLANTAGENÊT

wurden dort als ständigen Grenzschutz starke Truppenkontingente unterhalten. Eine vierte benachbarte Burg wurde von Hubert de Burgh in Painscastle um 1231 begonnen, aber nach seiner Gefangennahme im Folgejahr nie fertig gestellt. Sie ist heute bis auf grasbewachsene Wälle verschwunden, dennoch zeichnet sich auch hier ein rechteckiges Kastell mit Rundtürmen an den Ecken ab.[42]

Im Süden von Wales musste die große englische Enklave rund um Pembroke ebenfalls massive Attacken der Waliser hinnehmen (Abb. 43).[43] Bereits unter William Marshal war im frühen 13. Jahrhundert der Kern der Hauptburg mit einem dominanten Hauptturm sowie halbrunden Mauertürmen befestigt worden. Nachdem sein Sohn Richard sich mit den Walisern verbündet und an einer Rebellion beteiligt hatte, übernahm der Halbbruder von König Heinrich III. namens William de Valence durch Heirat den Besitz. Ab den 1230er Jahren ist ein umfangreiches Bauprogramm belegt, das neben einer geräumigen Vorburg mit mächtigen Rundtürmen auch eine Befestigung der angrenzenden Stadt mit gleichförmigen Rundtürmen umfasse und bis 1260 weitgehend fertig gestellt war. Die Größe der neuen Anlagen, die Konzeption und die charakteristischen Baudetails weisen auf direkte Kontakte zu den königlichen Baustellen.

Im Jahr 1227 verlieh Heinrich III. seinem jüngeren Bruder Richard den neu geschaffenen Titel Fürst von Cornwall (Abb. 44).[44] Richard konnte eine glänzende diplomatische Karriere starten, mit der (letztlich erfolglosen) Wahl zum deutschen König im Jahr 1257 als Höhepunkt.

In Launceston, einem strategisch bedeutenden Straßenpunkt von Devon nach Cornwall, ließ er eine repräsentative Residenzanlage errichten. Bereits unter Wilhelm dem Eroberer war hier eine große königliche Erdburg entstanden, die im 12. Jahrhundert langsam durch Steinmauern ersetzt worden war. Richards neue Burg zeigt zahlreiche Bauetappen und Veränderungen, die wohl meist vor seinem Tod 1272 datieren. Demnach dürfte als ursprüngliches Konzept ein weiträumiges, an den Ecken abgerundetes Hoftrapez von 110 x 130 m begonnen worden sein, als dessen nordöstlicher Eckpunkt auf der alten Hochmotte ein dominanter Wohnturm mit 25 m Durchmesser um einen früheren Rundturm errichtet wurde. Der neue Turm, der mit Mauerstiegen, Aborten, Kaminen und großen Fenstern bequem ausgestattet war, wird wohl als Wohnbau Richards gedient und ein programmatisches Gegenstück zu Windsor gebildet haben. Über ein Doppelturmtor am Abhang erreichte man den großen Hof, der ebenfalls über zwei Doppelturmtore nach außen geschützt war, dessen lange Mauern aber ursprünglich wohl nur nach Osten mit einem runden Eckturm sowie einem pfeilerartigen Mauerturm befestigt waren. Im Inneren dominierten wie in Windsor freistehende Residenzgebäude.

Launceston zeigt in den Baudetails keinerlei direkte Verwandschaft zu den königlichen Großburgen sondern mit den

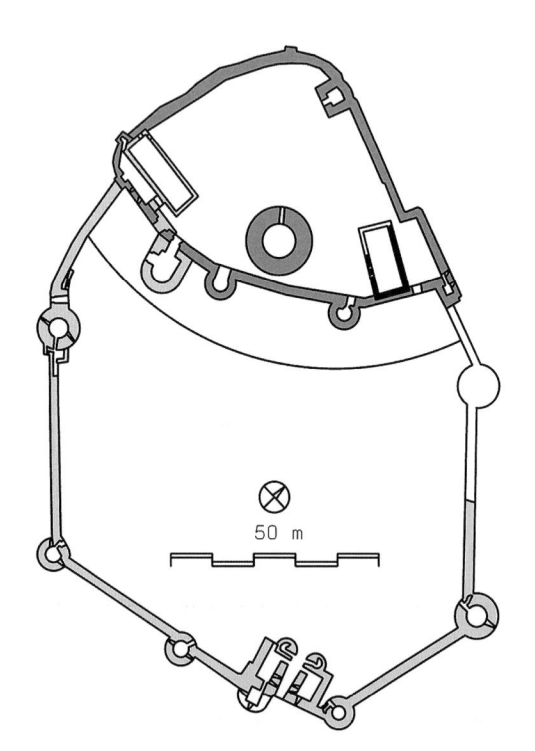

Abb. 43 | Pembroke, England, Gesamtanlage bis M. 13. Jh.

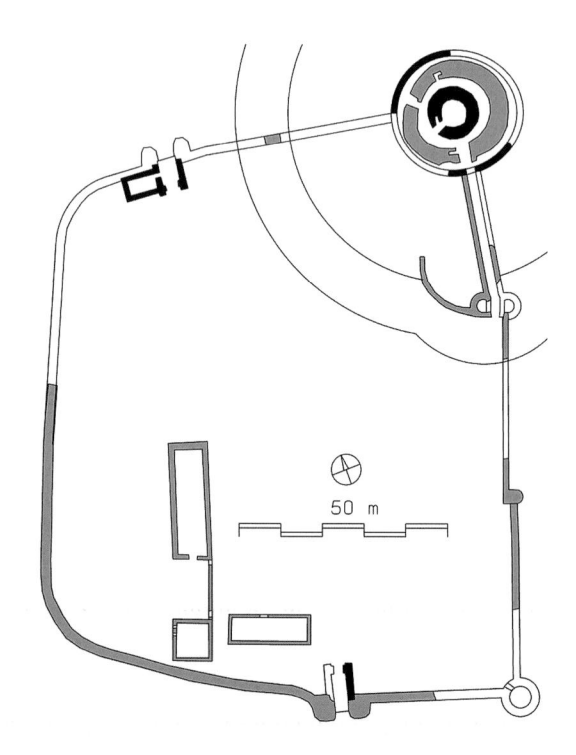

Abb. 44 | Launceston, England, Gesamtanlage bis M. 13. Jh. (grau: Richard von Cornwall)

dicken eigenwilligen Mauern und Toren unbeholfene, originelle Lösungen, sodass von einer entfernten Nachahmung ohne exakte Wissensvermittlung auszugehen ist.

Neben den großen königlichen bzw. königsnahen Kastellen zeigen nur ausnehmend wenige zeitgenössische adelige Befestigungen auf den britischen Inseln ähnliche Konzepte (Abb. 45). Dazu gehört Narberth Castle, das oberhalb von Cardiff liegt und dessen Vorgänger 1215 von den Walisern zerstört worden war.[45] 1246 dürfte ein Neubau begonnen worden sein, der bereits 1257 wieder von den Walisern erobert und niedergebrannt wurde, um in den 1280er Jahren neuerlich aufgebaut zu werden. Die heute stark verfallene Ruine zeigt auf etwa 25 x 45 m Fläche Hinweise auf vier große Rundtürme an den Ecken, wovon einer als Wohnturm dominiert haben dürfte. In der Mitte der Ostmauer scheint es einen Torturm gegeben haben, gegenüber einen kleinen Zwischenturm. Die Hofeinbauten werden erst dem Wiederaufbau des späten 13. Jahrhunderts zugeschrieben.

In Zentralengland liegt isoliert von anderen Kastellen die heute kaum bekannte Burgruine Barnwell, die 1257 erstmals in Besitz des königlichen Vasallen Berengar le Moyne genannt wird (Abb. 46). Die gemäß homogenem Quadermauerwerk aus einem Stück entstandene Anlage belegt eine verzogen-rechteckige Fläche von 35 x 47 m und hat 3 m starke, völlig massive Mauern. An den Ecken stehen 8 m breite Rundtürme, von denen die zwei nördlichen mit rundlich ansetzenden Stiegen- und Abortpfeilern versehen sind. In der Südostecke ist ein Doppelturmtor situiert, das mit dem benachbarten Eckturm eine durch zahlreiche Doppelkreuz-Scharten bewehrte Einheit bildet. Im Hof gibt es keinerlei Hinweise auf ehemalige Gebäude, offensichtlich wurden die zwei Nordtürme als Unterkunft benutzt. Die gesamte Burg zeigt in ihren Baudetails starke Analogien zu zeitgenössischen Kastellen. So folgen die Türme mit ihren runden Annexen älteren Traditionen an Bergfrieden (Bricquebec bis Skenfrith), das Doppelturmtor schließt an Stadttore aber auch an die Torbauten von Pembroke an und die Kreuzscharten sind direkte Gegenstücke zum äußeren Hof von White Castle. Insgesamt entstand mit diesem konsequenten Kastell ein originelles Einzelstück, dessen Einordnung in die Baugeschichte noch nicht ausreichend erfolgt ist.

Im Jahr 1254 wurde König Heinrichs ältester Sohn Eduard mit Eleonore von Kastilien verheiratet und mit großen Herrschaften im Nordosten von Wales ausgestattet (Abb. 47).[46] Seine harschen Aktionen führten umgehend zu Konflikten und schließlich zu einer ausgreifenden Revolution unter dem Prinzen von Gwynedd, der Eduards Truppen mehrfach schlagen und nach England vorrücken konnte. Als Reaktion der im Süden angrenzenden englischen Lords wurden ihre Bur-

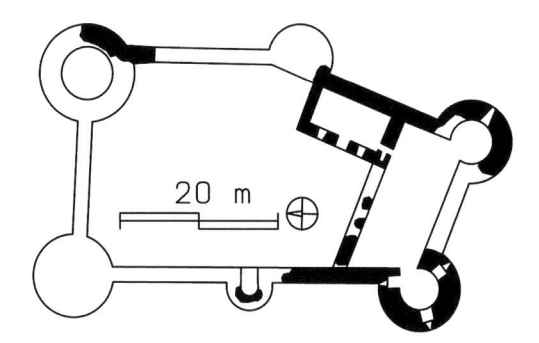

Abb. 45 | Narberth Castle, Wales, nach 1246

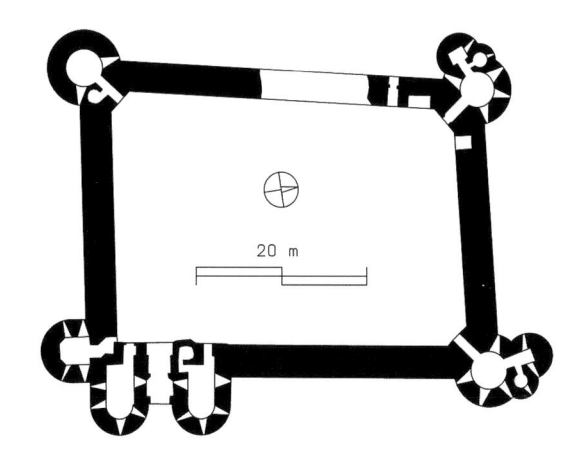

Abb. 46 | Barnwell, England, Kernkastell, 2. D. 13. Jh.

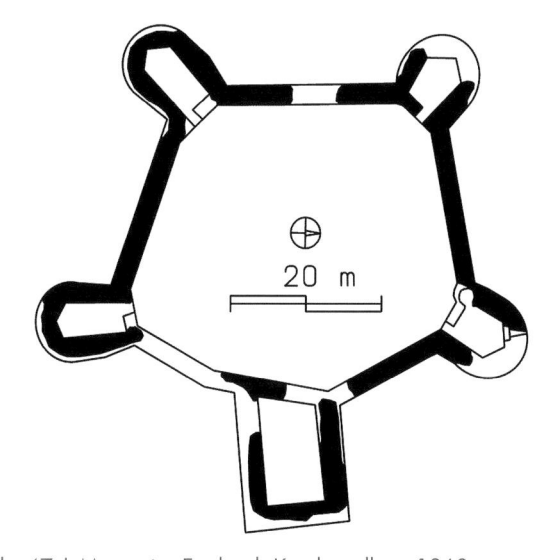

Abb. 47 | Morgraig, England, Kernkastell um 1260

gen rasch verstärkt, wie etwa Befestigungen in Chepstow und Pembroke belegen. Direkt an der Grenze ließ Richard de Clare, Fürst der südöstlichen englischen Grenzmarken zu Wales, mit Morgraig ein neues Kastell beginnen, das bei seinem Tod 1262 noch nicht fertig war und aufgegeben wurde.[47] Die Anlage liegt auf einem sanften Hügelsporn neben einer Überlandstraße und ist ähnlich zu Grosmont als Polygon mit do-

Holt Castle an der nördlichen Grenze von England zu Wales. Auch hier gab es einen viereckigen Wohnturm sowie einen polygonalen Bering mit vier großen Rundtürmen und axialem Tor. Dieses vom lokalen Adeligen John de Warenne errichtete Grenzfort wird aufgrund seiner Details mit einer ganzen Reihe zeitgleicher Bauten im Umfeld des Königs in Verbindung gebracht.[48]

Der junge Erbe, Richard de Clare der Rote, gab Morgraig auf, da er sich dem allgemeinen Adelsaufstand um Simon de Montfort und den walisischen Prinzen Llywelyn anschloss und selbst gegen den englischen König kämpfte (Abb. 48–49). Nach einem Abkommen zwischen Teilen der Rebellen, wonach dem Waliser die künftige Oberherrschaft über alle walisischen Besitzungen der Engländer zugesprochen wurde, wechselte de Clare die Seiten und schloss sich 1265 den königlichen Truppen an. Bei der folgenden Belagerung von Kenilworth konnte Richard die brutalen Belagerungsmaschinen und die Effizienz von Wassergräben hautnah miterleben. Nach der Niederschlagung der englischen Rebellion 1267 bedrohte nun nur noch der walisische Prinz die Besitzungen der de Clares. Beeindruckt von den Erfahrungen der Kämpfe und unter großem Wohlwollen des Königs bzw. dessen Sohn Eduard ließ Richard nun bei Caerphilly inmitten eines künstlich aufgestauten breiten Sees eine neue Festung errichten, die zum Urbild für eine ganze Reihe großartiger Kastelle gegen die Waliser werden sollte (Abb. 49a).[49] In der gut dokumentierten kurzen Bauzeit von nur 3 Jahren entstand eine weitläufige mehrteilige Anlage, die aus bestens befestigten Vorwerken und Staudamm, Kernburg mit bastionsartig umlaufendem Zwinger sowie aufwändigen breiten Wassergräben bestand. Noch vor der Fertigstellung überfielen 1270 die Waliser die Baustelle und brannten die Gerüste nieder, konnten den Bau jedoch nicht entscheidend aufhalten.

Die innerste Hauptanlage, die bis heute recht gut erhalten ist, besteht aus einem stark verzogenen Rechteck von 50 x 60 m mit ca. 2,5 m Mauerstärken und vier fast 12 m breiten Rundtürmen. Damit folgte man durchaus den älteren Grenzburgen, auch die kompakten Torhäuser sind stringente Entwicklungen aus anderen regionalen Burgen. Vor allem das monumentale östliche Doppelturmtor, das eine fast idente Kopie von Tonbridge Castle (ebenfalls Richard de Clare, um 1265) darstellt[50] und auch mit einem Gegenstück der gleichen Zeit in Pembroke korrespondiert, kann als Beleg für eine konsequente Verschmelzung regionaler Baukonzepte mit der königlichen Bauschule gewertet werden. Neu sind hingegen die weitläufigen Vorwerke, Zwinger und Außenwälle, deren technisch durchdachte, sehr innovative Lösungen, aber auch kostenintensive großen Mauermassen mit ihrer Staffelung und

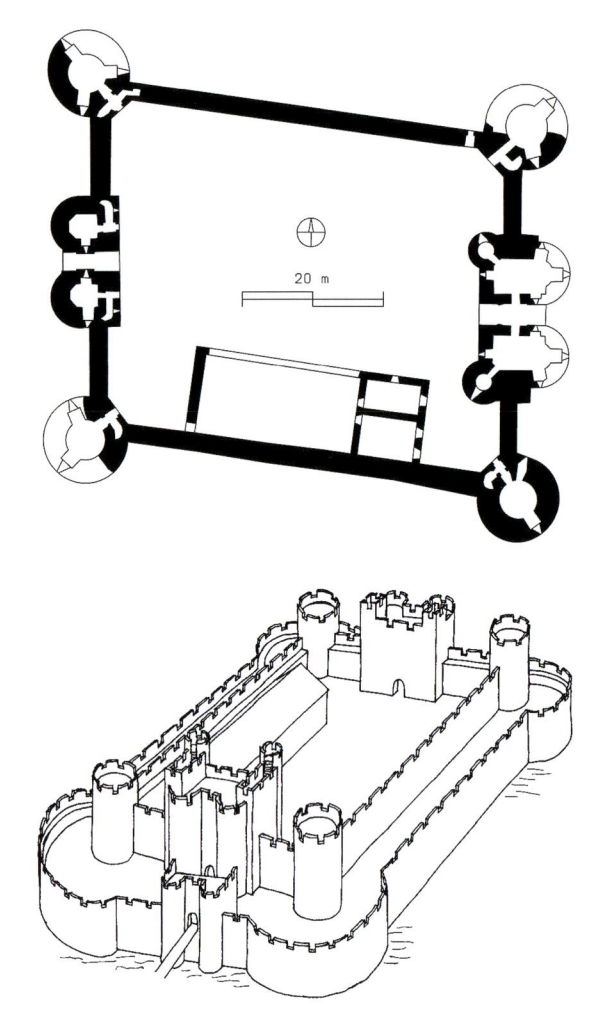

Abb. 48–49 | Caerphilly, England, Kernkastell, 1268–71

minantem Hauptbau und vier weit vorstehenden D-förmigen Wehrtürmen konzipiert. Aufgrund der Lage und Zeitstellung wird von einem rein militärisch gewidmeten Grenzfort ausgegangen, eventuell für Reiterspäher sowie als Straßenschutz. Eine bemerkenswert ähnliche Burg findet sich mit Lions bzw.

Abb. 49a | Caerphilly von Süden

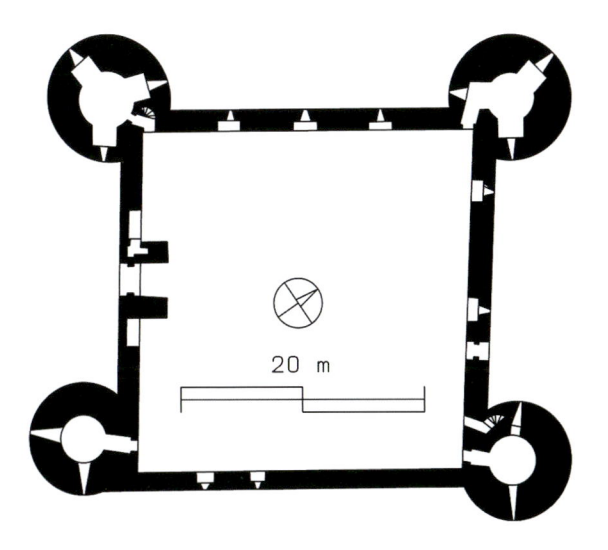

Abb. 50 | Kidwelly, Kernkastell

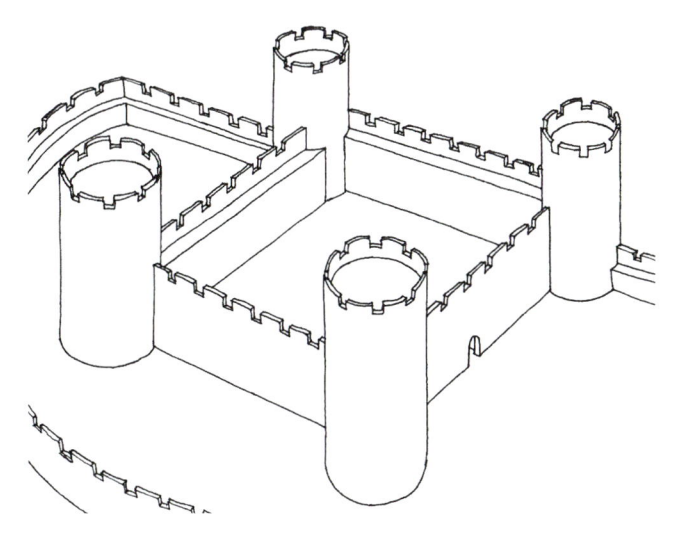

Abb. 51 | Kidwelly, Wales, Kernkastell, 1274–79

Wasserführung auf die aktuellen Erfordernisse moderner Belagerungstechnik Bezug nahmen. Caerphilly steht somit für einen frühen Höhepunkt im mittelalterlichen Burgenbau, wo die Kernanlage als repräsentatives, schlossartiges Wohngeviert weitgehend der Herrschaft und ihrer Hofhaltung vorbehalten blieb, während Verteidigung und Versorgung in die Vorwerke ausgelagert waren. Diese Trendwende sollte sich noch in den Ausbaustufen bis ins frühe 14. Jahrhundert fortsetzen, als die Verteidigungsfähigkeit des Innenkastells durch offene Versorgungsanbauten konterkariert wurde, um sich auf Wohnlichkeit und Repräsentation konzentrieren zu können.

EDUARD I. (1272–1307)

Heinrichs Sohn Eduard hatte im langjährigen Kampf gegen Aufständische die Notwendigkeit belagerungsresistenter königlicher Stützpunkte erkannt, da er sich nach jedem Sieg wieder zurückziehen musste.[51] Dennoch wird in der Frühzeit lediglich eine Burgenbaustelle mit dem Kronprinzen selbst verknüpft: der großartige Ausbau der Burg Chester, seiner Residenz.[52] Dort entstand eine großvolumige, mehrteilige Anlage sowie nach walisischen Brandschatzungen eine konzertierte Befestigung der gesamten Stadt, erstere mit Halbrundtürmen und Doppelturmtoren, zweitere mit Rund- und Halbrundtürmen. Als für den Bau verantwortliche Person ist ab 1265 Richard von Chester fassbar, der in der Folge auch als erster Angelpunkt im königlichen Burgenbau in Wales auftauchen wird.

Nach einem Kreuzzug und seinem Regierungsantritt als König war Eduard zunächst diplomatisch beschäftigt und übergab die regionalen Konfliktherde Verwandten sowie dem lokalen Hochadel. Er selbst kümmerte sich um die Fertigstellung der Kastellbefestigung des White Tower in London, wofür ab 1270 große jährliche Ausgaben dokumentiert sind.[53] Dort dürfte seit dem frühen 13. Jahrhundert das Zentrum einer königlichen Bauhütte bestanden haben, die heute als Ausstrahlungspunkt für zahlreiche Baudetails an zeitgenössischen Burgen gedeutet wird.[54] So steht der königliche Bauleiter Robert von Beverly ab 1260 mit beispielgebenden Arbeiten in Westminster Abbey, Leyborne und vor allem dem vorbildhaften Doppelturmtor von Tonbridge in Verbindung.[55] Daher könnten von London aus gezielt Planer und Handwerker an befreundete Adelige verschickt worden sein, während die Baustellen selbst in deren Besitz blieben.[56]

So war es Eduards treuer Kampfgefährte und Kreuzzugsbegleiter Payn de Chaworth, der in Kidwelly ab 1274 nahe der walisischen Grenze eine 1258 von den Rebellen zerstörte Burg mit Subvention durch den König wieder aufbauen ließ (Abb. 50–51).[57]

Abb. 52 | Kidwelly, Gesamtansicht von SO

KÖNIGREICH DER PLANTAGENÊT

Die nahe der Küste gelegene, zuvor halbkreisförmig auf einem Hügelgrat angelegte Anlage von etwa 80 m Durchmesser wurde als Vorburg wieder hergestellt und mit Halbkreistürmen verstärkt (Abb. 52). Im Zentrum errichtete man hingegen ein völlig neues freistehendes Kernkastell von etwa 30 m Breite, 1,7 m starken Mauern und vier 10 m breiten runden Ecktürmen, die weit vor das Geviert standen und die Mauerfluchten gut flankieren konnten. Auf einer Seite befand sich ein zentral innen eingestelltes Torhaus ohne weiteren Flankenschutz. Sämtliche Binnenstrukturen datieren deutlich später, sodass ursprünglich der Hof wohl freigehalten war und nur die Türme zur Beherbergung dienten. Lage, Konzeption und Ausstattung belegen eine rein militärische Ausrichtung dieses Kastells als machtvolles Grenzfort gegen die Waliser. Konzeptionell schloss man dabei an Caerphilly an, jedoch mit deutlich reduzierten Kubaturen und Außenwerken.

Praktisch gleichzeitig ließ um etwa 1275 Geoffry de Carnville wenige Kilometer daneben auf der anderen Seite der Flussmündung mit Llansteffan eine 1257 von den Walisern zerstörte Burg wieder aufbauen und massiv erweitern (Abb. 53). Die alte ringförmige Burg des frühen bis mittleren 13. Jahrhunderts diente nun als bewohnbares Kernwerk, während davor eine polygonale großformatige Ringmauer mit Doppelturmtor und halbkreisförmigen Mauertürmen die eigentliche Verteidigung bildete. Auch hier zeigt das charakteristische Torhaus enge Analogien zu Caerphilly, jedoch auch zum Torhaus von Tonbridge, weshalb ebenfalls eine Datierung um 1265 und vor allem eine Hilfestellung durch königliche Baukünstler diskutiert werden.[58]

Gleich nach seiner Rückkehr vom Kreuzzug hatte Eduard den walisischen Fürsten Llewelyn zur Einhaltung seiner vertraglichen Lehnsverpflichtungen, allem voran zur Teilnahme an Hoftagen ermahnt und ihm bis 1276 sogar fünf erfolglose Ladungen geschickt (Abb. 54).[59] Danach wurde der Waliser vom Londoner Parlament als rebellischer Vasall verurteilt und ein Krieg eingeleitet. Es folgten umfangreiche Vorbereitungen, die in den Archiven bestens dokumentiert sind. Sie belegen vor allem den gezielten Einsatz von Spezialkräften (Pioniere, Bauhandwerker) aus dem ganzen angevinischen Reich, womit Eduard sicherlich auf seinen Erfahrungen im Kreuzzug aufbaute. 1277 wurde so in wenigen Monaten der gesamte Norden von Wales unterworfen und ein durchaus milder Vertrag mit den Rebellen geschlossen. Zur Sicherung mussten Geiseln gestellt, regelmäßige Hofbesuche versprochen und Tribute geleistet werden. Die wichtigste Maßnahme war jedoch der Beginn eines königlichen Bauprogramms zur Kontrolle der Nordküste von Wales als sichere Aufmarschroute. Die neuen Burgen wurden nun direkt vom König in Auftrag gegeben und auch von seinen eigenen Beamten verwaltet. Ihre Position sollte strategisch bedeutende Flussmündungen und Straßen beherrschen und von See aus jederzeit zu versorgen sein. Darin konnte Eduard auf Erfahrungen aus dem Kreuzzug zurückgreifen, wenngleich auch die wenig älteren südwalisischen Grenzburgen der englischen Barone diesen Prinzipien bereits folgten. Zunächst wurden praktisch gleichzeitig die

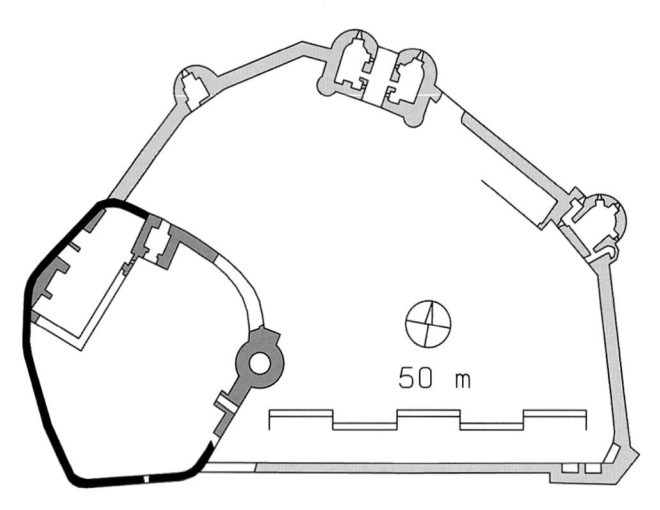

Abb. 53 | Llansteffan, Wales, Gesamtanlage des 13. Jhs., hellgrau: um 1275

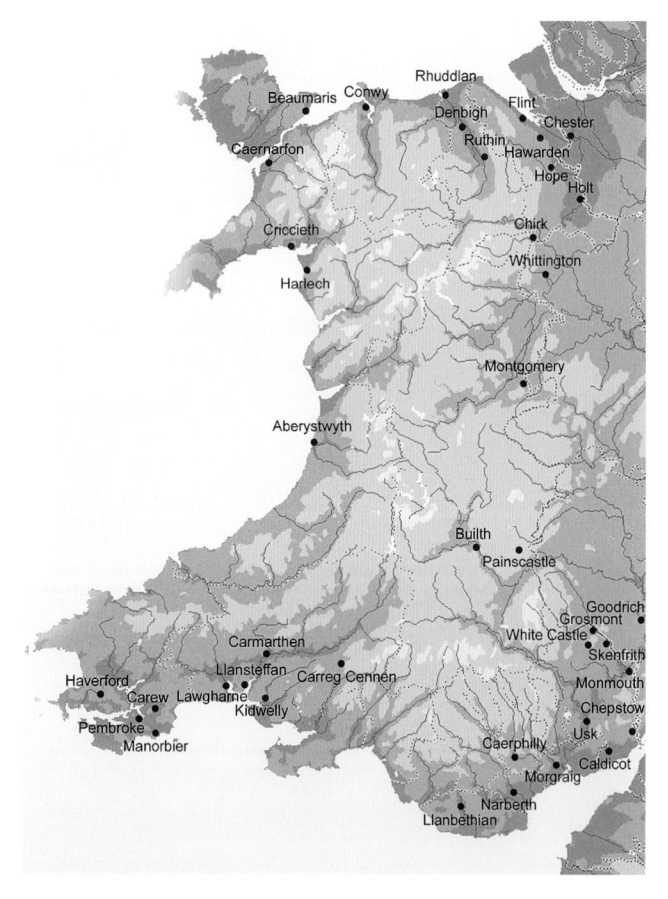

Abb. 54 | Wales mit den im Text genannten englischen Burgen des 13. Jahrhunderts

278 KÖNIGREICH DER PLANTAGENÊT

Burgen Flint und Ruddlan im Norden sowie an der Westküste Llanbadarn (heute Aberystwyth) begonnen. An der Binnengrenze zu England wurden mit Hawarden und Builth ebenfalls zwei massive Befestigungen errichtet, die trotz des sehr schlechten Erhaltungszustandes traditionelle polygonale Gipfelburgen mit zentralen Haupttürmen sowie runden Mauertürmen zeigen. 10 km landeinwärts von Rhuddlan begann man mit Ruthin einen isolierten königlichen Vorposten, der gemäß einer königlichen Inspektion bereits 1282 weitgehend fertig war und einem regionalen Kommandanten übergeben werden konnte.[60] Die heute in einen Schlosspark integrierte Anlage ist in historischen Grundrissskizzen und Ansichten gut überliefert und bestand demnach aus einem großen Quadrat, dessen Ostseite spitz geknickt war und dessen Kanten konsequent durch gleichförmige große Rundtürme besetzt waren.[61] Noch vor Abschluss der Friedensverhandlungen wurde mit dem Bau der Küstenburg Flint begonnen und unter direkter Aufsicht des Königs ausgeführt (Abb. 55–56).[62] Die peniblen Unterlagen belegen eine perfekt organisierte Baustelle mit vier Oberbauleitern und zeitweise fast 2000 spezialisierten Handwerkern. Die exakten Abrechnungen erlauben sogar einen Einblick in den Baufortschritt, demnach wurden die Dächer 1283 gedeckt und bis 1284 waren sämtliche Arbeiten an der Kernburg, den gemauerten Gräben, dem Hafen und der rechteckigen Vorburg abgeschlossen. 1286 folgten bereits die ersten Reparaturen an Zugbrücke und Fenstern.

Die Kernburg umfasste ein 53 x 60 m großes Rechteck, das innen von jeder Bebauung freigehalten war und als sichere Truppenbasis dienen konnte. Drei Ecken waren durch vortre-

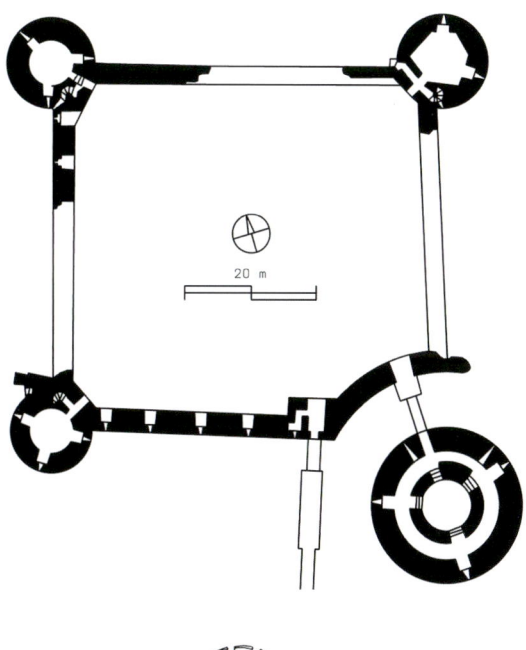

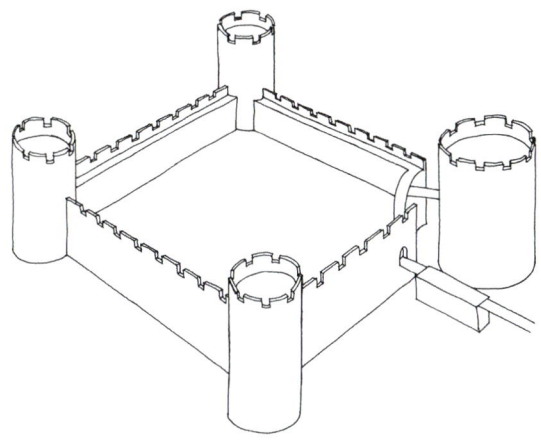

Abb. 55–56 | Flint, Wales, Kernkastell 1277–84

Abb. 57 | Gesamtansicht von Südosten

KÖNIGREICH DER PLANTAGENÊT

tende Rundtürme geschützt, analog zum kurz zuvor errichteten südwalisischen Kastell von Kidwelly.

Völlig neu war hingegen ein dominanter 22 m breiter Hauptturm an der landseitigen Südostecke, der durch einen Graben sowie eine gerundete Ringmauereinbuchtung von der Kernburg getrennt und von dieser mittels Zugbrücke erreichbar war (Abb. 57). Dieser Turm ist zwar durch seine Zweischaligkeit bzw. seine Dominanz prinzipiell mit zeitnahen Türmen in Launceston, Builth und Hawarden zu vergleichen. Viel frappanter ist jedoch seine Analogie zu Bauten der französischen Krone in Dourdan sowie Aigues Mortes und zu Yverdon in Savoyen. Dort dürfte auch der Grund für diese außergewöhnliche Lösung zu suchen sein. Eduard ist bei seiner Rückreise vom Kreuzzug sowohl in Aigues Mortes als auch in Savoyen bei seinen Verwandten auf Besuch gewesen.[63] Dort hatte er wohl den Burgen-Architekten Meister James de St. George kennen gelernt, der gerade einige Burgen mit Rund- und Halbrundtürmen für die Grafen von Savoyen umgebaut hatte.[64] Da 1278 dieser Meister James unvermittelt in englischen Urkunden auftaucht und dann bis zum Tod des Königs an seiner Seite als Hauptarchitekt für die walisischen Burgen tätig war, ist sehr wahrscheinlich, dass Eduard ihn eingeladen und als eines der ersten Werke Flint beauftragt hatte. Tatsächlich stellt diese Burg eine Fusion regionaler Kastellbauten mit ihren runden Ecktürmen, Schießkammerreihen und freien Höfen sowie dem französischen isolierten Hauptturm dar, sodass von einer sehr fruchtbaren Zusammenarbeit der bestehenden königlichen Bauhütte mit lokalen Planern der südwalisischen Barone auszugehen ist.

Bedeutend war der französische Einfluss zudem sicher auf die sprunghaft wachsende Rolle von jeweils den Burgen beigestellten, stark befestigten Siedlungen, die in ihrer Binnenstruktur aber auch geopolitischen Lage an die Bastides erinnern, die in Frankreich als netzförmig angelegte Wehrsiedlungen seit dem frühen 13. Jahrhundert die Verteidigung revolutionierten.[65] Dabei lässt sich in Wales jedoch eine rasche Entwicklung von einander benachbarten, aber isolierten Stadtmauern sowie Burgen hin zu verknüpften Lösungen nachvollziehen. So lag Flint noch 80 m außerhalb der streng rechteckigen, einem römischen Lager gleichen Stadtanlage und seine Vorburg war durch ein Stadttor von dieser getrennt.

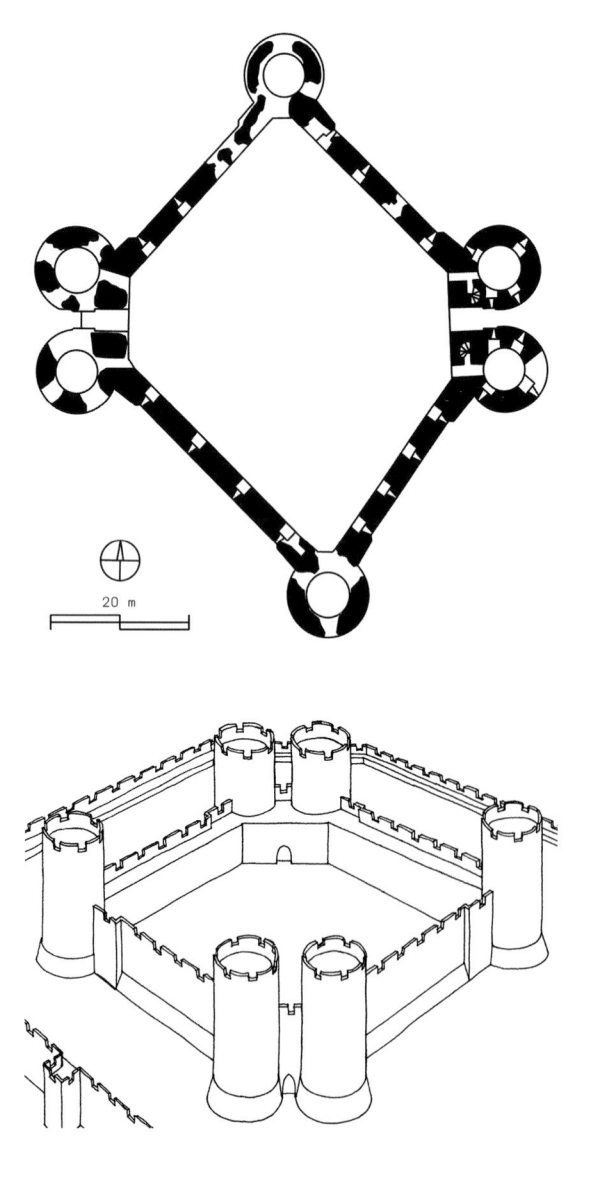

Abb. 58–59 | Rhuddlan, Wales, Kernkastell, 1277–80

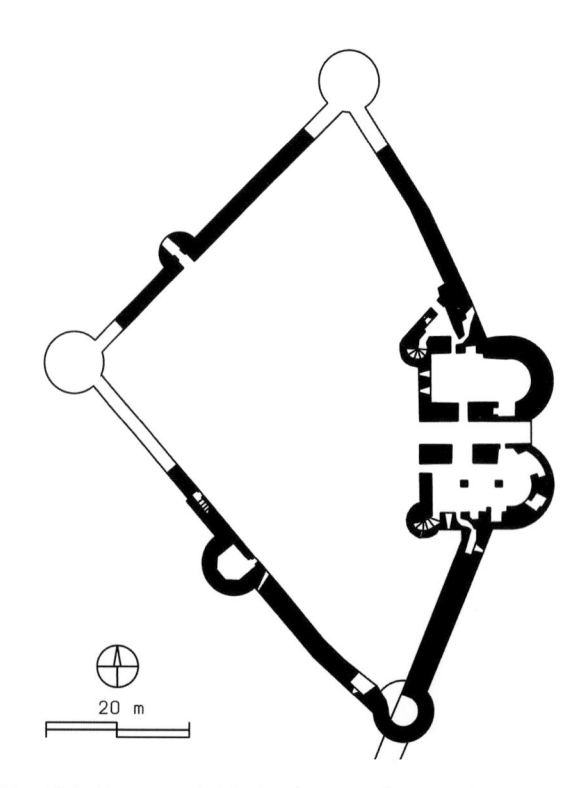

Abb. 60 | Aberystwyth (Llanbadarn), Wales, Kernkastell, ab 1277

280 | KÖNIGREICH DER PLANTAGENÊT

Abb. 60a | Rhuddlan, Kernkastell von Süden

Umgekehrt verhält sich die Ausrichtung in Rhuddlan (Abb. 58–60a). Dort wurde ebenfalls direkt an einer Meeresbucht, in der Mündung des Flusses Clwyd, parallel zu Flint mit der Erneuerung der Burg begonnen, wobei nun bei der Bauleitung schon bald Meister James de St. George urkundlich hervortrat.[66] Die sehr aufwändigen Außenanlagen betrafen eine Schiffbarmachung der Gerinne, eine Hafenanlage sowie umlaufende polygonale Wassergräben und Sperrmauern, an die die verzogenrechtwinkelige Stadtbefestigung stumpf anschloss, wodurch die Burg selbst als Eckpunkt und Zitadelle dienen konnte.

In ihrem Zentrum entstand ein 48 x 51 m großes Rechteck, das somit ähnlich wie Flint kastellförmig mit freiem Binnenhof angelegt war. Diesmal gab es jedoch nur zwei diagonal angeordnete Rundtürme an den Ecken. Die anderen beiden wurden durch dominante Doppelturmtore besetzt, deren Grundriss und Detaillösungen eine gute Kenntnis von White Castle und Caerphilly verraten. Vor allem mit letzterem verbindet die Idee, dass der König im dem einen Torhaus residieren konnte, der Constable im anderen.

Parallel zu Rhuddlan wurde an der Westküste von Wales, an der Mündung des Flusses Rheidol, in Aberystwyth anstelle einer alten Erdburg eine völlig neue Anlage errichtet, die gleichfalls einen großen Hafen und weitläufige Vorwerke und Gräben integrieren sollte und den Eckpunkt der gleichzeitigen Rasterstadt bildete. Hier entstand im Zentrum der Burg eine zunächst polygonale Kernanlage, deren ursprüngliche Größe jedoch nicht eindeutig fassbar ist (Abb. 60). So können im

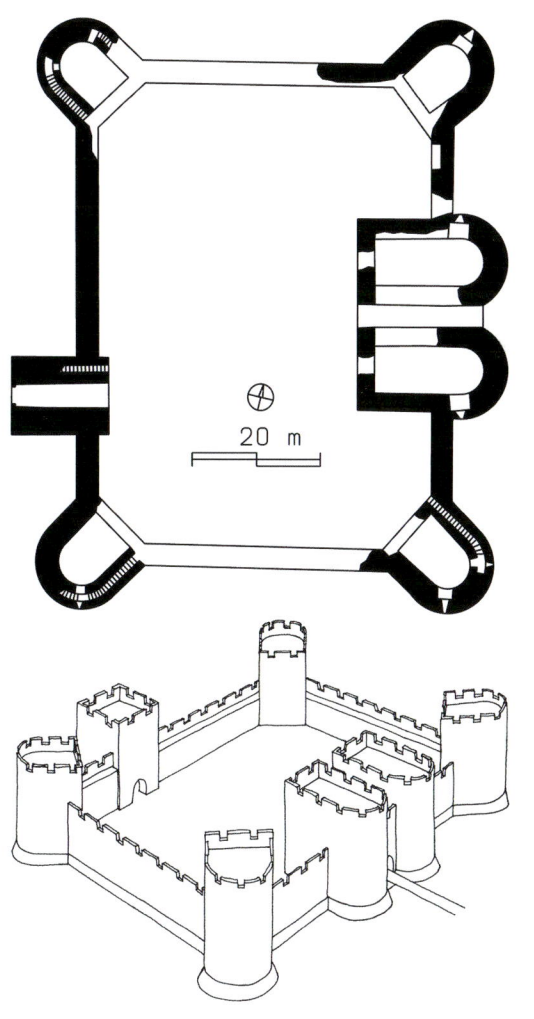

Abb. 61–62 | Roscommon, Irland, Kernkastell 1277–85

KÖNIGREICH DER PLANTAGENÊT | 281

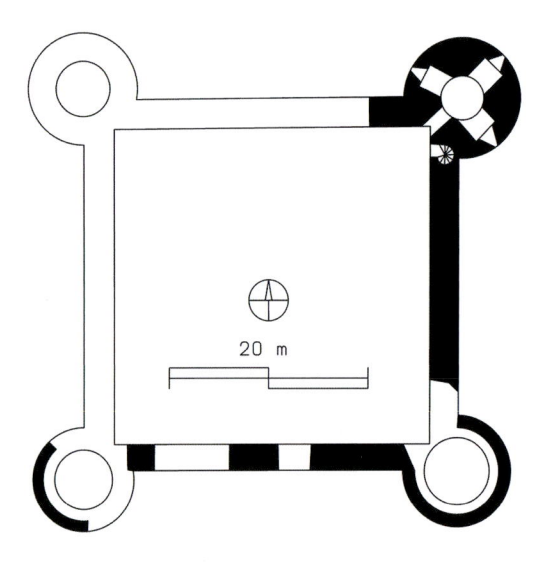

Abb. 63 | Quin, Irland, Kernkastell, 1278–80

Süden länger ausgreifende Fundamente mit Urkunden in Verbindung gebracht werden, wonach nach einem walisischen Überfall auf die Baustelle 1282 das Projekt verändert weitergeführt wurde.[67] Es dürfte zum trapezförmigen Kastell verkleinert worden sein und somit erst jetzt die charakteristische Verwandtschaft zu Rhuddlan bekommen haben. Im Unterschied zu dort entschied man sich hier für zusätzliche halbkreisförmige Mauertürme sowie ein einziges dominantes Doppelturmtor. Dieses war wohl fertig, als der König persönlich im Jahr 1284 eine Woche vor Ort war, um die Arbeiten zu kontrollieren. Erst gegen 1289 entstanden die inneren Einbauten, somit war die Burg zu Beginn innen völlig unbebaut. Parallel zu Wales machte der königliche Burgenbau auch in Irland Fortschritte (Abb. 61–63a). Bereits 1269 hatte der Justiziar Robert de Ufford in Roscommon mit dem Bau einer Anlage begonnen, jedoch sind 1272 und vor allem 1276 massive Zerstörungen durch irische Angriffe überliefert, sodass aus dieser Zeit nur der westliche Torturm erhalten sein dürfte.[68] Ab 1277 deuten größere königliche Bauausgaben auf die Errichtung des heutigen Kastells, das 1285 weitgehend fertig gestellt war. Auf einer verzogen-rechteckigen Fläche von 58 x 76 m entstand ein klassisches Kastell mit vier geraden Seitenmauern, vier D-förmigen Ecktürmen und einem dominanten Doppelturmtor in enger Analogie zu Aberystwyth. Während Baukonzept und Torbau zu Wales passen, schließen die D-förmigen Türme an ältere Lösungen unter Heinrich III. bis in die 1260er Jahre an, sodass diese Konzeption vielleicht schon beim Erstbau 1269 festgelegt war und nur das neue Torhaus 1277 dazu gestellt wurde.

Mit Quin, Kilbonale und Liscarrol finden sich während König Eduards Amtszeit weitere ausgeprägte Kastelle in Irland, die jedoch vom regionalen Hochadel errichtet wurden (Abb. 64–66).[69] Quin wurde 1278–80 als 36 x 38 m großes Rechteck mit vier wohl gleichförmigen Rundtürmen gegründet, je-

Abb. 63a | Roscommon, Kernkastell von Osten

282 | KÖNIGREICH DER PLANTAGENÊT

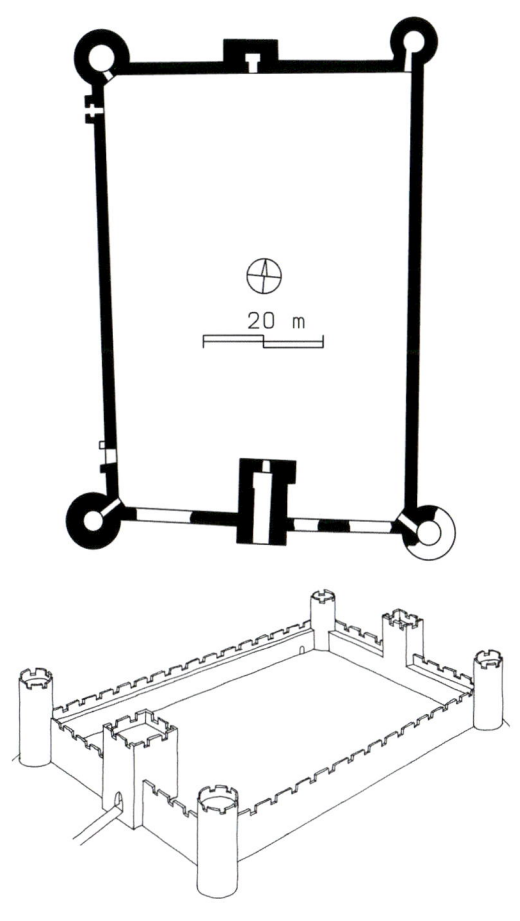

Abb. 64–65 | Liscarroll, Irland, Kernkastell, spätes 13. Jh.

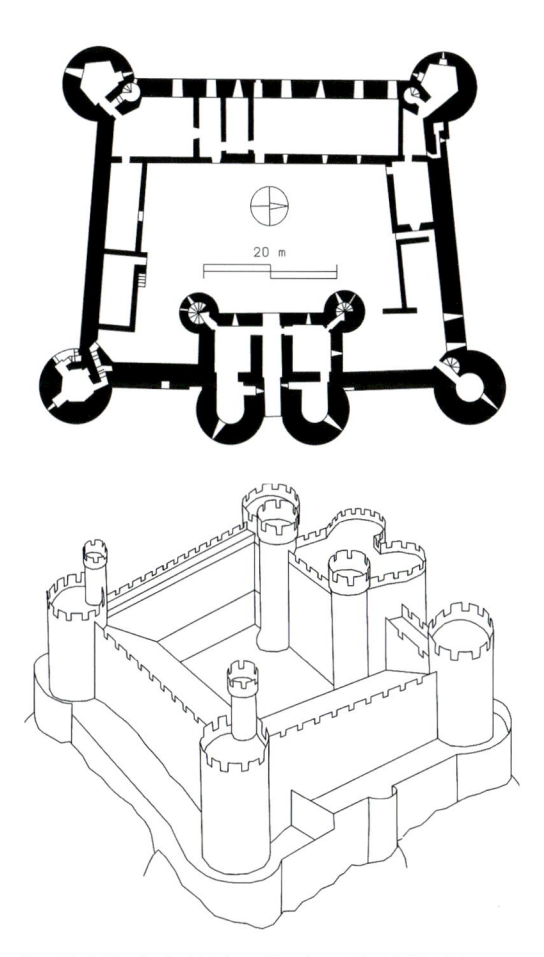

Abb. 67–68 | Harlech, Wales, Kernkastell, 1283–90

doch schon 1288 zerstört und im Spätmittelalter als Sockel für ein kleines Kloster genutzt. Dennoch blieben mächtige Reste eines konsequenten Kastells erhalten, dessen Baudetails wie Sockel und Schießkammern an Kidwelly, aber auch an Flint und Rhuddlan erinnern, weshalb von einer Abhängigkeit auszugehen ist. Deutlich weniger ist im gleichzeitigen Kilbolane erhalten, wo lediglich der rechteckige Grundriss mit zwei runden Ecktürmen nachvollziehbar blieb.

Völlig undatiert ist Liscarroll, etwa 50 km südlich von Limerick.[70] Die große rechteckige Anlage von 44 x 62 m zeigt

Abb. 66 | Liscarrol, Kernkastell von Westen

gleichfalls vier massive Rundtürme an den Ecken, jedoch dazwischen rechteckige Tore analog zum um 1269 datierten alten Kastell von Roscommon und mag daher zeitnahe entstanden sein. Errichtet wurde es in einer unruhigen Region von der englischen Familie de Barry, die zur high society von Irland zählte, ohne dass spezielle Kontakte zum englischen Königshaus bekannt wären.

Offensichtlich hatte sich der Typus des Kastells auch in Irland in kurzer Zeit zu einem bewährten Modell für gefährdete Gebiete des Hochadels entwickelt. In England dürfte Antony Beck ab 1281 ein Vierturmkastell mit ähnlichen Rundtürmen errichtet haben, das er 1309 an Eduard übergeben musste. Von der einst sehr starken Anlage sind heute nur mehr spärliche Reste von drei Türmen erhalten, darunter jedoch ein aufwändiger Einstützenraum mit arkadenförmigen Wandnischen. Auch in Cambridge entstand in dieser Zeit ein viereckiges Kastell mit runden Ecktürmen, das an die ältere Motte anschloss und ebenfalls nicht erhalten ist.

Aufgrund einer weiteren walisischen Rebellion von 1282 wurde bereits im Folgejahr mit einer neuen Welle königlichen Burgenbaus begonnen, die als Basis zur endgültigen Zerschlagung der regionalen Strukturen sowie als Stütze für eine neue,

KÖNIGREICH DER PLANTAGENÊT

Abb. 69 | Harlech, Kernkastell von SO

englisch geprägte Verwaltung dienen sollte (Abb. 67–68). Wieder ging der König sehr systematisch vor und organisierte eine dichte, ringförmige Einkreisung des Landes durch Kastelle, jeweils mit direkten Meereszugängen.

Im Sommer 1283 wurde mit dem Bau von Harlech an der Nordwestküste begonnen und 1290 weitgehend beendet.[71]

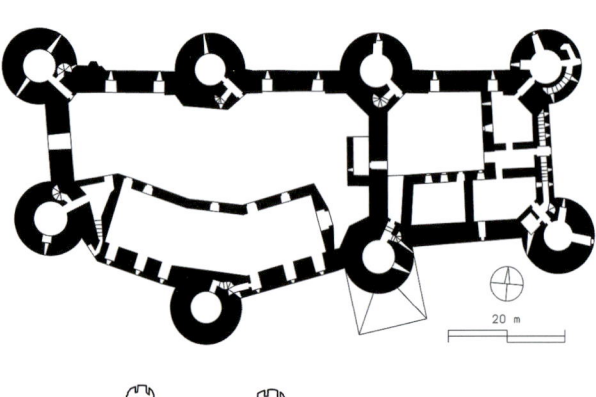

Abb. 70–71 | Conwy, Wales, Kernkastell, 1283–92

Bereits 1294/95 konnte eine lange walisische Belagerung erfolgreich abgewehrt werden. Die urkundlich sehr gut dokumentierten Bauarbeiten umfassten neben dem Kernwerk einen Zwinger, lange Außenmauern bis zum Hafen sowie einen tiefen künstlichen Felsengraben.

Das Kernwerk besteht aus einem trapezförmig verzogenen Rechteck von etwa 45 x 55 m mit vier 11 m breiten runden Ecktürmen und dominantem Doppelturmtor (Abb. 69). Damit wurde sichtlich an die zeitgleich neu konzipierte Burg von Aberystwyth angeschlossen, deren Baustelle nur 20 km Luftlinie südlich an der gleichen Küste lag. An Harlech ist hingegen bemerkenswert, dass der kastellförmige Grundriss kompromisslos auf den steilen, rundlichen Felssporn gesetzt wurde und dabei auch hohe Substruktionen in Kauf genommen wurden.

Im Gegensatz dazu beschränkte man sich beim Ausbau der nur ca. 5 km nördlich gelegenen älteren Burg Criccieth in der gleichen Zeit auf den Einbau eines ähnlichen Doppelturmtors, die restliche Anlage schien wohl ausreichend stark befestigt zu sein.[72] Beide Burgen erhielten zwar kleine angeschlossene Siedlungen mit besonderen Rechten, eigene Befestigungen sind jedoch nicht bekannt.

Nach der Revolution 1282 startete auch der Wiederaufbau von Whittington, an der Nordostgrenze von England und Wales. Diese im Kern hochmittelalterliche Erdburg war 1221 durch eine lokale Familie gegen die Waliser aus Stein erneuert, jedoch noch während der Bauzeit erobert und zerstört worden. Nun wurde sie mit einem neuen massiven Viereckbering versehen, der wie eine architektonische Mischung aus Rhuddlan und Flint an drei Ecken Hufeisentürme und an der vierten ein

KÖNIGREICH DER PLANTAGENÊT

Abb. 72 | Conwy von Nordwesten

dominantes Doppelturmtor hatte. Baudetails und Mauerwerk belegen eine direkte Abhängigkeit von den großen königlichen Baustellen. Auch das der gleichen Familie zugehörige Holt wurde ab 1282 renoviert, wobei unklar ist, ob die Hufeisentürme an den Ecken erst jetzt entstanden.

Analog zu Harlech wurde 1283 an der Nordküste mit dem Bau des königlichen Conwy begonnen, ebenfalls auf einem Felssporn über einer Meeresbucht (Abb. 70–71).[73] Diesmal sollte gleichzeitig durch neue englische Siedler eine stark befestigte Stadt entstehen, als deren Eckpunkt und Zitadelle die Burg diente. Die fast zur Gänze erhaltene Stadtbefestigung zeigt noch heute lange gleichförmige Mauern mit Reihen von halbrunden Schalentürmen sowie drei großen Doppelturmtoren. Die Burg ist über einen tiefen künstlichen Felsgraben zu erreichen, ihre zweiteilige Kernanlage besetzt eine verzogen rechteckige Fläche von etwa 30 x 86 m. Davor gab es lokale Zwinger sowie einen geschützten Hafen (Abb. 72). Die gut erforschte Burg[74] gilt als eine der am besten erhaltenen königlichen Anlagen ihrer Zeit, wodurch die innere Struktur und Nutzung sehr gut ablesbar sind. Am äußersten Felssporn steht der fast quadratische Kernbereich, der durch vier Halbrundtürme als kleine eigenständige Burg ausgebildet war. Hier lagen die privaten Räume der königlichen Familie samt Kapelle. Im vorgelagerten großen Hof stand die große Festhalle bzw. waren die Quartiere des Hofs sowie seine Versorgung untergebracht. Weitere Einrichtungen gab es in der Stadt, sodass die Burg dem Hofgefolge vorbehalten blieb.

Neben den großen königlichen Kastellen bemühte sich zeitgleich auch der Hochadel, durch turmbewehrte gestaffelte Ringmauern, Doppelturmtore und nicht zuletzt mehrtürmige Kernkastelle, der Krone architektonisch nachzueifern (Abb. 73–74). Vor allem in Irland findet sich eine kleine geschlossene Gruppe von Adelsburgen, die offenbar direkt an das Kernkastell von Conwy anschlossen. Obwohl sie in der Lite-

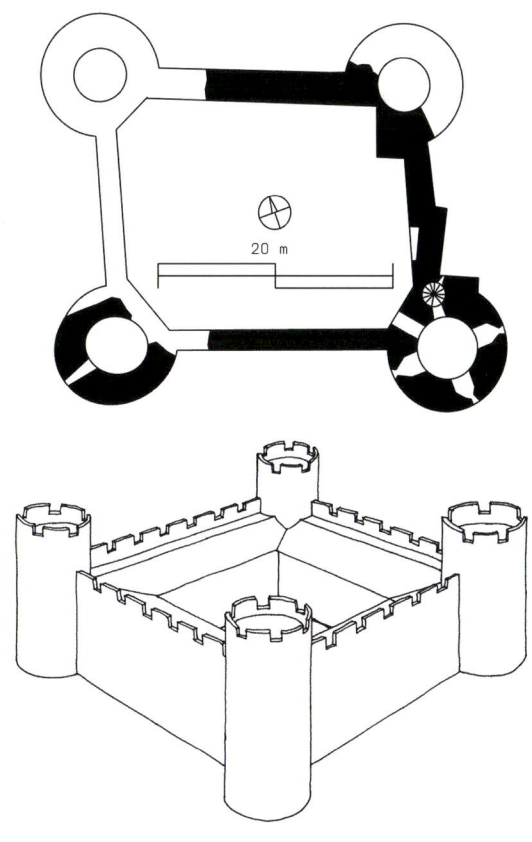

Abb. 73–74 | Ferns, Irland, Kernkastell um 1285

KÖNIGREICH DER PLANTAGENÊT | 285

ratur traditionellerweise mit frühen Erstnennungen in Verbindung gebracht werden, zeigen neuere kunsthistorische Vergleiche doch eindeutig hochgotische Baudetails des späten 13. Jahrhunderts und bestätigen somit diese Argumentation.[75] Allem voran ist Ferns zu nennen, dessen monumentales Kernviereck heute noch auf zwei Seiten vollständig erhalten ist.[76] Offenbar gab es im Inneren einen kleinen Hof, der von herrschaftlichen Trakten umgeben war, in einem Eckturm befand sich die reich ausgestattete Kapelle (Abb. 75). Damit zeigen sich in Raumaufteilung und Baudetails enge Parallelen zu Conwy, das man wohl kopieren wollte. Eine Erklärung kann der Besitzer im späten 13. Jahrhundert bieten. William de Valence, der 1296 verstorbene Halbbruder des einstigen Königs Heinrich III., hatte durch seine Hochzeit mit einer Marshal nicht nur die südwalisische Herrschaft Pembroke erworben, sondern auch das irische Leinster, wo er nachweislich den Burgenbau vorantrieb.[77] Durch seine königliche Verwandtschaft und das hohe Vertrauensverhältnis zum Hof ist es sehr wahrscheinlich, dass William direkte Kontakte zu den königlichen Handwerkern hatte und diese an seinen Projekten beteiligen konnte. Aufgrund der analogen Baudetails ist auch der etwas kleinere Wohnturm von Carlow mit seinen vier runden Ecktürmen William zuzuschreiben, wenngleich es hier keinen Hof gegeben haben dürfte. Somit zählt dieser Bau in eine Reihe von zeitnahen irischen Wohntürmen, die den Viertürmetypus in reduzierter Form als modische Würdeformel aufgegriffen und mit den regional üblichen Turmhäusern fusioniert haben.[78]
Auch in Wales ist mit Aberedw ein reines Viertürmekastells des Adels fassbar, für das der König 1285 die Bauerlaubnis erteilte.[79] Die fast verschwundene Anlage liegt über dem Steilufer des Wye, wurde von einem Vasallen von Edmunt Mortimer errichtet und bereits 1397 aufgegeben. Heute sind nur mehr Reste der ca. 35 m langen Außenmauern und der Sockel eines runden Eckturms vorhanden.

Abb. 75 | Ferns, Südansicht

In Südostengland erhielt Stephen of Penchester 1281 die königliche Erlaubnis, seinen Besitz in Allington südöstlich von London neu zu befestigen, wovon heute nur mehr reduzierte Ruinen künden (Abb. 76).[80] Stephen war ab 1267 Lord Warden der Cinque Ports und damit Eduards oberster militärischer Befehlshaber der Südküste, Herr über die dortigen großen königlichen Burgen wie Dover und einer der mächtigsten Männer im Reich. Programmatisch ließ er nun in direkter Anlehnung an die Königsburgen in mehreren Etappen seinen Privatsitz zum geräumigen Kastell mit Doppelturmtor, starken halbrunden Ecktürmen, kleineren Mauertürmen sowie einem wohl älteren rechteckigen Wohnturm ausbauen. In der Folge entstanden im Hof mehrere randständige Trakte, die ein repräsentatives Residieren in fast königlicher Atmosphäre ermöglichten.

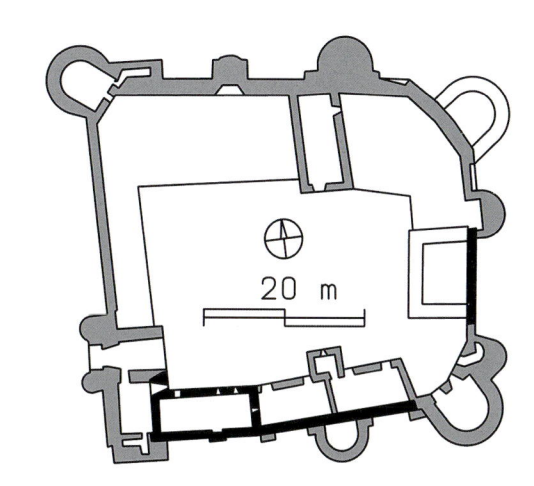

Abb. 76 | Allington, England, Kernkastell 1281–99

Deutlich anders als die Burgengruppe um Conwy war die zeitgleiche königliche Burg Caernarfon an der Nordwestküste von Wales konzipiert (Abb. 77). Ebenfalls im Jahr 1283 wurde hier eine stark befestigte Stadt für neue englische Siedler begonnen, als deren Zitadelle eine königliche Burg dienen sollte.[81] Diesmal finden sich zahlreiche Hinweise auf eine programmatische Anknüpfung an antike römische Imperatoren, wodurch auch die Verwendung von Achtecktürmen erklärt wird. So wählte man den (nahen) Standort eines ehemaligen römischen Lagers, „fand" hier im gleichen Jahr das Grab von Kaiser Maximus, den Vater von Konstantin dem Großen und bahrte ihn auf Eduards Befehl in der neuen Stadtkirche auf, das große Doppelturmtor erhielt den Namen Porta Aurea.[82] Damit konnte auf die Nachfolge der römischen Eroberung von Wales durch den englischen König angespielt werden, während London schon länger als neues Troja gegolten hat.[83]

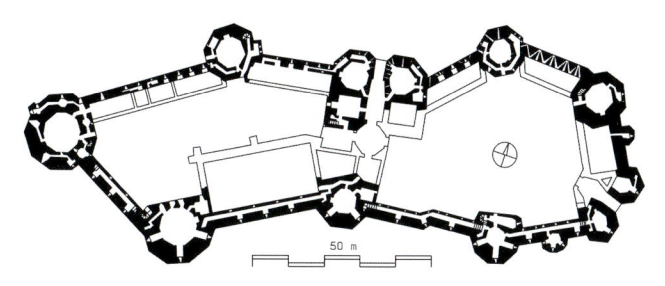

Abb. 77 | Caernarfon, Wales, Kernkastell 1283–92 bzw. bis 1323

Die Architektur folgte mit ihren charakteristischen Polygonaltürmen und den verschiedenfarbigen Mauerstreifen der großen Landmauer von Konstantinopel und wie dort sollte auch Caernarfon als neue Hauptstadt (der Provinz Wales) dienen, hier wurde 1284 auch programmatisch ein königliches Kind als Prince of Wales geboren und hier residierte der Justiziar als Vizekönig (Abb. 78).[84] Die Aufteilung der Burg war ähnlich

Abb. 78 | Caernarfon von Süden

KÖNIGREICH DER PLANTAGENÊT

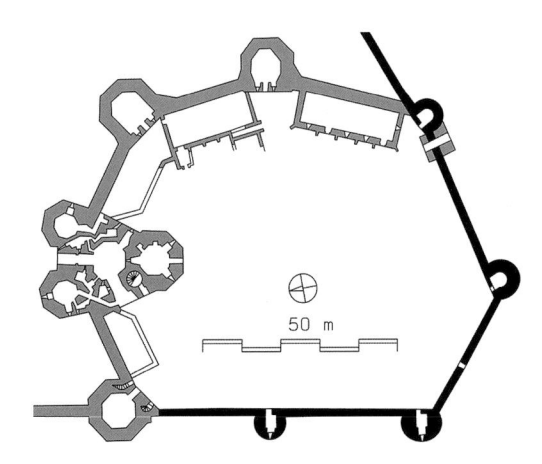

Abb. 79 | Denbigh, Wales, Kernkastell, 1283 bzw. um 1295

zu Conwy in einen inneren Hof für die königliche Familie (einst mit zentralem normannischem Burghügel) sowie einen äußeren Hof mit dem großen Festsaal gegliedert. Diesmal war der Eingang jedoch zentral durch das Königstor vorgesehen, während die Innenburg mit dem Königinnentor über einen eigenen Ausgang vor die Stadt verfügte. Bei einem walisischen Aufstand 1294 konnte die bei weitem nicht fertig gestellte Baustelle eingenommen und stark verwüstet werden, wobei vor allem die stadtseitigen Mauern Schaden nahmen. So wurde unter der Leitung von Meister James de St. George 1295 mit dem Wiederaufbau der Burg begonnen und dabei die stadtseitige Mauer weitgehend neu errichtet, weiters forcierte man vor allem die Fertigstellung der Stadtmauern. Im Inneren der Burg plante man nun einen dominanten Zentralbau, der gemeinsam mit dem Königstor zu einem originellen königlichen Wohnturm verwachsen sollte, der aber offenbar nie fertig gestellt wurde. Im frühen 14. Jahrhundert wanderte der königliche Schwerpunkt nämlich nach Schottland und Caernarfon wurde nur mit deutlich geringeren Summen zum raschen Bauabschluss bedacht.

Im Norden von Wales wurde zwischen Rhuddlan und Ruthin 1283 mit Denbigh zunächst ebenfalls eine mit Halbrundtürmen befestigte Stadt begonnen und vom engen Vertrauten des Königs Henry de Lacy um 1295 parallel zu Caernarfon an einer Ecke eine mächtige Burg errichtet (Abb. 79). Diese neue Befestigung ist mit ihren weit vorstehenden polygonalen bzw. achteckigen Türmen sowie besonders mit ihrem dominanten, stark befestigten Torhaus ein eng verwandtes Gegenstück, weshalb auch hier der königliche Hauptplaner Meister James de St. George als gesichert gilt.[85] Zudem gab es direkte königliche finanzielle Beteiligungen und seinen schriftlichen Auftrag zum raschen Weiterbau. Der starke Einfluss des Königs auf diesen Hochadelsbau ist evident, wenngleich es sich bemerkenswerter Weise nicht um eine Burg im königlichen Besitz handelt. Es muss offen bleiben, ob hier de Lacy einen seiner hohen Bedeutung entsprechenden Residenzbau als Zentrum seiner nordwalisischen Herrschaften errichten ließ und dabei programmatisch und selbstbewusst an königliche Vorbilder anschloss, oder ob er als treuer Vasall das regionale Burgenbauprogramm seines Herrn verdichtete und dessen bauliche Vorgaben bis ins Detail übernehmen musste.

Ein ähnliches Beispiel dürfte Chirk Castle bieten.[86] Hier war es der königstreue Hochadelige Roger Mortimer, der bald nach 1282 etwa 15 km südlich von Chester an der walisisch-englischen Landgrenze ein großformatiges rechteckiges Kastell mit wohl vorgesehenen 8 Rundtürmen errichten ließ. Die nie planmäßig fertig gestellte und heute stark reduzierte Anlage ist auf historischen Bildern gut dokumentiert und zeigte demnach mit ihrem passenden Grundriss und den architektonischen Details so viele Parallelen zu den nahen königlichen Baustellen, dass auch hier von einem direkten Naheverhältnis auszugehen ist. Das ist durchaus vorstellbar, wurde die lokale Herrschaft doch erst im Jahr 1282 vom König eingerichtet und der neue Zentralsitz mag durch seine Bauleute als Glied der Burgenkette um Wales vorgegeben worden sein.

Zeitgleich wird die auf einem steilen Felspult über dem Fluss Cennen gelegene Burg Carreg Cennen datiert, die nach der Eroberung durch König Eduard 1289 an den Adeligen John

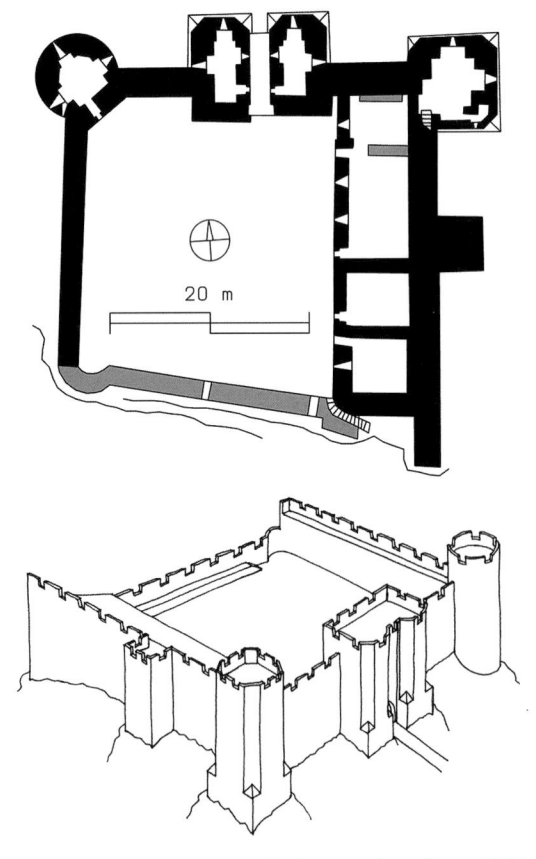

Abb. 80–81 | Carreg Cennen, Wales, Kernkastell um 1290

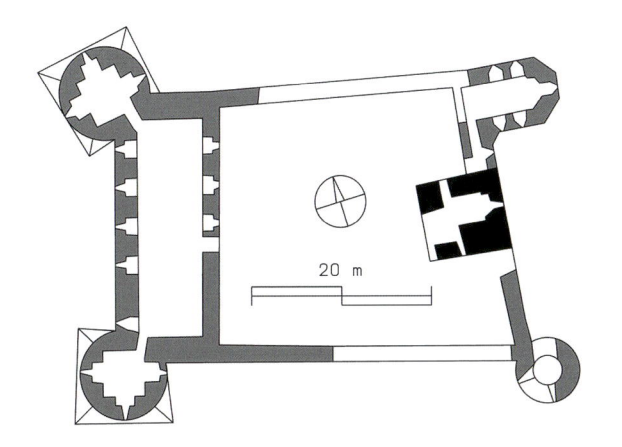

Abb. 82 | Carew, Wales, Kernkastell, spätes 13. Jh.

Giffard übergeben wurde, der die Kernanlage bis zu seinem Tod 1299 weitgehend erneuert haben dürfte (Abb. 80–81).[87] Diese ca. 35 x 37 m große Burg zeigt eine originelle Kombination eines Rundturms mit polygonalen Eck- und Tortürmen, sodass von einer Verwandtschaft mit den traditionellen königlichen Burgen als auch den beiden zeitgleich entstehenden Caernarfon und Denbigh gegeben sein dürfte. Die spitzen Sockelanläufe sollten ein Markenzeichen des späten 13. bzw. frühen 14. Jahrhunderts werden, ähnliche Lösungen finden sich um 1300 etwa auch in der Vorburg von Chepstow, an Carmarthen, Goodrich sowie an spärlichen Resten weiterer benachbarter Burgruinen. Besonders deutlich wird die Abhängigkeit von den königlichen Polygonallösungen bei Llanbethian und Newcastle Emlyn, deren stark zerstörte Ruinen trapezförmige Kastellanlagen mit eckigen bzw. polygonalen Ecktürmen sowie polygonalen Doppelturmtoren in direkter Analogie zu Caernarfon zeigen.[88] Die eine wurde ab 1307 unter Gilbert de Clare III. errichtet, die andere nach einer lokalen Rebellion 1284 bzw. der königlichen Eroberung der Vorgängerburg von einem seiner Vasallen.

Ein gut erhaltenes Beispiel für die spitzen Sockelanläufe bietet Carew, nordöstlich von Pembroke an der Grenze der englischen Besitzungen in Wales, das vom König an einen verdienten Offizier und Kriegsveteranen übergeben wurde (Abb. 82). Die im frühen 14. Jahrhundert mehrfach erweiterte Anlage bestand im Kern aus einem verzogenen Rechteck von etwa 30 x 45 m, dessen Ecken durch drei Rundtürme sowie einen polygonalen Kapellenturm geschützt waren. Neben dem Ein-

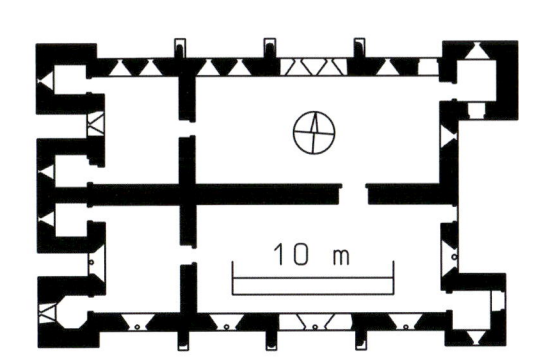

Abb. 83–84 | Acton Burnell, England, ab 1284

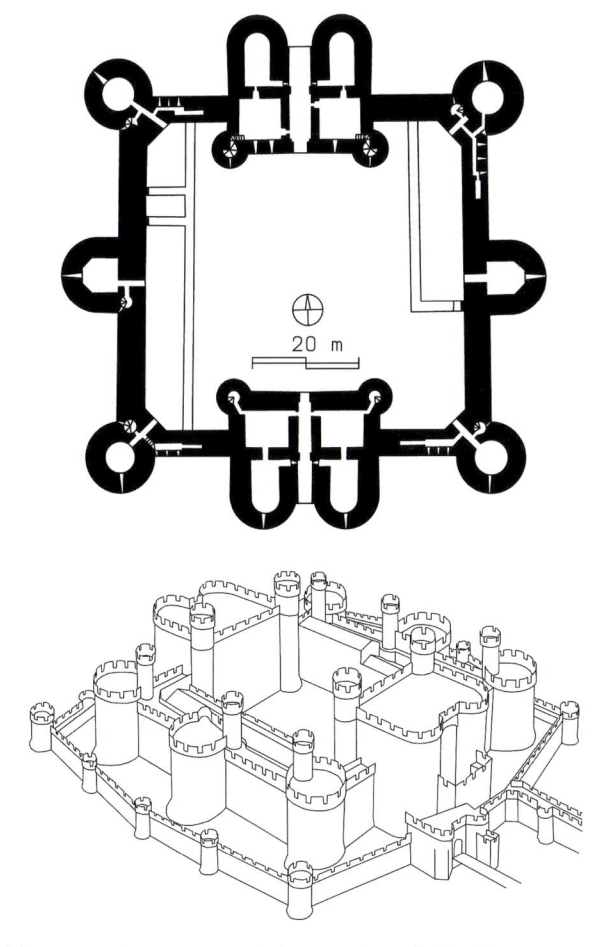

Abb. 85–86 | Beaumaris, Wales, Kernkastell ab 1295

KÖNIGREICH DER PLANTAGENÊT

Abb. 87 | Beaumaris von Nordwesten

gang stand ein älterer Rechteckturm, gegenüber wurde die gesamte Schmalseite vom repräsentativen Saalbau mit Wohnräumen in den angrenzenden Rundtürmen eingenommen. Im Jahr 1284 erhielt Robert Burnell, Kanzler von England und Bischof von Bath und Wells, die schriftliche Erlaubnis zur Befestigung von Acton Burnell, zwischen der walisischen Grenze und Birmingham gelegen (Abb. 83–84).[89] Bis zu seinem Tod 1292 entstand eine großräumige Parkanlage mit originellem Herrenhaus, das trotz seiner geringen Größe von 17 x 23 m als Kastell mit vier vorstehenden Ecktürmen (einer etwas größer) sowie Serviceanbau ausgebildet war. Innen folgte man mit einem dominanten Saal im 1. Obergeschoß und abschließendem Grabendach hinter einem Zinnengang dem hochmittelalterlichen Wohnturmtypus, sodass trotz der trutzigen Außenerscheinung ausreichend Platz für eine prunkvolle Repräsentation gegeben war. Türme, Zinnengänge und Baudetails schließen direkt an die königlichen Paläste in Windsor und London an, von wo wohl die Planer kamen, dennoch wurde hier eine isolierte, eigenwillige Sonderlösung entwickelt.[90]

Als letzten Höhepunkt im Burgenbau Eduards gegen die Waliser wurde 1295 nach einem lokalen Aufstand auf der für die Getreideproduktion so wichtigen Insel Anglesey im Nordwesten der Bau von Beaumaris begonnen, der schon im frühen 14. Jahrhundert weitgehend zum Erliegen kam und schließlich 1330 unvollendet eingestellt wurde (Abb. 85–86).[91] Wiederum wurde eine Rastersiedlung direkt am Meeresufer angelegt und an einer Ecke die zitadellenartige Burg konzipiert. Diese bestand aus einem starken konzentrischen Kern, einem polygonalen, konsequent umlaufenden Zwinger, einem von Meerwasser gefluteten breiten Graben und einer kleinen befestigten Hafenanlage. Das 65 x 70 m große, streng symmetrische Kernkastell folgt älteren englischen Forts in Wales und kann in eine direkte Entwicklungsreihe von Caerphilly und Kidwelly über Harlech und Chirk gestellt werden. Sowohl die Einzelelemente, wie Grundrechteck, runde Ecktürme und Doppelturmtore als auch die architektonischen Baudetails wie Sockelböschung, Mauergänge, Scharten und Tore weisen auf eine gut vernetzte Handwerkergruppe im königlichen Umfeld. Dafür sprechen auch die hier namentlich dokumentierten Meister, die von Richard bis James reichen.[92]

Sie konnten vor allem an den beiden dominanten Torbauten den bewährten Baukanon weiterführen und verfeinern (Abb. 87). Dem entgegen ist festzustellen, dass die eckigen Turmlösungen von Caernarfon und Denbigh hier keine Rolle spielten, wenngleich durchaus von denselben Bauleitungen auszugehen ist. Vielleicht war Caernarfon als königlicher Zentralsitz ganz bewusst von den vorwiegend militärischen Forts abgehoben. Dass Beaumaris diese Rolle nie spielen sollte, zeigt sich nicht zuletzt am Baufortschritt, so wurden sämtliche Befestigungen fertig gestellt, nicht jedoch die Innengebäude und die hofseitig einspringenden Teile der Torhäuser.

Wie eine kleinere Kopie von Beaumaris wirkt die irische Burg Ballymote, die im Mittelalter eine wichtige Route entlang der Westküste von Ulster nach Connacht und Meath kontrollierte (Abb. 88–89).[93] Es handelt sich um ein reines Grenzfort, das durch Richard de Burgh gegen seine streitbaren Nachbarn als Herrschaftszeichen und Basis bei schwelenden Grenzkonflikten angelegt wurde und im Jahr 1300 erstmals urkundlich auftaucht. Richard war am Hof von König Eduard groß geworden und pflegte enge Beziehungen zu ihm. So war es offenbar möglich, das königliche Kastellbaukonzept auf dem neuesten Stand direkt zu übernehmen. Lediglich das Torhaus ist bei seiner Burg deutlich kleiner. Auch die Außenwerke fehlen, Schießkammern, Mauerstiegen und Gewölbedetails stimmen hingegen exakt überein.

Richard de Burgh wird auch mit Ballintober in Verbindung gebracht (Abb. 90).[94] Diese großformatige Kastellanlage von beachtlichen 117 x 125 m liegt 15 km nordwestlich vom königlichen Roscommon und wirkt wie dessen vergrößerte Kopie, lediglich die Außenecken der D-förmigen Ecktürme sind nun polygonal gebrochen. Die Burg wurde deshalb vielleicht erst im frühen 14. Jahrhundert angelegt, jedoch sicher vor der Eroberung durch die verfeindeten irischen O'Connors 1315. Nachdem die gewaltsame Befriedung von Irland und Wales vorerst abgeschlossen war, wandte sich König Eduard Schottland zu, um auch dort die Oberhoheit zu erlangen. Bereits 1292 ließ er an der Ostküste in Berwick eine große Kombination von englischer Stadtanlage und Zitadelle anlegen, wofür er sogar persönlich den ersten Spatenstich vornahm.[95] In direkter Anlehnung an die walisischen Vorbilder entstand ein großformatiges Kastell mit zahlreichen halbrunden bzw. D-förmigen Mauertürmen sowie Doppelturmtor, das jedoch heute durch den Eisenbahnbau des 19. Jahrhunderts weitgehend verloren ist. Immerhin zeugen historische Darstellungen und geringe Reste von der einst machtvollen Festung, die bis ins späte 15. Jahrhundert in englischem Besitz bleiben sollte.

Im Jahr 1296 besuchte Eduard in Schottland eine nicht näher definierte Baustelle in Kildrummy, wo kürzlich an einer Überlandstraße eine völlig neue Wehranlage begonnen worden war (Abb. 91–92).[96] Da keine Urkunden vorliegen und der Baubefund keine Vorgängerbauten zeigt, kann vermutet werden, dass der König selbst parallel zu Berwick auch diese Burg ge-

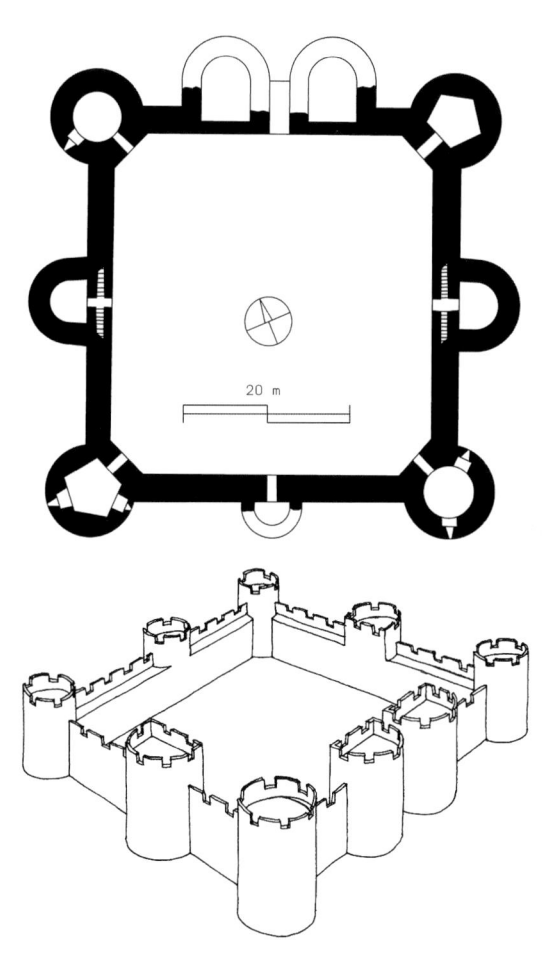

Abb. 88–89 | Ballymote, Irland, Kernkastell vor 1300

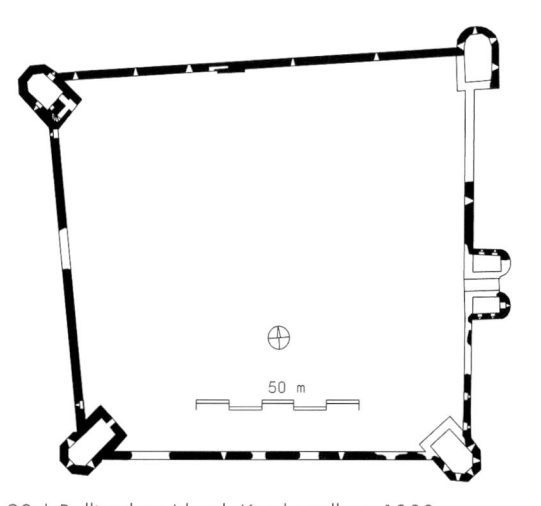

Abb. 90 | Ballintober, Irland, Kernkastell um 1300

KÖNIGREICH DER PLANTAGENÊT

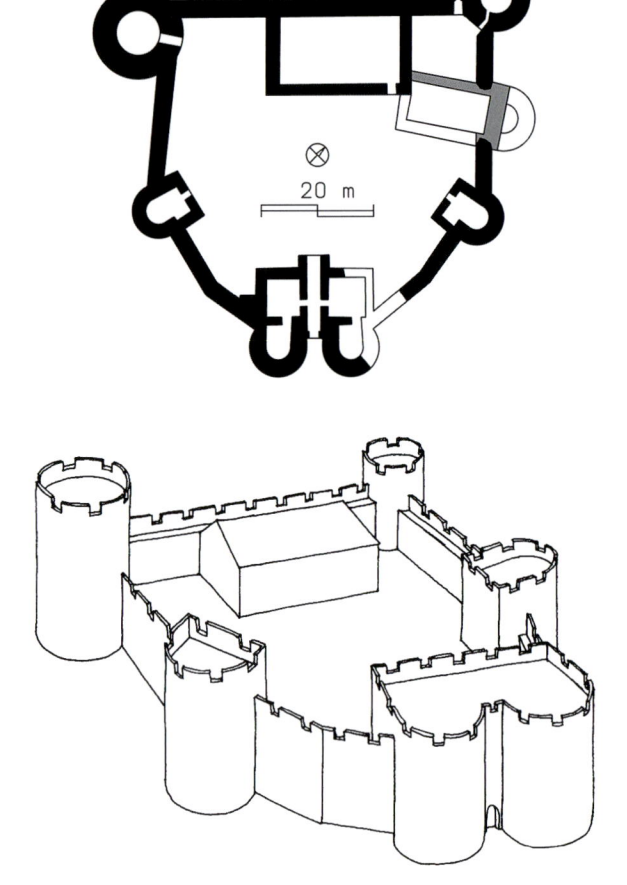

Abb. 91–92 | Kildrummy, Schottland, Kernkastell ab 1296

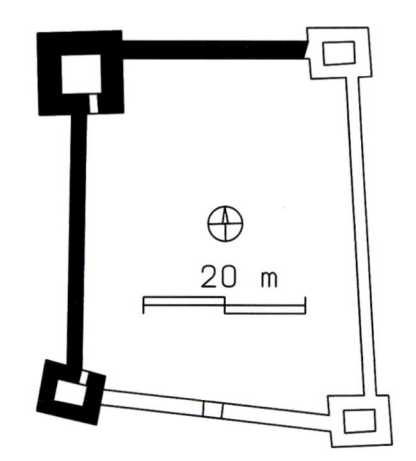

Abb. 94 | Ford, England, Kernkastell ab 1338

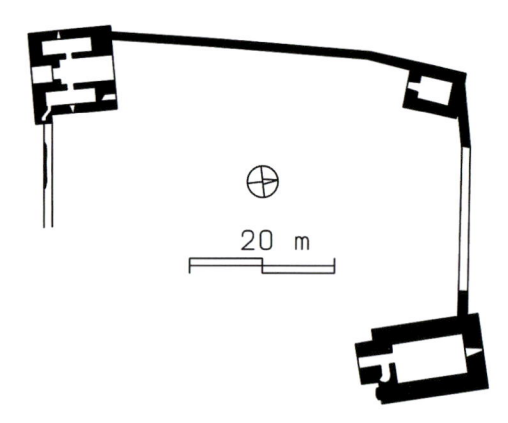

Abb. 95 | Etal, England, Kernkastell ab 1341

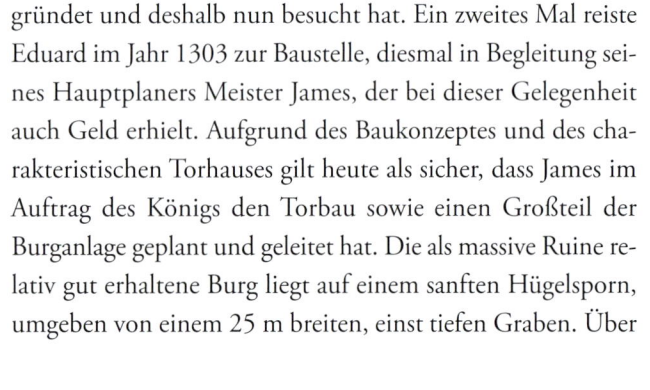

Abb. 93 | Kildrummy von Nordosten

gründet und deshalb nun besucht hat. Ein zweites Mal reiste Eduard im Jahr 1303 zur Baustelle, diesmal in Begleitung seines Hauptplaners Meister James, der bei dieser Gelegenheit auch Geld erhielt. Aufgrund des Baukonzeptes und des charakteristischen Torhauses gilt heute als sicher, dass James im Auftrag des Königs den Torbau sowie einen Großteil der Burganlage geplant und geleitet hat. Die als massive Ruine relativ gut erhaltene Burg liegt auf einem sanften Hügelsporn, umgeben von einem 25 m breiten, einst tiefen Graben. Über eine Brücke erreicht man die Kernburg, die auf einer fast quadratischen Fläche mit 59 m Seitenlänge ein zum Eingang hin symmetrisch-polygonal gerundetes Vieleck bildet. Hier dominierte das nunmehr fast verschwundene Doppelturmtor, dessen Binnenstruktur an die königlichen Kastelle von Harlech und Beaumaris erinnert, jedoch ohne die hofseitigen Stiegenhäuser. An der gegenüber liegenden Breitseite finden sich zwei weit vorstehende Rundtürme, wovon der südwestliche mit fast 16 m Durchmesser als Hauptturm der Burg ausgezeichnet ist. Die beiden geknickten Verbindungsmauern zum Tor werden jeweils durch einen D-förmigen Mauerturm flankiert. Im Inneren gab es auf der Breitseite einen geräumigen Saalbau, an den später eine Kapelle sowie weitere Trakte angestellt wurden. Bereits 1306 hatte sich die Burg zu bewähren, als Schottland gegen England rebellierte und der Bruder des neu ausgerufenen schottischen Königs die Anlage erfolgreich gegen die intensiv aufgefahrenen Belagerungsmaschinen des englischen Kronprinzen verteidigte. Erst als ein Feuer im Saal ausbrach, ergab man sich und öffnete die Burg unbesiegt. Sofort wurde sie an der Nordostseite von den Engländern teilweise abgebrochen, aber nach dem Abzug wieder aufgebaut.

Im Folgejahr 1307 starb König Eduard in Schottland, ohne dieses Land gebrochen und erobert zu haben. Berwick und Kildrummy blieben hier seine einzigen Festungen, sodass eventuell geplante Burgengürtel wie in Wales nicht zur Ausführung gelangten (vgl. Kapitel Schottland).

Mit Eduards Tod war die große Zeit des königlichen Burgenbaus im Allgemeinen und des Kastellbaus im Besonderen vorerst vorbei (Abb. 93). Seine Nachfolger konzentrierten sich auf die Konsolidierung ihrer Macht, auf die Kriege in Frankreich und auf punktuelle Verstärkungen und Modernisierungen ihrer Stützpunkte. Auch der Adel fand schlagartig kein Interesse mehr an großformatigen Rechteckforts sondern errichtete lieber repräsentative und bequeme Wohnburgen, die nur zufällig und isoliert zu ähnlichen Lösungen führten, ohne in Konzept oder Baudetails Verwandtschaften aufzuweisen. Lediglich an der umkämpften Grenze zu Schottland wurden ab ca. 1338 fast gleichzeitig fünf einander ähnliche Burgen errichtet, die bislang noch keine schlüssige Erklärung erfahren haben (Abb. 94).[97] Politischer Hintergrund war wohl eine Allianz von Schottland und Frankreich zur gemeinsamen Bekämpfung Englands, als deren Gegenschlag König Eduard III. (1327–77) selbst im Jahr 1340 den Thron von Frankreich für sich beanspruchte und Allianzen mit Flandern und Mallorca suchte.[98] Direkt an der schottischen Grenze ist zunächst die Burg Ford zu nennen, für die Sir William Heron 1338 vom König die Erlaubnis zur Befestigung erhielt. Die im 14. und 15. Jahrhundert mehrfach von den Schotten zerstörte Burg ist heute in ein romantisches Landschloss integriert und nur zur Hälfte erhalten. Es zeichnet sich ein ehemals rechteckiges Kas-

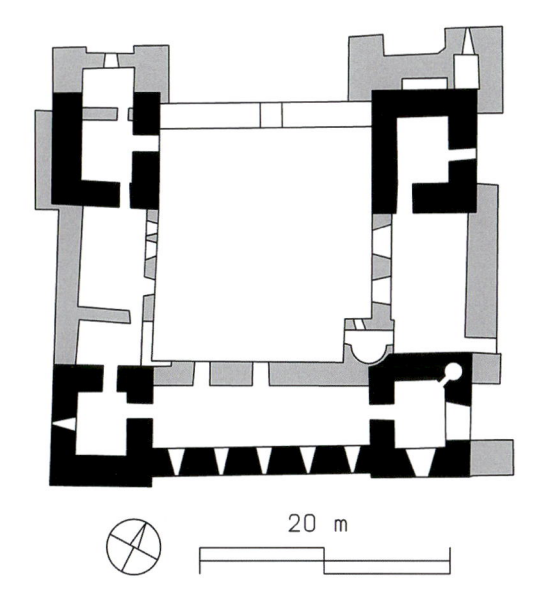

Abb. 96 | Chillingham, England, Kernkastell ab 1344

Abb. 97 | Chillingham, Ansicht von Süden

KÖNIGREICH DER PLANTAGENÊT | 293

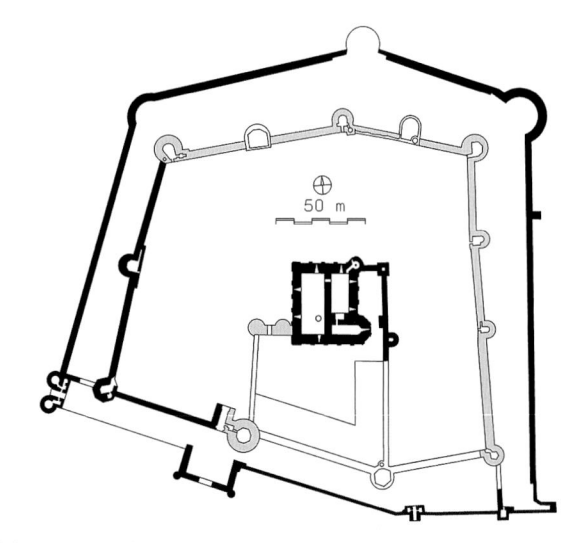

Abb. 98 | London, Tower, England, Ausbauten bis Eduard III.

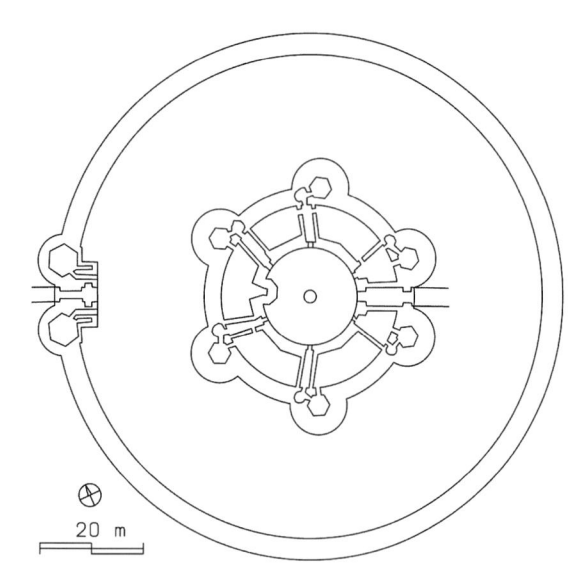

Abb. 99 | Queenborough, England, Kernkastell 1360–77

tell von ca. 35 x 45 m Fläche aus 1,7 m starken Quadermauern ab, das durch einen 10 m breiten Hauptturm sowie hypothetisch von drei 7 m breiten Trabanten flankiert war.

Als Ruine erhalten blieb die Grenzburg Etal, für die Robert Manners 1341 die königliche Erlaubnis zur Befestigung erhielt (Abb. 95).[99] Sie zeigt in qualitätvoller Quadertechnik einen 15 m breiten rechteckigen Hauptturm, einen quadratischen Torturm mit zentralem Portal und einen 7 m breiten Eckturm, dem vielleicht einst ein gleichförmiger diagonal gegenüber stand. Von Binnenbauten ist an beiden Anlagen nichts überliefert.

Direkt an der Grenze wurde auch für Chillingham im Jahr 1344 Thomas de Heton eine Bauerlaubnis erteilt, bereits im Jahr 1348 wurden Inneneinrichtungen angeschafft, die Burg war offenbar weitgehend fertig (Abb. 96).[100] Es entstand ein 30 x 33 m großes rechteckiges Kastell aus Quadermauerwerk mit vier gleichförmigen, ca. 9 m breiten Ecktürmen und etwa 2 m starken Mauern. Erst in einem zweiten Ausbau wurde dieses Vierturmkastell durch massive Verstärkungen zum Dreiflügelschloss erweitert, bei dem die einst dominanten Türme zu Eckrisaliten mutierten.

Zu dieser Gruppe gehörte auch Heaton (Stammsitz des Thomas de Heton?), dessen spärliche Reste heute im Park eines Gutshofs liegen. Rechteckiger Grundriss, Ansätze von Ecktürmen sowie das Quadermauerwerk indizieren eine direkte Verwandtschaft, hier ist jedoch eine exakte Bauforschung samt Vermessung abzuwarten.

Auch die Grenzburg Cockermouth, die durch den älteren Standort auf einem schmalen Felsgrat geprägt ist, zeigt eine kastellförmige Hauptburg mit dominantem rechteckigen Wohnturm und zwei rechteckigen kleineren Ecktürmen aus Quadermauerwerk, sie ist ebenfalls noch nicht erforscht. Daher könnte es entlang der Grenze durchaus weitere vergleichbare Anlagen geben, die noch nicht verknüpft sind.

Insgesamt zeigen bereits diese Kastelle an der Grenze eine bemerkenswerte konzeptionelle und bautechnische Zusammengehörigkeit, die durch die parallele Bauzeit und die benachbarte Lage entlang der Grenze zu Schottland noch bestärkt wird (Abb. 97). Dem entgegen finden sich keine Analogien zu den anderen englischen oder schottischen Kastellgruppen des 13. und 14. Jahrhunderts, jedoch zu weit entfernten Anlagen in Mittel-, Süd- und Nordeuropa. Vielleicht fand man daher entweder eine individuelle Lösung oder aber man kannte aus Reisen ähnliche Konzepte. Hierfür bieten sich etwa die gleichzeitigen Verhandlungen mit dem Königreich von Mallorca an, dessen zeitgenössische Wehrbauten tatsächlich vor allem kastellförmige Anlagen mit mehreren Rechtecktürmen waren. Es bleibt jedoch die Frage, ob man damit an der schottischen Grenze bewusst eine zentral gesteuerte Verteidigung aufbauen wollte, oder nur gleichartige Konzepte für dieselbe Herausforderung wählte.

Ab dem mittleren 14. Jahrhundert ließ König Eduard III. seine Hauptresidenz Windsor zur geräumigen dreiteiligen Monumentalanlage ausbauen.[101] Neben der Erneuerung der zentralen Hochmotte als runde Steinzitadelle und dem Einbau von Festhallen und dem St. Georgs-Stift in die Unterburg wurde ab 1357 die rechteckige Oberburg zur turmreichen Kastellanlage mit zahlreichen großformatigen Türmen entlang der Außenmauer umgestaltet. Hier dominierten nun an zwei Seiten randständige Trakte, während an der Nordseite der ältere dreihöfige Königspalast mit prunkvollen Fassaden sowie Tor- und Ecktürmen akzentuiert wurde. Damit sollte diese kastellförmige Oberburg mit ihren geräumigen Türmen und der Randbebauung um den großen Hof Vorbild für zahlreiche folgende Hochadelsbauten werden.

Auch die königliche Hauptburg in London wurde unter Eduard während seiner frühen Regentschaft bis kurz nach 1360 weiter verstärkt, wobei er vor allem Konzepte seiner Vorgänger zu Ende führte (Abb. 98).[102] Dies betraf die Fertigstellung des mittleren Hauptberings, der im Norden und Osten auf bereits vorgezeichneten Fundamenten ein vieltürmiges Kastell schloss, das mit halbrunden Flankentürmen und mächtigen hohen Kurtinen kaum zu erobern war. Der innerste Bering erhielt nun ein Doppelturmtor sowie zwei hohe Flankentürme, darin wurde ein geräumiger hakenförmiger Palastbau errichtet. Gemeinsam mit dem bereits unter Eduard I. angelegten äußeren Bering besaß die Burg nun drei Mauergürtel mit jeweils tiefem, gefluteten Graben sowie weitläufigen Vorwerken, das Königreich schützte hier in der Hauptstadt programmatisch sein politisches Herz.

Im Jahr 1360 ließ Eduard auf der Insel Sheppey außerhalb der Themsemündung (gleichzeitig mit einer zugehörigen befestigten Stadt) einen ganz anderen Königssitz errichten, das heute vollkommen verschwundene Queenborough, benannt nach seiner Frau (Abb. 99).[103] Die nur durch einen historischen Plan, Ansichten sowie archäologische Ausgrabungen dokumentierte Anlage stellte ein Idealbild eines legendären Königsmonuments dar, das (wie der zentrale Turm von Windsor sowie eine dort 1344 anlässlich eines Turniers errichtete runde Festarena in Anlehnung an die runde Tafel von König Artus) als konzentrischer Bau aus zwei Mauerringen bestand. Über einen Graben gelangte man zum ersten Bering, der mit einem Doppelturmtor gesichert war. Nach dem Umschreiten eines inneren Grabens kam man auf der anderen Seite zum zentralen Kreis, der durch ein weiteres Doppelturmtor sowie vier halbrunde Mauertürme flankiert war. Im Inneren gab es ein kreisrundes zweigeschossiges Gebäude mit komplexen Raumabfolgen. Zu Recht wird bei dieser individuellen Lösung eine direkte Anknüpfung an die konzeptionell sehr ähnliche Residenz Bellver oberhalb der Hauptstadt des mallorcinischen Königreichs gesehen. Mit dem dortigen Herrscher stand man um 1340 in engen Kontakt und von dort war schon das 1344 im Hof von Windsor errichtete Festrund mit seinem umlaufenden Arkadengang abgeleitet. Queenborough wird heute als Synonym für König Eduard III. gelesen, dessen Vorlieben für Adelsturniere, historische Legenden und Abenteuerromane sich auch in seinem täglichen Leben als langjähriger wagemutiger Kriegsherr spiegeln. Nicht zufällig wird diese programmatische Idealburg in eine Reihe mit ähnlichen konzentrischen Bauten vom muslimischen Felsendom über das staufische Castel del Monte bis Bellver gestellt. Dazu passt auch die ostentative Lage auf einer weithin sichtbaren Insel an der Einfahrt in die Themse, am Tor zu England.

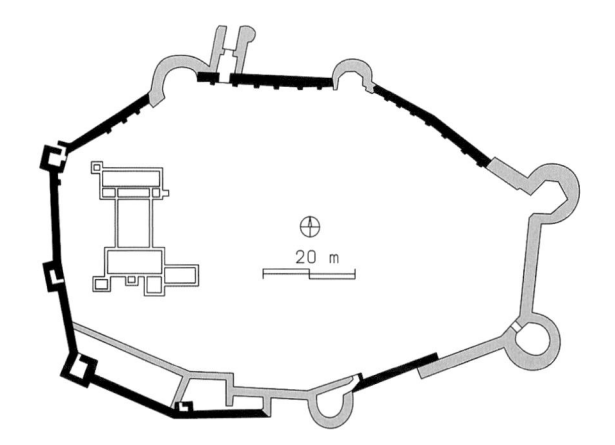

Abb. 100 | Hadleigh, England, Ausbau bis 14. Jh.

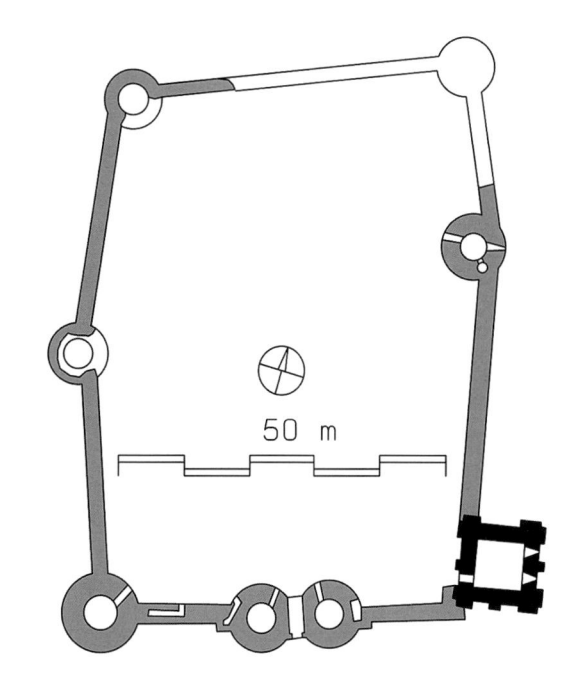

Abb. 101 | Saint-Sauveur-le-Vicomte, Frankreich, Kastellanlage um 1370

König Eduard ließ an der gegenüber liegenden Themse-Mündung noch eine zweite Burg als Bollwerk gegen französische Angriffe ausbauen (Abb. 100).[104] Die im Kern hochmittelalterliche Burg, die bereits vom Justizminister König Johanns, Hubert de Burgh, im frühen 13. Jahrhundert großräumig erweitert worden war, erhielt nun eine massive Verstärkung mit rundlichen Flankentürmen. Als ein bevorzugter königlicher Aufenthalt bot sie im Inneren einen geräumigen Palast sowie ausreichend Freiflächen für Empfänge des Hofstaats, gleichzeitig mag sie als fortifizierte Herrenburg der feinsinnig idealisierten Frauenburg gegenüber gestanden sein.

Auch jenseits der Kanalküste findet sich in Saint-Sauveur-le-Vicomte ein zeitgleiches englisches Kastell (Abb. 101). Nachdem der König die französische Krone für sich beansprucht hatte, eroberte er erfolgreich nordfranzösische Küstenzonen

KÖNIGREICH DER PLANTAGENÊT | 295

zurück, unter anderem die Halbinsel Contentin. Dort steht diese bemerkenswerte Burgruine, deren Umbau von einem kleinen hochmittelalterlichen Wohnsitz zu einem geräumigen Kastell mit Doppelturmtor und runden Mauertürmen dem englischen Ritter Jean Chandos um 1370 (wohl unter königlicher Hilfe) verdanken ist.[105] Das wird durch zeittypische Details der Schießscharten sowie durch einen spätgotischen Ausbau des alten Wohnturms untermauert. In der Folge wurde die Burg mehrmals von den Franzosen belagert, konnte jedoch letztlich bis 1450 behauptet werden.

Im Rahmen der Kämpfe im hundertjährigen Krieg gegen Frankreich wurde neben der Grenze zu Schottland auch Südengland ernsthaft bedroht und punktuelle Verwüstungen entlang der Küste führten zu einem neuen Sicherheitsbedürfnis für den regionalen Adel.[106]

So ließ der königliche Beamte Warin de Lisle etwa 20 km außerhalb von Oxford in Shirburn eine kleine Wasserburg anlegen, die trotz starker Überformungen im 18. und 19. Jahrhundert heute noch durch das Bruchsteinmauerwerk vom späteren Ziegelbau gut zu unterscheiden ist (Abb. 102). Demnach entstand inmitten eines breiten künstlichen Sees ein regelmäßiges Geviert, das durch vier gleichförmige Rundtürme an den Ecken flankiert wurde. Gemäß gestuftem Portal dürfte es einen eigenen Torbau gegeben haben, weiters wohl auch Hofeinbauten, die jedoch im heutigen Vierflügelbau nicht mehr zu identifizieren sind.

Ein doppelt so großes Kastell findet sich südwestlich von Dover, 3 km hinter der Kanalküste (Abb. 103).[107] Die Familie de Criol hatte hier 1343 die Erlaubnis zur Befestigung ihres Guts bekommen, jedoch dürfte die heutige, stark reduzierte Anlage aus mehreren Etappen des späten 14. Jahrhunderts stammen. Zunächst wurde offenbar ein geräumiges Viereck ummauert und mit vier runden Ecktürmen flankiert. Sekundär folgten eckige Mauertürme sowie drei randständige Hoftrakte, die im Obergeschoß durch gefaste Maßwerkfenster repräsentativ belichtet waren.

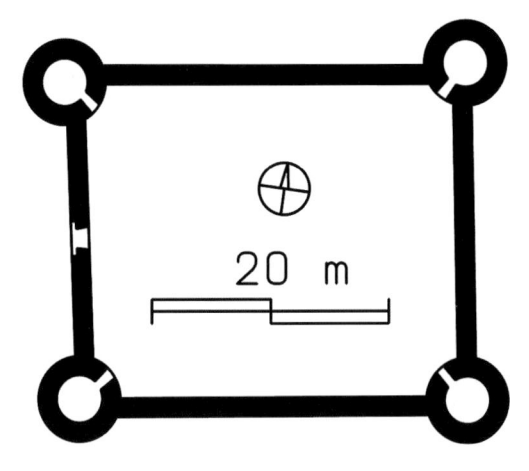

Abb. 102 | Shirburn, England, Kastell ab 1377

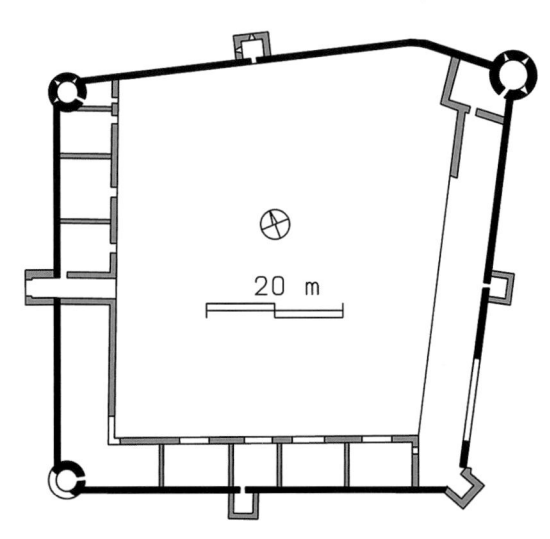

Abb. 103 | Westenhanger, Kernkastell 14. Jh.

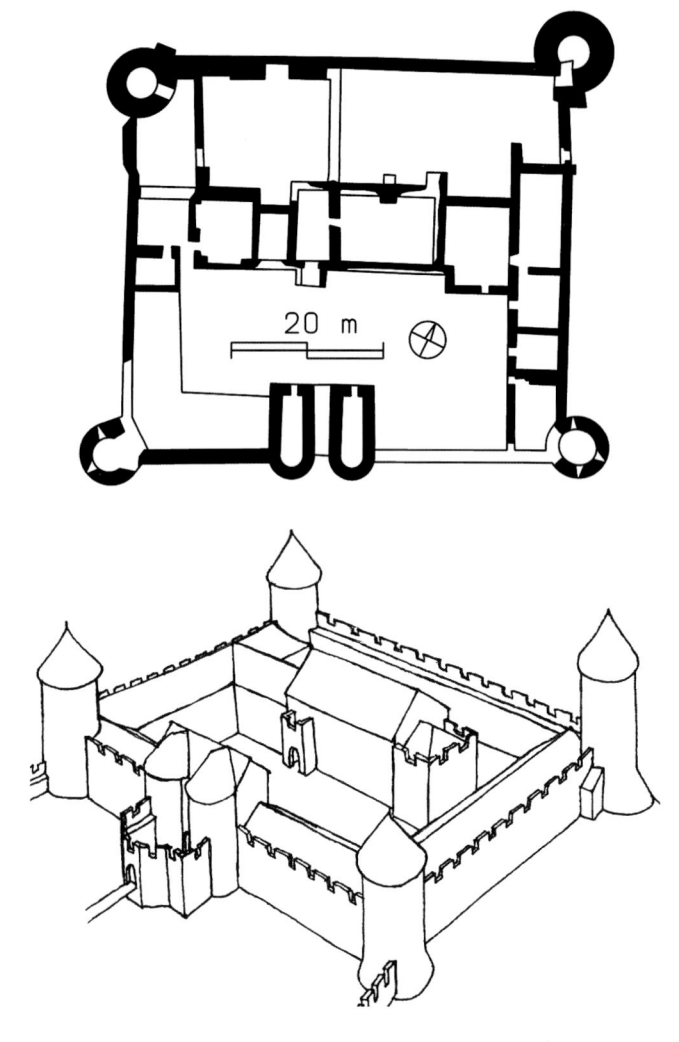

Abb. 104–105 | Farleigh Hungerford, England, Kernkastell 1377–83

10 km südöstlich von Bath ließ der berühmte Sir Thomas Hungerford, Parlamentsmitglied und Sprecher des House of Common, der 1375 vom König zum Ritter geschlagen worden war, in den Jahren 1377–83 in Farleigh eine geräumige Residenz errichten (Abb. 104–105).[108] Thomas war Protegé von John of Gaunt, dem 3. Sohn von König Eduard III., der durch seine Heirat mit Konstanz Anspruch auf die Königskrone von Kastilien und Leon erhoben hatte und als einer der reichsten Männer Englands ab 1373 die Burg von Kenilworth zur großräumigen kastellartigen „Königsburg" ausbauen ließ. Von dort kamen gemäß Baudetails auch die Handwerker für Farleigh Hungerford, das als klassisches rechteckiges Kastell von 52 x 58 m mit runden Ecktürmen, Doppelturmtor und Grabenumlauf konzipiert war. Der Nordturm war mit 10 m Durchmesser etwas größer als die drei Trabanten mit 8 m. Der Innenbereich wurde im 19. Jahrhundert völlig abgetragen, archäologische Funde deuten jedoch auf einen zentralen Repräsentationsbau hin, der im Obergeschoß einen Saal beinhaltet haben dürfte. Wie eine bescheidene Verkleinerung von Kenilworth bot Farleigh Hungerford somit außen den Eindruck einer mächtigen Festung, während innen ausreichend Platz für ein repräsentatives Gesellschaftsleben blieb.

Dennoch waren diese Burgen keine reine Kulisse. Um 1380 stand eine französische Invasion im Raum und rasch wurden die lokalen Stadtbefestigungen und Burgen aufgerüstet, etwa Canterbury mit einem Doppelturmtor und Tiverton mit zumindest einem runden Eckturm.

1381 erhielt der Söldnerführer John of Cobham vom König die verbriefte Erlaubnis, nahe Rochester mit Cooling Castle eine neue Burg zu errichten.[109] Es entstand inmitten eines breiten künstlichen Sees eine 45 m breite klassische Kastellanlage mit vier runden Ecktürmen und Doppelturmtor, deren teilweise hohen Reste sehr ähnlich zu Farleigh sind. Ihre Baudetails werden mit dem gleichzeitigen Westtor von Canterbury in Verbindung gebracht, das vom königlichen Baumeister Henry Yevele geplant wurde.[110]

Fast gleichzeitig erhielt der befreundete Söldnerführer William Asthorpe 1380 nahe Exeter vom König die verbriefte Erlaubnis, in Hemyock eine neue Burg zu errichten (Abb. 106).[111] Diese zumindest in Teilen gut erhaltene Anlage zeigte auf einer verzogen-rechteckigen Fläche von etwa 42 x 50 m einst sieben Rundtürme und ein dominantes Doppelturmtor mit Fallgatter, umgeben von Resten eines breiten Wassergrabens. Die dünnen Wände und das Fehlen von Inneneinrichtungen werden als Indizien für eine rasche Errichtung mit Betonung der Wehreigenschaften gedeutet. Tatsächlich vermittelt die Burg eher den Eindruck eines Truppenforts als eines Wohnsitzes. Der Grundriss und vor allem das charakteristi-

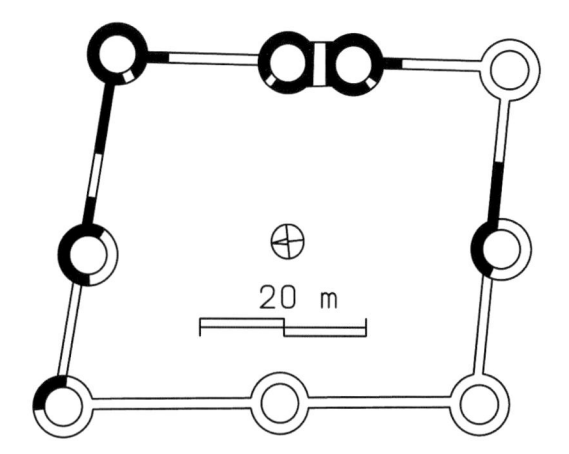

Abb. 106 | Hemyock, England, Kernkastell, ab 1380

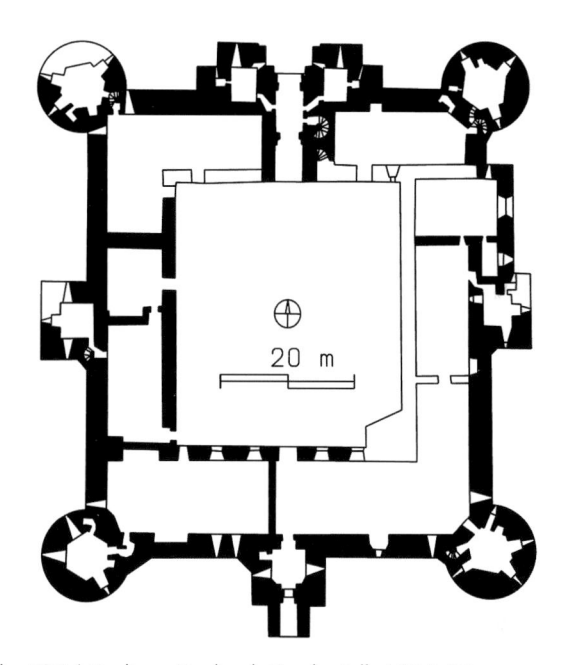

Abb. 107 | Bodiam, England, Kernkastell, 1385–92

sche Tor folgen der wenig älteren Anlage von Saint-Sauveur, sodass von einer direkten Verbindung auszugehen ist.

1381 brach eine große Rebellion unzufriedener Bürger Südenglands aus, die sogar bis nach London marschierten und den Tower verwüsteten (Abb. 107–108). Nur durch den Einsatz der königlichen Söldner gelang die Wiederherstellung der Ordnung. Der Söldneroffizier Eduard Dalyngrigge erhielt in der Folge die königliche Erlaubnis zur Abhaltung von Märkten in Bodiam. Als sich im Jahr 1385 an der französischen Küste eine große Invasionsflotte sammelte (die nie übersetzen sollte), bekam er die schriftliche Erlaubnis, eine neue Burg „zur Verteidigung des Landes und als Widerstand gegen unsere Feinde" zu errichten.[112] Bald war die Gefahr jedoch vorbei und Eduard wurde 1392 vom König zum Burghauptmann des Londoner Towers und Gouverneur der Stadt be-

KÖNIGREICH DER PLANTAGENÊT

Abb. 108 | Bodiam von Südosten

stellt, wo er bis zu seinem Tod 1395 blieb. Sein Sohn John stieg als königlicher Ritter noch weiter auf und wurde zum königlichen Botschafter und Vertreter von Sussex im Parlament. Bis zu seinem Tod 1408 dürfte er die Innenausbauten der neuen Burg fertig gestellt haben.

Bodiam zählt durch seine romantische Lage inmitten eines aufgestauten rechteckigen Sees und seine teils bis zu den Zinnenkränzen vollständige Erhaltung zu den bekanntesten Burgen Englands. Auf einer streng rechtwinkeligen Fläche von 59 x 66 m entstand ein konsequentes Kastell, das mit seinen geraden Mauern und den vier runden Ecktürmen an die Urform der königlichen Kastellbaukunst anschließt. Dazwischen stehen jeweils ein viereckiger Turm bzw. das ebenfalls rechteckige Doppelturmtor, dessen reiche Baudetails die Hand des königlichen Baumeisters Henry Yevele verraten. Der Innenhof ist rundum mit Trakten bebaut, die für die Unterbringung und den Haushalt des Bauherrn dienten. Eine große Halle und eine rechteckige Kapelle ermöglichen das standesgemäße Leben eines hochgestellten Adeligen. Bodiam ist als selbstbewusstes Statement des königlichen Söldnerführers zu verstehen, der unter Beteiligung von Hofbauleuten einen kulissenhafte Sitz errichten ließ, der nach außen Wehrhaftigkeit signalisierte, innen aber die Bequemlichkeit und Struktur eines Schlosses aufwies. Somit war mit dieser Fusion ein Höhepunkt des mittelalterlichen Burgenbaus in England erreicht, der zugleich ein Endpunkt war, da künftige Festungen sich mit der stetig steigenden Durchschlagskraft von Feuerwaffen messen mussten.

Deutlich weniger ist vom benachbarten Scotney Castle erhalten, das gemäß gleicher Baudetails und analogem Mauerwerk wohl von einem lokalen Adeligen ebenfalls im späten 14. Jahrhundert errichtet wurde.[113] Das inmitten eines großen künstlichen Teichs gelegene etwa 60 m breite Kastell war durch vier runde Ecktürme flankiert und besaß einen zentralen rechteckigen Torturm.

Wie ein modifiziertes Gegenmodell zu Bodiam wirkt Maxstoke, 10 km östlich von Birmingham (Abb. 109–110).[114] Obwohl hier bereits 1345 die königliche Lizenz zur Befestigung erteilt wurde, deuten die Baudetails mit ihren fein gefasten kielbogigen Kreuzstockfenstern sowie das Netzrippengewölbe der Torhalle auf eine parallele Entstehung zu Bodiam. Auch hier entstand inmitten eines künstlichen Sees ein 50 x 54 m großes Geviert mit starken Mauern, das durch vier achteckige Türme sowie einen dominanten Torbau flankiert wurde. Im

Inneren finden sich trotz späterer Überformung auf drei Seiten durch Fenster, Balkenlochreihen und Aborte Hinweise auf randständige Trakte unbekannter Binnenteilung. Da sowohl diese Innenbauten als auch die Türme unfertig wirken, mag das Kastell nie planmäßig fertig gestellt worden sein.

Ein fast gleiches Gegenstück dürfte es fast direkt am Ufer des Ärmelkanals in Chideock gegeben haben. Um 1380 ließ hier John de Chideock ein starkes Kastell anlegen, das heute bis auf rechteckige Erdwerke verschwunden ist, das jedoch gemäß historischer Abbildungen einst ebenfalls vier polygonale Ecktürme besessen hat.

Beide Bauten finden in der Burg Wingfield eine direkte Entsprechung (Abb. 111). Für dieses 20 km von der Ostküste entfernte Kastell wurde 1384 die königliche Baugenehmigung erteilt, heute ist davon nur mehr die Eingangsfront gut erhalten. Errichtet wurde Wingfield für den bürgerlichen Händler Michael de la Pole, eine Schlüsselfigur während der Herrschaft von Eduard III. und enger Freund und Finanzier von Richard II. 1383 wurde Michael sogar Kanzler und 1385 Graf von Suffolk, 1387 jedoch wegen Untreue verurteilt und in die Flucht nach Frankreich getrieben. Für ihn entstand in drei Jahren Bauzeit ein standesgemäßes großformatiges Schloss, das wahrscheinlich nie planmäßig fertig gestellt wurde. Inmitten eines künstlichen Sees wurden die starken Mauern von vier Achtecktürmen flankiert, der zentrale dominante Torbau zeigt ein filigranes Rippengewölbe analog zu Bodiam und Maxstoke. Eventuelle randständige Binnentrakte sind nicht mehr zu erschließen aber zumindest für die Planung zu vermuten.

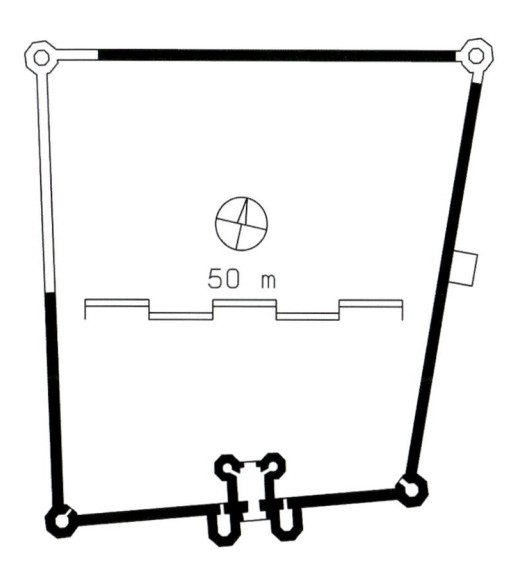

Abb. 111 | Wingfield, England, Kernkastell ab 1384

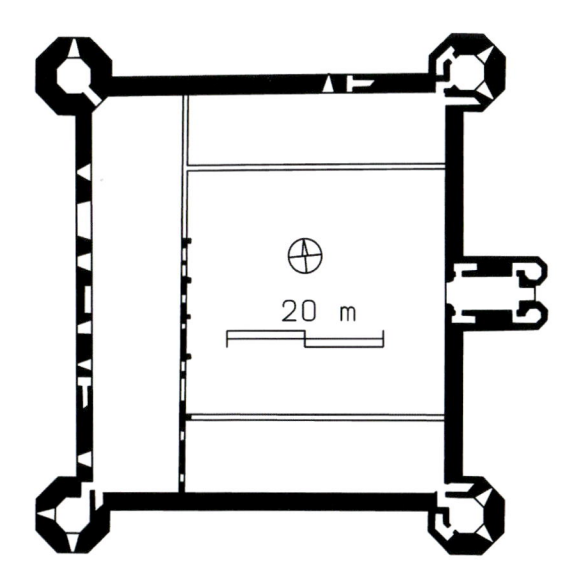

Abb. 109–110 | Maxstoke, England, Kernkastell 4. V. 14. Jh.

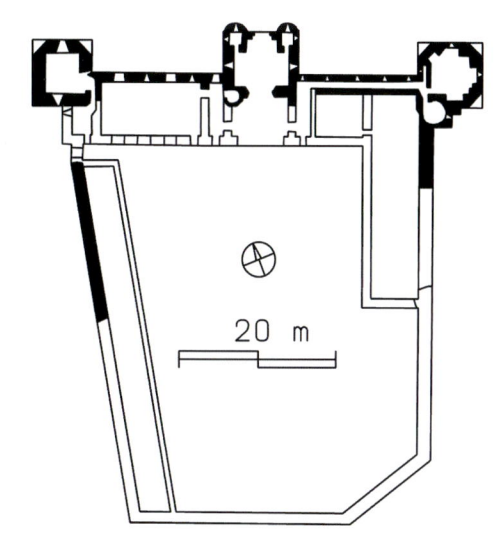

Abb. 112–113 | Newport, Wales, Kernkastell 4. V. 14. Jh.

KÖNIGREICH DER PLANTAGENÊT

Weniger ist über die Bauzeit von Newport in Wales nahe der englischen Grenze bekannt, das an einem strategisch wichtigen Übergang über den Usk liegt (Abb. 112–113).[115] Die im 13. Jahrhundert vom König Eduard ausgebaute Vorgängerburg an anderer Stelle war 1320 von Rebellen zerstört worden. Die nächste urkundliche Nachricht einer neuen Befestigung taucht erst 1405 auf, als diese nach einem Aufstand von 1403 repariert war. Wahrscheinlich hatte Hugh, Earl of Stafford, die neue Burg kurz vor seiner Pilgerreise nach Jerusalem im Jahr 1386 begonnen, wovon er nicht mehr zurückkehren sollte. Damals wurden gleichzeitig die neue stark befestigte Stadtanlage, ein Augustinerkloster und wohl die Stadtburg in Ecklage initiert. Die heute nur in einer Front erhaltene Burg, die nie planmäßig fertig gestellt wurde, schließt mit ihren spätgotischen Baudetails an Maxstoke und Wingfield an, dazu passen auch die achteckigen Türme und der komplexe Torbau, während die geräumige Binnenstruktur an Bodiam erinnert. Als dritte Variante der südenglischen Kastelle des späten 14. Jahrhunderts entstand direkt benachbart zu Chideock an der Küste des Ärmelkanals die Burg von Woodsford (Abb. 114). Heute ist nur mehr ein Trakt erhalten, der jedoch Anschlussfugen von ehemals drei rechteckigen Türmen sowie Beringmauern aufweist. Die gefasten Kreuzstockfenster passen zu Bodiam und indizieren eine zeitgleiche Errichtung, wenngleich auch hier bereits 1335 eine königliche Erlaubnis zur Befestigung (eines Vorgängerbaus?) an den regionalen Adeligen William de Whitefield erteilt worden war. Diese Anlage könnte in einer hypothetischen Idealrekonstruktion als regelmäßiges Kastell ähnlich wie Bodiam mit vier Ecktürmen und vier Mauertürmen konzipiert gewesen sein, diesmal jedoch ausschließlich mit rechteckigen Grundrissen.

In diese Gruppe könnte auch das ebenfalls fast direkt an der Küste des Ärmelkanals gelegene Compton gehören, das heute jedoch durch einen umfangreichen Umbau des 16. Jahrhunderts geprägt ist (Abb. 115–116).[116] Die von lokalen Adeligen bewohnte Anlage dürfte im 14. Jahrhundert in zwei Etappen zum geräumigen rechtwinkeligen Kastell ausgebaut worden sein, das durch vier Ecktürme und zwei Mauertürme flankiert war, während das Tor nur mit Erkerüberbau in der Nordfront lag. Der längliche Hof war offensichtlich konsequent von drei schmalen Trakten gerahmt, von denen heute noch zwei erhalten sind. Außen erinnern kleine Pfeilervorlagen an in diesem Kapitel folgend vorgestellte nordenglische Kastelle des späten 14. Jahrhunderts, sodass auch hier eine ähnliche Zeitstellung zu vermuten ist.

Ein Gegenstück ist in Penshurst Place erhalten, das auf halbem Weg von der Südküste nach London liegt.[117] Hier hat König Richard II. 1393 einem lokalen Adeligen die Erlaubnis zur Befestigung erteilt und es entstand ein 75 x 90 m großes Kastell mit ähnlichen rechteckigen Eck- und Zwischentürmen sowie zentralem Hallenbau analog zu Farleigh.[118]

Bereits ins frühe 15. Jahrhundert datiert in der Nähe Hampton Court (nicht zu verwechseln mit dem gleichnamigen Londoner Königspalast), ein später stark erweiterter kastellförmiger Bau (Abb. 117).[119] Er wurde wohl direkt nach der

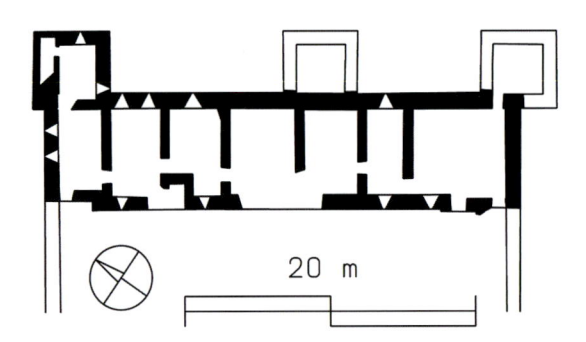

Abb. 114 | Woodford, England, Kastellrest 4. V. 14. Jh.

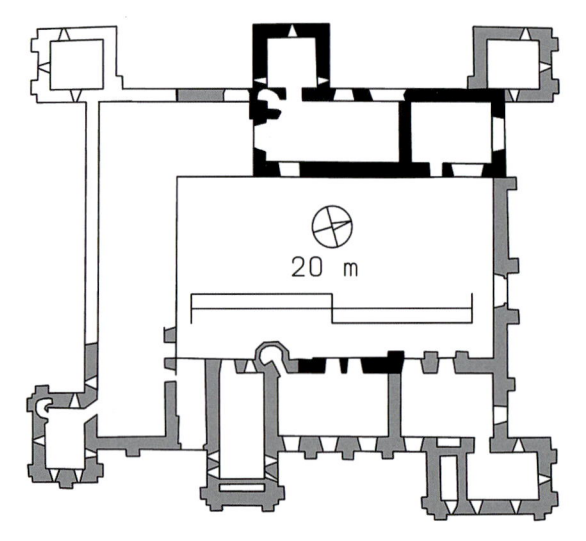

Abb. 115 | Compton, England, Kernkastell ab 14. Jh.

Abb. 116 | Compton, Ansicht der Eingangsfront

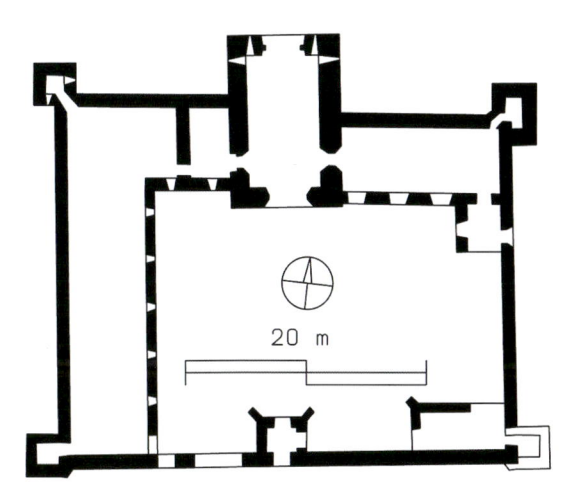

Abb. 117 | Hampton Court, England, ab 1415

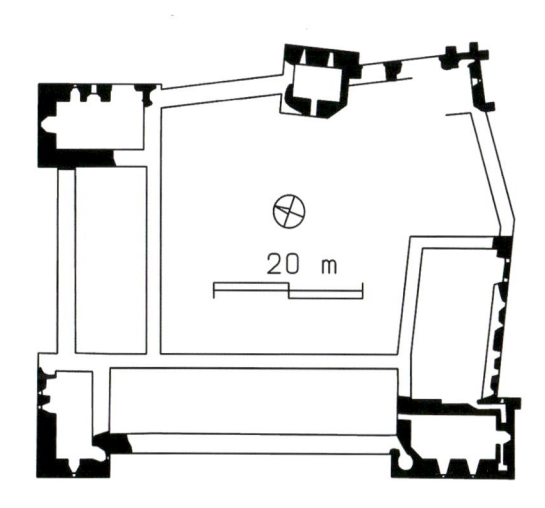

Abb. 118–119 | Sheriff Hutton, England, Kernkastell ab 1382

siegreichen Schlacht von Agincourt für den lokalen Soldaten Rowland Lenthall errichtet, der von König Heinrich V. geadelt und reich belohnt wurde. Die wohl nachträgliche Erlaubnis zur Befestigung und zum Umgürten eines großen Parks 1435 mag den Abschluss der Bauarbeiten spiegeln. In der Zeit zuvor entstand auf einem Geviert von etwa 30 x 38 ein sehr wehrhafter Sitz, der durch den dominanten Torbau von 9 x 14 m sowie wohl einst vier zierliche Ecktürmchen von 4 bis 5 m Breite flankiert war. Im Inneren zeichnet sich eine primäre hakenförmige Bebauung aus, die bald außen aufgedoppelt wurde. Ursprünglich dürfte hingegen die Verteidigungsfähigkeit im Vordergrund gestanden sein.

Abb. 119 | Sheriff Hutton, Ansicht von Westen

KÖNIGREICH DER PLANTAGENÊT

Auch in Nordengland spitzte sich im 14. Jahrhundert die Bedrohung durch die Gefahr schottischer Einfälle zu, wodurch in weitgehender Abwesenheit der Krone lokale Magnaten mit geradezu königsgleichem Selbstbewusstsein kastellförmige Festungen schufen.

Allen voran sind Mitglieder der Familie Neville zu nennen, die von Kommandanten lokaler Grenztruppen zu Feldherren königlicher Armeen aufstiegen.[120] Besonders John, 3. Lord Neville (1367–88) zeichnete sich als enger Vertrauter von Eduard III. und Kämpfer in Schlachten gegen Schottland, Frankreich und Spanien aus. Ihm gelangen zahlreiche persönliche Gebietszuwächse in der Grenzregion, die er umgehend mit Festungen schützen ließ. Waren seine frühen Bollwerke Brobdignagian, Brancepeth[121] und Raby noch polygonale Anlagen mit dominanten Wohntürmen lokaler Tradition, begann um 1380 ein bemerkenswerter Paradigmenwechsel.

Für die neue Burg Sheriff Hutton erhielten die Neville im Jahr 1382 von Richard II. die Erlaubnis zur Befestigung, während die Fertigstellung erst um 1402 erfolgt sein dürfte (Abb. 118–119).[122] Es entstand eine verzogen rechteckige Anlage von etwa 50 x 60 m, von der nur die hohen Türme teilweise erhalten blieben, während die randständige Hofbebauung bis auf Fundamente verschwunden ist. An den Kanten standen drei dominante rechteckige Wohntürme mit 16 m Breite, während an der vierten Ecke ein Doppelturmtor lag. Die aus der lokalen Tradition entwickelten Wohntürme blieben eine individuelle Konstante der nordenglischen Kastelle.

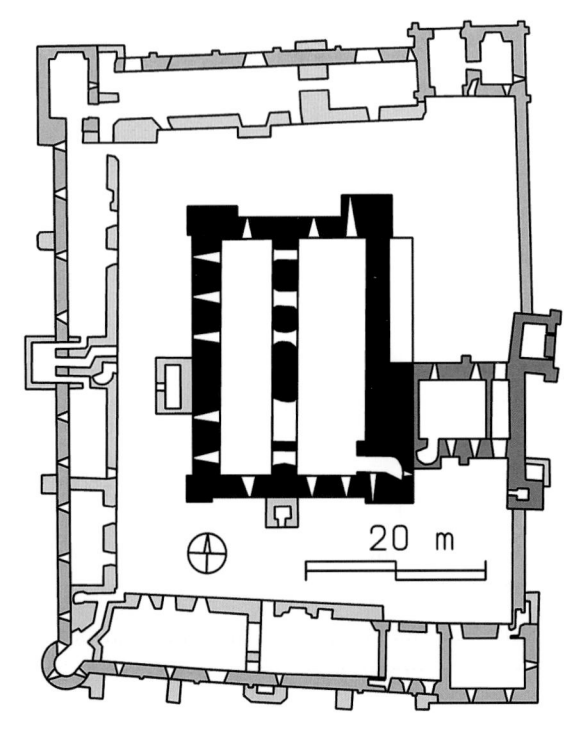

Abb. 120 | Middleham, England, Ausbaustufen bis E. 14. Jh.

John dürfte auch der undatierte kastellförmige Ausbau von Middleham zuzuschreiben sein (Abb. 120).[123] Die als Kindheitsburg von Richard III. bekannte Festung besaß im Zentrum einen hochmittelalterlichen Wohnturm, der nun fast bis zum Fundament abgebrochen und als großzügig belichteter Repräsentationsbau in Analogie zum Londoner Tower neu errichtet wurde. Es ist bemerkenswert, dass die gefasten Fenster- und Türdetails exakt zu den südenglischen Kastellen Bodiam und Maxstoke passen. Zudem entstand ein äußerer rechteckiger Bering mit drei bis 12 m breiten Ecktürmen, in Anlehnung an Sheriff Hutton und wie dort teilweise mit kleinen Zierpfeilern. An der vierten Kante saß offenbar primär ein halbrunder Mauerturm. Erst in der Folge wurde dieser Bering innen auf drei Seiten mit schmalen Gebäuden zur Dreiflügelanlage erweitert.

Fast in Sichtweite ließ Richard Lord Scope, Kanzler von England und enger Unterstützer der Nevilles, das bis heute weitgehend intakte Kernschloss von Bolton anlegen (Abb. 121–122). Aus dem Jahr 1379 hat sich die Bauerlaubnis sowie ein Vertrag mit dem Maurer John Lewyn erhalten, dem auch die Konzeption von Sheriff Hutton zugeschrieben wird.[124] Das exakt zwischen den beiden Küsten Nordenglands 40 km südlich von Durham gelegene Bolton gilt als bestes Beispiel mehrerer zeitgleicher Palastfestungen und weist vom Fallgatterportal über die gefasten Kreuzstockfenster bis zu den großformatigen spitzbogigen Maßwerkfenster der Säle direkte Analogien zu Bodiam auf, während die (einfache) Fassadengestaltung mit springenden Gesimsen an Sheriff Hutton erinnert. Auf einer exakt rechtwinkeligen Fläche von 37 x 51 m entstand ein vierflügeliges Geviert, das an den Kanten von vier rechteckigen Wohntürmen von 15 m Breite flankiert wird, an den zwei Längsseiten stehen zwei schmale Zwischentürmchen analog zu Sheriff Hutton und Middleham (Wohnturm) vor, während an den Schmalseiten früher zentral kleine Erker aufsaßen. Damit wurde der Idealtypus des spätgotischen Palastkastells geschaffen, der jedoch im Unterschied zum südenglischen Bodiam einen deutlichen Schwerpunkt auf ein umfangreiches Raumangebot legte.

In der Folge entstanden in der Umgebung weitere ähnliche Kastellresidenzen. Fast gleich dürfte Lumley konzipiert gewesen sein, für das der enge Vertraute und Gefolgsmann der Nevilles Lord Lumley 1389 vom Bischof sowie (nachträglich?) 1392 vom König die Bauerlaubnis erhielt (Abb. 124–125).[125] Die heute durch das 19. Jahrhundert stark überformte nahe Durham bzw. 10 km von der Ostküste entfernt gelegene Anlage wirkt mit ihrem rechteckigen Grundriss und den vier Wohntürmen an den Kanten wie eine Kopie von Bolton, lediglich die zierlichen Eckpfeiler erinnern mehr an Sheriff Hutton und Middleham.[126]

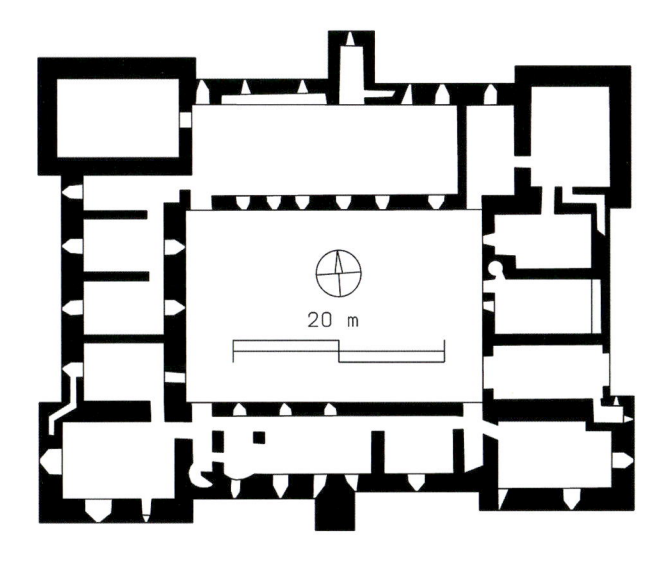

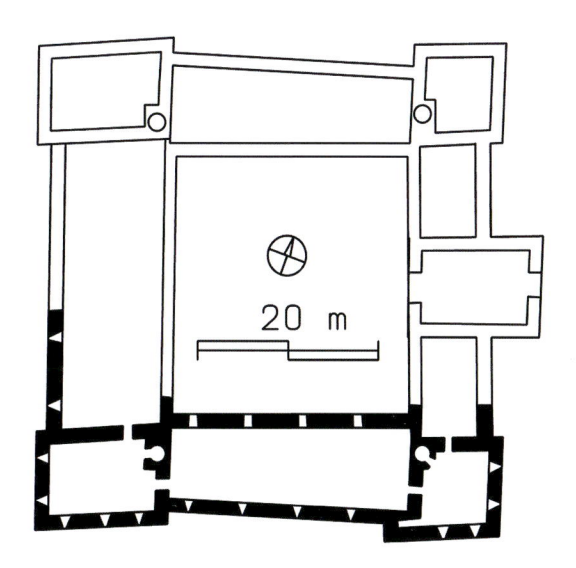

Abb. 121–122 | Bolton, England, Kernkastell 1379–99

Abb. 124–125 | Wressle, England, Kastellrest ca. 1390–1402

Nur mit einem Trakt und zwei reduzierten Türmen hat sich Wressle bewahrt, das von der zweiten großen Familie an Schottlands Grenze, den Percys, wohl um 1390 begonnen und um 1402 beendet wurde.[127] Trotz der Fragmentierung lässt sich anhand historischer Ansichten ein rechteckiges Kastell von etwa 50 m Breite rekonstruieren, das von vier 15 m breiten Rechtecktürmen flankiert wurde. Die Percys waren wie die Nevilles Kommandanten in der königlichen Armee und dienten bei zahlreichen Kämpfen gegen Frankreich, ehe man 1403 im Rahmen einer Rebellion enteignet wurde. Wressle folgte ebenfalls dem Vorbild von Bolton, besaß aber neben den vier Trakten und den einst viergeschossigen Türmen auch einen dominanten Torturm mit gleichfalls außen liegendem Fallgatter. Die zahlreichen Tür- und Fensterdetails passen wiederum zu den südenglischen Kastellen. Das Hauptschloss der Percys war Warkworth, das bereits ab dem mittleren 14. Jahrhundert unter Integration älterer Bauteile sukzessive mit dominantem Wohnturm, Ecktürmen und Doppelturmtor zur kastellförmigen Burg ausgebaut worden war.

In diese Gruppe gehörte auch die einstige Wasserburg Ravensworth, die heute bis auf minimale Reste zerstört ist (Abb. 126).[128] Sie wurde für Henry Lord Fitzhugh errichtet, einen engen Gefolgsmann König Eduards V. und Kampfgefährte in Frankreich, Jerusalem und Kairo. 1391 erhielt er die Lizenz, einen Park anzulegen, seine Burg wird also bereits in Bau gewesen sein. Die wenigen Reste weisen auf eine kastellförmige Struktur mit Eck- und Zwischentürmen unbekannten Umrisses, lediglich am quadratischen Torturm haben sich charakteristische Pfeiler, gefaste Dreipassfenster sowie ein gestufter Sockel erhalten, letzte beide als exakte Gegenstücke zu Wressle. Damit ist auch hier von einer ähnlichen Baukonzeption im königlichen Umfeld auszugehen.

Nicht zuletzt ist Danby als Beispiel für die eventuell weiteren noch nicht erforschten kastellförmigen Anlagen Nordenglands zu nennen (Abb. 127). Diese ehemalige Burg liegt 50 km südöstlich von Durham bzw. 20 km von der Küste entfernt und ist heute in ein bäuerliches Gut integriert. Mangels historischer Nennungen ist nur aufgrund der charakteristischen

KÖNIGREICH DER PLANTAGENÊT

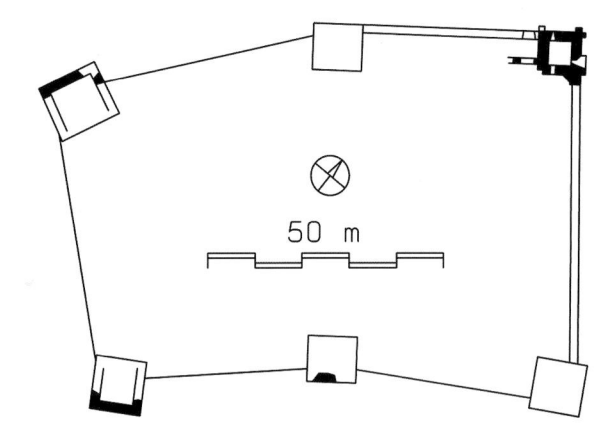

Abb. 126 | Ravensworth, England, Kernkastell um 1390

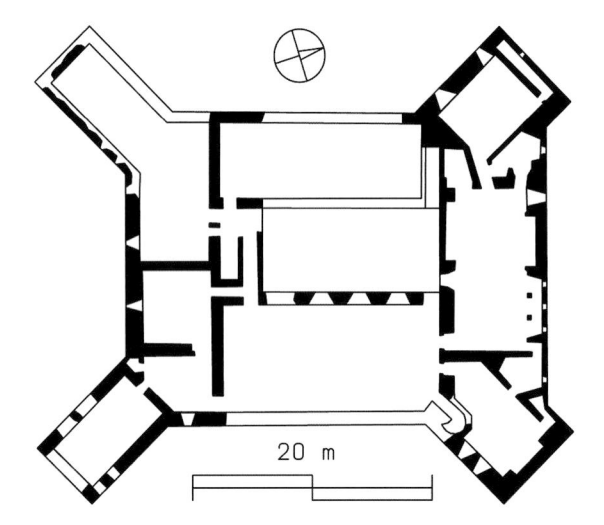

Abb. 127 | Danby, England, Kernkastell E. 14. Jh.

gestuften Sockel, der Schulterbogenportale, der gefasten Fenstergewände sowie des qualitätvollen Quadermauerwerks eine direkte Verwandtschaft zu Wressle und Ravensworth zu vermuten. Konzeptionell wirkt das 25 x 35 m große Rechteck mit seinen übers Eck gestellten vier 10 m breiten Rechtecktürmen und den vier schmalen Binnentrakten wie eine originelle verkleinerte Version von Bolton,[129] das offensichtlich als Archetyp einer ganzen Reihe individueller Sonderlösungen gedient hat.

Ein königliches Vorbild für diese späten Bauten könnte die heute nicht erhaltene aber einst viel frequentierte Residenz von Sheen gebildet haben, die etwa 15 km von London entfernt direkt an der Themse lag und als vierflügeliges Kastell konzipiert war. Sie erhielt im 15. Jahrhundert etappenweise Ausbauten, ehe sie 1497 durch ein Feuer zerstört und danach für König Heinrich VII. als kastellförmiger Vierkanter (umgenannt als Richmond Castle) mit acht- und viereckigen Ecktürmen wieder aufgebaut wurde.[130] Ab 1528 ließ auch Heinrich VIII. an der Themse mit dem Hampton Court Palace eine im Kern kastellförmige neue Landresidenz errichten, die jedoch in mehreren Etappen jegliche echte Wehrhaftigkeit zugunsten theatraler Kulisseninszenierung verlor.

Im Wesentlichen scheint die Zeit der Kastelle auf den britischen Inseln ab dem frühen 15. Jahrhundert vorbei gewesen zu sein. Immerhin hatte es vom 12. bis ins späte 14. Jahrhundert fast kontinuierlich kastellförmige Bautätigkeit gegeben, die lange auf das königliche Umfeld beschränkt war, schließlich jedoch auch von zahlreichen Landadeligen übernommen wurde. Darin kann durchaus ein Spiegel der jeweils zeitspezifischen gesellschaftlichen Wandlungen und Schwerpunkte abgelesen werden.

---

1   Die französisch-stämmige Familie der Anjou-Plantagenêt stellte von 1154 bis 1485 die Könige von England und herrschte somit auch über große Teile Frankreichs, Schottlands und Irlands.
2   Rowley 2003, 81.
3   Dufay 2011, 89.
4   Mesqui 2000, 85.
5   Mesqui 1991, 21.
6   Impey 2008, 5.
7   Tatton-Brown 2007, 14.
8   Salter 2016, 92.
9   Gravett, Nicolle 2006, 158.
10 Metternich 1999, 166.
11 Brighton 2006, 46.
12 Weiters unterhielt Heinrich eine enge Korrespondenz mit dem byzantinischen Kaiser Manel I. Komnenos, ohne dass daraus direkte Vermittlungen von Wehrarchitekturen nachzuweisen sind.
13 Mesqui 2000, 80.
14 Mesqui 2000, 152.
15 Mesqui 1993, 284.
16 Mesqui 2000, 369.
17 Mesqui 2000, 254.
18 Mesqui 1991, 39.
19 Gillingham 2002, 302 bzw. 17.
20 Turner 2009, 50.
21 Metternich 1999, 46.
22 1202 und 1203 sind direkte Zuschüsse von Johann für die lokalen Burgherren belegt, vgl. Mesqui 2000, 138.
23 Mesqui 1999, 285.
24 Sweetman 2005, 36.
25 Metternich 1999, 191.
26 Metternich 1999, 219.
27 Salter 2002, 50.
28 Salter 1996, 64.
29 Sweetman 2005, 54.
30 Salter 2002, 15.
31 Knowles 2006, 2051.
32 Impey 2008, 1.
33 Tatton-Brown 2008, 24.
34 Metternich 1999, 215.
35 Sweetman 2005, 76.
36 Fulford, Rippon 2011, 1.
37 Brown, Colvin, Taylor 1963, 571.
38 Remfry 2008, 19.
39 Remfry 2000, 31.

40 Remfry 2000, 12.
41 Remfry 1998, 4.
42 Spurgeon 2003, 119.
43 Ludlow, 8.
44 Saunders 2011, 13.
45 Salter 1996, 68.
46 Prestwich 2010, 1.
47 Salter 2002, 84.
48 Goodall 2010, 159.
49 Renn 2002, 3.
50 Renn 2002, 36.
51 Prestwich 2010, 1.
52 Turner 2010, 46.
53 Taylor 1986, 8.
54 Goodall 2010, 155.
55 Goodall 2010, 157.
56 Weitgehend unaufgearbeitet ist der Burgenbau Eduards in Frankreich, wo um 1270 auf seinen Befehl etwa in Blanquefort ein eigenwilliger Wohnturm mit sechs kastellartig vorgestellten Rundtürmen errichtet wurde. Vgl. Mesqui 2000, 64. Dortige Baudetails wie Schartennischen und Mauerstiegen indizieren eine enge Verwandtschaft zu den gleichzeitigen Bauten auf den Inseln, die jedoch erst zu untersuchen ist.
57 Kenyon 2002, 176.
58 Goodall 2010, 157.
59 Metternich 1984, 21.
60 Taylor 1986, 36.
61 Goodall 2010, 162.
62 Taylor 1986, 17.
63 Metternich 1984, 44.
64 Dean 2009, 51.
65 Lilley 2010, 99.
66 Metternich 1984, 74.
67 Browne 2010, 63.
68 Metternich 1999, 244.
69 Sweetman 2005, 130.
70 Metternich 1999, 227.
71 Taylor 1986, 65.
72 Taylor 1986, 73. Die Zuordnung der damaligen Bauten kann nur aufgrund der Typologie erfolgen.
73 Auch diese Anlage konnte beim Aufstand von 1294/95 durch Eduards schwache Besatzung erfolgreich gehalten werden.
74 Ashbee 2010, 76.
75 O'Keefe, Coughlan 2003, 148.
76 Metternich 1999, 207.
77 O'Keefe, Coughlan 2003, 144.
78 O'Keefe, Coughlan 2003, 147.
79 Salter 2001, 54.
80 Salter 2016, 22.
81 Taylor 1986, 77.
82 Metternich 1984, 91.
83 Wheatley 2001, 65 bzw. 129.
84 Wheatley 2001, 148,
85 Goodall 2010, 158.
86 Goodall 2010, 163.
87 Salter 1996, 20.
88 Hull 2007, 106 bzw. Salter 1996, 42.
89 West 1981, 5.
90 Zumindest entfernte Ähnlichkeit hat Hever Castle aus 1384 in Kent. Es zeigt bei quadratischem Grundriss mit zentralem Hof ebenfalls zierliche Eck- und Mauertürme sowie vergleichbare Baudetails. Salter 2016, 46.
91 Taylor 1986, 103.
92 Taylor 1986, 104.
93 Metternich 1999, 161.
94 Metternich 1999, 153.
95 Dean 2009, 104.
96 Tabraham 2006.
97 Plantagenet Somerset 1980, 55.
98 Barber 2007, 33.
99 Emery 1996, 91.
100 Emery 1996, 66.
101 Marsden 2012, 11.
102 Impey 2008, 7.
103 Munby 2007, 132.
104 Drewett 1975, 90.
105 Mesqui 2000, 337.
106 Thackray 2003, 10.
107 Salter 2016, 76.
108 Kightly 2009, 12.
109 Emery 2016, 68.
110 Thackray 2003, 14, Salter 2016, 28.
111 Salter 1999, 66.
112 Thackray 2003, 10
113 Salter 2016, 66.
114 Fetherston-Dilke 1982, 8; Emery 2016, 277.
115 Salter 2002, 34.
116 Salter 1999, 53.
117 Salter 2016, 56.
118 Siehe Seite 296.
119 Shoesmith 2009, 163.
120 Emery 2016, 59.
121 Brancepeth ist eine im 19. Jahrhundert stark veränderte Schlossanlage. Im Kern könnte sie um 1360 als großes Achteck gegründet worden sein, das an den Ecken paarweise große rechteckige Türme aufwies, eine einzigartige und sehr aufwändige Konzeption, die erst bauhistorisch zu ergründen ist. Vgl. Emery 1996, 58.
122 Emery 2016, 60.
123 Kenyon 2015, 14.
124 Emery 2016, 60.
125 Emery 2016, 61.
126 Es scheint jedoch angesichts der neoromantischen Überformung Vorsicht geboten, somit sind hier entsprechende Bauforschungen abzuwarten.
127 Richardson, Dennison 2014/15, 191.
128 Ryder 1979, 81.
129 Die bemerkenswerte konzeptionelle Verwandtschaft zum savoyischen Fossano, Italien, (1324–1332) wird wohl Zufall sein, könnte aber durch die Beziehungen der dortigen Herrscher zu England zumindest über Umwege doch begründet sein, vgl. Kapitel Deutschland.###
130 Emery 2016, 372.

Caerlaverock, Schottland

KÖNIGREICH SCHOTTLAND

Das nördliche Drittel der britischen Hauptinsel zählt heute als abhängiges Land zu Großbritannien, die Bevölkerung betont aber durch stetige Initiativen ihre weit ins Mittelalter zurück reichenden Bestrebungen nach Selbstständigkeit. Bereits im Frühmittelalter waren die lokalen keltischen Kleinreiche durch skandinavische Wikinger angegriffen worden, die sich an den Küsten analog zu England und Irland bald dauerhaft niederließen. Von Süden rückten angelsächsische und dänische Siedler heran und auf den Orkneys setzte sich das Königreich Norwegen fest, dennoch konnte das Kernland – die Highlands – zu einem stabilen Königreich wachsen. Mit der Ankunft der Normannen im 11. Jahrhundert und ihrer zunehmend engen Verknüpfung durch Wellen von Einwanderern aus Frankreich etablierte sich auch in Schottland langsam das europäische Feudalsystem, das vom alten Klansystem zur adelsdominierten Hierarchie führte.[1] 1174 musste man sich nach einer verlorenen Schlacht gegen die Engländer deren Lehnshoheit unterordnen und die Hauptorte erhielten englische Besatzungstruppen. Richard Löwenherz beendete dieses Verhältnis zwar gegen eine hohe Zahlung, um seinen Kreuzzug finanzieren zu können, es dauerte jedoch bis ins mittlere 13. Jahrhundert, bis die königliche Autorität im Land mit

Abb. 1 | Dirleton, links der erhaltene Hauptturm, rechts der Sockel des einst zentralen Ostturms

Hilfe englischer Adeliger wieder hergestellt war. (Abb. 1) So verwundert es nicht, dass im Hochmittelalter zunächst die großen Adeligen als Burgenbauer in Erscheinung traten. Sie ließen regionale Herrschaftszentren errichten, die in alter Tradition aus hölzernen Ringwerken bestanden und erst allmählich zu steinernen Befestigungen wuchsen. Ein gutes Beispiel dafür bietet die alte Burg von Caerlaverock, die vollständig archäologisch ausgegraben wurde.[2] Sie wurde um 1220 von der mächtigen Adelssippe der Maxwells an der englischen Grenze in verzogen-rechteckiger Form als Holz-Erdbau angelegt und in der Folge kontinuierlich versteinert. Im mittleren 13. Jahrhundert fügte man an den Ecken vorstehende Ecktürme ein, sodass die Burg letztlich kastellartig ausgeprägt war. (Abb. 2–3) Anders agierten die Neuankömmlinge aus der Normandie, die vom schottischen König im 13. Jahrhundert ins Land eingeladen wurden, um ihn gegen die einheimischen Adeligen zu stärken. So übergab der König der aus Rouen stammenden Familie de Vaux unter anderem das Gebiet um Dirleton, wo sie ab etwa 1230 eine starke Festung nach französischem Vorbild errichten ließ.[3] John de Vaux etablierte sich am königlichen Hof und wurde 1239 Steward der Queen Marie de Coucy, die aus einer bedeutenden französischen Familie stammte. Es wird vermutet, dass John mit ihr auch in Coucy gewesen sein dürfte, wo er eine der größten gerade laufenden Kastellbaustellen des Kontinents gesehen hätte. Die Kernanlage von Dirleton bildet ein geländebedingt verzogenes Rechteck von maximal 28 x 51 m, das trotz schroffer Felsgrate konsequent geradlinige Mauern von etwa 2,5 bis 3 m Stärke aufweist. Ursprünglich gab es fünf halbrunde Mauertürme, die alle Mauerkanten besetzten und mit ihren Scharten sämtliche Bereiche flankieren konnten. Links neben dem Tor stand der größte Turm, der mit großem Abtrittpfeiler, Kaminen und hohen Rippengewölben als repräsentativ ausgestatteter Wohnturm der Herrschaft diente. Innengebäude sind für die erste Phase nicht nachgewiesen, der Hof dürfte von Steingebäuden leer gewesen sein. Die Anlage zeigt somit eine deutliche Konzentration auf die Wehrhaftigkeit und bildet mit ihrer massiven kastellförmigen Konzeption einen krassen Unterschied zum traditionellen schottischen Burgenbau.

Ab den 1260er Jahren wurde dieser steinerne Kastellbau offensichtlich auch vom schottischen Adel aufgegriffen und selbstbewusst in höchst modernen Wehrbauten umgesetzt (Abb. 4–5). Zu dieser Zeit hatte man den Norden der britischen Inseln dem norwegischen Königreich entrissen und dem Königreich Schottland eingegliedert.[4] An der ehemaligen Grenze, einem tiefen Fjord, dürfte nun mit Dunstaffnage an einem deutlich älteren Standort auf einer schmalen Felsrippe inmitten einer Halbinsel ein kleines Kastell entstanden sein, dessen trapezförmige Fläche an den Ecken unterschiedlich ausgeprägte Rundtürme erhielt.[5] An der schildförmigen Ein-

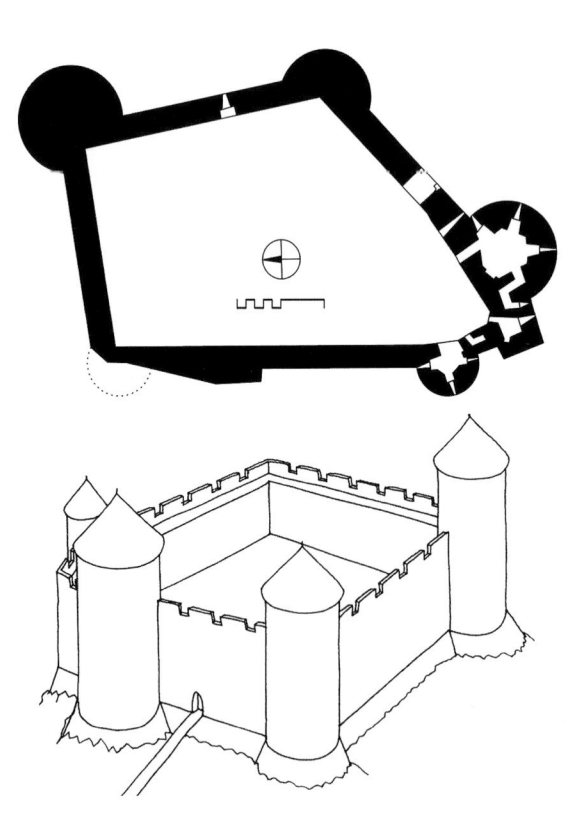

Abb. 2–3 | Dirleton, Schottland, Kernburg, 2. V. 13. Jh.

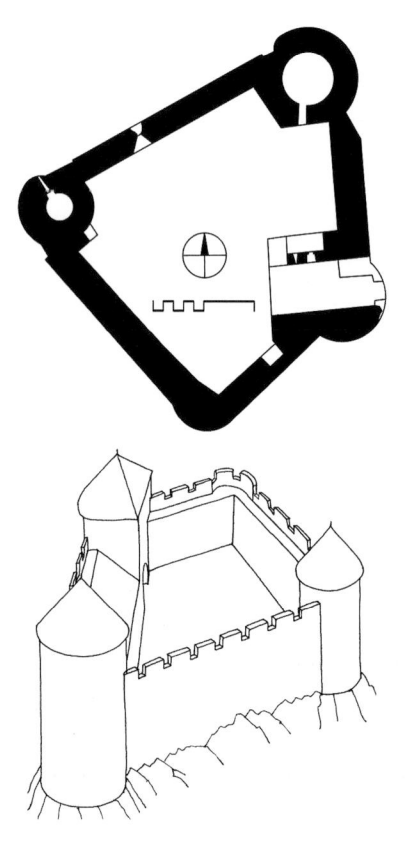

Abb. 4–5 | Dunstaffnage, Schottland, Kernkastell, 3. V. 13. Jh.

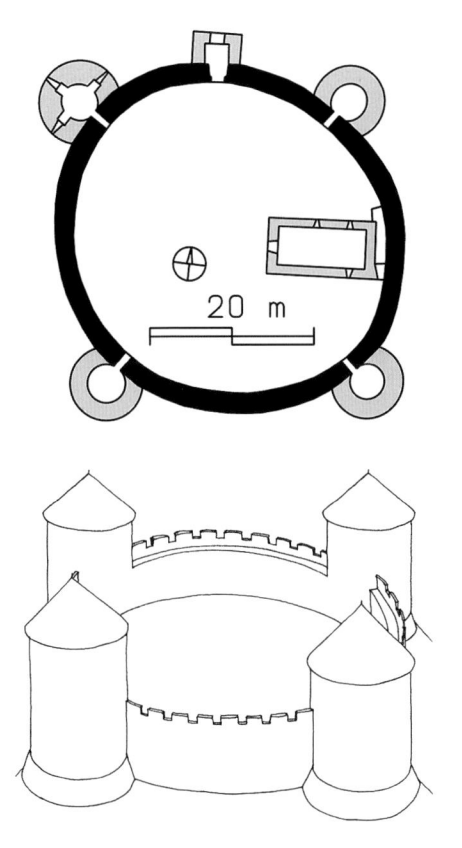

Abb. 6–7 | Rothesay Castle, Schottland, Kernkastell nach 1264

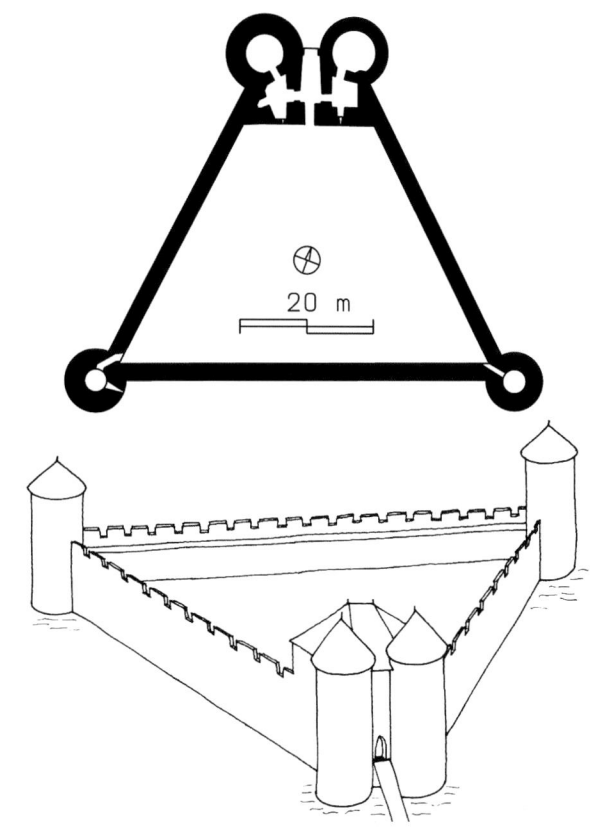

Abb. 8–9 | Caerlaverock, Schottland, Kernburg, 3. D. 13. Jh.

gangsfront wurde ein D-förmiger Torturm errichtet, der im Obergeschoß Platz für die Unterbringung der Herrschaftsfamilie bot, während daneben ein kleiner Saalbau anschloss. Der weitere Hof blieb von Steinbauten freigehalten. Die Eigentümer, die Familie MacDougall, regierten nach dem Abzug der Norweger 1266 als neue königstreue „Lords of the Isles" den gesamten Norden und unterhielten hier offensichtlich nur ein kleines Außenfort, das im Lauf der Unabhängigkeitskriege im frühen 14. Jahrhundert gestürmt und den Königen von Schottland direkt untergeordnet wurde.

Dunstaffnage könnte mit Rothesay Castle in Verbindung stehen, das nahe Glasgow auf der Insel Bute liegt und das 1264 ebenfalls den Norwegern entrissen und Schottland eingegliedert werden konnte. Offenbar wurden damals einem älteren Rundfort vier runde Türme angestellt und es so zu einem modernen, flankierfähigen Kastell aufgerüstet (Abb. 6–7).[6] Die Türme zeigen zu Dunstaffnage vergleichbare überlange Schießscharten und einen durch Größe und Wohndetails hervorgehobenen Hauptturm.

Fast zeitgleich entschloss sich Heinrich de Maxwell nach der Übernahme der Herrschaft Caerlaverock 1266, eine völlig neue Kastellanlage zu errichten und die alte Burg abzubrechen (Abb. 8–9). Damit erhielt auch die Südgrenze des Königreichs ein machtvolles Kastell als Zeichen des schottischen Selbstbewusstseins.[7] Zunächst wurde im Sumpfgebiet des Solway eine große künstliche Teichlandschaft geschaffen und mit dem Fluss verbunden. Ausgedehnte Außenwerke und Vorburgen inkludierten einen kleinen Hafen. Zentral setzte man einen trapezförmigen Wassergraben sowie eine geometrisch konstruierte dreieckige Burg mit 63 m Seitenlänge, zwei runden Ecktürmen sowie dominantem Doppelturmtor an der dritten Spitze. Im Jahr 1277 ist urkundlich die Anschaffung der Zugbrückenhölzer überliefert, der Kernbau war wohl schon weit fortgeschritten. Im Jahr 1300 trotzte die Burg einer Belagerung des englischen Königs Eduard, jedoch ergab sich die Besatzung angesichts der nachgekommenen Belagerungsmaschinen (Abb. 10).[8] Im 14. Jahrhundert wurde Caerlaverock aus strategischen Gründen entfestigt, sodass heute nur mehr wenige Bereiche bis zu den Zinnen aus der Ursprungszeit stammen. Insgesamt zeigt sich jedoch mit der komplexen Wasserführung, der konsequenten Konzeption und den mächtigen, turmflankierten Mauern eine enge Anlehnung an den frühen englischen bzw. walisischen Kastellbau, wodurch mit einer direkten Kenntnis der dortigen Wehranlagen durch die Planer zu rechnen ist.

Etwa 15 km südöstlich von Glasgow liegt an einer bedeutenden Furt des Clyde die ebenfalls oftmals stark zerstörte und veränderte wiederaufgebaute Burg Bothwell (Abb. 11–12). Im späten 13. Jahrhundert gehörte die Herrschaft Walter of Mo-

KÖNIGREICH SCHOTTLAND | 309

Abb. 10 | Caerlaverock, Gesamtansicht der Kernburg von Westen

ray, der ein neues großes Kastell beginnen ließ, dessen unfertiger Bau 1296 zu Beginn der Unabhängigkeitskriege wieder eingestellt wurde. Die englischen Truppen eroberten die Baustelle und besetzten sie mit einer Garnison, die in der Folge selbst eingeschlossen werden sollte, ehe König Eduard 1301 den Platz wieder einnahm. Er überließ die Burg Aymer de Valence, seinem vorgesehenen Stellvertreter für Schottland, als Hauptquartier, sie wurde jedoch 1314 nach dem schottischen Sieg über die Engländer aufgegeben. 1336 versuchten die Engländer eine neue Übernahme und etablierten in Bothwell wiederum ihr Hauptquartier, nach dem neuerlichen Scheitern wurden daher von den Schotten der gesamte Nordteil und der halbe Hauptturm gezielt abgetragen. Im späten 14. Jahrhundert integrierte man diese Teile schließlich in eine neue Burg mit eigenständigen rechteckigen Turmbauten. Aufgrund dieser heftigen Zerstörungsgeschichte lassen sich die frühen Bauelemente nur grob zuordnen. Als gesichert gilt, dass der 20 m breite Hauptturm mit seinem achteckigen Innenraum dem

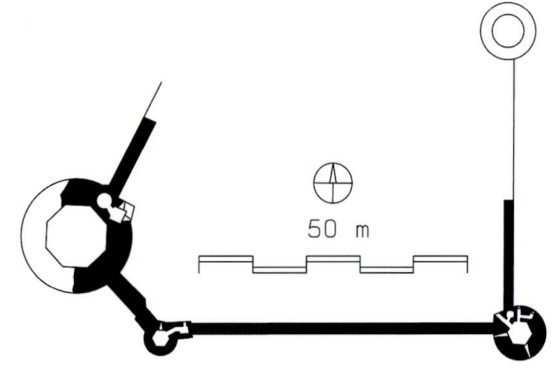

Abb. 11–12 | Bothwell, Schottland, Kernkastell, 4. V. 13. Jh.

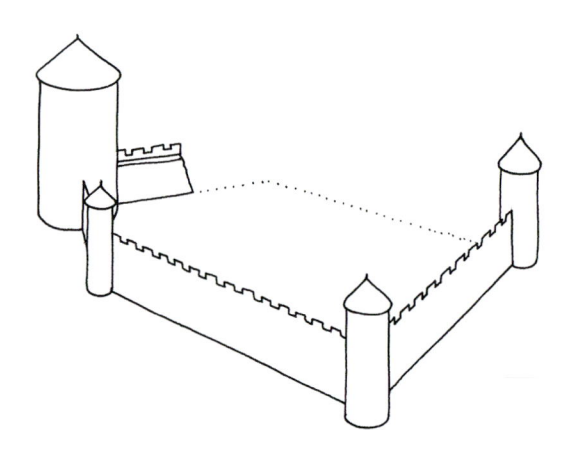

13. Jahrhundert entstammt. Er erinnert an zeitgleiche Anlagen im Umfeld der englischen Krone. Beidseitig setzen verzahnte Mauerzüge an, die zu einem fünfseitigen Kastell führen, dessen maximal 75 x 55 m großes Areal einst wohl rechtwinkelig umschlossen war. Davon haben sich nur im Süden und Osten Reste erhalten, während im Norden eine polygonale Erweiterung mit Doppelturmtor vielleicht schon Eduard zuzuschreiben ist. Die südlichen Kanten werden durch zwei Rundtürme mit sechseckigen Innenräumen geschützt und passen in Struktur, Mauerwerk und Baudetails zum Hauptturm. Im Nordosten finden sich Reste eines weiteren Turms, sodass der Erstbau wohl ein konsequentes Kastell gebildet hat. Zweifellos sollte das eine der mächtigsten Burgen Schottlands werden und es verwundert nicht, dass der Bau eine derart große politische Bedeutung bekam.

Ähnliches Mauerwerk und analoge überlange Schießscharten weist das kleine Kastell von Inverlochy auf, dessen verzogen-rechteckiges Geviert von etwa 33 x 38 m ebenfalls von vier Rundtürmen flankiert wird, wovon einer als Hauptturm ausgebildet ist (Abb. 13–14).[9] Diese Burg, die direkt an einer Meeresbucht liegt und einen eigenen Hafenausgang zeigt, wurde von der überregional bedeutenden schottischen Adelsfamilie Cumyns als Außenfort neben einer kleinen Siedlung errichtet. Die charakteristischen Baudetails wie konsequente Mauerstiegen, Abtritte und Kamine erinnern ebenso wie die Hafenlage an die berühmten walisischen Kastelle unter dem englischen König Eduard (allem voran der Bautengruppe um Conwy), sodass man versucht ist, hier eine direkte typologische Abhängigkeit zu vermuten. Das ist auch politisch gut möglich, ko-

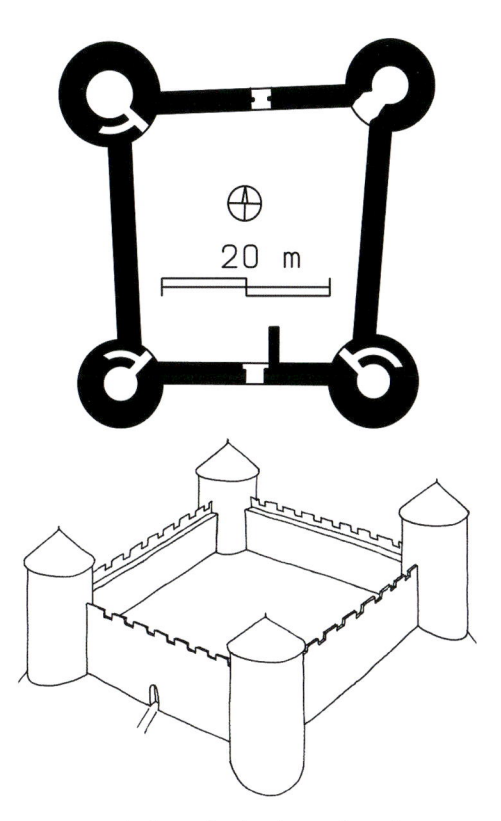

Abb. 13–14 | Inverlochy, Schottland, Kernkastell, 4.V. 13. Jh.

operierten die Cumyns doch um 1300 mit Eduard und führten ihm das Land zu (Abb. 15).[10] Im Gegenzug könnte er ihnen Zugang zu den königlichen Bauleuten verschafft haben. Auch das Kastell Lochindorb wurde durch die Adelsfamilie Cumyns errichtet (Abb. 16–17).[11] Es liegt auf einer teilweise künstlich abgetrennten Insel eines kleinen Sees und besteht im

Abb. 15 | Inverlochy, Gesamtansicht der Kernburg von Nordwesten

KÖNIGREICH SCHOTTLAND

Kern aus einem trapezförmigen Rechteck von 38 x 48 m mit 2 m starken Mauern und einfachem Tor im Osten. Die Ecken werden durch 7 m breite hufeisenförmige Türme geschützt, die deutlich schwächere Mauern aufweisen und keine flankierfähigen Scharten besitzen. Möglicherweise wurde die Anlage nie planmäßig fertig gestellt oder musste überhastet abgeschlossen werden. Im Jahr 1303 war sie immerhin soweit fertig, dass sie der englische König Eduard tagelang als Quartier benutzen konnte. Danach verblieb hier eine englische Garnison, der wohl die Vorburg mit einem kleinen Hafen zuzuschreiben ist. In die Reihe englischer Kastelle in Schottland ist auch Kildrummy zu stellen, das bereits im Kapitel England behandelt wurde. Offenbar plante Eduard, analog zu Wales auch hier eine Kette von mächtigen englischen Forts anzulegen, um den regionalen Widerstand nachhaltig zu brechen. Diese Strategie schien auch zu funktionieren, musste jedoch nach seinem Tod 1307 aufgegeben werden. Mit der berühmten Schlacht bei Bannockburn 1314 gelang schließlich die Unabhängigkeit und alle englischen Kastellbauten wurden ersatzlos eingestellt. Es sollten zwar im 14. Jahrhundert lange Auseinandersetzungen und regelmäßige Grenzverletzungen folgen, Schottland blieb jedoch letztlich ein eigenständiges Königreich. In diesem mehr oder weniger von England unabhängigen Land wurde der Kastellbau fortan nicht aufgegriffen, offensichtlich fehlten sowohl politisches Interesse als auch architektonisches knowhow.

Lediglich an einem einzigen strategisch gelegenen Küstenpunkt nahe der englischen Grenze entstand noch eine isolierte kastellförmige Wehranlage (Abb. 18–19).[12] Der Bauherr, William Douglas, hatte seine Jugend in Frankreich verbracht und 1346 nach einer verlustreichen Schlacht gegen die Engländer und der Gefangenschaft des Königs seine Erbschaft in Schottland angetreten. Mit der Vereinigung des verzweigten Familienbesitzes und der Einheiratung in den Hochadel gelang ihm 1358 nach der Rückkehr des Königs der Aufstieg zum Fürsten. Zu dieser Zeit entstand auf einem fast senkrechten Felskopf über dem Atlantik mit Tantallon eine völlig neue Wehranlage, die zu einem Hauptsitz der Familie wurde. Durch die topographisch bestens geschützte Lage konnte man sich auf die landseitige Sicherung konzentrieren, wo eine 90 m lange Sperrfront mit 3,5 bzw. 4,5 m starken Mauern entstand. Sie wurde an den Ecken durch rundliche Türme geschützt, von denen der nordöstliche als „Douglasturm" einen geräumigen Wohnturm der Herrschaft bildete. Zentral errichtete man einen großen Torbau, der in französischer Manier durch zwei pfeilerartige Türme mit Tourellaufsätzen geschützt war. Die seeseitigen Mauern sind heute großteils abgestürzt, sodass nicht auszuschließen ist, dass es hier noch weitere Türme gab. Die Baudetails wie Mauergänge, Schartenformen und Zinnenabschlüsse belegen einen nach Schottland implantierten Wehrbau ohne bodenständige Tradition.

An keiner anderen Burg Schottland sollte sich in der Folge eine ausgeprägte kastellförmige Konzeption abzeichnen, wenngleich viereckige Anlagen mit vereinzelten Ecktürmen durchaus bis in die Neuzeit errichtet wurden.[13] Somit bleibt zu konstatieren, dass diese Bauform hier nur kurze Zeit angewandt wurde und dabei enge Anleihen an den gleichzeitigen Burgenbau des benachbarten Englands nahm, wohin man in dieser

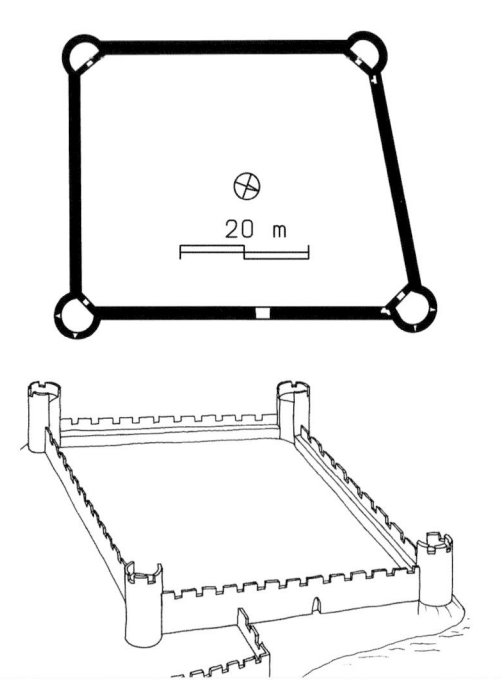

Abb. 16–17 | Lochindorb, Schottland, Kernkastell, 4. V. 13. Jh.

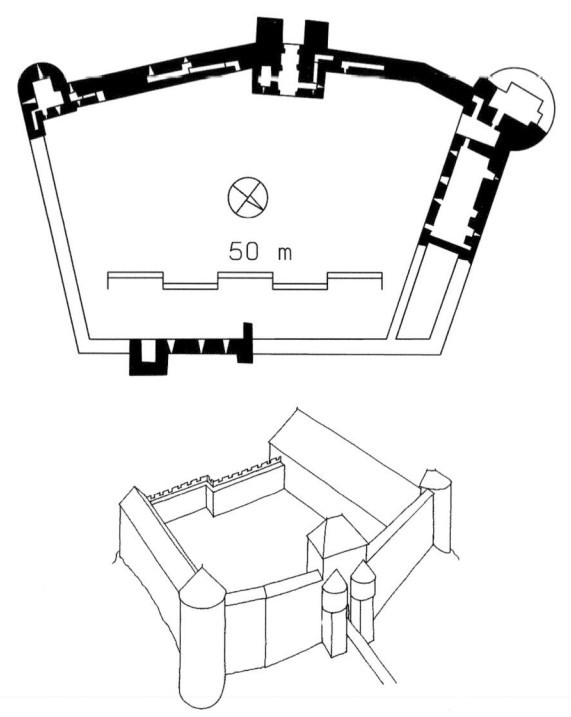

Abb. 18–19 | Tantallon, Schottland, Kernburg, M. 14. Jh.

KÖNIGREICH SCHOTTLAND

Abb. 20 | Linlithgow Palace, Schottland, ab 1424

Zeit auch politisch orientiert war. Nach dem dortigen Auslaufen und der staatlichen Abtrennung endet auch der Kastellbau in Schottland abrupt.

Als isolierter Nachhall ist Linlithgow Palace anzusehen, der als bevorzugte königliche Landresidenz zwischen den Hauptorten Edinburgh und Sterling ab 1424 in fast hundertjähriger Bauzeit errichtet wurde (Abb. 20).[14] Gegründet hat ihn König James I. nach seiner achtzehnjährigen Gefangenschaft in England als Manifestation der wieder erstarkten Monarchie. Es entstand in Etappen ein repräsentativer Vierflügelbau mit monumentalen Ecktürmen und krönenden Wehrgängen, der funktional an Windsor und Westminster anschloss, aber sich architektonisch eher an den nahen und wenig älteren nordenglischen Kastellbauten der Nevilles und Percys orientierte (etwa Bolton, Wressle).

1 Watson 2003, 90.
2 Brann 2004.
3 Tabraham 2007, 22.
4 Grove 2004, 21.
5 Mangels Baunachrichten oder datierbarer Baudetails lässt sich Dunstaffnage nicht exakt zeitlich einordnen, gefaste Lanzettfenster weisen ins mittlere Drittel des 13. Jahrhunderts. Dabei ist auch nicht auszuschließen, dass beim Kastellbau ältere Mauerteile integriert wurden, unter anderem der Saalbau mit diesen Fenstern.
6 Zeune 1983, 16.
7 Grove 2006, 24.
8 Grove 2006, 26.
9 Zeune 1983, 21.
10 Watson 2001,
11 Salter 2000, 190.
12 Tabraham, Grove 2003, 16.
13 Etwa der Wiederaufbau von Bothwell und Spynie Palace, beide 2. H. 14. Jh.
14 Emery 2016, 360.

KÖNIGREICH SCHOTTLAND

Zitadelle Lissabon, Portugal

IBERISCHE KÖNIGREICHE

Die iberische Halbinsel zählt dank ihrer Exponiertheit und Nähe zu Afrika sowie aufgrund der daraus folgenden Jahrtausende alten Notwendigkeit der Verteidigung zu den interessantesten aber auch komplexesten Burgenlandschaften Europas. Vor allem an den Küsten gehen die Siedlungen meist schon auf phönizische Kolonisten zurück, denen Römer, Byzantiner und Westgoten folgten, ehe im Frühmittelalter der „arabische Sturm" fast die ganze Halbinsel eroberte. Von 712 bis 1492 prägen muslimische Herrschaften von Süden her die weitläufigen Landschaften, während die christlichen Gebiete im Norden sehr früh konsolidiert waren und man mit Hilfe europäischer Kreuzfahrer eine stufenweise Reconquista beschritt.[1]

Aufgrund dieser wechselvollen Geschichte haben auch die meist standortgleichen Befestigungsbauten eine vielschichtige Entwicklung durchgemacht. Oft handelt es sich um Palimpseste, deren Kernwerke nach zeitspezifischen Erfordernissen mit neuen Bauelementen ergänzt wurden. Daher sind auch mit Vorbehalt die wenigen vorhandenen Schriftquellen zu verknüpfen, sodass fast prinzipiell nur die sehr vereinzelten kunsthistorisch zuordenbaren Baudetails wie charakteristische Portale, Fenster und Wehrgangkonsolen sowie isolierte Inschriften zur Datierung herangezogen werden können.

Erst im Spätmittelalter bedingte die revolutionäre Geschütztechnik einen radikalen Wechsel zu feuertauglichen Festungen, die überregional gleichartige Baukonzepte aufwiesen. Bis dahin war das Land zweigeteilt. Während die muslimischen Reiche in levantinischer Überlieferung den Kastelltypus bei ihren Stadtzitadellen flächendeckend einsetzten, folgten die wachsenden christlichen Herrschaften mit ihren kleinstrukturierten Feudalsitzen westeuropäischen Baukonzepten heterogener Prägung. Hier gab es keinerlei kastellförmige Tradition. Selbst als sich in muslimischer Reaktion auf die Reconquista an den umkämpften Grenzen ordensähnliche Grenztruppen formierten,[2] blieb der christliche Norden auf schlagkräftige fahrende Heere mit periodischer Unterstützung aus Westeuropa beschränkt. Mit dem Kreuzzugsaufruf von Papst Urban 1095 steigerte sich auf beiden Seiten der religiöse Eifer und unter den rivalisierenden christlichen Königen Alfons VI. von Kastilien-Leon (1072–1109) und Alfons I. v. Aragón

Abb. 1 | Sigüenza, Spanien, Kernkastell 12. Jh.

(1104–34) gelangen merkliche Gebietsgewinne bis Toledo sowie Zaragoza. Im Westen führten die Eroberungen bis zum mittleren 12. Jahrhundert zur Etablierung des ab nun selbstständigen Königreichs Portugal. Gemeinsam mit dem südlich der Pyrenäen gelegenen Königreich Navarra sollte man ab nun zu viert um die Vorherrschaft wetteifern und bei gelegentlichen akkordierten Aktionen nachhaltige Siege gegen die Muslime feiern, während sonst sogar mit diesen gegeneinander operiert wurde.

In dieser frühen Zeit finden sich nur ganz vereinzelt kastellförmige christliche Wehrbauten, die oftmals auf antike bzw. muslimische Kernanlagen zurückzuführen sind. Ganz programmatisch wurde etwa von den Königen von Aragón nach der Eroberung von Zaragoza 1118 das dortige alte Kastell zur Hauptresidenz des Königreichs erklärt und somit das Motiv des turmreichen Gevierts adoptiert.³

Eine wichtige Rolle könnte der Bischofssitz von Sigüenza eingenommen haben, der im mittleren 12. Jahrhundert auch Zentrum einer mächtigen weltlichen Herrschaft wurde (Abb. 1). Die bislang nicht ausreichend erforschte großformatige Anlage auf einem Sporn am Rand der gleichnamigen Stadt zeigt Hinweise auf einen trapezförmigen Kern, dessen wohl muslimische Mauern sekundär mit mächtigen Flankentürmen verstärkt wurden.

Im Jahr 1154 dotierte König Alfons VI. dem Bischof von Sigüenza direkt an der muslimischen Grenze die Herrschaft Torresavinán, wo gemäß kleinteiligem Blockmauerwerk offensichtlich kurz darauf ein kleiner Grenzposten entstand (Abb. 2–3). Der heute stark verfallene Bau bestand aus einem verzogen rechteckigen Bering, der von einem dominanten Wohnturm sowie drei wohl gleichförmigen kleinen Eckturmchen flankiert wurde. Fensterlose Mauern und Türme und das Fehlen massiver Hofeinbauten indizieren die vornehmlich militärische Nutzung als Basis für die Grenzkontrolle. Bautypus und Mauerwerk erinnern an zeitgleiche Kreuzfahrerburgen im vorderen Orient, während in Europa keine direkten Parallelen bekannt sind.

Inschriftlich auf die Zeit um 1195 ist die portugiesische Burg Òbidos nahe Lissabon datiert, deren Siedlung zur gleichen Zeit königliche Privilegien erhielt (Abb. 4–5). Sie diente als Zitadelle an der höchsten Stelle der Stadtbefestigung, die im Kern auf muslimische Mauern zurückgeht. Auch die Burg wirkt mit ihren halbrunden Türmen arabisch geprägt, jedoch finden sich am homogenen kleinteiligen Quadermauerwerk keine Hinweise auf ältere Sockelzonen, damit ist zu vermuten, dass diese Burg vom portugiesischen König Sancho I. (1185–1211) programmatisch als Fusion iberischer Festungskonzepte angelegt wurde. Der Erstbau hatte als krönenden Abschluss einen in gleicher Höhe durchlaufenden Wehrgang, erst in der Frühgotik wurden die Türme deutlich aufgestockt, gemäß Inschrift erfolgte 1375 der Bau des heute dominanten Wohnturms.

Erst 20 Jahre später findet sich an der aragonesischen Grenze zum Königreich Navarra in Sadaba wieder ein Kastell, das wohl um 1215 direkt vom König zur Grenzsicherung gegen die christlichen Nachbarn angelegt worden ist. 1223 wird „Sadaba nueva" zu Lehen ausgegeben, die Anlage war wohl unterdes fertig gestellt (Abb. 6–7).⁴

Der bemerkenswert subtil geplante Bau belegt eine leicht verzogene Fläche von 27 x 34 m und wirkt außen durch seine hohen 2 m starken Mauern und die einst durch Holzwehrgänge geschützten Flankentürme uneinnehmbar, während innen durch eine Kapelle und zwei Wohntrakte mit qualitätvollen Biforenfenstern durchaus geräumiger Platz für ein repräsentatives Leben vorhanden war. Bautypus, Quadermauerwerk mit integrierten Buckelquadern und vor allem die ehemaligen Gewölbegurten erinnern an zeitgleiche süditalienische Bauten des Stauferkönigs Friedrich II. (etwa Trani), zu

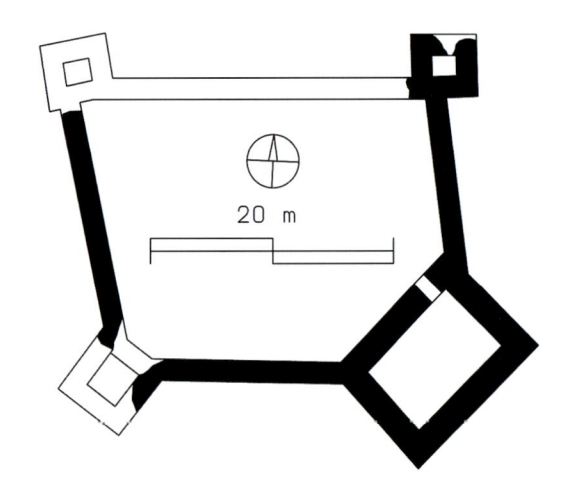

Abb. 2–3 | Torresavinán, Spanien, Kernkastell 12. Jh.

IBERISCHE KÖNIGREICHE

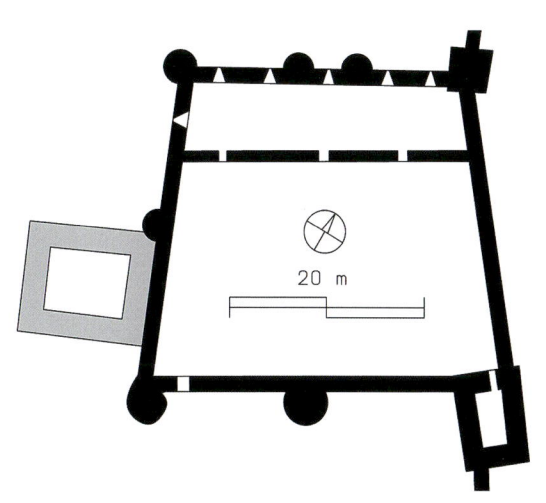

Abb. 4–5 | Òbidos, Portugal, Kernkastell um 1195

dem diplomatische Beziehungen bestanden. Im nahen Olite findet sich ein paralleler Bau von Sancho VII. dem Starken, König von Navarra (1194–1234). Als Verbündeter des englischen Königreichs und wichtiger Kriegsherr gegen die Muslime ließ er offenbar demonstrativ einen zu Sadaba vergleichbaren Kastellbau errichten, der zum Nukleus für einen weitläufigen Königspalast werden sollte (Abb. 8).[5] Den Kern bildete ein leicht verzogenes Geviert von 22 x 37 m, mit einer stadtseitigen Doppelturmfront und zwei landseitigen pfeilerartigen Ecktürmchen. Mit dieser Konzeption, mit den massiven fensterlosen Mauern aber auch mit den sorgfältigen Quadermauern mit vereinzelten Buckelquadern könnte es direkte bauliche Beziehungen zu Sadaba gegeben haben.

Ein bemerkenswert gut vergleichbares Quadermauerwerk mit integrierten Buckelquadern findet sich in Lissabon als kastellartiger Unterbau der barocken Malteserkirche. Der Orden hatte hier seit dem Hochmittelalter seinen portugiesischen Sitz und mag an der Stadtmauer ein Kastell nach levantinischem Vorbild errichtet haben, das beim Erdbeben 1755 weitgehend zerstört wurde.

Im 13. Jahrhundert wurde auch in der kleinen Stadt Bolanos de Calatrava ein Kastell errichtet, das wohl nach der christlichen Eroberung der Region sowie nach deren Übergabe 1229 an den Calatravaorden entstanden ist (Abb. 9–10). Hier entwickelte sich der Sitz der Ritter von Balanos, von dem nach deren Abzug 1825 heute nur noch ein vollständiger Turm und Ruinen weiterer Mauern künden. Offensichtlich entstand in der Frühgotik ohne Vorgängerbau ein 41 x 44 m großes Geviert mit vier Türmen, von denen zwei gut nachvollziehbar sind, zwei weitere sind durch senkrechte Mauerabbrüche zu rekonstruieren. Erst in der Folge dürften im Hof randständige Trakte angestellt worden sein.

Im mittleren 13. Jahrhundert entwickelte sich das kastilische Königshaus zur führenden iberischen Macht (Abb. 11). Al-

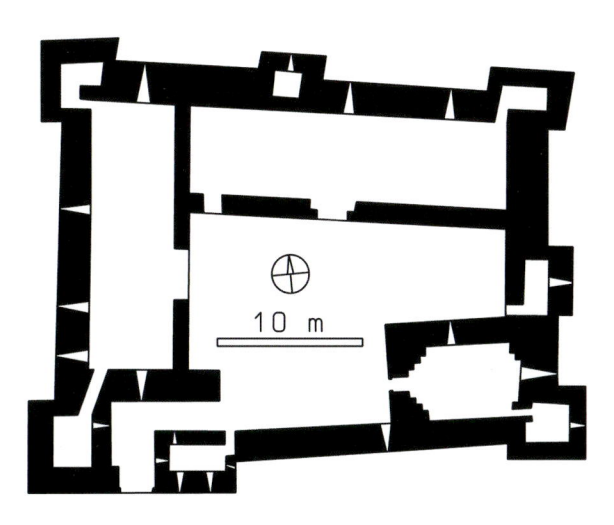

Abb. 6–7 | Sadaba, Spanien, Kernkastell 1. H. 13. Jh.

IBERISCHE KÖNIGREICHE | 317

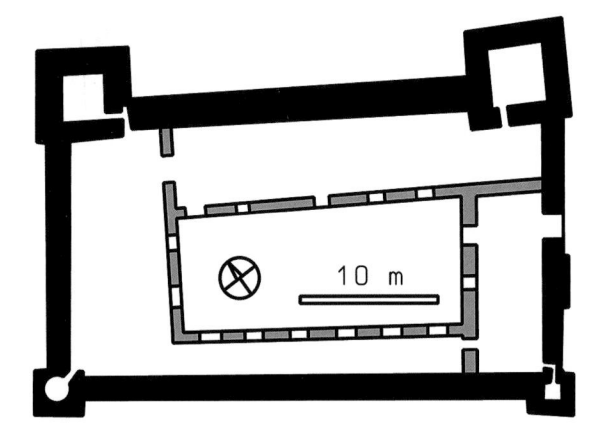

Abb. 8 | Olite, Spanien, Kernbau 1. H. 13. Jh.

fons X. der Weise (1252–84), Sohn von Ferdinand III. mit Beatrix von Schwaben und somit Cousin des römisch-deutschen Kaisers Friedrich II., führte nach der Eroberung der Kleinkönigreiche von Murcia und Sevilla (bis ca. 1248) und der Tributpflicht der islamischen Königreiche Granada und Kastilien große Reformen bei Gesetz, Verwaltung und Wirtschaft durch, hatte aber auch mit gefährlichen Aufständen zu kämpfen. 1256 wurde er als Kandidat italienischer Städte für die vakante römische Kaiserkrone aufgestellt, konnte diese ohne intensives Engagement jedoch nie gewinnen. Alfons wird der programmatische Ausbau der muslimischen Stadtresidenz von Toledo zum viertürmigen Kastell zugeschrieben, wenngleich die südliche Doppelturmfront heute aus dem 16. Jahrhundert stammt.[6] Im Norden dominieren noch zwei große Flankentürme aus spätromanischem Quadermauerwerk eine fast 70 m breite rechtwinklige Burg, die offensichtlich als Erweiterung der muslimischen Zitadelle symmetrisch angelegt wurde. Mangels exakter Bauanalysen kann nicht verifiziert werden, ob und welche der vier umlaufenden Hoftrakte bereits unter Alfons errichtet worden sind. Es zeichnet sich jedenfalls ein geräumiges Residenzkastell ab, das direkte Analogien zu den wenig älteren staufischen Anlagen in Süditalien aufweist. Mehrere Muslimenaufstände in den neu eroberten Gebieten führten vor allem in den Bergen südwestlich von Valencia zur Errichtung strategisch gelegener Kontrollforts (Abb. 12–13). Von einer ganzen Reihe einst offenbar eng verwandter Anlagen blieben nur historische Daten sowie spärliche Grundrissskizzen und Ansichten erhalten, so von Olimbroi bei Deniá, dem Palacete in Cox und dem Palauet in Castalla.[7] Das einsam gelegene Kastell Forna fast an der Ostküste, das 1262 von Guillem Bernat, einem königlichen Kapitän der Bogenschützen, verwaltet wurde und bald Sitz einer kleinen Baronie wurde, hat hingegen als Ruine fast unverändert überdauert.[8] Die sehenswerte Anlage belegt eine verzogen-trapezförmige Fläche von 23 m Seitenlänge und wird durch einen einst dominanten Hauptturm sowie drei wenig kleinere Trabantentürme flan-

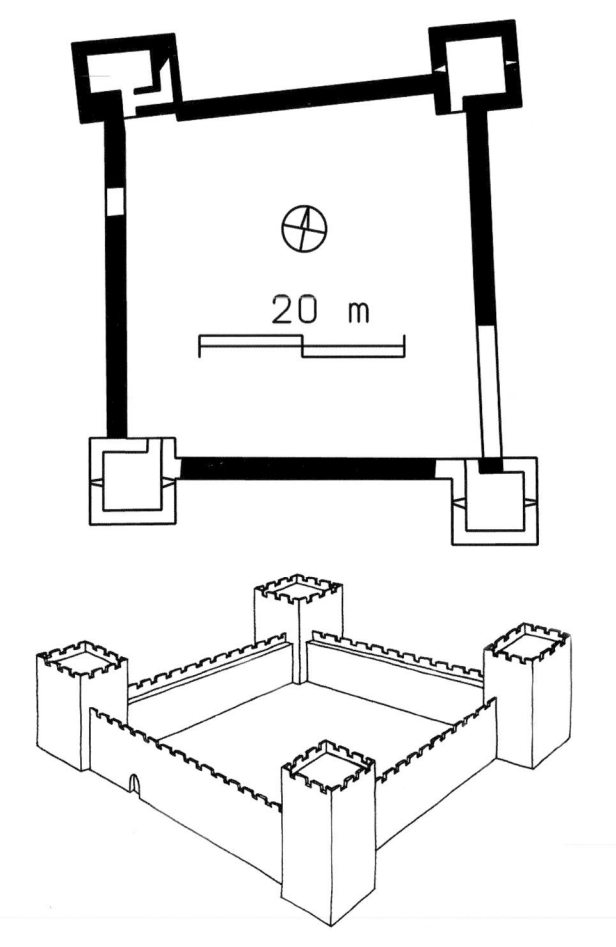

Abb. 9–10 | Castillo de Dona Berenguela, Spanien, 1. H. 13. Jh.

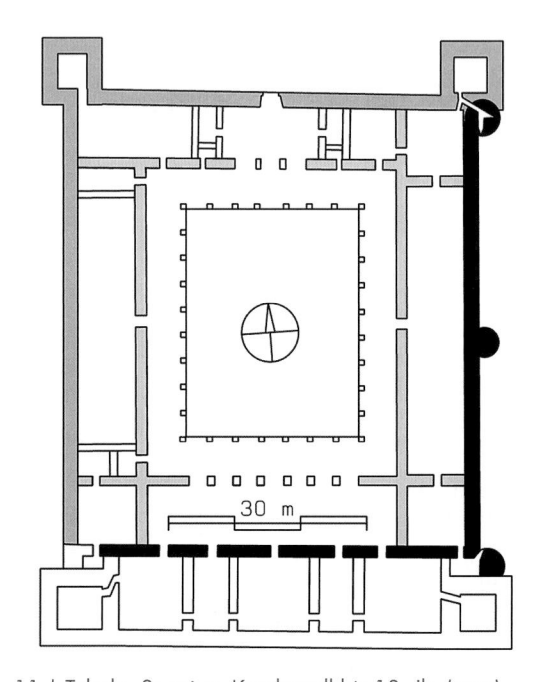

Abb. 11 | Toledo, Spanien, Kernkastell bis 13. Jh. (grau)

IBERISCHE KÖNIGREICHE

kiert. Zahlreiche durchaus für Bogenschützen geeignete Scharten ermöglichen eine lückenlose Kontrolle des Vorgeländes, den oberen Abschluss bildete ein umlaufender Holzwehrgang. Im Inneren boten drei primäre Trakte Platz für die ständige Präsenz einer kleinen Garnison. Das Mauerwerk dieses Forts besteht aus kleinteiligem Bruchstein mit Tapia-Aufsatz und Ziegelgewänden, einer klassischen einheimischen Mudejar-Technik.

Auch in den weiten kaum besiedelten Ebenen des Landesinneren entstanden in den Unruhezonen Kastelle. So übergab Alfons X. im Jahr 1269 dem Kriegsveteranen Fernan Alfonso de Lastes als Dank für dessen Leistungen bei der Eroberung des muslimischen Andalusien die Herrschaft Torreparedones (Abb. 14). Diese in der Römerzeit bedeutende Stadt mit intakter antiker Stadtmauer erhielt umgehend eine starke Zitadelle (Castillo de Torreparedones bzw. Castillo de las Virgenes), deren kleinformatiges Geviert von einem dominanten Hauptturm mit abgerundeten Kanten sowie drei pfeilerartigen Ecktürmen flankiert wurde. Bald musste sich die Befestigung mehrfach gegen muslimische Angreifer bewähren, ehe man die gesamte Siedlung im Jahr 1386 aufgab und sich ins nahe Baena zurückzog.

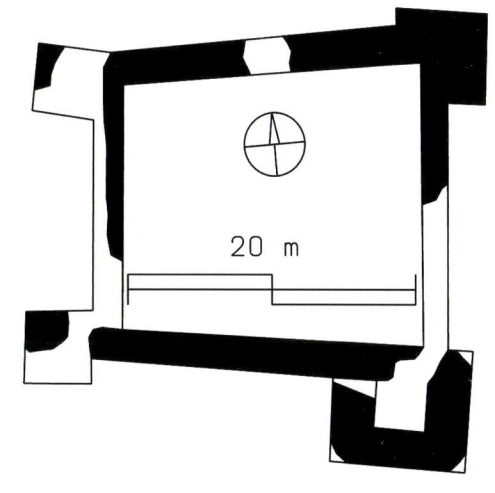

Abb. 14 | Torreparedones, Spanien, Kernkastell 2. H. 13. Jh.

Im Jahr 1268 übergab Alfons X. die Herrschaft San Romualdo dem Ritterorden Santa Maria de Espana, damit dieser hier einen grenznahen Stützpunkt anlege (Abb. 15–16).[9] Der Orden hatte sich zuvor große Meriten im Kampf gegen die Muslime erworben und war offensichtlich als Schutzmacht der lokalen Grenze vorgesehen. Auf den Trümmern einer antiken

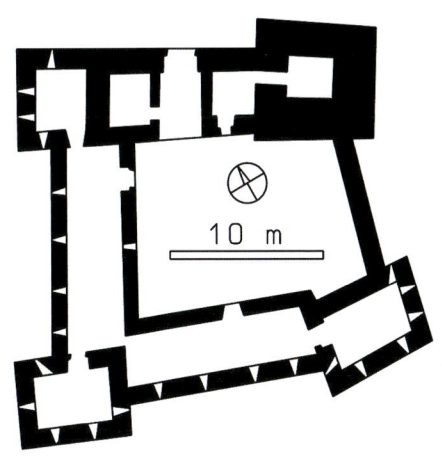

Abb. 12–13 | Forna, Spanien, Kernkastell um 1260

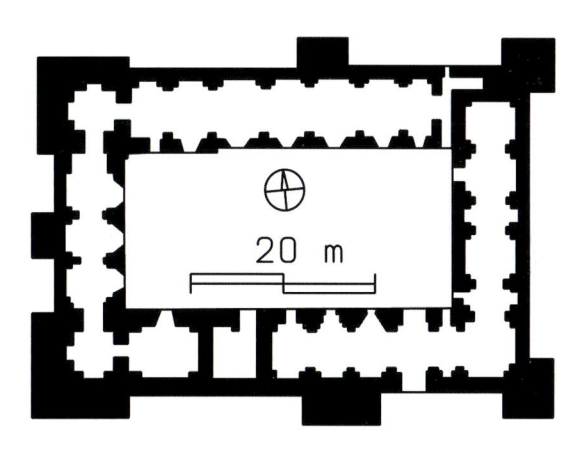

Abb. 15–16 | San Romualdo, Spanien, Kernkastell ab 1268

IBERISCHE KÖNIGREICHE

Stadt entstand nun die neue Stadt San Ferdinando und in ihr als Zitadelle das Kastell San Romualdo, dessen Ruinen kürzlich erforscht und zum Museum umgestaltet worden sind. Auf einer streng rechtwinkeligen Fläche von 34 x 51 erbaute man inmitten eines ebenso konsequenten Zwingerumlaufs in mehreren Etappen einen klosterähnlichen Komplex, der außen je Abschnitt aus unterschiedlichen (eindeutig spolierten) Steinblöcken gefügt ist, innen jedoch in der letzten Phase zu einem einheitlichen zweigeschossigen Hallenumlauf mit Ziegelgewölben muslimischer Tradition vereinheitlicht wurde. Diese originelle Konzeption im Stil der ibero-muslimischen Mudejar-Kunst[10] verführte die Forschung zur Frühdatierung und Deutung als Ribat, wenngleich die Archäologie nun eine Entstehung im späten 13. Jahrhundert festgelegt hat.[11]

Leider undatiert ist die großräumige Verteidigungsanlage von Molina in Kastilien, einer im Mittelalter bedeutenden Stadt, die im frühen 12. Jahrhundert vom Königreich von Aragón den Muslimen entrissen wurde, jedoch bald zum Königreich Kastilien wechselte (Abb. 17–18).[12] Die letzte lokale Besitzerin Dona Blanca heiratete Sancho IV., den König von Kastilien (1284–95). In dessen Amtszeit dürfte es zum Großausbau einer viereckigen Stadtbefestigung, eines isolierten Vorwerks und nicht zuletzt an der höchsten Stelle einer weiträumigen zweiteiligen Burganlage mit dominantem Kernwerk gekommen sein. Auf diese Zeit deuten nicht nur zahlreiche Spitzbogenfenster und Polygonalrippengewölbe sondern auch homogene Blockmauern mit frühgotischen Steinmetzzeichen.[13] Das Kernwerk belegt eine trapezförmige Fläche von maximal 67 x 81 m und wird durch einen dominanten 14 m breiten Wohnturm sowie eine Reihe gleichförmiger Mauertürme geschützt, die hoch über die Beringmauern ragen. Nach Osten sind die Türme keilförmig gegen Beschuss gesichert, während nach Westen ein großformatiges Prunktor gerichtet ist. Einbauten fehlen heute, sie sind jedoch durch Balkenanschlüsse belegt. Als Hauptwohnsitz des Königs ist der Wohnturm zu vermuten, wie dessen repräsentative Ausstattung indiziert.

Der portugiesische König Dinis (1279–1325) heiratete 1282 Isabel von Aragón und ordnete – durch diese Allianz gestärkt

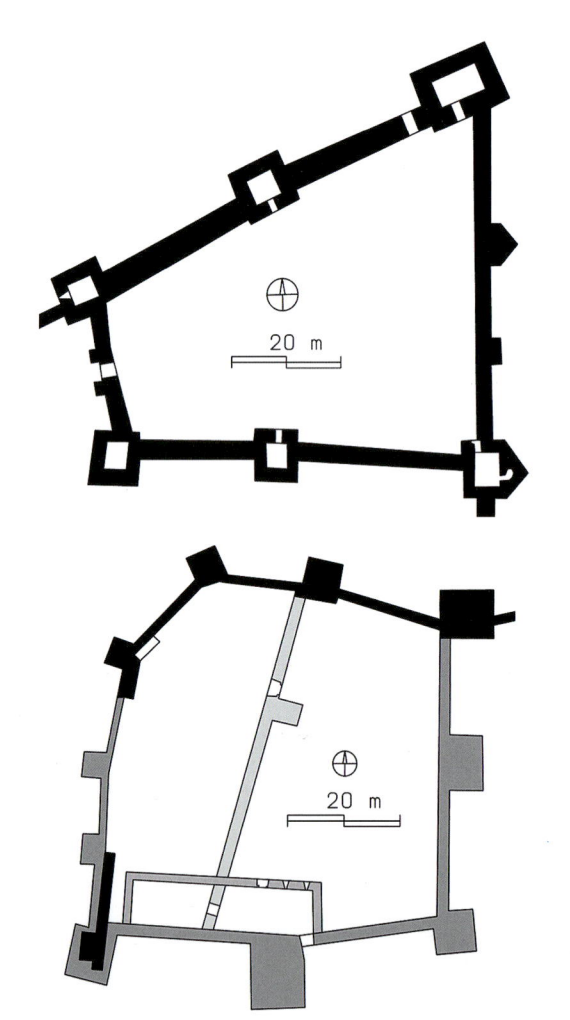

Abb. 17–18 | Molina de Aragón, Spanien, Kernkastell E. 13. Jh.

Abb. 18a–19 | Lissabon, Castelo de Sao Jorge, Portugal, Kernkastell E. 13. Jh., Westansicht

IBERISCHE KÖNIGREICHE

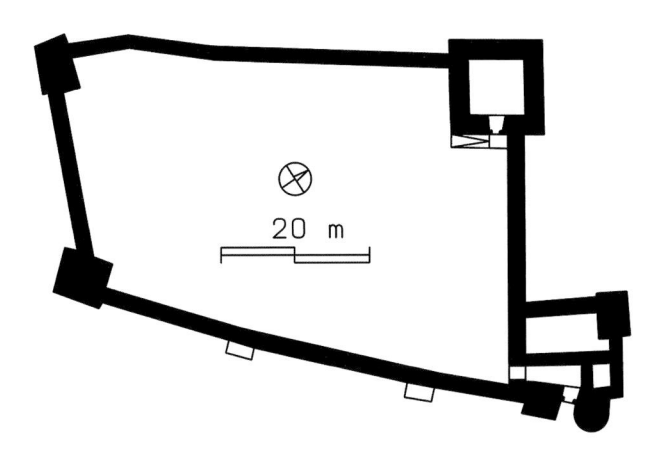

Abb. 19a–20 | Mértola, Portugal, Kernkastell E. 13. Jh.

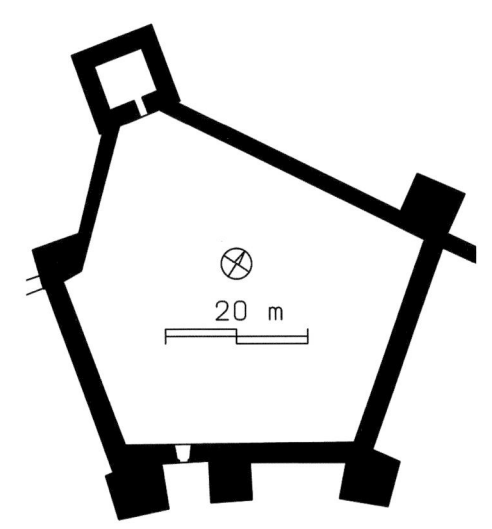

Abb. 21–22 | Beja, Portugal, Kernkastell E. 13./A. 14. Jh.

– in der Folge sein Reich durch eine zentralistische Verwaltungsreform sowie die exakte schriftliche Definition seiner Grenzen, offenbar ohne weiteren Expansionsdrang (Abb. 18a–19). Parallel dazu wurden wichtige Landesburgen sowie Grenzforts gegen die muslimischen Nachbarn verstärkt bzw. grundlegend neu aufgebaut. Als Zentrale gilt das große Kastell von Lissabon, das bereits seit dem mittleren 12. Jahrhundert als königliche Residenz gedient hatte. Grabungen belegen, dass die weit in der Antike wurzelnde Oberstadt in muslimischer und früher christlicher Zeit ein weiträumiges herrschaftliches Geviert gebildet hat, während erst Dinis eine 52 x 64 m breite Zitadelle abtrennte und diese durch massive Mauern und Türme sowie einen 13 m breiten Hauptturm schützte. Damit setzte sich der König deutlich vom zeitgenössischen adeligen Burgenbau ab und schloss an andere europäische Königshäuser an. Die noch nicht eindeutig geklärte komplexe Bauentwicklung des Kastells weist auf einzelne Etappen in kurzen Abständen vom in einer Höhe durchlaufenden Geviert mit bastionsartigen Pfeilern hin zu hohen Türmen, gestaffelten Toranlagen und Höfen sowie umlaufendem Zwinger und tiefem Graben.

Auch an den Grenzen ließ Dinis ein ambitioniertes Befestigungsprogramm ausführen, das noch nicht restlos erforscht ist (Abb. 19a–20). Dinis war persönlich sehr daran interessiert und inspizierte mehrfach die laufenden Arbeiten.[14] Zahlreiche Anlagen sind heute nur mehr durch eine Inventarisation der Grenzburgen des frühen 16. Jahrhunderts dokumentiert, als bemerkenswerter Weise neben Beschreibungen und Skizzen auch Grundrisse angefertigt wurden.[15] So sind etwa in Miranda do Douro, Braganca und Vinhais Kastelle mit großen Ecktürmen überliefert, die heute so nicht mehr existieren.[16] Offensichtlich gehörte zum Bauprogramm auch Mértola, direkt über dem Grenzfluss Guadiana gelegen.[17] Am höchsten Punkt der stark befestigten Stadt entstand auf älteren muslimischen Mauern eine neue Zitadelle, die durch eine Inschrift von 1292 über dem Turmportal datiert ist. Die verzogen-rechteckige Anlage verfügte über einen dominanten Wohnturm sowie zwei massive Ecktürme und eine komplex gestaffelte Toranlage. An der benachbarten langen Beringfront deuten Fu-

IBERISCHE KÖNIGREICHE

22).¹⁸ Hier wurde das Tor durch eine enge Doppelturmanlage flankiert, hinter der sich ein weiter freier Hof erstreckte. Der Wohnturm wurde erst in der Folge zum mächtigen königlichen Wahrzeichen aufgestockt.

Auch das grenznahe Kastell Sabugal an einem wichtigen Übergang über den Coca wurde in ähnlicher Form als Zitadelle der Stadt an die höchste Stelle gesetzt und mit massiven Türmen sowie einem dominanten Hauptturm geschützt (Abb. 23–24).¹⁹ Dieser zeigt mit seiner bugförmigen Spitze zur gleichhoch gelegenen Stadt und reagiert wohl auf moderne Belagerungstechniken.

In gleicher Form erhielt die von Alfons III. wieder aufgebaute muslimische Stadtburg von Monsaraz unter Dinis stadtseitig einen bugförmigen Hauptturm, der wohl einen älteren Mauerturm überbaute (Abb. 25).²⁰ Ähnliche punktuelle Verstärkungen zu Mehrturmkastellen finden sich an zahlreichen portugiesischen Burgen, etwa den grenznahen Guimaraes und Braganca.²¹

Als zweite Gruppe wurden Kastelle mit runden Ecktürmen errichtet, die eventuell schon wenig älteren Konzepten folgten. So war bereits 1258 ein königliches Privileg zur Befestigung der Stadt Estremoz ausgestellt worden, wonach wohl umgehend eine große Stadtmauer mit massiven halbkreisförmigen Türmen entstand (Abb. 26).²² Dinis gilt als Bauherr der Zitadelle, die als sekundär angesetztes verzogenes Geviert mit deutlich größeren Hufeisentürmen ausgeführt wurde. Während zur Siedlung die massiven geschlossenen Wände dominierten, deuten talseitig große Spitzbogenfenster auf einen randständigen repräsentativen Saalbau.

Auch für die großformatige Burg von Portel wurde bereits 1261 dem königlichen Seneschal und Kammerdiener der Königin die Erlaubnis zum Bau ausgestellt (Abb. 27–28).²³ Dennoch gilt Dinis nach dem Einzug des Besitzes an die Krone als Bauherr, hier sind noch nähere Forschungen abzuwarten. Die

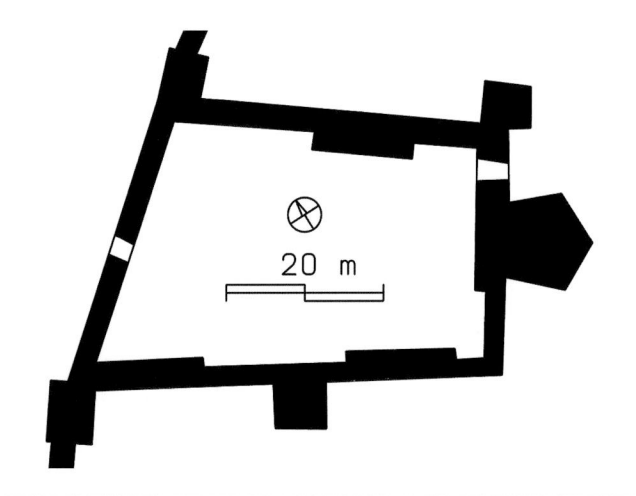

Abb. 23–24 | Sabugal, Portugal, Kernkastell E. 13. Jh.

gen auf zwei zusätzliche ehemalige Mauertürme, primäre Binnenbauten sind hingegen nicht erkennbar.

Auch die Mitte des 13. Jahrhunderts vom portugiesischen König Alfons III. (1248–79) wieder aufgebaute muslimische Stadtbefestigung von Beja wurde unter seinem Sohn Dinis mit einer starken Zitadelle versehen, die gemäß älterer Situation polygonal in eine Mauerecke gesetzt wurde (Abb. 21–

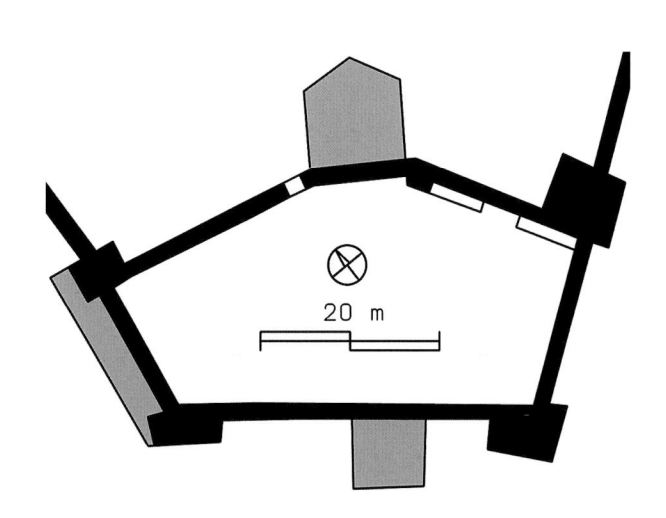

Abb. 25 | Monsaraz, Portugal, Kernkastell E. 13. Jh.

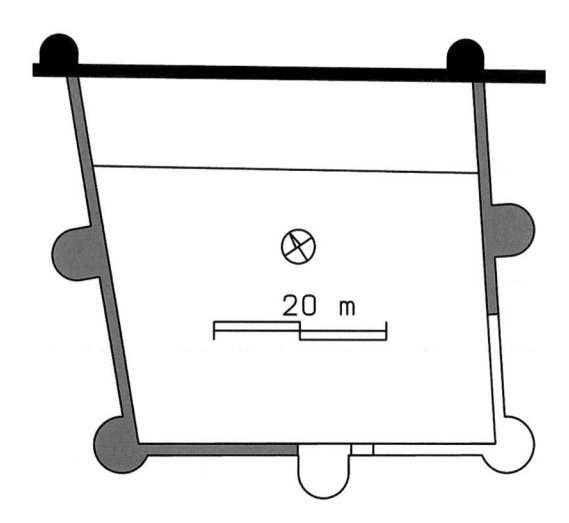

Abb. 26 | Estremoz, Portugal, Zitadelle 2. H. 13. Jh.

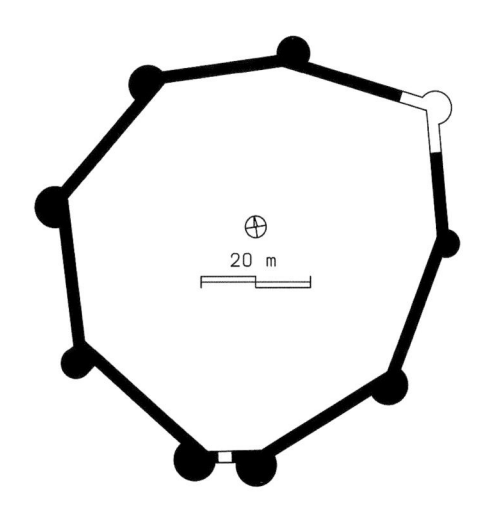

Abb. 27–28 | Portel, Spanien, Burg 2. H. 13. Jh.

Burg ist bis auf einen späteren Turmanbau ausnehmend gut erhalten und zeigt einen verzogen-achteckigen Grundriss mit leicht unterschiedlichen rundlichen Ecktürmen, die allesamt massiv ausgeführt sind. Auch im Inneren ist keine zeitgleiche Bebauung bewahrt, sodass in dieser Grenznähe von einem rein militärischen Bauwerk auszugehen ist, wie auch die Größe als Truppensammelplatz bestens geeignet scheint. Mit ähnlichen Rundtürmen und massiven polygonalen Beringen wurden zeitgleich wohl zahlreiche Grenzanlagen befestigt, so in Vita Vicosa und Terena[24].

Als einziger viereckiger Neubau gilt die Zitadelle von Castro Marim direkt an der Grenze, am Ufer der Mündung des Guadiana ins Meer, die gemäß Inschrift über dem Tor von 1279 sowie königlichem Privileg von 1282 in der frühen Amtszeit von Dinis begonnen worden sein dürfte (Abb. 29–30).[25] Das wohl ohne ältere Fundamente einheitlich angelegte Kastell von 34 m Breite zeigt 2 m starke Mauern und vier rundliche massive Ecktürme und schließt damit an muslimische Wehrbauten an. Das fußt eventuell auf Erfahrungen des in der Stadt begüterten Ritterordens von Santiago, passt aber auch zu zeitgleichen Kastellen in Holland und Wales, schlüssige Herleitungen liegen nicht vor.

Fast zeitgleich dürfte das 1285 erstmals genannte königliche Kastell von Valongo datieren, bei dem keine historischen Hintergründe bekannt sind (Abb. 31–32). Die mörtelreichen Blockmauern mit farblich abgesetzten sorgfältigen Eckquadern passen zu anderen Burgen von Dinis, zudem zeichnen sich spätgotische Ausbauten ab, somit dürfte dieses Kastell als Variation zu Castro Marim bei ähnlicher Breite von 33 m mit vier eckigen Flankentürmen ausgestattet worden sein.

Bereits im Jahr 1228 hatte der spanische Hoftag in Barcelona unter Führung des Königs Jakob I. von Aragón, „dem Eroberer", einen Kreuzzug gegen die Mauren auf Mallorca beschlossen, es folgte die päpstliche Erlaubnis und bereits 1229 konnte die Besetzung der Hauptinsel abgeschlossen werden, der bis 1235 Menorca, Ibiza und Formentera folgten.[26] Die Inselgruppe wurde 1229 zum eigenständigen Königreich erhoben und als künftige Erbschaft für den jüngeren Sohn Jakob II. vorgesehen, dieses Königreich „Balearicum Regnum" sollte in unterschiedlicher Abhängigkeit bis 1715 Bestand haben. Nach Jakobs Tod 1276 wurde sein Sohn Peter III. zum Nach-

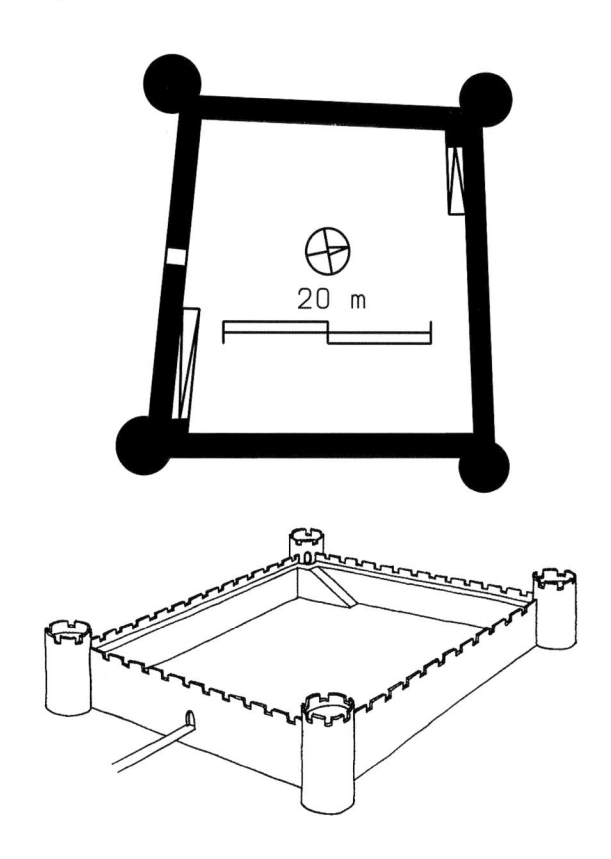

Abb. 29–30 | Castro Marim, Portugal, Kernkastell nach 1279

IBERISCHE KÖNIGREICHE 323

folger in Spanien ausgerufen, während dessen jüngerer Bruder Jakob II. das Königreich Mallorca sowie Cerdanya, Roussillon und Montpellier erbte. Sofort rief er gegen den Willen seines Bruders eine unabhängige Königsherrschaft aus und leitete durch die Etablierung mehrerer Residenzen eine Blütezeit ein. Jakob organisierte die Verwaltung neu, förderte Handel und Wissenschaft und trat als Bauherr auf.

Gleich zu Beginn setzte Jakob mit einer neuen königlichen Residenz in seiner kontinentalen Hauptstadt Perpignan ein demonstratives Zeichen (Abb. 33–34).[27] Die heute durch eine sechseckige Festung des 16. Jahrhunderts überbaute Anlage lässt sich durch eine gute Quellenlage bis zur Planung und Nutzung rekonstruieren. Demnach entstand bis etwa 1309 unter namentlich bekannten Baumeistern auf einem isolierten Hügel im Süden der Stadt ein konsequenter quadratischer Neubau von etwa 60 m Seitenlänge. Die Außenarchitektur war über einem tiefen Graben mit verkröpft durchlaufenden breiten Sockelschrägen durch ein homogenes Mauergeviert sowie acht vortretende Eck- und Mauertürme geprägt, die dem klassischen Kastelltypus folgten. Innen waren diese Türme hingegen flach gehalten bzw. an den Ecken hakenförmig ausgenommen, sodass das Mauergeviert konsequent durchlaufen konnte. Die primäre Hofgestaltung muss durch kontinuierliche Umgestaltungen spekulativ bleiben, so wird eine gleichförmig umlaufende Bebauung samt Arkadengang vermutet, andere gehen von funktionsabhängigen Trakten aus.[28] Es dürfte jedenfalls eine axiale Gestaltung gegeben haben, bei der man in einer Linie im Westen vom zentralen Torturm zur dominant im Hof gegenüber stehenden Kapelle gelangen konnte. Im Süden lag der große Zeremoniensaal mit öffentlichen Annexen, während im Norden die königlichen Privatgemächer vermutet werden.

Mit diesem Konzept aber auch der Traktaufteilung finden sich bislang kaum beachtete Parallelen zum süditalienischen staufischen Königspalast von Lagopesole, der wenig früher (wohl unter König Manfred) ausgebaut worden war und dabei neben den analogen Sockelschrägen und den hakenförmigen Ecktürmen auch eine idente Achse vom Torbau bis zur weit vorstehenden Kapelle erhalten hat. Prinzipielle Analogien finden sich auch an zahlreichen anderen süditalienischen Stauferkastellen, etwa an Augusta und Gioia del Colle. Sehr wahrscheinlich hat das Ende der staufischen Herrschaft 1266 in Süditalien zur Abwanderung der königlichen Architekten und Baumeister geführt, zumal dort nun unter den Anjou nach

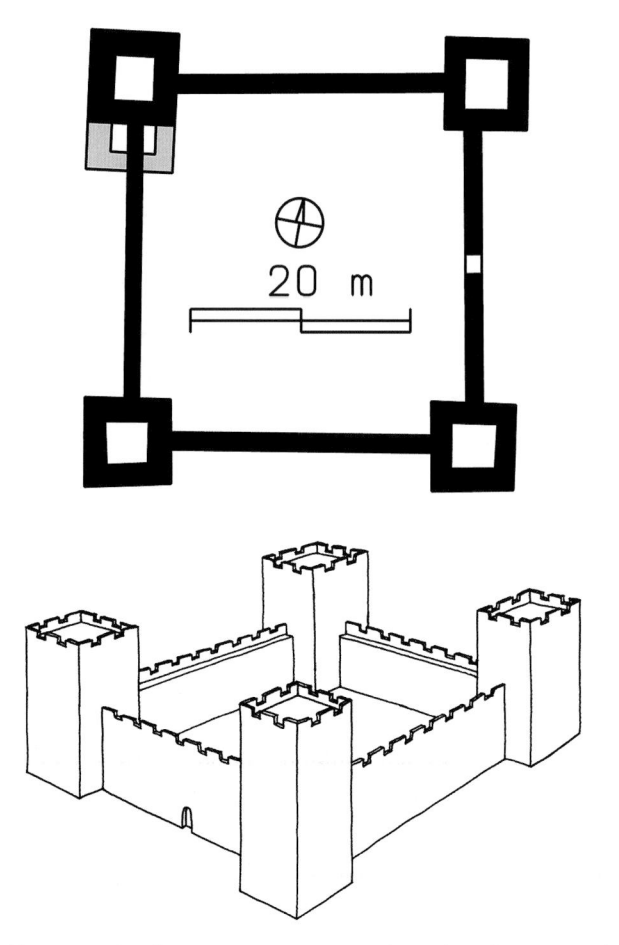

Abb. 31–32 | Valongo (Montoito), Portugal, Kernkastell 2. H. 13. Jh.

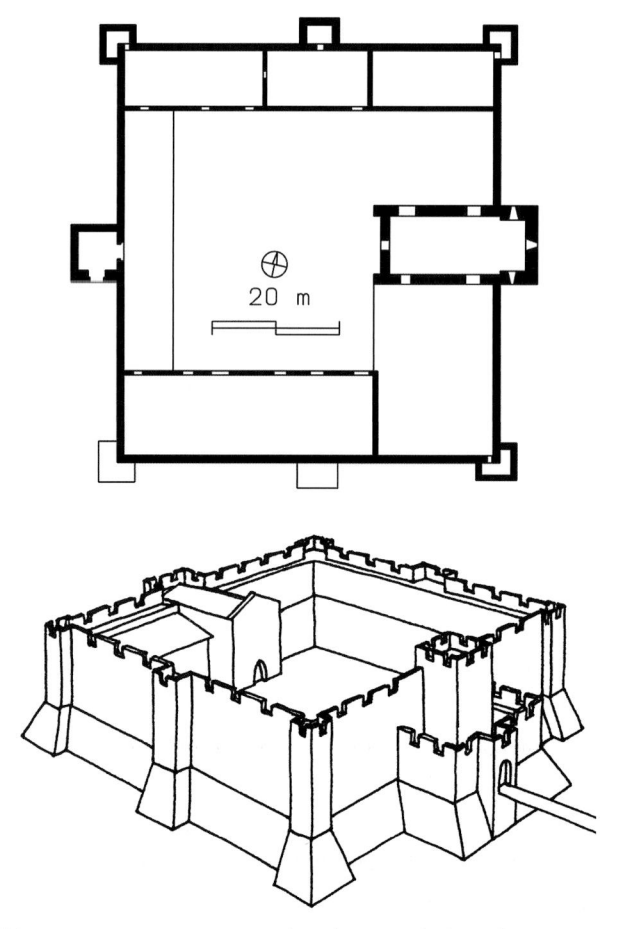

Abb. 33–34 | Perpignan, Frankreich, Königspalast ab 1276

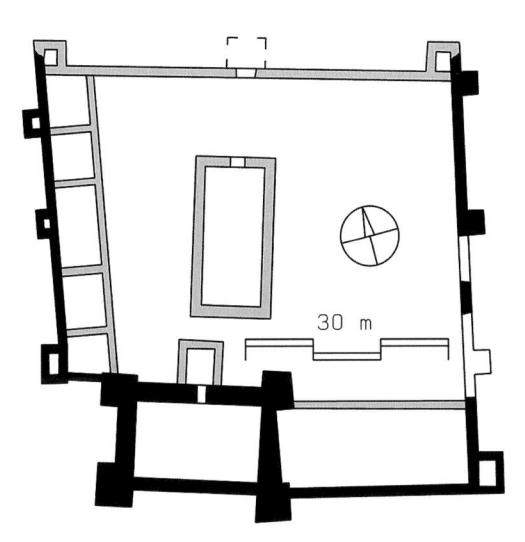

Abb. 35 | Palma de Mallorca, Spanien, Almudaina um 1300

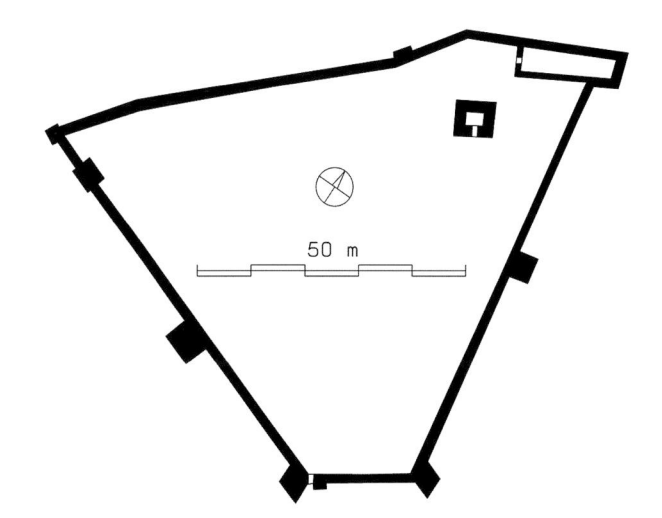

Abb. 36 | Nunis, Spanien, Kernkastell um 1300

rein französischer Manier mit Rundtürmen gebaut wurde. Einige Planer und auch Handwerker könnten an den verwandtschaftlich nahe stehenden Hof Aragóns gekommen sein, das scheint umso wahrscheinlicher, als sich in einer Nische von Perpignan eine wohl bauzeitliche arabische Inschrift findet und zuvor auch in Süditalien zahlreiche muslimische Baukünstler an den königlichen Baustellen beschäftigt waren. Jakob II. könnte somit das aktuellste Wissen der staufischen Kastellbauhütten in seinen eigenen Residenzen weitertradiert haben.

In der Hauptstadt von Mallorca, deren Wurzeln auf die Römer und Araber zurück gehen, hatten diese bereits eine mächtige Palastfestung hinterlassen, die aus einem großzügigen vieltürmigen Kastell und einem starken Kernwerk bestand (Abb. 35).²⁹ Auch hier können heute nach zahlreichen Ausbauten nur mehr grobe Rekonstruktionen zum Zustand unter Jakob II. versucht werden. Offenbar wurde das arabische Kastell im Norden verkürzt und mit einer neuen Mauer abgeschlossen, die wohl wie in Perpignan von Flankentürmen und einem zentralen Torbau akzentuiert war. Sehr wahrscheinlich wurde hier die neue Kapelle zentral freistehend errichtet, wenngleich Arkaden flankierende Höfe abgeschieden haben mögen. Auch hier können die Raumfunktionen nachvollzogen werden, so diente das alte Kernwerk als Königsquartier, daneben schloss im Osten der Zeremoniensaal an, während der kleine Westhof der Königin zugeordnet wird.³⁰

Auch in der alten muslimischen Hauptstadt Mallorcas namens Sineu ließ Jakob ab 1309 eine königliche Residenz anlegen, den Palau dels Reis de Mallorca.³¹ Nach seinem baldigen Tod 1311 wurden die Arbeiten sofort eingestellt und später adaptierte man die Gebäude als Kloster, sodass davon auszugehen ist, dass die ursprüngliche Planung nicht weit ausgeführt war. Deutlich erkennbar bildete auch hier ein muslimischer Palast mit seinen charakteristischen Stampfwänden den Kern, wenngleich die fast quadratische Größe von 50 x 55 m Breite erst unter Jakob entstanden sein dürfte. Im Kloster zeichnen sich ein stark veränderter zentraler Mitteltrakt sowie ein ehemals axial gegenüber liegender Torturm ab, weitere originale Türme sind jedoch nicht fassbar. Damit muss offen bleiben, ob und wie weit dieser Palast den anderen angepasst

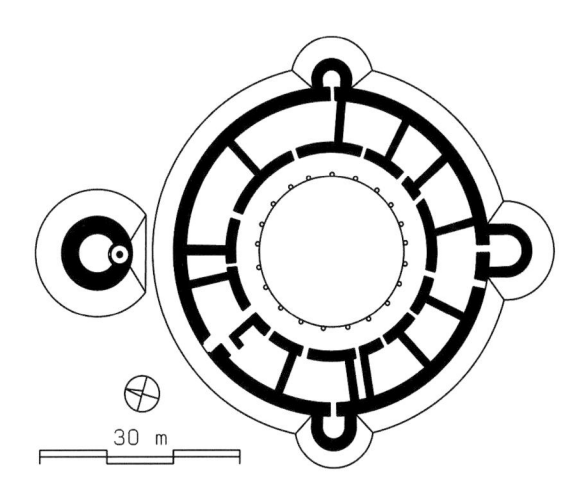

Abb. 37–38 | Castell de Bellver (Castillo Bellver), Spanien, um 1300–1311

IBERISCHE KÖNIGREICHE

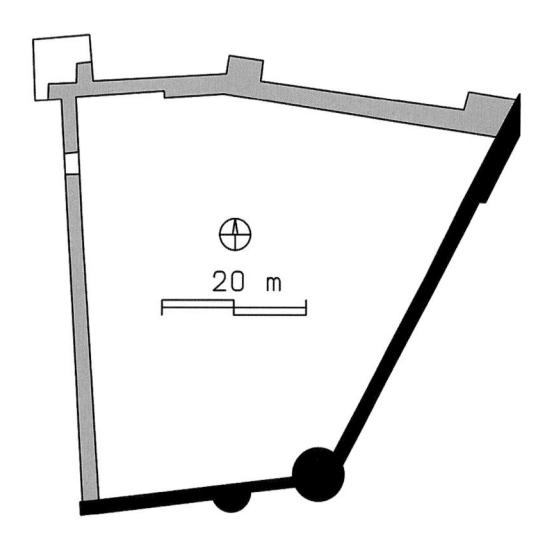

Abb. 39 | Castrotorafe, Spanien, Ausbau A. 14. Jh.

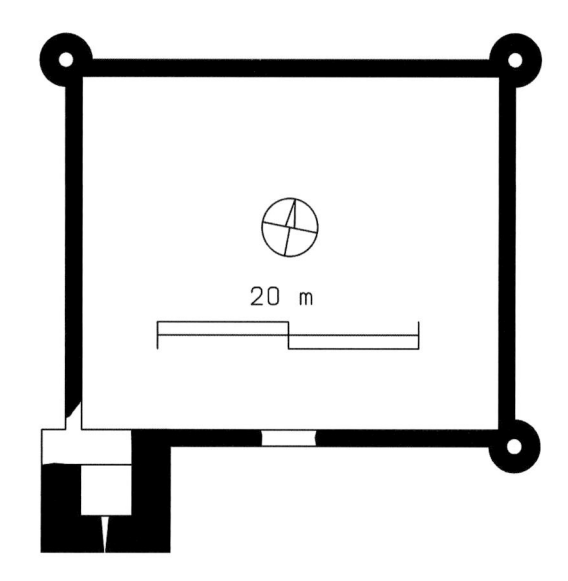

Abb. 40 | Alt Manzanares, Spanien, Kernkastell 1. H. 14. Jh.

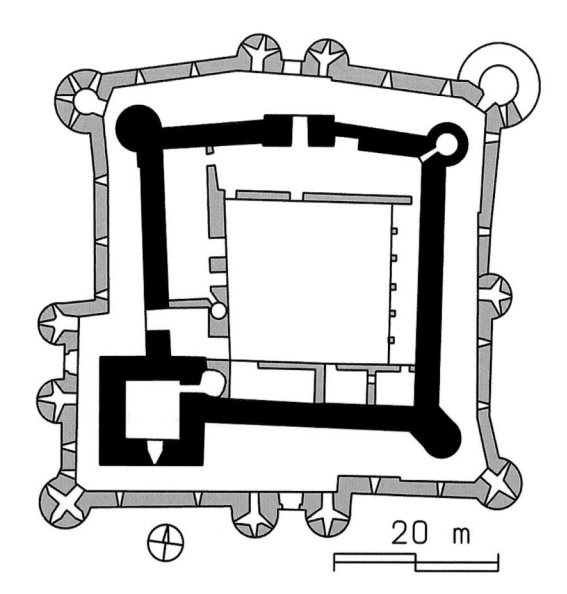

Abb. 41 | Portillo, Spanien, Kernkastell M. 14. Jh.

hätte werden sollen. Weitere Residenzen werden in anderen französischen Enklaven Jakobs vermutet bzw. sind historisch belegt, jedoch architektonisch nicht fassbar.

Um 1300 wird auch das – aus zum Palau gleichförmigen Quadern errichtete – Kastell von Nunis datiert, das auf der Felsspitze eines nordöstlichen Inselsporns von Mallorca thront (Abb. 36).[32] Das geländebedingt fast dreieckige Fort von etwa 90 x 100 m Seitenlänge inkludierte am Gipfel einen muslimischen Wehrturm, besaß an den geradlinigen ca. 1,2 m starken Mauern unterschiedliche Eck- bzw. Mauertürme und im Nordosten eine integrierte Kapelle. Wahrscheinlich wurde auch diese Befestigung nie planmäßig fertig gestellt, fand man doch archäologisch etwa 150 kleine Häuschen einer zivilen spätmittelalterlichen Besiedlung. Vielleicht reichten aber die Umfassungsmauern zunächst als nicht ständig bewohntes Rückzugsnest für eine fallweise stationierte Garnison, während eine Palastnutzung wohl auszuschließen ist.

Ein gänzlich anderes und überregional isoliertes Modell wurde im frühen 14. Jahrhundert auf einem sanften Hügel über Palma verwirklicht (Abb. 37–38). Das bis heute fast unveränderte Castell de Bellver beeindruckt durch seine Konsequenz und Ausgewogenheit und kann wohl programmatisch als abgewandelte Weiterentwicklung des staufischen Castel del Monte angesehen werden.[33] Als Architekt gilt Pere Salvá, der auch an der Almudaina fassbar ist und wohl Hofplaner von Jakob war. Er konzipierte ein vollkommen kreisförmiges Kernkastell von 47 m Durchmesser, dessen konsequent umlaufende 9 m breite Randbebauung einen 29 m breiten zentralen Hof einfasst. Der heutige Arkadengang ersetzt einen älteren ähnlicher Größe. An drei Seiten sind unterschiedlich breite Hufeisentürme angesetzt. Die vierte Seite wird durch einen frei vor der Mauer stehenden 10 m breiten Rundturm dominiert, der nur über eine Brücke über den Graben zu erreichen ist. Die gesamte Anlage wird von diesem tiefen kreisförmigen Graben umgeben und steht darin auf einem breiten, schrägen Sockel, analog zu Perpignan. Während die Gesamtkonzeption als individuelle Planungsleistung anzusehen ist, erinnert die konzentrische Form an deutlich ältere süditalienische (Castel del Monte, Augusta etc.) und der isoliert vorgestellte Turm an französische Lösungen (Aigues Mortes, Durdan etc.).

Mit dem Tod Jakobs 1311 endeten zahlreiche Palastbaustellen vorzeitig, auch Bellver dürfte noch nicht fertig gestellt gewesen sein.

Sein Nachfolger Sancho I. „der Friedfertige" (1311–24) war mit der Konsolidierung der Herrschaft beschäftigt und kümmerte sich um einen Küstenschutz gegen das zunehmende Piratenwesen. Unmittelbar zu seinem Amtsantritt startete Sancho vor allem den Ausbau der alten Felsenfestung Santueri an der Südostküste.³⁴ Dort war seit der Römerzeit ein polygonaler Felskopf mit etwa 150 m Durchmesser der Topographie folgend von einer turmbewehrten Mauer eingeschlossen. An der heute fast gänzlich verschwundenen Anlage deuten lokale Verstärkungen und vor allem ein großer Rundturm darauf, dass hier von Baukräften aus dem Castell de Bellver Arbeiten ausgeführt wurden, ohne dass daraus zu Nuni ähnliche Kastellformen zu rekonstruieren wären. Sanchos Neffe Jakob III. der Kühne kam mit neun Jahren unmündig auf den Thron und hatte zeitlebens mit wachsenden Ansprüchen Aragóns auf den Thron zu kämpfen. 1343 musste er nach einem Schauprozess die Invasion miterleben, die er trotz heldenhafter Kämpfe bis zu seinem Tod in der Schlacht 1349 nicht zurück schlagen konnte. Damit war Mallorca als unabhängiges Königreich wieder Geschichte. Aus den letzten Jahren sind keinerlei königliche Bauten bekannt, somit können letztlich sämtliche Kastellbauprogramme auf die lange Regentschaft des Königs Jakob II. (1279–1311) zurückgeführt werden.

Nach dem Tod des kastilischen Königs Alfons X. endete vorläufig der Eroberungsdrang in den muslimischen Süden (Abb. 39). Sein Sohn Johann ließ sich als eigenständiger König von Leon ausrufen und konzentrierte sich auf den Aufbau seiner neuen Verwaltung. Dafür wurde offenbar direkt an der nördlichen Grenze zu Portugal an der älteren Stadtmauer von Castrotorafe eine Zitadelle eingebaut, deren massive Mauern bis heute großteils erhalten blieben.³⁵ Der reine Militärbau ohne (massive) Binnenstrukturen war einst vom bewohnbaren stadtseitigen Eckturm dominiert und konnte gut als Basis für Truppenbewegungen entlang der Grenze dienen.

Dem kastilischen König Alfons XI. (1312–50) wird die alte Burg von Manzanares nahe Madrid zugeschrieben, für die er um 1320 Holzarbeiten im Inneren beauftragt hat (Abb. 40).³⁶ Durch die Verlegung des Sitzes auf einen benachbarten Hügel im 15. Jahrhundert haben sich heute nur niedere Ruinenreste erhalten. Sie zeigen ein homogenes rechteckiges Geviert mit dominantem quadratischem Hauptturm und drei schmalen Rundtürmen an den anderen Kanten. Offensichtlich gab es im Hof hölzerne Einbauten, von denen jedoch nichts erhalten blieb.

Unter dem unehelichen Sohn von König Alfons XI. namens Tello entstand der Nukleus des königlichen Schlosses von Portillo, das 1371 erstmals urkundlich genannt wird (Abb. 41). Die zu Alt-Manzanares sehr ähnliche Anlage auf einer quadratischen Fläche von 35 m Seitenlänge wird durch einen 12 m breiten Hauptturm sowie drei kleine Rundtürme flankiert, im Inneren gibt es Hinweise auf eine primäre Holzbebauung. Demnach war lediglich der dominante Hauptturm mit seinen hochgotischen Rippengewölben ursprünglich als Gebäude gemauert. Nach Adelsunruhen erfolgten im mittleren 15. Jahrhundert ein eingreifender Umbau sowie die Anlage des wehrhaften Zwingerumlaufs.

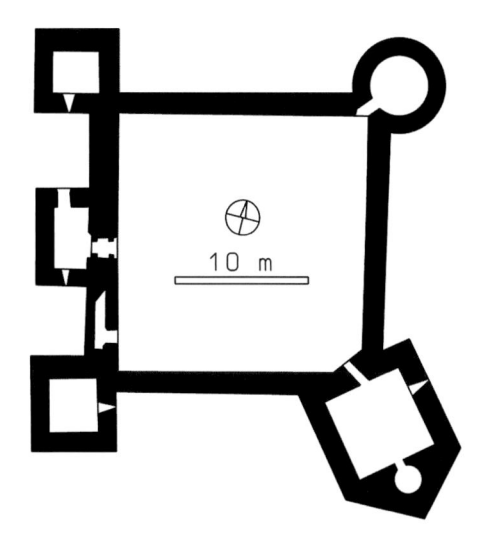

Abb. 42–43 | Cifuentes, Spanien, Kernkastell ab 1324

Don Johann Manuel, Sohn des Bruders des verstorbenen Königs Alfons X. war unter Alfons XI. königlicher Kammerherr und treuer Heerführer und wurde 1325 zum höchsten Soldaten Andalusiens ernannt (Abb. 42–43). Ab 1324 ließ er sich in Cifuentes einen eigenen Landsitz errichten, der bis heute sehr gut erhalten ist. Er belegt eine quadratische Fläche von 22 m Seitenlänge und besitzt eine originelle Kombination zeitgenössischer Turmformen. Während der dominante Wohnturm ähnlich Molina fünfeckig geformt ist, zeigt der nordöstliche Turm analog zu Manzanares einen runden Grundriss. Nach Westen ist eine enge dreitürmige Torfront gerichtet, die durch den geknickten Torweg hervorsticht. Im Inneren haben sich Balkenauflager eines einstigen hölzernen Trakts erhalten, der demnach zum Wohnturm einen kleinen Hof aussparte.

In der gleichen Zeit dürfte Montealegre direkt an der Grenze entstanden sein, für das es aufgrund zahlreicher Besitzerwech-

Abb. 44–45 | Montealegre, Spanien, 1. H. 14. Jh.

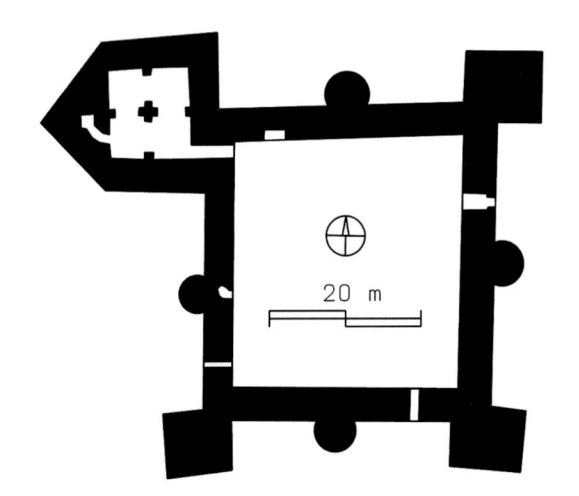

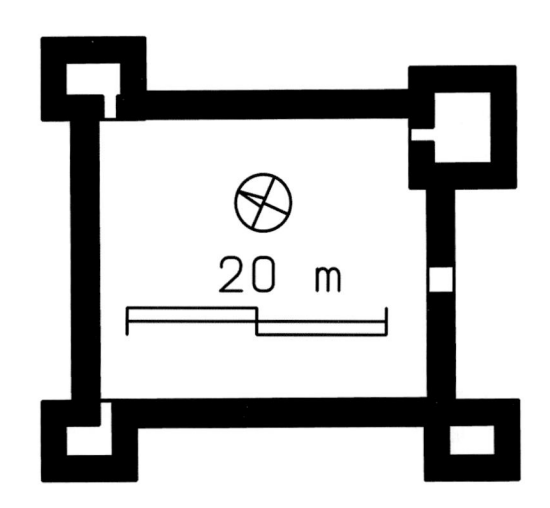

Abb. 46–47 | Santiuste o Corduente, Spanien, Kernkastell M. 14. Jh.

sel seit der christlichen Eroberung weder exakte Baudaten noch zugehörige Eigentümer gibt.[37]

Die bemerkenswert massive Anlage aus homogenem Quadermauerwerk wirkt mit ihrer Kombination zeitgenössischer Turmformen von rechteckigen Ecktürmen über dreiviertelrunde Mauertürmen bis zum fünfeckigen Hauptturm wie der Inbegriff hochgotischer Verteidigungskunst, wobei die Ecktürme einst deutlich höher waren (Abb. 44–45). Die massiven Mauern sind wohl als Plattformen für Geschütze zu werten, womit Belagerungen insgesamt defensiv wie offensiv wirkungsvoll zu bekämpfen waren.

Auch für das fast vollständig erhaltene Kastell von Santiuste gibt es keine historischen Daten,[38] jedoch weisen mehrere hochgotische Maßwerkfenster sowie Spitzbogentüren aufs mittlere 14. Jahrhundert (Abb. 46–47). Das an der Grenze zu den muslimischen Gebieten gelegene Fort aus Grobquadermauerwerk zeigt ein 25 m breites Geviert, das an den Kanten durch einen Hauptturm sowie drei kleinere Trabanten flankiert wird. Gemäß Fenstern gab es im Hof heute verschwundene (hölzerne?) Trakte. Die einst wohl alle gleich hohen Türme vermittelten somit nach außen den Eindruck eines wehrhaften Grenzkastells, während innen durchaus Raum für den Aufenthalt einer größeren Garnison gegeben war.

Der portugiesische König Alfons IV. (1325–57) ließ an seiner südöstlichen Grenze in Amieira ein bis heute ausnehmend gut erhaltenes Kastell errichten, das nach seinem Tod erst 1362 fertig gestellt worden ist (Abb. 48–49).[39] Die in Zusammenarbeit mit dem Johanniterorden errichtete Burg auf einer Fläche von 25 x 32 m wird durch einen 10 m breiten Hauptturm sowie drei 6 m breite Trabanten flankiert. Während außen hohe geschlossene Quadermauern dominieren, deuten innen primär umlaufende Wandkonsolen auf eine dichte randständige Holzbebauung. Der starke Grenzposten konnte somit von einer dauerhaft stationierten Garnison bewohnt werden. Nach dem Tod des kastilischen Königs bei der Belagerung von Gibraltar 1350 kam es zu Bürgerkriegen um die Nachfolge, wobei sich Heinrich (Enrique) II. durchsetzte (Abb. 50–51). Dieser schenkte seinem Bruder Sancho die Stadt Villalba de los Alcores.[40] 1373 heiratete Sancho Beatrix, die Tochter des portugiesischen Königs Peter I., und gestaltete seine Stadt als

IBERISCHE KÖNIGREICHE

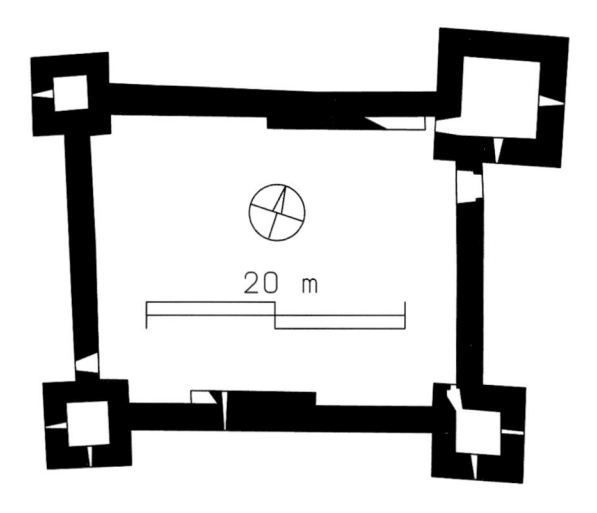

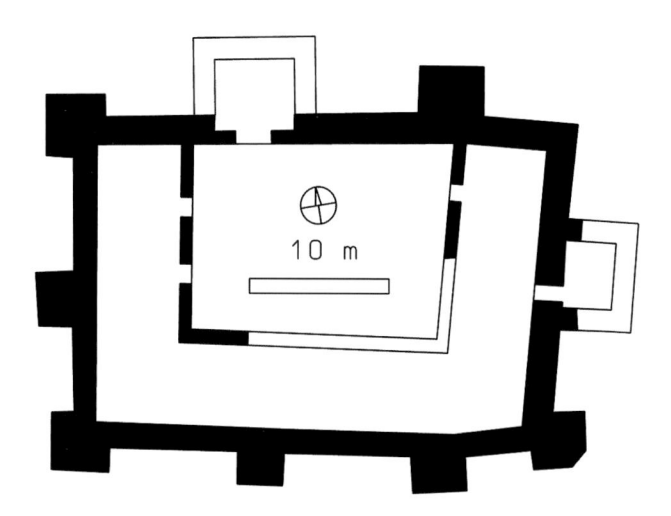

Abb. 48–49 | Amieira do Tejo, Portugal, Kernkastell M. 14. Jh.

Abb. 50–51 | Villalba de los Alcores, Spanien, Kernkastell ab 1365

prunkvolle Residenz. Gleichzeitig mit einer weiträumigen Stadterweiterung und einer zugehörigen starken Befestigung wurde am Rand ein zitadellenförmiger Palast errichtet, der heute bis auf den Abbruch der beiden ehemaligen Haupttürme und die inneren Trakte eine gut erhaltene Ruine ist. Sie belegt ein 23 x 35 m großes Geviert, das durch massive Mauertürme flankiert wird. Aus diesen ragten einst zwei hohe Türme heraus, die als dominante Wohnbauten der Königsfamilie zu deuten sind. Im Inneren haben sich Reste eines dreiflügeligen Palasts mit zweigeschossigen Gewölbehallen erhalten, der einen geräumigen Rahmen für eine repräsentative Hofhaltung gewährleisten konnte. Das einheitliche Quadermauerwerk indiziert eine homogene Entstehung, integrierte hochgotische Baudetails wie Rippengewölbe und Schulterbogenportale passen gut zur Zeit Sanchos, lediglich ein einst konsequent aufsitzender Kragsteinwehrgang dürfte gemeinsam mit dem äußeren Bering erst einer Umgestaltung nach 1469 zuzuordnen sein.

Bislang viel zu wenig beachtet wurde das Kastell von Mauvezin, nördlich der Pyrenäen (Abb. 52–53).[41] Es wurde um 1380 für Gaston III. Fébus (1331–91) errichtet, den „Löwen der Pyrenäen", der mit Prinzessin Agnes von Navarra verheiratet und dadurch mit den Königshäusern von Navarra und Frankreich verwandt war. Er herrschte als Graf bzw. Vizegraf im Grenzgebiet der französischen, englischen und navarrischen Gebiete und konnte im hundertjährigen Krieg eine fast souveräne fürstliche Position aufbauen. Dafür reorganisierte er die Verwaltung und ließ seine zentralistisch regierten lokalen Sitze jeweils mit einem großen Wohnturm ausstatten. Seine Hauptresidenz in Pau erhielt eine kastellförmige Struktur mit mehreren Flankentürmen, die jedoch nach starker Überformung kaum mehr ablesbar ist. Dem entgegen präsentiert sich das Kastell von Mauvezin fast unverändert, lediglich der nur mehr durch Kreuzstockfenster fassbare südöstliche Hofflügel fehlt heute. Erhalten blieb hingegen das ca. 31 m breite Mauergeviert mit über 2 m Mauerstärken und massiven turmartigen Eck- und Mittelpfeilern. Der schmale Eingang wird durch den dominanten 11 m breiten Wohnturm flankiert, an ihm und den Mauern zeichnet sich ein ehemals konsequent umlaufend vorkragender Holzwehrgang ab. Diese ei-

IBERISCHE KÖNIGREICHE

gentlich auf französischem Boden befindliche Burg findet dort wie in England keine einzige Entsprechung, wahrscheinlich konnte man auf iberische Konzepte zurückgreifen, deren unmittelbare Tradition jedoch ebenfalls nicht fassbar scheint. Nach seinem Tod vererbte Gaston die Herrschaften an die französische Krone.

Ab 1386 ließ König Johann (Juan) I. von Kastilien (1379–90) das mehrfach von den Muslimen angegriffene Baena an der Grenze zu Granada umfassend neu befestigen (Abb. 54). Die unter den Muslimen bereits sehr starke Stadt (Bayyana) mit großer Zitadelle (Kern 9. Jahrhundert und Großausbau 12. Jahrhundert) wurde nun stark verändert, um später neuerlich mehrfach umgestaltet zu werden. Dennoch lässt sich in der komplexen Baugeschichte heute eine großzügige Erneuerung des späten 14. Jahrhunderts fassen, die stadtseitig durch einen weit vorstehenden 11 m breiten Hauptturm dominiert war, während die anderen Seiten und Kanten durch regelmäßige Mauertürme flankiert wurden. Im Inneren finden sich spärli-

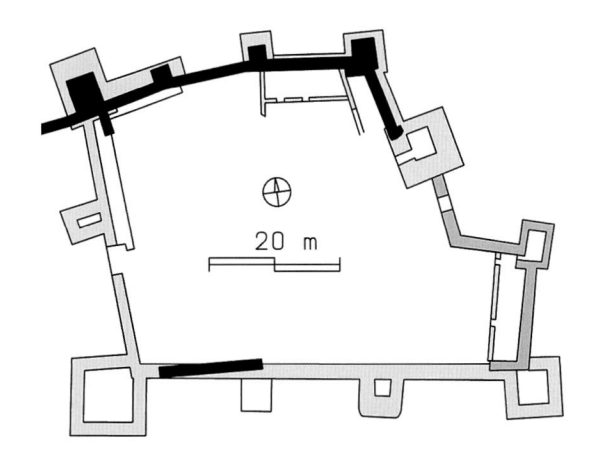

Abb. 54 | Baena, Spanien, Ausbauten bis E. 14. Jh.

che Reste früher randständiger Trakte, die bald zu einem mehrhöfigen Palastkomplex verdichtet wurden, um im 16. Jahrhundert als moderner Herzogssitz neuerlich ausgebaut zu werden.

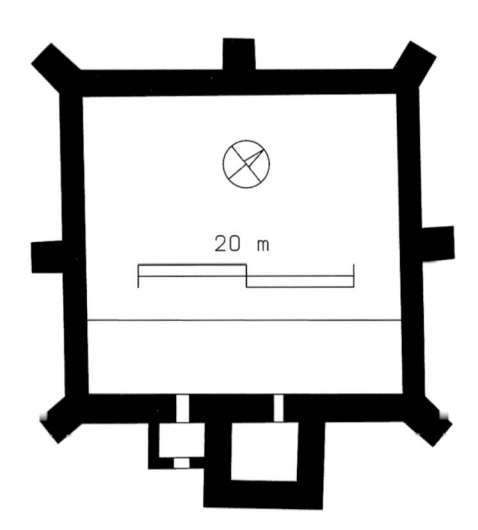

Abb. 52–53 | Mauvezin, Frankreich, Kernkastell um 1380

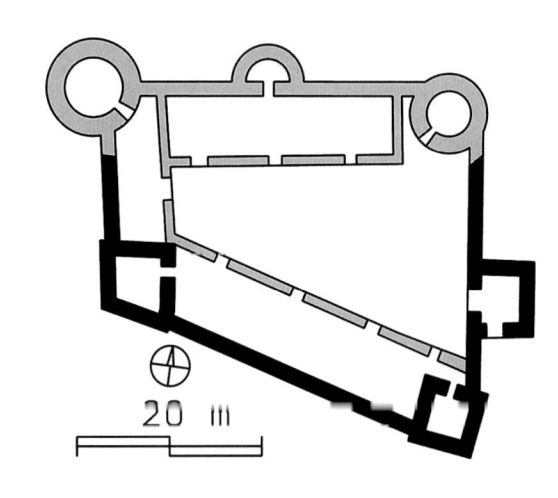

Abb. 55–56 | Castilnovo, Spanien, Kernkastell 1. H. 15. Jh.

IBERISCHE KÖNIGREICHE

Nach dem frühen Tod von Heinrich III. von Kastilien (1390–1406) wurde sein Sohn Johann II. (1406–54) mit 22 Monaten zum König gekrönt und 1419 für volljährig erklärt (Abb. 55–56). Als Sohn von Katharina von Lancaster, der Tochter des englischen Königsbruders John of Gaunt, gab es zwar enge Bande zu großen Teilen Westeuropas, im eigenen Land mussten jedoch heftige Kriege gegen den rebellischen Adel geführt werden, die Kastilien politisch und finanziell zerrissen. Johann zog sich daher aus Madrid zurück und ließ die bereits im 13. Jahrhundert kastellförmig ausgebaute Burg Castilnovo zu seiner Lieblingsresidenz adaptieren.[42] Offenbar konnte man dabei aus den Erfahrungen des Hundertjährigen Kriegs zwischen England und Frankreich schöpfen, orientierte sich der Umbau mit seinen Rundtürmen doch an den dortigen zeitgenössischen Festungen, die gegen die modernsten Angriffswaffen Widerstand leisten mussten. So erhielt Castilnovo außen den Eindruck einer uneinnehmbaren Festung, während innen drei großzügige Residenztrakte mit schmucken Biforenfenstern entstanden.

Ab 1423 ließ Johann II. in der alten muslimischen Stadt Escalona auf Basis einer alten Zitadelle eine prunkvolle neue Palastanlage errichten, wie Wappen an jeder Seite belegen (Abb. 57).[43] Dieser Bau wurde bald Residenz des königlichen Stellvertreters und Oberbefehlshaber seiner Armee, Àlvaro de Luna (gest. 1453). Heute ist die Anlage weitgehend ruinös und nur stadtseitig bis zur Traufe erhalten, jedoch im Grundriss noch gut ablesbar. Demnach entstand ein ca. 50 x 60 m großes Geviert, das durch einen 13 m großen Hauptturm dominiert war und zum Tal von zwei nur wenig kleineren Türmen flankiert wurde, während man nach Westen ältere Türme weiternutzte. Bis auf einen kleinen Mauerturm neben dem Haupttor fehlen runde Elemente. Der Hof wurde schon früh durch einen konsequenten Arkadengang mit vier umlaufenden Trakten geschmückt, womit man wohl an die königlichen Paläste von Madrid und Toledo anschloss. Die schmucken Biforenfenster belegen eine direkte Verwandtschaft zu Castilnovo.

Im Jahr 1431 erteilte Johann II. für Cuellar ein Privileg zur Erneuerung der Burgmauern (Abb. 58).[44] Damals entstand an einer Ecke der muslimischen Stadtmauer in Etappen ein neues streng rechtwinkeliges Kastell von ca. 36 x 42 m, das durch eine Überbauung eines älteren Stadttors sowie zwei große Rundtürme flankiert und von mittig aufsitzenden Tourellen bekrönt wurde. In der zweiten Hälfte des 15. Jahrhunderts sollten große Befestigungen mit turmreichem Zwinger und Wehrgangaufsätzen folgen. Das Burginnere ist heute leer, jedoch wurden Fundamente von drei geräumigen Hoftrakten freigelegt.

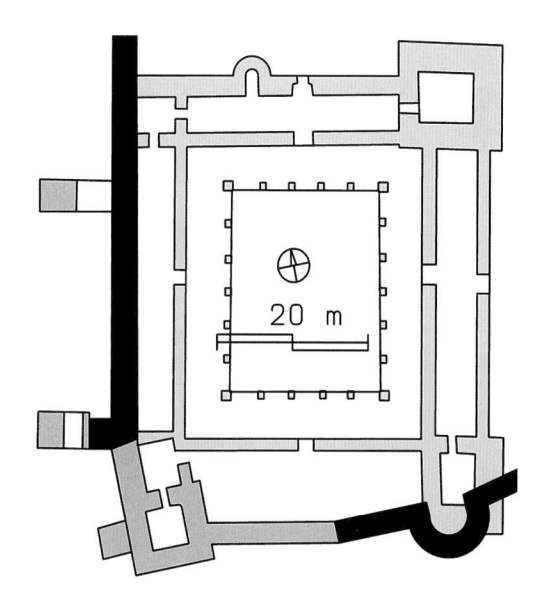

Abb. 57 | Escalona, Spanien, Kernkastell bis M. 15. Jh.

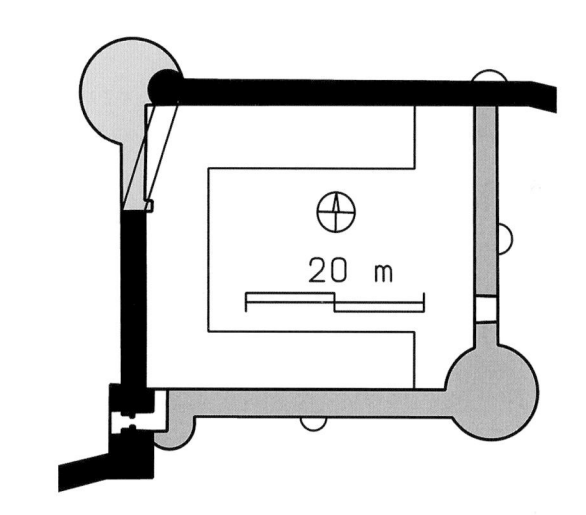

Abb. 58 | Cuellar, Spanien, Ausbau ab 1431

Im Jahr 1437 erfolgte in Zafra der Baubeginn eines der bemerkenswertesten spätgotischen Kastelle Spaniens (Abb. 59–60). Der Palacio de los Duques de Feria wurde für Herzog Lorenzo Suarez Figueroa II. (gest. 1461) begonnen, einem bedeutenden Mitstreiter des Königs im Bürgerkrieg und erfolgreichen Heerführer im Kampf gegen Granada.[45] In der von den benachbarten Muslimen gefährdeten Stadt wurde diese Zitadelle an der exponiertesten Ecke der Stadtbefestigung neu angelegt, 1441 folgte im Nachhinein die königliche Genehmigung durch Johann II. Die völlig regelmäßige Residenz von 50 m Breite erinnert im Konzept an die viel älteren umayyadischen Wüstenpaläste sowie Ribats. Die massiven, geschlossenen Mauern werden durch vier runde Ecktürme, zentrale Mauertürme und ein Doppelturmtor flankiert, im Osten dominiert zentral ein hoher Hauptturm, ähnlich zu Zaragoza, aber rund. Im Inneren gibt es einen quadratischen zweigeschoßigen Ar-

Abb. 59–60 | Zafra, Spanien, Kernanlage ab 1437

kadenhof, der von vier umlaufenden Trakten gerahmt wird. Trotz dieses altertümlichen Konzepts belegen homogene Kompartimentmauern mit integrierten Ziegelbändern, spitzbogige Türdetails und gotische Sitznischenfenster eine einheitliche Entstehung im mittleren 15. Jahrhundert. Somit kann eine programmatische Weiterführung des muslimischen Baukonzepts vermutet werden, die auch durch Baudetails im Mudejar-Stil wie die Hufeisenbifore über der Tür und die Ziegelmuster an den Zinnen plakativ zeigen. Ohne zeitgenössischen Beweis ist nur hypothetisch eine bewusste Nachfolge der besetzten muslimischen Fürstensitze zu vermuten, eventuell eine demonstrative interreligiöse Manifestation, wobei die konsequente Nachahmung doch bemerkenswert und einzigartig ist. Eine Variante zeigt das Castillo de los Sarmientos in Fuentes del Valdepero, das gemäß zweier Inschriften 1442–65 unter Graf Santa Maria de Sarmiento, einem engen Parteigänger König Johanns II. neu errichtet worden ist (Abb. 61).[46] In zu-

kunftsweisender Form hat sich hier an das 32 m breite Hauptgeviert mit seinen einst vier runden Ecktürmen im Westen ein 18 m breiter Hauptturm angestellt, der als Weiterentwicklung von Zafra nun die absolute Dominante der Anlage bildete. Während im Hof Mauerreste und Sitznischenfenster auf den üblichen Palast deuten, war dieser Turm in Stärke und Infrastruktur multifunktional gestaltet und diente sicher als Wohnbau für die Grafenfamilie. In origineller Form wurde diese Gewichtung nach einer Belagerung 1521 nochmals verstärkt. Einen ähnlichen kastellförmigen Palast mit runden Ecktürmen und dominantem Hauptturm an der Nordfront ließen offenbar die aragónesischen Grafen von Oliva ab 1449 errichten, hier sind jedoch heute nur geringe Reste erhalten.

Im Jahr 1450 übergab Johann II. die Ortschaft Belalcazar an einen Ritterorden, um dort eine Burg zu errichten (Abb. 62–63).[47] Kurz darauf entstand eine weitere Variation auf verzogen-rechteckigem Grundriss mit 45 m Seitenlänge und 15 m breitem dominantem Hauptturm sowie vier massiven Ecktürmen und drei zentral vortretenden Mauertürmen, diesmal alle rechteckig. Obwohl heute die Binnenbebauung fehlt, deuten qualitätvolle Biforenfenster auf geräumige umlaufende Hoftrakte. Die später veränderte Anlage besticht durch ihre theatralische Wehrhaftigkeit, während die schwachen Mauern ohne Vorwerke wohl kaum einem Beschuss durch Feuerwaffen standgehalten hätten.

Im nicht vom spanischen Bürgerkrieg betroffenen Portugal entstand im 15. Jahrhundert mit Porto de Mos nur ein kastellförmiger Bau, der als ungefährdete Residenz des Herzogs Afonso Braganca, einem bedeutenden Heerführer gegen die Muslime errichtet wurde (Abb. 64–65).[48] Die hoch auf einem Hügel thronende Anlage belegt eine trapezförmige Fläche von

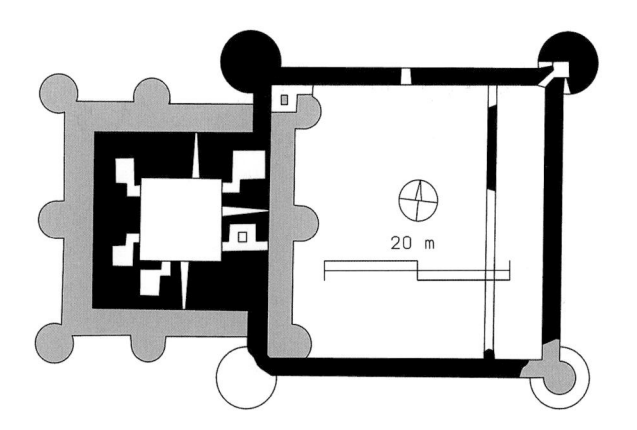

Abb. 61 | Fuentes del Valdepero, Spanien, Kernkastell ab 1442 bzw. nach 1521

332 | IBERISCHE KÖNIGREICHE

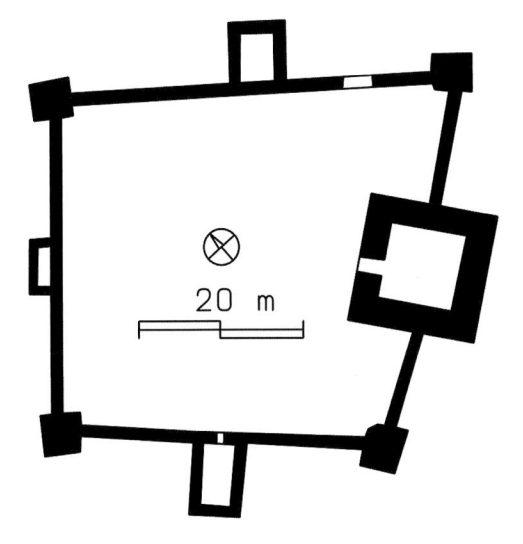

Abb. 62–63 | Belalcazar, Spanien, Kernkastell ab 1450

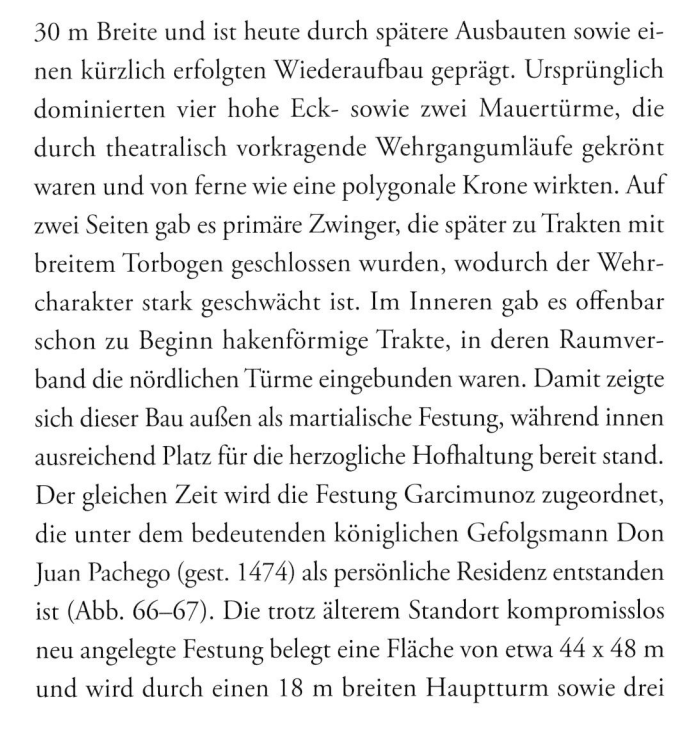

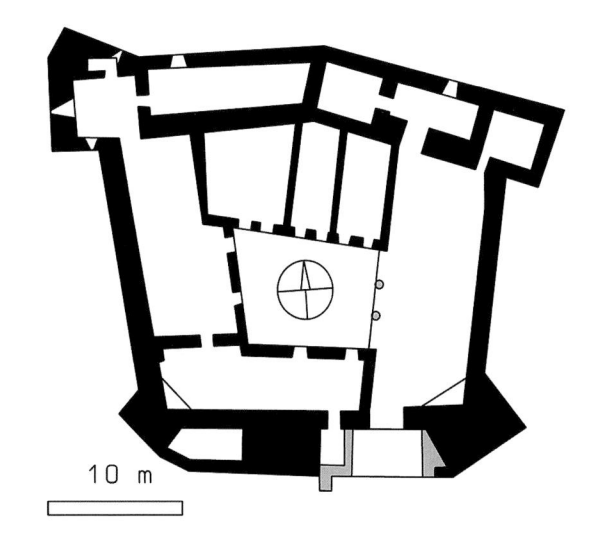

Abb. 64–65 | Porto de Mos, Portugal, Kernkastell M. 15. Jh.

30 m Breite und ist heute durch spätere Ausbauten sowie einen kürzlich erfolgten Wiederaufbau geprägt. Ursprünglich dominierten vier hohe Eck- sowie zwei Mauertürme, die durch theatralisch vorkragende Wehrgangumläufe gekrönt waren und von ferne wie eine polygonale Krone wirkten. Auf zwei Seiten gab es primäre Zwinger, die später zu Trakten mit breitem Torbogen geschlossen wurden, wodurch der Wehrcharakter stark geschwächt ist. Im Inneren gab es offenbar schon zu Beginn hakenförmige Trakte, in deren Raumverband die nördlichen Türme eingebunden waren. Damit zeigte sich dieser Bau außen als martialische Festung, während innen ausreichend Platz für die herzogliche Hofhaltung bereit stand. Der gleichen Zeit wird die Festung Garcimunoz zugeordnet, die unter dem bedeutenden königlichen Gefolgsmann Don Juan Pachego (gest. 1474) als persönliche Residenz entstanden ist (Abb. 66–67). Die trotz älterem Standort kompromisslos neu angelegte Festung belegt eine Fläche von etwa 44 x 48 m und wird durch einen 18 m breiten Hauptturm sowie drei kleinere runde Ecktürme flankiert. Im Inneren wurde später eine Kirche eingebaut, dennoch zeichnen sich Wandansätze sowie großformatige Fensterreihen von umlaufenden Hoftrakten ab. Auch hier wurden also außen eindrucksvolle Festungsmauern präsentiert, während innen Platz für eine repräsentative Residenz war. Neben dem kastellförmigen Baukonzept erinnern Baudetails wie Sockelanlauf, Kreuzstockfenster und ehemals umlaufender Kragwehrgang an Gegenstücke vom Hundertjährigen Krieg, lediglich der geknickte Zugang folgt dem spanischen Castilnovo. Auch der königliche Heerführer Alvaro de Luna ließ zeitgleich nahe Madrid in Coracera das Castillo San Martin de Valdeiglesias errichten, das fast exakt gleich zu Garzimunoz konzipiert ist, jedoch einen fünfeckigen Hauptturm aufweist. Eine fast idente Form, jedoch mit dominantem Viereckturm, zeigen die Festungen des königlichen Marschalls in Fuente el Sol, des königlichen Admirals in Torrelobatón sowie vom königlichen Chefsekretär in Fuensaldana (alle Mitte 15. Jh.). Offensichtlich hatte sich spä-

IBERISCHE KÖNIGREICHE

testens jetzt eine königsnahe Bauhütte entwickelt, die über eigene Planer und Handwerker verfügte und ein einheitliches Konzept zur Sicherung des Landes mit Kastellanlagen verfolgte. Unter König Heinrich (Enrique) IV. von Kastilien (1454–74) verschärfte sich die politische Situation weiter. Während man mit Frankreich und Portugal Frieden schloss, flammten Kämpfe gegen die Königreiche von Navarra und Aragón auf, im eigenen Land gab es mehrfach Adelsunruhen und im Süden wurde der Kampf gegen das muslimische Granada verstärkt.

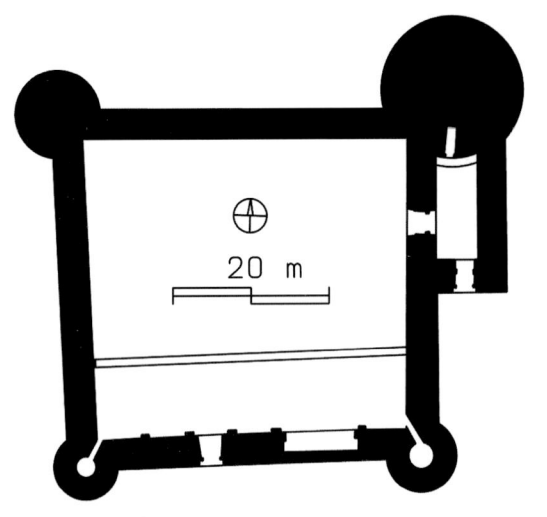

Zur inneren Befriedung des Königreichs wurden nun von zahlreichen königsnahen Adeligen gleichförmige Kastelle errichtet, die den Bautyp aus Zeiten Johann II. weiter entwickelten und als „Schule von Valladolid" zu einer weithin leicht erkennbaren Marke machten.[49] Kennzeichen waren die rechteckige Form, runde Eck- und Mauertürme, ein dominanter Hauptturm in doppelter Höhe zum Bering, massive Mauern als Plattform für Geschütze sowie ein aufwändiger Zwingerumlauf mit tiefem Graben.

Programmatisch ließ der kastilische König selbst um 1460 in der Stadt Medina del Campo den Bau des Castillo de la Mota starten und während seiner gesamten Regentschaft ständig ausbauen, gemäß Inschrift über dem Tor schloss man vor allem den Außenbering erst 1483 ab (Abb. 68–69).[50] Die Stadt war zuvor hart umkämpft worden und galt als Stützpunkt der Opposition. Diese neue Zitadelle nutzte landseitig die alte muslimische Stadtmauer, deren Befestigungen verstärkt und überbaut wurden. Stadtseitig dominierte nun ein 13 m breiter und 38 m hoher Wohnturm, der als königliches Hoheitssymbol zu werten ist. Ein stark befestigter äußerer Zwinger sowie ein tiefer Graben vervollständigen das Bild einer unbezwingbaren Festung.

Abb. 66–67 | Garcimunoz, Spanien, 1. H. 15. Jh.

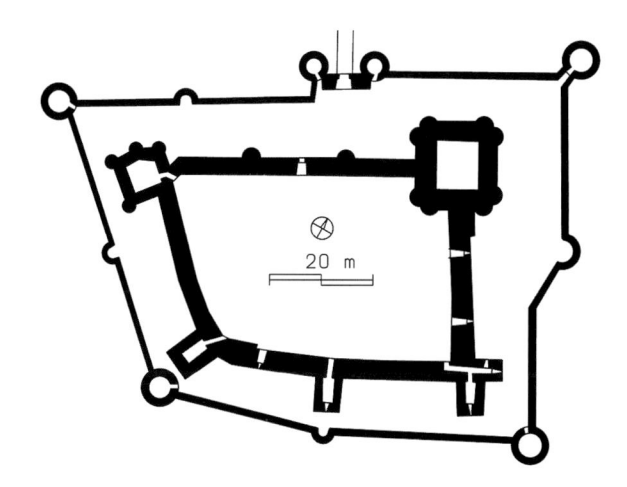

Abb. 68–69 | La Mota, Spanien, Kernkastell 1460–83

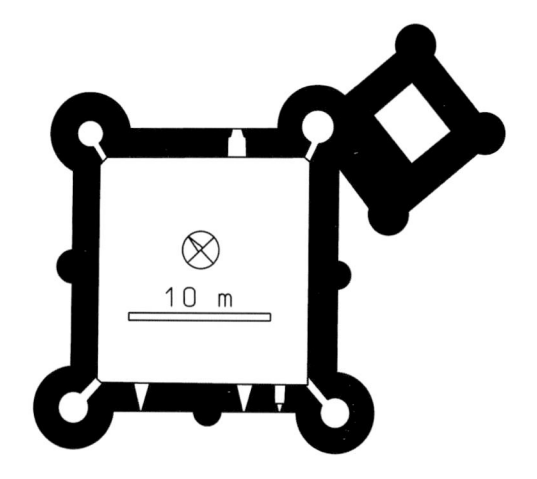

Abb. 71–72a | Torija, Spanien, Kernkastell 2. H. 15. Jh.

Auch der königliche Kämmerer Juan Pacheco, der als Herzog von Escalona und Meister des Ritterordens von Santiago zum einflussreichsten Reichspolitiker werden sollte, ließ in Villena den alten muslimischen Turm La Atalaya zum dominanten Symbol königlicher Macht erhöhen und mit einem verzogen-rechteckigen Kastell mit runden Ecktürmen, starkem Bering und tiefem Graben umgürten (Abb. 70).[51] Im Inneren erfolgte

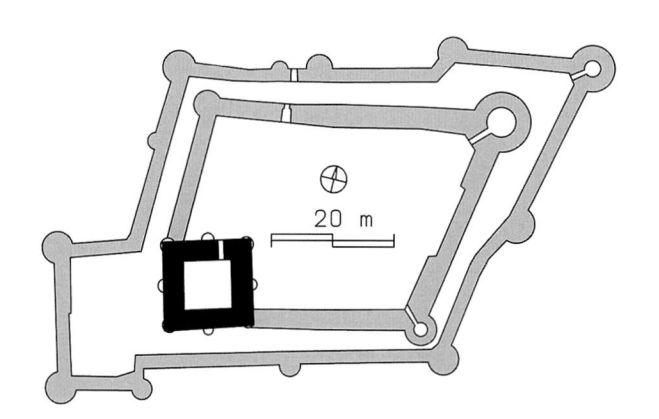

Abb. 70 | La Atalaya, Spanien, Kernkastell 2. H. 15.

eine prunkvolle Raumausstattung im Mudejar-Stil, wobei vor allem die sternförmig gekreuzten Turmgewölbe hervorzuheben sind. Pacheco ist auch der Ausbau von Cuellar zur ähnlich starken Festung zuzuschreiben. Ihm gehörte weiters die eigenwillige Festung Belmonte, die heute durch einen romantisierenden Wiederaufbau des 19. Jahrhunderts geprägt ist, jedoch 1456 als symmetrisch-dreieckige Kastellvariante mit (ähnlich zum West-Zwinger von Atalaya) zweifach ausgeklapptem Bering sowie zum Angreifer gerichtetem Hauptturm konzipiert war.

Auch die einflussreiche Grafenfamilie Mendoza ist als Kastellbauherr fassbar (Abb. 71–72).[52] Ihr Hauptwerk entstand programmatisch in Torija, an einer grenznahen Straßenkreuzung nach Aragón und Navarra. Die im 20. Jahrhundert stark zerstörte Anlage ist heute großteils wieder aufgebaut und vermittelt einen guten Eindruck über ihr mittelalterliches Aussehen. Wiederum wurde ein (kleiner) quadratischer Bering mit Ecktürmen und zentralen Tourellenaufsätzen von einem hohen, weit vorstehenden Eckturm dominiert, der mit seinen Ecktürmchen und Tourellen wie eine Verkleinerung des Berings

IBERISCHE KÖNIGREICHE

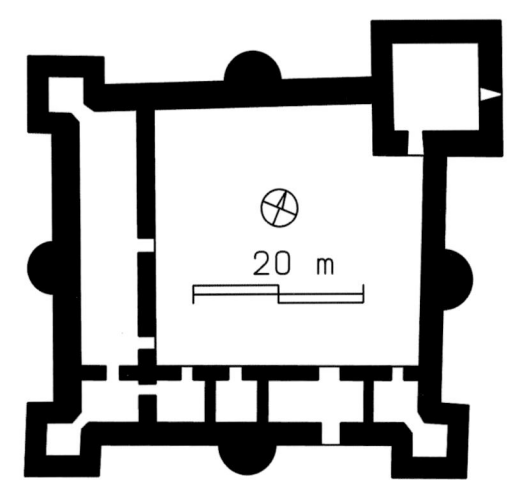

Abb. 72 | Sanlúcar, Spanien, Kernkastell 2. H. 15. Jh.

wirkt. Im Hof deuten Balkenauflager auf ehemalige hölzerne Einbauten, als Grafensitz diente aber sicher der wohnlich ausgestattete Hauptturm.

Eine Kombination mit rechteckigen Türmen zeigt Sanlucár de Barrameda, das für Herzog Perez de Guzmán e Meneses (1468–92) errichtet worden ist (Abb. 72).[53] Das 41 x 45 m große Geviert wird von einem 15 m breiten Hauptturm dominiert,[54] während die drei kleineren rechteckigen Trabantentürme in den Raumverband eines hakenförmigen gemauerten Hofeinbaus integriert sind. Offensichtlich wurde neben der martialischen äußeren Wehrhaftigkeit großer Wert auf eine geräumige Repräsentation im Inneren gelegt.

Auch Don Garcia Lopez de Ayala (1461–88) durfte eine neue Herrschaft gründen und in Ampudia eine Burg errichten (Abb. 73–74). Es entstand eine klassische Kastellburg aus Quadermauerwerk, die trotz Überformung im 19. Jahrhundert bis auf einen Turm sehr gut erhalten geblieben ist. Wiederum wird das Kerngeviert von einem Wohnturm und drei kleineren Trabanten flankiert, wieder werden die massiven Mauern zentral von Tourellen bekrönt und wiederum finden sich im Inneren schmale hakenförmige Trakte. Der gleichzeitige rechteckige Außenbering mit tiefem Graben wird von zahlreichen kleinen Geschütztürmen begleitet.

Eine andere Variante zeigt die Residenz von Pedro Lopez de Ayala, dem König Heinrich im Jahr 1470 die Grafschaft Guadamur übertragen hat (Abb. 75–76).[55] In der Folge entstand ein Geviert von 31 m Breite mit 15 m breitem Hauptturm, drei runden Ecktürmen und dreieckigen Mauertürmen. In gleicher Form wurde der Zwingerumlauf massiv befestigt. Im Inneren haben sich spärliche Reste eines vierflügeligen Palasts um den zentralen Hof erhalten.

Nach diesem Baukastensystem entstanden nun fast gleichzeitig zahlreiche Kastelle königstreuer Adeliger, deren Zahl und geographische Verteilung noch nicht ausreichend untersucht sind. Einen Idealtyp zeigt Villalonso, das für Juan de Ullona errichtet wurde und bis auf den Außenzwinger fast unverändert erhalten ist (Abb. 77–78).[56] Das quadratische Kerngeviert mit massiven, fast fensterlosen Quadermauern, wird von vier runden Ecktürmen sowie zentralen Tourellen geschützt. An der Eingangsfront steht der dominante Wohnturm vor, an den Hofmauern deuten Sitznischenfenster im oberen Bereich auf ehemalige (hölzerne) randständige Trakte. Die komplex und vorbastionär gestalteten Zwingeranlagen sollten möglichst lückenlos den Graben kontrollieren und waren für Handfeuerwaffen konzipiert, während auf den massiven Kernmauern große Geschütze zu vermuten sind.

Einen zweiten Haupttypus repräsentiert Villafuerte de Esgueva, dessen Bau durch Garcia Franco de Toledo 1474 angeordnet worden ist (Abb. 79–80).[57] Wiederum wird der Kern durch ein massives Geviert gebildet, das durch Rundtürme flankiert und von einem auskragenden Wehrgang bekrönt

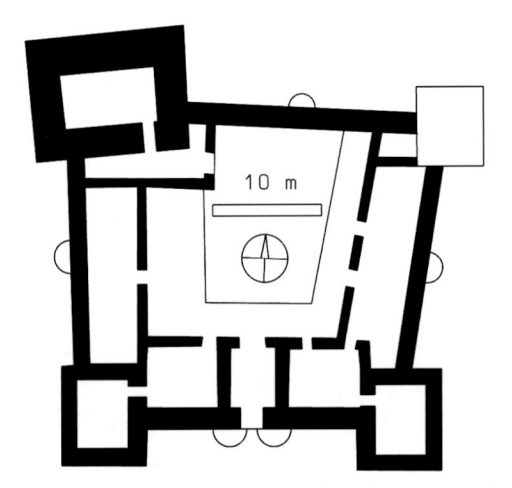

Abb. 73–74 | Ampudia, Spanien, Kernkastell 2. H. 15. Jh.

wird. Diesmal steht der Hauptturm jedoch an einer Ecke und spiegelt mit kleinen Eckpfeilerchen das Geviert im Kleinen. Auch hier deuten hoch gelegene Fenster auf einstige hakenförmige Hoftrakte und wiederum gibt es einen umlaufenden turmbewehrten Zwinger mit tiefem Graben. Dieser beliebteste Typus findet sich unter anderem in Aulencia, Foncastín, Narros de Salduena, Palencia, Santiago, Tendilla und Villavellid. (Abb. 81–82)

Dass zu diesen Grundtypen viele Variationen, unterschiedliche Maßstäbe und verspielte Ausgestaltungen und auch polygonale Turmformen möglich waren, zeigt am besten Coca, das ab 1473 im reichen Mudejar-Stil errichtet wurde und trotzdem zunächst als reine Artilleriefestung diente, während der wohnliche Innenausbau mit Arkadenhof erst später erfolgte.[58] Dieses fast unveränderte Kastell zeigt ein leicht verzogenes Kerngeviert von 34 m Breite, einen nur 10 m breiten Hauptturm und drei polygonale Trabanten sowie einen starken Zwingerumlauf mit tiefem Graben. Es wird jedoch durch zahlreiche Türmchen und Tourellen geprägt, die als dichte zierliche Aufsätze einen theatralischen Eindruck von höchster Wehrhaftigkeit vermitteln, was sie mangels eingebauter Flankenscharten jedoch nicht sind.

Das nahezu bescheidene Gegenstück gleichen Baukonzepts bildet Leiva in Nordspanien, nahe dem Jakobsweg (Abb. 83–84).[59] Die ab 1478 durch Ladrón de Leiva angelegte Burg besteht nur aus einem 22 x 27 m großen Geviert, einem 7 m breiten polygonalen Hauptturm und drei 5 m breiten Trabanten. Im Inneren gab es offenbar nur einen kleinen Hoftrakt.

Ganz im Südosten Spaniens, direkt an der Küste, findet sich in der Stadt El Puerto de Santa Maria ein Beleg, dass auch bei Umbauten älterer Gebäude der Kastelltypus Pate stehen konnte (Abb. 85–86). Hier wurde von den Herzögen von Medinaceli in der Südecke der Stadt eine ehemalige Moschee und nunmehrige Kirche durch den Anbau von Flankentürmen und den Aufsatz von Wehrgängen zu einem Bollwerk der christlichen Reconquista gegen die benachbarten muslimischen Gebiete. Trotz der sehr sparsamen Interventionen überwiegt daher heute der Eindruck eines homogenen Kastells im

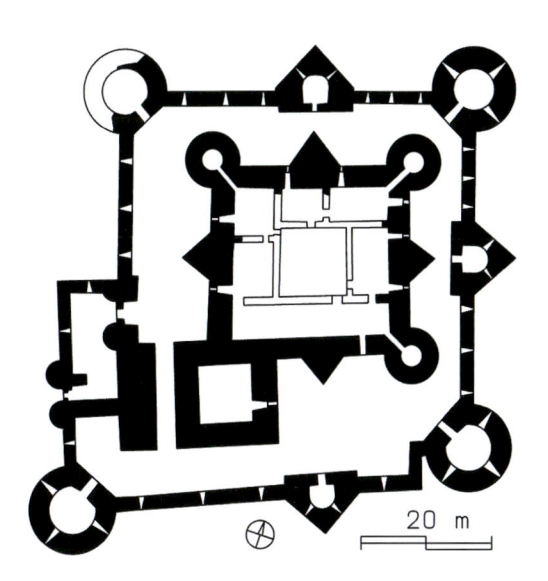

Abb. 75–76 | Guadamur, Spanien, Kernkastell 2. H. 15. Jh.

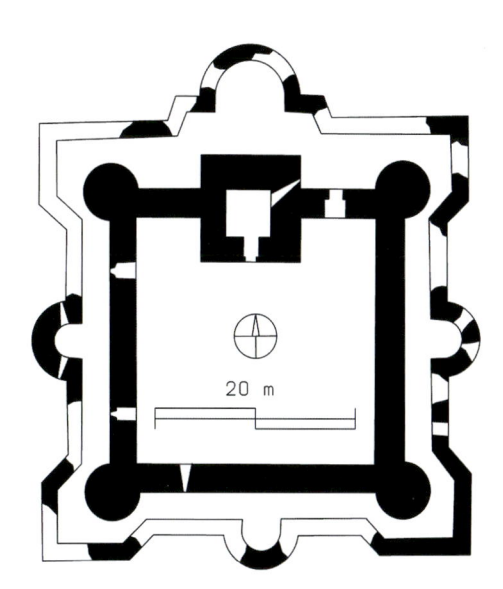

Abb. 77–78 | Villalonso, Spanien, Kernkastell 2. H. 15. Jh.

IBERISCHE KÖNIGREICHE

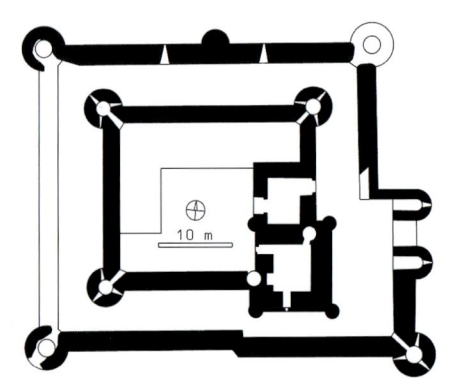

Abb. 79–80 | Villafuerte, Spanien, Kernkastell ab 1474

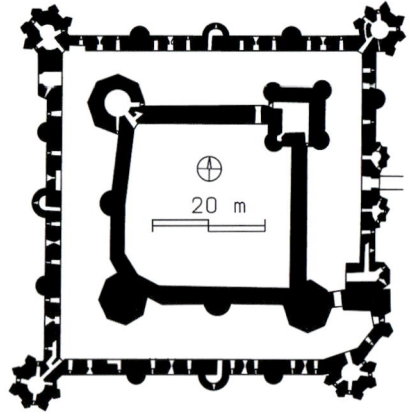

Abb. 81–82 | Coca, Spanien, Gesamtanlage ab 1473

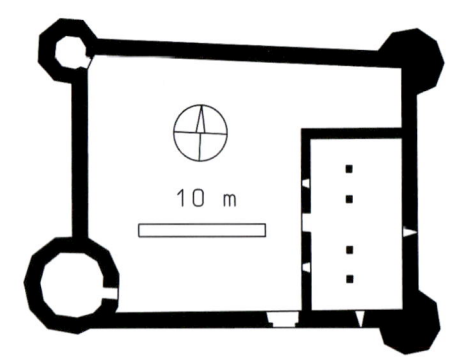

Abb. 83–84 | Leiva, Spanien, Kernkastell 2. H. 15. Jh.

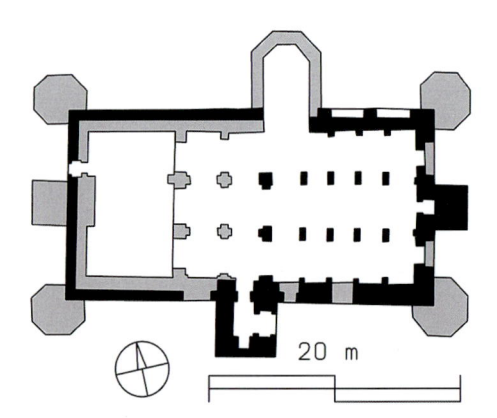

Abb. 85–86 | San Marcos, Spanien, Ausbau 2. H. 15. Jh., Ansicht von Norden

IBERISCHE KÖNIGREICHE

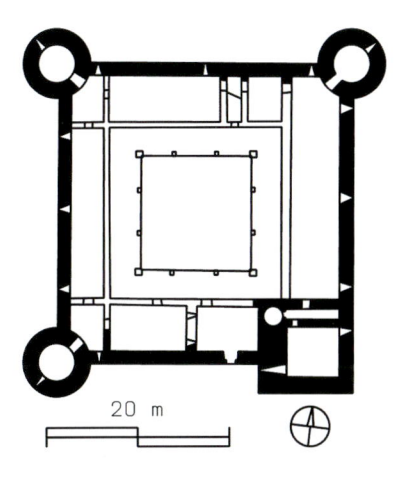

Abb. 87–88 | Manzanares nuevo, Spanien, Kernkastell 2. H. 15. Jh.

lokalen Mudejar-Stil. Ein sehr ähnlicher gleichzeitiger Umbau einer Kirche zur kastellförmigen Wehranlage entstand unter dem Bischof von Segovia in Turégano, dort jedoch mit runden Eck- und Mauertürmen.[60]

Gegen Ende der Regierungszeit des Königs erlebte der Kastelltypus den Wandel zur repräsentativen Palastresidenz, wie der Bau des Castillo Nuevo de Manzanares el Real für die einflussreiche Familie der Mendoza belegt (Abb. 87–88).[61] War die Anlage als klassische Festung mit Wohnturm und drei runden Trabanten sowie starken Vorwerken begonnen worden, konzentrierte man sich bald auf den geräumigen vierflügeligen Innenausbau mit zentralem Arkadenhof sowie auf die verspielte Bekrönung der Mauern und Türme im Stil der spätgotischen Ritterromantik. Tatsächlich war nun die Reconquista weitgehend abgeschlossen und im Zeitalter des Humanismus dienten die Gräben, Scharten und Wehrgänge als manierierte Gestaltungselemente adeliger Repräsentationskultur.

Dennoch wurden bis zur Einführung bastionärer Polygonalfestungen noch kastellförmige Forts errichtet (Abb. 89–90). So erhielt im Jahr 1491 Alfonso Carillo de Acuna, der Neffe

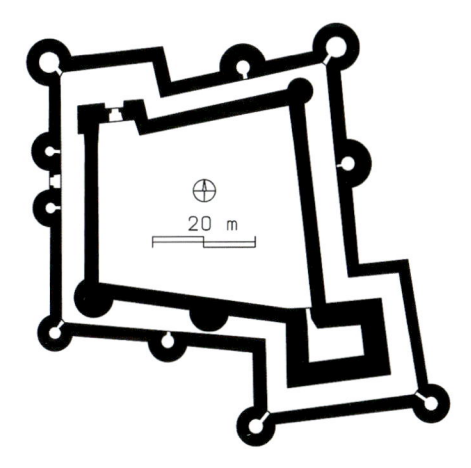

Abb. 89–90 | Caracena, Spanien, Gesamtanlage ab 1491

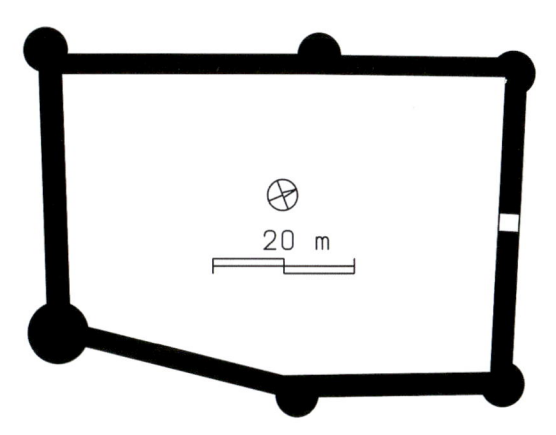

Abb. 91–92 | Maqueda, Spanien, Kernkastell um 1500

IBERISCHE KÖNIGREICHE

Abb. 93 | Sansilvestre, Spanien, Kernkastell um 1500

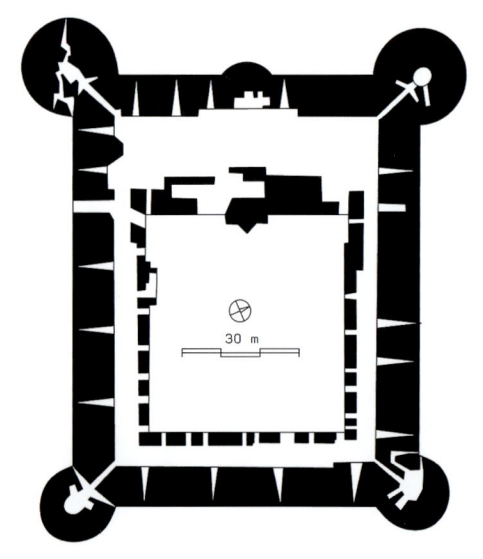

Abb. 94–95 | Salses, Frankreich, 1496–1504

des Erzbischofs von Toledo, die Herrschaft Caracena und ließ sofort eine Artilleriefestung errichten.[62] Die heute als Ruine erhaltene Anlage zeigt zum Angreifer einen als Geschützturm umfunktionierten Hauptturm, hinter dem sich das Hofgeviert mit Ecktürmen und Torbau versteckt. Der Zwinger folgt diesem Kern eng angelegt mit zahlreichen Kleingeschütztürmen.

Auch viele andere zeitgenössische Festungen folgten ähnlich kastellartigen Konzepten, so etwa der ab 1494 erfolgte Ausbau des Castillo de Mora de Rubielos, dessen martialische Außenwerke einen geräumigen Markgrafensitz schützen.[63]

Gegen Ende des Jahrhunderts hatten sich endgültig reine Artilleriefestungen durchgesetzt (Abb. 91–92). So ließ der Hauptbuchhalter und Diplomat des Königreichs, Gutierre de Cardenas, auf einem isolierten Felskopf das Fort von Maqueda anlegen, dessen geräumiger Hof als sicherer Stützpunkt für Truppenbewegungen dienen konnte. Gutierre war mit der Tochter des Admirals von Kastilien verheiratet und verfügte als bedeutender Kommandant der Reichstruppen über große Soldatenkontingente, für die mehrere Stützpunkte außerhalb der Städte angelegt wurden.

So liegt auch das quadratische Fort von Sansilvestre außerhalb von Toledo im freien Feld und konnte als sichere Basis bei Unruhen dienen (Abb. 93). Die heute nur mehr teilweise erhaltene Anlage auf quadratischem Grundriss kann mit ihrem tiefen Graben, dem steilen hohen Sockelanlauf und den vier runden Eck- sowie vier zentralen Mauertürmen als konsequente Weiterentwicklung der bisherigen Außenbefestigungen der Kastelle angesehen werden, etwa dem kurz zuvor fertig gestellten La Mota. Damit wurde der Abschluss der spanischen Kastellbaukunst erreicht. Während die massiven Mauern mit ihren strategisch gesetzten Geschützscharten bereits reine Festungsbauwerke des längst begonnenen Kanonenzeitalters waren, griffen die ziegelgeschmückten Zierzinnen manieriert die zeitgenössische Ritterromantik auf und verschleierten so, dass die Zeit der Burgen endgültig vorbei war.

Den fortifikatorischen Höhepunkt erreichte man in Iberien mit der Grenzfestung Salses, von König Ferdinand von Aragón am Einfallstor nach Katalonien in Auftrag gegeben und in nur sieben Jahren errichtet (Abb. 94–95).[64] Ihr 107 m langes Kernwerk hat an den Kanten bis zu 24 m breite Rundtürme und über 10 m starke Kurtinen, die zudem durch breite Sockelanläufe im Graben unbezwingbar dick waren. Vorwerke und kaum über das Gelände ragende Bauten ermöglichen einen zeitgemäßen Schutz, der nur durch die folgenden Spitzbastionen zu überbieten war.

1 Clot 2004, 16.
2 Leonardy, Kersten 2002, 14.
3 Gualís 2006, 88.
4 Leonardy, Kersten 2002, 63.
5 Emery 2016, 174.
6 Mayoral 1987, 16.
7 Torró 2001, 460.
8 Torró 2001, 459.
9 Burgal, Rodríguez 2009, 251.
10 Zahlreiche Forschungen beschäftigen sich mit der sogenannten Mudejar-Kunst, die eine Verschmelzung iberischer, muslimischer, jüdischer und christlicher Traditionen brachte, zusammenfassend etwa Gualís 2006, 41.
11 Burgal, Rodríguez 2009, 260.
12 Casado 2007, 156.
13 Leonardy, Kersten 2002, 59.
14 Costa Gomes 2002, 20.
15 Costa Gomes 2002, 61.
16 Rita Gomes 2005, 139, 151, 159.
17 Torres 1991, 7.
18 Gil 1986, 266.
19 Costa Gomes 2002, 103.
20 Gil 1986, 270.
21 Gil 1986, 33 bzw. 56.
22 Gil 1986, 218.
23 Gil 1986, 262.
24 Gil 1986, 252, 258.
25 Gil 1986, 289.
26 Abulafia 1994, 12.
27 Reynal, Alazet, Castillo 2010, 20.
28 Kerscher 2016, 70.
29 Goffriller 2011, 78.
30 Kerscher 2016, 69.
31 Goffriller 2011, 163.
32 Goffriller 2011, 172.
33 Emery 2016, 165.
34 Goffriller 2011, 124.
35 Ortiz 2002, 12.
36 Leonardy, Kersten 2002, 142.
37 Leonardy, Kersten 2002, 101.
38 Die 1434 erfolgte Genehmigung zum Ausbau der Befestigungen ist wohl auf die Außenbefestigungen mit ihren zeittypischen Geschütztürmen zu beziehen.
39 Barroca 2000, 187.
40 Balado 2005, 35.
41 Dubarry 1962, 19.
42 Conde 1993, 25.
43 Leonardy, Kersten 2002, 136.
44 Manzanares, Rosario 2007, 130.
45 Schomann 1998, 333.
46 Calvo 2012, 9.
47 Valverde, Toledo 1985, 22.
48 Gil 1986, 133.
49 Guerra, Fernández 1990, 147.
50 Leonardy, Kersten 2002, 152.
51 Leonardy, Kersten 2002, 124.
52 De Paz, Luis 2007, 235.
53 Ocana 2007, 12.
54 An diesen wurde im 16. Jahrhundert ein heute dominantes Achteck gebaut, auf das auch der umlaufende turmreiche Zwinger Bezug nimmt.
55 Leonardy, Kersten 2002, 122.
56 Leonardy, Kersten 2002, 112.
57 Leonardy, Kersten 2002, 111.
58 Leonardy, Kersten 2002, 158.
59 Goicoechea 1949, 125.
60 Leonardy, Kersten 2002, 132.
61 Leonardy, Kersten 2002, 142.
62 Leonardy, Kersten 2002, 130.
63 Gorbea 1975, 61.
64 Mesqui 1991, 342.

Gioia del Colle, Italien

STAUFISCHES REICH SÜDITALIEN

Bis zum Ende des 12. Jahrhunderts standen der Süden des italienischen Stiefels und Sizilien unter normannischer Herrschaft. Nach dem Aussterben der männlichen Königslinie 1194 konnte der deutsche König Heinrich VI. (1190–97) durch die Heirat mit Konstanze (gest. 1198), der Tochter von König Roger II. (1105–1154), in Süditalien Fuß fassen.[1] Das heterogene normannische Gebiet bestand aus dem Königreich Sizilien, dem Herzogtum Apulien und dem Fürstentum Capua, reichte relativ geschlossen bis zum nördlich angrenzenden päpstlichen Kirchenstaat und war durch höchst unterschiedliche Verwaltungsstrukturen und Bewohner aus byzantinischer, arabischer sowie normannischer Zeit geprägt. Zudem gab es darin große selbstständige Gebiete, die von rebellischen Baronen sowie von nach Afrika orientierten Muslimen gehalten wurden. Bereits drei Jahre nach der Machtübernahme starb Heinrich und hinterließ damit in Mittel- und Südeuropa zwei große, kaum zu regierende Königreiche.

FRIEDRICH II. (1198–1250 SIZILIANISCHER KÖNIG, AB 1212 DEUTSCHER KÖNIG, AB 1220 KAISER, AB 1225 KÖNIG VON JERUSALEM)[2]

Während der minderjährige Sohn Heinrichs und Konstanzes namens Friedrich 1198 in Sizilien bereits im Alter von vier Jahren zum König erhoben wurde und ohne imperialen Anspruch in Palermo aufwuchs, wurde in Deutschland der Kampf um den Thron zwischen dem Staufer Philipp von Schwaben und dem Welfen Otto IV. ausgetragen. Beide suchten die Gunst der Reichsfürsten durch großzügige Vergabe von Herrschaften und durch die Versprechung weitreichender Privilegien zu erreichen. Nach der Ermordung des Staufers Philipp 1209 wurde der Welfe Otto zum König gekrönt und dieser Führungswechsel schien nachhaltig von beiden Seiten akzeptiert. Ottos folgende Außenpolitik führte jedoch zu einer neuerlichen Gegenallianz, die durch den Papst und den französischen König geschickt gesteuert wurde. Es gelang ihnen, den jungen Staufer Friedrich aus Palermo über die Alpen nach Deutschland zu lotsen und dort 1211 von verbündeten Reichsfürsten zum Gegenkönig ausrufen zu lassen. Sofort wurde eine Allianz mit dem französischen König geschlossen, der im Osten eine ruhige Grenze brauchte, während er selbst eine Invasion des englischen Reichs vorbereitete. Mit Hilfe französischer Truppen gelang Friedrich tatsächlich die politische Wende, die mit der Kaiserkrönung in Rom 1220 abgeschlossen werden konnte. Sofort zog er in sein süditalienisches Reich zurück, um dort eine inzwischen ausgebrochene Adelsrevolte zu unterbinden.

Friedrich stand hier vor dem Problem, dass seine faktische Macht durch den reich privilegierten Landadel weitgehend ausgehebelt war und er sich fast ausschließlich auf die treuen Küstenstädte stützen konnte. Diese Grundkonstellation führte zu einer der größten politischen Reformen, deren Bestimmungen nachhaltigen Einfluss auf das gesamte staufische Reich haben sollten. Dabei konnte man sich auf das muslimische, byzantinische und zuletzt normannische Verwaltungserbe rückbesinnen, das bereits entsprechende Strukturen mit abhängigen Beamtenhierarchien gekannt hatte. Auch der französische König Phillip (gest. 1223) hatte kurz zuvor ähnliche Reformen zur Stärkung seines zentralistischen Königtums durchgeführt. Mit Nachdruck und nötigenfalls militärischer Gewalt betrieb nun Friedrich die Wiederherstellung königlicher Macht, die durch entsprechende Statuten festgeschrieben wurde. Ziel der ersten Schriften (Akzisen von Capua 1220) war die Rückforderung aller königlichen Stützpunkte sowie die strenge Prüfung angeblicher Besitzurkunden.[3] Nach schleppendem Fortschritt, starken innenpolitischen Widerständen und der langen Abwesenheit beim Kreuzzug nach Jerusalem 1228/29, während dessen das Land mit päpstlichen Grenzübergriffen konfrontiert war, wurden 1231 zwei neue Gesetzeswerke verfasst, um die politische Basis für die königliche Herrschaft endgültig klar zu regeln. In den Konstitutionen von Melfi war zunächst die Verwaltung der königlichen Wehrbauten durch Beamte und ihre jährliche Überprüfung durch Visitationen definiert. Gleichzeitig wurde die Absicht festgehalten, weitere bedeutende Wehranlagen ins Krongut zu überführen, was in der Folge durch Kauf aber auch Gewalt ausgeführt wurde. Im gleichen Jahr stellte der Herrscher mit dem „Statutum de Reparatione Castrorum" die bauliche Ausstattung und Erhaltung seiner Wehranlagen durch exakt definierte Beiträge der regionalen Dörfer und Städte aber auch der Adeligen und Klöster sicher. Die etwa 225 aufgelisteten königlichen Bauten wurden in reine Wehranlagen sowie nicht (bzw. kaum) befestigte Güter geteilt, wobei die Bandbreite fließend vom kleinen Jagdschloss bis zur geräumigen Stadtresidenz reichte und heute baulich keine exakten Unterscheidungen zwischen den Kategorien festzumachen sind.

Dennoch konnte die moderne Forschung durch eine generationenlange, intensive Untersuchung der erhaltenen Baureste sowie der sonstigen bildlichen und schriftlichen Kunstwerke am damaligen staufischen Hof wesentliche Erkenntnisse zum demonstrativen imperialen Repräsentationsprogramm gewinnen, die einen guten Blick auf die selbstbewusste Persönlichkeit des Herrschers erlauben. Friedrich hatte bereits während seiner Jugend am prunkvollen normannischen Hof einen einzigartigen Überblick über das Kunstschaffen im Mittelmeerraum bekommen. Sein Großvater Roger II. hatte Künstler und Gelehrte aus aller Welt nach Palermo geholt und von der aktuellsten Architektur über die ausgefeilte Mosaikkunst bis hin zu prächtigen Parkanlagen mit Wasserspielen, seltenen Pflanzen und Tieren ein hochwertiges Panoptikum unterschiedlicher Palastanlagen im Umkreis der Stadt geschaffen. Friedrichs unmittelbares Vorbild, der französische König Phillip, hatte zudem das im 12. Jahrhundert verblasste Königtum wieder als überhöhtes Idealbild in antiker Tradition aufgewertet und sich selbst als Cäsar und Augustus feiern lassen. Dieses Cäsarenbild adaptierte nun Friedrich für sich selbst und konnte dabei auf bessere Argumente zurückgreifen.[4] Er war nicht nur in Personalunion König Süditaliens und Deutschlands sowie seit seiner Heirat 1225 auch König von Jerusalem sondern als vom Papst gekrönter Kaiser auch automatisch Oberherr von weiteren untergeordneten Königreichen, er sah sich offensichtlich als Lehnsherr der gesamten christlichen Welt von Spanien bis Armenien und von Zypern bis Dänemark und erhielt sogar Tributzahlungen aus dem afrikanischen Tunis. Als titulierter Kaiser des „Heiligen Römischen Reichs", Beschützer der heiligen Stätten und Lehnsherr vieler Reiche um das Mittelmeer konnte Friedrich tatsächlich buchstäblich das Erbe der römischen Imperatoren antreten und sich als Herrscher der gesamten christlichen Welt huldigen lassen. Neben dem mehrfach überlieferten Titel des Imperators und Cäsars und der bewussten Anknüpfung an Augustus und Justinian[5] lässt sich das sehr gut an der neu geschaffenen Münze der Augustalis belegen, worauf der Kaiser als römischer Cäsar mit Lorbeerkranz und Reichsadler dargestellt war.[6]

In der Tradition des Palermitaner Hofs umgab sich auch Friedrich mit Künstlern und Gelehrten aus allen Kulturkreisen des Mittelmeers, neben deutschen und italienischen Dichtern und Mathematikern sind unter anderem auch byzantinische und muslimische Wissenschaftler überliefert, die sich hier zum Disput trafen und dem Kaiser wichtige Werke widmeten. Friedrich beteiligte sich auch selbst an Forschungsthemen, wie Briefe und eigene Schriften eindrucksvoll belegen. Für seine ausgeprägte und gut durchdachte Baukultur ist wesentlich, dass er ab 1220 Mitglied einer zisterziensischen Bruderschaft war und dadurch Zugang zum fortschrittlichen Wissen der Ordensbaukunst hatte,[7] wie auch eine Zisterzienserchronik 1224 dezidiert belegt.[8] Demnach sollten die klostereigenen Experten dem Staufer „in den Städten des Königreichs, in denen er keine eigenen Wohngebäude hatte, Burgen und Häuser errichten". Nicht zuletzt pflegte Friedrich engen Kontakt zum Deutschen Orden, der wiederum die neuesten Entwicklungen der Wehrtechnik aus den Kreuzfahrerländern einbringen konnte.

Dennoch gibt es an den konkreten Bauten für die Forschung einige Einschränkungen. So handelt es sich nur zum geringen Teil um reine Neubauten, sodass die wenigen urkundlichen Nennungen von Baumaßnahmen nur bedingt helfen. Weiters wurden viele seiner Anlagen nie plangemäß fertig gestellt, andere wiederum später stark umgebaut bzw. fast oder völlig zerstört. Nicht zuletzt entwickelte sich die Baukunst während Friedrichs Regierung sehr rasch und heterogen, sodass nur kleine Gebäudegruppen in Konzeption und Baudetails zusammen zu fassen sind. Das ist jedoch durchaus als programmatisch zu werten, wollte Friedrich doch offenbar auch in der Architektur seinen Weltherrschaftsanspruch manifestieren.

Aus der Zeit seiner Jugend sowie seiner Vormundschaft sind keine größeren Baumaßnahmen überliefert und auch nicht zu erwarten (Abb. 1). Allenfalls mag an unfertigen normannischen bzw. väterlichen Baustellen ohne erkennbaren Fortschritt weiter gearbeitet worden sein. Das sollte sich nach seiner Rückkehr ändern, als 1223 in Foggia, der Hauptstadt der Capitanata, ein neuer prunkvoller Residenzpalast begonnen wurde. Obwohl er heute bis auf wenige Baudetails verloren ist, passen diese doch zu einer kleinen Gruppe von Wehrbauten, die demnach den Beginn von Friedrichs Bauprogramm markieren. Aus strategischen Gründen war es sichtlich notwendig, die für den Frieden und den Handel bedeutenden großen Küstenstädte mit wehrhaften aber auch geräumigen und repräsentativen kaiserlichen Zitadellen zu versehen.

Der Beginn dürfte wohl in Bari gesetzt worden sein, wo bereits in normannischer Zeit angefangen worden war, ein byzantinisches Kastell meerseitig (im Norden) durch zwei Buckelquadertürme sowie im Hof durch zumindest drei Gebäudetrakte zu erweitern (Abb. 2–3).⁹ Nun folgten landseitig zwei dominante Buckelquadertürme, deren Bossenbearbeitung eine direkte Weiterführung der älteren Handwerkerschaft indizieren, während die spätromanischen Fenster mitteleuropäischen Traditionen zuzuordnen sind. Weiters wurden zwei repräsentative Hoftrakte errichtet, von denen der meerseitige

Abb. 1 | Bari, Ansicht der Südfront

zum Hof mit Arkaden geöffnet war, während er im Obergeschoß einen durch eine breite Freitreppe erreichbaren großen Saal aufwies. Beim neuen Burgtor wurden ein spitzbogiges Prunkportal sowie eine große Gewölbehalle mit feinen Kapitelreliefs eingebaut. Das Kastell erwies sich somit nach außen als etwa 60 x 70 m großes, abweisendes und wehrhaftes Geviert, während innen vier konsequent umlaufende mehrgeschossige Trakte einen geräumigen, repräsentativen Schlosscharakter zeigten. Mit der Etablierung der königlichen Münze in Bari 1222 wird diese Anlage wohl voll in Bau gewesen sein. Wie ein konzeptionelles Gegenstück zu Bari präsentierte sich das Kastell Trani, das als konsequenter Neubau direkt am Meeresufer an einer Ecke der Stadtbefestigung errichtet wurde (Abb. 4–5).[10] Im Baugefüge zeigen sich deutlich zwei unterschiedliche Bauetappen, die durch ungleiches Mauerwerk, Baudetails aber auch lokale Konzeptänderungen getrennt sind, wenngleich der Grundplan samt großflächigen Buckelquadern beibehalten wurde.

Demnach handelte es sich um ein leicht verzogenes Quadrat von 50 m Seitenlänge, dem meerseitig zwei fluchtgleiche Türme angestellt waren, während landseitig zwei an die Ecken gestellte Türme weit vorstanden (Abb. 6). Innen gab es drei schmale Trakte, während die vierte Seite mit einem doppelstöckigen Arkadengang geschlossen war. Freitreppen führten zu weiteren kurzen Arkadengängen in die Säle des Obergeschoßes. Rundum lief ein rechteckiger Zwinger mit einer kleinen Kapelle. Die Fenster der älteren Phase zeigen noch hochromanische Rundbogenformen während die jüngeren spitzbogig sind. Daher kann vermutet werden, dass die Anlage beim Aufbruch zum Kreuzzug 1228 noch nicht fertig war und erst danach mit einem neuen Bautrupp vollendet wurde. Zu dieser zweiten Etappe passt wohl eine Inschrift aus 1233, während eine weitere Inschrift aus 1249 innere Adaptierungen anzeigen mag.[11]

In ähnlicher Konzeption könnte auch die normannische Burg von Brindisi ausgebaut worden sein, die jedoch durch spätere

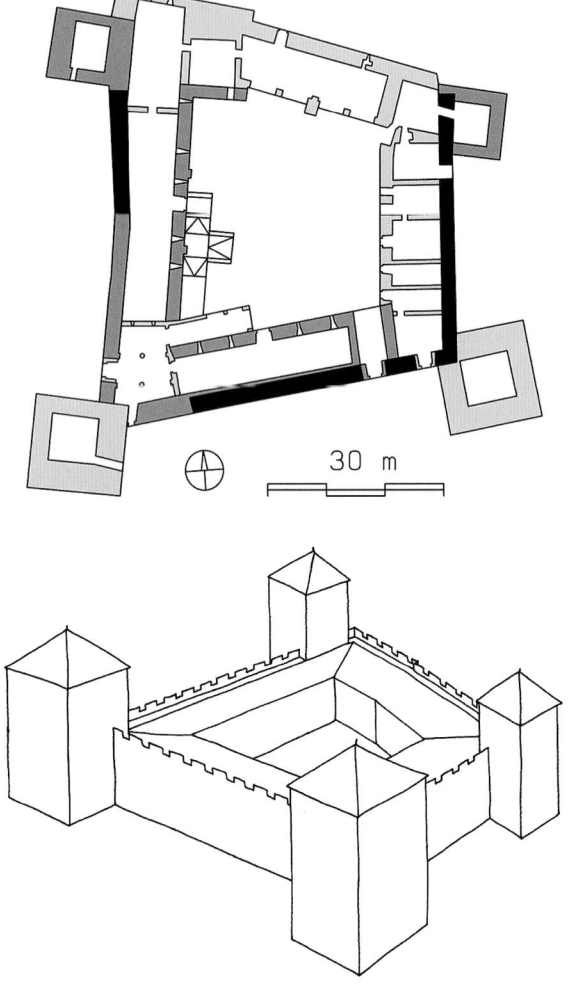

Abb. 2–3 | Bari, Italien, Kernkastell bis um 1220/30 (hellgrau)

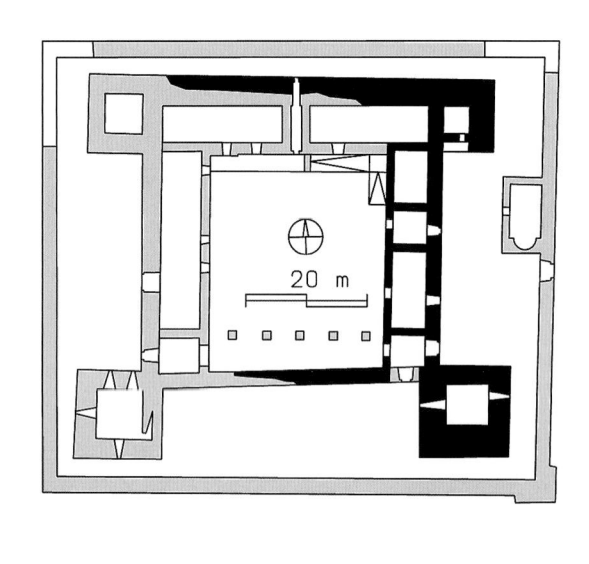

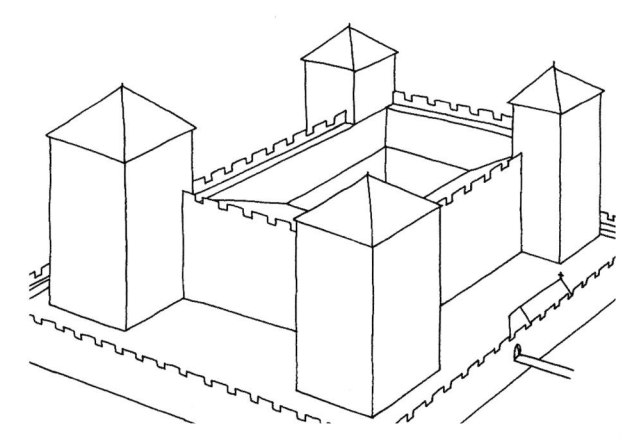

Abb. 4–5 | Trani, Italien, Kernkastell um 1220/30 (schwarz) bzw. 1230/40 (grau)

Abb. 6 | Trani, Ansicht der Nordfront vom Meer aus

Einhausungen zur Festung nicht mehr vollständig zu beurteilen ist (Abb. 7–8).¹² Immerhin dürften noch die Grundmauern eines normannischen Bergfrieds, eines trapezförmigen Kernkastells mit vier Ecktürmen und drei Hoftrakten sowie von zwei später angestellten Mauertürmen erhalten sein.

Da die Burg bald zu einem bevorzugten Aufenthaltsort des Kaisers wurde (Hochzeit 1225 und Vorbereitung seines Kreuzzugs 1227), ist von entsprechend geräumigen und repräsentativen Bauten auszugehen (Abb. 9). Daher ist zu vermuten, dass das Kernkastell bald nach Friedrichs Rückkehr 1220 errichtet wurde. Während die Konzeption des trapezförmigen Gevierts und die umlaufenden Hoftrakte, an denen an der Eingangsfront vielleicht noch ein Arkadengang zu ergänzen wäre, dem Kastell von Bari entsprechen, verwundern neben den zwei analog an die Ecken gesetzten Rechtecktürmen zwei runde Türme. Möglicher Weise konnte Friedrich hier auf französische oder im Heiligen Land geschulte Planer zurückgreifen, eventuell handelte es sich um eine bewusste Variation. Mit zeitgleichen hochromanischen Baudetails wurde auch in Barletta das bestehende normannische Küstenkastell mit zumindest einem neuen Hoftrakt versehen, weitere blieben durch den späteren Umbau zur Festung zumindest nicht erhalten. Auch das rechteckige Kernkastell von Otranto dürfte ab 1228 in gleicher Form errichtet worden sein, wobei heute nur ein runder Eckturm in der neuzeitlichen Ummauerung erkennbar ist.

Als eine der größten Burgen dürfte Lucera vorgesehen gewesen sein.¹³ Nach den ständigen Revolten der muslimischen Restbevölkerung Siziliens wurden ab 1223 große Teile davon in diese apulische Stadt umgesiedelt, wo sie bei Religionsfreiheit als treue kaiserliche Söldner aufgebaut wurden. In der Folge wurde Lucera zu einer zweiteiligen Stadt erweitert, bei der ein großflächiger Hügelsporn durch einen tiefen Halsgraben als Zitadelle abgetrennt wurde. Grabungen indizieren, dass noch vor Beginn des dortigen staufischen Palasts um 1230/40 (siehe unten) sowie der heute prägenden vieltürmigen Wehranlagen um 1270 der Halsgraben durch zwei flankierende große Rundtürme mit Buckelquadern und eine durchgehende, etwa 180 m lange Sperrmauer geschützt wurde.¹⁴ Seitliche Turmanschlüsse lassen eine viereckige Umgürtung des heute verzogen-rechteckigen Areals von etwa 200 m Tiefe rekonstruieren, wobei wohl auch die zwei anderen

Ecken durch Türme besetzt waren. Diese gewaltige Burg, die durch spätere Zerstörungen, Aufschüttungen und Ummantelungen heute weitgehend unkenntlich ist, zeigt im Inneren spärliche Reste einer dichten Bebauung sowie einer Moschee, sodass man hier eine kasernenartige Befestigung für die muslimischen Kämpfer vermuten kann, während die Stadt selbst als Wohnort ihrer Familien diente.[15] Eine ähnlich großflächige Zitadelle könnte zeitgleich auch in Oria angelegt worden

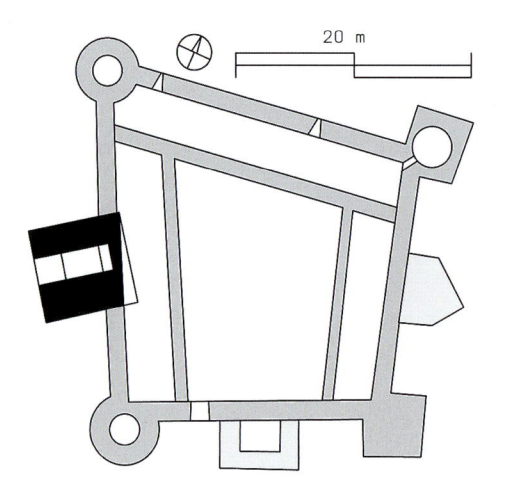

Abb. 7–8 | Brindisi, Italien, Kernkastell um 1220/30

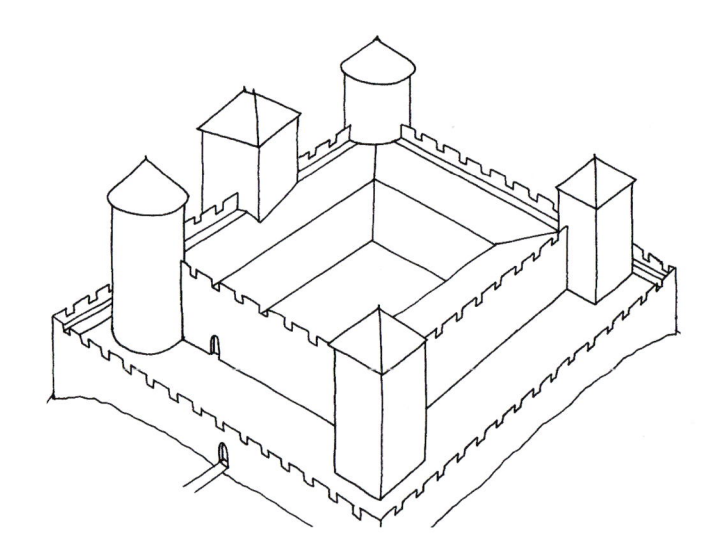

Abb. 9 | Brindisi, Ansicht der Westfront vom Hafen aus

STAUFISCHES REICH SÜDITALIEN

sein, wo in der späteren Ummantelung zur Festung ein analoger tiefer Halsgraben mit breiter Sperrfront und zwei runden Türmen steckt.

Auch im Landesinneren finden sich verwandte Kastelle. Allem voran erhielt die normannische Zitadelle an einer Stadtecke von Bisceglie eine neue Orientierung (Abb. 10).[16] Anstelle des stark verzogenen alten Gevierts mit Zweiturmfront wurde nun ein trapezoider Grundriss geschaffen, der zumindest einen neuen dominanten Buckelquaderturm erhielt,[17] während der alte Hauptturm nun frei außerhalb des Gevierts lag und nur über eine Brücke verbunden war. Im Hof entstand ein geräumiger Saalbau mit hochromanischen Details.

Zu dieser Gruppe gehört auch Gioia, das auf ein byzantinisches Gebäude zurückgehen dürfte (Abb. 11). Mit den gleichen Buckelquadern und analogen Baudetails wie Bari und Bisceglie entstand hier ein etwa 38 x 50 m großes Kastell mit zwei dominanten Türmen und innen drei umlaufenden zweigeschossigen Trakten mit Freitreppen und Sälen im Obergeschoß. Die vierte Seite könnte mit Arkaden gestaltet gewesen sein.

Mit gleichen Baudetails und analogen Buckelquadern wurde das ebenfalls auf byzantinische und normannische Wurzeln zurück reichende Kastell von Sannicandro di Bari mit einem großformatigen, von zwei Türmen flankierten Saalbau sowie weiteren Hoftrakten zum geräumigen Geviert ausgebaut (Abb. 12).[18] Schließlich erhielt auch das wiederum byzantinisch und normannisch geprägte Melfi zwei neue vorstehende Ecktürme sowie einen geräumigen Saaltrakt mit angeschlossener kleiner Kapelle. Ganz offensichtlich bestand das erste Bauprogramm Friedrichs vor allem darin, im Herzogtum Apulien und im Fürstentum Capitanata bereits bestehende Wehrbauten auszubauen und mit wehrhaften Türmen sowie geräumigen Wohn- und Repräsentationstrakten zu versehen. In Sizilien dürfte in der ersten Phase lediglich am auf einen normannischen Kern zurück gehenden Castello Lombardo in Enna in der Mitte des Landes gearbeitet worden sein (Abb. 13).[19] Mangels datierender Urkunden kann nur das den oben genannten Bauten ähnliche Quadermauerwerk mit den hochromanischen Fensterdetails eine entsprechende Ausbauzeit indizieren. Demnach entstand auf der geräumigen Hochfläche ein konsequenter Umbau zur vieltürmigen Festung. Am höchsten Punkt dominierte nun ein trapezförmiger kastellartiger Hof mit umlaufenden Gebäudetrakten und vorburgseitig weit vorstehenden Rechtecktürmen. Davor lagen zwei Vorburgen, deren lange polygonal gebrochene Mauern durch Ecktürme sowie einen schmalen Torzwinger und einen tief aus dem Felsen geschlagenen Graben bestens geschützt waren. Diese Burg fusionierte somit einen durchaus repräsentativen residenzartigen Kern mit gestaffelten höchst wehrhaften Vorhöfen.

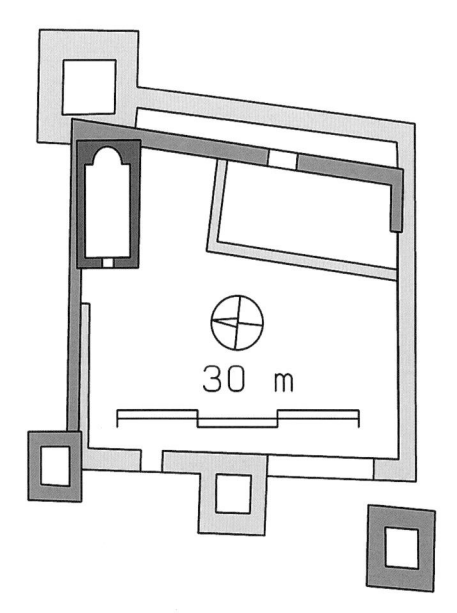

Abb. 10 | Bisceglie, Italien, Kernkastell mit staufischer Erweiterung

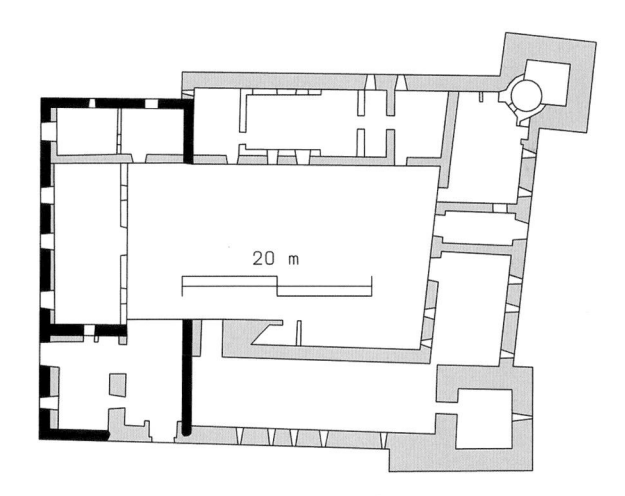

Abb. 11 | Gioia del Colle, Italien, staufische Erweiterung um 1220/30

Nach der Rückkehr vom Kreuzzug ins Heilige Land 1229, bei dem mit den Muslimen ein zehnjähriger Waffenstillstand ausverhandelt und die heiligen Stätten zurück gewonnen werden konnten, änderte sich das kaiserliche Bauprogramm deutlich, wenngleich das Grundgerüst beibehalten wurde. Zunächst musste Friedrich Frieden mit dem Papst schließen, seine Jerusalemer Königskrone anerkennen lassen und lokale Auflehnungen niederschlagen. Nach der Neuordnung der Burgenverwaltung 1231 konnte jedoch ein konzertiertes Bauprogramm beginnen.

Zu den frühesten Kastellen dieser Epoche dürfte Augusta an der sizilianischen Ostküste gehören, das ab 1232 nach der Niederschlagung eines lokalen Aufstandes an völlig neuer Stelle errichtet wurde (Abb. 14–15).[20] Der Name schloss sicher programmatisch an die 1231 statuierten Gesetzeswerke von Melfi, die „liber Augustalis" an, hier wollte Friedrich nun seinen herrschaftlichen Anspruch in Sizilien demonstrativ architektonisch manifestieren. Dazu wurde der römische Typus des kompromisslosen rechtwinkeligen Kastells genutzt, der baugleich auch von den Ritterorden im heiligen Land Verwendung gefunden hatte. Auf einer praktisch quadratischen Fläche mit 64 m Seitenlänge entstand ein Geviert mit vier Ecktürmen, drei eckigen Mauertürmen und an der Eingangsfront zentral dominierendem Achteckturm, der als einziger mit spiegelartig geflächten Buckelquadern ausgestaltet war. Im Inneren gab es drei Hoftrakte, denen ein Arkadenhof vorgestellt war. Während das Grundkonzept im Heiligen Land mit den Eck- und Mauertürmen bei den großen Ordensburgen fast identisch bekannt war und dort auch die steilen Turmböschungen regelhaft vorkamen, können die schmuckhaft exakt gearbeiteten Spiegelquader sowohl auf den (im Kern römischen) Davidsturm von Jerusalem zurückgeführt werden, als auch auf eine Reihe zeitgleicher Kreuzfahrerbauten von Pele-

Abb. 12 | Gioia del Colle, Ansicht der Ostfront

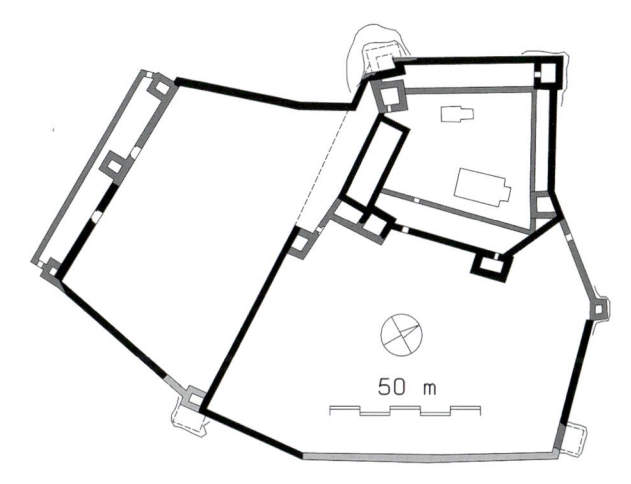

Abb. 13 | Enna, Castello Lombardo, Italien, Ausbau bis 1220/30

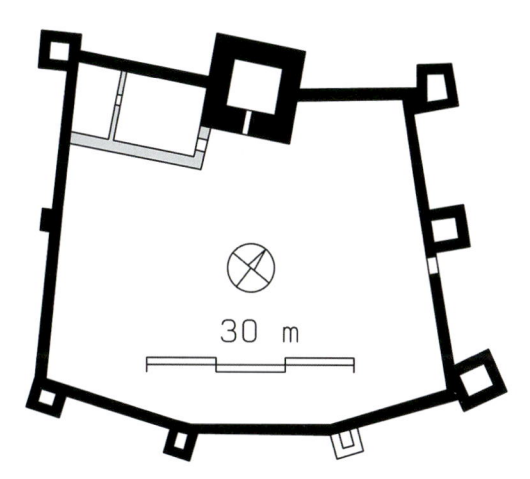

Abb. 16 | Milazzo, Italien, Kernkastell 1230/40

Abb. 17 | Milazzo, Ansicht von Süden

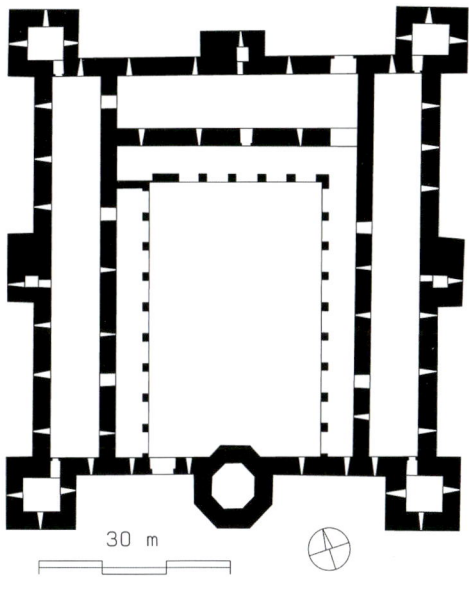

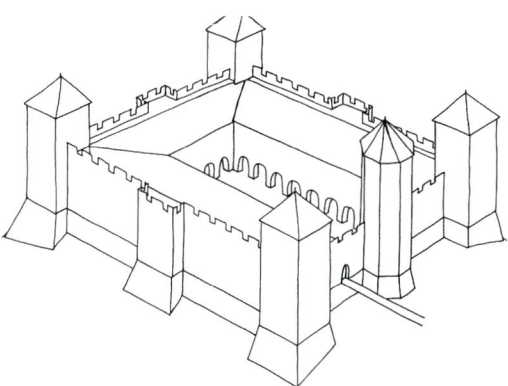

Abb. 14–15 | Augusta, Italien, Kernkastell ab 1232

rin (ab 1217) über das Löwentor des Crac (um 1225) bis Sidon (ab 1226), wo auch überall der Böschungsanlauf analog gearbeitet ist. Im Crac war soeben auch ein ähnlicher Arkadengang begonnen worden. Der in der Eingangsfront zentral gelegene Achteckturm war wiederum ein klassisches Kaiserzeichen, das von den Karolingern über die Ottonen bis zu den frühen Staufern Verwendung fand und gebildeten Zeitgenossen sicher als Idealform des irdischen Königreichs bekannt war, während er im heiligen Land kaum vorkam. Die Detaillösungen, vor allem die kräftigen, schmal gefassten Kastenrippen, sind schließlich der Zisterzienserarchitektur entlehnt. Die bisherigen dominanten Buckelquaderfronten sind nun fein gearbeiteten Quaderflächen gewichen. Demnach erhielt die bisherige königliche Bauhütte zu ihrem bereits bestehenden Kastellbauprogramm in handwerklicher Hinsicht sowie mit neuen, gotisch bzw. zisterziensisch geprägten Prinzipien einen enormen Schub, dem zudem eine deutliche ideologische Aufladung mitgegeben wurde.

Als Schwesternburg ist Milazzo, hoch über der Nordküste Siziliens anzusehen, dessen Konzeption teilweise noch auf normannische Zeit zurückgeführt wird (Abb. 16).[21] Diese geländebedingt etwas verzogene Burg bedeckt eine trapezförmige Fläche von etwa 47 x 50 m, zeigt aber sonst wie Augusta weit vorstehende Ecktürme, zwischen gestellte Mauertürme und einen dominanten Hauptturm, dessen Sockel ebenfalls steil vorsteht.

Im Gegensatz zu Augusta gibt es keinerlei primäre Hofeinbauten, lediglich an der Westecke wurde sekundär ein Wohnbau eingestellt, dessen frühgotische Kelchknospendetails und Kas-

STAUFISCHES REICH SÜDITALIEN

tenrippen in die Spätzeit des Kaisers passen (Abb. 17). Dieses Kastell diente somit als weithin sichtbares Zeichen der Macht und konnte als Truppenstützpunkt fungieren, während eine Residenzfunktion für den Kaiser baulich ausgeschlossen scheint.

Als dritte Variante dieses Typs, wenngleich durch das ovale Gipfelgelände sowie integrierte Vorgängerbauten stark verzerrt, kann Caserta Vecchia nahe Capua bezeichnet werden (Abb. 18).[22] Hier war ein byzantinischer Bering bereits durch die Normannen mit Türmen erweitert worden.

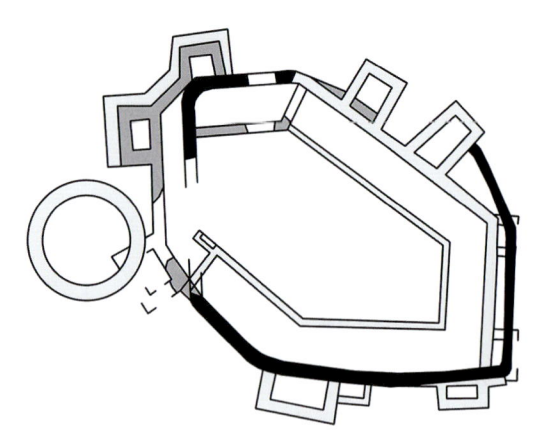

Abb. 18 | Caserta Vecchia, Italien, staufischer Ausbau um 1230/40

Abb. 19 | Caserta, staufischer Hauptturm

Unter Friedrich wurden diese teilweise ummantelt und allem voran frei vor den Bering ein neuer dominanter Rundturm gesetzt, dessen ornamental bekrönter Sockelumlauf ein exaktes Gegenstück zum 1238 errichteten Brückentor von Capua bildet (Abb. 19).[23] Der Topos des frei vor der Burg stehenden Turms findet sich zwar sowohl in der deutschen Kaiserburg Kaiserswerth als auch im deutlich näheren Bisceglie, derart massive, runde Wohntürme bildeten jedoch vor allem ein Charakteristikum französischer Königskastelle unter Phillip II., etwa in Lillebonne (nach 1212) und Durdan (um 1222), sodass wohl von einer direkten Bezugnahme auszugehen ist. Innen erhielt Caserta wieder den klassischen Umlauf von zweigeschossigen Trakten mit Freitreppen sowie Sälen im Obergeschoß. Mit der Verwandtschaft zum Brückentor von Capua schließt sich auch der Kreis zu Augusta. Hier wie dort wurden ornamenthaft exakt gearbeitete Spiegelquader analoger Technik geschnitten, sodass von einer gemeinsamen Baugruppe auszugehen ist. Das Brückentor war einst als Triumphtor in römischer Manier mit zwei Flankentürmen und großer Schaufront mit Skulpturen- und Inschriftenprogramm gestaltet, wobei Friedrich selbst programmatisch als personifiziertes Kaisertum dargestellt war. Dieses „Staatsbauwerk", das heute nur mehr im Sockelbereich erhalten ist, war an einer wichtigen Überlandstraße zum nördlich angrenzenden päpstlichen Territorium platziert und demonstrierte so dem Hauptkonkurrenten um die Macht in der christlichen Welt die vermeintlich seit der Antike dem Kaiser übertragene Vorherrschaft.

Nachdem in Sizilien die neuen Gesetze allzu rigoros umgesetzt wurden, kam es zu Aufständen, die um 1232 rasch niedergeschlagen wurden. Kurz darauf begann auch auf der Insel ein konzertiertes Bauprogramm, das durch gleichzeitige Großbaustellen, analoge Konzepte und Baudetails sowie nicht zuletzt durch eine für die Situation unerwartete Betonung der Repräsentationselemente charakterisiert wird (Abb. 20–21). Zunächst ist Castelvetrano, nahe der Westspitze von Sizilien, zu betrachten, das wohl 1239 als *castrum bellumvider* erstmals urkundlich auftaucht.[24] Hier wurden in den letzten Jahren umfangreiche Forschungen durchgeführt, die mit Bauuntersuchungen und archäologischen Grabungen bislang völlig unbekannte Erkenntnisse brachten. Demnach stecken im heutigen unscheinbaren Schloss wesentliche Teile eines konsequenten frühgotischen Bauwerks, das einst wohl völlig symmetrisch vier Trakte sowie acht gestuft große Achtecktürme umfasste. Im einzig vollständig erhaltenen Turm findet sich ein achtstrahliges Rippengewölbe, ähnlich zu den folgend genannten. Hier war demnach die königliche Bauhütte Friedrichs tätig, die planlich direkt an Augusta anschließen konnte, das Kastellmotiv mit Achteckturm jedoch konsequent und

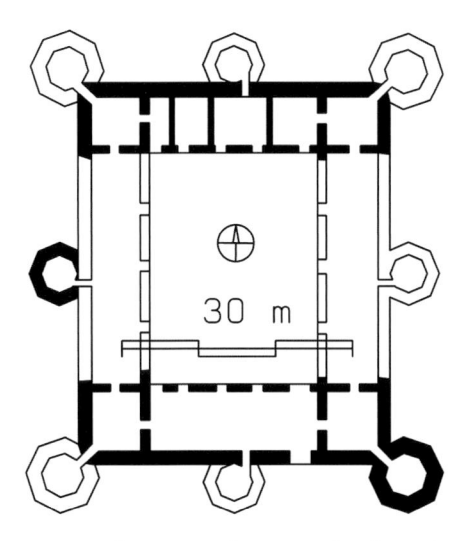

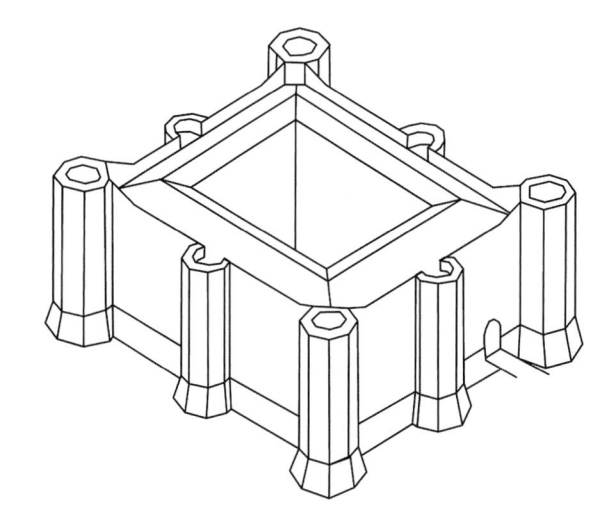

Abb. 20–21 | Castelvetrano, Italien, Kastell Bellumvider um 1230/40

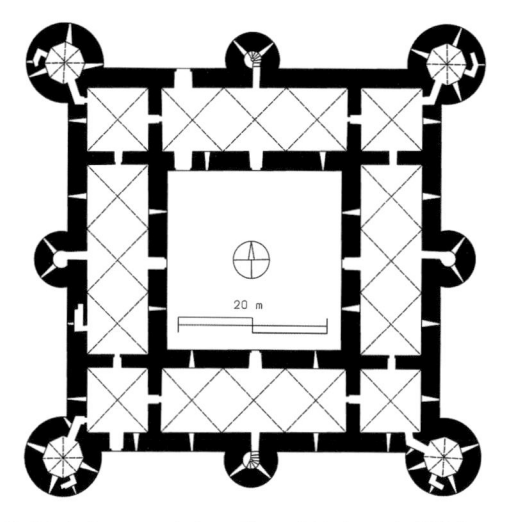

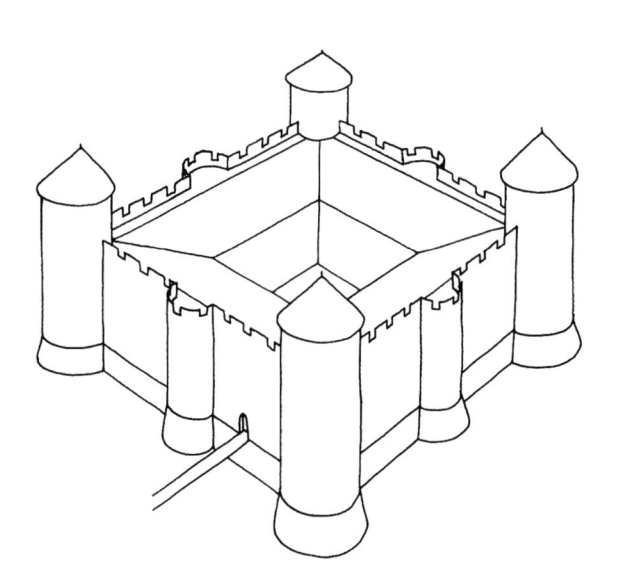

Abb. 22–23 | Catania, Italien, Kastell Ursino ab 1239

kompromisslos weiterführte. (Abb. 22–23) In ähnlicher Form wurde wohl direkt nach der Fertigstellung von Castellumvider ab 1239 zentral an der gegenüberliegenden Ostküste von Sizilien am Hafen von Catania das Kastell Ursino errichtet. In einem der seltenen erhaltenen Auftragsschreiben des Kaisers an Riccardo da Lentini wurde damals der Baubeginn erteilt,[25] worauf auf einer exakt quadratischen Fläche mit 51 m Seitenlänge gleichfalls ein vierflügeliger, zweigeschoßiger Bau mit acht Türmen entstand.

Diesmal gab es vier große runde Ecktürme und vier kleinere halbrunde Mauertürme (Abb. 24). Die Ecktürme waren innen jedoch achteckig und mit gleichen Rippengewölben ausgestattet, sodass von einer bewussten Variation des Motivs (Augusta viereckig, Bellumvider achteckig, Ursino rund) auszugehen ist. Im Grundriss zeigt sich auch in Ursino eine additive, geometrisch konstruierte Planung auf Basis des Quadrats, die vom einzelnen Gewölbejoch über den Hof bis zum Gesamtgeviert logisch entwickelt wurde. Sehr wahrscheinlich waren an allen diesen Kastellen an Zisterzienser Bauten geschulte Planer beteiligt, in deren Klosterarchitektur dieses modulhafte Vorgehen Standard war. Für das Brückentor von Capua ist tatsächlich dezidiert ein Zisterzienser überliefert, zudem gab es bereits zeitgenössischen Widerstand gegen den ständigen Abzug von Klosterleuten zu Friedrichs Bauten.[26] In der Literatur werden weiters als Hauptarchitekten der in dieser Urkunde genannte Riccardo da Lentini (praepositus aedificiorum) für Sizilien sowie Bartolomeo da Foggia für Süditalien vermutet,[27] sowie die 1232 genannten „gubernatores super imperialibus fabricis nostre terre Auguste namens Quatefactis und De Fardellis,[28] wenngleich nicht zuletzt auch der Kaiser selbst sehr interessiert an den geometrischen Berechnungen war und die Planungen wohl auch durch seine Hand gingen.

Nicht sicher in diese Gruppe einzuordnen ist die in der Literatur fast vergessene Burg von Vibo Valentia, auf einer frucht-

STAUFISCHES REICH SÜDITALIEN | 353

Abb. 24 | Ursino, Gesamtansicht von Nordwesten

baren Hochebene über dem Meer, nahe der Fußspitze des italienischen Stiefels in Kalabrien gelegen (Abb. 25).²⁹ Dieser antike Standort war bereits unter den Normannen ein bedeutender Stützpunkt, ehe er unter Friedrich II. um 1235/40 zum neuen Wirtschaftszentrum des südlichen Kalabrien ausgebaut wurde. Die Kernanlage der weitflächigen Burg ist heute teilweise ruinös und zum Großteil von spätmittelalterlichen Erneuerungen geprägt. Dennoch zeichnet sich ein zweiphasiger hochmittelalterlicher Kern ab. Zunächst dürfte aus den Quadern der griechischen Stadtmauer unter den Normannen ein spitzer Fünfeckturm errichtet worden sein, wie sie in dieser Zeit überregional öfter vorkamen. Davon setzt sich durch kleinteiligen Bruchstein ein anschließender trapezförmiger Bering von etwa 35 x 60 m ab, an dessen langer Westfront zwei runde Flankentürme und ein polygonaler Mauerturm zeitgleich sind. Am besten hat sich der Nordwestturm erhalten, neben dessen schmalen Scharten das rundbogige Hauptportal und darüber ein tiefes Rundbogenfenster auf eine spätromanische Zeitstellung deuten. An der gegenüber liegenden Südostkante weist ein Rest eines Turmanlaufs auf ein vergleichbares rundes Gegenstück, die benachbarten Mauerpartien fehlen jedoch. An der Südkante der Burg deuten nicht zuletzt hohe polygonale Mauern auf einen ehemals dominanten Hauptturm, der jedoch dank seiner starken Umbauung so wie ein benachbarter Mauerturm nur spekulativ zu rekonstruieren ist. Auch von zugehörigen Innenbauten sind keine eindeutigen Reste erhalten. Somit kann dieser Bau nur vorsichtig als weiterer Teil der Kastellgruppe von Castelvetrano und Catania gezählt werden, die durch umlaufende Repräsentations-

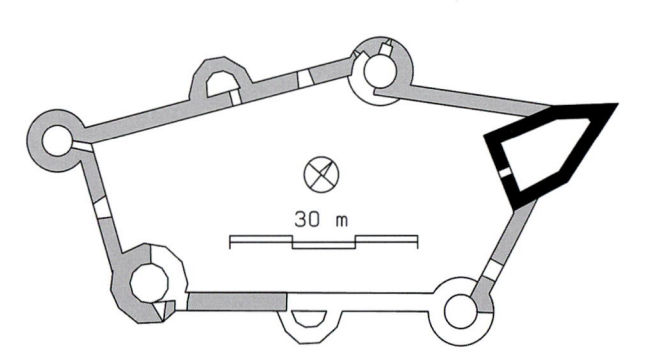

Abb. 25 | Vibo Valentia, Italien, Kernkastell um 1240

gebäude geprägt war. Dennoch deuten sich am Konzept mit seinen Rund- und Polygonaltürmen enge Parallelen ab, die durch die historischen Daten bestärkt werden. Derzeit muss offen bleiben, ob diese Anlage jemals plangemäß fertig gestellt wurde, da die Westfassade bereits im mittleren 14. Jahrhundert durch eine zum Papstpalast in Montefiasco analoge Pfeilerarkade auf hohem Steilanlauf umgestaltet wurde. Wahrscheinlich gehört Vibo Valentia zur großen Gruppe der vorzeitig eingestellten Prestigeprojekte Friedrichs.

Das Kastell Maniace, etwa 20 km südlich von Augusta auf einem schmalen Küstensporn im Osten von Sizilien gelegen, wirkt auf den ersten Blick wie eine Vereinfachung zu Augusta, Milazzo und Caserta Vecchia (Abb. 26).[30] Auf fast quadratischer Fläche von etwa 52 m Seitenlänge und mit über drei Meter Mauerstärken entstand ab 1233 ein merkwürdiger, einzigartiger Bau, der 1239 ohne Fertigstellung als Rohbau belassen wurde. Außen wird der Kubus durch vier Ecktürme geprägt, die auf achteckigem Sockel rund weitergeführt werden (Abb. 27). Über ein mit antiken Kunstwerken gerahmtes, kirchenwürdiges Stufenportal gelangt man in den geräumigen Innenraum, der durch 16 Rundsäulen und kräftige Kastenrippengewölbe ähnlich einer Moschee als gleichförmige Halle gestaltet war, einzig das mit Runddiensten hervorgehobene Mitteljoch hatte einst wohl ein aufwändigeres Kuppelgewölbe. Feinste Marmorsteinmetzarbeiten, ausgeklügelte Aborte und bequeme Wendeltrep-

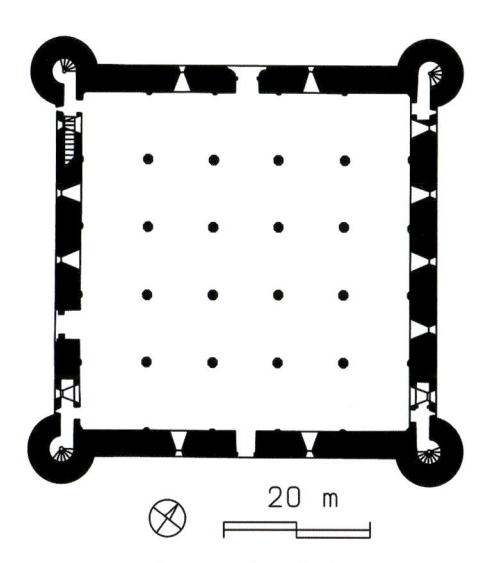

Abb. 26 | Maniace, Italien, Kernkastell ab 1233

pen indizieren, dass im Obergeschoß ein nie ausgeführtes weiteres Repräsentationsniveau ersten Ranges geplant war. Damit muss auch offen bleiben, ob und wie weit die Ecktürme den Kastellcharakter betonen hätten sollen bzw. welche Lasten für die überaus massiven Außenwände geplant waren. Historische Ansichten zeigen die vier Türme als durchaus hoch und deuten im Zentraljoch einen (späteren?) viereckigen Hof an.

Als aktuellste Interpretation dieses sicher nicht der Verteidigung der Küste gewidmeten reinen Prunkbaus gilt die geplante Nut-

Abb. 27 | Maniace, Gesamtansicht von Süden

zung als Empfangs- bzw. Thronsaal für von Osten in Sizilien ankommende Kaisergäste in Tradition der normannischen Palästre in Palermo.[31] Bislang nicht ausreichend untersucht ist die bemerkenswerte Analogie zu gleichzeitigen seldschukischen Hans (Karawansereien) in Anatolien.[32] Sie zeigen gleichfalls einen rechteckigen Hauptbau („Wintersaal") mit massiver, rundturmflankierter Außenmauer, der innen durch eine homogene Pfeilerhalle sowie eine zentrale Kuppel dominiert wurde. Gleiches Quadermauerwerk und analoge Steinmetzzeichen armenischer Bauleute lassen sogar an direkte Beziehungen denken, die noch zu verifizieren wären. Durch die architektonische Gestaltung außen als Kastell und innen als aufwändige Säulenhalle, durch antikisierenden Baudekor und durch das sakral konnotierte Stufenportal entstand jedenfalls mit Maniace ein sicher programmatisches, jedenfalls eklektizistisches Panoptikum weltlicher und geistlicher, europäischer und orientalischer Hoheitszeichen.

Parallel zu Bellumvider und Maniace datieren auch auf der italienischen Halbinsel neue kaiserliche Bauten, deren Erhaltungszustand jedoch stark reduziert ist. Allem voran ist wohl Neapel zu nennen, wo ein heute fast zerstörter vierflügeliger Palast hoher Qualität zu vermuten ist.[33] Auch vom staufischen Kernpalast in Lucera sind nur mehr die Fundamente mit Resten einer Spiegelquaderverkleidung erhalten.[34] Historische Beschreibungen und Ansichten belegen hier zwar einen großartigen Vierflügelbau mit 35 m Breite, viereckigem, 15 m breiten und oben ins Achteck übergehenden Innenhof und zentralem Wasserbecken.[35] Die nicht kongruenten Quellen lassen aber unterschiedliche Dachrekonstruktionen zu, sodass nur vermutet werden kann, dass die vier Ecken durch quadratische Türme überhöht und der achteckige Hof gleich einer Kirche mit einer Kuppel überdeckt waren.

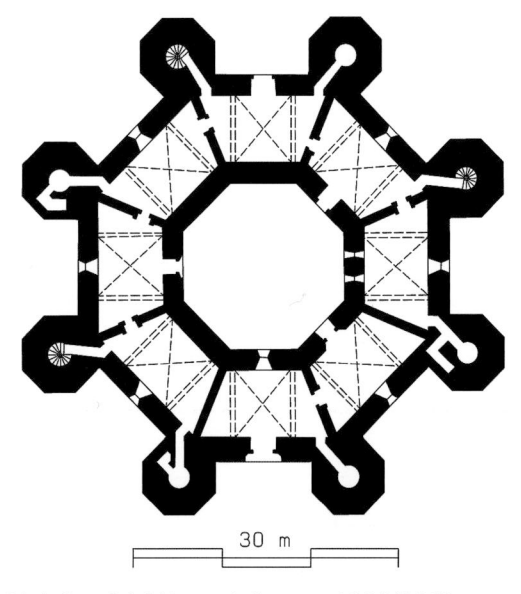

Abb. 28 | Castel del Monte, Italien, um 1235/1250

Immerhin bis zur Dachebene erhalten ist das nie fertig gestellte Castel del Monte, dessen Beginn um 1235 vermutet wird und das 1240 jedenfalls noch in Bau war (Abb. 28).[36] Die einzigartige Anlage liegt als „Krone Apuliens" programmatisch in zentraler Lage auf einem 550 m hohen Hügel, der von allen Seiten weit zu sehen war und selbst einen perfekten Rundblick erlaubte. Mit subtiler Konsequenz wurde hier das Achteckmotiv zu einem Zentralbau von 42 m Durchmesser perfektioniert, wobei ein achteckiger Hof von einem umlaufenden achteckigen Gebäude mit acht achteckigen Türmen an den Kanten gerahmt wird (Abb. 29).[37] Leider blieb man bei ca. 22 m Höhe stehen und auch die Hofgestaltung ist heute reduziert, somit können Spekulationen von hohen kastellartigen Ecktürmen sowie einem dominanten zentralen Kuppelturm trotz plausibler Herleitung nicht bewiesen werden.[38] Immerhin kann rekonstruiert werden, dass es im Hof analog zu Lucera ein zentrales Becken gab, dass das Obergeschoß darüber einen eisernen Balkonumlauf besaß und dass vor dem Tor zwei antikisierende gedrehte Säulen frei standen. Das Portal selbst ist eine komplexe Verschachtelung eines Rechtecktors mit einer sakral wirkenden Spitzbogennische und einem antikisierenden Giebel mit krönendem muslimisch wirkendem Rechteckrahmen. Es ist daher durchaus legitim, in diesem lagemäßig, architektonisch und baukünstlerisch so hervorgehobenen Bauwerk ein programmatisches kaiserliches Zeichen der allumfassenden Herrschaft zu sehen und Friedrich auch als an der Planung wesentlich beteiligt zu vermuten, während man eine zweckfreie Schöpfung als spielerische „Idealarchitektur" wohl ausschließen kann.[39] Die zahlreichen eklektizistischen Verweise und Konnotationen verleiten jedoch seit Generationen zu Spekulationen mit Bezügen zur Domus Aurea des Nero, zum biblischen Tempel und zum irdischen Jerusalem. Vor allem mit der hypothetischen Rekonstruktion einer krönenden Kuppel ähnlich wie in Ravenna und Aachen wird die Sakralisierung des Bauwerks zu einer göttlichen Legitimierung des Kaisertums als „templum iustitiae" stilisiert und das zentrale Wasserbecken zum Baptisterium eines staufischen Ritterordens.[40] So stringent diese Argumentation auch vorgelegt wird und so willkommen eine längst ausstehende Erklärung für diesen in keine Schublade passenden Bau auch sein mag, mangels Fertigstellung oder entsprechender überlieferter Texte zur Nutzung wird die geplante Funktion wohl nie eindeutig zu belegen sein. Jedenfalls ist festzuhalten, dass dieses Bauwerk den Typus des Kastells mit der bedeutungsschweren Form des Achtecks zum ultimativen kaiserlichen Herrschaftsdenkmal verschmolz. Ähnlich verhält es sich mit der Torre Federico, die im sizilianischen Enna die symbolische Mitte der Insel besetzte und als vereinfachtes Gegenstück zum Castello del Monte gilt.[41] Der

Abb. 29 | Castel del Monte, Gesamtansicht von Süden

zentrale achteckige Turm wird heute von einer niedrigen achteckigen Mauer mit fast 70 m Durchmesser umgürtet, die rein spekulativ als Außenmauer eines einst um den freistehenden Turm laufenden Palasts geplant gewesen sein könnte. Damit wäre hier eine weitere Variation des zentralistisch geplanten Achteckmotivs gegeben, die zumindest im Ideal wohl ebenso aufwändig vorgesehen war, wie das apulische Kastell. Ein viel zu wenig beachtetes weiteres Gegenstück findet sich im Hafenkastell von Trapani, am westlichsten Spitz von Sizilien. Dort dominiert bis heute ein mächtiger Achteckturm, der Colombaia, aus reinem Quadermauerwerk mit achtstrahligem Polygonalrippengewölbe analog zu Enna. Da die anderen Mauern von Trapani erst aus dem Spätmittelalter stammen, könnte dieser Turm zunächst ebenfalls isoliert auf der Hafeninsel gestanden haben und für alle Ankömmlinge von Westen ein Zeichen kaiserlicher Herrschaft gewesen sein. Achtecktürme oder zumindest Achteckgewölbe finden sich an Friedrichs Burgen in Süditalien aber auch andernorts, neben den genannten (Castel del Monte, Enna, Trapani, Augusta und Ursino) etwa auch in Acquaviva,[42] Misilcassim,[43] Taranto,[44] Bitonto,[45] Agira, Torre Federico, Cosenza und Salemi (zu den letzten vier siehe unten), ohne dass dort eine ähnlich konsequente Grundrissentwicklung der übrigen Burgbauteile zu finden wäre. Achtecktürme kannte Friedrich bereits aus seiner Jugend von antiken Stadtmauern, etwa von Spello und Mailand, auch der Diokletianspalast von Split und die große Mauer von Konstantinopel mögen dem einschlägig interessierten Zeitgenossen ein Begriff gewesen sein. Von größter Bedeutung wird aber eine Gruppe von bemerkenswert ähnlichen Achteckburgen im Elsaß gewesen sein, die aufgrund politischer Umwälzungen nach seiner Abreise heute nur mehr durch Indizien dieser Zeit zuzuordnen sind. Allem voran ist ein monumentaler Achteckturm in Egisheim zu nennen, der zentral in einer ebenfalls achteckigen Burganlage stand.[46] Der steile Sockelanlauf, die flächige Buckelquaderverkleidung, romanische Baudetails und nicht zuletzt die Steinmetzzeichen passen zu einer königsnahen Burgengruppe um Girbaden, wenngleich explizite Baudaten fehlen. So wurde im nahen Gebweiler eine ähnliche Anlage mit achteckigem Bering und zentral frei stehendem Viereckturm nachgewiesen, für die historische Daten fehlen.[47] Auch hier weisen Sockelanlauf, Buckelquadermauerwerk und analoge Steinmetzzeichen auf eine direkte Verwandtschaft. Zudem gab es im nahen Wangen eine originelle achteckige Anlage, die in gestufter konzentrischer Form und mit französisch anmutenden halbrunden Mauertürmen an die vorgenannten Bauten erinnert, wenngleich hier ausschließlich historische Pläne und Beschreibungen herangezogen werden können.[48] In Deutschland bestanden bzw. wurden gleichzeitig weitere Achtecktürme in Reichshof, Kilchberg und Steinsberg errichtet.[49] Bis um 1219 hatte der Staufer seinen persönlichen Schwerpunkt in dieser Region, erst danach wurde sie an den Straßburger Bischof, getreue Vasallen oder königliche Beamte zur Verwaltung übertragen. Es ist also durchaus möglich, dass diese Achteckbauten als königliche Bauten im staufischen Kernland gedacht waren, während die bautechnisch eng verwandten zeitgleichen Kastelle im Rheinland zur Sicherung der Stammherrschaft gegen die Adelsopposition dienen sollten.

Eine definitive Erklärung für diese Zusammenhänge steht noch aus, eher scheint ein Zufall auszuschließen.[50] Immerhin war das Achteck im Hochmittelalter bereits zur geometrischen Symbolform der irdischen Herrschaft geworden (im Gegensatz zum Kreis als göttliche Form) und wurde bewusst eingesetzt. Insofern hatte diese Gestalt für den Staufer wohl auch eine programmatische Bedeutung und wurde entsprechend in Deutschland wie in Süditalien eingesetzt.

Das eigenwillige Portal von Castel del Monte hat ebenfalls mehrere eng verwandte Gegenstücke (Abb. 30). So zeigt neben dem vor allem der demonstrativen Repräsentation gewidmeten Kastell Maniace und dem Ausbau des Kastells von Milazzo auch das wohl nie planmäßig fertig gestellte Kastell von Prato in der Toskana eine fast idente Portalkonzeption.

Die trotz der Nachbarschaft zum mächtigen papsttreuen Florenz bis 1250 staufische Stadt erhielt im 2. Viertel des 13. Jahrhunderts demonstrativ eine neue, mächtige Stadtbefestigung und wurde zum Sitz von Friedrichs Sohn Friedrich von Antiochien als Generalvikar der Toskana erhoben. Parallel dazu wurde an der Stadtmauer unter Integration von zwei alten Geschlechtertürmen ein 42 m breites (gleich wie Castel del Monte!) Kastell namens Castello dell' Imperatore errichtet, das außen durch acht starke und weit vortretende Türme geschützt wurde (Abb. 31). Davon dominierte der große Stadteckturm, dem drei kaum kleinere Türme als Trabanten nahe kamen, zwei davon dienten als Treppenhaus. Neben den zwei zusätzlichen älteren Türmen wurden die Kastellmauern noch durch zwei Fünfecktürme flankiert, sodass eine sehr enge Turmfolge mit gutem Flankenschutz entstand. Die unterschiedlichen Mauerwerksqualitäten belegen einige Bauetappen bzw. werden als politisch bedingte Beschleunigung gewertet.[51] So zeigt der Nordturm isoliert ein sorgfältiges Spiegelquadermauerwerk analog zu Augusta und Capua. Das der ersten Phase zugehörige, heute etwas reduzierte Hauptportal war durch zweifärbige Quadertechnik hervorgehoben und mit einer eigenwilligen Verschachtelung von muslimisch wirkendem Türbogen, gestuft vorgestellter – aus der Sakralkunst entlehnter – säulengerahmter Spitzbogennische sowie krönendem antikisierten Giebeldreieck als Triumphtor gestaltet. Im Inneren findet sich heute nur mehr eine weite Fläche. Hohe umlaufende Lichtscharten sowie konsequente Reihen von Gewölbekonsolen lassen zumindest für die Planung vier randständige Trakte unbekannter Breite sowie unklarer Hofgestaltung vermuten. Die offensichtlich erst später eingesetzten Konsolen passen mit ihren charakteristischen Kelchknospenkapitellen und den gefasten Bandrippenansätzen eindeutig zur kaiserlichen Bauhütte Süditaliens, mit der auch Konzeption, Mauerwerk sowie Fenster- und Portalformen eng verwandt sind. Somit ist das Kastell von Prato das einzige (bekannte?) seiner Art außerhalb der süditalienischen Kernlande Friedrichs.

Zu Prato passt das Landkastell von Trapani, das einst die Nordostecke dieser an der Westspitze von Sizilien auf einer schmalen Halbinsel gelegenen Hafenstadt schützte (Abb. 32). Die in der Neuzeit in einer Festung verbauten Kernstrukturen wurden erst um 1970 weitgehend ohne Dokumentation abgebrochen, sodass heute nur mehr die Nordpartie erhalten ist. Historische Darstellungen belegen jedoch ein Rechteck mit stadtseitigen Ecktürmen. Somit lässt sich ein klassisches Kastell von etwa 50 x 74 m rekonstruieren, dessen Trapezform wohl der antiken Stadtmauer folgt. Davon haben sich heute drei Türme bewahrt, die durch das charakteristische Quadermauerwerk, zu Prato analoge Sockelrücksprünge und Rundbogenfenster der Spätromanik zuzuordnen sind. Wenn man von symmetrischen Turmfolgen ausgeht, so gab es eine Hauptfront mit zentralem Fünfeckturm, eine Meeresfront mit zentralem Halbrundturm sowie stadtseitig wohl nur Ecktürme. Aufgrund einer historischen Ansicht, die in der Mitte einen (originalen?) Polygonalturm

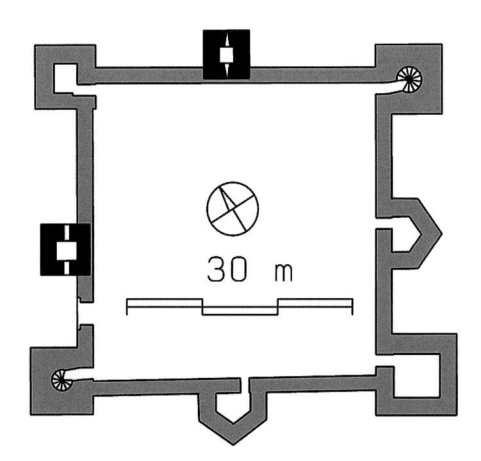

Abb. 30 | Prato, Italien, Kernkastell um 1240/50

Abb. 31 | Prato, Gesamtansicht von Süden

zeigt, kann ein einst dominanter freistehender Achteckturm im Zentrum nicht ausgeschlossen werden. Dieser hätte sein Gegenstück im am anderen Stadtende liegenden Hafenkastell mit seinem großen Achteckturm (siehe oben). Der Nordwestturm dürfte nicht planungsgemäß ausgeführt worden sein, da auch frühe Nennungen fehlen, muss offen bleiben, ob diese Burg überhaupt zu Zeiten der Staufer fertig gestellt war.

Durch die gleichförmigen und mit ähnlichem Schmuckstein wie Castel del Monte und Prato gearbeiteten Prunkportale und Fenster ist auch am süditalienischen Lagopesole ein zeitgleicher Großumbau zu belegen (Abb. 33). Das im Kern aus byzantinischer Zeit stammende Kastell war wohl schon in normannischer Zeit mit kleinen Eckflächen versehen worden. Nun wurde durch den Außenanbau eines neuen Osttraktes sowie durch weitere Binnentrakte eine 52 x 90 m große, zweiteilige Anlage geschaffen, die wiederum nach außen durch wehrhafte Buckelquaderfronten und hohe Ecktürme geprägt war, während innen zweigeschossige dreiseitig umlaufende Gebäude mit Freitreppen und großen Sälen sowie einer kleinen Kapelle dominierten. Im Südhof steht etwas verdreht ein isolierter Wohnturm mit dem typischen Kastenrippengewölbe, der an Friedrichs Kastellen überregional höchstens mit der Torre Federico in Enna sowie dem Hafenkastell von Trapani vergleichbar ist und vielleicht als Tresor gedacht war. Während das innere Raumprogramm des Kastells mit zentralen Sälen und quadratischen Eckräumen mit zahlreichen anderen Burgen Friedrichs korreliert und die Kapelle mit Kreuzfahrerburgen in Verbindung gebracht wird,[52] sind die Ecktürme hier derart an den Rand gedrängt, dass sie zu staffageartigen Lisenen mit sanitären Aufgaben wurden. Das mag am angrenzenden Steilhang und an der konsequenten Fortführung der bestehenden ähnlichen Ecklisenen gelegen haben, zeigt aber eine Bevorzugung des internen Raumprogramms gegenüber einer echten Wehrhaftigkeit. Eine prinzipielle Ähnlichkeit weisen die wohl zeitgleich entstandenen Palatien von Augusta, San Gervasio, Belvedere[53] und Gravina auf, an deren rechtwinkelige Gevierte außen (sekundär) schmale Türme angesetzt sind.[54]

Neben diesen durch ihre Größe, ihre sorgfältige Konzeption und den baukünstlerischen Aufwand herausragenden Bauten

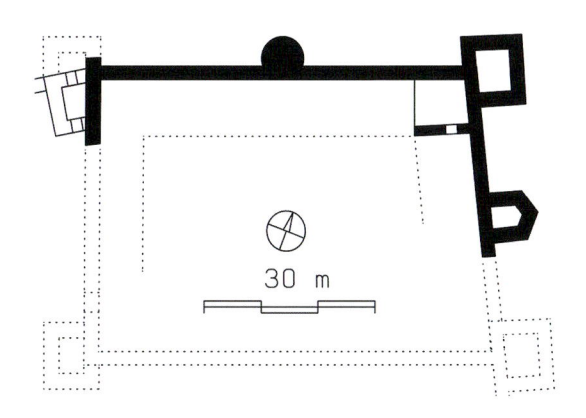

Abb. 32 | Trapani, Italien, Kernkastell um 1230/40

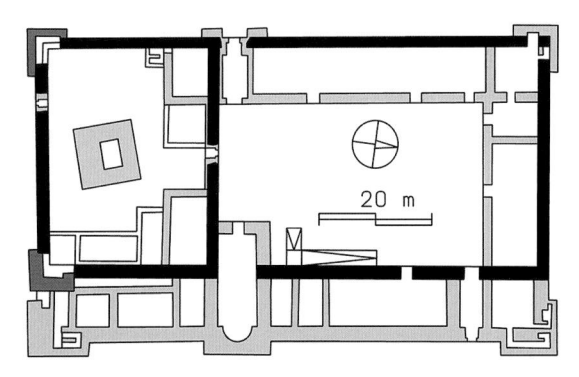

Abb. 33 | Lagopesole, Italien, staufische Ausbauten um 1230/40 (hellgrau)

findet sich in Süditalien eine ganze Reihe deutlich kleinerer Bauten, die durch gleiches Mauerwerk, ähnliche Gewölbe- und Fensterdetails und punktuell analoge Baukörper der staufischen Baugruppe zugeordnet werden können. Dabei sind durchaus noch weitere Entdeckungen und bauhistorische Neubewertungen abzuwarten, so stecken in zahlreichen bislang als später datierten Burgen frühgotische Kerne mit Ecktürmen und auch die zeitgenössischen Quellen berichten dezidiert von mehreren hundert kaiserlichen Anlagen. Ein gutes Beispiel bietet das Kastell von Targia nahe der Ostküste von Sizilien, das 1239 erstmals in den Urkunden auftaucht (Abb. 34).[55] Damals wird vor allem der zugehörige Park genannt, in dem die Falkenjagd ausgeübt wurde. Die kaum erforschten Reste des „palatiums" sind heute auf ein trapezförmiges Geviert von maximal 25 x 38 m, zwei runde Ecktürme sowie den Sockel eines dritten reduziert, während innen nur spekulativ ein Gebäudeumlauf zu vermuten ist. Das sorgfältige Quadermauerwerk und eine zu Maniace passende weit getrichterte Fensterform erlauben die Rekonstruktion als ausgeprägter kaiserlicher Repräsentationsbau.

Sehr ähnlich ist die ebenfalls kaum erforschte Kernanlage von Brucoli konzipiert, die auf einer Halbinsel der Ostküste Siziliens liegt (Abb. 34a). Wenngleich das konsequente Kernquadrat von 28 m Breite mit rundem Hauptturm und einst wohl drei etwas kleineren Trabantentürmen sowie den vier randständigen Binnentrakten durch die späte Erstnennung als junger Neubau gilt,[56] können doch durch das qualitätvolle Quadermauerwerk, die gefasten Schartenformen, ein charakteristisches Spitzbogenportal sowie die steilen Turmsockelanläufe Parallelen zu den benachbarten staufischen Anlagen gefunden werden.[57] Daher ist eine analoge Zeitstellung zu postulieren. Gleiches ist für das westsizilianische San Severo zu konstatieren, das 1238 erstmals genannt wird, nachdem die aufständische Ortschaft 1229 völlig zerstört worden war (Abb. 35). Die verzogen-quadratische Anlage mit 37 m Seitenlänge entspricht mit ihren einst wohl vier runden Ecktürmen und den zumindest drei randständigen Binnentrakten ebenfalls dem Typus von Targia. Ähnliches gilt für das Kastell von Venosa, das aufgrund sekundär eingesetzter Inschriften ins 15. Jahrhundert datiert wird, jedoch mit dem charakteristischen Quadermauerwerk und einigen spätromanisch profilierten Fenstern eher der staufischen Zeit zuzuordnen ist.

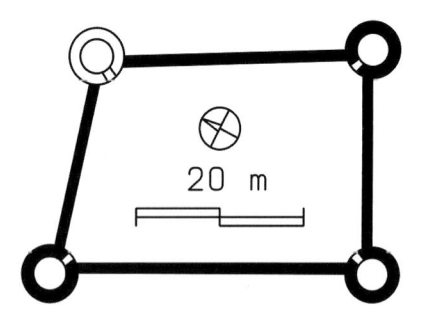

Abb. 34 | Targia, Italien, Kernkastell um 1230/40

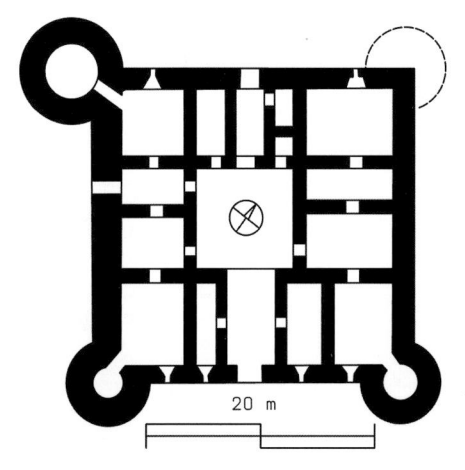

Abb. 34a | Brucoli, Italien, Kernkastell 1230/40 ?

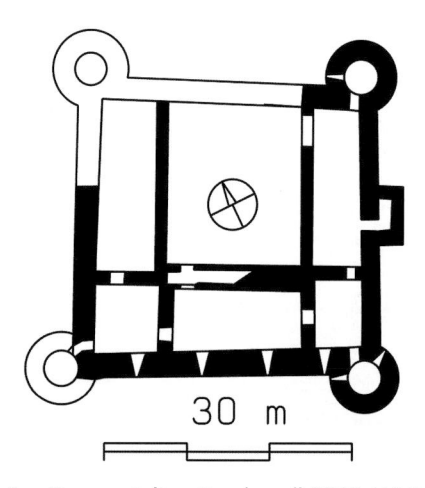

Abb. 35 | San Severo, Italien, Kernkastell 1230/40 ?

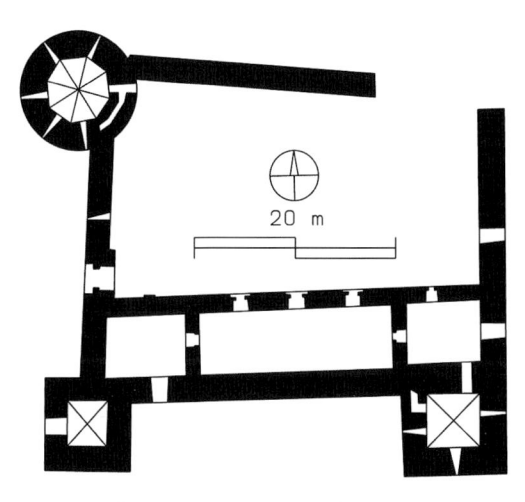

Abb. 36–37 | Salemi, Italien, Kernkastell 1230/40

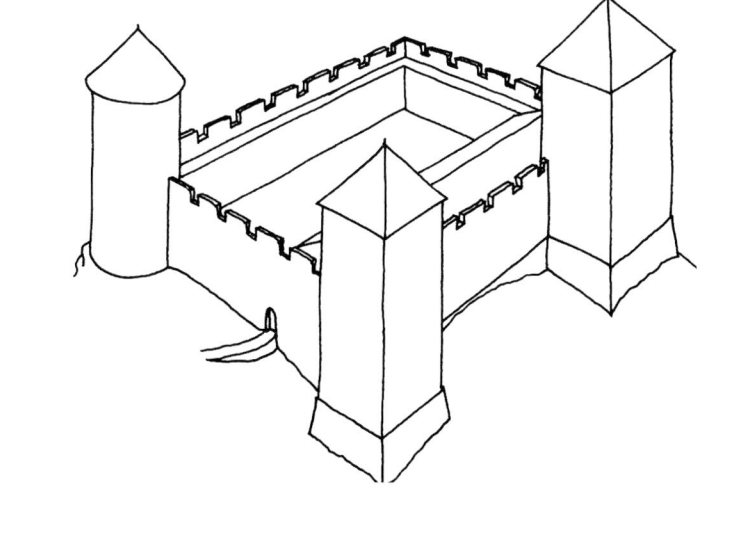

Einem etwas anderen Typus folgten die Kastelle von Salemi, Cosenza, Taranto und Alcamo, deren Kerngevierte von unterschiedlichen Turmformen flankiert werden (Abb. 36–37). Salemi, das wohl nie planmäßig fertig gestellt wurde und deshalb vor allem an der Nordostecke aus späterer Zeit stammt, zeigt auf einer leicht verzogenen Fläche von 33 x 42 m im Süden einen einzigen konsequenten Saaltrakt, während der Hof sonst frei blieb.[58] Außen schließen zwei weit vorstehende rechteckige Flankentürme mit hohen gefasten Kastenrippengewölben an. Die Nordwestecke wird hingegen von einem Rundturm mit achteckigem Strahlrippengewölbe beherrscht, das analog zu Ursino ausgeführt ist.

Auch das Mauerwerk und die rhythmische Binnengliederung des Südtrakts passen zu Ursino, weshalb hier eine direkte Verbindung zur ab 1239 laufenden Baustelle zu vermuten ist (Abb. 38).

Ähnlich ist das Kastell von Cosenza in Kalabrien aufgebaut (Abb. 39).[59] Trotz des steilen Hügelgeländes wurde auf einer

Abb. 38 | Salemi, Ansicht der Südfront

STAUFISCHES REICH SÜDITALIEN

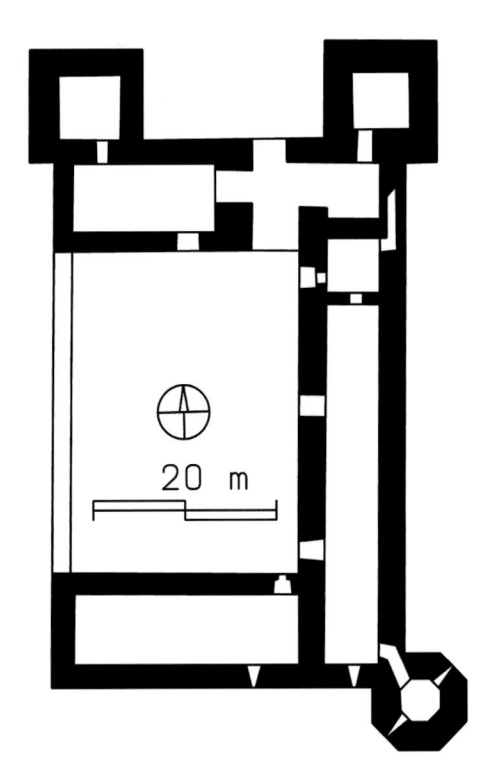

Abb. 39 | Cosenza, Italien, Kernkastell 1230/40

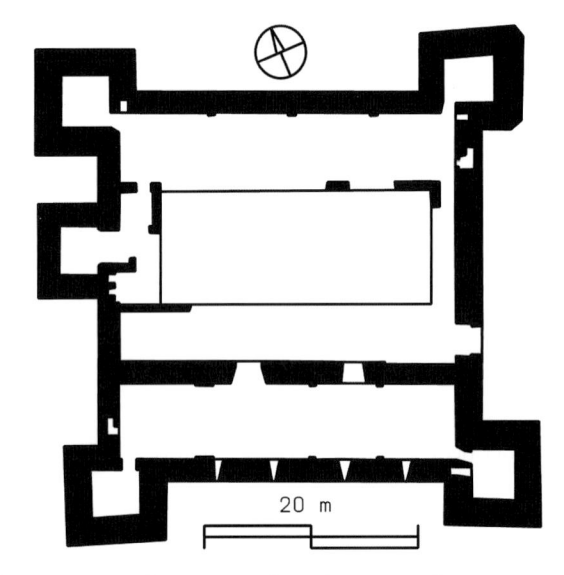

Abb. 40 | San Felice a Cancello, Italien, 1230/40

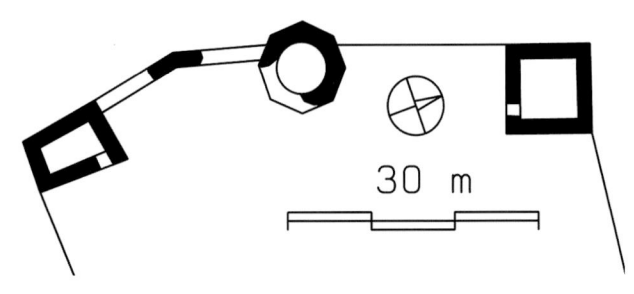

Abb. 41 | Agira, Italien, staufische Reste um 1230/40

exakt rechtwinkeligen Grundfläche von 38 x 57 m ein geräumiges Kastell mit dominanter Doppelturmfront, talseitig zumindest einem Achteckturm (auf Vierecksockel) sowie im Inneren jedenfalls drei randständigen Trakten mit großen Gewölbehallen begonnen. Wahrscheinlich wurde das Kastell nie planmäßig fertig gestellt, qualitätvolle Quadermauern, hohe Rundbogenfenster und fein gearbeitete, gefaste Kastenrippen belegen jedoch eine qualitätvolle Repräsentationsfunktion. Im Grundriss könnte sich hypothetisch eine geplante Verdoppelung zum fast quadratischen symmetrischen Bauwerk abzeichnen, die aber vor Ort nicht zu belegen ist.

Als Ruine präsentiert sich nahe Caserta die sehenswerte Anlage von San Felice a Cancello (Abb. 40). Sie liegt auf einem sanften Hügelsporn und zeigt auf einem rechtwinkeligen Geviert von etwa 35 m Seitenlänge vier Ecktürme sowie talseitig einen Mauerturm.[60] An den Türmen ist durch eine sekundäre Aufstockung teilweise der primäre Zinnenkranz bewahrt. Im Inneren hat sich ein großer Wohnbau erhalten, ein zweiter ist durch Gewölbeansätze fassbar, wurde aber offenbar nie planmäßig ausgeführt. Das Portal und einzelne Fenstergewände sind durch qualitätvolle Marmorarbeiten ausgezeichnet, die Turmkanten bestehen aus Sandstein-Buckelquadern, die übrigen Mauerflächen sind jedoch aus lagerhaftem Bruchstein gefügt. Interessant sind vor allem die steilen Turmsockel, die bastionsförmig gespitzt gestaltet sind.

Deutlich weniger ist von der auf einem steilen Felskopf gelegenen Burg von Agira auf Sizilien erhalten (Abb. 41). Offensichtlich wurde auch hier versucht, dem unregelmäßigen Gelände möglichst geradlinige Strukturen aufzusetzen. Zur Angriffsseite wurde eine geknickte Schaufront von 70 m Länge gestellt, die durch zwei Rechtecktürme gerahmt war, während in der Mitte ein heute nur mehr im Sockel erhaltener Achteckturm dominierte.

Am Festland wurde nach den päpstlichen Übergriffen 1232 im nördlichen Grenzland in den Abruzzen mit Pacentro an der höchsten Stelle eine trotz engem Felskopf möglichst regelmäßige Anlage mit drei (später deutlich erhöhten) Türmen errichtet (Abb. 42–43). Die nicht datierten Bauten zeigen spätromanisches Blockmauerwerk, Rundbogendetails und kissenförmige Eckbuckelquader. Tatsächlich sollten keine weiteren Grenzverletzungen mehr erfolgen.

Dennoch lässt sich in der letzten Dekade von Friedrichs Regierung 1240/50 im staufischen Bau eine verstärkte Betonung der militärischen Komponenten beobachten. So erhielt in dieser Zeit die nicht fertig gestellte Burg von Giuliana auf einem steilen Bergsporn von Sizilien angriffsseitig einen mächtigen Mauerschild mit zentralem Fünfeckturm, dessen keilförmige Spitze und hohe Böschungswände nach neues-

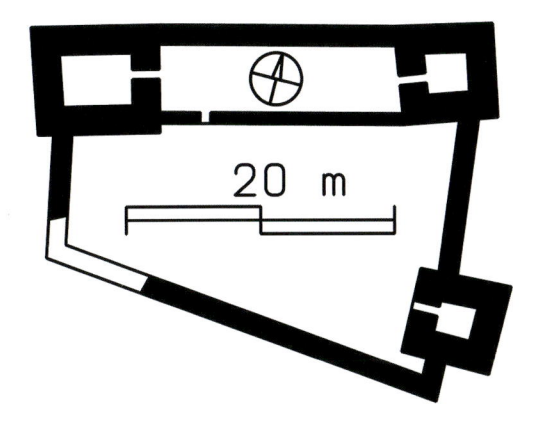

Abb. 42–43 | Pacentro, Castello Cantelmo Caldera, Italien, M. 13. Jh.

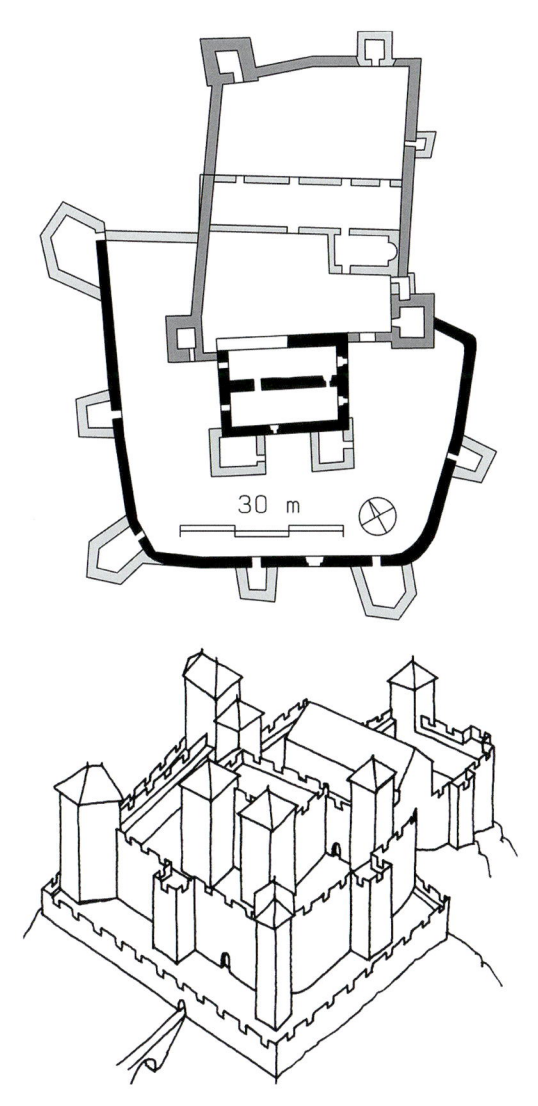

Abb. 44–45 | Melfi, Italien, Ausbaustufen bis um 1250

tem Stand der Technik Wurfgeschoße abwehren sollten. Zudem wurden hohe und geräumige Armbrustscharten eingebaut, während der dahinter versteckte Wohntrakt nach außen keinerlei repräsentative Fenster aufwies. Mit ähnlichen massiven Mauern und vorgestellten Fünfecktürmen wurden zeitgleich mehrere andere Burgen errichtet bzw. aufgerüstet, etwa Prato, Trapani, Brindisi und Bari, wobei ein Gutteil davon nie fertig gestellt wurde. Programmatisch könnte auch ein Umbau von Monte Sant'Angelo in Apulien auf einem schmalen Felsen in 840 m Seehöhe sein, dessen normannischer Wohnturm in den letzten Jahren Friedrichs mit einem kastellförmigen Hof mit buckelquadergerahmten Ecktürmen, drei Innentrakten sowie zur Angriffsseite einem schlanken Fünfeckturm erweitert wurde.[61] Diese Burg war traditionell mit den sizilianischen Königen verbunden und Friedrich verlieh seiner Geliebten und kurzfristigen Ehefrau Bianca Lancia 1244 den Titel Gräfin von Monte Sant'Angelo, womit möglicherweise die Baumaßnahmen verbunden waren. Den fortifikatorischen Höhepunkt bildete sicher ein mächtiger Ausbau der bedeutenden Burg von Melfi (Abb. 44–45). Die wie oben ausgeführt im Kern byzantinische und normannische Anlage war von Friedrich bereits mit mehreren Türmen und einem Saalbau versehen worden. Nun wurde die Vorburg aufgestockt und durch sechs großformatige Türme – drei fünfeckige und drei rechteckige – erweitert, die bis heute den Eindruck einer unbezwingbaren Wehrburg erwecken.

Der politische Hintergrund für die zunehmende Befestigung war ein intensiver Streit mit dem Papst um die Vorherrschaft in der christlichen Welt, der 1245 mit der Absetzung durch den Papst gipfelte (Abb. 46). Nachdem der erste deutsche Gegenkönig Heinrich Raspe bereits 1247 starb, kam es zur Wahl von Wilhelm von Holland, der sich jedoch weder in Italien noch in Deutschland durchsetzen konnte.

KONRAD IV. (1250–54), KONRADIN (1254–58) UND MANFRED (1258–66)

Mit dem Tod Friedrichs II. 1250 endete abrupt die staufische Großmachtpolitik. Sein Sohn Konrad IV. (seit 1237 nominell König von Deutschland) musste hinnehmen, dass ihm zahlreiche Fürsten die Gefolgschaft verweigerten, weshalb er sich 1251 nach Süditalien zurückzog, wo er 1254 verstarb. Sein unmündiger Sohn König Konradin wurde vom Papst und den Fürsten ebenfalls nicht anerkannt. Nach der erfolglosen deutschen Wahl von zwei Gegenkönigen aus England und Kastilien, die mangels militärischer Unterstützung keine Machtbasis aufbauen konnten, belehnte der Papst den Bruder des französischen Königs Ludwig IX., Karl I. Anjou, mit dem Königreich Sizilien und dieser marschierte mit einem großen Heer ein. 1258 wurde Konradin gefangen, worauf Manfred, ein weiterer Sohn Kaiser Friedrichs II. und langjähriger Vormund Konradins, den Thron bestieg und Süditalien kurzfristig zurück eroberte.

Bereits im Jahr 1256 hatte Manfred an der apulischen Nordküste programmatisch eine neue Stadt gegründet, sie Manfredonia genannt und die Bewohner des alten Siponto hierher übersiedelt (Abb. 47–48).[62] Bis zur offiziellen Einweihung 1264 entstand eine 600 m lange Rasterstadt mit konsequenter, rechteckiger Stadtbefestigung und Zitadelle am südöstlichen Uferanschluss. Diese Burg, für deren Konstruktion Meister Giordano aus dem benachbarten Monte Sant'Angelo fassbar ist,[63] hat sich trotz früher Zerstörung und Überbauung recht gut erhalten. Demnach entstand auf einem leicht verzogenen Rechteck von 37 x 43 m ein klassisches Kastell, das landseitig durch zwei mit der Nordfront fluchtende Ecktürme sowie seeseitig durch zwei ans Eck vorgestellte Türme symmetrisch gerahmt wurde. Im Hof gab es offenbar zwei einander gegenüberliegende Gebäude, von denen das nördliche als großer Palasbau die benachbarten Turmräume einbezog, während das südliche ebenerdig als offene Arkade gestaltet war und im Obergeschoß einen schmalen Zugang zu den Türmen sowie zu einem Mauergang über das Haupttor gewährte. Während die Geviertmauern aus Bruchstein gefügt sind, stachen die Türme durch ihre flächige Buckelquaderverblendung vor. Konzeptionell lehnte sich das Kastell bemerkenswert konsequent an das über 20 Jahre ältere Trani an, womit wohl eine bewusste Tradition zu Kaiser Friedrich II. gesucht wurde. Noch vor der tatsächlichen Fertigstellung siegten die Franzosen 1266 bei Benevent über den Staufer, der in dieser Schlacht starb. Die Bauarbeiten an den Befestigungen von Manfredonia wurden in der Folge unter dem neuen Königsgeschlecht der Anjou mit starken Veränderungen weitergeführt.

Abb. 46 | Melfi, Ansicht der Südecke

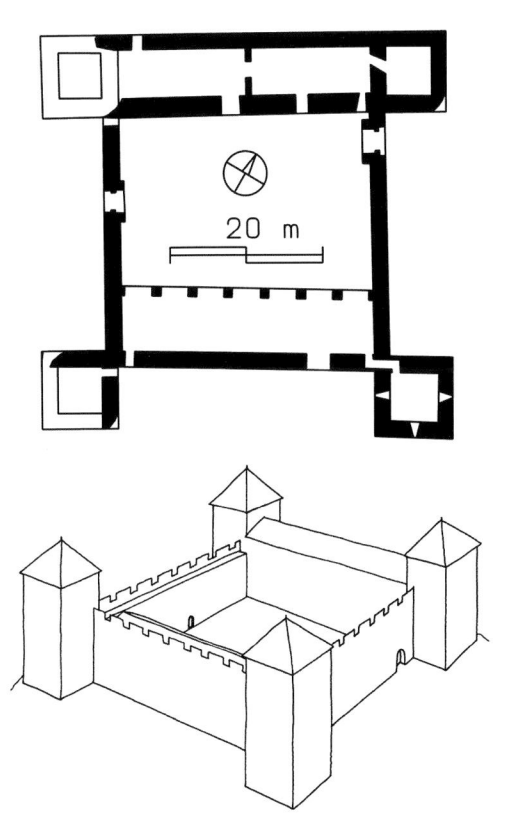

Abb. 47–48 | Manfredonia, Italien, Kernkastell nach 1256

---

1 Weinfurter 2008, 22.
2 Siehe Seite 367.
3 Braune 2008, 134.
4 Hucker 2008, 101.
5 Wagner 2005, 14.
6 Berger 2008, 215.
7 So sind namentlich einige Zisterzienser Bauplaner für seine Gebäude bekannt, zudem werden fortschrittliche Baudetails wie Wasserinstallationen, Lüftungen und Gewölbe diesem Orden zugesprochen, vgl. Bargholz 2008, 166.
8 Houben 2001, 185.
9 De Vita 2001, 83.
10 De Vita 2001, 131.
11 Willemsen 1971, 300.
12 De Vita 2001, 137.
13 De Vita 2001, 51.
14 Knaak 1995, 80.
15 Nachdem Karl I. von Anjou die Burg mit langer Belagerung 1269 erobern musste, ließ er sie hingegen sofort als Zwingburg gegen die Muslime umbauen.
16 De Vita 2001, 95.
17 Historische stark vereinfachende Überlieferungen zeigen auch an der vierten Ecke ein Geviert unbekannter Zeitstellung.
18 De Vita 2001, 125.
19 Götze 1964, 80.
20 Alberti 1995, 425.
21 In der Literatur wird aufgrund früher historischer Beschreibungen als großartige Burg von einem arabischen bzw. normannischen Kern ausgegangen. Vgl. etwa Militello, Santoro 2006, 201. Dem ist entgegen zu halten, dass das Kastell ohne Baufugen und mit gleichartiger charakteristischer Mauertechnik aus einem Guss scheint, in dem primär frühgotische Spitzbogenportale mit für Friedrich typischen Profilierungen eingelassen sind und viele Steinquader zeitgenössische Steinmetzzeichen aufweisen. Als Gegenstück des zentralen Turms mit dem dominanten Böschungsumlauf gilt San Niceto in Kalabrien. Dort wurde allerdings in der byzantinischen Burg aus Bruchstein unter Friedrich der Turm sekundär mit einem Talus in reiner Quadertechnik ummantelt, was die staufische Datierung von Milazzo nur bestätigt.
22 Leistikow 2002, 65.
23 Götze 1964, 71.
24 Calamia, Marius, Salluzzo 2004, 12.
25 Militello, Santoro 2006, 137.
26 Bargholz 2008, 166.
27 Militello, Santoro 2006, 32.
28 Schwarz 2015, 71.
29 Willemsen, Odenthal 1966, 55.
30 Militello, Santoro 2006, 320.
31 Legler 2007, 75.
32 Stierlin 1979, 208.
33 Legler 2007, 231.
34 Knaak 1995, 78. Entgegen zahlreicher Beschreibungen kann als Erstphase durch das isolierte reine Bruchsteinmauerwerk sowie die Reste der Spiegelquader ein doppelter quadratischer Mauerring ausgeschieden werden, dessen Außenmauer mit 2,3 m Stärke, sorgfältigem Eckverband und ohne ebenerdige Türen oder Fenster fassbar ist, während eine außen sekundär angestellte Wehrgalerie aus Mischmauerwerk bereits der Zeit der Anjou zuzuordnen ist.
35 Legler 2007, 80.
36 Legler 2007, 22.
37 Schirmer, Sack 1995, 36.
38 Legler 2007, 244.
39 Huber 1995, 45.
40 Legler 2007, 253.
41 Agnello 1935, 351.
42 Dort wurde archäologisch in einer Ecke des unter Friedrich II. großzügig umgebauten Kastells ein weit vorstehender Achteckturm mit Buckelquaderverkleidung und Innenrundung freigelegt.
43 Rundturm mit Achteckinnenraum und Strahlrippengewölbe.
44 Bei archäologischen Grabungen wurde in einer Ecke ein zu Acquaviva sehr ähnlicher Buckelquaderturm freigelegt.
45 Knaak 1997 101.
46 Biller, Metz 2007, 199.
47 Biller, Metz 2007, 202.
48 Biller, Metz 1995, 234.
49 Leistikow 2001, 106.
50 Biller, Metz 2007, 197.
51 Kappel, Tragbar 2001, 206.
52 Kappel 1995, 70.
53 Castello Belvedere in Marano, vgl. Barleri 2000.
54 Leistikow 1995, 29. Die in der Literatur mehrfach angeführte Analogie zu muslimischen Karawansereien dürfte hier jedoch Zufall sein.
55 Agnello 1935, 103.
56 Militello, Santoro 2006, 313.
57 Agnello 1935, 225.
58 Militello, Santoro 2006, 358.
59 Willemsen, Odenthal 1966, 33.
60 Rossi 2015.
61 Mangels exakter Bauuntersuchung wird der Fünfeckturm bislang in normannische Zeit gestellt. Vgl. De Vita 2001, 58. Er scheint jedoch in die staufische keilförmige Hauptfront integriert und ist jedenfalls mit einer Baufuge vom älteren Wohnturm getrennt.
62 De Vita 2001, 321.
63 De Vita 2001, 56.

Wiener Neustadt, Österreich

KÖNIGREICH DEUTSCHLAND

Deutschland war im Mittelalter Teil des Heiligen Römischen Imperiums, das vom 10. Jahrhundert bis 1806 in mehrfach schrumpfender Form große Teile Mittel- und Südeuropas von der Nord- und Ostsee bis zum Mittelmeer umfasste. Gleich einem „Dachverband" vereinte das Imperium unterschiedliche selbstständige Herrschaften, allem voran die Königreiche Deutschland, (Ober-) Italien und Burgund, später auch die Monarchien von Böhmen und Österreich, sowie nominell auch den Kirchenstaat, zudem waren viele Könige von Deutschland in Personalunion auch etwa Könige von Süditalien, Sardinien, Jerusalem, Ungarn und Polen, wodurch sich starke politische Verflechtungen ergaben.

KÖNIG FRIEDRICH II. (1212–1250)

Der 1198 im Alter von vier Jahren zum König von Sizilien gekrönte Staufer Friedrich II., der später auch König von Jerusalem und Kaiser des Römischen Imperiums werden sollte, musste in seiner Jugend miterleben, wie nach dem Tod seines kaiserlichen Vaters Heinrich nördlich der Alpen in Deutschland ein harter Kampf um die Krone zwischen den staufischen und den welfischen Parteigängern ausgetragen wurde.[1] Nach der Ermordung des Staufers Philipp 1209 schien der Welfe Otto als neuer König und künftiger römischer Kaiser gesichert, er wurde jedoch vom Papst und dem französischen König gezielt hintertrieben, während ihn England unterstützte. 1210 erfolgte ein Kirchenbann über Otto, weshalb sich der Landgraf von Thüringen von ihm abwandte, den jungen Staufer Friedrich aus Süditalien holte und ihn gemeinsam mit seinen Verbündeten zum Gegenkönig krönte. 1214 erfolgte eine militärische Entscheidung, als die englischen und welfischen Heere in Nordfrankreich und Flandern einfielen, jedoch bei Bouvines von den Franzosen vernichtend geschlagen wurden. König Philipp ließ den erbeuteten Kaiserwagen Ottos samt Reichsstandarte zu Friedrich schicken und bestärkte das gegenseitige Bündnis. Friedrich konnte daraufhin seine Königsherrschaft in Deutschland konsolidieren und mit der Kaiserkrönung 1220 in Rom vervollkommnen. Ab diesem Zeitpunkt widmete er sich allerdings hauptsächlich seinem süditalienischen Reich sowie seinen Ambitionen zur Beherrschung des östlichen Mittelmeerraums.

Der zeitgenössische Burgenbau Deutschlands erhielt im frühen 13. Jahrhundert durch die politische Spaltung des Landes, aber auch durch die zunehmende Vernetzung des Adels mit den Kreuzfahrergebieten sowie den verbündeten Ländern England und Frankreich bedeutende Impulse, die sich vor allem an der sprunghaften Entwicklung von Abwehrstaffelun-

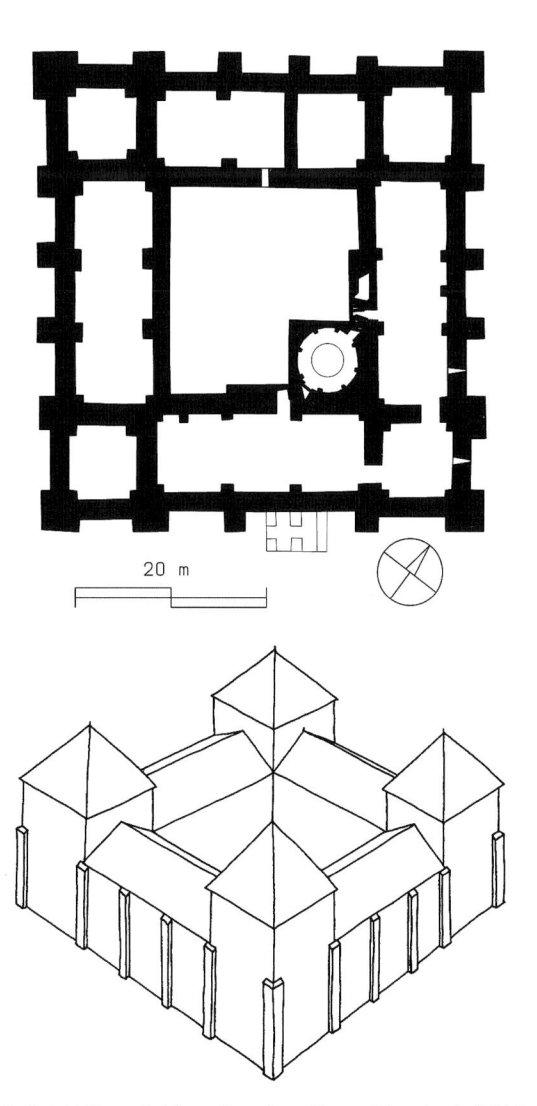

Abb. 1–2 | Wüstes Schloss Osterlant, Deutschland, ab 1211

gen, Tor- und Schartendetails sowie gegen Wurfmaschinen konzipierte bugförmige Hauptfronten ablesen lassen. Der Bautyp des in den Kreuzfahrergebieten aber auch England und Frankreich längst bekannten Kastells fand sich im 12. und frühen 13. Jahrhundert in Deutschland bislang überhaupt nicht. Auch Friedrich II. ließ nach seiner Ankunft 1211 zunächst nur ortsübliche Burgen anlegen, etwa Pflixburg und Kaysersberg, die freistehende Rundtürme und polygonale Ringmauerformen aufwiesen.[2]

Eine überregional isolierte Ausnahme bietet das sogenannte Wüste Schloss im sächsischen Oschatz, dessen Grundriss und naturwissenschaftliche Datierung ab 1211 durch intensive archäologische Grabungen feststehen, während Bauherr und Zweck ungeklärt sind (Abb. 1–2).[3] Auf einer geräumigen quadratischen Fläche von 44 m Breite entstand ein repräsentativer Vierflügelbau, dessen Ecken durch wenig vorstehende viereckige Türme kastellartig betont wurden. Breite Mauerpfeiler und ein Badehaus mit einst acht Wandsäulchen und krönendem Strahlrippengewölbe lassen an zisterziensische Bauleute denken, das für diese Zeit sehr fortschrittliche Kompartimentmauerwerk ist mit frühgotischen französischen Bauten vergleichbar. Über die Nutzung steht nur fest, dass es keine klassischen Wehreinrichtungen wie Graben oder Schießscharten gab und dass über dem niedrigen Erdgeschoß ein repräsentatives Hauptgeschoß unbekannter Ausstattung lag. Offensichtlich wurde der Bau bereits früh eingestellt bzw. stark vereinfacht abgeschlossen, jedoch war er bis um 1300 in Verwendung und wurde erst dann aufgegeben. Zur Erklärung werden das strukturell durchaus ähnliche ebenfalls vor allem archäologisch fassbare Schloss von Óbuda in Ungarn (um 1210/20) und die bautechnisch vergleichbare schlesische Herzogsresidenz von Liegnitz (um 1210/20) genannt,[4] die man um die österreichische Herzogsresidenz von Klosterneuburg (um 1210/20) erweitern kann. Alle diese Bauten haben eine streng regelmäßige Grundkonzeption, ähnliche Außenpfeiler, frühes Bruchsteinmauerwerk und französischen Baudekor, jedoch keine derartige Mehrtürmigkeit. Der offenbar angeschlossene Tierpark, das prunkvolle Wasserbecken und die eckigen Türme erinnern an süditalienische Stauferpaläste arabisch-normannischer Tradition. Dazu passt auch die gängige Forschungsmeinung, der Bauherr des Wüsten Schlosses sei Markgraf Dietrich von Meißen gewesen,[5] der seit 1210 den Burgbezirk von Oschatz besaß und als wichtiger Gefolgsmann des Staufers Friedrich nun seine sprunghaft angewachsene Macht in Sachsen baulich manifestieren wollte.

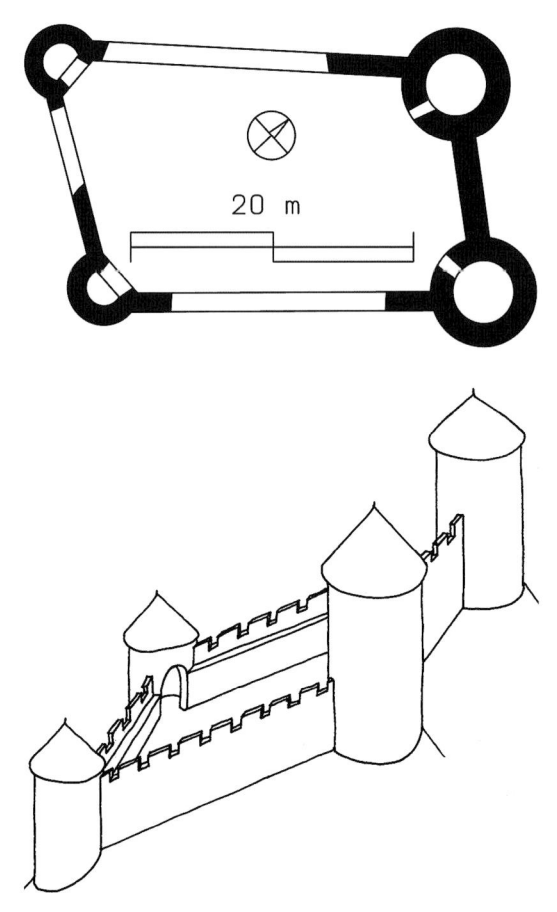

Abb. 3–4 | Gutenberg, Deutschland, Kastell 1. V. 13. Jh.

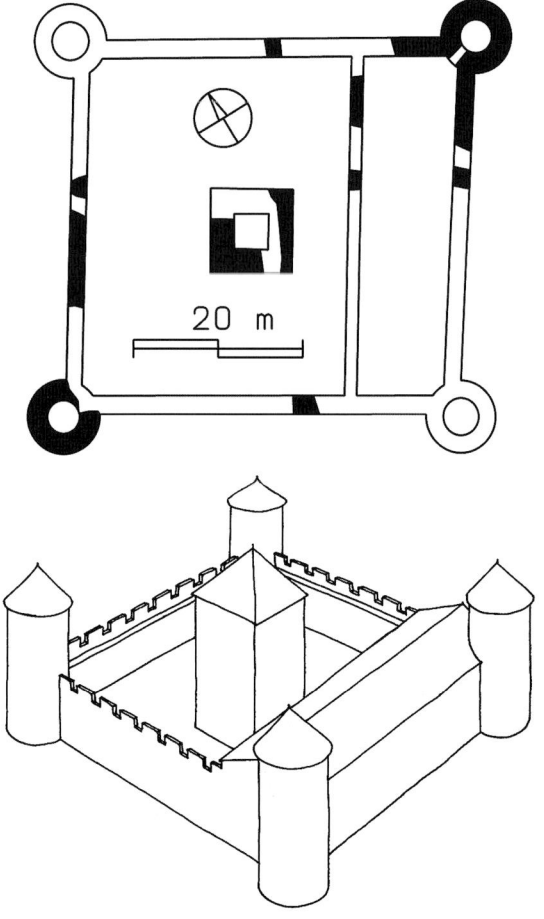

Abb. 5–6 | Lahr, Deutschland, Kastell um 1218

KÖNIGREICH DEUTSCHLAND

Gleichzeitig bzw. kurz danach dürfte die 1213 erstmals urkundlich genannte Burg Gutenberg südlich von Bingen am Rhein entstanden sein, die heute weitgehend zerstört ist (Abb. 3–4).⁶ 1227 begleitete der dort ansässige Reichsministeriale Wolfram der Ältere den Kaiser Friedrich II. auf seinem Kreuzzug, es mag also eine engere Bindung zum Staufer gegeben haben. Auf einem topografisch wenig geeigneten Abhang stehen noch heute die im Nordwesten besser erhaltenen Reste eines etwa 18 x 30 m großen, leicht verzogenen Kastells, das zum ansteigenden Berg durch zwei 7,5 m breite Rundtürme geschützt war, während zum Tal zwei kleinere Halbtürme ausreichend schienen. Der steile Sockel, das heute nur mehr an wenigen Stellen primäre gleichförmige Quadermauerwerk und Reste von Treppenanlagen indizieren eine Ableitung von französischen Vorbildern, während eine regionale Tradition dafür fehlt. Nach dem Aussterben der mächtigen Zähringer 1218 begann Friedrich im südwestdeutschen Raum die Errichtung einer möglichst lückenlosen königlichen Hausmacht durch die Besetzung neuralgischer Punkte in Schwaben und Elsaß. Dabei hielten nun auch im königlichen Burgenbau halbrunde Flankentürme Einzug, wie die um 1218 übernommene und in der Folge ausgebaute elsässische Burg Girbaden zeigt.⁷

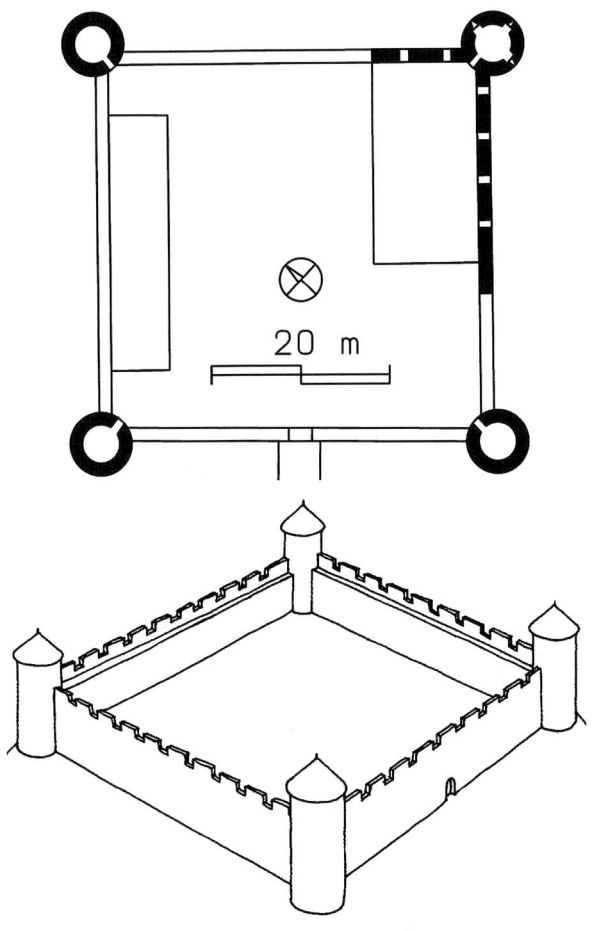

Abb. 7–8 | Dautenstein, Deutschland, Kastell um 1220

Gleichzeitig entstanden in der lokalen Rheinebene mehrere kastellartige Neuanlagen, die heute durch spätere Überbauung bzw. Zerstörung nur mehr fragmentiert zu erfassen sind. Als Hauptbeispiel gilt das einstige Kastell von Lahr, das naturwissenschaftlich in die Zeit um 1218 datiert (Abb. 5–6).⁸ Auf einer leicht verzogenen Fläche von 44 x 47 m stand ein konsequentes Geviert mit vier gleichförmigen Rundtürmen an den Ecken, randständigem Palasbau und zentralem Hauptturm. Während das Grundkonzept bis auf den zentralen Turm, der zum zeitgleichen Girbaden passt, auf französische Vorbilder zurück zu führen ist, konnte die Forschung für das einheitliche Buckelquadermauerwerk, die zahlreichen Steinmetzzeichen sowie die charakteristischen frühgotischen Fensterdetails Analogien zu Girbaden belegen.⁹

In der unmittelbaren Nachbargemeinde Seelbach befand sich mit Dautenstein offensichtlich ein sehr ähnliches Kastell, das nach dessen Zerstörung im 16. Jahrhundert heute nur mehr ein kleines Schlösschen mit pavillonartigen Rundbauten ist (Abb. 7–8).¹⁰ Trotz dieser Fragmentierung und der späten Erstnennung von staufischen Reichsministerialen um 1235 erlauben die erhaltenen Sockelreste mit ihren charakteristischen (etwas kleinformatigeren) Buckelquaderverblendungen eine zeitliche Anhängung an Lahr. Auch die Ausmaße dieses Gevierts von 44 x 47 m und die ähnlichen Turmmaße (hier 7 m, in Lahr 8 m) passen, sodass wohl von einer parallelen Entstehung ausgegangen werden kann.

Auch im Westerwald wurde mit Montabaur ab 1217 eine Kastellanlage errichtet, die im heutigen Schloss durch die umfassende Barockisierung nur mehr im Grundriss erfassbar ist (Abb. 9–10).¹¹ Demnach ließ Theoderich von Wied, der charismatische staufertreue Erzbischof von Trier, nach der Zerstörung der lokalen Burg eine starke Grenzanlage gegen die Grafen von Nassau errichten, die er nach dem biblischen Berg Tabor in Israel benannte und 1227 als „castrum Muntabur" genannt wird. Im Baubestand lassen sich auf einer leicht trapezförmigen Fläche von maximal 36 x 43 m vier runde Ecktürme mit 7,5 m Durchmesser sowie ein runder Hauptturm mit 9 m Durchmesser nachvollziehen, die bis heute die Anlage prägen. Anzunehmende primäre Wohnbauten sind im Schlossgefüge nicht mehr auszuscheiden.

Nur 3 km nordwestlich von Montabaur lag in Dernbach ein weiteres Kastell, das ebenfalls dem Erzbischof von Trier unterstand und ab 1213 urkundlich als Sitz lokaler Vasallen belegt ist (Abb. 11).¹² Obwohl im 18. und frühen 19. Jahrhundert große Teile abgebrochen wurden, erlauben historische Beschreibungen und Skizzen sowie Reste von Mauern und den zwei Südtürmen im heutigen Gutshof die Rekonstruktion eines Kastells mit zumindest drei runden Türmen. An der

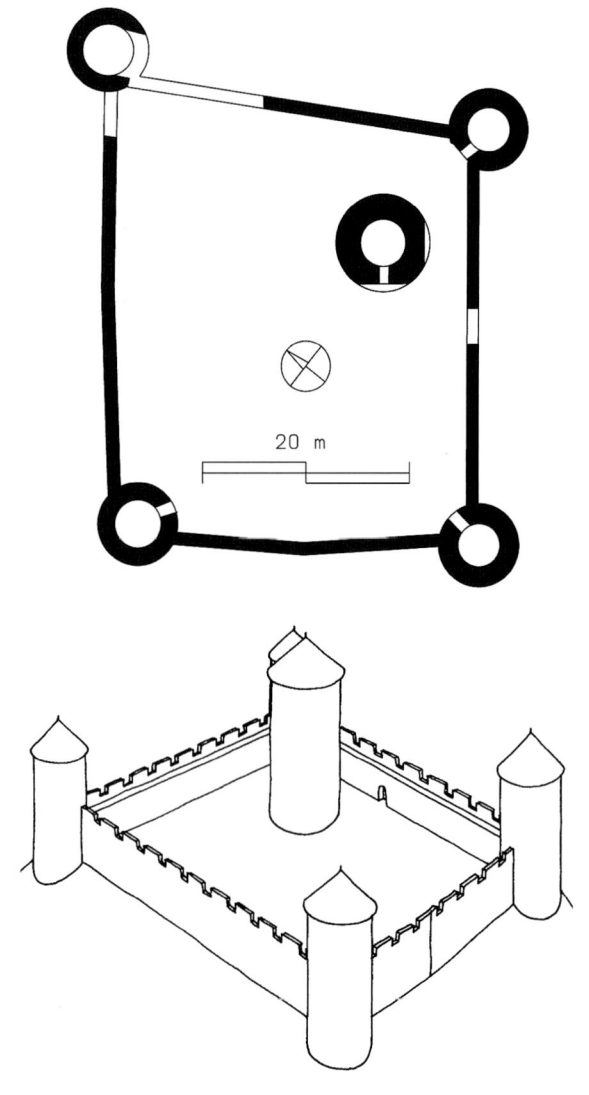

Abb. 9–10 | Montabaur, Deutschland, Kernkastell ab 1217

vierten Ecke deuten die alten Pläne auf eine spätere Veränderung mit Torturm, die jedoch heute mangels Erhaltung nicht mehr verifiziert werden kann. Ebenso steht eine Untersuchung des heutigen Südbaus an, in dem noch der primäre Palas stecken könnte. Demnach muss auch sein heute eingreifender Anschluss in die Türme offen bleiben.

Als sechseckige Sonderlösung präsentiert sich am Niederrhein die Wasserburg Linn, die bis heute zum Gutteil erhalten bzw. archäologisch erforscht ist (Abb. 12).[13] Diese Burg wechselte im Jahr 1188 in die Abhängigkeit des Kölner Erzbistums und der kastellförmige Neubau wird allgemein in die folgende Zeit um 1200 datiert.[14] Dem ist entgegen zu halten, dass in diese Zeit auch der Beginn einer rundlichen Mauer gestellt wird, der früh beendet und durch das Sechseck ersetzt wurde. Ein Blick in die Geschichte des Erzbistums lässt daher eine spätere Datierung vermuten. So wurde der stauferfreundliche bisherige Dompropst Engelbert, Graf von Berg, nach hartem Kampf und Schiedsspruch des Papstes 1218 zum Erzbischof erhoben und 1220 vom Kaiser als Reichsprovisor und Vormund seines Sohnes Heinrich eingesetzt. 1222 ist er als Gubernator Regni Teutonici genannt, bis zu seiner Ermordung 1225 war Engelbert der Führer der staufischen Partei in Deutschland. Obwohl die neue sechseckige Burg der Region gemäß aus reinem Ziegelmauerwerk besteht, zeigen doch die steilen Sockelanläufe und das Grundkonzept Ähnlichkeiten mit den vorgenannten Bauten, sodass wohl von einer planerischen Verwandtschaft auszugehen ist. Es entstand in mehreren Abschnitten auf einer Fläche von etwa 38 x 51 m ein gestauchtes Sechseck mit 8,5 m breitem Hauptturm an der einen Spitze sowie fünf gleichförmigen, 6 m breiten weiteren Ecktürmen. Das Tor war zunächst als einfacher Mauerdurchlass gestaltet, ehe es bereits im fortgeschrittenen 13. Jahrhundert durch einen vorgestellten Torbau aufgerüstet wurde.

Weitere kastellförmige Anlagen werden in Heyden, Schwanau, Schenkenzell und Dodenburg vermutet, sie sind jedoch nicht mehr erhalten oder im Baubestand trotz lokaler Analogien nicht ausreichend erforscht bzw. nachzuweisen. Dabei sind durchaus noch Überraschungen zu erwarten. So zeigt die bislang kaum beachtete Burg von Albeck nördlich von Ulm ebenfalls ein trapezförmiges Mauergeviert von etwa 40 x 60 m, flächige Buckelquadertechnik, einen zentralen Rechteckturm sowie zumindest zwei ehemalige runde Ecktürme mit 7,5 m Durchmesser. Hier residierten im frühen 13. Jahrhundert staufische Ministerialen, ehe sie 1245 zum Markgrafen Heinrich von Burgau übergingen.

Insgesamt ist zu vermuten, dass auf Vermittlung des französischen Königs Kastellplaner ins Land gekommen sind, die zunächst in Gutenberg auch mit französischen Baudetails agier-

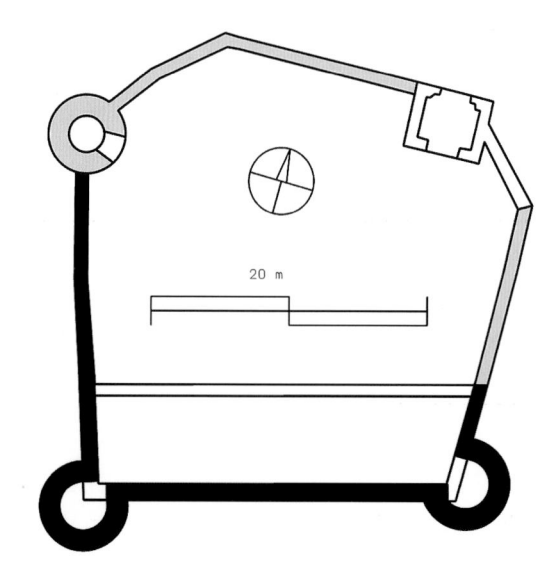

Abb. 11 | Dernbach, Deutschland, Kastell 1. V. 13. Jh.

370 KÖNIGREICH DEUTSCHLAND

ten, während wenige Jahre später bereits einheimische Handwerker tätig waren. Obwohl der Stauferkönig nirgends namentlich genannt ist, wird es sich aufgrund der engen politischen Abhängigkeit und der bautechnischen Parallelen zu Girbaden wohl um vom Herrscher gewünschte bzw. teilfinanzierte Bauprojekte gehandelt haben.

Für die später folgende Bautätigkeit des Staufers in Italien dürften in der Region aber auch parallele andere Bauten bedeutend gewesen sein, die aufgrund politischer Umwälzungen nach seiner Abreise heute nur mehr durch Indizien dieser Zeit zuzuordnen sind. Allem voran ist ein monumentaler Achteckturm in Egisheim zu nennen, der zentral in einer ebenfalls achteckigen Burganlage stand.[15] Der steile Sockelanlauf, die flächige Buckelquaderverkleidung, romanische Baudetails und nicht zuletzt die Steinmetzzeichen passen zur Burgengruppe um Girbaden und Lahr, wenngleich explizite Baudaten fehlen. Die lokalen Adeligen gehörten jedenfalls zur staufischen Oberschicht. Auch im nahen Gebweiler wurde eine ähnliche Anlage mit achteckigem Bering und zentral frei stehendem Viereckturm nachgewiesen, für die historische Daten fehlen.[16] Nicht zuletzt gab es auch im nahen Wangen eine originelle achteckige Anlage in gestufter konzentrischer Form und mit französisch anmutenden halbrunden Mauertürmen.[17] Tatsächlich hatte der Staufer bis um 1219 seinen persönlichen Schwerpunkt in der Region, erst danach wurde sie an den Straßburger Bischof, getreue Vasallen sowie königliche Beamte zur Verwaltung übertragen. Es ist also durchaus wahrscheinlich, dass diese Achteckbauten als dominante königliche Sitze gedacht waren, während die Kastelle im Rheinland zur Sicherung der Stammherrschaft gegen die welfische Adelsopposition dienen sollten. Im Jahr 1220 reiste der König nach Rom zu seiner Königskrönung und dann für lange Zeit weiter in sein süditalienisches Königreich, wo er die mittlerweile chaotischen Zustände zu ordnen hatte. Bald darauf entzweiten sein Streit mit dem Papst sowie seine folgende Exkommunikation den südwestdeutschen Raum, weshalb mehrere bisher verbündete Bischöfe vom Staufer abfielen.

Vor allem der Straßburger Bischof nützte die Abwesenheit des Kaisers, um im Elsaß selbst eine kompromisslose Machtpolitik zu beginnen und die meisten staufischen Ministerialen abzuwerben (Abb. 13). Dem setzte der kaiserliche Schultheiß von Hagenau, Wölfelin, eine urkundlich „Landesaoite" (Landeswarte) genannte Burg entgegen, die wohl mit einem Großausbau der älteren Burg Landsberg zu identifizieren ist.[18] Dort dürfte eine mehrteilige Erweiterung dem 2. Viertel des 13. Jahrhunderts zuzuordnen sein, worin im Westen ein neuer Rechteckbau mit zwei Rundtürmen an den Ecken dominierte. Die fortschrittliche Verteidigung mit breiten Schießkammern, hohen Scharten und flankierfähigen Positionen wird im Norden durch eine ebenerdige ehemals großzügige Durchlichtung untergraben, womit dort eine sichere Hofsituation zu rekonstruieren ist. Ansonsten deuten die qualitätvollen spätromanischen Baudetails auf eine Datierung in die 1230er Jahre. Nach der Abgabe der Burg 1237 werden die Arbeiten wohl nicht mehr planmäßig weitergeführt worden sein, somit muss auch unklar bleiben, ob die ganze Kernburg in dieser Form (kastellförmig?) ummantelt hätte werden sollen.

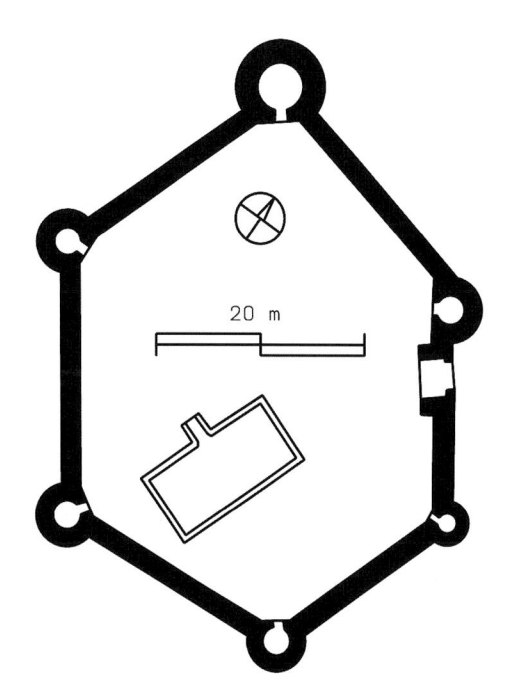

Abb. 12 | Linn, Deutschland, Kastell 1. V. 13. Jh.

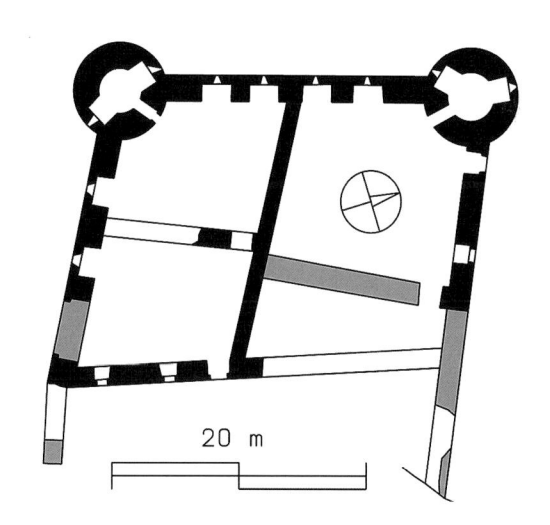

Abb. 13 | Landsberg, Frankreich, westliche Vorburg, 2. V. 13. Jh.

Für die 1242 erstmals urkundlich erschließbare Burg Neuleiningen gibt es keinerlei Baudaten (Abb. 14–16). Bauherren waren die Grafen von Leiningen, die ebenfalls vom Stauferkaiser als Verwalter zahlreicher Rechte eingesetzt wurden und die schon zuvor eng mit dem Kaiserhaus verbunden waren.[19] Bei der schrittweisen Übernahme der großteils kaiserlichen Burg Girbaden durch den Straßburger Bischof hatten auch die Leininger ab 1226 ihre dortigen Rechte verloren, was in dieser Zeit zu einem Baubeginn von Neuleiningen geführt haben könnte.[20] Die heute als Ruine recht gut erhaltene Anlage liegt in einer Ecke einer wohl zeitgleich konzipierten Siedlung mit geradliniger Befestigung und war einst von dieser durch einen Graben getrennt.[21] Auf gebrochen-rechteckigem Grundriss von etwa 40 x 50 m stehen ein gleichförmiger mantelförmiger Bering und vier runde Ecktürme, wovon der feldseitige als Hauptturm mit 10 m Durchmesser gegenüber den anderen mit 9,5 m maßlich vor allem durch die stärkeren Mauern von 3 gegenüber 2,5 m hervorgehoben scheint. An ihn schloss südlich ein großer Saalbau an, der heute nur mehr durch einen Giebel fassbar ist. Bemerkenswert ist eine enge Schartenreihung im Hof, die mit ihren schrägen Ausrichtungen und den hohen, fortschrittlichen Bogenschlitzen die Zugänge schützen sollte. Konzeption und Quadermauerwerk dieses Kastells erinnern an Gutenberg und Linn, während die Armbrustschartenlösungen der Gruppe um Lahr und Landsberg sowie das dortige Buckelquadermauerwerk samt seinen Steinmetzzeichen völlig fehlen. Unterschiedlich ist auch die hofseitige Konsequenz bzw. Abflachung der Türme. Wahrscheinlich handelte es sich in der Region um zwei parallele Planungs- sowie Bautrupps, die sich beide bald von den französischen Vorbildern emanzipiert hatten.

Zu wenig bekannt ist die einst zum Elsaß gehörende, nur durch historische Grabungen bekannte Burg in Dattenried, die historisch nach 1232 zu datieren sein dürfte (Abb. 17–18).[22] Die Ähnlichkeit der innen abgeflachten gleichförmigen Türme zu Neuleiningen lässt eine parallele Entstehung vermuten.

Bislang völlig undatiert ist die heute in Belgien gelegene Burgruine Fagnolles, die im Hochmittelalter eine stauferfreundliche Grafenenklave im bischöflichen Gebiet von Lüttich schützte (Abb. 19). Das 1249 erstmals genannte Kastell liegt inmitten eines künstlichen Teichs und besetzt eine Fläche von ca. 31 x 33 m. Von den einst vier runden Ecktürmen blieb einer vollständig erhalten, sonst zeigen hohe Sockelanläufe und Reste eines Doppelturmportals homogene Quadermauern mit hohen Schartenformen. Da sämtliche Binnengebäude in kleinteiligem Bruchsteinmauerwerk des 14. Jahrhunderts ausgeführt sind, dürfte die erste Bauphase nur aus dem turmbewehrten Bering bestanden haben.

Eine andere Variante des Kastelltyps bietet die Burg Brauneck in Baden Württemberg.[23] Die um 1220/30 entstandene Burg der eng mit dem Kaiser verbundenen Edelherren von Hohenlohe kann als Fusion der zeitgenössischen Wehrbaukunst verstanden werden. Auf einem isolierten Hügelsporn gelegen und durch einen tiefen Halsgraben vom Terrain getrennt, wurde auf verzogen rechteckigem Grundriss von etwa 50 x 80 m ein geräumiges Kastell errichtet. Die schmale Hauptfront schützte eine 15 m hohe und 3 m starke Schildmauer, die von

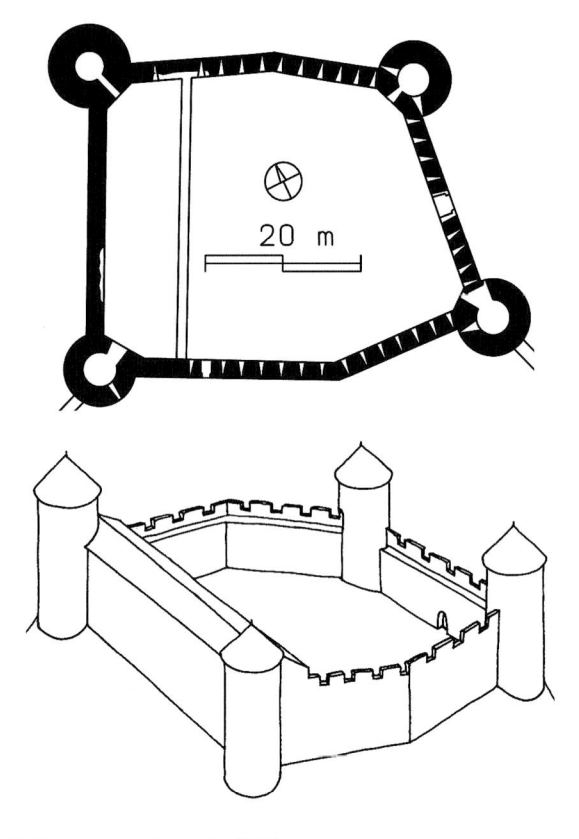

Abb. 14–16 | Neuleiningen, Deutschland, 2. V. 13. Jh.

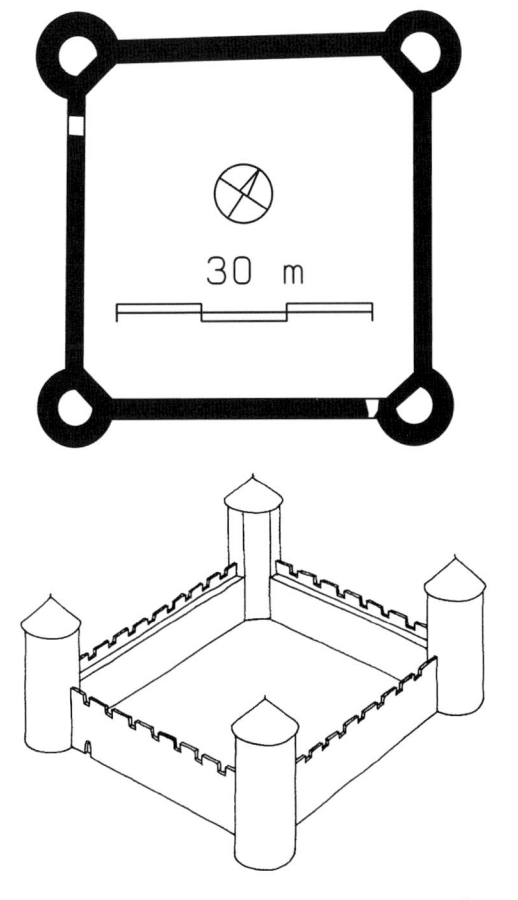

Abb. 17–18 | Delle/Dattenried, Frankreich, Kernkastell 2. V. 13. Jh.

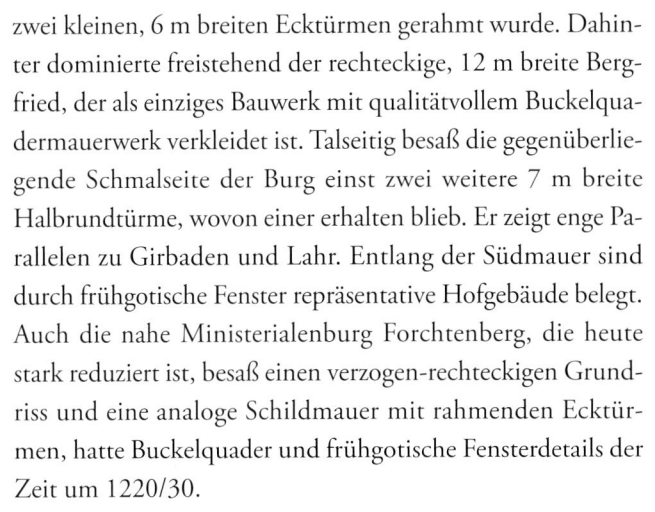

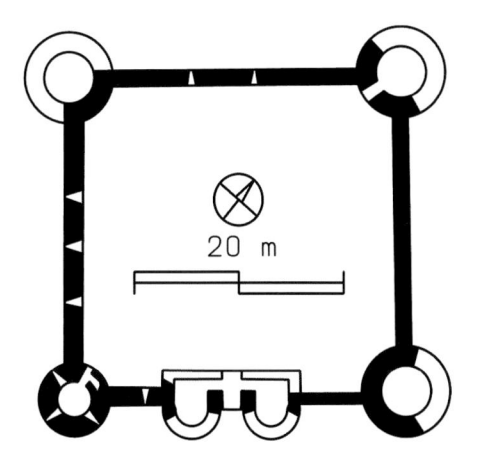

Abb. 19 | Fagnolles, Belgien, Kernkastell vor 1249

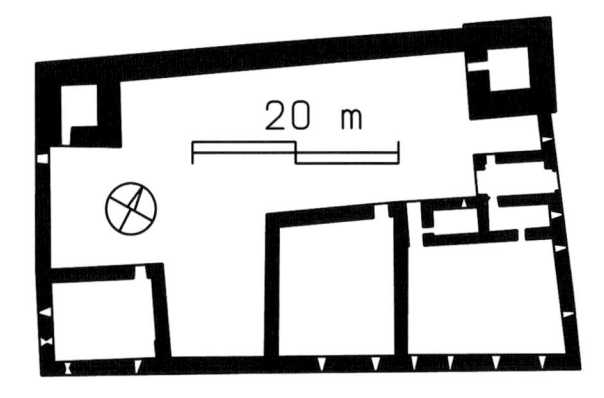

Abb. 20 | Boymont, Italien, Kernanlage 2. V. 13. Jh.

zwei kleinen, 6 m breiten Ecktürmen gerahmt wurde. Dahinter dominierte freistehend der rechteckige, 12 m breite Bergfried, der als einziges Bauwerk mit qualitätvollem Buckelquadermauerwerk verkleidet ist. Talseitig besaß die gegenüberliegende Schmalseite der Burg einst zwei weitere 7 m breite Halbrundtürme, wovon einer erhalten blieb. Er zeigt enge Parallelen zu Girbaden und Lahr. Entlang der Südmauer sind durch frühgotische Fenster repräsentative Hofgebäude belegt. Auch die nahe Ministerialenburg Forchtenberg, die heute stark reduziert ist, besaß einen verzogen-rechteckigen Grundriss und eine analoge Schildmauer mit rahmenden Ecktürmen, hatte Buckelquader und frühgotische Fensterdetails der Zeit um 1220/30.

Eine weitere Variante zeigt die quadratische Wasserburg Dieburg, die parallel um 1220/30 unter den stauferfreundlichen Reichsministerialen von Münzenberg entstand.[24] Die bereits im frühen 19. Jahrhundert abgebrochene und 1991 teilweise ergrabene Anlage hatte eine Seitenlänge von 60 m, wohl zumindest zwei kleine rechteckige Ecktürme in analoger Lage, in der Mitte ebenfalls einen freistehenden Bergfried sowie einen nicht lokalisierten repräsentativen Wohnbau mit qualitätvollen Biforenfenstern.

Der den Staufern eng verbundene Südtiroler Graf Ulrich von Eppan, der mit dem Kaiser 1218 auf Kreuzzug im Heiligen Land gewesen war, zeigt in Boymont eine ähnliche, deutlich kleinere Variante (Abb. 20).[25] Auf einer verzogen-rechteckigen Fläche von 32 x 50 m war die Bergseite ebenfalls schildmauerartig mit 2 m Mauerstärke sowie rahmenden 8 bzw. 9 m breiten Rechtecktürmen geschützt, deren breite Fenster die Nutzung als Wohntürme indizieren. Talseitig dominierten etappenweise verdichtete Wohnbauten mit mehrgeschossigen Saaleinheiten für die große Grafenfamilie. Baudetails und Buckelquaderecken sind mit zahlreichen spätromanischen Gegenbeispielen der Region zu vergleichen, sodass gemeinsam mit dem eigenwilligen Grundriss von einer lokalen Adaptierung des Kastellgedankens auszugehen ist. Als Hauptmerkmale blieben die konsequente Rechteckform sowie die dominanten Ecktürme.

Ein Gegenstück dürfte in Südhessen in Güttersbach bestanden haben, wo 1949 spärliche Reste archäologisch aufgedeckt wurden.[26] Die wahrscheinlich nie vollendete Burg hatte einen rechteckigen Grundriss, zumindest zwei rechteckige Ecktürme mit 6 m Seitenlänge sowie Buckelquader. Mangels historischer Nennungen müssen ihre Zeitstellung und Zugehörig-

KÖNIGREICH DEUTSCHLAND

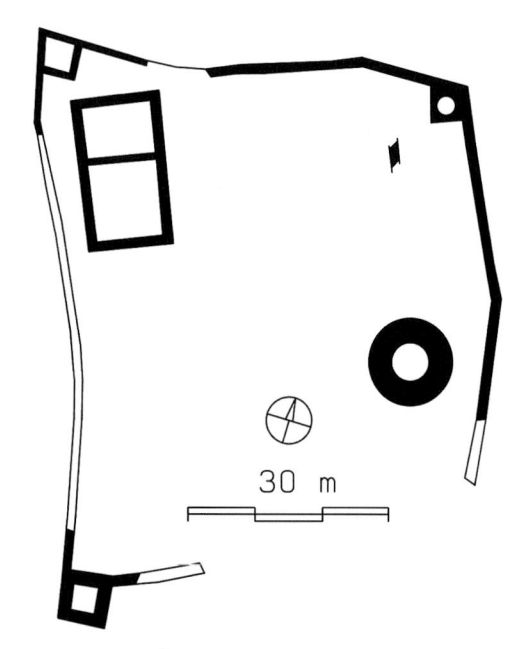

Abb. 21 | Wagrein, Österreich, Kernanlage 2. V. 13. Jh.

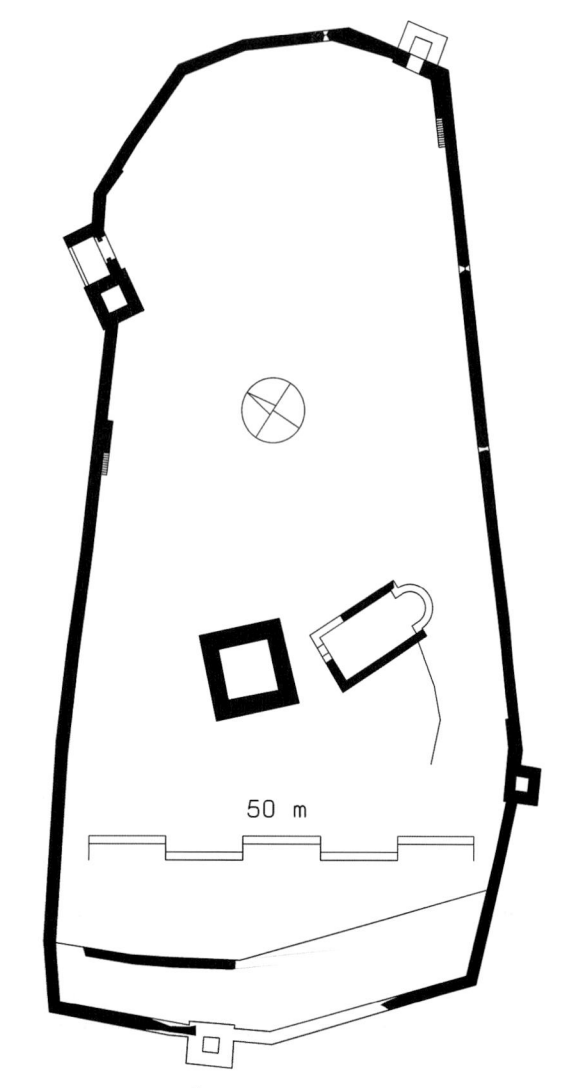

Abb. 22 | Hainburg, Österreich, Kernburg um 1220/30

keit offen bleiben, wenngleich die staufischen Reichsministerialen der Schenken von Erbach vermutet werden.

In den Alpen findet sich eine Burg der dem Salzburger Erzbischof zugeordneten Ministerialität, die in dieser Zeit ebenfalls eng mit dem Stauferkaiser verbunden war (Abb. 21). In Wagrein, im heutigen Bundesland Salzburg, wurde auf einem Felskogel eine bemerkenswert geräumige Burg von etwa 65 x 86 m Fläche ausgegraben, deren polygonal gebrochene Ringmauern nur grob ein verzogenes Rechteck einfassen.[27] An den drei erhaltenen Ecken gab es 6 bis 7 m breite Rechtecktürme, während hinter der Ostfront zentral ein dominanter Rundturm stand. Die wenig konsequente Planung und die lokal verankerten Mauer- und Baudetails lassen an eine freie Interpretation der Kastellidee denken, wie sie etwa nach einer rein visuellen oder gar mündlich weitergegebenen Nachahmung vorstellbar ist. Ähnliche Burgen mit reduzierten Kastellcharakteristika (Regelmäßigkeit, Rechteckform, Mehrtürmigkeit, Ecktürme) finden sich im Deutschen Königreich zeitnahe mehrfach, etwa in Lichtenberg bei Ludwigsburg, ohne dass dort von direkten planerischen oder politischen Verbindungen auszugehen ist.

HERZOG FRIEDRICH II. BABENBERG (1230–46)

Im Südosten des Deutschen Königreichs hatten sich seit dem 10. Jahrhundert eigenständige Grenzmarken entwickelt, die im 12. Jahrhundert zu den Herzogtümern Österreich und Steyer wuchsen und ab 1192 gemeinsam von den Babenbergern regiert wurden.[28] Ihre Vernetzung mit dem süddeutschen Hochadel und die enge Gefolgschaft zum Kaiserhaus, die auch zur sofortigen Unterstützung des Staufers Friedrich geführt hatte, zeigt etwa die Führung des deutschen Kreuzzugskontingents 1217/18 vor Akkon. Der gesellschaftliche Höhepunkt wurde 1225 erreicht, als Margarete, die Tochter von Herzog Leopold VI., mit Heinrich, dem Sohn und bereits erwählten Nachfolger des Kaisers vermählt wurde. Im Zuge dessen Kirchenbanns vermittelte der Babenberger erfolgreich zur Lösung sowie zur päpstlichen Anerkennung des Stauferkaisers Friedrichs II. als König von Jerusalem.

Baulich hat sich aus dieser Zeit wenig erhalten (Abb. 22). In Wien könnte es neben der Michaelerkirche eine Residenz gegeben haben, die heute spurlos verschwunden ist. In Klosterneuburg, Wr. Neustadt und Krems sind zumindest teilweise repräsentative aber kaum befestigte Hofanlagen bewahrt,[29] die mit ihren frühgotischen Baudetails und überregional isolierten Kapellen französischer Provenienz zu den oben genannten zeitgleichen Hofanlagen in Óbuda/Ungarn, Liegnitz/Polen und Osterlant/Sachsen passen. Parallel dazu ließ der Herzog seine bereits bestehenden Burgen Gutenstein und Starhemberg als geräumige Residenzen ausbauen, ohne Prinzipien des Kastellbaus aufzugreifen. Lediglich an der Grenzburg zu Ungarn in Hainburg, die um 1200 grundlegend neu angelegt und um 1230 fertig gestellt war, deutet sich im geländebedingt polygonalen Bering ein sekundärer Einbau von vier rechteckigen Mauertürmen sowie der zentrale Zubau eines dominanten Wohnturms an. Die Mauertürme, von denen nur zwei in größeren Resten erhalten sind, waren im Gegensatz zum kleinteiligen Bruchsteinmauerwerk des Berings mit sorgfältigen Quaderstrukturen verkleidet. Der Wohnturm besitzt bis heute einen qualitätvoll gerahmten Hocheinstieg, Biforenfenster und ein Kreuzrippengewölbe in frühgotischer Formensprache. Mit den Mauertürmen und dem zentralen Turm könnte man zeitgleichen Gegenstücken am Rhein (Lahr, Montabaur) entsprochen haben, wenngleich hier keine Rundtürme verwendet wurden. Somit mag es sich um eine individuelle Einzellösung gehandelt haben, die höchstens die Idee der flankierfähigen Mauertürme aus den Kreuzfahrergebieten übernommen hat.

In diese Zeit dürfte auch die kleine Burg Landstein datieren, die heute auf tschechischem Grund liegt, im Hochmittelalter aber einen Grenzpunkt Österreichs bildete (Abb. 23).[30] Die 1232 erstmals genannte Burg könnte für Herzog Leopold VI. errichtet worden sein, der hier ein strittiges Grenzgebiet nachhaltig konsolidieren wollte. Es kann sich aber auch um eine Ministerialenburg der benachbarten Herren von Zöbing gehandelt haben, die das Gebiet für sich besetzen wollten.[31] Die jedenfalls diesem Zeitrahmen zuzuordnenden spätromanischen Baudetails belegen einen kastellartigen starken Bering auf einer maximalen Fläche von 40 x 44 m mit zwei 12 bzw. 13,5 m breiten Türmen, wovon einer eine Kapelle inkludierte. Die grob rechteckige Form mit zwei Türmen passt zu einer Reihe regionaler Burgen des frühen 13. Jahrhunderts, etwa Weitra, Lichtenfels, Kaja und Neudegg, sodass Form und Zweitürmigkeit eher als lokale Besonderheit denn als überregionale Mode zu bewerten sind.

Nach dem Tod von Herzog Leopold VI. übernahm der 17-jährige Sohn Friedrich die Herzogtümer, geriet aber umgehend in Konflikt mit dem Adel, der seine von Leopold eingeschränkten Privilegien wieder erweitern wollte. Als Anhänger seines Schwagers König Heinrich wurde Friedrich 1235 auch in dessen Streit mit dem Kaiser hineingezogen und 1236 in Augsburg verurteilt, geächtet und seiner Reichslehen enthoben. Sofort fielen die benachbarten kaisertreuen Fürsten ins großteils rasch abgefallene Land ein und besetzten weite Teile bis auf die Region um Wiener Neustadt. Im Jänner 1237 zog auch der Kaiser nach Wien und ersetzte hier demonstrativ den geächteten Sohn Heinrich durch seinen jüngeren Sohn Konrad als deutschen König. Die Herzogtümer Österreich und Steyer sollten nach süditalienischem Modell als Kron- und Reichsgut direkt in kaiserlicher Hand verbleiben. Dazu erhielt Wien als freie Reichsstadt zahlreiche Privilegien, die Ministerialen wurden zu Reichsministerialen erklärt und die Herzogtümer erhielten ein neues Landrecht.

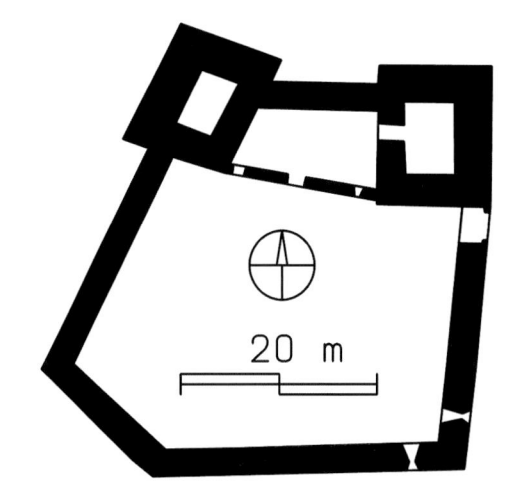

Abb. 23 | Landstein, Tschechien, 1. V. 13. Jh.

Kaum hatte der Kaiser allerdings Wien verlassen, um sich anderswo adeligen Aufständen und der päpstlichen Opposition zu widmen, startete der Babenberger Friedrich die Wiedergewinnung seiner Gebiete. Nach dem päpstlichen Bann des Kaisers 1239 und der Belagerung von Wien führten diplomatische Verhandlungen im Juni 1240 zur Rehabilitierung des Herzogs. Im Gegensatz zu seiner vorigen Ächtung wurde er nun in die Hausmachtpolitik des Kaisers einbezogen, in dem dieser Gertrud, eine Nichte des Babenbergers, heiraten wollte, um so an das österreichische Erbe zu gelangen. Im Gegenzug dazu bot der Kaiser die Erhöhung Friedrichs zum König von Österreich an, vergleichbar mit der Regelung Böhmens. Rasch einigte man sich, Urkunden und ein königlicher Ring waren bereits getauscht, jedoch verzögerte die päpstliche Intervention die Hochzeit mehrfach, bis 1246 Friedrich als letzter Babenberger unvermutet in einem Scharmützel gegen die Ungarn verstarb und alle Pläne zur Königserhebung hinfällig wurden. Der Kaiser behielt nunmehr die heimgefallenen Lehen unter seiner persönlichen Kontrolle, erneuerte die Reichsprivilegien und setzte Graf Otto von Eberstein als Reichsstatthalter ein. Im kaiserlichen Testament von 1250 war schließlich die Belehnung der Herzogtümer an Friedrich von Hohenstaufen, den Sohn des geächteten Heinrich und Margarete von Babenberg vorgesehen, die jedoch infolge dessen baldigem Tod nie durchgeführt wurde.

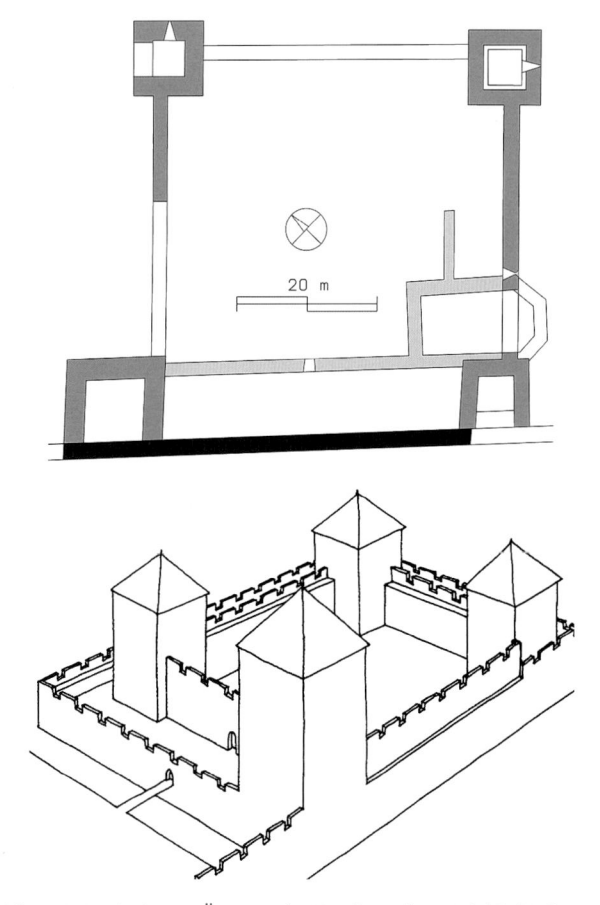

Abb. 24–25 | Wien, Österreich, Kernkastell um 1240 (Hofeinbauten 2. H. 13. Jh.)

In diese Zeit des mehrfachen raschen Führungswechsels datiert im heutigen Ostösterreich eine bemerkenswert einheitliche Kastellgruppe, die mangels naturwissenschaftlicher Belege nur kunsthistorisch sowie historisch einzuordnen ist. Auf den ersten Blick könnte man von einer direkten kaiserlichen Initiative analog zu Süditalien ausgehen und in der kastellförmigen Hofburg von Wien den zentralen Gründungsbau annehmen. Intensive einschlägige Forschungen[32] konnten das aber historisch eindeutig widerlegen, da in den drei Monaten der kaiserlichen Anwesenheit 1237 nicht einmal das damals noch bestehende lokale Stadtviertel abgesiedelt hätte werden können und wesentliche Kastelle dieser Gruppe außerhalb seines Einflussbereichs entstanden.[33] Vielmehr belegen enge gesellschaftspolitische Vernetzungen dieser Bauherren mit Herzog Friedrich II. sowie eine deutliche Häufung entlang seines Kerngebiets zur ungarischen Grenze seine handfesten Ambitionen zur Konsolidierung der Babenberger Herrschaft. Es ist somit von einer herzoglichen Initiative auszugehen, wenngleich die durchaus deutliche konzeptionelle und bautechnische Anlehnung an süditalienische Kastelle in Zusammenhang mit der geplanten Königserhebung eine direkte Vermittlung von Planern und Handwerkern aus Italien wahrscheinlich macht. Kaiser und Herzog werden wohl letztlich gemeinsam an der Sicherung der Herrschaft interessiert gewesen sein. Die Kastelle lassen sich in verschiedene Gruppen teilen, die jeweils durch ihre Bautechnik bzw. ihre Lage verbunden sind. Zunächst wird in der 1239 erfolglos belagerten und erst danach durch Verhandlungen wieder erlangten Hauptstadt Wien eine sichere Herzogsburg an der Stadtmauer vermisst worden sein (Abb. 24–25). Die bisherigen Herzogshöfe am Platz „Am Hof" sowie neben der Michaelerkirche waren weder wehrhaft genug, noch ermöglichten sie einen direkten Zugang in die Stadt. Ohne auf historische Belege zurückgreifen zu können (Erstnennungen schreiben die Errichtung programmatisch gefälscht dem folgenden Böhmenkönig Ottokar zu),[34] indizieren die an einzelnen Stellen im Gefüge der heutigen Hofburg nachgewiesenen Buckelquaderfronten sowie spätromanische Rundbogenscharten einen einheitlichen Neubau entlang der Stadtmauer. Vor allem an dieser ehemaligen Außenfront konnte die aus kleinteiligem Bruchstein bestehende Stadtbefestigung mit dem etwas zurück springenden Aufsatz aus konsequentem Buckelquadermauerwerk mit Steinmetzzeichen gut nachvollzogen werden. An dieser topographisch höchst gelegenen Stelle der Wiener Stadtbefestigung, die hier auch von keinem wasserführenden Grabengerinne geschützt war, brach man offensichtlich ein ganzes Stadtviertel ab, um neben dem älteren Widmertor ein 52 x 56 m großes Kastell zu errichten. An drei Kanten konzipierte man gleichförmige, 10 m breite Ecktürme, die heute stark verändert (obere Teile abgebrochen bzw. innen als Stiegenhaus entkernt) fast nur noch im Grundriss zu erkennen sind. An der Westkante setzte man (offenbar in einem ersten Bauabschnitt) einen großen Hauptturm an bzw. auf die Stadtmauer, der mit

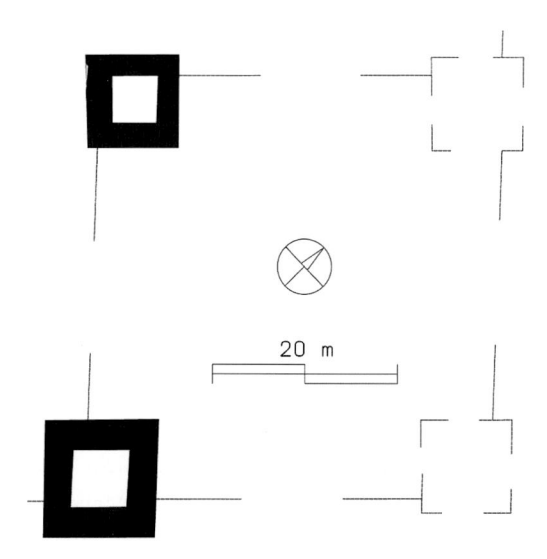

Abb. 26 | Bruck/Leitha, Österreich, Kernanlage um 1240

Abb. 27 | Bruck, Hofansicht des Hauptturms

fast 14 m Seitenlänge als geräumiger Wohnturm dienen konnte. Da in allen Obergeschoßen kleinteiliges Bruchsteinmauerwerk der folgenden ottokarischen Fertigstellung dokumentiert ist,[35] dürfte unter Herzog Friedrich bis zu seinem Tod 1246 nur der Sockelbereich des Kastells ausgeführt gewesen sein. Desgleichen findet sich kein primärer Hofeinbau mit gleicher Mauertechnik. Drei tiefe Rundbogenscharten im Bering sowie an zwei Türmen erinnern an kaiserliche Kastelle in Süditalien, wo die Scharten gleichförmig die Mauern durchzogen und dahinter umlaufende Hofgebäude markierten. Dem entsprechend könnte zumindest gegenüber dem wie heute nordwestlich anzusetzenden Haupttor ein Palasgebäude geplant gewesen sein, das jedoch nie ausgeführt wurde. Stattdessen entstand wahrscheinlich unter König Ottokar entlang der Stadtmauer aus Bruchstein mit vereinzelten Ziegeleinschüben ein großer Wohnbau mit zugehöriger angestellter Kapelle, die das Schartenfenster in der Südostfront überdeckte. Eine Fertigstellung dieser Bauteile wird spätestens mit der Kapellenweihe 1296 unter den ersten Habsburgern erfolgt sein.[36] Nach der Konsolidierung der Herrschaft wurde auch in der zuvor bestenfalls neutralen Stadt Bruck an der Leitha 1239 vom Herzog ein Stadtkommandant eingesetzt (Abb. 26).[37]

KÖNIGREICH DEUTSCHLAND | 377

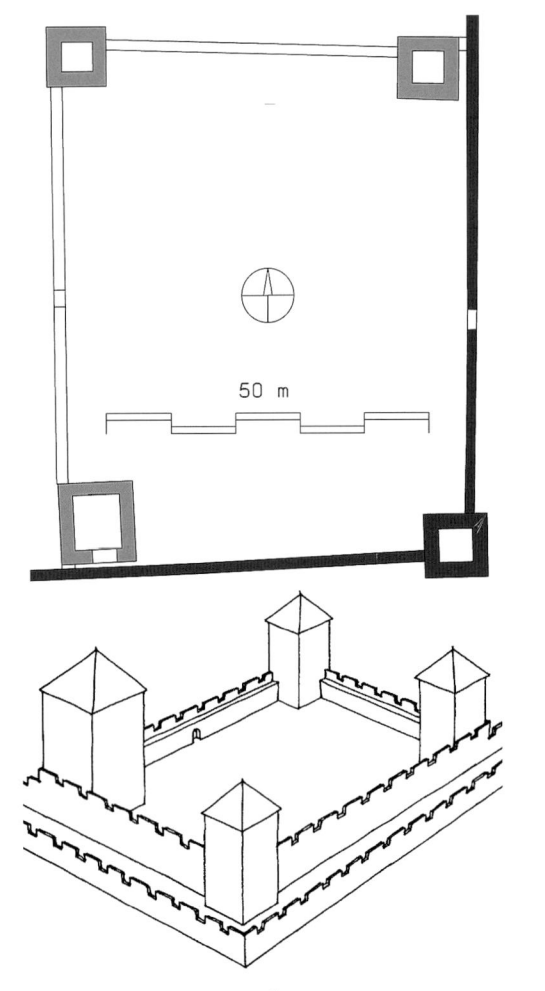

Abb. 28–29 | Wiener Neustadt, Österreich, Kernanlage um 1240

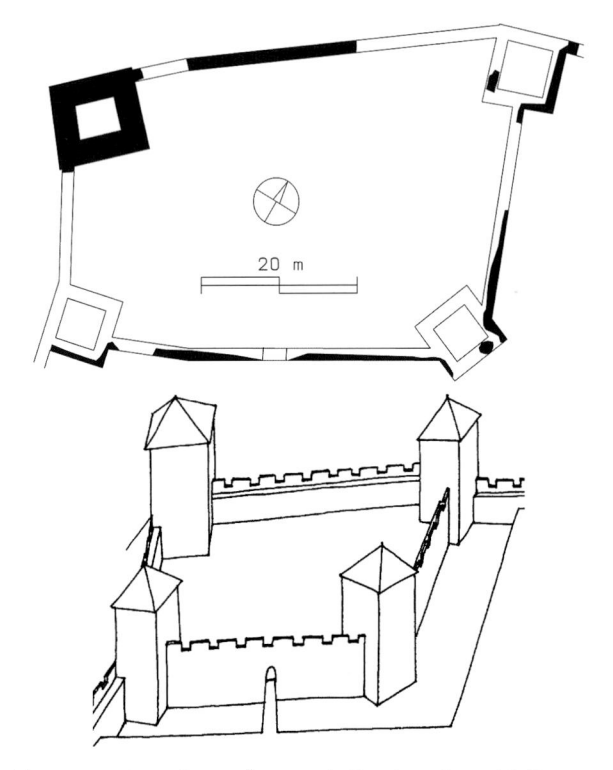

Abb. 30–31 | Hartberg, Österreich, Kernkastell um 1240

Damals dürfte anstatt eines Turmhofs am zentralen Hauptplatz an der Nordecke der Stadtbefestigung eine neue Burg begonnen worden sein, die 1242 erstmals als landesfürstlich genannt wird.

Auch diese Burg dürfte nie planmäßig fertig gestellt worden sein, weshalb ihre Rekonstruktion heute höchst hypothetisch bleiben muss (Abb. 27). Eindeutig dieser Zeit zuzuordnen ist lediglich ein 12,5 m breiter Wohnturm, der durch vollflächige Buckelquader mit Steinmetzzeichen sowie ein zentrales Wohngeschoß mit Kreuzrippengewölbe auf frühgotischen Eckpfeilern ausgezeichnet ist. Im Abstand von 29 m steht ein 10 m breiter weiterer Turm, der heute verputzt in den Barockbau integriert ist und sich mangels datierbarer Elemente nur aufgrund der großen Mauerstärke als mittelalterlich erkennen lässt. Da im Nordosten in etwa 35 m Entfernung einst parallel zu den beiden Türmen und mit gleichem Winkelverzug wie der Hauptturm die Stadtbefestigung lief, kann vorsichtig postuliert werden, dass hier ein 44 m breites Kastell mit drei gleichförmigen Ecktürmen und einem Hauptturm analog zu Wien geplant war, von dem nur die zwei heutigen Türme ausgeführt oder aber erhalten blieben.[38]

Auf gleiche Weise ließ der Herzog in Wiener Neustadt anstatt seines alten Hofs am Kirchenplatz in der Südostecke der alten Stadtbefestigung eine neue Kastellanlage einbauen (Abb. 28–29).[39] Diese größte herzogliche Burg besaß auf einer Fläche von 66 x 80 m drei 9–10 m breite gleichförmige Ecktürme und einen 12 m breiten Hauptturm. Da der Nachfolger König Ottokar 1253 versprach, keine neue Burg mehr zu errichten und noch während seiner Regierung 1260 bereits die vier Türme genannt wurden,[40] kann dieses Kastell in die Zeit seines Vorgängers Friedrichs bzw. vor dessen Tod 1246 datiert werden. Durch spätere Erdbeben wurden große Teile dieser Burg im 14. Jahrhundert zerstört, wobei auch durch Spolien von Säulen belegte Repräsentationsbauten verloren gingen. Immerhin indizieren sekundär versetzte Buckelquader auch hier eine analoge Anwendung wie in Wien und Bruck.

Auch in der steirischen Stadt Hartberg, deren Befestigung bereits aus dem frühen 13. Jahrhundert stammte, ließ Herzog Friedrich offenbar eine neue Burg errichten, die heute durch ein Schloss fast zur Gänze ersetzt ist (Abb. 30–31).[41] Jedoch konnten archäologische Grabungen den Stadteckturm vollständig sowie weitere Bauteile teilweise nachweisen. Demnach wurde die Stadtecke etwas eingerückt erneuert und ein verzogen-rechteckiges Kastell von 42 x 60 m mit drei ca. 8,5 m breiten gleichförmigen Türmen sowie dominantem Hauptturm von knapp 12 m Breite errichtet. Mehrere heute großteils sekundär eingebaute Buckelquader belegen auch in Hartberg diese Bautechnik. Nachdem bauzeitliche Urkunden feh-

KÖNIGREICH DEUTSCHLAND

Abb. 32 | Steyr, Österreich, Kernburg um 1240

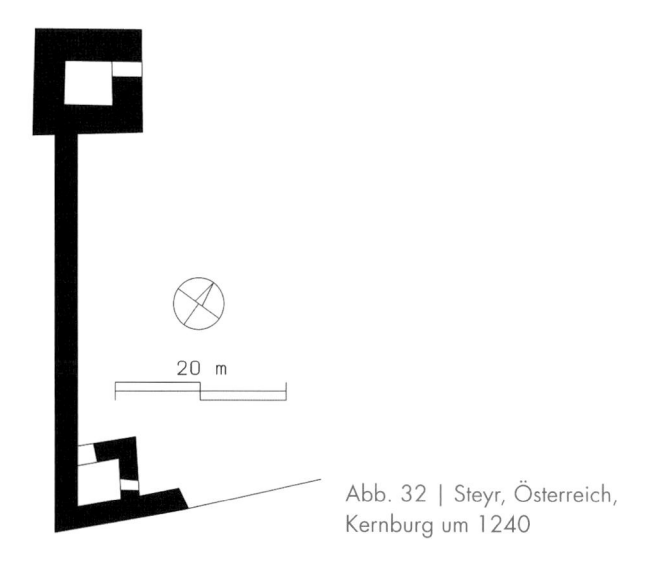

len und nur geringe Sockel- bzw. Fundamentreste ohne datierende Elemente erhalten blieben, bieten die Buckelquader und das Kastellkonzept mit ihrer Analogie zu den anderen landesfürstlichen Bauten Friedrichs den einzigen Anhalt.
Auch in der damals der Steiermark zugehörigen Stadt Steyr finden sich im heutigen weitläufigen Barockschloss Reste eines mittelalterlichen Kastells, das als landesfürstlicher Besitz nur vom Herzog gegründet worden sein kann (Abb. 32).[42] Erhalten blieben ein 12 m breiter Rechteckturm, eine verzahnte 35 m lange Mauer und ein 10 m breiter Eckturm, der in spitzem Winkel nach Osten weiterführt. Mangels archäologischer Grabungen kann nur postuliert werden, dass es sich um zwei Ecktürme eines 57 m breiten Kastells gehandelt hat, wobei die oberen Abschlüsse aus Zwickelmauerwerk eine frühzeitige Baueinstellung indizieren.[43] Alle Mauern sind außen und innen mit großformatigen Buckelquadern verkleidet, die aufgrund der kammartigen Bearbeitung als antike Spolien aus dem nahen Römerlager Enns/Lauriacum zu identifizieren sind. Weitere herzogliche Burgen dieser Bauart sind derzeit nicht bekannt, aber durchaus möglich, etwa in den landesfürstlichen Städten Fürstenfeld, Radkersburg und Friedberg, wo die einstigen Burgen in Ecklage heute restlos abgekommen sind.[44] Sehr wahrscheinlich ist dies zudem für Himberg, wo der Herzog nach der Herrschaftsübernahme 1243 einen neuen Sitz und eine Propstei begründete, wo aber nach dem frühen Abbruch der Arbeiten heute nur mehr spolierte Buckelquader auf diese herzogliche Bautätigkeit deuten.[45]
Neben diesen landesfürstlichen Stadtburgen finden sich benachbart mehrere weitere Kastelle des politisch eng zugehörigen Adels, die mit ihrem charakteristischen Buckelquadermauerwerk mit analogen Steinmetzzeichen und ihrem gleichförmigen Baukonzept eine gemeinsame Bautengruppe bilden (Abb. 33–34). Allem voran ist die Stadtburg von Ebenfurth zu nennen, die unter den landesfürstlichen Dienstmannen von Feldsberg/Seefeld errichtet wurde. Bis heute hat sich der gesamte Bau im Wesentlichen erhalten, der auf einer Fläche von 46 x 48 m drei gleichförmige Ecktürme von 8 m Breite sowie einen Hauptturm mit 10,5 m Breite aufweist. Allein dieser zeigt jedoch bis zum Dachstuhl (wenngleich in Barock großteils überputzt) flächiges Buckelquadermauerwerk mit Steinmetzzeichen. An den anderen Türmen und den Mauern sind nur die untersten Sockelzonen mit Buckelquadern bzw. Quaderreihen ausgeführt, während ansonsten von unten an konsequentes kleinteiliges Kompartimentmauerwerk dominiert, in das lediglich an den Turmkanten Buckelquader spoliert integriert sind. Offensichtlich war zunächst nur der Hauptturm fertig gestellt. Immerhin passt das Kompartimentmauerwerk recht gut zur beiderseits anschließenden Stadtbefestigung, die nach 1282 verstärkt wurde.[46] Im Jahr 1283 erhielt der Pottendorfer Chunrad von Herzog Albrecht I. die Erlaubnis, die ruinöse Burg aufzubauen, damals wurde wohl programmatisch der ältere Kastellsockel aufgegriffen und planerisch unverändert fertig gestellt. Die Pottendorfer waren nun bedeutende Landherren, ein Georg wurde sogar Erbmundschenk und

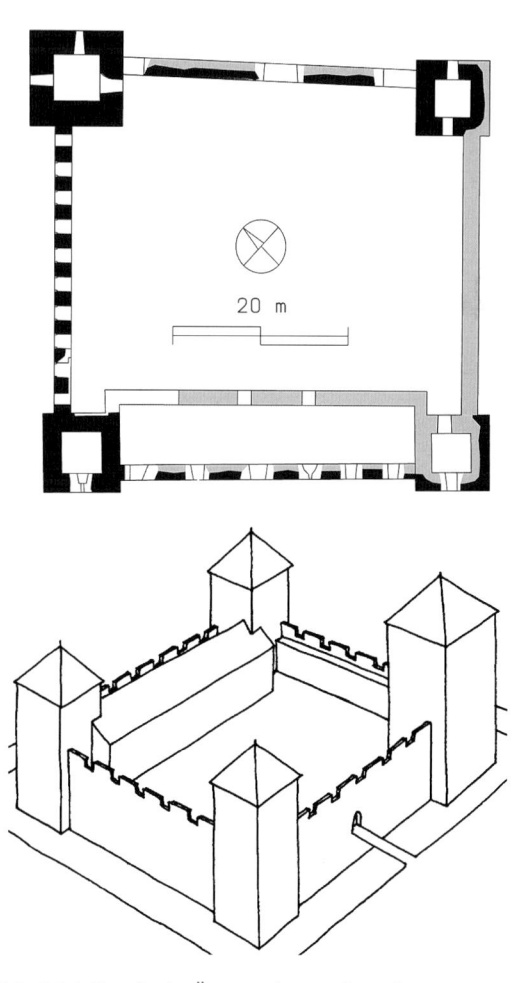

Abb. 33–34 | Ebenfurth, Österreich, Kernkastell um 1240

KÖNIGREICH DEUTSCHLAND

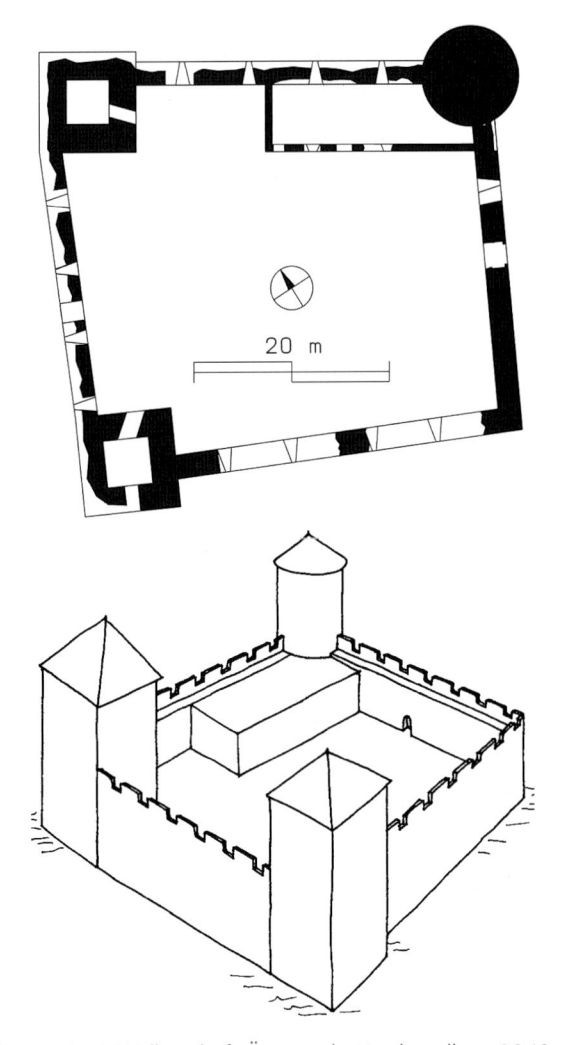

Abb. 35–36 | Wolkersdorf, Österreich, Kernkastell um 1240

Landmarschall, 1290 zog man von Pottendorf nach Ebenfurth um. Aus dieser Zeit stammt wohl der gegenüber dem Eingang gelegene breite Wohnbau, der aus gleichem Mauergefüge besteht und ebenerdig ein tief gefastes primäres Schartengewände aufweist.

Eine bemerkenswert ähnliche Baugeschichte zeigt das Kastell in Wolkersdorf (Abb. 35–36). Die lokalen herzoglichen Ministerialen waren seit dem späten 12. Jahrhundert eng mit den Babenbergern verbunden.[47]

Der wahrscheinliche Kastellbauherr Hermann wuchs gemeinsam mit dem künftigen Herzog Friedrich II. am Hof auf und pflegte auch danach eine innige Freundschaft (Abb. 37). Nach dessen Tod standen die Wolkersdorfer in offener Opposition zum 1251 regierenden böhmischen König, der ihre Burg 1255 „brach".[48] Sie gehörten in der Folge zu den frühesten Anhängern des Habsburger Königs Rudolf, für den 1276 das Familienoberhaupt fiel. 1282 erhielt Heinrich die schriftliche Erlaubnis, die Ruine in vollem Umfang wieder aufzubauen.

Man gehörte nun zum Landherrenstand und zum erweiterten Hofkreis um die Habsburger und zeigte dies mit einem großzügigen Neubau nach altem Konzept. Tatsächlich lässt sich innerhalb des heutigen Barockschlosses die mittelalterliche Baugeschichte noch gut nachvollziehen.[49] Demnach wurde im Rahmen einer kompletten Versetzung und Neuanlage des Ortes an dessen neuem Rand ein verzogen-rechteckiges Kastell von maximal 42 x 46 m Fläche angelegt, das zum Ort von einer Doppelturmfront mit zwei gleichförmigen, 10 m breiten Ecktürmen dominiert wurde. Die Nordostecke wurde hingegen von einem Rundturm mit 10 m Durchmesser besetzt, für den heute ein spoliert eingebauter gebogener Quader mit sakralen Motiven eine Kapellennutzung indiziert. Südlich davon lag zentral das Hauptportal, das somit entgegen der Siedlung orientiert war. Entlang der Nordwand gab es ein 7 m breites Hofgebäude unbekannter Nutzung. Sämtliche Bauteile wurden offensichtlich 1255 bis auf die Sockelbereiche abgetragen. Nur diese zeigen heute primäre Mauerstrukturen, wobei die beiden Rechtecktürme offenbar zuvor flächig mit Buckelquadern mit Steinmetzzeichen verkleidet waren, während an den Zwischenmauern, dem Rundturm und dem Hofeinbau sorgfältiges Quadermauerwerk dominierte. Der Wiederaufbau nach 1282 wird hingegen durch konsequentes Kompartimentmauerwerk geprägt, das an den Kanten Buckelquader integriert. Damals dürften nur die beiden Rechtecktürme wieder errichtet worden sein, der Rundturm jedoch nicht mehr. Zwischen den Türmen entstand ein zu Ebenfurth analoger breiter Wohnbau, während im alten Hofbau eine neue Kapelle etabliert wurde.

Das bedeutende babenbergische Ministerialengeschlecht der Pottendorfer ließ um 1240 ebenfalls seine alte Burg durch einen rigorosen Neubau ersetzen, der nur kunsthistorisch datiert ist (Abb. 38–39).[50] Es entstanden auf einer verzogen-rechteckigen Fläche von 37 x 43 m eine zum Ort gerichtete Doppelturmfront sowie ein gegenüber in der Front gelegener dritter Turm, alle mit 9,3 m Breite.

Während die beiden Ecktürme bis zum abschließenden Zinnenkranz erhalten sind, dürfte der dritte nie planmäßig fertig gestellt worden sein. Seine Mauerstärke von 3,7 m und seine hervorgehobene Position lassen an einen vorgesehenen dominanten Hauptturm denken (Abb. 40). Neben dem südlichen Turm lag eingerückt das Burgtor, dessen Keilsteine noch zu erkennen sind. Sämtliche Türme waren flächig mit Buckelquadermauerwerk mit Steinmetzzeichen verkleidet, die Mauern im Sockel ebenfalls, darüber gab es aber reine Quaderstrukturen. In beiden Ecktürmen findet sich ein primäres Wohngeschoß mit Hocheinstieg und kunstvoll gearbeitetem Eckkamin. Der nördliche Hofeinbau zeigt isoliert grobe

Abb. 37 | Wolkersdorf, Hauptansicht

Blockstrukturen sowie ein kleines, breit gefasstes Spitzbogenfenster und dürfte erst einer Folgephase zugehören. Vielleicht war das ambitionierte Baukonzept nach dem Tod von Rudolf von Pottendorf 1244 abgebrochen bzw. stark vereinfacht zu Ende geführt worden.

Eine deutliche konzeptionelle Nähe zu Wolkersdorf und Pottendorf zeigt das Kastell Rabensburg, das im heutigen Barockschloss noch gut abzulesen ist (Abb. 41–42).[51] Wiederum gibt es keine historischen Baudaten, jedoch taucht 1255 erstmals ein Hertwicus de Rabensburg auf. Diesmal bildet die Burg ein konsequentes Quadrat mit 34 m Seitenlänge, das nach Westen eine Doppelturmfront mit knapp 8 m breiten Türmen zeigt, während die vermutliche Torfront im Osten keine Turmhinweise hat. Auch frühe Hofeinbauten sind nicht aus-

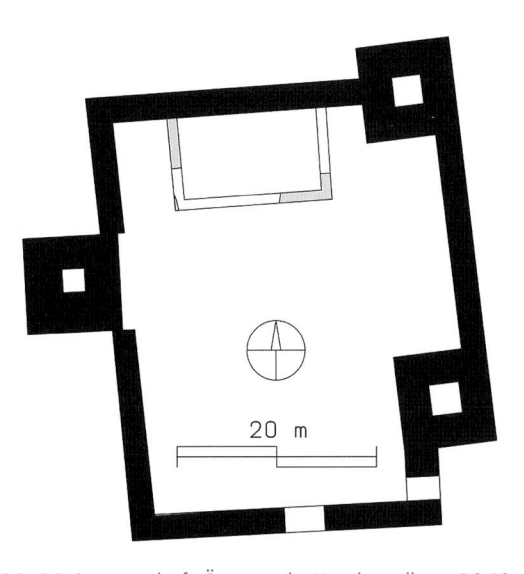

Abb. 38–39 | Pottendorf, Österreich, Kernkastell um 1240

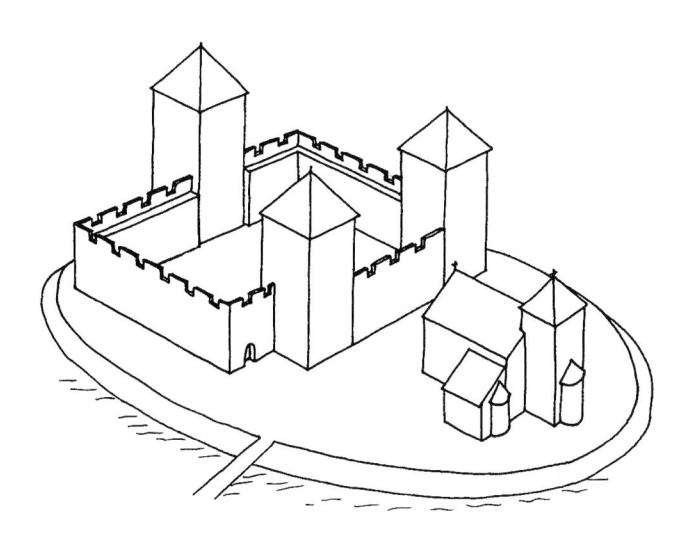

KÖNIGREICH DEUTSCHLAND

zumachen, wenngleich keine planmäßige Fertigstellung erfolgt sein muss. Sämtliche primär erhaltenen Mauerbereiche zeigen qualitätvolle Strukturen mit Buckelquader- bzw. Quaderflächen mit Steinmetzzeichen. Mangels kunsthistorisch datierender Baudetails kann die Anlage nur durch das Baukonzept und das Mauerwerk der Kastellgruppe um 1240 zugeordnet werden.

Als weiteres Beispiel dieser Gruppe ist das im heutigen Barockschloss weitgehend überbaute Enzesfeld zu vermuten, das ebenfalls eine ältere Anlage völlig ersetzte (Abb. 43). Der bedeutendste Besitzer war Berthold II., der unter Herzog Friedrich II. zu dessen engsten Getreuen zählte, während die Familie danach bald ausstarb.[52] Auf einem schmalen, steilen Hügelsporn wurde offensichtlich ein verzogen-rechteckiger Bering von 34 x 47 m errichtet, der bergseitig bugförmig gespitzt war und dort eine Doppelturmfront bildete. Nur hier ist im unteren Bereich großflächiges Buckelquadermauerwerk zu erkennen, das nachträglich weitgehend abgeflächt wurde. Ab Beringhöhe wechselt am Hauptturm der Verband zu kleinteiligem, lagenhaftem Bruchsteinmauerwerk, womit wohl ein

Abb. 40 | Pottendorf, Zweiturmfront

wohl unter Hermann von Kranichberg. Das Baukonzept folgte von außen durchaus den mehrtürmigen herzoglichen Kastellen, bot jedoch innen mit seinem durchgehenden Raumangebot eine großzügige individuelle Lösung, sodass hier von einer abgewandelten Bauform in freier Übernahme des Kastelltyps ausgegangen werden kann.

An mehreren weiteren heute stark veränderten Burgen sind ähnliche Kastellkonzeptionen sehr wahrscheinlich, wenngleich sie wohl nie planmäßig fertig gestellt waren (Abb. 45). Allen voran ist Trautmannsdorf zu nennen, dessen Besitzer sich auch während der Ächtung des Herzogs treu zu ihm bekannt hatten und die nach seiner Konsolidierung diese Herr-

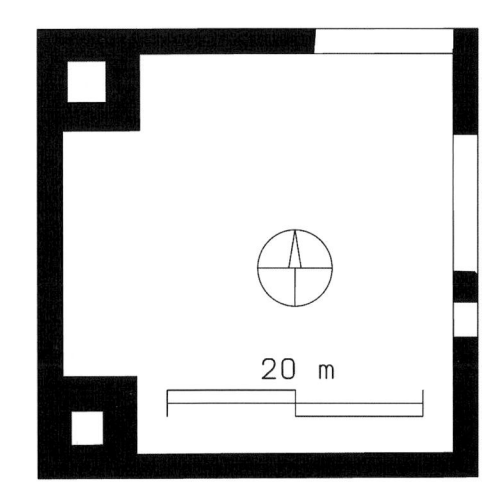

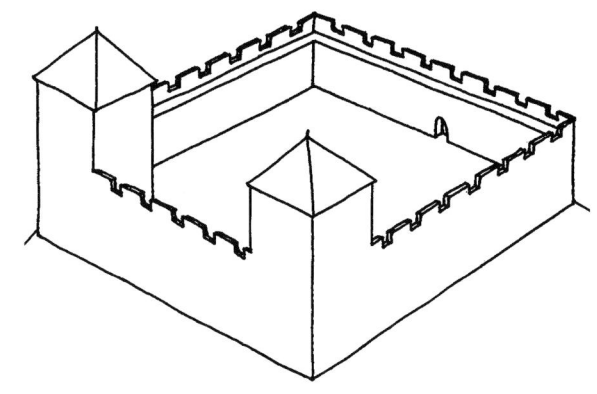

Abb. 41–42 | Rabensburg, Österreich, Kernkastell um 1240

Konzeptwechsel verbunden ist. Mangels Baudaten kann nur spekuliert werden, dass parallel zu den anderen Kastellen auch hier um 1240 ein Mehrtürmekastell begonnen, jedoch nie planmäßig fertig gestellt wurde.

Zu dieser Gruppe dürfte auch Kranichberg zählen, das auf einem hohen Felssporn isoliert liegt (Abb. 44).[53] Das bedeutende herzogliche Ministerialengeschlecht hatte unter Friedrich II. mit Hermann von Kranichberg den wichtigsten Vertreter, der oft in herzoglichen Urkunden auftauchte und überregional große Herrschaftsbereiche ansammelte. Die Burg stellt einen rigorosen Neubau dar, der trotz des spitz ansteigenden Terrains ein bemerkenswert konsequentes Viereck von 40 x 46 m zeichnet, von dem heute die Südwestecke abgestürzt ist. Den höchsten Punkt besetzt ein 11 m breiter Wohnturm, dessen auffällig wellig verputzte Flächen auf darunter verborgene Buckelquader deuten könnten. Deutlich tiefer liegt talseitig ein durchgehender Baukomplex, der beidseitig von geräumigen Türmen gerahmt wird. Sie zeigen erst in beträchtlicher Höhe Eckbuckelquader. Ein rundbogiges Tympanonfeld in der Mauerstiege des Turms, rundbogige Türen im Wohnbau und das blockige Mauerwerk mit Kellenstrich indizieren eine einheitliche Entstehung im mittleren 13. Jahrhundert, also

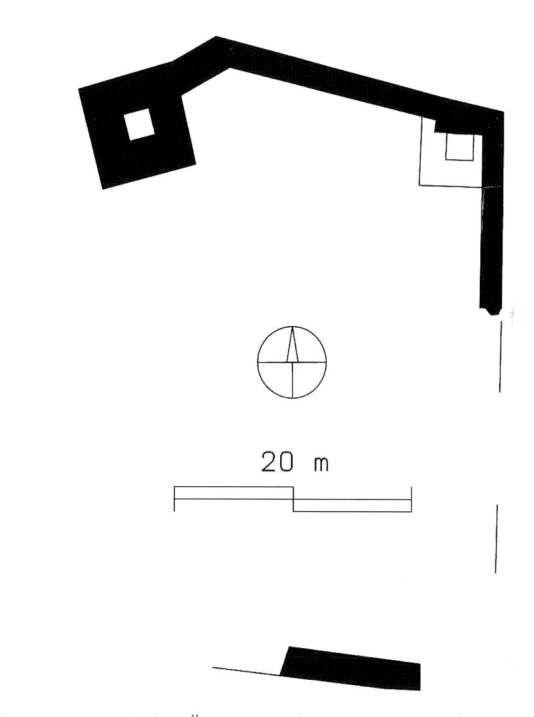

Abb. 43 | Enzesfeld, Österreich, Kernkastell um 1240

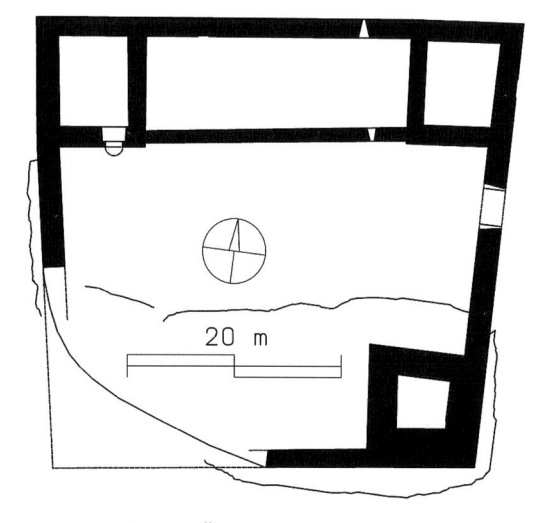

Abb. 44 | Kranichberg, Österreich, Kernkastell um 1240

KÖNIGREICH DEUTSCHLAND

schaft als freies Eigen von ihm übertragen bekamen.⁵⁴ Hier wurden kürzlich die Fundamente eines großen 10 m breiten Hauptturms ergraben, der gemäß historischer Darstellung sowie im Ort zweitverwendeter Buckelquader wohl flächig mit diesen verkleidet war. Mit ähnlicher Ausrichtung finden sich im heutigen Schloss spärliche Hinweise auf einen weiteren rechteckigen Turm, der außen im Sockelbereich mit großen Quadern gefügt war, darüber mag es ebenfalls Buckelquader gegeben haben. An ihn schließen östlich wohl zeitgleiche Mauern an, zu denen durch gleiche Breite von 1,5 m einige Fundamentreste passen, sodass höchst hypothetisch ein verzogenes Geviert von etwa 32 m Breite rekonstruiert werden kann.⁵⁵ Im Gegensatz dazu münden östlich davon deutlich stärkere Mauern, die aus konsequenten lagenhaften Bruchsteinstrukturen bestehen und fast 3 m stark sind. Demnach mag zur Zeit Friedrichs nur ein Kernkastell mit zwei Türmen ausgeführt gewesen sein, das nach einer Bauunterbrechung von anderen Handwerkern und in einfacherer Form zu einer deutlich größeren, wohl zweiteiligen Burg ergänzt wurde.

Ähnlich mag im nahen Götzendorf, dessen Burg heute vollkommen verschwunden ist, die aber 1976–82 archäologisch sondiert wurde, eine mehrtürmige Anlage geplant gewesen sein, von der ausschließlich der Hauptturm mit Buckelquaderverkleidung fertig gestellt wurde.⁵⁶

Auch im nahen Rohrau finden sich ausschließlich im Keller einige original versetzte Quader- und Buckelquaderreihen mit Steinmetzzeichen.⁵⁷ Es ist durchaus wahrscheinlich, dass sie ein rechtwinkeliges Kastell von etwa 44 m Seitenlänge bildeten, das im planierten Schlosshof noch bewahrt ist, während die heutigen barocken Schlosstrakte über den umlaufenden Graben gesetzt wurden. Dem entsprechend könnten eventuelle Ecktürme nur archäologisch nachgewiesen werden. Historisch wuchs die vormals unbedeutende Siedlung Rohrau erst unter einer Nebenlinie der Landherren von Liechtenstein zu einem 1240 erstmals genannten Markt, womit auch ein entsprechend repräsentativer Adelsbau zu vermuten wäre.

Archäologische Grabungen haben nicht zuletzt im Wiener Barockschloss Kaiserebersdorf einen rechteckigen Vorgängerbau aus qualitätvollen Quadern bzw. Buckelquadern belegt, dessen fragmentierte Reste jedoch weder eine Größenrekonstruktion noch den Nachweis von Türmen erlauben.⁵⁸ 1234 hat der herzogliche Kämmerer Konrad von Himberg seinen Besitz für diese Herrschaft eingetauscht, ab 1252 nannte er sich nach Ebersdorf. In dieser Zeit könnte eine repräsentative Burg nach dem herzoglichen Baukonzept und mit gleichem Buckelquadermauerwerk entstanden sein.

Alle genannten Bauten sind nicht nur durch ihr charakteristisches und großräumig fast isoliertes Buckelquadermauerwerk mit ähnlichen Steinmetzzeichen⁵⁹ miteinander verbunden, auch die konzeptionelle Konformität mit massiven Mauern und im Idealfall der Gruppierung von Türmen zu Hauptturm und Trabanten bzw. Doppelturmfronten zeigt direkte Verwandtschaften (Abb. 46). Durch Konsequenz und Größe scheinen die landesfürstlichen Bauten hervorgehoben, während die Burgen des Hofadels kleiner und meist in der Turmanzahl reduziert sind. Ein wesentliches Charakteristikum stellt die geographische Lage an oder nahe der Ostgrenze der ba-

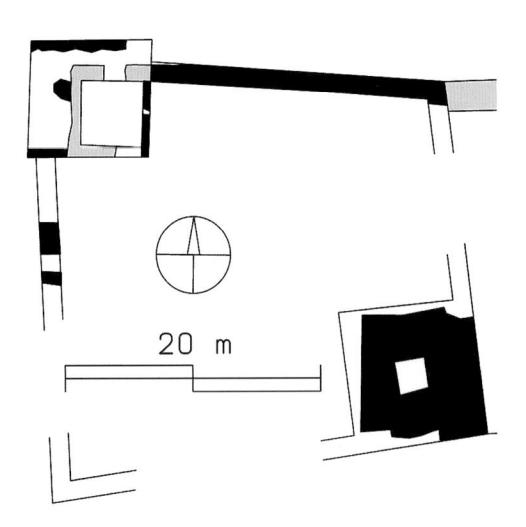

Abb. 45 | Trautmannsdorf, Österreich, Kernkastell, Rekonstruktionsversuch der Ausbauphasen 13. Jh.

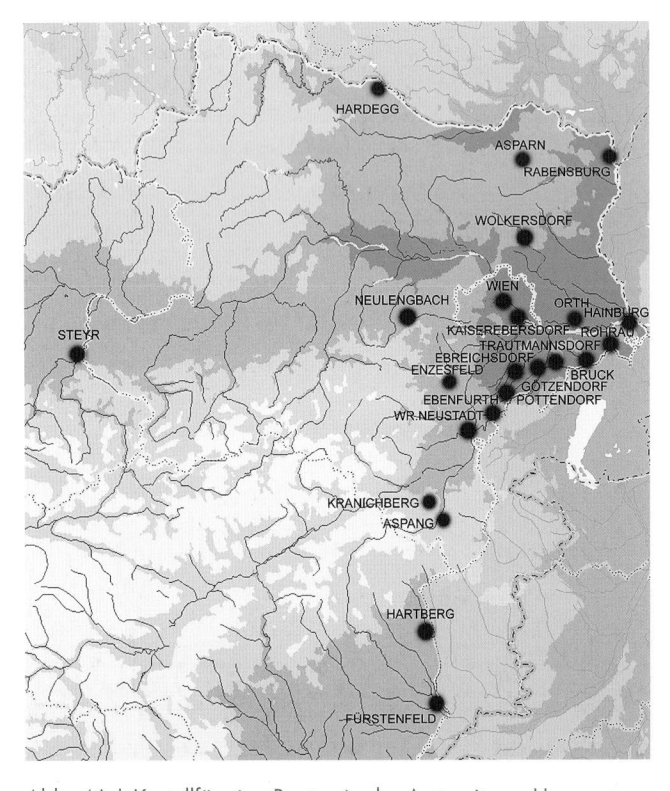

Abb. 46 | Kastellförmige Bauten in der Amtszeit von Herzog Friedrich II. Babenberg

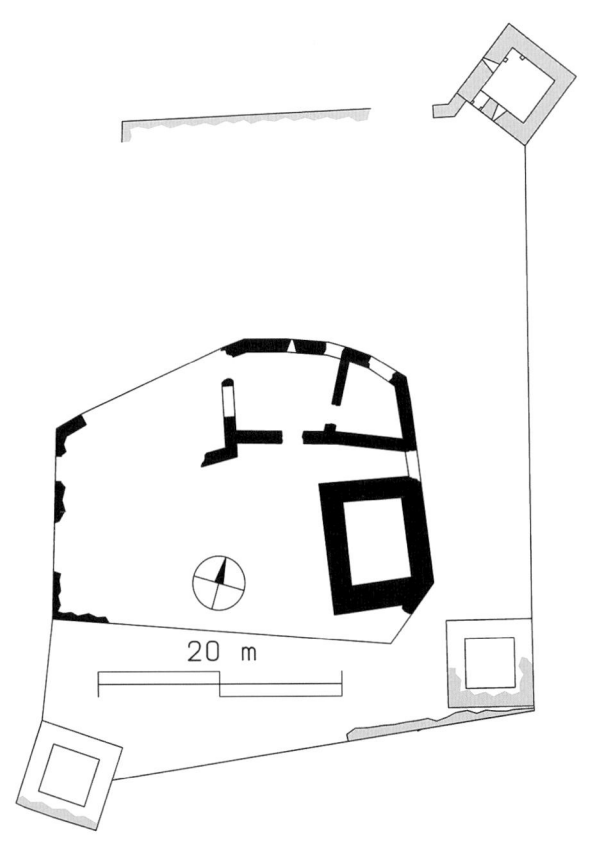

Abb. 47 | Hardegg, Österreich, Ummantelung der Kernburg Mitte 13. Jh. (grau)

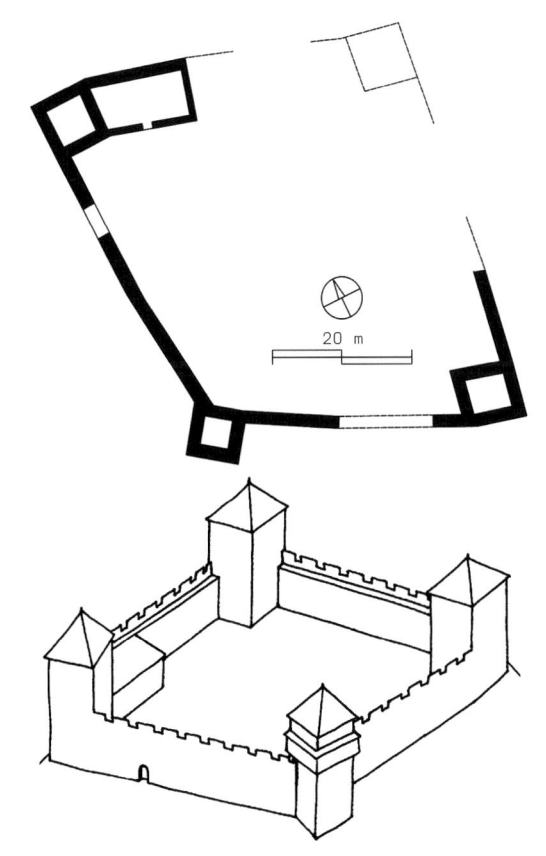

Abb. 48–49 | Aspang, Österreich, Kernkastell Mitte 13. Jh.

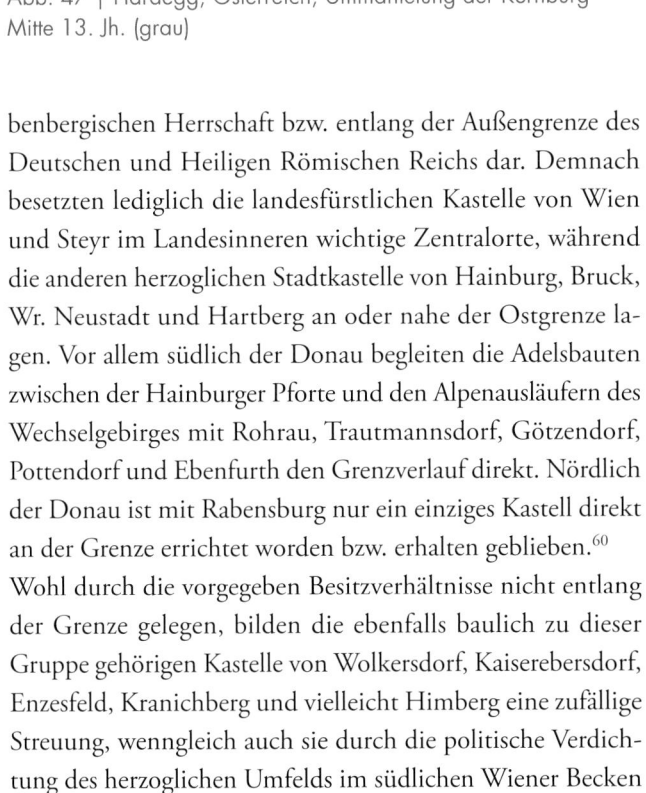

benbergischen Herrschaft bzw. entlang der Außengrenze des Deutschen und Heiligen Römischen Reichs dar. Demnach besetzten lediglich die landesfürstlichen Kastelle von Wien und Steyr im Landesinneren wichtige Zentralorte, während die anderen herzoglichen Stadtkastelle von Hainburg, Bruck, Wr. Neustadt und Hartberg an oder nahe der Ostgrenze lagen. Vor allem südlich der Donau begleiten die Adelsbauten zwischen der Hainburger Pforte und den Alpenausläufern des Wechselgebirges mit Rohrau, Trautmannsdorf, Götzendorf, Pottendorf und Ebenfurth den Grenzverlauf direkt. Nördlich der Donau ist mit Rabensburg nur ein einziges Kastell direkt an der Grenze errichtet worden bzw. erhalten geblieben.[60]

Wohl durch die vorgegeben Besitzverhältnisse nicht entlang der Grenze gelegen, bilden die ebenfalls baulich zu dieser Gruppe gehörigen Kastelle von Wolkersdorf, Kaiserebersdorf, Enzesfeld, Kranichberg und vielleicht Himberg eine zufällige Streuung, wenngleich auch sie durch die politische Verdichtung des herzoglichen Umfelds im südlichen Wiener Becken alle eine maximale Entfernung von etwa 30 km zur Grenze aufweisen.

Neben diesen durch Konzept, politische Umstände, geographische Nähe und Buckelquadermauerwerk miteinander verknüpften Kastellen finden sich im Herzogtum Österreich zeitgleich bzw. kurz danach weitere verwandte Burgen, die offensichtlich den Kastelltyp ohne direkt abgeleitete Planungen oder Handwerker aufgegriffen haben (Abb. 47). Dazu gehörte ein trotz Felswänden offenbar möglichst regelmäßiger neuer Bering um die deutlich ältere Kernburg von Hardegg, von dem heute nur mehr spärliche Reste erhalten sind.[61] Demnach wurde auf dem ovalen, steilen und weitläufigen Burggelände mit großer Anstrengung ein 40 x 50 m großes verzogen-rechteckiges Areal umgürtet und mit zumindest drei gleichförmig 7 m breiten Ecktürmen flankiert. Nur der nordwestliche davon ist bis heute in voller Höhe bewahrt, er zeigt ein mit Kamin ausgestattetes Obergeschoß samt ehemaligem Abtrittgang. Von zwei weiteren Türmen sind massive Fundamente erhalten, die vierte Seite ist abgestürzt. Das kleinteilige lagige Mauerwerk mit Kellenstrich erlaubt eine Datierung in die Spätromanik. Die Grafen von Hardegg hatten als ranghöchste Adelige von Österreich nach dem Tod des Herzogs 1246 das Adelskollegium angeführt und während des sogenannten „kleinen Interregnums" große Teile des babenbergischen Kammerguts verwaltet. Dabei konnte man zusätzlich zum eigenen auch die Gerichte Pernegg und Raabs persönlich behalten und diplomatische Verhandlungen mit Kaiser, Papst und dem Böhmenkönig führen, den man schließlich 1251 feierlich nach

Wien begleitete. Am Höhepunkt der Macht gerieten die beiden amtsführenden Brüder 1260 in einen ungarischen Hinterhalt und wurden getötet, womit die glorreiche Zeit von Hardegg abrupt beendet war.

Aus diesem historischen Hintergrund kann gemeinsam mit der spätromanischen Bautechnik postuliert werden, dass der Grafensitz nach dem Tod des Herzogs 1246 programmatisch zu einem Kastell landesfürstlicher Prägung ausgebaut wurde, ohne dabei direkt auf herzogliche Planer und Bauleute zurück greifen zu können.

Sehr ähnlich konzipiert war das Kastell von Aspang, das bis heute in gutem Zustand erhalten ist, lediglich die Nordostecke ist abgestürzt (Abb. 48–49).[62] Die Burg bildet auf einem Hügelsporn den Eckpunkt eines großzügig neu angelegten Marktes, der um 1255 erstmals als solcher überliefert ist.

Das Baukonzept besteht auf einem verzogen-rechteckigen Grundriss von etwa 54 x 57 m aus einer geräumigen leeren Fläche, die an den Ecken von zumindest drei gleichförmigen Türmen mit etwa 8 m Breite flankiert war. Zur Siedlung bildete sich somit eine breite Schaufront, in deren Mitte ein weit vorstehender Eckturm dominierte. Ob an der diagonal gegenüber liegenden Ecke einst ein größerer Hauptturm stand, ist durch einen Hangrutsch heute nicht mehr zu klären. Konzeptionell schließt Aspang bemerkenswert gut an das landesfürstliche Kastell in Hartberg auf der gegenüberliegenden, steirischen Seite des Wechselpasses an, wenngleich hier keine Buckelquader überliefert sind. Das an wenigen Stellen einsehbare Mauerwerk zeigt lagenhaften Bruchstein ohne Kompartimente und einfache Schartenformen des mittleren 13. Jahrhun-

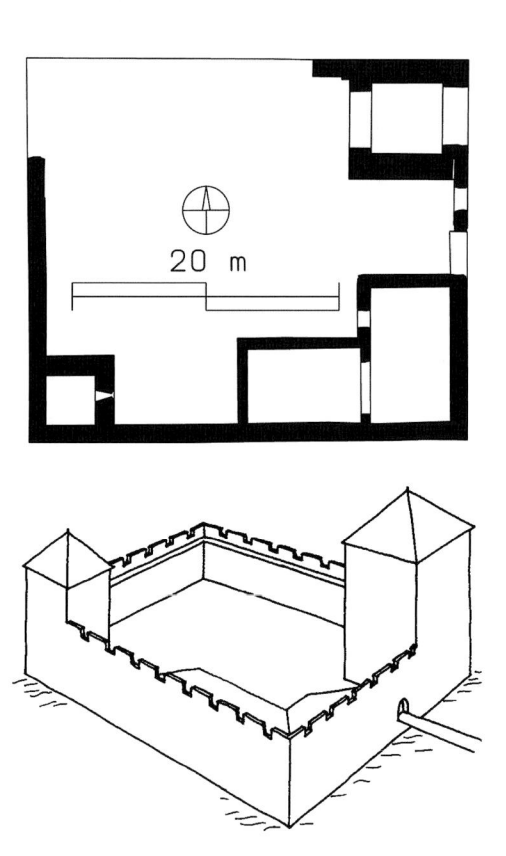

Abb. 51–52 | Leopoldsdorf, Österreich, Kernkastell Mitte 13. Jahrhundert

derts, womit auf dem landesfürstlichen Grund sowohl spätbabenbergische als auch eine ottokarische Gründung in Zitadellenform infrage kommen.

Ähnliches gilt für Neulengbach am Westrand des Wienerwaldmassivs (Abb. 50).[63] Der Babenberger Herzog Friedrich II. zog 1236 nach dem Aussterben des lokalen Adels den Besitz ein, bereits 1240 ist ein landesfürstlicher Markt fassbar, der bis heute als großzügige Plansiedlung erkennbar ist. Nach dem Tod des Herzogs erhielt eine Nebenlinie der einstigen Besitzer die Burg zurück, verlor sie jedoch endgültig nach einem Aufstand 1297. Die auf einem schmalen Hügelgrat gelegene Hochburg zeigt auf 78 m Länge nur im Westen mittelalterliche Strukturen, während der Osten im 16. Jahrhundert völlig erneuert wurde. Unterschiedliche Mauerstrukturen indizieren, dass im Bereich des zentralen Wohnbaus eine ältere Burg in einen langgezogenen Bering integriert wurde, der von 9 bzw. 12 m breiten Türmen flankiert ist. Beide Türme zeigen ausgezwickelte Bruchsteinstrukturen des mittleren bis fortgeschrittenen 13. Jahrhunderts, kunsthistorisch datierbare Baudetails fehlen. Völlig offen muss auch bleiben, ob die Westpartie der Burg jemals plangemäß fertig gestellt war. Ein Gegenbeispiel zeigt die Burg Wartenstein, deren kleine Altburg ebenfalls durch einen langgestreckten Bering mit zwei großen Ecktürmen massiv erweitert wurde.[64] Auch hier fehlen

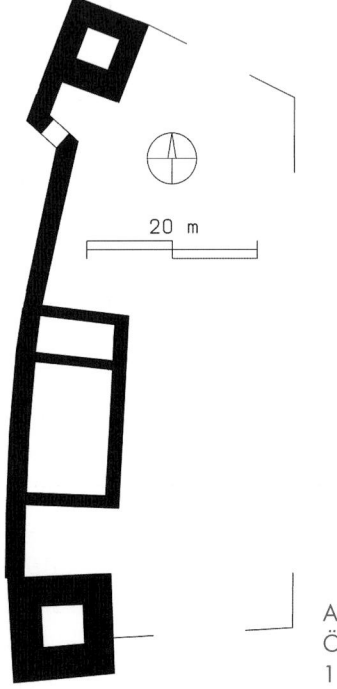

Abb. 50 | Neulengbach, Österreich, Kernanlage Mitte 13. Jh.

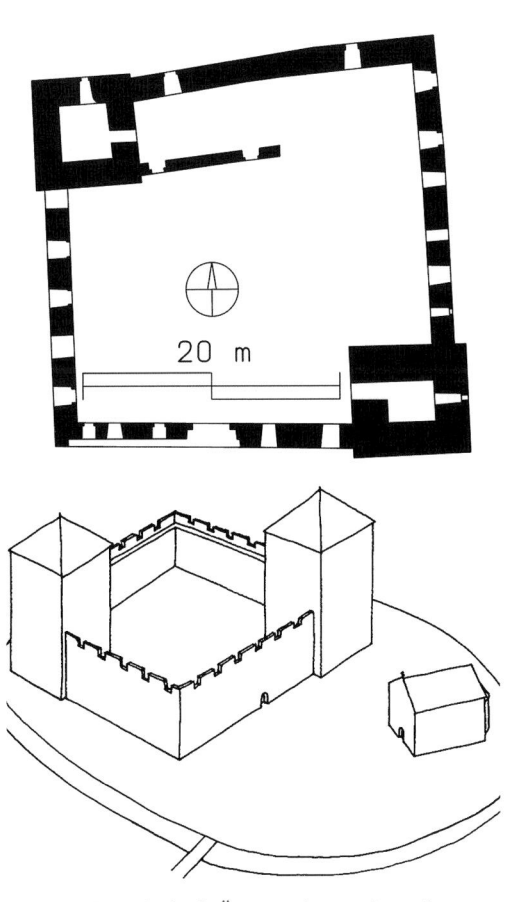

Abb. 53–54 | Ebreichsdorf, Österreich, Kernkastell Mitte 13. Jahrhundert

Abb. 55 | Ebreichsdorf, Nordostansicht

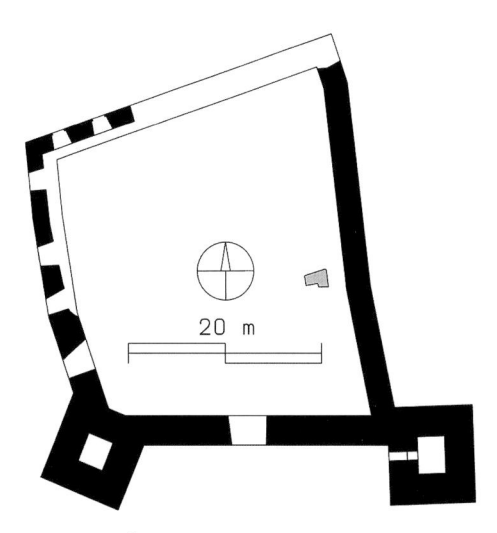

Abb. 56 | Asparn, Österreich, Kernkastell 13. Jh.?

Im Flachland im Süden von Wien ist wiederum in den heutigen Schlössern von Leopoldsdorf, Achau und Ebreichsdorf eine eigene kleine Gruppe zu beobachten (Abb. 51–52). Sie zeigen im Kern alle rechteckige Grundformen und kleinteiliges lagenhaftes Bruchsteinmauerwerk des mittleren 13. Jahrhunderts. Leopoldsdorf hatte einst einen dominanten 9 m breiten Wohnturm und diagonal gegenüber einen 6,5 m breiten Eckturm, beide durch sorgfältige Eckquader ausgezeichnet. Auch das nahe Achau hatte einen Hauptturm und einen Eckturm, hier sind zudem zahlreiche Eckbuckelquader mit kleinformatigen Kissenformen erhalten.

Sehr ähnlich präsentierte sich das nahe gelegene Ebreichsdorf mit einem verzogen-rechteckigen Bering von 31 m Seitenlänge (Abb. 53–55).[65] Auch hier gibt es zwei diagonal situierte Türme, wovon einer mit 9 m Seitenlänge leicht hervorgehoben ist. An beiden Türmen finden sich sorgfältig kissenförmig zugerichtete Buckelquaderkanten. Die Burg liegt auf älterem Standort und kann mangels exakter Baunachrichten historisch nicht datiert werden.

Durch gleichartige kissenförmige Buckelquader ist dieser Gruppe im nördlich gelegenen Flachland des Weinviertel das Schloss Asparn/Zaya zuzuordnen, das eine Ecke eines großen rechteckigen Marktes besetzt, der ins mittlere 13. Jahrhundert gesetzt wird (Abb. 56).[66] Herzog Friedrich II. dürfte mit den Eigentümern während seiner Ächtung Konflikte ausgetragen, sich aber danach mit ihnen geeinigt haben, da sie ihren Besitz nach seiner Konsolidierung behalten konnten und zügig eine neue Burg errichteten. Es handelt sich wohl um das heutige Kastell, das auf einer Fläche von 32 x 37 m eine dominante Doppelturmfront mit Turmbreiten um 9 m ausbildet. Beide Türme weisen konsequente Kantengestaltungen mit kleinformatigen Buckelquadern auf, die sorgfältig kissenförmig gestaltet sind und geometrische Steinmetzzeichen mit Doppelen-

nähere bauhistorische Daten. Nicht zuletzt sind die kuenringischen Stadtburgen von Gmünd und Zistersdorf zu nennen, die wohl im 2. Drittel des 13. Jahrhunderts in Anpassung an die jeweiligen verzogenen Stadtbefestigungen mit mehreren Ecktürmen ausgestattet wurden.

KÖNIGREICH DEUTSCHLAND

den sowie breitem Randschlag zeigen. Von der Innenbebauung könnte ein kürzlich archäologisch freigelegtes 1 m breites Mauereck stammen, dessen Winkel Bezug auf die benachbarten Ringmauern nimmt.[67] Mit den Buckelquaderformen und den Steinmetzzeichen unterscheiden sich die Burgen Achau, Ebreichsdorf und Asparn deutlich von den vorgenannten Buckelquadern mit ihren größeren Formaten, gröberen Bearbeitungen und spätromanischen Steinmetzzeichen. Obwohl sie damit zu etwas späten Buckelquadern (etwa Forchtenstein) und Steinmetzzeichen (Pfarrkirche Gars) passen, finden sich auch im mittleren 13. Jahrhundert ähnliche Formen (Kranichberg) und Zeichen (Kirche Schöngrabern). Gemeinsam mit den historischen Indizien ist daher wohl von einer eigenständigen Handwerkergruppe auszugehen, die nach dem Tod des Herzogs 1246 vom lokalen Adel beschäftigt wurde, um weiterhin kastellförmig mit Buckelquadern zu bauen. Damit mögen sowohl politische Manifeste für die staufische Prokuratur verbunden gewesen sein als auch einfach pragmatisch einer aktuellen Baumode gefolgt worden sein.

In diesem Zeitraum wurden in der Region noch einige andere regelmäßige Viereckburgen errichtet, die wohl als Modetrend den Typus fortsetzten. Neben den modifizierten Wiederaufbauten bzw. Fertigstellungen von Ebenfurth, Wolkersdorf, Trautmannsdorf, Wien, Bruck und Kaiserebersdorf wurden in Seibersdorf und Vösendorf neue ähnliche Gevierte errichtet, die gemäß heutigem Wissensstand zumindest einen Eckturm aufwiesen und die aufgrund der lagenhaften Bruchsteinstrukturen grob dem mittleren bis späten 13. Jahrhundert zuzuordnen sind. In diese Zeit datieren wohl auch die oben genannten mehrtürmigen Stadtkastelle von Gmünd und Zistersdorf sowie das isoliert gelegene Krumbach. Bereits ins frühe 14. Jahrhundert gehört das Zweiturmkastell von Horn. Die einstige Vierturmburg Immendorf kann hingegen durch ihre Zerstörung 1945 heute nicht mehr beurteilt werden.

Die genannten Gevierte von Horn, Zistersdorf und Gmünd sowie eventuell Immendorf könnten mit Ulrichskirchen konzeptionelle Verbindungen gehabt haben. Diese fast quadratische Anlage mit 45 m Seitenlänge wurde um 1323/24 unter lokalen habsburgischen Gefolgsleuten auf altem Standort völlig neu errichtet[68] und mit vier Ecktürmen ausgestattet (Abb. 57). Der Schwerpunkt lag eindeutig am 18 m breiten Südwestturm, der mit seinen Dimensionen überregional einzigartig ist, während die anderen drei Türme mit 10 m Breite dem Standard entsprechen. Ihre Einbeziehung in den Verband mit benachbarten Hofbauten zeigt zwar strukturelle Verwandtschaften zu älteren Kastellen, etwa Kranichberg sowie den Einbauten von Wien und Wolkersdorf, jedoch finden sich im zeitgenössischen landesfürstlichen Burgenbau von Böhmen und Ungarn die besten Vergleichsbeispiele, während der Kastellneubau in Österreich im 14. Jahrhundert ansonsten beendet war.[69]

DIE GRAFSCHAFT SAVOYEN

Das alte burgundische Geschlecht der Grafen von Savoyen hatte im frühen 13. Jahrhundert im Grenzland zu Frankreich vom Wallis bis zum Piemont große Herrschaften erworben und unter Kaiser Friedrich II. das Amt von Reichsvikaren gewonnen.[70] Durch die Verwandtschaft mit der aus Frankreich stammenden englischen Königin war Peter II. von Savoyen (1263–68) am englischen Hof aufgewachsen, wo er als Earl of Richmond großes Ansehen genoss. 1246 unterstellten die Savoyer im Gegenzug ihre kontinentalen Herrschaften nominell den Königen von England, um ihnen den Weg über die Alpenpässe nach Rom und ins Heilige Land zu sichern. Nach französischen und englischen Vorbildern ließ Thomas II. (1253–63) klassische Kastelle errichten, wobei sich der heute als „Carré Savoyard" bekannte regionale Bautypus etablierte. Als eine der stärksten savoyischen Burgen gilt Saillon, das um 1257 auf einem steil ansteigenden Felskogel mit dominantem Rundturm sowie drei nach innen offenen Halbrundtürmen als Zentrum einer regionalen Kastellanei entstand. Auch die 1255 erworbene Burg Murten erhielt als neue Kastellanei in dieser Zeit einen rechteckigen Bering mit halbrunden Ecktürmen. Gleichzeitig datiert Chenaux in Estavayer en-Lac, eine rechteckige Anlage mit 42 m Seitenlänge und einem einzigen

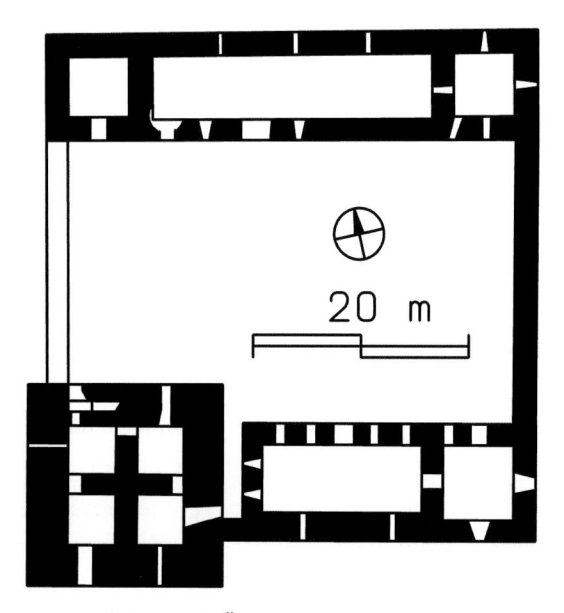

Abb. 57 | Ulrichskirchen, Österreich, Kernkastell um 1324

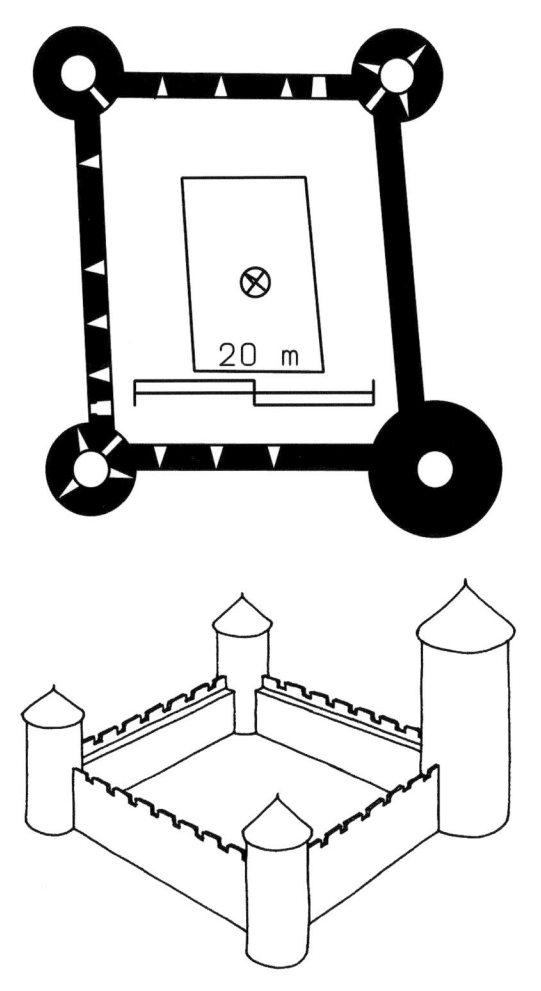

Abb. 58–59 | Yverdon, Schweiz, Kernkastell 1259–62

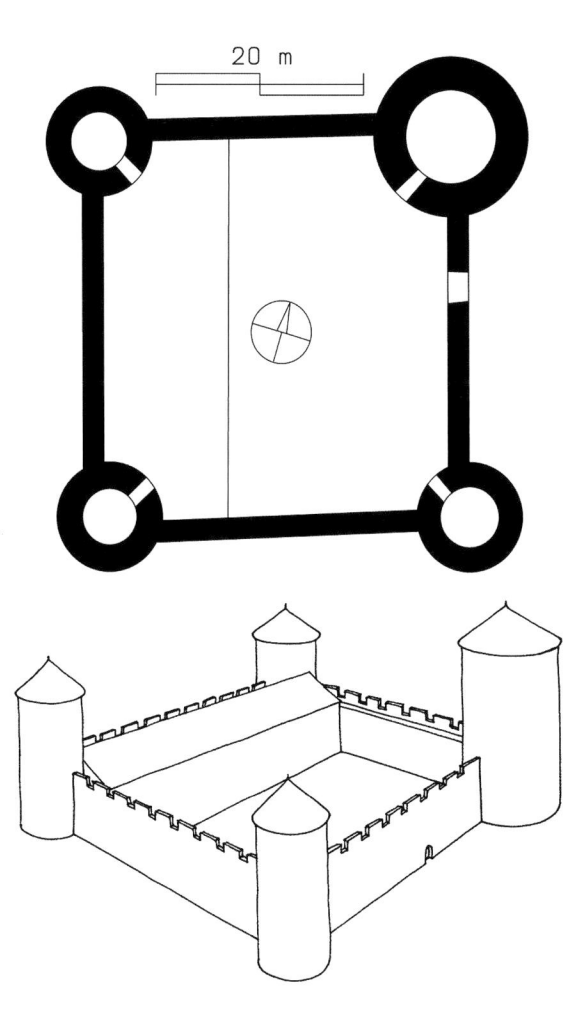

Abb. 60–61 | Champvent, Schweiz, Kernkastell Mitte 13. Jh.

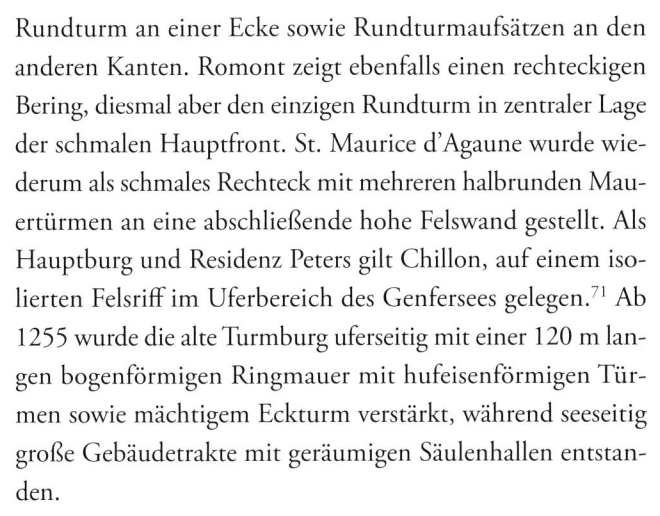

Rundturm an einer Ecke sowie Rundturmaufsätzen an den anderen Kanten. Romont zeigt ebenfalls einen rechteckigen Bering, diesmal aber den einzigen Rundturm in zentraler Lage der schmalen Hauptfront. St. Maurice d'Agaune wurde wiederum als schmales Rechteck mit mehreren halbrunden Mauertürmen an eine abschließende hohe Felswand gestellt. Als Hauptburg und Residenz Peters gilt Chillon, auf einem isolierten Felsriff im Uferbereich des Genfersees gelegen.[71] Ab 1255 wurde die alte Turmburg uferseitig mit einer 120 m langen bogenförmigen Ringmauer mit hufeisenförmigen Türmen sowie mächtigem Eckturm verstärkt, während seeseitig große Gebäudetrakte mit geräumigen Säulenhallen entstanden.

In sehr ähnlicher Lage auf einer kleinen Insel zwischen zwei Flussmündungen in den See von Neuchâtel wurde um 1259 das bereits 1262 verteidigungsfähige Kastell von Yverdon angelegt (Abb. 58–59).[72] Im Gegensatz zu den bisher genannten Bauten handelt es sich hier erstmals um ein streng klassisches Mehrturmkastell, das auf einer leicht verzogenen rechteckigen Fläche von etwa 28 x 32 m einen dominanten Hauptturm mit 11 m Durchmesser sowie drei deutlich kleinere runde Ecktürme aufweist. Das im heutigen Schloss vollständig erhaltene Geviert bildete den Eckpunkt einer neuen Rasterstadt und wird den zwei Planern Jean und Jacques zugeschrieben, wovon zweiter als James of St. Georges später in England Karriere machen sollte (siehe unten). Gleiche spiralförmige Baugerüste wie in Batiaz, Saillon und Chillon aber auch im walisischen Harlech indizieren zudem eine eigene savoyische Handwerkergruppe.[73]

Im Sog der international angesehenen savoyischen Grafen entwickelte sich im mittleren 13. Jahrhundert auch ein lokaler Adeliger durch seine Jugend am englischen Hof zu einem überregional bedeutenden Strategen und Diplomaten.[74] Mit neun Jahren hatte Otto von Grandson 1247 seine Heimat verlassen und war Page in England geworden, wo er sich mit dem gleichaltrigen Eduard, dem künftigen König anfreundete. Auch nach dem Tod seines Vaters 1257 blieb er in England und diente Eduard als erfolgreicher Kämpfer gegen zahlreiche Aufstände. 1270 brachen sie gemeinsam zum Kreuzzug ins Heilige Land auf, während dessen in England der König starb

KÖNIGREICH DEUTSCHLAND

und Eduard zur eigenen Krönung zurückkehrte. Im Zuge dieser Reise war der künftige König in Savoyen im gräflichen Schloss Saint Georges d'Espéranche eingekehrt, das gerade voll in Bau war. Kurz darauf tauchen am englischen Hof neue Handwerker auf, unter ihnen der künftige Hauptburgenplaner James of St. George, die sichtlich ihr Wissen vom Kastellkonzept bis zu den spezifischen Gerüstbautechniken aus Savoyen mitgebracht haben. Otto folgte ebenfalls dem englischen König und kämpfte für ihn gegen die aufständischen Waliser, wobei er zahlreiche königliche Burgenbaustellen persönlich kennen lernte. Im Zuge der andauernden Kampfhandlungen stieg Otto zu einem Truppenführer auf, der schließlich die weitgehende Unterwerfung von Wales miterlebte. Als Hauptstadt wurde Caernarfon mit starken Befestigungen ausgebaut, wobei die dortige Zitadelle analog zu St. Georges in Savoyen isoliert achteckige Türme erhielt. Otto wurde nun vom König zum ersten Justiziar von Caernarfon und damit zu seinem Stellvertreter in Wales ernannt. Er war jedoch selten in Wales sondern reiste in königlicher Mission nach Frankreich, Italien, Palästina, Zypern und Armenien.[75] Erst nach dem Tod von Eduard kehrte Otto in seine Heimat zurück, wo er 1328 starb.

Zu den bedeutendsten Besitzungen der Familie Grandson zählt Champvent, das nach einer Erbteilung im mittleren 13. Jahrhundert vom Bruder Ottos namens Heinrich 5 km westlich von Yverdon zum Sitz einer neuen Nebenlinie ausgebaut wurde (Abb. 60–61).[76] Es entstand ein klassisches Kastell auf viereckigem Grundriss von etwa 39 m Seitenlänge mit dominantem 13 m starken Hauptturm und drei kleineren runden Ecktürmen, das sich heute mangels Zugänglichkeit einer näheren Untersuchung entzieht.

Wohl parallel dazu ließ Otto die Familienstammburg grundlegend erneuern. Ähnlich zu den savoyischen Burgen Chillon und Yverdon entstand eine Kastellanlage direkt am Seeufer mit geschütztem Hafen, weit vorstehenden Rundtürmen und großem Repräsentationsbau (Abb. 62).[77] Die trotz zahlreicher Erweiterungen gut erhaltene Burg zeigte zum See eine fast 70 m lange Front, in der wohl zunächst der heute abgebrochene ältere Wohnturm dominierte, während landseitig der rundturmgerahmte Kastellcharakter überwog.

Nach dem Tod von Graf Peter, der begonnen hatte, den anspruchsvollen Lehnsadel durch ein organisiertes Beamtensystem mit lokalen Kastellanen zu ersetzen,[78] übernahm der jüngere Bruder Philipp I. (1268–85) die Nachfolge und startete mit der

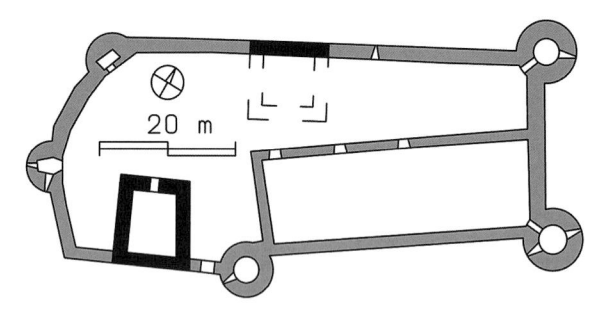

Abb. 62 | Grandson, Schweiz, Burgausbau Mitte 13. Jh.

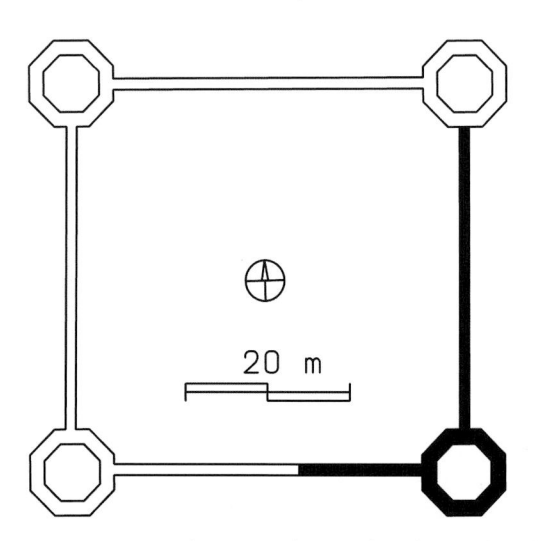

Abb. 63 | St. Georges d' Espéranche, Frankreich, Kernkastell 1268–74

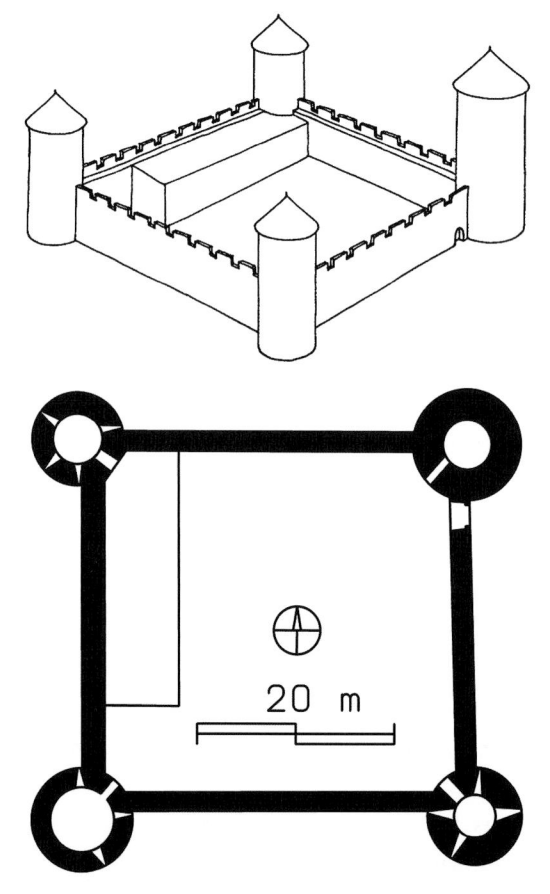

Abb. 64–64a | Morges, Schweiz, Kernkastell 1286–96

Eroberung des Waadtlandes. Gleichzeitig wurde der Neubau einer eigenen repräsentativen Residenz in St. Georges begonnen (Abb. 63).[79] Etwa 16 km nordöstlich von Vienne gelegen war der Bau 1271 bereits benutzbar, jedoch erst um 1274 fertig gestellt. Heute haben sich nur spärliche Fragmente erhalten, die in Kombination mit Beschreibungen, historischen Ansichten und Fotos als repräsentatives Kastell von 46 x 49 m Fläche und mit 10 m breiten achteckigen Türmen rekonstruiert werden können. Im Hof sind umlaufende Wohntrakte zu vermuten.

Sein Nachfolger Amadeus (Amédée) IV. von Savoyen (1285–1323) ließ ebenfalls sofort nach seinem Machtantritt an der Mündung des Flusses Morges in den Genfer See eine Residenzburg errichten, die 1296 weitgehend fertig war (Abb. 64–64a).[80] Die im 16. Jahrhundert zur Festung ausgebaute und im 19. Jahrhundert teilweise abgetragene Anlage hat sich im Kern bis heute gut erhalten. Sie besteht aus einem 37 x 40 m großen Geviert mit 11 m breitem Hauptturm und drei weiteren gleichförmigen runden Ecktürmen.

Bislang noch unerforscht ist die heute stark reduzierte Burg Saconnex d'Arve, die im Umfeld von Genf um 1300 nach offenen Kämpfen wohl als Grenzposten der Grafen von Genf gegen Savoyen mit viereckigem Grundriss von etwa 30 x 50 m und vier runden Ecktürmen errichtet wurde.[81]

Ebenfalls nicht geklärt ist die Baugeschichte des großformatigen Kastells von Bourget, am gleichnamigen See in Nordsavoyen (Abb. 65).[82] Das Kerngeviert wird ins mittlere 13. Jahrhundert datiert, als Thomas II. (1247–59) hier eine Nebenlinie von Piemont begründete. Als Vertrauter von Kaiser Friedrich II. hatte er persönlich die Grafenwürde erhalten und wurde zum Reichsvikar in Italien ernannt. Unter Amadeus von Savoyen war Bourget ab 1285 der repräsentative Hauptsitz von Savoyen und Schauplatz zahlreicher Rechtsakte. Es ist zu vermuten, dass in dieser Zeit der Ausbau zur turmreichen Residenz erfolgt ist. Konzeptionell schloss man offenbar direkt an den Königspalast von Jakob II. in Perpignan an, der um 1280 zu datieren ist.[83] Sein Reich von Mallorca hatte an der nahen Mittelmeerküste zahlreichen Besitz und konnte zu dieser Zeit in der Region die repräsentativsten Residenzen vorweisen. Aber auch die spätstaufischen Kastelle in Süditalien waren ähnlich konzipiert. Die politisch eng verknüpften zeitgleichen Königsburgen Englands fanden hier jedoch keinen Nachhall. Das ist umso mehr bemerkenswert, als das wohl parallel errichtete savoyische Kastell von Morges nach deren Typus geplant scheint, sodass wohl gemeinsam mit den Achtecktürmen von St. Georges d' Espéranche von einer programmatischen Vielfalt auszugehen ist. Amadeus suchte wohl gezielt unterschiedliche königliche Vorbilder (ähnlich wie Eduard in Wales), wobei die Kastellform allen gemeinsam war.[84]

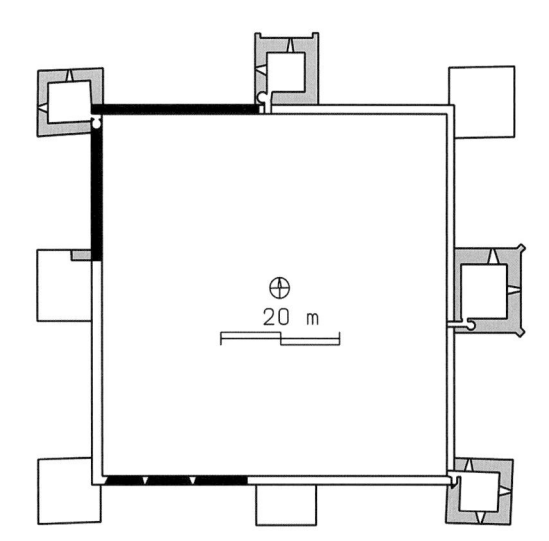

Abb. 65 | Bourget-du-Lac, Frankreich, 2. H. 13. Jh.

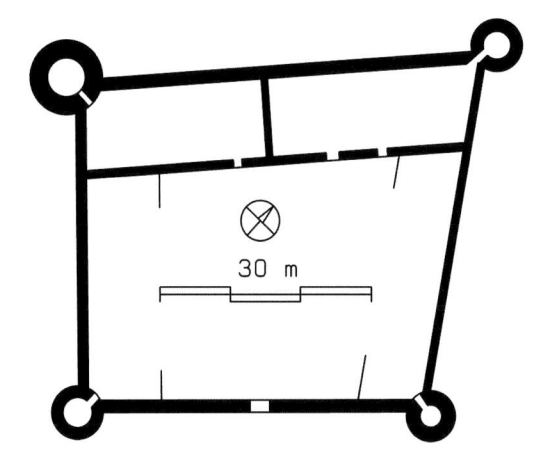

Abb. 66 | Ivrea, Italien, Kernkastell ab 1358

Nach der Erhebung der Savoyer zu Reichsfürsten im Jahr 1310 wurden vor allem im italienischen Raum weitere Kastellprojekte ausgeführt. So entstand ab 1358 Ivrea, das zum Schutz des Aostatals gegen Süden von Amedeo VI. von Savoyen begonnen und bis 1395 fortgeführt wurde (Abb. 66).[85] Die großformatige Anlage besteht aus einem trapezförmigen Be-

Abb. 67 | Ivrea, Gesamtansicht von Westen

KÖNIGREICH DEUTSCHLAND

ring aus Bruchstein in hohen Kompartimentlagen und mit isolierten Fenstergewänden aus Quadern sowie Ziegelkrönung mit konsequent vorkragendem Wehrgang. Dem entgegen werden die Kanten von einem großen und drei kleineren runden Ecktürmen aus reinem Ziegelmauerwerk besetzt, die als Hauptturm mit drei Trabanten zu identifizieren sind (Abb. 67). Die nordwestliche Breitseite wird innen durch einen fast 60 m langen dreigeschossigen Hoftrakt belegt, der seitlich Zargenanschlüsse für geplante Nebentrakte aufweist. Gemeinsam mit den dortigen Fenstern im Bering kann eine Dreiflügelplanung vermutet werden, die so nie ausgeführt wurde.

Bereits kurz nach 1300 hatte sich im Süden eine savoyische Nebenlinie abgespalten (1418 ausgestorben), deren selbstbewusste Mitglieder als Herren von Piemont bzw. als „Principi d'Acaia" Koalitionen zur künftigen Ausdehnung ihrer Macht nach Italien knüpften.

Ihr erster Herrschaftsmittelpunkt wurde in Fossano etabliert, wo Philipp I. von Savoyen-Acaia ein eigenwilliges aber konsequentes Kastell errichten ließ (Abb. 68).[86] Einem exakten Quadrat von 37 m Seitenlänge wurden vier 11 m breite monumentale Ecktürme quer angestellt, sodass in den Verschneidungen breite Wendeltreppen integriert werden konnten. Im Hof gab es zunächst nur einen großen zweigeschossigen Saalbau mit frühgotischen Biforenfenstern, während die Türme als Wohnstätten dienen konnten. Der reine Ziegelbau folgt mit seinen Baudetails sowie dem Schwalbenschwanz-Zinnenkranz auf doppeltem Ziegelmuster oberitalienischen Traditionen, während das Konzept als originelle Weiterentwicklung der savoyischen Viertürmekastelle zu werten ist.

Fast gleichzeitig dürfte Philipp I. in seiner Hauptstadt Turin neben den unbefestigten Verwaltungsbauten im Stadtkern an der Stadtmauer eine monumentale Burg begründet haben (Abb. 69–70).[87] Diese Anlage ist trotz späterer Überbauungen und Erweiterungen hervorragend erhalten und durch einen Rückbau im frühen 20. Jahrhundert auch wieder gut zu erfassen. Die römische Rasterstadt des frühen 1. Jahrhunderts n. Chr. besaß bereits einen vieltürmigen Bering mit monumentalen Doppelturmtoren, von denen zwei im Mittelalter noch fast unverändert in Funktion waren. Philipp ließ an der Porta Decumana außen ein leicht trapezförmiges Geviert von 44 m Breite anstellen und durch zwei weitere Ecktürme ein klassisches Vierturmkastell mit integriertem Saalbau konzipieren. Diese Türme folgten den alten als Sechzehnecke, wodurch bis heute der Eindruck eines einheitlichen mächtigen Bollwerks herrscht. Die Baudetails am reinen Ziegelverband weisen mit Schwalbenschwanz-Zinnen und gestaffelten Ziegelmustern auf eine direkte Anbindung an Fossano. Am Saalbau und den Türmen haben sich wie dort in zwei Geschoßen Reste von konsequent gereihten frühgotischen Biforenfenstern erhalten, die belegen, dass dieser Bau nicht als reine Zitadelle gedacht war, sondern als repräsentativer Familiensitz in plakativer Tradition des Hauses Savoyen.

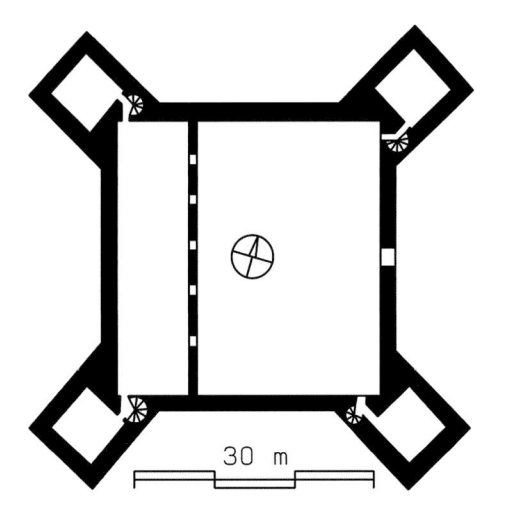

Abb. 68 | Fossano, Italien, Kernkastell 1324–1332

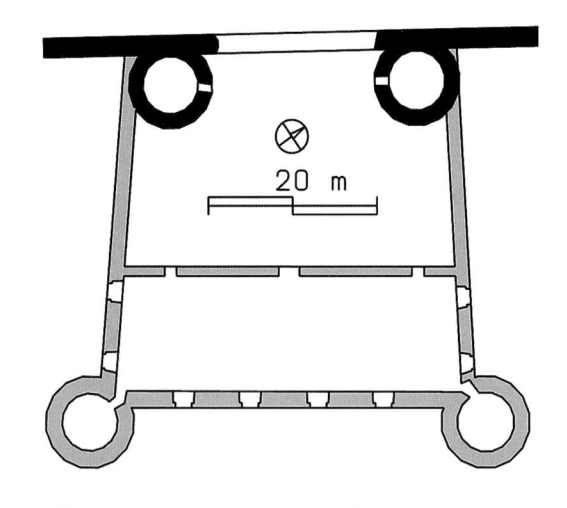

Abb. 69–70 | Turin, Castello degli Acaia, Italien, Kernkastell vor 1334

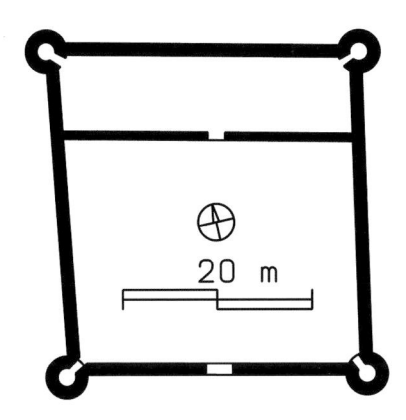

Abb. 71–72 | Osasco, Italien, Kernkastell 2. D. 14. Jh.

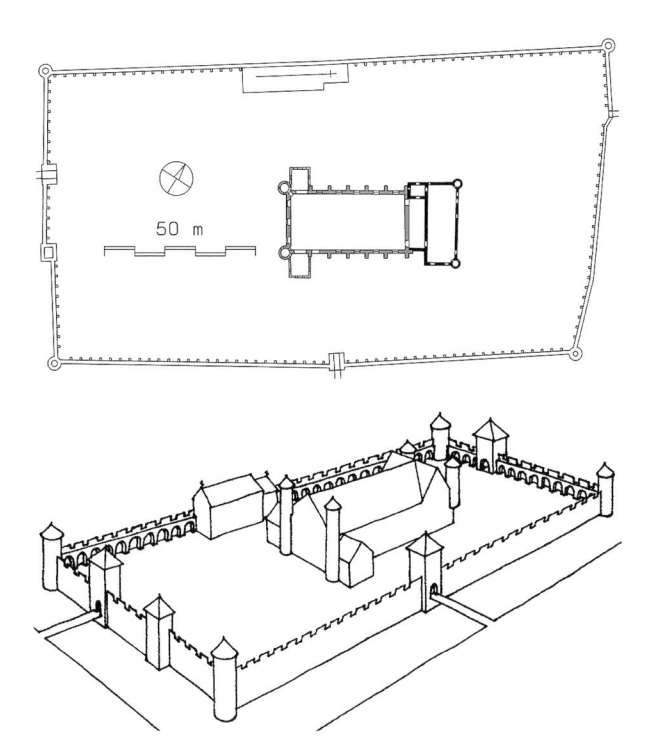

Abb. 74–75 | Den Haag, Niederlande, Kernkastell M. 13. Jh.

Durch exakt gleiche Baudetails, Schwalbenschwanz-Zinnen und gestaffelte Ziegelmuster zeichnet sich an der einstigen Grenze zu Frankreich das Kastell in Osasco aus, für das historische Daten fehlen (Abb. 71–72). Die 32 x 35 m große Anlage zeigt 4,5 m schmale Ecktürmchen, deren Zinnenaufsätze ähnlich wie Turin polygonal gestaltet sind. Im Hof deutet sich ein Wohnbau als primär ab. Sehr wahrscheinlich diente dieses Kastell Philipp I. an der Grenze zu Frankreich als klassischer Grenzposten ohne Residenzfunktion. Dies war auch durchaus angebracht, hatte Savoyen doch die Schwächen des französischen und des Römischen Reichs für eine eigenständige Pufferzone genutzt, musste diese jedoch wachsam vor seinen Nachbarn schützen. In diesem Sinne wäre in Savoyen und Piemont noch zu prüfen, ob es einst weitere ähnliche Grenzbefestigungen gab.

DIE GRAFSCHAFT HOLLAND

Am Niederrhein entwickelte sich mit dem Ende des staufischen Kaisertums im mittleren 13. Jahrhundert ein beispielloser Aufstieg selbstbewusster und untereinander konkurrierender Territorialherren, von denen die Grafschaften Holland, Kleve, Geldern und Jülich sowie das Kölner Erzbistum programmatisch den Kasteltypus bei ihren Residenzen sowie bedeutenden Landesburgen aufgriffen.[88]

Im Jahr 1247 wurde der holländische Graf Wilhelm II. von papsttreuen Reichsfürsten als deutscher Gegenkönig zu Kaiser Friedrich II. aufgestellt. Bis 1254 blieb er umstrittener Gegenkönig zu den Staufern, dann war er bis 1256 offizieller deutscher König, als er im Kampf gegen die Friesen fiel.

Zu den ersten Taten des Königs zählte die Anlage einer neuen, seinem Amt würdigen Residenz in Den Haag, dem heutigen Binnenhof (Abb. 74–75).[89] Aus dieser Zeit hat sich der Kern eines großformatigen zentralen Baukomplexes mit vier runden Türmen erhalten, der in weitem Abstand von einem ca. 90 x 180 m Mauerrechteck mit runden Ecktürmen umgeben war. Die Datierung dieses äußeren Gevierts ist bislang offen, sie wird aber aufgrund der großzügigen Befensterung des inneren Gebäudes gleichzeitig sein.

König Wilhelm sind nur wenige weitere Burgen zuzuschreiben, darunter vor allem das heute verschwundene Kastell Torenburg in Alkmaar, an der Grenze zu den Friesen, das nur durch historische Grabungen erfasst ist. Die wohl gleichzeitig mit dem Stadtrecht 1254/55 fertig gestellte quadratische Burg lag an einer Stadtecke und besaß an jeder Kante einen runden Flankenturm. Bereits 1296–99 wurde diese Burg bei einem Aufstand der Westfriesen zerstört und ersatzlos abgetragen.

KÖNIGREICH DEUTSCHLAND

Nach dem frühen Tod Wilhelms folgte der junge Florens V. (nied. Floris, 1256–96) als Graf nach, während die deutsche Königskrone für immer verloren war. Der bis 1266 minderjährige Florens begann danach sofort ein umfangreiches Kastellbauprogramm, das heute nur mehr in geringen Resten fassbar ist.

Als ältestes Kastell seiner Amtszeit gilt Riviere, dessen leicht verzogen rechteckige Hofanlage von 50 x 55 m Größe deutlich vor 1275 datiert wird (Abb. 76–77).[90] Es gab wohl an allen vier Ecken rechteckige Flankentürme und im Hof seitlich freistehend einen dominanten Wohnturm. Bauherrin war Aleid von Avesnes, die während der Minderjährigkeit des Grafen als Regentin fungiert hatte.[91]

Kurz danach dürfte Doorn im Auftrag des Dompropstes von Utrecht entstanden sein, einem Bruder des Neffen von Floris (Abb. 78–79).[92] Die 27 x 38 m große völlig unbebaute Hofanlage wirkt mit ihrem einzigen rechteckigem Wohnturm und den drei anderen runden Ecktürmen wie eine Vorstufe der folgenden gräflichen Bauten mit ausschließlich runden Ecktürmen. Eine Erklärung könnte die französische Familie Avesnes bieten, der Aleid, ihr Sohn Floris sowie der Utrechter Dompropst Burchard (1275–85) angehörten und die durch ihre Beziehungen zu Frankreich dortige Kastellbaumeister geholt haben könnte.

Wahrscheinlicher ist jedoch eine architektonische Orientierung zu den 1277 in Wales gestarteten Bauvorhaben des englischen Königs Eduard I. Zwischen Floris und Eduard bestand eine enge Beziehung, die mit Heiratsverträgen zwischen den Kindern sowie Vorbereitungen zur Übernahme des schottischen Throns durch Floris gefestigt wurde (Abb. 80). So erklärt sich auch, dass die Umbauten der gräflichen Residenz um 1289/90 eine Kopie von Westminster Hall in London darstellten. Hier wie dort galt es, aufständische Volksgruppen nachhaltig zu unterwerfen. Vor allem mit der neuerlichen Eroberung der Halbinsel Westfriesland 1282 dürften entsprechende Kastellbauarbeiten in analoger ringförmiger Küstenreihung gestartet worden sein. Die erste damals errichtete Burg Wijdenes wurde jedoch bereits 1296 restlos von den Friesen zerstört und entzieht sich somit heute der Beurteilung. 1994 wurde mitten in Amsterdam ein bislang unbekanntes Kastell entdeckt, das gemäß naturwissenschaftlicher Untersuchung bald nach 1280, also wohl nach der Friesenunterwer-

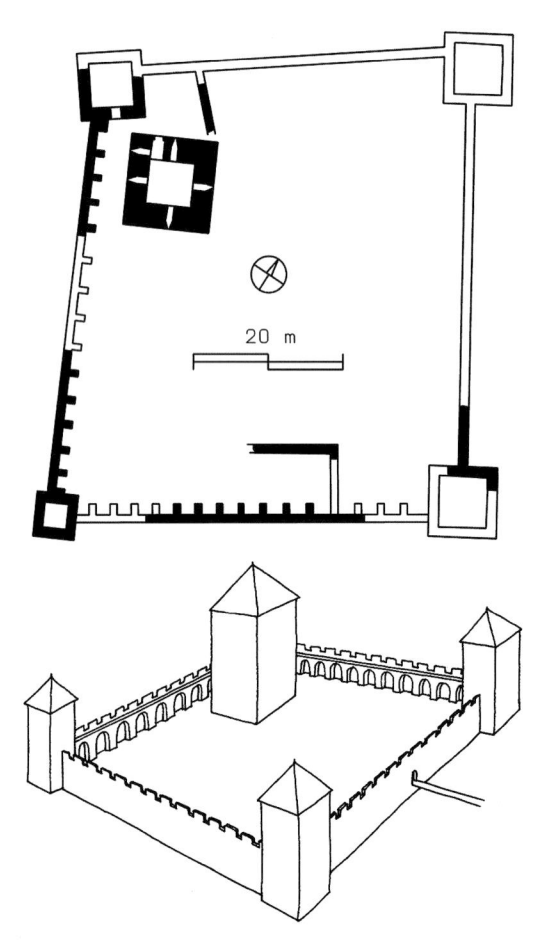

Abb. 76–77 | Schiedam (Huis de Riviere), Niederlande, Kernkastell 3. V. 13. Jh.

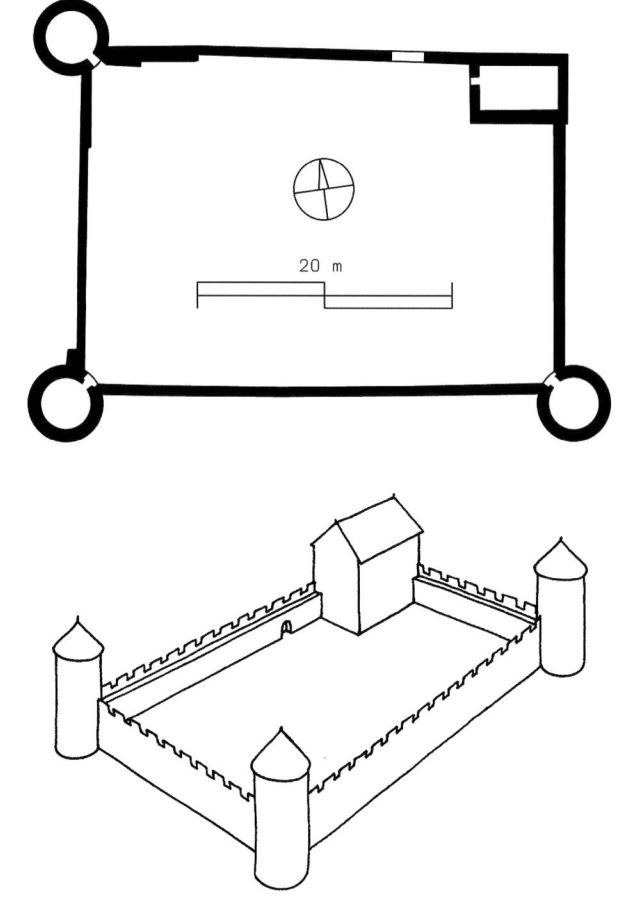

Abb. 78–79 | Doorn, Niederlande, Kernkastell 4. V. 13. Jh.

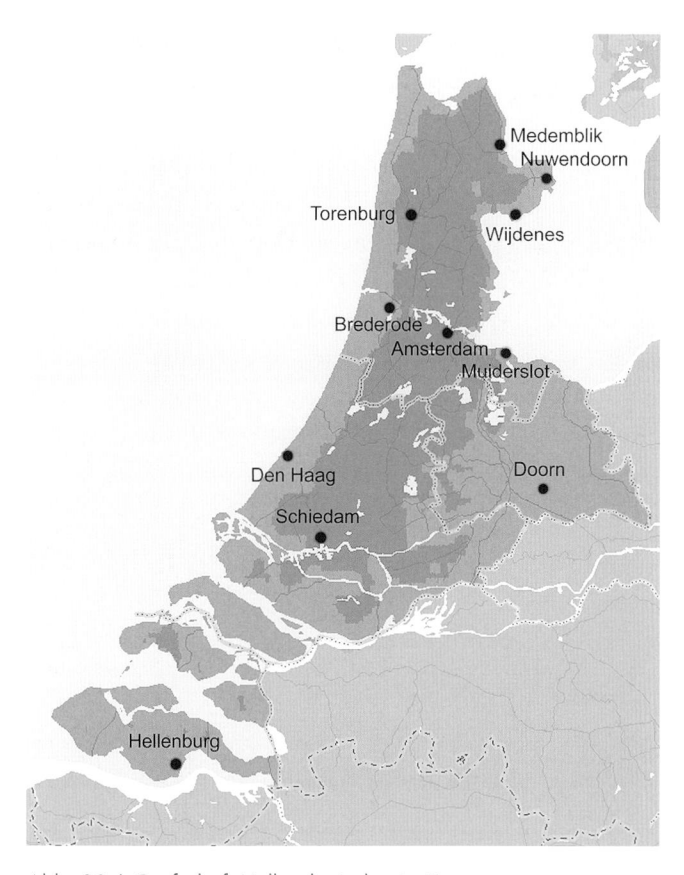

Abb. 80 | Grafschaft Holland mit den im Text genannten Kastellen

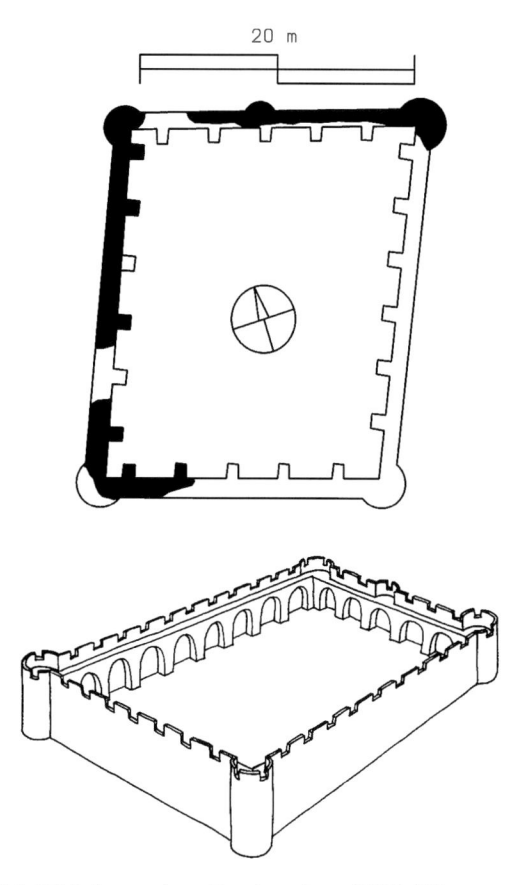

Abb. 81–82 | Amsterdam, Kernkastell um 1280/90

fung 1282 errichtet worden ist (Abb. 81–82). Die verzogen-rechteckige Anlage von 23 x 27 m wirkt wie ein rasch befestigter Truppenstützpunkt, der durch seine Lage an der Amstel einen wichtigen Verkehrsweg kontrollieren sollte. An den vier Ecken gab es rundliche massive Pfeiler, die zumindest eine reduzierte Flankierung des Gevierts ermöglichen. Die 1275 erstmals genannte gräfliche Gründungssiedlung erhielt im Jahr 1300 Stadtrecht, wobei auch eine Festung genannt wurde. Es ist jedoch offen, ob damit dieses kleine Fort gemeint war. Nicht erforscht sind bemerkenswerte Parallelen zum dänischen Kastell Nyborg, das bislang ins frühe 13. Jahrhundert datiert wurde.[93] (Abb. 83-84)

Einen Gegenpol dazu bildete östlich von Amsterdam das um 1285 angelegte Kastell Muiderslot, das die Mündung der Vecht ins IJsselmeer, eine Hauptverbindung von Amsterdam nach Süden, kontrollieren sollte.[94] Auch hier war die Erstphase ein ca. 32 x 35 m großer freier Innenhof ohne (steinerne) Gebäude, dafür mit vier ausgeprägten hufeisenförmigen Eck-türmen und zentralem Torturm. Gemäß Bauuntersuchungen waren die Türme in der Erstphase nur so hoch wie der Bering und bildeten somit einfache Kampfterrassen.[95] Erst im folgenden Ausbau entstand der klassische Fünftürmebau, der jedoch sicher schon vorgesehen war.

Praktisch zur gleichen Zeit errichtete man in Medemblik an der Nordostküste des neu eroberten Friesenlandes ebenfalls einen 37 x 40 m großen unbebauten Hof, der nur durch vier rundliche Eckbasteien und einen Torturm gerahmt wurde (Abb. 85–86).[96] Auch hier waren zunächst alle Bauteile gleich hoch (ca. 6 m), die Turmaufbauten sowie kleinere Zwischen-

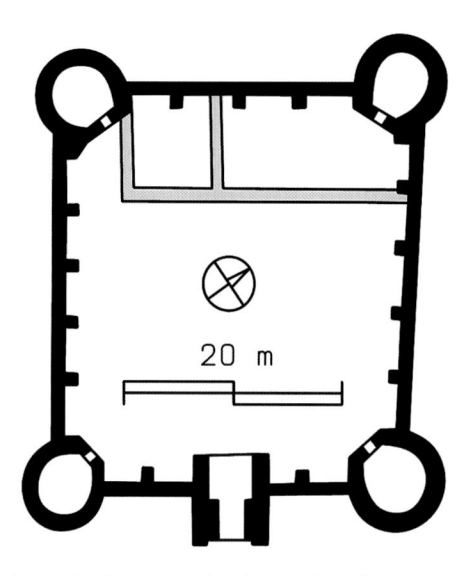

Abb. 83 | Muiderslot, Niederlande, Kernkastell um 1285

KÖNIGREICH DEUTSCHLAND | 395

Abb. 84 | Muiderslot, Gesamtansicht von Osten

türme folgten in späteren Etappen. Alle genannten Burgen besaßen somit in ihrer ersten Phase nur niedrige dünne Mauern und waren offenbar in großer Eile errichtet worden. Hintergrund waren sicher mehrere Friesenaufstände, die zu verheerenden Plünderungen geführt hatten.

Offensichtlich wurde aber auch die Kastellbauweise mit Rechtecktürmen nicht gänzlich aufgegeben (Abb. 88). So folgt das 1282 von Floris ebenfalls an der Nordostküste begonnene Kastell von Nuwendoorn mit seinem 31 m breitem Quadrat, dem viereckigen Hauptturm und den sekundär an-

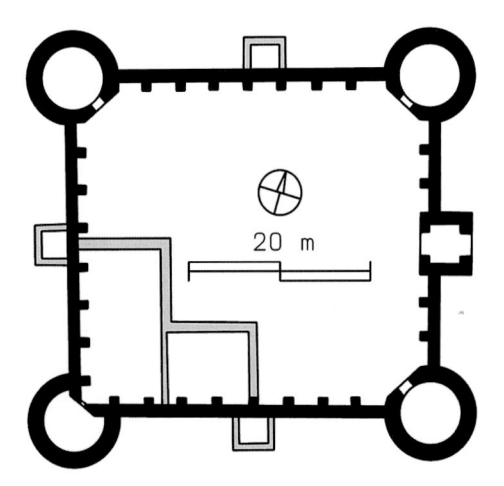

Abb. 85–86 | Medemblik, Niederlande, Kernkastell ab 1287

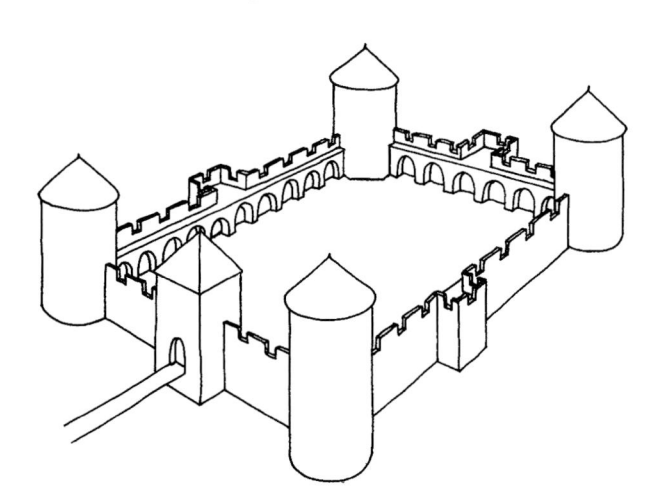

KÖNIGREICH DEUTSCHLAND

Abb. 87 | Medemblik, Detailansicht von Westen

gestellten Vierecktürmen noch dem (vereinfachten) Konzept von Riviere. Die Burg war beim Tod von Floris 1296 nicht vollendet und wurde sofort von den Friesen zerstört.
Auch die von Vasallen des Grafen an der friesischen Westküste errichtete Burg Brederode in Santpoort zeigte einen rechteckigen Grundriss mit weit vortretenden Rechtecktürmen, die nach einer Belagerung 1352 teilweise rund und mit großem Repräsentationsbau wieder errichtet wurden (Abb. 89).⁹⁷ Zuvor waren die Mauern deutlich niedriger und umfassten einen geräumigen Hof. Sehr ähnlich dürfte das nahe Kastell Egmond ausgesehen haben, für das es aufgrund des älteren Standortes keine exakten Baudaten gibt. Auch das heute weitgehend veränderte Beverweerd hatte offenbar einen kastellförmigen Grundriss mit zentralem älteren Wohnturm und zumindest zwei rechteckigen Ecktürmen an den westlichen Kanten des quadratischen Berings.⁹⁸ Nach dem gewaltsamen Tod von Floris durch ein Komplott endete das Grafengeschlecht unvermutet, die folgenden Grafen konnten in ihrer Bedeutung nie mehr anschließen. (Abb. 90)

Völlig ungeklärt ist die Baugeschichte der bis auf die Fundamente zerstörten Hellenburg, die an strategisch bedeutsamer Stelle am Nordufer der Westerschelde lag, aber nach verhee-

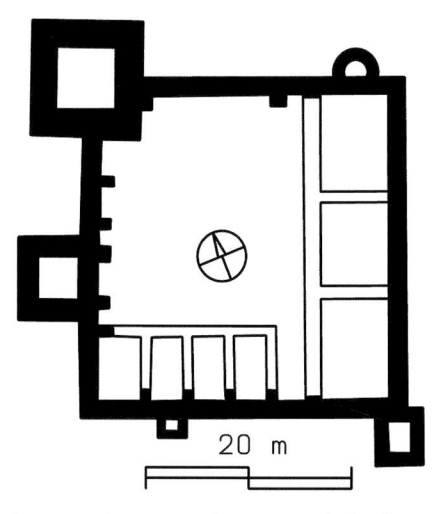

Abb. 88 | Nuwendoorn (Neudoorn), Niederlande, Kernkastell ab 1282

KÖNIGREICH DEUTSCHLAND | 397

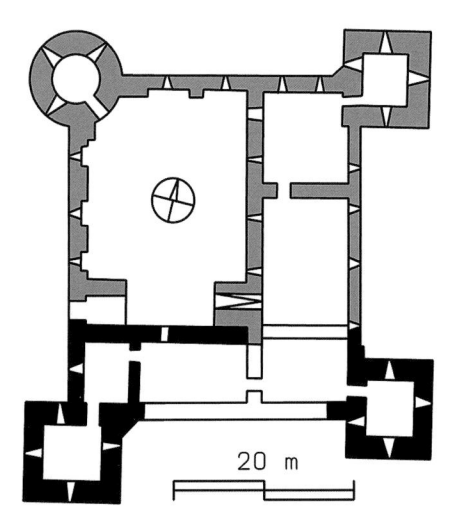

Abb. 89 | Brederode, Niederlande, Kernkastell ab 1282 und Wiederaufbau nach 1352

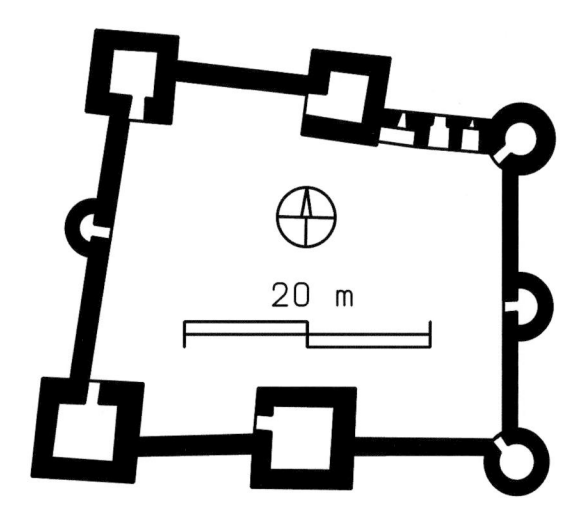

Abb. 90 | Hellenburg, Niederlande, Kernkastell 14. Jh.

renden Sturzfluten bereits im Mittelalter aufgegeben wurde.[99] Offenbar stand hier zunächst ein dominanter Wohnturm, der in unbekannter Zeit durch ein Kastell mit rechteckigen Ecktürmen ersetzt wurde. Um 1400 dürfte eine Erweiterung nach Osten mit runden Mauertürmen datieren. Innere Wohnbauten sind nicht überliefert, man nutzte offenbar vor allem die durchaus geräumigen Türme. Es wäre verlockend, auch hier ein Werk der holländischen Grafen zu vermuten, Belege dafür fehlen jedoch. Da vor allem das Kastellbauprogramm von Floris frühzeitig abgebrochen wurde, mögen einige unfertige Anlagen von lokalen Adeligen übernommen worden sein, hier sind wohl noch weitere Ergänzungen und Korrekturen zu erwarten.

BISCHÖFE ALS BAUHERREN

Aufgrund des frühen persönlichen Rückzugs von Kaiser Friedrich II. aus dem Deutschen Königreich und vor allem auf Basis der fast zeitgleichen Aufwertung der Reichsbischöfe als weltliche Fürsten traten auch die Bischöfe vermehrt programmatisch als Kastellbauherren auf, während andere weltliche Adelige (bis auf die genannten rheinischen und österreichischen Territorialherren) diesen Bautypus praktisch nie einsetzten. Vor allem die rheinischen Erzbischöfe, die sich als einflussreiche weltliche Fürsten, Häupter der deutschen Kirche und sogar als selbstbewusste Führer der Reichs verstanden, griffen diese Tradition programmatisch auf.

Nach den bereits vorgestellten frühen Bauten der Erzbischöfe von Trier könnte 1232 vom Mainzer Erzbischof Lahneck an der Mündung der Lahn in den Mittelrhein gegründet worden sein.[100] Diese stark überformte Anlage zeigt einen ca. 25 x 35 m großen Kern, der einst eine schildartige Hauptfront mit zwei runden Ecktürmen sowie zentralem Fünfeckturm besaß, während die gegenüber liegende Seite wohl von einem breiten Saalbau besetzt war. (Abb. 91–92) Mit ähnlicher Konzeption dürfte der Konstanzer Bischof Eberhard II. von Waldburg im

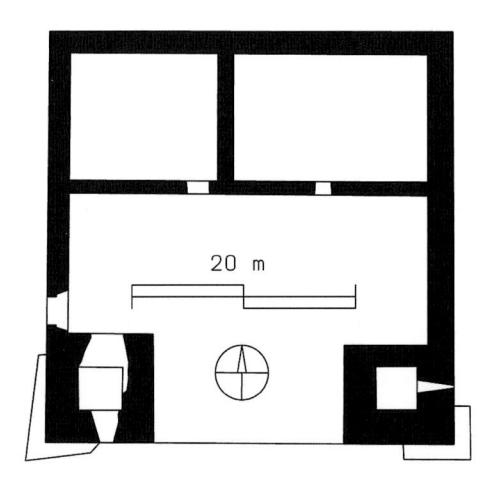

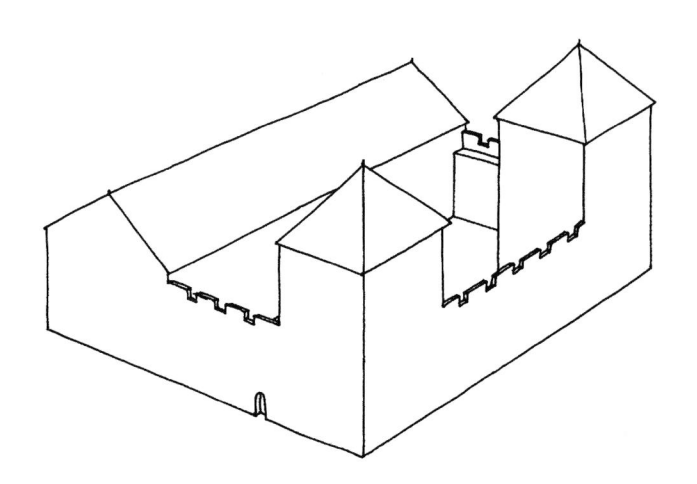

Abb. 91–92 | Gottlieben, Schweiz, Kernkastell ab 1251

398 | KÖNIGREICH DEUTSCHLAND

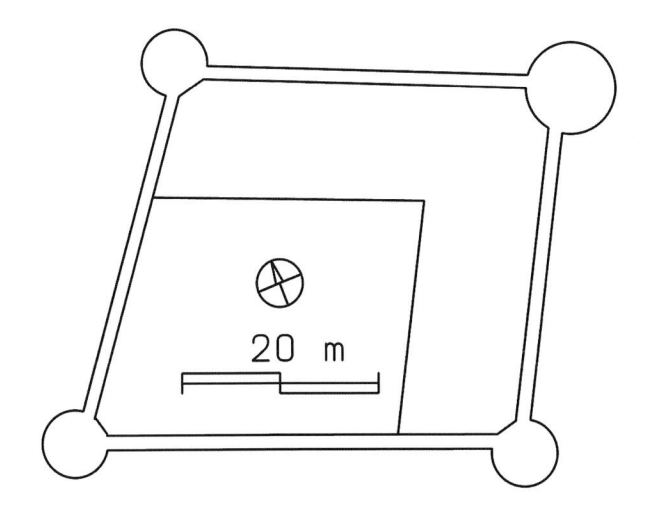

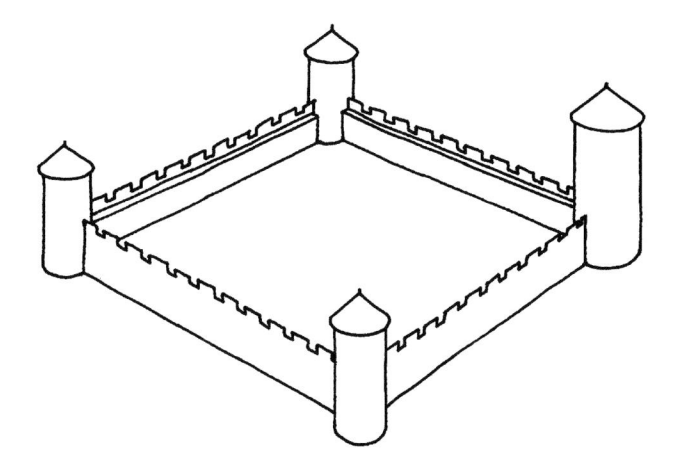

Abb. 93–94 | Zellenberg, Frankreich, Kernkastell ab 1252

Jahr 1251 an der Einmündung des Rheins in den Untersee in Gottlieben ein Brückenkastell gegründet haben, wo er in der Folge zahlreiche Urkunden ausstellte.¹⁰¹ Die bislang kaum erforschte Anlage hat sich zum Gutteil erhalten und zeigt einen rechwinkeligen Grundriss von 35 x 36 m mit zwei 9 m breiten eckigen Ecktürmen und großem Wohnbau.

Im Jahr 1252 gab der Straßburger Bischof die Erlaubnis zur Anlage einer neuen regelmäßigen Siedlung in Zellenberg mit rechteckiger Befestigung und krönender Burg (Abb. 93–94).¹⁰² Diese heute nur anhand historischer Katasterpläne und Abbildungen fassbare Zitadelle hatte einen verzogen-rechteckigen Grundriss von 37 x 45 m und vier runde Ecktürme, von denen einer als Hauptturm etwas größer gestaltet war.

In der Schweiz liegt in Graubünden das völlig isolierte und nicht datierte Kastell von Marschlins (Abb. 95–96).¹⁰³ Die erst im frühen 14. Jahrhundert urkundlich genannte Anlage dürfte im mittleren 13. Jahrhundert von den Bischöfen von Chur am Rande ihres Einflussgebietes errichtet worden sein. Die heute durch einen weitgehenden Ausbau der Zeit um 1600 überformte Burg hat auf einer rechteckigen Fläche von etwa 34 x 39 m einen 11 m breiten Hauptturm und 3 fast 9 m breite halbrunde Ecktürme bewahrt, im Norden könnte primär ein breiter Wohnbau gestanden haben.

Auch unter dem Kölner Erzbischof entstand mit Zülpich eine neue regelmäßige Stadt mit starker Befestigung und dominanter Burg (Abb. 97–98).¹⁰⁴ Die an der gefährdeten Grenze zur Grafschaft Jülich gelegene Anlage, die schon 1279 stärker befestigt werden musste, bestand zunächst aus einem 32 x 45 m großen Geviert mit drei gleichförmigen runden Ecktürmen sowie großem Wohnturm. Während die mantelartigen 2,5 m starken Mauern nur durch die krönenden Wehrgänge zu verteidigen waren, fehlen Hinweise auf primäre Repräsentationsbauten, es handelte sich offensichtlich um eine klassische Zitadelle. Nach heftigen Zerstörungen musste die Burg um 1350 weitgehend wieder aufgebaut werden, wobei man jedoch auf den alten Steinfundamenten aufsetzte.¹⁰⁵

Ab 1260 entstand im Auftrag des Lütticher Fürstbischofs Heinrich III. von Geldern das Kastell Montfort, dessen polygonaler Bering mit etwa 45 m Durchmesser von vier gleich-

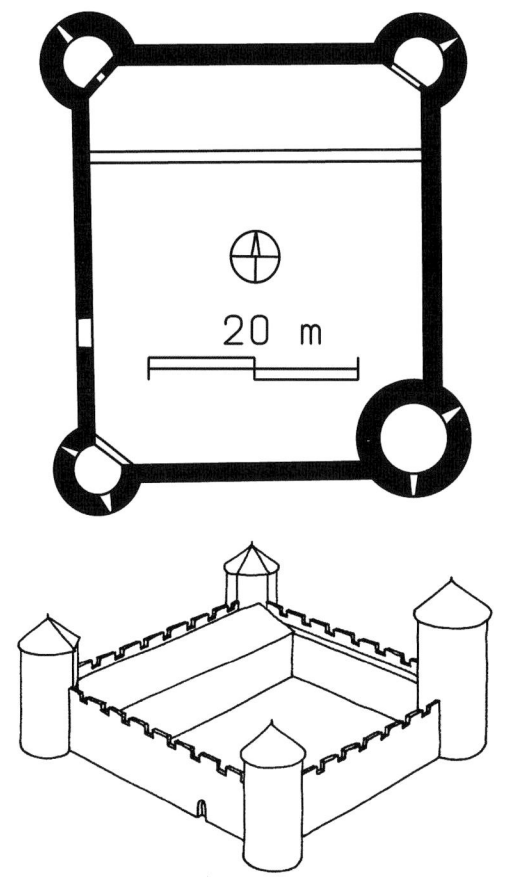

Abb. 95–96 | Marschlins, Schweiz, Kernkastell Mitte 13. Jh.?

KÖNIGREICH DEUTSCHLAND

förmigen runden Ecktürmen sowie einem dominanten Keilturm (ähnlich zu Lahnstein) mit 10 m Breite flankiert wird (Abb. 99–100). Turm und Wohnbau dürften im 14. Jahrhundert verändert worden sein, ansonsten besteht die heute ruinöse Burg noch unverändert aus der Gründungszeit.

Nach einem ähnlichen Prinzip wurde von einem Ritter des Grafen Otto II. von Geldern (dem Bruder des Lütticher Bischofs) ab 1265 die Waardenburg errichtet, die nach späteren Ausbauten bzw. Zerstörungen heute nur mehr zur Hälfte erhalten, jedoch archäologisch erforscht ist (Abb. 101).[106] Die wohl aufgrund des älteren Standorts rundliche Anlage mit 41 m Durchmesser erhielt einen rechteckigen Hauptturm und drei halbrund vorstehende Flankentürme.

Große Ähnlichkeiten zeigt die heute stark reduzierte ebenfalls rundliche Burg von Oostvoorne, die gleichfalls auf einem älteren Hügel sitzt (Abb. 102).[107] Offenbar wurde der zentrale

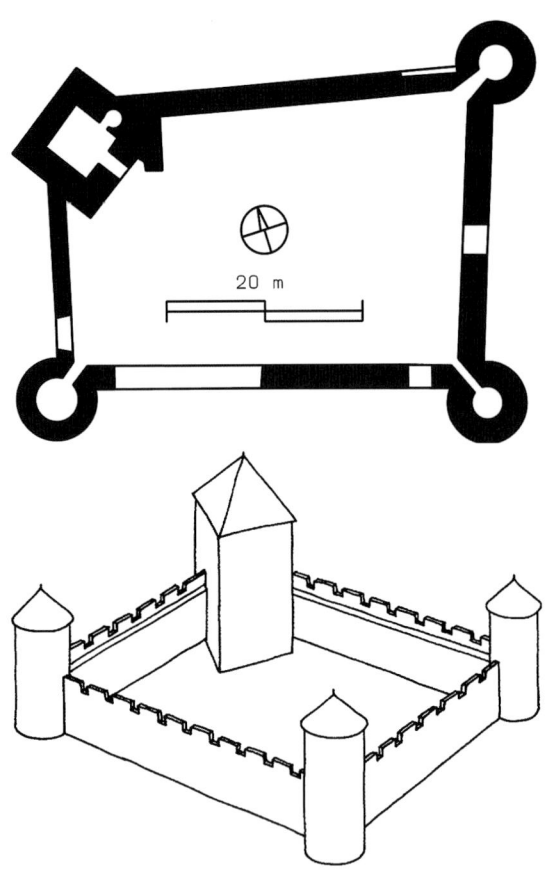

Abb. 97–98 | Zülpich, Deutschland, Kernkastell ab 1255

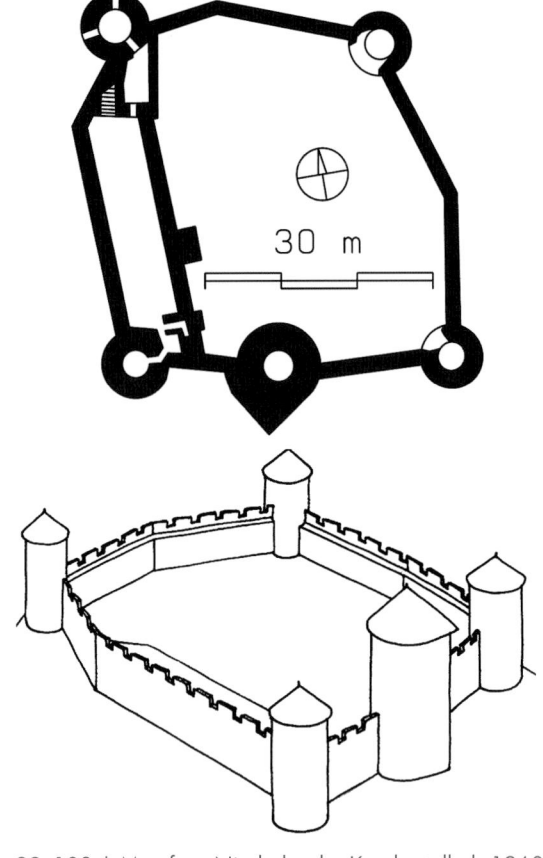

Abb. 99–100 | Montfort, Niederlande, Kernkastell ab 1260

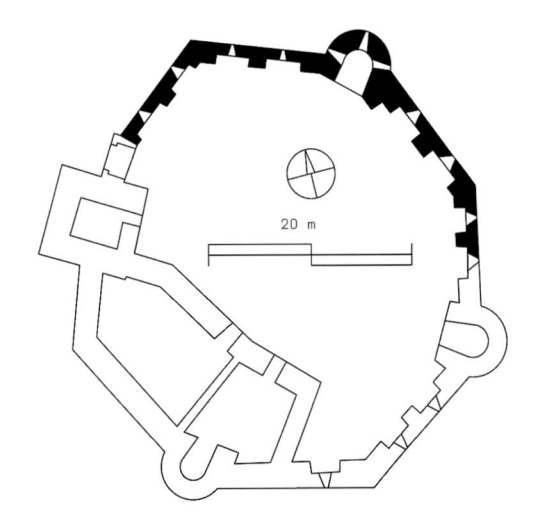

Abb. 101 | Waardenburg, Niederlande, Kernkastell ab 1265

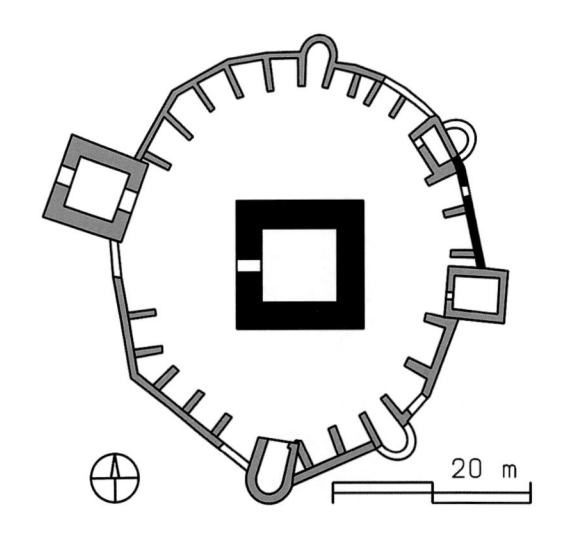

Abb. 102 | Oostvoorne, Niederlande, Kernkastell 2. H. 13. Jh.

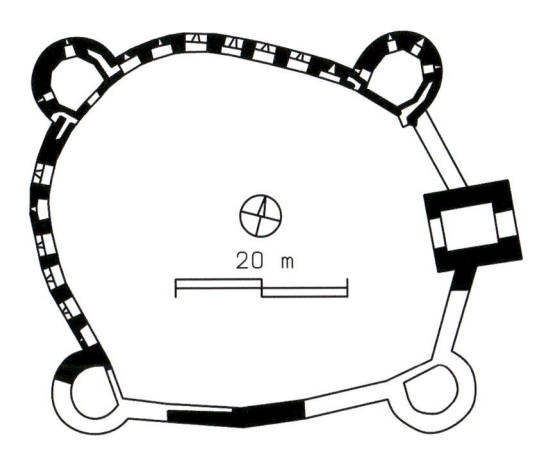

Abb. 103 | Horn, Niederlande, Kernkastell 2. H. 13. Jh.

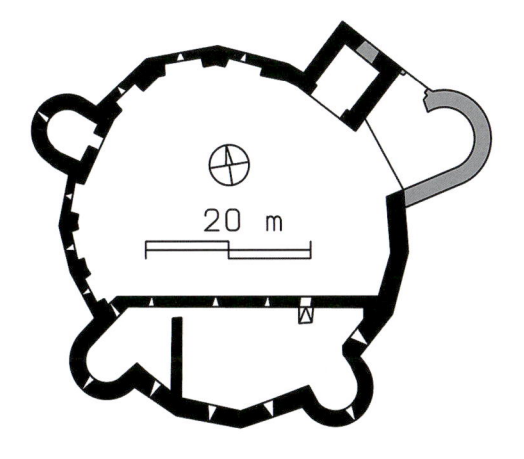

Abb. 104 | Hülchrath, Niederlande, Kernkastell um 1270

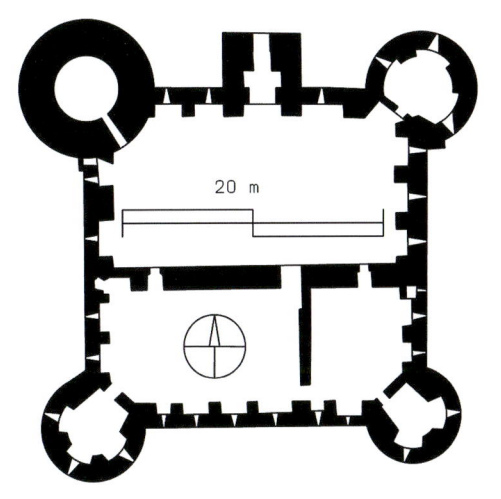

Turm des 12. Jahrhunderts später in mehreren Phasen mit einem steinernen Bering mit rechteckigem Torturm sowie kleineren, großteils halbrunden Flankentürmen umringt, in denen 1277 eine Kapelle genannt wird.

Auch die Burg Horn gehörte in diese Gruppe. Die steinerne Anlage ist weitgehend erhalten und zeigt auf älterem rundlichem Hügel einen rechteckigen Torturm und vier halbrunde Flankentürme (Abb. 103).[108] Die lokalen Ritter dienten den Grafen von Loon im Grenzland zu Lüttich. Nach der Über-

Abb. 105–106 | Ammersoyen, Niederlande, 2. H. 13. Jh.

KÖNIGREICH DEUTSCHLAND | 401

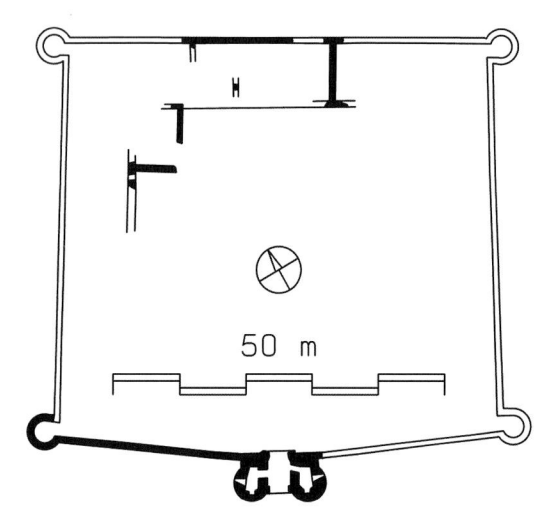

Abb. 106a | Welschbillig, Deutschland, Kastell 3. V. 13. Jh.

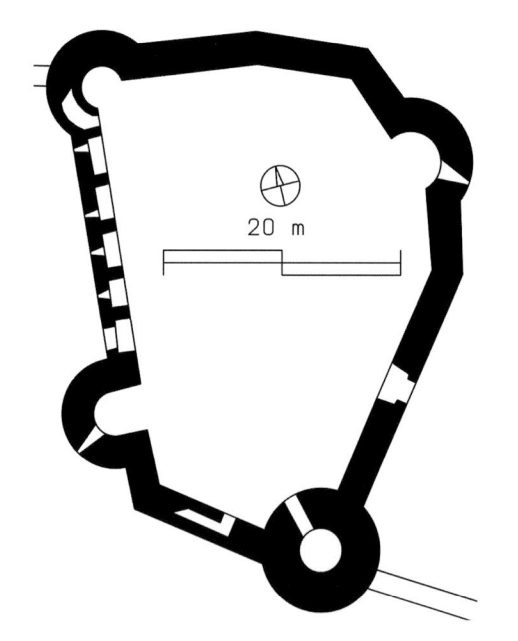

Abb. 107–108 | Mayen, Genovevaburg, Deutschland, um 1280

nahme durch das Bistum Lüttich 1361 wurden Bering und Türme in Ziegelmauerwerk massiv erhöht, zuvor waren sie in konsequent gleicher niedriger Höhe. Sehr ähnlich waren die heute stark veränderten Burgen von Vianen und Culemborg der Zeit um 1270 konzipiert.[109]

Nicht zuletzt ist Hülchrath in diese Gruppe zu ordnen, eine von den Grafen von Kleve an der Grenze errichtete steinerne Polygonalanlage mit 42 m Durchmesser, die ebenfalls durch einen eckigen Torturm, drei rundliche Flankentürme sowie einen vieleckigen Bering mit breiten Schießkammern charakterisiert wird (Abb. 104).[110]

Seit kurzem wird in der Grafschaft Gelderland die Wasserburg Ammersoyen ins späte 13. Jahrhundert datiert (Abb. 105–106).[111] Sie zeigt tatsächlich analoges Mauerwerk mit identen Baudetails. Die perfekt erhaltene Burg steht in mitten eines breiten künstlichen Teichs und belegt eine quadratische Fläche von 28 x 30 m mit bis zu 2,5 m Mauerstärken. Die Ecken werden durch einen 11,5 m breiten runden Hauptturm sowie drei bis 9 m breite Hufeisentürme flankiert. Über einen quadratischen Torturm gelangt man in den Hof, der gegenüber von einem großen Wohnbau mit Söllertürmchen dominiert wird. Offensichtlich gab es in der Region im späten 13. Jahrhundert eine baulich eng zusammen gehörende Kastellgruppe, deren politische Bezüge erst aufzuarbeiten sind.

Etwa zur gleichen Zeit ließ der Trierer Kurfürst Bischof Heinrich II. von Vinstingen (1260–1286) in Welschbillig ein 60 x 65 m großes Geviert anlegen, das sich heute nur rudimentär erhalten hat (Abb. 106a).[112] Einst gab es vier gleichförmige runde Ecktürme und ein großes Doppelturmtor, das in englischer Tradition als dominanter Torbau mit repräsentativem Wohngeschoß konzipiert war. Auch das lagige Bruchsteinmauerwerk, die geteilten schmalen Rechteckfenster und die Schalentürme erinnern an englische Gegenstücke, während lokale Traditionen nicht nachvollziehbar sind. In der Mitte könnte es einen dominanten freistehenden Wohnturm gegeben haben, der heute restlos verschwunden ist.[113] Ähnlich könnte die Trierer Nebenresidenz Pfalzel konzipiert gewesen sein, deren rechtwinkeliges Geviert auf die Spätantike zurückgeht. Unter Heinrich II. dürften zumindest im Norden zwei runde Ecktürme dazu gekommen sein, weiters gab es einen zentral frei stehenden Rechteckturm.[114]

Vom gleichen Kurfürsten wurde um 1280 an der Grenze zu Kurköln die Stadt Mayen neu befestigt und an der hoch gelegenen Südwestecke ein Kastell namens Genovevaburg errichtet (Abb. 107–108).[115] Die durch den älteren Standort und die felsige Topographie polygonale Anlage besaß ursprünglich nur den Bering mit drei gleich hohen Schalentürmen sowie einen Hauptturm mit 10,4 m Durchmesser und 3,7 m Mauerstärke. Unter

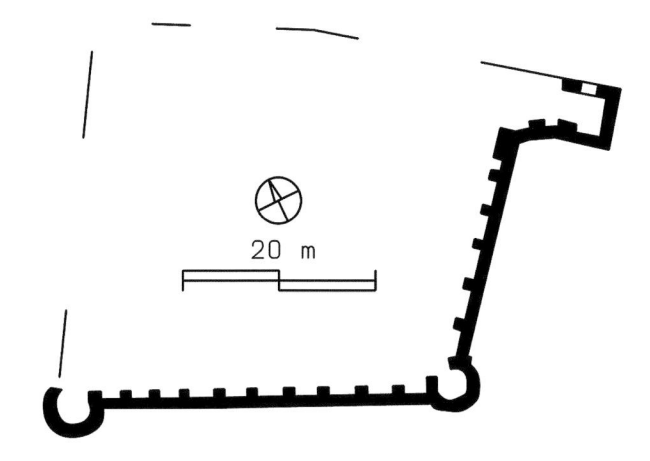

Abb. 109 | Kronenburg, Deutschland, Kernkastell 2. H. 13. Jh.

Bohemund v. Warnersberg wurden die Türme geschlossen bzw. erhöht und 1291 erfolgte das Stadtrecht. Offenbar war der geräumige rein militärische Kastelltypus umgehend zu einem klassischen Verwaltungssitz lokaler Tradition ausgebaut worden.

In diese Kastellgruppe könnte das nahe Geviert von Brühl gehört haben, von dem heute nur barocke Pläne erhalten sind, die einen starken rechteckigen Bau mit rundem Eckturm sowie quadratischem Mittelturm an der Ostseite dokumentieren.[116] Weitere zwei runde Ecktürme sind wahrscheinlich, ebenso sind ein weiterer Mittelturm und ein entsprechender Torturm zu rekonstruieren, während an der vierten Seite ein großer Saalbau vermutet wird. Diese heute in geringen Resten ins Barockschloss integrierte Anlage dürfte um 1288 vom Kölner Erzbischof neu errichtet worden sein, hier sind weitere Forschungsergebnisse abzuwarten.

Ab 1283 könnte in der heutigen Schweiz für den Fürstbischof von Basel an seiner südlichen Grenze zu den Grafen von Neuenburg am Bielersee ein kastellförmiges Geviert entstanden sein.[117] Hier zeigt die Burg Schlossberg massive homogene Mauern und drei runde Buckelquadertürme dieser Zeit, sie wurde jedoch im mittleren 14. Jahrhundert durch einen heute dominanten Wohnbau erweitert, sodass die ursprüngliche Situation unklar scheint. Als Konzept zeichnet sich jedoch ein runder Hauptturm ab, dem vielleicht einst drei Trabanten an den anderen Ecken eines regelmäßigen Gevierts zugeordnet waren.

Auch für die Kronenburg im deutschen Nordrhein-Westfalen gibt es keine Baudaten (Abb. 109). Die 1277 erstmals genannte Siedlung war zunächst ein Lehen der Erzbischöfe von Köln, ehe sie um 1281 in den Einflussbereich der Grafen von Luxemburg geriet. Die heute stark reduzierte Anlage erinnert mit ihren engen Pfeilerreihen an holländische Gegenstücke aber auch an die Kölner Burg Uda (siehe unten) des späten 13. bzw. frühen 14. Jahrhunderts. (Abb. 110–111)

Ebenfalls undatiert ist die Burgruine Arnstein am Rand des Harzes.[118] Der Stammsitz der Grafen von Arnstein dürfte nach dem Eintritt des letzten Arnsteiners in den Deutschen Orden 1296 an seinen Schwager Otto von Falkenstein gekommen sein, der hier nur Verwalter eingesetzt hat, ehe seine Familie 1334 ebenfalls ausstarb. Es war wohl der Arnsteiner Walter, der im späten 13. Jahrhundert auf dem weithin sichtbaren Burghügel ein bemerkenswert regelhaftes Kastell von 38 x 60 m mit vier schlanken Ecktürmen errichten ließ. Sehr ähnlich dürfte das heute stark reduzierte Magdeburger Kastell von Freckleben ausgesehen haben, von dem ein runder sowie ein rechteckiger Eckturm erhalten und ein weiterer runder rekonstruierbar auf ein ansehnliches Geviert von fast 100 m Länge deuten. Hier waren die Arnsteiner als Verwalter des Magdeburger Erzbistums tätig, weshalb wohl eine direkte bauliche Verbindung der beiden Kastelle bestand. Nicht zuletzt war auch die kleine Arnsteiner Stadtburg in Hettstedt als viereckige Zitadelle mit rundem Eckturm ausgebildet. Alle drei Kastelle zeigen hohe schlanke Türme, die kaum über die Ecken standen und die somit keine echte Flankierfunktion ausüben konnten.

Erzbischof Gerhard von Mainz ließ um 1300 im Odenwald auf fremdem Boden der Kurpfalz mit Fürstenau eine Grenzburg errichten, die sofort rechtlich beeinsprucht wurde und

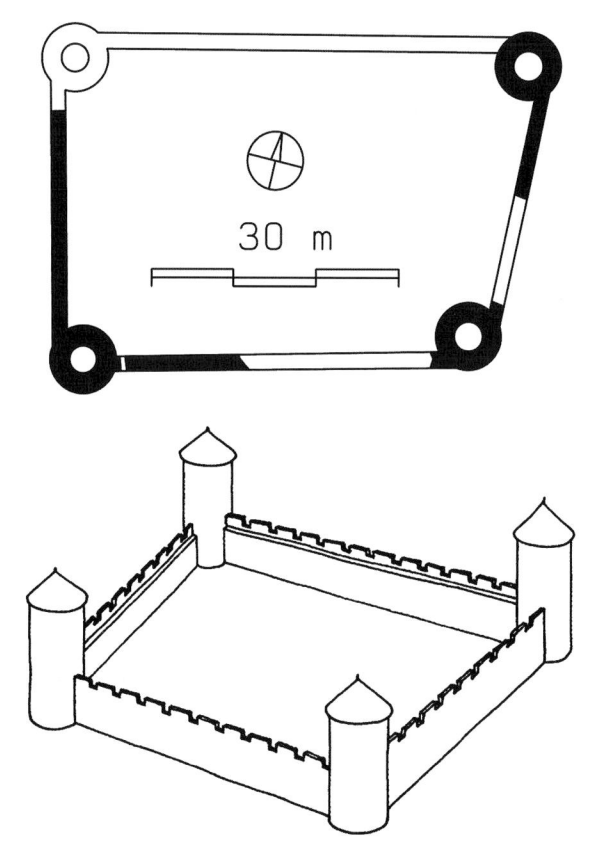

Abb. 110–111 | Arnstein, Deutschland, Kernkastell 4. V. 13. Jh.?

KÖNIGREICH DEUTSCHLAND

im mittleren 14. Jahrhundert an die lokalen Herren von Erbach verpfändet werden musste (Abb. 112–114).[119] Die 30 x 45 m große relativ gut erhaltene trapezförmige Anlage lag als Wasserburg in einer Flusssenke und war durch 12 m hohe Mauern und vier gleichförmige 25 m hohe Ecktürme geschützt. Als einziger Innenbau stand im Süden ein kleiner Palas. Die hohen geschlossenen Mauern und die dominanten Türme dieser Burg konnten weithin sichtbar die neue Grenze des Erzbistums markieren.

Auf fremdem Boden entstand um 1300 auch das fünfseitige Kastell der Trendelburg, das bald in Mainzer Hand war, jedoch im mittleren 15. Jahrhundert stark erneuert wurde, weshalb der Erstbau nicht sicher zu fassen ist.

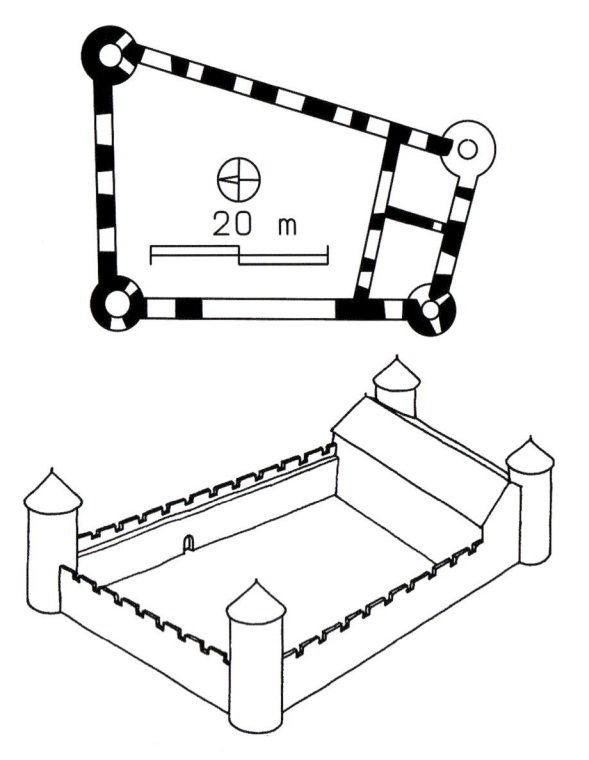

Abb. 112–114 | Fürstenau, Deutschland, Kernkastell um 1300

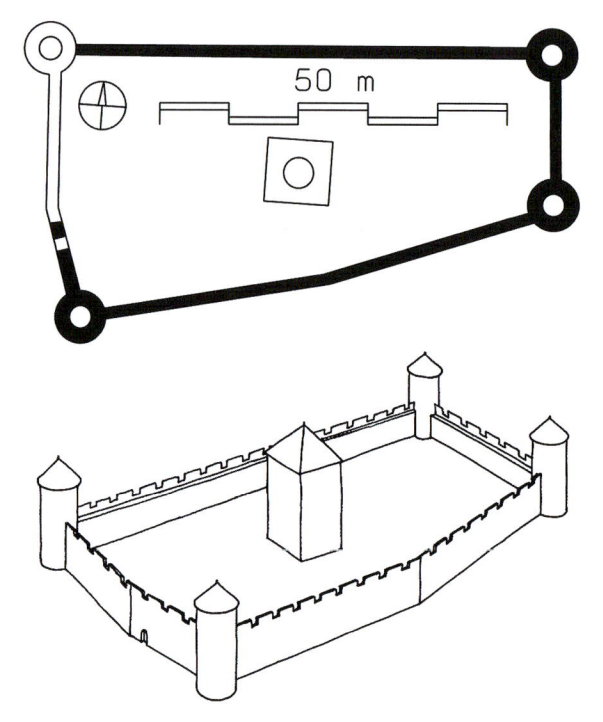

Abb. 115–116 | Starkenburg, Deutschland, Kernkastell 1. V. 14. Jh.

Auf einem ebenfalls gut sichtbaren Gipfel des westlichen Odenwaldes war unter dem Mainzer Erzbistum bereits im 13. Jahrhundert eine ältere Burg mit langen Mauern und zentralem Bergfried ausgebaut worden (Abb. 115–116).[120] Wohl unter Erzbischof Peter von Aspelt (1306–20) wurde nach dem Vorbild von Fürstenau daraus die 38 x 74 m große Starkenburg mit vier gleichförmigen runden Ecktürmen um den zentralen Hauptturm geformt. Wie dort waren die hohen Türme auf Fernwirkung zur Demonstration der erzbischöflichen Herrschaft ausgerichtet.[121]

Der Trierer Erzbischof erlaubte im Jahr 1319 dem Grafen von Katzenelnbogen, am Mittelrhein die Burg Reichenberg zu erbauen (Abb. 117).[122] Die nie planmäßig fertig gestellte Anlage sollte gemäß Urkunden vier Ecktürme bekommen, erhalten ist heute eine 55 m breite reduzierte Torfront mit Resten von zwei – gemäß historischen Darstellungen einst sehr hohen – 10 m breiten Rundtürmen. Mit vier derartigen Türmen hätte dieses bemerkenswert große und starke Kastell das regionale Rheinland wahrzeichenhaft bekrönt und ein starkes Manifest der Herrschaft gesetzt.

Im Herzogtum Geldern wurden wiederum Stadt und Burg Erkelen als Grenzfestung knapp vor dem Stadtrecht 1326 neu befestigt (Abb. 118).[123] Die heute stark reduzierte Burg aus reinem Ziegelmauerwerk zeigt eine komplexe Baugeschichte, jedoch dürfte als Gründungsanlage ein trapezförmiges Kastell mit runden Ecktürmen und dominantem Hauptturm feststehen. Eine Aufstockung mit frühen Geschützscharten sowie

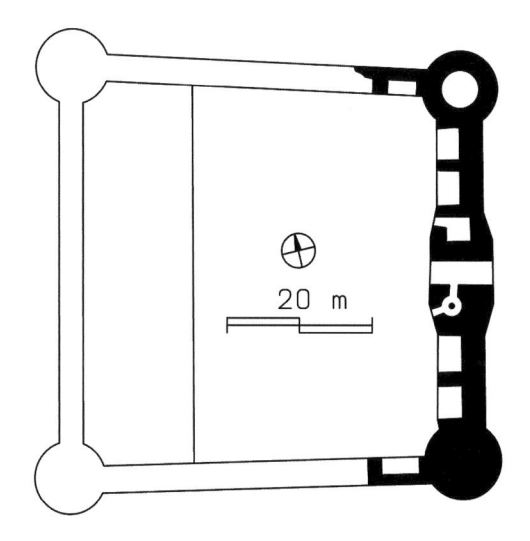

Abb. 117 | Reichenberg, Kernkastell, Deutschland, 1. D. 14. Jh.

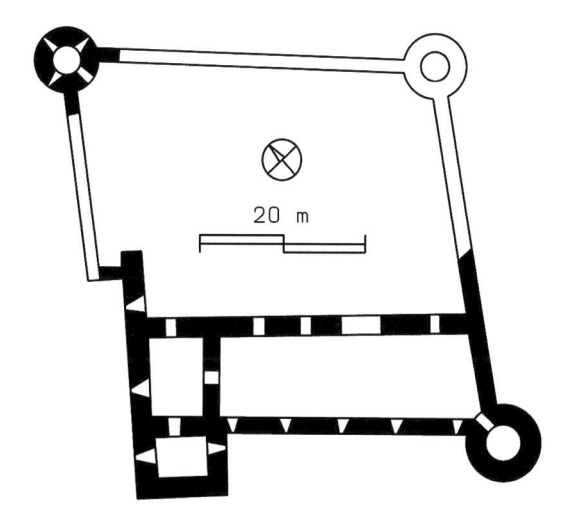

Abb. 119 | Veynau, Deutschland, Kernkastell um 1340

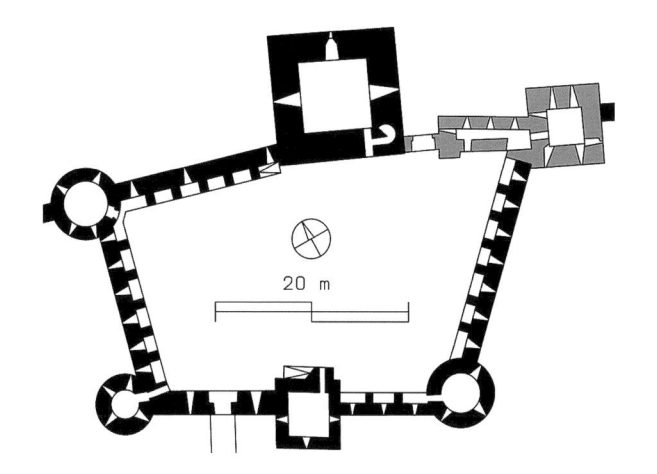

Abb. 118 | Erkelenz, Deutschland, 1. H. 14. Jh.

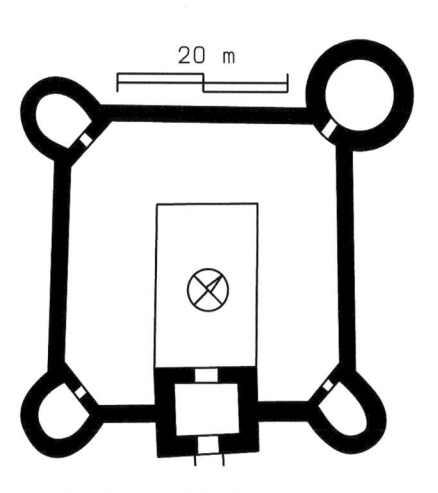

Abb. 120 | Moyland, Deutschland, Kernkastell M. 14. Jh.

ein Umbau mit Außentor werden dem 15. Jahrhundert zugeordnet, somit hatte der einfache Erstbau mit seinen zahlreichen Scharten wohl den Wehrcharakter im Fokus.

Im unteren Rheinland wurde auf einer kleinen Teichinsel mit Veynau von den Markgrafen von Jülich im Jahr 1340 ein Kastell begründet und den Truchsessen zu Lehen gegeben, die es bis 1355 zu einem Teil des Burgengürtels um Euskirchen ausbauten (Abb. 119). Die heute nur am Wohntrakt gut erhaltene Anlage von etwa 44 x 45 m mag zunächst als konsequentes, verzogenes Viereck mit runden Ecktürmen begonnen worden sein, heute ist die Westecke etwas eingerückt und von einem Rechteckturm besetzt.

Als Grenzsicherung der Grafschaft Kleve entstand 1345–55 das bis heute erhaltene Kastell Moyland, dessen primäre Binnenstruktur aber durch spätere Ausbauten zur dreiflügeligen Anlage nicht mehr zu erkennen ist (Abb. 120). Die leicht verzogene quadratische Fläche von 35 m Seitenlänge wird an den Ecken von einem 12 m breiten Rundturm sowie drei gleich-

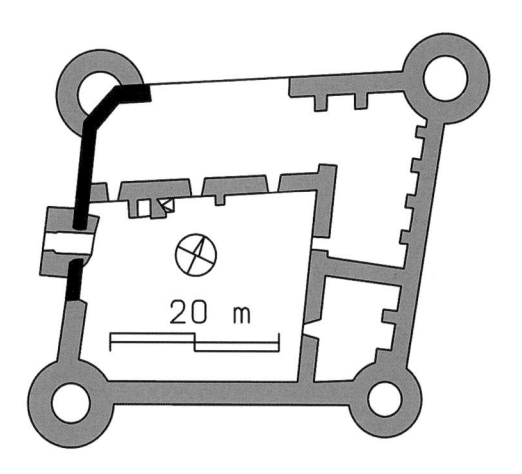

Abb. 121 | Brüggen, Deutschland, Kernkastell Mitte 14. Jh.

förmigen kleineren Hufeisentürmen flankiert, das Tor führt durch einen eckigen Turm. Vor allem die Hufeisentürme finden exakte Gegenstücke im benachbarten holländischen Burgenbau, während sie in Deutschland unüblich sind.

KÖNIGREICH DEUTSCHLAND | 405

Als bedeutendste Jülicher Grenzburg zu Köln wurde Brüggen ebenfalls im mittleren 14. Jahrhundert zu einem Kastell ausgebaut (Abb. 121).[124] Nach der weitgehenden Abtragung im 19. Jahrhundert und massiven Kriegszerstörungen im 2. Weltkrieg hat sich heute nur mehr ein Turm erhalten, weitere Reste konnten jedoch archäologisch freigelegt werden. Demnach handelte es sich um eine reine Ziegelburg auf einer leicht verzogenen Fläche mit 35 m Seitenlänge, mit 1,6 m starken Mauern und ursprünglich wohl vier gleichförmigen runden Ecktürmen. Offenbar wurden Reste einer älteren Steinburg integriert, der Torbau sowie eine polygonale Kapelle entstammen hingegen erst späten Ausbaustufen.[125]

Die 1347 erstmals urkundlich genannte Wasserburg Laurenzberg wurde damals einem lokalen Adeligen vom Kölner Domkapitel als Lehen übertragen (Abb. 122–123).[126] Die 46 x 59 m große regelmäßige Kastellanlage mit dominantem Hauptturm und drei gleichförmigen Trabanten aus reiner Ziegeltechnik und mit Kreuzrippengewölben in allen Türmen wurde zu Beginn des 20. Jahrhunderts für den Tagbau vollständig abgetragen. Davor ausgeführte Untersuchungen belegen einen konsequenten Neubau des mittleren 14. Jahrhunderts ohne erkennbare primäre Binnenstruktur.

Die an der Spree in Brandenburg gelegene Burg Fürstenwalde wurde 1353 als Zitadelle der gleichzeitigen Stadtbefestigung durch einen lokalen Adeligen der Markgrafschaft begonnen (Abb. 124).[127] Bereits 1373 wurde die Herrschaft jedoch in einem Sühnevertrag an den Bischof von Lebus abgetreten und ihm die Genehmigung zum Ausbau der Befestigungen erteilt. Unmittelbar danach dürfte um die alte Burg ein neues Kastell von 52 x 56 m errichtet worden sein, von dem sich drei runde Ecktürme belegen lassen. Offensichtlich wurde die neue Burg als geräumige neue Residenz der Bischöfe angelegt und auch sofort bezogen. Dabei trug man im Lauf der Bauarbeiten die älteren Mauern ab bzw. integrierte sie als Hofwände, sodass bei Fertigstellung ein geräumiges klassisches Kastell entstanden war.

Wenig anders wurde fast gleichzeitig im Erzbistum Köln bei der Grenzburg Lechenich gegen die Grafen von Jülich vorgegangen (Abb. 125).[128] Auch hier war im frühen 14. Jahrhundert eine kleine Burg entstanden, die unter Erzbischof Wil-

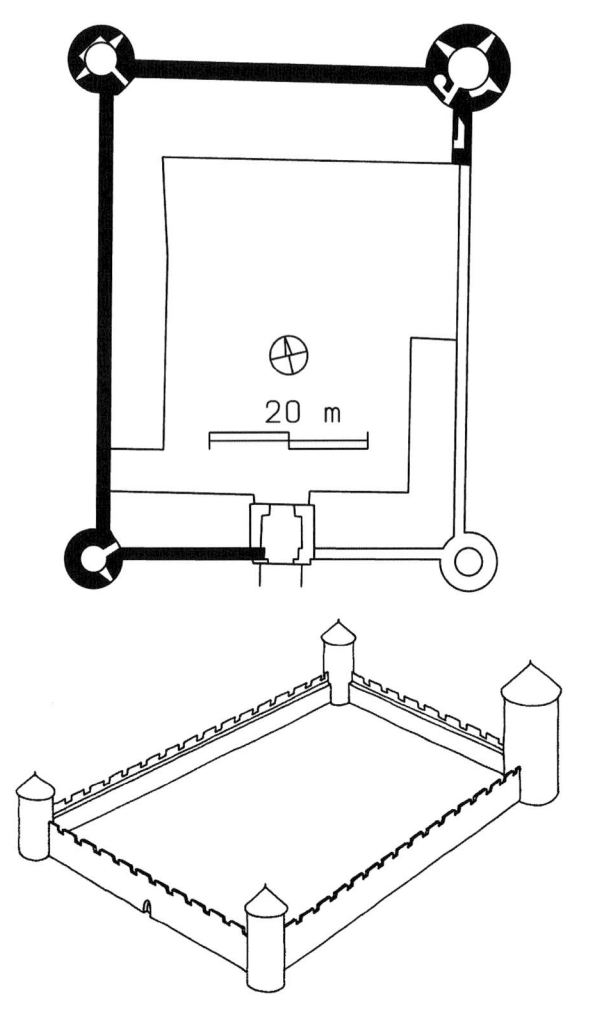

Abb. 122–123 | Laurenzberg, Deutschland, Kernkastell Mitte 14. Jh.

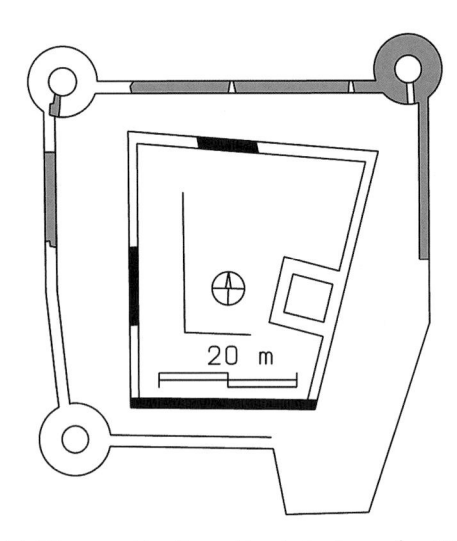

Abb. 124 | Fürstenwalde, Deutschland, Ausbaustufen Mitte 14. Jh.

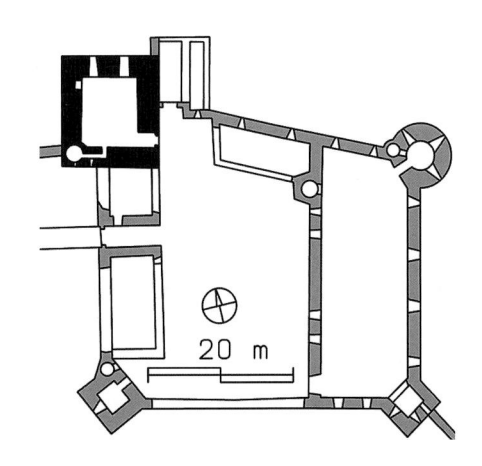

Abb. 125 | Lechenich, Deutschland, Ausbaustufen Mitte 14. Jh.

KÖNIGREICH DEUTSCHLAND

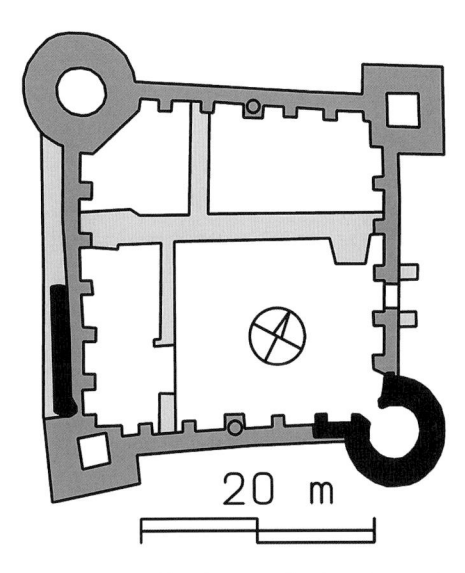

Abb. 126 | Uda, Deutschland, Baustufen bis Mitte 14. Jh.

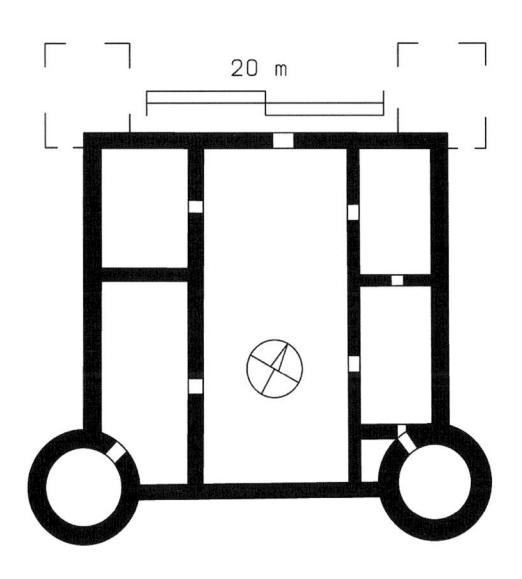

Abb. 127 | Bedburg, Deutschland, Kernkastell Mitte 14. Jh.?

helm von Gennep (1349–62) unter Verwendung von jüdischen Grabsteinspolien (Friedhof 1349 aufgelassen) zu einem Kastell ausgebaut wurde. Die 41 x 44 m große trapezförmige Anlage aus reiner Ziegeltechnik ist jedoch wesentlich besser erhalten und zeigt neben dem älteren Wohnturm zwei kleine eckige sowie einen runden Eckturm, einen schmalen Tortrakt und einen gegenüber liegenden breiten Repräsentationsbau mit Wendeltreppe.

In ähnlicher Form war die Burg Uda vom Kölner Erzbistum gegen die Herzogtümer Jülich und Geldern als Grenzposten um 1300 gegründet und 1348/49 unter Kurfürst Walram weitgehend erneuert worden (Abb. 126). Es entstand ein 28 x 31 m großes Kastell mit zwei innen abgeflachten diagonal gelegenen Rundtürmen sowie zwei Rechtecktürmen.

Nach der Zerstörung der Grenzburg Bedburg 1278 durch die Kölner Erzbischöfe vergaben diese das Lehen an Dienstmannen. Wahrscheinlich wurde parallel zu Lechenich und Uda auch hier im mittleren 14. Jahrhundert in reiner Ziegeltechnik ein neues Kastell errichtet, das im heutigen Renaissanceschloss nur grob abzulesen ist (Abb. 127).[129] Die rechteckige Fläche von 30 x 31 m wird von zwei Rundtürmen flankiert, gemäß historischen Darstellungen dürften im Norden zwei rechteckige Ecktürme gestanden haben. Im Inneren könnten zwei einander gegenüber liegende Bauten noch dem 14. Jahrhundert zugehören.

Als Grenzburg gegen Köln ließ wiederum Gottfried von Bergheim, der Bruder des Herzogs Wilhelm von Geldern und Jülich, die wenig ältere Stadtburg von Bad Münstereifel zu einem starken Kastell ausbauen, von dem heute nach Zerstörungen und teilweisem Abbruch nur mehr wenige Fundamente künden (Abb. 128–129).[130] Es handelte sich um ein originelles Konzept auf einer Fläche von 36 x 48 m, die nach Süden bogenförmig zu einem Doppelturmtor führte, während die ansonsten geradlinigen Mauern von runden Ecktürmen, halbrunden Mauertürmen sowie dominantem Hauptturm flankiert waren. Die offenbar recht konsequent durch-

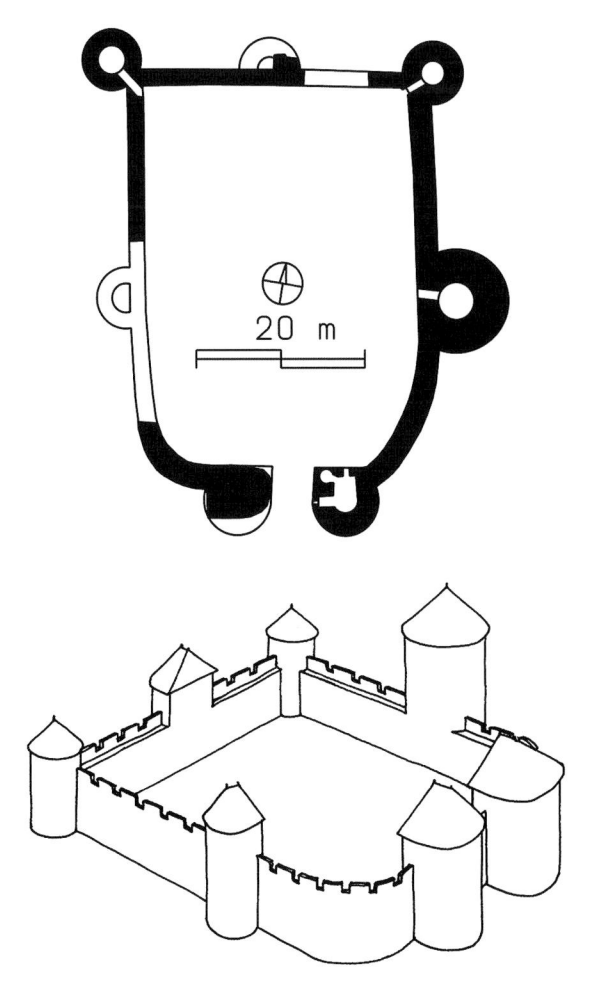

Abb. 128–129 | Bad Münstereifel, Deutschland, Kernkastell 3. V. 14. Jh.

KÖNIGREICH DEUTSCHLAND

geplante Anlage erinnert an gleichzeitige englische Gegenstücke, während sie in Deutschland einzigartig scheint.

An der Nordwestgrenze des Kölner Kurfürstentums war mit Kempen bereits im späten 13. Jahrhundert eine stark befestigte erzbischöfliche Grenzstadt entstanden (Abb. 130). 1396–1400 fand urkundlich belegt eine völlige Erneuerung der Burg statt.[131] Diese geländebedingt auf einer Seite rundlich abgeflachte Anlage lässt sich hervorragend rekonstruieren. Es entstand auf einer Fläche von etwa 30 x 47 m ein fast dreieckiges Kastell mit drei 9, 8 bzw. 6 m breiten runden Flankentürmen. Über zwei gegenüber liegende Brückenbefestigungen gelangte man in einen rundum bebauten Innenhof, der durch Arkaden und Wendeltreppen akzentuiert war. Zweifellos hatte das Kölner Erzbistum hier neben dem militärischen Grenzschutz einen deutlichen repräsentativen Schwerpunkt gesetzt. Als eine der spätesten Burgneubauten Deutschlands gilt Wernerseck an einem Zubringer des Rhein, die im Jahr 1401 vom Trierer Erzbischof Werner von Falkenstein direkt an der Grenze zum Erzbistum Köln auf fremdem Grund begonnen wurde (Abb. 131).[132] Aufgrund der provokanten Situierung entstand zunächst im Eiltempo eine Miniburg mit dominantem Wohnturm, die 1412 mit einem Amtmann besetzt wurde. Ab 1421 wurde eine Vergrößerung zum trapezförmigen Kastell mit einer Fläche von 29 x 40 m, drei runden Ecktürmen sowie Torturm vorgenommen. Es folgten nur mehr wenige derartige Gevierte, etwa für das Bistum Mainz das Kastell in Ostheim vor der Rhön (ab 1417) und für das Bistum Bamberg Schmachtenberg (um 1425). Bei letzterem hatte der kastellförmige Zwinger die Verteidigung übernommen, während das Kerngeviert keine Flankierung aufwies. Ähnliches ist bei zeitgleichen polnischen Bischofsfestungen zu beobachten.

SPÄTMITTELALTERLICHE KASTELLANLAGEN

(Abb. 132) Früh übernahmen bedeutende lokale Adelshäuser Elemente der Kastellbaukunst, wie den Rechteckgrundriss mit multiplizierten Ecktürmen und die Unterordnung der Innenbauten. Als Hauptbeispiel gilt Dresden, dessen ausschließlich archäologisch dokumentierte[133] mittelalterliche Zitadelle durch zahlreiche Überbauungen nur mehr grob und kontro-

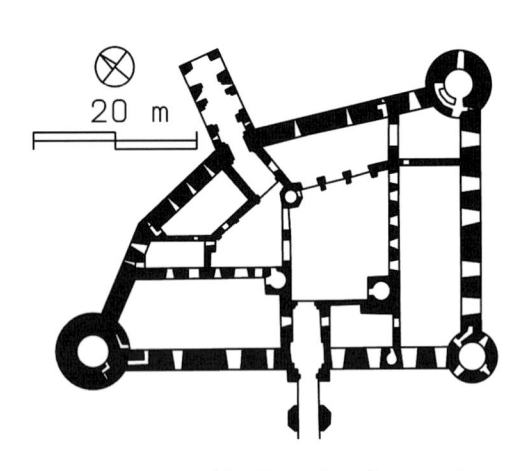

Abb. 130 | Kempen, Deutschland, Kernkastell um 1400

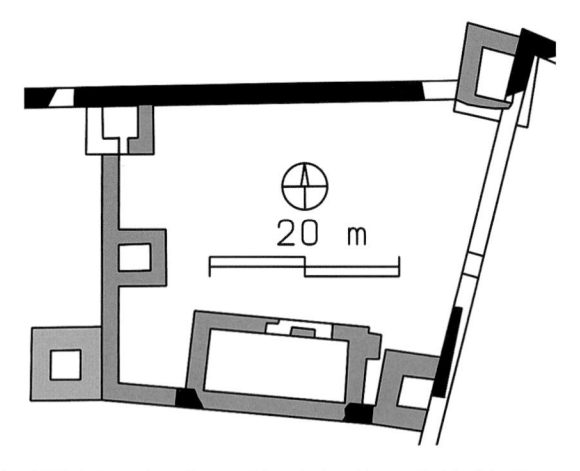

Abb. 132 | Dresden, Deutschland, Stadtburg 2. H. 13. Jh.

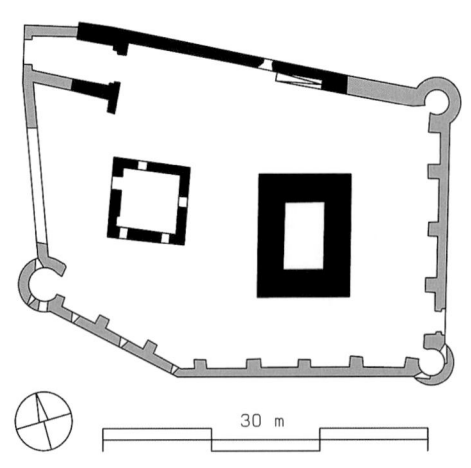

Abb. 131 | Wernerseck, Deutschland, 1. H. 15. Jh.

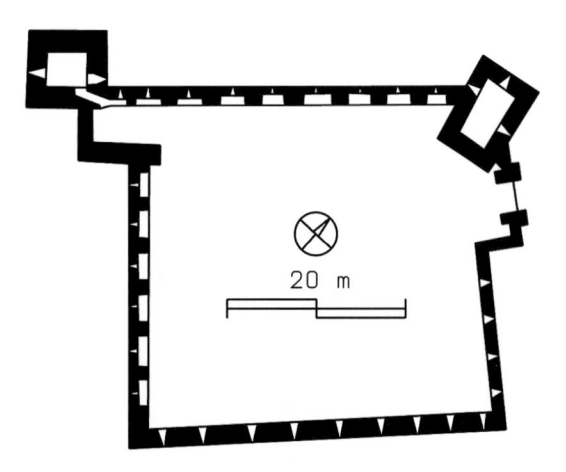

Abb. 133 | Daelenbroek, Niederlande, Kernkastell vor 1326

Abb. 134–135 | Hernen, Niederlande, Kernkastell M. 14. Jh.

versiell zu erfassen ist.¹³⁴ Gesichert scheint entlang der älteren Stadtmauer ein trapezförmiges Kerngeviert von etwa 32 x 37 m mit integriertem Palas, drei Ecktürmen und Torturm (?), denen erst später ein weiterer Eckturm folgte. Benachbart lag der herrschaftliche Sitz der Markgrafen von Meißen, dessen funktionale Verbindung zum Kastell offen ist.¹³⁵ Wahrscheinlich handelte es sich um ein gemeinsames großräumiges Areal an der Nordwestrundung der Stadtmauer, das nach Osten bereits früh entlang einer Hauptstraße durch eine geradlinige Mauer von der Stadt abgetrennt war. Demnach gehörten die dort gefundenen überbauten Hausgrundrisse wohl zum älteren Wirtschaftsbereich bzw. diente ein großes Steinhaus als Burggrafensitz. Dieser wurde nun an der neuralgischen Ecke neben einem Stadttor durch das Kastell ersetzt. Das wird mit dem Großausbau der benachbarten Residenz für Markgraf Heinrich III. von Meißen (1221/32–88) in Verbindung stehen, die ohne Verteidigungsanlagen rein auf die Repräsentation dieses wichtigen Reichsfürsten ausgerichtet war. Demzufolge mag das den Zugang flankierende Kastell in klassischer Funktion als sicherer Ort bei Gefahr sowie als ständiger Stützpunkt der Wachmannschaft gedient haben. Als Ehemann der österreichischen Herzogstochter Constanze kannte Heinrich wohl die dortigen Kastelle, seine zweite Ehe mit einer Böhmenprinzessin ermöglichte aber auch Beziehungen zu den dortigen Königskastellen. Als enger Parteigänger des Stauferkaisers Friedrich II. gab es zudem direkte Verbindungen zu Süditalien, nicht zuletzt erforderte seine Opposition zum folgenden König Wilhelm von Holland rasche Verteidigungsbereitschaft. In diesen Kontext ist wohl der Neubau des Kastells zu stellen.

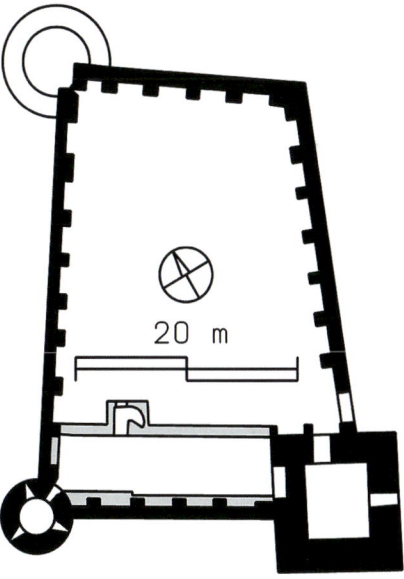

KÖNIGREICH DEUTSCHLAND | 409

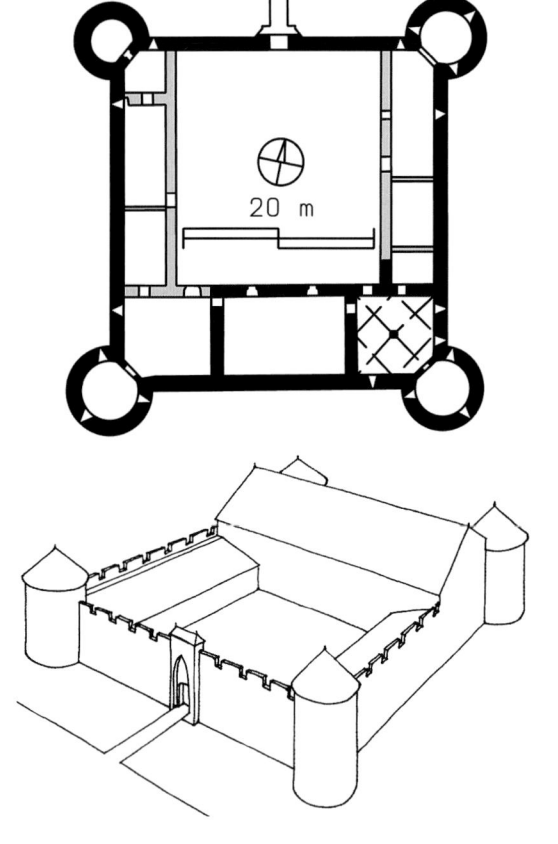

Abb. 136–137 | Helmond, Niederlande, Kernkastell M. 14. Jh.

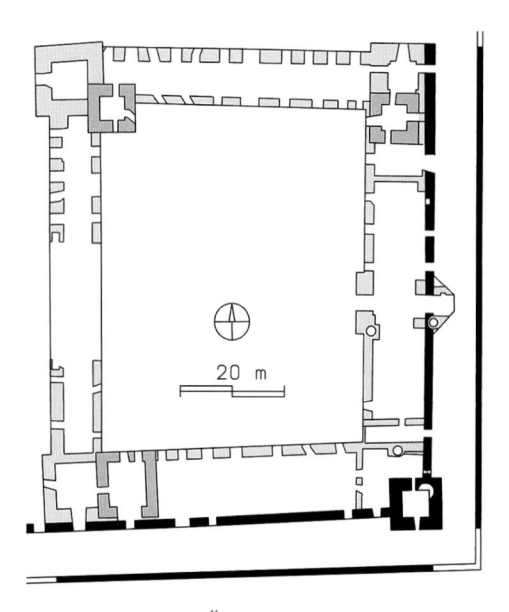

Abb. 138 | Wr. Neustadt, Österreich, Ausbau bis E. 14. Jh.

Ein kleinadeliges Gegenbeispiel bietet Daelenbroek, das unter Gottfried II. van Heinsberg um 1300 bei Limburg begonnen und 1326 vollendet wurde (Abb. 133).[136] Der etwa 40 x 42 m große Innenhof erhielt im Nordwesten zwei weit vortretende Rechtecktürme, während im Südosten ein großer Wohnbau vorbereitet wurde, der jedoch nie zur Ausführung kam.

Auch das etwas spätere Hernen, das von lokalen Adeligen an der Meuse errichtet wurde, zeigte sich zu Beginn als trapezförmiges großformatiges Rechteck mit vortretendem Hauptturm und zwei später angestellten runden Ecktürmen, während ein massiver Wohnbau erst im frühen 15. Jahrhundert folgte (Abb. 134–135).

Vollständig aus einem planerischen Guss scheint hingegen Helmond, das auch hervorragend untersucht ist (Abb. 136–137).[137] Der aus dem Brabant stammende Bauherr von Berlaer ließ offensichtlich nach französischer bzw. brabanter Tradition ein klassisches Kastell errichten, dessen kompromisslose Konzeption und Ausführung überregional einzigartig sind. Auf einer quadratischen Fläche von 36 m Breite entstand in mehreren Etappen ein schlossartiger Bau mit vier gleichförmigen runden Ecktürmen, axial auf das Tor ausgerichtetem Saalbau und zwei schmalen flankierenden Seitentrakten, die jedoch erst um 1400 fertig gestellt waren.

Ab der Mitte des 14. Jahrhunderts finden sich in ganz Deutschland zahlreiche schlossartig geprägte Hofanlagen, die trotz wehrhafter, möglichst rechteckiger Außengestaltung mit dominanten Ecktürmen innen bereits aus gestaffelten randständigen Trakten bestanden. Unter anderem erweiterten die Wettiner ihre Burgen Meißen, Dresden, Wittenberg, Zwickau und Grimma fast gleichzeitig zu entsprechenden geräumigen Residenzanlagen.[138]

Auch in Österreich finden sich unter den Habsburgern entsprechende Aus- und Neubauten. Allem voran ist Wien zu nennen, dessen Residenzburg im mittleren 14. Jahrhundert zu einem vierflügeligen Schloss mit erhöhten Ecktürmen sowie Tor- und Kapellenturm gewachsen war. Gemauerte auskragende Wehrgangumläufe charakterisierten nun die Türme und boten ein geschlossenes repräsentatives Bild. Sehr ähnlich wurde in Freistadt von den Habsburgern eine rechteckige Stadtburg neu errichtet und mit einem dominanten Eckturm mit analogem Wehrgangumlauf ausgestattet.

In Wiener Neustadt nutzte man die Gelegenheit nach einem Erdbeben, um ab etwa 1378 die alte Babenbergerburg völlig neu zu errichten (Abb. 138).[139] Die ältere Anlage wurde zu einer 74 x 90 m großen Fläche erweitert, stadtseitig mit drei neuen mächtigen Ecktürmen ausgestattet und innen mit vier umlaufenden Hoftrakten bestückt. In der im 15. Jahrhundert durch die spätgotische Hofkirche völlig ersetzten Mittelachse ist ein repräsentatives Tor, eventuell mit Torturm, zu rekonstruieren. Exakt gegenüber befand sich die zeitgleiche Schlosskapelle, die außen mit Polygonalchor vorsprang. Wr. Neustadt bot somit im späten 14. Jahrhundert den Anblick einer nach außen abweisend-wehrhaften Vierturmburg, während innen ein großzügiges Gebäudegeviert Platz für repräsentative Veranstaltungen bot.

In direkter Konkurrenz zu den österreichischen Habsburgern setzten auch die bayrischen Wittelsbacher auf architektonische Zeichen ihrer Macht. Bereits Ludwig IV. von Bayern, 1328–47 Römisch-Deutscher Kaiser, hatte inmitten von München seine Hauptresidenz eingerichtet.[140] Die kurz zuvor durch einen Brand zerstörte Hofhaltung bekam nun eine viereckige Form mit randständigen Trakten, jedoch fast ohne Wehrmöglichkeit. Nach Unruhen wurde daher um 1385 an einer Stadtmauerecke die „Neue Veste" begonnen, die analog zum habsburgischen Wr. Neustadt als geräumige Kastellanlage mit dominanten Ecktürmen ausgebildet und gegen Ende des Jahrhunderts weitgehend fertig gestellt war. Zur Stadt dominierte nun der großformatige Silberturm, in dem der Staatsschatz untergebracht war. Ein umlaufender Zwinger sowie ein breiter Graben ermöglichten die allseitige Verteidigung dieser starken Festung, während die Alte Hofhaltung weiter als Ort der öffentlichen Repräsentation diente.

Auch im bayrischen Ingolstadt war bereits im 14. Jahrhundert eine kaum befestigte herzogliche Nebenresidenz errichtet worden (Abb. 139–140).[141] Um 1429 fiel in der Südostecke der Stadt, direkt am Donauufer, mit dem Abbruch lokaler Bürgerhäuser der Startschuss für den Bau einer neuen kastellförmigen Zitadelle, die 1434 mit der Versetzung des lokalen Stadttors schon weit gediehen war. Leider fehlen für diese Zeit exakte Nachweise von Bauresten, sehr wahrscheinlich entstand jedoch nun die Anlage des etwa 86 x 103 m großen Gevierts, das durch einen breiten Graben von der Stadt getrennt war und offenbar als kaum bebaute sichere Basis für Militäroperationen diente. Wie ein Wappen von Herzog Ludwig VII. (1413–1447, ab 1443 in Haft) belegt, war dieser illustre Fürst von Bayern-Ingolstadt hier als Bauherr tätig. Als Schwager des französischen Königs Karl VI. war er wesentlich an dessen Regierung beteiligt, als Enkel von Bernabó Visconti engagierte er sich auch in der Italienpolitik. Wahrscheinlich startete unter ihm in der landseitigen Ecke des Kastells ein monumentaler 22 x 56 m messender Schlosseinbau, der durch vier Ecktürme und eigenem tiefen Graben selbst kastellförmig geprägt war. Dabei dominierten die äußeren Türme durch ihre Größe, während die inneren pfeilerförmig die Hoffassade rahmen.

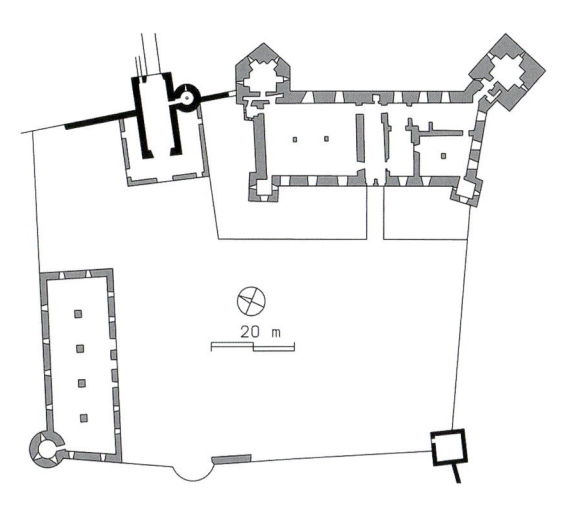

Abb. 139–140 | Ingolstadt, Deutschland, Stadtkastell ab 1430

KÖNIGREICH DEUTSCHLAND

Nach der schmachvollen Gefangennahme und dem Ende der Ingolstädter Herzogslinie starte erst mit dem Rückzug von Herzog Sigismund von der Regierung 1467 der repräsentative Innenausbau des Schlosses. Neben einem großen Zeughaus und kleineren randständigen Adaptierungen wurde spätestens jetzt das Kernschloss beendet. Trotz einer durchgehenden horizontalen Baufuge in Traufenhöhe deuten die zahlreichen homogenen Kreuzstockfenster auf eine einheitliche Errichtung bis um 1490. Es ist bemerkenswert, dass Sigismund seinen kleinformatigen Landsitz Blutenburg weiterhin als privaten Wohnort bevorzugte, während Ingolstadt als überaus geräumiger Ort der öffentlichen Repräsentation diente. Analoge Baudetails und Turmrahmungen wie in der gleichzeitig ausgebauten Herzogsresidenz in München aber auch am strukturell sehr ähnlichen Hauptbau der Festung Hohensalzburg (der fürstlichen Residenz des Salzburger Erzbistums) indizieren, dass Ingolstadt sich mit den benachbarten Fürstensitzen messen sollte. Tatsächlich belegen zahlreiche Berichte von glanzvollen Festen die überregionale Bedeutung als Zentrum einer modernen fürstlichen Hofhaltung.

Parallel zum ansteigend repräsentativen schlossartigen Residenzbau hatten sich aufgrund der effizienten Fernwaffen längst ausgeprägte Kanonenfestungen entwickelt, die ab dem 15. Jahrhundert standardmäßig mit starken runden Ecktürmen kastellförmig ausgeprägt waren (Abb. 141). Die älteren Konzepte von regelmäßigem Grundriss, Flankentürmen und Schießkammern wurden dabei oftmals nur maßstabsmäßig vergrößert modifiziert, das Bedürfnis nach Repräsentation durfte dabei jedoch nicht zu kurz kommen.[142] Ein gutes Beispiel bietet die Residenz der Utrechter Bischöfe in Duurstede.[143] Eine kleine Burg des 13. Jahrhunderts wurde ab 1459 vom umstrittenen Bischof David von Burgund, dem unehelichen Sohn Philipp des Guten, in ein äußerst repräsentatives aber auch massives Schloss verwandelt. Auf einer Fläche von etwa 30 x 40 m entstand um einen kleinen Hof ein eng verbautes Kastell mit 40 m hohem Hauptturm, drei unterschiedlich großen Trabanten und rechteckigem Torturm. Die nicht ganz planmäßig fertig gestellte Burg mag gleichförmiger vorgesehen gewesen sein, das Prinzip einer außen wehrhaften, innen jedoch geräumigen Residenzburg wurde aber verwirklicht. Das Gegenbeispiel bietet die hessische Landgrafenburg Friedewald, die 1470 auf quadratischem Grundriss begonnen und 1487 abgeschlossen wurde.[144] Hier gab es ebenfalls einen dominanten runden Hauptturm sowie drei gleichförmige Trabanten an den Ecken, jedoch scheint der Festungscharakter trotz repräsentativer Säle überwogen zu haben.

Als Idealbeispiel einer spätgotischen Kastellresidenz gilt die Moritzburg in Halle (Abb. 142).[145] Im Jahr 1478 musste der Magdeburger Erzbischof Ernst, Bruder des sächsischen Kurfürsten Friedrichs des Weisen, in der Stadt gefährliche Aufstände niederschlagen. Um eine sichere Basis innerhalb der Mauern zu schaffen, legte er nach umfangreichen Vorarbeiten 1484 den Grundstein zu einer neuen Zitadelle in einer Stadtecke, „um die Stadt besser in Gehorsam, Unterwürfigkeit und Ruhe zu halten". Zu Beginn stand tatsächlich die Wehrfähigkeit im Vordergrund, in mehreren Etappen und Planänderungen wurde die Anlage bis 1514 prächtig fertig gestellt. Trotz massiver Zerstörungen im Dreißigjährigen Krieg und einer jüngsten Überbauung als Kunstmuseum sind heute wesentliche Teile unverändert erhalten und zeugen von einer überregional einzigartigen erzbischöflichen Herrschaftsarchitektur. Konzeptionell handelt es sich um ein großformatiges Kastell, das stadtseitig durch zwei dominante Rundtürme flankiert ist, während zum westlich abfallenden Flussufer an den Kanten

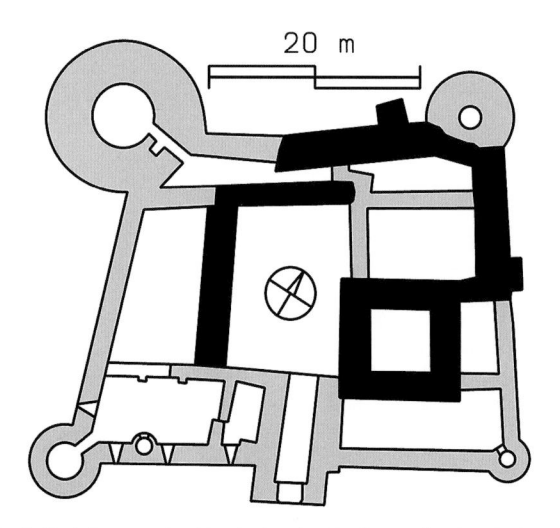

Abb. 141 | Duurstede, Niederlande, Ausbaustufen bis 2. Drittel 15. Jh.

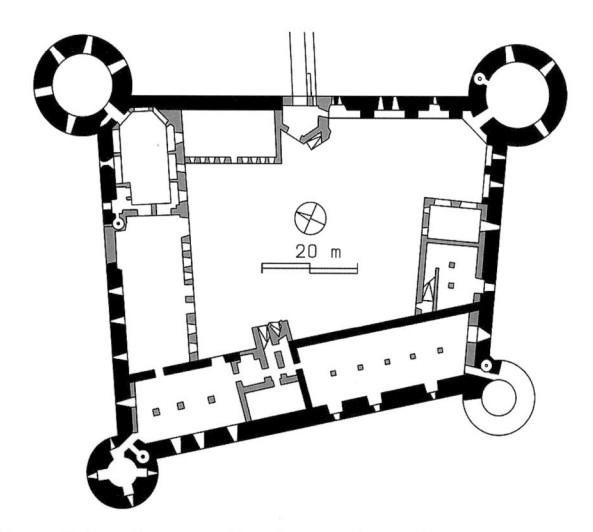

Abb. 142 | Halle, Deutschland, Moritzburg ab 1484

zwei deutlich kleinere Rundtürme situiert sind. Damit wird deutlich, dass die Ausrichtung des Bauwerks weniger feindseitig orientiert war, als zur eigenen Stadt, wo auch ein tiefer Graben den Zugang blockiert. Während die massiven Mauern mit den großen Türmen und den zahlreichen Geschützscharten im Sockelbereich eine hauptsächliche Festungsfunktion indizieren, deuten die hochwertige Binnengestaltung und die oberen Stockwerke der Türme ohne Wehrmöglichkeit auf eine ostentative Zurschaustellung der erzbischöflichen Herrschaft zur Stadt, während innen der repräsentative Charakter einer hochwertigen Residenz dominierte. Zahlreiche Baudetails und das Raumprogramm sind direkt in den zeitgleichen Schlossbau des Herzogtums Sachsen einzuordnen.[146] Dabei maß man sich nicht nur mit den herzoglichen Bauten des verwandten Fürsten, allem voran mit dem bis 1480 ausgebauten Schloss in Dresden, sondern auch mit den anderen bischöflichen Residenzen in Meißen, Wurzen und Merseburg, die zeitgleich mehrflügelig und mit Ecktürmen ausgebaut wurden. Aufgrund des reinen Neubaus verkörpert dabei jedoch ausschließlich die Moritzburg den Typus des konsequenten Viertürmekastells, als wehrhafte Residenzzitadelle. Noch im frühen 16. Jahrhundert folgten einige Fürstenschlösser diesem Typus, etwa das herzogliche Hohentübingen.

---

1 Vgl. Kapitel Süditalien, Seite 344.
2 Biller, Metz 2007, 383. Ähnliche Burgen mit runden Mauertürmen finden sich zeitnahe in der Region auch in Thann und Lützelburg, wo königliche Rechte unbekannter Art greifbar sind. Vgl. Biller, Metz 2007, 429.
3 Ender, Robel, Scherzer, Walter 2006.
4 Biller 2006, 33.
5 Ender, Robel, Scherzer, Walter 2006, 15.
6 Thon, Ulrich, Wendt 2013, 78.
7 Biller, Metz 2007, 208.
8 List 1977, 14. Nach freundlicher Mitteilung von Niklot Krohn ist das exakte Datum heute zu hinterfragen, nachdem die Dendroproben nicht erhalten sind. Der Zeitraum gilt jedoch als glaubwürdig.
9 List 1977, 15.
10 Keuvitz 1984, 341.
11 Wild 1995.
12 Hausen 1996, 125.
13 Reichmann 1994.
14 Friedrich 2001, 246. Die Datierung der Burg ins 13. Jahrhundert wird trotz archäologischer Hinweise nicht gänzlich akzeptiert, so wurde zuletzt eine Errichtung der polygonalen Ringmauer nach 1298 und ein Anbau der Flankentürme im 14. Jh. vermutet. Vgl. Jansen 2016, 324.
15 Biller, Metz 2007, 199.
16 Biller, Metz 2007, 202.
17 Biller, Metz 1995, 234.
18 Biller, Metz 2007, 302.
19 Sie hatten etwa 25 Jahre zuvor den Auftrag, den gefangenen englischen König Richard nach der Freilassung zurück zu begleiten. Vgl. Staab 2001, 31.
20 Biller, Metz 2007, 207.
21 Thon, Reither, Pohlit 2005, 118.
22 Biller, Metz 2007, 83. bzw. Biller 2002, 29.
23 Leistikow 2001, 148. Eine intensive Bauuntersuchung sowie eine Vermessung liegen nicht vor.
24 Jost 2001, 132.
25 Liessem 1998, 83.
26 Steinmetz 2003, 56.
27 Höglinger 2010.
28 Zur Geschichte Ostösterreichs unter den Babenbergern gibt es zahlreiche Literatur. Zuletzt zusammenfassend und mit der Kastellgeschichte der Wiener Burg spezifiziert bei Schwarz 2015, 28.
29 Schicht, Kaltenegger 2016, 49.
30 Razím 2011, 67.
31 Kühtreiber 2011, 80.
32 Der Autor beschäftigt sich seit vielen Jahren mit dieser Kastellgruppe und hat zu einzelnen Themen und Bauten zahlreiche Publikationen veröffentlicht. Zu den ostösterreichischen Kastellen allgemein vgl. Schicht 2003 sowie zu den bautechnischen Zusammenhängen vgl. Schicht 2011.
33 Schicht 2003, 231.
34 Schicht 2011, 141. Im Rahmen eines Hofburg-Forschungsprojekts wurden auch neue Vermessungen publiziert, die nunmehr besser als zuvor die durchgehende Stadtmauer belegen, an die sich die Burg sekundär ansetzte, vgl. Schwarz 2015, 48. Eine exakte Vermessung nach heutigem Standard steht weiterhin aus.
35 Mitchell, Buchinger 2015, 51.
36 Von der Kapelle haben sich nur im Sockelbereich geringe Reste erhalten. Vgl. Buchinger, Mitchell 2015, 188.
37 Schicht 2011, 28.
38 Da im Süden die (spätere?) Stadtbefestigung weiter ausbaucht, wäre theoretisch auch eine andere Rekonstruktion möglich, wonach der Hauptturm ähnlich Hainburg in der Mitte einer größeren Eckburg gestanden hätte. Dann wäre allerdings der zweite Turm etwas unmotiviert gelegen, weshalb diese Variante unwahrscheinlich ist.
39 Schicht 2011, 71.
40 Reidinger 1995, 23.
41 Schicht 2011, 100.
42 Schicht 2011, 81.
43 Aufgrund des breiten Hochplateaus ginge sich auch eine nach Norden größere Burg aus.
44 In Friedberg haben 2017 archäologische Sondierungen begonnen, deren Auswertung noch nicht erfolgt ist.
45 Schicht 2011, 45.
46 Niederösterreichisches Städtebuch, Teil 1 1988, 187.
47 Galler 2010, 194.
48 Schicht 2010, 104.
49 Entgegen den bisherigen Annahmen eines viertürmigen gleichförmigen Kastells (Vgl. Schicht 2003, 187; Schicht 2010, 25; Schicht 2011, 74) wurde durch jüngste archäologische Grabungen ein verzahntes rundes Turmfundament gefunden, während an der vierten Ecke offenbar gar kein Turm stand, wenngleich dort nicht erschöpfend gegraben wurde. Die bisherigen Rekonstruktionen sind daher zu revidieren.
50 Schicht 2011, 57.
51 Schicht 2011, 61.
52 Schicht 2011, 33.
53 Schicht 2011, 46.
54 Schicht 2003, 161.
55 Die anderen zwei Burgecken wurden bislang nicht ergraben, hier sind also potentiell weitere Türme möglich. Im Rahmen der laufenden Arbeiten zur Revitalisierung des Schlosses sind hier noch einige archäologische Erkenntnisse zu erwarten.
56 In der Folge entstand ein rechteckiges Mauerviert ohne weitere Türme.
57 Schicht 2011, 64.
58 Schicht 2011, 144.
59 Schicht 2003, 225.
60 Weitere sind durchaus denkbar, etwa in den massiven rechteckigen Schlössern von Bockflies, Dürnkrut und Jedenspeigen. Auch an der Nordgrenze

deuten im heute barock geprägten Schloss Seefeld historische Vierturmdarstellungen sowie qualitätvolle Großquader im Keller auf eine bislang jedoch nicht untersuchte Verwandtschaft.

61 Schicht 2008, 121.
62 Schicht 2003, 31.
63 Schicht 2003, 133.
64 Schicht 2003, 168.
65 Schicht 2011, 32.
66 Schicht 2003, 34.
67 Schmitsberger 2011, 242. Die dort versuchte Deutung als Turm ist aufgrund der geringen Mauerstärke unwahrscheinlich.
68 Jeitler, Woldron 2004, 59.
69 Zu späten Kastellbauten in Österreich siehe unten.
70 Die Grafschaft bildete ein selbstbewusstes Territorium im nominell eigenständigen Königreich Burgund, das jedoch vom 11. bis ins 14. Jahrhundert eng an das deutsche Reich und dessen Könige gekoppelt war.
71 Meyer, Widmer 1977, 155.
72 Dean 2009, 27.
73 Dean 2009, 51.
74 Dean 2009, 15.
75 Dean 2009, 23.
76 Meyer, Widmer 1977, 180 bzw. Grandjean 1981, 285.
77 Dean 2009, 24.
78 Meyer, Widmer 1977, 115.
79 Dean 2009, 63.
80 Bissegger, Rapin 1986, 10.
81 Meyer, Widmer 1977, 170.
82 Mesqui 1991, 291.
83 Reynal, Alazet, Castillo 2010, 20.
84 Um 1350 kam der Besitz durch Heirat an Galeazzo II. Visconti und verblieb lange bei den Herzögen von Mailand. Um 1400 wurde die Anlage weitgehend erneuert und prächtig ausgestattet.
85 Tabarelli 1983, 108.
86 Ramelli 1974, 66.
87 Donato 2006, 35.
88 Zum Burgenbau dieser Region zuletzt Frankewitz 2016, 15.
89 Röell 2004, 35.
90 Gruben, Kamphuis, Viersen 2004, 151.
91 Janssen 2004, 22.
92 Gruben, Kamphuis, Viersen 2004, 150.
93 Vgl. Seite 495.
94 Gruben, Kamphuis, Viersen 2004, 149.
95 Kamphuis 2010, 131.
96 Gruben, Kamphuis, Viersen 2004, 150.
97 Kransberg, Mils 1979, 119 bzw. Kamphuis 2010, 131.
98 Hermans 2004, 190.
99 Kransberg, Mils 1979, 174.
100 Biller, Wendet 2013, 160.
101 Die Burgen und Schlösser der Schweiz, Basel 1931, Bd. V. Thurgau 1. Teil, 64–66.
102 Biller, Metz 1995, 279.
103 Bitterli 1995, Nr. 289.
104 Holtermann, Herzog 2000, 98.
105 Jansen 2016, 322.
106 Janssen 2004, 20.
107 Kronsberg, Mils 1979, 157.
108 Kronsberg, Mils 1979, 227
109 Janssen 2004, 20.
110 Jansen 2016, 319.
111 Orsel 2012, 165.
112 Jansen 2016, 313, früher schon um 1242 datiert, vgl. Gondorf 1983, 176.
113 Meckseper 1975, 142.
114 Liessem 1982, 2.
115 Liessem 1995, 29.
116 Stevens 2016, 357.
117 Moser, Ehrensperger 1983, 142.
118 Schmitt 2001, 33.
119 Biller 2005, 177.
120 Biller 2005, 79.
121 Gegen die Mainzer Kastelle des Odenwaldes bauten wohl die Grafen von Katzenelnbogen im frühen 14. Jahrhundert mit Auerbach ebenfalls ein Kastell, das auf dreieckigem Grundriss drei runde Ecktürme besessen haben dürfte. Mangels Bauuntersuchungen muss diese sicherlich für das Thema sehr spannende Anlage unberücksichtigt bleiben. Vgl. Biller 2005, 67.
122 Biller, Wendt 2013, 184.
123 Hotz 1966, 191.
124 Jülicher 1979.
125 Jansen 2016, 328.
126 Zimmermann, Klocke 1963, 393.
127 Wittkopp 2005, 126.
128 Heinen 2013, 70.
129 Firmenich 1987.
130 Herzog 1989, 395.
131 Wroblewski, Wemmers 2001, 88.
132 Schmidt 2012, 178.
133 Spehr 2006.
134 Spehr 2013, 94. Der Publikation entgegen muss hinterfragt werden, ob die Kastellanlage tatsächlich gleich nach der Zerstörung des Stadtviertels um 1220/30 datiert, oder nicht erst mit der Überbauung eines in der 2. Hälfte des 13. Jahrhunderts abgebrochenen Steinhauses im Süden beginnen konnte, erst damit war nämlich eine geradlinige Südfront möglich. Zudem könnte der Nordostturm eine ältere Mauerecke sekundär überbauen, deren nach Süden laufende Flucht nicht geschlossen nachgewiesen ist und die wohl erst ins 13. Jahrhundert gehört. Weiters ist zu überlegen, ob tatsächlich in unmittelbarer Nachbarschaft zwei getrennte Adelssitze zu rekonstruieren sind. Hier ist jedoch weder Platz noch Rahmen, um die bisherigen Interpretationen ausführlich zu diskutieren.
135 Oelsner 2013, 177.
136 Gruben, Kamphuis, Viersen 2004, 152.
137 Glaudemans, Gruben 2004, 195.
138 Oelsner 2011, 15.
139 Schicht 2003, 182.
140 Weithmann 1999, 59.
141 Häffner, Großmann 2003, 12.
142 Als Paradigma mag die um 1500 errichtete streng regelmäßige Kastellanlage von Bücherbach im Saarland dienen, die als reine Kanonenburg konzipiert wurde.
143 Wevers 2004, 59.
144 Hotz 1966, 228.
145 Donath 2003, 208.
146 Donath 2003, 235.

Konopiste, Tschechien

KÖNIGREICH BÖHMEN

Innerhalb des Römischen Reichs hatte sich bereits im 12. Jahrhundert im Bereich des heutigen Tschechien ein untergeordnetes Königreich etabliert, dessen Přemyslidenherrscher eng mit anderen europäischen Fürstenhäusern verbunden waren. Im mittleren 13. Jahrhundert bereitete König Wenzel I. (1230–53) durch familiäre Verknüpfungen eine deutliche Vergrößerung seiner Macht vor, die er durch die Hochzeit seines ältesten Sohns Vladislav mit Gertrud, der Erbin der Babenberger, weit nach Süden ausdehnen wollte.[1] Nach dem frühen Tod dieses Sohns brach unter Führung des jüngeren Sohns Ottokar ein Aufstand aus, der trotz blutiger Niederschlagung mangels Alternativen mit dessen Rehabilitierung endete. Er heiratete in der Folge durch Vermittlung des österreichischen Adels Margarete von Babenberg, die Schwester des letzten österreichischen Herzogs, und übernahm so 1252 neben seiner Markgrafenwürde von Mähren die Herzogswürde von Österreich und Steiermark. Das missfiel den ebenfalls interessierten benachbarten Fürsten in Polen, Bayern und Ungarn, die in drei Heersäulen ins Land einfielen, jedoch nach einem Friedensschluss nur Teile der Steiermark erhielten. Nach dem Tod von Kaiser Friedrich II. 1250 und der Übernahme der böhmischen Königsherrschaft 1253 strebte Ottokar in Allianz mit dem Kölner Erzbischof offen die Kaiserwürde des Reichs an, wofür er einen Kreuzzug gegen die Preußen unterstützte. Die deutsche Kaisernachfolge war jedoch von unterschiedlichen Kandidaten geprägt, die ohne entscheidende Hausmacht alle keine nachhaltigen Erfolge erzielen konnten. Nach Adelsaufständen gegen die ungarische Besatzung in der Steiermark annektierte Ottokar inzwischen auch diese Gebiete und konnte den neuen Besitz durch eine siegreiche Schlacht konsolidieren. Es folgten zwar wenig erfolgreiche Züge nach Bayern, dafür 1269 durch Verträge die Übernahmen von Kärnten und Krain, wodurch Ottokar schließlich ein weiträumiges Gebiet vom Riesengebirge bis zur Adria beherrschte. Während er sich weiterhin mit ungarischen Überfällen sowie folgenden Vergeltungsschlägen beschäftigen musste, wählte man 1273 in Frankfurt den letztlich erfolgreichen Schwaben Rudolf von Habsburg zum neuen deutschen

Abb. 1 | Kadaň, Ansicht vom Fluss aus

König. Sofort wurden gegen Ottokar rechtliche Verfahren zur Rückgabe von Reichslehen eingeleitet, die 1275 zur Reichsacht und zu landesweiten Aufständen führten. 1276 konnte Rudolf ohne Kampf in Österreich einmarschieren jedoch erst 1278 durch die siegreiche Schlacht auf dem Marchfeld und den Tod Ottokars die Entscheidung herbeiführen.

Die relativ lange Regierungszeit Ottokars war gemäß seinem ambitionierten politischen Programm von zahlreichen repräsentativen Bauprojekten geprägt, die vor allem in den böhmischen Kernlanden gut aufgearbeitet sind (Abb. 1).[2] Wie für einen bedeutenden Fürsten dieser Zeit üblich, gab es Kirchen- und Klosterstiftungen, Stadtgründungen und nicht zuletzt prächtige Ausbauten bisheriger Burgen zu geräumigen Residenzen.

Der klassische Kastellbau setzte im böhmischen Königreich offensichtlich schlagartig nach der Übernahme Österreichs 1252 ein. Wahrscheinlich wurden dort zunächst einige laufende Baustellen von der Wiener Hofburg bis Hartberg weitergeführt, während andere landesfürstlichen Kastellprojekte wie Wr. Neustadt, Bruck/Leitha und Himberg rasch abgeschlossen bzw. aufgegeben wurden. Aspang und Neulengbach könnten mangels des sonst typischen Buckelquadermauerwerks in dieser Zeit ausgeführt worden sein. Jedoch wurden zunächst in den gänzlich neuen ottokarischen Stadtgründungen der Steiermark in Leoben, Radkersburg und Bruck/Mur keine analogen Kastellanlagen errichtet.

Im přemyslidischen Kernland datiert in die frühe Amtszeit hingegen gleich eine ganze Gruppe neuer Kastelle in enger Nachfolge zu den österreichischen Anlagen. Zunächst ist das südböhmische Písek anzuführen, das hoch über einem kleinen Fluss zentral in der Westfront der gleichzeitigen Stadtmauer der kleinen Gründungsstadt liegt (Abb. 2–3).[3] Obwohl heute nur mehr ein Trakt erhalten ist, konnten weitere Bereiche archäologisch erforscht werden. Demnach war die Kernanlage ein 37 x 43 m großes Geviert mit landseitig zwei 7 bzw. 8,5 m breiten rechteckigen Ecktürmen. Die Stadtseite wurde bald durch eine Kapelle sowie etappenweise Verlängerungen überbaut, sodass hier weitere Ecktürme nur vermutet werden können. Offensichtlich gab es primär vier randständige Hoftrak-

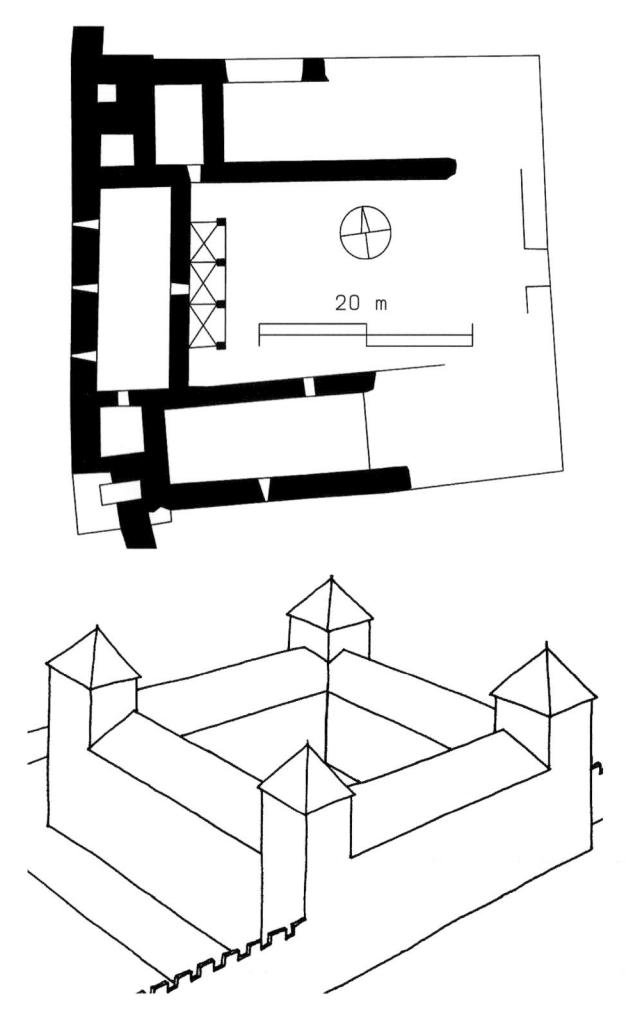

Abb. 2–3 | Písek, Tschechien, Kernkastell Mitte 13. Jh.

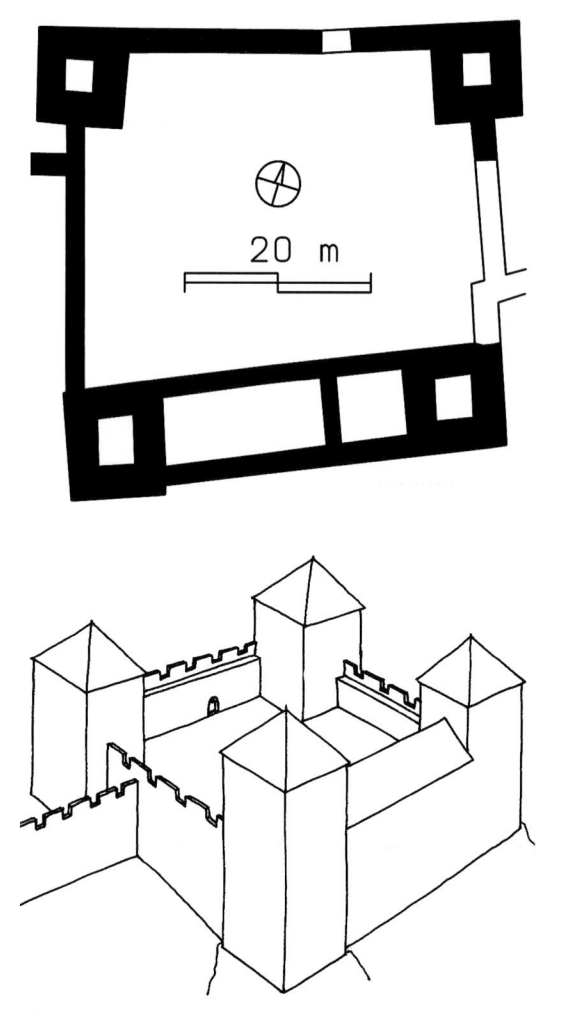

Abb. 4–5 | Kadaň (Kaaden), Tschechien, Kernanlage Mitte 13. Jh.

KÖNIGREICH BÖHMEN

te, die wohl konsequent einen zweigeschossigen Arkadenumlauf rahmten. Davon haben sich jedoch nur zwei Joche sowie Abdrücke und Fundamente der seitlichen Arkaden erhalten. Im Obergeschoß des Westtrakts können ein zentraler dreijochiger Saal, eine flankierende Blockwerkstube sowie ein kleiner Privatraum rekonstruiert werden. Diese Burg, die als ein Lieblingssitz Ottokars gilt, wurde offensichtlich als geräumige Nebenresidenz konzipiert[4] und unterschied sich von den älteren österreichischen Bauten entscheidend durch das konsequente Bruchsteinmauerwerk mit Eckquaderung sowie durch die primären Hoftrakte mit Arkadengang.

Wahrscheinlich wurde gleichzeitig in Kadaň ebenfalls hoch über dem lokalen Fluss zentral in der Stadtmauer ein Kastell angelegt (Abb. 4–5).[5] Die wesentlich besser erhaltene Burg belegt eine Fläche von 47 x 50 m und zeigt vier gleichförmige verzogene Ecktürme mit 9 – 12 m Breite und Bruchsteinmauerwerk mit Eckquaderung. Ursprünglich gab es nur flussseitig einen Hoftrakt, dem jedoch etappenweise weitere folgten, zudem sind Hinweise auf einen Arkadengang fassbar, sodass zumindest als Idealkonzept auch hier eine vierflügelige Anlage mit Hofarkaden angenommen werden kann.

Auch in Mährisch-Krumau dürfte unter Ottokar eine analoge Kastellanlage errichtet worden sein (Abb. 6–7).[6] Hier entstand in Ecklage der Stadtbefestigung auf einer leicht verzogenen Fläche ein 38 x 50 m großes Bruchsteinkastell mit vier gleichförmigen 9–11 m breiten Ecktürmen sowie einem primären Hofeinbau mit Saal im Obergeschoß. Weitere Trakte dürften sehr bald gefolgt sein.

Am wenigsten hat sich vom königlichen Kastell in Chrudim erhalten, das ebenfalls in zentraler Lage an der östlichen Stadtmauer lag (Abb. 8–9).[7] Unter Ottokar entstand hier eine bevorzugt besuchte Königsburg, die bereits im 14. Jahrhundert durch eine neue Stadtpfarrkirche ersetzt wurde. Die alte Burg lässt sich vorsichtig durch Zusammenschluss von wenigen Bauresten mit historischen Abbildungen weiterer Bauteile rekonstruieren. Sie besetzte wohl eine leicht verzogene Fläche von 42 x 56 m und besaß im Idealfall an den Kanten vier gleichförmige Ecktürme. Zentral in der Stadtmauer könnte das Chorpolygon der heutigen Pfarrkirche bereits zur Burg gehört haben, demnach stand dort eine primäre Kapelle.

Es dürfte noch einige weitere kastellförmige Burgen Ottokars gegeben haben, etwa Myšenec, wo geringe Reste eines ca. 50 x 60 m großen Gevierts fassbar sind,[8] in Domažlice, wo an der

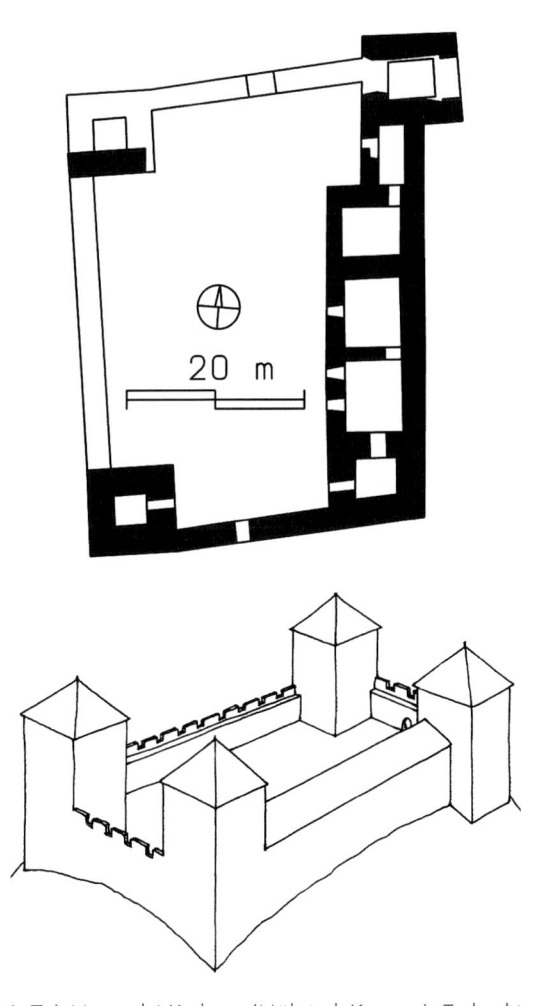

Abb. 6–7 | Moravský Krulmov (Mährisch-Krumau), Tschechien, Kernanlage Mitte 13. Jh.

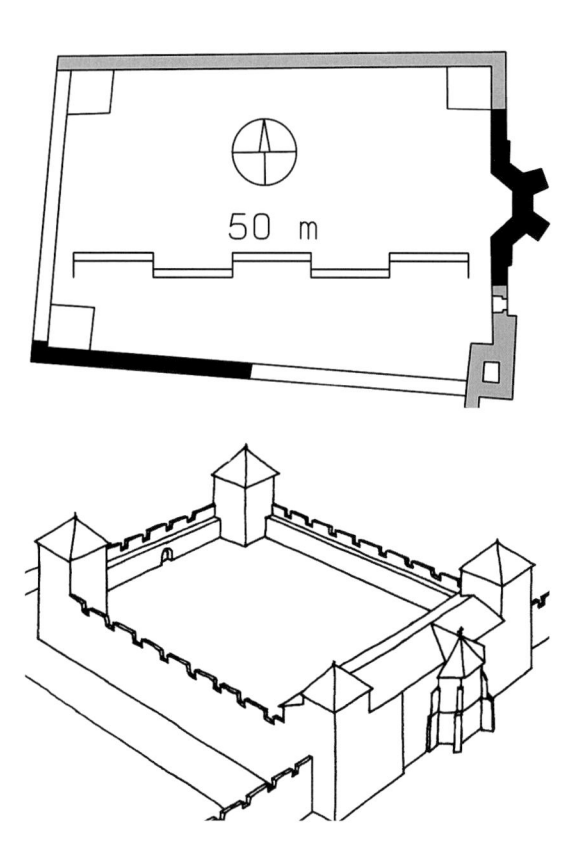

Abb. 8–9 | Chrudim, Tschechien, Kernkastell Mitte 13. Jh.

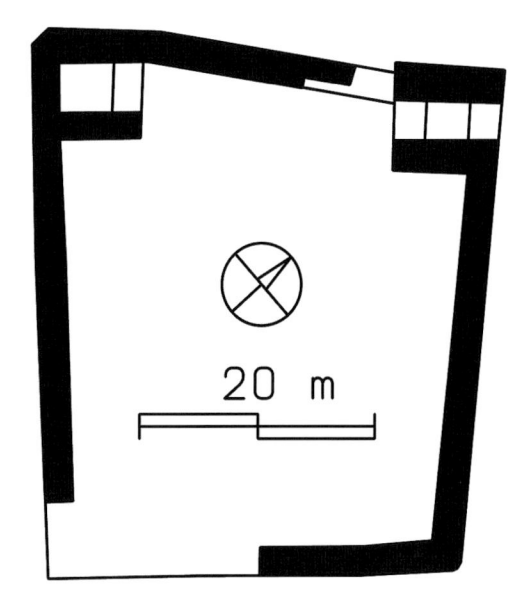

Abb. 10 | Lomnice, Tschechien, Kernanlage 2. H. 13. Jh.

Stadtecke ein Geviert mit zumindest zwei Türmen rekonstruierbar ist[9] und in Poděbrady (Nymburk), wo die 1268 erstmals genannte Stadtburg nur mehr als großes Geviert im heutigen Schloss auszunehmen ist.[10]

Zu dieser Gruppe von Burgen der Krone passen zwei weitere nicht königliche Anlagen. Im heutigen Barockschloss Lomnice stecken Reste eines 40 x 45 m großen Gevierts, das zumindest eingangsseitig zwei rechteckige Ecktürme mit 9 m Breite aufwies (Abb. 10).[11] Die 1265 erstmals genannte Burg gehörte

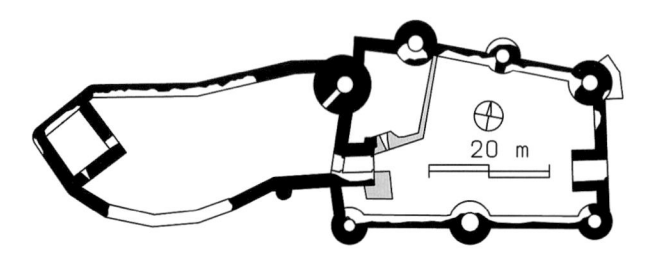

Abb. 11 | Týřov (Angerbach), Tschechien, Kernanlage um 1260

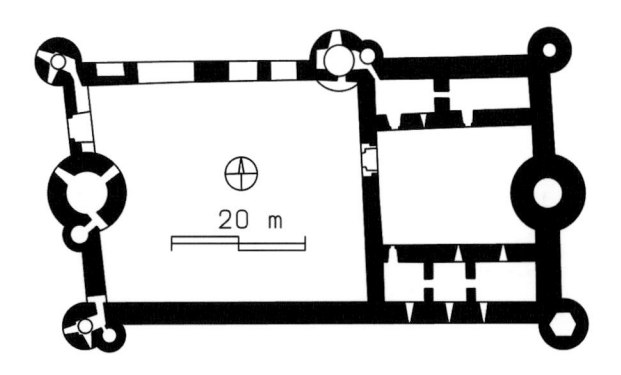

Abb. 12 | Konopiště, Tschechien, Kernkastell 2. H. 13. Jh.

mährischen Königsministerialen. Eine ähnliche Form zeigt die Burg der Prager Bischöfe in Horšovský Týn, die wohl zeitgleich zu den königlichen Anlagen ebenfalls in zentraler Lage an der westlichen Stadtmauer durch etappenweisen Ausbau einer älteren Kapelle zu einem ca. 40 x 50 m großen Geviert mit zumindest zwei markanten Ecktürmen wuchs.

Durch kunsthistorisch zuordenbare Baudetails scheint gesichert, dass es enge Verbindungen zwischen den Bauhütten der königlichen sowie der politisch zugehörigen Kastelle mit regionalen Klöstern gab, wobei neben Zisterziensern auch Prämonstratenser und Dominikaner ähnliche Detailformen verwendeten.[12] Die kleinformatigen, in Struktur und Gliederung jedoch höchst komplexen Burgkapellen Ottokars sind am besten mit der österreichischen Palastkapelle „Capella Speciosa" in Klosterneuburg zu vergleichen, die offenbar trotz ihres Alters (Weihe 1222) immer noch großen Einfluss gehabt hat. Zahlreiche ähnliche Kapellen an europäischen Fürstensitzen belegen jedoch einen entsprechend verbreiteten Repräsentationskanon, der auch von Ottokar angestrebt wurde.

Im weiteren Verlauf der ottokarischen Regentschaft änderte sich der königliche Profanbau entscheidend. Als Bindeglied können die Burgen Osule und Špilberk angesehen werden, die – 1263 bzw. 1277 erstmals urkundlich fassbar – zwar ebenfalls als 35 x 80 bzw. 55 x 85 m große Rechtecke mit umlaufenden Hoftrakten angelegt wurden, jedoch nur an den beiden Schmalseiten zentral je einen Turm aufwiesen.[13] Obwohl es sich um bedeutende Residenzen handelte, spielten Ecktürme nun keine Rolle.

Eine wohl zeitgleiche Variante königlicher Burgbauten bildet Týřov, das als isolierte Gipfelburg nicht auf die räumlichen Ressourcen einer zugehörigen Stadt zurückgreifen konnte (Abb. 11).[14] Die naturwissenschaftlich um 1260 datierte Burg besteht aus zwei Teilen, die durch einen zentralen runden Bergfried dominiert werden. Während die länglich-polygonale Kernburg mit einem großen Wohnturm und einst wohl weiteren Hoftrakten bebaut war, wurde die rechteckige Vorburg von insgesamt 9 Türmen umringt, womit hier ein klassischer Kastellcharakter evoziert wurde. Eine sehr ähnliche Zweiteilung mit zentralem Rundturm findet sich zeitgleich in Bezděz und Veveří (Eichhorn) bzw. ohne Hauptturm in Nižbor, alle drei anstelle des Wohnturms mit weithin sichtbarer Palastkapelle und nur bei Nižbor mit regelmäßiger Turmflankierung. Die ältere dreieckige Burg Křivoklát erhielt unter Ottokar zwei eckige und einen runden Eckturm und einen extra ausgeschiedenen Kernbereich mit Arkadengang, Jindřichův Hradec und Džbán bekamen in ihren ebenfalls dreieckigen Kernburgen gleichfalls runde Ecktürme und innen umlaufende Trakte.

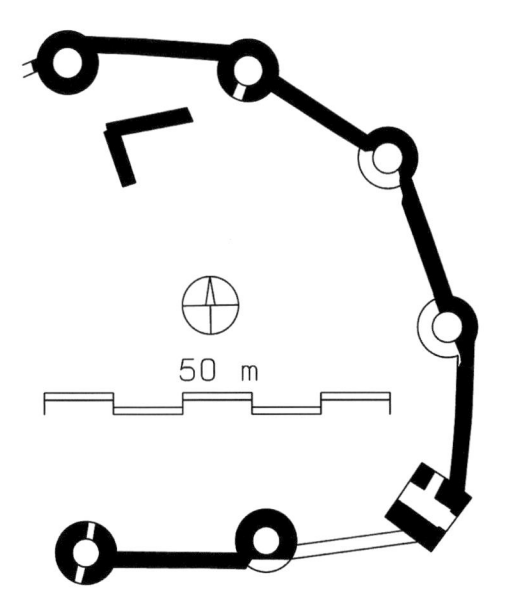

Abb. 13 | Usov (Ausee), Tschechien, Kernanlage um 1260

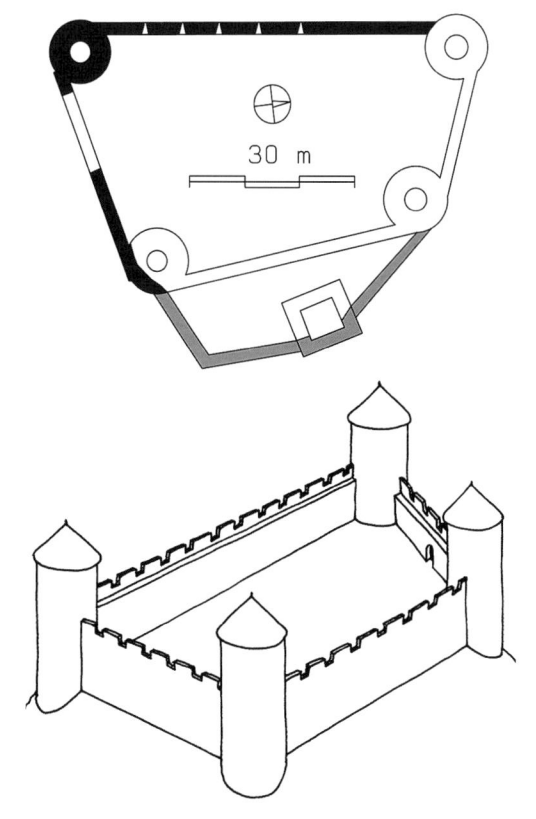

Abb. 14–15 | Hradiště (Tábor), Tschechien, Kernanlage 2. H. 13. Jh.

In diese Gruppe könnte auch Konopiště gehören, das erst 1318 urkundlich überliefert ist (Abb. 12).[15] Die 38 x 72 m große, wohl aus einem Guss entstandene Burg erinnert an Špilberk, Osule und Bezděz, von denen sie sich jedoch durch konsequente Ecktürme sowie kleine Stiegentürmchen unterscheidet. Vorsichtig wird die Entstehung aufgrund frühgotischer Biforenfenster entweder noch König Ottokar selbst oder seinem Bischof Tobias kurz danach zugeschrieben, während im frühen 14. Jahrhundert weder entsprechend bedeutende Bauherren noch vergleichbare Anlagen bekannt sind.

Fast gleichzeitig zu Týřov muss die um 1260 erstmals genannte Burg Úsov in Nordmähren für den König angelegt worden sein (Abb. 13).[16] Die heute nur zur Hälfte erhaltene Burg zeigt einen tropfenförmigen Grundriss mit rechteckigem Torturm an der Spitze und sechs Rundtürmen in regelmäßigem Abstand. Im Westen werden Keller- und Mauerreste als möglicher diagonaler Abschluss interpretiert, jedoch deutet der heutige rundliche Verlauf der dortigen Burg auf einen ähnlichen älteren Bering mit demnach im Idealfall weiteren drei Rundtürmen, womit die vermutete gerade Mauer in etwa den einstigen Hof (sekundär?) halbieren würde. Da es weder über die exakte Zeitstellung der Burg noch über die innere Struktur weitere Daten gibt, muss ihre Einordnung in den böhmischen Burgenbau vorerst offen bleiben.

Ähnliches gilt für die Stadtburg Hradiště in Tábor, von der heute nur mehr wenige bauliche Reste künden (Abb. 14–15).[17] Die Anlage besetzte einen Hügelsporn am südlichen Eck der befestigten Stadt, von der sie durch einen brei-

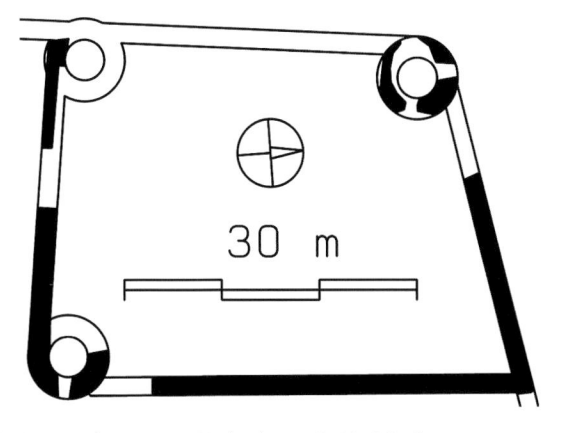

Abb. 16–17 | Jemnice, Tschechien, 2. H. 13. Jh.

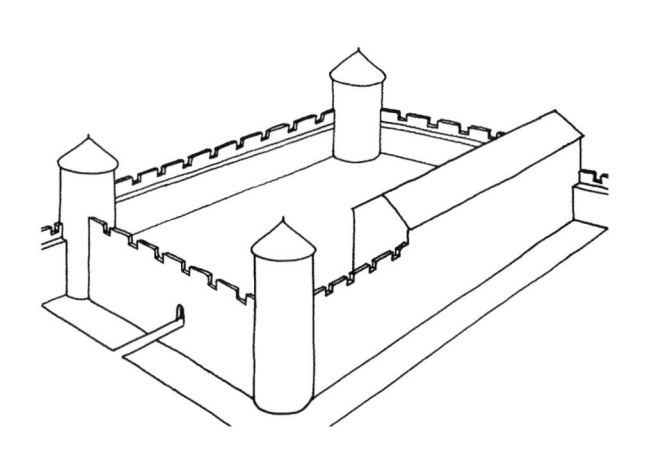

KÖNIGREICH BÖHMEN | 421

ten Graben getrennt war. Trotz früher Ausbauten mit zwei neuen Rechtecktürmen dürfte die erste Anlage auf trapezförmigem Grundriss von etwa 48 x 75 m vier gleichförmige Rundtürme gehabt haben, von denen einer komplett erhalten und ein weiterer im Fundament nachgewiesen ist. Die zwei stadtseitigen Türme werden aus lokalen Indizien hypothetisch rekonstruiert. Auch wenn sie in dieser Konsequenz nie so ausgeführt gewesen sein mögen, so gehörte Hradiště doch zu den kastellförmigen Stadtburgen mit runden Ecktürmen.

Sehr ähnlich war die königliche Burg in Jemnice konzipiert, von der heute deutlich mehr bauliche Reste im barocken Schloss integriert sind (Abb. 16–17).[18] Auch diese Burg besetzt mit ihrer trapezförmigen Fläche von 37 x 50 m eine Ecke der bereits 1227 gegründeten Stadt und war von ihr durch einen Graben getrennt. Durch spärliche bauliche Reste und historische Überlieferungen lassen sich drei gleichförmige 8,2 m breite Rundtürme an den Ecken belegen, die die Burgmauern hoch überragen. Bemerkenswert gleichförmig war die Stadtburg von Marchegg konzipiert, die Ottokar ab 1268 im österreichischen Marchfeld nahe der ungarischen Grenze errichten ließ (Abb. 18–19).[19] Die Anlage ist zwar im Barock bis auf wenige Teile abgetragen worden, 1624 wurde jedoch noch ein Bestandsplan angelegt, der gemeinsam mit historischen Ansichten drei runde Türme an den Ecken dokumentiert. Somit kann die einstige Burg in maßrichtiger Überlagerung des historischen Plans im heutigen Baubestand sehr gut rekonstruiert werden. Demnach belegte sie mit einer trapezförmigen Fläche von etwa 40 x 52 m die Nordwestecke der Stadt, von der sie durch einen Graben getrennt war. Drei Türme mit 8,5 bzw. 10 m Durchmesser besetzten Burgecken, im Osten beweist ein dem Bering benachbartes hofseitiges Lanzettfenster, dass hier ein Hofgebäude eingestellt war, dessen Hauptgeschoß wohl darüber lag.

Hradiště, Jemnice und Marchegg stehen also für eine eigenständige ottokarische Bauform, die in Städten in Ecklage eingesetzt wurde, um eine sichere Zitadelle zu bilden. In ihrem Inneren sind keine zu den oben genannten Residenzen vergleichbaren mehrflügeligen Trakte oder gar Arkaden nachgewiesen, zudem sind auch keine längeren königlichen Aufenthalte bekannt. Offensichtlich dienten diese Kastelle militärischen Zwecken, als Schutz und Basis bei kriegerischen Unternehmungen. Tatsächlich häuften sich gerade entlang der ungarischen Grenze in dieser Zeit die gegenseitigen Überfälle. Dem entgegen ist ein konzertierter, kettenförmiger Grenzschutz durch diese Kastelle sicher nicht ausreichend zu argumentieren, wenngleich in den steirischen und mährischen Städten noch weitere ähnliche Zitadellen existiert haben mögen. Ein Großteil dieser Burgen mag zudem wie die Stadtanlage von Marchegg durch den frühen Tod Ottokars 1278 unvollendet eingestellt worden sein.

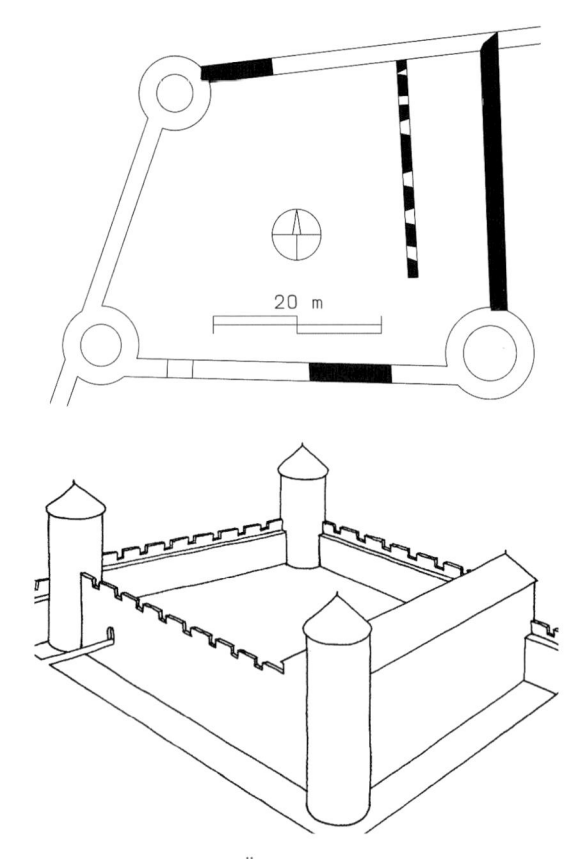

Abb. 18–19 | Marchegg, Österreich, Kernkastell ab 1268

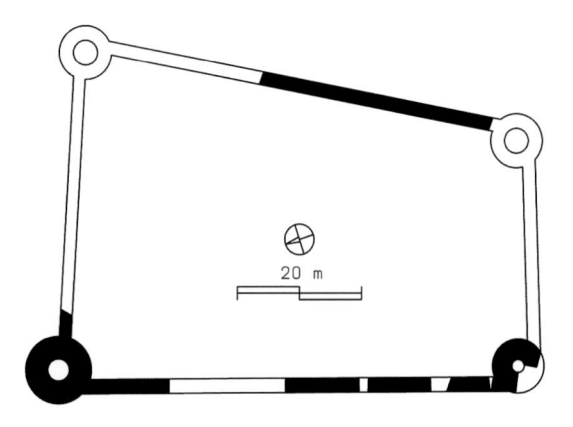

Abb. 20 | Zvířetice, Tschechien, Kernkastell vor 1318

KÖNIG JOHANN VON LUXEMBURG (1310–1346)

Nach Ottokar brach der Burgenbau der Könige schlagartig ein, große Teile der Herrschaft gingen verloren und im Kernland gab es inzwischen eine Vielzahl landesfürstlicher Stützpunkte, sodass kein Baubedarf mehr bestand. Erst unter den in Prag residierenden luxemburgischen Königen sollte wieder

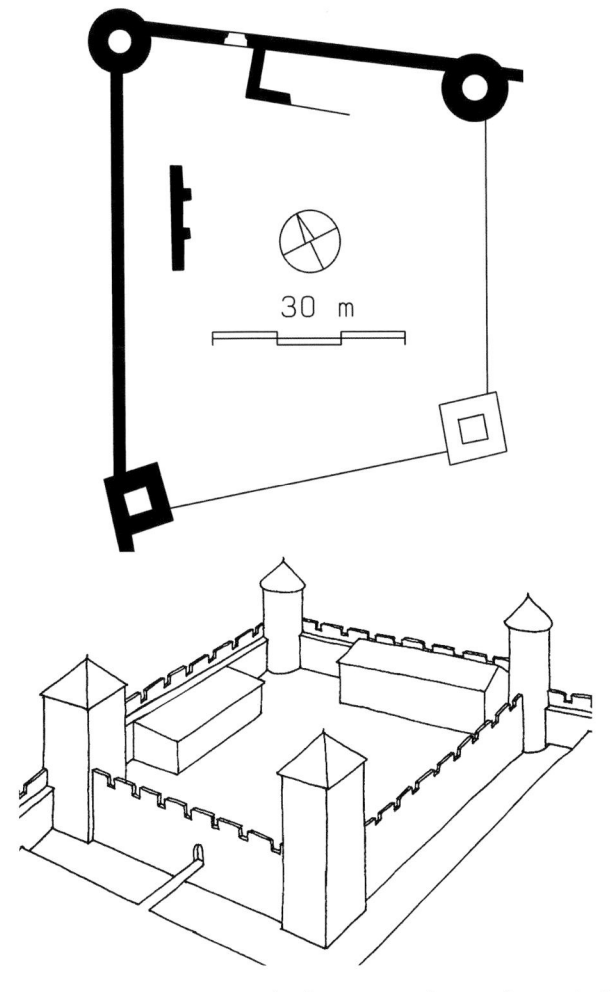

Abb. 21–22 | Litoměřice, Tschechien, Kernanlage Anfang 14. Jh.

ein groß angelegtes Bauprogramm folgen, das jedoch nicht auf Kastelle fokussiert war. In der Frühzeit konnte der aus Deutschland von seinem kaiserlichen Vater mit Böhmen und Mähren belehnte König Johann nur schwer Fuß fassen, auch in der Folge engagierte er sich meist im Ausland.

So finden sich im frühen 14. Jahrhundert drei kastellförmige Anlagen, die vielleicht als bewusste Nachfolgen Ottokars zu verstehen sind, wenngleich ihre direkte Verbindung zum neuen Königshaus nicht eindeutig ist. Die Adelsburg Prácheň (vor 1315)[20] wirkt mit ihrer rechteckigen Grundgestalt, dem dominanten Rundturm an der Schmalseite und der engen Reihe von Mauertürmen wie eine Fusion bisheriger Kastellgedanken. (Abb. 20)

Die heute stark reduzierte Anlage des ebenfalls nicht königlichen Zviřetice[21] (vor 1318) zeigt auf einer trapezförmigen Fläche von maximal 55 x 78 m zumindest zwei runde Ecktürme, womit höchst hypothetisch ein 10 m breiter Hauptturm und drei 8 m breite Trabanten rekonstruiert werden können. Primäre Hofeinbauten sind nicht überliefert. Lediglich in Litoměřice sind durch mehrfache Grabungen Reste einer Königsburg belegt,[22] die ins frühe 14. Jahrhundert datiert werden (Abb. 21–22).[23] Demnach wurde hier außerhalb der älteren Stadtbefestigung eine neue Burg errichtet, die in der Folge durch eine Erweiterung zur Eckbastion wurde, wobei der Zwischenraum zuvor mit einer geräumigen Vorburg gefüllt gewesen sein mag. Die etwa 58 x 70 m große trapezförmige Burg, von der nur zwei Fronten erhalten sind, während der Rest nur hypothetisch aus dem Parzellenraster zu rekonstruieren ist, zeigt im Südosten einen 9 m breiten Rechteckturm und im Norden zwei 10 m breite Rundtürme, die Stadtecke ist verschwunden. Im Hof finden sich Reste von zumindest zwei randparallelen Gebäudetrakten.

Alle drei wohl gleichzeitig entstandenen Kastelle sind vielleicht dem jungen neuen König aus dem Hause Luxemburg bzw. seinem engeren Gefolge zuzuordnen, der zunächst mit einer starken böhmischen Adelsopposition zurechtkommen musste und dies durch den Bau weiterer Kastelle an neuralgischen Orten unterstützte. Inwieweit man dabei bewusst ottokarische Konzepte übernahm, bedarf noch weiterer Untersuchungen. Möglich wäre auch, dass der verwandte Erzbischof von Trier und der befreundete Erzbischof von Köln Kastellbaumeister aus dem Rheinland mitgeschickt hatten. Kurz darauf war die königliche Macht jedoch so gefestigt, dass sich Johann von diesen vor allem militärisch orientierten Anlagen verabschieden und auf andere Repräsentationsbauten konzentrieren konnte. Diese sollten seine weitere ausgedehnte Bautätigkeit prägen, während keine neuen Kastelle mehr entstanden.

1   Kuthan 1996, 12.
2   Kuthan 1996.
3   Durdík 1994, 162.
4   Kuthan 1996, 247.
5   Durdík 1994, 147.
6   Plaček 2001, 28.
7   Durdík 1994, 190.
8   Durdík 1997, 189.
9   Durdík 1997, 274.
10 Durdík 1997, 219.
11 Plaček 2001, 355.
12 Kuthan 1996, 167.
13 Plaček 2001, 612.
14 Razím 2005, 87.
15 Durdík 1994, 47.
16 Durík 1994, 100.
17 Durdík 1994, 85.
18 Plaček 2001, 277.
19 Schicht 2003, 126.
20 Durdík 1994, 120.
21 Durdík 1994, 131.
22 Durdík 1997, 177.
23 Kotyza, Sýkora 2012, 89.

Diosgyör, Ungarn

KÖNIGREICH UNGARN

Das im Frühmittelalter für seine verheerenden weiträumigen Beutezüge bekannte ungarische Reitervolk, dessen reisefreudige Horden fast den ganzen Kontinent durchstreift hatten, wurde nach einer herben Niederlage 955 bei Augsburg langsam sesshaft. Bald darauf erfolgten die Christianisierung und die Etablierung eines Königreichs nach abendländischem Muster. Im 12. Jahrhundert expandierten die Könige wieder und erlangten die Herrschaft über Kroatien, Bosnien und die kleine Walachei, ab 1180 führte man zudem durch den Machtverfall von Byzanz auf dem Balkan eine erfolgreiche Großmachtpolitik. Diese neue Ausdehnung wurde 1241 durch die Mongolen unterbrochen, deren vernichtende Truppen fast die Hälfte der Ungarn töteten, ehe sie aufgrund interner Nachfolgeregelungen knapp vor den Grenzen Österreichs stoppten und nach Asien zurück kehrten.

Bis zu diesem Zeitpunkt war Ungarn im Gegensatz zum restlichen regional zersplitterten Mitteleuropa ein zentralistisch geführtes Königreich, in dem der lokale Adel kaum Befestigungen besaß, wodurch man den Mongolen nichts entgegen zu stellen hatte.[1] Aufgrund dieser Erfahrungen und der Nachrichten von neuerlichen Angriffsvorbereitungen aus dem Osten forderte nun König Béla IV. (1235–70) Adel, Geistliche und Bürger auf, starke Burgen und Stadtbefestigungen zu errichten. Zudem holte man deutsche Einwanderer ins Land, die neben neuen Städten im Zentralgebiet vor allem in den Randzonen von Siebenbürgen und der Slowakei neue wehrhafte Siedlungen gründeten.[2] Innerhalb kürzester Zeit entstanden allein bis zum Tod des Königs etwa 70 neue Burgen, die sich baulich an den westlichen Feudalstaaten orientierten.[3] Der König selbst war während des Mongoleneinfalls im österreichischen Hainburg im Exil und hatte dort Einblick in die kürzlich errichteten Wehrbauten (Stadtmauern, kastellartige Zitadelle) sowie aktuellen Baustellen (vor allem das gerade in Bau befindliche Wienertor. In der Nachbarschaft entstanden zudem entlang der Grenze gerade zahlreiche Kastellanlagen). Nach seiner Rückkehr wurden offenbar auch in Ungarn von Béla mehrere kastellförmige Anlagen initiiert, die sich jedoch aufgrund der starken Fragmentierung einer sicheren Rekonstruktion entziehen. So wurde an zentraler Stelle direkt an der Donau mit vorwiegend deutschen Siedlern die neue Stadt Ofen angelegt und daneben eine rechteckige Burg mit dominantem Hauptturm in Ecklage sowie unbekannter Gestaltung weiterer Türme an den anderen Kanten errichtet.[4] Auch in den gleichzeitig befestigten Königsstädten Székesfehérvár[5], Krupina, Zvolen, Banska Bystrica und Banska Stiavnica[6] dürften regelmäßige Mehrturmkastelle an den Stadtmauern entstanden sein, hier sind weitere Forschungen abzuwarten.

Als bekanntestes Beispiel gilt Pressburg, eine seit der Frühzeit bedeutende königliche Burg an der Donau, nahe der Grenze zu Österreich (Abb. 1).[7] Gemäß Urkunden ließ hier der König offenbar unmittelbar nach dem Mongolenabzug 1242 ei-

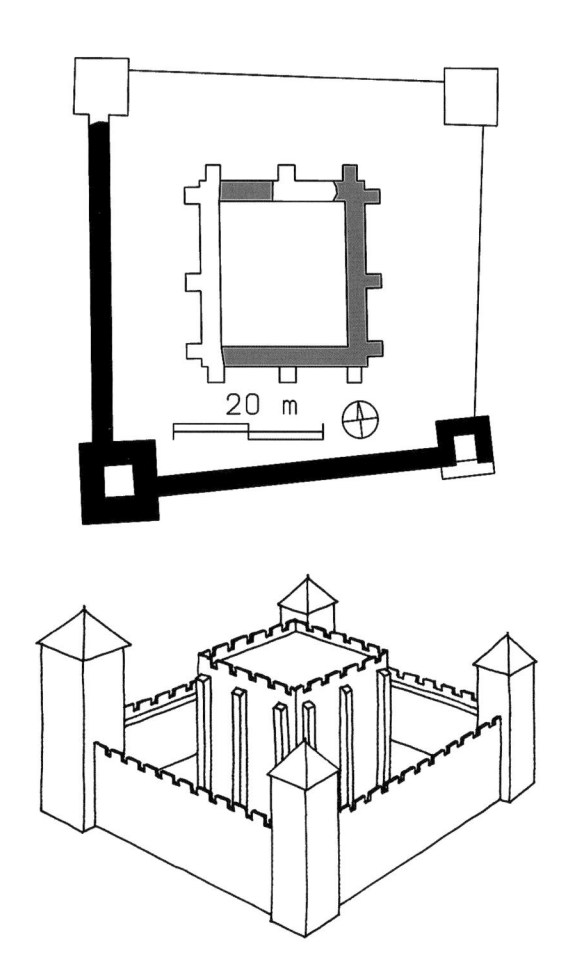

Abb. 1–2 | Pressburg (Bratislava, Pozsony), Slowakei, Kernanlage im Hochmittelalter

nen Turm errichten.[8] Durch die späteren Überbauungen ist seine Identifikation ebenso umstritten wie die vorwiegend hypothetische Rekonstruktion der Baugeschichte. Dazu helfen auch nicht idealisierte Abbildungen, da diese sowohl auf das gesamte großräumige Burgareal als auch auf den zentralen Kern bezogen werden könnten.

Hier soll der Mehrheit der Forschungen gefolgt werden, wonach in der heutigen monumentalen Hauptburg des 15. Jahrhunderts wesentliche Bereiche eines regelmäßigen Vierturmkastells der Zeit nach 1242 bewahrt blieben.

Als gesichert gilt dabei, dass der heutige Südwestturm dem mittleren 13. Jahrhundert zugehört (Abb. 2). Er zeigt tatsächlich isoliert raue Buckelquaderkanten, die mit den Buckelquadern der benachbarten Österreichischen Kastelle gut vergleichbar sind. In späteren Mauern spolierte Quader mit Steinmetzzeichen (A, Pfeil) passen ebenfalls zu österreichischen Kastellen. Im Osten der Burg werden geringe bauliche Reste als Teile eines weiteren Eckturms interpretiert, weiters geben Absätze in den flächig verputzten Flankenmauern Hinweise auf integrierte ältere Fluchten, sodass insgesamt sehr hypothetisch auf die einstige Anlage eines klassischen Vierturmkastells von ca. 50 m Breite geschlossen werden kann. Dieses wurde demnach an den Kanten von einem 10 m breiten Hauptturm und im Idealfall drei weiteren 7 m breiten Trabanten flankiert. Völlig offen muss die Zeitstellung eines zentralen Turmfundaments von 22 m Breite mit zierlichen Pfeilervorlagen bleiben, das nicht zwangsläufig mit der Urkundennennung eines Turmbaus zusammen hängen muss. Es handelte sich um einen einst dominanten Wohnturm, mit dem das Kastell in Lage und Größe korrespondiert. Bislang wurde dieser Bau ins 12. Jahrhundert datiert und mit westeuropäischen Donjons verglichen. Mangels exakter Schichtenanschlüsse scheint aber auch nicht ausgeschlossen, dass der Turm zur umfangreichen Gruppe ähnlicher Bauten des 14. Jahrhunderts im einstigen Südostungarn sowie dem Balkanraum zählt, wo zahlreiche fast exakt gleiche Gegenstücke zu konstatieren sind.[9] Hingegen finden sich im westlich anschließenden Mitteleuropa im Hochmittelalter keine Spiegelbilder, auch die Umgürtung mit dem Kastell ist hier unbekannt, man hätte wohl einen solchen älteren Turm eher als Eckbau verwendet. Somit kann vorsichtig vermutet werden, dass der Turm nicht schon bei der Konzeption des Kastells bestanden hat, sondern erst später eingestellt wurde. Zunächst könnte analog zu den österreichischen Gegenstücken der wehrhafte Charakter des Gevierts ohne massive Einbauten dominiert haben.

Nach dem Aussterben der österreichischen Herzoge versuchten Ungarn und Böhmen Teile der Herrschaften an sich zu reißen, weshalb es 1259 zu einer Schlacht kam, bei der der ungarische König Bela nur dank der Waffenhilfe von Heinrich II. von Güssing überlebte (Abb. 3–4).[10] Heinrich wurde darauf hin zum Palatin erhoben und durfte im Zentrum seiner Länder einen neuen Sitz errichten. Nach Belas Tod kam es 1270 neuerlich zum Kampf zwischen dem Thronfolger Stephan, der alle Getreuen seines Vaters absetzte, und dem Böhmenkönig Ottokar, der den Güssingern große Versprechungen machte und sie so auf seine Seite zog. Nachdem er jedoch nicht zuletzt ihretwegen einen Sieg gefeiert hatte, verriet er die Güssinger und trat deren Gebiete an Ungarn ab. Als Stephan zwei Jahre später starb, kehrten sie deshalb reuig an den ungarischen Hof zurück, wo sie schon 1272 wieder alle Ämter zurückbekamen und teilweise sogar die eigentliche Regierung im Reich übernahmen.

Mit diesem historischen Hintergrund lässt sich der Baubestand von Güns vorsichtig verbinden (Abb. 5). Demnach entstand ab 1260 eine neue rundliche Burg, deren Form in der späteren Vorburg erhalten blieb. Nach der glorreichen Rück-

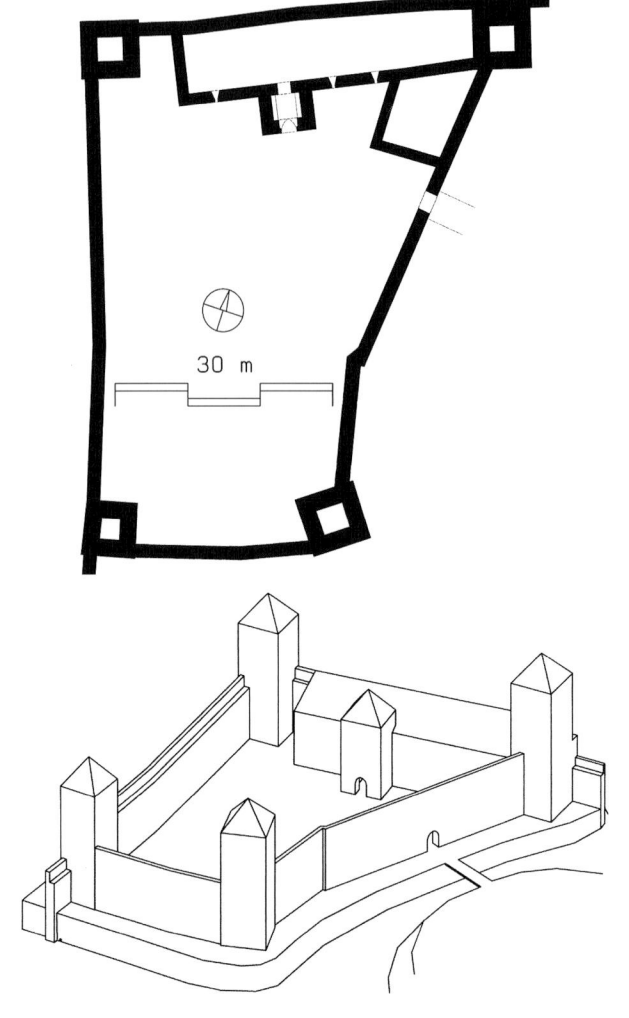

Abb. 3–4 | Güns (Kőszeg), Ungarn, Kernkastell

Abb. 5 | Güns, Eingangsfront

kehr 1272 wird wohl daneben die Anlage einer klassischen Rasterstadt samt Kastellburg in der nordwestlichen Stadtecke begonnen worden sein, die durch ihre Knickung auf den älteren Wassergraben Rücksicht nahm.[11] Dadurch entstand innerhalb der durchaus regelmäßigen Stadtbefestigung eine gedrückte Stadtburg von etwa 55 x 72 m, die heute im Wesentlichen gut erhalten ist.[12] Dabei deutet sich eine etappenweise Errichtung des klassischen Vierturmkastells an, das im Norden des geräumigen Hofs durch einen repräsentativen Palasbau mit rippengewölbtem Torturm, Maßwerkfenstern und fein gearbeiteter Fenstergruppe einer heizbaren Holzstube dominiert wurde, während außen durch die vier ca. 8,5 m breiten Türme der wehrhafte Charakter überwog. Konzeption und Baudetails lassen eine direkte Übernahme böhmischer Planer und Handwerker vermuten. Das ist durchaus denkbar, waren die Güssinger doch zuvor am böhmischen Hof zu Gast und hatten damit beste Kontakte.

Wahrscheinlich entstand parallel zu Güns im nahen Stotzing direkt im Grenzgebiet zu Österreich (gegenüber von Pottendorf) noch eine weitere Güssinger Kastellburg, die heute gänzlich verschwunden ist (Abb. 6).[13] Auf zwei historischen Gedenkbildern von 1745 in der lokalen Pfarrkirche sieht man – durchaus realistisch dargestellt jedoch unproportional klein – jeweils die gleichen Ruinen eines Vierturmkastells, das trotz Darstellung als Ruine sehr massiv wirkt.[14] Der lokale Adelige Merk von Gathal war als Parteigänger von Heinrich von Güssing 1270 nach Böhmen mitgekommen und könnte nach dessen Restauration parallel zu Güns ein Vierturmkastell errichtet haben. Die erste Urkunde von 1271 erwähnt die Burg als eine jener Grenzanlagen, die von Ottokar II. an den Ungarnkönig zurückgegeben werden mussten. Die Burg wurde jedoch offenbar nie ausgefolgt, 1293 wurde sie jedenfalls noch von Ungarn belagert. Erst 1355 hören wir wieder von Roj, 1375 als zerstört gemeldet, wurde es 1382 als „castro et villa Roy" verkauft und kam 1390 in den Besitz der Kanizsai. In der Folge wurde die Burg immer an erster Stelle im Herr-

Abb. 6 | Roj / Stotzing, Österreich, Detailausschnitt einer Darstellung um 1745, dahinter Galgenberg und Pfarrkirche angeschnitten

schaftsbezirk Hornstein genannt, wohl ein Zeichen für eine wichtige Anlage, jedoch ließ man den Sitz bereits 1409 mit königlicher Genehmigung auf und schenkte die Güter den Minoriten in Eisenstadt.[15] Somit können mangels archäologischer Funde weder Ort noch Größe und Datierung des vermutbaren Kastells eindeutig bestimmt werden.

Mit dem Tod des Königs Ladislaus IV. 1301 starben die Arpaden im Mannesstamm aus. Seine Schwester namens Maria war Gemahlin des neapolitanischen Königs Karl II. Anjou und übertrug ihre Thronansprüche an diesen bzw. dessen Enkel Karl Robert (1301–42 König von Ungarn).[16] Der Papst bestätigte zwar dessen Recht, jedoch wählten die Ungarn Wenzel III. zu ihrem Regenten, sodass der Kampf um die Krone bis 1308 dauern sollte. 1311 erhob auch der in Böhmen an die Macht gekommene Johann von Luxemburg Anspruch auf die Krone, was zu einer Allianz Karl Roberts mit dem polnischen Großherzog führte. Mit gegenseitiger militärischer Unterstützung gelangen ihnen die Einigungen Ungarns sowie Polens und die Krönung des Herzogs zum polnischen König im Jahr 1320. Karl Robert konnte sich im eigenen befriedeten Land nun der Reorganisation der ungarischen Verwaltung widmen, wobei er sich an westeuropäischen Vorbildern orientierte. 1326 gründete er den St. Georgs-Ritterorden, um auch den alten Adel enger an sich zu binden. 1339 wurden Karl und sein Sohn Ludwig vom kinderlosen polnischen König Kasimir III. zu dessen Erben eingesetzt.

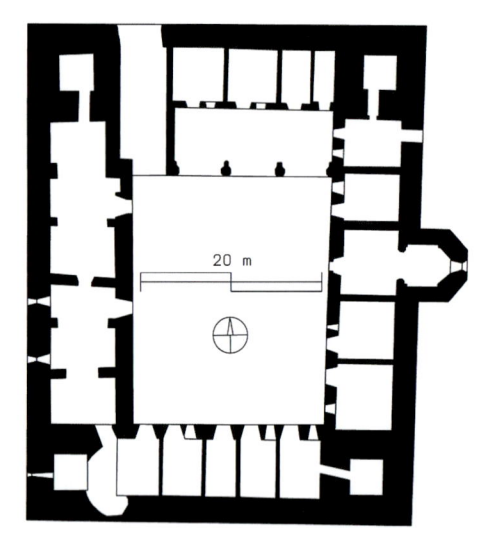

Karl Roberts Sohn Ludwig (der Große, 1342–82, ab 1370 auch König von Polen) führte Ungarn durch seine internationalen Aktivitäten in eine Zeit der Expansion und des Wohlstands. Sein Bruder Andreas scheiterte hingegen mit seinen Ansprüchen auf Neapel und wurde 1345 in Italien ermordet, weshalb es bis 1352 mehrfache Feldzüge dorthin gab, ehe man auf diese Krone verzichtete. Seit 1348 führte Ludwig jedoch bis zu seinem Tod zusätzlich den Titel König von Sizilien und Jerusalem. 1343 unterwarf er die Walachei, 1351 erhob er seinen zweiten Bruder Stephan zum Regenten von Kroatien und Dalmatien, 1356 eroberte er Bosnien und führte bis 1381 Krieg mit Venedig um die Vorherrschaft am westlichen Balkan. 1370 übernahm Ludwig die polnische Krone, überließ die dortige Regierung jedoch seiner Mutter, die 1376 vertrieben wurde, wonach man bis zu Ludwigs Tod 1382 erfolglos die Rückeroberung betrieb.

In der Spätzeit Ludwigs entstanden mehrere königliche Kastelle, die alle als standesgemäße Nebenresidenzen in Jagdre-

Abb. 6a–7 | Diósgyör, Ungarn, Kernkastell ab ca. 1360

428 | KÖNIGREICH UNGARN

vieren der Krone interpretiert werden. Zuvor siedelte er jedoch den Haupthof 1347 nach Buda um, wo heute durch spätere Großausbauten nur spärliche Reste der neuen Residenz erhalten sind.[17] Sehr wahrscheinlich entstand dort auf Basis der älteren viereckigen Stadtburg ein mehrflügeliger Palast, dessen Kernbau unter anderem durch großformatige Kreuzstockfenster und eine polygonal ins Tal vorstehende Kapellenapsis charakterisiert war.

Als bestes Beispiel der dezentralen Jagdschlösser gilt Diósgyör in Nordungarn, das nach dem Abbruch einer älteren rundlichen Anlage um 1360 auf einer künstlichen Insel völlig neu errichtet wurde (Abb. 6a–7).[18] Das 44 x 53 m große Kerngeviert, das in den letzten Jahren weitgehend wiederaufgebaut wurde, folgt einer einheitlichen Konzeption als leicht verzogenes Vierflügel-Schloss mit vier bündig eingestellten Ecktürmen von 10 m Breite. Das Mauerwerk zeigt konsequente Kompartimentstrukturen mit Eckquaderung, darauf sitzt ein umlaufender auskragender Konsolwehrgang, dem an den Turmkronen weitere analoge folgen, im Hof lief offenbar ein ähnlicher Konsolgang um das Obergeschoß. Während das Erdgeschoß durchgehend mit Tonnen gewölbt ist, zeigt das darüber liegende hohe Hauptgeschoß konsequente repräsentative Kreuzrippengewölbe. Weiters gibt es hier charakteristische großformatige Kreuzstockfenster und lokale Erker. Nach Osten ragt zentral ein Kapellenbau mit Polygonalchor vor die Flucht. Zweifellos war dieser Monumentalbau mehr als ein privater königlicher Jagdsitz, er diente vielmehr bei den zahlreichen belegten Aufenthalten der repräsentativen Hofhaltung, zumal die unmittelbare Nähe zum vertraglich und durch eine bevorstehende Erbschaft verbundenen Polen als programmatisch zu verstehen ist.

Parallel zur Fertigstellung von Diósgyör dürfte in Nordwestungarn in Zvolen – ebenfalls auf einem älteren Standort – ein königliches Kastell entstanden sein, das bis heute im Wesentlichen erhalten geblieben ist (Abb. 8–9).[19] Seine Nutzung als Schauplatz der Verlobung von Ludwigs Tochter Maria mit seinem Nachfolger Sigismund im Jahr 1382 ist als Hinweis auf eine weitgehende Fertigstellung zu betrachten, der Baubeginn muss offen bleiben. Die Anlage zeigt wesentliche Parallelen zu Diósgyör: auf einem 48 x 63 m großen Geviert stehen vier Flügel, die jedoch nur im Westen von einer bündig eingestellten Doppelturmfront dominiert wurden, die heute durch eine späte Aufstockung der Flügel kaum mehr in Erscheinung tritt. Im Osten ragt der polygonale Chor der Kapelle aus der Front. Das Erdgeschoß wird durch schwere Tonnengewölbe dominiert, das Hauptgeschoß, das im Hof von einem durchgehenden Konsolgang begleitet wird, ist hingegen von repräsentativen Kreuzrippengewölben überfangen. Diese Beletage wird

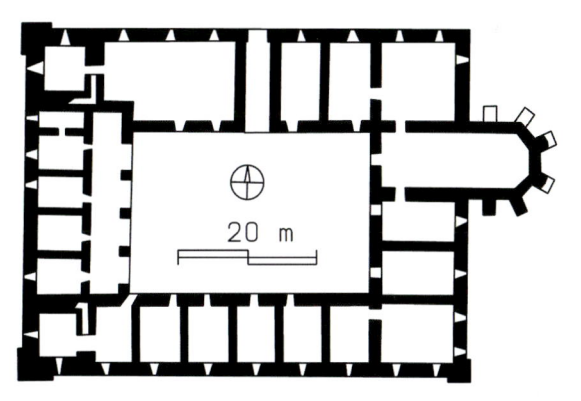

Abb. 8–9 | Zvolen (Altsohl), Slowakei, Kernkastell ab ca. 1370

durch großformatige Kreuzstockfenster sowie lokale Erker belichtet. Durch die spätere Aufstockung ist der ehemalige Außencharakter unklar, wahrscheinlich gab es auch hier einen umlaufenden auskragenden Wehrgang, der an den Turmkrönungen eine Wiederholung fand.[20]

Die genannten Bauten zeichnen sich durch regelmäßige Konzeptionen mit im Idealfall vier Flügeln um einen zentralen Hof aus, die durch konsequente auskragende Wehrgänge, großformatige Kreuzstockfenster und repräsentative Kapellen geprägt sind. Hierin finden sich in Europa etwa in Frankreich Analogien, so wurden etwa für den dortigen König der Louvre (1360–72) und Vincennes (1361–71) entsprechend gestaltet, für einen hohen königlichen Beamten Sully-sur-Loire (ab 1363) und für die Fürsten der Bretagne Suscinio (ab 1380).[21] Dort dominierten jedoch überall Rundtürme, weshalb keinesfalls von einer direkten Kopie ausgegangen werden kann. Möglich sind zudem Verbindungen zu Oberitalien, wo die Wehrgänge teilweise ebenfalls konsequent um die eckigen Türme geführt wurden.

Neben König Ludwig etablierten sich auch einige Hochadelsgeschlechter als bedeutende Bauherren. Allem voran ist an der österreichischen Grenze das Geschlecht der Kaniszai zu nennen, das 1373 der Siedlung Eisenstadt das Stadtrecht verlieh (Abb. 10).[22] In dieser Zeit wurde der Ort mit einem 1388 genannten starken Bering aus Bruchsteinmauern umgürtet und an der Nordwestecke an Stelle einer älteren Burg ein neues Kastell angelegt, das anlässlich eines Hoftags des Königs Sigismund 1394 erstmals erwähnt ist. Sehr wahrscheinlich startete der Bau jedoch unmittelbar mit dem Stadtrecht, wollten die Kaniszai doch hier ihr neues Verwaltungszentrum der Region aufbauen.[23] Als Grundform wählte man ein leicht verzogenes Quadrat von 53 m Seitenlänge, das gemäß historischen Ansichten von vier Türmen flankiert war. Trotz Überbauung der Türme im 15. und 16. Jahrhundert lässt sich ihre Konzeption im Baubestand noch gut als 12,5 m breiter Hauptturm mit drei etwa 11 m breiten Trabanten, bei Mauerstärken bis 3,7 m rekonstruieren. Der Hauptturm ist in beträchtlicher Höhe erhalten und zeigt kleinteilige Bruchsteinstrukturen mit ausgeprägtem Eckverband. Gemäß einer historischen Ansicht gibt es in der Forschung seit langem die Vermutung, zwei der Türme seien rund gewesen.[24] Dies wird durch einen Bauauftrag aus 1666 bestärkt, wonach ein Turm (der südwestliche?) abzutragen und nach Vorbild der anderen viereckig zu erneuern sei. Da dies im überall homogen massiven Baubefund bislang an keiner Stelle zu belegen ist, müssen diesbezügliche Spekulationen offen bleiben. Direkt neben dem Hauptturm bzw. dessen steilem Talus haben sich Reste eines profilierten Keilsteinportals mit Zugbrückenfalz erhalten, das ins späte 14. Jahrhundert datiert werden kann und somit eine Entstehung wenig vor der Erstnennung 1394 bestärkt. Das Kastell wirkt wie eine Kopie des deutlich älteren potentiellen Kernbaus von Pressburg, womit der politische Anspruch des Adelsgeschlechts deutlich zum Ausdruck käme. Vielleicht stand hier wie dort auch in der Mitte ein großer Repräsentationsbau.[25] Das indizieren die archäologisch gefundenen Fundamentreste eines älteren Palasgebäudes gleicher Orientierung, das im 14. Jahrhundert wohl mit einem Gangvorbau versehen wurde, wodurch ein gleichzeitiges Bestehen sehr wahrscheinlich ist.

Nach dem Tod Ludwigs 1382 erhob der Brandenburger Kurfürst, der Luxemburger Sigismund (Sohn Kaiser Karls IV., ung. König 1387–1437) aufgrund seiner Ehe mit der Tochter des letzten ungarischen Anjou Anspruch auf den Thron und konnte ihn schließlich erringen. Sigismund gehörte zu den bedeutendsten Personen seiner Zeit.[26] Neben der Kurfürsten-

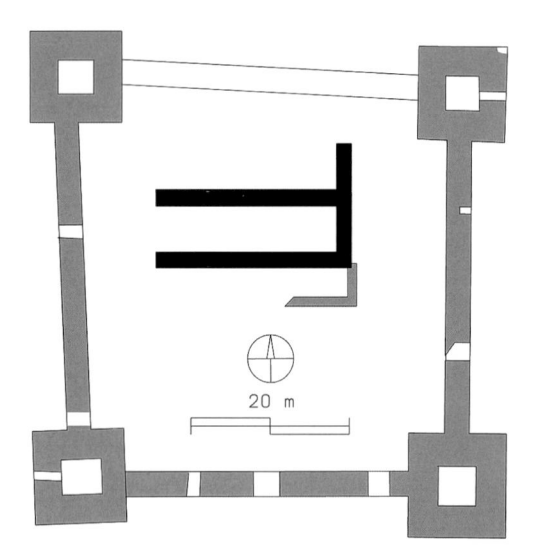

Abb. 10 | Eisenstadt (Kismarton), Österreich, Kernkastell um 1373

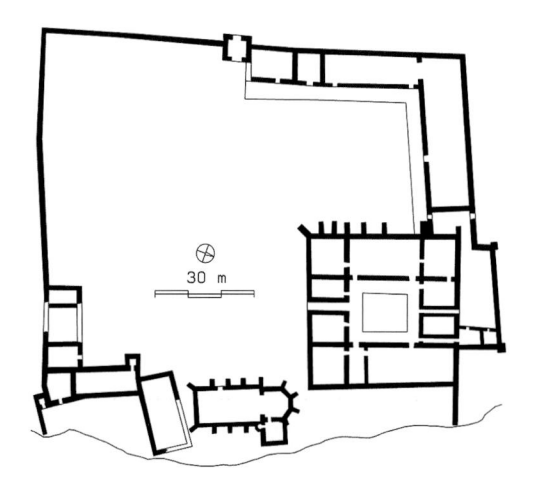

Abb. 11 | Visegrád, Ungarn, Bauten ab ca. 1390

würde wurde er mit der Krönung zum Doppelkönig von Ungarn und von Kroatien, ab 1411 war er römisch-deutscher König, ab 1419 König von Böhmen, 1431 erhielt er die lombardische Königskrone und 1433 vom Papst in Rom die Kaiserkrone. Durch zahlreiche Bündnisse und Friedensabkommen konnte er in Mitteleuropa ein relativ homogenes Reich schaffen, das jedoch auch durch ständige Kleinkriege in Frage gestellt wurde.

Innenpolitisch griff Sigismund hart gegen Aufrührer durch (etwa gegen die Güssinger), machte aber auch zahlreiche Zugeständnisse an den Hochadel, die diesen merklich stärkten und die Etablierung mächtiger Landgeschlechter förderten. Um die neue königliche Dynastie architektonisch zu manifestieren, ließ Sigismund zahlreiche Bauvorhaben ausführen, unter anderem großformatige Residenzen, die trotz regelmäßiger Struktur weniger dem Muster des vieltürmigen Kastelltypus folgten, als klosterartigen bzw. bischöflichen Hofanlagen. (Abb. 11)

Als Sigmunds erste Hauptresidenz entstand in Visegrád an der Donau anstatt einer älteren Anlage ein verzogen-rechteckiges Geviert von etwa 110 x 130 m, das heute weitgehend zerstört, jedoch durch Ausgrabungen relativ gut dokumentiert ist.²⁷

Eine gerade Achse vom tief gelegenen Torturm zur gegenüber freistehenden Palastkapelle am höchsten Punkt strukturierte das weitläufige, leicht ansteigende Gelände. In der Nordecke entstand ein fast quadratischer vierflügeliger Kernbau von 46 m Breite, der schon zu Beginn einen innen umlaufenden Arkadengang und einen zentralen Brunnen besessen hat. Große Pfeiler indizieren für das Obergeschoß schwere Kreuzrippengewölbe. Hier sind der eigentliche königliche Repräsentationsbereich sowie seine Wohngemächer zu vermuten. Im großen Hof gab es eine randständige Bebauung, die bis ins 15. Jahrhundert erweitert werden sollte. Zentral blieben große Freiflächen bestehen, die wohl für gesellschaftliche Anlässe genutzt wurden. Der militärische Aspekt spielte hingegen keine Rolle, lag die Residenz doch direkt an einem steilen Felshang. Immerhin wurde die darüber gelegene Obere Burg gleichzeitig großzügig ausgebaut, sodass diese als sicherer Rückzugsort bei Gefahren dienen konnte.

Ähnlich dürfte der königliche Kernpalast von Vigl'as ausgesehen, haben, der in mehreren Etappen ab ca. 1390 errichtet worden ist (Abb. 12).²⁸ An den Ecken finden sich im Bruchsteinmauerwerk wohl programmatisch Buckelquader, wie wenig später in Pressburg.²⁹ Auch in Vigl'as handelte es sich um ein verzogenes Rechteck von minimal 58 x 58 m Breite, das heute als stark veränderte Ruine erhalten ist. Die Konzeption als mehrflügeliges, kaum befestigtes Schloss wird als Weiterentwicklung vom direkt benachbarten Zvolen interpretiert, tatsächlich finden sich mit den zahlreichen zellenartigen Räu-

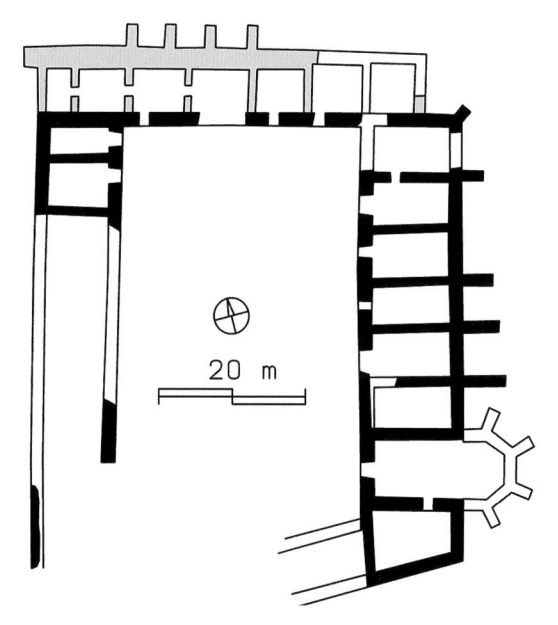

Abb. 12 | Vigl'as, Slowakei, Kernkastell ab ca. 1390

men und der integrierten, außen einst vorstehenden Kapelle direkte Analogien. Beide Schlösser lagen im gleichen Jagdgebiet und dienten ab dem frühen 15. Jahrhundert mehrfach längeren königlichen Aufenthalten. Eine sehr ähnliche funktionale und architektonische Konzeption wird für Gesztes vermutet, wo jedoch ohne archäologische Forschungen mangels sichtbarer Mauern keine Aussagen zu treffen sind.³⁰

Als zweite Bautengruppe etablierte sich etwas später eine stark befestigte königliche Residenzform, die zwar innen ähnlich repräsentativ ausgestaltet war, außen jedoch als mehrtürmige Kastellburg in Erscheinung trat (Abb. 13–14). An erster Stelle ist der monumentale Ausbau der alten Königsburg von Pressburg, nahe der österreichischen Grenze zu nennen.³¹ Über dem alten kleinen Kastell entstand nun ein trapezförmiges, maximal 82 x 85 m großes Geviert mit bemerkenswert starken Außenmauern, das innen als Vierflügelanlage konzipiert war. Bis auf den alten Südostturm verzichtete man auf weitere Türme, jedoch dürften schon zu Beginn an den anderen Ecken turmartige Aufsätze bestanden haben, die einen viertürmigen Bau suggerierten. Ansonsten überwog durch das prunkvolle Trichterportal sowie durch großformatige Fenster und zahlreiche gewölbte Räume der repräsentative Residenzcharakter. Diese Burg, die Sigismund wohl nicht zufällig an der Grenze des Römisch-Deutschen Reichs errichtet hat und deren gleichzeitig befestigte Unterstadt ein programmatisches Buckelquadertor als Gegenstück zum gegenüber liegenden Hainburger Ungartor aufweist, wird wie auch ein weiteres Außentor von sorgfältig gearbeiteten Buckelquadern gerahmt, die gemeinsam mit dem viertürmigen Kastellkonzept als deutliches Zeichen der Königsmacht zu deuten sind.³² Zudem ist

Abb. 13–14 | Pressburg, Slowakei, Kernkastell, 1. H. 15. Jh.

mit im Osten außen vorstehendem Kapellenchor, Kreuzgratgewölben, Kreuzstockfenstern, Konsolgängen im Obergeschoß und Eckbuckelquadern erneuern hat lassen.[33] Auch die Wiener Hofburg hatte in den vorigen Jahrzehnten einen Großausbau zum Vierflügelschloss samt im Osten vorstehendem Kapellenchor erhalten.[34] Weiters waren mit der herzoglichen Jagdresidenz Laxenburg sowie dem habsburgischen Witwensitz Perchtoldsdorf in dieser Zeit ähnliche mehrflügelige sowie mehrtürmige Gevierte mit Rippengewölben und Kreuzstockfenstern entstanden, die alle als unmittelbare Vorbilder dienen konnten.

Nach dem Konzept von Pressburg dürfte unter Sigismund auch die Burg Várpalota zum wehrhaften geräumigen Schloss von etwa 56 m Seitenlänge ausgebaut worden sein (Abb. 15).[35] Zwar sind keine zeitgenössischen Baunachrichten vorhanden, es ist aber zu vermuten, dass inmitten des königlichen Besitzes der Heerführer Miklos Komt in Auftrag des Kö-

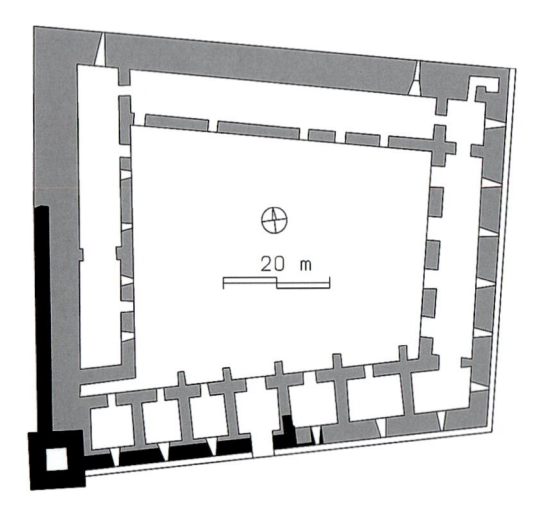

auf die enge persönliche Verbindung zum direkt benachbarten österreichischen Herzog zu verweisen, der als Wunschnachfolger Sigismunds im Fall seines kinderlosen Ablebens erst wenige Jahre zuvor die durch ein Erdbeben eingestürzte Burg Wiener Neustadt als geräumige viertürmige Residenzanlage

nigs hier einen 1397 erstmals urkundlich genannten Bau errichten hat lassen.[36] Während der heute das Schloss überprägende festungsartige Ausbau knapp vor 1445 datiert werden kann, zeigt die Entwicklung davor eine komplexe Genese von der vermutlichen Dorfkirche über einen kaum befestigten Gutshof bis zur gegenständlichen Kastellburg. Sie besaß vier dominante Ecktürme und im Hof zumindest drei zugehörige Flügel mit Hinweisen auf einen einst durchlaufenden Außengang im Obergeschoß, zudem Kreuzrippengewölbe und zugehörige Spitzbogentüren. Sekundär versetzte großformatige Kreuzstockfenster sind wohl ebenfalls dieser Phase zuzuordnen. Durch ansetzende Mauerstutzen kann zumindest für die Planung eine vierflügelige Hofverbauung angenommen werden. Nach Osten stand zentral der ältere Kapellenchor hervor, der im Obergeschoß polygonal überbaut war. Besonders bemerkenswert sind im Südosttrakt Reste von Freskenausstattungen in Fensternischen, die wohl den König samt seiner Frau darstellen. Ähnlich prunkvoll werden wohl auch die Raumschalen selbst ausgemalt gewesen sein.

Die Datierung dieses repräsentativen Kastells kann durch den älteren hochgotischen Gutsbau mit seiner ins mittlere 14. Jahrhundert gehörenden Fenstergruppe (wohl unter Ludwig von seinem Gespan von Pressburg und königlichen Mundschenk Miklós Bertalan errichtet) sowie durch den späteren Festungsumbau im mittleren 15. Jahrhundert (unter Miklós Ujlaki) grob in die Zeit dazwischen gesetzt werden. Konzeption und Baudetails wie Rippengewölbe und Kreuzstockfenster passen exakt zu den genannten Bauten Sigismunds, sodass eine parallele Entstehung sehr wahrscheinlich ist.

In die Jahre vor 1410 datiert eine deutlich kleinere königliche Nebenresidenz in Tata, direkt am gleichnamigen See (Abb. 16–17).[37] Diese im 15. sowie 19. Jahrhundert wesentlich veränderte und bis vor kurzem als Ruine stark reduzierte Anlage, die derzeit wiederhergestellt wird, kann nur anhand der wenigen originalen Bauteile und grober Ausgrabungsergebnisse von 1965 analysiert werden.[38]

Demnach entstand auf Basis einer älteren (kastellförmigen?) Burg in der Stadtecke ein neues regelmäßiges Kastell mit 45 m Breite und vier bis 12 m breiten Ecktürmen (Abb. 18). Eine zentrale Achse führte vom Haupttor über einen Arkadenhof zur gegenüber liegenden Schlosskapelle, deren Apsis in einer zweiten Phase polygonal vor die Ostfront gestellt wurde. Um den Hof gab es jedenfalls drei Trakte, die Nordseite scheint unklar, eventuell wurde ein dort ebenfalls geplanter Flügel durch eine Planänderung nie ausgeführt. Die Pfeilervorsprünge deuten an, dass auch in Tata das (nicht erhaltene) Obergeschoß mit Kreuzrippengewölben als Beletage ausgebildet war.

Entfernte Ähnlichkeiten zeigt das heute stark reduzierte Kastell von Stremt, auf einer Sumpfinsel in Siebenbürgen gelegen, für das es keinerlei frühe Baudaten gibt (Abb. 19).[39] Da das Gebiet im Mittelalter ungarisch beherrscht war, könnte hier zur gleichen Zeit eine weitere königliche Burg entstanden sein, die aber vielleicht nie planmäßig fertig gestellt wurde. 1442 gab man den Bau jedenfalls zum Abbruch frei, wodurch zumindest eine Zeitstellung davor gesichert ist. Die wenigen Reste deuten auf ein regelmäßiges Kastell von 33 x 40 m mit

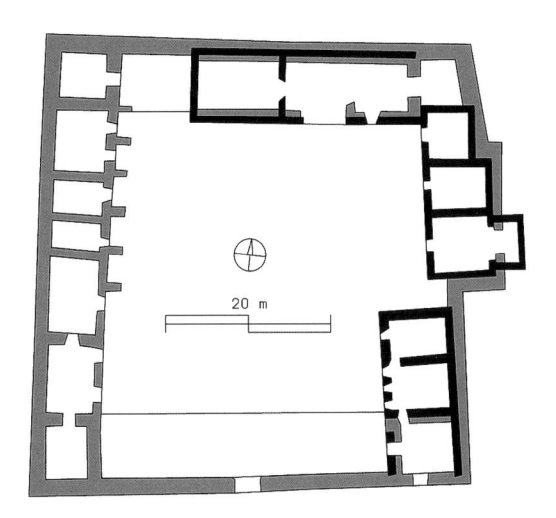

Abb. 15 | Várpalota, Ungarn, Zustand unter Sigismund

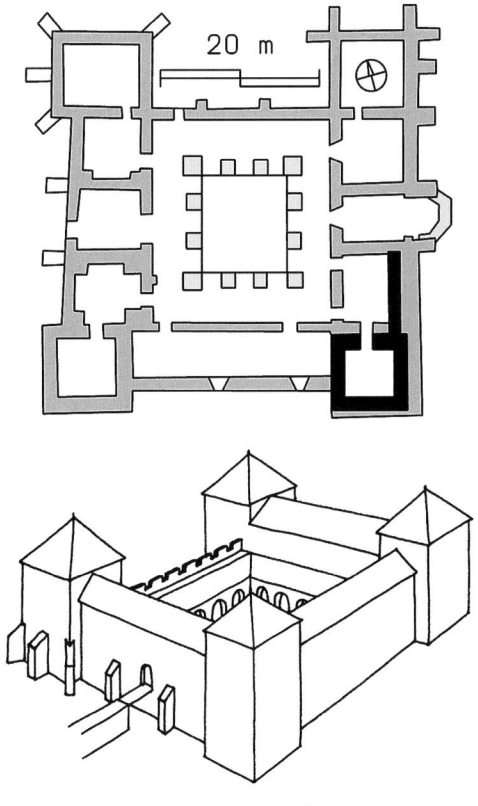

Abb. 16–17 | Tata, Ungarn, Kernkastell vor 1410

KÖNIGREICH UNGARN | 433

Abb. 18 | Tata, heutige Ansicht

vier nur 4 m schmalen Ecktürmchen, die mit langen Außenpfeilern schräge Kanten ausbildeten. Das homogene Kompartimentmauerwerk zeigt Parallelen zu den vorgenannten Kastellen und deutet jedenfalls ins Spätmittelalter, mangels eingehender Forschungen müssen exakte Zeitstellung und Funktion dieser Anlage jedoch vorerst offen bleiben.

Nicht zuletzt ist der etappenweise während der gesamten Regentschaft Sigmunds durchgeführte Großausbau der Burg von Ofen zur geräumigen Hauptresidenz zu beachten.[40] Hier folgte man zwar aufgrund der integrierten Bausubstanz und des steilen länglichen Geländes nicht dem regelmäßigen Rechteckhof, jedoch finden sich mit den lang gestreckten, pfeilergestützten Trakten mit Kreuzstockfenstern und dem vortretenden neuen Kapellenchor bei Minimierung der Wehrelemente an den Hauptbauten gleiche Grundprinzipien.

Auch unter Sigmund ließ der Hochadel einige wenige dem König nachgeahmte Bauten errichten (Abb. 20). Allem voran ist Kanizsa zu nennen, das jedoch im 18. Jahrhundert völlig abgetragen und im 20. Jahrhundert nur grob archäologisch freigelegt wurde.[41] Immerhin konnte in Kombination mit historischen Plänen inmitten einer künstlichen Insel der verzogen-rechteckige Grundriss eines ca. 37 m breiten Palastgevierts belegt werden, das als Vierflügelanlage mit symmetrischen Raumfolgen um einen zentralen Hof konzipiert war. In diesen Hof führende einzelne Mauerstutzen lassen vermuten, dass der Arkadengang (ähnlich wie in Tata) erst einer späteren Phase angehört. Aufgrund von Bestattungsfunden im Norden könnte es eine zentrale Achse vom südlich gelegenen Torturm zu einer gegenüber liegenden Kapelle im Nordtrakt gegeben haben. Als Bauherr wird Miklós Kanizsai vermutet, der hier neben der namengebenden Siedlung Kanizsa eine neue prachtvolle Residenz anlegen ließ und damit ebenso deutlich an königliche Bauten anschloss, wie seine Familie wenige Jahrzehnte zuvor in Eisenstadt. Damals überwog der kastellförmige, wehrhafte Charakter, diesmal folgte man dem modernen Typus der mehrflügeligen kaum befestigten Landresidenz.

Auch in Nordostungarn schloss der Hochadelige Peter Cudar in Ónod diesem königlichen Vorbild an, verwirklichte jedoch nur drei Flügel.[42] Hier sind durch jüngere Ausgrabungen weitere Erkenntnisse zu erwarten, jedenfalls gab es ebenfalls einen dominanten Torturm. In Ozora südlich des Balatons ließ Sigismunds persönlicher Vertrauensmann Filippo Scolari ein 34 m breites Vierflügelschloss mit zentralem Arkadenhof und Brunnen errichten, das mit Kapellenerker in der Ostfront sowie großformatigen Kreuzstockfenstern an königliche Vorbilder erinnert.[43] Weitere rechteckige Adelsbauten dieser Zeit werden zwar vermutet, sind jedoch stark überformt oder nicht mehr erhalten. Sie erreichten jedenfalls in Größe und Ausstat-

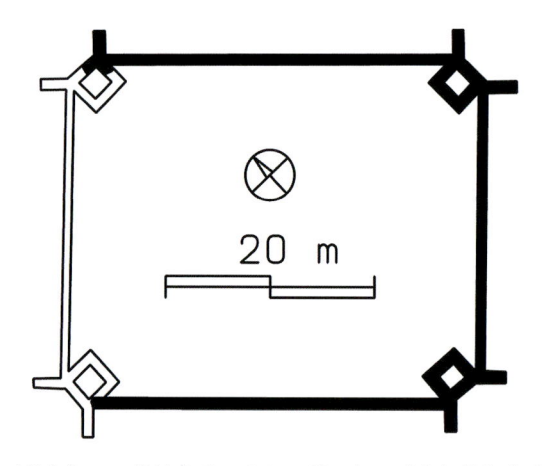

Abb. 19 | Stremt (Diód), Rumänien, Kernkastell 14./15. Jh.?

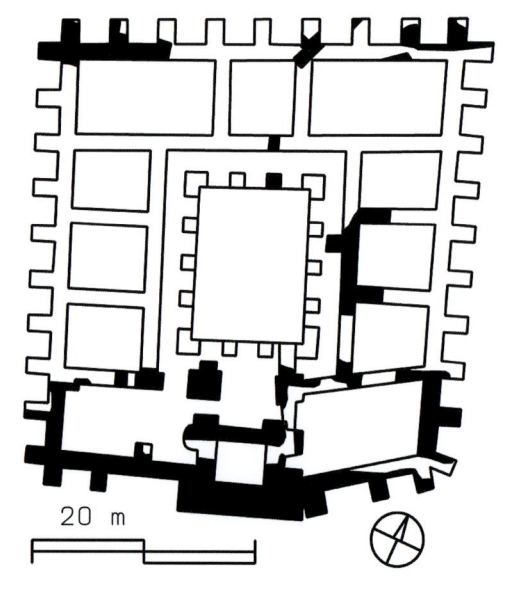

Abb. 20 | Kanizsa, Ungarn, Kernkastell um A. 15. Jh.

434 KÖNIGREICH UNGARN

tung nie die königlichen Ausmaße. Nach dem Tod Sigismunds 1437 erbten die österreichischen Habsburger die Krone, worauf keine klassischen kastellförmigen Bauten mehr in Ungarn entstanden. Jedoch gab es weiterhin rechteckige Adelsbauten, die durchaus mehrere Türme aufweisen konnten, so etwa im nur archäologisch erfassten Patak in Nordungarn.[44]

---

1 Feld 1999, 80.
2 Fischer 1999, 16.
3 Fügedi 1989, 24.
4 Magyar 1997, 110.
5 Siklósi 1999, 292.
6 Miňo 2011, 299.
7 Plaček, Bóna 2007, 31 bzw. 74.
8 Šulcová 2004, 308.
9 Ćurčić 1997, 42.
10 Fügedi 1989, 26.
11 Schicht 2003, 81.
12 Holl 1970, 155 bzw. zahlreiche weitere Berichte von Holl, ausführliche Literaturhinweise bei Schicht 2003, 80 f.
13 Semmelweis 1947, 62 bzw. Schicht 2003, 158.
14 Publiziert bei Krauscher 1995, 28 bzw. 135.
15 Prickler 1972, 171.
16 Fodale 2000, 985.
17 Feld 2009, 150.
18 Feld 2011, 138.
19 Plaček, Bóna 2007, 336.
20 Nicht berücksichtigt muss das Kastell Baba Vida im heute bulgarischen Widin an der Donau bleiben. Die Region war 1365–69 in ungarischen Händen und verblieb dann länger unter ungarischer Oberhoheit. Das klassische Kastell mit vier Ecktürmen und mehreren Erweiterungen scheint nicht endgültig bauhistorisch erforscht, so kursieren in der Literatur weit gespannte Datierungen von der Spätantike bis ins Hochmittelalter. Eventuell nahmen auch die Ungarn einige Veränderungen vor, die jedenfalls nicht schriftlich überliefert sind. Vgl. Ćurčić 1997, 174. bzw. Ćurčić 2010, 613.
21 Emery 2016, 84, 87, 92, 102.
22 Sauer 1999, 254.
23 Schicht 2003, 59.
24 Holzschuh 1995, 145.
25 Sauer 1999, 260.
26 Wefers 2000, 1868.
27 Feld 2009, 139.
28 Plaček, Bóna 2007, 319.
29 Durdik 1994, 229.
30 Feld 2011, 138.
31 Plaček, Bóna 2007, 76.
32 Schicht 2011, 182.
33 Schicht 2003, 182.
34 Mitchell, Buchinger 2015, 168.
35 Gergelyffy 1967, 259.
36 Csaba 1990, 184.
37 Vendel 1998, 39.
38 Feld 2011, 145.
39 Anghel 1982, 285. Neuerdings wird eine Datierung um 1450 vermutet, was bisherigen Ansichten widerspricht. Vgl. Feld 2004, 57.
40 Feld 1999, 85.
41 Feld 2011, 140.
42 Feld 2011, 141.
43 Feld 2011, 142.
44 Feld 2004, 67 sowie in Ardud (um 1480), freundliche Mitteilung von Péter Levente Szöcs.

Neamt, Rumänien

FÜRSTENTUM MOLDAU

Nordwestlich des Schwarzen Meers lag im Spätmittelalter das große Land Moldau, das am Schnittpunkt der großen Regionalmächte Ungarn, Tataren und Byzanz relative politische Unabhängigkeit erreicht hat, heute jedoch auf Rumänien, Moldau und die Ukraine aufgeteilt ist.[1] Nach der weitgehenden Annexion des Gebiets durch Ungarn gründeten 1354 Siedler aus Siebenbürgen einen eigenen ungarischen Vasallenstaat, der sich 1359 unter Fürst Bogdan I. völlig unabhängig erklärte und 1387 nur nominell Polen unterordnete.

Erst mit der Expansion der Osmanen verlor man große Gebiete und wurde im 16. Jahrhundert zu diesen tributpflichtig. Im 19. Jahrhundert entwickelten sich schließlich in Zusammenlegung mit der Walachei im Süden der moderne Staat Rumänien und im Norden die Republik Moldau.

Nach einer ersten Phase der inneren Organisation des jungen Landes etablierte Fürst Peter II. Musat (1374–91) mehrere Residenzbauten, die sich programmatisch an den mitteleuropäischen Fürstenhöfen orientierten und mit diesen durchaus mithalten konnten (Abb. 1–2)

Allem voran ist seine Hauptresidenz zu nennen, die er mit der Verlegung der Hauptstadt an den Fluss Suceava bzw. an eine antike Überlandstraße um 1380 begonnen haben dürfte.[2] Die später zur Festung ausgebaute Anlage blieb nach einem Erdbeben von 1684 stark ruinös und ist heute im Wiederaufbau, jedoch konnten dabei archäologische Grabungen einen Gutteil des primären Grundrisses freilegen.[3] Demnach handelte es sich um ein regelmäßiges Geviert von 43 m Seitenlänge, das außen wohl symmetrisch von vier weit vorstehenden Ecktürmen sowie vier zentralen Mauertürmen flankiert war. Innen gehörten zur ersten Phase drei U-förmige Trakte, die einen 30 m langen Hof einrahmten. Das konsequente Baukonzept weist mit seinen ausgereiften Lösungen auf die Übernahme geschulter Planer, wobei vor allem an ungarische Königsresidenzen als Herkunft zu denken ist. Der Vorsatz von hohen Pfeilerpaaren an den Türmen findet sich dort zwar nicht, sehr wohl aber weiträumig von Mähren über Siebenbürgen bis Bosnien, sie sind zudem ein zeittypisches Merkmal der regionalen Sakralarchitektur, sodass hier eine ungarisch geprägte Architektur von lokalen Bauleuten ausgeführt scheint. Jedenfalls entstand damit ein machtvolles Zeichen des jungen Fürstentums, das programmatisch außen starke Wehrhaftigkeit signalisierte, innen aber geräumigen Platz für eine repräsentative Hofhaltung bot.

Als Schutz der Südwestflanke der neuen Hauptstadt entstand auf einem kleinen Hügel direkt über der Überlandstraße mit dem Kastell Scheia ein wohl rein militärisch orientiertes Fort, das gemäß charakteristischem Bruchsteinmauerwerk gleichzeitig zur Residenz zu datieren sein wird und heute ebenfalls stark reduziert ist (Abb. 3–4).[4] Das bemerkenswert verzogene Geviert von 42 x 46 m war von vier weit vorstehenden Tür-

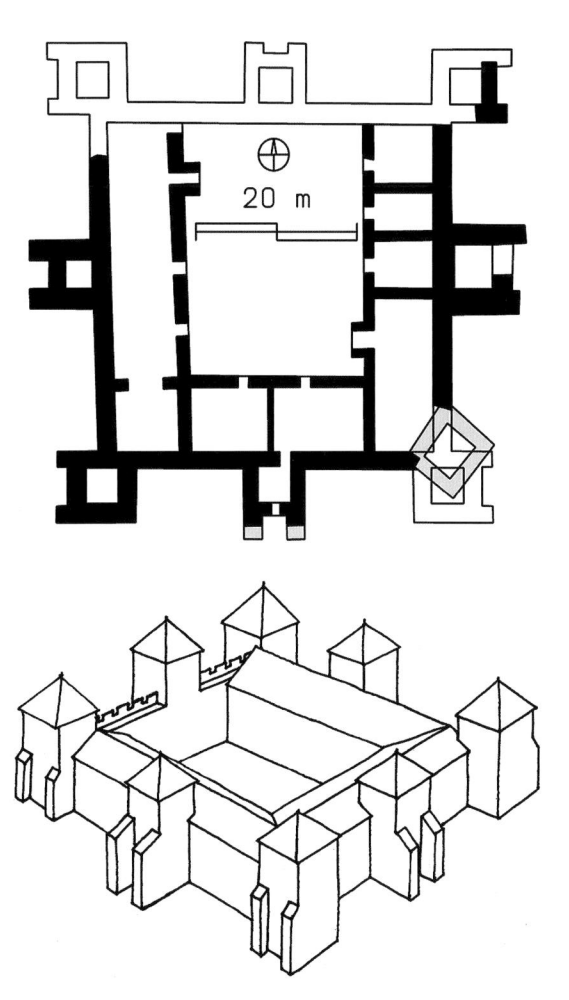

Abb. 1–2 | Suceava (Scaun), Rumänien, Kernkastell um 1380

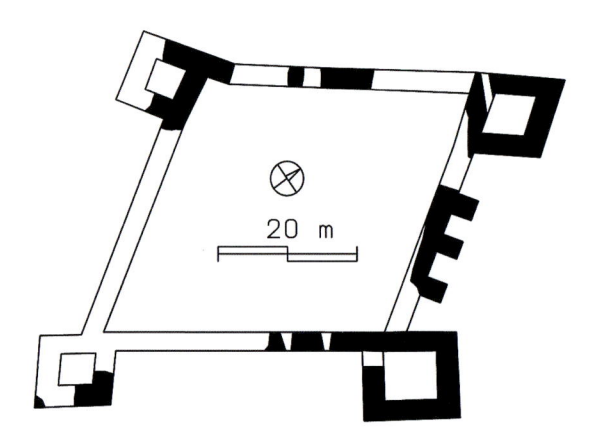

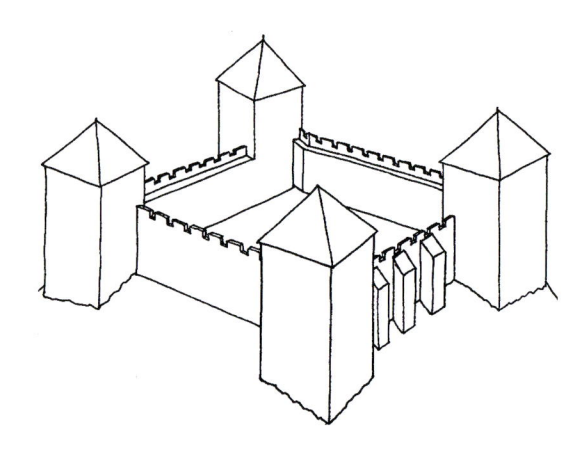

Abb. 3–4 | Scheia, Rumänien, Kernkastell um 1380

men flankiert, wovon einer mit 14 m Breite gegenüber den anderen mit etwa 10 m hervorgehoben ist. Hier fehlen an den Türmen die Außenpfeiler, jedoch gab es an der Ostfront eine enge Pfeilerreihe.

Als dezentrale Nebenresidenz und programmatische Grenzburg zu Ungarn ließ Peter II. in Neamt eine bis heute gut erhaltene Anlage errichten, die sehr deutlich an die ungarischen Vorbilder anschloss (Abb. 5).[5] Das 1395 erstmals urkundlich dokumentierte Kastell auf einem steilen Felsgrat über dem Fluss Neamt hat einen trapezförmigen Grundriss von etwa 34 x 46 m und zeigt wie Suceava drei Hofflügel, in die diesmal jedoch die vier Ecktürme bündig integriert sind. Im Erdgeschoß gab es kleine Zellenstrukturen, während das repräsentative Obergeschoß eine großzügige Beletage bildete, in der eine kleine Kapelle mit Halbkreisapsis integriert war.

Außen stehen zahlreiche Pfeiler vor die Mauern, die jedoch im Gegensatz zu Suceava niedrig enden (Abb. 6). Einst dominierten wohl die hoch aufragenden Türme, sie sind heute jedoch gekürzt und in eine spätere Aufstockung integriert. Ursprünglich machte damit auch dieser Bau außen den Eindruck eines wehrhaften Vierturmkastells, während innen der geräumige Residenzcharakter überwog.

Nach einigen Jahrzehnten der politischen Stabilität verschärfte sich im mittleren 15. Jahrhundert die Gefahr eines Osmaneneinfalls. Fürst Stephan der Große (1457–1504) begann daher, entlang des Grenzflusses Dnjestr an allen größeren Furten Burgen und Städte zu verstärken bzw. neue Forts zu errichten. Dabei warf man teilweise zunächst Holz-Erdeschanzen auf, die in der Folge vom lokalen Bauverwalter Stefan cel Mare durch massive Bollwerke ersetzt wurden. Gleichzeitig wurden im Landesinneren die Hauptresidenzen durch vielturmige kastellförmige Vorburgen erweitert, so erhielten auch die fürstlichen Sitze Suceava und Neamt entsprechende Wehrbauten.[6]

Die meisten Burgen entlang der Grenze bekamen punktuelle Verstärkungen durch neue Mauern und Flankentürme, etwa in Tighina (Bender) und Hotin, die Standorte Gadinti, Alba und Soroca wurden hingegen fast völlig neu befestigt (Abb.

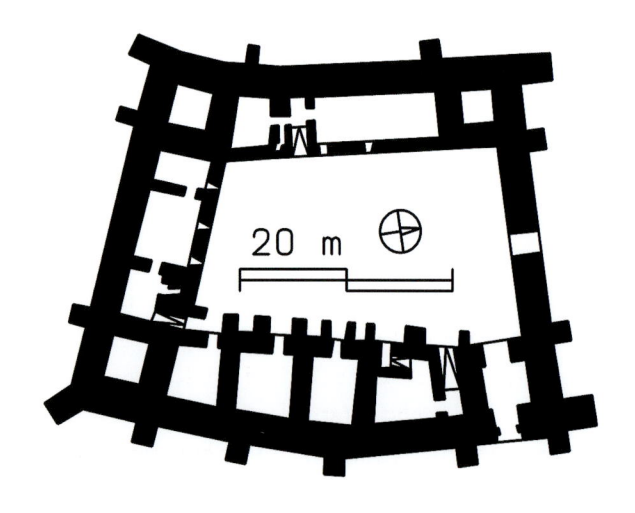

Abb. 5–6 | Neamt, Rumänien, Kernkastell 4. V. 14. Jh.

438 | FÜRSTENTUM MOLDAU

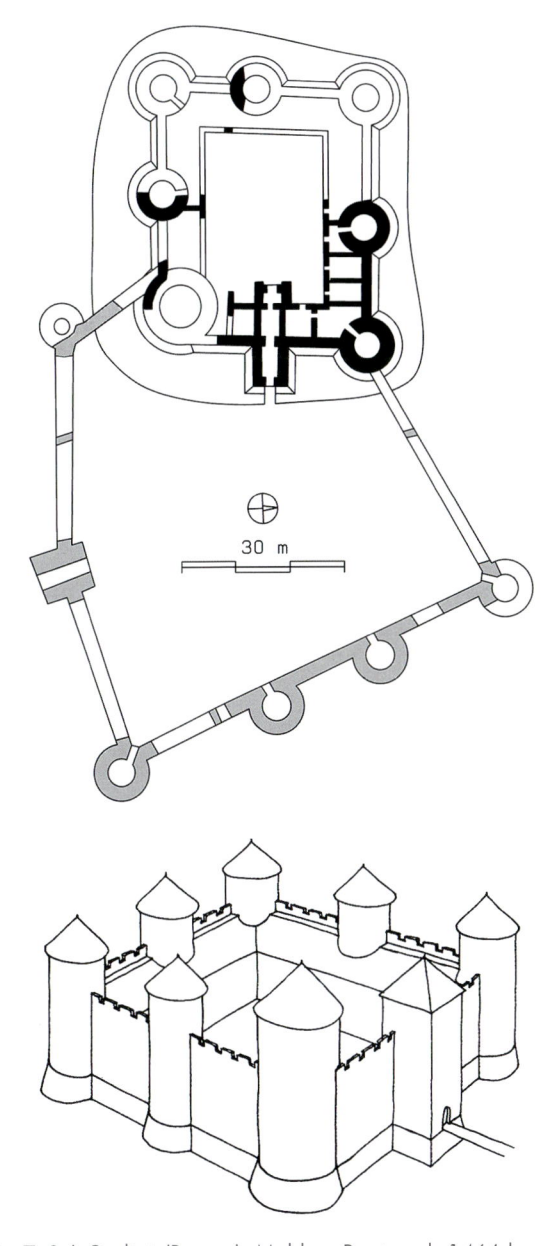

Abb. 7–8 | Gadinti (Roman), Moldau, Bauten ab 1466 bzw. ab 1478

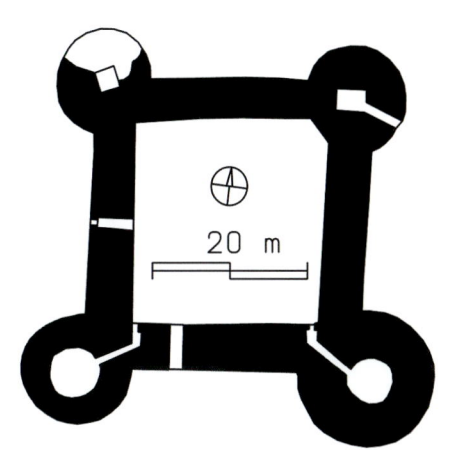

Abb. 9–10 | Alba, Ukraine, Kernkastell M. 15. Jh.

7–8).⁷ Die nahe Gadinti gelegene Festung Roman wurde 1466 unter Stefan dem Großen begonnen und 1478 durch eine geräumige Vorburg erweitert.⁸ 1675 musste sie auf osmanischen Wunsch vollständig abgetragen werden, sodass heute nur die Ausgrabungsergebnisse aus den 1960er Jahren zur Verfügung stehen. Demnach war das Kernkastell ein verzogen-rechteckiges Geviert von 40 x 46 m, das durch einen runden Hauptturm mit 14 m Durchmesser, sechs weitere ca. 10 m dicke Flankentürme sowie einen rechteckigen Torturm bestens geschützt war. Die Mauern von etwa 2,5 m Stärke stehen auf steilen Sockeln, die konsequent im umlaufenden Graben ansetzen. Während außen der wehrhafte Eindruck dominierte, deutet innen ein großer Hof mit vier wohl gleichförmigen Trakten auf einen gewissen Komfort, jedenfalls konnte hier eine größere Garnison längerfristig untergebracht werden.

Die wenige Jahre später errichtete Vorburg schloss mit ihren regelmäßigen runden Turmfolgen, dem eckigen Torturm und den bis zu 2,8 m starken Mauern an den gleichen Prinzipien an.

Einen anderen Weg bestritt man in Alba (der weißen Stadt), nahe der Einmündung des Dnjestr ins Schwarze Meer (Abb. 9).⁹ Diese alte Hauptgrenzfestung besaß bereits weitläufige Wehranlagen, die nur durch weitere Vorwerke und Türme zu verstärken waren (Abb. 10). Lediglich das innerste Fort wurde völlig abgebrochen und durch ein viertürmiges Kastell von 35 m Breite ersetzt, das heute bis auf eine Kante fast unverändert erhalten ist. Der Südostturm war mit 16 m Durchmesser der Hauptturm, die anderen drei maßen mit 13 m Durchmesser etwas weniger, die Mauerstärken erreichten bis ca. 6 m. Wiederum saß ein umlaufender steiler Sockel in einem schmalen aber tiefen Graben. Sehr ähnlich dürfte das Grenzkastell von Orhei konzipiert gewesen sein, das heute jedoch fast ganz zerstört ist. Deutlich anders ist das an einer Furt des Dnjestr gelegene hervorragend erhaltene Fort von Soroca strukturiert, das 1499

Abb. 11–12 | Soroca, Rumänien, Kernkastell 2. H. 15. Jh.

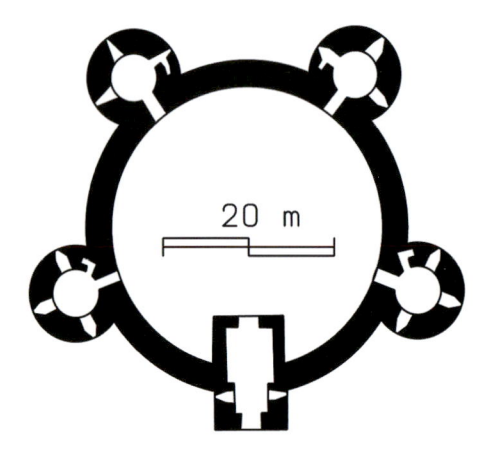

erstmals erwähnt wird. Es besteht aus einem kreisförmigen Bering mit 37,5 m Durchmesser und 3 m starken Mauern, der durch vier runde Flankentürme mit 10 m Durchmesser, einen eckigen Torturm sowie zahlreiche Geschützscharten beschützt wird und einst inmitten eines Grabens auf steilem Sockel stand (Abb. 11–12). Innen deuten umlaufende Lochreihen auf eine einstige hölzerne Binnenbebauung. Alle genannten Festungen zeigen gleiche Baudetails und bildeten eine konzertierte Grenzverteidigung der Einfallstore ins Fürstentum, dennoch zeigen sie originelle und experimentelle Einzellösungen, die gut die zeitgenössische Herausforderung an die Festungsbauer angesichts immer effizienterer Geschütze spiegeln.

Sie belegen aber auch einen äußerst engagierten und innovativen Bauwillen am Rand der christlichen Welt, der durchaus mit den verzweifelten Bemühungen der Kreuzfahrer verglichen werden kann, aber in der europäischen Burgenkunde noch viel zu wenig beachtet wird. Letztlich scheiterten auch hier alle Anstrengungen: in wenigen Jahren eroberte der osmanische Sultan Suleiman der Prächtige mit seinen großformatigen Kanonen sämtliche Festungen und stieß in kürzester Zeit bis Wien vor.

FÜRSTENTUM MOLDAU

1 An dieser Stelle sei an das südlich benachbarte Fürstentum Walachei erinnert, das vor allem unter Mircea cel Bătrân (1386–1418) ebenfalls Unabhängigkeit erreichen konnte und sich durch Bündnisse mit Polen, Ungarn und Moldau aber auch durch heroische Kämpfe sowie starke Festungen gegen die oftmals angreifenden Türken behaupten konnte. Die zugehörigen Bauten scheinen teilweise kastellförmig strukturiert, etwa Enisala. Es liegen jedoch keine (zugänglichen) Auswertungen vor, sodass sie hier nicht vorgestellt werden können.

2 Ionescu 1977, 121.
3 Sion 1997, 186.
4 Vătăsianu 1959, 289.
5 Sion 1997, 188.
6 Vătăsianu 1959, 705.
7 Vătăsianu 1959, 296, Ionesco 1972, 140.
8 Petrescu 2007, 73.
9 Anghel 1982, 288.

Manfredonia, Italien

KÖNIGREICH NEAPEL

KARL I. VON ANJOU (1266–85)

Kaiser Friedrich II. hatte in seinem süditalienischen Königreich, das im Wesentlichen aus dem südlichen Teil der italienischen Halbinsel und der Insel Sizilien bestand, zwischen 1220 und 1250 einen zentralistisch geführten Beamtenstaat gefestigt, den seine staufischen Nachfolger Manfred und Konradin nur kurz weiterführen konnten, da der Papst nach der Usurpation des Throns durch Manfred massiv gegen ihn intrigierte. Nach mehreren erfolglosen Versuchen einer Allianz mit europäischen Fürsten überzeugte das Kirchenoberhaupt schließlich den französischen König, in Süditalien einzumarschieren. Ludwig VIII. sandte 1263 seinen jüngsten Sohn Karl, bislang militärisch sehr erfolgreicher Landesherr der Provence, nach Italien wo dieser 1265 vom Papst mit Sizilien belehnt und 1266 zum König gekrönt wurde. Nach der siegreichen Entscheidungsschlacht bei Benevent, wo der staufische König den Tod fand, wurden zügig französische Beamte eingesetzt, die Steuern erhöht und in einem Schauprozess der gefangene Staufer Konradin verurteilt und enthauptet.

Unverzüglich wandte sich Karl in staufischer Tradition dem östlichen Mittelmeer zu, wohin er die Herrschaft wieder ausdehnen wollte. 1267 wurde ein Vertrag zur christlichen Rückeroberung Konstantinopels geschlossen, 1270 schickte man erste Truppen auf den Peloponnes, 1272 erfolgten die Eroberung von Durazzo und die Ausrufung eines lokalen Königreichs Albanien unter Karls Führung. Bald bildete sich jedoch eine gegnerische Allianz, die einen umklammernden französischen Einfluss fürchtete. Der neue Papst, das Fürstenhaus Aragón (das sich selbst als Erben der Staufer sah) und der byzantinische Kaiser

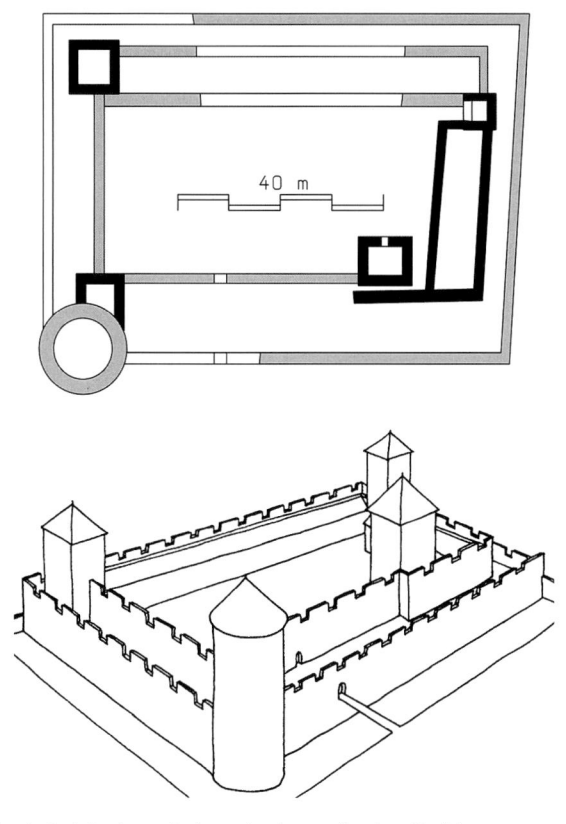

Abb. 1–2 | Barletta, Italien, Ausbaustufen bis Karl I.

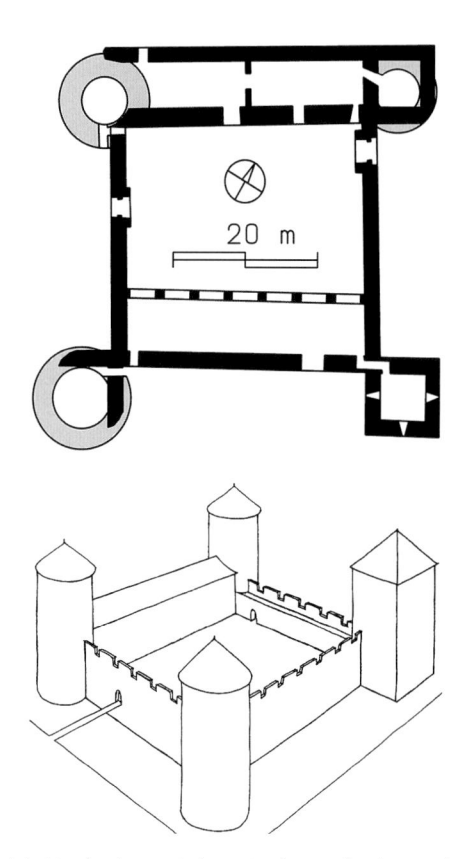

Abb. 3–4 | Manfredonia, Italien, Ausbaustufen bis Karl I.

Abb. 5 | Manfredonia, Ansicht vom Meer

untergruben die Ambitionen daher zunehmend. Dennoch gelang 1277 durch Ankauf des Titelanspruchs auf die Krone von Jerusalem (von Maria von Antiochia) der Gewinn eines weiteren Königstitels. Im Verein mit dem verbündeten Templerorden und lokal stationierten französischen Truppen konnte man tatsächlich in der Levante Fuß fassen, die Herrschaft in Akkon übernehmen und den bisherigen König nach Zypern vertreiben. Im Jahr 1282 folgte jedoch ein entscheidender Schnitt in Karls Karriere. In der sogenannten „Sizilianischen Vesper" erhoben sich die Inselbewohner, vertrieben die französischen Beamten und proklamierten den eilig herbeigeholten, mit einer Tochter des Staufers Manfred verheirateten Aragónesen Peter III. zum König von Sizilien. Sämtliche Versuche der Wiedereroberung Karls scheiterten und er musste umgehend Maßnahmen zur Verteidigung des italienischen Festlands treffen, um wenigstens dieses zu halten. Die beiden Reiche blieben von nun an geteilt, das bewahrte wird heute Königreich Neapel genannt, wenngleich der nominelle Titelanspruch aufs Königreich Sizilien weiter bestehen blieb.

Die architektonische Frühzeit Karls war von der Weiterführung offener staufischer Baustellen geprägt, wobei trotz jüngster Intensivierung die Forschung[1] noch keine überblicksmäßigen Studien zur königlichen Bautätigkeit vorgelegt hat. Prägend blieb zunächst das flächige Buckelquadermauerwerk, das ohne Zäsur Verwendung fand, etwa bei der Fertigstellung von Lagopesole, Barletta und Taranto. Konzeptionell findet sich ein tendenzielles Zurücktreten der Türme zugunsten durchgehender randständiger Gebäudetrakte, etwa in Taranto.

Die auf ein normannisches Kastell zurückgehende und unter dem Staufer Friedrich erweiterte Stadtzitadelle von Barletta erhielt gemäß urkundlicher Dokumentation in den Jahren 1266–1280 in mehreren Etappen meerseitig einen langen Gebäudetrakt, eine Kapelle sowie einen konsequenten zweiten Mauerumlauf mit einem einzigen stadtseitigen Rundturm mit 17 m Durchmesser und somit dominanter Größe, der den dortigen älteren Eckturm ersetzte (Abb. 1–2).[2] Die hohen, im

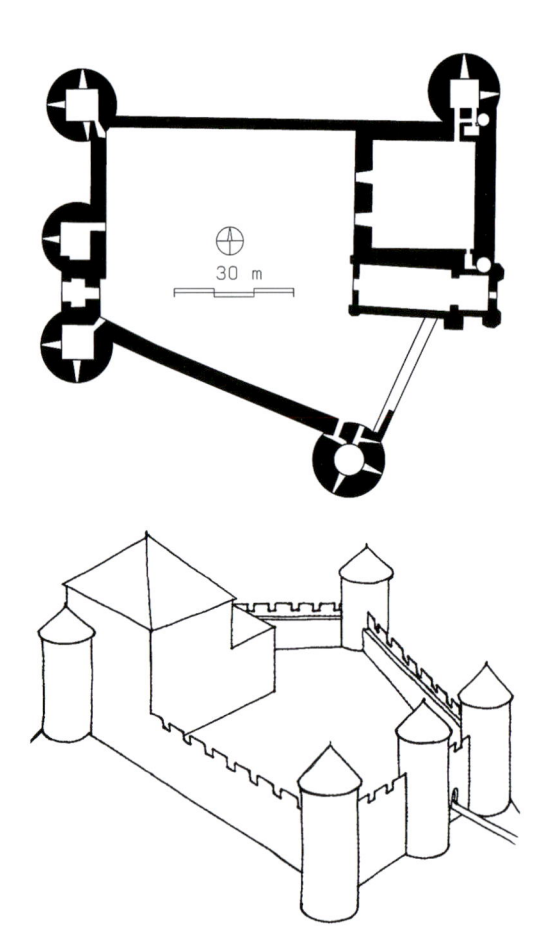

Abb. 6–7 | Neapel, Italien, Kernkastell 1279–82

444 KÖNIGREICH NEAPEL

Abb. 8 | Neapel, Torfront

Sockel geböschten Mauern wirkten nun wie ein homogenes Geviert, das von einem bergfriedartigen Hauptturm, wohl dem Wohnturm des Königs, akzentuiert war.

Auch die erst kurz davor unter Manfred errichtete Stadtburg von Manfredonia, die wohl noch gar nicht fertig gestellt war, erhielt nun anstelle von rechteckigen drei runde Ecktürme, wovon die zwei stadtseitigen mit 13 m Durchmesser dominierten (Abb. 3–4).

In diese frühe Gruppe gehörte vielleicht auch ein Ausbau von Lucera, dessen großformatige staufische Zitadelle nun durch zwei dominante stadtseitige runde Ecktürme geprägt war, deren elegantes Buckelquadermauerwerk im oberen Teil in Glattquader übergeht (Abb. 5).

In deutlich kleinerem Maßstab erhielten die einst staufischen Burgen von Gaeta, Otranto, Reggio, Avella und Comiso ein bis mehrere Rundtürme, deren exakte Zeitstellung und Zuordnung noch ausstehen.

Urkundlich bestens überliefert ist hingegen die Errichtung der neuen königlichen Hauptburg in Neapel, die im Rahmen einer weitreichenden Befestigung der Stadt in nur drei Jahren unter Leitung des französischen Architekten Pierre de Chaulnes fertig gestellt wurde (Abb. 6–7).[3] Auch wenn bereits 1309 und 1347 wesentliche Veränderungen vorgenommen wurden und das Haupttor heute aus dem späten 15. Jahrhundert geprägt ist, hat sich doch der Ursprungsbau bemerkenswert vollständig erhalten.[4]

Demnach belegt das Kastell eine trapezförmige Fläche von 78 × 102 m, die offensichtlich zunächst eine freie Hoffläche bildete (Abb. 8). An den Ecken sind weit vorstehende Rundtürme mit einheitlich etwa 18 m Durchmesser situiert, das Portal ist als Doppelturmtor ausgebildet. Meerseitig dominierte ein 35 m breiter quadratischer Bau, dessen mächtige Mauern an einen turmartig überhöhten Festsaal denken lassen, neben dem die südlich angestellte Kapelle schmächtig wirkt. Durch die spätere Überformung müssen die erste Innengestaltung sowie die Gesamterscheinung offen bleiben. Es wäre verlockend, hier eine Parallele zu den älteren monumentalen Wohntürmen der Region zu sehen, etwa zu Paterno und Adrano, und damit eine Verschmelzung des bodenständigen normannischen Donjontyps mit dem französischen Kastellkonzept zu rekonstruieren.

Bislang in der Forschung kaum beachtet, dürfte Karl im Rahmen seiner ringförmigen Befestigung von Neapel auch auf der vorgelagerten Felseninsel Ischia ein uraltes Gipfelfort mit einem neuen turmbewehrten Bering kastellförmig aufgerüstet haben (Abb. 9).[5] Dort findet sich ein gleichförmig 2,7 m starker halbkreisförmiger Mauerzug mit vier integrierten, etwa 10

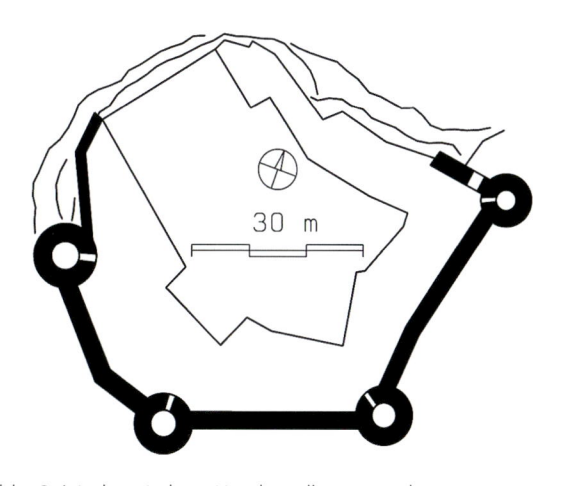

Abb. 9 | Ischia, Italien, Kernkastell unter Karl I.

KÖNIGREICH NEAPEL

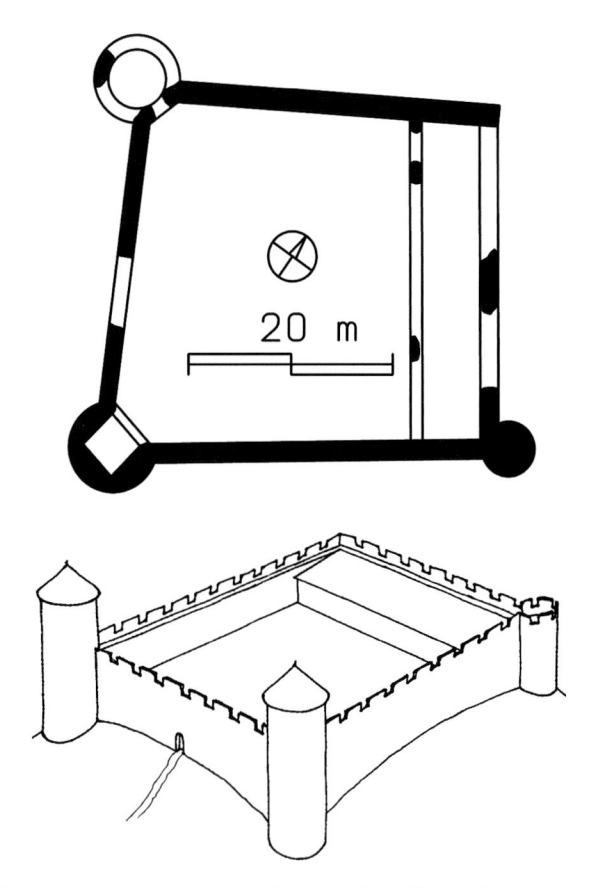

Abb. 10–11 | Mazzarino, Italien, Kernkastell um 1280

liens gelegene Kastellruine von Mazzarino. Sie könnte im Rahmen von Karls Regentschaft gegründet worden sein, war dann in Besitz der Grafen von Mazzarino und wurde um 1282/92 von Stefano Branciforti angekauft, hat also spätestens zu diesem Zeitpunkt bestanden. Die leicht trapezförmige Anlage belegt eine Fläche von etwa 36 x 40 m und hat im Westen zwei ausgeprägte, etwa 8,5 m breite runde Ecktürme, während im Osten nur die Südostecke durch einen massiven runden Eckpfeiler gesichert wird. Dahinter befand sich wohl ein durchgehender Wohnbau, dem der Eingang gegenüber lag.

Nach der Sizilianischen Vesper 1282 endeten sowohl im neuen Königreich Sizilien als auch auf dem angevinischen Festland kastellförmige Neubauvorhaben abrupt. Der Nachfolger Karl der Kahle (1285–1309) war sogar bis 1288 in Gefangenschaft und wurde erst auf Vermittlung des englischen Königs Eduard I. mit großen Auflagen freigelassen. Sämtliche Ansprüche auf Sizilien mussten aufgegeben werden, Karl konzentrierte sich auf die Verschönerung Neapels und spielte keine Rolle in der überregionalen Politik.

m breiten Rundtürmen, die einen nicht erforschten am Gipfel gelegenen Baukomplex umschließen. Da urkundliche Nennungen zu dieser Struktur fehlen, müssen exakte Datierungen vorerst offen bleiben. (Abb. 10–11) Ebenfalls zeitlich ungeklärt ist die einsam auf einem 550 m hohen Hügelsporn Sizi-

1 Zuletzt eine Tagung in Salerno, vgl. Tagungsband Archeologia dei castelli nell'Europa angioina (secoli XIII–XV), Hg. Paolo Peduto, Alfredo Maria Santoro, Salerno 2011.
2 Russo 2005, 22 bzw. 98.
3 Lucio 1982, 25.
4 Manenti 2000, 278.
5 Padula 1997, 14.

Mailand, Italien

KÖNIGREICH ITALIEN

Nach dem ruhmlosen Ende der Stauferherrschaft im Heiligen Römischen Imperium sowie im süditalienischen Königreich war die kaiserliche Macht auch in Oberitalien nachhaltig geschwächt und es sollte bis ins 19. Jahrhundert keinem Geschlecht mehr gelingen, die gesamte Halbinsel unter seine Kontrolle zu bringen. Stattdessen konnten sich im wirtschaftlich starken und städtisch geprägten Norden gleich mehrere selbstbewusste Stadtstaaten etablieren, die in klassischer Territorialpolitik die umgebenden Kleinregionen unterwarfen und in zahlreichen Kriegen gegeneinander konkurrierten, während sie nominell im Königreich (Reichs-) Italien vereint blieben.

DIE SCALIGER VON VERONA

Ganz im Norden am Fuß der Alpen hatte sich die antike Stadt Verona bereits im Frühmittelalter zur Residenzstadt italienischer Könige entwickelt und im Hochmittelalter zur republikanischen Kommune etabliert (Abb. 2). Als Parteigänger der letzten staufischen Kaiser schaffte es Lonardino (Mastino I.) della Scala im Jahr 1262, die gewählte Stadtregierung abzuschaffen und die Macht dauerhaft für seine Familie zu sichern.[1] Den Zwiespalt von regionalen Kaiser- und Papstparteien nutzend, setzte er zu massiven Gebietserweiterungen an, die bis ins mittlere 14. Jahrhundert andauern sollten. Erst als die anderen großen Städte Norditaliens eine Allianz gegen Verona bildeten und dieses in zermürbenden Kämpfen schließlich be-

Abb. 1 | Salizzole, Gesamtansicht von Süden

siegten, musste der letzte Scala 1387 fliehen. Die einstige Macht und der hohe Anspruch der Scala-Dynastie werden bis heute durch ihren weitläufigen Veroneser Palast und seine prunkvolle Ausmalung mit Bezugnahme auf römische Kaiser dokumentiert.

Im Stil großer Fürsten setzte bereits Mastino I. bei seinen Eroberungen auf die Anlage neuer rasterförmiger Gründungsstädte, die er mit turmreichen Wehrbauten an neuralgischen Ecken schützen ließ. Der Schwerpunkt lag zunächst am Gardasee, wo Mastino 1276 mit Berufung auf einen Kreuzzug gegen regionale Ketzernester Kolonien mit Hafenanschluss gründete. Von seinen frühen Burgen sind jeweils nur große Wohntürme erhalten, deren Quader- bzw. Buckelquadermauern in den späteren Ausbauphasen integriert sind. Derartige Türme finden sich am Gardasee etwa in Sirmione am Südende, Riva am Nordende sowie Benaco und Malcesine am Ostufer. Historisch werden ihm noch weitere Anlagen zugeordnet, so in Bardolino am Ostufer, direkt am südlichen Ausfluss des Mincio aus dem See in Peschiera del Garda, weiters 15 km südlich davon am selben Fluss in Caleggio Sul Mincio.[2]

Nach Mastinos Ermordnung 1277 verfolgte sein Bruder Alberto I. della Scala (1277–1301), der bereits Podestá von Mantua und Ehemann der (sogenannten) Markgräfin von Salizzolo war, die Expansionspolitik weiter und führte fast ununterbrochen Krieg gegen die Grafen von Bonifacio sowie das Haus Este.

In dieser Zeit könnte in Salizzole das erste einer ganzen Reihe von Kastellen entstanden sein (Abb. 1).[3] Dieses kleine Dorf liegt ca. 20 km südlich von Verona und war zuvor Stammsitz der Ehefrau, wovon jedoch keinerlei Reste erhalten blieben. Hingegen stehen an der Straße zwei hohe Ziegeltürme, die eine ca. 50 m lange Front flankieren und zu denen einst zwei weitere Türme gehörten, die ein Vierturmkastell mit domi-

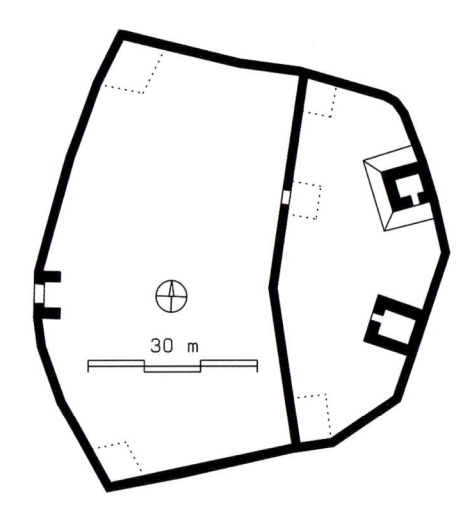

Abb. 4 | Soave, Italien, Kernanlage 1. V. 14. Jh.

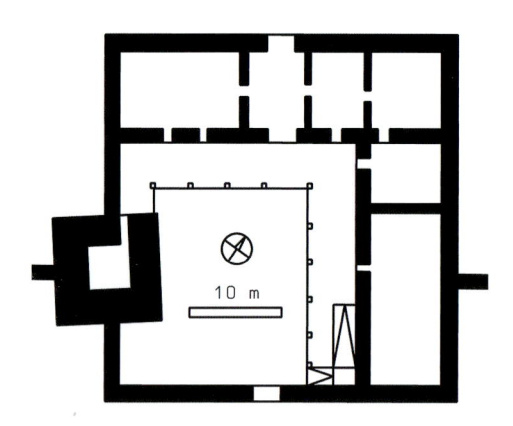

Abb. 5 | Marostica, Italien, Stadtschloss nach 1311

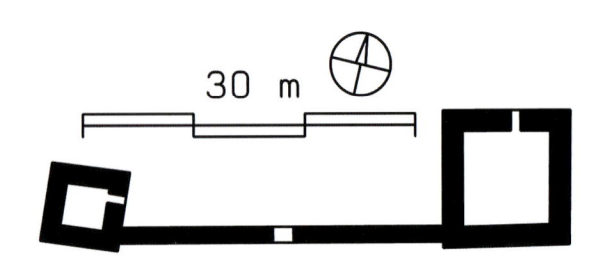

Abb. 2 | Salizzole, Italien, Kastellreste 4. V. 13. Jh.

Abb. 3 | Soave, Gesamtansicht von Westen

Abb. 6 | Marostica, Südansicht

KÖNIGREICH ITALIEN

nantem Hauptturm gebildet haben. Entgegen allgemeiner Annahme findet sich im frei einsehbaren homogenen Ziegelverband mit regelmäßigem Rüstholzraster kein Hinweis auf eine gestaffelte Entstehungszeit, daher ist von einer gleichzeitigen Anlage als Vierturmkastell auszugehen. Eine Inschrifttafel nennt Alberto I. della Scala, somit kann die Anlage unter seine Regentschaft ins späte 13. Jahrhundert gestellt werden. Wahrscheinlich wurde damit die strategisch bedeutsame Neuerwerbung im Süden Veronas demonstrativ baulich besetzt. Weitere Wehranlagen sind aus Albertos Zeit nicht bekannt. Auch seinen Söhnen Bartolomeo I. (1301–04), Alboino I. (1304–11) und Francesco – Cangrande I. (1308–29) werden urkundlich kaum Burgen zugeschrieben. Vor allem der lange regierende Francesco führte die Eroberungspolitik weiter (Abb. 3).[4] Nachdem er 1308 ein Abkommen zur gegenseitigen Hilfeleistung mit dem deutschen König Heinrich VII. sowie mit Herzog Otto von Kärnten unterschrieben hatte und 1311 zum Reichsvikar ernannt worden war, eroberte er mit deutscher Truppenunterstützung in ständigen Kriegszügen königsfeindliche Städte, vor allem Vicenza, worauf er 1318 am Reichstag von Soncino vom lombardischen Ghibellinenbund zum Generalkapitän gewählt wurde. Durch seine Heirat mit der Stauferin Giovanna di Svevia stieg Cangrande 1308 auch verwandtschaftlich in den Kreis der europäischen Fürsten auf, jedoch blieb das Paar kinderlos. Kurz nach der triumphalen Eroberung von Padua und Treviso starb Francesco 1328 im Alter von nur 40 Jahren am Höhepunkt seiner Macht (wohl durch Mord) an einer Pflanzenvergiftung.

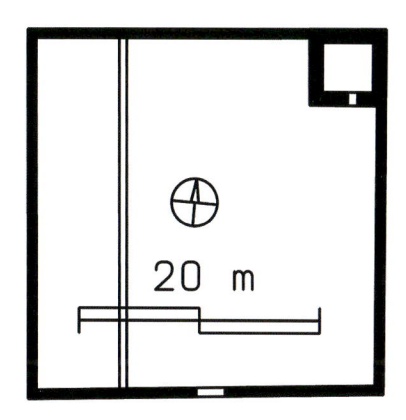

Abb. 7 | Malpaga, Italien, Kernanlage 14. Jh.

Unter Cangrandes Zeit wurden nicht nur weitreichende Verwaltungsreformen durchgeführt sondern auch zahlreiche Befestigungen errichtet, Verona mit einer hohen Stadtmauer umgeben und durch Anwerbung von ausländischen Söldnern ein Heer mit schlagkräftiger Kavallerie aufgebaut (Abb. 4). Dabei dürfte auch etwa 20 km südlich von Verona in Soave eine große Festungsstadt begonnen worden sein, deren Zita-

Abb. 8 | Malpaga, Detailansicht von Nordwesten

KÖNIGREICH ITALIEN | 451

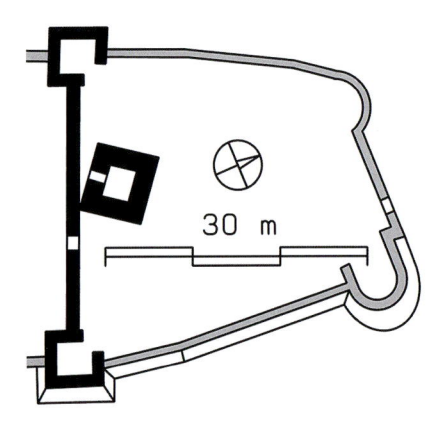

Abb. 9 | Valeggio sul Mincio, Italien, Kernanlage

delle auf einem sanft abfallenden Hang ältere Fundamente nutzte und daher polygonal konzipiert war.[5] Während Inschriften Ausbauten um 1370 datieren, belegen in den Höfen zwei Fresken von 1321 bzw. 1322 ältere Bausubstanz. Fugen im Mauerwerk zeigen, dass ursprünglich eine vieltürmige kastellförmige Anlage mit zwei Höfen geplant war, die jedoch durch Mauererhöhungen heute verunklärt ist. Am Geländehochpunkt dominiert am Ostbering innen über einem breiten Sockel aus Quadermauerwerk ein Turm mit hohem Ziegelschaft. Daneben stand in anderer Mauertechnik und ohne Sockel ein weiterer Turm mit Buckelquaderkanten, der heute in den späteren Wohnbau integriert ist. Der Bering wird durch hohe geschlossene Kompartimentmauern aus Bruchstein gebildet, dessen Sockeln Buckelquaderecken aufweisen und dessen Kanten bzw. ehemalige Turmüberhöhungen mit sägezahnförmigen Ziegelmustern gestaltet sind. Da innen Turmflügelmauern fehlen, werden diese Eck- und Tortürme als hölzerne Schalentürme ausgebildet gewesen sein. Spätestens um 1370, als die Stadtmauern an die Burg angeschlossen wurden, dürften die Mauern mantelförmig erhöht und bis auf den Hauptbau turmlos gestaltet worden sein.

Eine bemerkenswert ähnliche Lösung wurde in der 1311 eroberten Stadt Marostica, 50 km nordöstlich von Verona, verwirklicht (Abb. 5).[6] Offensichtlich ließ Cangrande hier eine fast gleiche verzogen-rechteckige Rasterstadt anlegen, deren turmreiche Befestigung am benachbarten Berghang keilförmig auf ein dreieckiges Fort zulief, während erst sekundär im Tal zentral an der südlichen Stadtfront ein 39 m breites Kastell entstand. Dieses mit Wohnturm und hakenförmigen Gebäuden dauerhaft nutzbare Geviert zeigt gleichfalls an den vier Kanten turmartige Ecküberhöhungen, die hölzerne Innengerüste geschützt haben müssen, wodurch außen der wehrhafte Charakter dominierte, während innen Hof und Gebäude unverstellt blieben. Das kleinteilige Kompartimentmauerwerk, Buckelquaderkanten, die Ziegelreihen und die Ziegeleckver-

Abb. 10 | Vallegio, Nordansicht

KÖNIGREICH ITALIEN

bände indizieren eine direkte handwerkliche Verwandtschaft zu Soave.

Sehr ähnlich ist auch die ehemalige Grenzburg Malpaga am Fluss Serio, 30 km westlich von Brescia, aufgebaut (Abb. 6–7). Das Richtung Mailand exponierte Gebiet gehörte seit der Frühzeit den Scaligern, wobei für das 14. Jahrhundert keinerlei Baudaten bekannt sind. Erst ab 1455 wurde eine zer-

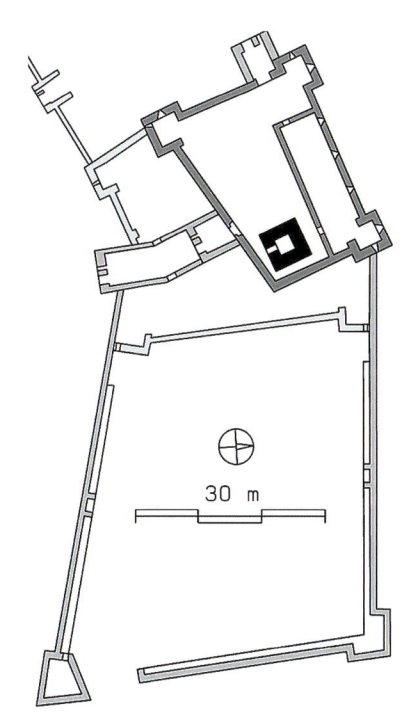

Abb. 11 | Sirmione, Italien, Kernanlage und Hafen

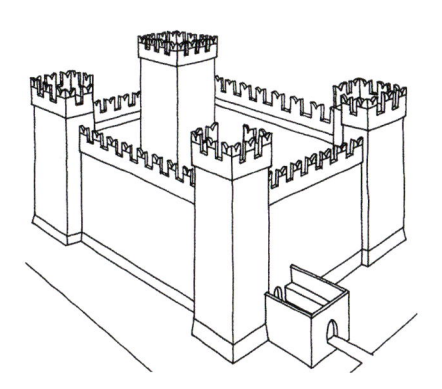

Abb. 12–13 | Sirmione, Ansicht von Südwesten

KÖNIGREICH ITALIEN

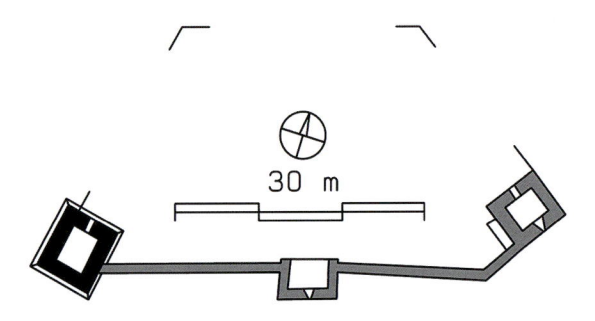

Abb. 14 | Torri del Benaco, Italien, Kernkastell 2. H. 13. Jh.

störte Burgruine von einem venezianischen Söldnerführer als Grenzburg gegen Mailand wieder aufgebaut, aus dieser Zeit stammen zahlreiche Verstärkungen wie Torturm und Zwinger sowie ein weitläufiger äußerer Bering.

Die Kernanlage muss hingegen typologisch sowie durch Mauerwerksvergleich datiert werden. Es handelt sich um ein exakt quadratisches Kastell von 30 m Seitenlänge mit einem ausgeprägten Eckturm sowie drei weiteren turmartigen Ecküberhöhungen, die innen wie Marostica und Soave mit hölzernen Plattformen zu rekonstruieren sind (Abb. 8). Gleichfalls zeigt das Bruchsteinmauerwerk an den Außenkanten Buckelquader sowie darüber Ziegel und regelmäßige Ziegelbänderungen, die krönenden Wehrgänge sind aus Ziegeln mit Schwalbenschwanzmotiven gestaltet. Es kann somit eine zeitnahe Datierung im frühen 14. Jahrhundert vermutet werden.

Durch dieses charakteristische Mauerwerk können zahlreiche weitere undatierte Burgen vorsichtig der gleichen Zeit zugeordnet werden. Bereits unter Mastino war in Valeggio eine alte Befestigung renoviert worden, wovon noch ein geräumiges Mauerrechteck stammen könnte (Abb. 9–10).[7] In seinem Norddrittel wurde sekundär eine interne Sperrmauer mit zwei schalenförmigen Flankierungstürmen eingesetzt, hinter der ein schlanker aber überaus hoher Turm dominiert. Während die wohl jüngeren Strukturen am Nordende der Fläche durch reinen lagigen Bruchstein bzw. Flussstein mit lokalen Fischgrätverbänden geprägt sind, zeigen diese Bauten einheitliches Kompartimentmauerwerk aus mörtelreichem Bruchstein mit Ziegeleinschüben, sägezahnförmigen Ziegelkanten und regelmäßigem Rüstholzraster.[8]

Als berühmteste Scaligerburg gilt Sirmione, das auf einer schmalen Halbinsel des südlichen Gardasees liegt und dessen älterer Hauptturm um 1277 datiert wird (Abb. 11).[9] Die dahinter angeschlossene Siedlung ist topographisch bestens geschützt und nur über einen schmalen Landsteg zu erreichen, der ursprünglich durch die längliche Vorburg führte und daher gut zu kontrollieren war.

Das Kastell besteht aus einem Bering sowie drei Schalentürmen aus Grobquadern mit Ziegelkanten und Buckelquader-Ecksockeln (Abb. 12–13). Im Norden dürfte ein primärer Hofbau bestanden haben. Von der westlich anschließenden großformatigen Vorburg haben sich geringe Mauerreste sowie eine kleine Kapelle erhalten, im Osten dürfte schon zu Beginn ein eigener Hafen gelegen sein. In weiteren Stufen des frühen bis mittleren 14. Jahrhunderts erfolgte der Ausbau mit zwei

Abb. 15 | Benaco, Ansicht von Norden

Toranlagen und einer verstärkten Stadtbefestigung, die ein charakteristisches Kompartimentmauerwerk mit regelmäßig abwechselnden Bruchsteinlagen und Ziegelverbänden sowie sägezahnartige Ziegelkanten aufweisen. Die große ummauerte Hafenanlage aus Bruchstein mit Schalentürmen auf Buckelquadersockeln wird hingegen der Herrschaft Venedigs ab 1405 zugeordnet.

Auch am Ostufer des Gardasees befinden sich in Torri del Benaco Reste eines Scala-Kastells, in Form der insgesamt 63 m breiten landseitigen Hauptfront, während die seeseitigen Mauern verschwunden sind (Abb. 14–15).[10] Zum direkt am Ufer gelegenen Westturm zeigt die einst halbkreisförmige großräumige Siedlungsbefestigung mehrere analoge Gegenstücke, die alle aus reinem Blockmauerwerk mit großen Eckbuckelquadern bestehen. Mangels historischer Daten ist auch hier zu vermuten, dass Siedlung und Befestigung bereits unter Mastino begonnen wurden. Die anderen zwei erhaltenen Türme des Kastells sowie die verbindenden Ringmauerteile zeigen jedoch das charakteristische Scala-Mauerwerk des frühen bis mittleren 14. Jahrhunderts, als die Bruchsteinkompartimente wie in Sirmione durch Ziegelreihen abgeschlossen und an den Kanten durch sägezahnartige Ziegelmuster gerahmt wurden, demgemäß könnte das Kastell erst später in die Siedlung gesetzt worden sein. Gemäß Inschrift ließ Antonio della Scala noch knapp vor dem Fall im Jahr 1383 sekundäre Umbauten (an den Wehrgängen) vornehmen, die den zeitlichen Rahmen eingrenzen.

An weiteren älteren Bauten wie am 1313 eroberten Castello Montebello Vicentini (Maltraverso) an der Grenze zu Vicenza sowie am Castello Illasi 15 km östlich von Verona können durch vergleichbare Turmbauten mit Kompartimentmauerwerk und Buckelquaderkanten bzw. breiten Sockelanläufen zeitgleiche Verstärkungen durch Cangrande vermutet werden (Abb. 15).

Die nachfolgenden Brüder Alberto II. (1329–52) und Mastino II. (1329–51) setzten die aggressive Eroberungspolitik fort, sie besetzten 1332 Brescia, 1334 Reggio, erwarben Parma und Lucca, dehnten ihre Macht über den Po aus und herrschten zeitweise über fünfzehn Städte.[11] Dadurch erreichte man die größte territoriale Ausdehnung, gelangte jedoch in den Einflussbereich von Venedig und Florenz, die mit Handelsblockaden sowie der Rückeroberung von Parma und Lucca reagierten. Dennoch hatte sich Verona nun als bedeutende Macht in Norditalien etabliert.

Das politische Zentrum dieser Herrschaft, der Veroneser Palastbezirk der Scaliger, ist mangels bauhistorischer Aufarbeitung trotz seiner einst signalhaften Form heute kaum zu rekonstruieren (Abb. 16).[12] Die Familie dürfte bereits im 13.

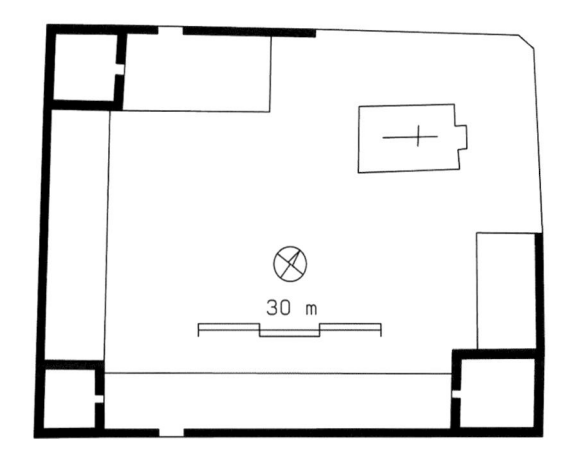

Abb. 16 | Verona, Italien, Palazzo dei Signori

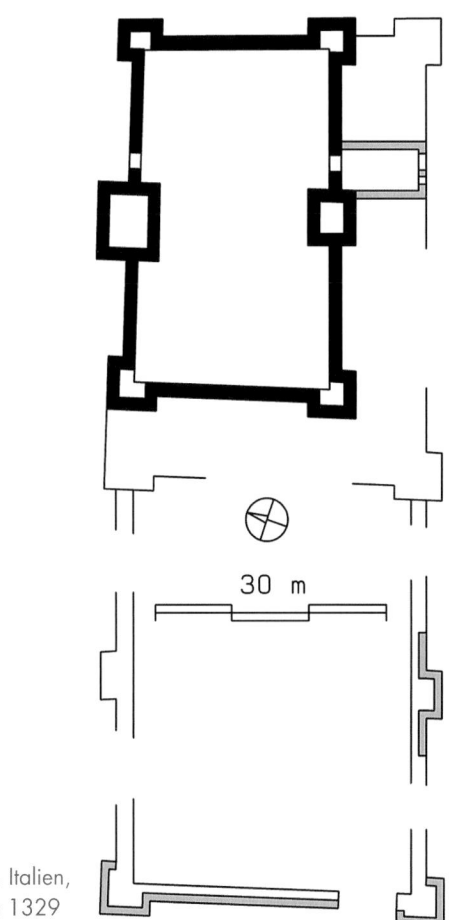

Abb. 17 | Lazise, Italien, Gesamtanlage ab 1329

Jahrhundert neben dem Kommunalpalast ein ganzes Stadtviertel (mit der zugehörigen Pfarrkirche S. Maria Antica sowie dem Familienfriedhof) besessen und mit traditionellen Turmhöfen bebaut haben. Alberto, Alboino, Francesco und Cangrande scheinen jeweils programmatisch neue Paläste angelegt zu haben, die noch in monumentalen mittelalterlichen Baublöcken stecken. Daneben standen die Stadthäuser weiterer Familienmitglieder sowie zugehöriger Adeliger und Bürger.

KÖNIGREICH ITALIEN | 455

Ab 1335 dürfte Mastino II. gemäß einschlägiger Quellen zwischen Kommunalpalast und Kirche einen weiteren völlig neuen Palast auf einem bislang freien Platz konzipiert haben.¹³ Sehr ähnlich zu den rivalisierenden Visconti in Mailand sowie dem Dogenpalast in Venedig entstand ein mit 65 x 83 m äußerst geräumiges kastellförmiges Geviert mit drei monumentalen Ecktürmen, während an der vierten Ecke der Familienfriedhof verblieb. Die Türme besitzen in zeittypischer Form wuchtige Buckelquadersockel und hohe Ziegelschäfte. An der vierten Ecke sollten in der Folge, wahrscheinlich nach einem Planwechsel und der Aufgabe der Idee eines vierten Turms, prunkvolle Hochgräber mit Reiterstandbildern entstehen, nicht zuletzt das 12 m hohe Grab von Mastino selbst. Im heute durch spätere Ausbauten stark veränderten Geviert zeichnen sich an allen vier Flügeln zeitgleiche Residenztrakte ab, die offenbar großteils über offenen Arkaden standen. Diese neue Scaligerresidenz vereinte somit das wehrhafte Aussehen der Kastellburgen mit den Annehmlichkeiten einer zentralen Stadtresidenz. Mastino hatte durch die zahlreichen Eroberungen und seinen politischen Aufstieg zum kaiserlichen Vikar nicht nur eine große Machtbefugnis, er strebte sogar die Königswürde für Oberitalien an, was er offensichtlich mit einer zu anderen Fürstenhöfen adäquaten Bauform manifestieren wollte.

Damit provozierte Mastino jedoch, dass sich 1337 mit den Städten Florenz, Venedig, Mailand, Ferrara und Mantua eine starke Koalition gegen die Scaliger bildete, die in dreijährigem Kampf sein Gebiet rasch wieder auf die Herrschaften von Verona und Vicenza beschränkte. Durch diese schlagkräftige Al-

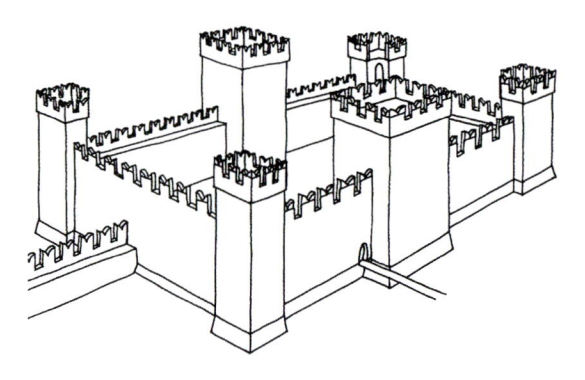

Abb. 18–19 | Lazise, Ansicht von Osten

lianz drehten sich die Vorzeichen um, Verona musste rasch massive Abwehrbollwerke etablieren, um selbst seine Unabhängigkeit zu wahren.

Als eines der ersten Kastelle dieser Abwehrphase, jedoch heute nur in Fragmenten erhalten, kann Enego bei Padua vermutet werden. Von der ab 1331 wohl als Vierturmzitadelle errichteten Burg kündet heute nur noch der „Torre Scaligero" mit dem Steinwappen der Scala, der als Bruchsteinbau mit Eckbuckelquadern ausgeführt ist. Unter den Venezianern dürften weitere Ausbauten, vor allem zwei Torzwinger und eine massive Aufdoppelung der Südmauer aus Bruchstein mit Eckbuckelquadern ergänzt worden sein.

Um 1330 wurde auch die bereits bestehende halbkreisförmige Stadt Lazise am Ufer des Gardasees neu strukturiert, mit einer vielturmigen Stadtmauer befestigt und am Seeanschluss mit einer Zitadelle versehen (Abb. 17).[14] Diese bis heute sehr gut erhaltene Anlage von ca. 27 x 46 m Größe wird von einem reinen Ziegelwohnturm dominiert und zeigt an den rechteckigen Ringmauern, den vier Schalen-Ecktürmen und dem zentralen Mauerturm zu Sirmione idente Kompartimentverbände mit Ziegelstreifen, Rüstholzrastern und Sägezahnmotiven an den Kanten. Baudetails wie Gesimse und Fenster indizieren eine Ausführung der gleichen Bauhütte. Erweiterungen mit Zwinger und Torgasse dürften um 1375 erfolgt sein. Wie in Sirmione wurde zuletzt wohl unter den Venezianern ab 1405 ein heute verlandeter rechteckiger Hafen aus Bruchsteinmauern mit Buckelquadersockeln angebaut.

Auch das 1311 eroberte Vicenza erhielt in den folgenden Jahrzehnten eine mächtige turmreiche Stadtbefestigung, die heute noch in einigen Fluchten sehr gut erhalten ist. Beim Hafen Feliciana wurde 1343 ein Vierturmkastell errichtet, von dem ein Turm mit Buckelquadersockel und hohem Ziegelschaft sowie Reste eines weiteren Turms und des Grabens erhalten blieben (Abb. 18–19).

An der landseitigen Südwestecke wurde zudem ein mit 32 m Seitenlänge deutlich kleineres Fort sekundär eingesetzt, das im Wesentlichen gut erhalten blieb.

Diese sogenannte Rocchetta wirkt wie eine Verkleinerung von Lazise und besteht aus 1,5 m starken fensterlosen Mauern und vier Schalentürmen an den Ecken (Abb. 20–22). Wiederum besitzen die Türme Buckelquadersockel und die Flächen den typischen Streifenverband, diesmal in Analogie zum oberen Teil der Stadtmauer in kleineren Abständen. Vermutlich wurde daher noch während ihres Baus diese Eckbastei nachträglich eingefügt.

Auch die Hauptstadt Verona erhielt in der 1. Hälfte des 14. Jahrhunderts zahlreiche Verstärkungen, unter anderem wurde jenseits der Etsch eine alte Vorstadt befestigt und der dortige

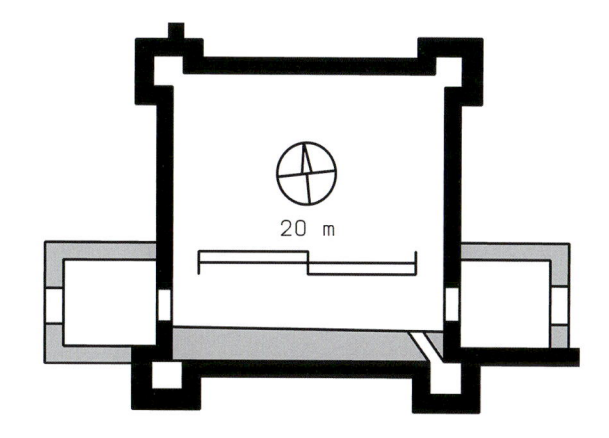

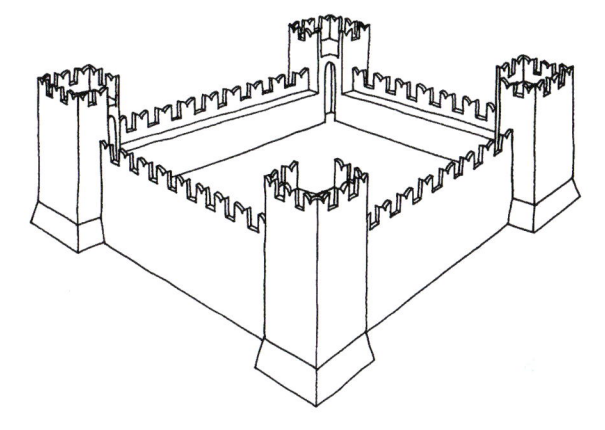

Abb. 20–21 | Vicenza, Italien, Roccetta

Abb. 22 | Vicenza, Italien, Rocchetta von Süden

krönende Hügel Veronetta mit dem großformatigen Kastell San Pietro besetzt, das wohl als Truppenlager für die zahlreichen Söldner dienen sollte (Abb. 23).[15] Trotz des felsigen Terrains wurde feindseitig eine 220 m lange Hauptfront mit flankierenden Eck- und Mauertürmen errichtet, während der Mauerverlauf stadtseitig stark verzogen ist. Im nördlichen Drittel stand ein Hauptturm frei im Hof. Überall dominierten Kompartimentstrukturen mit Ziegelbändern und sägezahnförmigen Kantenmustern. Nach der Eroberung ließen die Mailänder daraus ab 1393 ein neues Kastell gestalten, des-

KÖNIGREICH ITALIEN

sen Kernwerk sich wohl stadtseitig als deutlich kleineres Viereck befand, während der weitläufige Altverlauf mit einem innen eingestellten breiten Wehrgang auf Pfeilern als Vorwerk genutzt wurde. Diese mächtige Anlage, die bis ins späte 18. Jahrhundert oftmals auf Bildern und Plänen dokumentiert ist, wurde 1801 fast vollständig von den Franzosen gesprengt, sodass heute nur mehr im Norden und Westen meist niedrige Mauerzüge erhalten sind.

Entlang des Mincio finden sich mit Monzambano und Ponti Sul Mincio zwei zueinander verwandte großräumige Forts. Völlig ohne historische Daten ist das direkt am Westufer gelegene Polygon von Monzambano nur durch das charakteristische mit Ziegeln gebänderte Kompartimentmauerwerk mit Sägezahnkanten sowie durch die vorstehenden Schalentürme und den dominanten Hauptturm dem mittleren Drittel des 14. Jahrhunderts zuzuordnen (Abb. 24).[16] Die geländebedingt stark verzogene Anlage erreicht einen Maximaldurchmesser von 142 m und konnte somit als geräumiges Truppenlager dienen.

Auch für das wenige Kilometer entfernte Kastell von Ponti Sul Mincio gibt es keine historischen Baudaten, jedoch kann aufgrund des analogen Mauerwerks, der Schalentürme und des Hauptturms eine parallele Entstehung vermutet werden (Abb. 25).[17] Die maximal 72 m lange Anlage ist gleichfalls geländebedingt polygonal konzipiert und zeigt keinerlei Innenbauten, konnte also ebenfalls gut als temporäre Truppenbasis dienen.

Eine besonders komplexe Anlage befindet sich mit Villafranca di Verona im Süden der Herrschaft an der gefährdeten Grenze zu Mantua, wo kürzlich bemerkenswerte archäologische Untersuchungen stattfanden (Abb. 26–27).[18] Demnach wurden im Zentrum durch geomagnetische Messungen massive Reste einer wohl rechteckigen Anlage mit ca. 50 m Seitenlänge und vorstehenden Eck- und Mauertürmen nachgewiesen. Mangels Funden kann hier nur hypothetisch eine spätestens 1243 urkundlich belegte Burg vermutet werden, deren kastellförmige Struktur jedoch wohl später anzusetzen sein mag.

Die heute hervorragend erhaltene Großburg gehört hingegen zu einer einst 16 km langen Landmauer gegen Mantua, deren Verlauf weitgehend verschwunden ist. Kürzlich wurde diese europaweit einzigartige Befestigung, die auf italienisch Serraglio (Serail) heißt, bauhistorisch aufgearbeitet und die Reste inventarisiert (Abb. 28).[19] Sie verband demnach die Flüsse Mincio und Tione bzw. folgte diesem sowie künstlichen Wassergräben bis zu den Sümpfen von Grezzano.

Begonnen wurde die Sperre 1345 und nach intensiven Arbeitssaisonen wurde sie 1355 abgeschlossen. Die wie der römische Landlimes konzipierte Anlage war von den Festungen Villafranca und Valeggio sul Mincio flankiert, im Verlauf waren das befestigte Dorf Borghetto (Anschluss an den Mincio) und das Fort Gherla (etwa in der Mitte) integriert, dazwischen standen regelhaft alle 80 bis 120 m rechteckige Wehrtürme. Im 18. und 19. Jahrhundert wurde der Verlauf weitgehend

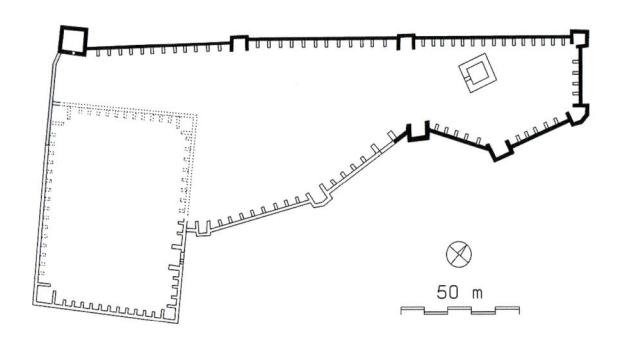

Abb. 23 | Verona, Italien, Kastell San Pietro im 14. Jh.

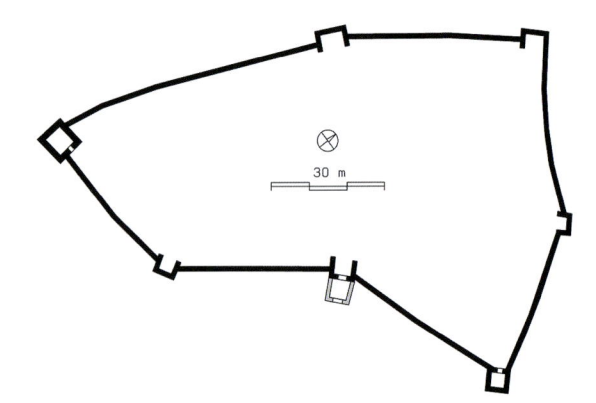

Abb. 24 | Monzambano, Italien, Gesamtanlage

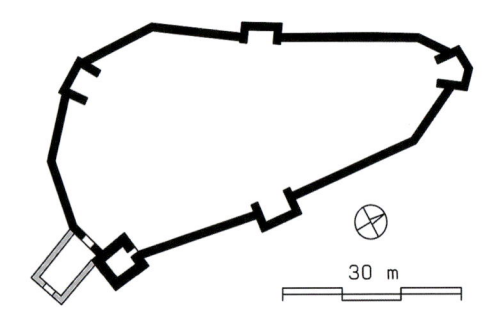

Abb. 25 | Ponti Sul Mincio, Italien, Gesamtanlage

Abb. 26 | Ponti Sul Mincio, Gesamtansicht von Osten

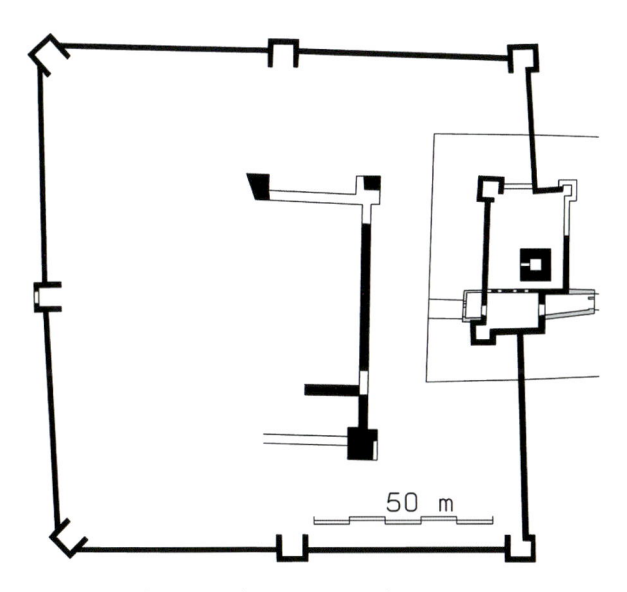

Abb. 27 | Villafranca, Italien, Gesamtanlage

Abb. 28 | Villafranca di Verona, Kernwerk von Süden

zerstört, sodass nur lokale Reste bewahrt blieben. Diese Mauern sind durch schmale Bänderungen von Flusssteinen in dicken Mörtelpackungen geprägt, womit offensichtlich rasch gebaut werden konnte.

Die an sich schon spektakuläre Sperre ist an ihrem Westende nach Norden abknickend noch entlang des Mincio durch die Kastellkette Valeggio – Monzambano – Ponti Sul Mincio – Peschiera am Gardasee zu ergänzen, die weitere 10 km als nasse Linie kontrollierte. Auch im Südosten dürfte entlang des Tione bis zum die Südgrenze abschließenden Po eine Kastellkette bestanden haben bzw. geplant gewesen sein, wie die dortigen Festungen Nogarole, Castel d'Ario, Villimpenta und wohl Ostiglia belegen. Damit war gemeinsam mit den älteren Festungen am Gardasee eine durchgehende Befestigung Veronas gegen Westen bzw. gegen Mailand und Mantua von den Alpen bis zum Po gegeben.

Villafranca wurde als Hauptlager ausgebaut, das wohl die Turmbesatzungen ähnlich wie beim antiken Limes als Kaserne beherbergen sollte. Dazu entstand um das wohl ältere Kastell ein 136 x 137 m großes neues, an das verzahnend der Serraglio anband. Dieses neue Großkastell wird durch vier Schalentürme an den Ecken sowie drei weitere zentral an den Kurtinen flankiert. An der Ostseite ist ein ca. 23 x 41 m großes Kernwerk integriert, das durch einen tiefen Graben isoliert ist und selbst an drei Kanten Schalentürme aufweist, während die vierte Ecke eine eingerückte Torgasse ausbildet. In der Mitte steht frei ein dominanter Ziegelturm mit Buckelquadersockel, während die gesamte restliche Anlage sonst in Bändermauerwerk mit Sägezahnkanten errichtet ist. Es muss offen bleiben, ob mit dieser Großanlage das zentrale Kastell ersetzt (wahrscheinlicher) oder umringt wurde.

Spätestens in dieser Zeit wurde die Nordpartie von Vallegio (siehe oben) mit analogem Bändermauerwerk errichtet und an den Serraglio angebunden.

Zu Sirmione, Soave, Marostica, Valeggia, Benaco, Villafranca, Vicenza, Monzambano, Ponti Sul Mincio und Lazise zeigen auch die Reste der Dorfbefestigung und der Burg von Lonigo bei Vicenza die gleiche charakteristische Ziegelbänderung. Zwei hohe Türme deuten auf ein ehemaliges viereckiges Kastell mit Ecktürmen.[20]

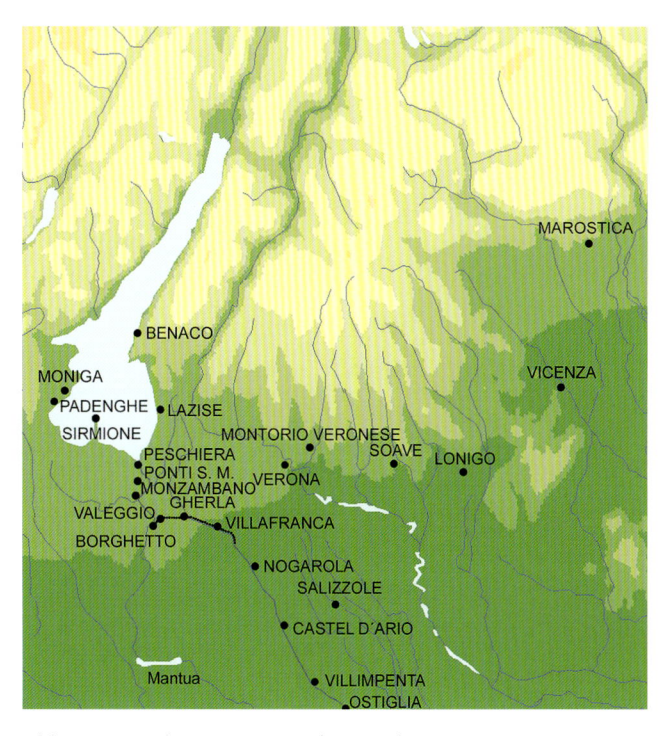

Abb. 29 | Scaliger-Festungen des 14. Jhs.

KÖNIGREICH ITALIEN

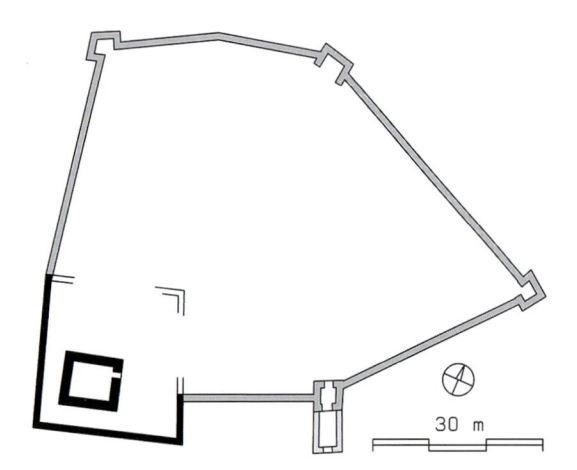

Abb. 30 | Castel d'Ario, Italien, Gesamtanlage

Die drei Festungen entlang des Tione stellen hingegen reine Ziegelanlagen dar, die eine spätere Etappe des Ausbaus indizieren. Tatsächlich wuchs unter Cangrande II. (1352–59) einerseits die Bedrohung durch die Nachbarstädte, andererseits entwickelte sich der Fürst zu einem ängstlichen Tyrannen, der seinem eigenen Gefolge misstraute und deutsche Söldner anwarb.[21] Das hatte tatsächlich handfeste Gründe, griff doch sogar sein eigener Stiefbruder Fregnano nach der Macht, als sich der Fürst kurz in Südtirol befand, um neue Söldner anzuheuern. Nur mithilfe der kurzfristig verbündeten Gonzaga und Visconti gelang Cangrande die Rückkehr. Durch seine Schau-

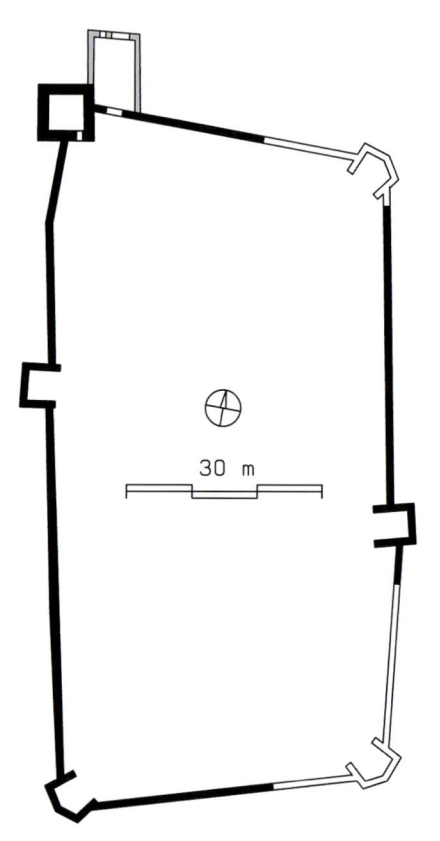

Abb. 31 | Villimpenta, Italien, Gesamtanlage

Abb. 32 | Villimpenta, Luftansicht von Südosten

kelpolitik waren jedoch auch die Außengrenzen zu diesen beiden Nachbarn weiterhin gefährdet. Daher dürfte unter ihm der Serraglio fertig gestellt und in der Folge wohl auch nach Süden erweitert worden sein, wie dort die heute zum Schloss ausgebaute Rocca Nogarole, im Kern ein geräumiges quadratisches Geviert mit Ecktürmen, mit ihrem konsequenten Ziegelmauerwerk indiziert.

Das nächste Kastell entlang der Tionesümpfe nach Süden bildete Castel d'Ario, das wohl unter Cangrande auf Basis eines älteren Wohnturms ebenfalls in reiner Ziegeltechnik zu einem geräumigen polygonalen Fort mit 86 m Durchmesser, Torturm und drei Schalentürmen erweitert wurde (Abb. 30).[22]
Als südlichstes erhaltenes Hauptwerk dieser Linie diente Villimpenta direkt am Tione (Abb. 31).[23] Die heute zur Hälfte gut bewahrte Anlage belegte eine rechteckige Fläche von etwa 52 x 104 (Verhältnis 1:2) und war wie Villafranca, Monzambano, d'Ario und Ponti Sul Mincio von teils geknickten Schalentürmen flankiert. Auch dieses Kastell wurde in reiner Ziegeltechnik errichtet. An der Nordwestecke dominiert bis heute der 42 m hohe Hauptturm mit 2,3 m Mauerstärke, Hofgebäude sind hingegen nicht zu belegen. Ein sekundär angesetzter Torzwinger ist wohl nach der Übernahme durch Mantua 1391 anzusetzen.

Etwa 10 km südlich davon lag nahe der ersten Engstelle von Tione und Po direkt an dessen Ufer das Festungsdorf Ostiglia, dessen Mauern im 18. Jahrhundert weitgehend zerstört worden sind und das seit dem 12. Jahrhundert im Besitz der Scaliger war (Abb. 33).[24]
Zwei historische Ansichten dokumentieren jedoch die einstige Anlage. Demnach handelte es sich um ein halbkreisförmig befestigtes Dorf mit hohen Mauertürmen, von denen heute nur noch zwei vollständig erhalten sind.

Direkt am Poufer lag als Südecke ein zitadellenförmiges Kastell, das gemäß einer Darstellung von 1630 aus einem rechtwinkeligen Geviert mit acht Rechtecktürmen bestand. Damit hatte das Kastell strukturelle Analogien zu Lazise, Villafranca und Villimpenta. Eine Zeichnung von 1729 zeigt das Fort im ruinösen Zustand, dafür genauer. Damals waren noch drei der Türme erhalten, die Ringmauern sind mit hohen rundbogigen Pfeilerarkaden dargestellt, wie sie etwa in Verona am Kastell San Pietro vorhanden waren. Da sie dort wohl sekundär angestellt wurden und sich Ostiglia heute einer diesbezüglichen Beurteilung entzieht, müssen Zeitstellung und Bauherrschaft offen bleiben, sehr wahrscheinlich handelte es sich jedoch um den südlichen Eckpunkt der Befestigungskette Veronas gegen Mantua.

Cangrande II. ist zudem eine intensive Verstärkung Veronas zuzuschreiben, die in Etappen bereits zuvor begonnen worden

Abb. 33 | Ostiglia, Italien, Skizze des Kastells von 1729

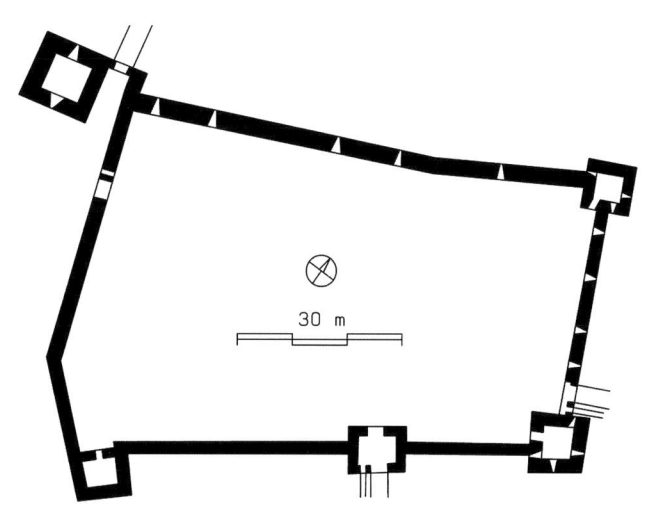

Abb. 34 | Verona, Italien, Castelvecchio, Kernanlage 1354–76

war (Abb. 34–35). Durch eine Allianz mit dem Reich sowie der Grafschaft Tirol wollte Cangrande auch eine sichere Achse nach Norden aufbauen, weshalb er auf dieser Seite der Stadt an der Nordwestecke in den Jahren 1354–56 eine 120 m lange befestigte Brücke über die Etsch errichten ließ.[25] Die 1945 weitgehend zerstörte jedoch danach wieder aufgebaute Anlage wird durch hohe Ziegeltürme auf Buckelquadersockeln geprägt und kann als demonstrative politische Ausrichtung an das Reich verstanden werden. Daneben entstand gleichzeitig mit dem Castelvecchio eine verzogen-rechteckige Zitadelle von etwa 55 x 90 m Größe, die dem Scaliger auch innerhalb der Stadt Schutz sowie Kontrolle der Brücke bieten sollte.

Ein großer Hauptturm, drei Ecktürme sowie ein Torturm aus Ziegelmauerwerk über Quadersockeln beschützten das Kern-

Abb. 35 | Castelvecchio in Verona

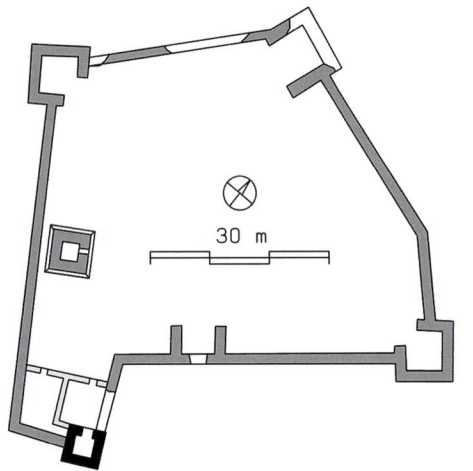

Abb. 36 | Montorio Veronese, Italien, Kernanlage 1360–80

werk, während die Straße zur Etsch-Brücke durch eine geräumige Vorburg verlief. Damit manifestierte sich die tiefe Angst des Fürsten, selbst in der eigenen Hauptstadt nicht sicher zu sein. Tatsächlich wurde er vom eigenen Bruder ermordet, der als Cansignorio sein Nachfolger wurde (1359–75).
Auch dieser Fürst betrieb eine Schaukelpolitik und fiel 1368 gemeinsam mit den Visconti im Gebiet von Mantua ein, was zu einem gefährlichen Gegenschlag von Kaiser und Papst bis vor Verona führte. Daraufhin intensivierte Cansignorio das Befestigungsprogramm an zahlreichen Stadt- und Dorfmauern, etwa um die Veroneser Vorstadt Borgo San Pietro sowie in Lazise, Benaco, Montalcino und Soave. Auch in den älteren Burgen Arzignano und Illasi dürften große Haupttürme sowie kleinere Mauertürme um 1370 zu datieren sei.[26] Als Hauptwerk gilt jedoch direkt außerhalb von Verona die Burg Montorio Veronese, die im 19. Jahrhundert durch die Einbindung in den Festungsring der Stadt stark verändert wurde. Eine Ansicht aus 1820 zeigt noch den vorigen Zustand.
Die einstige Anlage belegte eine geländebedingt polygonale Fläche von etwa 55 x 65 m Durchmesser, die an der Südecke einen älteren Turm integrierte, während die anderen drei Kanten von Schalentürmen flankiert waren (Abb. 36–38). An der Westfront steht noch heute innen frei ein dominanter Hauptturm mit Buckelquadersockel und Buckelquaderkanten. Die anderen Kastellmauern zeigen ähnliche Mauerstrukturen mit Buckelquaderkanten und lokaler Ziegelbänderung.

Mangels historischer Daten kann rein aufgrund der gleichen Mauerstrukturen die am Westufer des Gardasees gelegene später dörflich überformte Anlage von Padenghe dieser Zeit zugeordnet werden (Abb. 39).[27] Auch hier dominieren mörtelreiche Glaubsteinreihen mit Rüstholzrastern sowie Eckbuckelquader und Ziegellagen. Die ca. 47 x 87 m große Burg liegt noch heute fast unverändert auf einem abfallenden Hang und hat bergseitig eine durch Flankentürme und ehemals zwei Mauertürme verstärkte Hauptseite, während die anderen Fluchten topographisch ausreichend geschützt schienen. An der nordöstlichen Schmalseite befindet sich ein hoher Torturm, die talseitigen Ecken werden durch Eckaufmauerungen turmartig überhöht, ähnlich zu Soave und Marostica. Am Westufer des Sees könnte es noch weitere ähnliche Anlagen gegeben haben bzw. waren sie geplant oder in Bau, wie mehrere rechteckige Dorfbefestigungen indizieren, die noch einer exakten Erforschung bedürfen.[28] Trotz dieser massiven Befestigungen in Süd und West gelang es der übermächtigen feindlichen Allianz in jahrelangen zermürbenden Belagerungen, die grenznahen Burgen und Siedlungen zu erobern. Nach der verlorenen Schlacht von Castagnaro musste schließlich im Jahr 1387 der letzte regierende Scaliger Antonio flüchten, wonach mit einem kurzen Intermezzo der Carresi aus Parma die Republik Venedig einen Gutteil der Veroneser Herrschaft in ihren Einflussbereich integrieren konnte.

DIE CARRARESI VON PADUA

Im frühen 14. Jahrhundert zog in der Stadtrepublik Padua an der unteren Poebene die Patrizierfamilie der Carraresi langsam die Macht an sich, 1318 wurde Jacopo I. zum ewigen Beschützer der Stadt gewählt. Kurz darauf besetzten jedoch die Scaliger die Stadt und bestimmten Veronese della Scala als Hauptmann. Mit der Schwächung Veronas gelang es den Carraresi im Jahr 1337 in einer Allianz mit Florenz und Venedig, Padua zurück zu erobern und die Herrschaft an sich zu nehmen. Ubertinello I. (1338–45) setzte sofort ein Reformpaket in Gang, das aus neuen Gesetzgebungen, dem Bau einer starken Stadtmauer, einer Zitadelle sowie weiterer Befestigungen in den Satellitenstädten Este, Valbona und Montagnana bestand. Gemäß charakteristischer Bautechnik aus abwechselnden Bruchstein- und Ziegelreihen wurden diese Bauvorhaben von einer großen Handwerkergruppe errichtet, die von Veronas Baustellen abgeleitet werden kann.

Während in Padua nur geringe Teile der Stadtmauer überdauert haben und auch vom dortigen Kastell nur wenige Reste sowie ein monumentaler Turm künden, sind die anderen drei Festungen fast unverändert erhalten.

Abb. 37 | Montorio Veronese, Ansicht aus 1820 mit Blick von Südosten

Abb. 38 | Montorio Veronese, heutiger Zustand

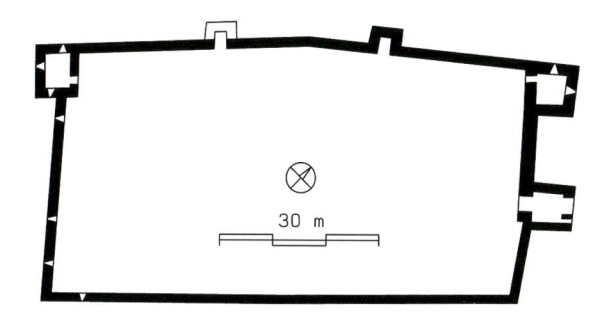

Abb. 39 | Padenghe, Italien, Kernanlage

Die früheste und mit Abstand größte Anlage entstand beim Wiederaufbau der zerstörten Stadt Este, 32 km von Padua entfernt. Auf einem sanften Hügel über der Stadt bzw. über Resten einer Vorgängerburg der Este entstand ab 1339 eine gemäß Topographie verzogen-rechteckige Anlage von stolzen 200 x 260 m, die als ständiger Standort einer Söldnertruppe zu erklären ist (Abb. 40). Am Hügelgipfel gab es eine kleine polygonale Kernburg mit stadtseitigem Turm sowie zentralem

KÖNIGREICH ITALIEN | 463

schlanken Hauptturm. Die anderen Mauern waren möglichst gradlinig konzipiert und in regelmäßigen Abständen durch Schalentürme geschützt, die heute zum Großteil noch erhalten sind. Mit der Übernahme durch Venedig ab 1405 kam es zu kleineren Ausbauten und Torverstärkungen.

Ab 1338 datiert der Neubau von Valbona, einem 25 x 40 m großen Grenzfort mit Straßendurchlass, das mit analogem Mauerwerk vier polygonale Ecktürme, zwei Torseittürme sowie einen zentralen Hauptturm aufweist (Abb. 41–42). Möglicherweise gab es zu Beginn eine Binnenmauer, die einen Kern von der Straße abtrennte.

Die kleine Stadt Montagnana erhielt wohl parallel zu Padua und Este eine neue monumentale Stadtmauer aus analogem Mauerverband, die durch zahlreiche Schalentürme bestens zu verteidigen war (Abb. 43). Erst ab 1362 wurde jedoch an der Südostfront ein Kastell errichtet, das wie in Valbona gleichzeitig als Schleuse in die Stadt diente. Auch hier wurde wohl unter den Venezianern ein neuerlicher Umbau durchgeführt, der diese Torgasse benachbart auslagerte, wodurch das Kastell auf einen reinen Verwaltungsbau reduziert wurde.

Dieses Kastell von Montagnana entstand unter dem bedeutendsten Carraresi Francesco I. (1350–88), der als Reichsvikar für Kaiser Karl IV. mehrere Städte erhielt, den Großteil des heutigen Zentralvenezien erwerben konnte und 1387 sogar die Scaliger vernichtend schlug. Um nach dem Niedergang Veronas keinen neuen Konkurrenten zu erhalten, verbündeten sich jedoch sofort Mailand und Venedig gegen Padua und zwangen Francesco am Höhepunkt seiner Macht zum Rücktritt. Sein Nachfolger Francesco Novello (1388–1406) bemühte sich lange um den Erhalt der Selbstständigkeit, wurde jedoch schließlich von den Venezianern gefangen und gemeinsam mit seinen Söhnen exekutiert.

Abb. 40 | Este, Italien, Gesamtanlage der Zitadelle

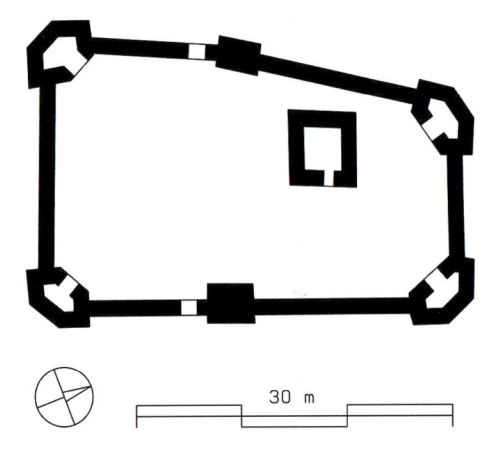

Abb. 41–42 | Valbona, Italien, Kernkastell ab 1338

DIE VISCONTI VON MAILAND

Inmitten der an die Herrschaft Veronas westlich anschließenden oberen Poebene hatte sich die römische Stadt Mailand

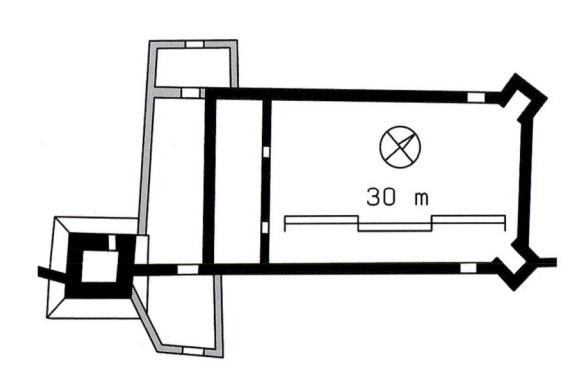

Abb. 43 | Montagnana, Italien, Kastell ab 1362

KÖNIGREICH ITALIEN

bereits in byzantinischer Zeit zu einem bedeutenden Zentrum Oberitaliens entwickelt, das im Hochmittelalter als selbstbewusste Kommune mehrfach gegen den Kaiser aufbegehrte.[29] Im Jahr 1277 drängte Erzbischof Ottone von Visconti die bürgerliche Führung zurück und stieg de facto zum Signore auf, sein Großneffe Matteo etablierte sich 1287 fix als Capitano del Popolo und wurde 1294 zum Reichsvikar von Mailand ernannt. Blieben die Ambitionen der Familie zunächst auf den Aufbau der Stadtherrschaft sowie wenige Umlandgemeinden konzentriert, vergrößerte Azzo (1322–39) den Einflussbereich durch massive territoriale Zugewinne. Er machte sich zum Signore von Cremona, besetzte Bergamo, besiegte den Böhmenkönig in Ferrara, eroberte unter anderem Treviglio, Vercelli, Como, Lecce, Lodi, Caravaggio und Romano, 1336 besetzte er in einem Schlag Fidenza, Piacenza und Brescia. Um die neuen Gebiete an Mailand zu binden, stellte Azzo eine eigene Verwaltung auf und trat der Liga von Castelbaldo bei. In Mailand setzte er den Grundstein für den Verwaltungsbau Palazzo Reale und ließ die Stadtmauern erweitern. Nach Jahren der diplomatischen und kriegerischen Auseinandersetzungen mit Florenz, Siena, Verona und Venedig, gelang es Erzbischof Giovanni Visconti gemeinsam mit Herzog Luchino im mittleren 14. Jahrhundert durch Bündnisse, die Region zu stabilisieren. Gleichzeitig setzte in den untergeordneten Grenzstädten ein intensives Bauprogramm mit starken Zitadellen ein.

Als eine der frühesten Grenzanlagen gilt das ab 1341 für Luchino Visconti errichtete Doppelkastell Vigevano am Ticino, das heute durch den spätgotischen Ausbau zur herzoglichen Residenz stark verändert ist (Abb. 46).[30] Zu Beginn dürfte es zwei unabhängige Brückenköpfe gegeben haben, die jeweils als niedrige viereckige Kastelle mit Ecktürmen sowie Torwerken konzipiert waren und ein Bollwerk gegen Pavia bildeten. Im Jahr 1347 wurden beide Anlagen mit einer 164 m langen und 7,5 m breiten gedeckten wehrhaften Brücke verbunden, sodass der Wasserübergang komplett kontrolliert werden konnte. Im mittleren 15. Jahrhundert wurden umfangreiche Vorwerke angestellt, weshalb das westliche Kastell in der Folge zum offenen ehrenhofartigen Renaissanceschloss wuchs, das die alten Ecktürme heute risalitartig einbezieht. Als Gegenstück kann die mehrteilige Großraumbefestigung von Bellinzona gesehen werden, die in der gleichen Zeit Richtung Gotthardpass gegen Einfälle der Eidgenossen als lange Talsperre mit mehreren integrierten Forts angelegt wurde.

Sehr ähnlich war wohl das Kastell von Cassolnovo am Ticino bzw. ebenfalls an der Grenze strukturiert, das man im 15. Jahrhundert stark veränderte (Abb. 47–48).[31] Die Kernanlage wird um die Mitte des 14. Jahrhunderts als streng qua-

Abb. 45 | Castell'Arquato, Blick von Osten

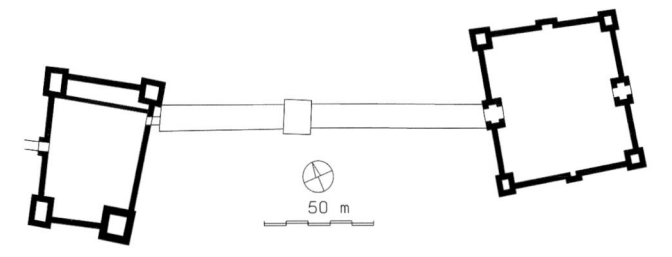

Abb. 46 | Vigevano, Italien, Gesamtanlage ab 1341

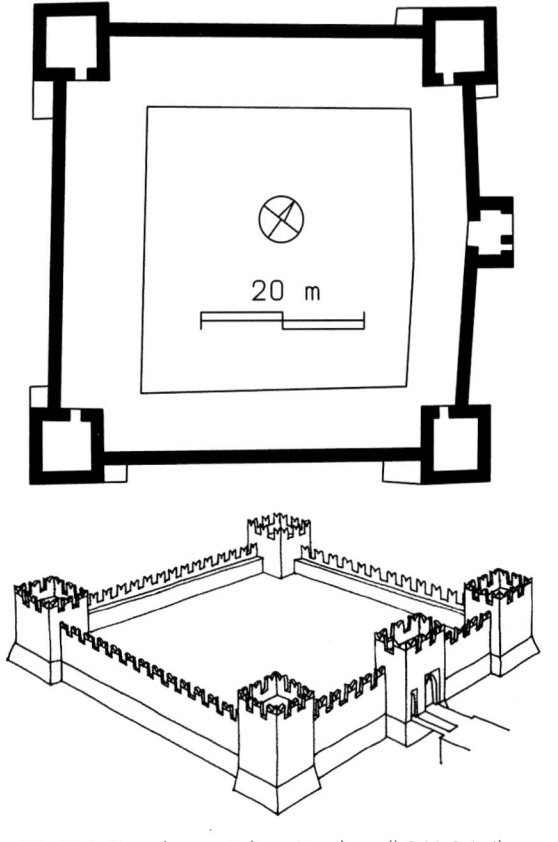

Abb. 47–48 | Cassolnovo, Italien, Kernkastell 2.V. 14. Jh.

KÖNIGREICH ITALIEN | 465

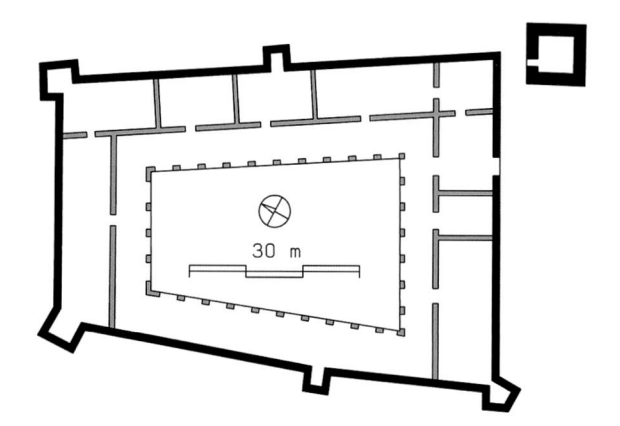

Abb. 51 | Lodigiano, Italien, Kernkastell M. 14. Jh.

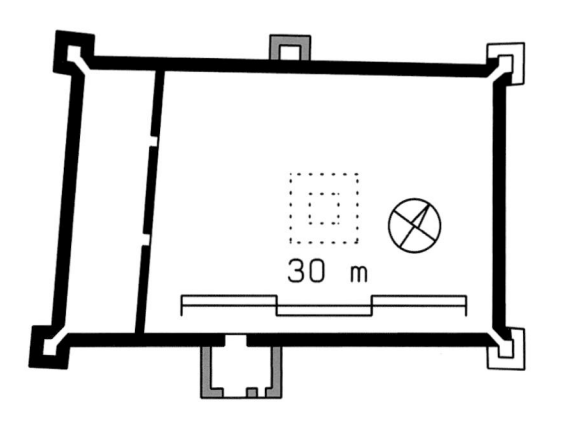

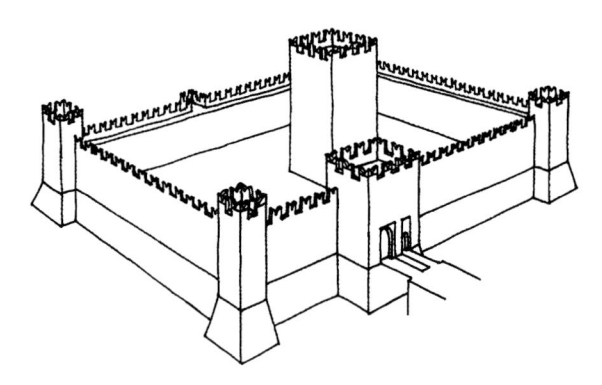

Abb. 49–50 | Binasco, Italien, Kernkastell M. 14. Jh.

dratisches Fort mit 51 m Seitenlänge und vier 9 m breiten Ecktürmen sowie Torturm errichtet worden sein. 1360 wurde die Anlage an den Marquis von Vigevano übertragen. In der Folge kam es zu Ausbauten zum mehrflügeligen Landschloss, wie Reste großformatiger Spitzbogenfenster belegen. Ohne exakte Baudaten muss das stark veränderte Kastell von Binasco beurteilt werden (Abb. 49–50). Von einer 1329 erstmals genannten Burg könnte ein zentraler Wohnturm gestammt haben, der unter Napoleon wie fast die gesamte Burg zerstört wurde. Das trapezförmige 29 x 49 m große Kastell ist jedoch noch in seiner Grundkonzeption zu rekonstruieren. Demnach gab es vier Ecktürme, von denen zwei vollständig erhalten und zwei anhand von Pfeileransätzen und Baufugen zu erkennen sind. Im Norden dürfte ein zentraler Mauerturm sekundär sein, dies ist jedenfalls ein ehemaliger Torbau im Süden. Diese Veränderungen mögen mit einem Umbau für die Visconti-Ehefrau Bianca von Savoyen im 15. Jahrhundert in Verbindung stehen. Demnach hat das Kernkastell zunächst aus einem geräumigen turmflankierten Geviert mit dominant

Abb. 52 | Lodigiano, Blick von Westen

466 | KÖNIGREICH ITALIEN

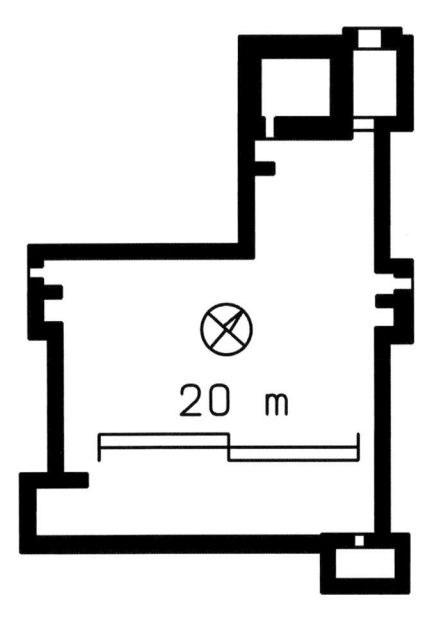

Abb. 53 | Castell' Arquato, Italien, Kernkastell 1342–49

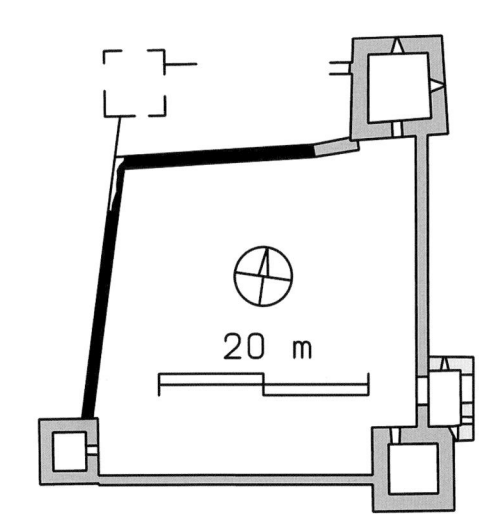

Abb. 54–55 | Romano, Italien, Kernkastell 2. V. 14. Jh.

zentral freistehendem Hauptturm und Palasbau bestanden. Ähnlich ist die 35 km südöstlich von Mailand am Fluss Lambro gelegene Stadtburg Sant'Angelo bzw. das Castello Bolognini in Lodigiano strukturiert, für das es ebenfalls keine Baudaten gibt (Abb. 51).[32] Die trapezförmige Fläche von maximal 58 x 78 m wird durch drei Ecktürme und zwei Mauertürme flankiert, an der Eingangsfront steht frei vor den Fluchten der dominante 10 m breite Hauptturm.

Er kontrollierte wohl eine zeitgleiche rechteckige Vorburg, die heute stark verändert ist, und erinnert damit an die Zitadelle von Verona (Abb. 52). Wie Binasco wurde Lodigiano ab 1383 für Regina della Scala, die Ehefrau von Bernabó Visconti, repräsentativ ausgebaut. Aus dieser Zeit stammen die innen umlaufenden Trakte mit zwei großformatigen Fenstergeschoßen und dem ebenerdigen spitzbogigen Arkadengang.

Bereits ein Jahr später ließ Luchino in Castell'Arquato ab 1342 ein Kastell errichten, das durch sein nachträgliches Andocken an den Stadtkern in den steilen Hang gesetzt werden musste und für das Protokolle des Bauablaufs vom Grundankauf über den Häuserabbruch bis zur Arbeiteranzahl vorliegen (Abb. 45 und 53).[33] Die sehenswerte und bis heute im Äußeren sehr gut erhaltene Anlage auf streng rechtwinkeligem Grundriss bildet ein Rechteck von ca. 26 x 38 m, das topographisch bedingt an seiner Westecke tief ausgeschnitten ist. Dadurch entstand am höchsten Punkt eine schmale Torgasse, die durch den dominanten 35 m hohen Hauptturm geschützt wird. Dahinter bilden die Mauern ungeachtet des abschüssigen Hangs ein leicht getrepptes Kastell mit Eck- und Mauertürmen, primäre (massive) Hofeinbauten sind mangels Verzahnungen nicht anzunehmen. Die originelle Anlage besteht bautechnisch aus Bruchstein, der nach oben mit Ziegelreihen

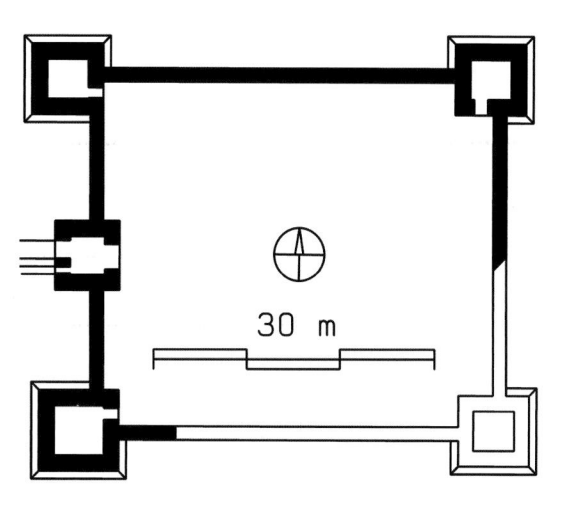

Abb. 56 | Cherasco, Italien, Kernkastell ab 1348

KÖNIGREICH ITALIEN | 467

Abb. 57 | Cherasco, Westansicht

durchsetzt ist und damit zu den Veroneser Kastellen passt, woher man eventuell Planer und Bauleute bezogen hat.
Nach der Übernahme der oberen Lombardei im Jahr 1335 wurde in Romano, 30 km östlich von Mailand, an der Ecke der älteren Siedlungsbefestigung direkt über dem Ufer des Serio ein Kastell eingebaut (Abb. 54–55). Wahrscheinlich plante man ursprünglich ein 33 x 39 m großes Trapez, das von einem Hauptturm und drei Trabanten gerahmt werden sollte. Drei unterschiedlich große Türme wurden ausgeführt, auf die vierte, vor die ältere Stadtmauer gerückte Ecke deuten nur Maueransätze, die wohl nie weitergeführt worden sind. Das charakteristische Mauerwerk zeigt abwechselnd Glaubsteinreihen und Ziegellagen und folgt somit Arquato.
Im Jahr 1348 eroberte Luchino Teile des Piemonts und ließ sofort an der strategisch bedeutenden Via Roma die Rasterstadt Cherasco befestigen sowie an einer Ecke ein Kastell anlegen (Abb. 56).[34] Dieses Fort war in der Folge oft umstritten, im 17. Jahrhundert wurde es gesprengt, jedoch im frühen

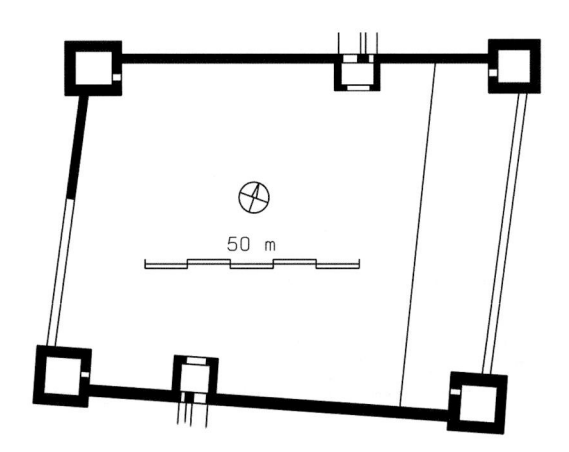

Abb. 58–59 | Galliate, Italien, M. 14. Jh.

468 | KÖNIGREICH ITALIEN

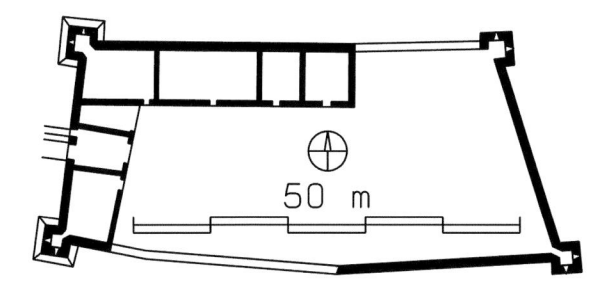

Abb. 60 | Nibbiola, Italien, Kernkastell M. 14. Jh.

20. teilweise wieder aufgebaut. (Abb. 57) Offensichtlich stammt das Konzept aus einem Guss und besteht aus einem 38 x 44 m großen Geviert, das von vier Ecktürmen sowie einem Torturm flankiert wird. Da keine primären Einbauten belegt sind, dürfte es sich um eine rein militärisch ausgerichtete klassische Zitadelle im neuen, gefährdeten Herrschaftsgebiet gehandelt haben.

Ein ähnliches Konzept verfolgte man in Galliate, das als Grenzfestung gegen Novara gerichtet war (Abb. 58–59).[35] Im Jahr 1413 wurde die Anlage zum geräumigen Schloss umgebaut und mit einem umlaufend vorkragenden Wehrgang aufgerüstet. Die Grundstruktur datiert jedoch ins mittlere 14. Jahrhundert und besteht aus einem 83 x 104 m großen Geviert mit 12 m breiten Ecktürmen und zwei einander versetzt gegenüber liegenden Tortürmen.

Gegen Novara war auch das Kastell von Nibbiola gerichtet, für das keine Baudaten vorliegen (Abb. 60). In der Ziegelstruktur zeigen sich Hinweise, dass der integrierte Torbau zuerst entstanden ist und mit typischen Ziegelmustern, nicht vortretenden Schwalbenschwarnz-Wehrgängen und spitzbogigen Fenstern ein längliches Rechteck von etwa 26 x 62 m angesetzt wurde. Bis 1467 gehörte dieses Fort dem Kammeramt der Visconti. Im 16. Jahrhundert wurde die Anlage großzügig umgestaltet, die Kernstruktur ist jedoch weiterhin gut ablesbar. Sehr ähnlich war die Zitadelle am Haupthügel von Bergamo aufgebaut, an deren langen, rechteckigen Mauerzügen die einstigen Ecktürme bis auf einen stark fragmentiert sind.[36] Gemäß Inschrift aus dem Jahr 1345 hat der Bürgermeister dieses neue Kernwerk für Luchino Visconti in die ältere polygonale Stadtburg einsetzen lassen.

Schon früh haben andere Adelsfamilien im Einflussbereich der Visconti ebenfalls Kastelle gegründet (Abb. 61). So ließ die Familie Folperti in Scaldasole bei Pavia ein bis heute fast unverändertes zweiteiliges Kastell errichten, das wohl einen älteren Wohnturm integrierte. Die neue Kernanlage mit niedrigen Zinnenmauern von etwa 33 x 35 m wird durch drei innen offene Ecktürme flankiert, davor zeigt die rechteckige niedrige Vorburg neben einem großen Torturm ebenfalls zwei schalenförmige Ecktürme. Später sollte dieses Fort zum geräumigen Schloss ausgebaut werden, wie frühgotische Fensterreihen indizieren.

Im mittleren 14. Jahrhundert entstanden für lokale Adelige in Melegnano, Borogonovo und Noceto ähnliche Rechtecke mit vorstehenden Ecktürmen, deren Kernanlagen jedoch durch spätere Umbauten zu Schlössern nicht mehr sicher abzulesen sind (Abb. 62).

1346 schickte Luchino seine drei Neffen Roberto, Bernabó und Galeazzo nach Flandern, holte sie jedoch 1349 als designierte Nachfolger zurück, wo sie ab 1354 nach seinem Tod zu dritt regierten. Mit Luchinos Bruder Erzbischof Giovanni teilte man sich die Macht, führte zahlreiche meist fruchtlose Kriege und setzte in einer klassischen Schaukelpolitik auf kurzzeitige Allianzen. Giovanni trachtete zunächst nach ei-

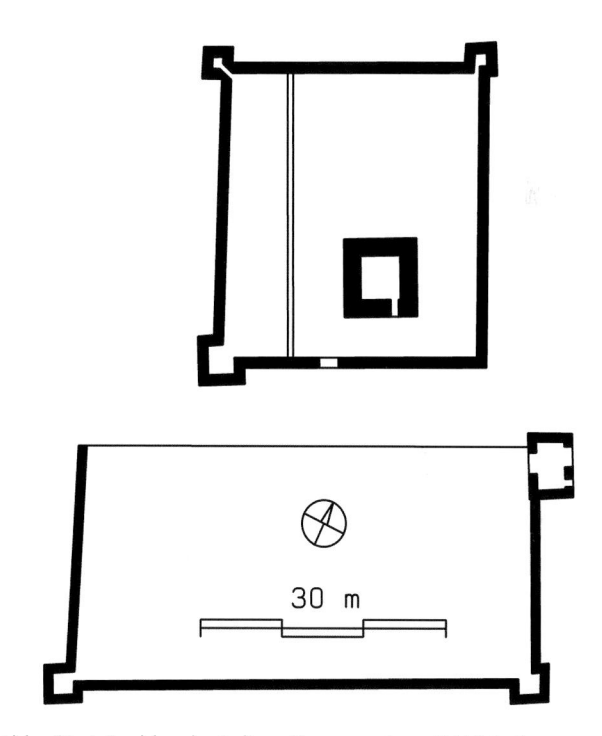

Abb. 61 | Scaldasole, Italien, Gesamtanlage 2.V.14. Jh.

Abb. 62 | Scaldasole, Südostansicht

KÖNIGREICH ITALIEN

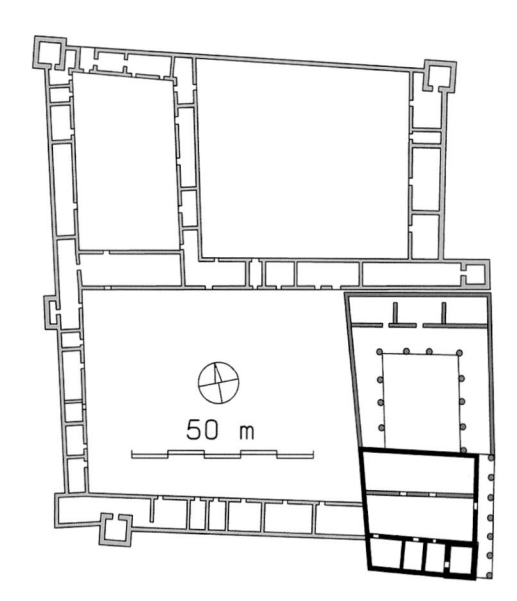

Abb. 63 | Bologna, Italien, Palazzo d'Accursio, 14. Jh.

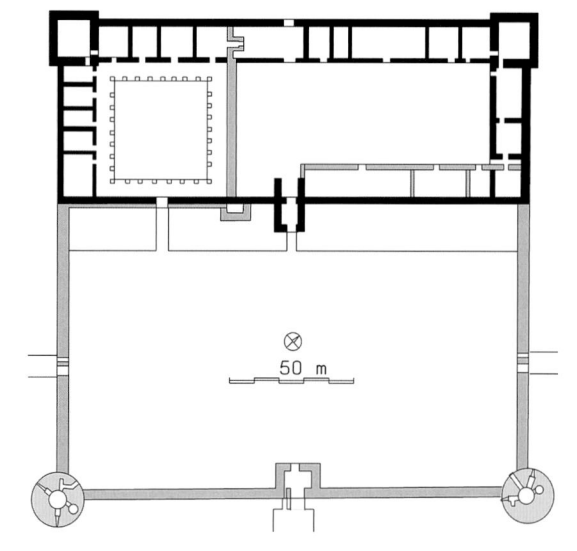

Abb. 64 | Mailand, Italien, Kernkastell ab 1360

Abb. 65 | Mailand, Nordwestfassade

nem unabhängigen Herrschaftsaufbau und ließ 1354 9 km von Bergamo in Urignano eine Zitadelle an der Stadtmauer errichten, die jedoch bald an die Brüder in Mailand viel. Durch einen radikalen Umbau zur barocken Festung sind von dieser Erstanlage nur mehr zwei hohe Viereckt ürme zu erkennen, von denen einer als Torturm wohl in der Mitte der stadtseitigen Front lag, wodurch ein klassisches rechteckiges Kastell wahrscheinlich ist. In Bergamo ließ Bernabó gemäß Inschrift von 1355 auf einem sanften Hügelsporn der Stadtmauer eine neue großformatige Zitadelle errichten, deren Baugeschichte jedoch im heute stark überformten Ensemble nicht zu erfassen ist. Offenbar gab es einen großen zentralen Hof mit umlaufenden Trakten und weit vorstehenden Ecktürmen.

In Bologna darf vorsichtig die monumentale Anlage des Palazzo d'Accursio (Palazzo Comunale) den Visconti zugeordnet werden (Abb. 63). Diese Stadt war im Mittelalter eine der größten Europas und wechselte neben kurzen Phasen der Selbstständigkeit mehrfach die Oberhoheit zwischen Mailand und dem Papst. Im Kern des Palastes steckt der 1336 errichtete Sitz des Ältestenrats, der unter den Visconti wohl in der Besitzphase 1347–60 mehrfach erweitert wurde. Letztlich zeichnet sich ein durchgreifender Ausbau zum 120 x 128 m großen festungsartigen Komplex ab, der mit seiner Ostfront den gesamten Hauptplatz beherrschte. Während große Teile später zum repräsentativen Stadtpalast ausgebaut wurden, zeigen lange Partien der Rückseiten noch den wehrhaften Charakter mit steilem Sockelanlauf, starken Mauern mit Wehrgangabschluss sowie hohen vortretenden Flankentürmen mit Wehrgangumlauf und Schwalbenschwanzzinnen. Die steilen Wehrgangkonsolen und die charakteristischen durchlaufenden Ziegelmuster weisen auf eine Entstehung im mittleren 14. Jahrhundert. Wahrscheinlich wollte man damit ein machtvolles Zeichen der Herrschaft in dieser finanziell und gesellschaftspolitisch so bedeutenden Stadt setzen.

Nach Giovannis Tod teilten sich die drei Brüder das Gebiet auf, wobei Bernabó die Führung innehatte. Angesichts des großräumigen militärischen und politischen Monopols änderte sich ihr Baustil nun grundlegend. Anstelle defensiver Festungen mit starken fensterlosen Wänden und flankierfähig vorstehenden Ecktürmen traten großformatige, repräsentative Residenzanlagen mit geräumigen umlaufenden Gebäudetrakten.

Den Auftakt bildete das neue Kastell von Mailand, das ab 1360 an der Stadtmauer errichtet wurde (Abb. 64–65).[37] Durch die lange Bauzeit mit mehreren Planwechseln, durch starke Zerstörungen sowie Erneuerungen bzw. Ausbauten zur Kanonenfestung im 15. und 16. Jahrhundert ist die Erstanlage heute nur mehr zum Teil erhalten. Es handelte sich wohl schon zu Beginn um ein 188 x 192 m großes Geviert mit vier kaum vortretenden 20 m breiten Ecktürmen, von dem jedoch gemäß Mauerwerkswechsel und Baufugen zunächst nur das feldseitige Drittel ausgeführt wurde. Hier gibt es primäre randständige Trakte mit zwei großformatig belichteten Geschoßen, die einen rechteckigen Hof rahmten. Geht man von der Grundplanung eines regelmäßigen Quadrats aus, so hätte dieses Kastell einen 160 m breiten Hof besessen und damit sicher programmatisch bislang unbekannte Maßstäbe gesetzt. Dass dieses Konzept tatsächlich zumindest in Ansätzen ausgeführt wurde, belegen Reste großformatiger Prunkfenster des 14. Jahrhunderts an allen Fronten. Spätestens unter dem Nachfolger Gian Galeazzo sollte das zweihöfige „Provisorium" jedoch durch eine Binnenmauer mit breitem Graben sowie dominantem Torturm fixiert werden. In der Folge wurde noch ein weiterer Hof abgetrennt, sodass im 15. Jahrhundert innerhalb des großen Gevierts eine dreiteilige Anlage entstanden war, die nun wiederum den zeitgenössischen Ansprüchen an eine repräsentative gestaffelte Hofhaltung entsprach.

Für seine Frau Regina della Scala ließ Bernabó mehrere Forts zu repräsentativen Landsitzen ausbauen, unter anderem das bereits genannte Lodigiano (Abb. 66–67). Als reiner Neubau entstand für sie in Pandino wie ein kleines Abbild von Mailand ein geräumiges Schloss, dessen zweigeschossige großzügig belichtete Prunketagen um den zentralen Arkadenhof keinen Wehrcharakter aufweisen.[38] Lediglich außen zeigt das 63 x 65 m große Geviert durch wenig vorstehende Ecktürme, zwei Toranlagen mit Zugbrücken und Wurferkern sowie einen breiten Grabenumlauf defensive Elemente. (Abb. 68–69)

Im gleichen Jahr wie in Mailand wurde 1360 von Bernabós Bruder Galeazzo in Pavia eine Residenz begonnen, die für ihn eine gleichwertige Hofhaltung gewährleisten sollte.[39] Hierhin zog er zahlreiche Künstler und Gelehrte, legte eine Bibliothek an und gründete benachbart eine Universität.[40] Da diese großformatige Anlage bis auf den Nordflügel praktisch unverändert erhalten ist, ermöglicht sie einen hervorragenden Ein-

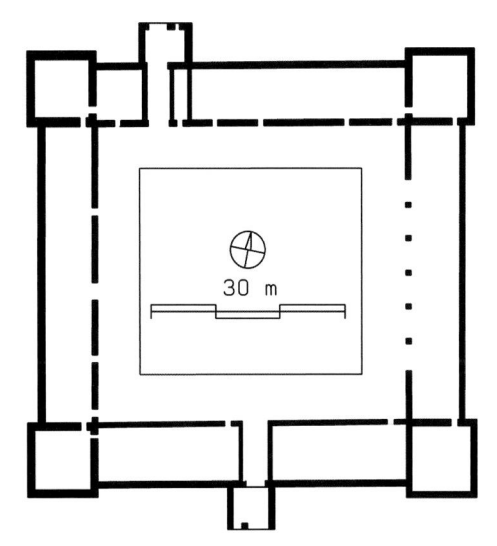

Abb. 66–67 | Pandino, Italien, Kernkastell ab 1379

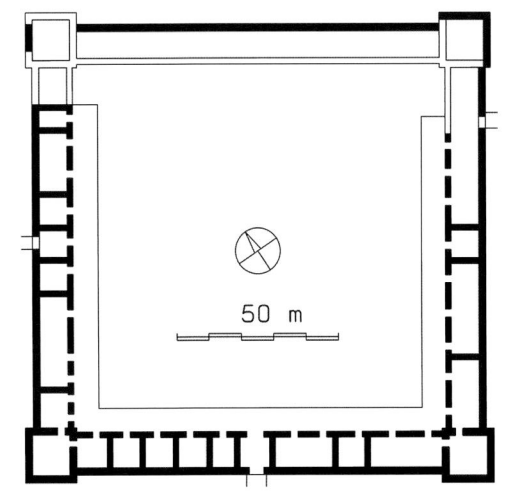

Abb. 68 | Pavia, Italien, Kernkastell ab 1360

Abb. 69 | Pavia, Blick von Westen

KÖNIGREICH ITALIEN | 471

blick in die Repräsentation der Visconti im mittleren 14. Jahrhundert.

Direkt am Stadtrand und auf einer Geländestufe über einem großen Jagdrevier gelegen, maß dieses Geviert 136 x 141 m, hatte vier 16 m breite Ecktürme und einen 116 m großen Innenhof, der von einer ebenerdig durchlaufenden Arkade umgürtet war. Es gab wohl vier Toranlagen, die durch drei erhaltene Vorwerke im umlaufenden breiten Graben geschützt waren. Dahinter dominierten jedoch die großformatigen Prunkfenster der zwei Hauptgeschoße, die jede Wehrhaftigkeit vermissen lassen. So diente auch das krönende Zinnengeschoß wohl mehr der Repräsentation bzw. folgte nach außen dem Grundtypus eines defensiven Kastells. Nach innen überwog der Eindruck eines modernen Schlosses, das sicher bewusst an die wenig ältere Residenz der Scaliger in Verona sowie an den Dogenpalast von Venedig anschloss.

Für den dritten Bruder Barnabas wurde in Lodi ebenfalls direkt an der Stadtmauer um 1360/70 eine zu Pavia wohl gleichwertige Residenz errichtet, die im heutigen hakenförmigen Questurgebäude nur schwer zu fassen ist. Wahrscheinlich handelte es sich ebenfalls um ein geräumiges Geviert mit randständigen Hoftrakten und vier Ecktürmen, das im 16. Jahrhundert für eine sternförmige Festung weitgehend abgebrochen wurde.

Neben diesen großen Bauvorhaben der Visconti ließen auch treue Hofadelige deutlich kleinere Residenzen errichten (Abb. 70). So wurde für den General von Galeazzos Kavallerie, Bernardo Anguissola, in Vigolzone nahe Piacenza ein 36 x 48 m großes Geviert mit zwei diagonalen Türmen errichtet, das durch Bruchstein mit Ziegelbänderungen und Ziegelkanten charakterisiert wird.[41] Im Hof standen repräsentative Wohntrakte, wie an den großen spitzbogigen Fenstern ersichtlich ist. In der Emilia Romagna wurde an der bedeutenden Via Emilia zwischen Imola und Forli von lokalen Adeligen im Jahr 1371 der Grundstein für das starke Kastell von Faenza gelegt, für das bis 1373 Sondersteuern dokumentiert sind (Abb. 71).[42] Das einst 43 x 56 m große Fort, das durch vier 7 bzw. 8 m breite Ecktürme und zwei Torbauten geschützt sowie einen künstlichen Wassergraben isoliert war, wurde im 18. Jahrhundert abgebrochen. Heute sind nach Ausgrabungen Teile davon freigelegt, weitere Sondagen sowie historische Pläne und Abbildungen ermöglichen eine vollständige Rekonstruktion. Demnach passte diese Festung an der Grenze zur Herrschaft Imola gut ins zeitgenössische Kastellbauprogramm.[43]

Auch der Bischof von Bologna versuchte in der ihm unterstellten Satellitenstadt Cento lokale Autonomiebestrebungen durch den Bau einer Zitadelle zu unterbinden (Abb. 72–73). Die gut erhaltene verzogen rechteckige Anlage von 34 x 35 zeigt vier 5 m schmale Ecktürme, einen 9 m breiten Hauptturm und zwei Torwerke, während wohnliche An- und Einbauten erst um 1483 unter Kardinal Giuliano della Rovere, dem späteren Papst Julius II, folgen.

Im Jahr 1378 wurde Gian Galeazzo Visconti (1378–1402) neben seinem Onkel Bernabó zum Regenten erhoben.[44] 1385 riss er mit einem Handstreich die gesamte Macht an sich, kurz darauf wurde Bernabó vergiftet. Gian Galeazzo gilt als mächtigster Visconti, er hatte das erklärte Ziel, ganz Oberitalien zu erobern und führte dazu zahlreiche Kriege. 1387 zog er in Verona und Vicenza ein, 1488 in Parma, er bedrohte Mantua und die Toskana und erwarb 1399/1400 die Signorien von Pisa, Siena und Perugia. Dazu bildete er Allianzen gegen Florenz und Venedig. 1395 erhob ihn Wenzel von Luxemburg zum Herzog. Durch die Vereinigung aller Familienherrschaften gelang Gian Galeazzo dabei die Etablierung eines großen Herzogtums, das die Lombardei sowie Teile von Piemont, Venetien, Emilia-Romagna und der Toskana umfasste. Im Jahr

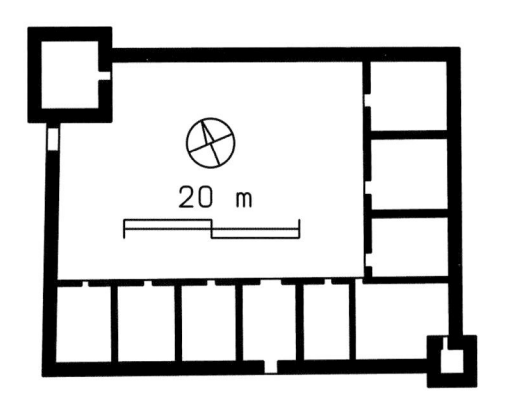

Abb. 70 | Vigolzone, Italien, Kernkastell M. 14. Jh.

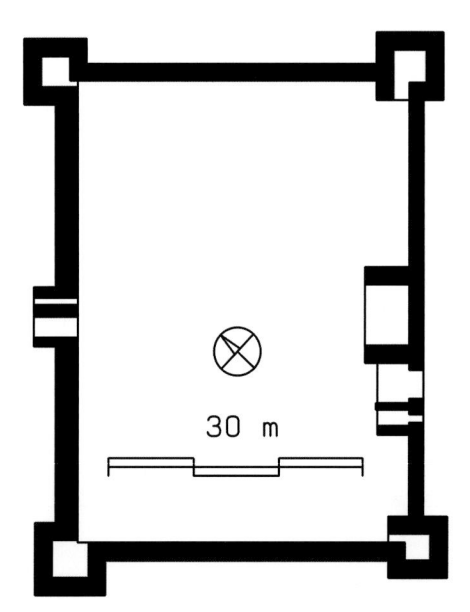

Abb. 71 | Faenza, Italien, Kernkastell 1371–73

Abb. 72–73 | Cento, Italien, Gesamtansicht von Norden

1402 eroberte er neuerlich Bologna und wollte nach Pistoia und Florenz vorstoßen, starb jedoch mit 50 Jahren an der Pest.

Galeazzos Ambitionen als Bauherr konzentrierten sich auf die Fertigstellung der Residenz von Mailand, die nun mehrhöfig mit weitläufigen Gebäudefluchten und zahlreichen Prunkfenstern ausgestattet wurde.

Ab 1381 wurde unter Gian Galeazzo auch in Abbiategrasso, 15 km westlich von Mailand, an älterer Stelle in der Stadtbefestigung eine neue Landresidenz errichtet, die im heute stark fragmentierten Schloss stecken dürfte (Abb. 74). Auf einer leicht trapezförmigen Fläche von etwa 38 x 48 m haben sich Teile des Berings sowie ein Turm vollständig erhalten. Von zwei weiteren Türmen blieben Fundamente bzw. die Innenmauern bewahrt, sodass ein vierter rekonstruiert werden kann. Da im Jahr 1438 ein umfangreicher Ausbau zum Schloss mit Arkadenhof für Herzogin Bianca von Savoyen erfolgt ist, dürfte die Konzeption auf das späte 14. Jahrhundert zurückgehen und an Pandino anschließen.

Eine weitere sehr ähnliche Kastellburg bestand in Melegnano, 10 km südöstlich von Mailand an der Via Emilia. Auch diese bereits früh überbaute und heute halb abgebrochene Anlage

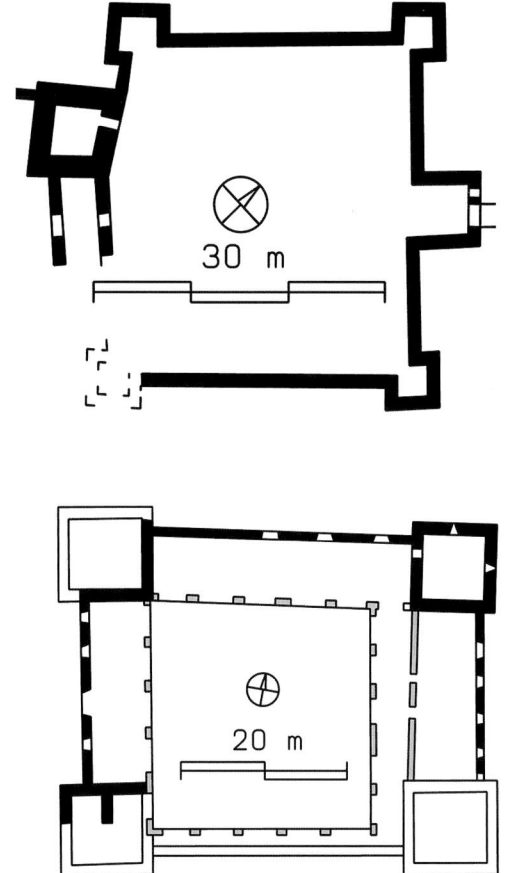

Abb. 74 | Abbiategrasso, Italien, Kernkastell ab 1381

KÖNIGREICH ITALIEN

Abb. 75–76 | Maccastorna, Italien, Kernkastell 4. V. 14. Jh.

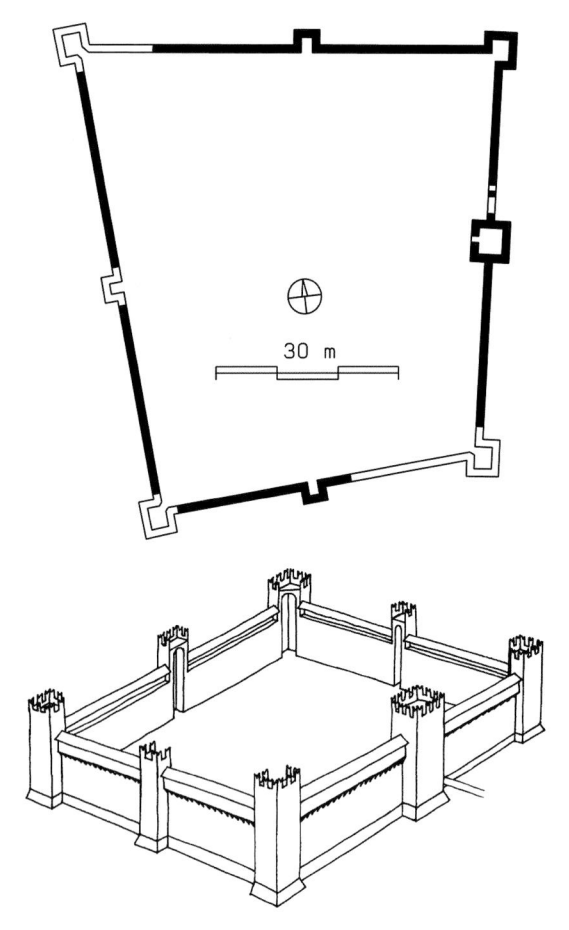

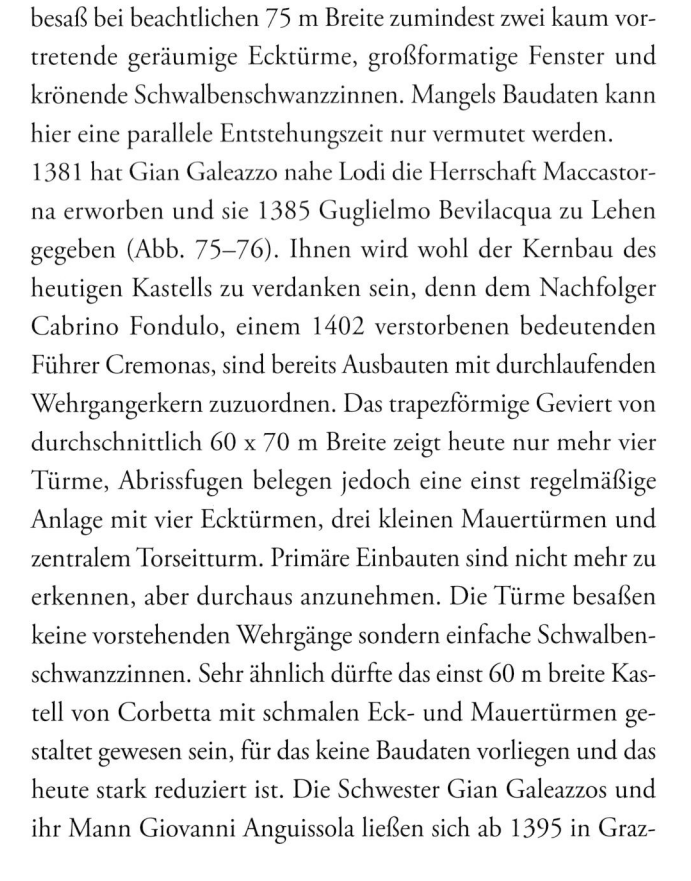

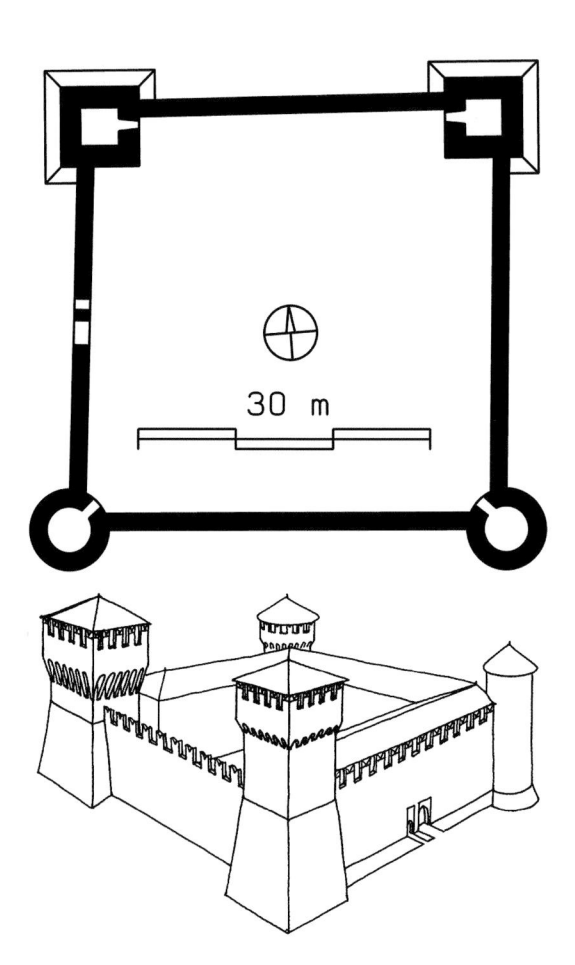

Abb. 77–78 | Grazzano, Italien, Kernkastell ab 1395

besaß bei beachtlichen 75 m Breite zumindest zwei kaum vortretende geräumige Ecktürme, großformatige Fenster und krönende Schwalbenschwanzzinnen. Mangels Baudaten kann hier eine parallele Entstehungszeit nur vermutet werden.

1381 hat Gian Galeazzo nahe Lodi die Herrschaft Maccastorna erworben und sie 1385 Guglielmo Bevilacqua zu Lehen gegeben (Abb. 75–76). Ihnen wird wohl der Kernbau des heutigen Kastells zu verdanken sein, denn dem Nachfolger Cabrino Fondulo, einem 1402 verstorbenen bedeutenden Führer Cremonas, sind bereits Ausbauten mit durchlaufenden Wehrgangerkern zuzuordnen. Das trapezförmige Geviert von durchschnittlich 60 x 70 m Breite zeigt heute nur mehr vier Türme, Abrissfugen belegen jedoch eine einst regelmäßige Anlage mit vier Ecktürmen, drei kleinen Mauertürmen und zentralem Torseitturm. Primäre Einbauten sind nicht mehr zu erkennen, aber durchaus anzunehmen. Die Türme besaßen keine vorstehenden Wehrgänge sondern einfache Schwalbenschwanzzinnen. Sehr ähnlich dürfte das einst 60 m breite Kastell von Corbetta mit schmalen Eck- und Mauertürmen gestaltet gewesen sein, für das keine Baudaten vorliegen und das heute stark reduziert ist. Die Schwester Gian Galeazzos und ihr Mann Giovanni Anguissola ließen sich ab 1395 in Grazzano, 12 km südöstlich von Piacenza, gemäß verbriefter Bauerlaubnis in einem großen Park einen Sitz errichten, der heute gut erhalten scheint, jedoch nicht bauhistorisch erforscht ist (Abb. 77–78).[45] Die verzogen-quadratische Anlage mit 43 m Seitenlänge zeigt zwei quadratische und zwei runde Ecktürme. Im Inneren dürften drei Trakte mit großen ebenerdigen Arkaden primär sein, sie beherbergten zwei Prunkgeschoße mit großformatigen Fenstern. Damit schuf man offenbar eine Symbiose von klassischem Wehrkastell und wohnlichem Landsitz. Die Baudetails der spätgotischen Prunkfenster belegen eine direkte Verbindung zum Herzogshof von Mailand, von wo man wohl die Bauleute bezog.

Eine andere Variante zeigt Castelguelfo, am Fluss Taro bei Parma (Abb. 79–80).[46] Das Gebiet wurde 1397 von Gian Galeazzo erobert und an die Pallavicino vergeben. Nach dem Tod von Niccolo konnte sein Sohn Rolando Pallavicino – il Magnifico – (1401–57) im umkämpften Grenzgebiet zwischen Mailand, Kirchenstaat und Venedig eine relativ selbstständige Herrschaft aufbauen, die er durch mehrere Kastelle zu schützen trachtete. Castelguelfo bestand zunächst aus zwei dominanten geräumigen Türmen mit verbindendem Gebäudetrakt, wie eine Reduktion von Mailand und Abbiategrasso.

474 | KÖNIGREICH ITALIEN

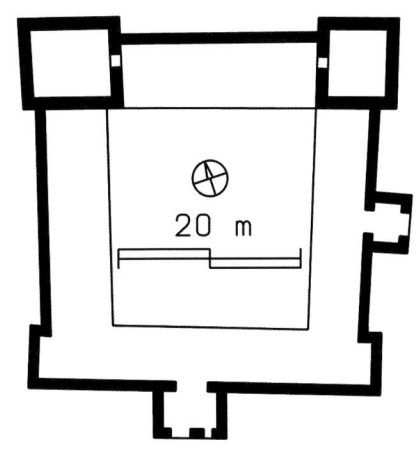

Abb. 79–80 | Castelguelfo, Italien, Kernkastell nach 1401

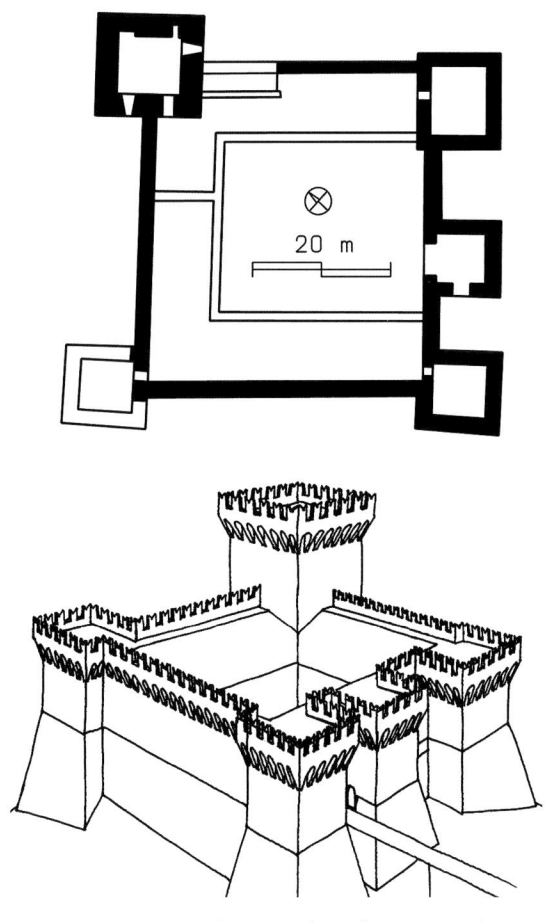

Abb. 81–82 | Varano, Italien, Kernkastell 1. H. 15. Jh.

Diesem Nordflügel war ein niedrigeres Kastell mit durchgehendem Zinnenwehrgang sowie zwei erhöhten Tortürmen angestellt.

In ihrer Hauptstadt Busseto dürften die Pallavicino zudem eine streng rechteckige Residenz nach dem Vorbild der Visconti errichtet haben. Sie mag aus vier kaum vorstehenden Ecktürmen, einem dominantem Hauptturm sowie verbindenden zweigeschossigen Prunktrakten mit krönendem Zinnenwehrgang sowie umlaufendem Graben bestanden haben. Durch die spätere Fragmentierung und einen radikalen Rückbau im 19. Jahrhundert ist die Struktur jedoch heute stark reduziert bzw. erneuert, sodass keine verlässlichen Rekonstruktionen mehr möglich sind.

Nahe der Mündung des Ceno in den Taro, etwa 25 km südwestlich von Parma, liegt direkt am Flussufer das Kastell von Varano De' Melegari, ein Stammbesitz der Pallavicino (Abb. 81–82).[47] Mangels Baudaten kann das bestens erhaltene Gebäude nur vorsichtig dem frühen 15. Jahrhundert zugeordnet werden. Auf einer verzogen-rechteckigen Fläche von 44 x 47 m dominiert ein 15 m breiter Hauptturm, dem eine Eingangsfront mit zwei Ecktürmen sowie zentralem Torturm gegenüber gestellt ist. An der vierten Ecke deuten zwei durchgehende Zargenvorsprünge auf einen weiteren geplanten Eckturm, der wohl nie ausgeführt war. Gemäß gleichförmigem Bruchsteinmauerwerk mit konsequentem Rüstholzraster dürfte der Hof primär von drei dreigeschossigen Gebäudetrakten gerahmt gewesen sein, die von hohen spitzbogigen Fenstern belichtet waren. Das charakteristische gotische Mauerwerk und die hohen Wehrgang-Konsolbögen erinnern an das ebenfalls am Taro gegen Parma gerichtete Kastell von Noceto, das unter Filippo Maria Visconti (1402–447) ab 1416 ausgebaut wurde.

Gleiches Bruchsteinmauerwerk mit Rüstholzraster und isoliert aufgesetztem Ziegel-Wehrgang hat das 1412 erstmals genannte Kastell von Boffalora, 30 km v. Piacenza, das in diesem Jahr von Filippo Visconti an die treue Adelsfamilie Arcello vergeben wurde (Abb. 83–84).[48] Die verzogen-rechteckige Anlage von 34 x 43 m zeigt unterschiedliche Turmformen und einen originellen Torflankenturm mit gestuften Ecken, während Hinweise auf primäre Binnentrakte fehlen.

Im Jahr 1413 wurde am Stadtrand von San Secondo, 15 km nordwestlich von Parma, auf Geheiß von Filippo für die Familie de Rossi die Rocca Rossi errichtet, die durch mehrfache Zerstörungen sowie Umbauten zum barocken Landsitz heute

KÖNIGREICH ITALIEN | 475

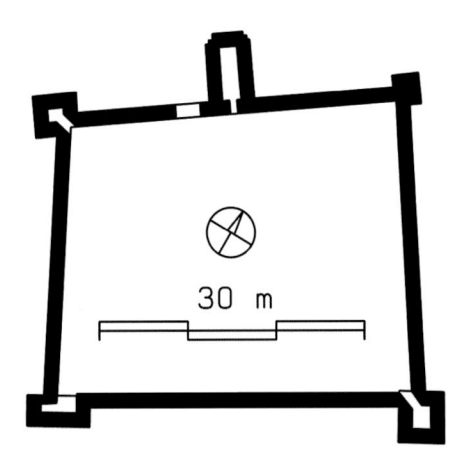

Abb. 83–84 | Boffalora, Italien, Kernkastell A. 15. Jh.

stark fragmentiert ist (Abb. 85). Sie war wohl als 42 m breites verzogen-rechteckiges Kastell mit vier Ecktürmen konzipiert, von denen einer mit knapp 11 m Breite etwas hervorgehoben war.

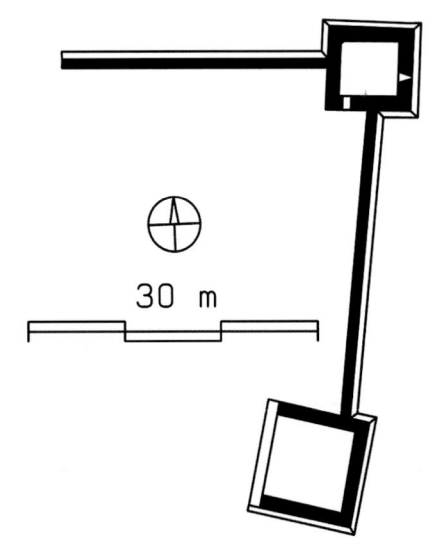

Abb. 85 | Rocca Rossi, Italien, Kernkastell ab 1413

Die Familie Rossi ließ gegen die Mitte des 15. Jahrhunderts auf einem weithin sichtbaren Hügel 18 km südlich von Parma mit Torrechiara eine weitere große Festung errichten, die eine Fusion der aktuellen Kastellideen von geräumigen monumentalen Wohntürmen mit Residenzcharakter sowie defensiven Wehrmauern mit konsequent umlaufenden Erkergängen und Zinnenkränzen brachte (Abb. 86–87).[49] Graf Pier Maria II. de Rossi gelang es als Heerführer des letzten Visconti sowie des folgenden Francesco Sforza, seine bedeutende Position auch in schwierigen politischen Zeiten zu halten.

Filippo Visconti war nach dem Tod seines Vaters Galeazzo mit erst 10 Jahren an die Macht gekommen und hatte sofort mit großen Gebietsverlusten zu kämpfen. Venedig nutzte seine Unmündigkeit ebenso wie zahlreiche untergeordnete Städte, die ihre Autonomie erklärten. Ab 1412 startete er erfolgreiche Rückeroberungen, die 1418 zu einem engen Bündnis mit Kaiser Sigismund führten. Durch Filippos Schaukelpolitik bildete sich jedoch eine Gegenallianz von Florenz, Venedig und Savoyen, die ihm 1427 eine schwere Niederlage beibrachte. In der Folge eroberte diese Liga systematisch Mailänder Gebiete und wurde 1446 sogar für die Hauptstadt selbst gefährlich.

Es folgten verzweifelte Versuche, die Herrschaft durch neue Festungswerke abzusichern und dabei auf modernste Feuerwaffen zu setzen (Abb. 88).

Bereits im Jahr 1352 war in Piacenza an der Stadtmauer direkt über dem Po der Grundstein für ein Kastell gelegt worden.[50] Durchlaufende einfache Ziegelmuster zeigen, dass unter Filippo eine neue 71 m breite Zitadelle entstand, die in den Mauerfluchten vorstehende Tortürme inkludierte, während die zwei heute erhaltenen Kanten runde Schalentürme für Geschütze aufweisen. Ein steiler Sockel, niedere Mauern und krönende Schwalbenschwanzzinnen ohne Maschikuli tradieren ältere Baudetails, während die Rundtürme für die Visconti neu sind.[51]

Auch in Noceto bei Parma ließ Filippo die oft umkämpfte und vom lokalen Adel enteignete Zitadelle Rocca Sanvitale in mehreren Etappen erneuern. Aus dieser Zeit stammt wohl der mächtige Bering mit den Rundbastionen und dem dominanten Hauptturm (Abb. 89).

Der loyale Adel nahm ebenfalls am herzoglichen Befestigungsprogramm teil. So zeigt Castelnovo di Valtidone unweit von Piacenza ein fast identes Geviert mit viereckigen Tortürmen und rundlichen Eckbastionen. Diese Herrschaft wurde 1412 von Filippo an Bartolomeo und Filippo Arcelli gegeben und in der Folge ließen diese das starke Kastell mit gleichen Baudetails wie Talus, Maschikuli und Ziegelmustern errichten. Idente Bauformen zeigt auch das Kastell von Monticelli

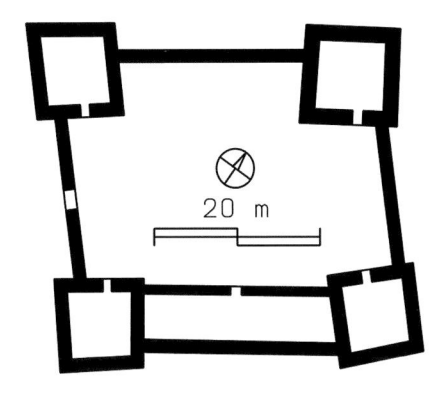

Abb. 86–87 | Torrechiara, Italien, Kernkastell M. 15. Jh.

d'Ongina nahe Brescia. Der oben bereits genannte Rolando Pallavicino ließ hier ein rechtwinkeliges Kastell mit zwei einander gegenüber liegenden rechteckigen Tortürmen sowie vier runden Ecktürmen errichten und mit repräsentativen Hoftrakten ausbauen.

Im Jahr 1445 erteilte Filippo der Familie Lampugnani die Erlaubnis, in Legnano an der bedeutenden Überlandstraße von Mailand in die Nordwestlombardei eine Visconti-Burg neu zu befestigen (Abb. 90).[52] Kern der Anlage auf einer Flussinsel des Olona war ein altes Kloster des 13. Jahrhunderts, das inzwischen zum befestigten Sitz umgewandelt war. Die topographisch perfekte Lage ermöglichte nun den Ausbau zu einer modernen Wall-Grabenanlage mit wasserumspülten Vorwerken und 76 x 109 m großem Kastell, dessen niedrige Zinnenmauern an den Kanten sowie den Längsseiten durch Geschütztürme flankiert wurden.

Mit der Erhebung von Vitaliano Borromeo zum Grafen 1445 wollte Filippo auch im Süden Mailands den Bau einer Festung in Peschiera initiieren, die jedoch erst in der Folge als wehrhafte Residenz verwirklicht werden sollte. Bei zahlreichen anderen Burgen wurden nun an gefährdeten Kanten punktuelle Rundtürme angesetzt und geschütztaugliche Zwingeranlagen errichtet.

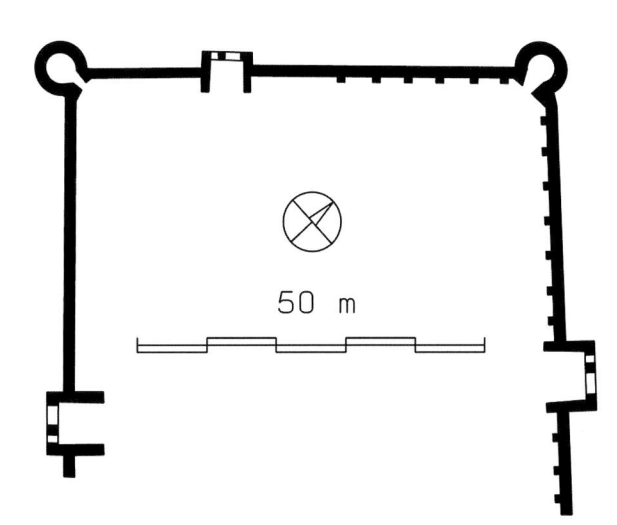

Abb. 88 | Piacenza, Italien, Kernkastell 2. V. 15. Jh.

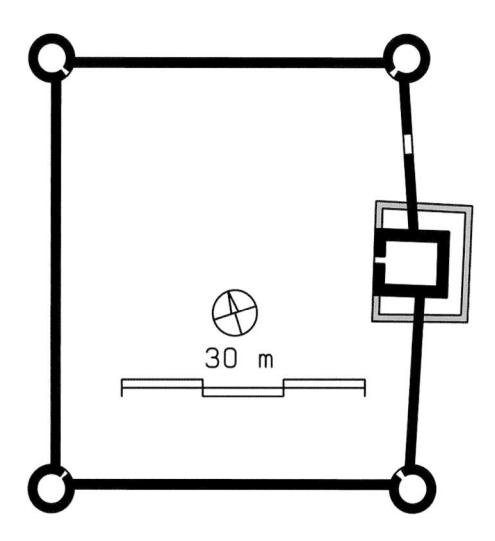

Abb. 89 | Noceto, Italien, Gesamtanlage 2. V. 15. Jh.

KÖNIGREICH ITALIEN

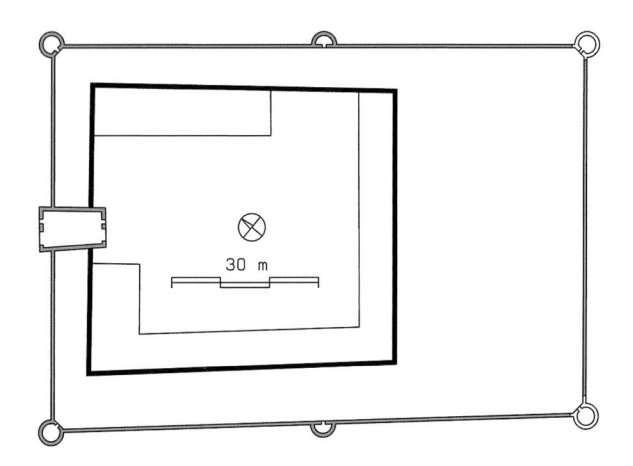

Abb. 90 | Legnano, Italien, Gesamtanlage ab 1445

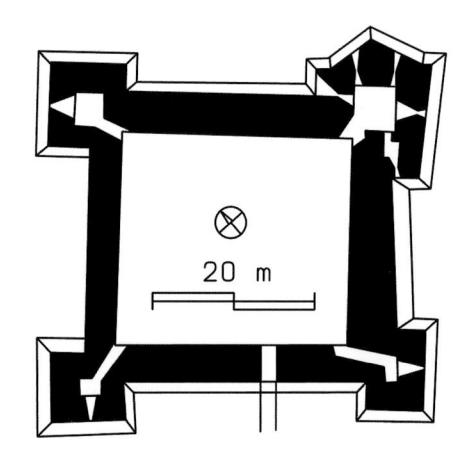

Abb. 93 | Felino, Italien, Kernkastell M. 15. Jh.

Mit dem Tod Filippos 1447 waren die Visconti im Hauptstamm ausgestorben und eine weitere Verteidigung ihrer Herrschaft obsolet. Mailand erklärte sich sofort zur Republik, jedoch gelang es Francesco Sforza, der eine illegitime Tochter des letzten Herzogs geheiratet hatte, 1450 die Macht an sich zu reißen. Mit Unterbrechungen sollte seine Familie bis zu Napoleon die Herrschaft weiterführen. Nach heftigen Kämpfen zwischen den Sforza und Venedig wurde 1454 mit dem Frieden von Lodi die gemeinsame Grenze neu bestimmt. Francesco Sforza ließ umgehend die Grenzstadt Soncino mit einer modernen Stadtmauer und einem Vierturmkastell befestigen (Abb. 91–92).[53] Es entstand ein 35 x 43 m großes Kastell, das wohl zunächst vier gleichförmige 11 m breite Rechtecktürme besaß und gegen die zeitgenössischen Feuerwaffen mit 3,5 m starken Wänden reagierte.[54] Ein hoher Sockel und ein schmaler Torturm komplettierten den Versuch, mit herkömmlichen Mitteln geschützsicher zu bauen. Bereits 1471 kam es zu bedeutenden Änderungen. So wurde der Stadteckturm abgetragen und durch einen fast massiven Rundturm ersetzt, zudem wurden alle Mauern aufgestockt und mit konsequent vorkragenden breiten Wehrgängen versehen, die als Geschützplattformen dienten. Dennoch musste die Stadt 1499 an Venedig abgegeben werden.

Ein mächtiger und selbstständiger Heerführer Sforzas aus dem Geschlecht de Rossi ließ zeitnahe zu Soncino in Felino ein 34 x 37 m großes Kastell mit fast 5 m Mauerstärken errichten, das durch vier rechteckige Türme flankiert wurde (Abb. 93). Mit diesen massiven Mauern wollte man offensichtlich die Tradition des klassischen Vierturmekastells gegen die immer durchschlagenderen zeitgenössischen Geschütze aufrüsten. Schon bald sollten sich jedoch polygonale Geschützfestungen mit reinen Kanonenbasteien durchsetzen.

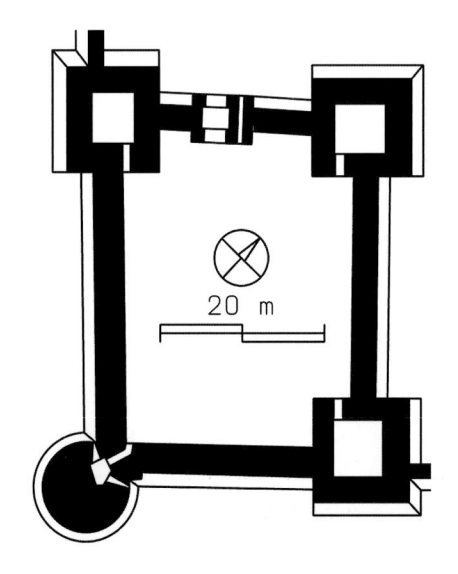

Abb. 91–92 | Soncino, Italien, Kernkastell ab 1454

478 | KÖNIGREICH ITALIEN

KARDINAL ALBORNOZ

Während der langjährigen Abwesenheit des Papstes in Avignon (1309–67) haben sich die weitläufigen Gebiete des Kirchenstaats in Zentralitalien individuell verselbstständigt oder wurden von regionalen Kräften usurpiert. Im mittleren 14. Jahrhundert plante man jedoch die Rückkehr des Papstes nach Rom, wofür zuvor die Wiederherstellung der päpstlichen Autorität in Italien unumgänglich schien. 1350 wurde Kardinal Egidio Albornoz beauftragt, die Herrschaften wieder zu gewinnen und die Verwaltung neu zu ordnen. 1353 folgte eine päpstliche Bulle mit der Ernennung zum Generalvikar mit besonderen Kompetenzen.[55] Albornoz war als direkter Nachkomme der spanischen Königshäuser von Leon und Aragón zuvor Botschafter in Avignon, Kanzler von Kastilien, ab 1338 reformfreudiger Erzbischof von Toledo sowie strenger Gesetzgeber gewesen, hatte jedoch aufgrund seiner harten Kritik am Könighaus auswandern müssen. Mit voller Kraft widmete sich der Kardinal nun in Italien der Reorganisation der päpstlichen Verwaltung, dem Aufbau einer schlagkräftigen Söldnerarmee und der Schaffung eines überregionalen Bündnisses mit den Erzbischöfen von Mailand, Pisa, Florenz und Siena.

Schon 1354 starteten systematische militärische Aktionen, so konnte man schlagartig Giovanni di Vico, den Präfekten von Rom und Herren von Viterbo besiegen, es folgten Ancona und Romagna, sodann Urbino, Cagli, Ravenna, Cervia und Faenza, 1359 war mit der Eroberung von Forli der Widerstand weitgehend gebrochen. Albornoz ließ die besiegten Adeligen möglichst im Amt und sicherte sie mit Unterwerfungsverträgen als treue Verbündete. 1357 wurde der Kirchenstaat nachhaltig mit neuen Konstitutionen geordnet und in fünf Provinzen aufgeteilt. Gleichzeitig begann ein regelrechtes Kastellbauprogramm, um gegen eventuelle Rebellionen gerüstet zu sein. Für diese „Politik der Festungen" wurde vor allem eine „Wirbelsäule" entlang der Längsachse Romagna-Marken-Umbrien-Latium aufgebaut, die sichere Truppenbasen enthielt. Im Jahr 1367 kehrte der Papst tatsächlich zurück, Albornoz konnte ihn noch in Viterbo empfangen, wo er selbst jedoch verstarb, ohne den Wiedereinzug in Rom zu erleben.

Von den zahlreichen Festungen des Kardinals sind heute nur wenige unverändert erhalten, ein Großteil wurde umgebaut, viele weitere bis zur Unkenntlichkeit verändert oder aber abgebrochen. So sind etwa in den Festungen Configni, Todi, Urbino, Aquaviva, Forlimpopoli und Senigallia nur spärliche Mauerpartien dem mittleren 14. Jahrhundert zuzuordnen. In Orvieto könnte an der älteren polygonalen Stadtmauer noch ein unerforschtes 50 m breites Kastell auf Albornoz zurückgehen, in Cervia belegt nur ein barocker Kastellplan eine entspre-

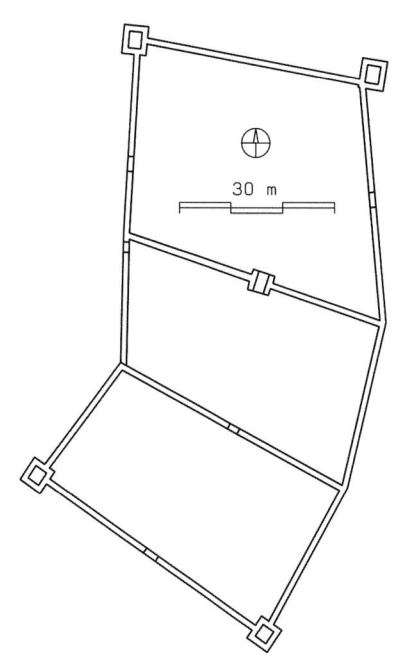

Abb. 94 | Ancona, Italien, Gesamtanlage Mitte 14. Jh.

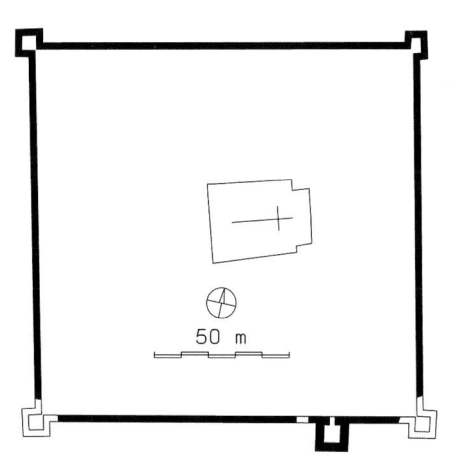

Abb. 95 | Ritaldi, Castel San Giovanni, Italien, Kernanlage M. 14. Jh.

chende Zitadelle,[56] hier sind überall durch vertiefende Untersuchungen noch weitere Erkenntnisse zu erwarten. Eine der frühesten Anlagen könnte in Ancona errichtet worden sein, dessen Kastell heute bis auf geringste Reste verschwunden ist (Abb. 94).[57] Bereits um 1352 dürfte hier über einer steilen Meeresklippe ein großformatiges Fort errichtet worden sein, das vier Ecktürme und innen wohl mehrere primäre Unterteilungen besaß. Ob dies programmatisch geplant war oder sich durch die Integration von Vorgängerbauten ergab, lässt sich mangels Erhaltung nicht mehr bestimmen.

Auch die nicht erforschte Anlage von Ritaldi, knapp außerhalb von Perugia, wird Albornoz zugeschrieben (Abb. 95).[58] Das 136 x 145 m große Geviert um eine ältere Kirche, das vom 11 m breiten Hauptturm neben dem Tor dominiert

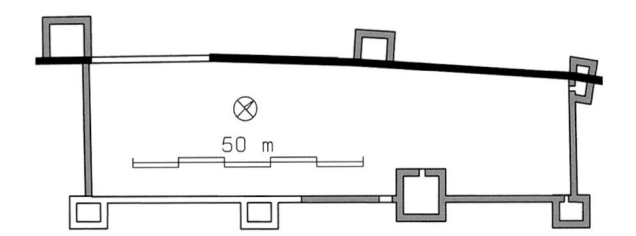

Abb. 96–97 | Viterbo, Italien, Kernkastell M. 14. Jh.

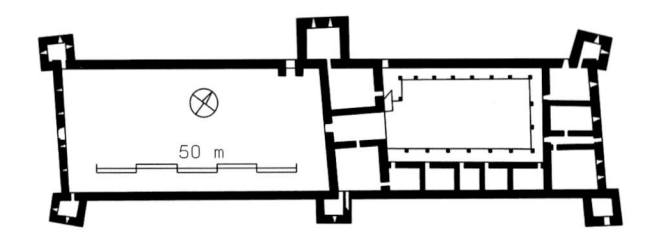

Abb. 98–99 | Spoleto, Italien, Kernanlage ab 1363

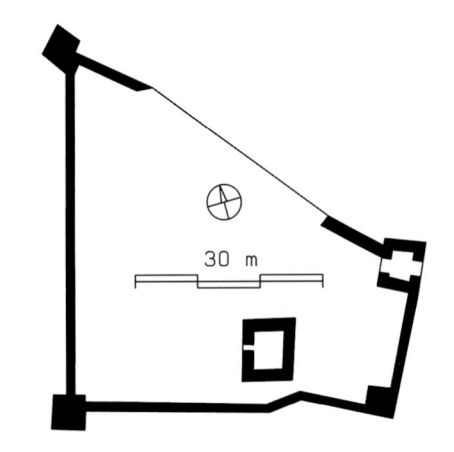

Abb. 100–101 | Assisi, Rocca Maggiore, Italien, Kernanlage um 1365

wird, besaß ursprünglich wohl vier gleichförmige Ecktürme, eine Zugbrücke sowie einen umlaufenden Graben und war als geräumige Truppenbasis bestens geeignet, während massive Einbauten fehlen. Damit könnte hier eine Reinform der frühen päpstlichen Kastelle vorliegen, die in Ancona geländebedingt verzogen war. Um 1354 dürfte in Viterbo entlang der älteren Stadtmauer und eventuell auf Resten eines staufischen Palatiums[59] ein deutlich schmäleres Kastell angelegt worden sein, das sich im heutigen etruskischen Museum großteils erhalten hat (Abb. 96–97). Demnach wurde die alte Stadtmauer aus großen Quadern mit einem ca. 31 x 107 m großen Geviert überbaut. Die Kleinquaderstrukturen indizieren ein einheitliches Bauvorhaben, das wohl regelmäßig von Türmen flankiert war, aus denen ein 11 m breiter Hauptturm hervor stach. Es ist durchaus wahrscheinlich, dass er einst eine Hofunterteilung begleitet hat, die einen quadratischen Kernbereich von einem längsrechteckigen Vorhof unterschied. Zusätzliche primäre Hofeinbauten sind im heutigen Ensemble durchaus möglich, aber durch die Transformation zum Schloss nicht mehr auszuscheiden.

Fast unverändert ist das sehr ähnliche Kastell von Spoleto erhalten, das auf einem isolierten Hügel über der gleichnamigen Stadt im Latium liegt (Abb. 98–99).[60] Für diese prominente Anlage ist mit Matteo Gattaponi nicht nur der Hauptplaner bekannt, sondern es liegen auch zahlreiche bauhistorische Studien und überregionale Vergleiche vor. Die 34 x 136 m große, verzogen aber konsequent abgesteckte Burg entstand in den Jahren 1363–67, also deutlich später als Viterbo. Wie dort flankieren weit vorstehende Türme das Kastell, von denen ein 13 m breiter dominiert. Neben ihm findet sich wie in Viterbo der Haupteingang, zudem mündet bei ihm eine Binnenmauer, die den repräsentativ bebauten und mit Arkadengang versehenen Innenhof vom offenbar zunächst nicht massiv bebauten Vorhof abtrennt. Für die Grundkonzeption konnten allgemeine Parallelen zu den deutlich älteren Bauten Kaiser

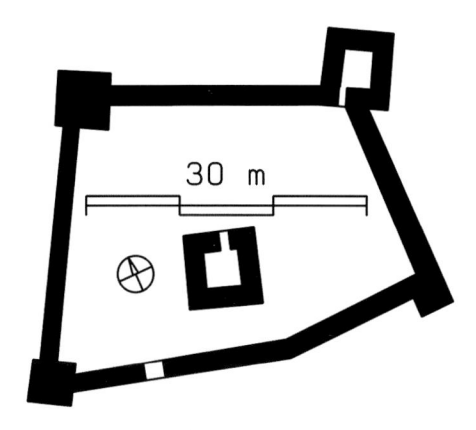

Abb. 102 | Rocca Flea, Italien, Kernkastell 2. D. 14. Jh.

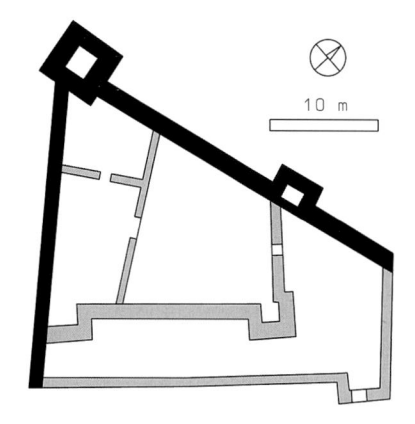

Abb. 105 | Bolsena, Italien, Ausbauten Mitte 14. Jh.

Friedrichs II. in Lagopesole sowie Celano aufgezeigt werden, denen besser die zu Spoleto zeitgleiche zweiteilige Scaliger-Zitadelle in Verona gegenüber zu stellen ist. Dort dominiert ebenfalls der Hauptturm die Binnenmauer und den seitlichen Hauptzugang zur Vorburg. Prinzipiell kann man aber wohl von einer pragmatischen Weiterentwicklung des bislang in der Forschung kaum beachteten päpstlichen Viterbo ausgehen. Ein anderer Weg wurde in der 1365 erstmals genannten Rocca Maggiore oberhalb von Assisi gewählt (Abb. 100–101).[61] Albornoz ließ hier auf älterem Standort über einer senkrechten Felsklippe unter Leitung des Planers Ugolino de Montemarte ein neues Fort anlegen, dessen stark verzogenes Geviert dem Terrain gut angepasst war. Es wies nur pfeilerartige Ecktürme sowie einen Torturm auf und besaß im Hof einen freistehenden Hauptturm. Nach dem Tod des Kardinals 1367 wurden die Arbeiten weitgehend eingestellt, die heutige Gebäudegruppe neben dem Turm entstand wohl erst in späterer Zeit.

Sehr ähnlich war das umbrische Kastell von Flea konzipiert, das sehr gut erhalten ist. Außerhalb der Altstadt steht das polygonale Fort aus Bruchstein isoliert auf einem Hügelsporn (Abb. 102). Es wird durch massive Wände und Ecktürme sowie einen dominanten frei stehenden Hauptturm charakterisiert, während Wohnbauten erst sekundär errichtet wurden.

Bauhistorisch noch nicht aufgearbeitet, präsentiert sich in Umbrien das Stadtkastell von Pieve (Abb. 103–104). Die mit etwa 20 x 27 m kleine Anlage liegt an der älteren Stadtmauer und ersetzt ein älteres Fort, das um 1326 errichtet wurde. Das viertürmige Baukonzept und die hohen Wehrgangkonsolen erinnern jedoch an die Kastelle des Kardinals, dem die Stadt untergeordnet war, sodass eine entsprechende Verbindung vermutet werden kann.

In Bolsena, das von Orvieto aus verwaltet wurde, hat sich eine mehrphasige Anlage erhalten, die auf Albornoz zurückzuführen ist (Abb. 105). In die Westecke der Stadtmauer wurde eine kleine viertürmige Zitadelle eingefügt, die den älteren Stadtmauer-Eckturm als Hauptturm nutzte und so effizient einen sicheren Stützpunkt schuf. Das war auch notwendig, war diese strategisch bedeutende Stadt im Latium doch besonders rebellisch und fiel tatsächlich 1375 nachhaltig vom Papst ab.

Neben den isolierten Großkastellen und den Stadtzitadellen entstanden unter Albornoz auch freistehende kleinformatige Kastelle, deren Zahl und Ausformung noch nicht aufgearbei-

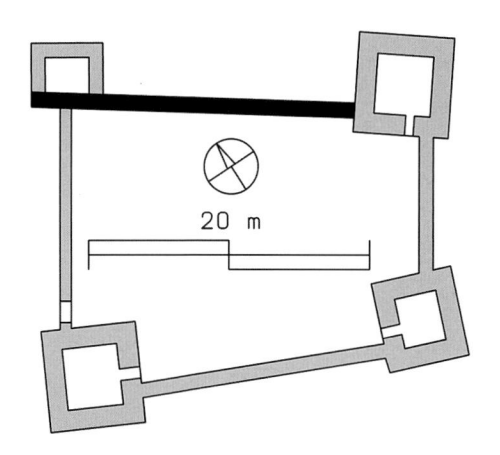

Abb. 103–104 | Pieve, Italien, Kernkastell 2. D. 14. Jh.

KÖNIGREICH ITALIEN

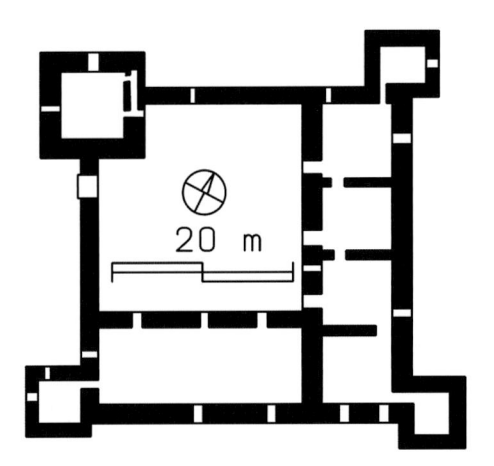

Abb. 106 | Narni, Italien, Kernkastell vor 1367

tet sind. Aus Hauptbeispiel gilt Narni, das knapp vor dem Tod von Albornoz unter der Leitung von Matteo Gattaponi begonnen, jedoch erst 1387 fertig gestellt wurde (Abb. 106).[62] Die streng quadratische Anlage von etwa 36 m Seitenlänge wird durch drei kleine Ecktürme und einen 10 m breiten Hauptturm flankiert, im Hof standen beim Endausbau zwei hakenförmige Trakte. Eine sehr ähnliche jedoch nie planmäßig vollendete Anlage findet sich mit dem Castello Capecchio 15 km außerhalb von Todi. Diese Kleinkastelle lagen offenbar alle in der Nähe von größeren Städten an Überlandstraßen nach Rom. Es liegt daher nahe, in ihnen sichere Stützpunkte für hochrangige reisende Kirchenmänner zu vermuten, wenngleich dies erst zu verifizieren wäre.

Trotz starker Reduktion ist die Rocca dei Papi in Montefiasco als glanzvoller Höhepunkt der Bauvorhaben unter Albornoz anzusehen (Abb. 107–108). Diese kleine 15 km von Viterbo entfernte Siedlung nahe dem Lago Bolsena diente dem Kardinal als langjähriges politisches Hauptquartier und ständiger Wohnsitz, von hier aus wurde die Rückkehr des Papstes systematisch vorbereitet. Über dem Dorf erhebt sich heute eine fast leere Burgterrasse, die als geräumige Basis für Versorgung, Verwaltung und Truppen dienen konnte und nicht archäologisch untersucht ist. An ihrem Westsporn haben sich als Ruinen, jedoch teilweise bis zur Traufenhöhe, monumentale Reste der einstigen Kernburg, dem repräsentativen Residenzbereich des Kardinals erhalten. Ausgrabungen belegen darunter ältere Bauten des seit dem 11. Jahrhundert bedeutenden päpstlichen Stützpunkts, die jedoch für den Neubau des Kardinals radikal abgetragen wurden.[63] Seine konzeptionell eigenwillige Anlage mit einer Breite von 54 m wirkt wie ein planerisches Grundrechteck, bei dem die Westfront konsequent um die zentrale Achse gedreht wurde, wodurch der nordwestliche Eckturm verdoppelt ist. Somit besteht das ansonsten klassisch anmutende Kastell aus einem 14 m breiten Hauptturm und vier etwa 7 m breiten Trabanten an den weiteren Ecken. Im Osten ist über einem breiten Graben die ehemalige zentrale Zugbrücke zu rekonstruieren. Im Inneren gab es entlang der Westseite einen breiten Hauptbau, der wohl im Obergeschoß den großvolumigen Festsaal enthielt, eine nach außen vortretende Nische ist als integrierte Kapelle (mit papstspezifischer Ausrichtung nach Westen?) zu interpretieren. Im Nordosten des Hofs befinden sich weitere hakenförmige Verwaltungsbauten, während der dominante Hauptturm als Wohnsitz des Kardinals zu vermuten ist.

Die einheitliche Bautechnik des Komplexes und die fein gearbeiteten Fenstermaßwerke entsprechen dem Kastell von Viterbo, die Sitznischenfenster mit den breiten rundbogigen Außenlaibungen finden exakte Gegenstücke im Kastell von Spo-

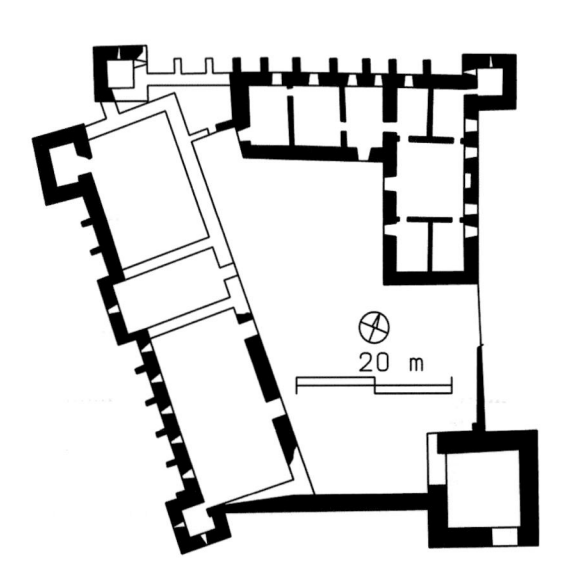

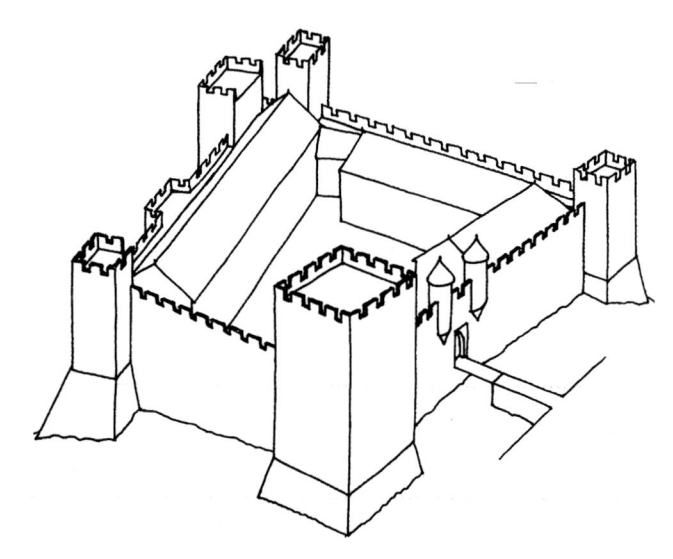

Abb. 107–108 | Montefiasco, Rocca dei Papi, Italien, Kernanlage 1353–67

leto, damit kann die Ausführung gut mit anderen Bauten unter Albornoz verknüpft werden. Als isoliertes Spezifikum sind jedoch an den beiden Talseiten die über dem gemauerten schrägen Sockel regelmäßig aufsteigenden Pfeiler zu betrachten, die gemäß minimaler Reste oben mit flachen Bögen zu einem umlaufenden Außengang verbunden waren. Damit finden sich direkte Analogien zum Papstpalast von Avignon, der um die Mitte des 14. Jahrhunderts in gleicher Form in Vollausbau stand.[64] Auch dort dominieren am kastellförmigen festungsartigen Palast außen diese Pfeilerbögen, gibt es einen geräumigen Festsaal und einen krönenden päpstlichen Wohnturm. Vor allem die Außengestaltung von Montefiasco führte den Besuchern somit plakativ vor Augen, dass hier der Statthalter des Papstes residierte bzw. dessen Residenz vorbereitet wurde. Vielleicht war Montefiasco sogar längerfristig als sicherer Landsitz des Kirchenoberhauptes vorgesehen, wenn die Stadt Rom politisch zu unsicher war.

Mit der tatsächlichen Rückkehr des Papstes nach Rom und dem gleichzeitigen Tod von Kardinal Albornoz endet abrupt das konsequente Kastellbauprogramm. Der Kirchenstaat war offenbar ausreichend konsolidiert, die Söldnertruppen wurden großteils entlassen und viele Festungen sogar wieder aufgegeben bzw. lokalen Adeligen übergeben.[65]

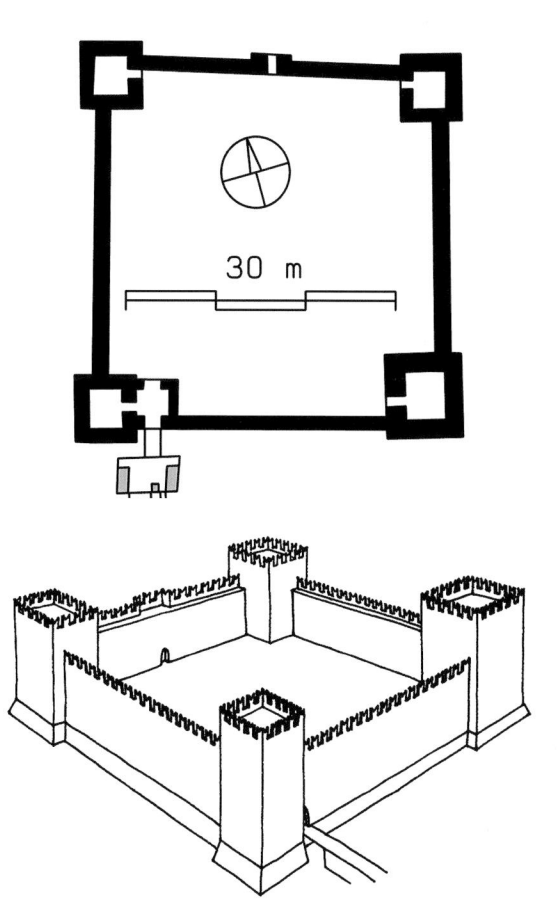

Abb. 109–110 | Novellara, Italien, Kernkastell ab 1385

DIE GONZAGA VON MANTUA

Im Gegensatz zu den Scaligern, den Visconti und den Päpsten mit ihrem ausgreifenden Territorialbesitz rund um Verona, Mailand und Rom blieb der Einflussbereich der Herren von Mantua immer auf die nähere Umgebung begrenzt.[66] Das ist durchaus bemerkenswert, wurde diese Stadt doch ebenfalls lange Zeit durch eine selbstbewusste Dynastie geprägt, die jedoch nie größere Machtgelüste zeigte. Mit Hilfe von Cangrande della Scala gelang dem bislang als Vasallen der Stadt-Signori untertänigen Luigi I. Gonzaga (1328–60) im Jahr 1328 ein überraschender Putsch an die Stadtspitze, die von der Familie bis 1707 als Puffer zwischen den regionalen Großmächten Verona, Mailand, Ferrara, Venedig und dem Kirchenstaat gehalten werden konnte. Sofort deklarierte Luigi sich wie Verona zur Kaiserpartei und erhielt 1329 das Reichsvikariat durch Ludwig von Bayern. Dieser war anlässlich seiner Krönung zum italienischen König bzw. eines langen Kriegszugs in Oberitalien und half, die politischen Gegner in der Stadt zu vertreiben. Mantua war somit zunächst vom Kaiser und den Scaligern abhängig und erhielt von diesen 1335 die Stadt Reggio Emilia als Belohnung. Die zunehmende Macht Veronas führte jedoch zu einer kurzfristigen Gegenallianz unter den Visconti von Mailand, der die Gonzaga 1339 beitraten. Schon 1340 heiratete jedoch der ältere Bruder Guido Gonzaga die Veronesin Verde della Scala, dennoch konnte Mailand de facto die Oberhoheit durchsetzen. Es folgen gemeinsame Regierungsjahre von Ugolino, Ludovico und Francesco Gonzaga, wobei Ludovico die anderen beiden wohl ermorden ließ, um eine enge Allianz mit Mailand zu bilden.

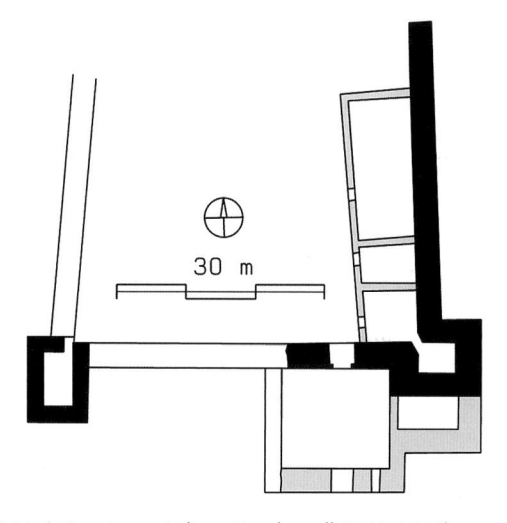

Abb. 111 | Cavriana, Italien, Kernkastell 2. H. 14. Jh.

KÖNIGREICH ITALIEN | 483

Unter seinem Sohn Francesco I. (1382–1407) wurde dieses Bündnis wieder gelöst und durch eine Liga mit Venedig, Frankreich sowie später mit Florenz und Bologna eine relative Unabhängigkeit erreicht.

Im Jahr 1385 beauftragte Guido Gonzaga im Zentrum der Satellitenstadt Novellara den Bau eines geräumigen Kastells, das in seiner Grundkonzeption bis heute gut erhalten blieb (Abb. 109–110). Demnach wurde in einem Guss ein verzogen-quadratisches Geviert mit 40 m Seitenlängen, einem dominanten Hauptturm sowie drei gleichförmigen kleineren Trabanten errichtet. Der Ausbau mit randständigen Hoftrakten dürfte sekundär erfolgt sein, spätestens bei der Adaptierung zur Nebenresidenz im mittleren 15. Jahrhundert.

Etwa 30 km nördlich von Mantua liegt Cavriana, ein oftmals zerstörter Grenzort zu Mailand (Abb. 111). Ohne historische Baudaten kann nur aufgrund der stark veränderten Bausubstanz vermutet werden, dass hier analog zu Novellara ein viertürmiges Kastell errichtet wurde, das man im frühen 15. Jahrhundert zur Landesresidenz ausbaute. Erhalten blieben massive Reste eines immerhin 56 m breiten Kastells mit zwei rechteckigen, weit vorstehenden Türmen.

Wohl gleichzeitig wurde in Mantua selbst mit dem Bau einer starken Stadtmauer um die Altstadt begonnen, jedoch setzte erst Francesco zehn Jahre danach an diesen Bering das 1395 bis 1406 errichtete Kastell San Giorgio, das vom Architekten des kurz zuvor gebauten Kastells für die Este in Ferrara (ab 1385) geplant worden war (Abb. 112–113).[67] Konzeptionell schloss man damit auch an das Scaliger-Kastell von Verona (ab 1354) an, indem man den geräumigen und prunkvoll ausgestatteten Herrscherpalästen im Stadtkern eine bestens zu verteidigende Zitadelle am Stadtrand zur Seite stellte. Das streng rechtwinkelige ca. 40 x 43 m große Geviert, das später zu einem vierflügeligen Schloss erweitert wurde, dürfte in der ersten Phase nur durch vier dominante Flankentürme sowie untergeordnete Gebäude geprägt gewesen sein. Gemäß historischen Freskenabbildungen dominierte der 13 m breite Hauptturm, der mit drei ca. 12 m breiten gleichförmigen Trabantentürmen eine hohe Wehrfähigkeit garantierte. Sehr früh wurden weitere Torzwinger angestellt, sodass dieses Kastell im Gegensatz zu den unbefestigten Palästen tatsächlich guten Schutz bot.

Schon unter Gianfrancesco (1407–44) wandelte sich die Strategie durch die politischen Beruhigungen und es entstanden keine weiteren Kastelle mehr.

DIE ESTE VON MODENA

Am südlichen Rand der Poebene konnte der Markgraf von Ferrara, Obizzo II. d'Este, im Jahr 1288 die Herrschaft über die Stadt Modena an sich ziehen, von 1308 bis 1336 gelang den Bürgern jedoch die Rückkehr zur unabhängigen Kommune. Erst dann hielten sich die Este dauerhaft als Stadtherren und stiegen 1452 zu Herzögen auf. Bereits um die Mitte des 14. Jahrhunderts gab es eine starke Stadtburg, die heute restlos durch den frühbarocken Palazzo Ducale ersetzt ist. Es muss offen bleiben, ob dieser rechteckige neuzeitliche Bau mit seinem zentralen Turm und den zwei Flankentürmen ältere Teile inkludiert oder nur konzeptionell tradiert.

Sofort nach Konsolidierung der Macht ließ Obizzi III. d'Este 35 km nordöstlich von Modena die Grenzstadt San Felice befestigen und mit einer Zitadelle versehen (Abb. 114–115). Die um 1421 mit Toranlagen und Vorwerken ausgebaute Anlage ist 2012 bei einem Erdbeben teilweise eingestürzt, aber in den Grundmauern aus reiner Ziegeltechnik noch erhalten. Das 27 x 28 m große Geviert an der Südwestecke der Stadt wird durch einen 10 m breiten Wohnturm an der Stadtecke

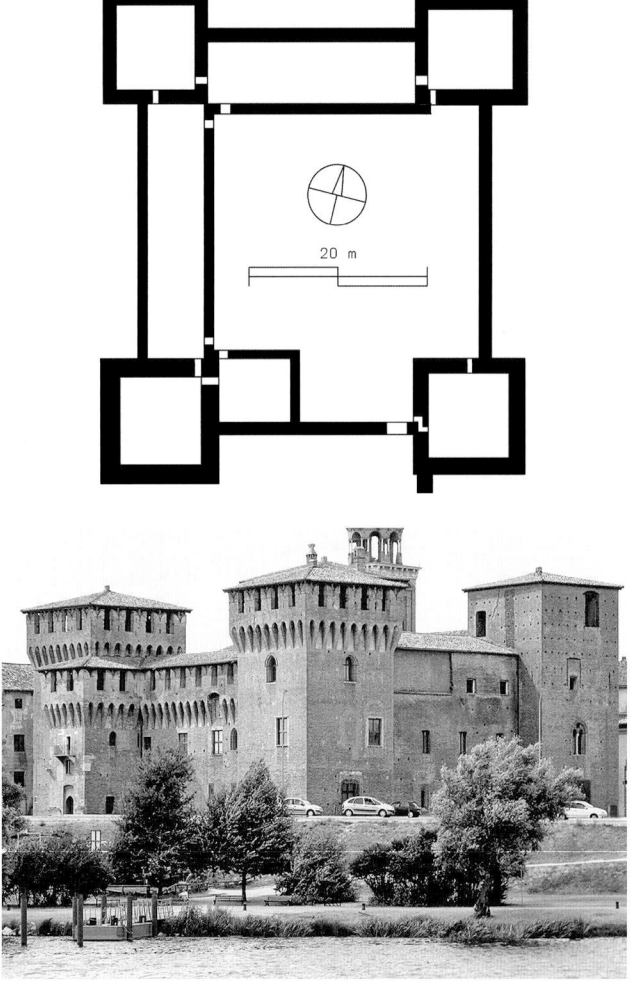

Abb. 112–113 | Mantua, Italien, Kernkastell ab 1395

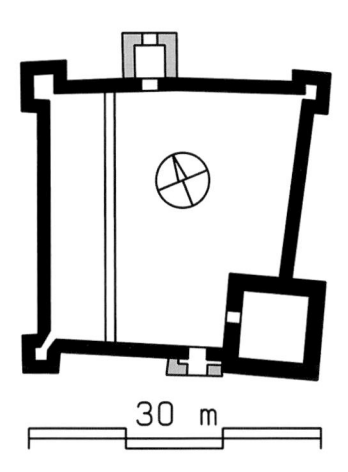

Abb. 114–115 | San Felice sul Panaro, Italien, Rocca Estense, Kernkastell um 1340

und drei 4 m breite Ecktürmchen flankiert, primäre Hofbauten sind nicht bekannt. (Abb. 116)

Sehr ähnlich präsentiert sich die Zitadelle von Spilamberto, einer Satellitenstadt Modenas an der Grenze zu Bologna. Die lokale Adelsfamilie Rangoni dürfte parallel zu San Felice im Auftrag der Este in analoger Bautechnik ein sehr ähnliches Kastell mit 32 m Seitenlänge, 5 m schmalen Ecktürmen und zwei Torwerken angelegt haben. Primäre Einbauten sind nicht erkennbar, somit könnte es sich um eine klassische Zwingburg ohne ständige Wohnfunktion gehandelt haben.

Weniger klar scheint die Baugeschichte des stark reduzierten Kastells von Formigine, wie San Felice eine Grenzfestung von Modena (Abb. 117).[68] Die leicht polygonal gebauchte viereckige Anlage von etwa 90 x 94 m aus Bruchstein, die heute nur mehr reduziert erhalten ist, dürfte im mittleren 14. Jahrhundert als großes Truppenlager konzipiert worden sein, das durch Schalentürme mit hohem Ziegelanteil flankiert war. Spätestens um 1400 hatte sich darin jedoch eine kleine zivile Siedlung etabliert, worin Nikolaus III. 1405 in der Südwestecke eine kleine, allseits durch einen tiefen Graben isolierte Burg anlegen ließ.

Im Jahr 1385 kam es in Ferrara zu einer Revolte gegen die hohen Steuerlasten, die zur Ermordung des Finanzministers und eines Richters führte (Abb. 118–119). Noch im selben Jahr wurde der Grundstein für eine sichere Zitadelle an der Stadtmauer gelegt. Die Castello di San Michele getaufte Anlage wurde nach Planungen des Architekten Bartolino da Novara als 52 x 58 m großes Kastell mit 13 m breitem Hauptturm und drei kleineren Trabantentürmen angelegt, das konzeptionell an San Felice anschloss, es jedoch durch seine doppelte Größe in Monumentalität und Geräumigkeit deutlich übertraf.[69] Dieses Kastell ist trotz geringer Transformierungen heute bestens erhalten und gilt als Musterbeispiel einer italienischen Stadtburg. Außen dominieren hinter dem breiten umlaufenden Wassergraben hohe Mauern auf starkem Sockel sowie konsequente Maschikulikränze und gestaffelte Toranlagen, innen dürfte es bereits primär drei schmale hakenförmige Hoftrakte gegeben haben, die in der Folge zur repräsentativen Residenz ausgebaut wurden.

Wenige Kilometer neben San Felice war in der Grenzstadt Finale Emilia um 1340 von Obizzo um einen älteren Turm der

Abb. 116 | Spilamberto, Italien, Rocca Rangoni, 14. Jh.

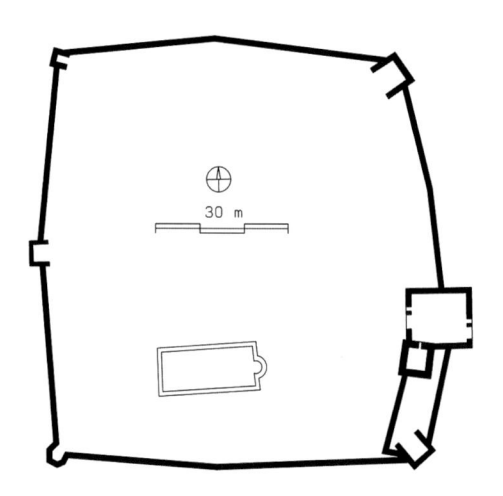

Abb. 117 | Formigine, Italien, Ausbaustufen bis um 1400

Abb. 118–119 | Ferrara, Italien, Kernkastell ab 1385.

Stadtmauer provisorisch eine kleine Stadtburg ausgebaut worden (Abb. 120–121).⁷⁰ Offensichtlich erfolgte jedoch erst 1406 ein konsequenter Neubau zum Kastell, der alle älteren Teile bis auf den Turm ersetzte. Diese ca. 27 x 42 m große rechteckige Anlage bestand aus einem 9 m breiten Hauptturm sowie vier 7 m breiten Trabanten, die Ecken und Stadtmauer flankierten. Innenausbauten erfolgten erst nach 1430 im Zuge einer Erweiterung zur Landresidenz.

Im Jahr 1399 eroberte Niccolo III. d'Este Vignola und übertrug das Lehen an Uguccione Contrari, der in den Jahren 1401–19 in mehreren Etappen aus der alten Stadtburg an der östlichen Ecke ein dominantes Vierturmkastell mit luxuriöser Ausstattung errichten ließ (Abb. 122–123).⁷¹ Die gemäß älterem Bestand etwas verzogene Anlage mit 30 m Breite erhielt stadtseitig drei weit vorstehende hohe Türme, einen Zwinger und einen tiefen Graben. Dahinter funktionierte man den alten Graben zum winkelförmigen Wohntrakt um, der mit wertvollen Fresken ausgestaltet wurde. Die Burg wirkte somit nach außen unbezwingbar, während innen ein repräsentativer Wohncharakter überwog.

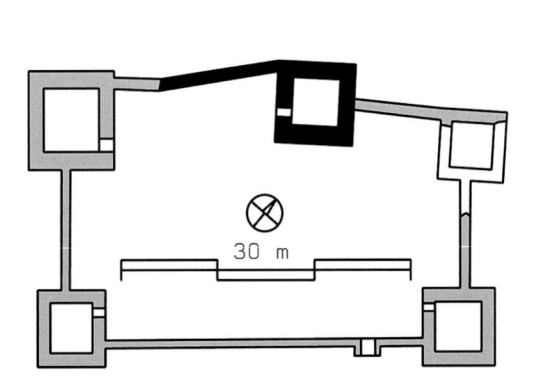

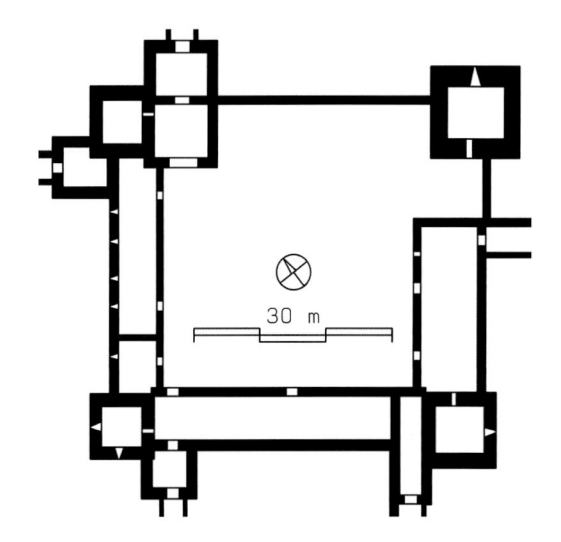

SPÄTMITTELALTERLICHE EINZELNE KASTELLE

Neben den bisher genannten Kastellgruppen, die engräumig um bestimmte mächtige Städte und Herrschaften situiert sowie spezifischen Bauherren zuzuordnen sind, finden sich in Italien bemerkenswert wenige weitere Kastelle, die architektonisch vergleichbar sind, jedoch nur teilweise übergeordneten Konzepten zuzugehören scheinen.

Im 13. Jahrhundert versuchte etwa die toskanische Stadt Siena, sich neben dem nur 50 km nördlich gelegenen Florenz als regionale Territorialmacht zu etablieren (Abb. 124–125).⁷² Tatsächlich konnte man nach einem glorreichen militärischen Sieg gegen Florenz 1260 stark expandieren, wurde jedoch noch im gleichen Jahrhundert durch mehrere Rückschläge wieder zur kleinen regionalen Macht degradiert. Immerhin gelang die Konsolidierung einer Herrschaft bis zur westlichen Küste und etwas nach Süden.

Um 1303 wurde der natürlich gut geschützte Hafen von Talamone als Haupthafen Sienas ausgebaut, um mit den Seestädten von Pisa und Genua zu konkurrieren. Daneben wurde auf einer felsigen Halbinsel ins Meer eine kleine Festungsstadt

Abb. 120–121 | Finale Emilia, Italien, Rocca Estense Gesamtanlage ab 1406

486 | KÖNIGREICH ITALIEN

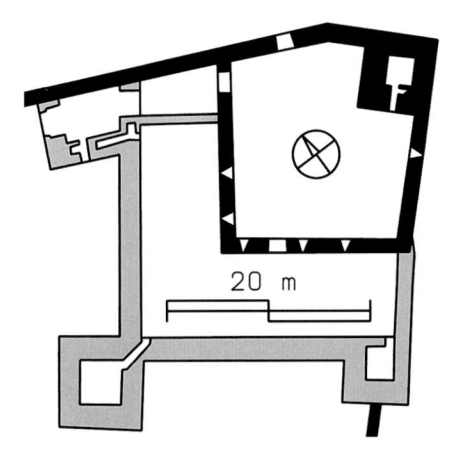

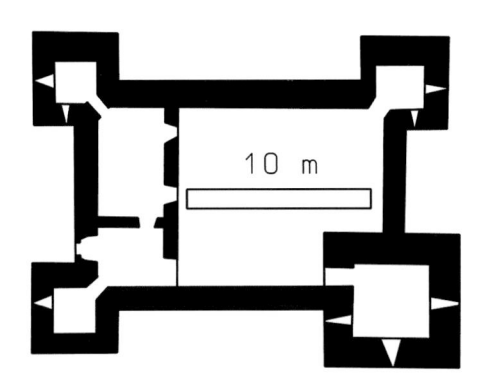

Abb. 122–123 | Vignola, Italien, Gesamtanlage ab 1401

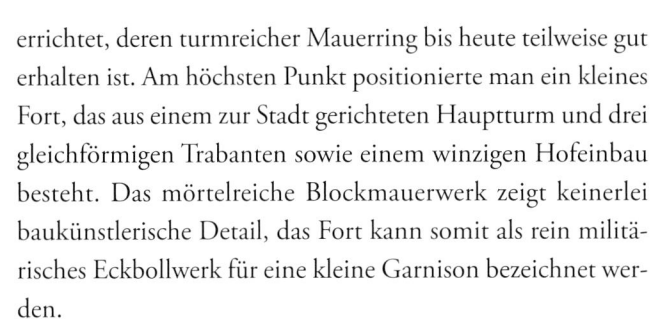

Abb. 124–125 | Talamone, Italien, Kernkastell ab 1303

errichtet, deren turmreicher Mauerring bis heute teilweise gut erhalten ist. Am höchsten Punkt positionierte man ein kleines Fort, das aus einem zur Stadt gerichteten Hauptturm und drei gleichförmigen Trabanten sowie einem winzigen Hofeinbau besteht. Das mörtelreiche Blockmauerwerk zeigt keinerlei baukünstlerische Detail, das Fort kann somit als rein militärisches Eckbollwerk für eine kleine Garnison bezeichnet werden.

Als größtes Bollwerk Sienas außerhalb der Stadt gilt wiederum die Festung von Montalcino, direkt an der Grenze zu Florenz (Abb. 126).[73] Ohne vorliegende Bauforschung kann nur konstatiert werden, dass der sekundär im Rahmen einer Erhöhung aufgesetzte charakteristische Zinnenkranz (mit breiten Bögen auf dreieckigen Konsolen) mit der 1371–83 verwirklichten neuen Stadtmauer von Siena übereinstimmt, das Grundkonzept also älter sein wird. Tatsächlich zeigt das Mauerwerk des Kastells mit seinen konsequenten Blockformaten und den Eckquadern Analogien zu Talamone, sodass es vielleicht im frühen 14. Jahrhundert errichtet wurde. Bereits zuvor gab es hier eine große romanische Burg, von der ein dominanter Wohnturm sowie ein Seitenschiff einer einst dreischiffigen Kirche integriert wurden. Mangels weiterer Baufugen kann das neue Kastell jedenfalls als einheitliches, ca. 35 x 60 m großes Fort rekonstruiert werden, das verzogen-rechteckig geplant scheint, jedoch im Norden zum Fünfeck ausschweift, um den älteren Sakralbau einzufassen. Alle Kanten wurden durch individuell gestaltete Türme besetzt, die gemeinsam mit den massiven Wänden einen hervorragenden Schutz gegen Geschütze boten. Da sich im Inneren keinerlei Hinweise auf frühe Hofeinbauten finden, ist auch diese Festung als rein militärisches Bollwerk an der gefährdeten Grenze einzustufen. Tatsächlich kam es in der Folge zu ständigen Verstärkungen, die schließlich zur Etablierung einer weiträumigen Kanonenburg führten.

Bislang noch unerforscht findet sich im Umfeld von Siena eine ganze Gruppe fast gleichförmiger kleiner Anlagen, die heute großteils in Bauerngüter umgewandelt sind (Abb. 126a–127).[74] Das Castello di Gallico direkt außerhalb der Stadt wurde bereits

KÖNIGREICH ITALIEN

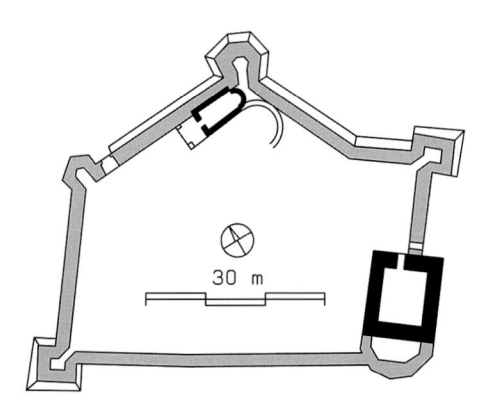

Abb. 126 | Montalcino, Italien, Ausbauten 1. H. 14. Jh.

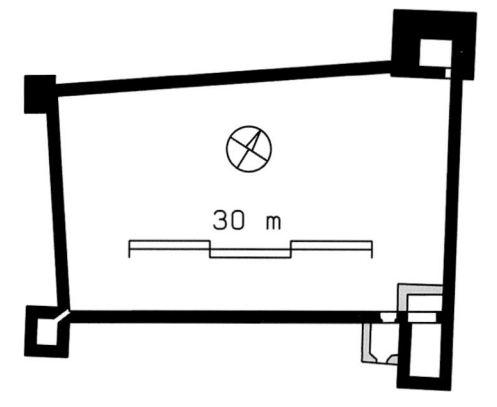

Abb. 128 | Serravalle, Italien, Kernkastell 1. H. 14. Jh.

1319 durch die zivile Sieneser Familie Tolomei erworben und als Wirtschaftsgut genutzt, sie musste es jedoch noch im 15. Jahrhundert im Kriegsfall für eine militärische Benutzung bereit halten.

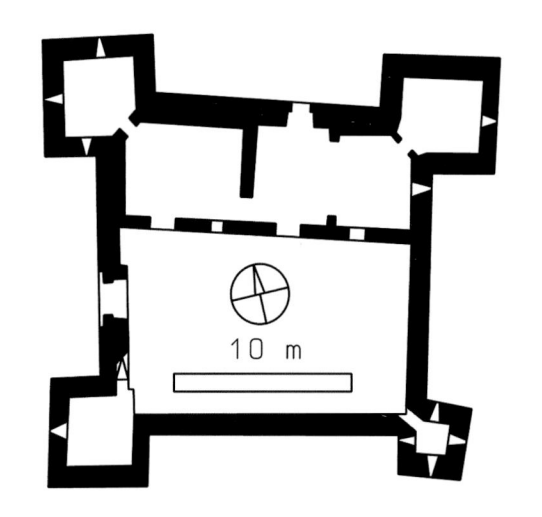

Abb. 126a–127 | Quattro Torre, Italien, Kastell M. 14. Jh.

Für das Castello di Quattro Torre gibt es gar keine historischen Daten, offenbar gehörte es im 14. Jahrhundert den Chinughi, ebenfalls eine wohlhabende Sieneser Familie. Diese Anlage zeichnet sich auf winziger Fläche nicht nur durch ihren konsequenten kastellförmigen Grundriss aus, sondern auch durch einen umlaufenden zierlichen Wehrgangaufsatz, dessen charakteristische Konsolen zur Sieneser Stadtbefestigung (1371–83) passen und somit einen entsprechenden Zeitrahmen indizieren. Vielleicht wurde damals die Verteidigung der schwer in Bedrängnis geratenen Stadt noch einmal vom inneren Ring über Außenforts bis zur Grenzfestung Montalcino verstärkt.

Dennoch geriet Siena 1399 unter Kontrolle von Venedig und konnte sich nur kurzfristig wieder befreien, um schließlich beständig Florenz untergeordnet zu werden.

Im benachbarten Sardinien finden sich nur zwei Kastelle. Kaiser Friedrich II. hatte 1239 seinen illegitimen Sohn Enzio zum König von Sardinien erklärt, womit nominell dessen Status als eigenständiges Königreich bis ins 19. Jahrhundert begründet war. Nach Übernahmebestrebungen durch Genua und Pisa übertrug der Papst die Insel 1297 an den spanischen König Jakob II. von Aragón, der sie aber erst 1332 nach Siegen über die beiden italienischen Städte besetzen konnte.

Zuvor hatte offensichtlich die toskanische Familie der Malaspina versucht, um Bosa eine eigenständige Herrschaft aufzubauen. Über dieser Stadt findet sich mit dem Kastell Serravalle eine großflächige Anlage, für die keine Bauforschungen vorliegen,[75] deren weitläufige polygonale Mauern jedenfalls im Spätmittelalter entstanden. An der Nordostecke zeichnet sich ein älterer Kern ab, der aus einem 31 x 49 m großen Geviert mit vier Ecktürmen besteht, die alle unterschiedlich gestaltet sind. An der Außenecke steht ein wohl später stark veränderter Hauptturm, das gegenüber liegende Tor wird von einem breiten Flankenturm begleitet, die anderen beiden Türme sind deutlich kleiner, beherrschen aber durch ihre vorstehende La-

KÖNIGREICH ITALIEN

ge die Mauern deutlich (Abb. 128). Im Hof finden sich geringe Reste von frühen Gebäuden und einer Kapelle.

Kurz nach der Eroberung Sardiniens durch die Spanier dürfte die katalanische Familie Carroz auf einem Hügel über Cagliari am Standort einer zerstörten Burg ein neues Kastell errichtet haben, das in der Folge zur repräsentativen Grafenresidenz ausgebaut wurde, ehe es 1511 an die spanische Krone fiel (Abb. 129–130). Die heutige Anlage ist zum Gutteil rezent wieder aufgebaut, sodass keine sicheren Aussagen zur Baugeschichte möglich sind. Wahrscheinlich stammt jedoch das innere 28 x 30 m große Geviert mit seinen einst vier 10 m breiten, unterschiedlich vortretenden Ecktürmen aus der Zeit der Familie Carroz.

Von der Nachbarinsel Sizilien aus hatte der Franzose Karl V. Anjou ab 1258 versucht, die gesamte Mittelmeerregion bis zu den Südküsten zu erobern, weshalb rasch eine große Gegenallianz gebildet wurde. Das nutzte Sizilien im Jahr 1282 in der sogenannten „Sizilianischen Vesper", als die gesamte Insel revoltierte, die französischen Beamten vertrieb und den eilig herbeigeholten, mit einer Tochter des Staufers Manfred verheirateten Aragónesen Peter III. zum König von Sizilien erhob. Er hatte in den folgenden Jahren trotz spanischer Hilfe große Mühe, die Insel wieder unter Kontrolle zu bringen und alle Verwaltungsebenen neu zu besetzen. Dabei verließ er sich auf vier lokal gut vernetzte Vikare. Baulich scheinen erst im frühen 14. Jahrhundert größere Aktivitäten erfolgt zu sein, wahrscheinlich war lange das umfangreiche staufische Erbe der Repräsentationsanlagen mehr als ausreichend.

So war es gemäß Bauinschrift der königliche Vikar Graf Francesco Ventimiglia, der im Jahr 1317 den Bau von Castelbuono, knapp außerhalb von Palermo, beauftragte (Abb. 131–132). Die auf einem schmalen Felsplateau sitzende Kernburg, die heute gut erhalten ist, bildet ein 19 x 30 m großes Rechteck, das von drei rechteckigen Türmen sowie einem eventuell späteren runden flankiert wird. Im Inneren gab es eine dichte repräsentative Bebauung, sodass die Anlage insgesamt als wehrhafter Grafensitz zu bezeichnen ist.

Als zweite große Grafenfamilie Siziliens etablierten sich im 14. Jahrhundert die Chiaramonte, die als Vikare der unmündigen Königstochter Maria einen sprunghaften Machtzuwachs erzielten. Fast gleichzeitig ließen sie das alte Kastell von Naro[76] und die Burg von Alcamo[77] nach ähnlichem Konzept neu anlegen. Beide erhielten einen verzogen-rechteckigen Grundriss mit quadratischen Haupttürmen und eckigen bzw. zwei runden Flankentürmen. Damit wurde wohl bewusst an die staufische Kastelltradition (etwa Salemi) angeschlossen, strebte man doch selbst die Königswürde Siziliens an (Abb. 133–134). Als Hauptmerkmal der Architektur dienten charakte-

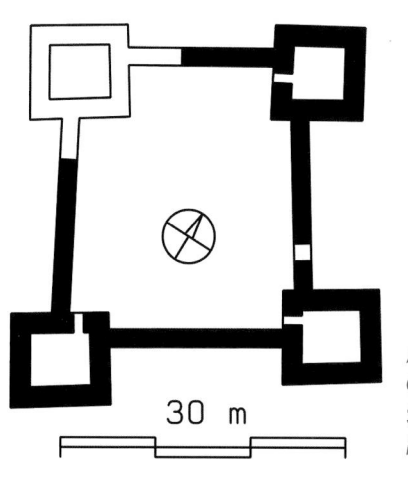

Abb. 129–130 | Cagliari, Castello San Michele, Italien, M. 14. Jh.

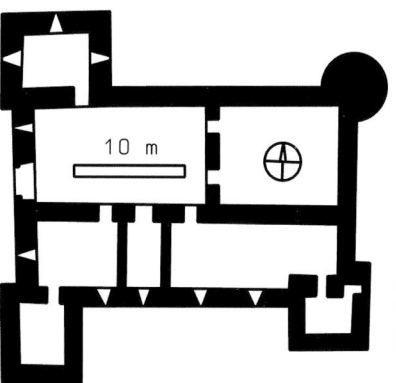

Abb. 131–132 | Castelbuono, Italien, Kernanlage ab 1317

KÖNIGREICH ITALIEN | 489

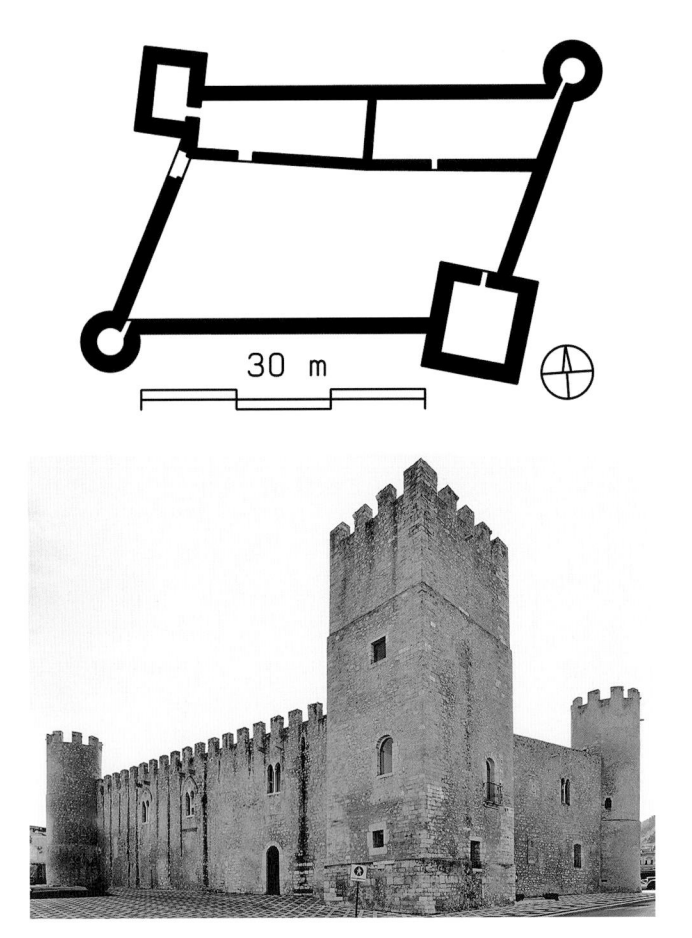

Abb. 133–134 | Alcamo, Italien, Kernkastell 3. V. Jh. 14. Jh.

ristische fein gearbeitete Prunkfenster, die neben dem Ausbau des Hauptpalasts in Palermo und des einstigen Stauferpalasts Favara auch die Burgen auszeichnen sollten. Sie greifen mit ihren romanisierenden Biforen und dem Zackendekor wohl bewusst auf staufische Motive zurück. Das Mauerwerk besteht hingegen aus zeitgenössischem kleinteiligem Bruchstein, aus dem die Kanten der eckigen Türme sowie die Fenstergewände durch feine Quaderungen herausstechen.

Deutlich größer präsentierte sich das Kastell von Vicari, das auf einem steil abfallenden Felskopf liegt und stark ruinös ist (Abb. 135).[78] Es bildete den Kern einer weiträumigen Burganlage und wurde auf hohen Substruktionen errichtet, sodass sein Hof relativ eben ist. Die Umfassungsmauer bildet ein kaum verzogenes Rechteck, das an den Kanten ungeachtet der unbezwinglichen Felsen von teils großformatigen Türmen sowie an drei Mauern von offenen Schalentürmen flankiert wird. Leider ist die Eingangsfront verloren, sodass keine Aussagen über ein eventuell repräsentatives Torgebäude zu machen sind. Auch Binnenstrukturen fehlen, somit können nur die großen Türme als Wohnbauten vermutet werden. Mangels historischer Daten wird angenommen, dass die heutige Kernanlage auf den bedeutenden Manfredo di Chiaramonte vor 1392 zurückgeht. Er könnte damit seine Ambitionen auf den Königsthron Siziliens untermauert haben. Nachdem die inzwischen mündige Königstochter Maria nach Spanien entführt und dort durch eine Zwangshochzeit den Aragónesen Martin zum König erhoben hatte, landete jedoch eine starke spanische Invasionstruppe, um die widerständischen Barone unter der Führung der Chiaramonte zu schlagen. Tatsächlich musste sich Sizilien fügen, der letzte Chiaramonte wurde in Palermo vor seinem eigenen Palast öffentlich hingerichtet. Sofort beschlagnahmte der neue König Martin I. seine Burgen und setzte treue Gefolgsleute ein.

Als einziger vollständiger Neubau des Königs gilt das Kastell von Piazza Armerina, einer zentral gelegenen Stadt im Inneren der Insel (Abb. 136).[79] Der bereits unter den Normannen und den Staufern bedeutende Verwaltungssitz dürfte nun als ca. 28 x 40 m großes Geviert mit vier fast gleichförmigen Ecktürmen neu errichtet worden sein. Das indiziert mangels historischer Daten und kunsthistorisch eingrenzbarer Baudetails ausschließlich das homogene kleinteilige Kompartimentmauerwerk mit Eckquaderung. Das exakt genordete Kastell zeigt noch heute einen primären aber stark umgebauten Palasbau. Unter König Martin könnte auch das bislang zu wenig beachtete Kastell von Carini entstanden sein, das in ähnlicher Form auf staufischen Grundmauern im späten 14. Jahrhundert zum mehrflügeligen Palast mit Flankentürmen ausgebaut wurde.[80] Gleiche Mauertechnik wie Piazza Armerina und Carini zeigt ein monumentales Fort in der Vorburg von Erice (Abb. 137).[81] Die bislang ebenfalls undatierte und im 19. Jahrhundert stark überformte Anlage gehörte der Krone und mag von Martin als militärisch orientierte Söldnerunterkunft vor der gleichzeitig zum Palast umgebauten Hauptburg gedient haben. Die einst geschlossenen massiven Mauern des etwa 28 x 32 m großen Gevierts und die zum Angreifer weit vortretenden Türme ermöglichten jedenfalls eine effiziente Verteidigung.

Nach der Amtseinführung von König Martin wurde auch die mit den Chiaramonte verfeindete Familie Ventimiglia wieder konsolidiert und begann umgehend oberhalb von Alcamo mit Bonifato den Bau eines starken Kastells (Abb. 138).[82] Diese heute teilweise abgestürzte und sehr stark ruinöse Anlage zeichnete sich offenbar trotz der Lage an einem fast senkrechten Felsabfall durch strenge Regelmäßigkeit aus. Dem Kernrechteck waren wohl auf allen Kanten unterschiedlich große, weit vorstehende Ecktürme sowie ein Schalenturm vorgestellt. Im Inneren finden sich Reste eines schmalen randständigen Trakts, ansonsten überwiegen durch die massiven geschlossenen Mauern die wehrhaften Elemente. Das Mauerwerk passt mit seinen hohen Kompartimenten aus kleinteiligem Bruchstein sehr gut zu Piazza Armerina.[83] Nach diesen letzten isolierten Kastellen wurde in Sizilien kein vergleichbarer Bau mehr ausgeführt.

Im 15. Jahrhundert war Italien in eine Vielzahl kleinräumiger Fürstentümer und selbstbewusster Grafschaften zergliedert, womit auch eine größere Menge repräsentativer Residenzen verbunden war, die architektonisch an großen Fürstenbauten orientiert wurden.

So ließ Filippo Borromeo (1454–64) – Graf von Arona, Ehemann von Francesca Visconti und persönlicher Berater von Francesco Sforza in Mailand – im Piemont die Residenz von Divignano errichten (Abb. 139). Dieses 38 x 53 m große streng rechtwinkelige Geviert orientierte sich mit 14 m breitem Hauptturm und drei kleineren Trabanten sowie den hakenförmigen Hofbauten nicht nur konzeptionell an den bedeutenden fürstlichen Höfen sondern folgte ihnen auch mit den großen spitzbogigen Prunkfenstern und dem Ziegeldekor, sodass wohl von der gleichen Handwerkergruppe ausgegangen werden kann. Damit zeigt sich der hohe gesellschaftliche Anspruch des Bauherrn, der ihm offensichtlich auch von seinem Mailänder Fürsten zugestanden wurde. Der Familie Borromeo gehörte zu dieser Zeit auch die Rocca di Angera am Lago Maggiore, die nun als zweiteilige Anlage mit großem rechteckigen Vorbereich und rechteckiger Kernburg mit Ecktürmen als Sommersitz ausgebaut wurde. Erst kurz zuvor hatte die gleiche Familie in der Ebene Peschiera als rechteckiges Wasserschloss mit dominantem Torturm ausgebaut. Alle diese Anlagen dienten trotz prinzipieller Wehrhaftigkeit vor allem als schlossartige repräsentative Landsitze.

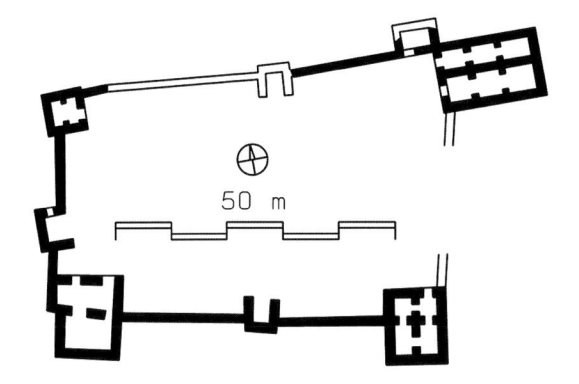

Abb. 135 | Vicari, Italien, Kernkastell vor 1392

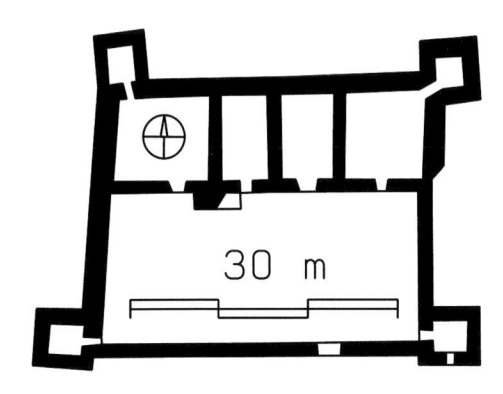

Abb. 136 | Piazza Armerina, Italien, Kernkastell nach 1392

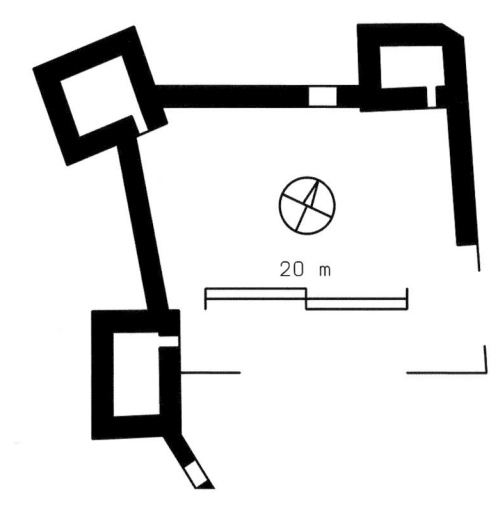

Abb. 137 | Erice, Italien, Vorburgkastell 14. Jh.

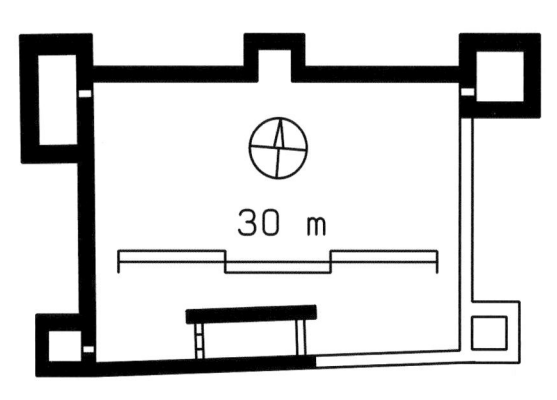

Abb. 138 | Bonifato, Italien, Kernkastell ab 1392

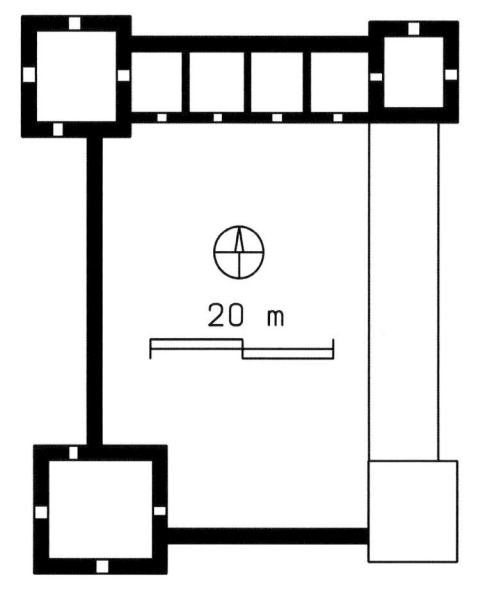

Abb. 139 | Divignano, Italien, Kernkastell M. 15. Jh.

KÖNIGREICH ITALIEN

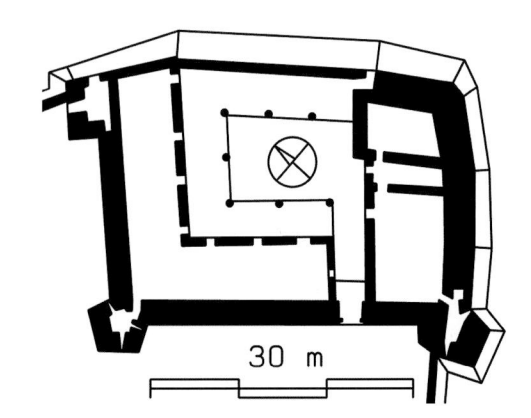

Abb. 140–141 | Gradara, Italien, 2. D. 15. Jh.

Ähnlich wie Divignano gab es in Norditalien zahlreiche weitere mehrtürmige Adelssitze, die den kastellförmigen Typus für ihre schwach befestigten Landsitze aufgriffen. So ist das Castello Tapparelli d'Azeglio di Lagnasco im Piemont zu nennen, das im mittleren 15. Jahrhundert errichtet wurde, heute jedoch reduziert ist. Nicht weit entfernt entstand zur gleichen Zeit für die Grafen von Gottifredo in Ozegna ein klassisches Kastell mit geräumigen Eck- und Mauertürmen, das jedoch offenbar nie fertig gestellt wurde. In der Provinz Brescia ließ die Familie Martinengo im späten 15. Jahrhundert das rechteckige Castello Padernello mit drei Türmen errichten.

Im Gegensatz zu diesen wie Theaterkulissen inszenierten Landsitzen ließ Sigismundo Malatesta (1417–68) – der Wolf von Rimini – vor der Mitte des 15. Jahrhunderts in Gradara und Rimini zwei überaus stark befestigte Residenzen an den Stadtmauern errichten (Abb. 140–141).[84]

In Rimini zeigt das Castel Sismondo einen trapezförmigen Grundriss mit fünf flankierfähigen Rechtecktürmen, die durch massive Sockel gegen Geschütze gesichert waren, während innen Platz für einen einst dominanten turmartigen Hauptbau blieb. Das rechteckige Kastell von Gradara besitzt ebenfalls massive Wände mit steilen Sockelverstärkungen, die drei stadtseitigen Türme sind jedoch polygonal konzipiert und der dominante Hauptturm an der Stadtecke tritt beschusssicher hinter den Sockel zurück.[85] Tiefe Wassergräben, konsequente Wehrgangumläufe mit Gewehrscharten sowie breite Geschützplattformen vervollständigen das Bild höchst effizienter Feuerfestungen. Sigismundo, der in der Region als herausragender Heerführer großer Städte Ansehen und Herrschaften erworben hatte, konnte mit diesen beiden Festungen einerseits seinen gesellschaftspolitischen Status manifestieren, andererseits benötigte er sie dringend gegen seinen Erzfeind Federico da Montefeltro von Urbino, gegen den er letztlich 1463 auch eine nachhaltige militärische Niederlage einstecken musste. Sigismundo dürften in den Marken auch zahlreiche kleinere Festungen zuzuschreiben sein, die mehrtürmig bzw. kastellförmig ausgebildet waren, dafür wären noch intensive Forschungen wünschenswert. Möglich sind etwa die Rocca Offagna sowie die Forts von Ferretti, Agugliano und Falconara.

Im mittleren 15. Jahrhundert hatte jedoch längst eine rasante Weiterentwicklung zu reinen Kanonenfestungen eingesetzt, die mit unterschiedlichen, oft experimentellen Konzepten den durchschlagskräftigen Feuerwaffen Widerstand leisten sollten. Dazu entstanden zu Beginn kastellförmige Bauten mit massiven rechteckigen Flankentürmen, etwa an den Roccas von Pereto und Janula bzw. runden, etwa in Imola und Ravenna. Es folgten experimentelle Kombinationen von eckigen, polygonalen und runden Ecktürmen, etwa an der Rocca Acquaviva, letztlich sollten sich jedoch sternförmige Anlagen mit spitzen Eckbasteien durchsetzen, deren geometrische Grundrisse eine Minimierung von toten Winkeln zum Ziel hatten.

Dem entgegen entwickelten sich neben diesen rein militärischen Kanonenfestungen die adeligen Landsitze in ganz Italien zum entfestigten mehrflügeligen Schlossgeviert, dessen Kanten oft kastellförmig durch leicht gespitzte Türme akzentuiert waren, um eine gewisse Wehrhaftigkeit gegen Überfälle zu gewährleisten. Dieser eigenständige Grundtypus war spätestens im ausgehenden 16. Jahrhundert Standard und wurde bis weit ins 17. Jahrhundert auch in den angrenzenden Regionen Europas aufgegriffen. Wassergräben mit Zugbrücken, hohe massive Sockel, Flankenscharten und krönende Wehrgeschoße belegen, dass das klassische Kastellkonzept selbst im Kanonenzeitalter noch voll in Funktion war.

1 Menniti Ippolito 2000, 676.
2 Perbellini 1982, 25.
3 Perbellini 1982, 76.
4 Menniti Ippolito 2000, 678.
5 Tabarelli 1983, 197.

6   Tabarelli 1983, 196.
7   Farinelli 1994.
8   Dass diese charakteristische Mauerwerksstruktur jedoch nicht allein als Datierungskriterium ausreicht, zeigt anschaulich die fast gleich gefügte Schlossanlage von Cavernago bei Bergamo, die gemäß frühbastionärer Flankentürme um 1600 datiert. Demnach hat sich die Technik als lokale Maurertradition sehr lange erhalten.
9   Tabarelli 1983, 101, Ramelli 1974, 84.
10 Perbellini 1982, 12.
11 Menniti Ippolito 2000, 681.
12 Seiler 1996, 151.
13 Seiler 1996, 154.
14 Perbellini 1982, 99, Bresciani 1962, 71. Dort wird die Datierung der Zitadelle erst ab 1375 vermutet. Das scheint aber durch den primären Stadtmaueranschluss unwahrscheinlich.
15 Ebhardt 1939, 163; Solinas 2008.
16 Palvarini, Perogalli 1983, 21.
17 Agostini 1994. Palvarini, Perogalli 1983, 18.
18 Saggioro et alii 2014, 208.
19 Venturelli 2013.
20 Rein hypothetisch wäre es verlockend, in der charakteristischen Bänderung eine Anspielung auf das Wappen der Scala – die Stiege – zu interpretieren. Der Verband könnte sich jedoch auch als regionale spätantike Tradition gehalten haben, weiters finden sich direkte Gegenstücke im zeitgleichen byzantinischen Reich, zu dem auch bei den Kastellkonzeptionen direkte Verbindungen bestanden haben könnten, nicht zuletzt ist offen, ob die Mauern nicht flächig verputzt waren.
21 Menniti Ippolito 2000, 679.
22 Mantovani 2012. Palvarini, Perogalli 1983, 25. Die Herrschaft war zwar nominell kontinuierlicher Besitz der Bischöfe von Trient, jedoch immer an die lokalen Größen Mantua bzw. kurzzeitig Verona vergeben.
23 Boriani 1969, 182.
24 Palvarini, Perogalli 1983, 128.
25 Tabarelli 1983, 193.
26 Perbellini 1982, 143.
27 Tabarelli 1983, 26.
28 Etwa Moniga del Garda und Pozzolengo, die aber weitgehend später fertig gestellt und dabei mit Rundtürmen aufgerüstet worden sein dürften.
29 Vaglienti 2000, 1717.
30 Ramelli 1974, 76.
31 Conti, Hybsch, Vincenti 1990, 119.
32 Navasconi 1972, 15.
33 Artocchini 1983, 223.
34 Tabarelli 1983, 116.
35 Tabarelli 1983, 109.
36 Locatelli 1994, 12.
37 Fiori 2005, 15.
38   Ramelli 1974, 78.
39 Vicini 1984, 4.
40 Vaglientini 2000, 1722.
41 Cafferini 2005, 373.
42 Saviotti 2014, 88.
43 Nicht untersucht ist hingegen eine wahrscheinliche Gegenfestung in Russi, die wohl gleichzeitig als Mehrturmkastell von Ravenna aus auf der anderen Seite der Grenze errichtet wurde. Hier wären in der Zukunft vergleichende Forschungen spannend.
44 Vaglienti 2000, 1721.
45 Artocchini 1983, 135.
46 Tabarelli 1983, 110.
47 Ebhardt 1939, 214.
48 Artocchini 1983, 91.
49 Ramelli 1974, 106.
50 Dreyer 1966, 165.
51 Da im 16. Jahrhundert unter den Farnese ein Gutteil der Anlage durch ein kompromissloses Renaissanceschloss ersetzt wurde, können keine Aussagen zu diesen Bereichen sowie zur ehemaligen Binnenbebauung getroffen werden.
52 D'Illario e.a. 1984, 216.
53 Conti, Hybsch, Vincenti, Antonello 1992, 76.
54 Tabarelli 1983, 166.
55 Claramunt 2000, 310.
56 Ebhardt 1939, 199.
57 Mauro 1997, 16.
58 Artocchini 1983, 23.
59 Houben 2001, 186.
60 De Angelis d'Ossat 1983, 33.
61 Gravett 2001, 126.
62 Grazia, Ottaviani 2004, XXII.
63 Le Pogam 2005, 407.
64 Eine sehr ähnliche Fassadengliederung hatte auch das Kastell von Vibo Valentia, für das jedoch keine exakten Baudaten vorliegen.
Ähnliche Pfeilervorlagen auf flachem Sockel sind zwar in Mittel- und Osteuropa isoliert, finden sich jedoch in Westeuropa (vor allem Frankreich und Britische Inseln) seit dem 12. Jahrhundert häufiger an bedeutenden Prunkbauten, vom 12. bis ins 14. Jahrhundert. Fast zeitgleiche Gegenstücke in Warwick, Kenilworth, Vincennes aber auch der Hochmeisterpalast der Marienburg im Deutschordensland indizieren eine überregionale Baumode.
65 Erst unter der Familie Piccolomini bzw. Papst Pius II. erfolgte im mittleren 15. Jahrhundert der Bau von kastellförmigen Geschützfestungen, etwa in Tivoli, Piccolomini di Celano und Castello Piccolomini di Ortucchio, die mit den Festungen von Vasanello und Orsini Misciattelli gleichförmige Kanonenbollwerke mit runden Flankentürmen und dominantem Hauptturm bildeten.
66 Zur Geschichte Mantuas vgl. Palvarini, Perogalli 1983, 8 bzw. Gonzaga vgl. Biondi 2000, 1556.
67 Oberste 2007, 35.
68 Lugari 2010, 12.
69 Tabarelli 1983, 129; Manenti 2000, 148.
70 Gianotti 2004, 2.
71 Gianotti 2004, 1.
72 Tabarelli 1983, 100.
73 Tabarelli 1983, 182.
74 Tabarelli 1983, 45.
Ähnliche kastellförmige Bauerngüter finden sich auch um Mailand und Bologna, etwa mit dem Castello Tolcinasco bzw. dem Castello die Manzoli, hier sind noch spezifische Untersuchungen zu ihren ursprünglichen Besitzern und Funktionen abzuwarten.
75 Soddu 2005, 22.
76 Militello, Santoro 2006, 75.
77 Paci 2002, 24.
78 Militello, Santoro 2006, 288.
79 Militello, Santoro 2006, 171.
80 Militello, Santoro 2006, 238.
81 Militello, Santoro 2006, 342.
82 Militello, Santoro 2006, 332.
83 Daher ist die historische Meinung, es handle sich um ein deutlich älteres Fort, heute wohl nicht mehr aufrecht zu halten.
84 Ebhardt 1939, 196.
85 Tabarello 1983, 163; Manenti 2000, 236.

Nyborg, Dänemark

KÖNIGREICH DÄNEMARK

Auf den Inselgruppen nördlich von Deutschland hat sich im Frühmittelalter das unternehmungsfreudige dänische Reich etabliert, das am Höhepunkt bis zu den britischen Inseln reichte und verstreute blühende Kolonien besaß.[1] Nach der Niederlage gegen die Normannen bei Hastings im Jahr 1066 war man im Westen jedoch nachhaltig geschwächt und verlor dort allmählich alle Stützpunkte. Somit orientierten sich die Dänen nach Osten und Süden, wo man gegen heftige Widerstände die slawischen Wenden bezwang, Estland in Besitz nahm und um 1200 sogar deutsche Grafschaften und Städte eroberte. Die Ambitionen am deutschen Festland endeten jedoch 1223 in der Gefangennahme König Waldemars II., der die norddeutsche Küste wieder freigeben und nun selbst um seine Besitzungen fürchten musste. Vor allem die rebellischen Wenden auf den südöstlichen Inseln um Rügen forderten in der Folge volle Konzentration, ihre Befriedung sollte bis ins späte 13. Jahrhundert dauern.

Aus dieser Zeit finden sich in Nyborg, an der Südküste der Insel Fünen, monumentale Reste einer Kastellanlage, die im ganzen Nord- und Ostseeraum keinen Vergleich kennt (Abb. 1–3).[2] Heute ist nur die 60 m lange Westseite mit dem anschließenden Gebäude komplett erhalten, die anderen Mauern konnten jedoch zumindest in ihrem groben Verlauf belegt werden, wodurch ein trapezförmiger geräumiger Bau nachvollzogen werden kann.[3] Es handelte sich um eine reine Wasserburg, deren verzogenes Geviert durch eine nicht allzu hohe aber massive Mauer aus Feldsteinsockel mit Ziegelaufsatz sowie wohl an allen Ecken durch Halbrundtürme geschützt war. An der langen Westseite sind zudem zwei rundliche Mauertürme erhalten, ein dritter dürfte in einer späteren Aufdoppelung stecken, auch im Norden ist eine Rundung im Fundament nachvollziehbar. Es wird daher eine konsequent umlaufende derartige Verstärkung der Mauern angenommen, womit ein fast antikischer Kastellcharakter gegeben wäre. Unklar scheint die Eingangsfront im Osten, wo heute ein großer Viereckturm dominiert, der ins Spätmittelalter datiert wird, aber durchaus älter sein könnte. Aufgrund des großen randständigen Gebäudes mit Rundbogenformen im Westen wird bislang von einer romanischen Zeitstellung (1. H. 13. Jh.)

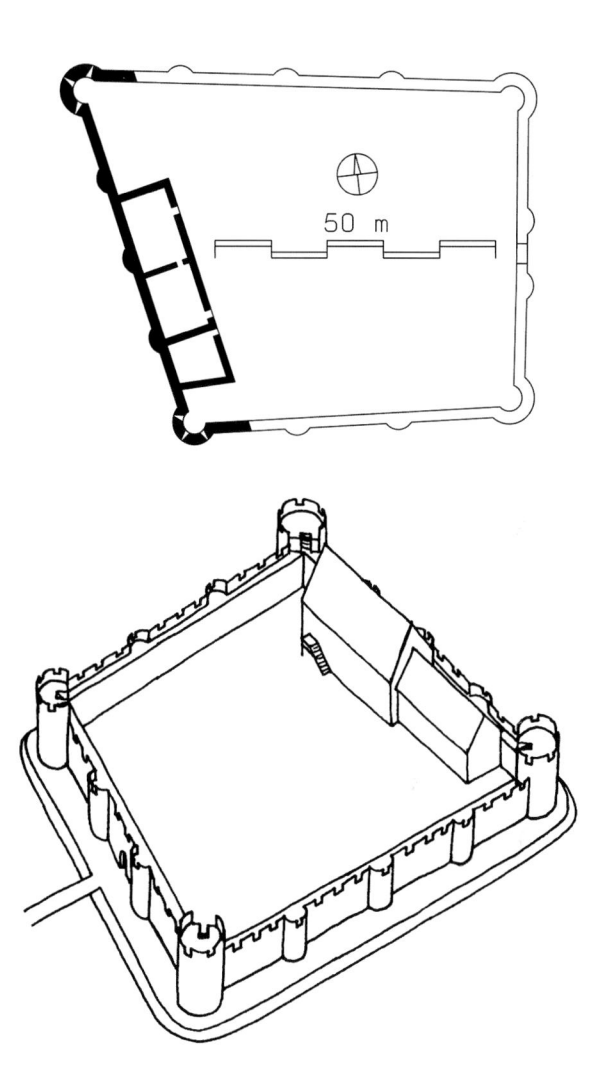

Abb. 1–3 | Nyborg, Dänemark, 13. Jh.

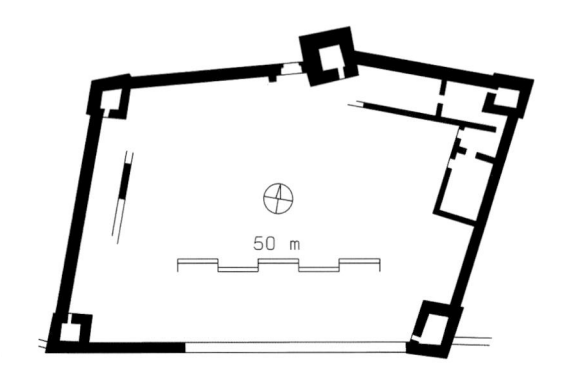

Abb. 4 | Vordingborg, Dänemark, um 1360

ausgegangen. Dem ist zunächst die späte Erstnennung von 1282 entgegen zu stellen, als hier eine Art dänischer Hauptversammlung tagte, um sich eine frühe Verfassung zu geben. Bedeutender sind die Parallelen zu einem holländischen Kastell in Amsterdam, das kürzlich ausgegraben wurde und bei gleicher Mauerart (Steinsockel mit Ziegelaufsatz) ebenfalls einen trapezförmigen Grundriss mit halbrunden Ecktürmen sowie rundlichen massiven Mauertürmen aufwies.[4] Diese Anlage wird naturwissenschaftlich in die Zeit der dortigen Friesenunterwerfung 1282 datiert. Prinzipielle Analogien gibt es auch zur benachbarten holländischen Burg Muiderslot, die um 1285 mit ähnlichem Konzept, niederen Mauern und sogar gleichen Ziegelverband sowie (einfachen) Schartenformen errichtet wurde. Daher darf postuliert werden, dass auch Nyborg erst in dieser Zeit als geräumiger königlicher Stützpunkt errichtet worden ist, zumal die Lage an der Südküste Fünens eine ideale strategische Position zum Start von Schiffsoperationen gegen die Nordküsten des Kontinents bzw. aufständische Wenden bot. Wahrscheinlich wurden erst mit deren Befriedung die Mauertürme aufgegeben und der Westbau als monumentale repräsentative Versammlungsstätte aufgestockt. Nach einigen wenig erfolgreichen Königen, die durch Vergabe von Privilegien den Zentralstaat massiv geschwächt hatten, übernahm Waldemar IV. Atterdag (1340–75) energisch die Krone, um wieder die königliche Oberherrschaft durchzusetzen.[5] Trotz Reduktion auf die Kernlande und lukrativen Verkaufs von Estland an den Deutschen Orden sollte es jedoch viele Jahre dauern, ehe erst um 1360 nach einem Adelsaufstand, der brutalen Rückeroberung von Schonen und Gotland sowie der Untergrabung gefährlicher Allianzen der Nachbarstaaten die Zentralgewalt wieder hergestellt war. Waldemar reorganisierte nun die Verwaltung und konsolidierte die Finanzen. Gleichzeitig setzte ein königliches Bauprogramm ein, das heute bis auf punktuelle Forschungen noch nicht aufgearbeitet ist.

Eine zentrale Stelle nahm sicher die Königsburg Vordingborg auf Süd-Seeland ein, die bereits im 12. Jahrhundert zur großräumigen Mittelpunktsburg ausgebaut worden war (Abb. 4).[6] Gemäß Holzdatierungen begann um 1360 ein umfassender zweiteiliger Neubau in Ziegeltechnik, der neben der Ummantelung der weitläufigen Vorburg auch eine kastellförmige Erneuerung der Kernanlage umfasste. Diese zitadellenartige Hauptburg ist heute weitgehend zerstört und zeigt nur wenige höhere Mauern. Zudem ist ein Teil der Südwand früh abgerutscht und wurde nach außen gesetzt erneuert. Dennoch lässt sich ein stark verzogenes Geviert von etwa 70 x 100 m fassen, das an allen vier Kanten von Ecktürmen sowie neben dem Tor durch einen dominanten Hauptturm geschützt war.[7] Im Inneren entstanden in der Folge randständige Trakte, deren exakte Zeitstellung jedoch unbekannt ist.

Die Herkunft dieses bis dahin offenbar in Dänemark unbekannten Kastelltyps ist bislang nicht geklärt. Aufgrund der guten Beziehungen zum Deutschen Orden wird vor allem an dessen Vorbildfunktion gedacht, tatsächlich finden sich dort zeitgleich ähnliche kastellförmige Bauten mit wenig vorgerückten starken Ecktürmen und auch die Ziegeltechnik mit Rüstholzraster scheint direkt verwandt.

Einen direkt verwandten dänischen Kastellbau mit vier wenig vorstehenden Ecktürmen und Torturm dürfte es auf Lolland in Aalholm (Alholm) gegeben haben (Abb. 5).[8] Die dortige Königsburg wurde wohl zur gleichen Zeit angelegt, nach dem Abbruch der Osthälfte im 16. Jahrhundert und der starken Überformung des Rests im 19. Jahrhundert deuten zwar historische Abbildungen und die zwei verbliebenen Ecktürme auf eine entsprechend ähnliche Konzeption, es sind jedoch vertiefende Bauforschungen zu ihrer Datierung abzuwarten. Ziemlich sicher ist hingegen Waldemar der Kern der einst großräumigen königlichen Burg Gurre zuzuordnen (Abb. 6).[9] Die nur als niedrige Ruine erhaltene Anlage, deren Ziegelmauerwerk zu Vordingborg passt, ist um einen älteren Wohnturm

Abb. 5 | Aalholm, Dänemark, 14. Jh.

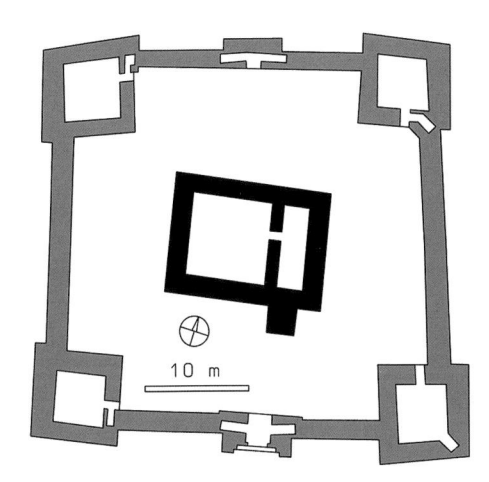

Abb. 6 | Gurre, Dänemark, 2. H. 14. Jh.

mit Hocheinstieg als verzogenes Geviert von etwa 36 x 37 m Seitenlänge konzipiert. Alle vier Kanten werden von verzogenen Rechtecktürmen besetzt, die analog zu Vordingborg leicht nach außen vorrücken und dort unterschiedlich starke Mauern aufweisen. In der Südwand saß zentral ein Torbau, der offenbar mit einer repräsentativen Rahmung ausgestattet war.[10] Dieser von Waldemar oft besuchte Sitz erinnert an zeitgleiche Fürstensitze von Frankreich bis Italien und mag programmatisch für die wieder erstarkte dänische Königsgewalt gestanden sein. Nach dem Tod Waldemars konnte Königin Margrete die Vorherrschaft über die gesamte Großregion erringen, mit der 1380 beschlossenen Kalmarer Union hatte sie die Führung über Dänemark, Norwegen, Island, Schweden und Finnland inne, die in weiten Teilen bis ins 16. Jahrhundert gehalten werden sollte. Zeitgenössische Kastellanlagen sind jedoch nicht bekannt.

1 Skovgaard-Petersen 2000, 504.
2 Gravett 2001, 132.
3 Tuulse 1947, 12.
4 Siehe Seite 395.
5 Tägil 1962, 20.
6 Wille-Jørgensen 2014.
7 Liebgott 1998, 114.
8 Ebhardt 1939, 104; Etting 2010, 138.
9 Etting, Hvass, Andersen 2003, 12.
10 Tuulse 1947, 23.

KÖNIGREICH DÄNEMARK | 497

Tavastehus, Finnland

KÖNIGREICH SCHWEDEN

In Skandinavien dauerte es aufgrund der abgeschiedenen, großflächigen Landschaften und der heterogenen Klanstrukturen bis ins Hochmittelalter, ehe sich zunächst im Süden und in den zentralen Landstrichen das europäische Feudalsystem und die christliche Kultur durchsetzen konnten.[1] Mit der Ausdehnung in den Norden und ins Gebiet des heutigen Finnland etablierte sich erst im 13. Jahrhundert ein stabiles großes Königreich, das von „Hausmeiern", den Jarlen, zusammengehalten wurde. Unter dem Jarl Birger (gest. 1266), der nach dem Tod des kinderlosen Königs Erik Eriksson 1250 seinen eigenen Sohn Waldemar (1250–75) zum König krönen ließ aber de facto selbst die Regierung führte, wurde eine rigorose Verwaltungsreform durchgeführt. Er begründete damit eine durchaus moderne zentralistische Struktur für die weltlichen aber auch kirchlichen Organisationen, schuf eine allgemeine Gesetzgebung und führte ein Steuersystem ein. Die neu geschaffenen Burgbezirke wurden von großen königlichen Verwaltungsburgen aus durch Beamte kontrolliert. Im engeren königlichen Rat saßen alle bedeutenden Amtsträger sowie die Bischöfe. Nach dem Tod Waldemars führte sein jüngerer Bruder Ladulas (1275–90) die Regierung weiter.

Während die umfangreichen Reformen durch die zugehörigen Schriftquellen gut dokumentiert ist, kann der zeitgleiche Burgenbau mangels exakt datierter Bauten nur sehr grob erfasst werden. Vermutlich hatte es bis ins mittlere 13. Jahrhundert hauptsächlich Holz-Erdeanlagen gegeben, in denen maximal ein steinerner Turm in Mauertechnik errichtet war.[2] Unter Jarl Birger wurden die großen königlichen Verwaltungsburgen weitgehend aus Stein neu angelegt. Dabei dominierten offenbar zunächst große Rundtürme, die in fast allen königlichen Burgen die steinernen Keimzellen bildeten. Erst in späteren Phasen wurden diese Rundtürme von unterschiedlich konsequenten Beringanlagen umgürtet, deren Datierung kaum möglich ist.

Als eine der frühesten derartigen Befestigungen gilt Kalmar, das auf einer kleinen Insel vor der gleichnamigen Stadt an der Südostküste Schwedens liegt (Abb. 1–2).[3] Gemäß historischen Grabungen gab es auch hier zunächst einen großen Rundturm mit kleinerem Hofbau, die von einer kreisförmigen Mauer umgeben waren und parallel zur Stadt in der Mitte des 13. Jahrhunderts entstanden sein dürften. Diese Burg wurde durch eine heute sehr gut erhaltene neue in einem Guss, aber in zwei unterschiedlichen Mauertechniken überbaut. Es entstand ein trapezförmiger Ziegelbering von maximal 67 m Breite, der zur Eingangsfront regelhaft ausgebildet ist, während er die älteren Hofbauten rundlich einschließt. An den Ecken liegen drei ca. 11 m breite Rundtürme (einer oben vieleckig) sowie ein etwas größerer mit 13 m Durchmesser. Aufgrund der lokalen Rundung ist davon auszugehen, dass der ältere Rundturm zumindest während der Bauzeit im Hof bestehen blieb, wenngleich er früh abgetragen worden ist. Die Eingangsfront wird zentral von einem fast 15 m breiten eckigen Bruchsteintorturm dominiert, während an der Nordseite ein halb so großer Torturm

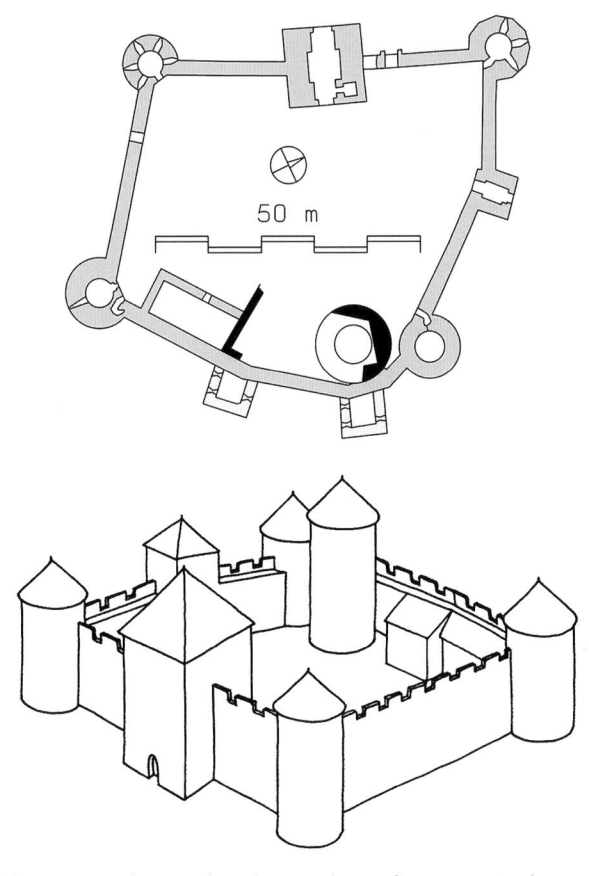

Abb. 1–2 | Kalmar, Schweden, Ausbaustufen 2. H. 13. Jh.

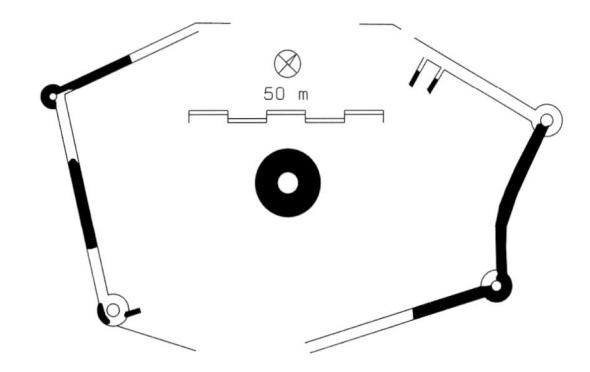

Abb. 3 | Borgholm, Schweden, Kernanlage 2. H. 13. Jh.

liegt. Die gesamte kastellförmige Konzeption hat in Skandinavien keine einzige Parallele, die Vorbilder werden traditionell beim englischen Burgenbau in Wales gesucht,[4] wenngleich die reine Ziegeltechnik und die Kombination von runden Ecktürmen und eckigen Toranlagen auch zu den Kastellen der holländischen Grafen passen, die geographisch näher lägen. Jedenfalls kann postuliert werden, dass Kalmar im späten 13. Jahrhundert von ausländischen Planern und wohl auch solchen Bauleuten für den schwedischen König errichtet wurde.

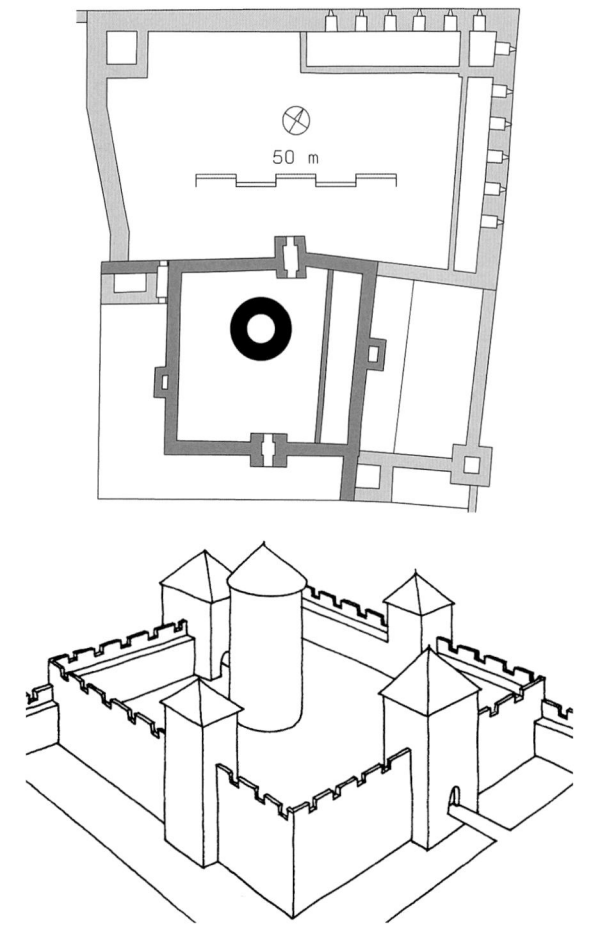

Abb. 4–5 | Stockholm, Schweden, Ausbaustufen 13./14. Jh.

Eine Parallele dazu zeigt Borgholm, das auf einer kleinen Insel schräg gegenüber von Kalmar liegt (Abb. 3).[5] Die heute weitgehend durch ein Schloss überbaute und nur punktuell archäologisch erfasste erste Anlage kann erstmals im Jahr 1285 aus den Urkunden erschlossen werden. Auch hier gab es einen dominanten Rundturm aus Ziegeln, der in großem Abstand von einem verzogen-regelmäßigen Polygonal mit 125 m Durchmesser umgürtet war. An drei Kanten sind kleinformatige Rundtürme mit 7 bis 8 m Breite fassbar, die wohl in gleicher Art den gesamten Bering flankierten. Während diese kleinen Türme in England kaum zu finden sind, kommen sie im späten 13. Jahrhundert in Holland durchaus am gräflichen Kastellbau vor.

Ein anderes Bild zeigt die 1288 erstmals genannte Burg von Stockholm, die wohl im mittleren 13. Jahrhundert am Rand der gleichzeitigen Stadtgründung auf einer kleinen Insel entstanden ist (Abb. 4–5). Durch die großformatige Überbauung zum barocken Residenzschloss kann die Baugeschichte heute nur durch wenige originale Bauteile, archäologische Befunde sowie historische Ansichten und Pläne hypothetisch rekonstruiert werden.[6] Fest steht, dass es auch hier einen zentralen Rundturm gegeben hat, der wohl ins mittlere 13. Jahrhundert datiert und zu dem weitere erfasste Bebauungen im äußeren Hof gehörten. Mit der Anlage einer steinernen Stadtbefestigung wurde die Kernburg deutlich verkleinert und in der Nordostecke der Stadtmauer ein 47 x 50 m großes Geviert errichtet, das ähnlich zu Kalmar einen Torturm zur Stadt sowie einen zum Ufer aufwies. Anders sind jedoch statt runder Ecktürme zwei kleine Mauertürme an den Seiten, die eine gute Flankierung ermöglichen. Offensichtlich hatte man hier nicht die gleichen Vorbilder wie in Kalmar und Borgholm vor Augen, jedoch finden sich in Holland durchaus ähnliche gräfliche Burgen ohne Ecktürme, dafür mit analogen schmalen Mauertürmen. Somit könnte auch diese Burg durchaus parallel zu den anderen entstanden sein.

Jedenfalls erst ins fortgeschrittene 14. Jahrhundert datiert parallel zur Neuanlage der Stadtbefestigung ein Großausbau mit neuem, starken Bering, der vielleicht etappenweise zu einem konsequenten Quadrat ausgebaut werden sollte, aber nie planmäßig vollendet wurde. Erhalten blieben hier bis heute seeseitig 5 m starke Mauern aus netzförmig verlegtem Granitbruchstein sowie Hinweise auf innen eingestellte Ecktürme, wenngleich die historischen Darstellungen mit unterschiedlichen Turmformen keine Klarheit über ihr Alter und ihre Bauabfolge geben.

Neben bzw. kurz nach diesen königlichen Verwaltungsburgen ließen auch die in den Königshof integrierten schwedischen Bischöfe repräsentative Steinburgen errichten, von denen al-

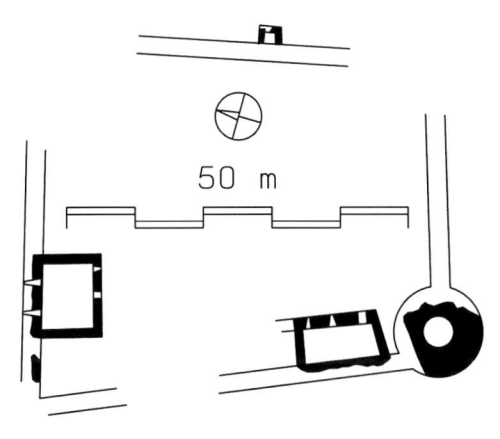

Abb. 6 | Kronoberg, Schweden, Kernanlage 14. Jh.?

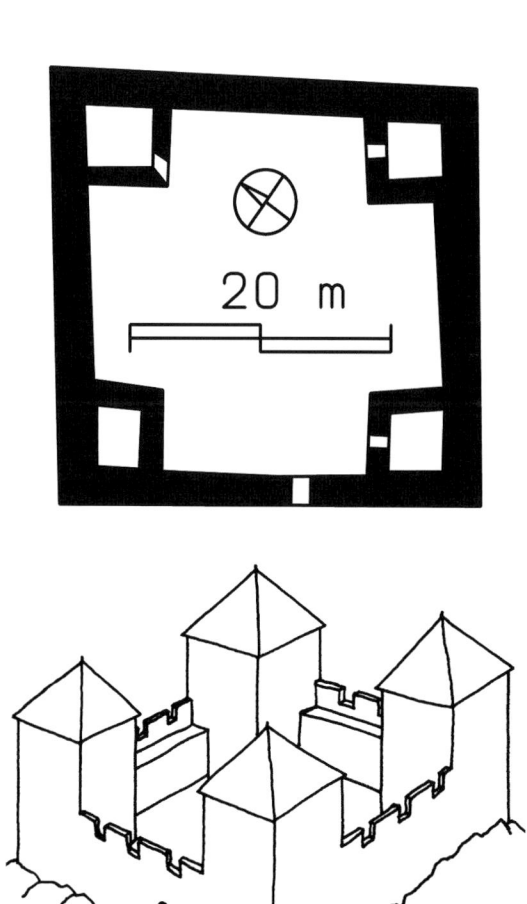

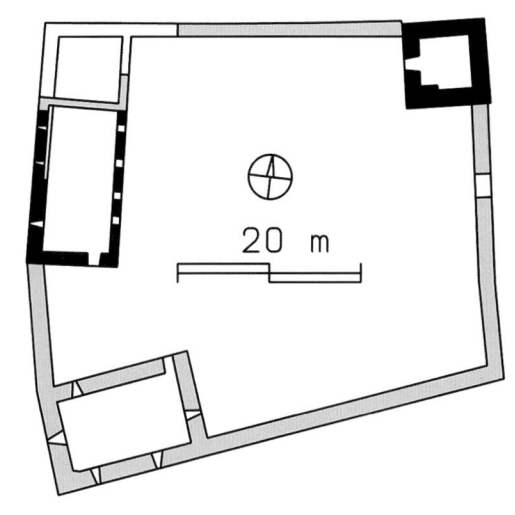

Abb. 7 | Linköping, Schweden, Kernanlage 13./14.Jh.

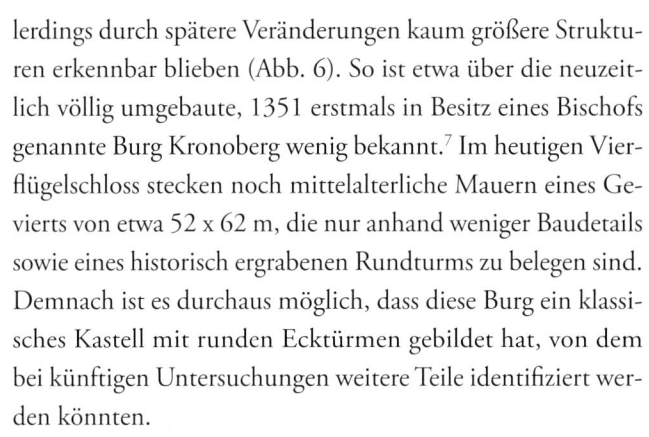

Abb. 8–9 | Hämeenlinna (Tavastehus), Finnland, Kernkastell 2. V. 14. Jh.

lerdings durch spätere Veränderungen kaum größere Strukturen erkennbar blieben (Abb. 6). So ist etwa über die neuzeitlich völlig umgebaute, 1351 erstmals in Besitz eines Bischofs genannte Burg Kronoberg wenig bekannt.[7] Im heutigen Vierflügelschloss stecken noch mittelalterliche Mauern eines Gevierts von etwa 52 x 62 m, die nur anhand weniger Baudetails sowie eines historisch ergrabenen Rundturms zu belegen sind. Demnach ist es durchaus möglich, dass diese Burg ein klassisches Kastell mit runden Ecktürmen gebildet hat, von dem bei künftigen Untersuchungen weitere Teile identifiziert werden könnten.

Auch im Schloss von Linköping dürfte ein mittelalterlicher Kern stecken, der als verzogenes Geviert mit 50 m Seitenlänge zumindest zwei turmartige Eckbauten aufwies, jedoch in mehreren Etappen entstanden ist (Abb. 7).[8]

Im frühen 14. Jahrhundert überschlugen sich die politischen Ereignisse. Nach mehreren Herrschaftsteilungen, der Ermordung eines Königs sowie der Flucht des potentiellen Auftraggebers wurde 1319 der dreijährige Magnús Eriksson zum neuen König gewählt, der 1332 volljährig war.[9] Er vereinte nun die schwedische und die norwegische Krone und übernahm Teile von Dänemark, sodass ihm bald ein Großteil von Skandinavien unterstand. Aufgrund dieser Ausdehnung kam es zu einer neuerlichen Verwaltungsreform samt adaptierter Gesetzgebung, die auf die Union der gesamten Region abzielte. Bald formierte sich jedoch Widerstand, die Dänen konnten ihre Gebiete zurück erobern und 1365 gelang es der Opposition unter Führung seines Neffen, des Herzogs Albrecht III. von Mecklenburg, Magnús aus Schweden nach Norwegen zu vertreiben, wo er 1374 starb.

In seine Zeit wird eine Reihe von rechteckigen Burgen datiert, die miteinander in Bautechnik und Konzeption eng verwandt scheinen. Zunächst ist der starke Ausbau der oben genannten Königsburg in Stockholm zu nennen, in dem sich ein 1331 geschlägerter Balken fand.[10] Demnach wird die wohl nicht planmäßig fertig gestellte Anlage eines großen Gevierts mit

KÖNIGREICH SCHWEDEN | 501

Abb. 10–11 | Nyköping, Schweden, Kernburg 1. H. 14. Jh.

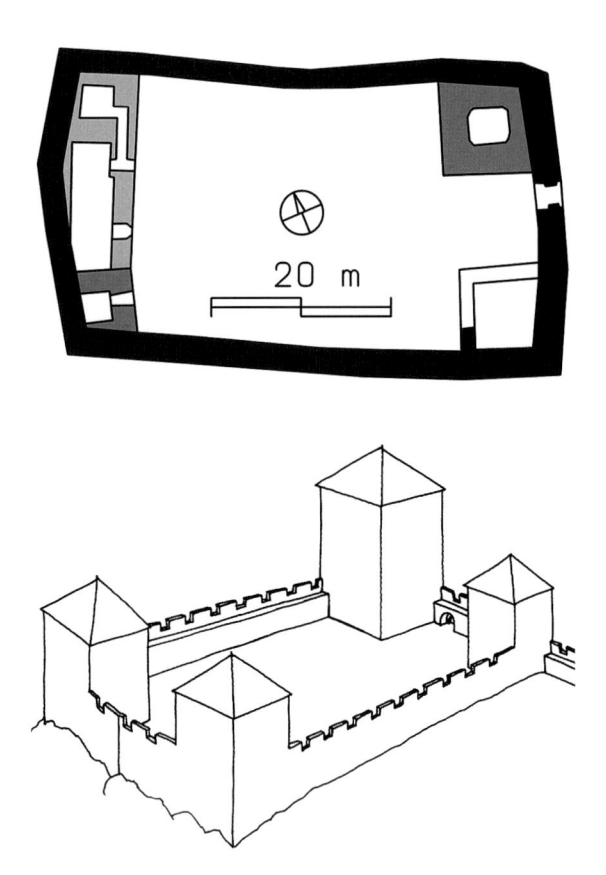

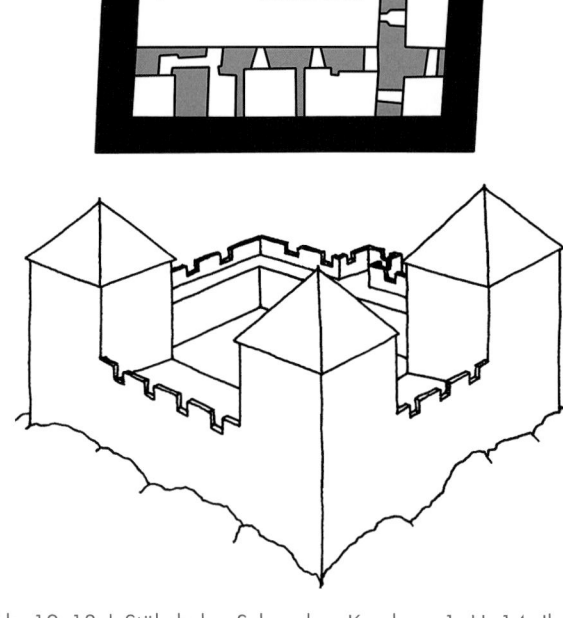

Abb. 12–13 | Stäkeholm, Schweden, Kernburg 1. H. 14. Jh.

bündig eingestellten Ecktürmen den ersten Amtsjahren von Magnús zuzuordnen sein.

Konzeptionell ist das Kastell von Hämeenlinna bemerkenswert ähnlich aufgebaut (Abb. 8–9).[11] Hier entstand wohl gleichzeitig und in analoger Bautechnik wie in Stockholm anstelle einer 1308 erstmals genannten Holzburg ein leicht verzogenes Geviert mit 34 m Seitenlänge und über 3 m starken Mauern aus Granitbruchstein, das an allen vier Seiten einen Turm eingestellt hatte. Durch die allgemeine Mauerverzahnung kann ein klassisches Kastellkonzept nachgewiesen werden, während weitere primäre Einbauten fehlen.[12] Die Lage der Burg 100 km im Landesinneren von Finnland weist auf eine große strategische Bedeutung in der Sicherung der weit entfernten Region für die Herrschaft des Königs hin.[13]

Besonders gut erforscht ist die Gesamtanlage von Nyköping, auf einer kleinen Insel vor der schwedischen Küste bzw. neben einer kleinen Siedlung gelegen (Abb. 10–11).[14] Archäologische Forschungen haben nicht nur die Kernanlage dokumentiert, sondern auch eine gleichzeitige mehrteilige Vorburg. Bereits im mittleren 13. Jahrhundert bestand hier eine Holz-Erdeburg, die bis ins frühe 14. Jahrhundert oftmals in den Urkunden auftaucht. Kurz vor der Übernahme durch Herzog Albrecht 1365 dürften größere Baumaßnahmen erfolgt sein, wahrscheinlich hat König Magnús nach seinem Regierungsantritt den Neubau veranlasst und in der Folge stetige Erweiterungen beauftragt.[15] Auch hier handelt es sich im Kern um einen rechteckigen Bering, dem an der Südostecke ein verzahnter schwacher Turm primär eingestellt war. Bald wurde jedoch das System geändert. An der Nordostecke stellte man einen weiteren Turm ein, der aufgrund seiner Massivität wohl einen dominanten Bergfried bildete, während an der schmalen Westfront zwei kleinere Ecktürme mit zentralem Wohnbau entstanden. Dieses im Endausbau viertürmige Kastell besaß primär einen größeren trapezförmigen Außenbering als geräumige Vorburg sowie weitere rundliche Mauerreste, die vielleicht einer älteren Erdburg folgten. Die deutliche Konzeptänderung zu einem dominanten Hauptturm sowie zwei weiteren mit ebenfalls starken Innenmauern spricht für eine Errichtung nach der Übernahme durch den mecklenburgischen Herzog.

Dazu passt die bauliche Entwicklung von Stäkeholm (Abb. 12–13).[16] Die gleichfalls direkt am Meer auf einer kleinen Insel neben einer königlichen Stadt gelegene Burg taucht erst 1370 urkundlich auf, obwohl sie gemäß archäologischem Befund deutlich davor über einer älteren Holz-Erdenanlage konsequent in mehreren Bauphasen entstanden ist. Zunächst wurde ein einfacher rechteckiger Bering errichtet, hinter dem ohne Verzahnung ein L-förmiger Einbau mit drei Ecktürmen

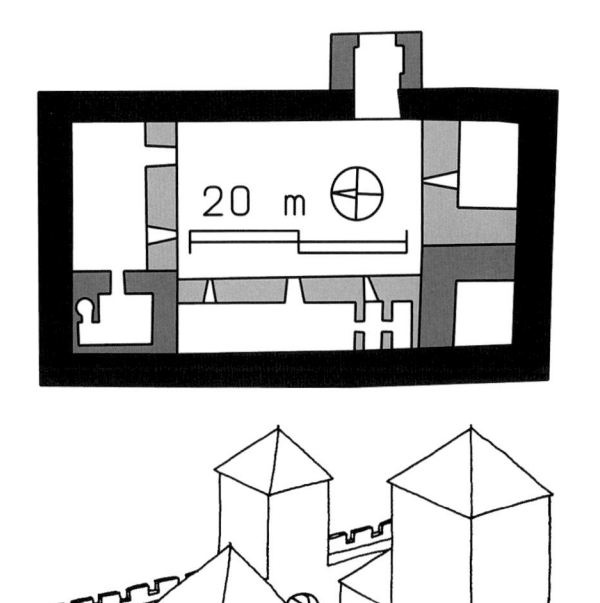

Abb. 14–15 | Örebro, Schweden, Kernburg 1. H. 14. Jh.

Ein analoger mehrtürmiger Ausbau zum klassischen Kastell ist dort jedoch nie erfolgt, was auf die frühe politische Rückdrängung des Königs zurückzuführen sein mag. Tatsächlich waren viele dieser königlichen Anlagen von Beginn an sehr umkämpft und demnach mögen neben den bekannten Kastellen weitere, von denen heute nur spärliche rechteckige Reste fassbar sind, in ähnlicher Konzeption vorgesehen aber nie vollendet worden sein.

Die Vorbilder dieser kastellförmigen Anlagen des mittleren bis späten 14. Jahrhunderts wurden bislang meist bei Bauten des Deutschen Ordens gesucht, die in unmittelbarer Nachbarschaft regelhaft ebenfalls rechteckige Grundrisse aufweisen.[19] Dem ist entgegen zu halten, dass jene ritterlichen Ordensburgen eigenen klosterartigen Traditionen mit breiten Trakten verpflichtet waren und selbst mehrtürmige Gevierte den inneren Raumverband nicht in den meist nur lisenenhaften Ecktürmen unterbrachen.

Vielmehr ist an zeitgleiche Kastellanlagen anderer europäischer Fürstenhäuser, vor allem der Anjou und Habsburger zu denken, die angesichts der verbundenen königlichen Herrschaftssymbolik sicher besser als Musterbeispiele dienen konnten.

erfolgte. Offensichtlich war man an der raschen Sicherung des exponierten Standortes interessiert, möglicherweise bereits unter König Magnús. Hingegen könnte der weitere Ausbau mit dem schmalen Torflankenturm und dem Binnenbau mit drei integrierten Türmen unter Herzog Albrecht erfolgt sein. Ein ähnliches Bild zeigt Örebro, das Herzog Albrecht 1364 übernahm und das wohl zuvor unter König Magnús an älterer Stelle neu begonnen worden ist (Abb. 14–15).[17] Auch hier gab es gemäß bauarchäologischer Untersuchungen im heutigen Schloss auf einer kleinen Insel zunächst einen einfachen, deutlich schwächeren Bering, der in weiteren Etappen mit Ecktürmen und Hoftrakten sowie einem Torbau erweitert wurde. Der Südwestturm dominierte dabei mit 25 m Höhe und Hocheinstieg in 10 m als Hauptbau.

Das Konzept etappenweise errichteter Rechteckanlagen mit primärem Bering und folgenden Türmen mag in den Kronländern häufiger vorgesehen gewesen sein, wie die Mauergevierte von Abo (Turku, heute Finnland) und Viborg (heute Russland) belegen, die jeweils auf Inseln an älteren Standorten im 14. Jahrhundert recht konsequent neu angelegt wurden.[18]

1 Fritz 1972, 12.
2 Drake 2002, 149.
3 Lovén 1996, 74.
4 Drake 2002, 153.
5 Lovén 1996, 76.
6 Lovén 1996, 86.
7 Lovén 1996, 243.
8 Lovén 1996, 245. Von den zahlreichen adeligen Burgen dürfte keine einzige kastellförmig konzipiert gewesen sein. Mit Spannung sind die seit 2014 laufenden jährlichen Grabungskampagnen an der 1280 erstmals urkundlich genannten Adelsburg Landsjö nahe der Küste südlich von Stockholm zu verfolgen, die bislang eine 45 m lange Front einer wohl rechteckigen Inselburg freigelegt haben.
9 La Farge 2000, 99.
10 Drake 2002, 155.
11 Drake 2002, 156.
12 Der große Saal aus Ziegelmauerwerk datiert ins fortgeschrittene 14. Jahrhundert.
13 Jüngst wird die Bauzeit des Kastells ins späte 14. Jahrhundert datiert, ohne dafür Beweise liefern zu können. Vgl. Drake 2003, 215.
14 Lovén 1996, 83.
15 Tuulse 1947m 15.
16 Lovén 1996, 137.
17 Lovén 1996, 141.
18 Lovén 1996, 98.
19 Drake 2001, 124.

Deutschordenskastell Marienburg, Polen

DER DEUTSCHE RITTERORDEN

DIE FRÜHGESCHICHTE

Im späten 12. Jahrhundert hat im weiträumigen Baltikum gegen die heidnischen Letten und Liven eine gewaltsame Christianisierung eingesetzt, die durch jährliche Kreuzzüge von norddeutschen Adeligen getragen wurde.[1]

Jeweils nach deren Rückkehr konnten sich die Einheimischen neu formieren und die Eindringlinge weitgehend wieder vertreiben, sodass Bischof Albert von Bekeshovede, ein Verwandter des Erzbischofs von Bremen, im Jahr 1202 den Schwertbrüderorden gründete, um ausgehend vom neuen Bischofssitz Riga ein Missionsgebiet an der unteren Düna dauerhaft zu befrieden.[2] Er sah in der Ordensregel seine eigene absolute Kontrolle analog zum Patriarchen von Jerusalem über die Templer vor. Wie dort konnte der Orden jedoch umgehend eigenständige Rechte und Besitzungen durchsetzen. Gemeinsam mit den jährlich saisonal helfenden Kreuzfahrern baute man bald im Gebiet des heutigen Lettland gegen den massiven Widerstand der lokalen Stämme und mit großen personellen Verlusten weite zusammenhängende Herrschaften auf und be-

Abb. 1 | Rehden, Gesamtansicht der Kernanlage

gann die Eroberung des benachbarten Estlands. 1226 ließ der Schwertbrüderorden seine lokalen Rechte vom Kaiser bestätigen und orientierte sich organisatorisch zunehmend am Deutschen Orden. Nach verheerenden Überfällen auf christliche Stützpunkte, dem eskalierenden Streit mit den Bischöfen sowie päpstlichen Kontrolleuren und ständigem Personalmangel für die zahlreichen Bollwerke geriet der Orden allmählich in Notstand und sondierte eine jedoch verweigerte Zusammenarbeit mit dem Deutschen Orden.

Dieser war weit weg am östlichen Mittelmeer im Zuge der Kreuzzüge ins Heilige Land entstanden. Dort hatte man nach der katastrophalen Niederlage eines christlichen Kreuzfahrerheeres im Jahr 1187 den dritten großen Kreuzzug ausgerufen, der in einer jahrelangen Belagerung der Hafenstadt Akkon münden sollte.[3] Im Feldlager gründeten deutsche Kreuzfahrer ein Lazarett, aus dem parallel zu einem englischen Orden und dem Lazarusorden ein eigenständiger deutscher Pflegeorden erwuchs, der jedoch dank der großzügigen Unterstützung deutscher Pilger als einziger bald zum dritten großen Orden der levantinischen Kreuzfahrerstaaten aufsteigen konnte. Nach der Einnahme der Stadt 1191 wurde Akkon zur neuen Hauptstadt des christlichen Königreichs ausgerufen und das dortige deutsche Spital mit zahlreichen Schenkungen begünstigt. Im Jahr 1198 erfolgte die Umwandlung zum militärisch orientierten Ritterorden, der die Regeln der Templer und Johanniter für sich adaptierte. Es folgte die Etablierung von weit getrennten Kommenden samt Burgen, Türmen und Stadtbefestigungen, wobei das alte königliche Fort Castellum Regis in Galiläa einen Kernbereich markierte. Obwohl diese Anlage in klassischer Form mit vier Ecktürmen ausgestattet war, orientierte sich der frühe ordenseigene, eher bescheidene Burgenbau sehr heterogen an den lokalen Topographien. Bald erwarb man Standorte in der ganzen christlichen Levante sowie im benachbarten Königreich Armenien und im lateinischen byzantinischen Reich. Auch in Italien und Deutschland entstanden große Stützpunkte, die jedoch wirtschaftlich oder karitativ orientiert waren und kaum Burgcharakter aufwiesen. Im Jahr 1211 lud der ungarische König Andreas II. den Orden ein, das kaum christianisierte Burzenland (Siebenbürgen) zu besetzen und gegen die Kumanen zu schützen. Bereits 1225 musste der Orden jedoch auf Druck des lokalen Adels Ungarn wieder schmählich verlassen und auch die gerade begonnenen Burgen, etwa Marienburg, Kreuzburg, Schwarzburg und Heldenburg, aufgeben. Sehr früh engagierte sich der Deutsche Orden auch an der spanischen Reconquista, wo einige Kommenden entstanden, deren Bauten jedoch kaum fortifikatorisch orientiert waren.

Im Jahr 1226 rief der polnische Herzog Konrad I. von Masowien den Deutschen Orden als Hilfe im Kampf um das Kulmerland gegen die heidnischen Prußen. Um nicht wie in Ungarn bald wieder alles zu verlieren, sicherte sich der Orden diesmal durch Bestätigungen von Kaiser und Papst ab, ehe man sich parallel zum spanischen Calatravaorden (der hier nur kurz auftrat) auf einen Kreuzzug in den Nordosten einließ.

Erst nach dem Vertrag von Kruschwitz 1230 mit dem masowischen Herzog, wonach der Orden das eroberte Gebiet verbrieft behalten durfte, besetzte man bis um 1233 systematisch das Land bis zur Weichsel und überzog es etappenmäßig mit einem dichten Wehrnetz, das zuerst wohl aus Holz-Erdeanlagen bestand, die oft erst spät durch Steinbauten ersetzt werden sollten. Dabei sind zwei Schwerpunkte festzustellen: zum einen wurde das von feindlichem Land fast gänzlich umgebene südlich gelegene Kurland rund um die Burg Thorn ausnehmend dicht befestigt, zum anderen wurden für die nördlichen siedlungsarmen Großregionen direkt an den Ufern der Düna, der Elbing und dem frischen Haff kettenförmig Verwaltungsbasen aufgebaut, die offensichtlich möglichst sicher zu Schiff zu versorgen sein sollten.[4] Vielleicht nutzte man dabei entsprechende Erfahrungen aus dem zeitgenössischen levantinischen Burgenbau direkt an den Ufern des Mittelmeers. Eine etwaige Aufreihung entlang der Landgrenzen ist hingegen zu keiner Zeit nachvollziehbar.

Schon im Jahr 1236 verlor im Baltikum der Schwertbrüderorden in einer vernichtenden Schlacht gegen die Litauer neben zahlreichen übermütigen Kreuzfahrern auch einen Gutteil der eigenen Ritter samt Führung, weshalb der Deutsche Orden diese zerfallenden Strukturen im entfernten Osten unvermittelt auffangen musste. Auf einen Schlag wurde er damit in Besitz und Stellung an der Ostsee bedeutend erweitert, war aber auch sofort mit vollem Einsatz gefragt, die verheerenden Raubzüge der Nachbarstämme durch verlustreiche Schlachten einzudämmen. Selbst im christianisierten Gebiet musste ständig mit den Bischöfen um die Vorherrschaft gestritten werden und auch im prußischen Stammland gelangen nach verheerenden Aufständen erst 1249 die weitgehende Unterwerfung und Taufe der Bevölkerung, letztlich dauerten hier Revolten und Vergeltungszüge bis 1283. Dafür waren von den vier Landesbischöfen drei Ordensmänner und der vierte unter der Schutzherrschaft sehr zufrieden, die Bischöfe für Pommerellen residierten zudem in Polen, sodass es im Kernland keine herrschaftlichen Konkurrenten gab. Der Orden konnte hier daher mit zahlreichen neuen Siedlern einen ungestörten hierarchischen Landesaufbau mit zunehmend verdichtetem Netz verwirklichen. Ähnliches gelang im fast menschenleeren Kurland, wo der Orden zwei Drittel des Landes zur Eigenverwaltung erhielt und auch das Domkapitel übernahm.

Abb. 2 | Marienburg, Gesamtansicht der Kernanlage

Während dessen waren die Bemühungen des Ordens in den levantinischen Kreuzfahrerstaaten durch die raschen Eroberungen der muslimischen Sultane zum Scheitern verurteilt und bis 1291 war das gesamte Festland verloren. Nach dem Fall Akkons schlug der Orden sein Hauptquartier zunächst in Venedig auf, wo man wohl auf eine Rückeroberung Palästinas hoffte.[5] Bald reduzierte man jedoch den Besitz am Mittelmeer und konzentrierte sich auf Nordeuropa, 1309 übersiedelte der Ordenssitz schließlich nach Preußen, während die anderen Gebiete an den Rand des Interesses gedrängt wurden.

An der Ostsee galt es nun, die weiten feindlichen Landstriche zwischen dem Kulmerland und Livland zu erobern und ein geschlossenes Ordensgebiet von Deutschland bis ins Baltikum zu schaffen. Als erstes wurde im Nordwesten das Kurland erobert und mit Burgen abgesichert.[6] Gegen vereinte Widerstände von Litauern, Semgallen und Kuren folgte jedoch 1260 eine schwere Niederlage, weitere verlustreiche Kämpfe gab es bis in die achtziger Jahre, ehe große Teile der einheimischen Bevölkerung 1290 das verwüstete Land verließen. Im Süden dauerte der Kampf fast ebenso lange gegen die Prußen, ehe neben dem Kulmerland auch Pomesanien, Ermland, Samland und Natangen erobert und die angrenzenden Zonen beinahe entvölkert waren. 1309 erfolgte schließlich die Erwerbung von ganz Pommerellen, womit der geographische Zusammenhang nach Westen mit Deutschland gewährleistet war. Eine durchgehende Landverbindung nach Osten zu Livland blieb jedoch versagt, da das dazwischen sesshafte Volk der Samaiten sich nicht bezwingen ließ und im Frieden von 1422 auf die Eroberung des Landes (heute Lettland) endgültig verzichtet wurde. Die kulturelle Entwicklung beider Ordensgebiete verband sich somit niemals ganz, was durch den unterschiedlichen Herkunftsstand der Mitglieder (in Livland fast nur Westfalen, Sachsen und Niederländer, in Preußen vorwiegend Rheinländer und Oberdeutsche) noch verstärkt wurde.[7]

DIE FRÜHE AUSBILDUNG DER DEUTSCHORDENSBURGEN

Der zunächst in Europa weit verstreute erste Burgenbau des Ordens hatte sich individuell an lokalen Erfordernissen und Traditionen orientiert und keine ordenstypische Konzeption entwickelt. Immerhin wurden die für das Gemeinschaftsleben notwendigen Räume (Kapitelsaal, Remter, Dormitorium, Kapelle) meist in einem einzigen rechteckigen Gebäude vereint, das somit als Konvent diente und das bald von den kleinen europäischen Kommenden bis zu den großen Kreuzfahrerburgen in Palästina als Dominante zu finden war.⁸

Mit der Ankunft an der Ostsee sollte sich dies zunächst nicht ändern. Man errichtete ab ca. 1230 wie kurz zuvor in Ungarn Holz-Erdeburgen, die eine rasche Sicherung des neuen Landes gegen Aufstände gewährleisten sollten.⁹ Über ihre Konzeption gibt es keine Überlieferung, wenngleich in Analogie zu fassbaren zeitgenössischen Dorfbefestigungen von durchaus hohen und festen Konstruktionen ausgegangen wird.¹⁰ Mit der 1237 erfolgten Übernahme des viel größeren Gebiets des livländischen Schwertbrüderordens im Baltikum dürften viele Ressourcen zunächst dorthin geflossen sein. Hier gab es bereits große steinerne Ordensburgen, etwa Segewold, Wenden, Ascherode, Fellin und Reval, die zum Rückgrat der neuen deutschen Ordensherrschaft wurden¹¹ und die bereits für etwa 120 Schwertbrüder in sechs Konventen organisiert waren. Politisch standen die Verhältnisse jedoch entschieden anders.¹² Das weite Landesinnere war zwar bereits befriedet und von vielen deutschen Siedlern kolonisiert, dafür hatten die Bischöfe als eigentliche Landesherren große weltliche Macht und versuchten diese gemeinsam mit den lokalen Bürgern und Vasallen gegen den Orden zu erweitern. Das hatte zu einem allseitigen intensiven Burgenbau geführt, der schließlich im gesamten Mittelalter ein Verhältnis von etwa 70 Landadelsburgen und 40 Bischofsburgen zu nur 60 Ordensburgen ergeben sollte. Über den früheren Steinburgenbau in Livland vor dem Orden ist dennoch wenig bekannt. Es wird vermutet, dass zu Beginn unter bischöflicher Leitung der Aufbau eines Netzes von Lagerkastellen erfolgt habe, die als streng rechteckige Mauergevierte von etwa 35 bis 40 m Seitenlänge an neuralgischen Straßenpunkten als geräumige Truppenforts ohne innere Gebäude angelegt waren.¹³ Tatsächlich dürften einige heute nur mehr in spärlichen Resten fassbare steinerne Gevierte dem christlichen Eroberungszug mehrfach als sichere

Abb. 3 | Marienwerder, Gesamtansicht der Kernanlage

Abb. 4 | Schönberg, Gesamtansicht der Kernanlage

Basen gedient haben, wenngleich ihre Zahl eher gering gewesen sein mag. Parallel dazu setzte unter den Bischöfen ein klassischer Burgenbau ein, der je nach Topographie rechteckige bis polygonale Steinanlagen mit unterschiedlich ausgeprägten Gebäude- und Turmvarianten hervorbrachte.

Die frühen Burgen des Schwertbrüderordens sind ebenfalls kaum bekannt. Segewold dürfte um 1210 am Flussufer der Aa als erste Burg im neuen Ordensgebiet errichtet worden sein.[14] Der Kern bestand aus einem großräumigen Trapez, dem wohl erst viel später (unter dem Deutschen Orden?) Mauertürme und eine kleinere Klausur eingefügt worden sind. Auch die kurz danach entstandene Burg Wenden dürfte eine großräumige trapezförmige Burg mit dem später erfolgten Einbau einer Klausur gebildet haben. Im Jahr 1227 begann ein intensiver Bau in Tallin, dessen neuer Sitz Reval in den zeitgenössischen Urkunden dokumentiert ist.[15] Demnach wurde ein Geviert des großen alten Siedlungshügels abgegrenzt und mit starken Türmen und tiefen Gräben bewehrt, wovon im heutigen Schlosskomplex heute nur spärliche Reste fassbar sind.

Durch die im Jahr 1237 sprunghaft angestiegene Gebietsgröße sowie die verbundene große Mitgliederzahl mussten für den Deutschen Orden neue verwaltungstechnische Strukturen geschaffen werden, zumal zahlreiche Aufstände effizient zu bekämpfen waren.[16] So wurden im Jahr 1243 in Preußen in einem Vertrag mit den Bischöfen eindeutige Grenzen festgelegt und damit die Grundlagen für ein geschlossenes staatsähnliches Herrschaftsgebiet gelegt. Kurz danach folgte die Einteilung in Bezirke, die durch letztlich 25 lokale Komtureien und einen führenden Landmeister (zunächst in Elbing) mit strengen hierarchischen Beamtenstrukturen geleitet werden sollten. Ihnen unterstellt gab es zahlreiche kleinere burgartige Landgutshöfe (Pflegeämter), Straßenstationen und Wachtürme, die das Land je nach Erfordernis netzartig überzogen. Gleiches wurde für Livland beschlossen, wo es am Höhepunkt der Ordensmacht 22 Komtureien geben sollte.[17]

Bald nach 1244 wurden die Regeln der zölibatär lebenden Deutschordensritter schriftlich festgesetzt, wobei man sich am Zisterzienserorden sowie an den großen Ritterorden der Johanniter und Templer orientierte. Demnach wurde die Anzahl von zwölf in einem Konvent wohnenden Rittern sowie sechs Priestern bestimmt, deren Menge in der Folge je nach Erfordernis und Ressourcen unterschiedlich genau eingehalten wurde. Ihnen waren in den Vorburgen eine viel größere Anzahl an Waffenknechten und Verwaltungspersonal zugeordnet, die saisonal und anlassbezogen durch Pilger, Kreuzfahrer und Söldner verstärkt wurden. Für sie wurden ebenfalls durchaus repräsentative Gebäude errichtet, wie etwa das großformatige so genannte Beamtenhaus in Balga zeigt. Neben Verhaltensnormen, Machtstrukturen und Aufgabenpräzisierungen beinhalteten die Regeln auch funktionale Ansprüche an die Architektur eines Konventshauses, namentlich die bereits üblichen Räume von Kapelle, Remter (Refektorium), Kapitelsaal sowie Dormitorium, die in einer klosterartigen

Klausur vom restlichen Burgareal zu trennen waren. Allgemein wird heute davon ausgegangen, dass erst mit der Festsetzung dieser Ordensregeln der klassische viereckige Konventsbau begonnen haben kann.

Als eine der frühesten baulich greifbaren Deutschordensburgen gilt die zweite Anlage von Marienwerder, die um 1245 am Flussufer der Weichsel errichtet wurde, nachdem eine 1233 errichtete Holz-Erdeburg auf einer Insel von den Prußen zerstört worden war (Abb. 5).[18] Die Deutschordensburg wurde bereits 1254 an den pomesanischen Bischof getauscht, der sie als Residenz nutzte, jedoch schon nach 1276 mit der Riesenburg einen neuen Sitz errichtete und Marienwerder vernachlässigte. Durch den frühen Verfall im 15. Jahrhundert stehen heute nur mehr archäologische Freilegungen des 19. Jahrhunderts zur Beurteilung zur Verfügung. Demnach wurde hier offensichtlich ein recht konsequentes regelmäßiges Konzept verwirklicht. Hinter dem tropfenförmigen Hauptturm lagen zwei hakenförmige lange Trakte, deren Eckpunkte wohl turmförmig überhöht waren. Im rechteckigen Hof deutet ein paralleler Fundamentrest auf einen Gangumlauf bzw. eine kreuzgangartige Arkade, die vielleicht in weiteren Etappen erweitert werden hätte sollen. Sekundäre Gewölbeansätze und der außen angestellte Torturm sind wohl der Bischofszeit zuzuordnen. Ohne die geringen Sockelfragmente überzubewerten, sind bereits mit dieser frühen randständigen Hofanlage deutliche Parallelen sowohl zum zeitgenössischen Klosterbau als auch zum kaiserlichen Kastellbau in Süditalien und zum Festungsbau der großen Ritterorden in Palästina festzustellen. Vor allem diese Burgen verfügten neben ähnlichen Grundplanungen auch über vergleichbare lange Raumfluchten und Ecktürme, während deutsche Parallelen weitgehend fehlen.

In Thorn (Polen, benannt nach der levantinischen Deutschordensburg Toron) war zur gleichen Zeit auf einer älteren rundlichen Holz-Erdeburg ein polygonaler Steinbering angelegt worden, dessen Südseite als 50 m lange Gerade innen einen vergleichbaren hakenförmigen Konventsbau mit integrierten Ordensräumen und hofseitigem Arkadengang erhielt, 1255 erfolgte im Hof der Bau eines freistehenden Achteckturms.[19] Nicht weit davon entstand vor 1250 mit Graudenz (Grudziadz) ein weiteres annähernd rechteckiges Gegenstück, dessen spärliche Reste durch Urkunden und archäologische Grabungen zu rekonstruieren sind.[20] Demnach war hier ebenfalls an die ca. 50 m lange Südfront ein Konventshaus mit Kapitelsaal, Remter und Kapelle eingestellt, dem um 1280 hakenförmige Seitentrakte, ein Arkadengang sowie im Hof freistehend ein runder Bergfried folgten. Dem ist in Livland die regelmäßig-trapezförmige Ordensburg Balga (Russland) zur Seite zu stellen, die heute weitgehend abgetragen, aber archäologisch untersucht ist.[21] Die bereits 1242 verteidigungsfähige Anlage besaß im Westen einen etwa 60 m langen hakenförmigen Konventsbau mit Arkadengang, der erst später umlaufend erweitert wurde. Etwa zur gleichen Zeit gründete der Orden nahe von Thorn am Ufer der Weichsel die Burg Birgelau (Polen), die ebenfalls einen verzogen-rechteckigen steinernen Bering mit 50 m Seitenlänge aufwies und in einer langen Bauzeit bis um 1300 zu einem hakenförmigen Konventsbau mit Arkadengang ausgebaut wurde.[22] Ein bereits 1262 genannter Turm ist heute restlos verschwunden. In Birgelau ist zum ersten Mal eindeutig ein künftiges Grundelement der Deutschordensburgen fassbar, die Isolation des klosterartigen inneren Konventgevierts bzw. die weitgehende Auslagerung der aktiven Verteidigung auf eine umlaufende, meist mehrteilige Vorburg. Ähnliches ist bei den vorgenannten Anlagen nur ansatzweise zu rekonstruieren, mag aber bereits früh Standard gewesen sein.

Als eines der besten Beispiele der frühen klassischen Ordensburg gilt Königsberg, das 1255 nach einem Kreuzzug gegen die Samländer durch den Böhmenkönig Ottokar II. Přemysl gegründet, aber erst ab 1258 an anderer Stelle in Stein errichtet wurde und bereits um 1260 einer Belagerung widerstehen konnte (Abb. 6).[23] Bis um 1280 dürfte der Ausbau von Kon-

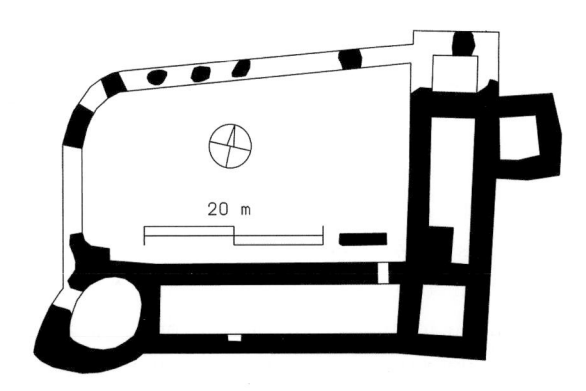

Abb. 5 | Marienwerder, Polen, Kernanlage um 1245

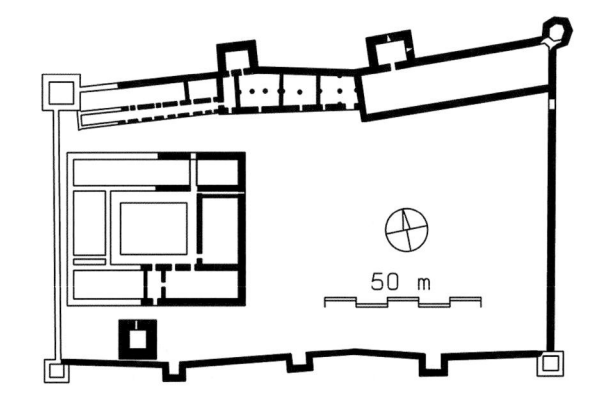

Abb. 6 | Königsberg (Kaliningrad), Russland, Gesamtanlage ab 1258

Abb. 7–8 | Papau (Papowo), Polen, Konvent um 1260/80

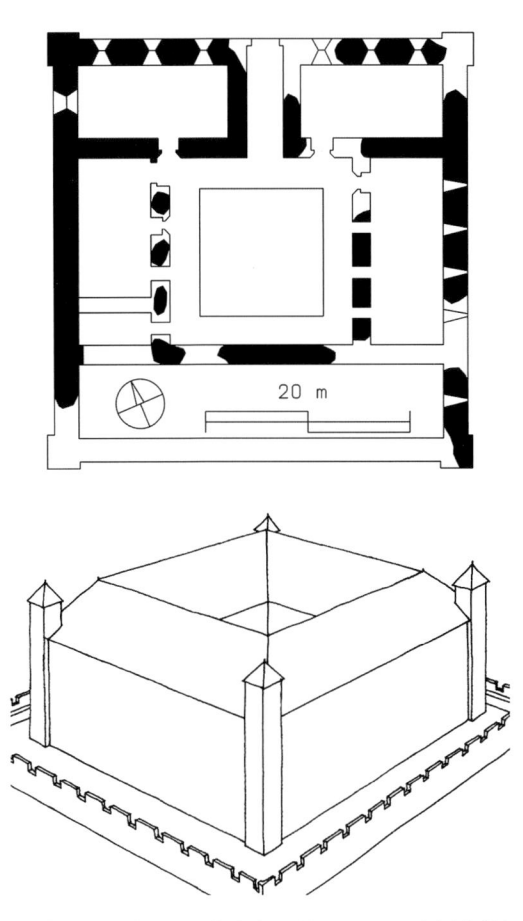

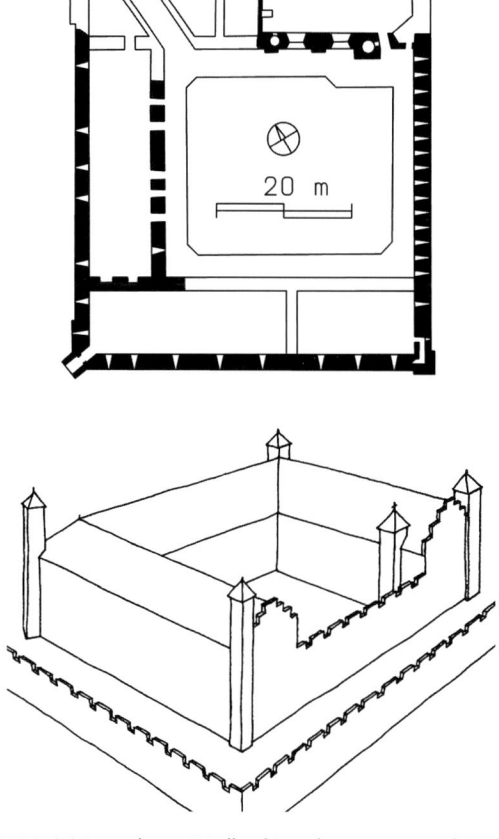

Abb. 9–10 | Marienburg (Malbork), Polen, Konvent ab 1276

vent und isoliertem Hauptturm gedauert haben, während der äußere Bering wohl gleich zu Beginn fertig gestellt wurde. Er belegt ein ca. 90 x 160 m großes verzogenes Rechteck und ist als klassisches Kastell mit regelmäßigen weit vorstehenden Turmfolgen flankiert. Die im Norden innen angelehnten Trakte gehen teilweise noch ins 13. Jahrhundert zurück und mögen zunächst als einzige Gebäude gedient haben, wodurch der Hof in der ersten Eroberungszeit als freier Truppenplatz zur Verfügung gestanden hätte. Der früh zerstörte Konventsbau war bis 1944 im Fundamentbereich erhalten und entzieht sich heute wie der große Turm der Beurteilung.

Die ersten Burgen der Zeit um 1240 bis 1260 waren somit bereits durch einen möglichst viereckigen Bering mit randständigem, meist hakenförmigen Hauptbau charakterisiert, der als klosterartige Konventsanlage zu identifizieren ist, während die zugehörigen Truppen wohl in geräumigen turmbewehrten Vorburgen untergebracht waren.

Für die Zeit nach 1260 war ungeachtet unterschiedlich großer, meist an die Topographie angepasster Zwinger- und Vorburganlagen der zentrale Konvent bereits als fester Grundtyp herausgebildet, der ab jetzt in wenigen Varianten als Konstante im Deutschordensbau gelten kann (Abb. 7–8). Zu den ersten konsequenten Konventsbauten zählt Papau im Umkreis von Thorn, in dem 1279 erstmals eine Urkunde ausgestellt wurde.[24] Die exakt quadratische vierflügelige Anlage von 40 m Seitenlänge ist um einen kleinen Arkadenhof streng symmetrisch aufgebaut und besitzt an den Kanten lisenenartige 3 m schmale Pfeiler, deren einstige Höhe heute unbekannt ist. Das reine lagige Bruchsteinmauerwerk und die hoch gelegenen schmalen Lichtscharten werden als Beleg für eine frühe Phase in der Konventsentwicklung bewertet. Anstelle von ausgeprägten Türmen waren die Kanten erstmals durch turmartige Pfeiler markiert, die das innere Raumprogramm nicht störten.

Zeitgleich finden sich einige viereckige Konventsanlagen, die mit ihrer mehrflügeligen, axialen Konzeption exakt gleich aufgebaut waren, jedoch außen keine turmartigen Eckbetonungen aufwiesen, etwa Brandenburg (ab 1267) und Leipe (ab 1277). Dieser Grundtypus des turmlosen Hofgevierts hielt sich ohne typologische Weiterentwicklung bis ins späte 14. Jahrhundert vor allem bei kleinen Landkonventen. (Abb. 2, 9–10)

Als berühmteste und größte Deutschordensburg sowie langjähriger Hauptsitz (1309–1457) hat die Marienburg zahlreiche Um- und Ausbauten sowie Zerstörungen und Rekonstruktionen erlebt, wodurch der heutige Bestand als komple-

DER DEUTSCHE RITTERORDEN | 511

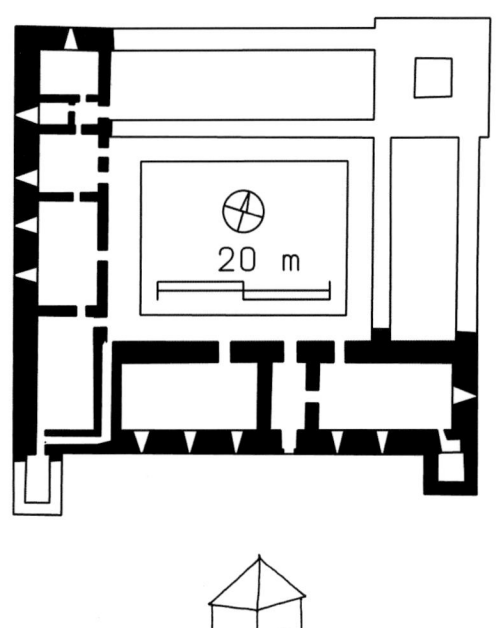

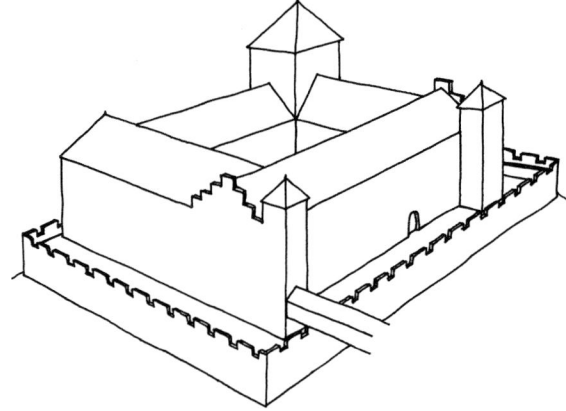

Abb. 11–12 | Lochstädt, Russland, Konvent um 1270/1300

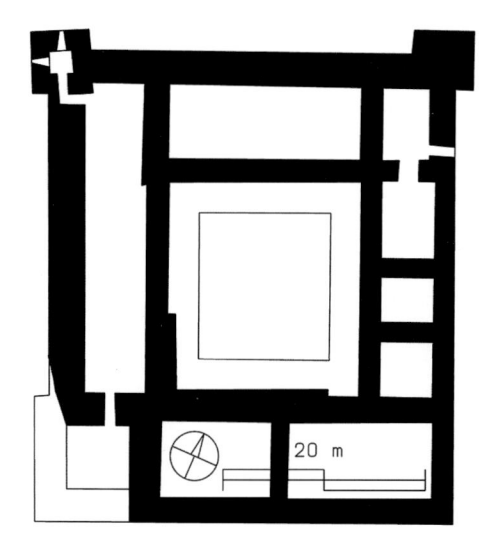

Abb. 13 | Roggenhausen (Rogóz), Polen, Konvent um 1275

xes Ergebnis unterschiedlicher Epochen gilt. Es wird vermutet, dass ab etwa 1276 in der Nähe eines Ortes einer Marienerscheinung demonstrativ ein neuer Konvent als *„castrum Sanctae Marie"* begründet wurde, um in Anlehnung an die große Wallfahrtskirche im entfernten hessischen Marburg sowohl ein bauliches Manifest der göttlich legitimierten Landnahme Preußens als auch einen ordenseigenen Platz der Marienverehrung zu schaffen.[25] Einem klassischen Wallfahrtsort für öffentliche Besuche steht jedoch der erhaltene Baubestand entgegen, der innerhalb eines später deutlich vergrößerten Vorburgareals auf einer Fläche von 52 x 59 m einen normalen Konvent mit zu Beginn nur drei Flügeln um einen Arkadenhof und ordenstypisch integrierter kleiner Kapelle aufweist. Die Kanten zeigen die bereits klassischen lisenenartigen Turmpfeiler, wobei in der Nordecke ursprünglich durchaus ein größerer Turm geplant gewesen sein könnte, der zugunsten eines originellen schrägen Zugangs aufgegeben wurde, während das ursprüngliche Tor im Norden zentral in den Hof geführt haben dürfte.[26] Tatsächlich wurde die Anlehnung an den Marburger Wallfahrtskult und damit zusammenhängend eine deutliche Vergrößerung der Marien-

burger Kapelle mit einer weit ausladenden Choranlage (samt in einer Außennische zur Schau gestellten Monumentalstatue Marias) erst im 14. Jahrhundert ausgeführt, nachdem der Konvent seit 1309 als Sitz des gesamten Deutschen Ordens diente. In diese Zeit fällt auch der Ausbau der Vorburg zu einem mehrteiligen großformatigen Geviert mit repräsentativem Hochmeisterpalast, der heute nur spärliche Hinweise auf die ältere Größe und Gestalt erlaubt. So findet sich im Keller des späteren Hochmeisterpalasts ein isolierter Mauerabschnitt der Zeit um 1280, der wie der Kernkonvent mit einem wohl turmartig überhöhten Eckpfeiler akzentuiert war. Damit muss auch offen bleiben, ob es hier in der Vorburg eine eventuelle frühe Wallfahrtsstätte gab, die im für die Bevölkerung verschlossenen Konvent auszuschließen ist.

Als zeitgleiche zweite Variante entwickelte sich der Turmkonvent, bei dem meist ein dominanter Bergfried das Kerngeviert überragte (Abb. 11–12). So zeigte die heute völlig verschwundene nahe Königsberg gelegene Burg Lochstädt, deren Bau 1264 fixiert aber erst um 1270/1300 ausgeführt wurde, auf einer Fläche von 48 x 54 m neben den obligaten Flügeln und dem Arkadenhof einen 13 m breiten Bergfried mit über 4 m Mauerstärke, der die Nordostecke besetzte.[27] Die Eingangsfront war gemäß archäologischen Grabungen von zwei rechteckigen Eckbauten flankiert, die turmartig vorstanden. Den Grund für die Integration des eigentlich sonst möglichst isoliert stehenden Bergfrieds mag eine langjährige etappenweise Errichtung im Feindesland gewesen sein, wie sie etwa in Livland an den ähnlichen Turmkastellen in Arensburg, Wenden (beide um 1262) und Weissenstein (um 1265) belegt ist, wo der Vollausbau zum vierflügeligen Konvent bis ins 14. Jahrhundert dauern sollte.[28] Ähnlich dürfte die heute stark reduzierte Konventsburg von

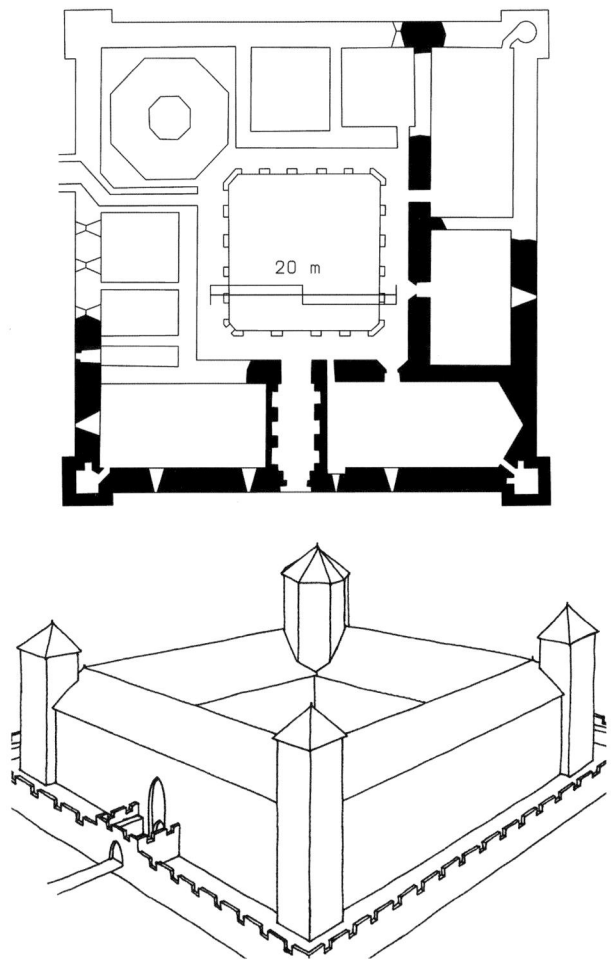

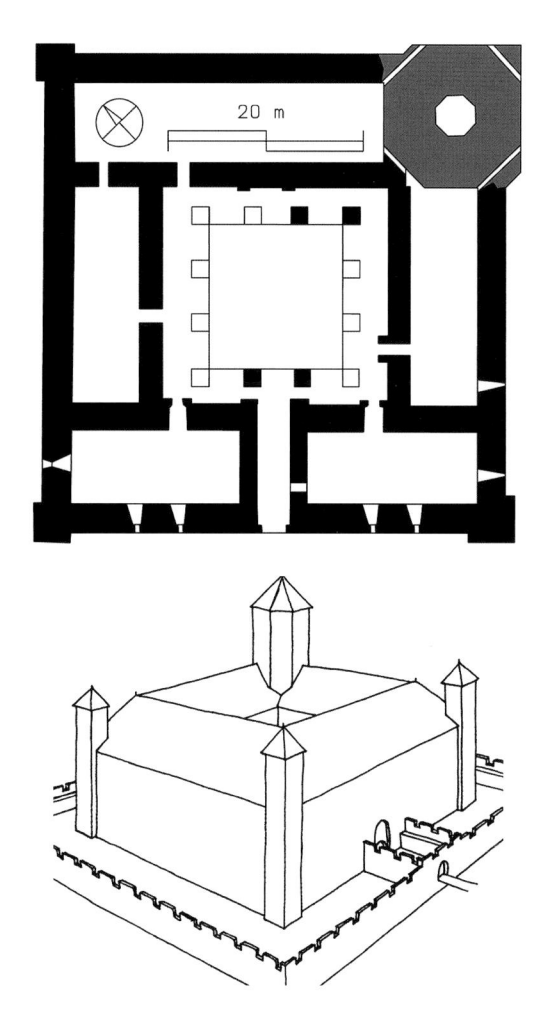

Abb. 14–15 | Rehden (Radzyn), Polen, Konvent um 1280/1300

Abb. 16–17 | Mewe (Gniew), Polen, Konvent um 1280/1300

Roggenhausen konzipiert gewesen sein, die wohl um 1275 begonnen wurde und mit der Kapellenweihe 1292 weitgehend fertig war (Abb. 13).[29] Auf einer Fläche von 40 x 45 steht wiederum eine Vierflügelanlage mit zentralem Arkadenhof, seitlichem Bergfried von 12 m Breite und 3 m Mauerstärke sowie durch 6 m schmale Eckpfeiler gebildete Doppelturmfront. Der an einer steilen Geländekante gelegene Bergfried ist vielleicht früh abgerutscht bzw. wurde nie fertig gestellt.

Wie eine konsequente Weiterentwicklung dieses Turmkonvents wirkt Rehden, dessen Baukörper auf einer quadratischen Fläche von 50 m Breite an allen vier Kanten 5 m schmale quadratische Pfeiler aufweist (Abb. 1, 14–15). Die an der Eingangsfront bis zu den Zinnen sehr gut erhaltene Ruine stellt einen einzigartigen Beleg dafür dar, dass die Eckpfeiler die Traufe noch um ein gutes Drittel überragen konnten und dort als kleine quadratische Türme das Geviert kastellförmig dominierten. Sie mögen dabei programmatisch bis über die steilen Konventsdächer gereicht haben, um diese optisch völlig einzurahmen. Die in ihrer unterschiedlichen Durchfensterung durchaus komplexe Anlage erhielt somit ein einheitliches monumentales Gepräge, dessen innere Klosterstruktur außen völlig verborgen war. Unklar ist hingegen die einstige Ausprägung eines in der Nordwestecke heute nur im Sockel fassbaren Achteckturms, dessen massive Mauern einen hohen Bergfried vermuten lassen, der jedoch völlig in das Geviert eingebaut war. Vielleicht handelte es sich um einen älteren Bauteil der urkundlich bereits 1234 errichteten Anlage, die bereits während der verheerenden Prußenaufstände nach 1242 bzw. 1260 nicht erobert werden konnte,[30] zumal ein ähnlicher Achteckturm 1255 auch in Thorn vorhanden war. Mangels historischer Baunachrichten ist die Datierung der Burg nicht eindeutig geklärt. Während die erfolgreichen Verteidigungen sowie die Nennung der Burgkapelle 1285 auf eine frühe Errichtung deuten, gilt aufgrund des entwickelten Konzepts heute eine Gründung des überlieferten Gevierts um 1300 als allgemeiner Konsens. Diese späte Zeitstellung ist aufgrund altertümlicher Mauerwerksdetails zu hinterfragen.

Dies ist umso mehr erforderlich, als zu Rehden der nahe Konvent Mewe derart frappierende Parallelen aufweist, dass vom gleichen Planer ausgegangen wird (Abb. 16–17).[31] Dort gibt es ab 1281 eindeutige Baunachrichten und ab 1283 den Nachweis

Abb. 18 | Mewe, Gesamtansicht der Kernanlage

eines Komturs, dennoch wird die Datierung um 1300 vermutet. Da jedoch unterschiedliche Hofniveaus mit Resten älterer Arkadenfundamente gefunden wurden, ist zu vermuten, dass die heutige Konventsanlage in ihrer Grundstruktur tatsächlich noch der Zeit um 1280 entstammt, während im frühen 14. Jahrhundert eine umfassende innere Modernisierung samt sekundärer Einfügung des Hauptturms durchgeführt wurde (Abb. 18). Auf der streng quadratischen Fläche mit 47 m Seitenlänge zeigt sich der gleiche axiale Traktaufbau um einen Arkadenhof wie in Rehden, auch hier gibt es einen dominanten Achteckturm, der diesmal in die Ostecke integriert ist.

Eine dritte fast baugleiche Anlage bildet Strasburg, das zu Mewe und Rehden zudem identische Ziegelmuster aufweist (Abb. 19–20).[32] Auch hier ist die Datierung in üblicher Kombination zu diesen beiden Burgen noch nicht eindeutig. Ging man früher von einer Gründung um 1285 bzw. parallel zur Erbauung der angeschlossenen Rechteckstadt (in deren Ecke die Burg liegt) vor deren Zerstörung 1298 aus, wird heute mangels früher Nennungen eine Errichtung 1305 bzw. vor der ersten Erwähnung eines Komturs 1317 vermutet, nicht zuletzt um eine gleichzeitige Datierung mit den anderen beiden Burgen zu ermöglichen. Eventuell hat hier der Bau wie in Mewe und Rehden bereits um 1285 begonnen, ehe man ihn im 14. Jahrhundert mit Nachdruck weiter betrieb. Die quadratische Anlage mit 44 m Seitenlänge zeigte gemäß unterschiedlicher Außenfenster sowie der hofseitigen Ziegelmuster des Bergfrieds zu Beginn nur einen dreiflügeligen Aufbau. Außen waren drei Kanten von 5 m schmalen quadratischen Eckpfeilern dominiert, die gemeinsam mit dem heute als einzigen in Originalhöhe erhaltenen 51 m hohen Bergfried ein viertürmiges Kastell bildeten. Nachdem in den Jahren 1308/09 nicht nur der Hochmeister endgültig nach Preußen übersiedelte sondern auch das christliche Pommerellen zur Arrondierung des Ordenslandes gewaltsam einverleibt wurde, kam es zu einer relativ ruhigen, wirt-

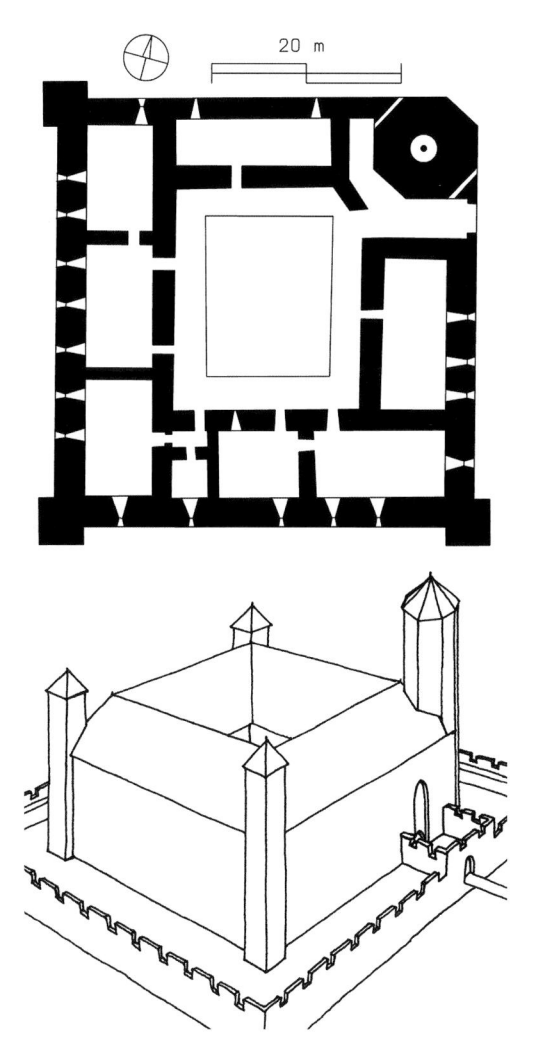

Abb. 19–20 | Strasburg (Brodnica), Polen, Konvent um 1285/1317

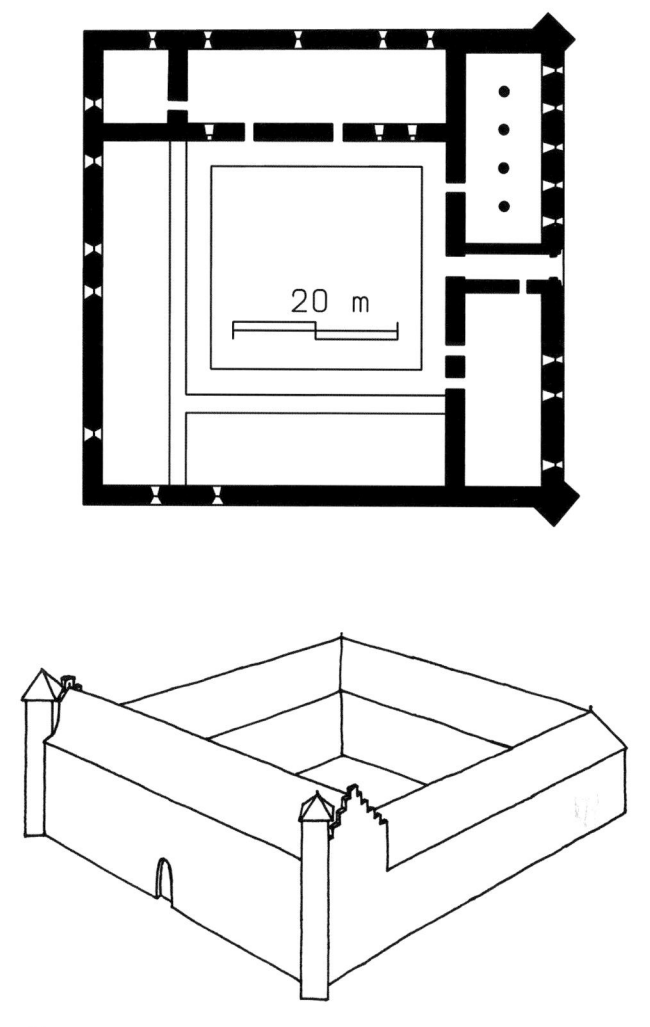

Abb. 21–22 | Barten (Barciany), Polen, geplanter Konvent um 1325

schaftlich prosperierenden Epoche, in der ein intensiviertes Burgenbauprogramm sowie die Fertigstellung zahlreicher offener Baustellen zu konstatieren sind.[33] Darunter finden sich viele im 13. Jahrhundert begonnene Konventsanlagen, etwa Schönsee, Gollub, Thorn und Leipe, die alle erst gegen 1330 voll ausgeprägt waren. In Pommerellen musste hingegen naturgemäß erst ein Burgennetz aufgebaut werden, wobei man mit der vor 1323 begründeten und 1325 nachweislich in Bau befindlichen Konventsburg Schlochau mit ihrem Dreiflügelkonzept und dem achteckigen Eckturm konzeptuell an Strasburg anschloss, die anderen drei Kanten jedoch nicht turmartig betonte.

Als repräsentatives Beispiel für einige völlig neue, jedoch nie planmäßig fertig gestellte Ordensburgen steht Barten in Preußen (Abb. 21–22).[34] Die 56 x 58 m große, heute ein wenig reduzierte Anlage dürfte gemäß Baunachrichten um 1325 begonnen worden sein, wobei man zunächst mit dem von Pfeilern flankierten Tortrakt (mit Saal und Kapelle im Obergeschoß) begonnen hat, der einem klassischen Konventstypus entsprach. Bald verzichtete man jedoch auf den Vollausbau und stufte den Standort zu einem Pflegeramt ab, der in der Folge nur niedere Hoftrakte erhielt.

Nachdem die selbstbewusste Bürgerschaft von Riga nach beidseitigen Provokationen die inmitten der Stadt gelegene Ordensburg 1297 geplündert und abgerissen hatte, brauchte der Orden bis 1330, ehe nach einer effektvollen Strafexpedition an einen Neubau zu denken war (Abb. 23–24).[35] Dieser erfolgte unter Ordensmeister Eberhard von Monheim (1328–40), der ausgehend von Riga ein größeres Bauprogramm startete, das programmatisch an die ältere Ordensarchitektur anschloss. In der Stadt wechselte man auf den Standort des alten Ordensspitals an einer Ecke der Stadtmauer, um hier eine nach allen Seiten durch Gräben abgesicherte klassische Zitadelle zu errichten. Das Zentrum bildete ein wohl normierter Konvent von 55 x 59 m, der heute durch einen frühen Ausbau zum mehrtürmigen Kastell sowie durch die Anfügung von zwei Artillerietürmen in den Jahren um 1491 nicht mehr eindeutig zu rekonstruieren ist. Offenbar gab es zu Beginn ei-

DER DEUTSCHE RITTERORDEN

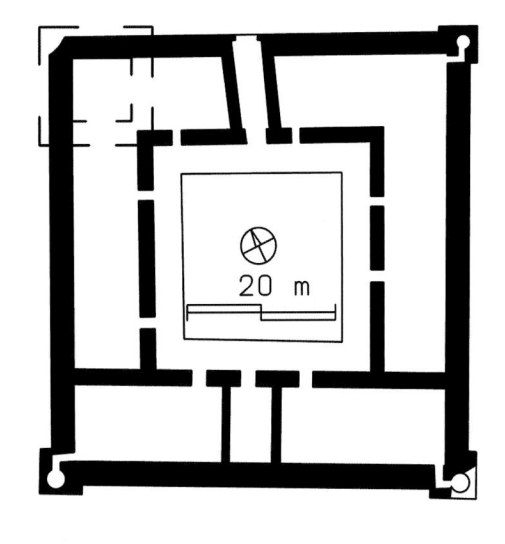

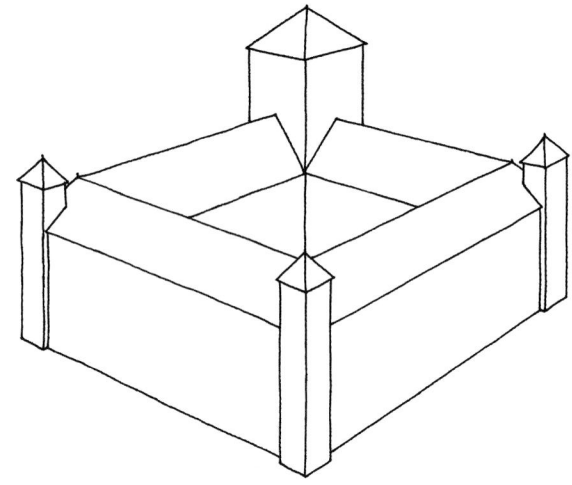

Abb. 23–24 | Riga, Lettland, Konvent um 1330

nen streng axialen Vierflügelbau um einen zentralen Arkadenhof, der an der Nordwestkante durch einen integrierten Hauptturm (primär?) dominiert wurde. Die anderen drei Kanten waren durch schlanke Pfeiler turmartig akzentuiert. Einen fast gleichen Bau begann man 1339 in Terweten (Tervete), um dortige Angriffe der Litauer abzuwehren.[36] Bereits

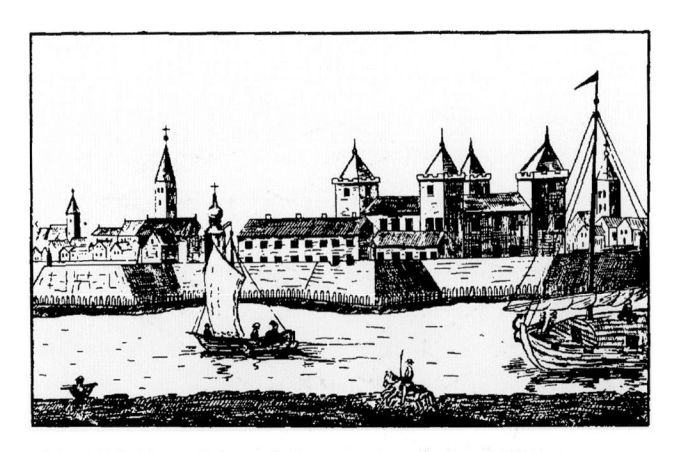

Abb. 25 | Mitau (Jelgava), Litauen, Ansicht von 1703

1345 wurde diese Anlage jedoch erobert und die Besatzung samt acht Ordensrittern erschlagen, worauf der Standort aufgegeben wurde. Heute sind nur spärliche Reste des quadratischen Konventgeviert mit zu Riga analogen Eckpfeilern dokumentiert. Auch der nach Überlieferung 1335 begonnene Konvent von Danzig (Gdansk) dürfte nach historischen Plänen und punktuellen Ausgrabungen als quadratisches Kastell mit vier wenig vorstehenden Ecktürmen konzipiert gewesen sein.[37]

Ebenfalls restlos verschwunden ist das parallel unter Meister Eberhard neu angelegte Kastell von Mitau, das 1345 bereits einer litauischen Belagerung standhalten konnte (Abb. 25).[38] Eine historische Darstellung zeigt die nur etwa 30 m breite Anlage stark vereinfacht aber deutlich mit vier Ecktürmen, wovon einer etwas größer ausgebildet gewesen sein könnte. Sie wirken wie in den Raumverband des Gevierts integrierte turmartige Ecküberhöhungen.

Sehr ähnlich ist das Kastell von Goldingen zu rekonstruieren, von dem heute ebenfalls praktisch keine Baureste erhalten sind, das aber durch historische Beschreibungen und eine Zeichnung dokumentiert ist (Abb. 26).[39] Demnach war der dominante Konvent ebenfalls als rechteckiges Kastell mit integrierten Ecktürmen ausgebildet, die das Dachgeviert rahmten. Die bewahrten Mauersockel bestanden aus großen Granitblöcken und die Kapelle besaß ein gotisches Sterngewölbe. Goldingen bildete seit 1245 die wichtigste Ordensburg im Kulmerland und wurde entsprechend oft um- und ausgebaut. Da keine Angaben zur Bauzeit des Konvents im Endzustand vorhanden sind, muss seine Datierung ungeklärt bleiben, wenngleich die topographische und konzeptuelle Nähe zu Mitau auf eine parallele Entstehung der Turmaufsätze deutet. Einen neuerlichen Aufschwung des Burgenbaus gab es nach der käuflichen Erwerbung von Nordestland im Jahr 1346 von den Dänen, die schon zuvor bei einem Aufstand der Esten das Land nur mit militärischer Unterstützung des Ordens halten haben können (Abb. 27).[40] Unter Ordensmeister Goswin von Herike wurden sofort Reval, Narwa und Wesenberg ausgebaut und mit Konvent und Türmen versehen. Die Anlage von Wesenberg kann mangels moderner Bauuntersuchungen nur grob beurteilt werden. Entgegen früher Annahmen dürfte im Konvent kein dänischer Vorgängerbau integriert worden sein, vielmehr zeigt gerade seine klassische innerhalb der Großburg isolierte Ausbildung als (topographisch bedingt leicht verzogenes Viereck) mit zwei Ecktürmen sowie Tortrakt mit zentraler Einfahrt das übliche klosterartige Konzept, dem spätere Etappen mit randständigen weiteren Trakten folgten.

Die Deutschordensburg Reval ist heute zwar weitgehend erhalten, aber durch spätere Ausbauten zur weitläufigen Festung

Abb. 26 | Goldingen (Kuldiga), Litauen, Ansicht von 1729

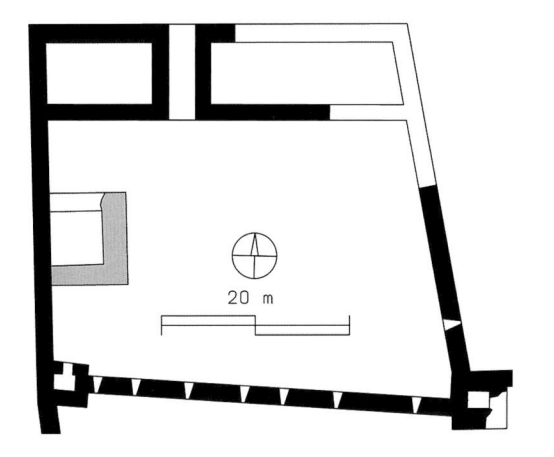

Abb. 27 | Wesenberg (Rakvere), Estland, Konvent nach 1346

stark überformt, sodass nur strukturelle Beurteilungen möglich sind (Abb. 28–29).⁴¹ Demnach kann auch hier über Vorgängeranlagen auf dem hoch gelegenen Plateau am Rand der Stadt nur spekuliert werden. Als Kern ist eindeutig ein konventartiges trapezförmiges Geviert von ca. 42 x 45 m fassbar, das in historischen Darstellungen mit zumindest einer viereckigen Turmüberhöhung dokumentiert ist. Offensichtlich bestand nach 1346 das primäre Bedürfnis, einen ordensüblichen Konvent als Keimzelle zu errichten. In einer 2. Etappe um das Jahr 1371 wurde die Vorburg erneuert und als 72 x 132 m großes Steinkastell mit einem kleinen runden Eckturm und einer runden Tourelle im Norden sowie im Süden zwei dominanten Türmen (einem Viereckturm mit rundem Aufsatz und einem runden Bergfried an der Südwestecke) angelegt. In der Folge erhielt auch die anschließende Stadtbefestigung eine grundlegende Aufrüstung mit runden Ecktürmen. In gleicher Form wurde wohl parallel dazu in der nordöstlichen Grenzstadt Narwa ein viereckiger Konvent mit integriertem großen Eckturm sowie weitläufiger rechteckiger Vorburg errichtet.⁴² Die später ebenfalls zur Festung ausgebaute Kernanlage ist heute weitgehend bewahrt, während sich die Vorbefestigungen mit ihren gemäß historischen Plänen einst ebenfalls rundlichen Bastionen einer Datierung entziehen. Kurz darauf dürfte mit der kurländischen Neuenburg (Jaunpils) ein spätes Beispiel eines klassischen Konvents mit 40 m breitem Geviert, Hoftrakten und Arkadengang begonnen worden sein, das neben dem Tor einen weit vorstehenden Rundturm erhielt, dem vielleicht weitere hätten folgen sollen.⁴³ Reval, Narwa und die Neuenburg könnten jedenfalls mit ihren Rundbauten an kurz zuvor in Preußen errichtete Vorbilder angeschlossen haben.

Gemäß guter Urkundenlage wurde dort nämlich bereits im Jahr 1335 in Schwetz ein neuartiger Ordensbau begonnen, der offenbar bis um 1360 fertig gestellt war (Abb. 30–31).⁴⁴ Dies geschah nach kurzen aber heftigen Kämpfen mit dem Königreich Polen um die Vorherrschaft an der Ostsee, die 1332 mit einem lang anhaltenden Waffenstillstand endeten. Schwetz wurde somit programmatisch direkt an der Südgrenze des kurz zuvor annektierten und nun legitimierten Pommerellen errichtet. Das quadratische Geviert mit 51 m Seitenlänge, das innen bis auf einen hakenförmig eingeschnittenen Hof das übliche Traktgeviert aufwies, war außen an den Kanten von weit

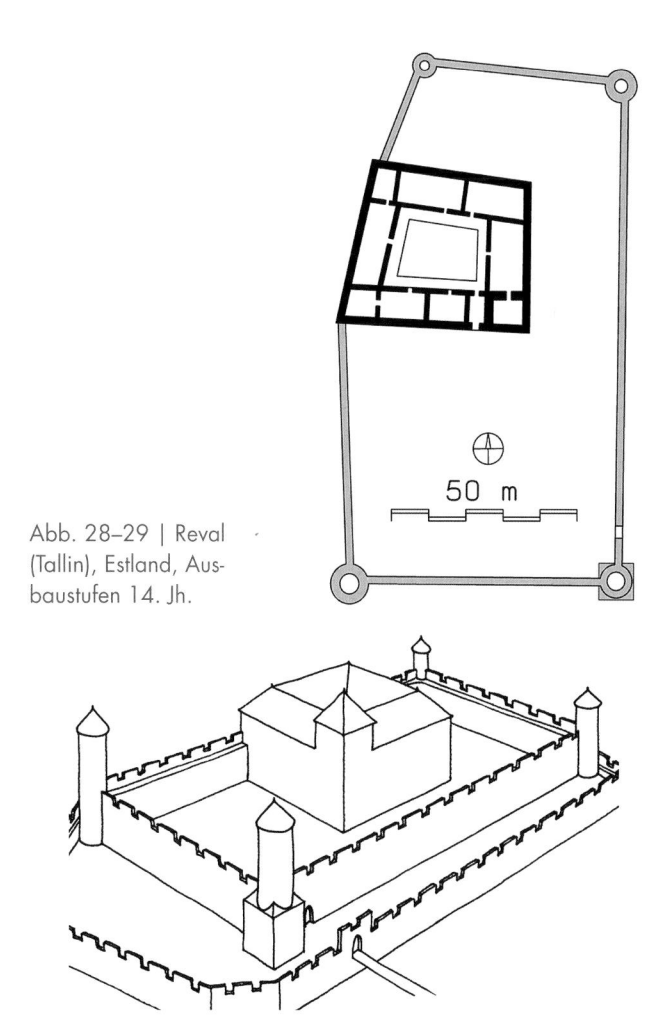

Abb. 28–29 | Reval (Tallin), Estland, Ausbaustufen 14. Jh.

DER DEUTSCHE RITTERORDEN | 517

vorstehenden Rundtürmen flankiert, von denen der dem Tor benachbarte mit 34 m Höhe als sonst kaum größerer Hauptturm mit vorkragendem Maschikulikranz hervorgehoben war. Die im zeitgenössischen Ordensland isolierten Rundtürme und die hier ebenfalls unbekannten Maschikuli werden seit langem mit dem rheinländischen Kastell Zülpich in Verbindung gebracht. Diese unter dem Kölner Erzbischof Walram von Jülich (1332–1349) errichtete Grenzfestung zeigt tatsächlich mit ihrer viertürmigen Konzeption, der Ziegeltechnik und den Maschikulikränzen eindeutige Analogien, wenngleich auch andere rheinländische Kastelle ähnlicher Art wie Kempen und Cleydael zu ergänzen wären. Tatsächlich stammten die Schwetzer Komture Conrad von Bruningsheim und Günther von Hohenstein aus dem Rheinland und konnten von dort die neuesten verteidigungstechnischen Entwicklungen mitbringen, wobei die Maschikuli erst dem Zeitraum der Fertigstellung zuzuordnen sind.[45] Schwetz stand jedoch nicht ganz isoliert im Deutschordensland.[46] So besaß etwa das 1340–60 datierte Brattian, das heute restlos verschwunden ist, ebenfalls eine Vorburg mit zwei runden Türmen und einen viereckigen Konvent mit zumindest einem runden Hauptturm. Durch die frühe Reduktion zum einfachen Vogteisitz mag der Vollausbau mit vier Ecktürmen nie erfolgt sein. Weiters erhielt die Konventsburg von Gollub (Dobrzyń) um 1340 Richtung Vorburg zwei analoge Rundtürme flankierend angesetzt, womit diese direkt an der Südgrenze zu Polen gelegene Burg zumindest an der Torseite Schwetz gleichgestellt war, auch hier mag ein Vollausbau mit vier runden Ecktürmen vorgesehen gewesen sein.[47] Mit der heute stark reduzierten Ortelsburg sowie der lokal ebenfalls zerstörten Pflegerburg Soldau gab es an der preußisch-polnischen Grenze noch zwei weitere Ordensburg des mittleren 14. Jahrhunderts mit dominanten Rundtürmen, zudem hatten zahlreiche Vorburgen nachträglich runde Türme erhalten.[48] Bezeichnender Weise wurde auch die nördlichste Grenzburg des Preußischen Ordensbesitzes gegen die Litauer in Memel mit Rundtürmen ausgebaut, von der heute jedoch nur mehr unklare archäologische Befunde künden.[49] Diese zunächst livländische Ordensburg wurde 1328 in die Grenzen eingegliedert und wohl bald danach in mehreren Phasen zu einem rechteckigen Kastell mit zumin-

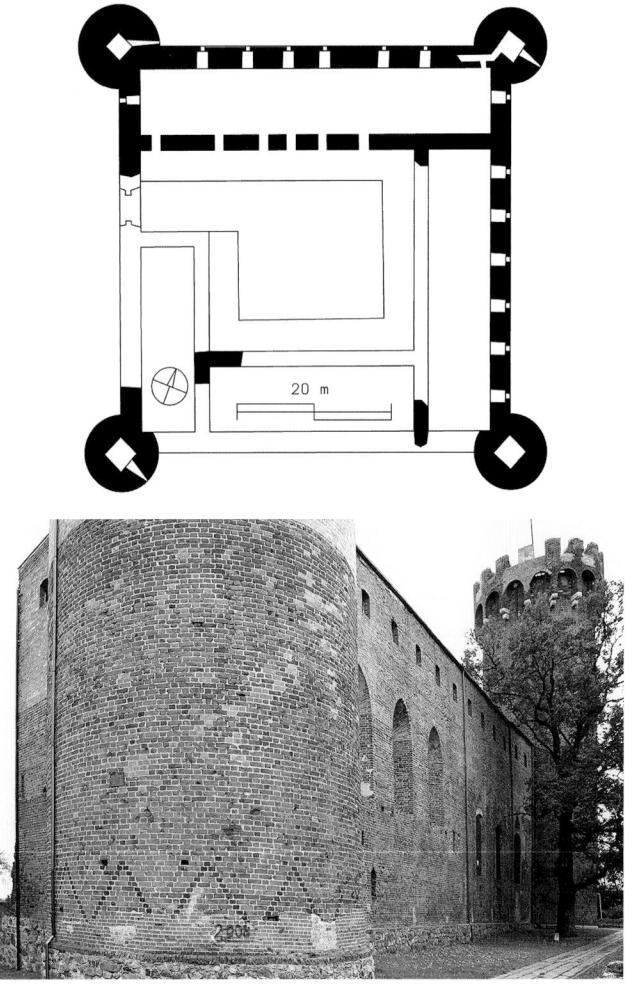

Abb. 30–31 | Schwetz (Swiecie), Polen, Konvent ab 1335

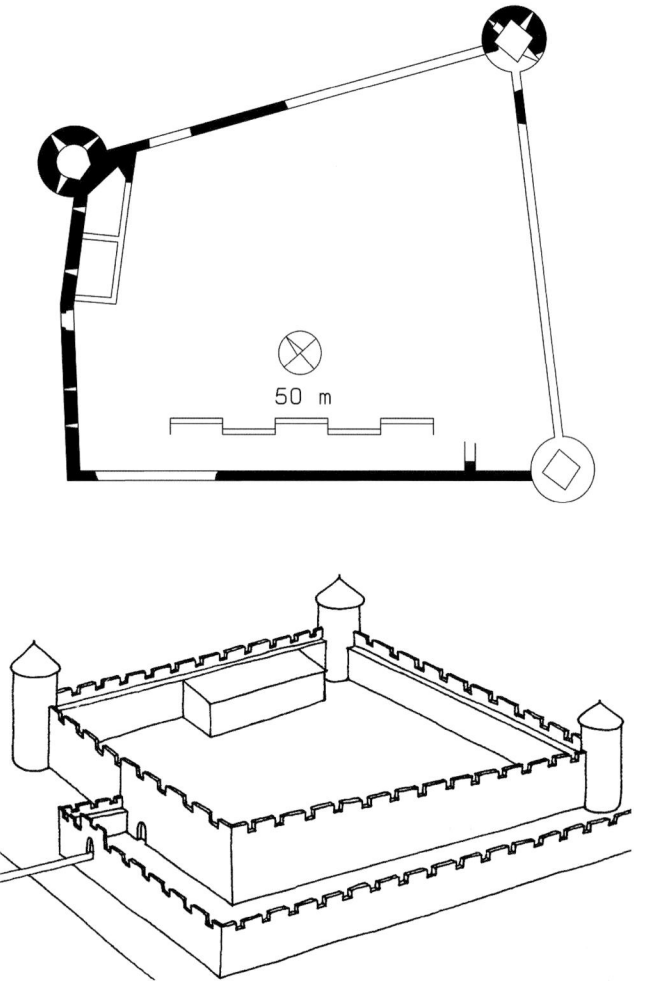

Abb. 32–33 | Lais (Laiuse), Litauen, Kernburg um 1400

518 | DER DEUTSCHE RITTERORDEN

dest zwei gleichförmigen Rundtürmen sowie einem deutlich größeren runden Bergfried ausgebaut. Da die vierte Ecke später völlig verändert wurde, könnte es sich durchaus um ein mit Schwetz vergleichbares Kastell gehandelt haben, dessen exakte Datierung kaum mehr zu klären sein wird.

In dieser Zeit hatte die geänderte Kampftechnik mit Söldnerheeren und effizienten Feuerwaffen längst zum Ende der klassischen Kriegermönche geführt, die nun als feudale Ordensherren auftraten und ihre angeheuerten Truppen in kasernenartigen Forts stationierten (Abb. 32–33). Dafür finden sich die besten Beispiele im weiterhin bedrohten Livland, wo mit Weißenstein und Lais um 1400 geräumige Gevierte für die Mannschaften errichtet wurden, während es dort keinen klassischen Konventsbau gab.[50] Die erstmals 1406 urkundlich belegte Burg Lais wurde von Burggrafen verwaltet und bis ins 18. Jahrhundert für große Truppenkontingente genutzt. An den Kanten des trapezförmigen Kastells haben sich zwei Rundtürme erhalten, ein dritter kann aufgrund lokaler Erdhügel vermutet werden, an der vierten Kante weisen Mauern und Erdwälle eher auf einen rechteckigen Flankenbau.

Um 1400 wurde in Pommerellen die 1405 vollendete Ordensburg Bütow errichtet, die dem neuen Bautyp voll entsprach, aber dennoch bereits 1410 von den Polen erobert werden sollte (Abb. 34–35).[51] Das etwa 50 x 70 m große Geviert war neben dem vortretenden Torturm durch drei hohe runde Ecktürme und einen eckigen Bergfried an der Nordwestecke flankiert. Innen gab es nur einen einzigen Verwaltungstrakt, während die restliche Burg als geräumige Basis für Truppenbewegungen dienen konnte. Diese Burg muss so vorbildhaft gewesen sein, dass der benachbarte masowische Herzog in Ciechanów (Zichenau) von Bütower Maurern ein verkleinertes Abbild errichten ließ. Dass damit die Ordensbaukunst keineswegs völlig auf feuertaugliche Rundtürme umgestellt wurde, belegt die gleichfalls um 1400 (unter Integration älterer Teile?) neu errichtete Neidenburg nahe der polnischen Grenze (Abb. 36). Die wohl programmatisch zum masowischen Herzogtum ausgerichtete und weithin sichtbar auf einem Hügel präsentierte Burg vereint ostentativ die wesentlichen Elemente der Ordensburgen.[52] Die streng symmetrische Anlage wird durch eine repräsentative Doppelturmfront beherrscht, die mit romanisierenden Rundbogenfriesen sakral wirkt, während ein zentral vorgestellter kirchenportalartiger Torturm heute nach dem weitgehenden Wiederaufbau nicht mehr in seiner ursprünglichen Form fassbar ist. Im Inneren führte ein gestreckter Arkadenhof mit flankierenden Trakten zum talseitig orientierten quergestellten Haupthaus, dessen hohe Giebel bis heute außen einen ausgewogenen Gegenpol zu den Türmen bilden. Komplexe Ziegelmuster und reich gewölbte Säle komplettieren das Bild eines aufwändigen

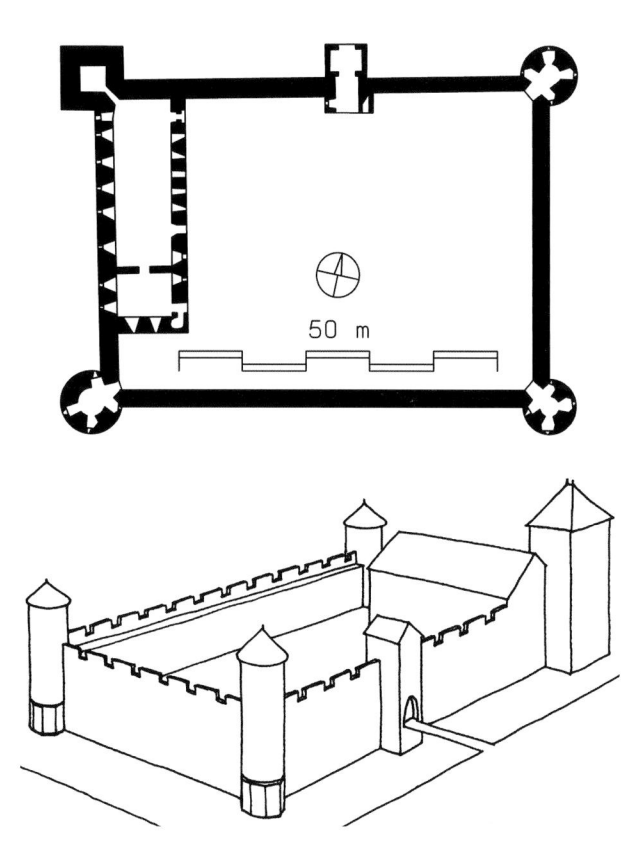

Abb. 34–35 | Bütow (Bytów), Polen, Kernanlage um 1400

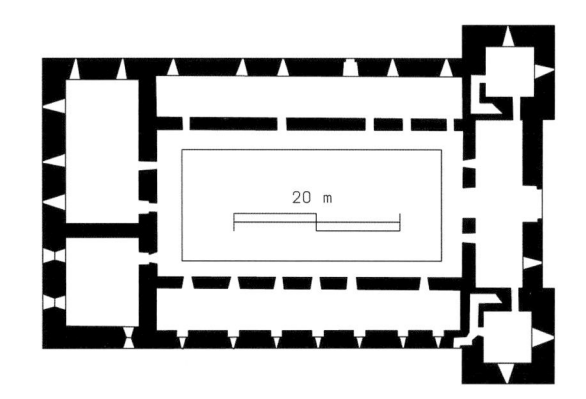

Abb. 36 | Neidenburg (Nidzica), Polen, Kernburg um 1400

Schauschlosses. Es zeichnet sich damit durchaus demonstrativ eine Rückbesinnung auf die historischen Werte ab, die den Ordensstaat am Höhepunkt seiner politischen und wirtschaftlichen Macht repräsentieren sollte, während sich die zeitgenössische Kriegsführung mit ihren durchschlagenden Kanonen längst vom klassischen Burgenbau weg zu offenen Feldschlachten orientiert hat. Als Adressat dieser Prunkarchitektur können sowohl die polnischen Nachbarn mit ihrem steigenden Anspruch auf das Ordensland als auch die zahlreichen deutschen Gäste gelten, denen eine potente Organisation vorgestellt wurde.

In der Osthälfte des Ordenslandes findet sich mit Wenden (Cēsis) ein nie fertig gestelltes Gegenstück, das den lokalen

Ordenszweig am Höhepunkt seiner Macht spiegelt.[53] Der Streit mit den Bischöfen hatte hier einen klaren Sieg gebracht, sie lebten im Ausland und ihre Burgen waren vom Orden übernommen. In Wenden wurde dies mit einem überaus aufwändigen, 1389–1413 dauernden Neubau des Schlosses manifestiert. Über den alten Südwestturm stellte man einen neuen gewaltigen quadratischen Turm, dem vielleicht ein zweiter, nie ausgeführter folgen hätte sollen. Daneben wurde ein hakenförmiger Prunkkonvent begonnen, der eine Abfolge sterngewölbter Festsäle beinhaltet. Die Vorburg erhielt zugleich neue gestaffelte Wehrgürtel.

Als letzte klassische Konventsburg entstand in Ragnit (Neman) im heutigen Russland ab 1397 bis 1403 ein durch Rechnungsbelege exakt dokumentiertes turmloses Geviert, das wiederum den klosterartigen Typus in den Vordergrund stellte, wenngleich auch hier Wert auf repräsentative Prunksäle und aufwändige Gewölbe gelegt wurde, die sicher jeden Gast beeindruckten.[54]

Nachdem im „großen Krieg" gegen Polen 1409–11 beim berühmten Gefecht bei Tannenberg neben tausenden Söldnern auch ein Gutteil der Ordensritter ums Leben kam, war der Ordensstaat in seinen Grundfesten erschüttert und sämtliche Großbauvorhaben mussten eingestellt werden.[55] Obwohl nicht zuletzt durch das weitgehende Halten der Burgen ein Friedensschluss mit den alten Grenzen getroffen wurde, folgten im 15. Jahrhundert regelmäßige Überfälle, innere Aufstände der längst selbstbewussten Städte und überall dort systematische Planierungen der festen Ordensburgen. Nach allseitiger Erschöpfung wurde 1466 der zweite Thorner Friede unterzeichnet, der große Gebiete autonom der polnischen Monarchie einverleibte und den nunmehr winzigen preußischen Ordensstaat zur Heeresfolge verpflichtete. Nach weiteren Zermürbungskriegen akzeptierte 1525 der letzte Hochmeister die Umwandlung in ein polnisches Herzogtum, womit dieser südwestliche Ordensteil endgültig Geschichte wurde. Ab 1466 war auch Livland völlig isoliert, konnte jedoch 1501 und 1502 russische Invasionsversuche erfolgreich abwehren.[56] Das war nicht zuletzt durch kurz zuvor erfolgte massive Aufrüstungen der Burgen mit runden Ecktürmen zu geschütztauglichen Festungen möglich. Erst im Jahr 1560 gelang Iwan dem Schrecklichen ein zügiger Eroberungsmarsch, indem er durch zeitgemäße Kanonen Bastion um Bastion zerstören ließ. In der Schlacht von Ermes wurden schließlich die letzten heroischen Ordensritter niedergemetzelt und der Hochmeister nach Moskau gebracht und exekutiert.

BURGEN DER BISCHÖFE UND DER DOMKAPITEL

In den beiden getrennten Ordensländern Preußen und Livland hatten die Bischöfe unterschiedliche politische Gewichtungen. Unterstand ihnen in Livland zumindest nominell das gesamte Gebiet und waren davon nur einzelne Provinzen wie Kurland und später Estland ausgenommen, so war ihre weltliche Herrschaft in Preußen schon seit Beginn auf klar definierte allseitig vom Orden umgebene Landstriche eingeschränkt. Das hinderte sie und ihre Domkapitel naturgemäß nicht, sich in Konkurrenz zum Orden mit repräsentativen Burgen als feudale Landherren zu manifestieren. In Preußen war ihnen das schon früh ein explizites Bedürfnis, wie die 1254 übernommene pomesanische Residenz in Marienwerder belegt, die umgehend mit einem Torturm weiter befestigt wurde.[57] Auch im frühen 14. Jahrhundert legte man Wert auf einen eigenen bischöflichen Burgenbau, der jedoch konzeptionell wie bautechnisch eng an

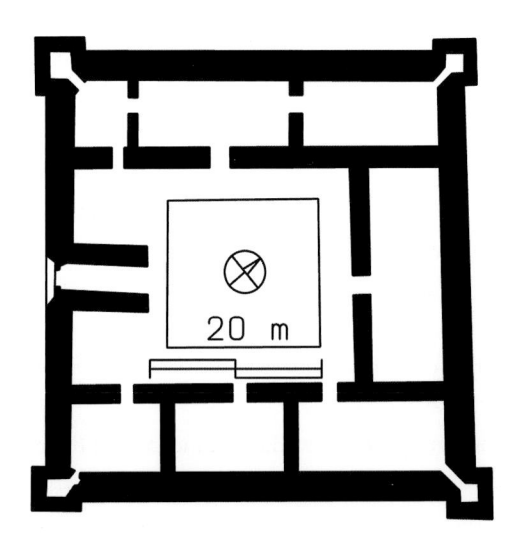

Abb. 37–38 | Löbau (Lubawa), Polen, Bischofsresidenz um 1310

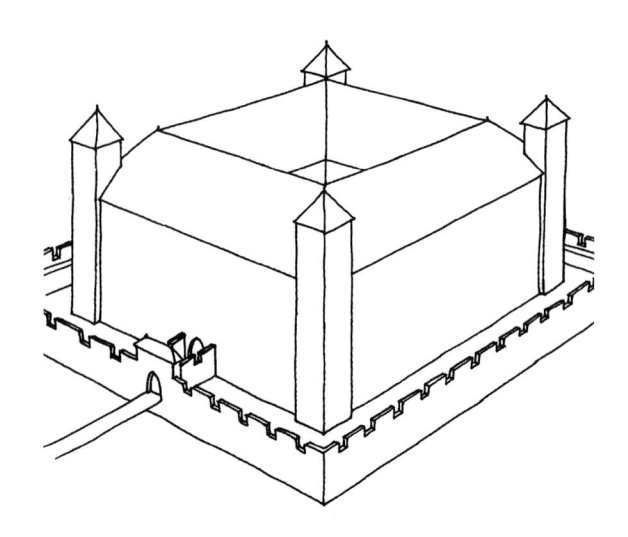

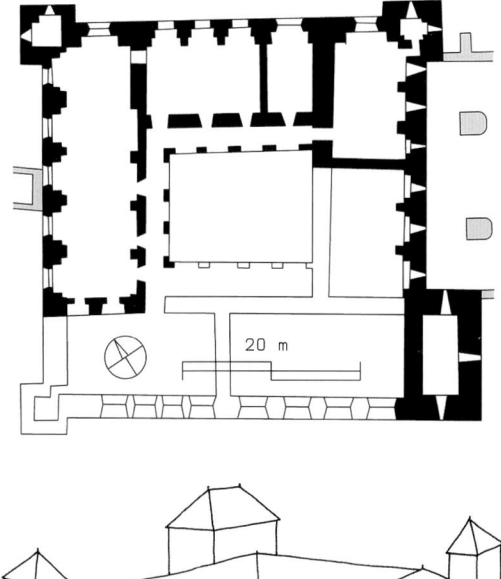

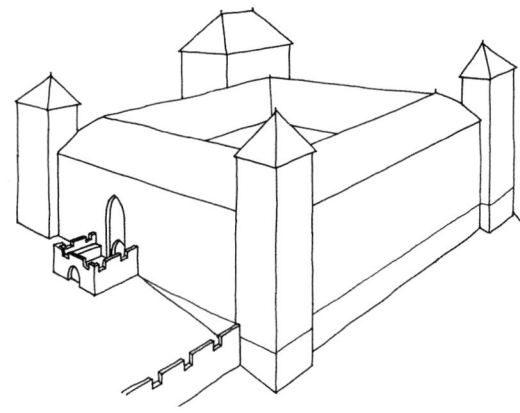

Abb. 39–40 | Marienwerder (Kwidzyn), Polen, Kapitelsburg um 1320

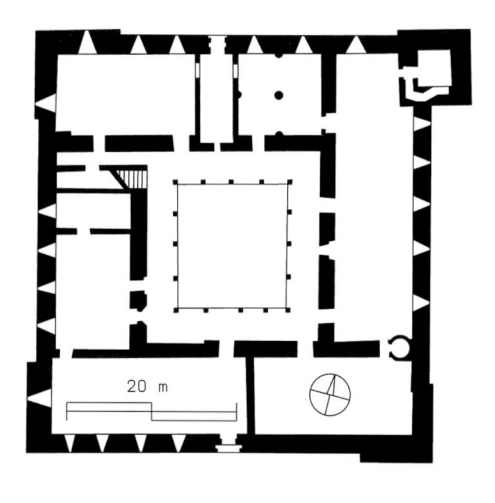

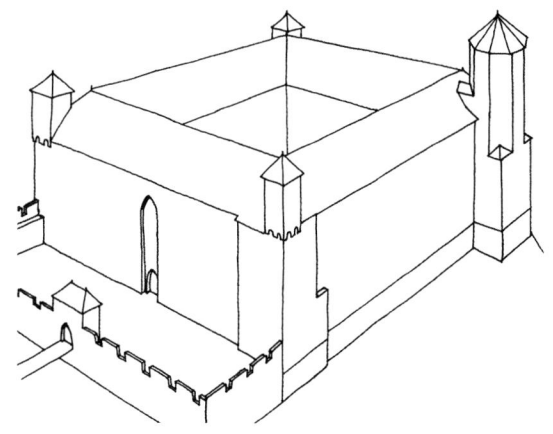

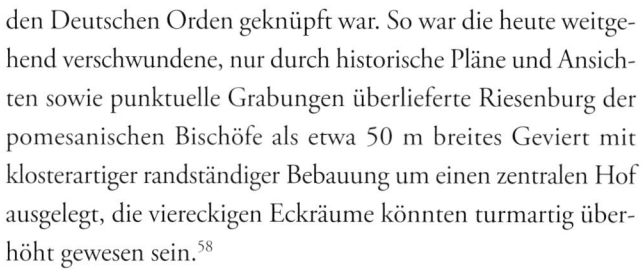

Abb. 41–42 | Heilsberg (Lidzbark Warminski), Polen, Bischofsresidenz um 1350

den Deutschen Orden geknüpft war. So war die heute weitgehend verschwundene, nur durch historische Pläne und Ansichten sowie punktuelle Grabungen überlieferte Riesenburg der pomesanischen Bischöfe als etwa 50 m breites Geviert mit klosterartiger randständiger Bebauung um einen zentralen Hof ausgelegt, die viereckigen Eckräume könnten turmartig überhöht gewesen sein.[58]

Um 1310 ließ der Bischof von Kulm in Löbau eine neue Residenzburg errichten, die fast exakt am zeitgenössischen Ordensbau orientiert war (Abb. 37–38).[59] Die 50 m breite quadratische Anlage, die heute bis auf geringe Grundmauern verschwunden ist, besaß 5 m schmale, wohl turmartig überhöhte Eckpfeiler und drei Trakte sowie einen Torbau um einen zentralen Arkadenhof. Es finden sich zum Deutschen Orden weder andere Raumstrukturen noch eine unterschiedliche Bautechnik, sodass wohl von einem direkten Wissenstransfer bzw. sogar von einer Ordensbauhütte ausgegangen werden kann. Auch die gleichzeitig um 1310 datierte Kulmer Bischofsburg in Briesen, die heute bis auf die Grundmauern abgetragen ist, orientierte sich als quadratisches Kastell mit randständigen Trakten und Arkadenhof an den Ordensburgen, sie unterschied sich jedoch von den direkten Vorbildern Rehden, Strasburg und Schlochau durch die zentrale Lage des achteckigen Bergfrieds in der Ostfront.[60]

Gleiches lässt sich vom neuen Sitz des pomesanischen Domkapitels in Marienwerder sagen, der ab etwa 1320 errichtet wurde (Abb. 1, 39–40).[61] Auf einer quadratischen Fläche von 44 m Seitenlänge entstand ein klassisches Kastell mit drei 6 m breiten pfeilerartigen Ecktürmen sowie dominantem 9 x 14 m großen Hauptturm. Innen gab es die bekannte Aufteilung mit vier Trakten um einen zentralen Arkadenhof. In der geräumigen rechteckigen Vorburg, die durch zahlreiche Wirtschaftsbauten geprägt war, gab es früh eine zugehörige Patronatskirche, die ab 1343 bis etwa 1380 durch einen imposanten Dom ersetzt wurde, der direkt an die Ostfront des Kastells anschloss und so mit der Burg zu einer Wehreinheit verschmolz. Erst dadurch hat das Kapitel nachträglich seinen originellen, sakralen Charakter erhalten.

Auf Grundlage von Handwerkerurkunden wird die bis heute praktisch vollständig erhaltene Residenz des ermländischen Bischofs in Heilsberg um 1350 bis 1380 datiert (Abb. 41–42).[62] Es handelt sich wiederum um eine fast quadratische Anlage

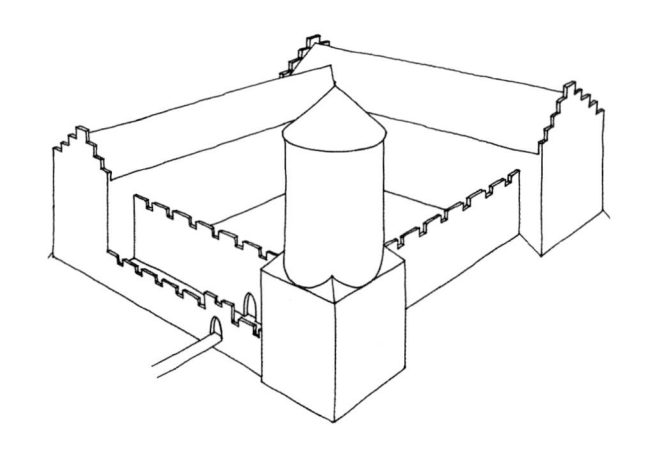

Abb. 43 | Heilsberg, Gesamtansicht der Kernanlage

von 47 m Seitenlänge, mit erst im Endausbau vier Trakten und zentralem doppelgeschoßigem Arkadenhof, die jedoch durch zahlreiche Repräsentationsräume mit aufwändigen Sternrippengewölben über die meisten anderen Burgen Preußens herausgehoben wird (Abb. 43). Durch die hohen geschlossenen Außenfronten, drei nach einem sekundären Ausbau noch weit darüber reichende Ecktürmchen sowie einen weiter vorstehenden bergfriedartigen Eckturm wird außen der Eindruck einer mächtigen Befestigung suggeriert, während innen der prunkvolle Residenzcharakter dominiert. Ob weitere lisenenartige Eckverstärkungen ursprünglich als breite Ecktürme geplant waren, ist nicht mehr festzustellen, sie sind jedenfalls gut mit der ermländischen Bischofsburg Allenstein (um 1350), der livländischen Bischofsburg Georgenburg (um 1350) sowie der Ordensburg in Rhein (nach 1377) vergleichbar.

Der ermländische Kammeramtssitz in Seeburg ist vielleicht als erhaltene Urform für Heilsberg anzusehen, wonach die Hoftrakte zunächst nur hakenförmig angeordnet waren und somit den Bergfried frei belassen haben (Abb. 44–45).[63] Zudem bieten dort wie in den Bischofsburgen Allenstein und Rößel die Trakte durch ihr Vorrücken vor den bergseitigen Bering eine gewisse Flankierung, die am Abhang wohl nicht notwendig schien und die mit den späteren Ordensburgen in Preußisch Eylau (um 1370) und dem livländischen Wenden (ab 1386) sowie der samländischen Domkapitelsburg Saalau (vor 1370) vergleichbar ist.

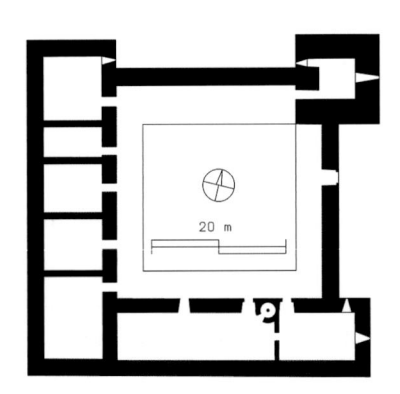

Abb. 44–45 | Seeburg (Jeziorany), Polen, Bischofsburg um 1330

522 | DER DEUTSCHE RITTERORDEN

Abb. 46 | Rößel, Gesamtansicht der Kernanlage

Die drei ermländischen Burgen Allenstein, Seeburg und Rößel hatten nicht zuletzt wie die ältere Bischofsburg in Braunsberg einen quadratischen Bergfried, der aber nun oben in einen Rundturm überging, womit man eine weitere Vorbildfunktion für die Ordensburg Reval (um 1370) erreichte (Abb. 46). Gemeinsam mit den originellen Ecklösungen und den komplexen Repräsentationsgewölben wird somit durchaus eine emanzipierte bischöfliche Bauhütte greifbar.

Auch in Livland sind die im Vergleich dazu nominell mächtigeren Bischöfe als Burgenbauer fassbar, wenngleich hier sowohl durch den mangelhaften Forschungsstand als auch durch die fehlende Erfordernis zum Ausbau der frühen steinernen Anlagen deutlich weniger ausgeprägte Kastelle bekannt sind. Die erste befestigte Residenz des Bischofs von Ösel-Wiek wurde ab 1263 nach der Zerstörung von Alt-Pernau in Hapsal errichtet, wo sich bis heute einige Reste erhalten haben.[64] Die 1279 weitgehend fertige Anlage war analog zu den Deutschordensburgen als konventartiges Rechteck ohne Turm aufgebaut. Auch der Erzbischof von Riga orientierte sich mit seiner Residenzburg Lemsal (Limbaži) sowie der Pflegerburg Sesswegen im späten 13. Jahrhundert an den quadratischen Konventen ohne Türme. Der Bischof von Kurland ließ seine Residenz in Pilten (Piltene) um 1290 ebenfalls als dreiflügelige Hofanlage von etwa 40 x 45 m mit Arkadengang errichten und gleichzeitig in Dondagen einen größeren aber weniger aufwändigen Verwaltungsbau rechteckig anlegen.[65] Zahlreiche weitere livländische Bischofsburgen mit regelmäßigem Grundriss warten noch auf eine exakte Analyse samt Datierung. Als ein Höhepunkt bischöflichen Burgenbaus im Norden gilt das Kastell des Öseler Bischofs in Arensburg (Kuresaare), das nach den erfolglosen Freiheitskämpfen der Esten ab 1338 bis ca. 1380 unter Einbeziehung eines älteren Turms als Vierflügelbau mit weiterem integrierten Wohnturm errichtet wurde.[66] Konzeption, Struktur und repräsentative Ausgestaltung belegen direkte Analogien zum preußischen Heilsberg, womit wohl eine bewusste Konkurrenz verbunden war. Im mittleren 14. Jahrhundert ließ schließlich auch der Erzbischof von Riga die Ronneburg (Rauna) als großformatiges konventartiges Geviert mit vergleichbar integriertem Eckturm errichten und äußerst aufwändig ausstatten.

Die Krönung der Kastellbaukunst entstand jedoch um 1370 für das pomesanische Domkapitel im preußischen Schönberg (Szymbark), wobei dieser überaus groß angelegte Bau offenbar nie plangemäß fertig gestellt wurde (Abb. 4, 47–48).[67] Auf einer rechteckigen Fläche von 72 x 87 m haben sich bis heute weite Teile der im 16. und 18. Jahrhundert mehrmals umgestalteten Burg erhalten, die ursprünglich streng symmetrisch vorgesehen war. Die Eingangsfront wurde demnach von einem Doppelturmtor mit einer Inschrift aus Buchstabensteinen und der Jahreszahl 1386 dominiert, womit man an die wenig älteren

DER DEUTSCHE RITTERORDEN | 523

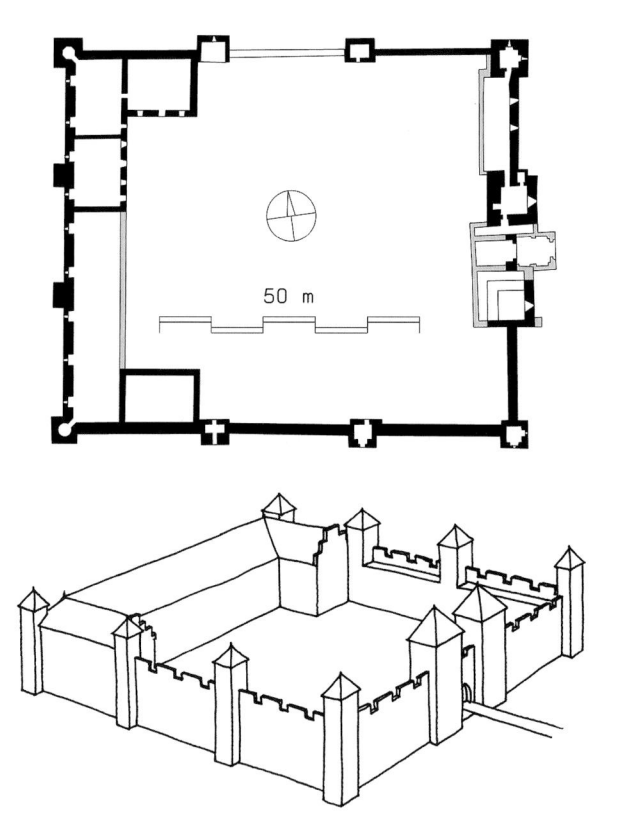

Abb. 47–48 | Schönberg (Szymbark), Polen, Domkapitelsburg ab 1370

Doppelturmtore der Marienburger Vorburg anschloss. Die Kanten des Gevierts wurden von vier quadratischen 5 m schmalen Türmen flankiert, wobei der Nordostturm mit 7 m etwas größer ausgebildet war. Dazwischen gab es an den Längsseiten je zwei gleich große Mauertürme, an der Schmalseite künden Sockelansätze von einer ähnlichen Planung. An dieser dem Tor gegenüber liegende Schmalseite sollte wohl der nicht ganz ausgeführte repräsentative Haupttrakt liegen, dem zwei kurze Seitentrakte symmetrisch angefügt wurden. Ob das gesamte Geviert im Endausbau geschlossen und sogar mit einem Arkadengang versehen hätte werden sollen, ist durch den vorzeitigen Abschluss nicht zu klären.[68] Offensichtlich wurden den westlichen Eckpfeilern in einer Planänderung eine achteckige bzw. eine runde Tourelle aufgesetzt und dafür die dazwischen begonnenen Mauertürme nicht ausgeführt. Die programmatisch großzügige Anlage belegt sowohl die finanziellen und politischen Möglichkeiten des Domkapitels am Höhepunkt des Ordensstaates, als auch seinen abrupten Niedergang ab 1410, wonach von den Bischöfen und Domkapiteln keine einzige Burg mehr planmäßig fertig gestellt oder gar neu errichtet wurde.

Durch ein kürzlich publiziertes fast vollständiges Sammelwerk des Ordensbaues im Preußenland[69], das auf wenige Jahre davor erstellten Grundlagenarbeiten[70] aufbauen kann, sind für die Deutschordensgebiete einzigartige statistische Auswertungen möglich.[71] Demnach haben von den ritterlichen Konvents- sowie den bischöflichen Residenzburgen bemerkenswerte 74 Prozent streng rechteckigen oder quadratischen Grundriss, 11 weitere Prozent kommen ihm trapezförmig sehr nahe. Nur 11 Prozent sind unregelmäßig konzipiert, bei diesen handelt es sich fast grundsätzlich um ältere Standorte. Mit dieser Statistik kann fraglos belegt werden, dass es im westlichen Ordensland bezüglich äußerer Grundrissform ein verbindliches Programm gegeben hat. Im Inneren kann gemäß Funktion aber auch Bedeutung noch weiter klassifiziert werden. So hat bei den Ordensbauten nur ein Drittel einen Bergfried, bei Bischofsburgen die Hälfte. Dafür besitzen die Konvente (im Endausbau) zu knapp zwei Dritteln vier Hoftrakte, ein Drittel hat drei, während dies bei Bischofsresidenzen die Ausnahme ist. Auch bei einfacheren Pflegersitzen wird die Rechteckform grundsätzlich eingehalten, hier dominieren jedoch meist ein Bergfried und ein Haupttrakt, womit man dem Bild einer klassischen mitteleuropäischen Burg am nächsten kam. Alle Gevierte hatten eine regelhafte Geschoßeinteilung, die naturgemäß bei den echten Konventen am stärksten ausgeprägt war. Demnach gab es je nach topographischen Möglichkeiten einen geräumigen Gewölbekeller für Lagerungen und darüber ein niedriges Erdgeschoß für Wirtschaftsfunktionen. Im aufsitzenden Hauptgeschoß, das durch sehr hohe repräsentativ gewölbte Räume ausgezeichnet war, befanden sich die Wohn- und Gemeinschaftsbereiche wie Kapelle, Kapitelsaal, Remter, Dormitorium etc. Darüber gab es noch ein oder zwei Speicher- und Wehrgeschoße, die meist mit einer konsequenten kleinformatigen Fensterreihe den großen Block rahmten. Vereinzelt gibt es Hinweise auf ehemalige vorkragende Holzwehrgänge. Der Hof selbst verfügte regelhaft über einen umlaufenden, zweigeschossigen Arkadengang und über einen Brunnen.

Deutlich weniger ist über die heute kaum mehr fassbaren Vorbefestigungen bekannt. Sie gehörten wohl seit Beginn zum System und beherbergten die platzraubenden Stallungen, Scheunen und für den Betrieb notwendigen Werkstätten, Tavernen, Krankenstationen, Mühlen etc. In der Form passten sie sich durchaus an die Topographie an, wenngleich auch hier großräumige rechteckige Gevierte angestrebt wurden, die man kastellförmig mit Eck- und Mauertürmen schützte. In der Spätzeit sind vermehrt gestaffelte Vorburgen mit trennenden tiefen Gräben belegt, an deren Ende – von einem schmalen Zwinger (Parcham) umgürtet – der Konvent zu erreichen war. Teilweise hatte sich daneben eine kleine ebenfalls befestigte Siedlung entwickelt, die Funktionen der Vorburgen aufnehmen konnte.

Abschließend ist festzuhalten, dass der Deutsche Orden mit seinen Bauten keine auch nur annähernd lineare Grenzkontrolle angestrebt hat. Ihre Lage konzentrierte sich vielmehr auf die großen Flussläufe, auf die Küste sowie auf siedlungsrelevante Gebiete. Dem entgegen blieben vor allem die östlichen Grenzregionen völlig ungeschützt, obwohl von dort regelmäßig Einfälle gestartet wurden. Damit ist ein bislang viel zu wenig beachteter Aspekt zu diskutieren, der durchaus in Gegensatz zu sonstigen Burgenlandschaften Europas und nicht zuletzt zu den Kreuzfahrerstaaten steht.

Die Konvente, Residenzen und Pflegersitze waren wohl nicht als Verteidigungsbollwerke gegen Invasionen gedacht, obwohl sie sich dabei oftmals dabei bewährt haben. Sie dienten als repräsentative und wohlgeordnete Standorte für das Establishment, sowohl für die in Klausur lebenden Rittermönche als auch für die ähnlich strukturierten Domkapitel und Bischofshöfe. Selbst die Pflegersitze waren mit dem wesentlichen klosterartigen Raumprogramm von Kapelle über Remter bis Dormitorium ordenstypisch ausgestattet. Tatsächlich konzentrierte sich der Orden letztlich gemeinsam mit den Bischöfen und Klöstern auf die Führung eines vorbildhaften gottesgefälligen „Staates", der durch eine straffe Hierarchie und modern anmutende Beamtenstrukturen charakterisiert war und dessen fromme aber durchaus adelstypische Herrschaftsprinzipien sich im Baugeschehen spiegeln. Demnach dienten die Konvente des Ordens als komfortable ritterliche Kommunenbauten mit Wiedererkennungswert sowie als Spiegel ihres Weltbildes. Die militärische Stärke beruhte hingegen auf zwei anderen Säulen: auf den ausgeklügelten, starken Vorbefestigungen und auf der geballten Truppenstärke des Ordens, die je nach Erfordernis im ganzen Land eingesetzt werden konnte.

---

1 Turnbull 2004, 5.
2 Jähnig 2011, 12.
3 Zur Frühgeschichte zusammenfassend Burger 2015, 9 f.
4 In der historischen Forschung hat sich dafür der Begriff Haffburgen etabliert, der sich jedoch fälschlich auf den oft viel späteren Ausbau in Stein bezog, während die Position damals bereits längst durch die ersten Gründer festgelegt war, die vor allem die Erreichbarkeit von See vor Augen hatten. Zur Literatur vgl. Torbus 1998, 88.
5 Burger 2015, 55.
6 Schmid 1921, 199.
7 Schmid 1921, 201.
8 Burger 2015, 57.
9 Torbus 2001, 18.
10 Turnbull 2004, 25.
11 Jähnig 2011, 62.
12 Tuulse 1942, 15.
13 Tuulse 1942 27 bzw. Herrmann 2007, 185.
14 Tuulse 1942, 44.
15 Tuulse 1942, 59.
16 Torbus 1998, 56.
17 Turnbull 2009, 44.
18 Herrmann 2013, 231.
19 Torbus 2001, 18.
20 Torbus 1998, 436.
21 Herrmann 2007, 342 bzw. Torbus 1998, 340. Die Datierung der einzelnen Trakte ist umstritten und wird mangels Erhaltung kaum mehr zu klären sein. Hier sei aus dem historischen Grundriss abzulesen, dass die östlichen drei Trakte, die offenbar mit einer Baunaht anschließen, erst einem Ausbau entstammen.
22 Herrmann 2007, 356 bzw. Torbus 1998, 79.
23 Torbus 1998, 447 bzw. Schütte 2001, 503.
24 Herrmann 2007, 359.
25 Vgl. diesbezügliche Tagung der Wartburg-Gesellschaft in Marienburg 1999, mit zahlreichen Detailforschungen, publiziert im Band: Burgen kirchlicher Bauherren, Forschungen zu Burgen und Schlössern Bd. 6 (Hg. Wartburg-Gesellschaft), München-Berlin 2001.
26 Wie spärliche bauliche Beobachtungen indizieren. Vgl. Großmann 2001, 96.
27 Herrmann 2007, 570 bzw. Spätdatierung bei Torbus 1998, 111.
28 Turnbull 2009, 40.
29 Herrmann 2007, 684.
30 Herrmann 2007, 674.
31 Torbus 1998, 54 bzw. 540.
32 Torbus 1998, 664.
33 Torbus 1998, 45.
34 Torbus 1998, 354.
35 Turnbull 2009, 42 bzw. Jähnig 2011, 69.
36 Tuulse 1942, 161.
37 Torbus 1998, 379.
38 Tuulse 1942, 158.
39 Tuulse 1942, 159.
40 Jähnig 2011, 36.
41 Tuulse 1942, 166.
42 Tuulse 1942, 173.
43 Tuulse 1942, 183.
44 Torbus 1998, 186.
45 Torbus 1998, 192.
46 Torbus 1998, 703.
47 Torbus 1998, 414.
48 Torbus 1998, 559.
49 Torbus 1998, 194.
50 Tuulse 1942, 289.
51 Herrmann 2007, 234.
52 Herrmann 2007, 613.
53 Tuulse 1942, 188.
54 Herrmann 2007, 667.
55 Torbus 1998, 46.
56 Turnbull 2009, 22.
57 Herrmann 2007, 590.
58 Herrmann 2007, 679.
59 Herrmann 2007, 567.
60 Herrmann 2007, 381.
61 Herrmann 2013, 233.
62 Herrmann 2001, 223 bzw. 2007, 483.
63 Herrmann 2007, 722.
64 Tuulse 1942, 196.
65 Schmid 1921, 227.
66 Turnbull 2009, 40.
67 Herrmann 2007, 712.
68 Gemäß historischer Darstellung könnte die Burg Gilgenberg (Polen) im späten 14. Jahrhundert zumindest eine ähnlich rhythmisierte Turmstaffelung erhalten haben, die jedoch nicht erhalten ist. Vgl. Herrmann 2007, 436.
69 Herrmann 2007.

Ciechanów, Polen

KÖNIGREICH POLEN

Das heute in Fläche und Größe stark reduzierte Polen war im Mittelalter ein weiträumiges Königreich, das zeitweilig von der Ostsee bis zum Schwarzen Meer reichte und dabei den östlichen Landabschluss von Mitteleuropa bildete.[1] Nachdem in diesen Regionen bis ins mittlere 14. Jahrhundert keinerlei Kastellanlagen nachweisbar sind, brachte erst der letzte Herrscher der langlebigen Piastendynastie (960–1370) einen kurzzeitigen Wechsel. Kasimir III. der Große (1333–1370) hatte von seinem Vater ein zwar stark erweitertes aber nicht gefestigtes Land übernommen: ein selbstbewusster Adel, fast autonome Fürstentümer sowie offene Konflikte mit dem Deutschen Orden im Norden, Schlesien im Westen, den Luxemburgern im Süden und den Litauern im Nordosten sowie deren gefährliche Allianzen bedrohten akut die Regierung der Piasten und den Fortbestand ihres Reichs. Während sein Vater auf andauernde Kämpfe gesetzt hatte, führte Kasimir eine höchst erfolgreiche Diplomatie, die außenpolitisch den Zerfall der feindlichen Koalitionen, Waffenstillstände sowie eigene Bündnisse brachte. Neben Gebietsarrondierungen im Norden folgte im Osten bis 1366 die Einverleibung von Rotrussland, während im Süden die Verheiratung der Schwester mit Karl Robert Anjou ein zukunftsträchtiges Bündnis mit Ungarn ermöglichte. Innenpolitisch gelang die Gefolgschaft fast aller Fürsten, Kasimir führte zudem eine umfangreiche Verwaltungsreform durch, bei der der Landadel zugunsten von königlichen Beamten und Städten weitgehend entmachtet wurde. Entgegen großer Widerstände wurde so eine modern anmutende Gliederung des Reichs in Provinzen mit lokalen Gouverneuren durchgesetzt, die anstelle des bisherigen Ritteradels mithilfe der Bürger und Bauern auch das Milizsystem beherrschten. Im Jahr 1351 gelang durch den Heimfall des Herzogtums Płock sowie dessen Weitergabe an Siemowit III. von Masowien auch die Loyalität der letzten autonomen Fürstentümer.

Kurz nach dem Tod Kasimirs wurden zwei biographische Schriften verfasst, die sein bemerkenswertes Bauprogramm dokumentieren.[2] Demnach habe er zahlreiche genannte Burgen, Städte und Gutshöfe errichten lassen, die durch sehr starke Mauern, hohe Türme und tiefe Gräben ausgezeichnet waren. Auch wenn diese Quellen pathetisch überzeichnet sein mögen, deuten ungezählte bauliche Reste sogar noch auf viele weitere Anlagen, die mit Kasimir in Verbindung gebracht werden.[3] Demnach wird vermutet, dass er an etwa 50 Burgen bauen und etwa 25 Städte als Rastersiedlungen neu anlegen und befestigen hatte lassen. Gemeinsam mit dem Ausbau von Straßen und Brücken, einer frühen Universität und einer toleranten Einwanderungspolitik wurde so das zuvor strukturschwache Land zu einer in weiten Teilen wohlhabenden Handelsregion, die mit den Nachbarstaaten in zunehmend friedlichem Austausch stand.

Als Stützen dieses nun zentral geführten Staates dienten die neuen Verwaltungssitze, die meist inmitten königlicher Domänen lagen und nach Möglichkeit mit neuen rechtwinkeligen Städten verbunden wurden.

Als früher Vorläufer gilt Kazimierz Dolny, über einer bedeutenden älteren Hafenstadt an der Weichsel gelegen.[4] Hier wurde bereits in den 1340er Jahren auf altem Standort ein neues Geviert von etwa 30 x 50 m errichtet, das durch massive Außenpfeiler und einen weit vorstehenden Torturm geprägt war. Damit glich dieses einfache Fort mit seinem geräumigen Hof eher einer Zitadelle als einer Burg.

Sehr ähnlich zeigte sich die mit 90 x 112 m Fläche viel größere Hofanlage von Żarnowiec, der Zitadelle einer vor 1340 mit deutschem Stadtrecht neu angelegten Gründungssiedlung nahe der westlichen Grenze zu Schlesien (Abb. 1).[5] Der heute stark redu-

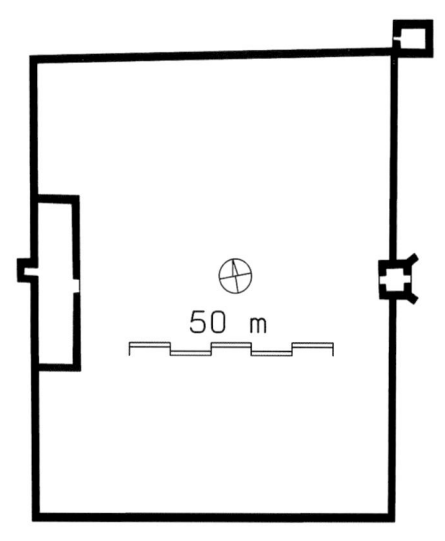

Abb. 1 | Żarnowiec, Polen, um 1355

zierte Bau diente dem König mehrfach für lange Aufenthalte und wird wohl entsprechend repräsentativ ausgestaltet gewesen sein. In der Folge wurden in zahlreichen königlichen Residenzorten die meist älteren Piastensitze durch mehrtürmige Hofanlagen in die Stadtbefestigungen integriert und mit dominanten Ecktürmen möglichst kastellförmig ausgestaltet. Dieses Bemühen an den älteren Standorten zeigt sich in Krakau[6], Płock[7] und Warschau[8] sehr anschaulich. Eine klassische Vierturmform wurde dabei jedoch nie angestrebt.

Die neuen königlichen Beamtensitze in den Provinzen spiegeln die Systematik in deutlich kleinerem Maßstab, dafür aufgrund der oft reinen Neubauten in viel konsequenterer Umsetzung. Obwohl keine zusammen fassenden Untersuchungen vorliegen, dürften die in den Quellen genannten Anlagen alle nach einem möglichst einheitlichen Typus ausgeführt worden sein. Praktisch überall wurde ein Standort in einer Flussbiegung gesucht, die man regelhaft durch einen breiten Wassergraben zur künstlichen Insel isolierte. Auf der Insel entstand ein ge-

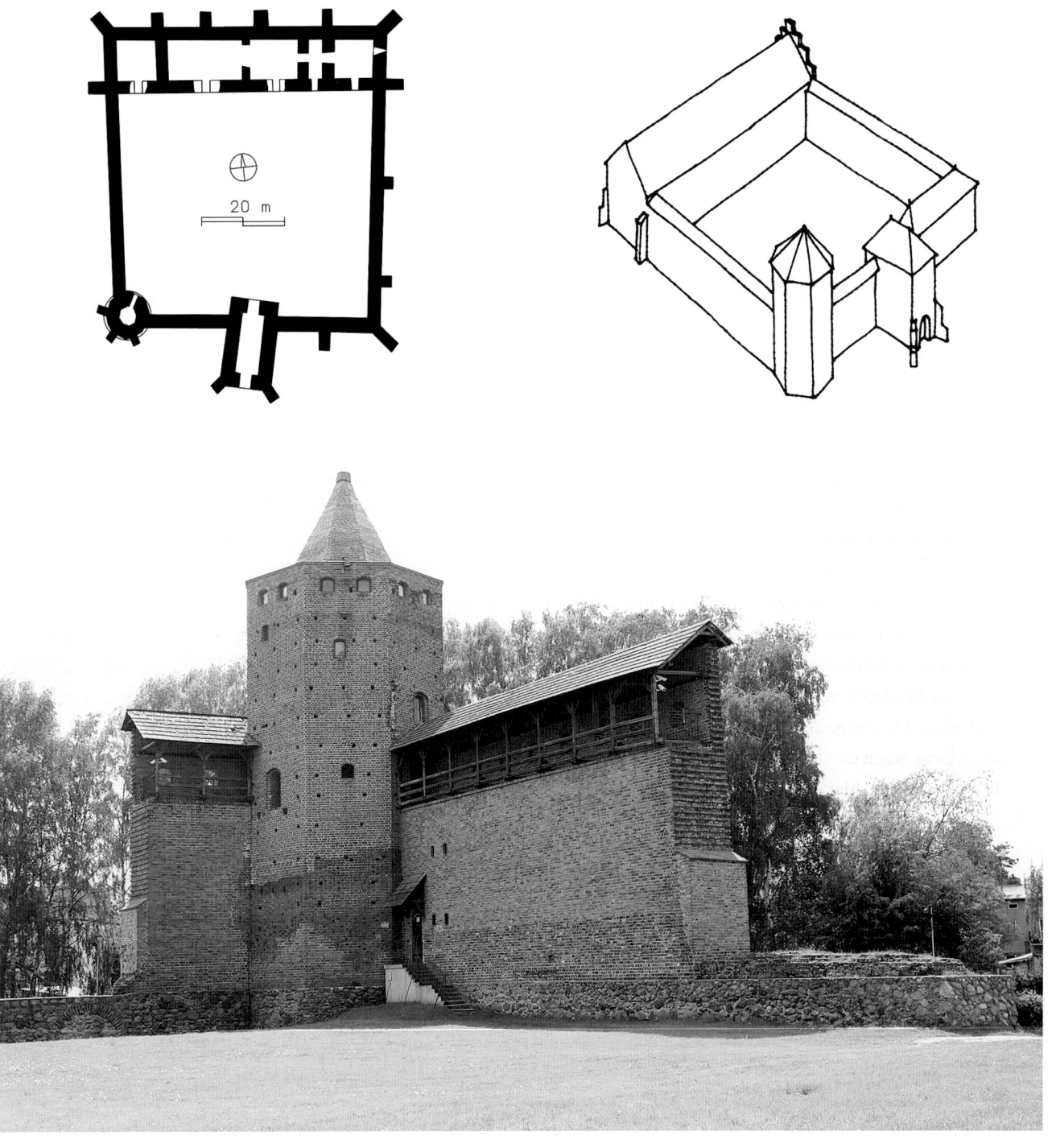

Abb. 2–4 | Rawa, Polen, M. 14. Jh.

528 | KÖNIGREICH POLEN

räumiges Geviert, dessen dicke Mauern über 2 m Stärke in reiner Ziegeltechnik auf einem Steinsockel ausgeführt waren. Bereits in der ersten Phase gab es meist zumindest einen dominanten Eckturm sowie ein großes Palasgebäude, während weitere Eck- und Tortürme unterschiedlich stark ausgeprägt wurden. Symptomatisch für diese Anlagen sind nicht zuletzt breite Außenpfeiler.

Besonders wichtig wäre für die Forschung eine historische Aufarbeitung der zahlreichen Gevierte in Masowien, wo Herzog Siemowit III. (1341–1381) bis zum Tod des Königs als treuer Vasall in die Landesverteidigung investierte (Abb. 2–4). Ein gutes Beispiel bietet Rawa in Masowien, das wohl um 1355 entstanden ist.[9] Die 68 x 71 m große Burg, die im 17. Jahrhundert von den Schweden gesprengt worden und heute teilweise wieder aufgebaut ist, zeigt einen einst dominanten Achteckturm, der auf einem Rundsockel steht. Damit bietet sie einen exakten Vergleich zum Achteckturm des königlichen Kruszwica in Pommern (vor 1355). Analogien zeigt auch die königliche Anlage von Łęczyka, an der Grenze zum Deutschordensland.[10] Dieses etwa 40 x 57 m große Geviert entstand auf einer künstlichen Insel im Fluss Bzura und wurde durch einen Torturm und einen Achteckturm auf rechteckigem Sockel dominiert. Trotz oder gerade wegen der gefährdeten Grenzlage diente die Burg mehrfach als Ort königlicher Versammlungen. Auch die großpolnische Königsburg Koło wurde in einer Flussbiegung der Warta an strategisch bedeutender Stelle errichtet und bis 1362 mit einer Gründungsstadt erweitert.[11] Das etwa 52 x 80 m große Hauptgeviert zeigte einen zu Rawa und Łęczyka analogen Torturm, jedoch einen runden Eckturm auf viereckigem Steinsockel. Ein weiterer großer Wohnturm ist heute ebenso wie die Innenbebauung verschwunden.

Etwa zeitgleich dürfte die masowische Burg von Ciechanów datieren, für die Baudaten fehlen (Abb. 5–6).[12] Es wird vermutet, dass im frühen 15. Jahrhundert nach der siegreichen Schlacht bei Tannenberg gegen den Deutschen Ritterorden der masowische Herzog Janusz I. hier eine ältere Anlage zur Residenz ausgebaut habe. Tatsächlich zeichnet sich in der Bausubstanz eine Zweiphasigkeit ab. Demnach wurde inmitten einer künstlichen Flussinsel zuerst ein 48 x 57 m großes Geviert mit zwei runden Ecktürmen und breitem Palas errichtet. In dieser Phase waren sämtliche Außenmauern samt Türmen gleich hoch und von einem umlaufenden Zinnenkranz gekrönt. Der sekundäre Aufbau mit Rautenmustern passt zur Deutschordensburg Bütow um 1400, womit eine entsprechende Datierung bestätigt scheint. Für eine Entstehung der Gründungsanlage unter Kasimir spricht die eigentümliche Verschiebung der Radien am Südwestturm, die etwa in den Burgen von Koło (König) und Iłża (Bischof von Krakau) – beide Mitte 14. Jh. – eine Entsprechung findet.

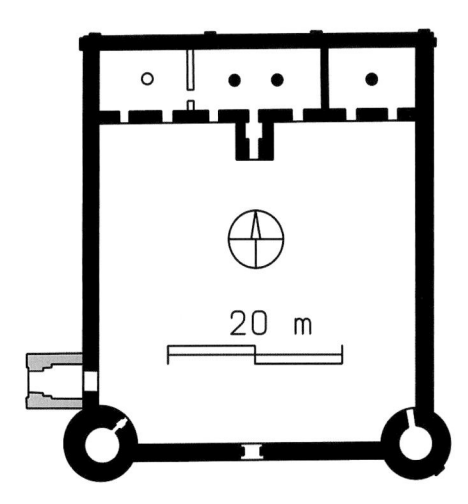

Abb. 5–6 | Ciechanów, Polen, M. 14. Jh.

Als weitere zweitürmige Residenzburg wäre Sochaczew zu vermuten.[13] Diese später zu einem herzoglichen Hauptsitz ausgebaute trapezförmige Burg ist jedoch nach einem Hangrutsch stark reduziert, wodurch man auf historische Quellen angewiesen bleibt. Der im 13. Jahrhundert von den Litauern niedergebrannte Standort wird 1355 erstmals wieder urkundlich genannt, weshalb eine entsprechende Gründung als wahrscheinlich gilt.

Neben diesen wenigen Großburgen vertritt das masowische Inowłódz den deutlich kleineren Standardtypus der neuen Beamtenburgen, dem zahlreiche in Größe und Gliederung vergleichbare Gevierte zur Seite zu stellen sind (Abb. 7).[14] Die 30 x 47 m messende Anlage zeigt den obligaten Bergfried sowie den ebenso üblichen großen Palasbau und einen Wohnturm, der vielleicht als Beamtenwohnsitz zu interpretieren ist.

Die späte kleinpolnische Burg Lanckorona (Landskron) an der südlichen Grenze zu Böhmen besaß hingegen bei einem Geviert von etwa 26 x 37 m eine ausgeprägte Doppelturmfront Richtung Feind.[15] Die 1366 erstmals genannte Burg erinnert mit ihren pfeilerlosen Bruchsteinmauern und den charakte-

KÖNIGREICH POLEN | 529

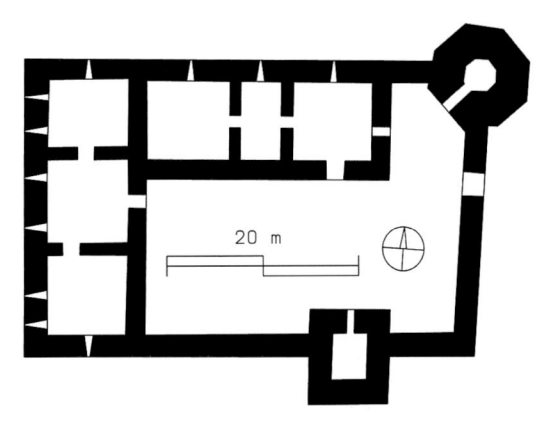

Abb. 7 | Inowłódz, Polen, um 1356

ristischen Ecktürmen an das Jagdschloss der ungarischen Könige in Diósgyör, das zeitgleich (ab ca. 1360) in Bau stand. Das verwundert nicht, war man doch mit dem dortigen König in engen politischen und familiären Verbindungen.

Die fast zeitgleiche westlichste Grenzburg Polens in Międzyrzecz aus Ziegeln auf Bruchsteinsockel besaß wiederum ein ausgeprägtes Zweiturmportal mit monumentalen Rundtürmen,[16] das zu den parallel errichteten Vorwerken der Deutschordensfestungen Marienburg und Frauenburg passt.

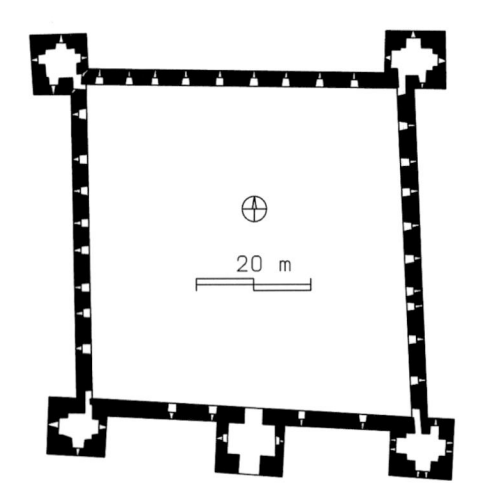

Abb. 8–9 | Mir, Weißrussland, A. 16. Jh.

Entgegen diesen unterschiedlich ausgeprägten Mehrturmkastellen gab es bereits früh zahlreiche bescheidenere Gevierte, etwa das in Großpolen gelegene Koźmin.[17] Dort wurde einem verdienten niederadeligen Kriegsmann schon im Jahr 1338 die Erlaubnis zum Bau eines Sitzes erteilt, in der Folge dürfte ein etwa 30 m breites Geviert mit einzelnem runden Eckturm entstanden sein. Diesem Beispiel folgten zahlreiche Adelige im politischen Nahbereich des Königs. Nicht zuletzt gab es viele völlig turmlose Rechtecke. So zeigten die masowischen Burgen von Liw und Łowicz nur einen vorstehenden Torbau, der erst in einer folgenden Etappe turmförmig erhöht wurde.[18] Der Wehrbau unter König Kasimir entsprach somit in weiten Teilen dem des zeitgenössischen Wehrbaus im nördlich benachbarten Deutschordensland. So ist das massive Ziegelmauerwerk auf Steinsockel auch dort durchwegs zu finden, ähnliche runde Ecktürme tauchen dort in Schwetz (Swiecie) ab 1335 erstmals auf, die in der Höhe wechselnden Turmgrundrisse sind ebenso oft zu finden wie die unterschiedlichen Turmformen.

Gemeinsam ist den Bauten weiters die konzeptionelle Anlage als Gevierte mit Ecktürmen und randständigen geräumigen Bauten sowie die oftmalige Kombination mit ebenfalls befestigten regelmäßigen Rastersiedlungen. Tatsächlich waren beide Seiten nach einem Waffenstillstand 1332 bemüht, die Beziehungen zu verbessern und vor allem die frühen polnischen Gevierte wirken wie direkte Nachfolger der Deutschordensbauten. Vielleicht konnte Kasimir direkt auf Planer und Bauleute des Deutschen Ordens zugreifen, um sein ambitioniertes Bauprogramm auszuführen, diese Frage wartet jedoch noch auf einen urkundlichen Beleg.

Dennoch finden sich auch wesentliche Unterschiede. So gibt es in dieser Zeit an den polnischen Bauten keine Ziegelmuster, dafür bald ausgeprägte Pfeilerreihen, die eine lokale Tradition bzw. Verbindungen in den ungarischen Raum nahe legen. Dort gab es bereits seit dem 13. Jahrhundert im königlichen Umfeld ähnliche Gevierte mit über Eck gestellten Pfeilern sowie vergleichbaren Torbauten. Es wird somit eine Verschmelzung unterschiedlicher Einflüsse zu einer eigenständigen (königlichen) polnischen Bauschule gegeben haben. Nach dem Tod Kasimirs brach der polnische Kastellbau abrupt ab. Das Land wurde vom nachfolgenden ungarischen König Ludwig nicht sonderlich beachtet und die Verwaltung übertrug er seiner Mutter Elisabeth. Ganze Gebiete opponierten daher, nach Plünderungen durch die benachbarten Litauer 1376 brach ein offener Aufstand aus, der bis zu Ludwigs Tod 1382 nicht beendet werden konnte. Im Jahr 1384 wurde endlich seine 10-jährige Tochter Hedwig als „König" von Polen anerkannt und in der Folge mit dem litauischen Großfürsten Jogaila vermählt. Die daraus entstammende Dynastie der Jagiellonen regierte bis 1572 in Polen.

KÖNIGREICH POLEN

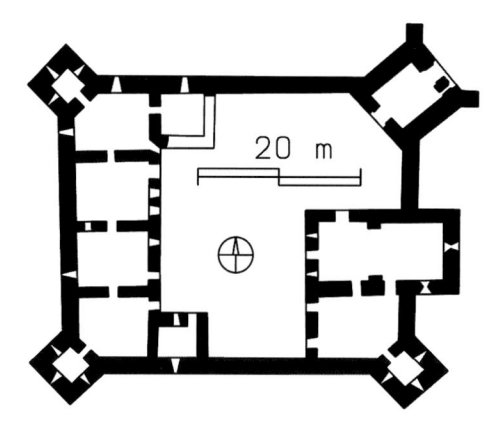

Abb. 10 | Drzewica, Polen, 1527–35

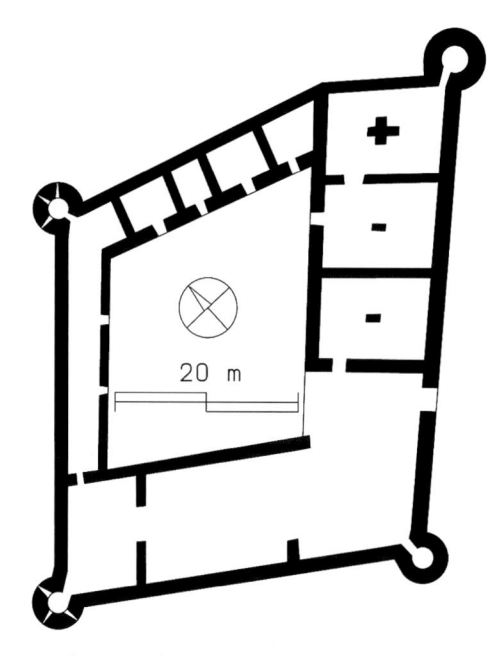

Abb. 11 | Tykozin, Polen, M. 16. Jh.

Anlage bildet ein 37 x 43 m großes Rechteck, das an den Kanten über Eck von einem großen Torturm sowie drei etwas kleineren Türmen flankiert wird. Nach Osten war zudem der Kapellenchor in gleicher Höhe wie der Bering vorgerückt. Während zahlreiche Geschützscharten, Hinweise auf einen einst umlaufenden Graben und die massiven Mauern eine handfeste Wehrhaftigkeit belegen, deuten geräumige Repräsentationstrakte und große Kreuzstockfenster auf eine adäquate Hofhaltung, wodurch sich das Schloss in die Tradition der europäischen Festungsschlösser der Renaissance einreiht.

Deutlich häufiger finden sich im 16. Jh. Vierturmkastelle mit runden Ecktürmen, etwa in Tykozin (Abb. 11). Dieses Schloss wurde nach einer Zerstörung 1519 durch die Litauer erst ab etwa 1550 vom Hofarchitekten Joba Breffusa für König Sigismund August neu konzipiert.[20] Dieser letzte Jagiellone leitete große Militäraktionen gegen die Litauer, integrierte die verbliebenen Regionen des Deutschen Ordens in sein Königreich, ordnete harte Kriege um die Vorherrschaft in der Ostsee an und führte neben zahlreichen Reformen auch eine ständige Armee ein. Die neue Festung wurde als programmatisches Staatskastell errichtet und als Residenz, Schatzkammer und Bibliothek viel genutzt.

Dem königlichen Beispiel folgten zahlreiche Vierturmkastelle, etwa Fredropol-Kormanice, Krasiczyn, Leśnica, Przemyśl und Tuczno. Bestehende Sitze wurden möglichst ähnlich nachgerüstet, etwa in Czersk und Szreńsk. Mit der Entwicklung der Festungsarchitektur zu niedrigen Polygonalbasteien endete der klassische Kastellbau aber auch in Polen im späten 16. Jahrhundert rasch wieder.

Es sollte jedoch bis ins frühe 16. Jahrhundert dauern, bis wieder kastellförmige Anlagen entstanden. Dabei können je nach Turmform zwei Typen unterschieden werden, die fast zeitgleich nach westeuropäischem Vorbild als geschütztaugliche Festungsschlösser Verwendung fanden.

Das Schloss Mir wurde im frühen 16. Jahrhundert nach Verheerungen durch die Krimtataren vom Gouverneur von Brest-Litowsk als Zitadelle einer bedeutenden Königsstadt im Osten Polens errichtet (Abb. 8–9). Die auf verzogen-quadratischem Grundriss von maximal 60 m Seitenlänge angelegte Festung ist konzeptionell eine direkte Kopie zeitgleicher oberitalienischer Stadtburgen und besitzt wie diese flankiertaugliche Ecktürme und zahlreiche Geschützscharten.

Wenig später entstand für den königlichen Kanzler, Vormund des Thronfolgers und Erzbischof von Gnesen Maciej Drzewiecki die Stadtzitadelle von Drzewica (Abb. 10).[19] Die seit dem 19. Jahrhundert ruinöse aber strukturell gut erhaltene

1 Staemmler 1975, 25.
2 Staemmler 1975, 24.
3 Kajzer, Kołodziejski, Salm 2002, 45.
4 Kajzer, Kołodziejski, Salm 2002, 220.
5 Kajzer, Kołodziejski, Salm 2002, 564.
6 Kajzer, Kołodziejski, Salm 2002, 237.
7 Sypkowie 2002, 78.
8 Sypkowie 2002, 28.
9 Sypkowie 2002, 137.
10 Kajzer, Kołodziejski, Salm 2002, 288.
11 Kajzer, Kołodziejski, Salm 2002, 226.
12 Kajzer, Kołodziejski, Salm 2002, 132.
13 Sypkowie 2002, 113.
14 Sypkowie 2002, 135.
15 Kajzer, Kołodziejski, Salm 2002, 261.
16 Kajzer, Kołodziejski, Salm 2002, 305.
17 Kajzer, Kołodziejski, Salm 2002, 233.
18 Sypkowie 2002, 55 bzw. 106.
19 Kajzer, Kołodziejski, Salm 2002, 160.
20 Kajzer, Kołodziejski, Salm 2002, 508.

CHRONOLOGIE

FRÜHE HOCHKULTUREN

Auf Basis der vorangestellten überblicksartigen Inventarisation kann die Frage untersucht werden, ob der Kastellbau eine durchgehende Evolution durchgemacht hat oder als Archetypus analog zu anderen allgemeinen Architekturformen polygenetisch und isoliert auftaucht. Dafür ist nochmals die in der Einleitung festgesetzte Definition von Kastellen aufzugreifen, wonach es sich um regelhafte, im Idealfall quadratische Anlagen mit mehreren Türmen in Ecklage handelt.[2]

Entsprechende Baukonzepte finden sich bereits seit den frühen vorderasiatischen Hochkulturen, wenngleich zunächst nur räumlich und zeitlich sehr isolierte Anlagen dokumentiert sind. Während die Zikkurat von Eridu aus dem 4. Jahrtausend v. Chr. mit ihren turmartigen Eckrisaliten eindeutig religiös konnotiert war und somit für diese Studie nicht relevant ist, kann der altbabylonische Herrscherpalast A in der Stadt Tuttul (Syrien) im späten 3. Jahrtausend v. Chr. zweifellos als profan interpretiert werden. Der 47 m breite Bau belegte ein streng orthogonales Geviert mit vorspringenden massiven rechteckigen Eck- und Mauertürmen sowie zwei Doppelturmtoren. Damit handelte es sich bereits vor über 4000 Jahren um eine klassische Kastellform, nicht etwa um eine unausgereifte oder unvollständige Vorstufe. Leider gibt es nur spärliche Hinweise, dass auch weitere mesopotamische Paläste ähnlich gestaltet gewesen sein dürften.

Unter den benachbarten Ägyptern finden sich parallel dazu ebenfalls früh Belege für kastellförmige, turmbewehrte Forts klassischen Typs. Besonders beeindruckend ist die Festung Éléphantine auf einer Nilinsel, die durch runde Eck- und Mauertürme sowie ein Doppelturmtor flankiert war. Einen wichtigen Vergleich bietet die Oasenfestung Ayn Asil, die bereits eine Kombination von rundturmbewehrter Rasterstadt und Zitadelle darstellte. Im 3. Jahrtausend entstanden unter den Ägyptern weitere Festungsstädte mit integrierten Garnisonsforts in den eroberten Gebieten von Nubien bis Palästina. Dazu finden sich erste Reste von zugeordneten langen Mauern, die Angriffe von Nomaden verhindern sollten. Tontafeln und Grabinschriften geben Hinweise auf eine modern wirkende hierarchisch organisierte Verwaltungsstruktur: neben der allgemeinen Wehrpflicht und aufbauenden Milizaushebungen gab es Elitetruppen, reguläre Kontingente und Hilfseinheiten von tributpflichtigen Stämmen, die in den Kastellen Dienst versahen. In den Grenzregionen entwickelte man zudem ein dichtes Nachrichtensystem und schlagkräftige polizeiartige Eingreiftruppen, die direkt von den lokalen Gaufürsten befehligt wurden. Nach einer Periode der Dezentralisierung musste das ägyptische Reich am Ende des 3. Jahrtausends neu vereinigt werden, wonach gemäß Inschriften in kurzer Zeit direkt am Nil eine ganze Reihe kastellförmiger Festungen entstand, die enge konzeptuelle und bautechnische Übereinstimmungen aufweisen. Die trotz des meist felsigen Terrains äußerst konsequent regelmäßigen Grundrisse, die massiven Mauern, die engen Turmreihen und Torgassen sowie nicht zuletzt die vorgelegten Zwinger, Gräben und Hafenmauern sind durchaus als ein früher Höhepunkt der Kastellbaukunst zu bezeichnen. Zukunftsweisend waren auch die

Abb. 1 | Vergleich zeitgenössischer Darstellungen von Kastellen der Ägypter, Hethiter und Urartäer

wassertechnischen Überlegungen wie Brückenköpfe sowie die parallel zu den Heeresstraßen aufgebaute Schiffsversorgung, die teilweise durch versteckte Tunnel gewährleistet war. Geschützbastionen, effiziente Schießscharten und Zugbrücken erinnern sogar an den fortschrittlichen europäischen Burgenbau des Spätmittelalters. Tatsächlich war in ägyptischer Zeit die Ausrüstung der bestens geschulten Soldaten mit Fernwaffen (Schleudern, Bögen, Speeren) schon höchst ausgefeilt und standardisiert, aber auch die Angriffsmethoden mit Belagerungstürmen, Rammböcken und rollenden Sturmleitern waren sehr effizient, weshalb eine derart massive und gestaffelte Verteidigung nötig war. Bezeichnenderweise mutet auch der Grund der Angriffe sehr modern an: die zunehmende Verwüstung der benachbarten Steppen zwang die angrenzenden Nomadenvölker ins fruchtbare Nildelta einzuwandern und sie wurden von dort mit brutaler Gewalt fern gehalten. (Abb. 1) Dennoch gelang es einem Zusammenschluss levantinischer Fürstentümer, Ägypten kurzfristig zu erobern. Nach der Befreiung um 1550 erfolgten die Wiedervereinigung des Reichs und die Sicherung der gefährdeten Grenzen nach Süden und Osten. Parallel zu einer Staatsreform mit neuer Verwaltung entstanden vor allem am Mittelmeer und vor dem Sinai zahlreiche starke Kastelle, die heute jedoch fast gänzlich verschwunden sind. Es dürfte dichte Kastelketten nach Osten gegeben haben, die angriffslustige Nomaden aufhalten sollten. Nach Eroberungen im Osten schützte man dort Militärstraßen mit Ketten von kleinen viereckigen Forts, um an der neuen Grenze wiederum ein lineares System mit Festungen und Landmauern aufzubauen. Auch westlich des Nildeltas finden sich Hinweise auf eine zeitgleiche Kastellkette, die wohl Einfälle von Nomaden aus Nordafrika verhindern sollte. Weiters wurden die alten Kastelle repariert und ausgebaut, die Kenntnis der alten Konzepte und wohl auch die direkte Überlieferung der militärischen Planungsschule blieben somit nahtlos erhalten.

Bei weiteren Gebietserweiterungen bis an die heutige türkische Grenze wurde im späten 2. Jahrtausend das System offenbar gewechselt. In den neu eroberten Regionen errichtete man Kastelle nur noch als massiv geschützte Verwaltungsbasen, nicht mehr zur linearen Grenzverteidigung. Die großen Truppenkontingente blieben vielmehr an den Grenzen des alten Ägypten konzentriert und wurden im Bedarfsfall zu einem gewaltigen Heer zusammen gezogen und gemeinsam ausgesandt. Zudem berichtet der griechische Geschichtsschreiber Herodot im 5. Jahrhundert v. Chr. von einem ansonsten kaum fassbaren Grenzsystem, das stark an das spätere Römische Reich erinnert: er erzählt von drei großen Garnisonen, die jeweils gegen die Hauptfeinde stationiert waren und von denen aus kleinere Festungen an den Grenzen beschickt wurden.

Tall Bi'a, altbabyl. Palast 3. Jt. v. Chr.

Harvad Uza, jüdische Festung 8. Jh. v. Chr.

Tappe Dosog, urartäische Festung 8./7. Jh. v. Chr.

Sirwah, Jemen Sabäische Zitadelle 10./9. Jh. v. Chr.

Ashdod, altpersische Festung 5. Jh. v. Chr.

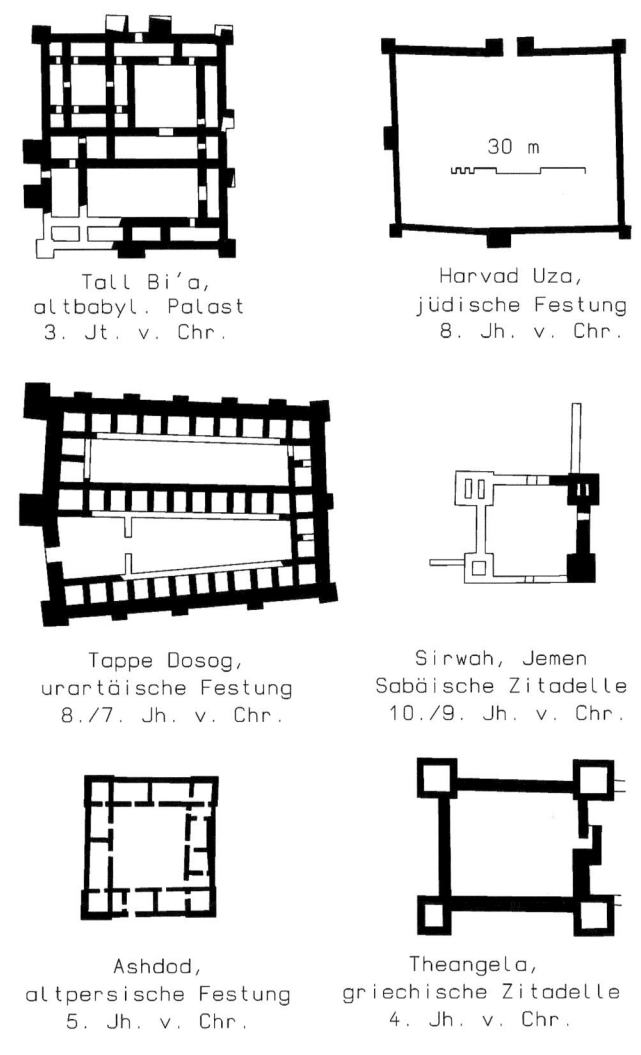

Theangela, griechische Zitadelle 4. Jh. v. Chr.

Abb. 2

Auch unter den großen Zeitgenossen der Ägypter im Osten, der Oxus-Zivilisation, den Assyrern und den Hethitern, sind im 2. und 1. Jahrtausend v. Chr. regelhafte Viereckanlagen nachzuweisen, die meist in Grenznähe oder in soeben eroberten Gebieten lagen und als serielle Kasernen eindeutig militärische Nutzung aufwiesen. Bedeutsam, aber nicht aufgearbeitet ist die Kombination mit großen Rastersiedlungen sowie mit langen Grenzmauern, für deren Bemannung die Grenzkastelle dienten. Auch hiermit können früh siedlungsmorphologische und geopolitische Positionierungen belegt werden, die sich bis weit in die Neuzeit unverändert finden werden. Unter den Assyrern und den Hethitern sind auch erstmals parallele Anlagen von kasernenförmigen Grenzkastellen und repräsentativen Residenzkastellen belegt, womit der Typus als doppelfunktional, jedoch ausschließlich für die überregionale Staatsorganisation reserviert erscheint. Nicht zuletzt bestätigt sich spätestens jetzt, dass die Wehrbaukunst der großen Reiche ihr grundsätzliches Rastersystem mit Turmreihung je nach Erfordernis maßstäblich skalieren konnte und so modular

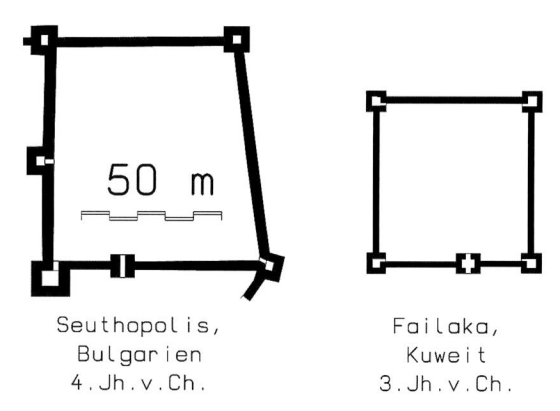

Seuthopolis,
Bulgarien
4.Jh.v.Ch.

Failaka,
Kuwait
3.Jh.v.Ch.

Abb. 3

große Städte, mittelgroße Festungen, kleine Forts sowie einzelne Türme (und Tempelanlagen) schuf. Auch dieses Phänomen wird bis in die jüngere Zeit zu beobachten sein. (Abb. 2) Durch zahlreiche Tontafeln gibt es den Nachweis, dass die grenznahen Forts Teil eines komplexen Wehrsystems waren, bei dem baulich Straßen, Sperren und Pässe eng zugehörig waren, während die Militärorganisation durch Spionage, Patrouillendienste und Signalketten sehr dicht unterstützt wurde. Ab dem 10. Jahrhundert übernahmen benachbarte Reiche die Kastellform, etwa in Palästina, am Sinai und in Jemen. Besonders unter den Urartäern mit dem Kerngebiet im heutigen Iran wurde das ganze Programm von geräumigen Rasterstädten über größere Festungen bis hin zu zahlreichen kleinen Viereckforts mit ausgeprägten Ecktürmen aufgegriffen.

Im 7. Jahrhundert erfolgte der Neubau von Babylon als großformatige Rasterstadt mit doppelter Stadtmauer, mehreren großen Zitadellen und festungsartigem Palast. Im weiten Umkreis war auch die Umgebung durch lange Mauern und Forts geschützt. Die penible Durchplanung indiziert ein Zurückgreifen auf eine ausgefeilte Planerschule.

Vom 6. bis zum 4. Jahrhundert v. Chr. dominierte das Altpersische Großreich den vorderen Orient. Durch weitreichende spätere Zerstörungen ist der zugehörige Wehrbau heute nur noch rudimentär zu fassen. Belegt sind große turmbewehrte Kasernen neben den Hauptresidenzen Persepolis und Pasargadae. Aber auch in den eroberten Provinzen sind Netzwerke von Straßen und kastellförmigen Forts zu rekonstruieren, die vor allem an gefährdeten Grenzen und wichtigen Handelsrouten als Truppenstützpunkte dienen konnten. Lokal sind auch in den älteren Städten neue Zitadellen belegt, deren klassische Funktion die Kontrolle der Siedlung bzw. ihre Zugänglichkeit bei Aufständen war. (Abb. 3) Über die untergeordneten Satrapenreiche im Gebiet der heutigen Türkei kam das offensichtlich monarchistisch geprägte System der kastellförmigen Zitadellen auch in den griechischen Kulturraum, durch den sie bis Kreta, Albanien, Bulgarien (Seuthopolis) und die Krim, aber offenbar auch bis nach Kuweit (Failaka), ausstrahlten. Im 4. Jahrhundert v. Chr. finden sich damit auch in Europa erstmals klassische Rasterstädte mit isolierten Zitadellen in Ecklage. Selbst die zeitgleich in China auftauchenden Kastelle könnten gemäß Nachweisen von Europäern sowie stilistischen Analogien an Skulpturen auf hellenistische Vorbilder zurückzuführen sein, hierfür gibt es aber noch keine ausreichenden Architekturvergleiche.

Am östlichen Mittelmeer folgten jedenfalls selbst reine Palastresidenzen dem Kastelltypus, wenngleich hier innen repräsentative Peristylhöfe dominierten.

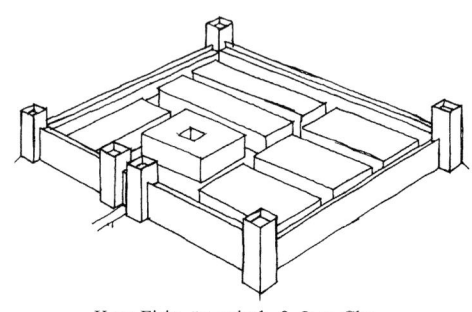

Kom Firin, ägyptisch, 2. Jt. v. Chr.

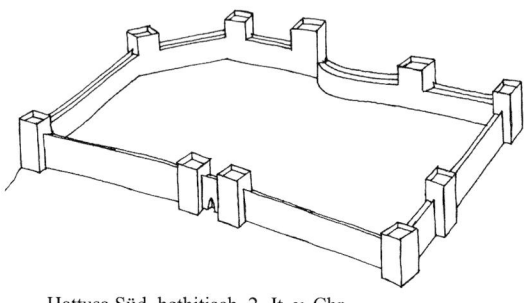

Hattusa Süd, hethitisch, 2. Jt. v. Chr.

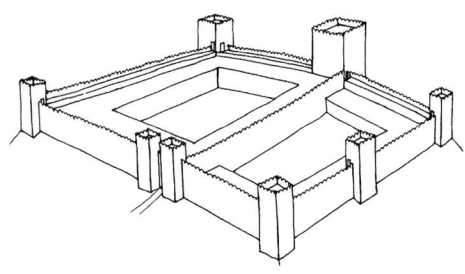

Abb. 4   Harvad Uza, jüdisch, 8. Jh. v. Chr.

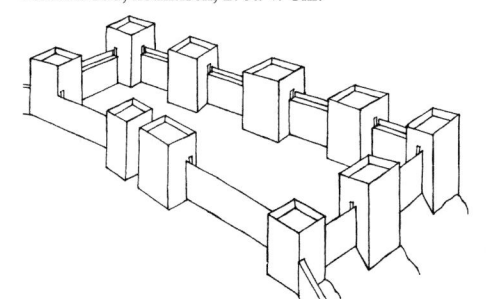

Byblos, altpersisch, 5. Jh. v. Chr.

Mit der nun parallelen raschen Entwicklung der parthischen und römischen Kastelle zu ähnlichen Lösungen verschwimmen im östlichen Mittelmeerraum und in Vorderasien die regionalen Unterschiede. (Abb. 4)

Für die mehrere Jahrtausende umfassende Frühgeschichte des Kastellbaus ist zu konstatieren, dass es keine kontinuierliche Evolution von einfachen hin zu ausgefeilten Lösungen gab, sondern die Form schon früh erreicht war. Weiters ist zu bemerken, dass zwar das Konzept des turmbewehrten Gevierts allgemein bekannt war, jedoch große Unterschiede hinsichtlich der bautechnischen Umsetzung herrschten. So finden sich verschieden massive Mauern, eckige, polygonale und runde Türme, die auf einzelne lokale Traditionen schließen lassen.

DIE ZEIT DER RÖMER

Im Gegensatz zu den früh standardisiert wirkenden Kastellen des vorderen Orients haben die Festungen der Römer während ihrer langen Laufzeit eine deutliche Entwicklung durchgenommen. Die zunächst republikanischen Festungen besaßen zwar früh einen festen rasterförmigen Grundriss, der maßstabslos skaliert wurde und auch in der Stadtplanung Verbreitung fand, die Verteidigung war jedoch auf an den Ecken gerundete Wall-Grabensysteme ohne vorstehende Türme spezialisiert. Spätestens ab dem 2. Jahrhundert v. Chr. war dieses „castrum romanum" ein stehendes Prinzip zahlreicher militärischer und ziviler Neugründungen, das in der Folge nur kleine Verfeinerungen erhielt. Wahrscheinlich konnte man dabei auf konzeptionelle Theorien der früheren Großreiche zurückgreifen, die sowohl durch ältere Kolonien der Griechen in Italien als auch durch eigene Eroberungen in Vorderasien und Afrika bekannt waren. Unter Imperator Octavian erfolgte gemeinsam mit einer Verwaltungsreform der Aufbau eines stabilen Heeres, wodurch eine klassische Militärmonarchie entstand. Um die absolute Regentschaft zu rechtfertigen, wurden Expansionskriege geführt, in deren Rahmen zahlreiche Marschkastelle angelegt wurden. Bald entwickelte sich im Norden an Rhein und Donau eine fixe Grenzziehung, die erst langsam mit nachhaltigen Standlagern geschützt wurde. Vorerst behielt man das bewehrte System der kurzfristigen Marschlager mit ihren reinen Graben-Wallanlagen und krönenden Holzpalisaden, die periodisch erneuert werden mussten. Ihre Kanten waren weiterhin abgerundet und hölzerne Mauertürme standen ausschließlich nach innen vor. Auch an den anderen Grenzen des Reichs initiierte Augustus den Aufbau einer dichten linienförmigen Militärzone, die erst in der Folge systematisch durch steinerne Forts stabilisiert werden sollte. Gemäß zeitgenössi-

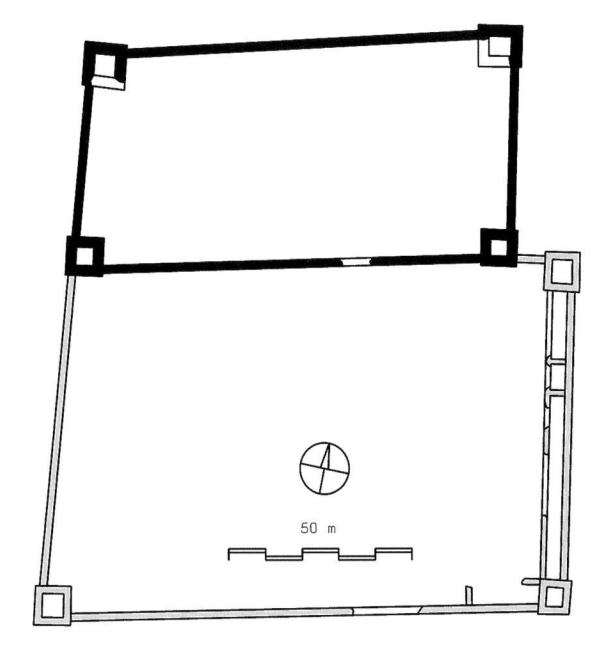

Abb. 5 | Amman, jüdische Zitadelle, 1. Jh. v. Chr.?

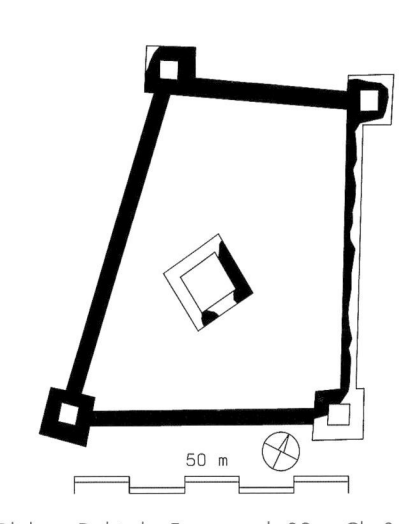

Abb. 6 | Blidaru, Dakische Festung, ab 89 n. Chr.?

schen Berichten konnte man dabei im 1. Jahrhundert n. Chr. im vorderen Orient auf bestehende Festungen zurückgreifen, die man eroberte, besetzte und in gleicher Form verdichtete. Tatsächlich unterscheiden sich etwa die claudischen Kastellketten in den südöstlichen Gebirgen Ägyptens (etwa Mons Claudius) mit ihren rechteckigen Steingevierten und den massiven vorstehenden Flankentürmen kaum von den älteren Konzepten dieser Region, sehr wohl aber von den anderen zeitgenössischen Römerlagern. Auch wenn diese ägyptische Kastellgruppe noch nicht ausreichend erforscht scheint, deutet sich eine regional isolierte eigenständige Entwicklung mit rundlichen Türmen ab, die vielleicht auf benachbarte persische Grenzkastelle zurückzuführen ist.

Einen hervorragenden Beleg für den eigenständigen Kastellbau im Vorderen Orient dürfte die Zitadelle von Amman bieten.

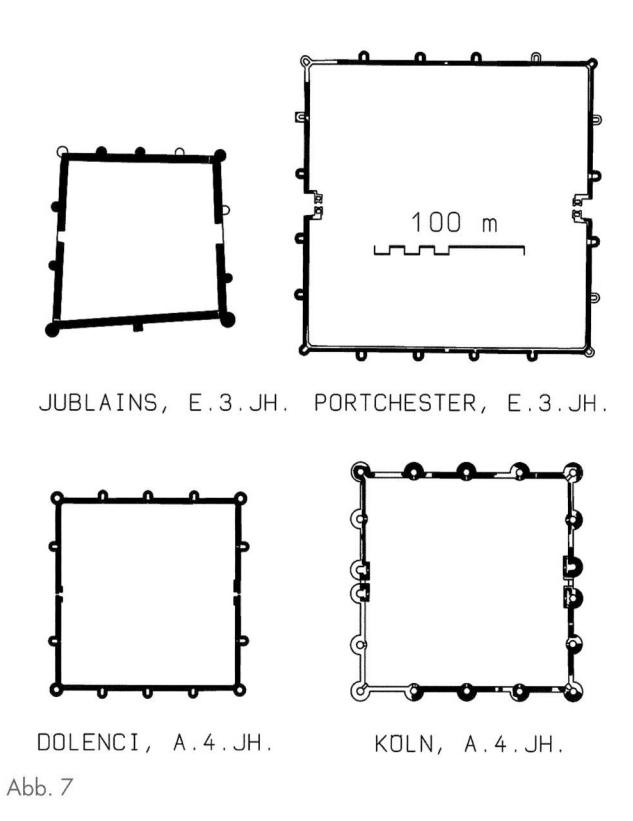

Abb. 7

stärker flankiert, es sollte aber bis ins 3. Jahrhundert dauern, ehe regelhaft vorstehende Turmfolgen verbreitet waren.

Im fortgeschrittenen 3. Jahrhundert erforderten massive Einfälle im Norden durch Germanen sowie im Osten durch die Parther an den Grenzen aber auch im Hinterland neue massive Verteidigungsanlagen, sogar Rom erhielt nun eine weiträumige Befestigung mit zahlreichen Flankentürmen (Abb. 7). Dies gelang, weil der Soldatenkaiser Diocletian (284–313) nach einer veritablen Reichskrise und dem Verlust exponierter Provinzen den Staat durch eine Heeresreform und die Einführung der allgemeinen Wehrpflicht konsolidierte. Die massive Anhebung der Soldatenzahlen führte zu einem umfangreichen Bauprogramm, um die Grenzen durch dichte Ketten von Kastellen zu schützen.

Nun endlich entstanden auch in Europa neue Kastelltypen, die durch rechtwinkelige Kanten mit Turmflankierung, extrem massive Mauern und monumentale rundliche Basteien charakterisiert waren (etwa Jublains in Frankreich, Portchester in England, Dolenci in Serbien und Köln in Deutschland). Die militärpolitische Triebfeder bildete der Feldherr Constantius, der beauftragt wurde, die Nordgrenze aufzurüsten und Nordgallien sowie Britannien wieder (stärker) ins Reich zu integrieren. Trotz der allgemeinen Turmschemata zeichnen sich lokale Bauschulen durch unterschiedlichen Details ab, so entwickelte man etwa isoliert an Donau und Rhein breite Fächertürme an den Kanten, die im Westen und Osten nicht zu finden sind.

Entgegen diesen europäischen Modellen mit Rundtürmen setzte man im Osten nun mehrheitlich auf Rechtecktürme sowie auf innen an die Mauern gelehnte umlaufende Kasernentrakte, die zugleich als breite Terrassen für die Verteidigung dienen konnten (Abb. 8). Im frühen 4. Jahrhundert hatte sich daraus eine eigenständige Variante kleiner und mittlerer Forts entwickelt, die umlaufende zweigeschossige Trakte besaß und den Offiziersbau in einem der Mauertürme integrierte (Bourada in Ägypten, Azraq in Jordanien). Anstelle der dichten Barackenbauten in Europa hielt man hier in der Mitte einen großen Hof frei, der je nach Erfordernis als multifunktionaler Freiraum dienen konnte.

Ihre um 30 v. Chr. unter den jüdischen Hasmonäern in lokaler Tradition errichtete Erstphase wurde nach der römischen Eroberung mit gleichem Konzept erweitert (Abb. 5). Zahlreiche ähnliche jüdische Kastelle deuten auf eine regelrechte Planerschule, die von den Römern übernommen werden konnte.

Eine ähnliche Entwicklung zeichnet sich im Nordosten an der unteren Donau ab, wo ab 89 n. Chr. unter den Dakern eine ganze Reihe von Kastellen mit griechischen Baudetails entstanden ist, die durch die Römer erobert werden mussten (etwa Blidaru) (Abb. 6). In der Folge tauchen ausschließlich an den regionalen römischen Kastellen ausgeprägte rechteckige Flankentürme auf. Ansonsten zeigten die Römerlager in Europa weiterhin abgerundete Ecken und innen angestellte Türme, unabhängig, ob aus Holz oder aus Stein. Erst im mittleren 2. Jahrhundert erhielten hier einzelne Steinforts geringfügig vorstehende Türme, in der Folge wurde vor allem bei den Toren

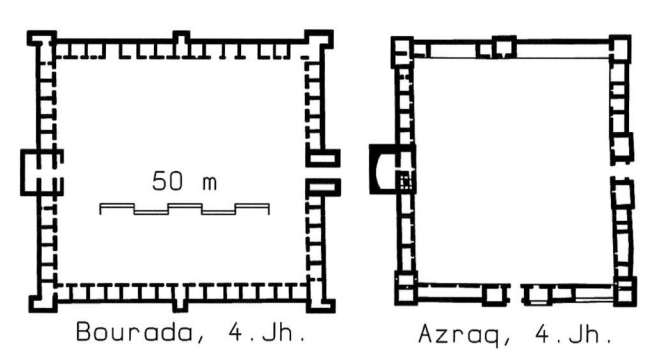

Offenbar gab es also unter Diocletian eine rasche architektonische Entwicklung hin zu verschiedenen ausgefeilten Turmlösungen. Um 300 ließ der Kaiser in Split auch seine eigene Residenz als klassisches Kastell errichten, etwa gleichzeitig entstanden für die Mitkaiser Galerius in Gamzigrad bzw. Maximian in Mailand ähnliche kastellförmige Residenzen, im Jahr 305 folgte der neue Mitkaiser Maximius Daia in Šarkamen ebenfalls mit einer eigenen Kastellresidenz. Ohne Zweifel sollten diese repräsentativen Wohnpaläste programmatisch an die

Abb. 8

Abb. 9

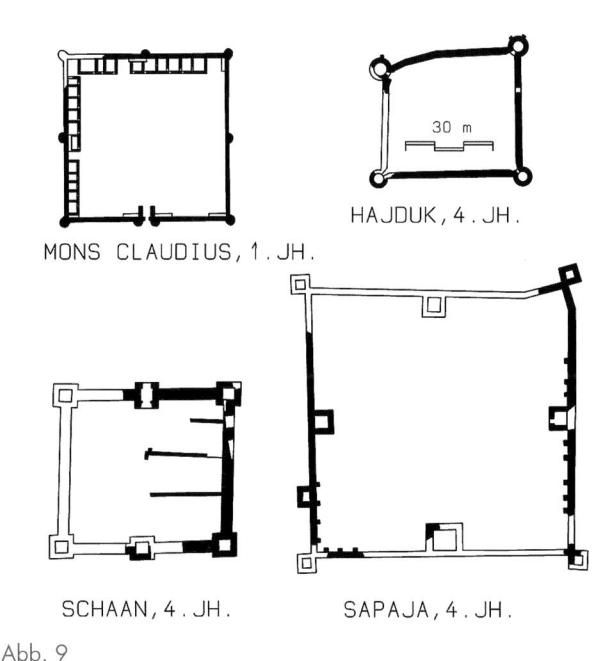

Abb. 10

Kasernen des Militärs anschließen und dessen Stärke und Macht mit der Regierungsgewalt baulich fusionieren. (Abb. 9) Auch im weiteren Verlauf des 4. Jahrhunderts zwangen massive feindliche Angriffe auf die Reichsgrenzen zum Ausbau der Befestigungen. Dabei finden sich nun zwei Konzepte: einerseits wurden zivile Städte durch massive Mauern und monumentale Turmreihen zu Bollwerken verstärkt. Andererseits entwickelte man dazwischen enge Ketten von Wachtürmen und Kleinkastellen, sogenannten Burgi, die als Vorposten und Hafenstützpunkte lediglich zur gesicherten Beobachtung dienen konnten (Hajduk in Rumänien, Schaan in der Schweiz, Bregenz in Österreich, Sapaja in Serbien). Im Verlauf der ständig schwelenden Grenzkonflikte suchte man zudem vermehrt topographisch besser geschützte Stätten auf, deren Grundrisse durch steile Hänge oder schmale Inseln vorbestimmt waren. Dennoch blieb man möglichst dem Kastelltypus mit langen Flankenmauern und weit vorstehenden Ecktürmen treu, während gebogene Umfassungen oder gestaffelte Höfe tabu waren. Bezeichnend ist nun auch die kleinräumige Konzeptausbildung, so finden sich am Bodensee, am Rhein und an der mittleren Donau recht eigenständige Gruppen von Uferkastellen.

Auch die zivilen Gutshöfe wurden nun von Gallien bis zu den Mittelmeerinseln (Paphos) mit mehrtürmigen, kastellartigen Kernbauten befestigt, die teilweise sogar in aufgegebene ältere Großlager als möglichst sichere Schutzbauten gesetzt wurden (Jublains). Tatsächlich musste sich bei der großräumig überforderten Militärorganisation jede eigene Provinz bald selbst schützen. Im frühen 5. Jahrhundert führte das zu vermehrten Abspaltungen sowie zum Verlust weiter Grenzregionen. Zuletzt hatte sich das Westreich auf Oberitalien und die Hauptstadt Ravenna reduziert, wo 476 der letzte Kaiser abgesetzt wurde. Dem entgegen überlebte das Ostreich und führte mit dem Zentrum Konstantinopel den Anspruch auf das römische Erbe weiter. Mangels der alten Truppenstärken musste man jedoch noch mehr auf die Fortifizierung ziviler Bauten setzen. Neben wenigen eindeutig militärisch gewidmeten Kleinforts, die meist durch vier Ecktürme als klassische Kastelle ausgebildet waren, zeigen sich im 5. Jahrhundert zahlreiche paramilitärische bis rein zivile Kastelle, die um Gutshöfe, Dörfer, Kirchen, Klöster und Bischofspaläste entstanden (Pirdop, Bulgarien). Drei neue Militäranlagen wurden als lineare Basteiketten errichtet, so an der Straße von Korinth, quer durch Thrakien und direkt vor Konstantinopel. Diese offenbar nicht ständig bemannten Anlagen konnten immerhin im Bedarfsfall große feindliche Heere aufhalten.

Unter Kaiser Justinian (527–565) unternahm Ostrom den Versuch, die alte Größe des Imperiums wieder herzustellen. Große Teile Nordafrikas, Spaniens und Italiens konnten tatsächlich in verlustreichen Schlachten wieder annektiert werden, im Osten und Süden konzentrierte man sich auf Schutzverträge und Klientelkönigreiche (Abb. 10). Die neuen Grenzen wurden je nach Erfordernis gesichert. Während man an der mittleren Donau die alten Kastelle unverändert weiter nutzen konnte und für Italien die Alpen als natürliches Bollwerk dienten, mussten in Afrika und an der unteren Donau neue massive Bauprogramme ausgeführt werden. In bemerkenswertem Umfang entstand in Nordafrika ein vierteiliges System von Landungsfestungen am Mittelmeer, Hauptgarnisonen an Straßenkreuzungen, mehreren Linien von Kleinkastellen an den Grenzen sowie Zitadellen in den ebenfalls stark

Gastal, 6. Jh.   Paphos, 6. Jh.

Orešac, 6. Jh.   Kulište, 6. Jh.

Abb. 11

Farashband, 5. Jh.   Atsan, 6. Jh.

Hubbaz, 6. Jh.   Qusayr Süd, 6. Jh.

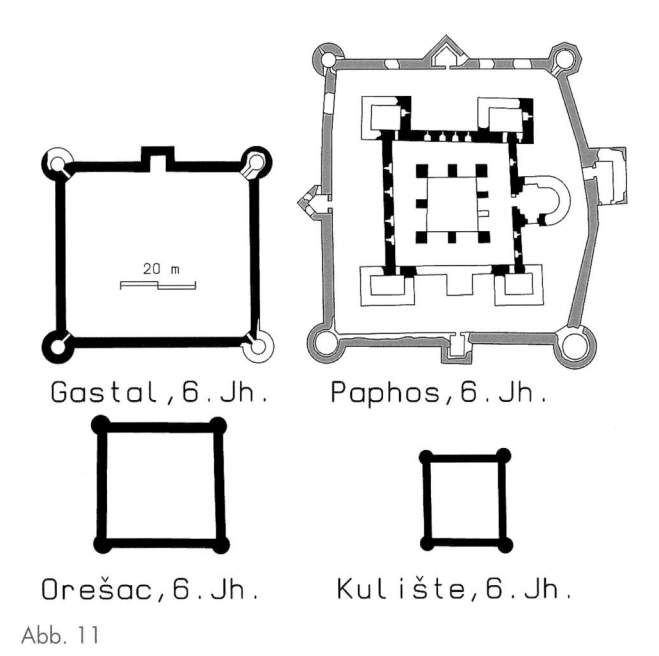

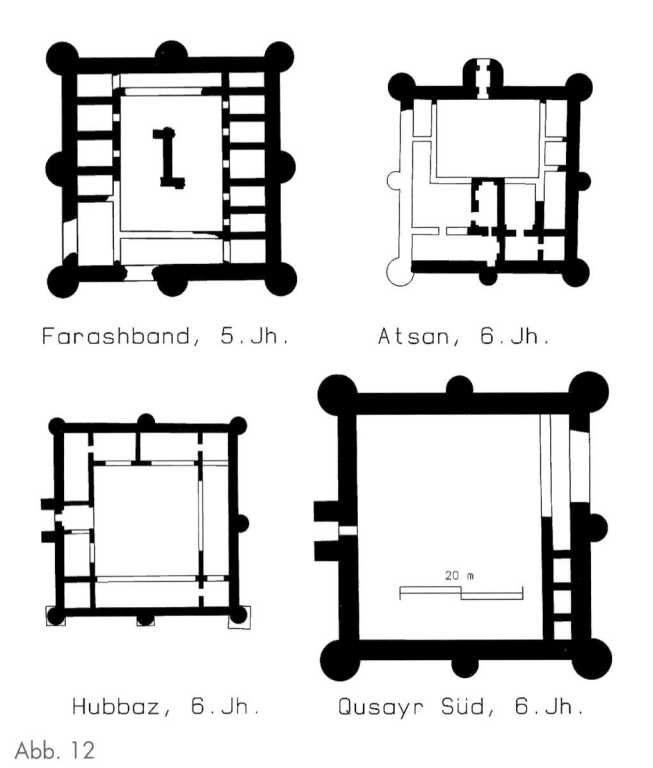

Abb. 12

befestigten Städten des Landesinneren (Sbahi, Zarai, Tunesien). Dieses modulare System verbreitete sich in kurzer Zeit von den Küsten Afrikas und Vorderasiens bis zur spanischen Halbinsel, auf die Balearen und Sizilien. Vor allem in Tunesien sind die Ketten von Kleinkastellen an den Wüstenrändern relativ gut erforscht. Sie belegen gleichförmige Gevierte mit vier weit vorstehenden eckigen Ecktürmen sowie innen randständig angelehnten Zellentrakten. Von Ägypten bis Syrien finden sich auch dorfartig ausgebaute Kastelle, die wohl mit Wehrbauern und Veteranen besetzt waren.

Ganz anders wurde die Verteidigung des unteren Donaulimes organisiert, die parallel von Justinian beauftragt war. Zwar gab es auch hier die funktionale Trennung von Uferkastellen, großen Truppenlagern, Stadtzitadellen und kleinen Grenzforts. Sie wurden jedoch möglichst auf topographisch begünstigte Hügelsporne gelegt und folgten individuell deren Formen. Zudem überwog hier der Rundturm, der allenfalls mit Polygonaltürmen kombiniert war, während Rechtecktürme fast gänzlich fehlten. Daraus lässt sich schließen, dass die Donauregion (von Ungarn bis zum Schwarzen Meer) zwar nach den gleichen prinzipiellen Kastellkonzepten wie in West, Süd und Ost ausgebaut wurde, jedoch daraus höchst eigenständige und abgekoppelte Lösungen entwickelt hat. Offensichtlich gab es hier regionale Planungsschulen.

Nach dem Tod Justinians führten anhaltende Angriffe von Arabern, Slawen, Bulgaren, Langobarden, Awaren und Ungarn zu raschen Gebietsverlusten. Verwüstungen und die Pest hatten die Bevölkerung schrumpfen lassen. Man reagierte zunächst mit geradezu panischen weiteren Befestigungen, etwa in Resafa, Antiocheia und Edessa, aber auch in Tunesien entstanden neue dichte Kastellketten in klassischer Form (Lemsa). Eine auf den östlichen Raum beschränkte Form experimentierte mit Rund- und Polygonaltürmen (Gastal in Tunesien, Saranda-Kolones/Paphos auf Zypern), wobei sie teilweise zu massiven Eckpfeilern reduziert wurden (Orešac und Kulište, Serbien).

Tatsächlich konnte man so noch im frühen 7. Jahrhundert die afrikanischen Grenzen halten und 630 sogar eine persische Armee in der Levante zurück schlagen (Abb. 11). Dennoch brachte die explosionsartige Ausdehnung des Islam im späten 7. Jahrhundert schließlich eine neue katastrophale Bedrohung, die Ostrom in kurzer Zeit zum kleinen „Byzantinischen Reich" am östlichen Mittelmeer reduzierte.

Bereits im Jahr 227 war in östlicher Nachbarschaft des Römischen Imperiums das parthische Königreich von den iranischen Sasaniden gestürzt worden, die ein bis 642 existierendes Großreich aufbauten. Dieses „Neupersische Imperium" übernahm mit wenigen Reformen die lokalen Traditionen der Verwaltung und der Militärorganisation. Trotz der jahrhundertelangen überregionalen Bedeutung steht die heutige Forschung zu den sasanidischen Wehranlagen noch am Anfang. Somit ist angesichts der direkten Gegnerschaft zu den Römern aber auch der kulturellen Basis für die folgende Arabische Expansion dieses wohl neuralgische Kapitel leider derzeit nicht aussagekräftig zu schreiben.

Offenbar gab es spätestens seit dem 5. Jahrhundert standardisierte Kastelle, die vor allem entlang der Steppengrenzen im Südwesten sowie im Nordosten kettenförmig aufgereiht waren

(Abb. 12). Diese eindeutig für das 6. Jahrhundert dokumentierten teilweise dichten Systeme von Mauern, großen Garnisonslagern, engen Kastellketten (Qasr Atsan, Qasr Hubbaz, Qusayr Süd, alle im Irak) sowie Kleinforts und Signaltürmen waren gegen überfallende Nomaden gerichtet und erinnern an die älteren bzw. gleichzeitigen Limes-Anlagen der Römer. Hingegen kannte das Neupersische Reich ausschließlich massive Mauertürme mit runden Formen. Solche Kastelle sind zwar im parallelen spätrömischen Reich ebenfalls zu finden (Orešac und Kulište, Serbien), jedoch überwogen hier die rechteckigen Mauertürme. Ob die wenigen runden Exemplare als direkte Vorbilder zu werten sind, oder ob lokale Traditionen aus altpersischer bzw. parthischer Zeit überdauert haben, ist derzeit offen. Die Gleichzeitigkeit mit den Römerbauten sowie die konzeptionelle Analogie der Grenzverteidigung bei direkter Nachbarschaft sind jedenfalls bemerkenswert. Es darf somit ein bewusster Bezug bzw. eine Übernahme postuliert werden. Einen zukunftsträchtigen Unterschied zu den römischen Kastellen bildet die mehrfach belegte Widmung als exklusive Herrschaftsresidenzen, die durch prächtigen Stuck sowie Baukeramik ausgezeichnet waren. Allen voran ist der rechteckige Palast Taq-e Kisra (Irak) zu nennen, der wohl nach 560 anlässlich der endgültigen Vernichtung der nordwestlichen Nomadengefahr als symbolhaftes Wahrzeichen des Imperiums errichtet wurde. Während außen der klassische Kastellcharakter dominierte, beeindruckten innen ein geräumiger persischer Iwan, ein monumentales Tonnengewölbe sowie feinteilige Wandstuckgliederungen mit Scheinarchitektur.

Im frühen 7. Jahrhundert zerbrach der islamische Sturm trotz des erbitterten Widerstands der Sasaniden in beiderseits verlustreichen Schlachten das neupersische Reich und beendete es schließlich 642.

Zahlreiche Festungen wurden nun von den Arabern besetzt und viele Paläste zu Moscheen umgewidmet. Der Bautyp des Iwans sowie traditionelle iranische Kunstdetails wurden ebenso wie die Kastellform bruchlos in die arabische Baukunst übernommen, dabei wechselten offenbar ganze Architektur- und Kunstschulen zur neuen Herrschaft.

DAS FRÜHE ISLAMISCHE KALIFAT

Mit dem Aufbau einer eigenen Regierung in Mekka im Jahr 622 begründete der Visionär und Politiker Mohammed eine bemerkenswert erfolgreiche Eroberungsherrschaft, die sofort in alle Richtungen expandierte. Am Höhepunkt seiner Macht verstarb Mohammed unerwartet im Jahre 632, sein Reich wurde jedoch durch ein Kalifensystem weitergeführt. Bruchlos führte man die Eroberungen weiter, so expandierten die „Gotteskrieger" nach Norden bis zum Mittelmeer und nach Osten ins Sasanidenreich. Ab der Mitte des 7. Jahrhunderts erfolgten weitere Vorstöße nach Norden: Zypern fiel gleich, Sizilien, Kreta und Rhodos mussten mehrfach überwältigt werden, Byzanz versuchte man bis ins 8. Jahrhundert dreimal vergeblich zu stürmen. Letztendlich entwickelte sich am Taurusgebirge eine halbwegs stabile Grenze zum byzantinischen Reich.

Nach der Machtübernahme der Umayyadenfamilie (661–750) wurde aus den nomadisch geprägten Horden ein ausgefeiltes islamisches Staatswesen geformt, das aus oströmischen und iranischen Traditionen passende Vorlagen übernahm. Als Hauptstadt wählte man das zuvor oströmische Damaskus, wo das römische Münzwesen und die alten Beamten mit ihrer griechischen Sprache beibehalten wurden. Die Militärstruktur und den Titel Kalif entnahm man dem soeben eroberten sasanidischen Reich. Als Regierungsgebäude adaptierte man zunächst vorhandene Bauten, die mit Festsälen und behelfsmäßigen Gebetsräumen umgerüstet wurden. Ein gutes Beispiel bietet die Zitadelle von Amman, bei der innerhalb eines römischen Festungsvierecks mit turmartigen Eckrisaliten im Lauf mehrerer Jahrzehnte ein ausgedehnter Palastkomplex mit additiv gereihten Höfen, Monumentalgebäuden und Festsälen entstand, deren aufwändige Baudetails rein persisch geprägt scheinen.

Als älteste rein frühislamische Kastelle werden kaum erforschte Anlagen im Iran vermutet: während Robat-e Mari mit 125 m Seitenlänge konsequente Zellentrakte ohne hervorgehobenen Raumverband aufweist, zeigt das deutlich kleinere Robat-e Anusirwani zumindest in den Ecken höherwertige Bereiche. Das konzentrische Robat-e Hagiabad nahe Teheran besaß hingegen am äußeren Bering fünf großformatige Kuppelräume sowie im Zentrum ein isoliertes Geviert mit zwei Iwans und kleinen Zellen. In der Region finden sich weitere zweiteilige Gevierte mit unterschiedlich ausgeprägten isolierten Kernwerken, die teilweise sogar von Ecktürmen flankiert waren. Damit schlossen sie an wenig ältere sasanidische Kleinkastelle an (Farashband, Hubbaz), die ebenfalls das Zentrum größerer Gevierte dargestellt haben. Bei diesen frühislamischen Anlagen im Iran wird man daher die Keimzellen der folgenden umayyadischen Landpaläste vermuten können.

Unter Kalif 'Abd al-Malik (685–705) begann gemeinsam mit einer arabisierenden Verwaltungsreform ein zunehmend eigenständiges umayyadisches Bauprogramm. Als demonstrative Fusion sasanidischer und oströmischer Bauelemente wurde ab 691 in Jerusalem der Felsendom errichtet, dem 705 die Umayyaden-Moschee von Damaskus folgte. In den Provinzhauptstädten entstanden als programmatische Bautenpaare zahlreiche rechteckige Moscheen sowie benachbarte Regierungspaläste, deren turmbewehrte Mauergevierte jeweils festungsartig wirkten.

Neben diesen riesigen Verwaltungszentren gab es eine größere Zahl von deutlich kleineren Palästen außerhalb der Siedlungen, von denen zumindest 20 aus der Umayyadenzeit nachgewiesen sind, fast immer ohne exakt datiert zu sein (Abb. 13). Sie lagen vom Volk isoliert in der Wüste und waren künstlich bewässert, sodass sie den Mittelpunkt von ausgedehnten ummauerten Parks mit großen Schwimmbecken, prunkvollen Festsälen, Pferderennanlagen und Jagdgebieten bilden konnten. Hier wurden in sasanidischer Herrschertradition regelmäßig große Festgelage gefeiert und in freistehenden prächtigen Audienzhallen Gäste bewirtet. Diese ausgesprochen aristokratisch orientierten Bauten waren nicht alle für den Kalifen selbst errichtet, sondern auch für den zugehörigen bzw. verwandten Hofadel sowie für selbstbewusste Thronprinzen.

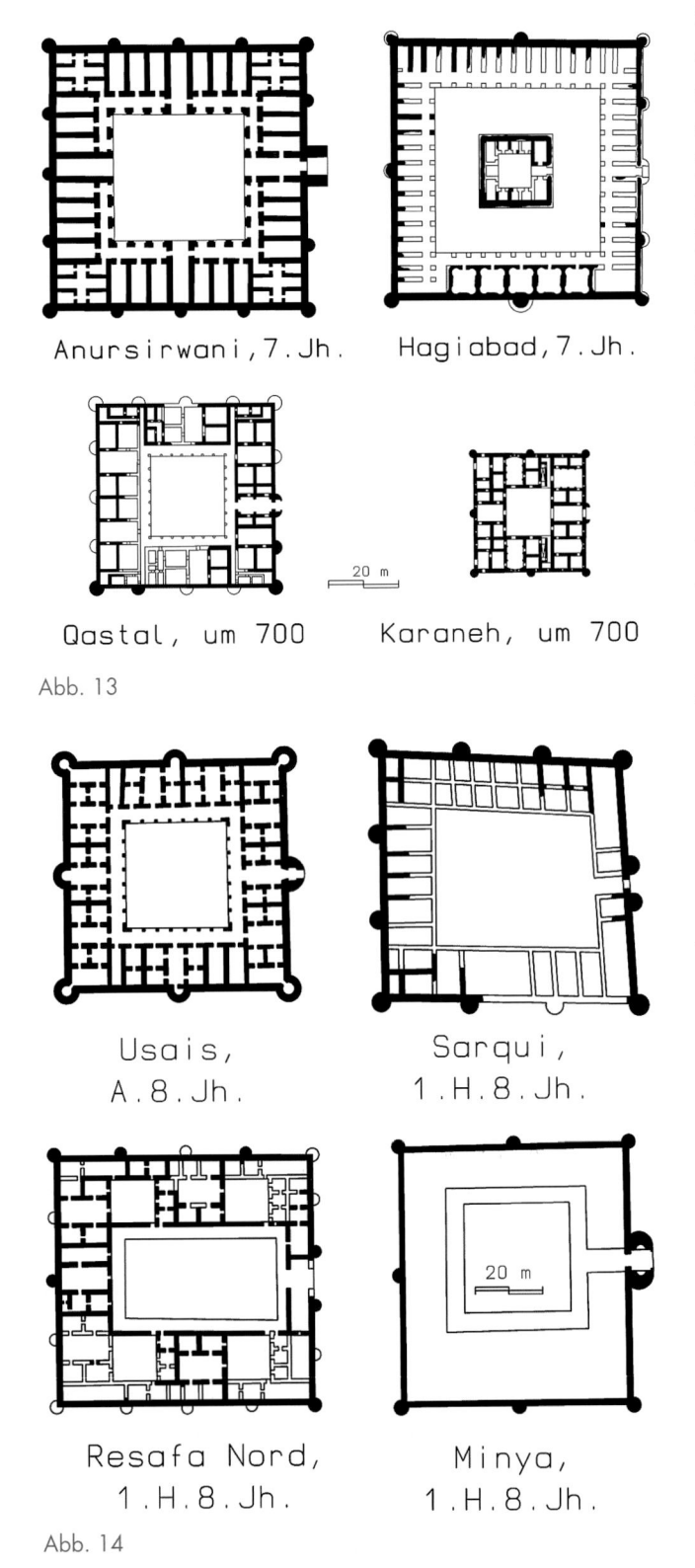

Der charakteristische Bautyp zeigt zwar Ähnlichkeiten zu lokalen spätrömischen Wüstenpalästen wie Quasr el-Hallabat und al-Bakhra, die ebenfalls über ausgedehnte bewässerte Parks verfügt hatten und die man mit geringen Adaptierungen (vor allem dem Einbau einer Moschee) übernehmen konnte. Durch die fast analogen sasanidischen Gevierte von Abu Sha'ar am Roten Meer sowie Ed Deir am Nil des 5.–7. Jahrhunderts mit ihren vergleichbaren Grundflächen von etwa 70 bis 80 m Seitenlänge, den regelmäßigen halbrunden Turmfolgen und den zentralen Doppelturmtoren kann jedoch von einer direkten Weiterführung dieser persischen Architekturschule ausgegangen werden. Innen folgten die modulartigen randständigen Trakte, der umlaufende Arkadengang sowie die Raumgruppen mit gelegentlichen Iwan-Achsen ebenfalls vor allem sasanidischen Palästen. Nicht zuletzt zeigen auch die baukünstlerische Ausstattung und der Wandstuck persischen Dekor, wenngleich gelegentlich Ausmalungen und Mosaiken oströmischer Kunst erfolgten.

Um 700 sind mit Qasr al Qastal sowie Qasr el-Karaneh (beide Jordanien) in der Levante die ersten islamischen Palastkastelle belegt. Sie boten bei etwa 50 m bzw. 30 m Seitenlänge auf zwei Geschoßen einen einst überaus reich geschmückten Ort für Repräsentation und Unterhaltung. Dem entsprechend gelten diese Paläste als propagandistische Staatsbauwerke und Konferenzzentren mit großer politischer Bedeutung, wenngleich auch die sasanidische Herrschertradition des semiprivaten Luxuslebens zu beachten ist.

Unter den folgenden Kalifen wurde die Kastellbaukunst fortgeführt, diesmal neben den fast standardisierten hochwertig ausgestatteten Wüstenpalästen (Usais, Syrien) auch mit kasernenartigen Großgevierten und rasterförmigen Gründungsstädten (Abb. 14). Allen voran ist Angar im heutigen Libanon zu nennen, dessen turmflankierte Mauern wie eine maßstäbliche Vergrößerung der Kastelle wirken, während das rechtwinkelige Straßensystem mit zwei Hauptachsen an die römische Stadtplanung erinnert.

Abb. 15

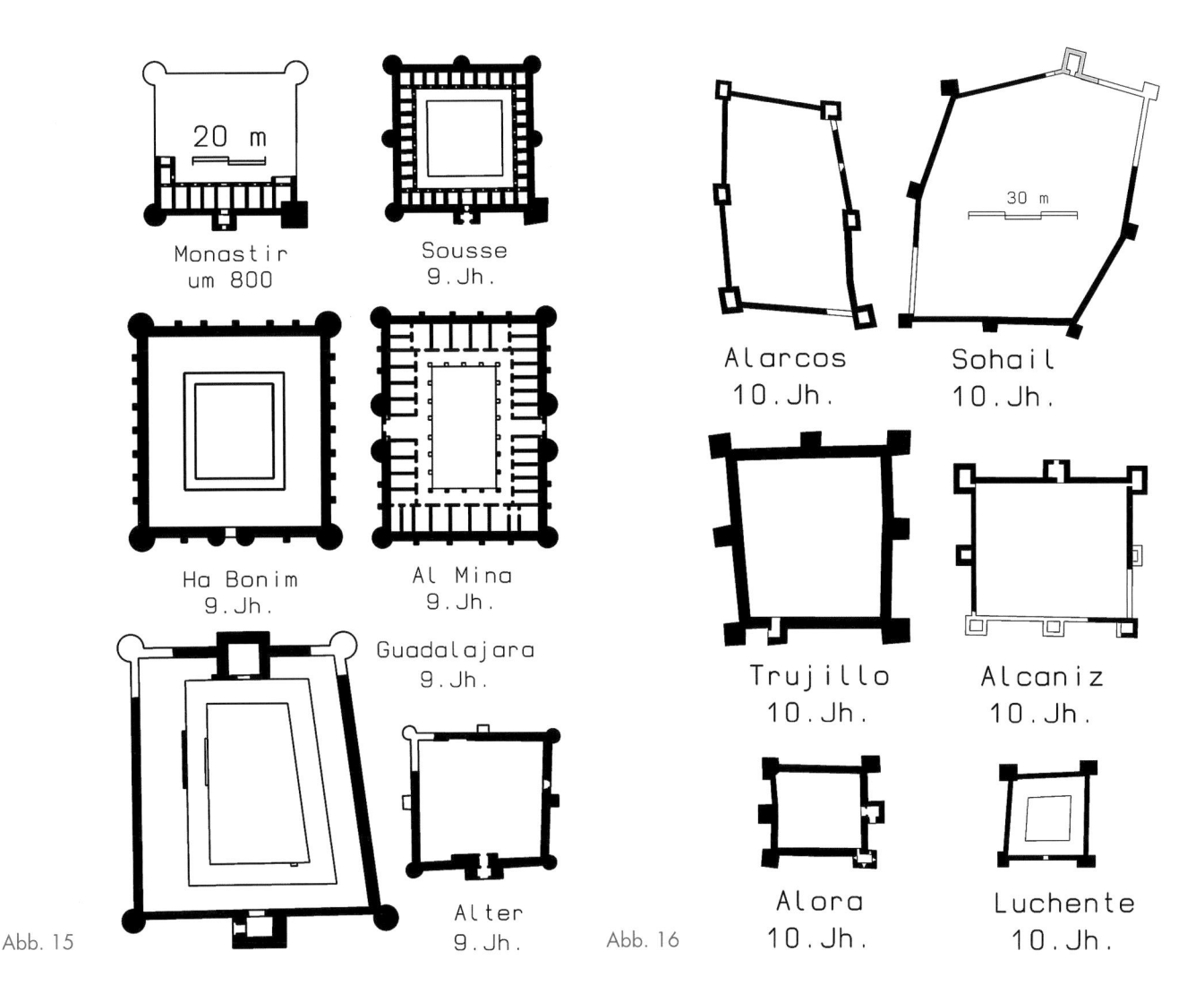

Monastir um 800 | Sousse 9. Jh.
Ha Bonim 9. Jh. | Al Mina 9. Jh.
Guadalajara 9. Jh. | Alter 9. Jh.

Abb. 16

Alarcos 10. Jh. | Sohail 10. Jh.
Trujillo 10. Jh. | Alcaniz 10. Jh.
Alora 10. Jh. | Luchente 10. Jh.

Kalif Hischam (724–743) verlegte seine Hauptresidenz neben die syrische Oasenstadt Resafa. Dort entstanden zahlreiche kastellförmige Hofgevierte, die bei ähnlicher Form und Größe offenbar als Herrschaftspalast, Beamtenquartier aber auch Karawanserei gedient haben, ohne sich äußerlich zu unterscheiden, die aber heute weitgehend unter dem Wüstensand verborgen sind. Im Umkreis von Resafa gab es weitere umayyadische Rechteckanlagen, die ebenfalls noch kaum erforscht sind. 40 km südlich von Resafa liegt etwa die weiträumige Palastanlage Qasr al-Heir as-Sarqi, die innerhalb einer großen Parkmauer zwei Residenzkastelle aufweist. Die wohl um 728/9 begonnenen Bauten stehen sich mit 40 m Abstand gegenüber, dazwischen lag eine Moschee. Das kleinere Kastell ist sehr gut erhalten, steht auf einer rechteckigen Fläche mit etwa 70 m Breite und wurde offenbar als repräsentativer Kalifensitz genutzt. Auch im heutigen Israel wurde mit dem praktisch gleich großen Khirbat al-Minya ein analoges Wüstenkastell errichtet, dem weitere sehr ähnliche in Jordanien und Syrien zur Seite zu stellen sind. Bis zum Sturz der Umayyaden im Jahr 750 entstanden noch zahlreiche Gevierte unterschiedlicher Größe, die oftmals nicht planmäßig fertig gestellt wurden.

Es folgte die Dynastie der Abbasiden, die umgehend mit Bagdad eine neue kreisförmige Hauptstadt begründete und dort als politisches Zentrum programmatisch ein nur in Beschreibungen überliefertes quadratisches Kastell errichten ließ. Auch die Tradition der abseits gelegenen Parkpaläste wurde weitergeführt, wobei man in Konzeption und Ausstattung den sasanidischen bzw. umayyadischen Schulen folgte. Nach einem glanzvollen Sieg über den byzantinischen Kaiser im Jahr 801 ließ man exakt an dieser Stelle die Festung Heraqla als Siegesmonument errichten. Wiederum handelte es sich um ein quadratisches Kastell mit großen Ecktürmen, das aus schimmernden Gipsquadern gefügt und mit Toren in alle vier Himmelsrichtungen ein monumentales Staatssymbol des muslimischen Imperiums darstellte.

Da die eroberten lang gestreckten Mittelmeerküsten Afrikas, Spaniens und der Levante weiterhin von byzantinischen Flotten bedroht waren, etablierte sich um 800 ein neuer muslimischer Bautyp, der Ribat. Zahlreiche Freiwillige besetzten als Kriegermönche diese an neuralgischen Punkten positionierten

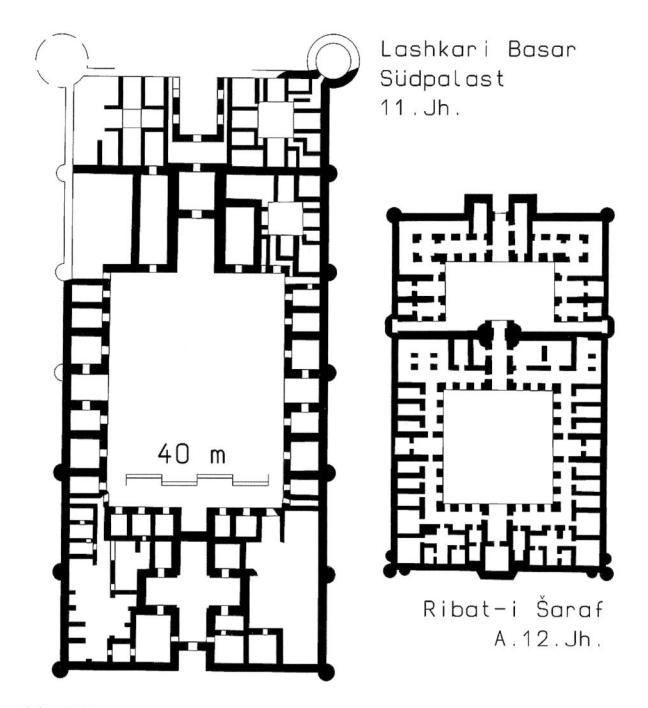

Abb. 17

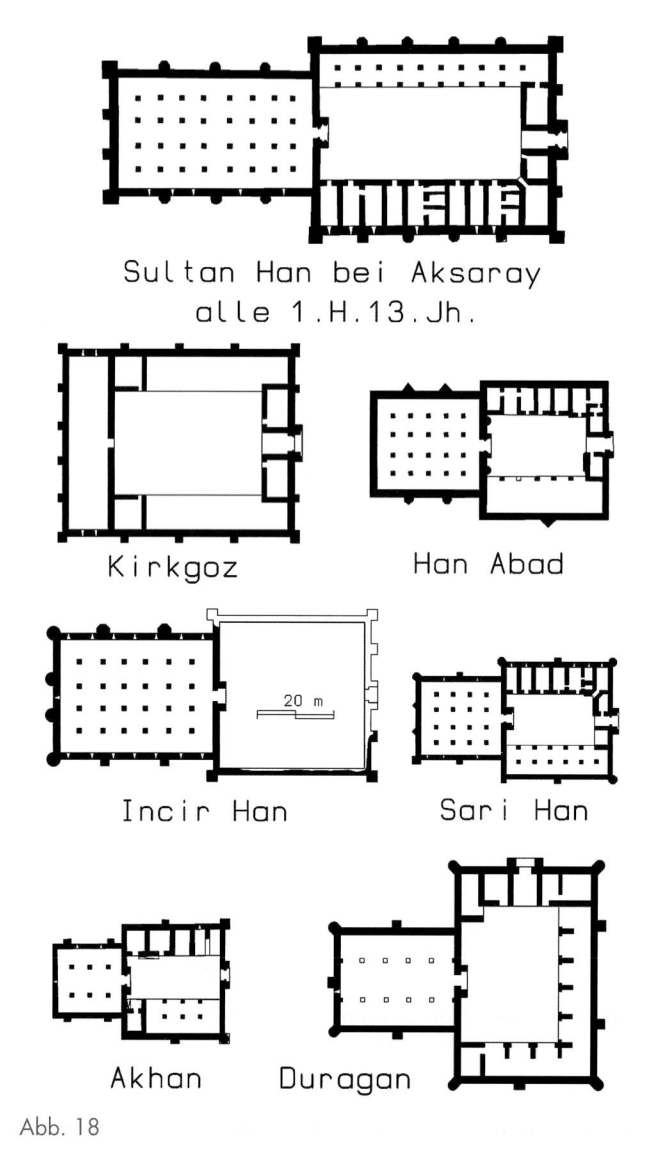

Abb. 18

klosterartigen Festungen, die baulich an den Wüstenkastellen sowie den vorgenannten Staatsfestungen in Bagdad und Herqla anschlossen. Zusätzlich besaßen sie einen Gebetsraum und ein Minarett, das als Signalturm verwendet werden konnte. Bis ins späte 9. Jahrhundert entstanden so zahlreiche modulartig gleiche Forts, die in der gesamten islamischen Welt von Spanien bis Asien zu finden sind.

Als Gründungsbau und Prototyp gilt der Ribat von Monastir, der um 795 datiert (Abb. 15). Aus der Zeit um 821 stammt die am besten erhaltene Anlage in Sousse (beide Tunesien). Der quadratische Bau mit 36 m Seitenlänge war für 50 Kriegermönche konzipiert und wurde zum Vorbild der Schule von Sousse, aus der zahlreiche Nachfolger hervorgingen. An der israelischen Küste blieben mehrere Kastelle einer offenbar dichten Reihe von Grenz- und Straßenforts erhalten, wovon Ha Bonim und Al Mina mit etwa 60 m Seitenlänge noch von den christlichen Kreuzfahrern bis ins 13. Jahrhundert benutzt werden sollten. Auch in Spanien entstanden im 9. Jahrhundert mit dem Alcázar Real de Guadalajara sowie dem Ribat von Alter do Chao zwei direkt verwandte Anlagen, wenngleich hier rasch lokale Traditionen wie rechteckige Mauertürme ins Konzept integriert wurden.

Aufgrund einer politischen Abspaltung von Bagdad folgte in Spanien eine eigenständige Entwicklung der Kastelle mit ausschließlich rechteckigen Türmen, die eher an spätantike Traditionen anschloss (Abb. 16). Vor allem nach der Proklamation zum Kalifat von Al Andalus im Jahr 929 und der steigenden Gefahr der christlichen Reconquista kam es im 10. Jahrhundert zu einem massiven Anstieg von Befestigungen, von Stadtmauern, Stadtzitadellen sowie isoliert stehenden Bollwerken. Davon künden etwa die unterschiedlich großen Zitadellen von Sohail, Trujillo, Alora und Luchente sowie die auf Hügeln stehenden Alarcos und Alcaniz, denen viele ähnliche zur Seite zu stellen sind. Nach Jahren der Missherrschaft und einem folgenden Bürgerkrieg endete im Jahr 1036 das spanische Kalifat, dem zahlreiche Kleinkönigreiche ohne zentrale Kastellschule nachfolgten.

Mit dem Schwinden der politischen Bedeutung des Kalifats von Bagdad haben sich auch in Nordafrika sowie in Afghanistan unabhängige islamische Herrschaften entwickelt, deren Palastarchitektur vom 10. bis zum 12. Jahrhundert programmatisch an die umayyadischen bzw. abbasidischen Wüstenresidenzen anschloss (Abb. 17). Dabei gab es jedoch eigene Entwicklungen zu mehrhöfigen Anlagen mit dominanten Thronsälen (etwa beim Südpalast der ghaznevidischen Hauptstadt Lashkari Bazar in Afghanistan).

Im 11. Jahrhundert etablierte sich der türkische Stamm der Seldschuken zu einer neuen Macht, der bald das Kalifat von

Bagdad besiegen und einen Großteil Westasiens bis Afghanistan beherrschen sollte. Im 12. Jahrhundert teilte man sich in das östliche Großseldschukenreich mit seinem Zentrum im Iran sowie die arabischen Seldschuken mit dem Schwerpunkt Türkei. Beide schlossen politisch und religiös demonstrativ an die persische Kultur an, deren Kunstzweige programmatisch weiter geführt wurden. So folgten ihre wenigen identifizierten Paläste fast unverändert der langen Tradition der kastellförmigen Wüstenschlösser inmitten großer Parkanlagen. Dabei belegt ihre Betonung von prunkvollen Thronsälen die direkte Weiterführung lokaler Schulen, die sich auch durch den Anbau eines integrierten Vorhofs zeigt (etwa beim inschriftlich auf um 1115 datierten Ribat-i Šaraf im Iran).

Im 13. Jahrhundert blühte unter den Seldschuken ein besonders langlebiges Phänomen muslimischer Herrschaften auf, die systematisch gesetzten Straßenstationen, die bereits seit den frühesten arabischen Eroberungen belegt sind. Konnte man dabei in den Regionen des alten Perserreichs auf bestehende Stationen zurückgreifen, musste im Westen und Süden ein neues kettenförmiges Netz errichtet werden, das die zentralen Gebiete mit dem Mittelmeer und dem Schwarzen Meer verband und zum Rückgrat der Verwaltung wurde. (Abb. 18) Während die älteren Stationen durchwegs einfache Gevierte mit Ecktürmen bildeten, war dies nur bei den ersten seldschukischen Anlagen der Fall (Kirgóz Han, Türkei). Schon bald entstand eine Zweiteilung mit großem Hofgeviert, das durch Stallungen sowie Sanitär- und Wirtschaftsräume gerahmt war, sowie einem eingerückten durchgehend gewölbten Saalbau, der aufwändig ornamentiert und mit Marmor verkleidet sein konnte und somit als repräsentativer Hauptraum zu verstehen ist. Vor allem die direkt vom Sultan beauftragten und wohl auch selbst genutzten Großanlagen des frühen bis mittleren 13. Jahrhunderts bei Aksaray, bei Antalya (Incir-Han) sowie bei Kayseri dienten als Vorbilder für unzählige weitere, die von lokalen Beamten beauftragt wurden (Han Abad, Sari Han, Akhan, Duragan, alle in der Türkei). Ihre Größe konnte stark variieren, das Raumprogramm wurde aber möglichst eingehalten. Obwohl bislang in der Forschung weitgehend von rein funktionalen polizeiartigen Straßenstationen mit gelegentlicher Unterbringung hoher Gäste ausgegangen wird, indizieren die konzeptionelle Anknüpfung an die teils ebenfalls zweigeteilten Palastkastelle, die oft prunkvolle Ausgestaltung sowie die theatralisch überbetonte Wehrhaftigkeit durch turmartige Pfeilerreihen auch eine hohe repräsentative Komponente, als demonstrative Zurschaustellung der seldschukischen Präsenz. Die Gewölbehallen erinnern zwar an alte umayyadische Empfangshallen, vor allem aber an die zeitgenössischen Moscheen, zu denen auch der Baudekor passt. Zudem ist zu vermuten, dass die Bauten nicht als öffentliche Herbergen für normale Reisende zugänglich waren, sondern als paramilitärische Stützpunkte die Heeresstraßen als Adern des Reichs zu schützen hatten. In diesem Sinne sind sie mit den Fort-Ketten der Assyrer, Ägypter, Römer, Perser sowie den islamischen Ribats zu vergleichen. Zu letzteren besteht eine ähnliche Positionierung, sodass eine inhaltliche sowie konzeptuelle direkte Weiterführung durchaus möglich erscheint. Analogien finden sich auch zu historisch und geographisch nahe liegenden armenischen Straßenstationen mit Hauptbau und vorgesetztem turmbewehrten Hof, etwa Kum Kale, sodass insgesamt noch eingehende Forschungen nötig sind.

DER NAHE ORIENT IM HOCHMITTELALTER

Der islamische Sturm über den östlichen Mittelmeerraum hat das oströmische Restreich empfindlich getroffen, das im 7. und 8. Jahrhundert mehrfach vor der vollständigen Eroberung stand. Lediglich die massiven gestaffelten Mauern Konstantinopels konnten damals eine Vernichtung verhindern. Im Jahr 863 leitete ein fulminanter christlicher Sieg jedoch eine Periode von Rückeroberungen nach Westen bis zum Balkan und nach Italien ein, die ein neues Selbstbewusstsein als expandierendes Byzantinisches Imperium schufen. Die zeitgenössischen Befestigungen in den Provinzen deuten auf standardisierte massive Mauergevierte ohne Türme, jedoch ab dem 10. Jahrhundert offenbar mit einer inneren Zweiteilung. Unter Kaiser John I. Tzimisces (969–76) überschlugen sich die Ereignisse neuerlich. Es gelangen die Eroberung des östlichen Mittelmeers einschließlich Kretas und Zyperns, der Nordlevante bis knapp vor Jerusalem sowie die Zerschlagung des Bulgarenreichs an der Donau. Die neuen Gebiete wurden umgehend durch den Wiederaufbau der antiken Limes-Kastellketten sowie durch ein paramilitärisches Kastron-System mit einer gut bewaffneten Grenzbevölkerung geschützt. Minutiös studierte und imitierte man dabei die antiken Kastellruinen mit ihren Gevierten, Flankentürmen und Doppelturmanlagen. Unter Kaiser Basileios II. (976–1025) konnte die levantinische Ostgrenze noch weiter bis zum strategisch bedeutenden Orontes-Gebirge vorgeschoben werden, wo er eine ganze Reihe von großteils neuen Befestigungen errichten ließ. Dabei gab es offenbar jeweils ein großes ummauertes halbziviles Areal sowie im Zentrum ein kleines Kernkastell für eine schlagkräftige byzantinische Garnison. Vor allem in Syrien zeigt sich ein etappenweiser Ausbau dieser Zitadellen von einfachen Gevierten zu klassischen Vierturmanlagen (Burzaih,

Burzaih, ab 975   Masyaf, um 1000

Mineralni Bani, 10. Jh.   Saone, ab 975

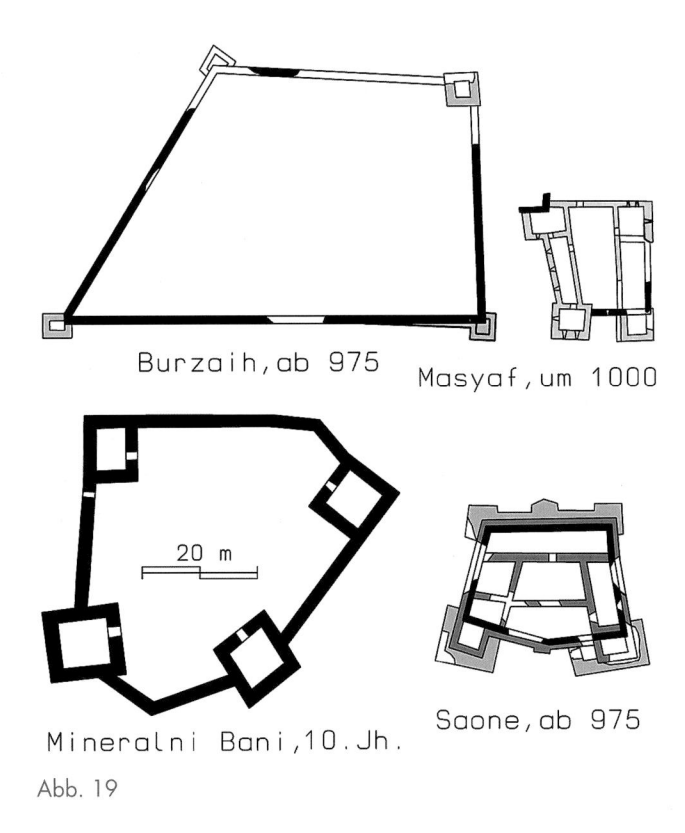

Abb. 19

Masyaf, Saone), während in Bulgarien sofort reine Vierturmforts entstanden (Mineralni Bani). Dabei passte man sich möglichst der Topographie an bzw. nutzte ältere Bauten, wodurch trotz der Viertürmigkeit sehr unterschiedliche Anlagen entstanden (Abb. 19).

Bis ins späte 11. Jahrhundert war nun die Kastellform im byzantinischen Reich ein allgemein gern genutzter Typus, der von befestigten Siedlungen über Kloster- und Bischofsburgen bis zu rein militärischen Forts sehr ähnlich konzipiert war (Kiz Kalesi, Türkei). Vor allem planmäßig angelegte Klosterburgen erhielten nun klassische Kastellmauern mit regelmäßig gesetzten Eck- und Mauertürmen.

Nach der unerwarteten und folgenschweren Niederlage der Byzantiner 1071 gegen die islamischen Seldschuken wurden die inkorporierten christlichen Armenier schlagartig aus dem Kaukasus vertrieben. Sie rückten relativ geordnet an die südöstliche Küste Anatoliens und gründeten dort ein bis 1375 bestehendes selbstständiges Königreich, das in armenischer Tradition umgehend durch starke Forts mit Reihen von D-förmigen Türmen geschützt wurde. Halbrunde Basteien wurden nun auch zu einem Markenzeichen des byzantinischen Festungsbaus, sodass von einer Integration zahlreicher armenischer Planer und Handwerker in die Bauschulen des Imperiums ausgegangen werden kann. Die charakteristische armenische Bautechnik und die D-förmigen Türme sollten noch im 13. Jahrhundert ein wesentliches Element im (europäischen) Burgenbau der Kreuzfahrerstaaten in der Levante werden.

Die nachstoßenden Seldschuken übernehmen wiederum byzantinische Planer und Handwerker, wie ihre großformatige Zitadelle von Damaskus (Syrien) eindrucksvoll belegt, die knapp vor 1100 entlang der antiken Stadtmauer errichtet wurde (Abb. 20). Sie zeigt direkte Parallelen zu zahlreichen zeitgenössischen byzantinischen Forts, etwa zu Kiz Kalesi. Ab dem frühen 12. Jahrhundert sollte es in der hart umkämpften Levante sogar zu einem bemerkenswerten Paarlauf christlicher und muslimischer Wehrtechnik kommen, bei der Planer und Handwerker sich wohl gut gekannt bzw. sogar beidseitig der Fronten gearbeitet haben dürften.

Nach dem Aufruf von Papst Urban II. im Jahr 1095 zur Befreiung Jerusalems und der östlichen Christenheit strömten über 100.000 Menschen aus Europa in den nahen Osten, um Palästina zu befreien. Bald konzentrierten sich die Hochadeligen gezielt darauf, mit ihrem Gefolge eine neue Heimat aufzubauen. So wurden von Franzosen die Grafschaften Edessa und Tripoli gegründet, kurz danach folgte das normannische Fürstentum Antiochia, 1099 begründete man das eigentliche Königreich Jerusalem. Dabei wurde das europäische Feudalsystem mit adeliger Lehnspyramide und markenähnlichen Fürstentümern zunächst fast unverändert importiert, wobei feste Familienklans aus Westeuropa mit ihrem Gefolge das Grundgerüst bildeten. Sie errichteten in den nächsten Jahr-

Kiz Kalesi um 1100

Damaskus E. 11. Jh.

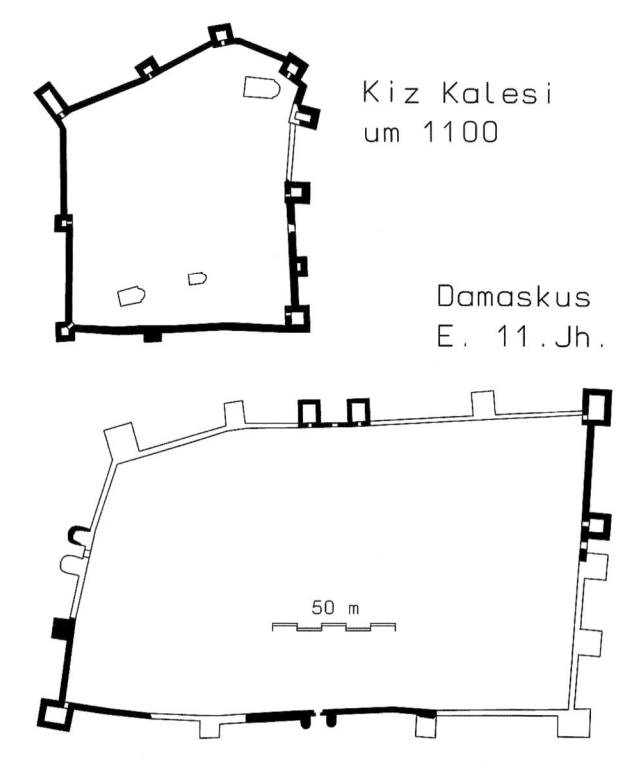

Abb. 20

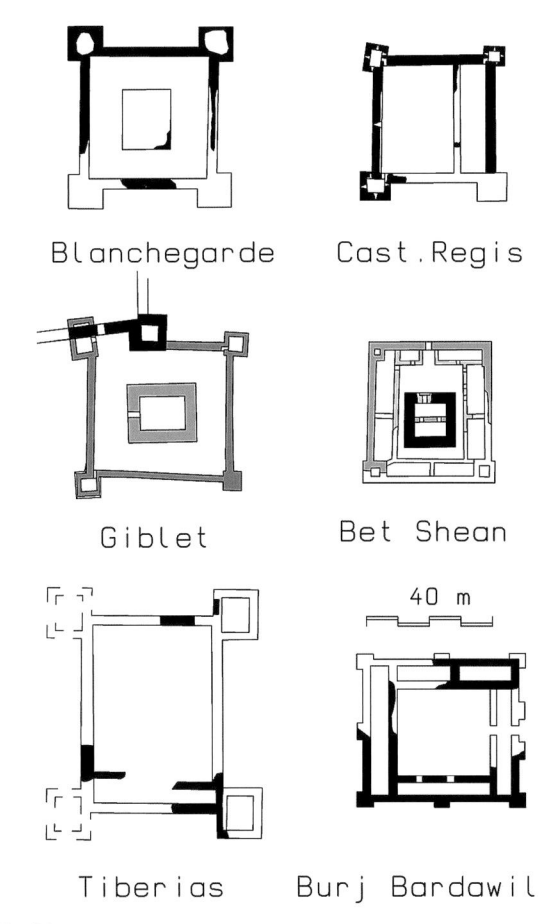

Abb. 21

zehnten zahlreiche Burgen, Städte und Siedlungen unterschiedlicher Größe und Form, die aufgrund der hohen Aufwendungen für die Verteidigung weitgehend von Europa abhängig blieben. Während der Großteil der Burgen sich an Europa orientierte, folgten bedeutende Zentralfestungen wie Montpélerin (nach 1100, Libanon) und Kerak (nach 1142, Jordanien) dem byzantinischen Kastelltypus. Den am weitesten ausgreifenden Punkt markiert das königliche Kastell von Li Vaux Moise nahe Petra (Jordanien), das nach 1127/31 datiert. Die konzeptionelle und handwerkliche Nähe zu Byzanz ist durch direkte politische Verbindungen bzw. Abhängigkeiten sehr gut erklärbar. Offensichtlich hatte dieses Imperium zum Aufbau der höchst willkommenen christlichen Pufferherrschaften Planer und Handwerker gesandt.

Sehr bald formierte sich Widerstand unter den Muslimen, so konnten sie 1137 Montferrand und 1144 Edessa zurückerobern und 1148 vor Damaskus ein Christenheer vernichtend schlagen (Abb. 21). Als Reaktion dieser frühen Konfrontationen lässt sich an den Grenzen des Königreichs Jerusalem der Aufbau von kastellförmigen Stützpunkten beobachten, die bei auffälligen konzeptionellen und bautechnischen Analogien offenbar parallel entstanden sind. Während davon heute nur eine Hand voll durch Baureste nachvollziehbar ist, belegen zeitgenössische Berichte noch weitere, sodass zumindest regional durchaus dichte Gürtel zu vermuten sind. Als Ausgangspunkt könnte Bethgibelin (Israel) gedient haben, das der König im Jahr 1134 an strategisch bedeutender zentraler Stelle als 125 x 170 m großes Kastell beginnen ließ. Es folgte eine ganze Reihe viel kleinerer Vierturmkastelle direkt an den Grenzen, von denen vor allem im Süden ein Gutteil nur quellenmäßig belegt ist. So gibt es vom 1142 erstmals genannten paradigmatischen Kastell Blanchegarde (Israel) nur eine vage Beschreibung samt Skizze aus dem 19. Jahrhundert. Auch das östliche Grenzkastell des Königs in Burj Bardawil (Israel) ist nur auf einer historischen Skizze überliefert, es zeigt jedoch starke Parallelen zum 1148 erstmals genannten Kernbau von Arima, einer teils sehr gut erhaltenen königlichen Kastellanlage.

Exakt an der Ostgrenze des Königreichs liegt südlich des Sees Genezareth die besser bewahrte Stadtzitadelle von Bet Shean (Israel), die wohl einen älteren Wohnturm aus byzantinischer Zeit kastellförmig ummantelt. Etwa in der gleichen Zeit wurde am See Genezareth ein Hafenkastell mit vier Ecktürmen errichtet, das nach der Eroberung 1187 durch Saladin planmäßig geschleift und kürzlich archäologisch teilweise wieder freigelegt wurde. In der Mitte der Nordgrenze des Königreichs entstand das Castellum Regis (Israel), das mit seinen vier Ecktürmen wie ein Zwilling spätrömischer Limeskastelle wirkt. Nördlich außerhalb des Königreichs lag in der Grafschaft Tripolis die Hafenstadt Giblet (Libanon), an deren südlicher Landecke der älteren Stadtbefestigung ebenfalls eine allseits vorstehende Zitadelle angestellt wurde. Auf Basis dieser weni-

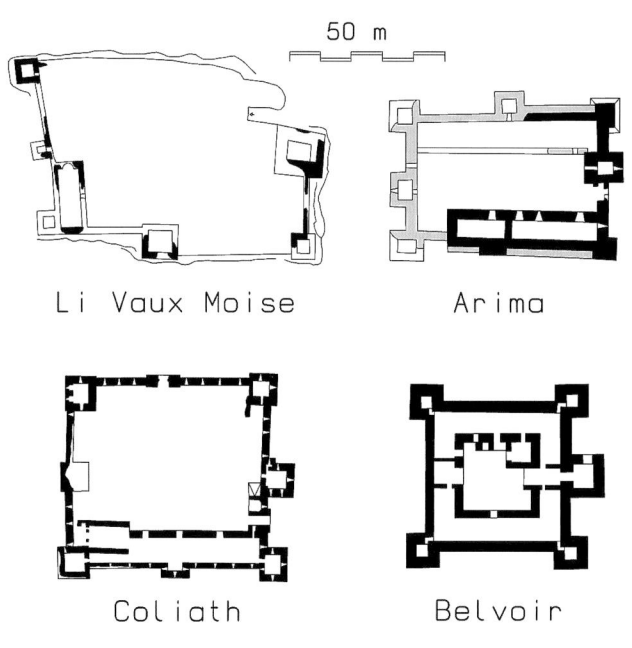

Abb. 22

gen Belege ist nur zu vermuten, dass es im mittleren 12. Jahrhundert einen königlichen Masterplan gab, entlang der gefährdeten Grenzen starke Kastelle zu errichten. Die unterschiedlichen Lösungen lassen jedoch nicht an eine zusammenhängende Bauschule denken, sondern an individuelle Planer- und Handwerkergruppen.

Schon sehr bald sollte sich sowohl für die Burgbauvorhaben als auch für deren militärische Besatzung eine Auslagerung der Grenzsicherung von königlicher Seite an die großen Ritterorden bewähren (Abb. 22). Die teils unmittelbar nach der Gründung bzw. in Bau weiter gegebenen Anlagen indizieren, dass dabei auch Planer und Bauleute vor Ort verblieben. So verwundert es nicht, dass der (königliche) Kastelltypus bruchlos bei den Ritterorden weiter tradiert wurde.

Einer der ältesten war der Johanniterorden, der zunächst als Spitalgesellschaft und Reisehilfe für Pilger gegründet worden war, um sich allmählich über stark bewaffnete Schutztruppen um 1130 zum vorwiegend kämpfenden Ritterorden umzuwandeln. Die verlässlich fließenden Geldmittel legten es den weltlichen Machthabern der Region nahe, den Johannitern Befestigungen ganz zu überlassen, um diese vor allem an den Grenzen massiv auszubauen.

So übertrugen Graf Pons von Tripoli 1127 die Burg Coliath, König Fulko von Jerusalem 1136 Bethgibelin und Graf Raimund II. von Tripoli (1137–52) den Crac samt zahlreichen Privilegien, 1168 kaufte man Belvoir dazu.

Auch der Templerorden, der nach einem Massaker an Pilgern vor Antiochia 1119 gegründet und vom König stark gefördert wurde, erhielt zahlreiche Bollwerke. Das namengebende Haupthaus am Tempelberg sowie die frühen Bauten hatten zunächst eher europäischen Klöstern bzw. Burgen geglichen. Einen entscheidenden Anteil an der Entwicklung der Ordensarchitektur könnte das wenig beachtete Kastell Coliath haben, dessen erste Bauphase vielleicht kurz nach 1127 datiert. Der Originalplan umfasste ein relativ konsequentes Rechteck von 60 x 65 m mit kaum vortretenden Ecktürmen, zwei weiteren Mauermitteltürmen sowie einem pfeilerartigen Torturm und gegenüber einem rechteckigen Schalenturm. Im Norden lagen eine Kapelle, ein Nebentor und ein langer spitzbogig gewölbter Gebäudetrakt. Im mittleren 12. Jahrhundert gründete der Orden als neue Zentrale die großformatige Kastellanlage von Tartus sowie nach 1177 den Wiederaufbau des zerstörten Kastells Arima. Analogien finden sich vor allem in Spanien, wo der Orden parallel bei der „Reconquista" engagiert war und weit verstreuten Besitz erwarb.

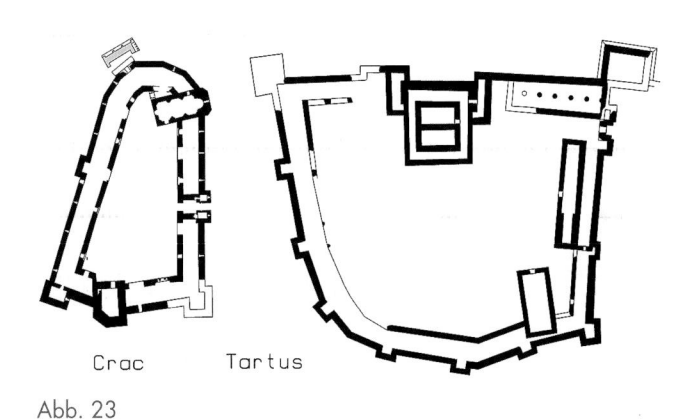

Als das Idealbeispiel einer Ordensburg gilt jedoch Belvoir im heutigen Israel. Das Kastell ersetzte ab 1168 eine zerstörte Kreuzfahrerburg, wurde jedoch selbst bereits 1187 nach 18 Monaten Belagerung von den Muslimen erobert und planmäßig geschleift. Es gilt als sicher, dass der Johanniterorden hier sein neues Hauptquartier errichtete und gemäß analogem Mauerwerk und ähnlichen Baudetails wie in Bethgibelin und Crac des Chevaliers ein überregional koordiniertes Bausystem verfolgte.

Im Zentrum lag wie in Bethgibelin ein quadratisches Kernkastell von 46 m Breite mit vier weit vortretenden Ecktürmen. Nach Westen stand zentral ein 13 m breiter dominanter Torturm vor. Innen wurde der kleine Hof von vier gleichförmigen Trakten gerahmt, die im Sockelgeschoß durchgehend gewölbt waren. Im Obergeschoß sind wohl die Quartiere der Ritter zu vermuten, beim bzw. im Torturm könnte die Kapelle gelegen haben.

Etwa zeitgleich wurden von den Johannitern Crac de Chevaliers sowie von den Templern Tartus und Arima als großformatige Kastelle erneuert, wovon erste zwei aufgrund der älteren Standorte keine rechtwinkeligen Grundrisse aufweisen (Abb. 23). Dennoch zeigt sich deutlich ein ähnliches Konzept mit großer Hoffläche, randständig umlaufender Gewölbehalle, großer Kapelle, dominantem Hauptturm, Doppelturmtor sowie flankierfähigen Eck- und Mauertürmen. Mit diesen Bauelementen wurden in der Folge zahlreiche weitere Kreuzfahrerburgen aufgerüstet, um dem steigenden Druck der Muslimen standhalten zu können. Auch im Hinterland bekamen nun zahlreiche Ordensbesitzungen einheitlich rechteckige Gevierte mit umlaufenden Gewölbehallen, dominantem Turm sowie fallweise weiteren Ecktürmen, sodass hier von einer zweiten, abgestuften Kastellform zur Sicherung der weiten offenen Gebiete ausgegangen werden kann. Analoge Baudetails zu den großen Kastellen belegen lokal sogar direkte Verbindungen der Handwerker.

Auf muslimischer Seite waren die ersten Kreuzzüge in eine Epoche der Zersplitterung gefallen. Das einstige Großreich der Seldschuken war in rivalisierende Fürstentümer zerbrochen, die Fatimiden von Kairo hatten ihren Einfluss in der Le-

Abb. 23

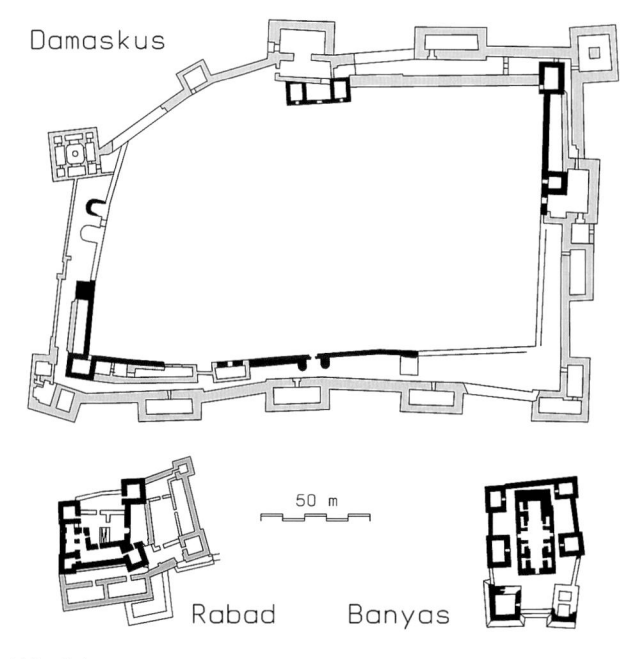

Abb. 24

vante eingebüßt und es folgte daher auch kein geschlossen akkordierter Widerstand. Ägypter, Syrer und Türken waren sogar bereit, sich mit den Kreuzfahrern zu arrangieren und sie als Bündnispartner und Puffermacht in die Lokalpolitik einzubeziehen.

Mit der Machtübernahme der Seldschuken bzw. der amtsführenden Zangiden begann man jedoch mit zahlreichen neuen Befestigungen, um die vereinigten Gebiete nachhaltig zu sichern. Zunächst erhielten die Städte ausgedehnte, starke Stadtmauern, die durch Folgen von Halbrundtürmen geschützt waren. Den Höhepunkt der seldschukischen Befestigungskunst muss die Zitadelle von Aleppo als neues Machtzentrum gebildet haben, die heute stark verändert ist.

Unter Sultan Saladin wurden offenbar mehrere kastellförmige Anlagen neu errichtet bzw. ältere wieder hergestellt, um strategische Stützpunkte zu erhalten. Hierfür fehlen leider exakte Forschungen, sodass nur wenige Bauten tatsächlich belegt werden können (Abb. 24). So gründete er an der Hauptverbindung von Kairo nach Damaskus im Jahr 1184 mit Qualaat Rabad (Jordanien) auf einem 970 m hohen Felsrücken ein kleines Beobachtungsfort, das den Flusslauf des Jordans zwischen See Genezareth und dem toten Meer kontrollieren sollte. Die verzogen quadratische Kernanlage von 33 m Seitenlänge ist bis heute relativ gut erhalten und zeigt zur Angriffsseite zwei weit vorstehende Ecktürme, die ein Spitzbogentor flankieren. An den Talseiten gibt es zwei fast mauerbündige Ecktürme. Der kleine Hof war wohl bereits primär durch allseitige Hallenumläufe mit Spitzbogengewölben bebaut. Das Mauerwerk besteht aus konsequent gereihten Buckelquadern.

Die Baudetails, das Mauerwerk, die zahlreichen geometrischen Steinmetzzeichen und Buchstaben sowie nicht zuletzt der Grundriss haben enge Verwandtschaft zu den benachbarten Kreuzfahrerburgen. Es kann daher vermutet werden, dass hier lokale, an christlichen Bauten geschulte Handwerker eingesetzt worden sind. Die umlaufenden Gewölbegänge zeigen sogar direkte Analogien zu kurz zuvor bzw. zeitgleich errichteten Burgen der Ritterorden, an denen man sich wohl gezielt orientiert hatte.

Nach dem Tod Saladins 1193 zerfiel die muslimische Allianz, lediglich in den Städten Aleppo und Damaskus konnten sich durch einen Neffen bzw. einen Sohn Saladins zwei große Fürstentümer halten, die jeweils eine eigenständige Befestigungspolitik entwickelten. Das Fürstentum Aleppo konzentrierte sich auf großflächige Festungen, in denen frei ein kompaktes eigenständig befestigtes Palastgeviert stand und dessen Toranlagen zu komplex gewinkelten mehrtürmigen Torburgen wuchsen.

Das Fürstentum von Damaskus fusionierte hingegen Palast- und Verteidigungsbauten, indem gestaffelte Mauertürme zu großformatigen, geräumigen Wohnkomplexen erweitert wurden. Den Idealtypus verkörpert die Zitadelle von Damaskus, die bis etwa 1215 zu einem prächtigen Palastkomplex ausgebaut wurde. Vor die antike und seldschukische Befestigung setzte man einen neuen massiven Mauerring mit eng gereihten etwa 30 m breiten Türmen, die durch zahlreiche Kreuzgratgewölbe, breite Schießkammern und krönende Geschützplattformen sehr aufwändig gestaltet waren. An den nördlichen, flussseitigen Außenecken errichtete man rechteckige

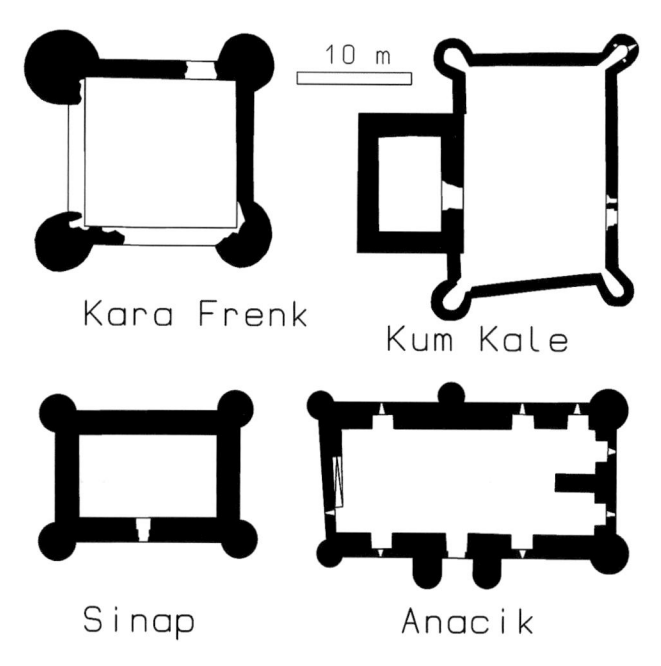

Abb. 25

Portchester
A. 12. Jh.

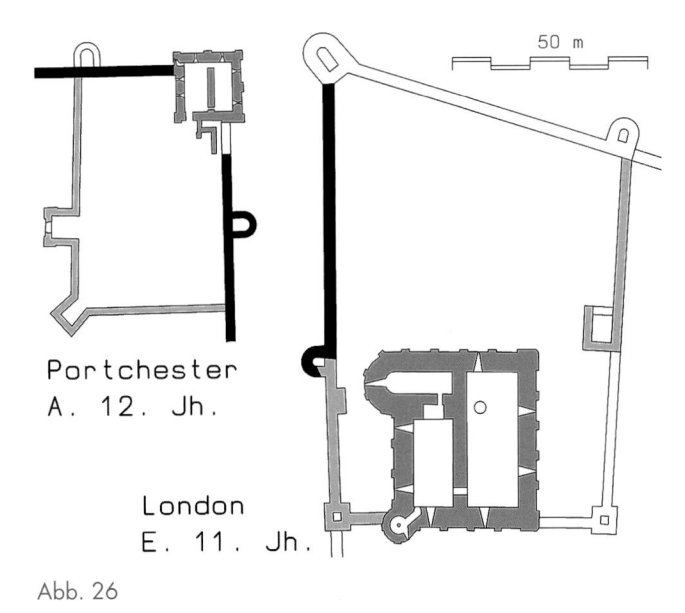

London
E. 11. Jh.

Abb. 26

wohnturmartige Haupttürme. Sämtliche Außenmauern wurden konsequent mit Buckelquadern verkleidet. Zahlreiche Bauten des Fürstentums Damaskus erhielten ähnliche monumentale Mauertürme, von Rabad über Rahba und Bosra bis Jerusalem.

Einen letzten Höhepunkt der Damaszener setzte ab 1228 die konsequente Neuanlage eines Forts oberhalb von Banyas, das auf einem spektakulären Felsgipfel hoch über dem Meer an der Straße nach Damaskus liegt. Gemäß Inschriften entstand zunächst ein 17 x 38 m großer Donjon, dessen komplexer Grundriss eine modifizierte Iwanstruktur aufweist. Um ihn wurde ein Kastell von 43 x 58 m Fläche mit sechs Mauertürmen errichtet, die gemäß dem steilen Gelände kaum vor die Mauern ragten. Laut Inschriften entstand unmittelbar danach um 1230/40 der konsequente Neubau der großflächigen rechteckigen Unterburg, die ebenfalls in Damaszener Tradition zahlreiche breitformatige geräumige Mauertürme mit Gewölben, breiten Schießkammern und konsequentem Buckelquadermauerwerk erhielt. Diesem Beispiel folgten kleinere muslimische Bauten mit engen Folgen von Rechtecktürmen. Šaizar und Rahba erhielten ebenfalls dominante Wohntürme, die mit ihren spitzbogigen Pfeilerhallen, dem repräsentativen Buckelquadermauerwerk mit lateinischen Steinmetzzeichen und den frühgotischen Baudetails nicht mehr von zeitgenössischen Kreuzfahrerburgen zu unterscheiden waren.

Während die Christen in ausgeklügelte Kastelle mit immer massiveren Rechtecktürmen investierten, tauchten im frühen 13. Jahrhundert unvermittelt runde, halbrunde oder D-förmige Bastionen auf, allem voran an den beiden Hauptburgen der Johanniter Margat und Crac des Chevaliers sowie der Deutschordensburg Montfort. Auch auf Zypern entstand mit Kyrenia um 1208 ein neues Hafenkastell mit vier D-förmigen Ecktürmen. Das ist durchaus bemerkenswert, hatte man doch in der Region bereits zuvor zahlreiche spätrömische, byzantinische und früharabische Wehranlagen mit Rundtürmen studieren können und einige davon auch adaptiert, die Rundform aber bislang nie ins eigene Repertoire aufgenommen.

Naheliegend wäre eine Übernahme von fast analogen muslimischen Vorbildern, etwa von der ab 1176 errichteten Zitadelle von Kairo sowie von wenig späteren Ausbauten in Damaskus und Aleppo (Abb. 25). In der Forschung gilt hingegen das kilikische Armenien als Herkunftsland. Hier hatte sich im späten 12. Jahrhundert nach eigener alter Tradition auf Felsnestern ein spezieller Wehrbau mit engen Staffelungen von D-Türmen bzw. kleineren pfeilerartigen Halbrundtürmchen etabliert. Wenn es notwendig war, in der Ebene Befestigungen zu errichten, geschah dies deutlich kleinformatiger und regelmäßiger. So zeigt die wohl als Zoll- bzw. Straßenstation anzusprechende Anlage von Karafrenk in der kilikischen Ebene einen quadratischen Grundriss mit vier kleinen Ecktürmen, wovon einer geringfügig größer ist. Sehr ähnliche Bauten finden sich in der benachbarten Ebene durchaus häufig, etwa in Sinap und Anacik, die mit ihren schweren Tonnengewölben sowie den ausgeprägten Schießkammern wiederum eindeutige Einflüsse aus den Kreuzfahrerstaaten zeigen. Wie eine ideale Symbiose von Ost und West wirkt Kum Kale, das aus einem europäisch anmutenden Wohnturm mit schweren Tonnengewölben sowie einem rechteckigen Hof mit armenisch konzipierten Ecktürmen bestand. Tatsächlich hatte sich mit der Vereinigung der kilikischen Fürstentümer zu einem armenischen Königreich im Jahr 1198 und der Konstituierung eines größeren Kronguts bis etwa 1214 die Beziehung der Armenier zu den Kreuzfahrern entscheidend geändert. In dieser Zeit suchte man nach intensivem Kontakt zu anderen Christen in Ost und West, wovon man sich personelle und finanzielle Unterstützung im Kampf gegen eine drohende Invasion erhoffte. Zahlreiche Befestigungen wurden in der Folge auch hier dem Johanniter-, dem Templer- und dem Deutschen Orden übertragen, die dafür jährlich Soldaten und Geld lieferten. Wie in der Levante konzentrierten sich diese Orden in Kilikien auf ganz wenige Hauptburgen in strategischer Lage, die mit rundlichen Türmen zu kaum einnehmbaren, geräumigen Festungen ausgebaut wurden. An einer neuralgischen Stelle Kilikiens lag etwa die großformatige Festung Toprakkale, die im frühen 13. Jahrhundert in einer Gemeinschaftsaktion von armenischem König und Johanniterorden in zwei Etappen zu einem modernen großräumigen Kastell aufgerüstet wurde. Mit der Vereinigung der muslimischen Nachbarn unter dem ägyptischen Mamlukengeschlecht sowie dessen

Ausgleich mit den Mongolen wurden ab dem mittleren 13. Jahrhundert dennoch die benachbarten christlichen Festungen der Levante systematisch erobert. In wenigen Jahren fielen sämtliche Burgen und Städte, mit dem Verlust Akkons 1291 war die gesamte Küste wieder muslimisch.

EUROPAS FRÜHE RECHTECKTURMKASTELLE

In Nordeuropa hatten sich aus frühmittelalterlichen Raubfahrten skandinavischer Seeleute im Hochmittelalter lokale Kolonien und schließlich eigenständige Gebiete entwickelt, die sich entlang der Ost- und Nordsee bis zur Normandie ausbreiteten. 1066 gelang den „Normannen" die Eroberung des Königreichs Englands, die in kürzester Zeit bis weit nach Schottland und Wales ausgeweitet wurde.

Im besetzten Gebiet wurden nun neben zahlenmäßig weit überwiegenden Erdhügelburgen des normannischen Adels für seine Könige mehrere kastellähnliche Anlagen aus Stein errichtet, die wohl programmatisch ältere römische Standorte mit antiken Lagermauern nutzten (Abb. 26). Allem voran ist der White Tower von London zu nennen, wo sich ein 80 x 100 m breites Mauergeviert abzeichnet, für das mangels Erhaltung jedoch keine exakte Datierung vorliegt. Ihm wären die ebenfalls spärlich erhaltenen königlichen Stadtburgen von Exeter und Canterbury sowie Cardiff zur Seite zu stellen. Ab dem späten 11. Jahrhundert zeichnet sich an königlichen Wohntürmen die Ergänzung mit vier turmartigen Ecklisenen zu breit gelagerten kastellartigen Varianten ab, etwa in Colchester, Castle Rising, Norwich, Rochester und Carlisle. Aus dem frühen 12. Jahrhundert datiert die königliche Burg von Portchester, die gleich einer Zitadelle in der Ecke eines neu besiedelten antiken Römerlagers als 40 x 60 m großes Geviert errichtet wurde und dabei ein kastellartiges Bauschema mit rechteckiger Fläche, Wohnturm in Ecklage sowie vortretendem Torturm und Eckturm konsequent umsetzte. Schon 1154 starb jedoch das normannische Königsgeschlecht von England aus, dem ein französisches folgte.

Bereits ab dem späten 10. Jahrhundert sind die Normannen auch am Mittelmeer fassbar, hier traten sie als Söldner in den Dienst lokaler Rebellengruppen gegen Byzanz und übernahmen 1030 erste eigenständige Herrschaften. 1038 schloss man sich einem byzantinischen Feldzug nach Sizilien an, wonach sich am Hof in Konstantinopel eine einflussreiche Normannengruppe etablierte, die höchste Ämter bekleidete. Gleichzeitig verdrängte man die Byzantiner jedoch langsam aus Apulien, 1047 wurden auf einer Versammlung des Kaisers

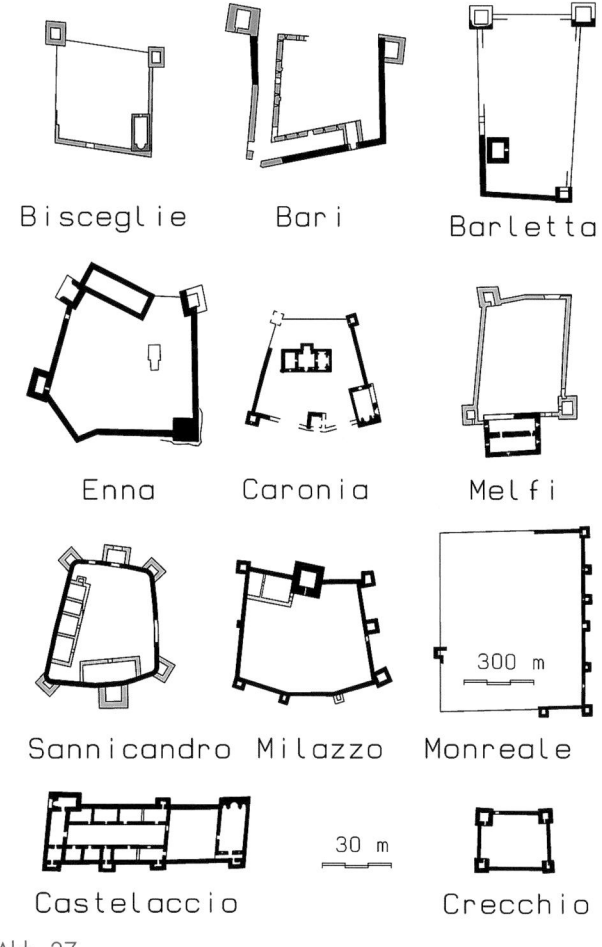

Bisceglie Bari Barletta
Enna Caronia Melfi
Sannicandro Milazzo Monreale
Castelaccio Crecchio

Abb. 27

Heinrich III. die eroberten Besitzungen bestätigt und neue Besetzungen zugebilligt. 1059 verbündete sich der Papst mit den Normannen im Kampf gegen den Kaiser und erhob den Normannen Nikolaus Robert zum Herzog von Apulien und Kalabrien sowie zum künftigen Fürsten von Sizilien. Es folgten Vorstöße nach Sizilien, Kampanien, Marittima und bis Rom sowie schließlich 1130 die Etablierung eines eigenen Königreichs. Zu dieser Zeit startete ein groß angelegtes Bauprogramm, das bislang noch nicht aufgearbeitet ist.

Den Beginn setzte wohl Roger I. (ab 1112 Herzog, 1130–1154 König) (Abb. 27). Ihm wird zunächst in Bisceglie an der Ecke der rechteckigen Stadt die Anlage eines Zweiturmkastells zugeordnet, das später mit weiteren Türmen ausgebaut wurde. Nach dem Fall des strategisch sehr bedeutenden arabischen Stützpunktes Enna wurde dort mit dem Bau einer großen Truppenfestung begonnen, die mit zahlreichen Bauphasen und Konzeptänderungen bis ins 13. Jahrhundert mehrfach grundlegend umgestaltet wurde. Um 1130 ist die Anlage erstmals als Lager für königliche Söldner aus der Lombardei fassbar, aus dieser Zeit mag der verzogen-rechteckige viertürmige Kernbau stammen.

Auch in der politisch bedeutenden königlichen Burg Melfi, etwa in der Mitte zwischen Campanien und Apulien gelegen, haben sich innerhalb der späteren Überbauung die Erstphasen bemerkenswert gut erhalten. Demnach dürfte zunächst in byzantinischer Zeit ein trapezförmiger Bering mit abgerundeten Ecken entstanden sein, der von den Normannen in nordfranzösischer Tradition mit einem großen Wohnturm erweitert wurde, ehe im mittleren Drittel des 12. Jahrhunderts ein klassisches, leicht verzogenes Kastell angestellt und der alte Bering zur Vorburg degradiert wurde. Auch an der nordöstlichen Grenze des normannischen Reichs dürfte in Crecchio ein frühes Kastell erhalten sein. Bislang kaum beachtet steht in Monreale, südwestlich außerhalb der sizilianischen Hauptstadt Palermo, der Rest eines großen undatierten Kastells von etwa 620 x 745 m mit zahlreichen vorstehenden Mauertürmen. Falls diese Anlage nicht ein antikes Lager darstellt, handelt es sich wohl um ein bemerkenswert konsequentes Beispiel normannischer Kastellbaukunst des (mittleren?) 12. Jahrhunderts. Das wäre durchaus wahrscheinlich, bildete Monreale doch das südwestliche Ende des länglichen königlichen Jagdreviers des Parco Reale von Palermo, der durch zahlreiche heute stark reduzierte Lustschlösser besetzt war. Zu diesen passt das weitgehend großformatige Quadermauerwerk mit nach oben ansteigendem Kleinsteinanteil. Wie man sich ein kleines königliches Lustschloss vorstellen kann, zeigt anschaulich die außerhalb des Parks gelegene Anlage von Caronia, deren zentraler Palast von einem kastellförmigen Bering mit integrierter Kapelle umgürtet war. Konzeptionelle Analogien bietet Castellaccio oberhalb von Monreale. Während außen einheitliche Mauertürme dominieren, gibt es innen zwei Höfe.

Den Hintergrund dieser bemerkenswert ausgereiften königlichen Baukonzepte bieten Rogers gute internationale Vernetzung und seine byzantinisch beeinflusste Erziehung. So lassen sich die von ihm beauftragten Mosaiken in mehreren Kirchen und im Palazzo Reale direkt auf byzantinische Künstler zurückführen, in der Kirche Martorana in Palermo ist Roger sogar in byzantinischem Kaiserornat dargestellt, als er gerade von Christus persönlich gekrönt wird. Historisch sind handfeste Bestrebungen fassbar, selbst zum Kaiser des byzantinischen Reichs aufzusteigen. Gleichzeitig gab es durch die Wiederverheiratung seiner Mutter mit Balduin I., dem König von Jerusalem, enge Kontakte zur Levante, wenngleich ihre Rückkunft 1117 zu schweren politischen Verstimmungen geführt hatte. Zahlreiche sizilianische Kämpfer waren weiterhin in den Kreuzfahrerstaaten aktiv und brachten von dort wohl auch Ideen zum Festungsbau zurück. So verwundert es nicht, dass die Kastelle des normannischen Königreichs enge Analogien zu den gleichzeitigen Forts im Heiligen Land aufwiesen.

Nach Rogers Tod ist erst sein Enkel Wilhelm II. (1166–1189) wieder als Kastellbauherr fassbar. Er ließ in Bari eine byzantinisch-frühnormannische Zitadelle zur Küste hin durch zwei rechteckige Türme aus Buckelquadern erweitern, während zur Stadt zwei weitere Türme durch spätere Ausbauten nur hypothetisch vermutet werden können.

Auch die Burg von Barletta lag am Rand der ursprünglich byzantinischen Stadt direkt an der Küste und bildete im Mittelalter den Eckpunkt der Stadtbefestigung. Als ältester Bau zeichnet sich ein weitgehend erhaltener Wohnturm ab, der sekundär durch ein großformatiges, trapezförmiges Kastell aus Buckelquadern analog zu Bari umschlossen wurde. Ein drittes Kastell aus Buckelquadern findet sich in Sannicandro. Hier entstanden ebenfalls an den Ecken eines byzantinischen Gevierts vier gleichformatige Türme sowie an den Schmalseiten ein breiter Torturm und ein dominanter Hauptturm. Alle Türme zeigen zu Bari und Barletta vergleichbares grobes Buckelquadermauerwerk. Diese drei Stadtburgen indizieren in Konzeption und Mauerwerk enge Anlehnungen an Kreuzfahrerburgen im Heiligen Land, vor allem zu denen der großen Ritterorden. Tatsächlich gibt es auch kunsthistorisch nachweisbare enge Beziehungen der Normannen zum Heiligen Land, so spricht man in den 1170er und 1180er Jahren dort geradezu von einem (süd-) italienischen Kunststil. Zusätzlich ist ein hohes Engagement Wilhelms beim 3. Kreuzzug belegt, womit eine direkte Übernahme der neuesten Kastellbaukunst sehr wahrscheinlich ist. Nach seinem frühen Tod ohne Nachkommen kam das glanzvolle Normannische Königreich jedoch durch Heirat an den Kaiser des Heiligen Römischen Imperiums, wodurch Süditalien zu einer nachgeordneten Region im riesigen Stauferreich wurde.

Der letzte normannische König Englands hatte Heinrich II. Plantagenet (1154–1189), den französischen Herzog der Normandie und Grafen von Anjou als Nachfolger anerkennen müssen. Durch dessen Heirat mit Eleonore von Aquitanien wurde er auch Herzog von Aquitanien und erhielt zudem die Herrschaften Tours und Gascogne. Weiters gelang es ihm durch Verhandlung und Kampf, große Gebiete von den Cheviotbergen im Norden bis zu den Pyrenäen im Süden zu übernehmen. Während er in Frankreich nominell der Krone untertan blieb, konnte Heinrich auf den britischen Inseln als König in kurzer Zeit große Teile von Schottland, Wales und Irland zur Unterwerfung zwingen. Um dieses riesige „angevinische" Reich zu lenken, reorganisierte Heinrich die Verwaltung und begründete ein königliches Beamtensystem auf Basis regionaler Zentralburgen, die bei Bedarf den reisenden Hofstaat sowie große Truppen aufnehmen konnten.

Diese polygonalen Großburgen zeichneten sich durch regelmäßige Turmreihen sowie einen dominanten Hauptbau aus,

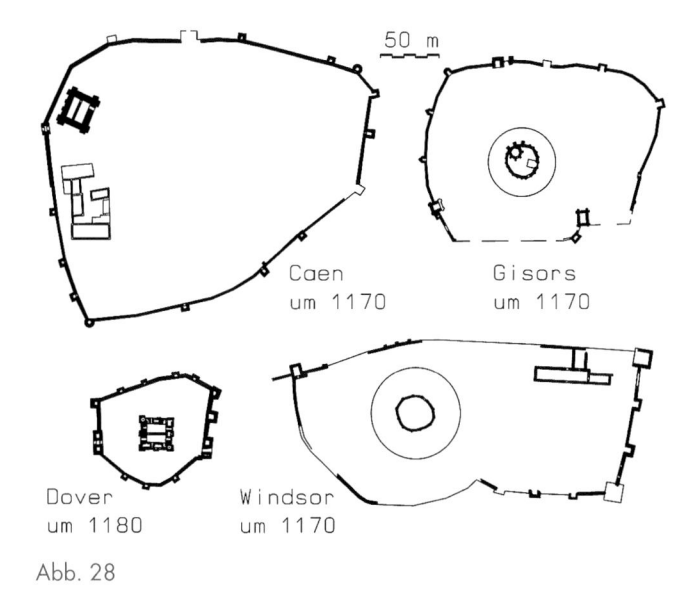

Caen um 1170
Gisors um 1170
Dover um 1180
Windsor um 1170

Abb. 28

eine klassische rechtwinkelige Kastellform wurde jedoch aufgrund der durchwegs älteren Standorte nie erreicht (Abb. 28). Den Auftakt bildete Chinon, an der Grenze von Anjou zu Poitou, es folgten fast gleichzeitig in der Normandie Caen und an der gefährdeten Südgrenze Gisors. In England ließ Heinrich eine ganze Reihe von Burgen mit steinernen Mauern verstärken. Als Hauptwerk ist das Geviert um den White Tower von London zu nennen, wo entlang der Themse lange Mauerzüge und ein polygonaler Eckturm auf eine massive Erweiterung zu einem 220 m langen Rechteckkastell deuten, wenngleich heute die meisten Mauern durch spätere ersetzt sind. Als Gegenstück etwas außerhalb von London wurden Windsor Castle und Arundel Castle auf älteren Erdwerken neu errichtet. Bald legte man das fortifikatorische Hauptaugenmerk auf die Küstenburg Dover, die den bedeutenden Wallfahrtsweg vom Kontinent nach Canterbury kontrollieren sollte. Heinrich startete den Bau einer weiträumigen, teilweise erst später fertig gestellten Steinmauer mit 450 m Durchmesser, um den gesamten Hügel als Bollwerk gegen Einfälle aus Frankreich zu rüsten. Zahlreiche unterschiedliche Türme, vor allem rechteckige, aber auch polygonale und runde, flankierten diesen Bering. Um 1180 wurde zusätzlich ein inneres 90 x 100 m großes, stark rundlich verzogenes Mauergeviert begonnen, das durch vorstehende Mauertürme flankiert wurde, die offenbar teilweise nach innen geöffnet waren. Zwei Doppelturmtore beherrschten die Zugänge, wobei das südöstliche mit Gisors direkt verwandt ist. Im Zentrum ließ Heinrich einen 27 m breiten und 25 m hohen Wohnturm errichten, dessen dominante Ecktürme an den White Tower von London anschlossen und der weit übers Meer als sichtbares Zeichen der königlichen Stärke verstanden werden konnte. Dover war somit das militärische Hauptbollwerk gegen den Kontinent und mit den neuesten Baukonzepten der Wehrarchitektur wie Flankentürmen, Doppelturmtoren und Mauerstaffelungen bestens ausgestattet. Als kleinere Ableger wurden östlich von London die Burg von Rochester und an der Grenze zu Schottland die Burg Richmond ebenfalls mit einem dominanten Wohnturm, Doppelturmtor und zahlreichen Flankentürmen aufgerüstet.

Nicht bauhistorisch aufgearbeitet ist bislang eine Reihe von zeitgleichen iberischen Kastellen, die wohl im Rahmen der Reconquista ab dem mittleren 12. Jahrhundert entstand. Dabei handelte es sich vorwiegend um adaptierte antike bis muslimische Gevierte, jedoch auch zunehmend um reine Neuschöpfungen, wie etwa die viertürmige Grenzburg Torresavinán, deren Herrschaft König Alfons VI. 1154 dem Bischof von Sigüenza übertrug. Etwa gleichzeitig entstanden auch die Templerburgen Pombal (Portugal) und Miravet (Spanien), die offensichtlich Konzepte aus den Kreuzfahrerstaaten importierten.

Für das frühe bis mittlere europäische 12. Jahrhundert ist somit festzuhalten, dass der Kastellbau erst durch Beziehungen mit den Kreuzfahrerstaaten punktuell im Süden und Westen Einzug hielt und zunächst ausschließlich rechteckige Türme aufwies. Er war auf die Gebiete der Normannen und der nachfolgenden Plantagenet sowie auf Iberien beschränkt, während trotz bester Kontakte zum Heiligen Land weder in Deutschland und Zentralfrankreich noch in Norditalien vergleichbare Bauten entstanden.

EUROPAS FRÜHE RUNDTURMKASTELLE

Das späte 12. Jahrhundert war in der Levante durch einen intensiven Abwehrkampf gegen die zunehmend vereinten muslimischen Heere geprägt, während in Westeuropa zwischen den französischen und den englischen Königen ein verlustreicher Stellungskrieg geführt wurde. In beiden Frontgebieten entwickelten sich daher Abwehr- und Angriffstechniken ungewöhnlich rasch und man setzte alle bekannten Innovationen sofort um. Bemerkenswerter Weise kamen nun in beiden Gebieten fast gleichzeitig Kastelle mit Rundtürmen auf. Für die Forschung über Kreuzfahrerburgen gilt heute als fraglos, dass durch die enge Zusammenarbeit mit dem armenischen Kilikien zahlreiche Bauhandwerker mit ihren charakteristischen Techniken, Maßen und Steinmetzzeichen in die Levante einwanderten und von dort auch nach West- und Südeuropa vermittelt wurden. Tatsächlich tauchten seit dem späten 12. Jahrhundert unter den englischen und französischen Kö-

Domfront   Luynes

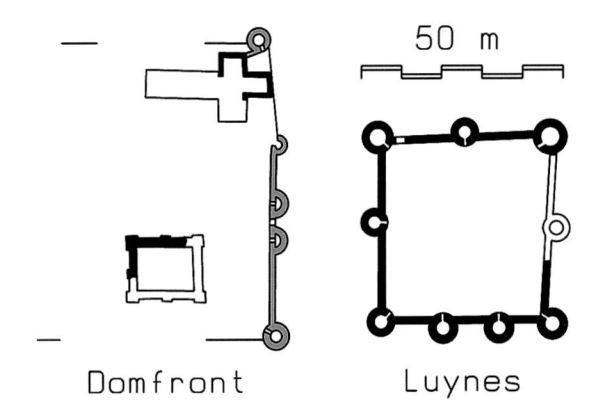

Abb. 29

nigen nicht nur unvermittelt regelmäßige Kastelle mit Rundtürmen auf sondern auch die für die Levante so charakteristischen konsequent umlaufenden Gräben, steilen Sockelanläufe und modernsten Schießscharten und Wurferker. Beide europäischen Reiche waren durch zahlreiche Kampagnen und enge verwandtschaftliche Verflechtungen mit den Kreuzfahrern verbunden und beide Königsfamilien hatten auch regelmäßig persönlich an Kreuzzügen teilgenommen. Als Hauptunterschied zum Heiligen Land gilt hingegen das dort vorherrschende Buckelquadermauerwerk, dessen Fehlen bis ins mittlere 13. Jahrhundert in Westeuropa bislang nicht erklärt wurde. Daher kann auch ein Wissenstransfer von muslimischer Seite nicht ausgeschlossen werden, errichteten doch die Seldschuken zeitgleich bemerkenswert ähnliche Rundturmforts ohne Buckelquader. Zudem scheint nicht klar, welches der beiden westeuropäischen Reiche zuerst den Rundturm für sich adaptierte. In der Folge gab es jedenfalls eine parallele Entwicklung, die in Buchform nur unzulänglich dargestellt werden kann.

Sehr wahrscheinlich war es bereits unter dem englischen König Heinrich (1154–1189), dass mit verschiedenen Turmformen experimentiert wurde. So zeigen London, Bricquebec, Dover und Gisors polygonale Türme, Loches und Pevensy haben tropfenförmige bis rundliche Querschnitte und Chinon,

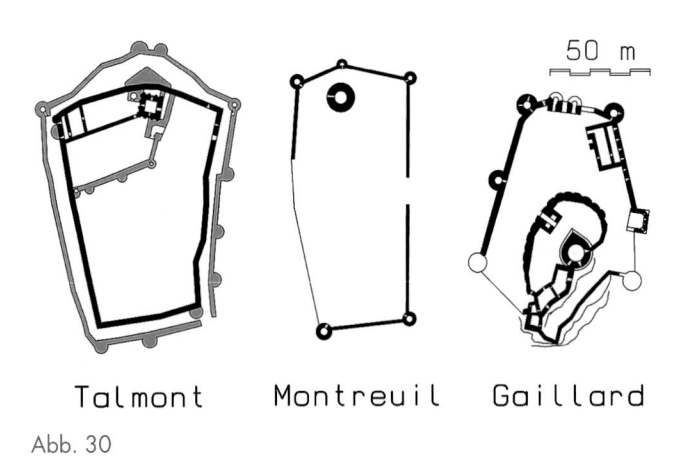

Gisors und Dover dürften schon primär Rundtürme verwendet haben. Sein Sohn Richard Löwenherz (1189–1199) musste sich im kontinentalen Teil des Reichs vor allem um die Abwehr der massiven Expansionsbestrebungen des französischen Königs kümmern. Seit seiner Krönung plante dieser junge Kapetinger Philipp II. eine Stärkung der königlichen Zentralmacht durch die Beschneidung der allzu mächtigen Regionalfürsten, allem voran des Hauses Plantagenet. Unter Richard kam es daher zu einem intensiven und sehr innovativen Festungsbauprogramm, das jedoch innerhalb der kurzen Amtszeit ohne exakte Datenüberlieferungen nur schwer zu fassen ist. Ein frühes klassisches Kastell könnte in Domfront begonnen worden sein, wo eine 70 m breite konsequente Sperrfront mit zwei flankierenden Rundtürmen, einem halbrunden Mauerturm sowie einer Doppelturmanlage mit polygonalen Türmen auf steil geböschtem Sockel entstand (Abb. 29). Tiefe Armbrustscharten und lange Wehrgänge erinnern an die Mauern von Dover und Gisors, wenngleich die geradlinige Konsequenz und das gänzliche Fehlen von Rechtecktürmen neu sind. In diese frühe Zeit könnte auch das Kastell von Luynes zählen, das zu Domfront, Dover und Gisors vergleichbares blockhaftes Mauerwerk mit überlangen Bogenscharten zeigt, obgleich sichere Baudaten fehlen. An dieses neue Konzept schloss auch die große Festung Talmont am Atlantik an, die eine strategisch bedeutende Küstenregion von Aquitanien kontrollieren sollte. Unter Richard wurde der aus dem mittleren 12. Jahrhundert stammende innere Bering mit einem zweiten umgürtet, den man durch zahlreiche Rundtürme flankierte. Im Inneren wurde zudem eine kleine Kernburg abgeteilt und ebenfalls mittels Rundtürmen und Graben geschützt. An der keilförmigen Angriffsseite entstand ein schildartiger massiver Keilturm, der auch als Geschützplattform dienen konnte und eine direkte Weiterentwicklung von Chinon darstellt.

Gleichzeitig dürfte im Poitou der Kern der großformatigen Burg von Montreuil entstanden sein, deren Erstanlage aus einem großen, leeren Hof mit geradlinigen Mauern, runden Ecktürmen und dominantem Hauptturm bestand (Abb. 30). Ob im heutigen pfeilerartigen Doppelturmtor noch primäre Reste stecken, ist nicht bekannt. Fast als logische Konsequenz dieser Entwicklung zum runden Flankenturm ließ Richard nach den französischen Angriffen auf die Normandie 1193 im Jahr 1196 an der Seine auf einer schmalen, von Natur aus bestens geeigneten Felsrippe mit Château Gaillard eine der innovativsten Burgen des europäischen Mittelalters anlegen und innerhalb von nur zwei Jahren fertig stellen. Man entwickelte eine gestaffelte Verteidigung mit keilförmiger Vorburg, durch einen tiefen Graben abgetrennter trapezförmiger Mittelburg,

Talmont   Montreuil   Gaillard

Abb. 30

ebenfalls grabengeschützter bogenförmiger Kernburg sowie keilförmigem Hauptturm, die bei einem Angriff nacheinander zu bezwingen waren. Zahlreiche Wehrelemente wie Wurferker, Torkammern und der bemerkenswerte Abortturm im Süden belegen eine intensive Kenntnis von Kreuzfahrerbauten, wenngleich hier daraus völlig eigenständige Lösungen entstanden sind.

Aus französischer Sicht wird die Entwicklung ganz anders gesehen (Abb. 31). Hier geht man davon aus, dass die quadratische Kastellform mit Rundtürmen eine genuine Erfindung aus dem Gebiet der Ile de France sei und von hier nach England und ins Heilige Land ausgestrahlt habe. Es können zwar für König Ludwig VII. (1137–80) keinerlei entsprechende Gevierte nachgewiesen werden, jedoch gilt sein Bruder als Bauherr von Brie-Comte-Robert, einer Rasterstadt mit kastellförmiger Zitadelle mit vier runden Ecktürmen, zwei runden Mauertürmen sowie zwei viereckigen Tortürmen. Mangels charakteristischer Baudetails kann diese Datierung jedoch nicht verifiziert werden. Traditionell wird daher die 1188 erstmals genannte Anlage von Druyes-les-belles-Fontaines als ein sicherer Initialbau fast exakt gleicher Bauart gehandelt. Die im Burgund gelegene Burg gehörte dem Cousin des folgenden Königs Philipp II.

Zu den frühen Bauten dürfte auch Mez-le-Maréchal gehört haben, das Heinrich Clément, dem Marschall von Philipp und Begleiter ins Heilige Land zugeordnet wird. Auch dieses Geviert zeigt an den Ecken vier runde Türme sowie im Norden ein zentrales Doppelturmtor. Nicht zuletzt ist Diant zu nennen, das in der Ile de France vom königstreuen Kriegsführer und Schenken Guillaumes de Barres wohl bald nach der Herrschaftsverleihung 1185 errichtet wurde. Auch dieses Geviert ist konzeptionell eng mit Brie, Dryes und Mez verwandt, sodass von einer frühen Viererguppe zu sprechen ist. Ihre konsequente Ausprägung als klassisches Kastell mit quadratischem Grundriss, Ecktürmen und Mauertürmen sowie das Doppelturmtor von Mez lassen an eine bereits bestehende längere Tradition denken, die in Frankreich sonst nicht zu belegen ist. Dem entgegen deuten durchaus vergleichbare Konzeptionen ins Byzantinische Reich sowie ins Heilige Land, wohin auch enge gesellschaftliche Verbindungen führten. Inwieweit die merkliche Verwandtschaft zu den praktisch gleichzeitigen Bauten des englischen Königs in Domfront und Luynes zu werten ist, muss entsprechenden Studien vorbehalten bleiben. In diesem Zusammenhang kann auch das um 1195 datierte Kastell von Òbidos von Interesse sein, das vom portugiesischen König Sancho I. (1185–1211) als fast analoge Zitadelle einer Festungsstadt mit runden Eck- und Mauertürmen angelegt wurde.

Der folgende intensive Kastellbau Frankreichs wird traditionell direkt mit König Philipp (1180–1223) verknüpft. Nach dem frühen Tod seines Vaters war der fünfzehnjährige Sohn zunächst unter anderem von Robert de Clément als Vormund vertreten worden, dem ja eines der ersten Kastelle gehörte. Mit der stufenweisen Mündigkeit des Königs begannen zunächst zahlreiche politische Reformen, die den Weg zu einer langfristigen Wiederherstellung der königlichen Macht bereiten sollten. Heerwesen und Verwaltung wurden neu geordnet, bedeutende Lehen und Burgen wurden nicht mehr an Adelige ausgegeben sondern als Krongut behalten, anstelle von Burggrafen etablierte Philipp abhängige Beamte und nicht zuletzt wurde jeder kleine Gebietsgewinn durch sorgfältige Aufzeichnungen und sogar Grenzsteine festgehalten. Zahlreiche Feldzüge führten nach Flandern, in die Normandie und in die untere Loire, 1213 plante man sogar eine Invasion von England, die jedoch durch den Untergang der Flotte scheiterte. Dafür ermöglichte 1214 ein glänzender Sieg gegen eine feindliche Allianz von England, Flandern und Norddeutschland die Absicherung der atemberaubend rasch gewachsenen königlichen Gebiete.

Als einer der bedeutendsten Könige Frankreichs ließ sich Philipp als „Augustus" feiern, er wollte selbstbewusst an die antiken Cäsaren sowie an Karl den Großen anknüpfen. So erstaunt es kaum, dass Philipp auch im Monumentalbau große Ambitionen verfolgte. Durch erhaltene Dokumente ist an-

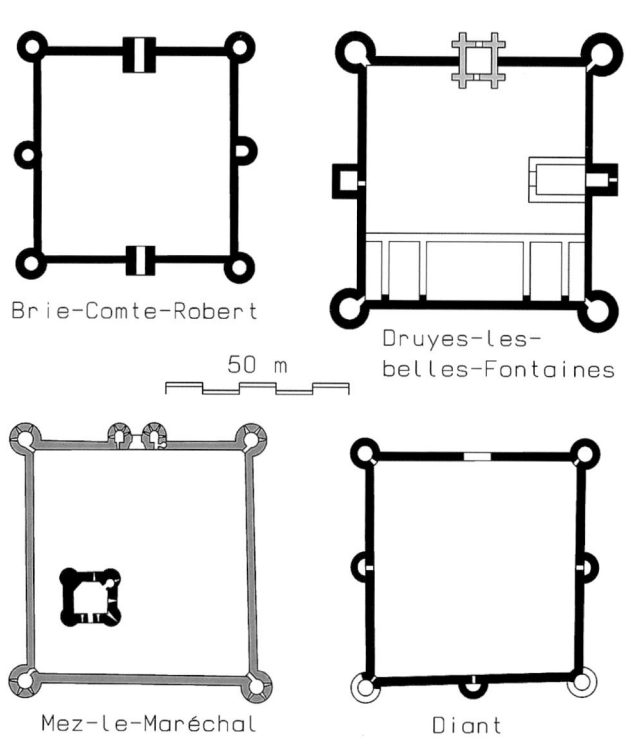

Abb. 31

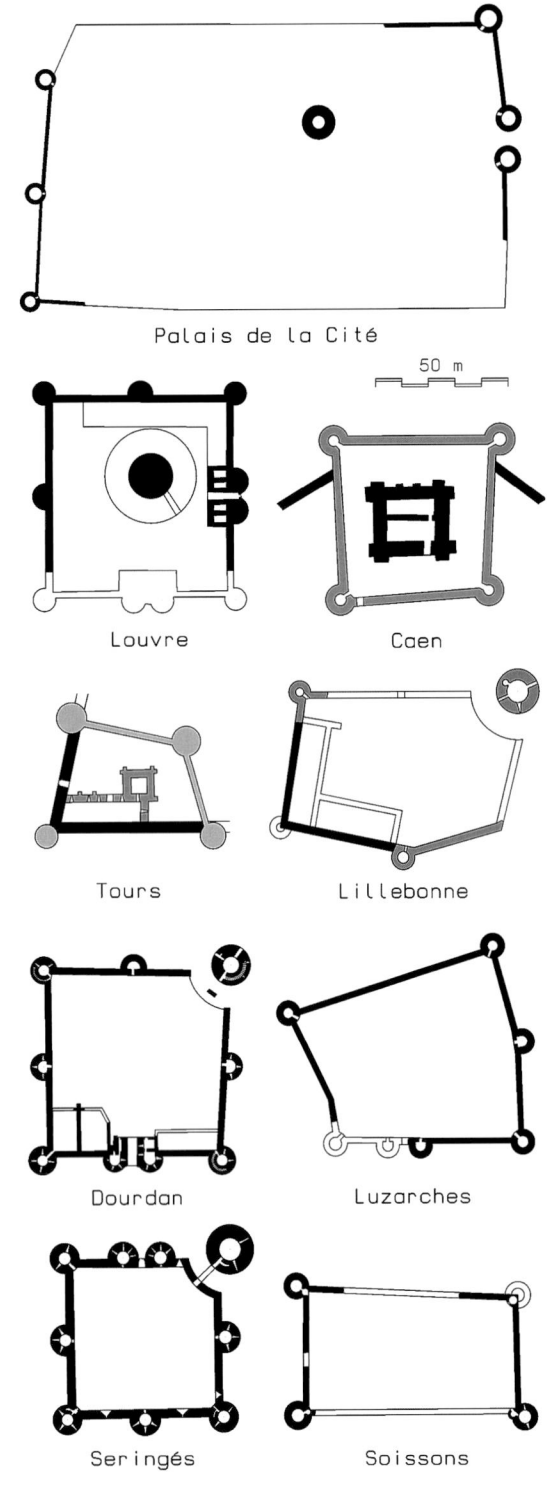

Abb. 32

fangs nur der Bau vieler Rundtürme schriftlich überliefert, demnach entstanden zahlreiche große Wohntürme, während noch kein einziges königliches Kastell zu erfassen ist. Das änderte sich um 1200 schlagartig. Technische Details, vielstrahlige Rippengewölbe und das charakteristische Steinquadermauerwerk indizieren, dass nun im Rahmen einer gut vernetzten königlichen Bauschule neben Kirchen und Stadtmauern auch konzertiert viele Kastelle errichtet wurden. (Abb. 32) Den frühen Kernpunkt von Philipps neuer Baupolitik bildete der zentrale Königspalast in der Pariser Cité, der um 1200 als rechteckiges Kastell von etwa 100 x 175 m mit älterem großen Saal, Wohnbauten und Kapelle großzügig ummauert wurde. Von diesem Karree haben sich nur im Osten drei Türme mit steilen Sockeln bewahrt, von denen einer „Cäsarturm" heißt. In der Mitte dominierte ein massiver freistehender Turm mit ca. 12 m, der als Paradigma auf den König zu deuten ist.

Um 1200 wurde auch mit dem Bau einer weiträumigen Stadtmauer um Paris begonnen, die in gleicher Art durch eine enge Staffelung von Mauertürmen ausgezeichnet war. In ihrem Verband ließ Philipp an einer Ecke neben der Seine mit dem Louvre eine zusätzliche neue starke Zitadelle für den problemlosen Zutritt in die Stadt anlegen. Das etwa 73 m große Geviert wurde durch vier runde Ecktürme, zwei halbrunde Mauertürme sowie zwei Doppelturmtore und einen konsequent umlaufenden Graben mit steilen Sockelanläufen geschützt. Im Hof entstand inmitten eines eigenen kleinen Grabens ein isolierter Rundturm von ca. 16 m Durchmesser, der zweifellos als monumentaler Wohnturm des Königs dienen sollte und sichtlich an den Palast in der Cité anschloss. Bislang wurde kaum thematisiert, dass dieses königliche Kastell zugleich auch das einzige mit dieser rechtwinkeligen Konsequenz war. Zahlreiche weitere, etwa in Rouen, Caen, Chinon, Tours und Lillebonne, wiesen zwar vergleichbare starke Mauern und runde Ecktürme auf, jedoch keine rechtwinkeligen Grundrisse.

Das fast vollständig erhaltene Kastell von Dourdan gilt heute als bestes Beispiel für Philipps Burgen. Im Jahr 1222 als „nouveau château" erstmals genannt, handelt es sich um ein Spätwerk, das auf etwa 68 m Seitenlänge an drei Ecken sowie an drei Mauerzentralen runde Mauertürme aufweist, während die vierte Front durch ein Doppelturmtor beherrscht wird und an der vierten Ecke ein isoliert vorgestellter Wohnturm mit 14,5 m Durchmesser dominiert. Dieser bot wie in Rouen und Lillebonne, aber konzeptionell auch wie die zentralen Türme der Cité und des Louvre, einen weithin sichtbaren und architektonisch abgehobenen, im Inneren aber komfortabel ausgestatteten Wohnbau für den König. Um das Kastell führt bis heute ein tiefer gemauerter Graben mit steilen Sockelanläufen, dessen aufwändige Anlage zum Ursprungskonzept gehört.

Als zeitgleiches Gegenstück entstand in Seringés-et-Nesles ein etwa 59 m breites Kastell, das für Graf Robert III. de Dreux errichtet wurde, der damit wohl seine königliche Herkunft und das Naheverhältnis zu Philipp architektonisch manifestieren wollte. Demselben Bauherrn ist schon das Kastell von

Folie zuzuordnen, das mit einer speziellen königlichen Erlaubnis nach 1206 begonnen worden war.

Auch das Geschlecht der Courtenay stieg im frühen 13. Jahrhundert durch die Einheirat in die königliche Familie zu einem wichtigen Machtfaktor im Berry auf und manifestierte dies durch den Neubau von Mehun, einem heute stark überformten Kastell mit dominantem, gut ausgestattetem Wohnturm in Ecklage. Die Baudetails lassen eine Beteiligung der königlichen Bautruppen erkennen.

Im direkten Einfluss des Königs dürfte um 1220 die Errichtung der außergewöhnlichen Kastellanlage von Montaiguillon erfolgt sein (Abb. 33). Diese höchst bedeutende Burg vereinte in zukunftsträchtiger Form alle bisherigen Entwicklungen von Regelmäßigkeit, Turmausprägung, Torfestung und randständiger Hofbebauung. Das charakteristische Quadermauerwerk, die Sockelausbildung und die Schartendetails belegen eine direkte Verwandtschaft zu Dourdan, das wohl von der gleichen Handwerkergruppe errichtet wurde.

Durch identes Mauerwerk und analoge Baudetails können auch unter anderem Rozemont, Coucy und Luzarches dieser Zeit zugeordnet werden. Offensichtlich hatte sich in den 1220er Jahren eine ganze Gruppe von eng verwandten französischen Kastellen herausgebildet, wo das Konzept Philipps vom Hochadel zunehmend selbstbewusst adoptiert wurde.

Auch im konkurrierenden Reich der Plantagenet hatte sich der Kastellbau nach dem überraschenden Tod König Richards weiter entwickelt. Sein jüngerer Bruder Johann (1199–1217) war ebenfalls sofort von Philipp attackiert worden. Nach einem Schauprozess und massiven Kampfhandlungen eroberte er die Normandie bis 1204, danach marschierte er im Poitou ein und erhielt im folgenden Waffenstillstandsvertrag die Bretagne, Maine, Anjou und Touraine zugesprochen, während Johann nur Aquitanien und die Gascogne behielt. Damit war das angevinische Reich in Frankreich zerschlagen und der englische König massiv geschwächt. Nach weiteren Niederlagen musste Johann 1215 in der berühmten Magna Carta seinem eigenen englischen Adel zahlreiche schmerzliche Zugeständnisse machen, dennoch folgte 1216 die Einladung des französischen Königssohns Ludwig, englischer König zu werden, was nur durch den Tod Johanns und die allgemein anerkannte Krönung seines Sohns Heinrich III. scheiterte.

Entgegen der weitreichenden Territorialverluste am Kontinent konnte Johann auf den Inseln durchaus auch positive Akzente setzen. Er engagierte sich in Irland persönlich für den Aufbau einer eng an die Krone geschlossenen Herrschaft, die durch ständig ausgewechselte königliche Beamte verwaltet wurde. Unter diesen war der Justiziar für den Bau von strategisch platzierten Königsburgen verantwortlich.

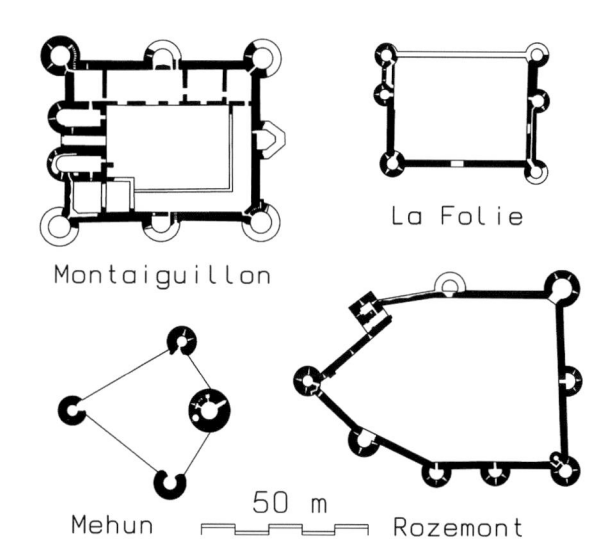

Abb. 33

Johann selbst konzentrierte sich zunächst auf den Weiterbau laufender Baustellen, etwa in London, Windsor und Dover, wo innovative große Turmfestungen, konsequente Schießgänge und keilförmig zum Feind gestellte Sondergrundrisse entwickelt wurden (Abb. 34). Im strategisch gegen die französische Krone gerichteten Coudray Salbart ließ er um 1200 ein experimentelles massives Kastell errichten, dessen sechs Mauertürme als Weiterentwicklung von Dover und Loches teilweise keilförmig angelegt waren. Das parallel ausgebaute großräumige Truppenkastell Parthenay wurde mit runden Eck- und Mauertürmen und Doppelturmtor begonnen, aber durch die baldige französische Eroberung nie planmäßig fertig gestellt. Zum Schutz Englands gegen Angriffe vom Kontinent ließ Johann an der Südküste die alte königliche Burg von Corfe mächtig erweitern, indem zunächst um 1200 nach dem Vorbild von Château Gaillard eine dreieckige Vorburg mit

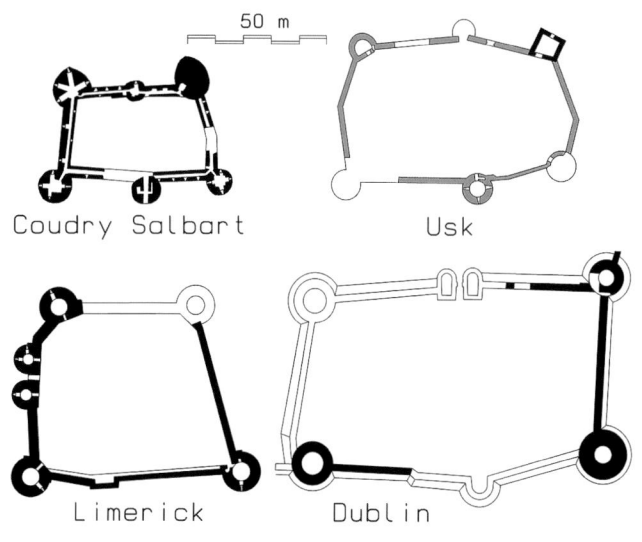

Abb. 34

starkem Rundturm an der Spitze, zwei halbrunden Flankentürmen und ausgeprägtem Doppelturmtor entstand und um 1210 eine weitere geräumige Vorburg mit Doppelturmtor sowie schartenstrotzenden Flankentürmen folgte. Corfe und Dover bildeten nun zwei Hauptbollwerke modernster Architektur gegen den Kontinent, während die Festungen Windsor und London Tower die innenpolitische Herrschaft wirksam schützen sollten.

In Irland wurden unter Johann zwei königliche Burgen im Kastelltypus errichtet. Nach der Übernahme der strategisch bedeutenden Stadt Limerick am Shannon 1197 dürfte um 1200 mit einem Kastell begonnen worden sein, für das noch 1211 größere Ausgaben nötig waren. Für die kastellförmige Zitadelle von Dublin gibt es ein ausführliches Gründungsmandat des Königs aus dem Jahr 1204, während die Fertigstellung erst nach 1213 eintrat. Dem königlichen Beispiel folgte der königliche Heerführer und Vormund des jungen Heinrich III. namens William Marshal der Ältere. Seine große politische Macht wurde um 1200 durch den Ausbau von fünf geräumigen Burgen manifestiert. Zunächst erhielt Chepstow in Südwales eine ausgedehnte rechteckige Vorburg mit runden Ecktürmen und Doppelturmtor. Ab 1204 wurde das nahe Pembroke mit einem riesigen Rundturm sowie einer mächtigen rundturmbewehrten Burgmauer erneuert. Ab etwa 1207 entstand auf seinem irischen Hauptsitz Kilkenny ein klassisches Kastell königlichen Ausmaßes in enger architektonischer Anlehnung an Dublin. Wenig später wurden in Südwales bis 1219 mit Usk eine alte Grenzburg kastellförmig erneuert und in analoger Form Manorbier aufgerüstet. Auch an einigen weiteren Burgen an der walisischen Grenze sind Befestigungen mit Staffelungen von Rundtürmen erhalten, so in Carmarthen, Laugharne und Cilgerran, die zumindest teilweise aufgrund der politischen Entwicklungen nie planmäßig fertig gestellt wurden. Jedenfalls zeichnet sich ab, dass unter den Marshals im frühen 13. Jahrhundert eine ganze Reihe von Grenzforts zu den walisischen Nachbarn entstand, deren architektonische Baudetails zueinander sehr ähnlich ausgebildet waren. Der bemerkenswert lange regierende König Heinrich III. (1216–72) kam unmündig auf den Thron und wurde bis 1234 von Vormündern vertreten. Es folgten schwelende Konflikte mit dem selbstbewussten Adel, die letztlich in einen langen Bürgerkrieg mündeten.

In der renitenten Hauptstadt London wurde daher zunächst mit Hochdruck am Ausbau des neuen kastellförmigen Berings gearbeitet, wodurch eine 170 x 220 m messende zweiringige Anlage mit zahlreichen etwa 12 m breiten Mauertürmen, über 3 m starken Kurtinen sowie einem konsequent umlaufenden Graben entstand (Abb. 35). Zur Themse dominierte bereits ab 1220 ein 17 m starker Rundturm, dessen mit Rippengewölbe, Kamin, Oratorium und Wandbemalung prachtvoll ausgestattetes Obergeschoß vom König selbst bewohnt wurde und der gut mit den französischen Königstürmen vergleichbar ist.

Parallel wurden um 1220 auch in der Landresidenz Windsor Castle massive Ausbauarbeiten weitergeführt, die gemäß Urkunden bis etwa 1230 dauerten und die alte 140 x 180 m messende Unterburg mit langen starken Mauern und halbrunden Eck- und Zwischentürmen kastellförmig ersetzten.

Neben diesen beiden Hauptbollwerken des jungen Königs und dem Ausbau weiterer bestehender Königsburgen wie Dover wurden zu Beginn seiner Herrschaft auch zahlreiche neue Anlagen errichtet (Abb. 36). So entstand in Irland mit Green Castle ein trapezförmiges Kastell mit D-förmigen Türmen analog zu London und Windsor. An der Südküste Englands wurde in Pevensy eine ältere Burg ab den 1220er Jahren zum

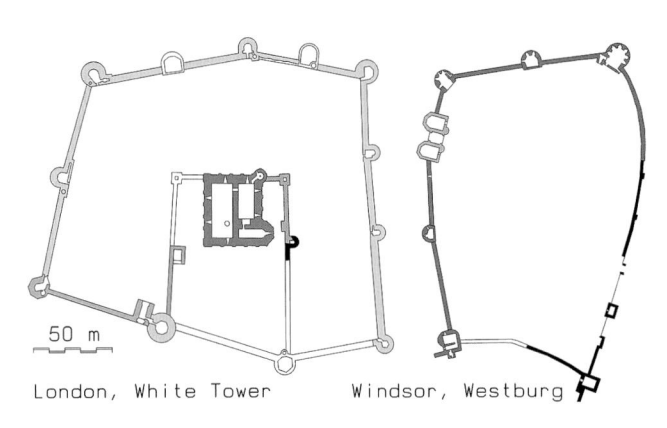

Abb. 35

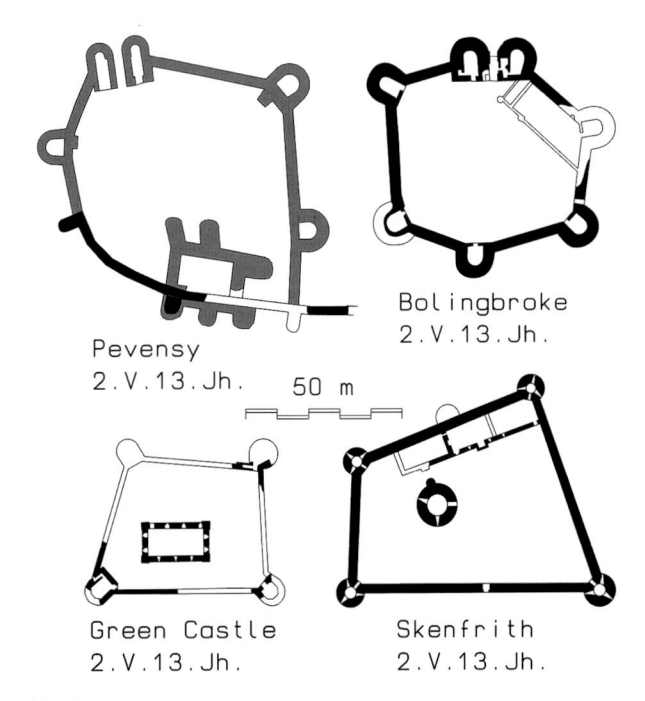

Abb. 36

Kastell mit großen D-Türmen, ausgeprägtem Doppelturmtor sowie tiefem umlaufenden Graben ausgebaut. An der Ostküste nördlich von London entstand mit Bolingbroke ebenfalls ein äußerst massives Kastell mit über 3 m starken Wänden, Doppelturmtor sowie fünf hufeisenförmigen Mauertürmen. Ab etwa 1220 führten die vereinten Waliser verheerende Einfälle nach England aus, woraufhin gemäß königlicher Schriftquellen mehrere Grenzkastelle errichtet wurden. Zu Beginn entstand das Kastell Skenfrith, dessen Türme unten konsequent rund und erst ab dem Obergeschoß D-förmig gestaltet waren. Im Zentrum stand ein runder Wohnturm, der als „Königsturm" mit Abtritt und Kamin einen komfortablen Wohnraum umfasste. Von Skenfrith aus wurden Handwerker zu den benachbarten Burgen Grosmont und White Castle geschickt, wo bestehende Anlagen flankierende Rundturmreihen sowie Torbauten erhielten. Es folgten große Ausgaben für die turmreichen Forts von Montgomery und Painscastle, die heute zerstört sind. Neben diesen königlichen bzw. königsnahen Kastellen zeigen nur ausnehmend wenige zeitgenössische adelige Befestigungen auf den britischen Inseln ähnliche Konzepte. Dazu gehören Chepstow, Morgraig und Narberth Castle im südlichen Wales sowie Barnwell in Zentralengland. Ihnen war zwar die Mehrtürmigkeit gemeinsam, jedoch fehlte das konsequente Streben nach Regelmäßigkeit und rechten Winkeln.

In Frankreich war inzwischen nach einem komplizierten Nachfolgestreit für König Philipp II. und dem kurz regierenden Ludwig VIII. der erst 12-jährige Ludwig IX. der Heilige (1226–70) gefolgt, der ebenfalls mit großen Adelsrevolten zu kämpfen hatte. Es folgte in der ähnlich langen Amtszeit wie Heinrich in England jedoch hier in Frankreich ein „goldenes Zeitalter", weshalb der erste Schwerpunkt auf prunkvolle Erweiterungen der Residenzen in und um Paris gelegt werden konnte. Lediglich außerhalb der Ile-de-France galt es, den weit verstreuten königlichen Besitz durch den Bau starker Befestigungen zu konsolidieren. So wurde nach einer Adelsrevolte 1227–29 die alte Königsstadt Angers mit einer mächtigen turmreichen Stadtmauer sowie einer monumentalen Zitadelle geschützt. Auf der verzogen-rechteckigen Fläche von etwa 150 x 200 m entstand ein klares architektonisches Manifest königlicher Herrschaft, das durch zwei ausgeprägte Doppelturmtore sowie 13 weitere Mauertürme mit beachtlichen Höhenausmaßen unüberwindbar sein sollte. Konzeption und Baudetails belegen eine Weiterführung königlicher Handwerkstraditionen. Unter direktem Einfluss dieser Baustelle sowie mit Finanzunterstützung durch den König dürfte um 1241 in Gencain eine geländebedingt verzogene Kastellanlage errichtet worden sein, deren heute stark reduzierte

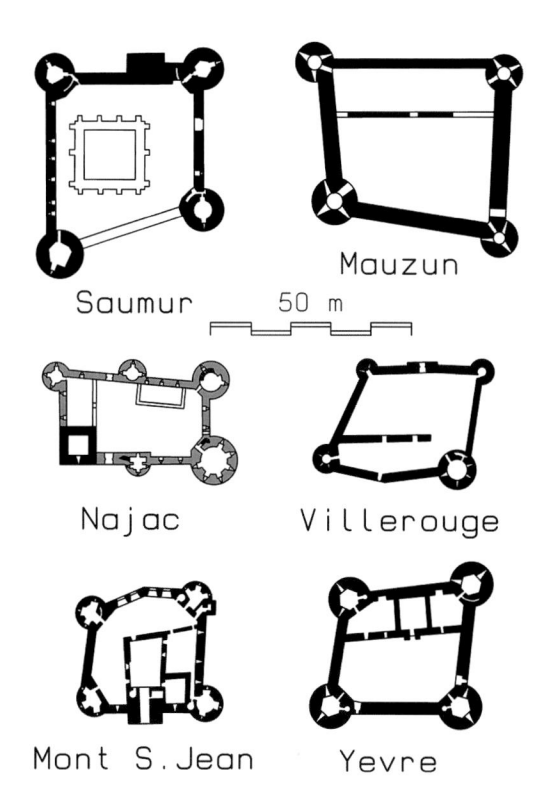

Abb. 37

Mauern mit ihren Ecktürmen und dem Doppelturmtoren eng verwandt scheinen. (Abb. 37)

In einer anderen spektakulären Variante wurde die strategisch bedeutende Burg Mauzun in der Auvergne ab 1227 vom königstreuen Bischof von Clermont neu befestigt. Es entstand eine gewaltige Burg, die aus einem weitläufigen, keilförmigen Bering mit zahlreichen halbrunden Mauertürmen sowie Doppelturmtor bestand und von einer viereckigen Kernburg mit mächtigen Mauern und vier runden Ecktürmen bekrönt wurde. Auch die Stadtburg des Bischofs in Clermont l'Hérault erhielt in der Folge einen polygonalen Bering, der durch zahlreiche ähnliche Rund- bzw. Halbrundtürme flankiert war.

Bereits 1226 war die südfranzösische Stadt Carcassonne an die Krone übergegangen, die umgehend die weitläufigen antiken Stadtmauern ausbauen und die alte Fürstenresidenz als starkes Kastell mit runden Ecktürmen und Doppelturmtor aufrüsten ließ. Auch zahlreiche kleinere königliche Besitzungen in den ausgedehnten Krondomänen erhielten in der Folge massive Befestigungen. Die bereits von Philipp II. 1203 eroberte alte Burg Saumur wurde um 1230 mit einem verzogenen Kastell und vier gleichförmigen Rundtürmen erneuert. Das undatierte kleine Kernkastell der geräumigen Burganlage von Yevre-le-Chatel weist ähnliche polygonale Innenräume der runden Ecktürme auf. Die südlich von Paris gelegene weiträumige Burganlage von Mont-Saint-Jean wirkt wie eine Zwillingsanlage von Yevre.

Anlässlich einer lokalen Revolte in den Pyrenäen wurde um 1252 der Befehl zur Erneuerung der alten Burg von Najac erteilt, deren neues Kernkastell mit seinen abgeflachten Turmwänden, den geräumigen hohen Schießnischen und den polygonalen Rippengewölben eine gute Kenntnis königlicher Bautraditionen belegt. Mit gleichartigen Mauertürmen und Baudetails, jedoch bis auf die kastellförmigen Burgen Puivert und Termes nicht mit regelmäßigen Grundrissen, wurden zahlreiche weitere Burgen in den Pyrenäen unter politischem Einfluss von Ludwigs Bruder Alphons von Poitiers befestigt. In diese Gruppe gehörte offensichtlich auch die bischöfliche Zitadelle der Kleinstadt Villerouge, die konzeptionell direkt an Yevre-le-Chatel anschloss.

KASTELLE IM HEILIGEN RÖMISCHEN REICH

In dieser Zeit sind auch am Rhein die ersten Kastelle fassbar. Nach dem frühen Tod des staufischen Königs Philipp 1209 folgte ein Thronstreit zwischen Staufern und Welfen, der von Frankreich bzw. England militärisch unterstützt wurde. 1214 konnte der französische König die Gegenallianz vernichtend schlagen und so dem jungen Staufer Friedrich II. (1212–1250) zur sicheren Königsherrschaft verhelfen, die 1220 mit seiner Erhebung zum Kaiser gekrönt wurde.
Friedrich war im Königreich Sizilien aufgewachsen und er ging 1220 wieder dorthin zurück, um sich seinen Ambitionen zur Beherrschung des östlichen Mittelmeerraums zu widmen (Abb. 38). Aus der kurzen Regierungszeit davor datieren jedoch mehrere Kastelle am Rhein sowie repräsentative Herrschaftsbauten im angrenzenden Elsass, sodass hier eine konzertierte Bautätigkeit nachvollzogen werden kann.
In der frühesten Zeit dürfte die 1213 erstmals urkundlich genannte viertürmige Burg Gutenberg südlich von Bingen am Rhein entstanden sein, zu der das Vierturmkastell Fagnolles mit seinen analogen homogenen Quadermauern mit hohen Sockelanläufen und Scharten passt. Ab 1218 startete der Staufer in Schwaben und Elsass die Errichtung einer möglichst lückenlosen königlichen Hausmacht durch die Besetzung neuralgischer Punkte. Dabei hielten nun auch im königlichen Residenzbau halbrunde Flankentürme Einzug, wie die elsässische Burg Girbaden zeigt. Gleichzeitig entstanden in der Rheinebene mehrere kastellartige Neuanlagen, die heute durch spätere Überbauung bzw. Zerstörung nur mehr fragmentiert zu erfassen sind. Als Hauptbeispiel gilt das einstige Kastell von Lahr. Hier errichtete man auf einem etwa 47 m breiten Geviert ein klassisches Kastell mit vier gleichförmigen Rundtürmen, randständigem Palas und zentralem Hauptturm. Während das Grundkonzept auf französische Vorbilder zurückzuführen ist, konnte die Forschung für das einheitliche Buckelquadermauerwerk, die zahlreichen Steinmetzzeichen sowie die charakteristischen frühgotischen Fensterdetails lokale Traditionen sowie Zusammenhänge mit Girbaden belegen. Unmittelbar benachbart befand sich mit Dautenstein ein fast analoges Kastell mit wenig kleinteiligerem Buckelquadermauerwerk. Ebenfalls gleichzeitig datiert im Westerwald das Kastell Montabaur, das ab 1217 vom treuen Erzbischof von Trier an der Grenze zu den feindlichen Grafen von Nassau errichtet wurde. Wiederum finden sich auf der trapezförmigen Fläche von etwa 43 m Breite vier runde Ecktürme sowie ein runder Hauptturm. Nur 3 km nordwestlich entstand in Dernbach ein weiteres Trierer Kastell mit vier Rundtürmen. Sehr wahrscheinlich gehörte auch das Kastell von Linn in diese Gruppe, das vom 1218 zum Erzbischof von Köln erhobenen staufertreuen Grafen von Berg neu errichtet wurde, den der Kaiser 1220 als Reichsprovisor und Vormund seines Sohnes Heinrich einsetzte. 1222 ist er als Gubernator Regni Teutonici genannt und war bis zu seiner Ermordung 1225 der Führer der staufischen Partei in Deutschland.
Weitere kastellförmige Anlagen dieser Zeit werden in Heyden, Schwanau, Schenkenzell und Dodenburg vermutet, sie sind jedoch nicht mehr erhalten oder im Baubestand trotz lokaler Analogien nicht ausreichend belegt.
Insgesamt ist anzunehmen, dass auf Vermittlung des französischen Königs für die staufische Herrschaftsabsicherung Kastellplaner ins Land gekommen waren, die zunächst in Gutenberg und Fagnolles mit französischen Baudetails agierten, während wenige Jahre später bereits einheimische Handwerker tätig waren. Obwohl der Stauferkönig nirgends namentlich genannt ist, wird es sich aufgrund der engen politischen Abhängigkeit und der bautechnischen Parallelen zu seiner Residenz in Girbaden wahrscheinlich um vom Herrscher initiierte oder begünstigte Bauprojekte zur Sicherung des Kernlandes gegen die welfische Adelsopposition gehandelt haben. Mit seinem Abzug nach Italien wurden sie vermutlich an getreue Vasallen bzw. königliche Beamte zur Verwaltung übertragen. Es folgte eine schrittweise Übernahme kaiserlicher Güter durch den zunehmend feindlichen Straßburger Bischof, weshalb die staufertreuen Grafen von Leiningen ab 1226 mit dem Bau der 1242 erstmals urkundlich erschließbaren Burg Neuleiningen begonnen haben dürften. Ihr heute als Ruine erhaltenes Kastell wurde als Zitadelle einer gleichzeitig konzipierten Siedlung angelegt und besaß vier runde Ecktürme, einen Saalbau und eine enge Schartenreihe im Hof. Konzeption und Quadermauerwerk erinnern an Guten-

berg und Linn, während die breiten Armbrustscharten der Gruppe um Lahr zugehören. Buckelquadermauerwerk und Steinmetzzeichen fehlen jedoch, unterschiedlich sind auch die hofseitige Konsequenz sowie die Abflachung der Türme. Wahrscheinlich handelte es sich also um zwei parallele Planungs- sowie Bautrupps, die sich von den französischen Vorbildern emanzipiert hatten. Deutliche Analogien zeigte die einst zum Elsaß gehörende Burg Delle in Dattenried, die historisch um 1232 zu datieren sein dürfte. Nach diesen Bauten entstanden in Deutschland keine weiteren Kastelle mehr mit runden Ecktürmen, was nur hypothetisch durch den raschen Rückgang der staufischen Macht erklärt werden kann.

Während nun in den Königreichen Frankreich und England bei Kastellen Rundtürme praktisch ausnahmslos dominierten, zeigt sich im übrigen Europa ein heterogenes Bild, dessen parallele Entwicklungen hier technisch bedingt wieder nur unbefriedigend hintereinander dargestellt werden können.

Nach der Kaiserkrönung Friedrichs II. 1220 in Rom zog er sofort in sein süditalienisches Königreich weiter, um letztlich für lange Zeit zu bleiben. Gemäß französischem Vorbild führte er dort eine eingreifende Verwaltungsreform durch, die auf einer abhängigen Beamtenhierarchie beruhte und die nach massiven Widerständen erst ab etwa 1231 rigoros durchgesetzt werden konnte. Träger der neuen Ordnung waren königliche Bauten, für die Pflegesatzungen und sogar eine jährliche Überprüfung definiert wurden. Zudem gab es eine große Bandbreite von persönlichen königlichen Sitzen, vom kleinen Jagdschloss bis zur geräumigen Stadtresidenz.

Friedrich war nicht nur in Personalunion König Süditaliens und Deutschlands sowie seit seiner Heirat 1225 auch König von Jerusalem und als Kaiser auch automatisch Oberherr von weiteren untergeordneten Königreichen, er hielt sich daher für den Führer der gesamten christlichen Welt von Spanien bis Armenien und von Zypern bis Dänemark. Für seine programmatische und gut durchdachte Baukultur konnte Friedrich auf viele internationale Traditionen zurückgreifen, er hatte als Erbe der Normannen sowie Mitglied einer zisterziensischen Bruderschaft auch direkten Zugang zum Wissen der südländischen Kastellkultur sowie der fortschrittlichen Bautechnik des Ordens. Engen Austausch gab es zudem mit dem Deutschen Orden und den Kreuzfahrergebieten, beste Voraussetzungen für eine symbiotische Architektur, die seinen Weltherrschaftsanspruch manifestieren konnte.

Noch in französisch/rheinischer Tradition wurde sofort Brindisi kastellförmig mit Rundtürmen ausgebaut und intensiv als königliche Residenz genutzt (Abb. 39). Als eine der größten Zitadellen dieser Zeit dürfte Lucera vorgesehen gewesen sein, wohin ab 1223 nach ständigen Revolten die muslimische

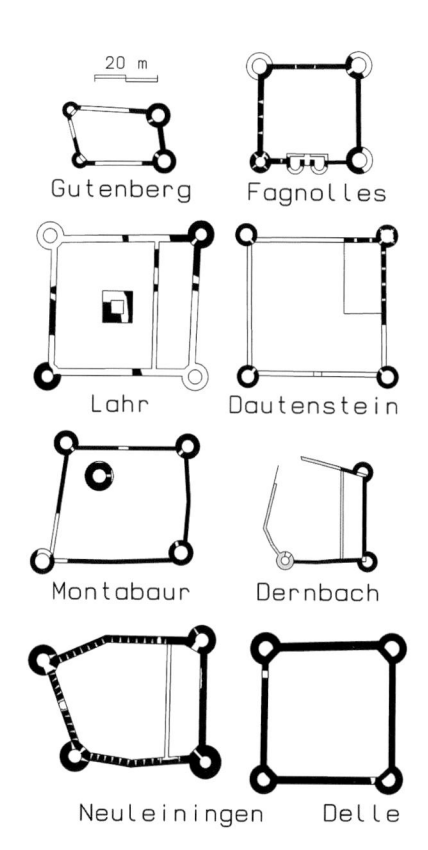

Abb. 38

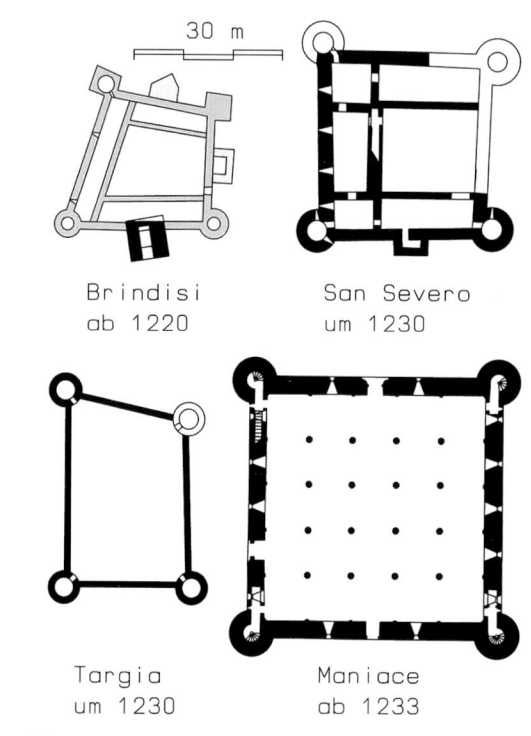

Abb. 39

Restbevölkerung Siziliens umgesiedelt wurde, um sie als kaiserliche Elitesöldner aufzubauen. Wahrscheinlich wurde das ursprüngliche Baukonzept der dortigen Zitadelle nie fertig gestellt, sodass heute nur zwei große Rundtürme im Sockelbereich als primäre Eckflankierungen erhalten sind. Ab 1228

CHRONOLOGIE | 559

folgte das ebenfalls großformatige Kastell Otranto, das heute ebenfalls stark überbaut ist. Das wohl um 1230 entstandene deutlich kleinere Vierturmkastell von Targia nahe der Ostküste von Sizilien diente hingegen als königlicher Jagdsitz inmitten eines großen Parks. Sehr ähnlich waren zahlreiche weitere Rundturmkastelle konzipiert, etwa in Brucoli und San Severo, in denen auch Hoftrakte überliefert sind. Gänzlich isoliert steht wiederum das Kastell Maniace auf einem schmalen Küstensporn im Osten von Sizilien. Der fast quadratische Bau von etwa 52 m Seitenlänge mit über drei Meter Mauerstärke entstand ab 1233, wurde aber 1239 als Rohbau belassen. Über ein mit antiken Kunstwerken gerahmtes, kirchenwürdiges Stufenportal gelangte man in den geräumigen Innenraum, der durch 16 Rundsäulen und kräftige Kastenrippengewölbe ähnlich einer Moschee als gleichförmige Halle gestaltet war. Deutliche Parallelen zu seldschukischen Sultan-Hans wie gleiche Baukonzepte, idente Baudetails, Achtecksockel unter den Rundtürmen, feines Quadermauerwerk, analoge Pfeilerhallen sowie gleiche Steinmetzzeichen lassen an direkte Beziehungen zu islamischen Bauschulen denken. Historischer Hintergrund war wohl Friedrichs Rückkehr vom Kreuzzug ins Heilige Land 1229, bei dem mit den Muslimen ein zehnjähriger Waffenstillstand ausverhandelt und die heiligen Stätten zurück gewonnen werden konnten. Durch die wohl auf den Hans aufbauende architektonische Gestaltung außen als Kastell und innen als aufwändige Halle, durch antikisierenden Baudekor sowie durch das christlich-sakral konnotierte Stufenportal entstand ein sicher programmatisches, eklektizistisches Panoptikum überregionaler Hoheitszeichen.

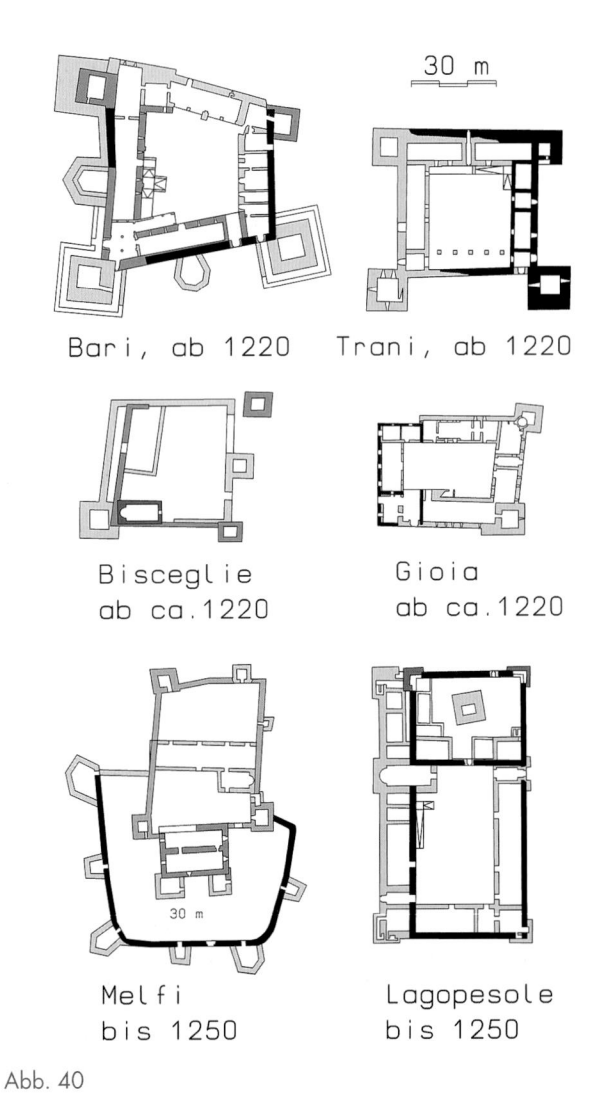

Neben diesen einzelnen Rundturmkastellen wurde seit der Ankunft Friedrichs in Süditalien die normannische Tradition der Kastelle mit Rechtecktürmen und Buckelquadermauerwerk in deutlich erhöhter Intensität weitergeführt (Abb. 40). Wahrscheinlich fand man in Bari eine offene Baustelle vor und stellte sie in normannischer Konzeption als vierturmiges Kastell fertig, das jedoch nun im Hof vierflügelig erweitert wurde. Als baugleiches Gegenstück präsentiert sich die völlige Neuanlage von Trani, wo am Eck der Stadtbefestigung ein sehr regelmäßiges Vierturmkastell entstand. Auch im Landesinneren finden sich verwandte Kastelle. Allem voran erhielt die normannische Zitadelle von Bisceglie neue dominante Buckelquadertürme. Das noch auf die Byzantiner zurück gehende Geviert von Gioia wurde mit gleichen Buckelquadern und analogen Baudetails zum repräsentativen Kastell mit zwei dominanten Türmen und innen drei umlaufenden zweigeschossigen Trakten sowie Arkadentrakt aufgerüstet. In ähnlicher Form erhielt das alte Kastell von Sannicandro di Bari einen Großausbau mit langem von zwei Türmen flankierten Saalbau sowie weiteren Hoftrakten zum geräumigen Geviert. Schließlich wurde auch das bislang byzantinisch und normannisch geprägte Melfi mit zwei neuen vorstehenden Ecktürmen sowie einem geräumigen Saaltrakt erweitert. In Sizilien erhielt das normannische Kastell Lombardo in Enna einen konsequenten Umbau zur vieltürmigen Festung mit repräsentativem residenzartigem Kern.

Unmittelbar nach der Rückkehr aus dem Heiligen Land initiierte Friedrich zudem mehrere sorgfältig durchgeplante Kastelle, die trotz ähnlicher Grundkonzeption und teils analoger Baudetails wohl bewusst jeweils eigenständige Varianten bildeten (Abb. 41). Den Beginn könnte Lagopesole darstellen, dessen altes Geviert zu einem großen Kastell mit homogenen Buckelquaderfronten, hohen Ecktürmen und umlaufenden Trakten erweitert wurde, wobei die Kapelle direkt an Kreuzfahrerburgen anschloss. Ab 1232 wurde ein programmatisch „Augusta" genanntes Palatium an der sizilianischen Ostküste errichtet. In enger Anlehnung an die etwas älteren kompromisslosen rechtwinkeligen Kastelle der Ritterorden im Heiligen Land entstand ein

Abb. 40

Geviert mit vier Ecktürmen, drei eckigen Mauertürmen und an der Eingangsfront zentral dominierendem Achteckturm, der als einziger mit spiegelartig geflächten Buckelquadern ausgestaltet war. Der Arkadenhof erinnert an den Crac, die Spiegelquader an den Davidsturm von Jerusalem und an Pelerin, der hohe Böschungsanlauf war an allen Kreuzfahrerburgen Standard. Der dominante Achteckturm bildete hingegen ein klassisches europäisches Kaiserzeichen und wurde von gebildeten Zeitgenossen sicher als Symbol der irdischen Herrschaft erkannt. Die Detaillösungen, vor allem die kräftigen, schmal gefasten Kastenrippen, sind schließlich der Zisterzienserarchitektur entlehnt, finden sich aber praktisch an allen Bauten Friedrichs. Etwa gleichzeitig wurde der Palast in Castelvetrano an der Westspitze von Sizilien gestartet, wo ebenfalls ein völlig symmetrischer Viertraktebau mit acht gestuft großen Achtecktürmen entstand. In ähnlicher Form wurde ab 1239 zentral an der gegenüberliegenden Ostküste von Sizilien am Hafen von Catania mit Ursino ein sehr ähnliches Kastell errichtet. Hier gab es zwar ausschließlich Rundtürme, diese waren aber innen achteckig gestaltet, sicher eine bewusste Variation.

Wahrscheinlich gehörte auch der Palast des um 1240 zum Wirtschaftszentrum des südlichen Kalabrien ausgebauten Vibo Valentia in diese Gruppe. Hier zeichnet sich ein zweiphasiger hochmittelalterlicher Kern ab, dessen wohl nie planmäßig fertig gestellter spätromanischer Plan neben einem polygonalen Hauptturm einen trapezförmigen Kastellbau mit runden und polygonalen Mauertürmen umfasste. Zugehörige Hoftrakte sind bislang nicht untersucht. Auch in Neapel entstand ein rechtwinkeliger vierflügeliger Palast, der heute stark reduziert ist. Eine originelle Variation bildete der innovative Hauptbau von Lucera, der wahrscheinlich als Vierturmkastell mit zentralem achteckigem Kuppelaufbau gleich einer Kirche konzipiert war. Heute künden davon nur das Erdgeschoß sowie historische Skizzen und Beschreibungen. Den spektakulären Höhepunkt staufischer Kastellkunst bildet sicher das nie fertig gestellte Castel del Monte, dessen Baubeginn um 1235 vermutet wird und das 1240 jedenfalls in Bau war. Die einzigartige Anlage liegt als „Krone Apuliens" programmatisch in zentraler Lage auf einem 550 m hohen Hügel, der von allen Seiten weit zu sehen war und selbst einen perfekten Rundblick erlaubte. Mit subtiler Konsequenz wurde hier das Achteckmotiv zu einem Zentralbau mit acht achteckigen Türmen verarbeitet, wobei mangels Fertigstellung offen bleiben muss, ob hier ebenfalls ein zentraler Kuppelturm aufgesetzt werden sollte. Jedenfalls ist durchaus legitim, in diesem lagemäßig, architektonisch und baukünstlerisch so hervorgehobenen Bauwerk ein programmatisches Manifest des Kaisers in seiner allumfassenden Herrschaft zu sehen und ihn auch als an der Planung wesentlich beteiligt zu vermuten. Als Gegenstück könnte in zentraler Lage von Sizilien in Enna ebenfalls eine „Krone" dieser Insel geplant gewesen sein, wovon jedoch ausschließlich ein achteckiger Turm verwirklicht wurde.

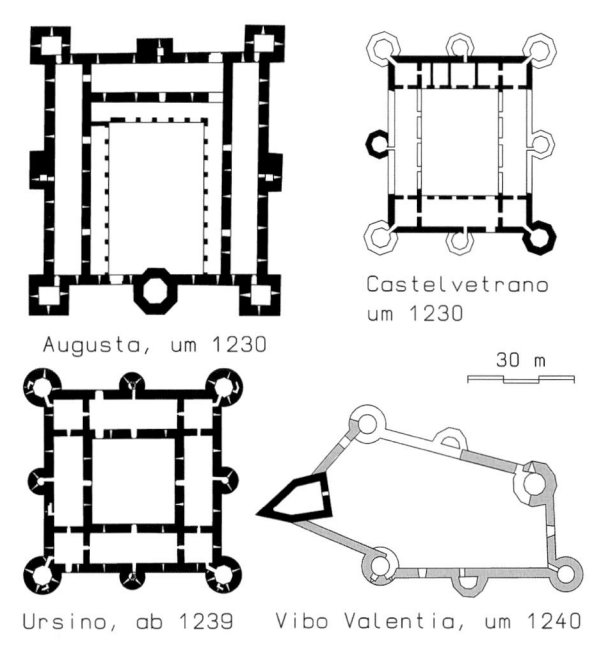

Abb. 41

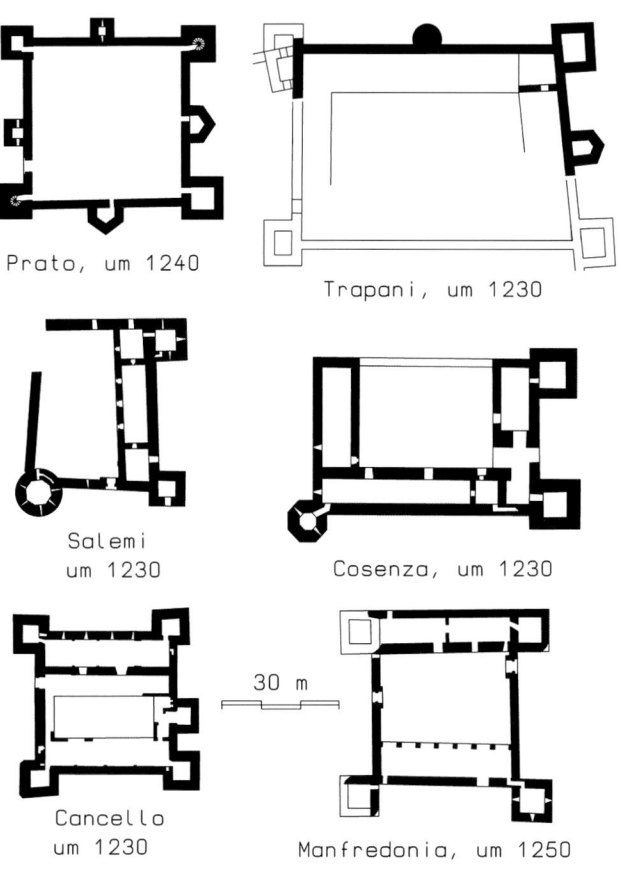

Abb. 42

Neben diesen prunkvollen Hauptbauten findet sich noch eine ganze Reihe weiterer Kastelle, die trotz ähnlich aufwändiger Baudetails und Buckelquadermauern deutlich kleiner waren. So wurden nahe der papsttreuen toskanischen Stadt Florenz in Prato demonstrativ eine mächtige Stadtmauer und ein Kastell errichtet, in dem Friedrichs Sohn Friedrich von Antiochien als Generalvikar der Toskana residierte (Abb. 42). Spiegelquadermauerwerk, ein Prunkportal und zweifärbige Quadertechnik erinnern in der heutigen Ruine ebenso an die süditalienischen Palatien wie konsequente Reihen von Gewölbekonsolen, die zumindest für die Planung vier randständige Trakte unbekannter Breite sowie unklarer Hofgestaltung vermuten lassen.

Zu Prato passt das sizilianische Landkastell von Trapani, das einst die Nordostecke dieser an der Westspitze von Sizilien auf einer schmalen Halbinsel gelegenen Hafenstadt schützte (Abb. 43). Trotz starker Reduktion belegen die Reste sowie historische Darstellungen ein Rechteck mit stadtseitigen Ecktürmen und qualitätvollem Quadermauerwerk. Einem etwas anderen Typus folgen die Kastelle von Salemi, Cosenza und Taranto, deren Kerngevierte von zwei unterschiedlichen Turmformen flankiert wurden. Salemi, das wohl nie planmäßig fertig gestellt wurde, zeigt im Süden einen einzigen konsequenten Saaltrakt, während der Hof sonst frei blieb. Außen schließen zwei weit vorstehende rechteckige Flankentürme mit hohen gefasten Kastenrippengewölben an, die Nordwestecke wird hingegen von einem Rundturm mit achteckigem Strahlrippengewölbe beherrscht, der analog zu Ursino ausgeführt ist. Cosenza in Kalabrien wies ebenfalls eine Doppelturmfront auf, zudem einen Achteckturm auf Viereckssockel und drei randständige Trakte mit großen Gewölbehallen errichtet. Nahe Caserta stehen nicht zuletzt die Ruinen von San Felice a Cancello, einem Fünfturmkastell mit einzelnem großen Saalbau, Hinweisen auf einen Arkadenhof sowie vor allem steilen Turmsockeln, die bastionsförmig gespitzt gestaltet sind, die Anlage wirkt daher wie eine konsequente Kopie der Kreuzfahrerburgen Arima und Belvoir.

Mit dem Tod Friedrich II. 1250 endete abrupt die staufische Großmachtpolitik. Sein Sohn Konrad IV. musste sich von Deutschland nach Süditalien zurückziehen, wo er bald starb und sein unmündiger Sohn König Konradin ebenfalls von Kirche und Fürsten nicht anerkannt wurde. Der Papst belehnte nämlich den Bruder des französischen Königs Ludwig IX., Karl I. Anjou, mit dem Königreich Sizilien und dieser marschierte mit einem großen Heer ein. 1258 wurde Konradin gefangen, worauf Manfred, ein weiterer Sohn Kaiser Friedrichs II. und langjähriger Vormund Konradins, den Thron bestieg und Süditalien kurzfristig zurück eroberte. Als letztes staufisches Kastell entstand in dieser Zeit die Zitadelle von Manfredonia, wo bis zur Einweihung 1264 im Eiltempo eine konsequente stark befestigte Rasterstadt errichtet wurde, deren Eckburg als klassisches Vierturmkastell konzipiert war. In wohl programmatischer Anlehnung an Bauten Friedrichs dominierten hier vier weit vorstehende Buckelquadertürme, während im Hof einander ein großer Palasbau sowie eine tiefe Arkade gegenüber standen. Noch vor der tatsächlichen Fertigstellung siegten die Franzosen 1266 bei Benevent über den

Abb. 43 | Hauptportale von Castel del Monte und Prato

Staufer, der in dieser Schlacht starb. Die Bauarbeiten wurden in der Folge unter dem neuen Königsgeschlecht der Anjou mit starken Veränderungen weitergeführt, damit war auch die Tradition der normannisch-staufischen Baukunst beendet.

In Deutschland waren bereits in den letzten Jahrzehnten der Regierungszeit Friedrichs II. die staufischen Machtbasen ins Wanken geraten, womit auch der Kastellbau einbrach. Während Rundturmkastelle nun fast völlig fehlten, wurde die Mehrtürmigkeit bei rechteckigem Grundriss und Buckelquadermauerwerk nur bei den stauferfreundlichen Bauherren von Brauneck, Dieburg, Boymont, Güttersbach und Wagrein wohl bewusst zitiert, während entsprechende Kaiserbauten unbekannt sind.

Eine Ausnahme bildeten die Herzogtümer Steyer und Österreich, die gemeinsam von den staufertreuen Babenbergern regiert wurden. Herzog Friedrich II. (1230–46) wurde in die Hausmachtpolitik des Kaisers einbezogen, in dem dieser seine Nichte Gertrud heiraten wollte, um an dessen offensichtlich nachfolgerloses Erbe zu gelangen. Im Gegenzug dazu bot der Kaiser die Erhöhung Friedrichs zum König von Österreich an. Nach mehreren Verzögerungen verstarb dieser 1246 jedoch unvermutet und alle Pläne zur Königserhebung waren hinfällig.

In der Zeit dieses letzten Babenbergers entstanden nahe der ungarischen Grenze zahlreiche Bauten, die sowohl die Herrschaft konsolidieren als auch den avisierten Königsrang manifestieren sollten (Abb. 44). Deutliche konzeptuelle und bautechnische Anlehnungen an die süditalienischen Kastelle normannischer Tradition lassen eine direkte Vermittlung von Planern und Handwerkern aus Italien vermuten, Kaiser und Herzog werden gemeinsam an der Sicherung der Herrschaft interessiert gewesen sein. Ein vermutbares überregionales Konzept blieb durch den frühen Tod Friedrichs jedoch ebenso lückenhaft wie zahlreiche Baustellen unvollendet. Die Kastelle lassen sich dennoch in verschiedene Gruppen einteilen, die jeweils durch ihre Bautechnik und ihre Lage verbunden sind.

Der Anfang wird wohl in der Hauptstadt Wien gesetzt worden sein, wo anstelle der zentral gelegenen Herzogshöfe direkt an der Stadtmauer ein Vierturmkastell mit dominantem Hauptturm, drei kleineren Trabanten sowie flächigem Buckelquadermauerwerk errichtet wurde. Erst später entstanden massive Hofeinbauten, sodass ursprünglich wohl der reine Wehrcharakter als klassische Zitadelle im Fokus lag.

Auch in der landesfürstlichen Grenzstadt Bruck wurde anstelle des Stadthofs ein Kastellbau am Rand begonnen, von dem jedoch nur der dominante Buckelquaderturm sowie ein Trabantenturm fertig gestellt wurden, während sich das restliche Geviert nur hypothetisch durch die Fluchten der Stadtmauern vermuten lässt. Auf gleiche Weise gründete der Herzog in der

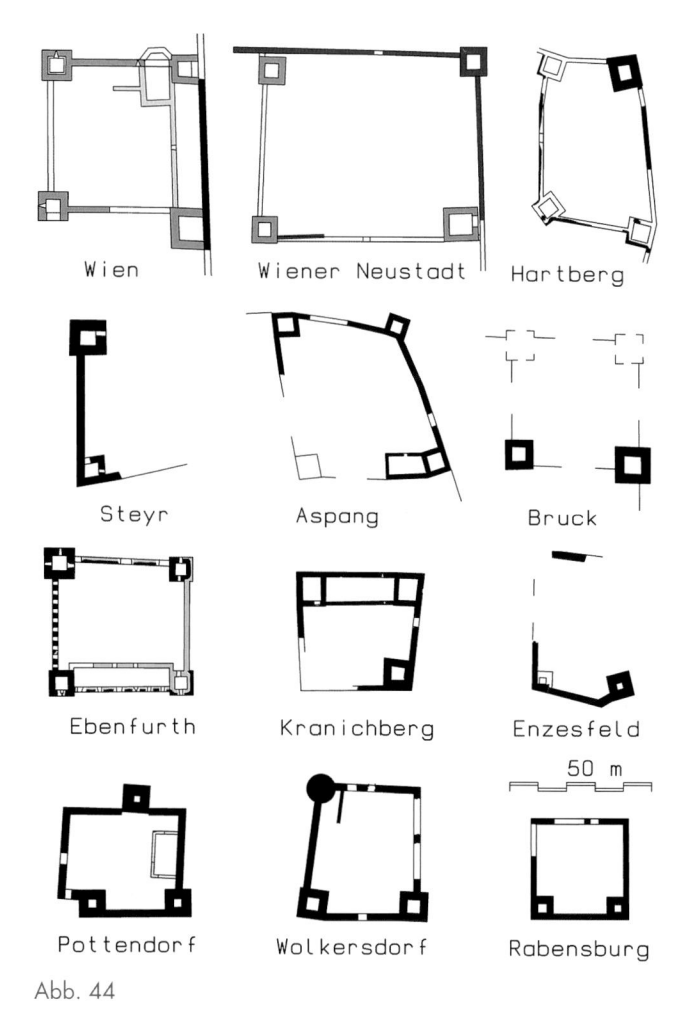

Abb. 44

Grenzstadt Wiener Neustadt anstelle seines alten zentralen Hofs nun in der Südostecke der Stadtbefestigung eine neue Kastellanlage von 66 x 80 m mit drei etwa 10 m breiten gleichförmigen Ecktürmen sowie einem 12 m breiten Hauptturm. Auch in der steirischen Grenzstadt Hartberg begann Herzog Friedrich offenbar eine neue Vierturmburg in Ecklage, von der heute nur wenige Reste und historische Schürfungen künden. Nicht zuletzt finden sich in der landesfürstlichen Stadt Steyr nahe der Westgrenze Reste einer kastellförmigen Zitadelle aus Buckelquadern, wo ein 12 m breiter Rechteckturm, eine verzahnte 35 m lange Mauer und ein 10 m breiter Eckturm nicht weiter ergänzt werden können. Weitere herzogliche Burgen dieser Bauart sind derzeit nicht bekannt, aber durchaus möglich, etwa in den landesfürstlichen Grenzstädten Fürstenfeld, Radkersburg, Friedberg sowie im 1243 übernommenen Himberg, wo unter anderem spoliierte Buckelquader auf eine herzogliche Bautätigkeit deuten.

Neben diesen landesfürstlichen Stadtburgen finden sich direkt benachbart mehrere weitere Kastelle des politisch eng zugehörigen Adels, die mit ihrem charakteristischen Buckelquadermauerwerk mit analogen Steinmetzzeichen und ihrem

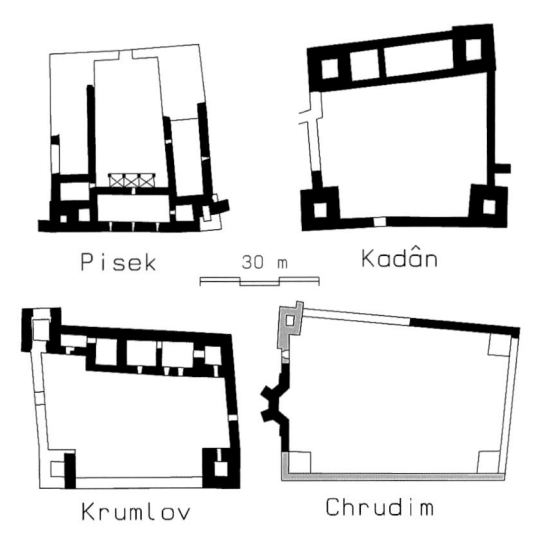

Abb. 45

gleichförmigen Baukonzept eine gemeinsame Bautengruppe bilden. Allem voran ist die viertürmige Stadtburg von Ebenfurth zu nennen, weiters das dreitürmige Wolkersdorf, das durch einen Jugendfreund und Vertrauten des Herzogs errichtet wurde. Das bedeutende herzogliche Ministerialengeschlecht der Pottendorfer ließ ebenfalls seine alte Burg durch einen rigorosen Neubau aus Buckelquadern ersetzen, der eine Doppelturmfront sowie einen nie planmäßig fertig gestellten Hauptturm vorsah. Auch die Ministerialenburg Rabensburg war als Buckelquaderkastell mit Doppelturmfront konzipiert. Ähnlich mag die heute stark reduzierte Burg Enzesfeld ausgesehen haben, die einem engen Getreuen des Herzogs gehört hat. Nicht zuletzt zählt Kranichberg zu dieser Gruppe, dessen Besitzer oft in herzoglichen Urkunden auftaucht. Die Burg wurde trotz steil ansteigenden Felsterrains möglichst konsequent als Viereck mit dominantem Hauptturm sowie wohl einst drei Trabanten mit Buckelquaderkanten errichtet. Deutlich weniger blieb in Rohrau und (Kaiser-) Ebersdorf erhalten, wo österreichische Landherren bzw. der herzogliche Kämmerer Kastelle mit Buckelquadern errichtet haben dürften.

Alle genannten Bauten sind nicht nur durch ihr charakteristisches und großräumig fast isoliertes Buckelquadermauerwerk mit ähnlichen Steinmetzzeichen miteinander verbunden, sondern zeigen auch mit der konzeptuellen Konformität, den massiven Mauern und im Idealfall der Gruppierung von Hauptturm und drei Trabanten bzw. Doppelturmfronten direkte Verwandtschaften. Durch Konsequenz und Größe scheinen die landesfürstlichen Bauten hervorgehoben, während die des Hofadels kleiner und meist in der Turmanzahl reduziert waren.

Ein wesentliches Charakteristikum stellte die geographische Lage an oder nahe der Ostgrenze der babenbergischen Herrschaft und somit entlang der Außengrenze des Deutschen bzw. Heiligen Römischen Reichs dar. Demnach besetzten lediglich die landesfürstlichen Kastelle von Wien und Steyr im Landesinneren wichtige Zentralorte, während die anderen herzoglichen Stadtkastelle von Hainburg, Bruck, Wr. Neustadt und Hartberg alle an oder nahe dieser Ostgrenze lagen. Vor allem südlich der Donau begleiteten zudem die Adelskastelle zwischen der Hainburger Pforte und den Alpenausläufern des Wechselgebirges mit Rohrau, Trautmannsdorf, Götzendorf, Pottendorf und Ebenfurth den Grenzverlauf direkt. Nördlich der Donau ist mit Rabensburg nur ein einziges Kastell direkt an der Grenze errichtet worden bzw. erhalten geblieben. Aus dieser geographischen Reihung fallen die baulich ebenfalls zur Gruppe gehörigen Kastelle von Wolkersdorf, Kaiserebersdorf, Enzesfeld, Kranichberg und das vermutbare Himberg, wenngleich auch sie durch die politische Verdichtung des herzoglichen Umfelds im südlichen Wiener Becken alle eine maximale Entfernung von etwa 30 km zur Grenze aufwiesen.

Als weitere Gruppe gab es in der Region südlich von Wien deutlich kleinere Gevierte mit zwei diagonal gelegenen Türmen mit Buckelquadern. Allen voran ist Trautmannsdorf zu nennen, dessen herzogtreue Besitzer direkt an der Grenze ein qualitätvolles Kastell errichtet haben, das heute weitgehend zerstört ist. Auch im nahen Götzendorf zeichnet sich ein Rechteck mit zumindest einem Buckelquaderturm ab, das je-

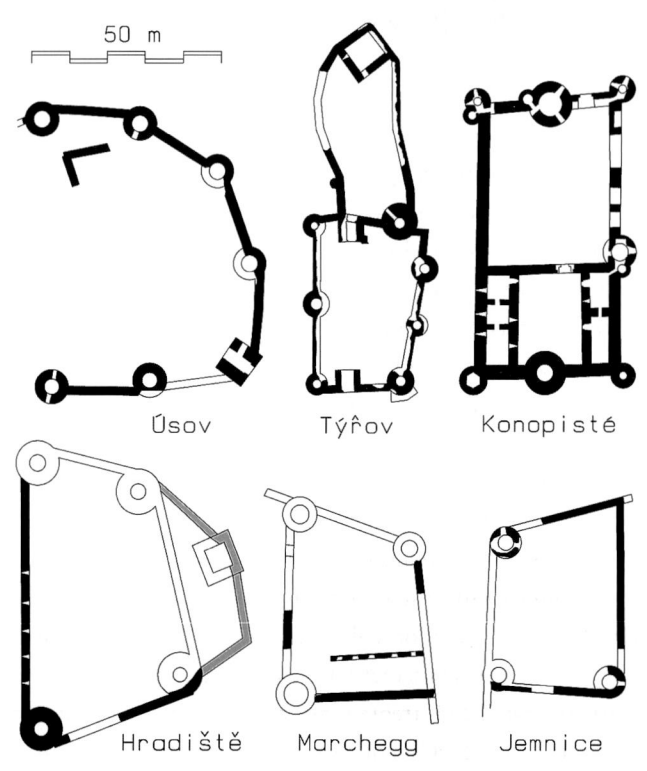

Abb. 46

Abb. 47 | Konopiště, Tschechien

doch nur grob archäologisch dokumentiert ist. Die heutigen Schlösser von Leopoldsdorf, Achau und Ebreichsdorf sowie Asparn im Weinviertel zeigen im Kern ebenfalls rechteckige Grundformen und diagonale Türme sowie letztere drei auch Eckbuckelquader. Es ist zu vermuten, dass diese Gruppe eine zunehmend eigenständige Entwicklung nach dem Tod des Herzogs 1246 als reine Modeform des potenten Landadels durchgemacht hat.

Das begehrte Erbe des Babenbergers wurde nach einem kleinen Interregnum 1252 mit kräftiger Hilfe des österreichischen Adels vom böhmischen Königssohn und Markgrafen von Mähren Ottokar übernommen, der zur Legitimation die viel ältere Margarete von Babenberg, die Schwester von Friedrich, heiratete. Nach seiner Übernahme der böhmischen Königsherrschaft 1253 strebte Ottokar II. (1253–78) in Allianz mit dem Kölner Erzbischof die seit 1250 vakante Kaiserwürde des Reichs an, wofür er einen Kreuzzug gegen die Preußen unterstützte. Während des langen deutschen Interregnums gelang 1269 die Übernahme von Kärnten und Krain, wodurch Ottokar ein weiträumiges Gebiet vom Riesengebirge bis zur Adria beherrschte. Daher wählten die Fürsten 1273 in Frankfurt schließlich den scheinbar schwachen Schwaben Rudolf von Habsburg zum neuen deutschen König, der sofort rechtliche Verfahren zur Rückgabe von Reichslehen gegen Ottokar einleitete. 1275 folgten die Reichsacht und landesweite Aufstände, 1276 konnte Rudolf ohne Kampf in Österreich einmarschieren, jedoch erst 1278 durch die Schlacht auf dem Marchfeld mit dem Tod des Böhmenkönigs die Entscheidung herbeiführen.

In der Regierungszeit Ottokars gab es ein ambitioniertes politisches Bauprogramm, das neben Kirchen- und Klosterstiftungen sowie Stadtgründungen nicht zuletzt prächtige Ausbauten bestehender Burgen zu geräumigen Residenzanlagen brachte.

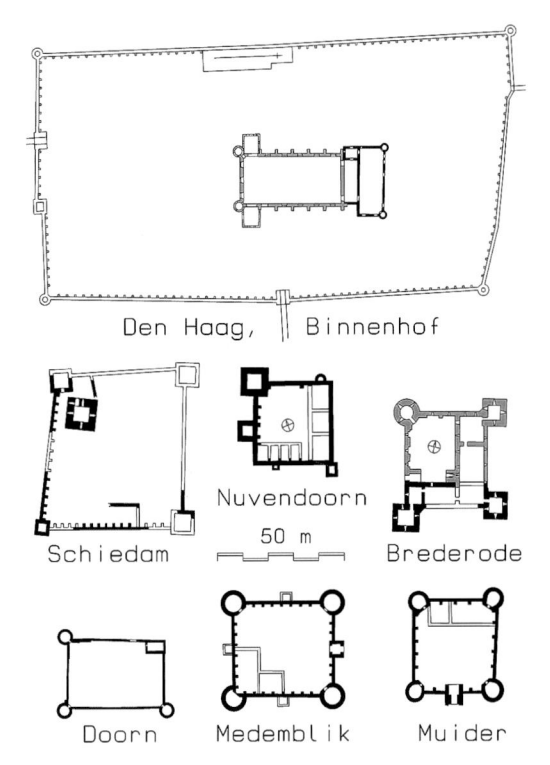

Abb. 48

Zudem setzte offensichtlich schlagartig nach der Übernahme Österreichs ein klassischer Kastellbau ein. Wahrscheinlich wurden dort zunächst einige laufende Baustellen von der Wiener Hofburg bis Hartberg weitergeführt, während andere landesfürstliche Kastellprojekte wie Wr. Neustadt, Bruck/Leitha und Himberg rasch abgeschlossen bzw. aufgegeben wurden. Aspang und Neulengbach könnten mangels des sonst typischen Buckelquadermauerwerks in dieser Zeit mit neuen Bauleuten ausgeführt worden sein.

Auch im přemyslidischen Kernland datiert in die frühe Amtszeit eine kleine Gruppe neuer Kastelle in enger Nachfolge zu den österreichischen Anlagen. Zunächst ist das südböhmische Písek anzuführen, das hoch über einem kleinen Fluss zentral in der Westfront der gleichzeitigen Stadtmauer der kleinen Gründungsstadt liegt (Abb. 45). Obwohl heute nur mehr ein Trakt erhalten ist, lässt sich ein großes Geviert mit landseitig zwei schmalen rechteckigen Ecktürmen nachvollziehen, die Stadtseite wurde kurz darauf durch eine Kapelle sowie etappenweise Verlängerungen überbaut, sodass hier ursprünglich geplante Ecktürme nur vermutet werden können. Wahrscheinlich gab es primär vier randständige Hoftrakte, die wohl konsequent einen zweigeschossigen Arkadenumlauf rahmten. Diese Burg, die als ein Lieblingssitz Ottokars gilt, wurde offensichtlich als geräumige Residenz konzipiert und unterschied sich von den österreichischen Bauten entscheidend durch die primären Hoftrakte mit Arkadengang und das Fehlen von Buckelquadern.

Etwa gleichzeitig wurde in der Stadt Kadan ebenfalls hoch über dem lokalen Fluss zentral in der Stadtmauer ein Kastell angelegt, das sicher vier Türme aufwies und ebenfalls Hinweise auf umlaufende Hoftrakte sowie einen Arkadengang zeigt. Auch in Mährisch-Krumau dürfte unter Ottokar eine analoge Kastellanlage geplant worden sein. Hier entstand in Ecklage der Stadtbefestigung ein Vierturmkastell mit einem Hoftrakt, dem bald weitere folgten. Deutlich weniger hat sich vom königlichen Kastell in Chrudim erhalten, das ebenfalls in zentraler Lage an der östlichen Stadtmauer lag. Unter Ottokar gab es hier eine bevorzugt besuchte Königsburg, die jedoch bereits im 14. Jahrhundert durch eine neue Stadtpfarrkirche ersetzt wurde. Die alte Burg lässt sich somit nur vorsichtig durch Zusammenschluss von wenigen Baureasten mit historischen Abbildungen weiterer Bauteile rekonstruieren, sie bestand somit höchst hypothetisch aus einem verzogenen Rechteck mit vier Ecktürmen und vor die Mauer tretendem Kapellenpolygon.

Es dürfte noch einige weitere ähnliche Stadtburgen Ottokars gegeben haben, etwa in Myšenec, Domažlice und Poděbrady. Zudem folgten mit ihrem Gevierten mit Doppelturmfront die Ministerialenburg Lomnice sowie die Stadtburg der Prager Bischöfe in Horšovský Týn dem königlichen Vorbild bis ins Baudetail, wodurch von einer direkten Verbindung auszugehen ist.

Im weiteren Verlauf der ottokarischen Regentschaft änderte sich der königliche Burgenbau in zwei Richtungen (Abb. 46). Zum einen entstanden um 1260 die Königsburgen Osule und Špilberk, deren große Rechtecke mit umlaufenden Hoftrakten keine Ecktürme aufwiesen. Ihnen folgten zahlreiche Anlagen ähnlicher Gliederung, unter anderem wohl das turmreiche Konopiště, für das frühe Nennungen fehlen, dessen Längsrechteck jedoch ähnliche Zentraltürme aufweist.

Zum anderen wurden die rechteckigen Türme nachhaltig durch runde Ecktürme ersetzt (Abb. 47). Ein Hauptbeispiel bildet Týřov, das um 1260 mit einer rechteckigen Vorburg mit insgesamt 9 Türmen konzipiert wurde. Die ältere dreieckige Burg Křivoklát erhielt unter Ottokar zwei eckige und einen runden Eckturm und einen extra ausgeschiedenen Kernbereich mit Arkadengang, Jindřichův Hradec und Džbán bekamen in ihren ebenfalls dreieckigen Kernburgen gleichfalls runde Ecktürme und innen umlaufende Trakte.

Als isolierte Form muss um 1260 die Burg Úsov in Nordmähren für den König angelegt worden sein. Die stark reduzierte Anlage könnte rundlich bzw. tropfenförmig geplant gewesen sein und darin freistehende Bauten mit einem engen Turmring umgürtet haben.

Am Höhepunkt seiner Macht ließ Ottokar mehrere kastellförmige Stadtburgen mit Rundtürmen errichten, die heute nur fragmentarisch überliefert sind. So künden von der Stadtburg Hradiště in Tábor nur mehr wenige bauliche Reste. Wahrscheinlich gab es in der Erstplanung vier gleichförmige Rundtürme. Ähnlich könnte die königliche Stadtburg von Jemnice konzipiert gewesen sein, wo ebenfalls nur spärliche Fragmente erhalten sind. Bemerkenswert gleichförmig war die Stadtburg von Marchegg strukturiert, die Ottokar ab 1268 im österreichischen Marchfeld nahe der ungarischen Grenze errichten ließ. Die Anlage besaß drei runde Türme an den Ecken. Offensichtlich dienten diese kleineren Stadtkastelle als klassische Zitadellen der Herrschaft. Tatsächlich häufen sich gerade entlang der ungarischen Grenze in dieser Zeit die gegenseitigen Überfälle. Auch wenn in den steirischen und mährischen Grenzstädten noch weitere ähnliche Zitadellen existiert haben mögen, ist ein konzertierter, kettenförmiger Grenzschutz sicher nicht ausreichend zu argumentieren. Ein Großteil dieser Burgen mag wie Marchegg durch den frühen Tod Ottokars 1278 unvollendet eingestellt worden sein.

Bereits im mittleren 13. Jahrhundert hatte sich in Nordwestdeutschland eine starke antistaufische Allianz gebildet, die selbst nach der Königsherrschaft strebte. 1247 war der holländische Graf Wilhelm II. als Gegenkönig aufgestellt worden, der letztlich nur von 1254 bis zu seinem Tod 1256 als weitgehend anerkannter König regieren konnte.

Zu den ersten Taten des Königs zählte die Anlage einer neuen, seinem Amt würdigen Residenz in Den Haag, dem heutigen Binnenhof (Abb. 48). Hier zeichnet sich ein großformatiger Baukomplex von etwa ca. 90 x 180 m mit runden Ecktürmen sowie zentralem Hallenbau mit Rundtürmen ab. Etwa gleichzeitig dürfte die Torenburg in Alkmaar entstanden sein, die gleichfalls durch vier Rundtürme flankiert war.

Nach dem frühen Tod Wilhelms folgte der junge Floris V. (1256–96) als holländischer Graf, während die deutsche Königskrone für immer verloren war. Als ältestes Kastell seiner Amtszeit gilt Riviere in Schiedam, dessen leicht verzogen rechteckige Hofanlage durch vier rechteckige Flankentürme sowie einen großen Wohnturm dominiert wurde.

Kurz danach dürfte Doorn im Auftrag des Dompropstes von Utrecht entstanden sein, einem Bruder des Neffen von Floris. Die regelmäßige völlig unbebaute Hofanlage wirkt mit ihrem einzigen rechteckigem Eckturm und den drei anderen runden Ecktürmen wie eine Vorstufe der folgenden gräflichen Bauten mit runden Ecktürmen.

Wahrscheinlich orientierte man sich dabei an den 1277 in Wales gestarteten Bauvorhaben des englischen Königs Eduard I. Zwischen Floris und Eduard bestand eine enge Beziehung, die mit Heiratsverträgen zwischen den Kindern sowie Vorbereitungen zur Übernahme des schottischen Throns durch Flo-

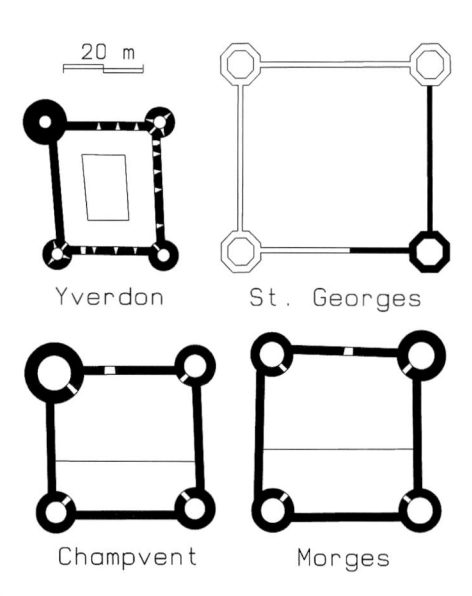

Abb. 49

ris gefestigt wurde. So erklärt sich, dass die Umbauten der gräflichen Residenz um 1289/90 eine direkte Kopie von Westminster Hall in London darstellten. Hier wie dort galt es, aufständische Volksgruppen nachhaltig zu unterwerfen. Vor allem mit der neuerlichen Eroberung der Halbinsel Westfriesland 1282 dürften entsprechende Kastellbauarbeiten in analoger ringförmiger Küstenreihung gestartet worden sein. Die erste damals errichtete Burg Wijdenes wurde jedoch bereits 1296 restlos von den Friesen zerstört und entzieht sich somit heute der Beurteilung. Immerhin archäologisch dokumentiert ist ein kleines Fort in Amsterdam, das nach 1282 als einfaches Geviert mit rundlichen Eck- und Mauerpfeilern angelegt wurde. Einen Gegenpol dazu bildete östlich von Amsterdam das um 1285 angelegte Kastell Muiderslot, wo die Erstphase ebenfalls einen großen freien Innenhof, dafür jedoch mit vier ausgeprägten hufeisenförmigen Ecktürmen und zentralem Torturm umfasste. Praktisch zeitgleich entstand an der Nordostküste des neu eroberten Frieslandes in Medemblik ein fast analoges Geviert mit großem unbebautem Hof, der nur durch vier rundliche Eckbasteien und einen Torturm gerahmt war.

Dem entgegen folgte das 1282 von Floris ebenfalls an der Nordostküste begonnene Kastell von Nuwendoorn mit seinem viereckigen Hauptturm und den sekundär angestellten Viereckstürmen wieder dem Konzept von Schiedam. Auch die gleichzeitig von Vasallen des Grafen an der friesischen Westküste errichtete Burg Brederode in Santpoort zeigte einen rechteckigen Grundriss mit weit vortretenden Rechtecktürmen. Sehr ähnlich dürfte das nahe Kastell Egmond ausgesehen haben, für das es keine exakten Baudaten gibt. Auch das heute weitgehend veränderte Beverweerd hatte offenbar einen kastellförmigen Grundriss mit zentralem älteren Wohnturm und zumindest zwei rechteckigen Flankentürmen. Nach dem gewaltsamen Tod von Floris durch ein Komplott endete das Grafengeschlecht unvermutet, die Nachfolger konnten in ihrer Bedeutung nie mehr anschließen.

Auch an der südwestlichen Grenze des Reichs zu Frankreich konnte sich das ursprünglich staufertreue burgundische Geschlecht der Grafen von Savoyen im mittleren 13. Jahrhundert emanzipieren. 1246 unterstellten sie ihre Herrschaften nominell den Königen von England, kurz danach entstanden unter Thomas II. (1253–63) mehrere klassische Kastelle englischen Typs, die heute als „Carré Savoyard" bekannt sind.

Als früheste Anlagen gelten Saillon, das um 1257 auf einem steil ansteigenden Felskogel mit dominantem Rundturm sowie drei nach innen offenen Halbrundtürmen entstand, Murten, das gleichzeitig einen rechteckigen Bering mit halbrunden Ecktürmen bekam, und Chenaux in Estavayer en-Lac, eine rechteckige Anlage mit einem einzigen Rundturm sowie Rundturmaufsätzen an den anderen Kanten (Abb. 49). Die savoyische Burg Romont zeigt ebenfalls einen rechteckigen Bering, diesmal aber den einzigen Rundturm in zentraler Lage der schmalen Hauptfront. St. Maurice d'Agaune wurde wiederum als schmales Rechteck mit mehreren halbrunden Mauertürmen an eine abschließende hohe Felswand gestellt. Als Hauptburg gilt Chillon, das ab 1255 mit einer 120 m langen bogenförmigen Ringmauer mit hufeisenförmigen Türmen sowie mächtigem Eckturm verstärkt wurde. In sehr ähnlicher Lage auf einer kleinen Insel zwischen zwei Flussmündungen in einen See wurde um 1259 das Kastell von Yverdon angelegt, das auf einer leicht verzogenen rechteckeckigen Fläche einen dominanten Hauptturm mit 11 m Durchmesser sowie drei deutlich kleinere runde Ecktürme aufweist.

Der gräfliche Vasall Otto von Grandson machte am Hof Englands Karriere und wurde ein Freund und Berater des künftigen Königs Eduard, schließlich sogar sein Stellvertreter in Wales. Dort lernte er hautnah den modernsten englischen Burgenbau kennen, brachte Handwerker aus Savoyen mit sowie Planer nach Europa zurück. Hier ließ sein Bruder in Champvent ein klassisches Kastell auf viereckigem Grundriss mit dominantem 13 m starken Hauptturm und drei kleineren runden Ecktürmen errichten. Er selbst erweiterte die Stammburg Grandson zum 70 m breiten Kastell mit runden Ecktürmen. Unter Graf Philip I. (1268–85) wurde sofort der Neubau einer eigenen repräsentativen Residenz in St. Georges begonnen. Obwohl davon heute nur Fragmente erhalten sind, kann ein großes Geviert mit vier 10 m breiten achteckigen Türmen rekonstruiert werden. Im Hof sind umlaufende Wohntrakte zu vermuten. Sein Nachfolger Amadeus (Amédée) IV. von Savoyen (1285–1323) ließ ebenfalls sofort nach seinem Machtantritt an der Mündung des Flusses Morges in den Genfer See eine Residenzburg errichten, die sich im Kern bis heute gut erhalten hat. Sie besteht aus einem großen Geviert mit 11 m breitem Hauptturm und drei weiteren gleichförmigen runden Ecktürmen. Ungeklärt ist hingegen die Baugeschichte des großformatigen Kastells von Bourget, das ab 1285 gleichfalls als repräsentativer Sitz und Schauplatz zahlreicher Rechtsakte diente. Es ist daher zu vermuten, dass in dieser Zeit der Ausbau der wenig älteren Burg zur turmreichen rechteckigen Residenz mit regelmäßigen rechteckigen Mauertürmen erfolgt ist. Konzeptionell schloss man vielleicht direkt an den Königspalast von Jakob II. in Perpignan an, der um 1280 zu datieren ist. Amadeus ließ offenbar parallel zwei Kastelle nach englischem bzw. mallorcinischem Vorbild errichten, worin seine internationale Ausrichtung erkennbar wird.

DAS KÖNIGREICH UNGARN IN DER SPÄTROMANIK

Auch wenn das östlich benachbarte Ungarn nicht zum Heiligen Römischen Reich gehörte, finden sich hier vereinzelt Kastelle sehr ähnlicher Konzeption.

Den historischen Hintergrund dürfte im Jahr 1242 ein längerer Aufenthalt des ungarischen Königs in Österreich auf der Flucht vor den Mongolen gebildet haben, wo er vielleicht Einblick in die aktuellen Kastellbaustellen entlang der Grenze nehmen konnte (Abb. 50). Sofort nach seiner Rückkehr wurden auch in Ungarn mehrere kastellförmige Anlagen initiiert, die sich jedoch aufgrund der starken Fragmentierung einer sicheren Rekonstruktion entziehen. So wurde an zentraler Stelle direkt an der Donau mit vorwiegend deutschen Siedlern die neue Stadt Ofen angelegt und eine rechteckige Burg mit dominantem Hauptturm in Ecklage sowie unbekannter Gestaltung weiterer Türme an den anderen Kanten errichtet. Auch

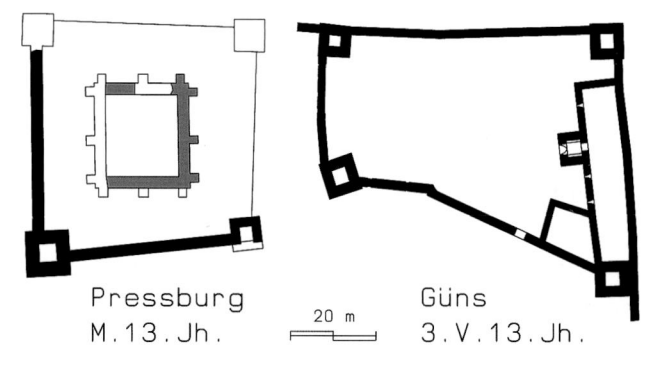

Abb. 50

in den gleichzeitig befestigten Königsstädten Székesfehérvar, Krupina, Zvolen, Banska Bystrica und Banska Stiavnica dürften regelmäßige Mehrturmkastelle an den Stadtmauern entstanden sein, hier sind weitere Forschungen abzuwarten. Als bekanntestes Beispiel gilt Pressburg, eine deutlich ältere Königsburg nahe der Grenze zu Österreich. Trotz starker Reduktion gilt heute, dass unmittelbar nach dem Abzug der Mongolen ein viereckiges Kastell errichtet wurde, das gemäß benachbarten österreichischen Bauten Rechtecktürme und Buckelquader aufwies. Unklar ist hingegen die Datierung eines einst zentral freistehenden Wohnturms.

Nach dem Aussterben der österreichischen Herzoge 1246 versuchten Ungarn und Böhmen, Teile der Herrschaften an sich zu reißen, weshalb es mehrfach zu Kämpfen kam. Dabei konnten sich im Grenzland die Grafen von Güssing durch eine eigenständige Schaukelpolitik aufwerten, um ab 1272 teilweise sogar die eigentliche Regierung im ungarischen Reich zu übernehmen. In dieser Zeit dürften sie in Güns (Köszeg) eine neue klassische Rasterstadt samt Kastellburg in der nordwestlichen Stadtecke angelegt haben, die durch eine stadtseitige Knickung auf einen älteren Wassergraben bzw. den Gutshof Rücksicht nahm. Die bis heute sehr gut erhaltene Anlage mit 72 m Länge zeigt vier Ecktürme und einen repräsentativen Palasbau. Konzeption und Baudetails lassen eine direkte Übernahme böhmischer Planer und Handwerker vermuten. Das ist durchaus denkbar, waren die Güssinger doch zuvor am böhmischen Königshof und konnten ihre überregionale Stellung bestens manifestieren. Wahrscheinlich entstand im Grenzgebiet zu Österreich mit Roj noch ein weiteres Güssinger Vierturmkastell, das heute gänzlich verschwunden, jedoch durch historische Darstellungen gut dokumentiert ist. Die erste Erwähnung von 1271 nennt die Burg als eine jener Grenzanlagen, die von Ottokar II. an den Ungarnkönig zurückgegeben werden mussten, vielleicht hatte der Böhmenkönig damals gemeinsam mit den Güssingern an einer nachhaltigen Grenzverschiebung zu Ungunsten Ungarns gearbeitet. Letztlich scheiterten durch seinen Tod alle diesbezüglichen Aspirationen und es entstanden auch für lange Zeit in der Region keine Kastelle mehr.

DIE IBERISCHE HALBINSEL IN DER FRÜHGOTIK

Auch auf der iberischen Halbinsel finden sich vereinzelt Kastelle sehr ähnlicher Konzeption. So wurde bereits um 1215 an der aragónesischen Grenze zum Königreich Navarra in Sadaba ein königliches Vierturmkastell zur Grenzsicherung angelegt,

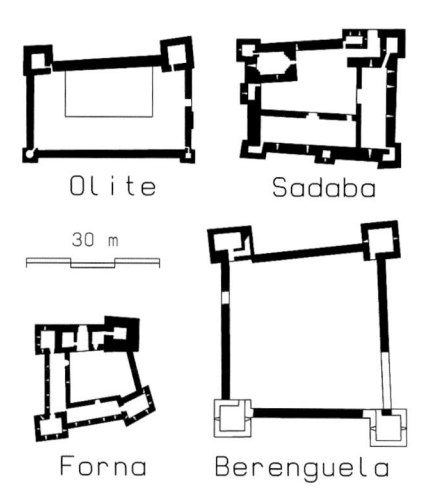

Abb. 51

das wohl 1223 bei der Lehnsvergabe weitgehend fertig gestellt war. Bautypus, Quadermauerwerk mit integrierten Buckelquadern und vor allem die Gewölbegurte erinnern an zeitgleiche süditalienische Bauten des Stauferkönigs Friedrich II., zu dem gute diplomatische Beziehungen bestanden. (Abb. 51) Im nahen Olite findet sich ein zeitgleicher Bau von Sancho VII., König von Navarra (1194–1234). Als Verbündeter des englischen Königreichs und wichtiger Kriegsherr gegen die Muslimen ließ er offenbar demonstrativ einen zu Sadaba vergleichbaren Kastellbau errichten, der zum Nukleus eines weitläufigen Königspalasts werden sollte. Mit der Konzeption als Vierturmgeviert, den massiven fensterlosen Mauern sowie den sorgfältigen Quadermauern mit vereinzelten Buckelquadern könnte es direkte bauliche Beziehungen zu Sadaba gegeben haben. Kurz danach wurde in der kleinen Stadt Bolanos de Calatrava wohl durch den Calatravaorden ein klassisches Vierturmkastell mit Anklängen an Kreuzfahrerburgen errichtet. Hier etablierte sich der Sitz der Ritter von Balanos, die gute Beziehungen zu den anderen Ritterorden in der Levante unterhielten.

Im mittleren 13. Jahrhundert entwickelte sich das kastilische Königshaus zur führenden iberischen Macht, wobei Alfons X. (1252–84), Sohn von Beatrix von Schwaben und somit Cousin des römisch-deutschen Kaisers Friedrich II., als Kandidat italienischer Städte für die vakante römische Kaiserkrone aufgestellt wurde, diese aber mangels intensivem Engagement nie gewinnen konnte. Alfons wird der programmatische Ausbau der alten Stadtresidenz von Toledo zum vierturmigen Kastell zugeschrieben, das direkte Analogien zu den wenig älteren staufischen Anlagen in Süditalien aufweist. In den von den Muslimen zurück eroberten Gebieten um Valencia mussten aufgrund mehrfacher Aufstände zahlreiche untereinander eng verwandte Kontrollforts angelegt werden, von denen meist nur historische Daten sowie spärliche Grundrissskizzen und Ansichten erhalten sind. Als Paradigma ist das bewahrte Kastell Forna anzusehen, das von einem königlichen Offizier verwaltet wurde. Die kleinformatige Anlage belegt eine trapezförmige Fläche und wird durch einen einst dominanten Hauptturm sowie drei wenig kleinere Trabantentürme flankiert. Im Inneren boten drei primäre Trakte Platz für die ständige Präsenz einer kleinen Garnison. Auch in den weiten kaum besiedelten Ebenen des Landesinneren entstanden in den Unruhezonen Kastelle, etwa das vergleichbare Vierturmfort Torreparedones. Eine Besonderheit bildet das grenznahe Kastell von San Romualdo, das nach 1268 vom Ritterorden Santa Maria de Espana auf streng rechtwinkeligem Grundriss mit vier Eck- sowie drei Mauertürmen errichtet wurde. Innen gab es umlaufende klosterartige Trakte, die konzeptionell eng an die Kreuzfahrerburgen im Heiligen Land anschlossen. Auch das heute reduzierte Kastell von Berenguela ist dieser Gruppe zuzuordnen.

WESTEUROPA IM SPÄTMITTELALTER

Während sich im mittleren 13. Jahrhundert in Mittel- und Südeuropa durch den Zusammenbruch des staufischen Kaiserreichs neue regionale Mächte etablieren konnten, blieb die regierende Königsfamilie Englands trotz ähnlich veritabler Krise bestehen. Möglich war dies durch eine friedliche Zeit auf dem Kontinent, wo sich die benachbarten französischen Könige in Mitteleuropa engagierten. Daher dürfte lediglich in der Gascogne mit Sauveterre-la-Lèmance ein isolierter kastellartiger Bau im späten 13. Jahrhundert errichtet worden sein.
Bereits im Jahr 1254 hatte König Heinrich seinem ältesten Sohn Eduard I. (1272–1307) große unruhige Herrschaften im Nordosten von Wales übergeben. Sofort kam es dort sowie anschließend in halb England zu Revolutionen, die nur dort durch aufwändige Strafaktionen niedergeschlagen werden konnten. Die geeinten Waliser führten mehrfach weite Raubzüge durch, die kaum zu stoppen waren. Wohl unter starker Beteiligung der königlichen Bauschule in London, die bereits auf eine lange Kastelltradition mit effizienten Flankentürmen, großen Toranlagen sowie tiefen Gräben und zielgenauen Scharten zurückgreifen konnte, entstanden daher in den nächsten Jahrzehnten an der Grenze zu Wales zahlreiche starke Bollwerke, die umgehend schwer umkämpft waren.
Als strategisch gesetzter Pol fand an der Nordgrenze zunächst ein umfangreicher Ausbau von Chester zu Eduards Residenzstadt statt. An einer Ecke der neu befestigten Stadt gründete er eine großvolumige, mehrteilige Zitadelle mit Halbrundtürmen und Doppelturmtoren. Der für den Bau verantwortliche Richard von Chester wurde in der Folge erster Angelpunkt im königlichen Burgenbau in Wales.
An der Südgrenze ist hingegen das 1268–71 errichtete Caerphilly als Urbild für eine ganze Reihe frei stehender Kastelle gegen die Waliser anzusehen, das unter großem Wohlwollen Eduards von Richard de Clare, Fürst der südöstlichen englischen Grenzmarken, inmitten eines künstlich aufgestauten breiten Sees errichtet wurde. In nur 3 Jahren entstand eine weitläufige mehrteilige Anlage mit bestens befestigten Vorwerken, Staudamm, bastionsartig umlaufendem Zwinger sowie aufwändigen breiten Wassergräben. Das innere Kastell ist mit seinen vier runden Ecktürmen und den zwei Torhäusern eine stringente Verschmelzung bisheriger Kastelle der königlichen Schule.
Ab 1270 stand gemäß königlicher Ausgaben die Großbaustelle des White Tower im Fokus. Von dort aus dürften gezielt Planer und Handwerker an treue Adelige verschickt worden sein, während die Baustellen selbst in deren Besitz blieben. So war es ein treuer Kampfgefährte und Kreuzzugsbegleiter, der Kidwelly ab 1274 nahe der walisischen Grenze mit Subvention durch den König als Vierturmkastell wieder aufbauen ließ.

Barnwell
2.D.13.Jh.

Caerphilly
3.D.13.Jh.

Roscommon
ab 1277

Aberystwyth
ab 1277

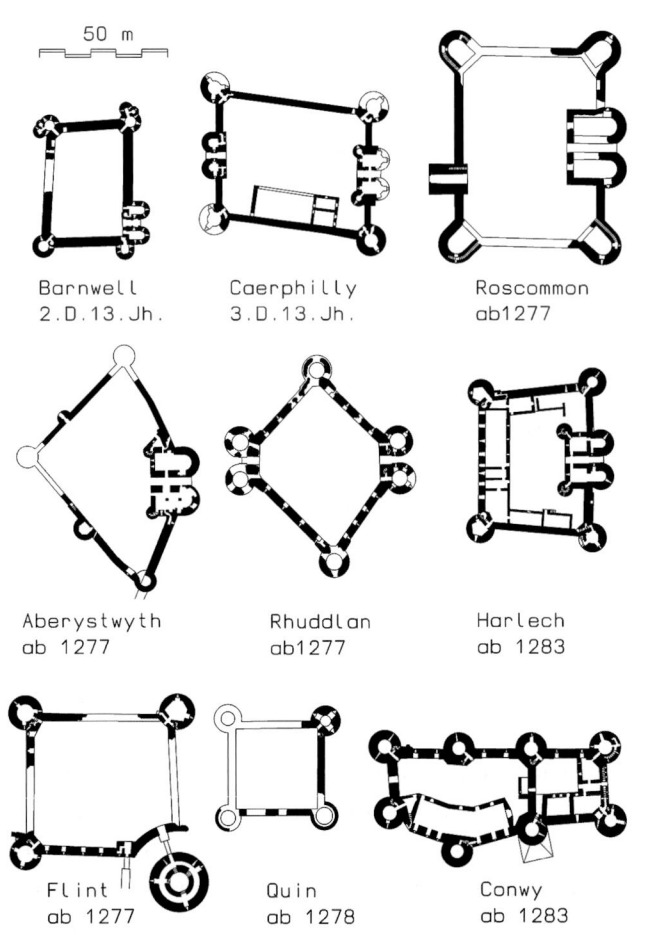

Rhuddlan
ab 1277

Harlech
ab 1283

Flint
ab 1277

Quin
ab 1278

Conwy
ab 1283

Abb. 52

Abb. 53 | Conwy Castle von der Stadt aus

1275 folgte direkt benachbart in Llansteffan ein anderer Getreuer mit einem Wiederaufbau mit Doppelturmtor und halbkreisförmigen Mauertürmen in Londoner Manier.

1277 gelang Eduard die militärische Unterwerfung von Nordwales, worauf umgehend ein königliches Bauprogramm zur Kontrolle der lokalen Küste als sichere Aufmarschroute begann.

Die neuen Bauten wurden nun direkt vom König in Auftrag gegeben und auch von seinen eigenen Beamten verwaltet (Abb. 52). Ihre Position sollte strategisch bedeutende Flussmündungen und Straßen beherrschen und von See aus jederzeit zu versorgen sein. Zunächst wurden praktisch gleichzeitig die Kastelle Flint und Ruddlan im Norden sowie an der Westküste Aberystwyth begonnen. An der Binnengrenze zu England wurden mit Hawarden und Builth ebenfalls zwei massive Befestigungen errichtet, 10 km landeinwärts von Rhuddlan entstand mit Ruthin ein isolierter Vorposten.

Diese Kastelle zeigten fast verspielt unterschiedliche Varianten, die einerseits die Experimentierfreudigkeit der königlichen Bauschule belegen, andererseits auch eine wissensreiche Übernahme überregionaler Einflüsse und Vorbilder. So verfügte Flint über einen isoliert in der Ecke stehenden 22 m breiten Hauptturm, der Analogien zu Bauten der französischen Krone und zu Savoyen aufweist. Dort dürfte auch der Grund für diese außergewöhnliche Lösung zu suchen sein, war Eduard doch bei seiner Rückreise vom Kreuzzug sowohl in Aigues Mortes als auch in Savoyen und hatte den Burgen-Architekten Meister James de St. George kennen gelernt. Dieser tauchte ab 1278 unvermittelt in englischen Urkunden auf und blieb dann bis zum Tod des Königs als Hauptarchitekt für die walisischen Burgen tätig. Parallel zu Wales machte auch der königliche Burgenbau im ebenfalls rebellischen Irland Fortschritte. Bereits 1269 hatte der Justiziar Robert de Ufford in Roscommon mit dem Bau einer Anlage begonnen, nach Zerstörungen deuten ab 1277 größere königliche Bauausgaben auf die Errichtung des heutigen Kastells, das 1285 weitgehend fertig gestellt war. Mit Quin, Kilbonale und Liscarrol finden sich weitere ausgeprägte Kastelle in Irland, die jedoch vom Hochadel errichtet wurden. Offensichtlich hatte sich der Typus des Kastells auch hier in kurzer Zeit zu einem bewährten Modell für gefährdete englische Gebiete entwickelt.

Aufgrund einer neuen walisischen Rebellion wurde 1283 mit einer weiteren Welle königlicher Kastelle begonnen, die als Basis zur endgültigen Zerschlagung der regionalen Strukturen sowie als Stütze für eine neue, englisch geprägte Verwaltung dienen sollten. Wieder ging der König sehr systematisch vor und organisierte diesmal eine ringförmige Einkreisung des Landes, jeweils mit direkten Meereszugängen. Im Sommer 1283 wurde Harlech an der Nordwestküste als konsequentes Kastell begonnen und 1290 weitgehend beendet. Es folgte der Wiederaufbau von Whittington durch einen massiven Viereckbering, der wie eine architektonische Mischung aus Rhuddlan und Flint an drei Ecken Hufeisentürme und an der vierten ein dominantes Doppelturmtor hatte. Baudetails und Mauerwerk belegen eine direkte Abhängigkeit von den großen königlichen Baustellen. Von der gleichen Familie wurde ab 1282 Holt mit Hufeisentürmen an den Ecken renoviert.

Analog zu Harlech wurde 1283 an der Nordküste mit dem Bau des königlichen Conwy begonnen, diesmal als stark befestigte Stadt mit neuen englischen Siedlern (Abb. 53). Die gut erhaltene Zitadelle besitzt am äußersten Felssporn einen quadratischen Kernbereich mit den privaten Räumen der königlichen Familie. Davor gab es ein längliches Hofgeviert, sodass den Bau acht Rundtürme flankierten.

CHRONOLOGIE

Deutlich anders war die zeitgleiche königliche Burg Caernarfon an der Nordwestküste von Wales konzipiert (Abb. 54). Ebenfalls im Jahr 1283 wurde hier eine stark befestigte Stadt für neue englische Siedler begonnen. Diesmal finden sich bei der Zitadelle zahlreiche Hinweise auf eine programmatische Anknüpfung an antike römische Imperatoren, wodurch auf die Nachfolge der römischen Eroberung von Wales durch den englischen König angespielt wurde. Die Architektur folgte mit ihren charakteristischen Polygonaltürmen und den verschiedenfarbigen Mauerstreifen der großen Landmauer von Konstantinopel und wie dort sollte auch Caernarfon als neue Hauptstadt der Provinz Wales dienen. Die innere Aufteilung der Burg war ähnlich zu Conwy, diesmal war der Eingang jedoch zentral durch das dominante Königstor vorgesehen, das eine nie ausgeführte originelle Turmkrönung erhalten hätte sollen. Gleichzeitig wurde im Norden in Denbigh ebenfalls eine mit Halbrundtürmen befestigte Stadt begonnen und ab 1295 parallel zu Caernarfon an einer Ecke eine mächtige Burg errichtet. Diese neue Befestigung ist mit ihren weit vorstehenden polygonalen bzw. achteckigen Türmen sowie besonders mit ihrem dominanten, stark befestigten Torhaus ein eng verwandtes Gegenstück. Keine Frage, diese großen Bauten sollten neben ihrer starken Defensivkraft durch ihre schöpferischen architektonischen Meisterleistungen vor allem als Aufsehen erregender Rahmen für die königliche Repräsentation dienen.

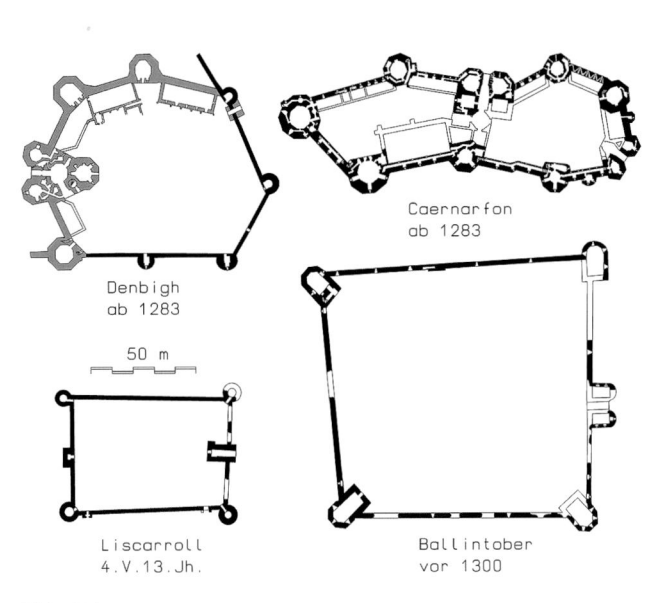

Dem entgegen wurde der Kreis um Wales durch eine Reihe klassischer Kastelle bzw. Burgaufrüstungen weiter geführt, wobei etwa Carreg Cennen, Carew, Chepstow, Carmarthen, Goodrich, Llanbethian und Newcastle Emlyn trotz ihrer adeligen Bauherren besonders deutliche Abhängigkeit von den königlichen Baulösungen zeigen. Es handelte es sich durchwegs um treue Vasallen sowie um verdiente Offiziere und Kriegsveteranen.

Als letzten Höhepunkt im Burgenbau Eduards wurde 1295 nach einem lokalen Aufstand im Nordwesten von Wales der Bau von Beaumaris begonnen, jedoch nie planmäßig fertig gestellt (Abb. 55). Wiederum wurde eine Rastersiedlung direkt am Meeresufer angelegt und an einer Ecke die zitadellenartige Burg konzipiert. Inmitten ausgreifender Vorwerke kann das streng symmetrische Kernkastell in eine direkte Entwicklungsreihe von Caerphilly über Kidwelly bis Harlech gestellt werden, wobei nun die Massivität der Mauern neuerlich gesteigert war.

Wie eine kleinere Kopie von Beaumaris wirkt die irische Burg Ballymote, die knapp vor 1300 von einem Hofbeamten als Grenzkastell und Beleg seiner guten Beziehungen zum König angelegt wurde. Obwohl deutlich kleiner, stimmen die Baudetails exakt mit dem Waliser Vorbild überein. Bald darauf dürfte derselbe Bauherr auch das großformatige Ballintober errichtet haben, um sein Gebiet besser vor irischen Angriffen zu schützen. Der geräumige Hof weist auf die Intention als sichere Truppenbasis.

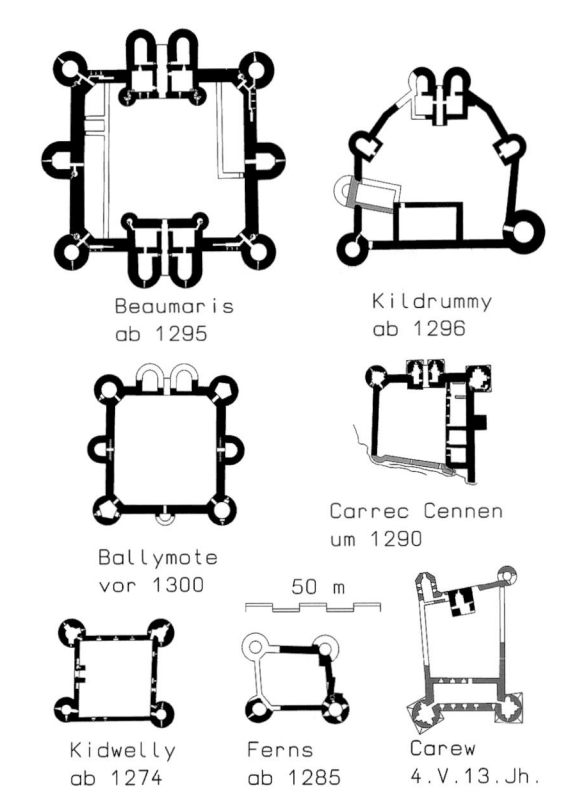

Nachdem die gewaltsame Befriedung von Irland und Wales vorerst abgeschlossen war, wandte sich König Eduard Schottland zu, um auch dort die Oberhoheit zu erlangen (Abb. 57). Dieses de facto unabhängige Königreich hatte selbst erst in den 1260er Jahren die Nordinseln dem norwegischen Königreich entrissen und sein Territorium durch kastellartige Burgen in Dunstaffnage, Rothesay Castle und Caerlaverock befestigt. Letzteres war um 1277 direkt an der englischen Grenze in Bau und trotzte in der Folge sogar einer Belagerung. In Bothwell war hingegen ein großes Kastell mit dominantem Hauptturm erst in Baubeginn und konnte daher leicht erobert werden. Umgehend ordnete Eduard den Weiterbau sowie die Integration eines monumentalen Doppelturmtors an. 1292 ließ er zudem an der Ostküste Schottlands in Berwick als Basis für die bevorstehende Übernahme eine große Kombination von englischer Stadtanlage und Zitadelle anlegen, wobei wiederum nach walisischen Vorbildern ein großformatiges Kastell mit zahlreichen halbrunden bzw. D-förmigen Mauertürmen sowie Doppelturmtor entstand. Kurz danach dürfte er an einer Einmarschstraße Kildrummy gegründet haben, wo ein symmetrisch-polygonal gerundetes Vieleck entstand, das durch runde und D-förmige Mauertürme sowie ein dominantes Doppelturmtor flankiert war. Ähnliches Mauerwerk sowie analoge Mauerdetails und die gleiche Grundkonzeption wie Conwy weist das kleine Vierturmkastell von Inverlochy auf, das direkt an einer Meeresbucht liegt. Die lokalen Bauherren kooperierten um 1300 mit Eduard und dürften im Gegenzug königliche Bauleute erhalten haben. Die gleichen Bauherren errichteten das ebenfalls am Meer gelegene Vierturmkastell Lochindorb, in dem Eduard 1303 Quartier nahm und anschließend eine englische Garnison beließ. Im Jahr 1307 starb König Eduard inmitten von Schottland, ohne dieses Land gebrochen oder erobert zu haben. Die genannten Bauten blieben hier seine einzigen Kastelle, sodass eventuell geplante Gürtel wie in Wales zumindest nicht zur Ausführung gelangt waren. Mit Eduards Tod war die große Zeit des königlichen Bauens auf den britischen Inseln vorerst vorbei. Seine Nachfolger konzentrierten sich auf die Konsolidierung ihrer Macht, auf die Kriege in Frankreich und auf punktuelle Verstärkungen und Modernisierungen ihrer Stützpunkte. Auch der Adel fand schlagartig kein Interesse mehr an großformatigen Rechteckforts sondern errichtete lieber repräsentative und bequeme Wohnburgen.

In Frankreich war der große königliche Burgenbau ebenfalls nach der Konsolidierung der Zentralmacht vorbei. Wahrscheinlich entstand unter König Philipp III. (1270–85) nur in Montlhéry an der Grenze zu den englischen Besitzungen ein mächtiges Bollwerk, dem eine ebenfalls streng symmetrische Vorburg mit runden Ecktürmen vorgestellt war. Hingegen traten Hofbeamte als Kastellbauherren auf. Ähnlich war etwa die Burg des königlichen Kämmerers in Brosse konzipiert, die gleichfalls von einem gewaltigen Wohnturm dominiert war.

Auch der Kanzler des Königs ließ in Châlucet ein Bollwerk gegen das englische Aquitanien und als standesgemäßes Prunk-

Abb. 56 | Caernarfon, Wales

schloss errichten (Abb. 58). Bis zu seinem Tod 1299 entstand in Etappen eine bemerkenswert kompromisslose Residenzanlage, die außen durch eine mächtige Schildmauer sowie runde Ecktürme und halbrunde bzw. rechteckige Zwischentürme dominiert war, während innen mit einem 70 m langen Repräsentationsbau sowie einem im Hof zunächst freistehenden fünfeckigen Wohnturm der Residenzcharakter im Vordergrund stand. Ein weiteres Adelskastell entstand ab 1276 in Thiers, wo in zwei Etappen zunächst ein wehrhaftes Geviert von 60 m Breite mit geschlossenen Mauern und gleichförmigen Flankentürmen anlegt wurde, um in der Folge eine repräsentative Hofbebauung zu erhalten. Diesem Beispiel folgte man in Ravel, das für einen lokal bedeutenden Adeligen in mehreren Etappen errichtet wurde. Demnach stand zu Beginn ein kleines Geviert mit zwei runden Ecktürmen, das kurz nach 1283 großformatig und konsequent zu einem wehrhaften Kastell

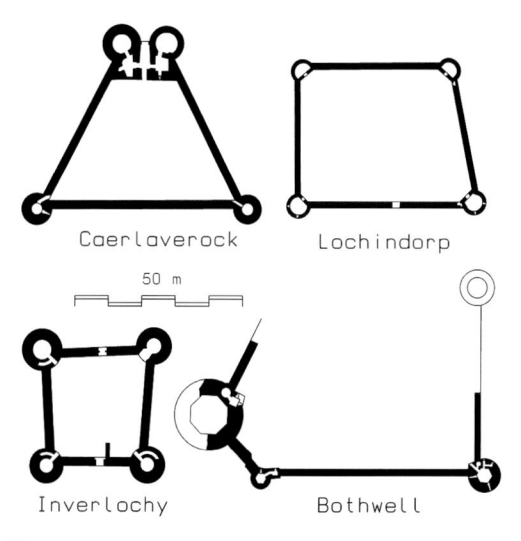

Abb. 57

erweitert wurde, das schließlich um 1300 durch den Einbau eines großen Saaltraktes mit Baudetails analog zum königlichen Palais in Paris gänzlich den Schwerpunkt auf die repräsentative Hofhaltung legte.

Nach der Eroberung der flämischen Stadt Lille begann Phillip der Schöne 1298, um ein älteres wohl auf Phillip II. zurückgehendes Kastell eine neue gewaltige Festung anzulegen. Die heute völlig abgetragene Burg besaß im Zentrum ein etwa 88 x 105 m großes Kastell, um das im Abstand von etwa 30 m ein 144 x 175 m großes neues errichtet wurde, das durch vier große runde Ecktürme, zwei Doppelturmtore sowie neun halbrunde Mauertürme bestens geschützt war. Diese Anlage diente als Sitz der französischen Stadtverwaltung und war mit einer ständigen Grenzgarnison besetzt. In fast gleicher Form dürfte Phillip 1297 auch im nahen Ingelmunster nach der Eroberung der dortigen Stadt eine Kastell mit vier großen runden Ecktürmen und je Seite drei halbrunden Mauertürmen errichtet haben, das heute jedoch restlos verschwunden ist.

Danach wurden in Frankreich nur mehr vereinzelte Kastelle beauftragt. Dazu gehört das im Besitz einer Ritterfamilie befindliche Kastell Roquetaillade, das durch die Verwandtschaft der Besitzer mit Papst Clemens V. an Bedeutung gewann (Abb. 59). In den 1310er Jahren entstand hier ein wehrhaftes Geviert, das durch einen hohen zentralen Turm, ein direkt umschließendes Traktgeviert sowie einen quadratischen Bering mit Doppelturmtor, vier runden Ecktürmen und breitem Wassergraben wie ein Miniaturkastell gestaltet war. Auch das deutlich größere Kastell von Villaundraut wird mit Papst Clemens V. in Verbindung gebracht. Die lokale Ritterfamilie gehörte zu seinem engeren Gefolge und dürfte hier für ihn einen sicheren Rückzugsort mit Residenzcharakter errichtet haben. Im frühen 14. Jahrhundert entstand innerhalb eines breiten Grabens ein Geviert mit vier runden Ecktürmen sowie dominantem Doppelturmtor mit Zugbrücke. Mit diesem Kastell schloss die Papstpartei an den zeitgenössischen Louvre an und stellte ihm eine kirchliche Residenz gegenüber.

In den Jahren 1347–75 folgte unter Herzog Wenceslas von Brabant in Vilvoorde eine neue Kastellanlage, um als Stützpunkt gegen Brüssel und Löwen zu dienen. Etwa gleichzeitig wurde seine nahe gelegene Burg von Escaudoevres als viereckige Anlage mit runden Ecktürmen neu errichtet.

Unter König Karl V. (1364–1380) kam es zu einer regelrechten Renaissance dieses Bautyps. Gleich zu Beginn seiner Amtszeit als Vertreter des gefangenen Vaters ließ Karl 1356 Paris gegen englische Angriffe wappnen, aber auch sichere Stützpunkte gegen Revolutionäre anlegen. Dazu gehörte vor allem die Torfestung Saint-Antoine (Bastille), die bis 1383 als allseits gerichtete zusätzliche Zitadelle mit acht Rundtürmen entstand und an der Stadtmauer Ein- und Ausgang kontrollieren sollte. Mit Karls Krönung 1364 begann ein konzertiertes königliches Bauprogramm, das bis zu seinem Tod 1380 betrieben wurde und das mit hochkomplexen Kombinationen von Wehr- und Repräsentationsarchitektur neue Maßstäbe setzte. Als Führungsbauten dienten wie so oft die drei königlichen Paläste in und um Paris. Der alte Louvre wurde durch eine konsequente Umgestaltung der vier Hoftrakte sowie durch die demonstrative Aufstockung der Mauertürme zu einem vieltürmigen Palast erweitert. Der Palais de la Cité erhielt neue Palastflügel und die alten Türme an der Seine wurden in die dahinter liegenden Trakte integriert. Dazu etablierte Karl in der Stadt mit dem Hotel Saint-Pol eine weitere kleine Residenz, die von seinen Nachfolgern als intimer Privatsitz ausgebaut werden sollte. Nicht zuletzt entstand in Vincennes eine großformatige, stadtartige Parkresidenz.

Praktisch gleichzeitig erweiterte der Bruder Karls, Ludwig I. Anjou, die alte Kastellburg von Saumur ab 1367 nach dem Vorbild des Louvre zu einem geräumigen, vierhüftigen Prunkschloss. Auch der zweite Bruder Jean de Berry ließ um 1380 die alte Kastellburg Mehun-sur-Yèvre in analoger Form vierflügelig ausbauen. Parallel dazu umschloss er in Poitiers ab 1382 die alte Kastellanlage mit vergleichbaren Hoftrakten. Um 1400 ließ der Herzog von Orléans die Burgen Pierrefonds und Soissons als rechteckige großformatige Kastelle mit runden Ecktürmen und halbrunden Zwischentürmen sowie umlaufenden Hoftrakten ausbauen. Gleichzeitig wurde vom selben Herzog in Ferté ein neues Kastell angelegt, das jedoch bei seinem Tod 1407 nicht weit gediehen war. Offensichtlich war hier ein 90 m breites Geviert mit dominantem Doppelturmtor und monumentalen Ecktürmen vorgesehen.

Auch Philipp von Burgund hat im Brabant einige großformatige Kastelle errichten lassen, die heute jedoch weitgehend wieder verschwunden sind. So wurde 1386–1398 die Zitadelle von Kortrijk errichtet, deren Geviert runde Ecktürme, kleinere halbrunde Mauertürme sowie ein Doppelturmtor aufwies. Besser dokumentiert ist sein ebenfalls heute abgetragenes Fort in Sluis, das ein geradezu ideales Kastell mit zwei Doppelturmtoren, vier großen runden Ecktürmen, vier kleineren Mauertürmen sowie zwei ebenfalls turmbewehrten Torzwingern bildete. Im relativ unabhängigen Fürstentum Bretagne wurden die Kastelle von Nantes und Suscinio zwischen 1380 und 1400 in programmatisch gleicher Form mit mächtigen Flankentürmen aufgerüstet, während in den Höfen geräumige Residenztrakte entstanden. Damit orientierte man sich selbstbewusst an der französischen Krone. Diese setzte in Tarascon ab 1402 ein weiteres Zeichen königlicher Kastellbaukunst, wo demonstrativ an der Grenze zur Provence außen ge-

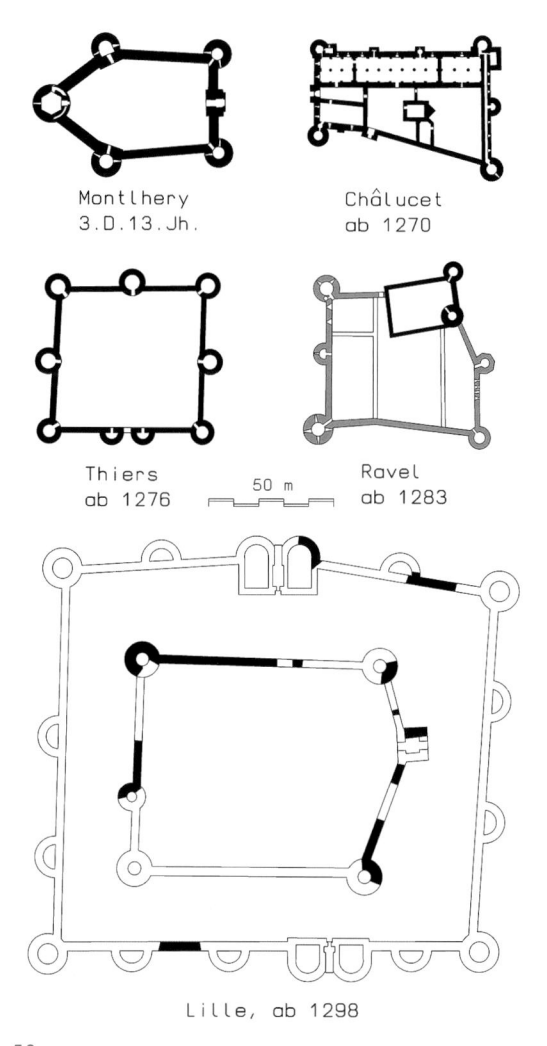

Abb. 58

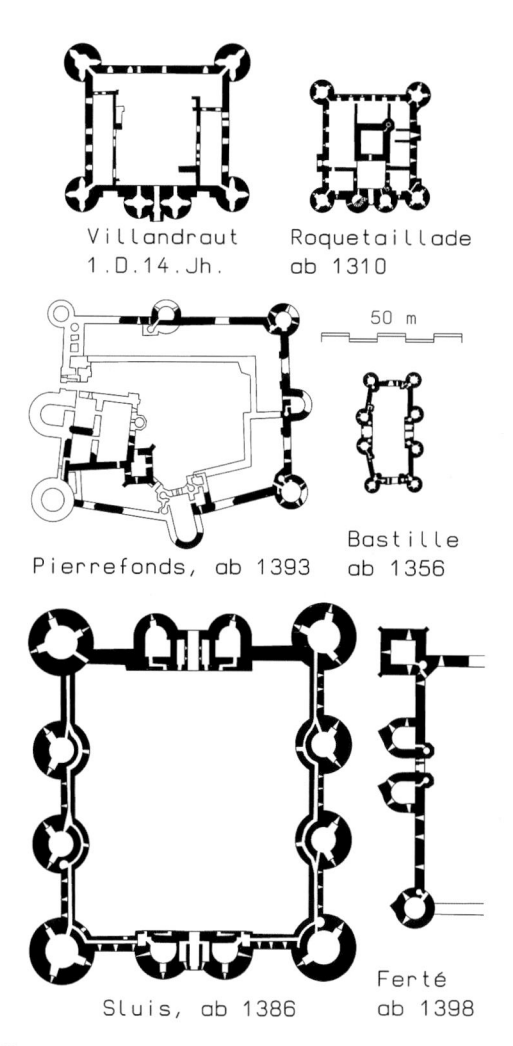

Abb. 59

waltige Flankentürme dominierten, während innen geräumige Residenztrakte mit hochwertiger Ausstattung entstanden.

In der unmittelbaren Folge wurden in Frankreich keine klassischen Kastellburgen mehr errichtet, wenngleich Regelmäßigkeit und Vieltürmigkeit im zunehmend repräsentativen Schlossbau durchaus weiterhin angestrebt wurden.

WESTDEUTSCHLAND IN DER SPÄTGOTIK

Im benachbarten Deutschland hatte sich mit dem Ende des staufischen Kaisertums im mittleren 13. Jahrhundert am Rhein zwischen den bereits genannten Grafschaften Holland im Norden sowie Savoyen im Süden ein beispielloser Aufstieg selbstbewusster und untereinander konkurrierender Territorialherren entwickelt, von denen die Grafschaften Kleve, Geldern und Jülich, die Erzbistümer Köln, Mainz und Trier sowie vereinzelt die Bischöfe von Straßburg, Lüttich, Chur und Konstanz programmatisch den Kastelltypus bei ihren Landesburgen aufgriffen. Im restlichen Deutschland traten hingegen nur einige wenige Reichsbischöfe als Kastellbauherren auf, während weltliche Adelige diesen Bautypus praktisch gar nicht einsetzten.

Als einziger Vertreter mit eckigen Türmen spätstaufischer Art dürfte der Konstanzer Bischof im Jahr 1251 an der Einmündung des Rheins in den Untersee in Gottlieben ein Brückenkastell mit Doppelturmfront gegründet haben, wo er in der Folge zahlreiche Urkunden ausstellte (Abb. 60). Etwa zeitgleich könnte in Graubünden für die Bischöfe von Chur an ihrer Grenze das bestens erhaltene Vierturmkastell Marschlins mit Rundturm sowie drei halbrunden Ecktürmen nach französischer Tradition errichtet worden sein. Nur durch historische Unterlagen fassbar ist die 1252 vom Straßburger Bischof beauftragte Zitadelle der gleichzeitigen Stadtgründung von Zellenberg, die vier vergleichbare runde Ecktürme besaß, von denen einer ebenfalls als Hauptturm gestaltet war. Auch unter dem Kölner Erzbischof wurde mit Zülpich praktisch zeitgleich eine neue regelmäßige Stadt mit starker Befestigung und dominanter Burg gegründet, die mit drei gleichförmigen runden Ecktürmen sowie großem Wohnturm ausgestattet war.

Ab 1260 entstand im Auftrag des Lütticher Fürstbischofs das Kastell Montfort, dessen polygonaler Bering mit etwa 45 m Durchmesser von vier gleichförmigen runden Ecktürmen sowie einem dominanten Keilturm mit 10 m Breite flankiert wird (Abb. 61). Nach einem ähnlichen Prinzip wurde unter seinem Bruder, dem Grafen von Geldern, ab 1265 die Burg Waardenburg errichtet, die heute trotz teilweiser oberirdischer Zerstörung gut erforscht ist. Die konzentrische Anlage besaß einen rechteckigen Hauptturm und drei halbrund vorstehende Flankentürme. Große Ähnlichkeiten zeigten das 1277 erstmals genannte Oostvoorne, die Grenzburg Horn der Grafen von Loon gegen Lüttich, die um 1270 unter den Grafen von Kleve errichtete Grenzburg Hülchrath sowie die um 1280 datierte Grenzburg Mayen der Trierer Kurfürsten gegen Kurköln, die alle rundliche Polygone mit Halbkreistürmen aufwiesen. Die Abweichung vom Viereck mag aufgrund der Lage auf einem steilen Hügel begründet gewesen sein, folgte aber durchaus einem eigenen System.

Parallel dazu wurden von den gleichen Bauherren auch weiterhin klassische Gevierte angelegt. So dürfte die regelhafte Wasserburg Ammersoyen mit ihren vier runden Ecktürmen als Stützpunkt der Grafschaft Gelderland gedient haben. Etwa zur gleichen Zeit ließ der Trierer Kurfürst in Welschbillig ein großes Geviert anlegen, das durch vier gleichförmige runde Ecktürme und ein großes Doppelturmtor flankiert war. Ähnlich könnte die heute stark reduzierte Trierer Nebenresidenz Pfalzel erweitert worden sein, bei der zumindest zwei runde Ecktürme sowie ein zentraler Hauptturm bestanden. Um 1288 dürfte wiederum Köln in Brühl ein starkes Kastell mit mehreren runden Eck- und Mauertürmen errichtet haben.

Erst im späten 13. Jahrhundert haben die deutlich weiter östlich gelegenen Magdeburger Erzbischöfe in Freckleben ein großformatiges Kastell mit hohen runden Ecktürmen errichtet (Abb. 62). Daran orientierten sich die dort als Verwalter tätigen Arnsteiner, die auf ihren Burgen Arnstein und Hettstett selbst Gevierte mit vier runden Ecktürmen gründeten. Um 1300 ließ wiederum der Erzbischof von Mainz im Odenwald die Grenzburg Fürstenau errichten, die gleichfalls durch vier hohe Ecktürme geschützt war. Nach diesem Vorbild folgte kurz darauf das Mainzer Kastell Starkenburg, das neben den vier Ecktürmen auch einen zentralen Wohnturm aufwies. Als isolierter Ableger dieser Kastellgruppe sind drei nahe verwandte Anlagen in Böhmen zu vermuten, deren Tradition noch völlig ungeklärt ist. So zeigte die heute fast verschwundene Adelsburg Prácheň (vor 1315) eine längsrechteckige Grundgestalt mit dominantem Rundturm und einer engen Reihe von Mauertürmen abwechselnder Form.

Die heute ebenfalls stark reduzierte Anlage von Zviřetice (vor 1318) hatte zumindest zwei runde Ecktürme, zwei weitere werden vermutet (Abb. 63). Damit hätte sie im Idealfall einen Hauptturm und drei kleinere Trabanten aufgewiesen. Nicht zuletzt ist in Litoměřice ausschließlich durch Grabungen der Rest einer königlichen Stadtburg belegt, die gleichfalls ins frühe 14. Jahrhundert datiert wird. Sie bestand offenbar aus zwei runden und einem eckigen Turm, die vierte Kante ist ungeklärt. Vielleicht entstanden alle drei Bauten im politischen Nahebereich des aus Deutschland von seinem kaiserlichen Vater nach Böhmen entsandten jungen Königs Johann von Luxemburg (1310–46), dessen umstrittene Macht zuerst gesichert werden musste, ehe er sich repräsentativen Residenzen widmen konnte. Es muss offen bleiben, ob sein verwandter Erzbischof von Trier oder der befreundete Erzbischof von Köln Bauleute mitgeschickt haben, um Böhmen analog zum Rheinland zu befestigen. Es gab aber in Böhmen auch ähnli-

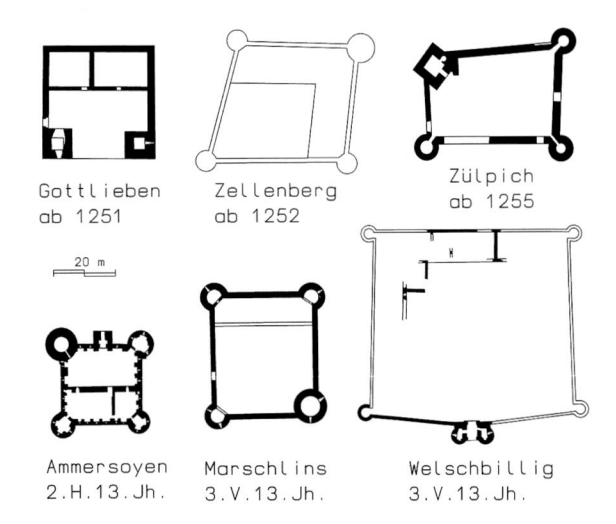

Gottlieben ab 1251
Zellenberg ab 1252
Zülpich ab 1255
Ammersoyen 2.H.13.Jh.
Marschlins 3.V.13.Jh.
Welschbillig 3.V.13.Jh.

Abb. 60

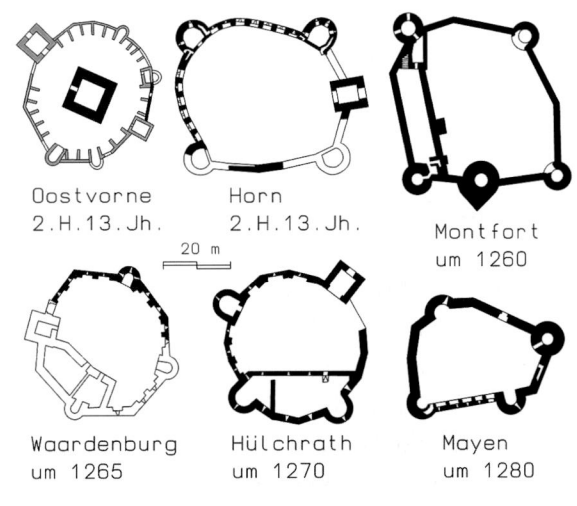

Oostvorne 2.H.13.Jh.
Horn 2.H.13.Jh.
Montfort um 1260
Waardenburg um 1265
Hülchrath um 1270
Mayen um 1280

Abb. 61

che Kastelle aus der Zeit Ottokars II., die als Vorbild gedient haben können.

Im mittleren 14. Jahrhundert rüsteten die Markgrafen von Jülich im unteren Rheinland in reiner Ziegeltechnik mit ihrem Inselkastell Veynau sowie der heute nur mehr archäologisch erfassten Wasserburg Brüggen ihre Grenzen auf. Gleichzeitig sicherte die Grafschaft Kleve in Moyland mit einem fast identen Bau einen bedeutenden Grenzpunkt. Im Herzogtum Geldern wurden Stadt und Burg Erkelen als Grenzfestung neu errichtet.

Ähnlich, aber in deutlich größerem Format, zeigte sich das wohl wenig später entstandene Kölner Grenzkastell Laurenzberg, das zu Beginn des 20. Jahrhunderts für den Tagbau vollständig abgetragen wurde. In der Folge erweiterte das Erzbistum Köln die älteren Grenzburgen von Lechenich und Uda gegen die Grafen von Jülich zu Vierturmkastellen. Wahrscheinlich geschah das gleiche in Bedburg, wo Köln einen zerstörten Grenzposten als Kastell mit mindestens zwei runden Ecktürmen wieder aufbauen ließ.

Jülich reagierte mit einer starken Grenzburg gegen Köln in Bad Münstereifel. Es handelte sich offenbar um ein originelles Konzept mit bogenförmiger Torfront samt Doppelturmtor, während die geradlinigen Mauern sonst von runden Ecktürmen, halbrunden Mauertürmen sowie dominantem Hauptturm flankiert waren. Nach 1373 folgte isoliert der östlich gelegene Brandenburger Bischof von Lebus und ließ seine neue geräumige Residenz in Fürstenwalde als Vierturmburg mit großen runden Ecktürmen anlegen.

Noch um 1400 sicherte Köln seine Grenze in Kempen mit einem Rundturmkastell. Als eine der spätesten Burgneubauten Deutschlands gilt Wernerseck, das 1401 vom Trierer Erzbischof an der Grenze zum Erzbistum Köln auf fremdem Grund begonnen wurde. Es entstand ein trapezförmiges Kastell mit drei runden Ecktürmen sowie Torturm. Obwohl damit sicher auf die bereits üblichen Feuerwaffen mit Flankentürmen reagiert wurde, zeigte dieser Endausbau eine für die Erzbischöfe klassische Verbindung von Kastellform und Grenzmarkierung.

ENGLAND IM SPÄTMITTELALTER

Auf den britischen Inseln ist im 14. Jahrhundert ausschließlich in England ein punktuelles Aufkommen von Kastellen zu verzeichnen, das in Zusammenhang mit dem Hundertjährigen Krieg gegen Frankreich steht. Den Beginn setzte man an der umkämpften Nordgrenze zum mit Frankreich verbündeten Schottland, wo um 1340 unvermittelt fünf ähnliche Gevierte mit eckigen Türmen auftauchten.

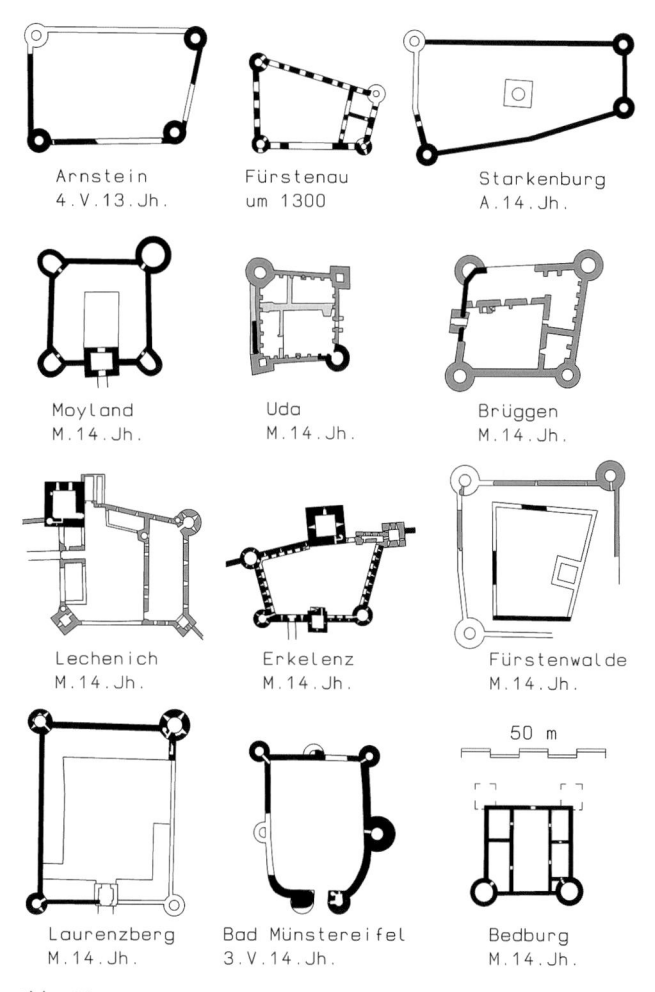

Abb. 62

Hier zeigten die Grenzburgen Ford, Etal, Chillingham, Heaton und Cockermouth starke Außenmauern und vier große Rechtecktürme, für die auf den Inseln jegliche Vorformen fehlen. Eine Erklärung mag in der englischen Allianz mit Flandern und Mallorca zu suchen sein, wo zeitgleich vergleichbare Vorbilder errichtet wurden (Abb. 64).³ Da in der Grenzregion noch mit weiteren ähnlichen Anlagen zu rechnen ist, könnte es durch den engen zeitlichen Rahmen eine dichtere Kastellkette gege-

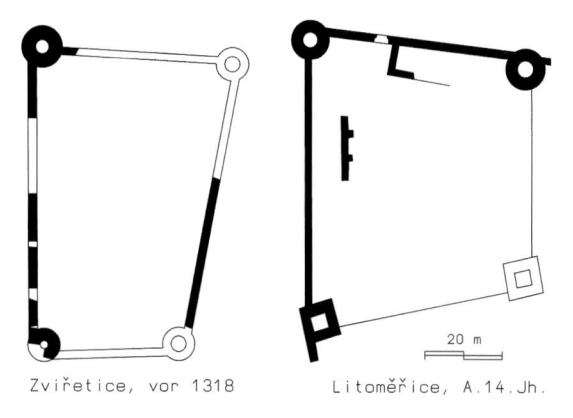

Abb. 63

ben haben, die noch einer eingehenden Forschung bedarf. In der Folge griff der kastellartige Innenausbau der königlichen Residenz in Windsor die rechteckige Turmform auf. Das könnte im Wettstreit mit der französischen Königsresidenz von Vincennes (ab 1361) zu sehen sein, deren monumentale Rechtecktürme gleichfalls kleine Pfeilervorlagen aufweisen. Als direkte Nachfolger von Windsor sind an der Südküste Englands die turmreichen Anlagen von Woodsford und Compton zu vermuten, die jedoch auch an die mallorcinische Königsresidenz in Perpignan und an das savoyische Bourget erinnern.

Inzwischen spitzte sich an der Grenzregion zu Schottland die Bedrohung zu, wo ab etwa 1380 ein bemerkenswert homogener Kastellbau einsetzte. Sheriff Hutton, Bolton, Wressle, Ravensworth, Middleham und Danby zeigen fast idente Baudetails und dürften einer gemeinsamen Bauschule lokaler Magnaten entstammen.

Gleichzeitig lebte in Südengland vor dem Hintergrund drohender Überfälle aus Frankreich die englische Tradition der Rundturmkastelle wieder auf, die durch den ständigen Ausbau der königlichen Großfestungen immer noch aktiv war. Ähnliche Baudetails und zunehmend kombinierte Turmformen indizieren, dass beide Bauschulen einander kannten und in regem Austausch standen (Abb. 65). Den Anfang machte man wohl in Saint-Sauveur-le-Vicomte jenseits der Kanalküste, wo um 1370 eine kürzlich zurück eroberte Halbinsel mit einem starken Rundturmkastell geschützt wurde. Wenig später erhielt ein königlicher Söldnerführer auf der anderen Seite des Kanals in Hemyock die Erlaubnis, eine neue Burg zu errichten, die wie eine maßstäbliche Verkleinerung mit gleicher Torlösung wirkt. Kurz darauf bekam ein anderer Söldnerführer die Zustimmung, südlich von London mit Bodiam Castle ebenfalls ein neues Kastell „zur Verteidigung des Landes und als Widerstand gegen unsere Feinde" zu errichten. Diese bis heute zum Gutteil erhaltene Anlage kombinierte runde Ecktürme mit eckigen Mauer- und Tortürmen sowie innen geräumigen Trakten um einen zentralen Hof. In ähnlicher Form sind die gleichzeitigen Anlagen von Wingfield, Maxstoke, Newport, Farleigh Hungerford und Westenhanger vorzustellen, deren variantenreiche Gevierte wesentlich schlechter erhalten sind bzw. nie plangemäß fertig gestellt wurden. Sie entstanden bis auf Maxstoke alle nahe der Südküste im politischen Umfeld des Königs und ermöglichen trotz ausgefeilter Wehrtechnik innen eine schlossartige geräumige Gestaltung in Anlehnung an die großen Königsresidenzen Windsor und London.

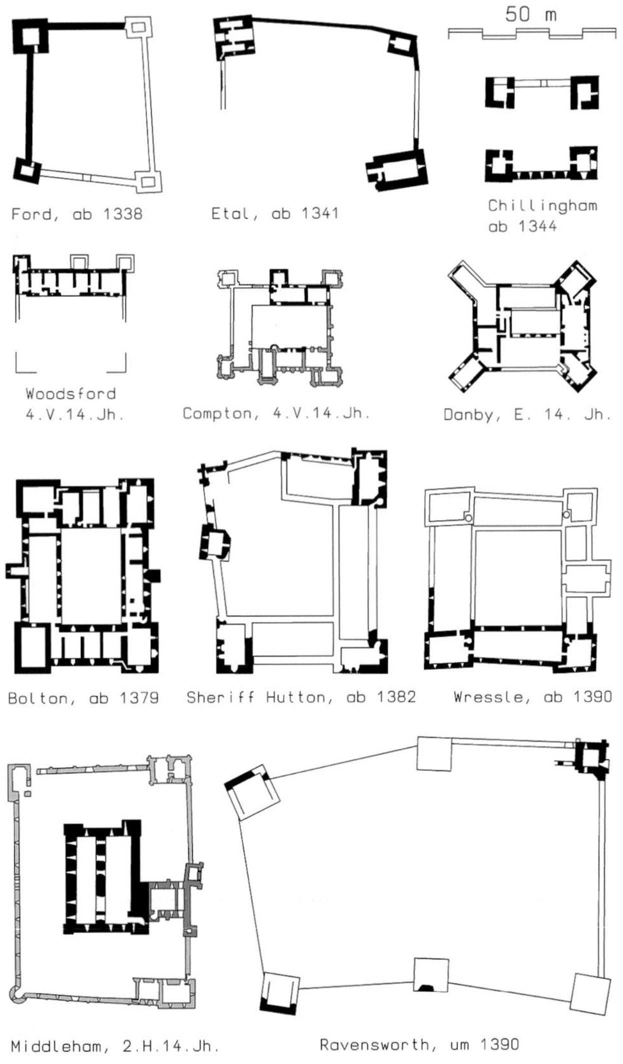

NORDEUROPA IM SPÄTMITTELALTER

Während der Großteil Europas im hohen Mittelalter längst christianisiert und in feudale Herrschaften aufgeteilt war, war das weiträumige Baltikum noch heidnisch geprägt und von klein strukturierten Stämmen der Letten und Liven bewohnt. Ab dem späten 12. Jahrhundert setzte parallel zu den Kreuzzügen ins Heilige Land und nach Iberien eine jährliche Kreuzzugsbewegung an die Ostsee ein, die vor allem von norddeutschen Adeligen und Bischöfen getragen wurde. 1202 wurde daraus der Schwertbrüderorden gegründet, der nach dem Vorbild der Templer organisiert war und im Jahr 1226 Konkurrenz durch den Deutschen Orden erhielt. Dieser 1198 im Heiligen Land zur Kampftruppe gewandelte Orden besetzte bis um 1233 systematisch das Land östlich von Deutschland bis zur Weichsel und überzog es etappenmäßig mit einem dichten Burgennetz, das zuerst wohl aus Holz-Erdeanlagen bestand, die oft erst spät durch Steinbauten ersetzt wurden. Nach einer vernichtenden Niederlage der Schwertbrüder 1236 gegen die Litauer inkorporierten die Deutschen dessen Besitzungen, wo-

Abb. 64

durch man die Stellung an der Ostsee bedeutend erweitern konnte. Da die Bemühungen in der Levante zum Scheitern verurteilt waren, reduzierte man bald den Einsatz am Mittelmeer und übersiedelte schließlich 1309 ganz in den Norden. Hier galt es nun, die weiten feindlichen Landstriche zwischen dem westlichen Kulmerland und dem isolierten östlichen Livland zu besetzen und ein geschlossenes Ordensgebiet von Deutschland bis ins Baltikum zu schaffen. Trotz massiver, lange andauernder Gewalt sollte es jedoch nie gelingen, Lettland zu erobern und die beiden Ordensgebiete zu verbinden.

Über die frühesten Ordensbauten ist wenig bekannt, sie dürften lange vor allem aus Holz bestanden haben. Lediglich in Balga (vor 1242), Birgelau (um 1245), Marienwerder (um 1245), Thorn (um 1250) und Graudenz (vor 1250) deuten sich steinerne hakenförmige Konventsbauten mit vorgelegten Kreuzgängen innerhalb zunehmend rechteckiger Gevierte an, die als Urform zu verstehen sein dürften, wenngleich ihr Vollausbau großteils bis ins späte 13. Jahrhundert dauerte. Als Paradigma wird das 1258 neu errichtete Königsberg gewertet, dessen zentraler viereckiger Konvent bereits früh klosterartig um einen zentralen Hof gruppiert war, während die großräumige Vorburg diesen Kern kastellförmig umgürtete. In ähnlicher Form besaßen fast alle künftigen Ordensburgen einen mehrgeschossigen wuchtigen Konventsbau sowie wehrhafte, unterschiedlich turmreiche Vorburgen, in denen die eigentlichen Ordenstruppen sowie Verwaltung und Wirtschaft untergebracht waren.

Zu den ersten konsequenten Konventsbauten zählen Papau (1268), Marienburg (ab 1276) Lochstädt (um 1270) und Roggenhausen (um 1275), deren Gevierte zunehmend von lisenenartigen Ecktürmchen gerahmt wurden (Abb. 66). Bei den zahlreichen nun folgenden Bauten gab es meist entweder eine ähnliche pfeilerartige Turmbetonung, die grundsätzlich die Dächer überragte, oder es dominierte ein wuchtiger echter Eckturm, dem die anderen Kanten mit ihren zierlichen Vorlagen wie kleine Zitate folgten. Bei den Haupttürmen gab es Variationen, so waren sie neben der mehrheitlichen Quadratform etwa in Rehden (um 1280), Mewe (um 1280) und Strasburg (um 1285) zumindest in der Höhe achteckig.

Als eigenständige Partner gründeten die Bischöfe und Domkapitel seit der Frühzeit selbst Kastelle, die jedoch in Baukonzept, Mauerwerk und Details derart verwandt sind, dass von der gleichen Bauschule auszugehen ist. So können etwa die Bischofsresidenzen von Löbau (um 1310) und Heilsberg (um 1350), die Kapitelsburg von Marienwerder (um 1320) und die bischöfliche Verwaltungsburg von Seeburg (um 1330) als Varianten des allgemeinen Baukanons interpretiert werden. Im weitgehend friedlichen 14. Jahrhundert konnten zahlreiche Anlagen

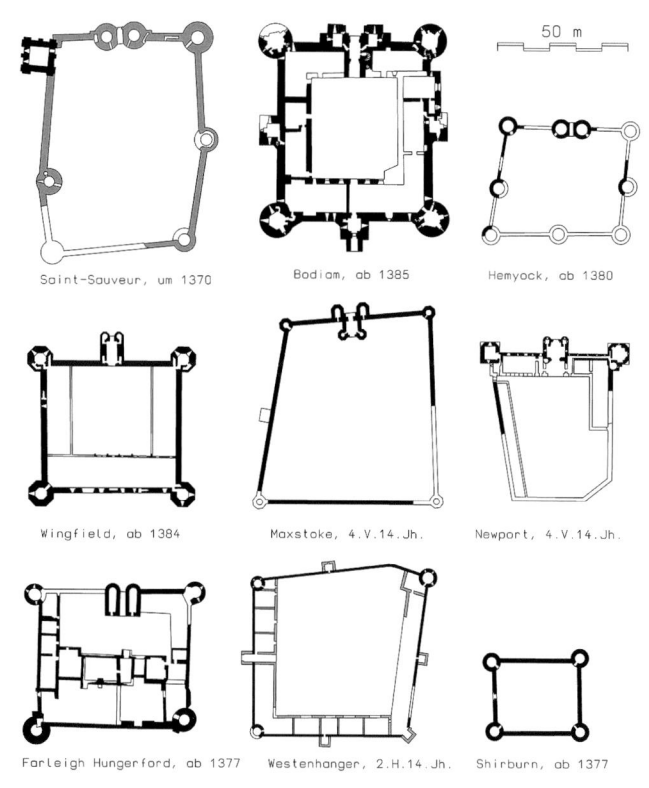

Abb. 65

mit repräsentativen Gewölbehallen und monumentalen Turmkanten fertig gestellt bzw. erweitert werden, wobei ein derart einheitliches Außenbild entstand, dass die homogenen turmgerahmten Blöcke als „corporate identity" des Ordenslandes zu bezeichnen sind. Einen pragmatischen Hintergrund bot sicher die klosterartige Grundstruktur, die den Ritterklausuren, Domkapiteln und Bischofshöfen gemeinsam war. Es spiegelt sich jedoch auch das Herrschaftsprinzip eines gottesgefälligen „Staates", der durch straffe Hierarchie und modern anmutende klare Beamtenstrukturen charakterisiert war.

Die militärische Stärke des Ordenslandes beruhte hingegen auf zwei anderen Säulen: auf den ausgeklügelten, starken Vorbefestigungen der Konvente und Städte sowie auf der geballten Truppenstärke des Ordens, die je nach Erfordernis im ganzen Land eingesetzt werden konnte. Daher lag die Position der Konventsbauten auch meist nicht direkt an der Grenze, sondern an bedeutenden Verkehrs- und Verwaltungsmittelpunkten.

Davon schert nur eine kleine Gruppe mit Rundtürmen aus, die bemerkenswert oft in Grenznähe liegt. Den Anfang setzte man wohl 1335 in Schwetz, wo bis 1360 direkt an der Grenze zu Polen ein Konvent mit runden Flankentürmen und vorkragendem Wehrgang entstand (Abb. 67). Dabei orientierte man sich wohl exakt an Kölner Grenzkastellen der gleichen Zeit, die in Konzeption, Mauerwerk und Details analog aufgebaut waren. Zu erklären ist dies durch die Herkunft des Schwetzer Komturs aus dem Rheinland, von wo er neueste

Königsberg, ab 1258

Papau ab 1268

Marienburg ab 1276

Lochstädt um 1270

Roggenhausen um 1275

Löbau um 1310

Riga um 1330

Rheden um 1280

Mewe um 1280

Strasburg um 1285

Marienwerder um 1320

Heilsberg um 1350

Seeburg um 1330

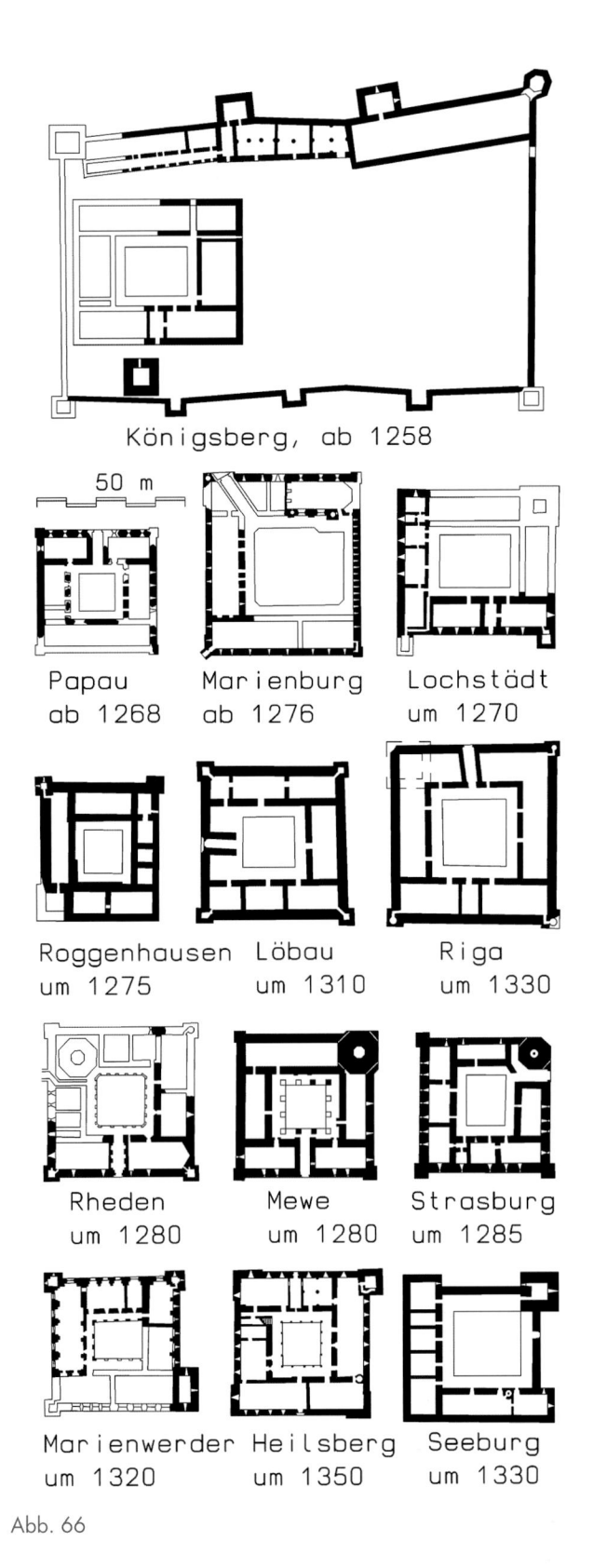

Abb. 66

Entwicklungen mitbringen konnte. Auch das 1340–60 datierte Brattian besaß eine Vorburg mit zwei runden Türmen, weiters erhielt die ältere Burg von Gollub in analoger Grenzlage um 1340 zwei Rundtürme flankierend angesetzt. Mit der heute stark reduzierten Ortelsburg sowie der lokal ebenfalls zerstörten Pflegerburg Soldau gab es an der preußisch-polnischen Grenze noch weitere zeitnahe Ordensburgen mit dominanten Rundtürmen, zudem bekamen hier zahlreiche Vorburgen nachträglich runde Türme. Bezeichnender Weise wurde auch die nördlichste Grenzburg des Preußischen Ordensbesitzes gegen die Litauer in Memel mit Rundtürmen ausgebaut und auch die Zitadelle von Reval erhielt um 1371 eine großformatige kastellförmige Vorburg mit Rundtürmen. In gleicher Form wurde wohl parallel in der nordöstlichen Grenzstadt Narwa eine weitläufige rechteckige Vorburg mit Rundtürmen errichtet. Den Schlusspunkt setzten um 1400 die Forts von Lais (Litauen) und Bütow (Polen), deren geräumige Gevierte mit runden Ecktürmen große Truppenkontingente aufnehmen konnten.

Nach der verlustreichen Schlacht bei Tannenberg im frühen 15. Jahrhundert folgten verheerende Jahrzehnte des Krieges, die 1466 im Verlust des Westteils an Polen mündeten, während der Osten erst 1560 durch die Russen erobert werden konnte. Davor hatte man sich auf punktuelle Aufrüstungen gegen Feuerwaffen konzentriert, während keine klassischen Kastelle mehr entstanden.

Das südlich benachbarte Königreich Polen war im Spätmittelalter zwar ein flächenmäßig großräumiges Reich, das zeitweilig von der Ostsee bis zum Schwarzen Meer reichte, jedoch hatten sich im frühen 14. Jahrhundert fast autonome Fürstentümer gebildet und gefährliche Allianzen der Nachbarn bedrohten den Fortbestand des Reichs. Kasimir III. der Große (1333–1370) antwortete mit einer höchst erfolgreichen Diplomatie, die gemeinsam mit einer umfangreichen Verwaltungsreform und einem bemerkenswerten Bauprogramm zur Konsolidierung der Macht führte.

Als neue Verwaltungssitze entstanden ca. 50 königliche Burgen, wovon große Königsresidenzen von kleineren Beamtensitzen zu unterscheiden sind. Beide dürften mit gewissen Regeln angelegt worden sein, wozu die Lage auf künstlichen Inseln, die Nähe zu rasterartigen Gründungsstädten und nicht zuletzt die rechteckige Form mit Torturm, zumindest einem weiteren Eckturm und großem Hauptgebäude zählten (Abb. 68). Die meisten dieser Grundsätze zeigen die königliche Residenz Żarnowiec (um 1355) und die aufgerüsteten älteren Königssitze in Krakau, Płock und Warschau, eine klassische Vierturmform wurde jedoch nie angestrebt. Die neuen königlichen Beamtensitze in den Provinzen spiegeln die Systematik in deutlich kleinerem Maßstab, dafür aufgrund der oft reinen Neubauten in viel konsequenterer Umsetzung. Gute Beispiele finden sich in Rawa (um 1355), Kruszwica (vor 1355), Łęczyka (um 1350) und Koło (vor 1362). Etwa zeitgleich dürften die Burg von Ciechanów und die heute weitgehend verschwundene Residenzburg Sochaczew datieren. Neben diesen Großburgen vertritt Inowłódz (um 1356) den kleineren Standardtypus der neuen provinziellen Beamtenburgen, dem zahlreiche in Größe und Gliederung vergleichbare Gevierte zur Seite zu stellen sind. Sie hatten fast regelhaft zwei Türme unterschiedlicher Lage und Ausprägung, wovon einer wohl als Burggrafensitz zu vermuten ist. Entgegen diesen heterogenen Mehrturmkastellen gab es bereits früh zahlreiche bescheidenere Gevierte mit einem oder gar keinen Turm, die vom lokalen Adel im politischen Nahebereich des Königs errichtet wurden. Bautechnisch und teilweise konzeptionell orientierte sich der Burgenbau unter König Kasimir in weiten Teilen am zeitgenössischen Wehrbau im nördlich benachbarten Deutschordensland. Tatsächlich waren beide Seiten nach einem Waffenstillstand 1332 bemüht, die Beziehungen zu verbessern und vor allem die frühen Anlagen wirken wie direkte Nachfolger. Vielleicht konnte Kasimir sogar direkt auf Planer und Bauleute des Deutschen Ordens zugreifen, um sein ambitioniertes Bauprogramm auszuführen.

Nach dem Tod Kasimirs brach der polnische Kastellbau abrupt ab. Durch den Erbfall an Ungarn erlosch auch die lokale königliche Bauschule ohne Nachfolge.

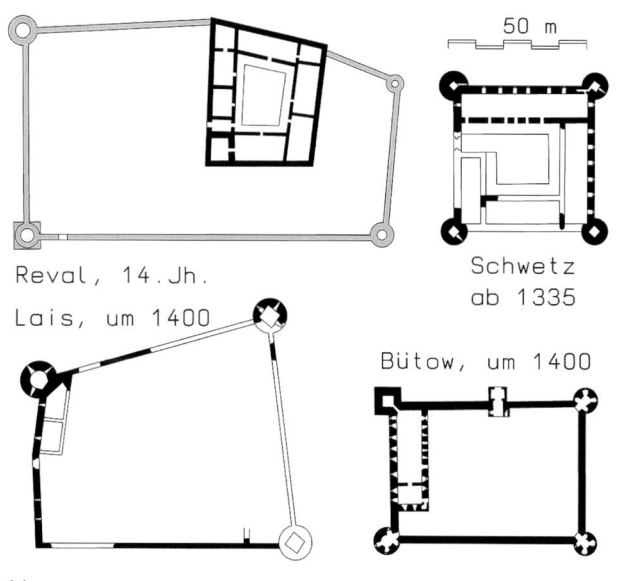

Abb. 67

MITTELEUROPA IM SPÄTMITTELALTER

Im südlich benachbarten Ungarn regierte mit Ludwig von Anjou (der Große, König 1342–82, ab 1370 auch König von Polen) ebenfalls ein diplomatisch höchst erfolgreicher Reformkönig, der seinem Land eine Zeit der Expansion und des Wohlstands bescherte.

In seiner Zeit entstanden gleichfalls mehrere Kastelle, die jedoch sehr fragmentiert sind (Abb. 69). Sehr wahrscheinlich begründete er bereits 1347 in Buda eine mehrflügelige Stadtresidenz, die durch eine ins Tal vorstehende Kapellenapsis akzentuiert war. Als am besten erhaltene königliche Burg gilt Diósgyőr (ab ca. 1360), das auf einer künstlichen Insel nahe der polnischen Grenze völlig regelhaft als Vierflügelbau mit vier dominanten Ecktürmen entstand und ebenfalls einen vorstehenden Kapellenchor aufweist. Um 1370 datiert das königliche Kastell Zvolen, dessen vier Flügel nur im Westen durch eine Doppelturmfront dominiert wurden, während im Osten der Kapellenchor weit vortrat.

Neben König Ludwig etablierten sich auch einige Hochadelige als bedeutende Bauherren. Allem voran ist an der österreichischen Grenze das Geschlecht der Kaniszai zu nennen, das um 1373 in Eisenstadt ein neues Kastell anlegte, das mit seinen massiven Wänden und vier Türmen weniger an die königlichen Residenzen als an die benachbarten Grenzkastelle der Österreichs oder aber an zeitgleiche oberitalienische Zitadellen anschloss, wenngleich hier zentral ein älterer Wohnbau bestanden haben dürfte.

Nach dem Tod Ludwigs errang der Brandenburger Kurfürst Sigismund von Luxemburg (König 1387–1437) den ungarischen Thron und stieg in der Folge zu einer der bedeutendsten

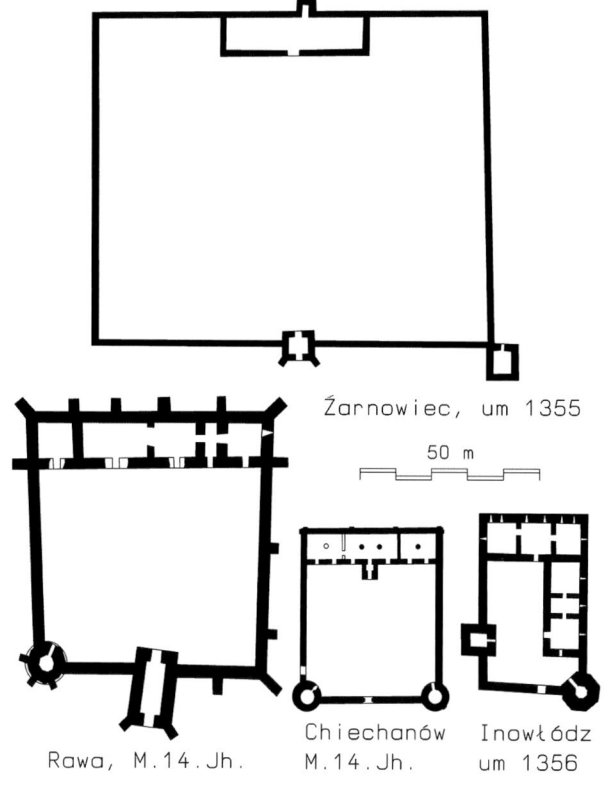

Abb. 68

Personen seiner Zeit auf. Neben der Kurfürstenwürde wurde er mit der Krönung zum Doppelkönig von Ungarn und Kroatien, ab 1411 war er zudem römisch-deutscher König, ab 1419 König von Böhmen, 1431 erhielt er die lombardische Königskrone und 1433 vom Papst in Rom die Kaiserkrone verliehen. Um die große königliche Macht auch architektonisch zu manifestieren, ließ Sigismund zahlreiche Bauvorhaben ausführen, unter anderem großformatige Residenzen, deren regelmäßige Strukturen klosterartig aufgebaut waren. Als Sigmunds erste Hauptresidenz entstand in Visegrád an der Donau ein weitläufiges rechteckiges Geviert, in dessen Nordecke ein quadratischer vierflügeliger Kernbau mit zentralem Arkadenhof gesetzt wurde. Ähnlich dürfte der königliche Kernpalast von Vigl'as ausgesehen haben, der in mehreren Etappen ab ca. 1390 errichtet wurde und dabei mit seinem vorstehenden Kapellenchor an die Bauten Ludwigs anschloss, vor allem an das benachbarte Zvolen. Als zweite Bautengruppe etablierte sich etwas später eine stark befestigte königliche Residenzform, die zwar innen ähnlich repräsentativ ausgestaltet war, außen jedoch als mehrtürmiges Kastell in Erscheinung trat. Hier ist vor allem der monumentale Ausbau der alten Königsburg von Pressburg zu nennen. Im Zentrum entstand ein großformatiges Geviert mit bemerkenswert dicken Mauern, die an den Ecken durch Buckelquader betont sowie durch Turmaufsätze kastellartig überhöht waren. Diese von weitem sichtbare Residenz, die Sigismund wohl nicht zufällig an der Grenze des römisch-deutschen Reichs errichtet hat, ist als Manifest zum benachbarten Habsburger Herzog zu deuten, der als Wunschnachfolger Sigismunds im Fall seines kinderlosen Ablebens erst wenige Jahre zuvor seine Residenz in Wiener Neustadt als geräumige viertürmige Residenzanlage mit analogen Eckbuckelquadern erneuern hatte lassen.

Nach ähnlichem Konzept wie Pressburg dürfte unter Sigismund auch die Burg Várpalota zum wehrhaften geräumigen Schloss ausgebaut worden sein. Sie zeigte gleichfalls vier Ecktürme, eine vorstehende Kapelle und zumindest in der Idealplanung vier randständige Trakte. In die Jahre vor 1410 datiert schließlich eine deutlich kleinere königliche Nebenresidenz in Tata, die ganz regelhaft mit vier dominanten Ecktürmen sowie vier Flügeln um einen kleinen zentralen Arkadenhof konzipiert gewesen sein dürfte.

Entfernte Ähnlichkeiten zeigt das heute stark reduzierte Kastell von Stremt (Rumänien), das wohl nie planmäßig fertig gestellt wurde. Daher kann nur hypothetisch vermutet werden, dass auch hier eine kleine Vierturmburg mit repräsentativem Innenausbau gestartet wurde. Nicht zuletzt ist der etappenweise während der gesamten Regentschaft Sigismunds durchgeführte Großausbau der Burg von Ofen zur geräumigen Hauptresidenz zu nennen, wobei man trotz des steilen Geländes geradlinige Hoftrakte und eine weit vorstehende Kapelle ausführte. Auch unter Sigismund ließ der Hochadel einige wenige dem König nachgeahmte Bauten errichten. Allem voran ist Kanizsa zu nennen, das auf einer künstlichen Insel als vierflügeliges Palastgeviert ähnlich zu Visegrád gestaltet war. Weitere Beispiele finden sich in Ónod und Ozora, jedoch in deutlich reduzierter Form. Mit dem Tod Sigismunds 1437 endete der ungarische Kastellbau abrupt.

Südöstlich von Ungarn lag am Schnittpunkt der großen Regionalmächte (Ungarn, Tataren, Byzanz) die Region Moldau, in der 1354 Siedler aus Siebenbürgen einen ungarischen Vasallenstaat gründeten, der sich 1359 unter Fürst Bogdan I. für völlig unabhängig erklärte und 1387 nur nominell Polen unterordnete.

Nach einer ersten Phase der inneren Organisation des jungen Landes etablierte Fürst Peter II. Musat (1374–91) mehrere Residenzbauten, die sich programmatisch an den mitteleuropäischen Fürstenhöfen orientierten und mit diesen durchaus mithalten konnten (Abb. 70). Allem voran ist seine Hauptresidenz Suceava zu nennen, die er gleichzeitig mit der Gründung einer neuen Hauptstadt 1380 begonnen haben dürfte. Es handelte sich um ein regelmäßiges Geviert, das außen wohl symmetrisch

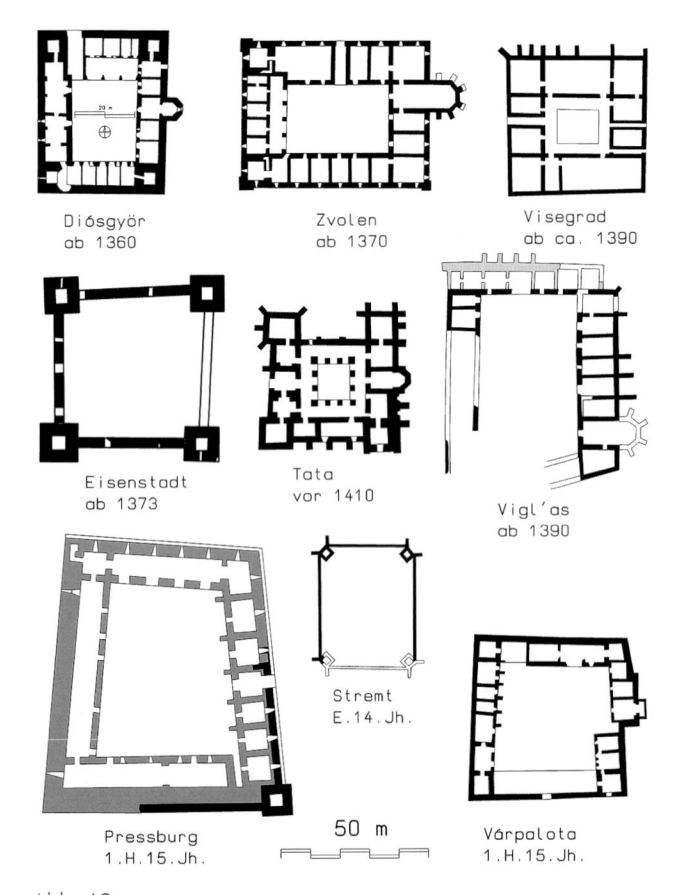

Abb. 69

von vier weit vorstehenden Ecktürmen sowie vier zentralen Mauertürmen flankiert war und innen durch drei breite Trakte einen Hof einfasste. Damit entstand ein machtvolles Zeichen des jungen Fürstentums, das programmatisch außen starke Wehrhaftigkeit signalisierte, innen aber geräumigen Platz für eine repräsentative Hofhaltung bot. Als Schutz der Südwestflanke der neuen Hauptstadt errichtete man wohl gleichzeitig mit dem Kastell Scheia ein weiteres Fort mit vier Ecktürmen, das mangels Hinweisen auf einen repräsentativen Innenausbau vorwiegend militärische Funktion gehabt haben mag. Als dezentrale Nebenresidenz und programmatische Grenzburg zu Ungarn ließ Peter II. in Neamt eine bis heute gut erhaltene Anlage errichten, die diesmal sehr deutlich an ungarische Vorbilder anschloss. Das 1395 erstmals urkundlich dokumentierte Kastell hat einen trapezförmigen Grundriss und zeigt wie Suceava drei Hofflügel, in die jedoch die vier Ecktürme bündig integriert sind.

Bereits deutlich früher hatte in Deutschland ein baulicher Wettstreit zwischen den Wittelsbachern in Bayern und den Habsburgern in Österreich begonnen, der ihre Aspirationen auf die Deutsche Königskrone spiegelte. So ließ Ludwig IV. von Bayern (1328–47 Römisch-Deutscher Kaiser) inmitten von München eine viereckige Residenz mit randständigen Trakten errichten. Nach inneren Unruhen folgte am Stadtrand eine neue Zitadelle, die als geräumiges Kastell mit dominanten Ecktürmen ausgebildet wurde.

In Österreich hatten die Habsburger seit dem Verlust der Deutschen Königskrone mit der Konsolidierung ihrer eigenen Hausmacht zu kämpfen. Aufstände, feindliche Einfälle sowie Niederlagen gegen die Schweizer und die Bayern erforderten alle Mittel, sodass an neue Bauten kaum zu denken war. Dem entgegen finden sich im frühen 14. Jahrhundert mehrere Adelsburgen, die offenbar mit großem Selbstbewusstsein kastellförmig ausgebaut wurden. So ließen die Kuenringer in Gmünd und Zistersdorf entsprechende mehrtürmige Stadtburgen errichten, auch in Seefeld, Kottingbrunn, Horn und Immendorf entstanden ähnliche Gevierte, wobei letzteres 1945 restlos zerstört wurde und Seefeld nur bildlich als Kastell überliefert ist. Für Ulrichskirchen liegt hingegen eine genaue Untersuchung vor, die ein Kastell habsburgischer Gefolgsleute aus der Zeit um 1324 belegt, das durch einen 18 m breiten dominanten Hauptturm und drei deutlich kleinere Trabanten geprägt war. Alle diese Burgen verfügten ausschließlich über rechteckige Türme.

Trotz einiger Gebietsgewinne im Süden gelang es erst Herzog Albrecht II. (1330–58), die Zentralmacht wieder herzustellen und Wien als glanzvolle Hauptstadt eines wachsenden Habsburgerreichs zu etablieren (Abb. 71). Sein Sohn Rudolf IV. (1358–65) suchte eine königsgleiche Stellung zu erlangen,

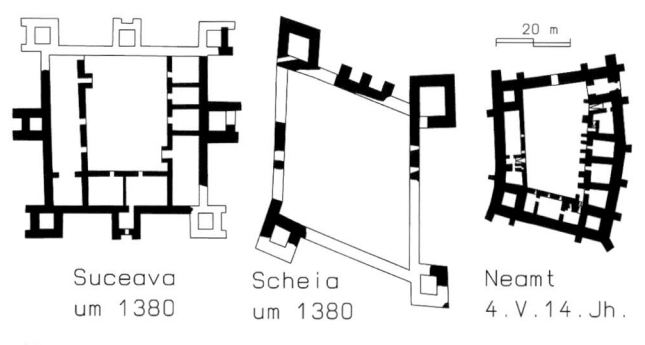

Abb. 70

wobei er unterschiedliche Mittel der Propaganda bis zu Urkundenfälschungen ausnutzte und mit der Gründung einer Universität sowie der geplanten Etablierung eines Bistums sichtlich an den Kaiserhof in Prag anknüpfte. Sein Bruder Albrecht III. (1365–95) folgte dieser Strategie durch die analoge Wiederbelebung eines höfischen Ritterordens. In dieser Zeit kam es wohl parallel zu benachbarten Sakralbaustellen zu einem Ausbau der Wiener Hofburg zur vierflügeligen Anlage mit im Osten vortretendem Kapellenchor. Ausschließlich bildlich überlieferte Turmanhebungen mit umlaufenden Wehrgängen dürften in direkter Nachahmung der französischen Königskastelle mit Rudolf zu verbinden sein. Als Nebenresidenz wurde das südlich gelegene Jagdschloss Laxenburg ebenfalls um einen Hof mit randständigen Trakten, großer Kapelle und mehreren Türmen ausgebaut. Am meisten hat sich in Wiener Neustadt erhalten, wo nach einem Erdbe-

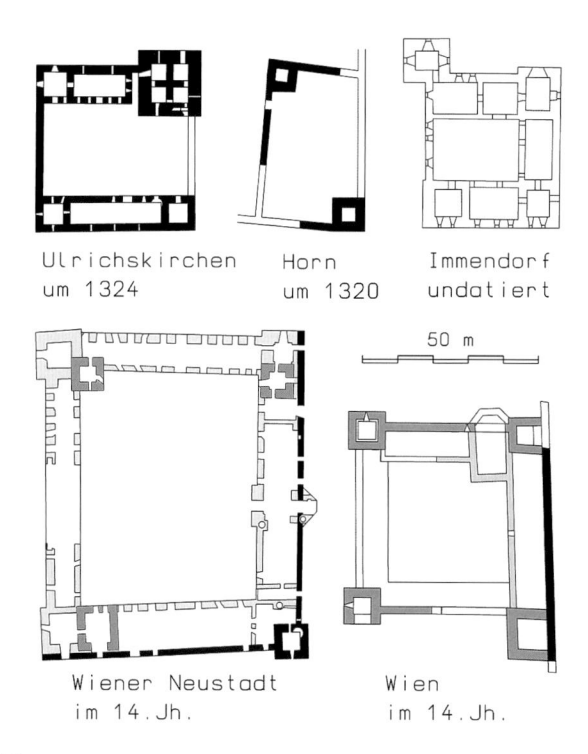

Abb. 71

CHRONOLOGIE | 583

ben 1378 ein monumentaler Neubau erfolgte, der zwar die vier alten Ecktürme integrierte, jedoch stadtseitig drei neue dominante vorstellte. Vier wohl konsequent umlaufende Trakte, eine Kapelle mit vorstehendem Chor und die Betonung der Kanten mit Buckelquadern erinnern an die etwas jüngeren Bauten Kaiser Sigismunds in Ungarn, der durch seine enge Verbundenheit als Übernehmer der österreichischen Bauleute infrage kommt. Ihre eigene Herkunft ist hingegen unklar, wahrscheinlich suchte man mit einer Anknüpfung an die älteren herzoglichen Kastelle der Babenberger eine Legitimierung, wie sie auch durch sonstige Verherrlichung dieser Vorgänger belegt ist. Eventuell orientiert man sich aber auch an staufisch-königlichen Bauten, während westeuropäische, deutsche oder böhmische Einflüsse mangels Rundtürmen fehlen.

ITALIEN IM SPÄTMITTELALTER

Mit dem Ende der staufisch-kaiserlichen Macht in Italien konnten sich vor allem im wirtschaftlich starken Norden mehrere territorial agierende Stadtstaaten etablieren, die jeweils von selbstbewussten Adelsfamilien regiert wurden und in aufwändigen Kriegen gegeneinander konkurrierten.

Ganz im Norden hat Verona unter den Scaligern mit einer aggressiven Expansionspolitik ein großes Gebiet erobert, wobei zunächst an neuralgischen Punkten mit einzelnen Türmen die neue Herrschaft manifestiert wurde (Abb. 72). Im späten 13. Jahrhundert könnte in Salizzole das erste Vierturmkastell errichtet worden sein, von dem jedoch nur eine Hälfte mit zwei Türmen erhalten blieb. Es folgten zwar einige große Stadtgründungen mit viereckigen Zitadellen, jedoch keine klassischen Mehrturmkastelle. Lediglich im Zentrum Veronas entstand ab 1335 in Konkurrenz zu den Visconti in Mailand und den Dogen in Venedig eine wehrhafte viereckige Residenz, die an drei Kanten durch hohe Türme gerahmt war und innen auf offenen Arkaden randständige Repräsentationstrakte besaß. Die Scaliger strebten nun die Königswürde für Oberitalien an und wollten dies offensichtlich mit dieser Bauform manifestieren. Damit provozierte man jedoch eine erdrückende Allianz der anderen Stadtstaaten, die in harten Kämpfen das Veroneser Territorium wieder deutlich einschränkten. Nun startete eine Abwehrphase, um nicht selbst aufgerieben zu werden. Als Hauptbollwerk legte man in Verona jenseits der Etsch das großformatige Truppenkastell San Pietro an, wo die zahlreichen Söldner stationiert waren. Etwa gleichzeitig wurde in Enego ein Vierturmkastell errichtet, in Lazise entstand ein längliches Geviert mit zwei echten Türmen und vier schalenförmigen Eckbauten. Auch das untergeordnete Vicenza wurde mit einem ähnlichen Eckbollwerk sowie einem klassischen Vierturmkastell geschützt. Zudem wurden zahlreiche ältere Anlagen kastellförmig aufgerüstet, etwa Valeggio, Sirmione und Torri de Benaco.

Am Höhepunkt des Konflikts wurde vom Gardasee entlang des Flusses Mincio bis zum Po ein regelrechter Limes angelegt, der streckenweise aus einer durchgehenden Mauer mit zahlreichen Türmen sowie Festungen bestand. Diese passten sich möglichst dem Gelände an und waren daher stark verzogene Polygone mit jeweils einem Hauptturm und mehreren rechteckigen Schalentürmen. Lediglich in Villafranca, Villimpenta und Ostiglia entstanden großformatige regelmäßige Kastelle, die ähnlich wie beim römischen Limes als Hauptlager der Wachtruppen dienen konnten. Parallel zum stetigen Ausbau dieser Landwehr wurden rund um Verona und am Gardasee weitere Kastelle errichtet. Ab 1354 startete zudem in Verona der Bau einer neuen Zitadelle, dem heutigen Castelvecchio, das mit einer langen Brücke über die Etsch verbunden war und so einen sicheren Fluchtweg in die Alpen zum verbündeten Tirol bieten sollte. Dieses Kastell bestand aus einer turmbewehrten rechteckigen Vorburg und einer leicht verzogenen Kernburg, die mit einem isoliert stehenden dominanten Hauptturm an der Brücke, drei Trabanten an der Ecke, einem Torturm sowie tiefen Gräben bestens bewehrt war. Kurz danach gründete man außerhalb Veronas das Fort Montorio, das gemeinsam mit ande-

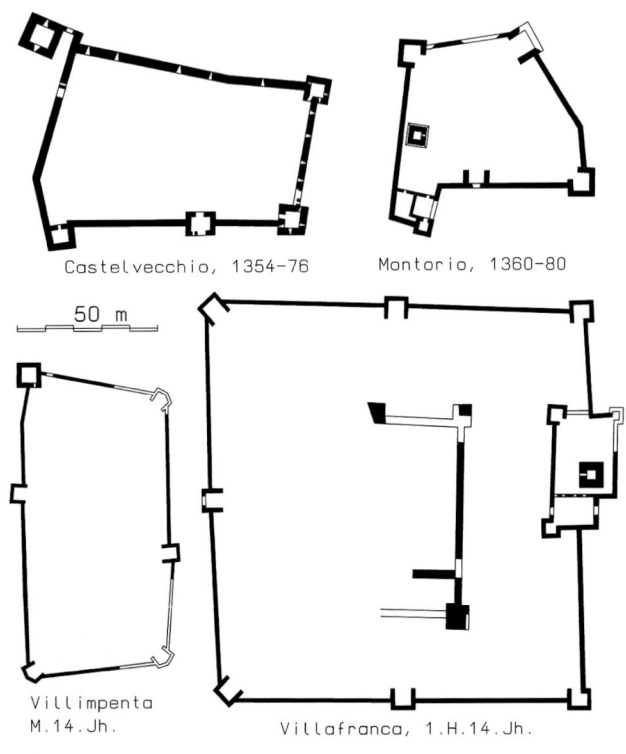

Abb. 72

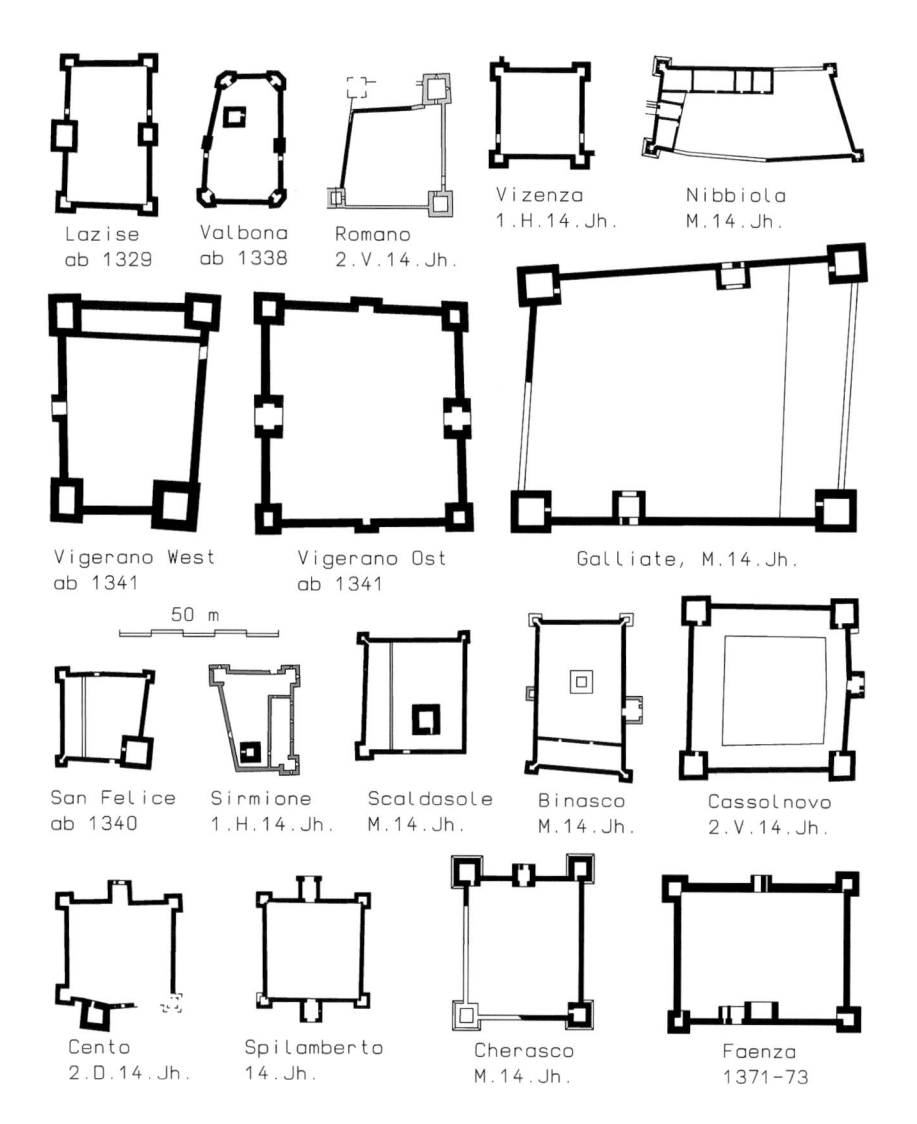

Abb. 73

[Grundrisse: Lazise ab 1329, Valbona ab 1338, Romano 2.V.14.Jh., Vizenza 1.H.14.Jh., Nibbiola M.14.Jh., Vigerano West ab 1341, Vigerano Ost ab 1341, Galliate M.14.Jh., San Felice ab 1340, Sirmione 1.H.14.Jh., Scaldasole M.14.Jh., Binasco M.14.Jh., Cassolnovo 2.V.14.Jh., Cento 2.D.14.Jh., Spilamberto 14.Jh., Cherasco M.14.Jh., Faenza 1371-73]

ren Bollwerken einen Festungsring um die Stadt bilden sollte. Durch diese gewaltigen Bauten übermütig geworden, betrieben die Scaliger nun eine gefährliche Schaukelpolitik mit zahlreichen Überfällen auf die Nachbarschaft, was zum Verlust der letzten Verbündeten und zu Gegenschlägen von Kaiser und Papst führte. Nach einer entscheidenden Niederlage musste 1387 der letzte Scaliger flüchten, worauf nach einem kurzen Intermezzo die Republik Venedig einen Gutteil des Territoriums dauerhaft übernehmen konnte.

Westlich von Verona hatte sich in der oberen Poebene unter den Visconti Mailand als mächtiger Stadtstaat etabliert, der zahlreiche kleinere Städte der Region kontrollierte. Im mittleren 14. Jahrhundert setzte auch hier ein intensives Bauprogramm ein, um vor allem die Grenzorte mit starken Zitadellen zu befestigen.

Als eine der frühesten Anlagen gilt das ab 1341 errichtete Doppelkastell von Vigevano, das bald durch eine 164 m lange wehrhafte Brücke verbunden wurde (Abb. 73). Etwa gleichzeitig datieren Cassolnovo, Binasco, Lodigiano, Castell'Arquato, Romano, Cherasco, Galliate und Nibbiola, deren regelhafte Gevierte alle durch vier Ecktürme und meist ein bis zwei Tortürme geschützt waren. Schon früh folgten untergeordnete Adelsfamilien, etwa in Scaldasole, Melegnano, Borogonovo und Noceto, meist jedoch in reduzierter Form.

Auch in der 2. Hälfte des 14. Jahrhunderts wurde das Kastellprogramm weitergeführt, unter anderem in Urignano und Bergamo.

Bezeichnend waren für diese Zeit jedoch mehrere großformatige Stadtresidenzen, die den bisherigen Maßstab von Verona und Venedig bei weitem übertrafen (Abb. 74). Den Anfang setzte man wohl im aufrührerischen Bologna, wo ein 120 x 128 m großer stark befestigter Verwaltungskomplex entstand, der innen zwar durch ältere Bauteile und mehrere Höfe heterogen war, außen jedoch durch konsequente Wehrgänge und hohe Turmflankierungen als machtvolles Herrschaftszeichen diente. Ab 1360 war die Regierung der Visconti auf drei Brüder geteilt, die jeweils eine große Residenz errichten ließen. Den Höhepunkt bildete in Mailand selbst an der Stadtmauer ein etwa 190 m breites Geviert, dessen ursprüngliches Konzept durch baldige Planänderungen nur zu einem Drittel aus-

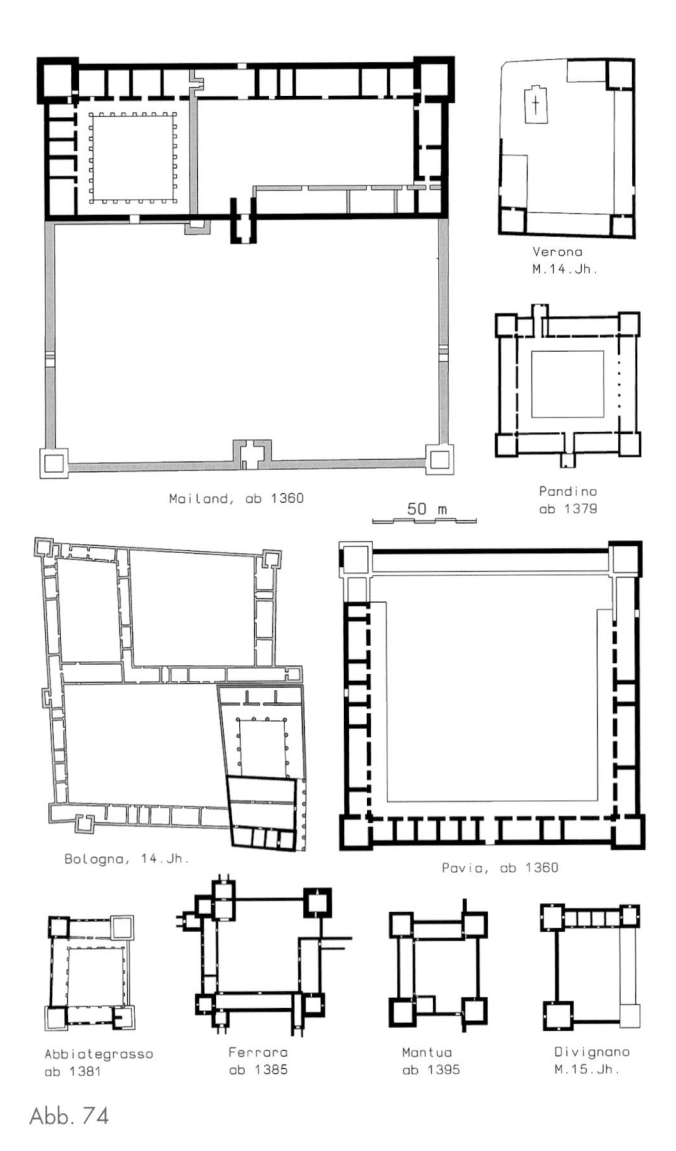

Mailand, ab 1360
Verona M.14.Jh.
Pandino ab 1379
Bologna, 14.Jh.
Pavia, ab 1360
Abbiategrasso ab 1381
Ferrara ab 1385
Mantua ab 1395
Divignano M.15.Jh.

Abb. 74

geführt wurde. Es war wohl ein regelhaftes Geviert mit vier monumentalen Ecktürmen und langen geschlossenen Fronten vorgesehen, hinter denen vier randständige Trakte einen beeindruckenden Hof umfassen sollten. Eine bauzeitliche Hofteilung mag als Provisorium gedacht gewesen sein, das erhalten blieb. Im gleichen Jahr wurde für den Bruder in Pavia eine Residenz begonnen, die eine gleichwertige Hofhaltung gewährleisten sollte. Dieses in weiten Teilen unverändert erhaltene Geviert ist etwa 136 x 141 m groß, zeigt monumentale Ecktürme, umlaufende Wehrgänge und einen tiefen Graben, innen jedoch einst vier zweigeschossige Repräsentationstrakte mit vorgelegtem Arkadengang und geräumigem zentralen Hof. Für den dritten Bruder wurde etwa gleichzeitig an der Stadtmauer von Lodi eine zu Pavia ähnliche Residenz errichtet, von der heute nur hakenförmige Reste mit Hinweisen auf große Ecktürme zu fassen sind.

Neben diesen übergroßen sicher programmatisch kastellförmigen Zentralresidenzen wurde eine Reihe deutlich kleinerer Nebensitze angelegt, so entstanden etwa in Lodigiano und Pandino wie maßstäblich verkleinerte Residenzgevierte, später auch in Abbiategrasso. Auch der treue Hofadel versuchte, ähnliche Privatbauten zu errichten, erreichte aber nicht die Vierzahl an Türmen und Trakten.

Parallel zu diesen Repräsentationsbauten betrieb Mailand einen intensiven Festungsbau in bewährter Kastellform, wenngleich nun vermehrt lokale Adelige als Bauherren gefördert wurden. So entstanden etwa in Faenza und Cento klassische Kastelle, um 1400 wurden in Grazzano, Castelguelfo, Varano und Boffalora starke Adelskastelle errichtet, die innen mit zunehmend umlaufenden Trakten nach dem Vorbild der Visconti ausgestaltet waren. Im frühen 15. Jahrhundert stand Mailand am Höhepunkt seiner territorialen Macht. Oberitalien war inzwischen sonst nur noch von Venedig und dem Papst beherrscht und man konnte eine glanzvolle, königsgleiche Regentschaft führen. In dieser Zeit entstanden mit der Rocca Rossi und Torrechiara für Mailänder Hofbeamte zwei kulissenhafte Kastelle, die eine Ritterromantik beschwören, wie sie für das ausgehende Mittelalter weiträumig zu bemerken ist. Gegen die Mitte des 15. Jahrhunderts führte die Mailänder Schaukelpolitik zwischen Papst und Kaiser jedoch zu starken Gegenallianzen, schweren Niederlagen und großen Gebietsverlusten. Es folgten Versuche, die bedrohte Herrschaft durch modernste Festungswerke mit runden Geschütztürmen an den Kanten zu bewahren. So entstand an der Stadtmauer von Piacenza ein starkes Kastell, dem in Noceto und Legnano noch größere folgten. Dabei setzte man zunehmend auf den lokalen Adel, der seine Bauten mit lokalen runden Ecktürmen aufrüstete. Mit dem Aussterben der Visconti im Mannesstamm im Jahr 1447 endeten diese konzertierten Befestigungen abrupt, wenngleich Mailand durch die Familie Sforza wieder als mächtiges Herzogtum konsolidiert werden sollte.

Zwischen den beiden dominierenden Städten Verona und Mailand etablierte sich im frühen 14. Jahrhundert als Puffer der kleinräumige Stadtstaat Mantua, der von den Gonzaga beherrscht wurde. Zunächst unter Beteiligung der Scala an die Macht gekommen, schafften sie durch eine bemerkenswerte Schaukelpolitik eine sehr lang andauernde relative Unabhängigkeit, die auch durch den Bau von Kastellen gestärkt wurde. So entstand ab 1385 in der Satellitenstadt Novellara ein regelmäßiges Vierturmkastell mit dominantem Hauptturm und drei kleineren Trabanten. Etwa gleichzeitig datiert im Grenzort Cavriana ein ähnlicher Bau, der heute nur zur Hälfte erhalten ist. Das berühmteste Kastell der Gonzaga ist ihre Stadtzitadelle in Mantua, die ab 1395 errichtet wurde und neben dem bereits bestehenden großformatigen aber kaum geschützten Stadtpalast einen sicheren Rückhalt an der Stadtmauer bot. Diese neue

Vierturmburg beeindruckte außen durch ihre hohen Mauern und Türme, konsequent vorkragenden Wehrgänge und den breiten umlaufenden Wassergraben, während die dünnen Mauern im Grundriss kulissenartig wirken und innen breite Trakte und große Fenster einen repräsentativen Schwerpunkt belegen. Am südlichen Rand der Poebene konnte auch die Stadt Modena im mittleren 14. Jahrhundert durch das Geschlecht der Este zur regionalen Territorialmacht aufgebaut werden. Im Zentrum dürften sie früh eine starke Stadtburg errichtet haben, die heute jedoch restlos verschwunden ist. Um 1340 erfolgte in der Grenzstadt San Felice der Bau einer Zitadelle, deren Geviert durch einen großen Hauptturm sowie drei kleine Trabanten flankiert wurde. Anders gestaltete man eine Zitadelle in der Grenzstadt Spilamberto, deren Geviert neben vier Ecktürmen zwei dominante Tortürme erhielt. Nicht ganz geklärt ist die Baugeschichte des großformatigen Grenzkastells Formigine, das wie eine maßstäbliche Vergrößerung von Spilamberto wirkt, später jedoch dorfartig verbaut wurde. Nach einer nur knapp überstandenen Revolte wurde in Ferrara 1385 ein machtvolles Kastell begonnen, das außen durch einen dominanten Hauptturm, drei kleinere Trabanten, angeschlossene Torbauten und einen breiten Wassergraben unbezwingbar wirkte, während innen drei hakenförmige Trakte Platz für eine prunkvolle Hofhaltung boten. In der Folge wurde auch in der Grenzstadt Finale Emilia an der Stadtmauer ein rechteckiges Kastell mit Hauptturm und Trabanten errichtet. Den Schlusspunkt setzte man im 1399 eroberten Vignola, wo eine viertürmige Zitadelle entstand, deren eindeutige Ausrichtung zur Stadt mit hohen Wänden, konsequenten Wehrgängen und tiefem Graben vielsagend ist.

Auch die Stadt Siena folgte den großen Vorbildern in deutlich kleinerem Maßstab und ließ in Talamone einen umstrittenen Seehafen mit Vierturmfort sichern. An der Grenze zu Florenz gründete man die starke Festung Montalcino, die als rein militärisches Bauwerk auf die massiven Mauern und Türme reduziert war. Bislang kaum erforscht ist im Umkreis von Siena eine ganze Gruppe gleichförmig kastellartiger Anlagen, die heute großteils in Bauerngüter umgewandelt sind. Bautechnische Analogien mit der Sieneser Stadtbefestigung der Zeit um 1370/80 lassen vermuten, dass hier ein ringförmiges System von Außenforts angelegt wurde, das jedoch 1399 nicht die Unterwerfung durch Venedig sowie danach durch Florenz verhindern konnte.

Im mittleren 14. Jahrhundert trat unvermutet Kardinal Albornoz in Erscheinung, der ab 1350 als Stellvertreter des in Frankreich residierenden Papstes die Wiedervereinigung des zersplitterten Kirchenbesitzes und die Rückkehr des Pontifex nach Italien (1367) betrieb.

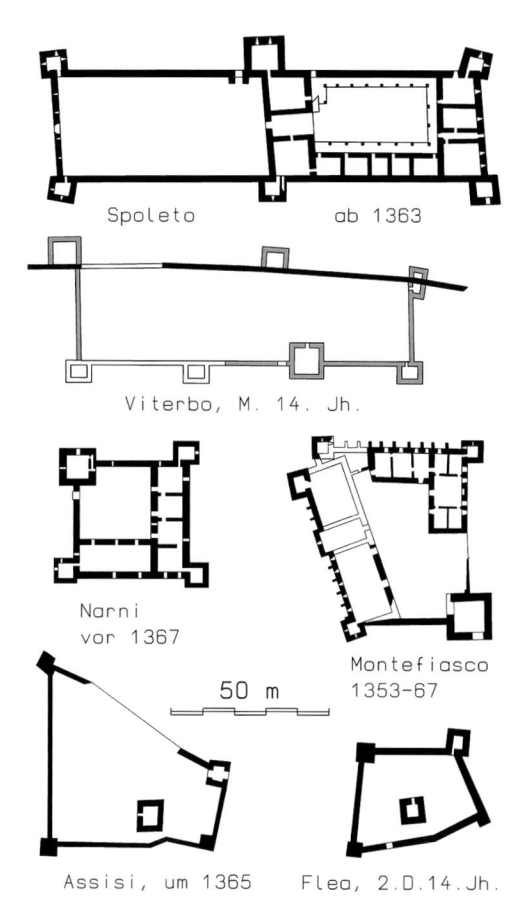

Abb. 75

Nach dem Aufbau einer schlagkräftigen Söldnerarmee und der Schaffung überregionaler Bündnisse mit den Erzbischöfen von Mailand, Pisa, Florenz und Siena starteten systematische Militäraktionen, womit man in kurzer Zeit die Kernlande des Kirchenstaates wieder gewinnen konnte. Nun folgte ein regelrechtes Kastellbauprogramm, das entlang einer Längsachse vom Latium bis zur Romagna reichte und die Herrschaft untermauern aber auch sichere Truppenbasen gewährleisten sollte. Davon sind heute nur wenige Festungen unverändert erhalten, viele stark umgebaut oder abgebrochen. Es zeichnet sich daher nur grob ab, dass die ersten Anlagen, etwa in Ancona und Ritaldi, großformatige Gevierte mit Ecktürmen waren, die als Kasernen der Söldner dienen konnten. Eine Stufe kleiner zeigen sich die Kastelle von Spoleto und Viterbo, deren Längsrechtecke wohl beide zweigeteilt und im Kern als klosterartige Residenzen zu nutzen waren. Wie verkleinerte Abbilder finden sich entlang der Hauptstraßen kleine Vierturmanlagen (Narni), deren hakenförmige Trakte eine sichere Unterbringung von hochrangigen Kirchenmännern auf Reisen ermöglichten.

Als repräsentative Sonderform gilt die Rocca dei Papi in Montefiasco, die ab 1353 nahe dem Lago Bolsena errichtet wurde. Sie diente dem Kardinal als langjähriges Hauptquartier und schloss mit ihren vorgelegten Pfeilerarkaden bewusst an den

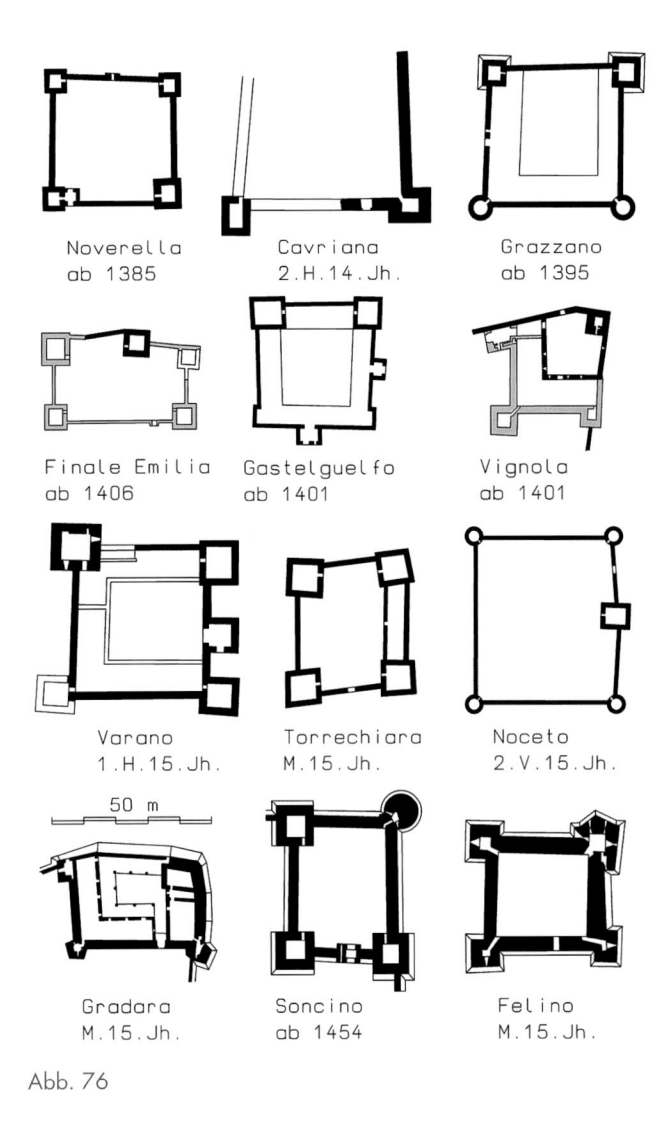

Abb. 76: Grundrisse: Noverella ab 1385, Cavriana 2.H.14.Jh., Grazzano ab 1395, Finale Emilia ab 1406, Gastelguelfo ab 1401, Vignola ab 1401, Varano 1.H.15.Jh., Torrechiara M.15.Jh., Noceto 2.V.15.Jh., Gradara M.15.Jh., Soncino ab 1454, Felino M.15.Jh.

päpstlichen Palast im französischen Avignon an. Von diesen befestigten Kastellresidenzen sind einige rein militärisch genutzte Forts zu unterscheiden, die meist über älteren Städten an neuralgischen Positionen als klassische Zitadellen dienten. Sie besaßen regelhaft einen zentralen Hauptturm, während die starken Mauern der Topographie folgend verzogen-rechteckig angeordnet und von meist massiven Ecktürmen geschützt wurden. Die besten Beispiele hierfür finden sich in Assisi und Flea, die beide in die Spätzeit des Kardinals gehören. Noch während der Rückkunft des Papstes starb Albornoz und abrupt endete auch der kirchliche Kastellbau.

Im 15. Jahrhundert führte die zunehmende Zersplitterung Italiens in kleinräumige Fürstentümer und selbstbewusste Grafschaften zu einem letzten Höhepunkt des kastellförmigen Residenzbaus, der wohl programmatisch an die großen Vorbilder anschloss, gleichzeitig aber durch geschütztaugliche Adaptierungen den zahlreichen zeitgenössischen Bedrohungen Rechnung trug (Abb. 76). So entstanden etwa im mittleren 15. Jahrhundert an der umkämpften Grenze zwischen Mailand und Venedig die Kastelle von Soncino und Felino, deren 3,5 bzw. 5 m starke Mauern mit krönenden Geschützplattformen einen Übergang zu den folgenden reinen Artilleriefestungen bildeten. Etwa gleichzeitig ließ der Herr von Rimini in Gradara und Rimini zwei überaus starke Stadtzitadellen sowie in den Marken zahlreiche kleinere mehrtürmige Forts errichten, die gleichfalls die bisherigen Kastellformen durch Massivität und Geschütztauglichkeit erweiterten.

Dem entgegen findet sich parallel dazu eine Gegenbewegung zu kulissenhaften Kastellresidenzen, etwa in Divignano und Angera, wo Hochadelige diesen Mehrturmtypus (wohl in Nachfolge der großen Stadtresidenzen) als Würdeformel und Statussymbol aufgriffen, die effiziente Verteidigung jedoch auf niedrige umgürtende Bastionen auslagerten. Den Schlusspunkt dieser Entwicklung setzten unzählige Landschlösser, deren regelhafte Gevierte um einen zentralen Hof an den Kanten durch gespitzte Türme flankiert wurden. Die Vermeidung toter Winkel bot zumindest gegen kleinere Überfälle Schutz, während gegen Kanonen längst nur mehr polygonale bzw. sternförmige Riesenfestungen halfen.

DIE IBERISCHE HALBINSEL IM SPÄTMITTELALTER

Im Südwesten Europas hatte im 13. Jahrhundert die Reconquista einerseits zu stetigen Gebietsgewinnen geführt, andererseits mussten sich die inzwischen großräumigen christlichen Reiche durch adäquate innere Strukturen, Grenzbereinigungen und Allianzen konsolidieren. Im Jahr 1282 heiratete der portugiesische König Dinis (1279–1325) Isabel von Aragón und startete politisch gestärkt eine zentralistische Verwaltungsreform, die durch neue Landesburgen sowie Grenzforts gestützt werden sollte.

Dabei zeichnen sich zwei Gruppen ab, mit Rund- oder Ecktürmen. Zu den frühesten grenznahen Anlagen gehörten Castro Marim und Estremoz mit massiven Rundtürmen, denen zahlreiche ähnliche Erweiterungen älterer Befestigungen zur Seite zu stellen sind.

Fast gleichzeitig dürfte das Kastell von Valongo entstanden sein, das durch vier gleichförmige Viereckürme flankiert war. Vielleicht experimentierte der König bewusst mit unterschiedlichen Bauschulen. Letztlich setzte sich die Variante mit massiven Rechtecktürmen durch, die bei zahlreichen Stadtmauern sekundär als starke Zitadelle eingestellt wurde. Die etwa gleichzeitig entstandenen Stadtkastelle von Sabugal, Monsaraz, Beja und Mértola zeigten dabei immer einen dominanten Hauptturm und gemäß älterer Mauerecke polygonale Umrisse. Als Hauptburg diente in der Stadt Lissabon das Castelo de Sao

Jorge, das in einer Ecke der muslimischen Stadtmauer eingestellt wurde. Stadtseitig entstand ein neuer Mauerhaken mit regelmäßiger Turmfolge und 13 m breitem Hauptturm.

Im frühen 13. Jahrhundert war die Inselgruppe der Balearen im Zuge der Reconquista von den Spaniern erobert und 1229 zum eigenständigen Königreich erhoben worden, das in Händen des Königs von Aragón bleiben sollte. Dennoch gelang 1276 im Zuge einer Erbteilung die Unabhängigkeit unter König Jakob II., der auch Cerdanya, Roussillon und Montpellier erhielt (Abb. 77). Sofort führte er eine neue Verwaltung ein und gründete mehrere große Residenzen.

Gleich zu Beginn wurde in der kontinentalen Hauptstadt Perpignan ein demonstratives Zeichen gesetzt, wo bis 1309 auf einem isolierten Hügel ein konsequent quadratischer Neubau von etwa 60 m Seitenlänge entstand (Abb. 78). Außen dominierten über einem tiefen Graben mit hohen Sockelschrägen acht vorstehende Mauertürme, während innen randständig umlaufende Trakte eine zentrale Achse Tor-Kapelle rahmten. Damit schloss man konzeptionell an das wenig ältere staufische Residenzschloss Lagopesole in Süditalien an, wohin man mit der staufischen Ehefrau von König Peter von Aragón, dem Bruder Jakobs, sogar verwandtschaftliche Beziehungen hatte, wenngleich dieses Reich längst von den Anjou erobert war. Da sich prinzipielle Analogien auch zu anderen Stauferkastellen wie Augusta und Gioia del Colle finden, mögen Teile der dortigen Planerschule in Mallorca untergekommen sein.

Auch in Palma, der Hauptstadt der Insel Mallorca, ließ Jakob um 1300 die alte kastellförmige Residenz umbauen. Hier dürfte es ebenfalls eine zentrale Achse Tor-Kapelle gegeben haben, während außen mit engen Turmfolgen der Festungscharakter überwog. Ähnlich dürfte die Residenz in der ehemaligen muslimischen Hauptstadt Sineu adaptiert worden sein, wo Hinweise auf eine Achse Tor-Kapelle zu finden sind. Den Höhepunkt der königlichen Residenzkunst bildet zweifellos das bis heute fast unveränderte Castell de Bellver, das ab 1300 oberhalb von Palma errichtet wurde. Inmitten eines tiefen runden Grabens entstand ein kreisrunder Bau mit 47 m Durchmesser, der durch drei Hufeisentürme sowie einen isoliert vorgesetzten Hauptturm flankiert wird. Innen ist der zentrale Arkadenhof von einem konsequenten Zimmerumlauf eingefasst. Wiederum finden sich Parallelen im staufischen Residenzbau, allem voran im ähnlich konsequenten achteckigen Castel del Monte. Wahrscheinlich knüpfte man an das glanzvolle staufische Kaiserreich bewusst an und versuchte es sogar noch zu übertreffen. Dennoch endete mit dem Tod Jakobs 1311 diese Kastellbauphase abrupt, in der Folge war Aragón aktiv an der Wiedereingliederung in den eigenen Herrschaftsverband tätig, die schließlich 1349 blutig gelang.

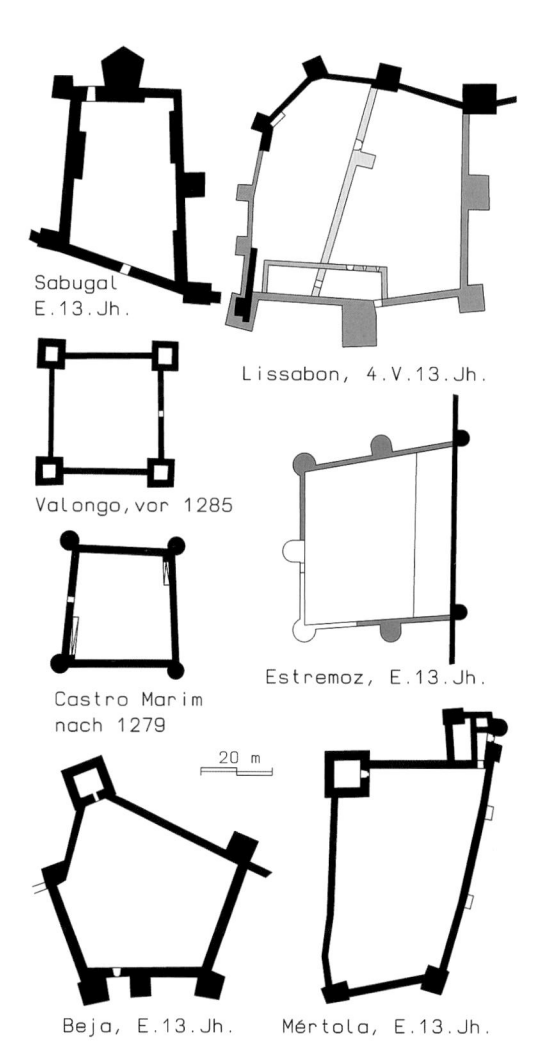

Abb. 77

Im Königreich Kastilien erfolgte erst im frühen 14. Jahrhundert der Aufbau einer zentralen Verwaltung samt konzertierten Grenzkastellen. Im Umkreis von König Alfons XI. (1312–50) entstanden mehrere Kastelle mit je einem dominanten rechteckigen Wohnturm und kleinen Eck- bzw. Mauertürmen, womit man offensichtlich eine ältere Bauschule fast unverändert weiterführte.

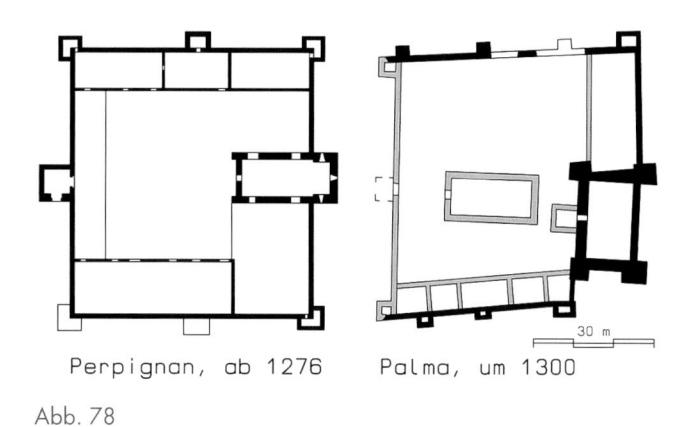

Abb. 78

Abb. 79

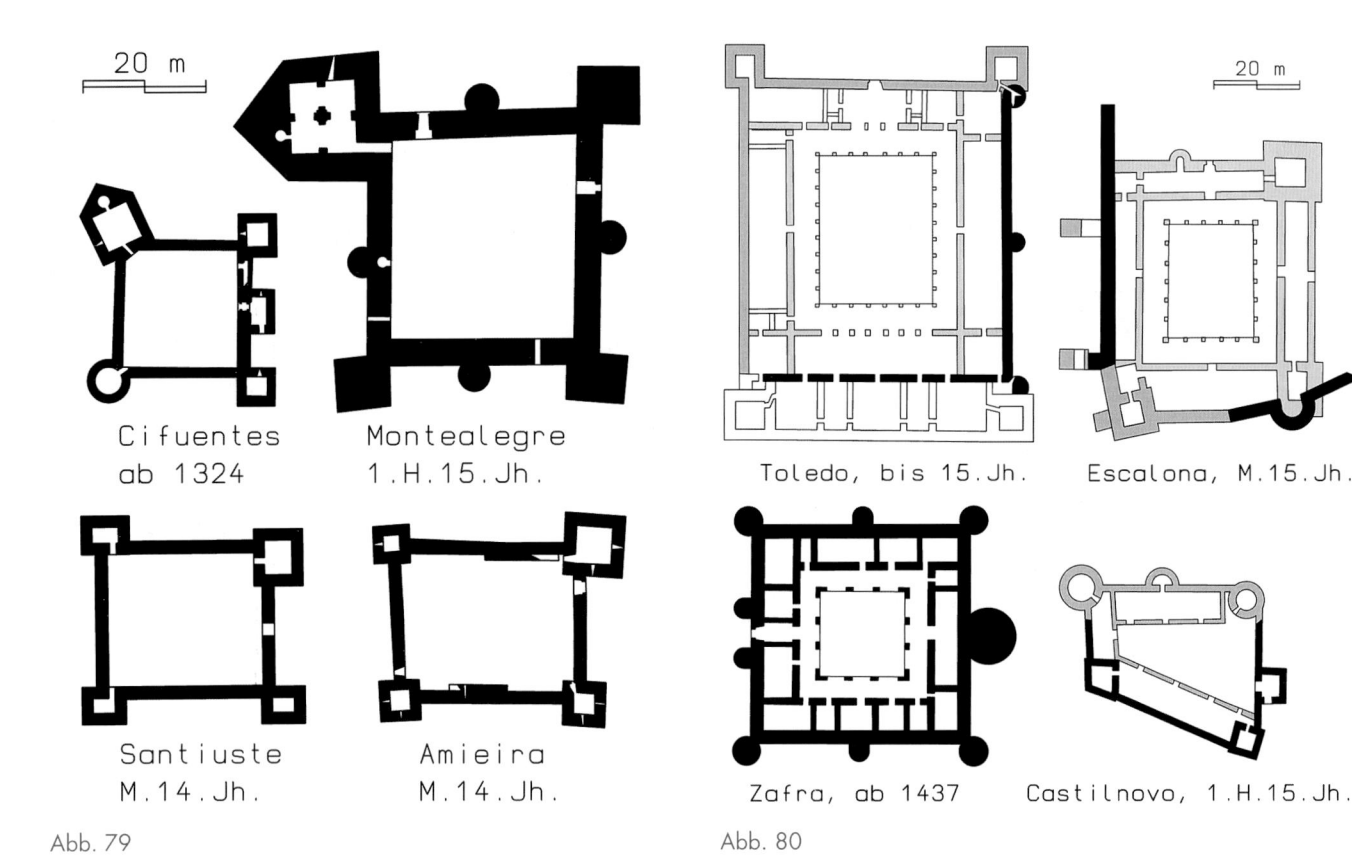

Abb. 80

Beim Kastell in Molina war im späten 13. Jahrhundert erstmals ein großer Fünfeckturm in Erscheinung getreten, der nun in Cifuentes und Motealegre zum Hauptturm avancierte (Abb. 79). An zahlreichen anderen Grenzkastellen dominierten einfache Rechtecktürme, wobei immer einer hervorgehoben war. Dieses System wurde offenbar auch in Portugal übernommen, wo es neben dem bestens erhaltenen Grenzkastell Amieira noch weitere ähnliche gab.

Als nächster großer Kastellbauherr ist König Juan II. von Kastilien (1406–54) fassbar, in dessen Amtszeit das Land durch einen verheerenden Bürgerkrieg zerrissen wurde. Der König ließ daher starke Kastelle errichten und diese außen als wehrhafte Festungen, innen jedoch als geräumige Residenzen gestalten. (Abb. 80) Den Anfang setzte er offenbar in Castilnovo, das außen durch monumentale Ecktürme dominiert war, während innen drei Flügel einen trapezförmigen Hof umgürteten. Ab 1423 ließ der König in Escalona einen prunkvollen Palast anlegen, der nun kompromisslos vierflügelig um einen zentralen Arkadenhof konzipiert war, während an den Kanten monumentale Türme standen. Die sehr ähnlichen turmgerahmten Gevierte von Toledo und Madrid legen nahe, dass zeitgleich auch hier gearbeitet wurde.

Im Jahr 1437 erfolgte in Zafra für einen erfolgreichen königlichen Heerführer der Baubeginn eines bemerkenswerten Kastells, das außen an die bodenständige Tradition der runden Eck- und Mauertürme anschloss, diese jedoch mit einem axial gelegenen dominanten Hauptturm und einem zentralen Arkadenhof mit zeitgenössischen Elementen erweiterte. Dass damit letztlich die byzantinischen, persischen und frühislamischen Kastelle fast exakt nachgestellt wurden, wird wohl Zufall sein, ist aber höchst bemerkenswert.

Eine andere Entwicklung nahmen die zahlreichen Landkastelle, in denen zunehmend der große Wohnturm heraustrat und zum Annex eines möglichst regelmäßigen Hofgevierts mit Ecktürmen wurde.

So entstanden die Kastelle Fuentes del Valdepero und Belalcazar unter engen Parteigängern des Königs, während von seinen Feinden kein einziger ähnlicher Bau errichtet wurde (Abb. 81). Offensichtlich galt dieser Bautyp als politisch der Königspartei zugeordnet und wurde wohl entsprechend programmatisch eingesetzt.

Im ständig verschärften Bürgerkrieg avancierte diese königliche Bauform unter Heinrich IV. (1454–74) durch die „Schule von Valladolid" zur leicht erkennbaren Marke, wenngleich diese Phase auch durch eine starke individuelle Variation gekennzeichnet war. Um 1460 startete der König selbst mit La Mota inmitten eines oppositionellen Stützpunkts an der Kante einer alten Stadtmauer mit einer starken Festung, die stadtseitig einen hohen Turm mit vier Tourellen als Zeichen königlicher Macht aufwies. In der Folge besaßen alle Bauten dieser

Fuentes d.Valdepero
ab 1442

Villalonso
2.H.15.Jh.

20 m

Belalcazar
M.15.Jh.

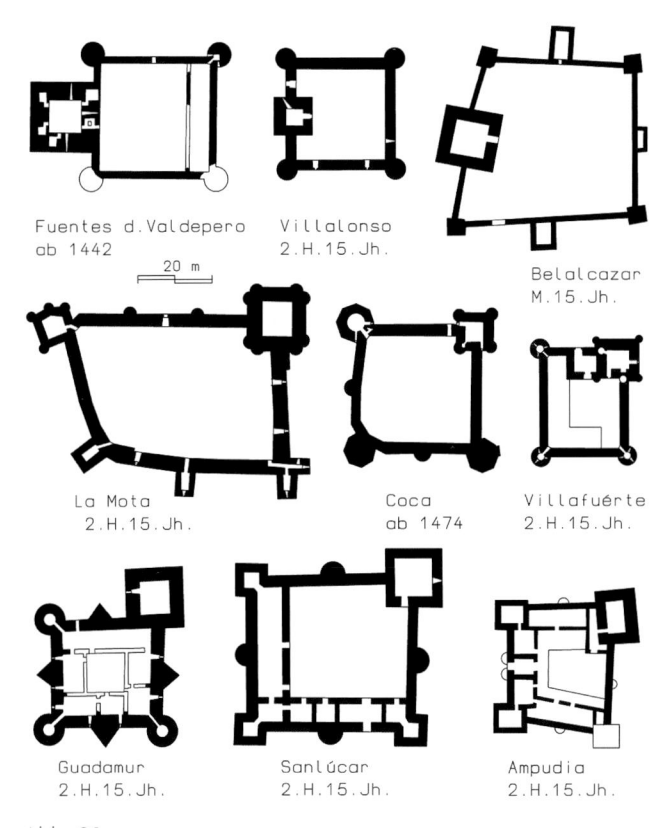

La Mota
2.H.15.Jh.

Coca
ab 1474

Villafuerte
2.H.15.Jh.

Guadamur
2.H.15.Jh.

Sanlúcar
2.H.15.Jh.

Ampudia
2.H.15.Jh.

Abb. 81

Gruppe einen ähnlichen Hauptturm in Ecklage, während die anderen Kanten und Mauern durch höchst unterschiedliche runde, eckige, spitze oder polygonale Türme flankiert wurden. Während bei einem Gutteil der Anlagen der militärische Charakter überwog, gestaltete der Hochadel im Inneren geräumige Trakte, die im Idealfall einen zentralen Arkadenhof einfassten und so an die großen königlichen Residenzen anschlossen. Einen wesentlichen Bestandteil bildete nun auch ein ebenso starker Zwinger, der konsequent um den Kern lief, mit noch mehr Türmen und Tourellen ausgestattet war und gemeinsam mit dem vorgelegten tiefen Graben ein erstes unüberwindliches Hindernis bildete. Gegen Ende des 15. Jahrhunderts hatte sich daraus die eigentliche Verteidigungsebene entwickelt, während der kastellförmige Kern in manieristischer Weise die Ritterromantik symbolisierte, aber dem adeligen Leben vorbehalten war. In umgekehrter Konsequenz folgten um 1500 die königlichen Festungen außen dem konsequenten Kastelltypus, waren innen jedoch reine Kasernen ohne Repräsentationsanspruch.

SKANDINAVIEN IM SPÄTMITTELALTER

Im hohen Norden Europas hatte es bis ins 13. Jahrhundert gedauert, bis mit dem Königreich Schweden ein weiträumiges Feudalreich europäischer Prägung etabliert war. Noch länger dauerte der Wechsel von traditionellen Holz-Erdebefestigungen zu gemauerten Steinburgen, die zunächst meist nur aus einem dominanten Steinturm bestanden. In Etappen erfolgte die weitere Versteinerung, wobei bei den königlichen Burgen Kalmar und Borgholm bereits im späten 13. Jahrhundert kastellförmige Polygonalberinge mit runden Ecktürmen nach englischem Vorbild auftauchten.

Im mittleren Drittel des 14. Jahrhunderts gelang dem schwedischen König Magnús Eriksson die umstrittene Vereinigung seines Reichs mit Norwegen und einem Teil Dänemarks, die bis zu seiner Vertreibung 1365 durch den Aufbau eines zentralistischen Verwaltungssystems gesichert werden sollte (Abb. 82).

Abb. 82 | Kalmar, Schweden

brecht III. von Mecklenburg veranlasst wurden. Relativ sicher dessen Zeit zuzuordnen ist jedenfalls ein starker Ausbau von Stockholm durch einen neuen großen Hof, der durch monumentale Türme sowie randständige mehrgeschossige Repräsentationstrakte gerahmt war und den Eindruck eines großformatigen rechteckigen Kastells an der Stadtmauerecke erweckte.

Auch im konkurrierenden südlichen Nachbarreich Dänemark gab es unter König Waldemar IV. Atterdag (1340–75) energische Versuche, die brüchige Zentralmacht durch ein königliches Bauprogramm zu stärken. Eine wichtige Funktion nahm die Königsburg Vordingborg auf Süd-Seeland ein, die um 1360 als großformatige Mittelpunktsburg mit dominanter kastellförmiger Kernburg neu errichtet wurde. Heute künden von dieser Anlage nur niedrige Reste eines verzogenen 70 x 100 m großen Gevierts, das durch vier Ecktürme sowie einen monumentalen Torseitturm geschützt war. Im Inneren entstanden in der Folge randständige Trakte, deren exakte Zeitstellung unbekannt ist.

Die Herkunft des bis dahin offenbar in Dänemark unbekannten Kastelltyps ist bislang nicht geklärt. Aufgrund der guten Beziehungen zum Deutschen Orden wird vor allem an dessen Vorbildfunktion gedacht, jedoch zeigen die zeitgleichen italienischen Zitadellen bessere Vergleichsmöglichkeiten. (Abb. 84) Neben dieser königlichen Hauptburg dürfte es mehrere kleinere Kastelle gegeben haben, die heute kaum noch nachzuweisen sind, so könnte das nun stark reduzierte Alholm einst vier Ecktürme und einen ähnlichen Torturm gehabt haben. Ziemlich sicher ist Waldemar der kleine kastellförmige Kernbau der großräumigen Königsburg Gurre zuzuordnen, der um einen älteren Wohnturm mit vier zu Vordingborg ähnlichen Ecktürmen angelegt wurde. Nach dem Tod des Königs wurden offenbar keine weiteren Kastelle mehr in Skandinavien errichtet.

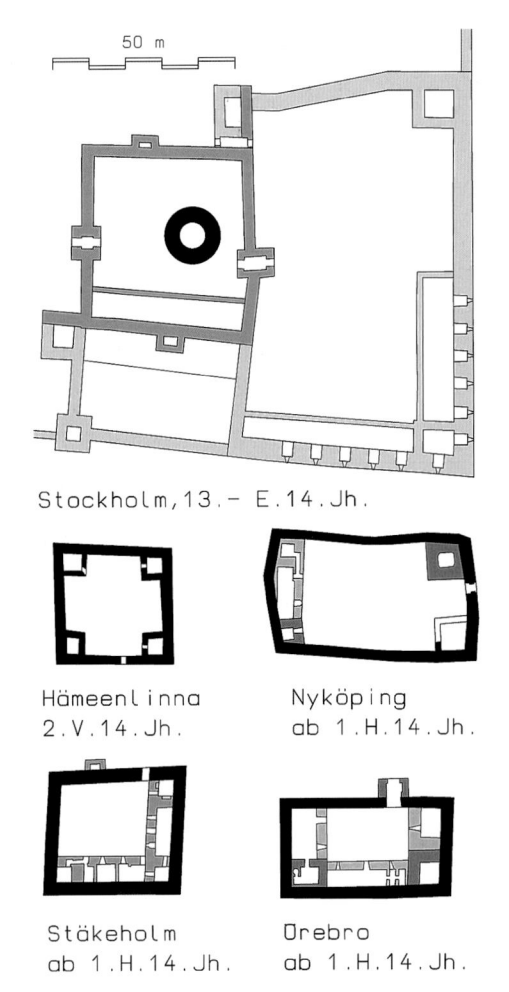

Abb. 83

Dazu gehörte offensichtlich eine Reihe von in Bautechnik und Konzeption eng verwandten Rechteckburgen, die etappenweise zu mehrtürmigen Kastellen erweitert wurden (Abb. 83). Den Beginn setzte man wohl programmatisch in Stockholm, wo an einer Stadtmauerecke ein älterer Rundturm durch ein Geviert mit vier mittig gelegenen Rechtecktürmen umgürtet wurde. Etwa zeitgleich entstand weit im Landesinneren des heutigen Finnlands in Hämeenlinna über einer älteren Holzburg ein Geviert mit vier primären Ecktürmen, das als deutliches Zeichen der neuen königlichen Gebietshoheit zu werten ist. Auch an der schwedischen Küste wurde mit Nyköping eine ältere Holzburg durch ein längliches Geviert ersetzt, das erst im etappenweisen Ausbau viertürmig wurde. Dazu passt die bauliche Entwicklung von Stäkeholm und Örebro, wo jeweils über einer älteren Holzburg zunächst ein massives Geviert errichtet wurde, das sekundär mit Türmen und Hoftrakten erweitert wurde. Gleiches war wohl in ähnlichen Gevierten in Abo (Finnland) und Viborg (Russland) geplant, wo der Ausbau zu Mehrturmburgen nie erfolgte. Mangels exakter Datierungen muss derzeit offen bleiben, ob diese Innenausbauten noch unter dem schwedischen König oder nach seiner Vertreibung durch Herzog Al-

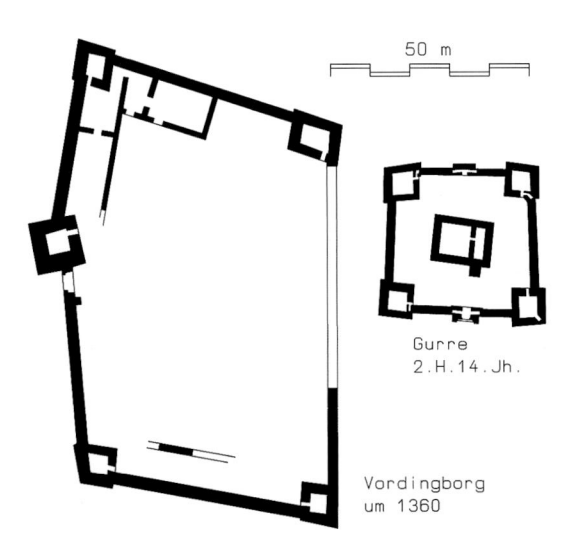

Abb. 84

KASTELLE DER RENAISSANCE

Im Großteil Europas endete die Zeit der Kastelle im frühen 15. Jahrhundert. Dem entgegen wurden auf der iberischen Halbinsel (Salses, Maquedo) und in Oberitalien (Ravenna) die lokalen Traditionen bruchlos fortgeführt und dabei durch gefinkelte Defensiveinrichtungen und enorme Mauerstärken deutlich weiter entwickelt. Besonders interessant ist die Engelsburg in Rom, deren über 90 m breites Geviert um 1500 mit vier polygonalen Eckbastionen verstärkt wurde und der die päpstliche Rocca von Imola zur Seite zu stellen ist. Der gemeinsame Bauherr Papst Alexander VI. forcierte die Wiederherstellung der kirchlichen Territorialmacht, spielte gern auf Alexander den Großen an und nannte seinen Sohn Cesare, womit vielleicht auch seine Bautätigkeit einen programmatischen Charakter erhielt.

Im mittleren 15. Jahrhundert kam es jedoch zu einem neuerlichen überregionalen Aufschwung des Kastelltyps bei Residenzen des Hochadels. Vor allem in Frankreich adaptierte man nun seine repräsentativen Landsitze zu Kastellen mit Rundtürmen an den Kanten. Vereinzelt entstanden ganz neue Gevierte, die durch Zugbrücken, Zinnen, Wehrgänge und breite Wassergräben konsequent die alten lokalen Kastellschulen weiter tradierten. Vorbild war der königliche Louvre, dessen turmreiches Geviert längst zum mehrgeschossigen, vierflügeligen Prunkbau erweitert war. Dabei kam es zur Verschmelzung von neuesten Erfahrungen aus der Festungstechnik mit modernen Ansprüchen an den adeligen Wohnkomfort sowie mit bewusst historistischen Bauelementen im Stil der zeitgenössischen Ritterromantik.

So wurde etwa die völlig neu errichtete Kastellresidenz Le Plessis-Bourré ab 1468 vom königlichen Schatzmeister angelegt, um 1500 gründete der königliche Minister Pierre de Rohan mit Schloss Le Verger ein vieltürmiges zweiteiliges Kastell, das bis auf die zeitgenössischen Details den mittelalterlichen Konzepten folgte (Abb. 85). Um 1520 wurde Nantouillet durch den königlichen Kanzler begonnen, 1538 Ancy-le-Franc durch den Generalleutnant, 1540 Boussou durch den Oberstallmeister, weitere kleine Kastelle wurden vom niederen Hofadel beauftragt.

Früh hatte die Mode große Bereiche Europas erreicht, wie der herzogliche Residenzbau Moritzburg in Halle (ab 1484) in Deutschland, die Residenzburg Gadinti (ab 1466) in Moldawien, das Mailänder Castello Sforzesco (ab 1450), die ungarische Höflingsburg Ardud (um 1480) und der russische Kreml (ab 1485) belegen. Die genannten Kastelle der Renaissance hatten trotz repräsentativer und geräumiger Binnentrakte außen durchaus eine echte Wehrhaftigkeit aufzuweisen, wie

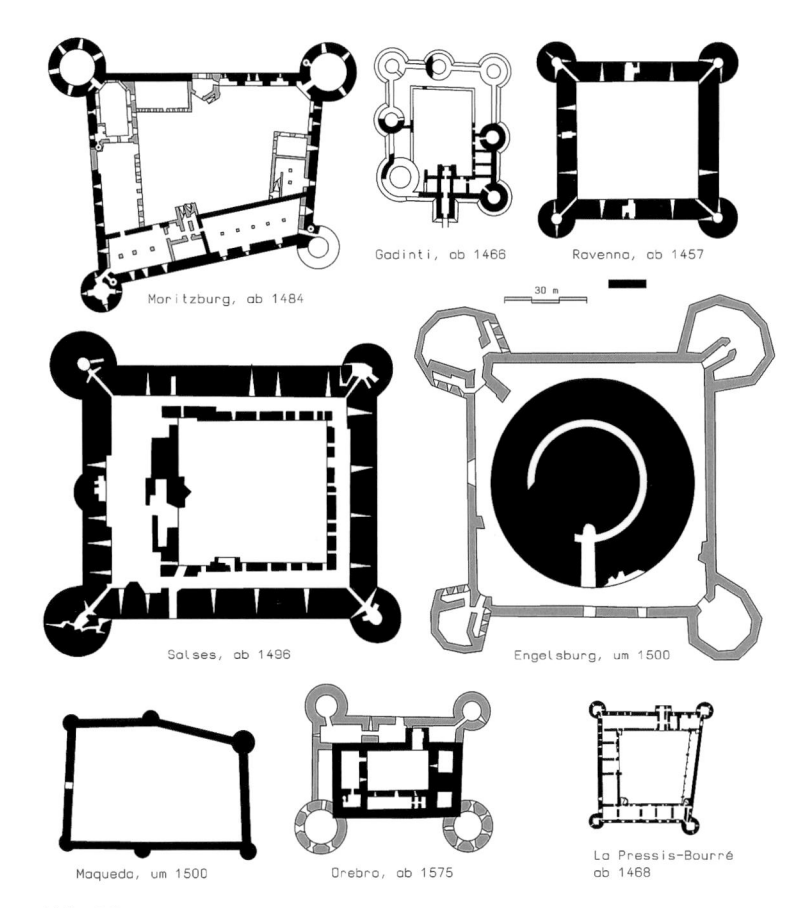

Abb. 85

die zugehörigen tiefen und breiten Gräben, die starken Mauern und die zahlreichen Geschützscharten belegen.

Im frühen 16. Jahrhundert entwickelten sich daraus zahlreiche höchst unterschiedliche Lösungen, die vor allem bei Herrscherhäusern demonstrativ als Sinnbild ihrer Monarchie inszeniert wurden.

Solche Ambitionen finden sich etwa im französischen Königsschloss Chambord (ab 1515), im englischen Landsitz Hampton Court (ab 1528), in der spanischen Königsresidenz Escorial (ab 1563), dem österreichischen Neugebäude (ab 1569) und den schwedischen Königsschlössern Gripsholm und Örebro (ab 1580) (Abb. 86). Zahlreiche alte Residenzen wurden

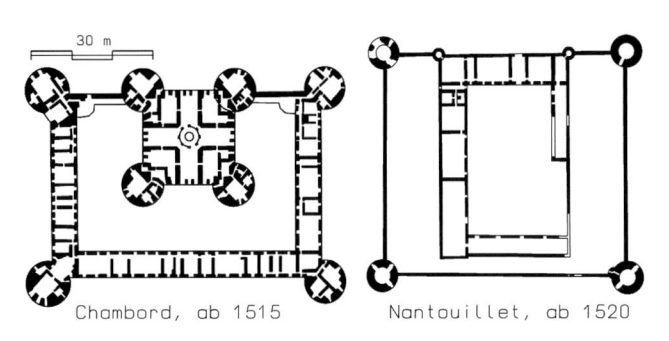

Abb. 86

Abb. 87 | El Escorial, 1563–84

trotz moderner An- und Umbauten weiterhin programmatisch als wehrhaftes mittelalterliches Kastell mit Graben und Zugbrücke inszeniert. Beispiele finden sich etwa am englischen White Tower, beim französischen Louvre, an den spanischen Alcazaren von Toledo und Madrid, in der Königsburg von Stockholm, der Münchner Hofburg und in der Wiener Hofburg. Sie wurden vom Hofadel kopiert, in Österreich etwa durch den kaiserlichen Truppenführer Graf Salm (Schloss Orth), in Spanien durch den Sekretär des Kaisers (Canena) sowie den reichsten Staatsbeamten (D'Alaquás).

Der Typus des vierflügeligen Adelssitzes mit Ecktürmen blieb in Europa also auch nach dem Ende der militärischen Sinnhaftigkeit beliebt (Abb. 87). So war er flächendeckend Leitkonzept adeliger Landschlösser, deren Ecktürme rund, polygonal oder bastionsartig gespitzt sein konnten. Ähnliche Baudetails wie Sockelschrägen und Gewehrscharten sowie subtil strukturierte Hoftrakte indizieren einen überregionalen zeittypischen Baustil. Längst waren die traditionellen exklusiven Bauschulen durch allgemeine Wissenschaften ergänzt bzw. ersetzt, die durch Universitäten sowie zunehmend umfassenden Architekturtraktaten leicht zugänglich waren. In diesen wurden die historischen Modelle studiert und rezipiert, vor allem die antiken Idealplanungen, bei denen die quadratische Kastellform als Idealbild vom Feldlager über die Stadtform bis zum Schloss galt und sogar als Symbol für Gesundheit stand.

Erst mit dem Hochbarock endete diese Phase, als man sein adeliges Selbstbewusstsein lieber mit ostentativer Offenheit und gezielter Verschmelzung der Bauten mit der gestalteten (Park-) Umgebung darstellte (Abb. 88).

Abb. 88 | Castillo D'Alaquás, ab 1582

---

1 Die jeweiligen Literaturzitate zu den in der Folge genannten Bauten sind im einschlägigen Kapitel angeführt, hier werden nur weiterführende Zitate ergänzt.
2 Sakral- und Stadtanlagen bleiben trotz Verwandtschaft ausgenommen.
3 Das vorbildhafte aber in Südfrankreich völlig isolierte Kastell Lagarde wird um 1320/30 datiert und zeigt vor allem zur folgenden englischen Kastellgruppe strukturelle Analogien, eine politische Verbindung ist jedoch unbekannt.

AUSWERTUNG

Diese Inventarisation heute bekannter Kastelle soll als hilfreiche Basis für künftige Verarbeitungen und Detailstudien dienen und keinesfalls Anspruch auf Vollständigkeit oder abschließende Erkenntnisse erheben. Deshalb sind hier nur einige mögliche Themen zur Interpretation angeführt, für die es augenscheinlich erste Anhaltspunkte gibt.

TRADITION ODER POLYGENESE?

D i e Hauptfrage ist sicher, ob es nach der epochenübergreifenden Auflistung und der Erkenntnis des „Ungleichzeitigen Gleichen" Belege für lokale Reihenfolgen oder gar für stringente Evolutionen gibt, oder ob es sich um räumlich und zeitlich voneinander getrennte Bautengruppen ähnlichen Typs handelt. Letzteres lässt sich für einzelne isoliert vorkommende Grundkonzepte der Architekturgeschichte nachvollziehen, etwa für Rechteckhäuser, Turmbauten und Pyramiden, wobei dort neben den sehr einfachen, archaischen Formen pragmatische bau- und nutzungstechnische Hintergründe als ausschlaggebend gelten.[1] So gewährt ein hoher Turm überall Sicherheit und Monumentalität, er war daher in vielen Zeiten und Regionen ähnlich aufgebaut, ohne dass es direkte Verbindungen geben musste.[2]

Eine derartige Vereinfachung greift jedoch bei Kastellen zu kurz. Immerhin handelt es sich um keine elementare Grundbauform, sondern um eine durchaus komplexe Kombination von regelmäßigem Mauergeviert mit mehreren Türmen an den Außenfronten. Umso bemerkenswerter ist die strukturelle Ähnlichkeit der Anlagen über weit entfernte Epochen und Räume hinweg.

Gab es also überall dort unabhängige nutzungstechnische Analogien, die zu einer polygenetischen Erfindung führten? Tatsächlich scheinen die Auftraggeber von der frühesten Anlage bis in die Spätzeit fast ausschließlich aus der Spitze von zentralistisch geführten Gesellschaften zu stammen und die Nutzung dürfte sich auf kasernenartige Militäranlagen sowie auf überregional bedeutende Residenzen konzentriert haben. Sogar in der räumlichen Verteilung innerhalb dieser Herrschaften finden sich deutliche Häufungen an neuralgischen Punkten bzw. an Hauptstädten und gefährdeten Grenzen. Aber kann daraus allein die Grundform abgeleitet und erklärt werden? Ein gutes Argument dafür ist erstaunlicher Weise aus dem Geschützkampf der Neuzeit zu erschließen. Hier stand die lückenlose Bestreichung des Vorfelds mit Fernwaffen im Vordergrund, die in zahlreichen Architekturtraktaten als wesentliches Kriterium effizienter Verteidigung angesehen wurde.[3] Gleiche Strategien der Flankierung durch Türme sind, wenn auch weniger konsequent, bereits seit den frühesten Kastellen im vorderen Orient nachzuweisen, wo sie in zahlreichen heftigen Belagerungen durch verschiedene Fernwaffen perfektioniert worden sind, um dann lange konstant angewandt zu werden. Auch ohne schriftlichen Nachweis dürfte es hier bereits traditionsreiche Architekturschulen gegeben haben, die jeweils am zentralen Herrscherhof angesiedelt waren. Demnach müsste es eine relativ stringente Weiterführung von Wissen, also von Schulen, Meisterklassen bzw. Werkstätten gegeben haben.[4] Tatsächlich liegt nahe, dass im Raum des vorderen Orients durch den direkten Kontakt der einzelnen, teils lange bestehenden Großreiche sowie durch den oft kontinuierlichen Bestand ihrer Bauten bei steter Weiterentwicklung, die Kastellform nicht jedes mal neu erfunden worden sein wird. Sie könnte sich in diesem Raum früh als bestes Konzept für ihre Aufgaben durchgesetzt haben, um dann in der Region bei allen folgenden Reichen weitertradiert zu werden. Das scheint auch durch den Umkehrschluss außerhalb der Region bestätigt zu werden, tauchen Kastelle doch in keinem der frühen Großreiche Afrikas, Europas, Nordasiens und Amerikas auf, wenngleich diese auch entwicklungstechnisch weit hinter dem vorderen Orient zurück standen. Einzig mit den bislang zu wenig bekannten frühen Kastellgruppen östlich anschließend bis Indien und China dürften durch zeitgleiche Handelswege direkte Verbindungen bestanden haben. Somit kann postuliert werden, dass tatsächlich die „staatliche" Bauaufgabe kasernenartig-militärischer Monumentalbauten im vorderen Orient früh zu einer einheitlichen Kastellkonzeption geführt hat, die in der Region dann lückenlos von den ersten Hochkulturen bis in die Spätantike weiter geführt wurde.[5] Das scheint umso wahrscheinlicher, als der vordere Orient auch in anderen Kunstsparten als homogener Raum gilt, der über Generationen und Reiche hinweg aufbauende Entwicklungen tradierte. Die Medien der Weitergabe waren neben der wohl hauptsächlichen mündlichen Überlieferung mit zugehörigen Maß- und Proportionsprinzipien durchaus auch Mustertafeln, Risse, Skizzen und Modelle, wie sie seit den frühen Hochkulturen belegt sind.

Konzeptionell lassen sich seit dieser Zeit epochenübergreifend zwei verwandte Gruppen unterscheiden. Einerseits großräumig ummauerte Gevierte um regelhafte Rasterblockstrukturen, vom geräumigen Truppenkastell über Residenz- und Tempelbezirke bis hin zu zivilen Stadtanlagen. Sie erscheinen in Größe und Funktion zäsurlos und sind damit als ein allgemeines planerisches Prinzip der Architektur anzusehen und nicht auf militärische Bauten beschränkt. Dieses vom Grundriss dominierte Muster beinhaltet rasterförmige Straßen sowie regelhafte Baublöcke und wird daher als langlebige Tradition einer durchgehenden Bauschule anzusehen sein, deren frühe Vernetzung mit Indien und China noch aufzuarbeiten ist. Andererseits finden sich kleinformatige Vierturmkastelle, die als Straßenposten, Grenzforts und Zitadellen für kleine Garnisonen dienten und wie Schachfiguren strategisch eingesetzt werden konnten. (Abb. 1)

Namentlich lässt sich beides von den ersten Hochkulturen der Altbabylonier im 3. Jahrtausend v. Chr. über die mesopotamischen Stadtkulturen bis zu den Assyrern und Hetithern in Anatolien und den Ägyptern in Nordafrika relativ fließend nachvollziehen. Letztere führten früh eine erste Kastellblüte herbei und entwickelten das Konzept in unterschiedlichen Varianten bis zur Eroberung durch die Römer. Bereits im 1. Jahrtausend v. Chr. nahmen die Juden, Sabäer, Babylonier und Urartäer das Kastellsystem auf und verbreiteten es weit bis auf die arabische Halbinsel und nach Zentralasien. In der

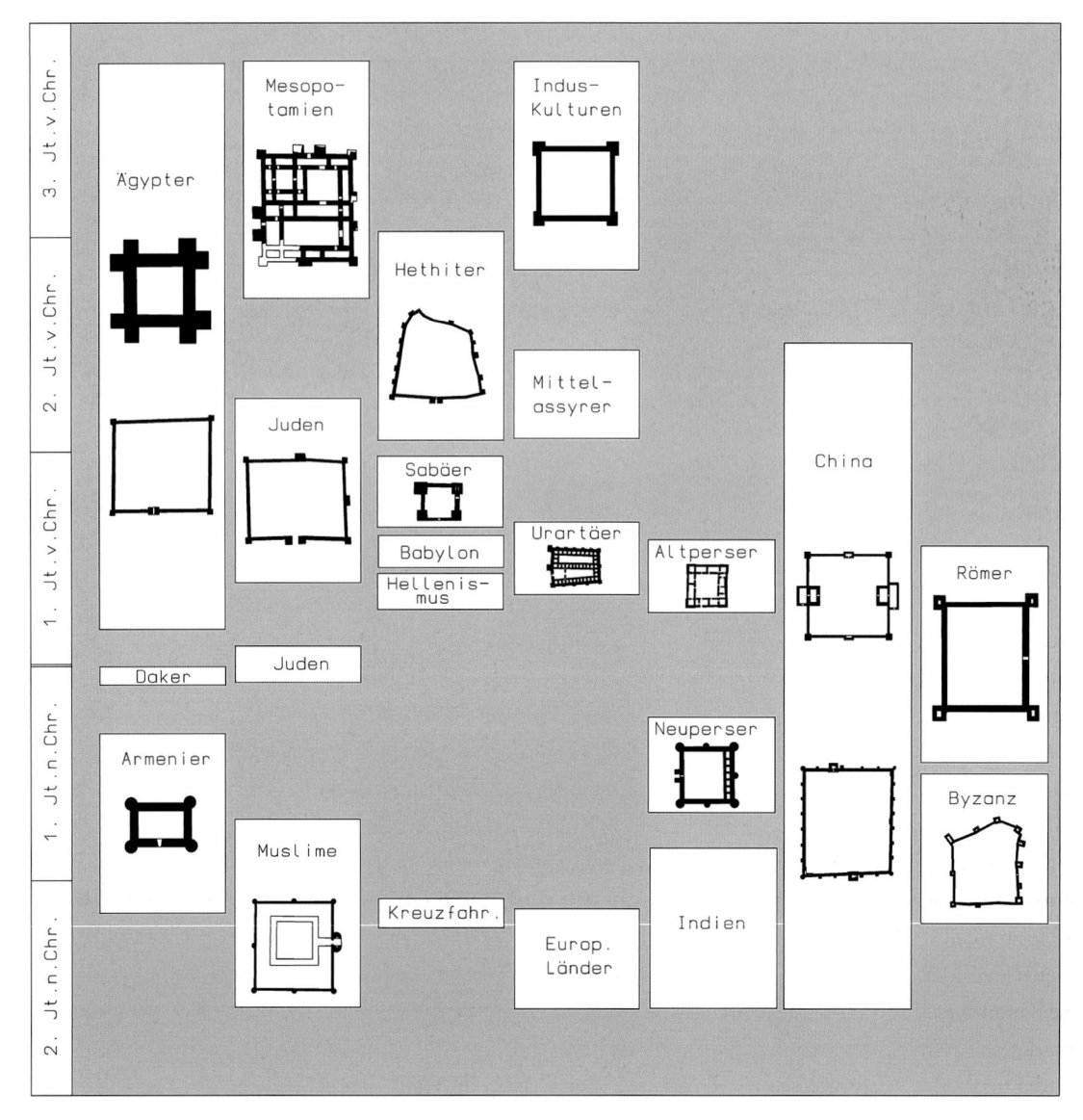

Abb. 1

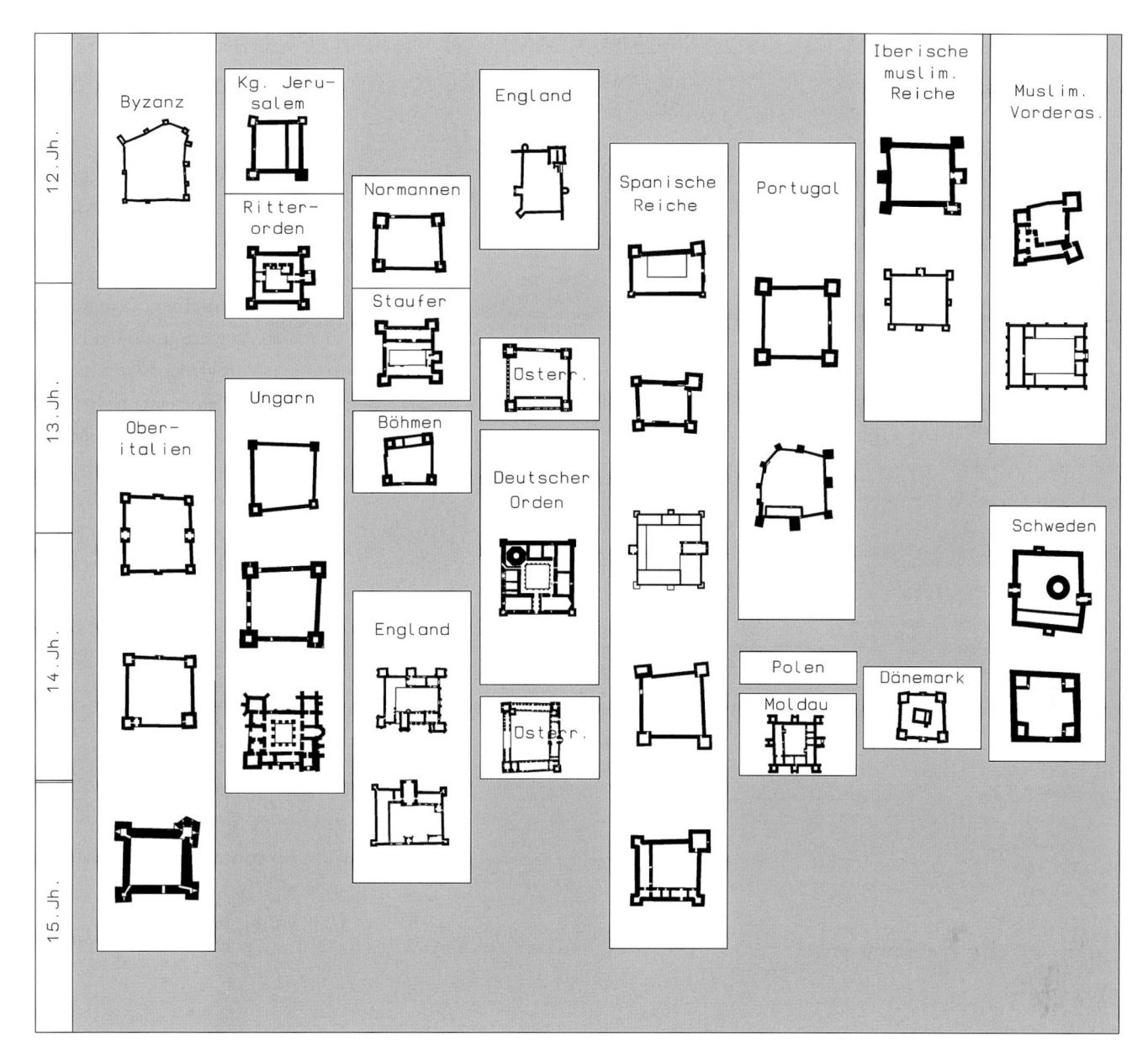

Abb. 2 | Rechteckturmkastelle

Folge wurde der Nahe Osten vom Altpersischen Reich dominiert, das seine Eroberungen ebenfalls mit zahlreichen Kastellen sicherte. Bislang gab es fast ausschließlich Gevierte mit unterschiedlich ausgeprägten rechteckigen Türmen, die regionale und zeitliche Eigenheiten aufwiesen. Zudem handelte es sich ausschließlich um zentralistisch geführte Territorialreiche, während benachbarte föderale Kulturen wie die der Phönizier, Kelten und Griechen kein einziges Kastell errichteten. Lediglich im kurzlebigen monarchistischen Panhellenismus wurden in seinem Großraum bis Arabien und in den Iran gleichförmige Städte mit Zitadellen errichtet.

Nach Europa kam diese Bauform erst mit dem Großwerden des Römischen Imperiums, dessen zentralistische Planungsschulen bezeichnenderweise wieder maßstabs- und bruchlos von Kleinkastellen über Großtruppenlager bis hin zu ganzen Kolonialstädten nach gleichen Regeln rasterhaft konzipierten. Es liegt nahe, hierin eine direkte Weiterführung älterer Traditionen zu sehen, wenngleich sich nach jedem direkten Kontakt mit anderen Großreichen beiderseitige Beeinflussungen zeigen. Dies betraf vor allem die ansatzlose Einführung von vorstehenden rechteckigen Mauertürmen nach der Eroberung Ägyptens, nach Art der dortigen damals noch in Verwendung stehenden Kastelle.

In den Jahrzehnten um die Zeitenwende war das Mittelmeer offensichtlich ein Brennpunkt unterschiedlicher Reiche und Traditionen. Daker, Griechen, Juden und Parther gründeten zum Teil unabhängige Reiche, die durch Kastelle orientalischer Schulen gesichert wurden und für die teilweise direkte Unterstützung durch die Römer belegt ist.

AUSWERTUNG

Mit der Etablierung des Neupersischen bzw. Sas(s)anidischen Imperiums im Jahr 224 änderten sich die Vorzeichen grundlegend. Im harten Kampf mit Rom um die Vorherrschaft im Vorderen Orient tauchten plötzlich auf beiden Seiten Rundtürme an den Kastellen auf, die als meist massive halbovale Basteien keinerlei Vorgängertraditionen erkennen lassen. Beide Reiche perfektionierten die neuen Rundturmkastelle noch im 3. Jahrhundert mit größeren Eckbauten, Doppelturmtoren und kasemattenartigen randständigen Trakten, deren Dächer als durchgehende breite Gefechtsplattformen zu verwenden waren. Beide kannten zudem die maßstäbliche Dehnung vom kleinen Straßen- und Grenzfort über größere Truppengevierte bis hin zu großformatigen Tempel- und Stadtanlagen, beide errichteten sogar zusammenhängende Limes-Systeme mit gleichförmigen Kastellketten. Keine Frage, diese harten Konkurrenten verfügten über ein analoges Wissen zu Wehrtechnik, Architektur- und Stadtplanung. Das Neupersische Reich errichtete zudem spätestens seit dem 5. Jahrhundert standardisierte kastellförmige Herrschaftsresidenzen, die mit ihren zentralen Toranlagen, vier runden Ecktürmen, etwas kleineren drei Mauertürmen sowie innen randständig umlaufenden zweigeschoßigen Zellentrakten entwicklungsgeschichtlich noch nicht nachvollziehbar hergeleitet sind. Dem entgegen sind sie als direkte Vorfahren für die gleichförmigen Residenzen der Araber feststehend, nachdem diese im Jahr 642 ihre langwierige und verlustreiche Eroberung des Perserreichs abschließen konnten. Offensichtlich wurde die sasanidische Bauschule samt Handwerkern ebenso wie ihre bestehenden Gebäude bruchlos übernommen, zudem scheinen die neuen Herrscher programmatisch die persische Kultur weiter geführt zu haben. Wiederum gab es eine maßstabslose Anwendung des regelhaften turmbewehrten Gevierts bei Kleinkastellen, Moscheen, Residenzen, Truppenlagern und großformatigen Stadtanlagen. Einzelne Baudetails sowie der charakteristische Dekor belegen gesichert die ansatzlose Weiterführung der östlichen Traditionen. Parallel dazu ist aber auch ein großer Einfluss römischer Überlieferungen erkennbar, die von der Verwaltungsstruktur bis zum Kunsthandwerk reichten und ebenfalls kastellförmige Konzepte umfassten.[6] Offensichtlich fusionierten die Muslimen gekonnt Staatswesen, Architektur und Kunst der zwei zuvor führenden Regionalmächte für das eigene zunehmend imperial orientierte Reich. Eine deutliche Verbreitung des adaptierten Kastelltypus brachte das System der Ribats, der muslimischen Wehrklöster, die ab dem 9. Jahrhundert über die ganze inzwischen weit verbreitete arabische Welt verstreut wurden, um die Provinzen zu sichern. Währenddessen dürfte die ältere persische Schule mit Rundturmkastellen auch im Kaukasus unter den christlichen Armeniern weiter geführt worden sein, wo offenbar ebenfalls ansatzlos Kleinforts, Großburgen und ganze Städte mit ähnlichen Rundbastionen befestigt wurden.

In Europa brachte hingegen der Niedergang des Römischen Reichs bzw. seines oströmischen Nachfolgers einen regelrechten Einbruch. Wäh-

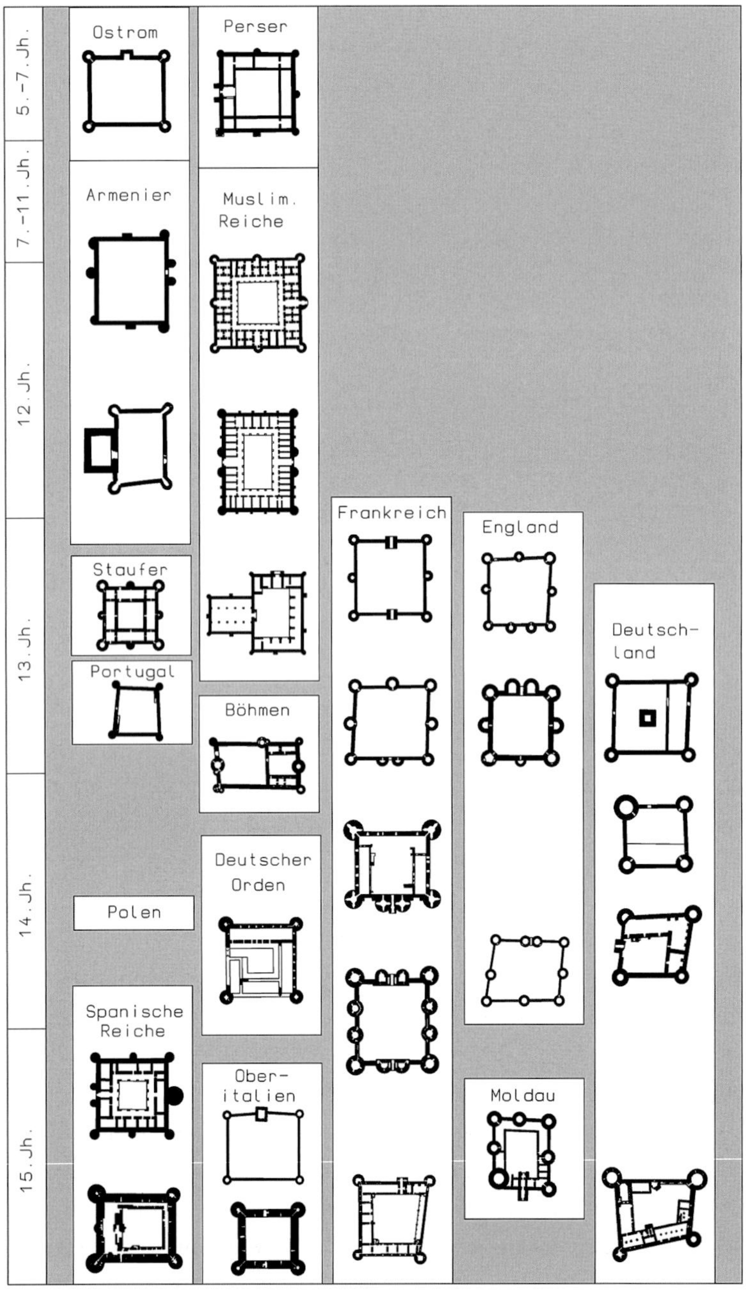

Abb. 3 | Rundturmkastelle

rend in der Zeit der Völkerwanderung kein einziges Kastell entstand, begann man im langsam wieder erstarkenden Byzanz zunächst mit einfachen turmlosen Rechteckanlagen, studierte jedoch bald die alten wieder besetzten Kastelle und ahmte sie mit ausnahmslos rechteckigen Türmen detailgenau nach. Ob dabei die traditionsreichen römischen Bauschulen tatsächlich abgebrochen waren oder die zunächst föderale neue Provinzstruktur an den Grenzen nur lokale Lösungen zuließ, muss offen bleiben. Jedenfalls erscheinen im 11. Jahrhundert die neuen byzantinischen Kastelle sehr heterogen, neben klassischen ausgeprägten Anlagen an den anatolischen Küsten gab es in der Levante und Italien stark vereinfachte Varianten. Mit der Einverleibung von Armenien hielt im 11. Jahrhundert unvermittelt der Rundturm ins byzantinische Kastell Einzug und wurde zunehmend mit rechteckigen und polygonalen Türmen kombiniert.

Nach der Eroberung von Ostanatolien und dem Kaukasus durch die Muslimen etablierten die ausgewanderten Armenier im Süden einen neuen föderalistischen Fürstenverband, in dem die ungebrochene Tradition der Rundtürme bei Burgen und Städten weiter geführt wurde.

Inzwischen war in der benachbarten Levante von europäischen Kreuzfahrern eine Reihe von Fürstentümern gegründet worden, wo mit Beteiligung von Byzanz umgehend kastellförmige Anlagen mit Rechtecktürmen entstanden. Vor allem im führenden Königreich Jerusalem entwickelte sich daraus eine eigene königlich geführte Bauschule, die nach einem einheitlichen Konzept an neuralgischen Stellen byzantinisch geprägte Kastelle errichtete. Wiederum scheint es eine stufenlose Regelhaftigkeit von Kleinforts, großen Truppenlagern und ganzen Rasterstädten gegeben zu haben. Ab dem mittleren 12. Jahrhundert wurde dieses Konzept ansatzlos von den nominell untergeordneten Ritterorden übernommen, denen die Verteidigung des Landes vom König übertragen worden war. Aber auch unter den zuletzt in zerstrittene Fürstentümer geteilten Muslimen brachte eine zunehmende Zentralisierung ein Wiedererstarken von Kastellkonzepten, die vor allem in der Levante eng an die christlichen Bauten angelehnt wurden. Lokal belegen vergleichbare Strukturen mit Rechtecktürmen sowie analoge Baudetails und Steinmetzzeichen sogar direkte zeitgleiche Beziehungen, die sowohl durch kurzfristige Verträge als auch durch Zwangsarbeiter zu erklären sein könnten, aber noch nicht begründet sind. (Abb. 2)

Spätestens im mittleren 12. Jahrhundert lässt sich auch bei führenden Kreuzfahrer-Heimatstaaten England, dem normannischen Süditalien und Spanien die Übernahme von Kastellkonzepten ausschließlich mit Rechtecktürmen belegen. An den dortigen Königshöfen entstanden nun offenbar eigene Bauschulen, die den Typus in zunehmend eigenständigen Varianten mit lokalen Traditionen verbanden.[7] (Abb. 3)

In den Jahrzehnten vor 1200 kam es zu einem plötzlichen verbreiteten Anstieg von Rundturmkastellen, dessen unmittelbarer Auslöser nicht gesichert ist. Vielleicht waren es die Armenier mit ihrer alten Bautradition, die durch die zeitgleiche Zusammenarbeit mit den benachbarten Kreuzfahrerstaaten ihr Wissen weitergaben. Es entstanden mehrere gemeinsame Kastelle, die durch ausgeprägte Rundelemente flankiert wurden. Doch schon kurz zuvor hatten einige französische Hofadelige außerhalb von Paris klassische Kastellgevierte mit Rundtürmen gegründet, die somit zeitlich früher stehen. In der Folge entstanden in Frankreich auch zahlreiche regelhafte Rasterstädte mit Rundtürmen. In der gleichen Zeit schwenkte auch das Königshaus von England bei seinen spektakulären Befestigungen gegen Frankreich auf reine Rundturmkastelle um, die jedoch eindeutig auf Vorbilder im östlichen Mittelmeerraum Bezug nahmen. Da Studien über den byzantinischen Kastellbau des späten 12. Jahrhunderts mit seinen Rundtürmen ausstehen, mag hier der Schlüssel zu finden sein, woher das bis dahin in dieser Hinsicht traditionslose Frankreich so unvermittelt ausgeprägte Kastellkonzepte erhalten hat, eine genuine Erfindung in Westeuropa scheint eher auszuschließen. Jedenfalls avancierte der Rundturmtypus in der Folge zum Leitmotiv königlichen Bauens in Frankreich, England und beim von Frankreich gestützten deutschen König Friedrich II., während auf der iberischen Halbinsel Rechtecktürme dominant blieben.

Nach der Ernennung des deutschen Königs zum Kaiser und dem Abzug in sein süditalienisches Königreich kam es dort zu einem höchst eklektizistischen Bauprogramm, bei dem demonstrativ verschiedene Bauschulen zu unterschiedlichen Kastellvarianten kamen. Neben den bekannten Rund- und Ecktürmen etablierte man dabei auch das Achteck als kaiserliche Form, die an bedeutenden „Staatsbauten" Verwendung fand. In den kommenden Jahrzehnten gründeten sich aus dieser normannisch-staufischen Tradition mit eckigen Türmen in Mitteleuropa lokale Schulen in Österreich, Böhmen und Ungarn, während entlang des gesamten Rheins Rundturmkastelle in einzelnen homogenen Gruppen von der Grafschaft Savoyen im Süden über die zentralen Kirchenfürstentümer bis zur Grafschaft Holland im Norden entstanden. Von diesen Zentren in West- und Mitteleuropa, die bis ins späte 14. Jahrhundert sehr aktiv waren, strahlten Ableger nach Moldau, Polen, Schweden, Dänemark und ins Deutschordensland sowie in die Königreiche Mallorca und Neapel aus. In Italien etablierten mehrere Stadtstaaten aus normannisch-staufischen Traditionen eigene Bauschulen mit rechteckigen Türmen, die im mittleren 14. Jahrhundert auch vom erstarkenden Kirchenstaat aufgegriffen wurden.

Im Spätmittelalter kam es hingegen zu einem deutlichen Einbruch, als nur noch in Frankreich, Spanien und Italien neue Kastelle entstanden, die sporadisch von anderen europäischen Fürsten nachgeahmt wurden. In diesen drei Gebieten erfolgte im 16. Jahrhundert auch der Schlusspunkt, als Kastelle militärisch längst durch polygonale Festungen ersetzt waren und der Bautypus als Hoheitsform für Residenzen genutzt wurde, ehe die barocke Öffnung das endgültiges Aus herbei führte. Insgesamt lässt sich somit eine bemerkenswerte und ungeahnt stringente lineare Tradition von den frühesten Hochkulturen bis in die Neuzeit vermuten. Während dies mangels schriftlicher Quellen und ausreichend erhaltener Baureste jedoch für die Frühzeit nur aus starken Indizien erschlossen werden kann, ist die Weitergabe entsprechender Traditionen ab dem Hochmittelalter in Europa und dem Vorderen Orient durchaus gut nachzuvollziehen. Hier gab es organisierte Bauschulen, die vor allem an den jeweiligen Herrscherhöfen angesiedelt waren und sich von dort aus international vernetzten. Damit ist die eingangs gestellte Frage jedenfalls für diese Zeit eindeutig zu beantworten, es handelte sich um miteinander eng verwandte Kastellgruppen, denen höchstens lokale Nachahmer beiseite gestellt werden können, während unabhängige Polygenesen auszuschließen sind.

Es bleibt jedoch offen, ob schon davor tatsächlich alle Bauten von wenigen vernetzten Schulen konzipiert worden sind, die von zentralen Stellen aus ihre Einflussbereiche beliefert haben, oder ob es etwa einzelne Signal- bzw. Primärobjekte gab, die von unterschiedlichen Planern und Werkstätten ohne weiteres Detailwissen nachgeahmt wurden. Das mag vor allem bei Epochensprüngen der Fall gewesen sein, etwa wenn Byzanz die deutlich älteren antiken Kastelle kopierte. Jedoch ist auch hier umgehend eine ausgefeilte und routiniert wirkende Planung zu konstatieren, sodass kein einziger sicherer Bruch zu konstatieren ist.

GLEICHER BAUTYP, GLEICHER BAUHERR?

Bereits für die frühen Anlagen der ersten Hochkulturen sowie der folgenden Ägypter, Römer und Perser und der ebenfalls hoch entwickelten Indusgesellschaften und Chinesen gilt, dass sie alle totalitäre zentralistische Systeme hatten, die in imperialistischer Form fremde Völker kontrollierten. Die zugehörigen straffen Militärorganisationen bedingten oder begünstigten schematisierte Befestigungen, die vor allem an gefährdeten Außen- und Grenzposten kastellförmig ausgebildet waren. Praktisch alle diese Reiche kannten zudem parallele regelhafte und rasterförmige Städte, Paläste und Tempel, sodass wohl auf Basis einer jeweils zentralen Bauschule von einem konzertierten staatlichen System ausgegangen werden kann, das baukastenmäßig und maßstabslos vom kleinen Außenfort über geräumige Truppenkastelle bis zu ausgreifenden Stadtanlagen angewandt wurde. In dieser Systematik spielten die militärischen Anlagen wohl nur eine integrierte Teilrolle.

Auch im Frühmittelalter kann diese umfassende Planungstradition beobachtet werden, als die byzantinischen Kaiser sie von den Römern bzw. die muslimischen Kalifen sie von den Persern bis ins Detail übernahmen. Wahrscheinlich überlebte das Wissen um Architekturtheorie und Städtebau die einschneidenden politischen Veränderungen zumindest an diesen beiden Herrscherhöfen, sowie wohl an ihrer Schnittstelle, dem armenischen Königreich. Diese isolierte Fortführung bei den zunehmend imperialistischen Reichen ist sicher kein Zufall, zumal die Bauaufgaben seit den ersten Hochkulturen die gleichen geblieben waren.

Im Hochmittelalter war es offenbar das neu etablierte Königreich Jerusalem, das mit direkter planerischer und handwerklicher Unterstützung von Byzanz die Kastellform an Zentralorten und gefährdeten Grenzen übernahm. Von hier aus kopierten die drei normannischen Reiche im angrenzenden Norden, in Süditalien und in England das System, wobei sie wohl ebenfalls direkt auf geschulte Fachleute zurückgreifen konnten. Vor allem das normannische Königreich in Süditalien etablierte sich dabei als Träger der Kastellkultur, die durch Erbschaft bruchlos an die deutschen Stauferkönige weiter gegeben werden konnte. Als Verbreiter des Wissens traten ab dem mittleren 12. Jahrhundert auch die großen königstreuen Ritterorden auf, deren Verbindungen nach ganz Europa reichten. Waren bislang fast ausschließlich rechteckige Türme errichtet worden, entwickelte sich wohl ausgehend vom Vorderen Orient eine eigene Tradition mit Rundtürmen, die von den Königen von Frankreich, England und Spanien getragen wurde. Parallel dazu variierten die Könige in Spanien, Portugal und Mallorca den Typus. Lediglich in Deutschland waren die Bauherren nun nicht die Könige selbst, sondern staatstragend auftretende Kirchenfürsten am Rhein, die selbstbewussten weltlichen Fürsten von Holland, Savoyen und Österreich sowie einzelne benachbarte Grafen. Im Nordosten griff der staatsbildende Deutsche Orden den Typus auf.

In der 2. Hälfte des 13. Jahrhunderts folgten die Könige von Neapel, Böhmen, Ungarn, Schottland und Schweden, wobei teilweise eine direkte Weitergabe des Wissens nachvollziehbar ist. Im 14. Jahrhundert zogen schließlich die Könige von Polen und Dänemark, die Fürsten von Österreich und Moldau sowie

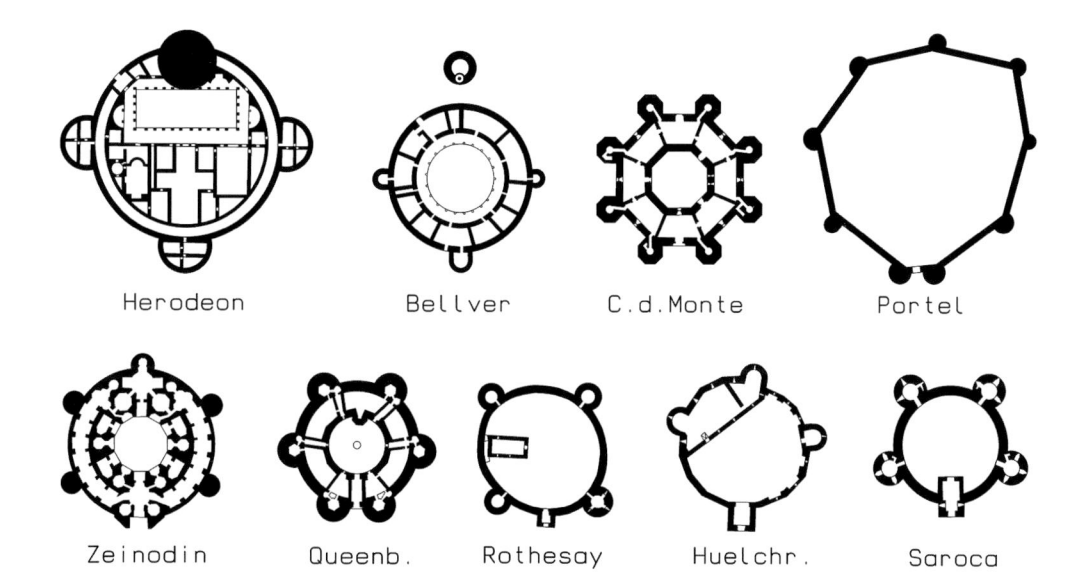

Abb. 4 Herodeon   Bellver   C.d.Monte   Portel   Zeinodin   Queenb.   Rothesay   Huelchr.   Soroca

in Italien der Kirchenstaat und die großen Stadtregenten nach. Alle diese territorial operierenden Reiche waren zentralistisch organisiert und kannten Kastelle fast ausschließlich im Umkreis der Krone. Dazu kamen nur wenige unabhängige Hochadelige, die offensichtlich den königlichen Bautypus selbstbewusst kopierten. Die damit verbundenen imperialen Ambitionen sind etwa an den Habsburgern in Österreich gut festzumachen, die ihren Anspruch auf die Kaiserkrone nie aufgegeben hatten und diesen provokant auch baulich manifestierten. Selbst im Spätmittelalter war der Kastelltypus in Europa meist fest in königlicher Hand und wurde ansonsten fast nur vom zugehörigen Hofadel unter Beteiligung der zentralen Bauschulen ausgeführt. Besonders gut ist das in Spanien zu belegen, wo eine große Gruppe ähnlicher Kastelle geradezu als Erkennungsmerkmal der königlichen Partei gedient hat. In einigen anderen Regionen etablierte sich der Typus hingegen als allgemeine Modeform, etwa in Italien und Frankreich, wenngleich auch hier Fürsten und Könige an der Spitze standen. Der monumentale Kastellbau sollte schließlich bei königlichen und fürstlichen Residenzen bis weit ins 16. Jahrhundert Verwendung finden, während die gefährdeten Grenzanlagen längst zu modernen turmlosen Geschützfestungen umgestaltet waren.

Insgesamt wird mehr als deutlich, dass der Kastellbau von den frühen Hochkulturen bis ins Spätmittelalter immer eng mit den führenden Königshäusern verbunden war und somit als eine explizit monarchische Bauform zu identifizieren ist. Lokale Ausnahmen bestätigen als programmatische Nachahmer diese Regel. In der Umkehrprüfung gab es tatsächlich sowohl bei ausschließlich regional agierenden Fürsten als auch bei örtlichen Adeligen keine Kastelltradition, sie folgten eigenen standesgemäßen Grundsätzen.

IDEOLOGIE ODER PRAGMATIK?

Bislang ließen die Erkenntnisse recht eindeutige Aussagen zu vernetzten Bauherren, Zeiten, Regionen, Baudetails und somit zu Verwandtschaften und Traditionen zu. Bei der möglichen Intention der Auftraggeber ist man hingegen auf wenige zufällig dokumentierte Aussagen angewiesen, die in den letzten Jahren zudem in einer kontroversiell geführten Diskussion gegipfelt haben.[8] Allgemein gilt seit längerem als unumstritten, dass im historischen (wie heutigen) Denken Monumentalbauten neben handfesten Gebrauchsfunktionen auch wesentliche ideelle Aufgaben hatten.[9] Diese konnten im kirchlichen wie im profanen Großbau sogar überwiegen, hätte doch eine geräumige Scheune auch zum Beten und eine hohe Mauer auch zum Verteidigen gereicht. Dem entgegen wurden jedoch von bedeutenden Bauherren programmatisch theatrale Kulissenarchitekturen inszeniert, die ihre Macht manifestieren und ihre bildliche Anwesenheit repräsentieren sollten. Dieses nonverbale öffentliche Zeigen von Rang und Status geschah vor allem durch das Besetzen neuralgischer Punkte (von Grenzen und Zentralorten), durch Monumentalität und Modernität sowie durch Qualität und Ausstattungsreichtum.

Weniger bekannt ist, dass auch mit spezifischen Mauerwerksarten[10] und Farben[11] Botschaften vermittelt wurden. Bezeichnenderweise können selbst dabei direkte Verbindungen zu Kastellen belegt werden, allem voran bei der martialischen Buckelquaderverkleidung.[12] Umso mehr wäre eine inhaltliche Aufladung bei unterschiedlichen repräsentativen Bautypologien anzunehmen, sie ist aber bislang in der Forschung kaum thematisiert. So gelten etwa achteckige Bauformen in Nachfolge der Pfalzkapelle von Aachen als imperial konnotiert[13] und unter den Staufern sogar während der gesamten Regentschaft als programmatisch kaiserlich.[14] Auch große Saalbauten werden zunehmend in Relation zu vorbildhaften kaiserlichen und königlichen Pfalzen gestellt.[15]

Beim Kastellbau lässt sich nun ebenfalls eine starke Anbindung an die höchste herrschaftliche Elite belegen, aber ist damit auch ein monarchischer Anspruch zu verknüpfen? Das scheinen durchaus zahlreiche als „Staatsbauwerke" errichtete Kastelle zu intendieren. So waren viele Grenzfestungen vor allem unmissverständliche Markierungen des Territoriums, zentrale Residenzkastelle wirkten wie inszenierte Status-Manifeste und einige Herrscher ließen sogar an weithin sichtbaren Punkten regelrechte Denkmale ihres Machtmonopols errichten. Diese waren fast ausschließlich konzentrisch angelegt, beherrschten wie Kronen die Umgebung und wirkten als idealisierte Verkörperungen einer perfekt organisierten zentralistischen Regierung bzw. eines gut geordneten, streng hierarchischen Weltbildes.[16] Hiermit konnten sie von China bis zum Londoner Tower als Symbol für die überragende Macht des Regenten interpretiert werden. (Abb. 4)

So besetzte etwa bei den Juden das von König Herodes errichtete Herodeon programmatisch den Ort der Niederschlagung eines Aufstandes, auch die Perserkönige erbauten Tag-e Kisra als Siegeszeichen und im Zentrum der kreisrunden muslimischen Kalifenstadt Bagdad stand ein Vierturmkastell, ein weiteres wurde am Ort einer siegreichen Schlacht gegen die Christen errichtet. Im Mittelalter gestalteten der staufische König Friedrich II. sein Castel del Monte als Krone Apuliens und König Jakob II. von Mallorca sein Castel de Bellver als Krönung der Insel oberhalb der Hauptstadt Palma, der englische König Edward III. markierte die Themseeinfahrt nach London mit Queenborough. In Schottland wurde eine Norwegen entrissene Region mit Rothesay Castle besetzt, in Portugal nahe der Grenze zu Spanien ein weithin sichtbarer Hügel mit dem Achteck Portel bekrönt. Andere vergleichbare Bauten wie das seldschukische Zeinodin, die niederrheinische Kastellgruppe um Hülchrath und das Grenzfort Soroca des Fürstentums Moldau gegen die Osmanen könnten diesem Typus eher zufällig gefolgt sein.

Rechteckkastelle gab es auch bei Königsresidenzen, wo die monumentalen und idealisierten Vielturmbauten leicht mit der Pragmatik des mehrflügeligen Platzangebots verknüpft werden konnten. Als „Staatsdenkmale" sind etwa das staufische Augusta und der Pariser Louvre mit ihren monumentalen Königstürmen aufzufassen.

Bei Grenzbauten lässt sich ebenfalls eine Überschneidung von einschüchternden Kulissen und handfester Verteidigbarkeit durch vorstehende Türme und massive Mauern beobachten. Diese Randmarke war im Hochmittelalter besonders bedeutsam und kann von England bis Österreich und von Schweden bis Portugal gut belegt werden.[17] Letztlich dürfte der multifunktionale Bautyp dank seiner durchaus ernstzunehmenden Wehrtauglichkeit als ideologisch aufgeladener Bedeutungsträger Verwendung gefunden haben, als eindrucksvolle Memoria und Synonym für starke, unbezwingbare Bauherren. Zudem konnte man mit ihm Bezug auf ältere Imperien sowie königliche Traditionen nehmen, etwa im Mittelalter auf biblische Könige[18] und antike Cäsaren.[19] (Abb. 5)

Damit ist eine höchst symbolhaft aufgeladene Architektur nachzuvollziehen, die als explizit monarchistisches „corporate design" dienen konnte. Mehrtürmige Kastelle manifestierten die königliche Macht durch ihre langlebige, monumentale und theatrale Inszenierung an neuralgischen Punkten und verkörperten dabei anschaulich Tatkraft und Potenz der Bauherren. Weitere Anhaltspunkte für ideologische Aufladungen bieten die geometrisch durchgeplanten Strukturen mit bestimmten Proportionen, Symmetrien, Allsichtigkeiten und Maßzahlen, deren Auswertung weiteren Studien vorbehalten bleiben muss. Eine mögliche Sakralisierung, etwa durch selten dokumentierte Absteckrituale, astronomische Ausrichtungen, „heilige" Zahlen und Formen, die Anlehnung an biblische und hagiografische Orte und nicht zuletzt eine kolportierte Gleichsetzung des Quadrats mit dem irdischen Kosmos, bedürfen ebenfalls eigener Forschungen.[20]

GRENZMARKIERUNGEN

> *„Wenn die Barbaren kommen, werden wir Festungsanlagen haben die es zu verteidigen gilt, und die Soldaten, die dort stationiert sind, werden sie verteidigen können. Da man Festungsanlagen nicht angreifen kann, werden den Barbaren ihre Überfälle nichts nützen."*
>
> Auszug aus einer politischen Rede eines chinesischen Beamten im Jahr 484 n. Chr. zum Bau von Grenzfestungen.[21]

Eine besondere Häufung von Kastellen findet sich an militärisch neuralgischen Punkten, allem voran an Grenzen. Zahlreiche Gruppen bildeten dort sogar regelrechte Ketten, die entlang von eigenen Straßen den Raum kontrollieren und durch raschen Truppentransport sichern sollten. Exemplarisch sind Ägypten, Assyrer, Chinesen, Römer, Perser und Byzanz zu nennen, aber auch im Mittelalter das Heilige Land, Süditalien, Iberien, England, Österreich und Oberitalien. Bei all diesen Bauten war der wehrhafte Charakter dominant, während gleichwertige Wohneinbauten oft fehlten. Zudem lässt sich über Epochen und Reiche hinweg eine stufenlose Eingliederung in ein komplexes System mit großen Basislagern, kleineren Truppenkastellen, Zwischenforts, Wachtürmen sowie lokalen Mauer- und Grabensystemen nachvollziehen. Bei diesen konzertierten und sehr aufwändigen Anlagen handelte es sich eindeutig um militärische Bauwerke, die sich in der Folge oft auch als solche zu bewähren hatten.[22]

Es verwundert daher, dass die jüngere Forschung im deutschen Sprachraum den Begriff Grenze gerne relativiert und von durchlässigen Pufferzonen und reinen politischen oder wirtschaftlichen Markierungen in nicht exakt definierten Räumen spricht, obwohl auch hier sowohl bauliche Reste und archäologische Artefakte als auch langfristig stabile Trennlinien auf effektive politische und kulturelle Sperren weisen.[23] Das mag eine Reaktion auf den rezenten „Eisernen Vorhang" in Deutschland sein und auch für den Großteil der weiträumigen aber klein strukturierten Kulturen in Vor- und Frühgeschichte gelten, entspricht jedoch bei den zentral regierten Hochkulturen nicht der historischen Tatsache. Zwar gab es von Ägypten über China und Persien bis zum Römischen Imperium vor den Linien durchaus breite Pufferbereiche, hinter denen die Verteidigung an topographisch begünstigten Orten wie Felsgraten und Flussläufen lief, jedoch waren dort dann sehr exakte Verläufe definiert, die nicht unkontrolliert zu übertreten waren. Die moderne Verhaltensforschung sieht in der konkreten Territorialität bzw. sichtbaren Grenzsetzung sogar ein Grundprinzip menschlichen Verhaltens.[24] Für akkurate Grenzen gibt es auch im mittelalterlichen Europa zahlreiche Belege von Sachsen-Dänemark[25] über Mähren-Österreich[26] bis Portugal-Kastilien, wenngleich die schriftliche Überlieferung die Ausnahme darstellt.[27] Besonders eindrucksvoll ist ein iberisches Dokument, wonach im 13. Jahrhundert die Könige von Portugal und Kastilien die Mitte eines Flusses als Grenze definierten und auf einer Brücke als Marke einen großen Nagel einschlugen.[28] Auch die deutsche Reichsgrenze nach Ungarn war bereits im 11. Jahrhundert durch bestimmte Grenzzeichen gekennzeichnet.[29] Ab der frühen Neuzeit sind Grenzen mit unverletzlicher Sakralisierung verbunden nachgewiesen, die entsprechend sichtbar und geschützt angelegt waren.[30] Handfeste Grenzsicherungen waren jedoch nicht nur bei Landesherrschaften an den Übertritten durch Grenzburgen, Wachtürme und Schlagbäume üblich,[31] sondern konnten gerade im deutschen Raum auch bei bedeutenden Städten vorkommen, die

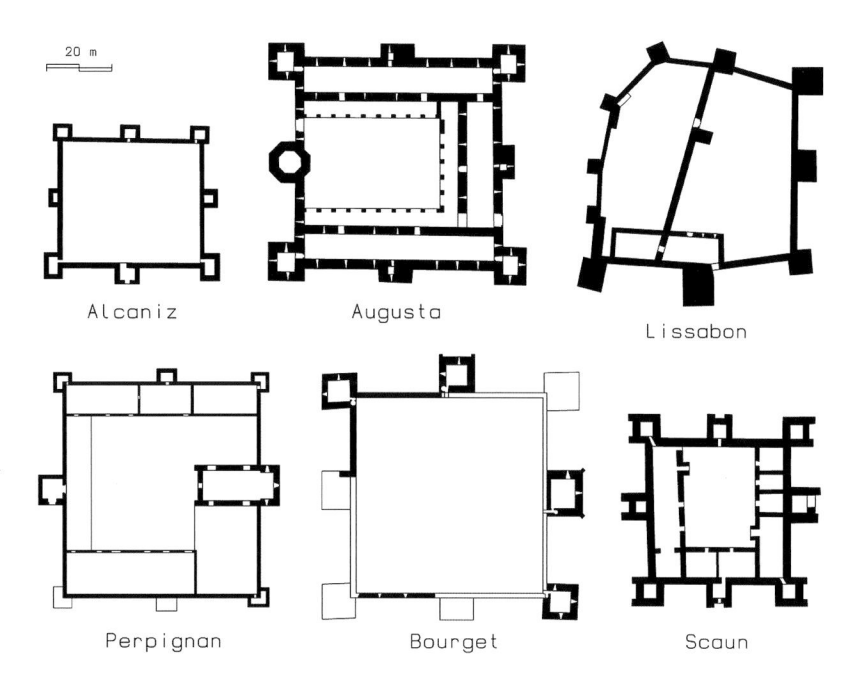

Abb. 5 | Mittelalterliche Residenzkastelle in Europa

ihr weiträumiges Territorium mittels Palisaden-Grabenlinien, Schanzwerken und Warten handfest definierten.[32]

Politische Grenzen sind insgesamt nicht unähnlich zu heute als uraltes Phänomen gut organisierter Hochkulturen anzusehen. Ihre Markierung und Sicherung stellte und stellt angesichts der oftmals enormen Längen besondere Herausforderungen an die Reiche. Lineare Strukturen und lückenlose Bollwerke waren dabei die absolute Ausnahme, die vor allem bei topographisch bedingten Einfallstoren wie Pässen und Flussebenen angewandt wurden.

Gegen kleinere Überfälle und nicht für Belagerungen ausgerüstete Reitertrupps reichte hingegen die Organisation befestigter Grenzposten, die gemeinsam mit großen Truppenbasen für Vergeltungsschläge durchaus wirksam waren. Bewährt haben sich Grenzforts vielfach auch als Verzögerer feindlicher Angriffe.[33] Keine Armee konnte es sich leisten, einen starken Stützpunkt in feindlicher Hand zu lassen, von wo aus ihr Nachschub beschnitten werden konnte, somit musste man sich meist auf eine mühsame Belagerung einlassen, während wertvolle Zeit für Verteidigung und Entsatz gewonnen wurde. Die großen Grenzposten dienten aber auch als Kristallisationspunkte der zivilen Verwaltung, die oft in reaktionsschnellen Grenzmarken organisiert war. Nicht zuletzt findet sich der Beleg, dass manche Grenzkastelle zu Propagandazwecken als prunkvolle wie martialische Verhandlungsorte gestaltet waren, etwa unter den Persern und Muslimen.

Während der konzertierte Aufbau stark befestigter Grenzprovinzen in der Geschichte oftmals nachzuweisen ist,[34] stellen klassische Kastelle nicht die Regel dar. Vielmehr scheint diese

Bauform zunächst mit dem Vorderen Orient verknüpft, ein wichtiger Hinweis auf eine lokal verortete Tradition, die erst in der Antike von hier aus exportiert wurde. Sehr wahrscheinlich bedurfte es des komplexen Wissens einer traditionsreichen Planerschule, die nach der Antike nur lokal überlebt hat und erst über die Kreuzzüge modifiziert nach Europa kam. Neben den militärischen Aspekten, bei denen die psychologischen Komponenten des sichtbaren Besetzens, Kontrollierens und Beschützens mindestens so bedeutend waren wie der faktische Defensivcharakter, stand auch die politische Manifestation einer Herrschaftsgrenze immer im Fokus. Grenzen mussten naturgemäß im Gelände nachvollziehbar manifestiert sein, dazu konnten topographische Gegebenheiten wie Wasserscheiden und Wasserläufe dienen, es finden sich aber auch einfache Grenzsteine, Steinkreuze sowie Verhaagungen. Im Mittelalter wurde die Errichtung von Burgen folgerichtig als Feststellung von Rechten betrachtet,[35] ihr Vorhandensein kennzeichnete einen politischen Gesetzesraum und umfasste ein exakt definiertes Territorium. (Abb. 5a)

Besonders gut geeignet waren naturgemäß Kastelle, die für beide Seiten sichtbar den lokalen Grenzverlauf markieren und deren Besatzungen diesen auch kontrollieren konnten. Als Beispiel sei das hochmittelalterliche Herzogtum Österreich herausgegriffen, wo im mittleren 13. Jahrhundert eine Königserhebung in Vorbereitung war.[36] Zur handfesten Sicherung der Herrschaft an der gefährdeten Reichsgrenze zu Ungarn, aber auch als bauliche Machtgestik zur Konstituierung der neuen Monarchie, wurde offenbar vom Landesfürsten und seinem engeren Hofadel ein kettenförmiges System mit Abständen um 6–8 km begonnen, das durch den frühen Tod des Herzogs nie planmäßig fertig gestellt wurde. Es zeichnen sich dennoch große Grenzstädte mit kastellförmigen Zitadellen ab, dazwischen kleinere ummauerte Marktorte mit Kastellen, weiters freistehende Kastelle sowie kleinere Turmburgen. Enge politische Beziehungen sowie das meist analoge Buckelquadermauerwerk lassen eine konzertierte Anlage vermuten, während als lokale Besonderheit die kleineren Bauten auch als adelige Wohnsitze fungierten und somit den reinen Militärcharakter relativierten.

TOPOGRAPHIE ODER BAUTYP?

Das regelhafte Kastell lässt sich naturgemäß am besten auf einer freien ebenen Fläche verwirklichen, wo man keinerlei Rücksicht auf eventuelle ältere Besiedlungen oder Felsabbrüche nehmen muss. Tatsächlich befinden sich die meisten Kastelle auch an solchen Standorten, selbst wenn dadurch ein älterer Bauplatz aufgegeben werden musste oder benachbart Steilsporne oder Hügelkuppen zur Verfügung stünden. Dann findet sich fast prinzipiell eine Kombination mit umlaufenden Gräben, die auch gegen angrenzende Siedlungen konsequent geschlossen waren. Deutlich weniger Kastelle wurden auf steile Felsgrate gesetzt, meist aufgrund eines älteren Standorts oder landschaftsbedingt. Dort hätte man sich leicht auf eine Angriffsseite konzentrieren oder dem rundlichen Gelände folgen können. Auch hier überwiegt aber fast prinzipiell der allseitig gleich gewichtete Charakter und die regelhafte Konzeption wird oftmals durch tiefe Substruktionen sowie verzogene und gedrückte Grundrisse erreicht. Dadurch weisen die meisten Höhenkastelle trapezförmige Umrisse auf und manche sitzen schräg auf völlig formlosen Felsköpfen und scheinen mühsam aufgepresst. Offensichtlich war hier das Konzept wichtiger als topographische Notwendigkeiten, ein deutlicher Hinweis auf den symbolhaften Charakter dieses Bautyps.

EIN BAUTYP DER STADT?

Quer durch Zeiten und Epochen scheint das Kastell mit regelhaften Rastersiedlungen verknüpft, als deren Zitadelle[37] es meist in Ecklage in die Verteidigung eingebunden war. Schon bei frühen Hochkulturen, bei den Hethitern und Assyrern, aber auch bei den Ägyptern und Babyloniern bildete das die Regel, während freistehende Kastelle nur an exponierten Straßen sowie strategisch wichtigen Posten zu finden waren. (Abb. 6)

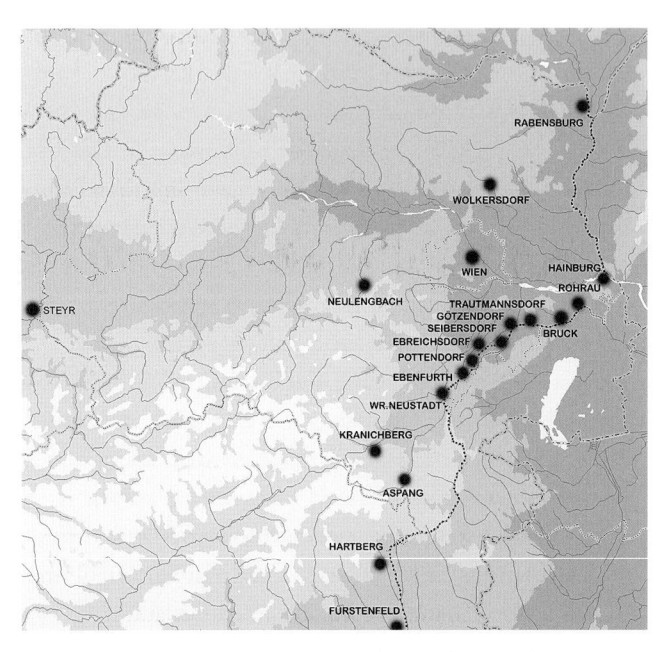

Abb. 5a | Karte von Niederösterreich mit Eintragung der Kastelle des mittleren 13. Jahrhunderts. Es zeigt sich eine klare Reihung entlang der hochmittelalterlichen Reichsgrenze zu Ungarn

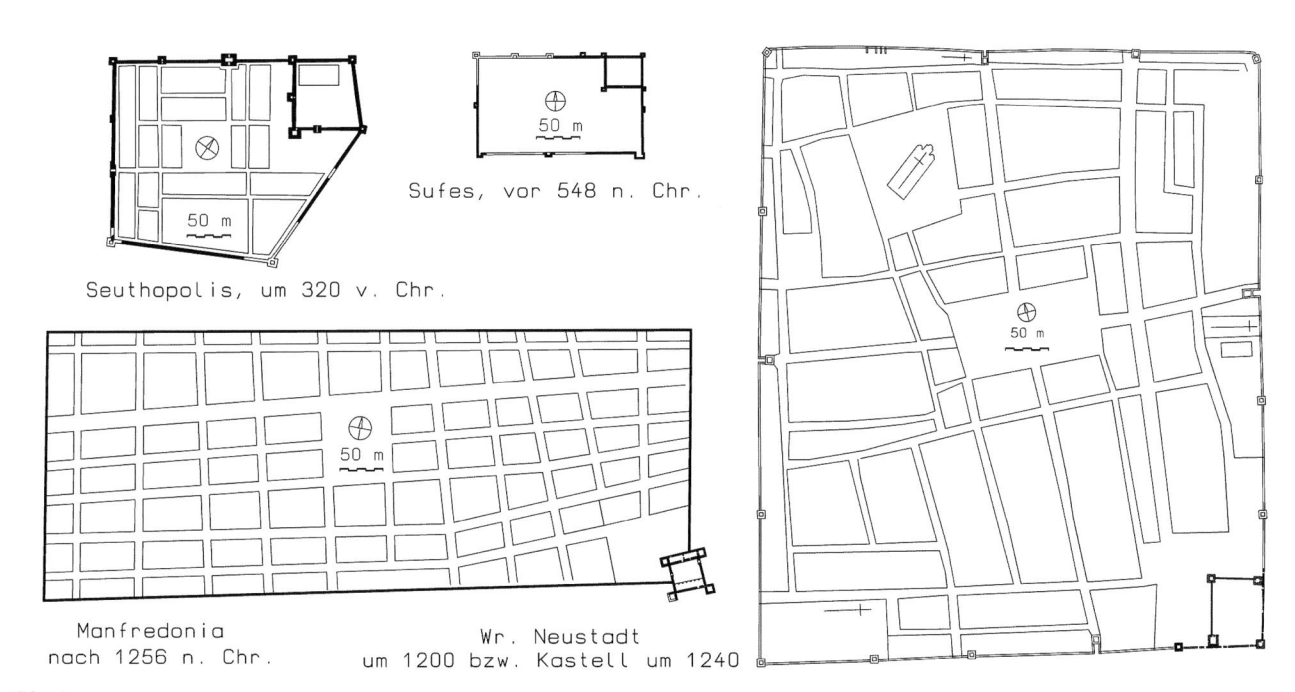

Abb. 6

Dem steht die Antike deutlich entgegen. So gab es etwa bei den Römern nur eine einzige klassische Zitadelle, das Prätorianerlager in Rom. Unter den Oströmern (Sufes), Sasaniden und frühen Muslimen (Amman) entwickelte man zwar abgetrennte und gestaffelte Militär- und Herrschaftsbereiche in oder neben Siedlungen, jedoch kaum in die Stadtplanung integrierte Kastelle.

Echte Zitadellen etablierten sich langsam wieder in den Kreuzfahrerstaaten, wo man sie ab dem mittleren 12. Jahrhundert an gefährdeten Stadtmauern in Ecklage errichtete. In Europa entstanden nun zwar zahlreiche rasterförmige Rechtecksiedlungen, sie wiesen aber noch keine zugehörige Stadtburg in Randlage auf, Ausnahmen könnte es um Paris gegeben haben (Brie-Comte-Robert). Im mittleren 13. Jahrhundert finden sich hingegen bereits zahlreiche klassische Stadtburgen (Manfredonia), die oftmals sekundär eingesetzt wurden. So erhielten etwa in Österreich die großen landesfürstlichen Städte der Zeit um 1200 ihre Zitadellen erst jetzt (Wr. Neustadt), ähnliches ist von England bis Iberien zu beobachten. Zuvor lagen die zugehörigen Burgen abseits und sogar teilweise weit weg, während in der Siedlung nur ein kaum befestigter Amtshof bestand. Ab nun gehörten starke Stadtburgen jedoch zum Standard einer neuen adeligen Stadtgründung, von Skandinavien bis Süditalien. Zahlreiche kombinierte Planungen belegen, dass diese Bauten nun schon bei der Konzeption von Straßenraster und Befestigung Berücksichtigung fanden. Über den Zeitpunkt und Ausgangsort dieser Entwicklung muss man spekulieren, die frühesten Beispiele dürften sich in England, Frankreich und Süditalien befinden, wo man wohl direkt auf Vorbilder aus den Kreuzfahrerstaaten zurückgriff. Der Höhepunkt wurde im 14. Jahrhundert in Norditalien erreicht, wo die rivalisierenden Stadtstaaten fast flächendeckend bei zahlreichen befestigten Satellitensiedlungen standardisierte Kastelle als Zitadellen für ihre Garnisonen errichteten.

CONCLUSIO

Die höchst spezifischen Eigenschaften der quer über Epochen, Herrschaften und Regionen anzutreffenden Kastelle erlauben es, einen eigenständigen Bautyp zu belegen, der trotz zeitspezifischer und regionaler Variationen bemerkenswert stringent ist. Insgesamt sind folgende Phänomene gehäuft mit Kastellen zu verbinden, die gemeinsam oder als Gegenpole auftraten:
– Landesherrliche Bauträger
– Entweder überregional bedeutende Residenz
– oder Grenzlage, teils in kettenförmiger Reihung
– dann militärische Nutzung als Kaserne und Truppenbasis
– Kombination mit befestigter Siedlung, meist in Ecklage
– regelhafter Grundriss, im Ideal quadratisch und symmetrisch
– im Ideal vier Ecktürme, eventuell weitere Mauertürme
– bevorzugte Lage in der Ebene samt umlaufendem Graben
– architektonisch untergeordnete innere Bebauung
– außen dominiert der Wehrcharakter, innen bei Kasernen meist unbebaut, bei Residenzen großzügige Repräsentationstrakte, oft mit Arkadenhof

Diese grundsätzlichen Eigenschaften betreffen sowohl die architektonische Kernform als auch die geopolitische Positionierung, die überregionale Funktion und die landesfürstliche Bauherrenschaft.[38] Es handelte sich somit um eine absolut staatstragende Bauform, die oft gepaart mit martialischem Mauerwerk und großer Monumentalität in theatralischer Inszenierung Grenzen sowie Herrschaftsmittelpunkte besetzte. In perfekter Kombination von handfester Wehrhaftigkeit und großer Symbolik stellten Kastelle eine weithin und für alle erkennbare Manifestation der regierenden Macht dar.

---

1 Lehner 1998, 19.
2 Eventuelle längere Traditionen sind daher nur durch analoge Grundrisse, Proportionen oder Baudetails nachzuweisen.
3 Die jüngste vorbildhafte Auflistung zeitgenössischer Traktate zur Wehrtechnik bei Oppl 2017, 134.
4 Ähnliches steht erst ab dem Mittelalter und fast ausschließlich für den sakralen Bereich im wissenschaftlichen Fokus, Pochat 1991, 10.
5 Das Wort Staat wird in der historischen Forschung gern vermieden, da zu viele Unterschiede zu unserer modernen Gesellschaft bestünden. Mit der üblichen Definition als „dauerhafte organisatorische Zusammenfassung eines Personenverbands durch eine Zentralinstanz innerhalb eines bestimmten Territoriums" kann der Begriff jedoch durchaus auch für frühere Epochen angewandt werden. Vgl. Saile 2010, 60.
6 Hillenbrand 2001, 233.
7 Am zu dieser Zeit sehr schwachen französischen Königshof sind jedoch trotz starker Kreuzfahrerkontingente aus den fast selbstständigen Fürstentümern keine derartige Gevierte bekannt.
8 Zuletzt vgl. Wagener 2012, 11.
9 Bandmann 1998.
10 Wheatley 2001, 148.
11 Sachenbacher 2012, 373.
12 Schicht 2011.
13 Untermann 2012, 18.
14 Knaak 2001, 36.
15 Barz 2012, 50.
16 Hierin findet sich auch eine in diesem Rahmen nicht behandelte Anknüpfung an rasterförmige Tempel- und Klosteranlagen, die oft ebenfalls als „Staatsbauwerke" errichtet wurden und die sakrale Seite der Bauherrenschaft „abdecken". So war etwa das imperiale Angkor Wat ebenfalls ein kastellartiges Abbild des Himmels auf Erden.
17 Meist waren die Könige persönlich in Organisation und Inspektion der Baustellen eingebunden, gut belegt etwa in Portugal, vgl. Gomes 2002, 20.
18 Allem voran den „Turm Salomons" in Jerusalem, dessen Buckelquadermauerwerk nachgeahmt wurde.
19 Die großen Kastellbauherrn Ostroms, Frankreichs, Englands und Deutschlands beriefen sich auf die Nachfolge berühmter römischer Cäsaren und griffen ihr Bauprogramm programmatisch auf, vgl. jeweilige Kapitel.
20 Das könnte vor allem bei gleichmäßigen Vierturmkastellen überprüft werden, umschlossen doch auch die vier Enden der Erde das Ganze und definierten so ihre zwei Hauptachsen. Tatsächlich scheinen etwa in Österreich mehrere Kastelle des mittleren 13. Jhs. ihre Türme exakt zu den Himmelsrichtungen zu orientieren.
21 Lovell 2007, 99.
22 Zur Diskussion des römischen Grenzbegriffs mit weiterführender Diskussion vgl. Esders 2008, 3 bzw. Frey 2011, 139.
23 Zuletzt Birngruber, Kaltenberger, Kühtreiber, Schmid 2012, 30. Gerade die dort als Gegenbeleg geführte versuchsweise Abwerbung von Adeligen der anderen Seite kann durch ihre vehemente Unterbindung die hohe Bedeutung einer stabilen Grenze im Mittelalter untermauern. Letztlich kann die hiermit vorgelegte Inventarisation mit den zahlreichen Grenzmauern und Kastellketten nicht zuletzt auch im Mittelalter als stringente Beweisführung für die reale Existenz von Grenzpunkten gelten.
24 Burkert 1992, 412.
25 Dobat 2008, 27.
26 Bereits im späten 11. Jahrhundert haben die Babenberger bedeutende Ministerialen mit der Grenzsicherung nach Norden beauftragt, vgl. Weltin 2006, 526. Im mittleren 12. Jahrhundert lässt sich ein gezielter Aufbau von weiteren potenten Grenzadeligen belegen, vgl. Zehetmayer 2012, 96. Im Jahr 1179 wurde schließlich auf einem Reichstag in Eger diese lokal mit Böhmen umstrittene Grenzlinie sehr exakt festgesetzt, vgl. Schlesinger 1961, 201.
27 Balcárová, Kalhous, Eichert 2016, 54.
28 Gomes 2002, 12.
29 Kupfer 2017, 23.
30 Burkert 1992, 416.
31 Allem voran sei an die deutschen geistlichen Kurfürsten gedacht, die ihre Grenzen oftmals durch Bollwerke markierten. Aus der großen Literaturfülle dazu exemplarisch Schmidt 2012, 196.
32 Etwa zur Schweiz zuletzt Obrecht 2010, 171.
33 Molin 1995, 368.
34 Etwa in den hochmittelalterlichen deutschen Burgwarden entlang der Ostgrenze, vgl. Frey 2011, 142.
35 Frey 2015, 92.
36 Schicht 2012, 104.
37 Der Begriff Zitadelle stammt ebenso wie Kurtine, Eskarpe und Trabant aus der frühneuzeitlichen Festungsterminologie, wurde aber bereits in der frühen Forschung auf alle funktional vergleichbaren Bollwerke ausgedehnt, vgl. Poten 1877, 259. Er bezeichnet demnach in sich geschlossene Forts für Garnisonen als letzte Bastionen einer Stadt sowie als Zwingburg, vom urgeschichtlichen Tell über die griechische Akropolis und den arabischen Alcázar bis zur Neuzeit.
38 Diese Regeln werden durch gelegentliche regionale Nachahmer ohne gleiche Aufgaben und Bauherren nur bestätigt.

LITERATURVERZEICHNIS

David Abulafia, A Mediterranean Emporium: The Calaban kingdom of Majorca, Cambridge 1994.

Alfred Acre, Qasr Hallabat (Jordan) revisited: Reassessment of the Material Evidence, in: Muslim military architecture in greater Syria from the Coming of Islam to the Ottoman Period (Hg. Hugh Kennedy), Leiden-Boston 2006, 26–44.

Jürgen A. Adam, Wohn- und Siedlungsformen im Süden Marokkos (Doktorarbeit 1980), München 1981.

Giuseppe Agnello, L'architettura Sveva in Sicilia, Palermo 1935.

Raffaele Agostini, Ponti Sul Mincio, Mantua 1994.

Uwe Albrecht, der Adelssitz im Mittelalter, München-Berlin 1995

Wahbi und Mokhless Al-Hariri-Rifai, The Heritage of the Kingdom of Saudi Arabia, Washington 1990.

Johann Heinrich Alstedt, Methodus admirandorum mathematicorum, Berlin 1613.

Gheorghe Anghel, Quelques considérations concernant le développement de l'architecture des fortifications médiévales de Roumanie du XIIIe siécle au début du XIVe siécle, in: Château Gaillard X, Caen 1982, 273–293.

Christina Antenhofer, Die Gonzaga und Manta. Kommunikation als Mittel der fürstlichen Herrschaft in der Stadt, in: Kommunikation in mittelalterlichen Städten, Forum Mittelalter – Studien Band 3 (Hg. Jörg Oberste), Regensburg 2007, 29–50.

Arabisch-normannische Kunst, Siziliens Kultur im Mittelalter, (Hg. Museum ohne Grenzen), Ausstellungskatalog Wien 2004.

Carmen Artocchini, Castelli piacentini, Piacenza 1983.

Salvatore Arturo Alberti, Il castello di Augusta, in: Federico e la Sicilia dalla terra alla corona (Hg. Angela di Stefano, Antonio Cadei), Palermo 1995, 425–447.

Jeremy Ashbe, The King's Accomodation at his Castles, in: The Impact of the Edwardian Castles in Wales (Hg. Diane M. Williams, John R. Kenyon), Oxford 2010, 72–84.

Thomas Aumüller, Die Porta Praetoria und die Befestigung des Legionslagers in Regensburg, Dissertation an der TU München 2002.

Naceur Baklouti, Ins Land der Ksur, in: Ifriqiya, Dreizehn Jahrhunderte Kunst und Architektur in Tunesien (Hg. Museum ohne Grenzen), Ausstellungskatalog Wien 2002, 251–277.

Mucientes Balado, Datas de una historia de Villalba de los Alcores, Salamanca 2005.

Adéla Balcárová. David Kalhous, Stefan Eichert, Zur Entwicklung der Grenze im mährisch-österreichischen Grenzgebiet während des 11.–12. Jahrhunderts und zur Rolle der Befestigung von Nikolsburg/Mikulov, in: Beiträge zur Mittelalterarchäologie in Österreich 32/2016, 37–72.

Constantin Băjenaru, Minor fortifications in the Balkan-Danubian area from Diocletian to Justinian (Hg. National Museum of Romanian History), Cluj-Napoca 2010.

Günter Bandmann, Mittelalterliche Architektur als Bedeutungsträger, Berlin 1998.

Richard Barber, The early years of Edward III, in: Edwards III's round table at Windsor, The house of the round table and the Windsor festival of 1344 (Hg. Julian Munby, Richard Barber, Richard Brown), Rochester 2007, 29–37.

Julia Bargholz, Castelli svevi die Federico – typologische Betrachtungen, in: Ausstellungskatalog Kaiser Friedrich II. 1194–1250, Welt und Kultur des Mittelmeerraums (Hg, Mamoun Fansa, Karen Ermete), Oldenburg 2008, 158–167.

G. Barleri, La Starza e il suo castello in Marano di Napoli, Marano 2000.

Mario Jorge Barroca, A Ordem do Hospital ea arquitectura militar em Portugal (sécs. XII–XIV), in: Arqueología da Idade Média do Península Ibérica (Hg. Vítor Oliveira Jorge), Porto 7/2000, 187–209.

Dieter Barz, aula – domus – turris: Dominante Bauten der frühen mittelalterlichen Burgen in Mittel- und Westeuropa, in: Symbole der Macht? Aspekte mittelalterlicher und frühneuzeitlicher Architektur, Beihefte zur Mediaevistik Bd. 17 (Hg. Olaf Wagener), Frankfurt/Main 2012, 32–52.

Franz Alto Bauer, Norbert Zimmermann (Hg.) Epochenwandel? Kunst und Kultur zwischen Antike und Mittelalter, Mainz 2001.

Ara J. Berkian, Armenischer Wehrbau im Mittelalter, Darmstadt 1976.

Peter Berridge, Colchester Castle, „Some tyme stronge and statelye, as thze ruynes do shewe", in: Castles and the Anglo-Norman world, Proceedings of a Conference held at Norwich Castle in 2012 (Hg. John A. Davies e.a.), Oxford 2016, 55–68.

Thomas Biller, Rechteckburgen im nordöstlichen Harzvorland. Zur Entwicklung der norddeutschen Burgen im 14. Jahrhundert, in: Burgen und Schlösser 1986/1, 21–29.

Thomas Biller, Die Johanniterburg Belvoir am Jordan, zum frühen Burgenbau der Ritterorden im Heiligen Land, in: architectura 19/2 1989, 105–136.

Thomas Biller, Neues zu den Burgen des Königreichs Jerusalem in Transjordanien, Montréal (Shobaq) – Li Vaux Moise (Wuéira) – Kreak, in: Architektur – Struktur – Symbol, Streifzüge durch die Architekturgeschichte von der Antike bis zur Gegenwart (Hg. Maike Kozok), Festschrift für Cord Meckseper zum 65. Geburtstag, Petersberg 1999, 33–58.

Thomas Biller, Die erste Burg der Johanniter (nach 1170), in: Der Crac des Chevaliers, Die Baugeschichte einer Ordensburg der Kreuzfahrerzeit (Hg. Wartburg-Gesellschaft), Forschungen zu Burgen und Schlössern – Sonderband 3, Regensburg 2006, 47–77.

Thomas Biller, Das „wüste Steynhus" bei Oschatz in Sachsen – frühe Gotik auf dem Weg nach Osten, in: Architektur und Monumentalskulptur des 12.–14. Jhs., Produktion und Rezeption, Festschrift für Peter Kurmann zum 65. Geburtstag, Bern-Berlin 2006, 237–261.

Thomas Biller, Burgen zwischen praktischer Funktion und Symbolik, in: Bernd Schneidmüller, Stefan Weinfurter, Alfried Wieczorek (Hg.), in: Verwandlungen des Stauferreichs, Drei Innovationsregionen im mittelalterlichen Europa, Darmstadt 2010, S. 399–422.

Thomas Biller, Templerburgen, Darmstadt 2014.

Thomas Biller, Daniel Burger, Qal'at Yahmur/castrum rubrum: Ein Beitrag zum Burgenbau der Kreuzfahrerstaaten, in: Damaszener Mitteilungen 14/2004 (2006), 233–252 u. Tafeln 39–41.

Thomas Biller, Bernhard Metz, Die Burgen des Elsaß, Bd. III: 1250–1300, München-Berlin 1995.

Thomas Biller, Die Entwicklung regelmäßiger Burgformen in der Spätromanik und die Burg Kaub (Gutenfels), in: Burgenbau im 13. Jahrhundert, Forschungen zu Burgen und Schlössern Bd. 7/2002 (Hg. Wartburggesellschaft), 23–43.

Thomas Biller, Bernhard Metz, Der spätromanische Burgenbau im Elsaß, Bd. II: 1200–1250, München-Berlin 2007.

Thomas Biller, Achim Wendt, Burgen im Welterbegebiet Oberes Mittelrheintal, Ein Führer zu Architektur und Geschichte, Regensburg 2013.

Klaus Birngruber, Alice Kaltenberger, Thomas Kühtreiber, Christina Schmid, Adel, Burg und Herrschaft im Unteren Mühlviertel. Ein interdisziplinärer Versuch zum mittelalterlichen Adels-, Burgen- und Grenzbegriff, in: Adel, Burg und Herrschaft an der „Grenze" Österreich und Böhmen, Studien zur Kulturgeschichte von Oberösterreich Folge 34, Linz 2012, 13–40.

M. C. Bishop, Handbook to Roman Legionary Fortresses, Barnsley 2012.

Paul Bissegger, Raymond Rapin, Le Château de Morges, Genf 1986.

Thomas Bitterli, Schweizer Burgenführer, Basel-Berlin 1995.

Gilles Blieck, Le Château dit de Courtrai à Lille de 1298 à 1339: une citadelle avant l'heure, in: Bulletin Monumental 155/1997/4, 185–206.

Jamila Binous, Mahmoud Hawari, Manuela Marín, Gönül Öney, Die islamische Kunst im Mittelmeerraum, in: Ifriqiya, Dreizehn Jahrhunderte Kunst und Architektur in Tunesien (Hg. Museum ohne Grenzen), Ausstellungskatalog Wien 2002, 15–34.

Albano Biondi, Gonzaga, in: Lexikon des Mittelalters, CD-Rom-Ausgabe, Verlag Metzler 2000, Bd. 4, 1556–57.

Adrian Boas, Crusader Archaeology, the material Culture of the Latin East, New York 1999.

Adrian Boas, Archaeology of the Military Orders, A survey of the urban centres, rural settlement and castles of the Military Orders in the Latin East (c. 1120–1291), New York 2006.

Adrian Boas, Mathias Piana, Die Kreuzfahrerstadt Ascalon, in: Burgen und Städte der Kreuzzugszeit (Hg. Matthias Piana), Petersberg 2008, 263–273.

Karl Borchardt, Die Kreuzzüge: Ein Überblick, in: Burgen und Städte der Kreuzzugszeit (Hg. Matthias Piana), Petersberg 2008, 32–42.

Karl Borchardt II, Der Johanniterorden, in: Burgen und Städte der Kreuzzugszeit (Hg. Matthias Piana), Petersberg 2008, 60–69.

Enzo Boriani, Castelli e torri di Gonzaga nel territorio mantovano, Brescia 1969.

Stefano Bottari, Monumenti Svevi di Sicilia, Palermo 2000.

Hartwig Brandt, Geschichte der römischen Kaiserzeit, von Diokletian und Konstantin bis zum Ende der konstantinischen Dynastie (284–363), Berlin 1998.

Martin Brann, Excavations at Caerlaverock Old Castle, Dumfries and Galloway 1998–9, Dumfries 2004.

Michael Braune, Die mittelalterliche Stadtanlage von Tortosa (Tartus), in: Tartus und sein Hinterland, Archäologische Forschungen in der syrischen Küstenregion von der Antike bis ins Mittelalter (Hg. Deutsches Archäologisches Institut Damaskus), Damaskus 2001, 65–73.

Michael Braune, Die Stadtbefestigung von Damaskus, in: Burgen und Städte der Kreuzzugszeit (Hg. Matthias Piana), Petersberg 2008, 202–210.

Michael Braune, Zum Befestigungsbau des Königreichs Sizilien im 13. Jahrhundert, in: Ausstellungskatalog Kaiser Friedrich II. 1194–1250, Welt und Kultur des Mittelmeerraums (Hg. Mamoun Fansa, Karen Ermete), Oldenburg 2008, 132–141.

Bruno Bresciani, Castelli veronesi, Verona 1962.

Simon Brighton, In search of the Knights Templar, a guide to the sites in Britain, London 2006.

Klaus Brisch, Usais, Palast des Kalifen al-Walid., in: Die Kunst des Islam (Propyläen Kunstgeschichte Bd. 4, Hg. Janine Sourdel-Thomine, Bertold Spuler), Berlin 1984

Kai Brodersen: Könige im Karpatenbogen. Zeitschrift für Siebenbürgische Landeskunde 36/2013, S. 129–146.

Robert Allen Brown, Howard Montagu Colvin, Arnold Taylor, The history of the King's works, Bd. 2 – The Middle Ages, London 1963.

Dawid M. Browne, Builth Castle and Aberystwyth Castle 1277–3017, in: The Impact of the Edwardian Castles in Wales (Hg. Diane M. Williams, John R. Kenyon), Oxford 2010, 59–71.

Günther Buchinger, Paul Mitchell, Die Burg, in: Die Wiener Hofburg im Mittelalter, von der Kastellburg bis zu den Anfängen der Kaiserresidenz (Hg. Mario Schwarz), Wien 2015, 159–188.

Raquel M. Utrera Burgal, Miguel Ángel Tabales Rodríguez, El Castillo de San Romualdo (San Fernando, Cádiz). Aproximación estratigráfica y evolución constructiva), in. Arqueología de la Arqitectura, Madrid 6/2009, 245–265.

Daniel Burger, Die Frühgeschichte des Deutschen Ordens und die Anfänge seiner Wehrbauten, in: Montfort und der frühe Burgenbau des Deutschen Ordens (Hg. Thomas Biller), Petersberg 2015, 9–65.

Günther R. Burkert, Die Grenze als landschaftsprägendes Element, in: Die Eroberung der Landschaft, Semmering – Rax – Schneeberg, Niederösterreichische Landesausstellung in Gloggnitz, Wien 1992, 412–420.

Ross Burns, Monuments of Syria, An Historical Guide, New York 1999.

Leonardo Cafferini, Piacenza e la sua Provincia, Castelvetrano Piacentino 2005.

Pasuale Calamia, La Barbera Marius, Giuseppe Salluzzo, Bellumvider. La reggia di Federico II. di Svevia a Castelvetrano, Palermo 2004.

Horst Callies: Dakien. In: Reallexikon der Germanischen Altertumskunde (RGA). 2. Auflage, Band 5, Berlin/New York 1984, S. 185–189.

Nicolás Villa Calvo, Breve Historia del Castillo de Fuentes del Valdepero, Fuentes del Valdepero 2012.

Duncan Campbell, Roman Legionary Fortresses 27 BC – AD 378, Oxford 2006.

Averil Cameron, The Byzantines, Malden 2008.

Lorenzo Capone, Templi e fortificazioni in Grecia e Magna Grecia, Lecce 2009.

Mounira Chapoutot-Remadi, Historischer Überblick, in: Ifriqiya, Dreizehn Jahrhunderte Kunst und Architektur in Tunesien (Hg. Museum ohne Grenzen), Ausstellungskatalog Wien 2002, 35–50.

Antonio Herrera Casado, Castillo de Molina de Aragón, Aache 2007.

Frédéric Chasseboef, Châteaux en Poitou-Charentes, Prahecq, Patrimoines et Médias, Mulhouse 2006.

Andre Châtelain, Châteaux forts et féodalité en Ile de France du XIeme au XIIIeme siècle, Paris 1983.

Rainer Christlein, Ausgrabungen im spätrömischen Kastell Boiotro zu Passau-Innstadt. In: Ostbairische Grenzmarken 18, 28–40.

Adele Cilento, Byzantinisches Sizilien und Süditalien, Petersberg 2006.

Salcador Claramunt, Albornoz, Aegidius, in: Lexikon des Mittelalters, CD-Rom-Ausgabe 2000, Bd. 1, 310–311.

Somers Clarke, Ancient Egyptian frontier fortresses, The Journal of Egyptian Archaeology Vol 3, Nr. 2/3 1916, 155–179.

Karl Heinz Clasen, Burg, in: Reallexikon zur deutschen Kunstgeschichte Bd. 3, Stuttgart 1954, 126–173.

Amos Cloner, Michael Cohen, Die Kreuzfahrerburg Beth Guvrin, in: Burgen und Städte der Kreuzzugszeit (Hg. Matthias Piana), Petersberg 2008, 285–292.

André Clot, Das Maurische Spanien, 800 Jahre islamische Hochkultur in Al Andalus, Düsseldorf 2004.

August von Cohausen, Die Befestigungsweisen der Vorzeit und des Mittelalters, Wiesbaden 1898.

Antonio Linage Conde, El castillo de Castilnovo, Segovia 1993.

Flavio Conti, Vincenzo Hybsch, Antonello Vincenti, I castelli della Lombardia, Novara 1992.

Rita Costa Gomes, A Ring of Castles – Fortresses of the Portguese Frontier, Bd. 1 – Beira, Lissabon 2002.

Rita Costa Gomes, A Ring of Castles – Fortresses of the Portguese Frontier, Bd. 2 – Trás-os-Montes, Lissabon 2005.

Keppel Archibald Cameron Cresswell, Early Muslim Architecture. Umayyads. A. D. 622–750, Bd. 1, Oxford 1969.

Lázló Csaba, Neuere Untersuchungen in der Burg von Várpalota, in: Castrum Bene 2/1990, 183–192.

Slobodan Ćurčić, Secular Medieval Architecture in the Balkans 1300–1500 and its preservation, Thessaloniki 1997.

Slobodan Ćurčić, Architecture in the Balkans, from Diocletian to Süleyman the Magnificent, New Haven – London 2010.

Kristoffer Damgaard,„Between Castrum and Medina: A preliminary note on spatial organisation and urban development in Medieval Aqaba", in: Egypt and Syria in the Fatimid, Ayyubid and Mamluk Eras VII (Hg. Urbain Vermeulen, Kristof D'Hulster, Jo van Steenbergen), Leuven-Walpole 2013, 39–66.

Robert J. Dean, Castles in Distant Lands, The Life and Times of Othon de Grandson, Willingdon 2009.

Hans Delbrück, Geschichte der Kriegskunst, 1. Auflage 1900, Nachdruck der Neuausgabe 2000, Berlin 2000.

Charles Delfante, Architekturgeschichte der Stadt, Von Babylon bis Brasilia, Darmstadt 1999.

Humberto Cesar Hugo Deluigi, Winter in the Land of Rûm, Komnenian defenses against the Turks in western Anatolia, Diplomarbeit, Ankara 2015.

Guglioelmo De Angelis d'Ossat, L'architettura della Rocca: qualificazioni, significati e problemi, in: La Rocca di Spoleto, Studi per la storia e la rinascita (Hg, Bruno Bruni e.a.), Spoleto 1983, 33–70.

Johnny De Meulemeester, Denys Pringle, Die Burg Kerak (Al-Karak) in Jordanien, in: Burgen und Städte der Kreuzzugszeit (Hg. Matthias Piana), Petersberg 2008, 336–342.

Johnny De Meulemeester, Denys Pringle, Die Burgen am Golf von 'Aqaba, in: Burgen und Städte der Kreuzzugszeit (Hg. Matthias Piana), Petersberg 2008, 148–158.

García de Paz, José Luis, Castillos y fortificaciones de Guadalajara, Guadalajara 2007.

Department of Antiquities and Museums, Qasr Sahud Hofuf, al-Hasa, Riyadh 1975.

Deputy Ministry of Antiquities and Museums, King Abdulaziz's Palace in Mowiah, Architectural and structural Description and existing condition, Riyadh 2002.

Deputy Ministry of Antiquities and Museums, Abu Jafa'an Palace (Al-Kharj), Historical, Cultural, Architectural Study), Riyadh 2003.

Deputy Ministry of Antiquities and Museums, Za'abel Fortress Sakkaka / Al-Jouf, Riyadh 2004.

Paul Deschamps, Les châteaux des croisés en Terre Sainte, Bd. I–III, Paris 1973–1974.

Raffaele De Vita, Castelli, torri ed opere fortificate di Puglia, Bari 2001.

Charles Diehl, L'Afrique byzantine: histoire de la domination byzantine en Afrique (533–709), Paris 1896.

Giorgio D'Illario, Egidio Gianazza, Augusto Marinoni, Marco Turri, Profilo storico della cittá di Legnano, Legnano 1984.

Neji Djelloul, Les Fortifications en Tunisie, Tunis 1999.

Andres Siegfried Dobat, Danevirke Revisited: An Investigation into Military and Socio-political Organisation in South Scandinavia (c AD 700 to 1100), in: Medieval Archaeology 52/2008, 27–68.

Matthias Donath, Bemerkungen zum Bautyp der Moritzburg in Halle/Saale, in: Burgen und Schlösser in Sachsen-Anhalt (Mitteilungen der Landesgruppe Sachsen-Anhalt der Deutschen Burgenvereinigung e.V., Heft 12), Halle 2003, 208–237.

Giovanni Donato, Tra Savoia e Lombardia: modelli e cantieri per il castello di Torino, in: Palazzo Madama a Torino, Da Castello medievale a museo della cittá (Hg. Giovanni Romano), Torino 2006, 35–58.

Astrid Dostert, Stadtforschung Projekte des DAI, Berlin 2001.

Knut Drake, Die Deutschordensburgen als Vorbilder in Schweden, in; Forschungen zu Burgen und Schlössern Bd. 6–2001 (Hg. Wartburg-Gesellschaft), 123–128.

Knut Drake, Burgenbau des 13. Jahrhunderts in Schweden, in; Forschungen zu Burgen und Schlössern Bd. 7–2002 (Hg. Wartburg-Gesellschaft), 149–160.

Knut Drake, Die Bauherren der Burg Hämenlinna im Mittelalter, in: Castella Maris Baltici 3–4, 2003, 215–30.

Martin Dreher, Grundzüge des römischen Kaisertums, in: Kaisertum im ersten Jahrtausend (Hg. Hartmut Leppin, Bernd Schneidmüller, Stefan Weinfurter), Regensburg 2012, 95–116.

Paul Lewis Drewett, Excavations at Hadleigh Castle, Essex 1971–2, in: Journal of the British Archaeological Association 38/1975, 90–154.

Wolfram Drews, Universale Herrschaft aus muslimischer Perspektive im frühen und hohen Mittelalter, in: Kaisertum im ersten Jahrtausend (Hg. Hartmut Leppin, Bernd Schneidmüller, Stefan Weinfurter), Regensburg 2012, 229–250.

Peter Dreyer, Beiträge zur Planungsgeschichte des Palazzo Farnese in Piacenza, in: Jahrbuch der Berliner Museen Bd. 8 – 1966, 160–203.

Séverin Dubarry, Le Château fort de Mauvezin, La Bigorre dansl'Histoire, Toubes 1962.

Bruno Dufay, Un nouveau regard sur la forteresse de Chinon: 1er bilan de 7 années de fouilles archéologiques, in: Chinon le destin d'une forteresse (Hg. Société les amis du vieux Chinon), Chinon 2011, 85–104.

Tomáš Durdík, Kastellburgen des 13. Jahrhunderts in Mitteleuropa, Wien-Köln-Weimar 1994.

Tomáš Durdík, Encyklopedie Českých hradů, Prag 1997.

Tomás Durdík, K problematice možného ovlivnění středovropské hradní architektury křížovými výpravami do Svaté země, in: Archaeologia historica 36/11, Bd. 1, Brünn 2011, 7–25.

Jean Durliat, Les dedicaces d'ouvrages de defense dans L'Afrique Byzantine, Rom 1981

Bodo Ebhardt, Der Wehrbau Europas im Mittelalter, Würzburg 1939.

Robert W. Edwards, The fortifications of Armenian Cicilia, Washington 1987.

Ronnie Ellenblum, Frankish Rural Settlement in the Latin Kingdom of Jerusalem, Cambridge 2003.

Anthony Emery, Greater Medieval Houses of England und Wales 1300–1500, Cambridge 1996.

Anthony Emery, Seats of Power in Europe during the Hundred Years War, An architectural study from 1330 to 1480, Oxford 2016.

Virgilio Martínez Enamorado, Una dár al-da wá de los omeyas en las inmediaciones de Bobastro: el castello de Àlora (Málaga), in: Actas del I congreso de castellología Ibérica 1994, 457–479.

Wolfgang Ender, Steffan Robel, Cornelius Scherzer, Johann-Hinrich Walter, Wüstes Schloss Osterlant – Archäologie und Perspektiven für seine Erschließung, Archaeonaut 5, Dresden 2006.

Kurt Erdmann, Das Anatolische Karavansaray des 13. Jahrhunderts, Bd. 2, Berlin 1976.

Stefan Esders, Grenzen und Grenzüberschreitungen, Religion, Ethnizität und politische Integration am Rande des oströmischen Imperium (4.–7. Jh.), in: Gestiftete Zukunft im mittelalterlichen Europa, Festschrift für Michael Borgolte zum 60. Geburtstag (Hg. Wolfgang Huschner, Frank Rexroth), Berlin 2008, 3–28.

Vivian Etting, Lone Hvass, Charlotte Boje Andersen, Gurre slot, Kongeborg og sagnskat, Sesam 2003.

Vivian Etting, The Royal Castles of Denmark during the 14th Century, Kopenhagen 2010.

Cesare Farinelli, Storia di Valeggio Sul Mincio e del suo territorio, Verona 1994.

Saqi Farroqui, Karawanserei, in: Lexikon des Mittelalters, CD-Rom Ausgabe 2000, Bd. 5, 950.

István Feld, Ecilburg und Ofen – zur Problematik der Stadtburgen in Ungarn, in: Castrum Bene 6, Burg und Stadt, Prag 1999, 73–88.

István Feld, Herrschaft, Burg und Residenz im spätmittelalterlichen Königreich Ungarn, in: Castrum Bene 7, Burgen und Siedlungsstruktur, Nitra 2004, 47–78.

István Feld, Die regelmäßigen „Burgschlösser" des Königreichs Ungarn im Spätmittelalter, in: Die Burg im 15. Jahrhundert, Veröffentlichungen der Deutschen Burgenvereinigung e.V., Reihe B, Schriften, Bd. 12, Braubach 2011, 138–147.

Peter Feldmann, König Philippe August von Frankreich und der Weg zur gotischen Burg, in: Burgen und Schlösser 1/2005, Zeitschrift für Burgenforschung und Denkmalpflege (Hg. Europäisches Burgeninstitut), 3–19.

Lluís Feliu, The God Dagan in Bronze Age Syria, Leiden 2003.

Charles Beaumont Fetherston-Dilke, A short History of Maxstone Castle, Coleshill 1982.

Nic Fields, Rome's Saxon Shore, Coastal Defences of Roman Britain AD 250–500, Fortress 56, Oxford 2006.

Barbara Finster, Kastelle und Schlösser in Iraq und Arabien, in: Wohnen – Reisen – Residieren, Herrschaftliche Repräsentation zwischen temporärer Hofhaltung und dauerhafter Residenz in Orient und Okzident (Hg. Dorothée Sack, Daniela Spiegel, Martin Gussone), Berliner Beiträge zur Bauforschung und Denkmalpflege 15, Petersberg 2016, 103–124.
Maria Teresa Fiori, Il castello Sforcesco di Milano, Mailand 2005.

Hein Firmenich, Stadt Bedburg (Rheinische Kunststätten Heft 13), Neuss 1987.

Holger Fischer, Eine kleine Geschichte Ungarns, Berlin 1999.

Thomas Fischer, Bauten und Truppen des römischen Grenzheeres in Österreich, in: Der römische Limes in Österreich, Führer zu den archäologischen Denkmälern (Hg. Verena Gassner, Andreas Pülz, Wien 2015, 26–46.

Roxana Flammini, Ancient core-periphery interactions: lower Nubia during middle kingdom Egypt (ca. 2050–1640 BC), in: Journal of World-Systems Research, Volume XIV, Nr. 1, 50–74.

Salvatore Fodale, Karl Robert, in: Lexikon des Mittelalters, CD-Rom-Ausgabe 2000, Bd. 5, 985.

Stefan Frankewitz, 1.500 Burgen, Schlösser und Herrenhäuser im Rheinland, in: Die Burg in der Ebene, Forschungen zu Burgen und Schlössern Bd. 17 (Hg. Wartburg-Gesellschaft), Petersberg 2016, 12–41.

Heinrich Gerhard Franz, Palast, Moschee und Wüstenschloss, Das Werden der islamischen Kunst 7. – 9. Jahrhundert, Graz 1984.

Heinrich Gerhard Franz, Von Baghdad bis Córdoba, Ausbreitung und Entfaltung der islamischen Kunst, Graz 1984.

Rune Frederiksen and Mike Schnelle, Introduction, in: Focus on Fortification, New Research on Fortifications in the Ancient Mediterranean and the Near East (Hg. Rune Frederiksen, Silke Mütz, Peter Schneider, Mike Schnelle), Oxford 2016, 21–22.

Christian Frey, Die Grenzlandschaft als Burglandschaft, Sachsens Osten zwischen Peripherie und Mittelpunkt, in: Faktum und Konstrukt, politische Grenzziehungen im Mittelalter, Verdichtung – Symbolisierung – Reflexion (Hg. Nils Bock, Georg Jostkleigrewe, Bastian Walter), Münster 2011, 139–152.

Christian Frey, Burgenbaurecht im Sachsenspiegel – Überlegungen zur Burg im Rechtsverständnis des Mittelalters, in: „Dem Feind zum Trutz", Wehrelemente an mittelalterlichen Burgen, Veröffentlichungen der Deutschen Burgenvereinigung e.V., Reihe B: Schriften (Hg. Joachim Zeune), Braubach 2015, 87–94.

Klaus Freyberger, The Function and Significance of Fortified Sanctuary Precincts in the Eastern Mediterranean World during the Hellenistic and Roman Periods, in: Focus on Fortification, New Research on Fortifications in the Ancient Mediterranean and the Near East (Hg. Rune Frederiksen, Silke Mütz, Peter Schneider, Mike Schnelle), Oxford 2016, 244–276.

Reinhard Friedrich, Kastellartige Backsteinburgen des 13. und 14. Jahrhunderts im Erzbistum Köln – ein Überblick, in: Forschungen zu Burgen und Schlössern Bd. 6 – Burgen kirchlicher Bauherren (Hg. Wartburg-Gesellschaft), München-Berlin 2001, 245–254.

Brigitta Fritz, Hus, land och län. Förvaltningen i Sverige 1250–1434, Bd. 1, Stockholm 1972.

Erik Fügedi, Die Herrschaft der Güssinger in sozialhistorischer Sicht, in: Die Güssinger, Wissenschaftliche Arbeiten aus dem Burgenland Heft 79, Eisenstadt 1989, 23–34.

Michael Fulford, Stephen Rippon, Pevensy Castle, Sussex, Excavations in the Roman Fort and Medieval Keep, 1993.95, Wessex Archaeology Report No. 26, Reading 2011.

Guido Gaida, Il castello „delle rosse torri" di Ivrea, Canavera 1996.

Wolfgang Galler, Anmerkungen zur Wolkersdorfer Herrschaftsgeschichte, in: Schloss und Herrschaft Wolkersdorf, Wolkersdorf 2010.

Andrew Gardner, Soldiers and spaces, daily life in late Roman Forts, in: Late Antique Archaeology (Hg. Luke Lavan), Leiden-Boston 2007, 657–684.

Hermann Gasche, Die „Medische Mauer", in: Mauern als Grenzen (Hg. Astrid Nunn), Mainz 2008, 57–69.

Heinz Gaube, Amman, Harane und Qastal. Vier frühislamische Bauwerke in Mitteljordanien, in: Zeitschrift des Deutschen Palästina-Vereins 93/1977, 52–86.

Sauro Gelichi, Harim: A Crusader-Muslim Castle of the Northern Syria. An Archaeological Approach, in: Burgen und Schlösser (Zeitschrift für Burgenforschung und Denkmalpflege) 4/2009, 224–232.

Denis Genequand, Umayyad Castles; The shift from Late Antique military architecture to early islamic palatial building, in: Muslim military architecture in Greater Syria, From the Coming of Islam to the Ottoman Period (Hg. Hugh Kennedy), Leiden-Boston 2006, 3–25.

András Gergelyffy, A várpalotai vár építési korszakai I., in: A Veszprém Megyei Múzeumok Közleményei 6/1967, 259–278.

Bernard Geyer, Eine 4000 Jahre alte „Grenze" in der syrischen Steppe, in: Mauern als Grenzen (Hg. Astrid Nunn), Mainz 2008, 39–45.

Gabriela Gheorghiu, Dacii de pe cursul mijlociu al Mureșului, Cluj-Napoca, 2005.

Hillel Geva, Ancient Jerusalem revealed, Jerusalem 2000.

Jacob G. Ghazarian, The Armenian Kingdom Cilicia during the Crusades. The Integration of Cicilian Ar-

menians with the Latins, 1080–1393, Richmond 2000.
Julio Gil, Os Mais Belos Castelos e Fortalezas de Portugal, Lissabon 1986.

Ioan Glodariu, Die Dakerfestungen in der Umgebung von Sarmizegetusa, in: Denkmäler in Rumänien (Hg. ICOMOS), München 1995, 15–21.

Cesáres Goicoechea, Castillos de la Rioja, notas descriptivas e históricas, Logrono 1949.

Julia Gonella, Introduction to the Citadel of Aleppo, in: Syria, Medieval Citadels between east and west (Hg. Stefano Bianca), Turin 2007, 103–138.

Ronald Glaudemans, Rob Gruben, Aus der Baugeschichte der Burg von Helmond, in: Burgen und Schlösser in den Niederlanden und in Nordwestdeutschland, Forschungen zu Burgen und Schlössern Bd. 8 (Hg. Wartburg-Gesellschaft), München Berlin 2004, 195–208.

Antonio Almangro Gorbea, El Castillo de Mora de Rubielos Solar de los Fernandez de Hereida, Teruel 1975.

Heinz Götze, Castel del Monte, München 1964

Anna Gianotti, 16 Castelli modenesi da riscoprire e visitare, Itinerari per la valorizzazione dei castelli Emilia-Romagna, Modena 2004.

Júlio Gil, Os mais Belos Castelos de Portugal, Lissabon 1986.

John Gillingham, Richard I., London 2002.

V. L. Godwin, The Castellum of Da'ajániya, in: The Roman Frontier in Central Jordan, Final Report on the Limes Arabicus Project 1980–1989 (Hg. S. Thomas Parker), Washington D. C. 2006, 275–287.

Martin Sebastian Goffriller, The Castles of Mallorca, A diachronic perspective of the dynamics of territorial control on an Islamic island, Doktorarbeit an der Universität Exeter 2011.

Lucien Golvin, Le Magrib central á l'époque des Zirides. Recherches d'Archéologie et d'Histoire, Paris 1957.

John Goodall, Portchester Castle, English Heritage guidebook, London 2008.

John Goodall, The Baronial Castles of the Welsh Contest, in: The Impact of the Edwardian Castles in Wales (Hg. Diane M. Williams, John R. Kenyon), Oxford 2010, 155–165.

Bernhard Gondorf, Die Burgen der Eifel und ihrer Randgebiete, Ein Lexikon der „festen Häuser", Köln 1984.

Frank Graham, Hadrian's Wall in the days of the Romans, Newcastle upon Tyne 2003.

Thierry Grandin, The Castle of Salah ad-Din (Hg. Aga Khan Trust for Culture), Genf 2008.

Marcel Grandjean, Gotische Architektur im Waadtland, in: Zeitschrift: Unsere Kunstdenkmäler: Mitteilungsblatt für die Mitglieder der Gesellschaft für Schweizerische Kunstgeschichte, 32/1981, Heft 2, 275–291.

Carl Graves, Egyptian Imperialism in Nubia c. 2009–1191 BC, Masterarbeit an der Universität Birmingham 2010.

Christopher Gravett, David Nicolle, The Normans, Warrior Knights and their Castles Oxford 2006.

Chris Gravett, Atlas der Burgen, Die schönsten Burgen und Schlösser, Tosa-Wien 2001.

Maria Grazia, Nico Ottaviani, A proposito di rocche e fortificazioni dello Stato della Chiesa, in: Rocche e fortificazioni nello Stato della Chiesa, Napoli 2004, IX–XLVII.

Paola Greppi, Provincia Maritima Italorum, fortificationi altomedievali in Liguria, BAR International Series 1839, Oxford 2008.

Timothy E. Gregory, The Hexamilion and the fortress, New Yersey 1993.

Guillaume Grey, Etude sur les monuments de l'architecture militaire des Croisés, Paris 1871.

G. Ulrich Großmann, Ein Mitteleingang der Marienburg?, in: Burgen kirchlicher Bauherren, Forschungen zu Burgen und Schlössern Bd. 6 (Hg. Wartburg-Gesellschaft), München-Berlin 2001, 95–98.

G. Ulrich Großmann, Kilwa – eine Burg des Sultans von Oman in Afrika, in: Die Burg in der Ebene, Forschungen zu Burgen und Schlössern Bd. 17 (Hg. Wartburg-Gesellschaft), Petersberg 2016, 387–395.

Doreen Grove, Dunstaffnage Castle, Burgführer (Hg. Historic Scotland), Edinburgh 2004.

Doreen Grove, Caerlaverock Castle, Burgführer (Hg. Historic Scotland), Edinburgh 2006.

Gerhard Grabher, Das spätrömische Kastell Trasgetium (Stein am Rhein auf Burg), in: Im Schutze mächtiger Mauern, Spätrömische Kastelle im Bodenseeraum, Ausstellungskatalog des Archäologischen Landesmuseums Baden-Württemberg, Frauenfeld 2005, 86–92.

Rob Gruben, Jan Kamphuis, André Viersen, Viereckige Burgen in den nördlichen Niederlanden. Eine kritische Betrachtung, in: Burgen und Schlösser in den Niederlanden und in Nordwestdeutschland, Forschungen zu Burgen und Schlössern Bd. 8 (Hg. Wartburg-Gesellschaft), München Berlin 2004, 147–162.

Gustav Edmund von Grunebaum, der Islam, in: Propyläen Weltgeschichte Bd. 5 Frankfurt/Main-Berlin 1986.

Gonzalo M. Borrás Gualís, Historischer und kunsthistorischer Überblick, in: Die Mudejar-Kunst, Islamische Ästhetik in christlicher Kunst, Ausstellungskatalog des Museums ohne Grenzen, Tübingen-Berlin 2006, 35–61.

Fernando Cobos Guerra, Castro Fernández, Los castillos senoriales de la Escuela de Valladolid: una tipologia arquitectónica para un grupo social, in: Medievalismo y neomedievalismo en la arquitectura espanola, Aspectos generales (Hg. Pedro Navascués Palacio, José Luis Gutiérrez Robledo), Avila 1990, 147–164.

Linda-Marie Günther, Herodes der Große, Darmstadt 2012.

Hans-Heinrich Häffner, Georg Ulrich Großmann, Neues Schloss Ingolstadt (Burgen, Schlösser und Wehrbauten in Mitteleuropa, Bd. 9), Regensburg 2003.

Hanspeter Hanisch, Armenische Bauweise und Bautechnik im mittelalterlichen Wehrbau in Syrien, in: Burgen und Städte der Kreuzzugszeit (Hg. Matthias Piana), Petersberg 2008, 448–455.

W. S. Hanson, Elginhaugh: a flavian fort and its annexe, London 2007.

Ortholf Harl, Vindobona- Das römische Wien, Wr. Geschichtsbücher Bd. 21/22, Wien-Hamburg 1979.

Roland B. Harris, The Structural History of the White Tower 1066–1200, in: The White Tower (Hg. Edward Impey), London 2008, 29–94.

Roland B. Harris, Recent research on the White Tower: reconstructing and dating the Norman building, in: Castles and the Anglo-Norman world, Proceedings of a Conference held at Norwich Castle in 2012 (Hg. John A. Davies e.a.), Oxford 2016, 177–190.

Richard P. Harper, Upper Zohar, An Early Bizantine Fort in Palaestina Termia, Final Report of Excavations in 1985–86, Oxford 1995.

Haytham Hasan, The Citadel of Masyaf (Hg. Aga Khan Trust), Genf 2008.

Susanne Hayder, Die Kastellburgen des 13. Jahrhunderts in Österreich, Magisterarbeit an der Univ. Wien 1992.

Sigrun Heinen, Spurensuche in der Landesburg Lechenich, Baubeobachtungen und Bestandserfassung der gotischen Wandmalereien im großen Festsaal, in: Jahrbuch der Stadt Erffstadt, Erffstadt 2013, 70–75.

Hansgerd Hellenkemper, Burgen der Kreuzritterzeit in der Grafschaft Edessa und im Königreich Kleinarmenien. Studien zur Historischen Siedlungsgeographie Südost-Kleinasiens (= Geographica Historica Bd. 1, Hg. Ernst Kirsten), Bonn 1976.

Taco Hermans, Wohntürme in Südost-Utrecht, in: Burgen und Schlösser in den Niederlanden und in Nordwestdeutschland, Forschungen zu Burgen und Schlössern Bd. 8 (Hg. Wartburg-Gesellschaft), München Berlin 2004, 187–194.

Christofer Herrmann, Mittelalterliche Architektur im Preußenland, Petersberg 2007.

Christofer Herrmann, Die pomesanische Kapitelsburg und der Dom in Marienwerder, in: Burg und Kirche, Herrschaftsbau im Spannungsfeld zwischen Politik und Religion, Kolloquium des Wissenschaftlichen Beirats der Deutschen Burgenvereinigung Würzburg 2011 (Hg. Joachim Zeune, Hartmut Hofrichter), Braubach 2013, 231–242.

Ernst Herzfeld, Damascus; studies in architecture, Ars Islamica Bd. X, Damaskus 1943.

Robert Hillenbrand, Studies in medieval Islamic architecture, Vol. 1, London 2001.

Hans-Heinrich Häffner, Die Südtürme der Kernburg im 13. Jahrhundert, in: Der Crac des Chevaliers, Die Baugeschichte einer Ordensburg der Kreuzfahrerzeit (Hg. Wartburg-Gesellschaft), Forschungen zu Burgen und Schlössern – Sonderband 3, Regensburg 2006, 142–184.

Adolf Hausen, Die Dernbacher Burg, in: Wäller Heimat 1996, 125–128.

David Hawkins, Die Hethiter und ihr Reich, in: Ausstellungskatalog des Kunsthistorischen Museums Wien: Land der Bibel, Jerusalem und die Königsstädte des Alten Orients, Schätze aus dem Bible Land Museum Jerusalem (Hg. Wilfried Seipel), Wien 1997, 63–72.

Stefan Heidemann, The Citadel of Al-Raqqa and fortifications in the middle Euphrate area, in: Muslim military architecture in greater Syria from the Coming of Islam to the Ottoman Period (Hg. Hugh Kennedy), Leiden-Boston 2006, 122–150.

Stefan Heidemann, Die Renaissance der Städte im Vorderen Orient zur Zeit der Kreuzfahrer, in: Kreuzritter – Pilger, Krieger, Abenteurer, Katalog der Ausstellung auf der Schallaburg 2007, 34–43.

Rudolf Hiestand, Die Anfänge der Johanniter, in: Die geistlichen Ritterorden Europas, Sigmaringen 1980, 31–80.

Harald Herzog, Burgen und Schlösser – Geschichte und Typologie der Adelssitze im Kreis Euskirchen, Köln 1989.

Heinrich Hinz, Befestigung, in: Lexikon des Mittelalters, Bd. I, München 2003, 1785–1791.

Agnes Hochleitner, Studien zu hellenistischen Residenzstätten, Magisterarbeit Univ. Wien 2009.

Peter Höglinger, Die Burg Wagrain, Fundberichte aus Österreich, Materialhefte (FÖMat A/Sonderheft 11), Wien 2010.

Imre Holl, Köszeg, in: Zehn Jahre archäologische Forschung, Köszeg 1970.

Dirk Holtermann, Harald Herzog, Die Euskirchner Burgenrunde, Radeln zwischen Erft und Eifel, Düsseldorf 2000.

Gottfried Holzschuh, Zur Baugeschichte des fürstlich esterházischen Schlosses in Eisenstadt, in: Die Fürsten Esterházy, Magnaten, Diplomaten und Mäzene, Ausstellungskatalog Eisenstadt 1995, 144–155.

Walter Hotz, Kleine Kunstgeschichte der deutschen Burg, Darmstadt 1991 (1. Aufl. 1965).

Hubert Houben, Repräsentation und Sicherung der Herrschaft. Die Burgen im staufischen Sizilien, in: Burg und Kirche zur Stauferzeit, Akten der 1. Landauer Staufertagung 1997, Regensburg 2001, 184–192.

Florian Huber, Jesi und Bethlehem, Castel del Monte und Jerusalem, in: Kunst im Reich Friedrich II. von Hohenstaufen (Hg. Kai Kappel, Dorothee Kemper, Alexander Knaak), Bonn 1995, 45–51.

Lise Hull, The Castles of Glamorgan (Monuments in the Landscape XII), Hereford 2007.

Klaus Humpert, Martin Schenk, Entdeckung der mittelalterlichen Stadtplanung, das Ende vom Mythos der „gewachsenen Stadt", Stuttgart 2001.

Bernd Ulrich Hucker, Der Weltherrschaftsgedanke bei Kaiser Friedrich II, in: Ausstellungskatalog Kaiser Friedrich II. 1194–1250, Welt und Kultur des Mittelmeerraums (Hg, Mamoun Fansa, Karen Ermete), Oldenburg 2008, 92–103.

Nada Iannaggi et alii, Ortschaften und Festungen im Gebiet um Agrigent, in: Islamische Kunst im Mittelmeerraum, Arabisch-Normannische Kunst, Siziliens Kultur im Mittelalter (Hg. Museum ohne Grenzen), Tübingen–Berlin 2004, 177–196.

Edward Impey, The Ancestry of the White Tower, in: The White Tower (Hg. Edward Impey), London 2008, 227–242.

Grigore Ionesco, Histoire de l'Architecture en Roumanie de la préhistoire à nos jours, Bibliotheca Historica Romaniae Monographies XI, Bukarest 1972.

Grigore Ionescu, Restauro e fruizione del monumenti di architettura costruiti sul territorio della Romania per la difesa, in: Architettura Fortificata (Hg. Istituto italiano dei castelli), Piacenza 1977.

Roberto Ivaldi, Le Mura di Roma, Roma 2005.

Bernhart Jähnig, Verfassung und Verwaltung des Deutschen Ordens und seiner Herrschaften in Livland, Schriften der Baltischen Historischen Kommission, Berlin 2011.

Lutz Jansen, Fallgitter und Zugbrücke – Torbauten mittelalterlicher und frühneuzeitlicher Wehrbauten im nördlichen Rheinland, in: Die Burg in der Ebene, Forschungen zu Burgen und Schlössern Bd. 17 (Hg. Wartburg-Gesellschaft), Petersberg 2016, 308–343.

Hans L. Janssen, Zwischen Befestigung und Residenz. Zur Burgenforschung in den Niederlanden, in: Burgen und Schlösser in den Niederlanden und in Nordwestdeutschland, Forschungen zu Burgen und Schlössern Bd. 8 (Hg. Wartburg-Gesellschaft), München – Berlin 2004, 9–34.

Nikolaus Jaspert, Jerusalem und sein Königshaus, in: Kreuzritter – Pilger, Krieger, Abenteurer, Ausstellungskatalog Schallaburg 2007, 93–100.

Markus Jeitler, Ronald Woldron, Schloss Ulrichskirchen, Eine Bau- und Herrschaftsgeschichte, Ulrichskirchen 2003.

Ai Jing, A History of the Great Wall of China, New York 2015.

Anne Johnson, Römische Kastelle des 1. und 2. Jahrhunderts n. Chr. in Britannien und in den germanischen Provinzen des Römerreichs, Mainz 1987.

Grigore Ionescu, Istoria Arhitecturii in Rominia Bd. 1, Bukarest 1963.

Bettina Jost, Burg Babenhausen – eine regelmäßige Wasserburg der 1180er Jahre, in: Burg und Kirche zur Stauferzeit (Hg. Volker Herzner, Jürgen Krüger), Regensburg 2001, 128–143.

Manfred A. Jülicher, Burg Brüggen im Wandel der Geschichte, Niederkrüchten 1979.

Marcus Junkelmann, Die Legionen des Augustus, Mainz 1997.

Jan Kamphuis, The Castle as a symbol, the image of power, in: Château Gaillard 24/2010, 129–133.

Manfred Kandler, Hermann Vetters, Der römische Limes in Österreich, Ein Führer, Wien 1986.

Kai Kappel, Die Burgkapelle von Lagopesole, in: Kunst im Reich Friedrich II. von Hohenstaufen (Hg. Kai Kappel, Dorothee Kemper, Alexander Knaak), Bonn 1995, 65–75.

Kai Kappel, Klaus Tragbar, Abschied von der Symmetrie. Zur Binnengliederung des „Castrum Imperatoris" in Prato, in: Burg und Kirche zur Stauferzeit, Akten der 1. Landauer Staufertagung 1997, Regensburg 2001, 1205–222.

Leszek Kajzer, Stanisław Kołodziejski, Jan Salm, Leksykon Zamków w Polsce, Warschau 2002.

Hugh Kennedy, Crusader Castles, Cambridge 1994.

D. L. Kennedy, The Roman Army in Jordan, London 2004.

John R. Kenyon, Kidwelly Castle, Carmarthenshire: the reinterpretation of a monument, in: The Medieval Castle in Ireland and Wales (Hg. John R. Kenyon, Kieran O'Conor), Dublin 2002, 176–181.

John R. Kenyon, Middleham Castle (Guidebook), London 2015.

Gottfried Kerscher, Ritual und Architektur im Okzident, in: Wohnen – Reisen – Residieren, Herrschaftliche Repräsentation zwischen temporärer Hofhaltung und dauerhafter Residenz in Orient und Okzident (Hg. Dorothée Sack, Daniela Spiegel, Martin Gussone), Berliner Beiträge zur Bauforschung und Denkmalpflege 15, Petersberg 2016, 65–80.

Hubert Keuvitz, Das Schloss Dautenstein, in: Burgen und Schlösser in Mittelbaden (Hg. Hugo Schneider), Schriftenreihe: Die Ortenau: Zeitschrift des Historischen Vereins für Mittelbaden, Bd. 64, Offenburg 1984, 341–44.

Charles Kightly, Farleigh Hungerford Castle, London 2009.

Adalbert Klaar, Beiträge zu Planaufnahmen österreichischer Burgen, II. Niederösterreich, 5 Teile, Wien 1973–1976.

Adalbert Klaar, Begleittext zu den Baualterplänen österreichischer Städte, Wien 1980.

Margot Klee, Grenzen des Imperiums, Leben am römischen Limes, Stuttgart 2006.

Michael Klein, Untersuchungen zu den kaiserlichen Steinbrüchen an Mons Porphyrites und Mons Claudianus in der östlichen Wüste Ägyptens, Bonn 1988 (Habelts Dissertationsdrucke, Reihe Alte Geschichte 26).

Wolfram Kleiss, Geschichte der Architektur Irans, Archäologie in Iran und Turan Bd. 15, Teheran 2015.

Amos Kloner, Michael Cohen, Die Kreuzfahrerburg Beth Guvrin, in: Burgen und Städte der Kreuzzugszeit (Hg. Matthias Piana), Petersberg 2008, 285–292.

Alexander Knaak, Das Kastell von Lucera, in: Kunst im Reich Friedrich II. von Hohenstaufen (Hg. Kai Kappel, Dorothee Kemper, Alexander Knaak), Bonn 1995, 76–93.

Alexander Knaak, Das Kastell von Augusta, neue baugeschichtliche Erkenntnisse, in: Kunst im Reich Kaiser Friedrichs II. von Hohenstaufen, Franziska Windtz zum 35. Geburtstag, München 1997, 94–114.

Alexander Knaak, Prolegomena zu einem Corpuswerk der Architektur Friedrichs II. von Hohenstaufen im Königreich Sizilien, in: Studien zur Kunst- und Kulturgeschichte 16, Marburg 2001, 36–46.

Benjamin Knör, Der limes Arabicus, Norderstedt 2007.

C. H. Knowles, Heinrich III, in: Lexikon des Mittelalters, CD-Rom-Ausgabe, Verlag Metzler 2000, Bd. 4, 2051–2052.

Alexander Koch, Die Große Mauer in China, „Mauer der 10.000 LI", in: Mauern als Grenzen (Hg. Astrid Nunn), Mainz 2009, 145–169.

Christoph Konrad, Resafa/ar – Rusafa. Die Paläste von Rusafat Hišam. Ergebnisse der Untersuchung von zwei der frühislamischen Großbauten der Siedlung extra muros, in: Wohnen – Reisen – Residieren, Herrschaftliche Repräsentation zwischen temporärer Hofhaltung und dauerhafter Residenz in Orient und Okzident (Hg. Dorothée Sack, Daniela Spiegel, Martin Gussone), Berliner Beiträge zur Bauforschung und Denkmalpflege 15, Petersberg 2016, 139–151.

Oldřich Kotyza, Milan Sýkora, Litoměřický hrad a jeho počátky, in: Hrady českého severozápadu, 84–148, Sborník k životnímu jubileu Tomáše Durdíka, Most 2012.

Maike Kozok (Hg.), Architektur Struktur Symbol, Streifzüge durch die Architekturgeschichte von der Antike bis zur Gegenwart, Petersberg 1999.

Doriann Kransberg, Hans Mils, Kastelengids van Nederland – Middeleeuwen, Bussum 1979.

Rudolf Krauscher, Unsere Liebe Frau von Stotzing, Stotzing 1995.

Jens-Uwe Krause, Die Spätantike (284–565), in: Geschichte der Antike (Hg.: Hans-Joachim Gehrke, Helmuth Schneider), Stuttgart-Weimar 2010.

Johann-Sebastian Kühlborn, Die augustäischen Militärlager an der Lippe, in; Heinz Günther Horn (Hg.) Archäologie in Nordrhein-Westfalen, Geschichte im Herzen Europas, Mainz 1990, 169–186.

Hans-Joachim Kühn, Byzantinische Stadtbefestigungen, in: „Umbringt mit starcken turnen, murn", Ortsbefestigungen im Mittelalter (Hg. Olaf Wagener), Beihefte zur Mediaevistik Bd. 15, Bleidenberg 2010, 395–412.

Thomas Kühtreiber, Der Gründungsbau der Burg Landštejn, Überlegungen zur zeitlichen Einordnung aus bauhistorischer Sicht, in: Průzkumy Památek 1/2011, 71–84.

Erwin Kupfer, Das Weinviertel, Herrschaft, Siedlung und soziales Geflecht im Hohen Mittelalter, Wien 2017.

Jiří Kuthan, Přemysl Ottokar II., König, Bauherr und Mäzen – Höfische Kunst im 13. Jahrhundert, Wien-Köln-Weimar 1996.

Mehmet Kutlu, Seljuk Caravanserais in the vicinity of Denizli: Han-Abad (Cardakhan) and Akhan, Magisterarbeit, Ankara 2009.

Beatrice La Farge, Magnus Eriksson, in: Lexikon des Mittelalters, CD-Rom Ausgabe München 2000, Bd. 6, 99–100.

August Landgraf, Die Wasserschlösser von Ober- und Niederösterreich, Dissertation an der Univ. München 1948.

August Landgraf, Wasserburgen des 13. und 14. Jahrhunderts im Osten Niederösterreichs, in: Burgen und Schlösser, Zeitschrift der Deutschen Burgenvereinigung 83/1–1973, 5–18.

Giovanni B. Lanfranchi, Assyrische Kultur, in: Ausstellungskatalog des Kunsthistorischen Museums Wien: Land der Bibel, Jerusalem und die Königsstädte des Alten Orients, Schätze aus dem Bible Land Museum Jerusalem (Hg. Wilfried Seipel), Wien 1997, 129–144.

Eric Laufer, Antike Befestigungsbauten im historischen Kontext. Ein Diskussionsbeitrag des Netzwerks „Focus Fortifikation". in: Focus on Fortification, New Research on Fortifications in the Ancient Mediterranean and the Near East (Hg. Rune Frederiksen, Silke Mütz, Peter Schneider, Mike Schnelle), Oxford 2016, 325–331.

Rolf Legler, Das Geheimnis von Castel del Monte, Kunst und Politik im Spiegel einer staufischen „Burg", München 2007.

Erich Lehner, Wege der architektonischen Evolution, Die Polygenese von Pyramiden und Stufenbauten, Aspekte zu einer vergleichenden Architekturgeschichte, Wien 1998.

Dankwart Leistikow, Gebäudestrukturen im Kastell- und Palastbau Friedrich II. in Süditalien, in: Burgenforschung aus Sachsen 14/2001, 97–120.

Dankwart Leistikow, Brauneck und Frauental. Gründungen der Hohenlohe im Zeitalter Kaiser Friedrichs II., in: Burg und Kirche zur Stauferzeit (Hg. Volker Herzner, Jürgen Krüger), Regensburg 2001, 144–157.

Dankwart Leistikow, Castra et domus, Burgen und Schlösser Friedrichs II. im Königreichs Sizilien, in: Kunst im Reich Friedrich II. von Hohenstaufen (Hg. Kai Kappel, Dorothee Kemper, Alexander Knaak), Bonn 1995, 21–35.

Dankwart Leistikow, Burgtürme in Apulien – Donjon und Wohnturm, in: Wohntürme, Veröffentlichungen der Deutschen Burgenvereinigung e.v. (Hg. Heinz Müller), Langenweißbach 2002, 57–68.

Dankwart Leistikow, Der „Davidsturm" in der Zitadelle von Jerusalem, in: Burgen und Städte der Kreuzzugszeit (Hg. Matthias Piana), Petersberg 2008, 326–335.

Pierre-Yves Le Pogam, De La » Cité de dieu « au » Palais du Pape «, Les residences pontificales dans la seconde moitié du XIII°siecle (1254–1304), Paris 2005.

Pierre Leriche, Ségolène de Pontbriand, Les Fortifications Kouchanes en Bactriane, in: Focus on Fortification, New Research on Fortifications in the Ancient Mediterranean and the Near East (Hg. Rune Frederiksen, Silke Mütz, Peter Schneider, Mike Schnelle), Oxford 2016, 623–644.

Niels-Knud Liebgott, Brick-making and Castle-building, in: Châteaux Gaillard 18/1998, 109–118.

Udo Liessem, Die Burg in Mayen, eine gotische Anlage westlicher Prägung, in: Mayener Beiträge zur Heimatgeschichte 7/1995, 29–48.

Udo Liessem, Boymont bei Bozen – Baugestalt und Einordnung, in: Schloss Tirol – Saalbauten und Burgen des 12. Jahrhunderts in Mitteleuropa, Forschungen zu Burgen und Schlössern Bd. 4, (Hg. Wartburg-Gesellschaft), München-Berlin 1998, 73–86.

Keith D. Lilley, The Landscapes of Edward's New Towns: Their Planning and Design, in: The Impact of the Edwardian Castles in Wales (Hg. Diane M. Williams, John R. Kenyon), Oxford 2010, 99–113.

Karl List, Wasserburg Lahr, Eine Burg aus der Stauferzeit, in: Wasserburg Lahr, Eine Burg aus der Stauferzeit (Hg. Karl List, Philipp Bruckner), Lahr 1977, 5–18.

Heribert J. Leonardy, Hendrik Kersten, Burgen in Spanien, Eine Reise ins spanische Mittelalter, Darmstadt 2002.

Mario Locatelli, La rocca di Bergamo, storia di una fortezza medievale, Bergamo 1994.

John Gordon Lorimer, Gazetteer of the Persian Gulf, Geophysical and Statistical, Shannon 1970.

Michael Losse, Hohe Eifel und Ahrtal, 57 Burgen und Schlösser, Stuttgart 2003.

Michael Losse, Burgen und Schlösser, Adelssitze und Befestigungen in der Vulkaneifel, Petersberg 2012.

Julia Lovell, Die Große Mauer, China gegen den Rest der Welt 1000 v. Chr. – 2000 n. Chr., Stuttgart 2007.

Christian Lovén, Borgar och Befästningar i det Medeltida Sverige, Stockholm 1999.

Beate Luckow, Turkmenistan entdecken: versunkene Wüstenstädte an der Seidenstraße, Berlin 2006.

Santoro Lucio, Castelli angioini e aragonesi nel regno di Napoli, Ruscioni 1982.

Neil Ludlow, Pembroke Castle, Birthplace of the Tudor Dynasty, Pembroke o.D.

Mario Lunari, Invito a Formigine, Il castello e le ville, Modena 2010.

Alexandru Madgearu, Byzantine Military Organisation on the Danube, 10th–12th Centuries, Leiden 2013.

Karol Magyar, A középkori budai királyi palota fö épitési korszakainak alaprajzi rekonstrukciója I., in: Budapest Régiségei XXXI, 101–120.

John Man, Xanadu, Marco Polo and Europe's discovery of the east, London 2010.

Clemente Manenti, Burgen in Italien, Köln 2000.

Gabriella Mantovani, Il castello di Castel d'Ario, Manta 2012.

Mondéjar Manzanares, Maria Rosario, Apuntes para la interpretación de un castello: el castillo de Cuellar, Segovia 2007.

Tomislav Marasović, Il Palazzo di Diocleziano, Patrimonio culturale mondiale, Spalato – Croatia, Zagreb-Split 1995.

Jonathan Marsden, Schloss Windsor, der offizielle Souvenir-Führer, London 2012.

Josef Matuz, Das Osmanische Reich. Grundlinien seiner Geschichte, Darmstadt 1985.

Theodor Maurer, Dieter Kirsch, Altrip – Portrait eines Dorfs. Festschrift aus Anlass seines 1600jährigen Bestehens, Altrip 1970.

Ferdinando Maurici, Castelli medievali in Sicilia, dai bizantini ai normanni, Palermo 1992.

Eliana Mauro, Ettore Sessa, Historischer und kunsthistorischer Überblick, in: Islamische Kunst im Mittelmeerraum, Arabisch-Normannische Kunst, Siziliens Kultur im Mittelalter (Hg. Museum ohne Grenzen), Tübingen-Berlin 2004, 35–66.

Maurizio Mauro, Castelli, rocche, torri, cinte fortificate delle Marche, Ancona 1997.

Juana Aurora Mayoral, Alcázar de Toledo, Toledo 1987.

Ulrike Mayr, Das spätantike Kastell Schaan an der römischen Strasse von Chur (Curia) nach Bregenz (Brigantium), in: Im Schutze mächtiger Mauern, Spätrömische Kastelle im Bodenseeraum, Ausstellungskatalog des Archäologischen Landesmuseums Baden-Württemberg, Frauenfeld 2005, 63–70.

Peter McLaughlin, Weyma Lübbe, Typus, in: Ezyklopädie Philosophie und Wissenschaftstheorie, Hg. Jürgen Mittelstraß, Stuttgart/Weimar 2004, Bd. 4.

Cord Meckseper, Ausstrahlungen des französischen Burgenbaus nach Mitteleuropa im 13. Jahrhundert, in: Beiträge zur Kunst des Mittelalters, Festschrift für Hans Wentzel zum 60. Geburtstag, Berlin 1975, 135–144.

Hans-Rudolf Meier, Die normannischen Königspaläste in Palermo, Studien zur hochmittelalterlichen Residenzbaukunst, Worms 1994.

Hans-Rudolf Meier, Integration und Distinktion in der herrscherlichen Kunst im vorangiovinischen Königreich, in: Medien der Macht, Kunst zur Zeit der Anjous in Italien (Hg. Tanja Michalsky), Berlin 2001, 13–32.

Dobroslava Menclová, České hrady, 1964.

Dobroslava Menclová, Typologie der Mährischen Burgen, in: Sborník prací filosofické fakulty brněnské university. Řada uměnověda F 1971–14/15, 97–127.

Antonio Menniti Ippolito, Della Scala, in: Lexikon des Mittelalters, CD-Rom-Ausgabe 2000, Bd. 3, 676–681.

Dieter Mertens, Castellum oder Ribat? Das Küstenfort in Selinunt, in: Istanbuler Mitteilungen 39, Istanbul 1989, 391–398.

Jean Mesqui, Châteaux et Enceintes de la France Médievale de la défense à résidence, Paris 1991.

Jean Mesqui, Châteaux forts et fortifications en France, Paris 2000.

Jean Mesqui, Le château de Qal'at Salâh aö-Din en Syrie, Rapport de la mission 2002, Paris 2002.

Jean Mesqui, Die Burg Sa ne (Sahyun, Qal'ah ad-Din), in: Burgen und Städte der Kreuzzugszeit (Hg. Matthias Piana), Petersberg 2008, 356–366.

Jean Mesqui, Le Château de Pierrefonds, une nouvelle vision du monument, Paris 2007.

Jean Mesqui, Le château de Lillebonne des ducs de Normandie aux ducs d'Harcourt, in: Mémoires de la Société des antiquaires de Normandie XLII, Caen 2008.

Jean Mesqui, Château Pierrefonds, in: Bulletin Monumental 166/3, 2008.

Wolfgang Metternich, Die Königsburgen von Wales, Darmstadt 1984.

Wolfgang Metternich, Burgen in Irland, Herrschaftsarchitektur im Hochmittelalter, Darmstadt 1999.

Werner Meyer, Eduard Widmer, Das grosse Burgenbuch der Schweiz, Zürich 1977.

Benjamin Michaudel, Burzaih, in: Burgen und Städte der Kreuzzugszeit (Hg. Matthias Piana), Petersberg 2008, 178–187.

Benjamin Michaudel, Aiyubidische und mamlukische Befestigungen im syrischen Küstengebiet zur Zeit der Kreuzzüge, in: Burgen und Städte der Kreuzzugszeit (Hg. Matthias Piana), Petersberg 2008, 102–109.

Fabio Militello, Rodo Santoro, Castelli di Sicilia, Cittá e fortificazioni, Palermo 2006.

Paul Mitchell, Günther Buchinger, Der Gründungsbau der Wiener Burg, in: Die Wiener Hofburg im Mittelalter, Von der Kastellburg bis zu den Anfängen der Kaiserresidenz (Hg. Mario Schwarz), Wien 2015, 45–60.

Martin Miňo, Niekolko postrehov k fortifica krvkom miest stredoslovenskej banskey oblasti, in: archeologia historica 36/11–1 2011, 289–302.

Kristin Molin, The role of castles in the political and military history of the Crusader States and the Levant 1187 to 1380, Doktorarbeit Leeds 1995.

Kristian Molin, Unknown Crusader Castles, New York 2001.

Franck Monnier, Les forteresses égyptiennes du Prédynastique au Nouvel Empire, Bruxelles 2010.

Hannes Möhring, Muslimische Reaktion: Zangi, Nuraddin und Saladin, in: Kreuzritter – Pilger, Krieger, Abenteurer, Ausstellungskatalog Schallaburg 2007, 156–169.

Hannes Möhring, Zengiden, Aiyubiden und Mamluken : Muslimische Herrscher der Kreuzzugszeit, in: Burgen und Städte der Kreuzzugszeit (Hg. Matthias Piana), Petersberg 2008, 47–59.

Nathan Morello, Building the Frontier: Frontier Fortifications in the Assyrian Empire, in: Focus on Fortifications, New Research on Fortifications in the Ancient Mediterranean and the Near East (Hg. Rune Frederiksen, Silke Müth, Peter I. Schneider, Mike Schnelle), Oxford 2016, 43–52.

Andres Moser, Ingrid Ehrensperger, Jura bernois, Bienne et les rives du lac, Bern 1983.

Martin Mosser, Befunde im Legionslager Vindobona. Teil III: Das Lagergrabensystem, in: Fundort Wien Bd. 7/2004.

Martin Mosser, Befunde im Legionslager Vindobona. Teil VIII: Der Legionslagerplan – Grundrissrekonstruktion und Chronologie, in: Fundort Wien Bd. 19/2016, 24–45.

Gustav Müller, Die militärischen Anlagen und die Siedlungen von Novaesium, in: Heinrich Chantraine u.a.: Das römische Neuss, Stuttgart 1984, 55–72.

Andreas Müller-Karpe, Die Kappadokische Mauer, Nordgrenze des assyrischen Reiches? In: Mauern als Grenzen (Hg. Astrid Nunn), Mainz 2008, 47–55.

Wolfgang Müller-Wiener, Burgen der Kreuzfahrer im Heiligen Land, auf Zypern und in der Ägäis, München-Berlin 1966.

Martina Müller-Wiener, Zeremoniell und gebauter Raum in der frühislamischen Palastarchitektur, in: Wohnen – Reisen – Residieren, Herrschaftliche Repräsentation zwischen temporärer Hofhaltung und dauerhafter Residenz in Orient und Okzident (Hg. Dorothée Sack, Daniela Spiegel, Martin Gussone), Berliner Beiträge zur Bauforschung und Denkmalpflege 15, Petersberg 2016, 51–63.

Julian Munby, Reconstructing the Round Table Windsor and beyond, in: Edwards III's round table at Windsor, The house of the round table and the Windsor festival of 1344 (Hg. Julian Munby, Richard Barber, Richard Brown), Rochester, 119–136.

Yusuf Natseh, Architektur und Kunstgewerbe im islamischen Palästina, in: Pilger, Sufis und Gelehrte, Islamische Kunst im Westjordanland und Gazastreifen (Hg. Museum ohne Grenzen), Wien 2004, 52–65.

Michele Navasconi, Il castello di Sant'Angelo Lodigiano, Milano 1972, 13–272.

M. Németh, Die römischen Militäranlagen, in: Das römische Budapest (Hg. Landschaftsverband Westfalen-Lippe), Münster-Lengerich 1986, 79–98.

Ehud Netzer, Die Paläste der Hasmonäer und Herodes' des Großen, Mainz 1999.

David Nicolle, Crusader Castles in the Holy Land 1097–1192, Oxford 2004.

Ton Nijst, Hugo Priemus, Jeroen Swets, Pijzer van IJzeren, Living on the edge of the Sahara, a study of traditional forms of habitations and types of settlement in Morocco, (Kasba 64 Study Group), Den Hag 1973.

August Nitschke, Einleitung, in: Propyläen Weltgeschichte (Hg. Golo Mann, August Nitschke, Bd. 5, Islam – die Entstehung Europas, Frankfurt/Main – Berlin 1986, 11–20.

Lévon Nordiguian, Jean-Claude Voisin, Châteaux et Eglises du Moyen Age au Liban, Beirut 2009.

Konstantin Nossov, Hittite Fortifications C.1650–700 BC, Oxford 2008.

Konstantin Nossov, Greek Fortifications of Asia Minor 500–130 BC, Oxford 2009.

Mirko Novák, Herrschaftsform und Stadtbaukunst, Programmatik im mesopotamischen Residenzstadtbau von Agade bis Surra man Ra'a, Schriften zur vorderasiatischen Archäologie Bd. 7, Saarbrücken 1999.

Jakob Obrecht, Letzimauern und Seesperren in der Innerschweiz, in: „Vmbringt mit starcken turnen, murn", Ortsbefestigungen im Mittelalter (Hg. Olaf Wagener), Frankfurt/Main 2010, 171–186.

Alberto Ocana, El castillo de Santiago en Sanlúcar de Barramela, Cinco siglos de istoria y arquitectura de una fortaleza, Cádiz 2007.

Tadhg O'Keefe, Margaret Coughlan, The chronology and formal affinities of the Ferns donjon, Co. Wexford, in: The Medieval Castle in Ireland and Wales (Hg. John R. Kenyon, Kieran O'Conor), Dublin 2003, 133–148.

Norbert Oelsner, Schloss Osterstein in Zwickau – Ein baugeschichtlicher Überblick, in: Burgenforschung aus Sachsen 24/2011, 5–33.

Norbert Oelsner, Zur Typologie der Dresdner Burganlage bis zur Mitte des 15. Jahrhunderts, in: Das Residenzschloss zu Dresden, Bd. 1, Von der mittelalterlichen Burg zur Schlossanlage der Spätgotik und Frührenaissance, Forschungen und Schriften zur Denkmalpflege Band IV, 1 (Hg. Landesamt für Denkmalpflege Sachsen), Petersberg 2013, 175–188.

Ferdinand Oppl, Der frühneuzeitliche Festungsbau in Theorie und Praxis, in: Wien als Festungsstadt im 16. Jahrhundert, zum kartographischen Werk der Mailänder Familie Angielini (Hg. Ferdinand Oppl, Heike Krause, Christoph Sonnlechner), Wien-Köln-Weimar 2017, 127–146.

Edwin Orsel, Kasteel Ammersoyen Ouder dan gedacht? in: Ambitie in steen. Bijdragen tot de kastelenkunde in Nederland (Hg. Bas Aarts e.a.), Wijk bij Duurstede 2012, 165–180.

Pilar Alvarez Ortiz, Historia de la villa y Castello de Castrotorafe, Semuret 2002.

Fabio Paci, Naro – Atlante di storia urbanistica siciliana, Bd. 2, Flaccovio 2002.

Silvia La Padula, Il Castello Aragonese d'Ischia, Ischia 1997.

Maria Rosa Palvarini, Carlo Perogalli, Castelli dei Gonzaga, Mailand 1983.

S. Thomas Parker, The Historical Development of the Limes Arabicus, Cambridge 1986.

S. Thomas Parker, The Defense of Palestine and Transjordan from Diocletian to Heraclius, in: Roman Fortresses and their Legions, Papers in Honour of George C. Boon (Hg.: L. E. Stager, J. A. Greene, M. D. Coogan), London 2000, 121–138.

Andrew Pearson, The Roman Shore Forts: Coastal Defences of Southern Britain Stroud, London 2002.

Andrew Pearson, The Construction of the Saxon Shore Forts, British Archaeological Report 349, Oxford 2003.

Gianni Perbellini, Castelli Scaligeri, Mailand 1982.

Barbara Perlich, Johannes Cramer, Zur Bauausstattung von Qasr al-Mšhatta, in: Koldewey-Tagungsband 46, Stuttgart 2012, 221–228.

Barbara Perlich, Johannes Cramer, Qasr al-Mšhatta in Jordanien: Ein frühislamischer Palast, in: Wohnen – Reisen – Residieren, Herrschaftliche Repräsentation zwischen temporärer Hofhaltung und dauerhafter Residenz in Orient und Okzident (Hg. Dorothée Sack, Daniela Spiegel, Martin Gussone), Berliner Beiträge zur Bauforschung und Denkmalpflege 15, Petersberg 2016, 153–164.

Florian Petrescu, Cetatea de la Gadinti – Roman (sau Cetatea Noua), in: Oameni de seama din istoria românilor, Bd. 2, Bukarest 2007, 73–74.

Hans-Georg Pfeifer, Zypern, München 1993.

Hans-Georg Pflaum, Das römische Kaiserreich, in: Propyläen Weltgeschichte Bd. 4 – Rom, die Römische Welt, Ulm 1986, 317–428.

Mathias Piana, Die Kreuzfahrerstadt Tripoli (Triple, Tarabulus), in: Burgen und Städte der Kreuzzugszeit (Hg. Matthias Piana), Petersberg 2008, 422–437.

Matthias Piana II, Die Burg Toron (Qual'at Tibnin) im südlichen Libanon, in: Burgen und Städte der Kreuzzugszeit (Hg. Matthias Piana), Petersberg 2008, 396–407.

Otto Piper, Burgenkunde, Augsburg 1895.

Miroslav Plaček, Ilustratovona Encyclopedie Moravských hradů, hradků a turzi, Prag 2001.

Miroslav Plaček, Martin Bóna, Ecyklopedie Slovenských Hradu, Prag 2007.

Fry Plantagenet Somerset, The David and Charles Book of Castles, Newton Abbot 1980.

Peter Pleyel, Das Römische Österreich, Kulturgeschichte und Führer zu Fundstätten und Museen, Wien 1987.

René Ployer, Der norische Limes in Österreich, Fundberichte aus Österreich, Materialhefte Reihe B, Band 3 / 2013.

Götz Pochat, Internationale Gotik – Realität oder Phantasiegebilde?, in: Internationale Gotik in Mitteleuropa (Hg. Götz Pochat, Brigitte Wagner), Kunsthistorisches Jahrbuch Graz Bd. 24 / 1991, 9–19.

K. Póczy, Historische Übersicht, in: Ausstellungskatalog: Das römische Budapest, neue Ausgrabungen und Funde in Aquincum, (Hg. Landschaftsverband Westfalen-Lippe) Münster 1986, 11–70.

Herbert Popp, Abdelfettah Kassahi, Les Ksour du Sud Tunisien, Bayreuth 2010.

Kazimierz Pospieszny, Die Marienburg in Preußen und ihre hessische „Mutter" Marburg, in: Burgen kirchlicher Bauherren, Forschungen zu Burgen und Schlössern Bd. 4 (Hg. Wartburg-Gesellschaft), München-Berlin 2001, 99–106.

Bernhard von Poten, Handwörterbuch der gesamten Militärwissenschaften, Bd. 2, Bergen bis Döbeln, Leipzig 1877.

Stéphane Pradines, The Mamluk Fortifications of Egypt, in: Mamluk Studies Review Vol. 19/2016, 25–78.

Michael Prestwich, Edward I. and Wales, in: The Impact of the Edwardian Castles in Wales (Hg. Diane M. Williams, John R. Kenyon), Oxford 2010, 1–8.

Harald Prickler, Burgen und Schlösser, Ruinen und Wehrkirchen im Burgenland, Wien 1972.

Denys Pringle, Secular buildings in the Crusader Kingdom of Jerusalem, An archaeological gazetteer, Campridge 1997.

Denys Pringle, The Defence of Byzantine Africa from Justinian to the Arab Conquest, Oxford 1981.

Denys Pringle, The Red Tower, London 1986.

Denys Pringle, Architecture in the Latin East 1098–1571, in: The Oxford Illustrated History of the Crusades (Hg. Jonathan Riley-Smith), Oxford 1995, 160–184.

Wolfram Prinz, Ronald G. Kecks, Das französische Schloss der Renaissance, Form und Bedeutung der Architektur, ihre geschichtlichen und gesellschaftlichen Grundlagen, Berlin 1994.

Propyläen Weltgeschichte, IV. Band, Berlin-Frankfurt/Main 1986.

Britta Rabold, Egon Schallmayer, Andreas Thiel, Der Limes, Die deutsche Limes-Straße vom Rhein bis zur Donau (Hg. Verein Deutsche Limes-Straße), Stuttgart 2008.

Timm Radt, Burgen des Deutschen Ordens im Armenischen Königreich in Kilikien, in: Montfort und der frühe Burgenbau des Deutschen Ordens (Hg. Thomas Biller), Petersberg 2015, 133–192.

Friedrich Ragette, Traditional Domestic Architecture of the Arab Region, Sharjah 2003.

Antonio Cassi Ramelli, Italia meravigliosa – Castelli e fortificazioni, Mailand 1974.

Mourad Rammah, Die Ribat-Städte, in: Ifriqiya, Dreizehn Jahrhunderte Kunst und Architektur in Tunesien (Hg. Museum ohne Grenzen), Wien 2002, 184–200.

Jean Reynal, Jean-Philippe Alazet, Michel Castillo, Le palais des rois de Mallorca, Canet-en-Roussillon 2010.

Vladislav Razím, K vývoji a interpretaci hradu Týřova ve 13. stoleti, in: Průzkumy Památek 1/ 2005, 73–88.

Vladislav Razím, Kpočátkům hradu Landštejna, in: Průzkumy Památek 1/2011, 31–70.

Christoph Reichmann, Neue Untersuchungen zur Baugeschichte der Burg Linn, in: Die Heimat 65/1994, 131–148.

Erwin Reidinger, Planung oder Zufall, Wr. Neustadt 1192, Wr. Neustadt 1995.

Erwin Reidinger, Die Tempelanlage in Jerusalem von Salomo bis Herodes, Neuer Ansatz für Rekonstruktion durch Bauforschung und Astronomie, Wr. Neustadt 2005.

Derek Renn, Caerphilly Castle, Guidebook von Cadw, Cardiff 2002.

Peter Reuter, Sasaniden, in: Lexikon der Antike, Digitale Bibliothek Band 18, Berlin 2004, 5032.

Eva Röell, Die gräflichen Säle auf dem Binnenhof – Architektur- und bauhistorische Untersuchung, in: Burgen und Schlösser in den Niederlanden und in Nordwestdeutschland, Forschungen zu Burgen und Schlössern Bd. 8 (Hg. Wartburg-Gesellschaft), München – Berlin 2004, 35–48.

Israel Roll, Der frühislamische Basar und die Kreuzfahrerburg in Apollonia-Arsuf, in: Burgen und Städte der Kreuzzugszeit (Hg. Matthias Piana), Petersberg 2008, 252–262.

John H. Rosser, Historical Dictionary of Byzantium, Plymouth 2012.

John Malcolm Russell, Ninive, in: Ausstellungskatalog des Kunsthistorischen Museums Wien: Land der Bibel, Jerusalem und die Königsstädte des Alten Orients, Schätze aus dem Bible Land Museum Jerusalem (Hg. Wilfried Seipel), Wien 1997, 117–128.

Paul Martin Remfry, Bloody Montgomery, 1223 to 1295, Malvern 1998.

Paul Martin Remfry, Grosmont Castle, 1066 to 1538, Malvern 2000.

Paul Martin Remfry, White Castle, 1066–1438, Malvern 2000.

Paul Martin Remfry, Skenfrith Castle and the families of Fitz Osbern, Ballon, Fitz Count, Burgh and Braose and Plantagenet of Grosmont, Malvern 2008.

Derek Renn, Caerphilly Castle, Burgführer von CADW, Welsh Historic Monuments, Cardiff 2002.

Shaun Richardson, Ed Dennison, Wressle Castle, East Yorkshire, in: The Castle Studies Group 28 2014/15, 190–198.

Jonathan Riley-Smith, Gründung und Verwaltung der lateinischen Siedlungen in der Levante, in: Kreuzritter – Pilger, Krieger, Abenteurer, Ausstellungskatalog Schallaburg 2007, 83–92.

Samuel Rocca, The fortifications of ancient Israel and Judah 1200–586 BC, Oxford 2010.

Samuel Rocca, The forts of Judea 168 BC – AD 73, Oxford 2008.

Adriana Rossi, Le misure del castello San Felice a Cancello, in: Disegnarecon 8/15, 2015, 1–12.

Trevor Rowley, Die Normannen, Essen 2003.

Peter F. Ryder, Ravensworth Castle, in: The Yorkshire Archaeological Journal 51/1979, 81–100.

Renato Russo, Guida a Castello di Barletta e ai suoi segreti, Barletta 2005.

Eberhard Sauer, Hamid Omrani-Rekavandi, Jebrael Nokandeh, Tony Wilkinson, Die Sasanidischen Mauern, in: Mauern als Grenzen (Hg. Astrid Nunn), Mainz 2009, 127–144.

Ahmed Saadaoui, Die Andalusier, in: Ifriqiya, Dreizehn Jahrhunderte Kunst und Architektur in Tunesien (Hg. Museum ohne Grenzen), Wien 2002, 112–135.

Peter Sachenbacher, Baumaterial und Farbe – Symbole der Macht? Zu mittelalterlichen Backsteinbauten in Thüringen östlich der Saale, in: Symbole der Macht? Aspekte mittelalterlicher und frühneuzeitlicher Architektur, Beihefte zur Mediaevistik Bd. 17 (Hg. Olaf Wagener), Frankfurt/Main 2012, 373–388.

Fabio Saggioro, Maria Bosco, Elisa Lerco, Chiara Marastoni, Simone Melato, Alcune note sullo studio dei castelli in area veronese; i casi di Terrosa di Roncá e di Villafranca di Verona, in: Tagungsband Vi Congresso Nazionale di Archeologia Medievale in L'Aquila 2012, Roma 2014 (Hg. Fabio Redi, Alfonso Forgione), 206–10.

Thomas Saile, Anmerkungen zur sozialen Komplexität frühgeschichtlicher Gesellschaften in den unteren Elblanden aus archäologischer Sicht, in: Potestas et communitas, Interdisziplinäre Beiträge zu Wesen und Darstellung von Herrschaftsverhältnissen im Mittelalter östlich der Elbe (Hg. Aleksander Paro'n e.a.), Warschau 2010, 53–72.

Walther Sallaberger, Die Amurriter-Mauer in Mesopotamien – der älteste historische Grenzwall gegen Nomaden, in: Mauern als Grenzen (Hg. Astrid Nunn), Mainz 2008, 27–38.

Mike Salter, The Castles of South-West Wales, Malvern 1996.

Mike Salter, The Castles of Mid Wales, Malvern 2001.

Mike Salter, Castles of Gwent, Glamorgan and Gower, Malvern 2002.

Mike Salter, The Castles of Kent, Surrey & Sussex, Malvern 2016.

Franz Sauer, Die mittelalterlichen Befestigungsanlagen von Eisenstadt, in: Castrum Bene 6 / 1999, 253–274.

A. D. Saunders, Launceston Castle, Cornwall, Burgführer, London 2011.

Stefano Saviotti, Le mura di Faenza, Faenza 2014.

Felix f. Schäfer, Das Praetorium in Köln und weitere Statthalterpaläste im Imperium Romanum, eine baugeschichtliche Untersuchung und eine vergleichende Studie zu Typus und Funktion, Dissertation an der Univ. Köln 2005.

Franz Rainer Scheck, Jordanien, Völker und Kulturen zwischen Jordan und Rotem Meer, Köln 2000.

Patrick Schicht, Burg Hardegg, Entstehung – Gestalt – Geschichte der bedeutendsten Grafenburg Niederösterreichs, Retz 2008.

Patrick Schicht, Österreichs Kastellburgen des 13. und 14. Jahrhunderts, Beiträge zur Mittelalterarchäologie in Österreich, Beiheft 5 / 2003.

Patrick Schicht, Buckelquader in Österreich, mittelalterliches Mauerwerk als Bedeutungsträger, Dissertation an der Universität Wien – Studienzweig Kunstgeschichte, Wien 2007.

Patrick Schicht, Die Baugeschichte, in: Schloss und Herrschaft Wolkersdorf, Wolkersdorf 2010., 6–184

Patrick Schicht, Buckelquader in Österreich, mittelalterliches Mauerwerk als Bedeutungsträger, Petersberg 2011.

Patrick Schicht, Kastellburgen an der Reichsgrenze, imperiale Machtgestik oder lokaler Herrschaftsanspruch? in: Symbole der Macht? Aspekte mittelalterlicher und frühneuzeitlicher Architektur, Beihefte zu Mediaevistik Bd. 17 (Hg. Olaf Wagener), Frankfurt/Main 2012, 89–104.

Patrick Schicht, Burgen als geopolitische Schachfiguren. Zwei Fallbeispiele aus dem Erzbistum Salzburg im 12. Jahrhundert sowie aus dem Herzogtum Österreich im 13. Jahrhundert. In: Mittelalterarchäologie in Österreich – Eine Bilanz, Beiträge zur Mittelalterarchäologie in Österreich Bd. 29 / 2013, 241–248.

Patrick Schicht, Marina Kaltenegger, Von der Babenberger Residenz zum Pfarrzentrum und Bildungshaus, in: Die Propstei von Wiener Neustadt, Festschrift zur Revitalisierung (Bauforschungen aus Niederösterreich Bd. 3), Wien-Graz 2016, 41–70.

Wolfgang Schirmer, Dorothée Sack, Castel del Monte, in: Kunst im Reich Friedrich II. von Hohenstaufen (Hg. Kai Kappel, Dorothee Kemper, Alexander Knaak), Bonn 1995, 36–44.

Walter Schlesinger, Egerland, Vogtland, Pleißenland, zur Geschichte des Reichsguts im mitteldeutschen Osten, in: Mitteldeutsche Beiträge zur Deutschen Verfassungsgeschichte des Mittelalters, Göttingen 1961, 188–211.

Bernhard Schmid, Die Burgen des deutschen Ritterordens in Kurland, in: Zeitschrift für Bauwesen Bd. 71 / 1921, 7.–9. Heft, 199–238.

Achim Schmidt, Demarkationspunkt oder Bollwerk? Baugeschichtliche Bemerkungen zur Burgruine Wernerseck bei Ochtendung, Landkreis Mayen-Koblenz, in: Symbole der Macht? Aspekte mittelalterlicher und frühneuzeitlicher Architektur (Hg. Olaf Wagener), Frankfurt/Main 2012, 177–196.

Oliver Schmitsberger, Schloss Asparn an der Zaya, in: Fundberichte aus Österreich (Hg. Bundesdenkmalamt), Bd. 50 / 2011, 240–242.

Reinhard Schmitt, Zur Geschichte und Baugeschichte der Burg Arnstein, Kreis Mansfelder Land, in: Burgen und Schlösser in Sachsen-Anhalt 10/2001, 33.135.

Mike Schnelle, Origins of Sabaean Fortifications of the Early 1st Millennium BC – Some Suggestions to the Examples of the Cities Marib and Sirwah (Yemen), in: Focus on Fortifications, New Research on Fortifications in the Ancient Mediterranean and the Near East (Hg. Rune Frederiksen, Silke Müth, Peter I. Schneider, Mike Schnelle), Oxford 2016, 109–122.

Heinz Schomann, Iberische Halbinsel, Teil 3 Süd-/Ostspanien, Darmstadt 1998.

Manon Schooneman, Bourgondische kastelen in de Lage Landen, Mag. Arbeit an der Univ. Amsterdam 2013.

Hans Schönberger, Die römischen Truppenlager der frühen und mittleren Kaiserzeit zwischen Nordsee und Inn, in: Bericht der Römisch-Germanischen Kommission 66, Mainz 1985, 321–495.

Thomas Schuetz, Castra-ribat-Kastellburg, Gab es eine Vermittlung antiken Wissens über den islamischen Kulturraum? in: Der umkämpfte Ort (Hg. Olaf Wagener) Oberfellach 2008, 61–74.

Ulrich Schütte, Das Schloss in Königsberg – Zur Architektur einer Residenz im späten Mittelalter und in der Frühen Neuzeit, in: Kulturgeschichte Ostpreußens in der Frühen Neuzeit (Hg. Klaus Garber, Manfred Komorowski, Axel E. Walter), Tübingen 2001, 503–538.

Mario Schwarz, Historischer Überblick, in: Die Wiener Hofburg im Mittelalter, Von der Kastellburg bis zu den Anfängen der Kaiserresidenz (Hg. Mario Schwarz), Wien 2015, 28–34.

Mario Schwarz, Süditalien, in: Die Wiener Hofburg im Mittelalter, Von der Kastellburg bis zu den Anfängen der Kaiserresidenz (Hg. Mario Schwarz), Wien 2015, 69–81.

Friedhelm Schwemin, Die Römer in Oberaden: Geschichte, Aufbau und Archäologie des römischen Legionslagers in Bergkamen-Oberaden an der Lippe, Werne 1998.

Gerhard Seebach, Niederösterreichische Bergfriede. Typologische Untersuchungen und Datierungsfragen, in: Unsere Heimat, Zeitschrift des Vereins für Landeskunde von Niederösterreich und Wien 1974–45, 170–189.

Gerhard Seebach, Der Burgenbau der Babenbergerzeit, in: 1000 Jahre Babenberger in Österreich, Wien 1976, 454–471.

Matthias Seidel, Regine Schulz, Ägypten – Kunst und Architektur, Essen 2005.

Erich Seidl (Hg.), Lexikon der Bautypen, Funktionen und Formen der Architektur, Stuttgart 2006.

Peter Seiler, Residenz, Kirche, Grablege – Zur Entstehungsgeschichte des Residenzensembles der Scaliger in Verona, in: Architectural studies in memory of Richard Krautheimer (Hg. Cecil L. Striker), Mainz 1996, 151–156.

Karl Semmelweis, Das Rätsel um die Burg Roy, in: Burgenländische Heimatblätter 1947.

William Seston, Verfall des Römischen Reichs im Westen. Die Völkerwanderung, in: Propyläen Weltgeschichte Bd. 4 – Rom, die Römische Welt, Ulm 1986, 487–603.

Alireza Shapur Shahbazi, Dokumentarführer von Persepolis, Teheran 2012.

Ron Shoesmith, Castles and Moated Sites of Herefordshire, Monuments in the Landscape Bd. II, Hereford 2009.

Martina Sicker-Akman, Untersuchungen zur Architektur der späthethitischen Burganlage in Karatepe-Arslantaş, in: Deutsches Archäologisches Institut: Istanbuler Mitteilungen Bd. 49, Tübingen 2000, 529–541.

Ulrike Siegel, Resafa-Sergiupolis/Rusafat Hisham, Syrien. Vom Zeltspieß zum Grundriss. Aufnahme und Interpretation von Oberflächenbefunden, in: Bericht über die 48. Tagung für Ausgrabungswissenschaft und Bauforschung der Koldewey-Gesellschaft, Stuttgart 2015, 212–221.

Gyula Siklósi, Burg und Stadt im mittelalterlichen Ungarn, in: Castrum Bene 6 – Burg und Stadt, Prag 1999, 275–308.

Gheorge Sion, Fortress of Suceava u. Fortress of Neamt, in: Slobodan Ćurčić, Secular Medieval Architecture in the Balkans 1300–1500 and its preservation, Thessaloniki 1997, 186–189.

Inge Skovgaard-Petersen, Dänemark – Vom späten 11. Jahrhundert bis zur Waldemarzeit, Lexikon des Mittelalters, CD-Rom Ausgabe 2000, Bd. 3, 504–507.

Reinhard Spehr, Archäologie im Dresdner Schloss. Die Ausgrabungen 1982 bis 1990 (Veröffentlichungen des Landesamtes für Archäologie mit Landesmuseum für Vorgeschichte 50), Dresden 2006.

Reinhard Spehr, Die archäologischen Forschungen im Burgareal, in: Das Residenzschloss zu Dresden, Bd. 1, Von der mittelalterlichen Burg zur Schlossanlage der Spätgotik und Frührenaissance, Forschungen und Schriften zur Denkmalpflege Band IV, 1 (Hg. Landesamt für Denkmalpflege Sachsen), Petersberg 2013, 72–160.

C. J. Spurgeon, Hubert's Folly: the abortive castle of the Kerry campaign, 1228, in: The Medieval Castle in Ireland and Wales (Hg. John R. Kenyon, Kieran O'Conor), London 2003, 197–120.

Květa Smoláriková, Saite forts in egypt, political-military history of the Saite dynasty, Czech Institute of Egyptologie, Prag 2008.

Alessandro Soddu, I Malaspina e la Sardegna, Documenti e testi dei secoli XII–XIV, Cagliari 2005.

Alberto Solinas, Castel San Pietro, Tra Cronaca e storia, Verona 2008.

Michael Sommer, Roms orientalische Steppengrenze, Palmyra-Edessa-Dura-Europos, Hatra, Ein Kulturgeschichte von Pompeius bis Diocletian, Wiesbaden 2005.

Janine Sourdel, Thomine und Bertold Spuler, Die Kunst des Islam (Propyläen Kunstgeschichte Bd. 4), 1984 Berlin.

Pier Giorgio Spanu, La Sardegna Bizantina Tra VI e VII Secolo (Mediterraneo Tardoantico e Medievale Bd. 12), Oristano 1998.

Dejan Srejović, Martin Tomović, Miloje Vasić, Šarkamen, Tetrarchial Imperial Palace, in: CTAP HAP XLVII, Belgrad 1996, 231–243.

Franz Staab, Reichszeremoniell und Zisterzienseraskese, Begegnungen auf dem Trifels unter Heinrich VI. und Philipp von Schwaben, in: Burg und Kirche zur Stauferzeit (Hg. Volker Herzner, Jürgen Krüger), Regensburg 2001, 31–46.

Klaus Staemmler, Polen aus erster Hand, Geschichte und Gegenwart in Berichten und Dokumenten, Würzburg 1975.

Rodney Stark, Gottes Krieger, Die Kreuzzüge in neuem Licht, Berlin 2013.

Aurel Stein, Innermost Asia, Detailed Report of Exploration in Central Asia, Kan-su and Eastern Iran, Oxford 1928.

Thomas Steinmetz, Ein Luftfoto von der Burg Güttersbach, in: Zeitschrift des Breuberg-Bundes 50 / 2003, 56–58.

Herwig Steiner, Ägyptische Festungen und Stadtgründungen in Nubien von der Prädynastischen Zeit bis zum Ende des Neuen Reiches, Diplomarbeit an der Universität Wien 2008.

Yosef Stepansky, Das Kreuzfahrerzeitliche Tiberias, in: Burgen und Städte der Kreuzzugszeit (Hg. Matthias Piana), Petersberg 2008, 384–395.

Paul Stephenson, Byzantium's balkan frontier, a political study of the northern balkans, 900–1204, Cambridge 2004.

Ulrich Stevens, Schloss Brühl vor Schloss Brühl. Die Planungen bis 1728, in: Die Burg in der Ebene, Forschungen zu Burgen und Schlössern Bd. 17 (Hg. Wartburg-Gesellschaft), Petersberg 2016, 355–367.

Henri Stierlin, Architektur des Islam, Zürich-Freiburg 1979.

Martin Strohmeier, Seldschukische Geschichte und türkische Geschichtswissenschaft. Die Seldschuken im Urteil moderner türkischer Historiker, Berlin 1984.

Christian Strube, Grabungen in Androna/al-Andarin, in: Orte und Zeiten, 25 Jahre archäologische Forschung in Syrien (Hg. DAI Damaskus), Damaskus 2005, 105–110.

Josef Strzygowsky, Die Baukunst der Armenier und Europa, Aufsätze des kunsthistorischen Instituts der Universität Wien Bd. IX, Wien 1918.

Jana Šulcová, Zur Frage der baulichen Entwicklung und der typologischen Bestimmung der Bratislavaer Burg im 13. Jahrhundert, in: Castrum Bene 7, Nitra 2004, 297–332.

David Sweetman, The medieval Castles of Ireland, Cork 2005.

Sarah Symons, Fortresses and treasures of Roman Wales, Derby 2009.

Agnieszka i Robert Sypkowie, Zamki i warownie ziemi Mazowieckiej, Warschau 2002.

Gian Maria Tabarelli, Castelli, Rocche e Mura d'Italia, Busto Arsizio 1983.

Chris Tabraham, Kildrummy Castle and Glenbuchat Castle, Burgführer (Hg. Historic Scotland), Edinburgh 2006.

Chris Tabraham, Dirleton Castle and Gardens, Burgführer (Hg. Historic Scotland), Edinburg 2007.

Christ Tabraham, Doreen Grove 2003, Tantallon Castle, Burgführer (Hg. Historic Scotland), Edinburg 2003.

Sven Tägil, Valdemar Atterdag och Europa. Gleerup, Lund 1962.

Tim Tatton-Brown, Windsor Castle before 1344, The early topographical development of Windsor, in: Edwards III's round table at Windsor, The house of the round table and the Windsor festival of 1344 (Hg. Julian Munby, Richard Barber, Richard Brown), Rochester 2007, 13–28.

Arnold Taylor, The Welsh Castles of Edward I., London 1986.

David Thackray, Bodiam Castle, Burgführer des National Trust, London 2003.

Teresa Thomson Llisterri, José Antonio Benavente Serrano, Castillo de Alcaniz, pintas murales, Ayuntamiento de Alcaniz, Alcaniz 2011.

Alexander Thon, Hans Reither, Peter Pohlit, „Wie Schalben Nester an den Felsen geklebt…", Burgen in der Nordpfalz, Regensburg 2005.

Alexander Thon, Stefan Ulrich, Achim Wendt,„… wo trotzig noch ein mächtiger Turm herunterschaut" – Burgen im Hunsrück und an der Nahe, Regensburg 2013.

Sergei Pavlovich Tolstov, Following the tracks of ancient Khorezmian civilazation, 1948 Leningrad, Neuauflage Tashkent 2005.

Tomasz Torbus, Die preußischen Deutschordensburgen – Anmerkungen zu ausgewählten Forschungsthemen, in: Burgen kirchlicher Bauherren, Forschungen zu Burgen und Schlössern Bd. 6 (Hg. Wartburg-Gesellschaft), München-Berlin 2001, 17–28.

Cláudio Torres, Museu de Mértola – Núcleo do Castello (Museumsführer), Mértola 1991.

Josep Torró, Dominar las aljamas. Fortificaciones feudales en las montanas del reino de Valencia (siglos XIII–XIV)., in: Mil Anos de Fortificacoes na Peninsula Ibérica e no Magreb (500–1500), Actas do Simpósio Internacional sobre Castelos, Lisboa 2001, 451–462.

Stephen Turnbull, Crusader Castles of the Teutonic Knights (2), The stone castles of Latvia and Estonia 1185–1560, Oxford 2004.

Stephen Turnbull, The Great Wall of China 221 BC – AD 1644, Oxford 2007.

Ralph V. Turner, King John, Englands's evil King?, Stroud 2009.

Rick Turner, The Life and Career of Richard the Engineer, in: The Impact of the Edwardian Castles in Wales (Hg. Diane M. Williams, John R. Kenyon), Oxford 2010, 46–58.

Armin Tuulse, Die Burgen in Estland und Lettland, Dorpat 1942.

Armin Tuulse, Kastell i Nordisk Borgarkitektur, Fornvännen 42 / 1947, Stockholm, 7–108.

Matthias Untermann, Abbild, Symbol, Repräsentation – Funktionen mittelalterlicher Architektur? in: Symbole der Macht? Aspekte mittelalterlicher und frühneuzeitlicher Architektur, Beihefte zur Mediaevistik Bd. 17 (Hg. Olaf Wagener), Frankfurt/Main 2012, 15–32.

Francesca Maria Vaglienti, Visconti, in: Lexikon des Mittelalters, CD-Rom Ausgabe 2000, Bd. 8, 1717–27.

Candil Valverde, Felipe Ortiz Toledo, Los castillos de Córdoba, Córdoba 1985.

Virgil Vătăsianu, Istoria artei feudale in tările Romine, Bd. 1, Arta in perioda de Dezvoltare a feudalismului, Bukarest 1959.

Otto Veh, Prokopius, Bauten, München 1977.

Myrto Veikou, Byzantine Epirus, A topography of transformation. Settlements of the seventh-twelfth centuries in southern Epirus and Aetoloacarnania, Greece, Leiden-Boston 2012.

Kiss Vendel, Tatha arx regia, A tatai vár metszetábrázolásai a XVI–XVII. századból, Tata 1998.

Silvia Venturelli, Il seraglio veronese: storia, forme e funzioni, Doktorarbeit an der Univ. Mailand 2013.

Jean Vercoutter, Excavations at Mirgissa – II, Journal of the Sudan Antiquities Service XIII, 1965, 62–73.

Donata Vicini, Il castello visconteo di Paviae i suoi musei, Pavia 1984.

Josip Višnjić, Claustra Alpium Iuliarum: a late antique defensive system in the northern Adriatic and eastern alps, in: Focus on Fortifications, New Research on Fortifications in the Ancient Mediterranean and the Near East (Hg. Rune Frederiksen, Silke Müth, Peter I. Schneider, Mike Schnelle), Oxford 2016, 492–505.

Cassandra Vivian, The Western Desert of Egypt, Kairo 2000.

Carola Vogel, Ägyptische Festungen und Garnisonen bis zum Ende des Mittleren Reiches, Gerstenberg 2008.

Carola Vogel, The fortifications of ancient Egypt 3000–1780 BC, Oxford 2010.

Olaf Wagener, Einleitung, in: Symbole der Macht? Aspekte mittelalterlicher und frühneuzeitlicher Architektur, Beihefte zur Mediaevistik Bd. 17 (Hg. Olaf Wagener), Frankfurt/Main 2012, 11–14.

Fiona Watson, Schottland, Eine Reise durch die Geschichte, Essen 2003.

Sabine Wefers, Sigismund, in: Lexikon des Mittelalters, CD-Rom-Ausgabe 2000, Bd. 7, 1868–71.

Stefan Weinfurter, Eine neue Zeit? Ordnungsentwürfe und Umbrüche unter Kaiser Friedrich II., in: Ausstellungskatalog Kaiser Friedrich II. 1194–1250, Welt und Kultur des Mittelmeerraums (Hg. Mamoun Fansa, Karen Ermete), Oldenburg 2008, 16–29.

Michael Weithmann, Ritter und Burgen in Oberbayern, Streifzüge ins mittelalterliche Land zwischen Alpen, Donau, Lech und Salzach, Dachau 1999.

Maximilian Weltin, Landesfürst und Adel – Österreichs Werden, in: Das Land und sein Recht (Hg. Maximilian Weltin), Mitteilungen des Instituts für Österreichische Geschichtsforschung, Ergänzungsbd. 49, Wien-München 2006, 509–564.

Joan Goodnick Westenholz, Babylon – Ursprung der großen Götter, in: Ausstellungskatalog des Kunsthistorischen Museums Wien: Land der Bibel, Jerusalem und die Königsstädte des Alten Orients, Schätze aus dem Bible Land Museum Jerusalem (Hg. Wilfried Seipel), Wien 1997, 145–162.

John West, Acton Burnell Castle, a re-interpretation, in: Collectanea Historican (Hg. A. Detsias), Maidstone 1981, 5–92.

Leo Wevers, Duurstede – eine Residenz des Utrechter Bischofs David von Burgund, in: Burgen und Schlösser in den Niederlanden und in Nordwestdeutschland, Forschungen zu Burgen und Schlössern Bd. 8 (Hg. Wartburg-Gesellschaft), München Berlin 2004, 59–68.

Abigail Margaret Wheatley, The Idea of the Castle in Medieval England, Doktorarbeit York 2001.

Markus Wild, Einblicke in die historische und kunsthistorische Entwicklung eines bedeutenden Baudenkmals, Montabaur 1995.

Tony J. Wilkinson, Hamid Omrani Rekavandi, Kristen Hopper, Setz Priestman, Kourosh Roustaei, Section B: Field Research, in: Persia's Imperial Power in late Antiquity, Oxford 2013, 24–418.

Dorthe Wille-Jørgensen, Kongens Borg. 123 ars arkaeologi pa Vordingborg, Gylling 2014.

Carl Arnold Willemsen, Dagmar Odenthal, Kalabrien Schicksal einer Landbrücke, Köln 1966.

Carl Arnold Willemsen, Apulien Kathedralen und Kastelle, Köln 1971.

Carl Arnold Willemsen, Componenti della cultura Federiciana nella genesi dei castelli svevi, in: Castelli, torri ed opere fortificate di Pugliu (Hg. Raffaele De Vita), Bari 2001, 393–424.

Donald Withcomb, The Walls of early Islamic Ayla: Defence of Symbol? In: Muslim military architecture in greater Syria (Hg. Hugh Kennedy), Leiden-Boston 2006, 61–74.

Blandine Wittkopp, Fürstenwalde – Dom und Burg, in: Frankfurt an der Oder und das Land Lebus, Führer zu archäologischen Denkmalen in Deutschland Bd. 45, Stuttgart 2005, 126–128.

Petra Wolters, Der Veitsberg – Mittelpunkt eines Zentralraumes? Neue Forschungen im karolingisch-ottonischen Pfalzkomplex Salz, in: Zentrale Orte und zentrale Räume des Frühmittelalters in Süddeutschland (Hg. Peter Ettel, Lukas Werther), Mainz 2013, 59–73.

George R. H. Wright, Ancient Building in South Syria and Palestine, in: Handbuch der Orientalistik, Siebte Abteilung Kunst und Archäologie, Bd. 1, Leiden-Köln 1985.

Jens Wroblewski, André Wemmers, Niederrhein (Theiss-Burgenführer), Stuttgart 2001.

Jak Yakaer, Hattuša-Boğazköy: Aspekte hethitischer Architektur, in: Ausstellungskatalog des Kunsthistorischen Museums Wien: Land der Bibel, Jerusalem und die Königsstädte des Alten Orients, Schätze aus dem Bible Land Museum Jerusalem (Hg. Wilfried Seipel), Wien 1997, 53–62.

Cyril Yovitchich, Die aiyubidische Burg 'Aǧlūn, in: Burgen und Städte der Kreuzzugszeit (Hg. Matthias Piana), Petersberg 2008, 118–125.

Mihail Zahariade, A note on Translucus, in: СТАРИНАР XLVII, Belgrad 1996, 249–258.

Roman Zehetmyer, Zur Struktur des Adels im nördlichen Wald- und Weinviertel bis um 1150, in: Adel, Burg und Herrschaft an der „Grenze" Österreich und Böhmen, Studien zur Kulturgeschichte von Oberösterreich Folge 34, Linz 2012, 83–105.

Achim Zeune, Die frühen Steinburgen in den westlichen Inseln und Hochlanden Schottlands, in: Burgen und Schlösser 1983/1, 13–26.

Karola Zibelius-Chen, Die ägyptische Expansion nach Nubien, Wiesbaden 1988.

Reinhard Zimmermann, Burgentypologie – Probleme und Perspektiven, in: Burgen und Schlösser Bd. 2 /2001, 66–77.

Walther Zimmermann, Friedrich von Klocke, Handbuch der historischen Stätten Deutschlands, Bd. 3 – Nordrhein-Westfalen, Stuttgart 1963.

Martin Ziermann, Observations on the Old Kingdom fortifications of Ayn Asil and Elephantine, Mitteilungen des Deutschen Archäologischen Instituts, Abteilung Kairo , Berlin-Wiesbaden-Mainz, Bd. 54/ 1998, 341–359.

BILDNACHWEIS

Sämtliche Pläne, Zeichnungen und Karten stammen vom Autor, weiters die meisten Fotos.

Hinzu kommen folgende Bildautoren, denen dafür herzlich zu danken ist:
7reasons: S. 75, Abb. 29
Wolfgang Junger: S. 110, Abb. 125
Cornelia Eder: S. 114
Werner Reichstätter: S. 163, Abb. 102; S. 166, Abb. 114 u.115
Hans Hornyik: S. 172
Ralf Gröninger: S. 504; S. 505, Abb. 1; S. 507, Abb. 2; S. 508, Abb. 3; S. 509, Abb. 4; S. 514, Abb. 18; S. 518; Abb. 31; S. 522, Abb. 43; S. 523, Abb. 46; S. 526; S. 528, Abb. 4; S. 529, Abb. 6